Vera Schauber · Hanns Michael Schindler

Bildlexikon der Heiligen

Mit kirchlicher Druckerlaubnis
München, 29. Juni 1999
GV Nr. 3600/99/17
Dr. Robert Simon, Generalvikar

Frontispiz:
Der linke Teil der „Cathedra Petri“ im Petersdom wird von Bronzeskulpturen der heiligen Kirchenväter Ambrosius (links) für die lateinische Kirche und Athanasius für die griechische Kirche beherrscht.

Die Abbildungen auf dem Umschlag stellen nachfolgende Gestalten des Glaubens dar (oben von rechts nach links): Pater Pio Forgione, Bernadette Soubirous, Aloysius von Gonzaga, Mutter Teresa, Klara von Assisi, Giovanni (Don) Bosco, Anna Katharina Emmerick, (unten von rechts nach links): Birgitta von Schweden, Franz von Assisi, Maria Tauscher, Karl Borromäus, Bruno der Kartäuser, Mirjam Baouardy, Clemens der Bulgare

Der Inhalt

Zum Geleit

von Joachim Kardinal Meisner, Erzbischof von Köln

Das Gesicht eines Menschen ist der lebendige Ausdruck seines Herzens. Wie das Herz schlägt, so blicken die Augen. In den Zügen eines Menschen gräbt sich ein, wie einer gelebt hat, was er gedacht, getan, gelitten, erlebt hat. Die Geschichte des Christentums zeigt seit den ältesten Zeiten die Verehrung der Heiligen darin auf, daß sie von der Sehnsucht erfüllt ist, die Menschen anzuschauen, in denen sich die Gnade und Liebe Gottes auf besondere Weise manifestiert hat: die Seligen und Heiligen, die großen Gestalten des Glaubens.

„Komm, Schöpfer Geist, kehr bei uns ein, besuch das Herz der Kinder dein", betet die Kirche. In den Heiligen zeigt sich die so ersehnte Verwandlung der Herzen an. Ihre Gesichter fallen heraus aus der Masse der Gesichts- und Profillosen. Ihre Augen verraten Innerlichkeit, mystische Bindung an Gott. Ihre Haltung hat Rückgrat. Künstler haben die Heiligen, etwa eine Teresa von Ávila, im Gestus des Hingerissenseins dargestellt. Es ist gut und legitim, daß Heiligenbilder unsere Kirchen schmücken, daß die Statue eines hl. Nepomuk die Brücken ziert und segnet, daß Marienfiguren unsere Fluren und Häuser in einen tieferen Zusammenhang mit der Erlöstheit der gesamten Schöpfung rücken. Man möchte das in lebendigen Menschen anschauen, daß das Wort Jesu: „Ich bin gekommen, damit sie das Leben haben und es in Fülle haben" *(Joh 10,10)* keine Leerformel, sondern existentielle Realität ist. Gäbe es sie nicht, die vielen Bilder der Heiligen, uns würde ein Kernstück christlicher Kultur fehlen.

Dabei sind die Heiligen am wenigsten das, was vielleicht eine mißbräuchliche Heiligenverehrung aus ihnen gemacht hat. Die Heiligen sind keine Riege von Perfekten und Übermenschen, keine Akrobaten der Vollkommenheit, keine asketischen Hochleistungssportler. Heilige sind in den Augen Gottes keine Übermenschen, sondern Normalmenschen. Heilig ist zunächst Gott, und alle Heiligkeit ist Tat und Gnade Gottes. So spricht Paulus in seinen Briefen an verschiedene Gemeinden die jungen Christen mit dem Wort „Heilige" an. Durch die Taufe sind wir der Verlorenheit entrissen und in Gottes Heiligkeit gerückt. Das ist allerdings kein Automatismus. Dafür hat Gottes Gnade unser Herz erobert. Niemand kann sich selbst zum Heiligen machen, aber er kann sich dazu machen lassen. Heiligkeit ist ein unverdientes Geschenk des liebenden Gottes. Wenn Christen Heilige verehren, so verehren sie nicht die Leistung bestimmter Menschen. Sie verehren Gott, dessen Kraft sich in menschlicher Schwachheit als stark erwiesen hat. Die Allerheiligen-Litanei ist darum eine Christus-Litanei. Heilige sind Fenster zu Gott. Wer sich nur auf die Heiligen als Menschen fixiert, sie gewissermaßen als Endpunkt und nicht als Wegweiser auf dem Weg zu Gott hin wahrnimmt, hat sie nicht verstanden.

Die Geschichte der Heiligenverehrung hat immer wieder gezeigt, daß die Heiligen gerade darin ihre größte Wirksamkeit gezeigt haben, daß sie Menschen nicht an sich gebunden, sondern auf Gott hin weitergereicht haben. Das unterscheidet sie kategorisch von spirituellen Schulhäuptern, von „Gurus" und „Meistern", an denen es gerade heutzutage nicht fehlt. Heilige sind Meister im Zurücktreten. Die „Sachlichkeit" einer Therese von Lisieux – dies ist nur ein anderes Wort für „Demut" – hat vielleicht mehr Menschen zu Gott geführt als alle selbstgewissen Techniker des Vollkommenheitstrebens zusammen. Sicherlich braucht man das Vorbild der Heiligen nicht, um ein Leben mit Gott zu führen. Die aber ein Leben mit Gott führen, berichten fast ohne Ausnahme, daß es dieser oder jener Heilige war, der sie erschütterte und zum Thema brachte. Und dieses Thema heißt: Alles von Gott erwarten. Es erfüllt mich mit großer Hoffnung, daß die großen Wallfahrtsorte der Heiligen in Europa beständig steigende Besucherzahlen aufweisen. Die Menschen, die dort hinfahren (unter ihnen viele junge Menschen), suchen nicht das Spektakel. Sie suchen und finden die tiefere Verbindung zu Gott. Auch hier wirken die Heiligen „selbstlos".

Leon Bloy hat einmal gesagt, es gäbe nur eine einzige Traurigkeit in der Welt, nämlich die, kein Heiliger zu sein. Diesen Gedanken möchte man der darniederliegenden Kirche unserer Tage wünschen, in der mit tausenderlei Mitteln versucht wird, die Hebel herumzureißen. Alle Apparate, alle Gremien, alle Strategien und Strategiepapiere werden nichts bewirken, als die Traurigkeit in der Kirche zu vermehren. Hätten wir aber die richtige Traurigkeit, die Traurigkeit, keine Heiligen zu sein, die Kirche würde strahlen, ihr Geist würde unwiderstehlich sein, sie würde eine Revolution ins Werk setzen.

Es ist dieser Gedanke, der mich dazu bewegt, dem vorliegenden Buch eine weite Verbreitung zu wünschen. Hier wird die „Wolke der Zeugen" vorgestellt, die der Geist Gottes in seiner Kirche bis zum heutigen Tag hervorgebracht hat. Daß nicht nur kanonisierte Heilige und Selige, sondern auch markante christliche Persönlichkeiten – etwa eine Mutter Teresa – in Wort und Bild porträtiert werden, finde ich sehr begrüßenswert. Dabei ist nicht zu vergessen, daß die Kirche nur kanonisierte Heilige zur öffentlichen Verehrung empfiehlt, um keinerlei Mißbräuchen Vorschub zu leisten. Aber die „offiziellen" Heiligen und Seligen sind immer nur ein zeichenhafter Ausschnitt aus einem größeren Ganzen. Niemand zählt die Heiligen, deren beispielhaftes christliches Leben im Verborgenen blieb – und bleibt. Die Vergangenheit zählt nur, insofern sie die Zukunft unserer Kirche hervorbringt, und das muß nicht registrierbar sein. Dieses Buch ist nicht zum beiläufigen Durchblättern gemacht. Es soll den Leser in Berührung bringen mit den Heiligen als christoaktive Menschen, damit ihn diese Christoaktivität anstecke.

† Joachim Card. Meisner

Erklärende Worte

- In Folge des Zweiten Vatikanischen Konzils (1962–1965) wurde auch der Liturgische Kalender, in dem Feste und Gedenktage der Heiligen und Seligen geregelt sind, reformiert. Im Jahr **1969** wurde der **Römische Generalkalender** eingesetzt und das bis dahin gültige römische Kalendarium in den allgemein verbindlichen Fest- und Gedenktagen um etwa ein Drittel beschnitten.
- Manchmal besteht keine Einigkeit darüber, ob eine Heiligsprechung oder eine Seligsprechung erfolgt ist; hier kommt es deshalb in der Literatur zu unterschiedlichen Angaben (hl. oder sel.). Wenn für die Autoren nicht ganz sicher war, ob überhaupt eine Selig- oder Heiligsprechung erfolgte, ist in diesem Buch kein hl. oder sel. aufgeführt. Die Autoren haben in jedem Fall ausführlich recherchiert; Zweifelsfälle wird es aber immer geben.
- In dieses Buch wurden bewußt auch Personen aufgenommen, die nicht selig- oder heiliggesprochen wurden und bei denen auch kein Verfahren dafür eingeleitet ist, die jedoch ein **vorbildliches Christenleben** geführt haben.
- In den meisten Fällen ist der **Todestag** des Heiligen/Seligen der **Gedenktag** (verschiedene Ausnahmen legt der Generalkalender fest). Die in den Texten aufgeführten weiteren Gedenktage sind Festtage, an denen die Kirche oder die Gläubigen der Übertragung der Reliquien oder anderer Ereignisse gedenken. Im Anhang sind alle Namen des Lexikons dem Tag zugeordnet.
- Mit dem Jahr **1800** entscheidet sich in diesem Lexikon, ob die Person im Alphabet unter dem **Vornamen** oder unter dem **Nachnamen** aufgeführt ist. Alle Personen, die bis 1799 gestorben sind, finden sich unter dem Vornamen, alle, die ab 1800 gestorben sind, unter dem Nachnamen.
- Der bei Städten und Regionen in Klammern genannte Ländername entspricht der **heutigen Länderbezeichnung** (und ist in vielen Fällen nicht identisch mit dem Landesnamen der Lebenszeit des Heiligen).
- Bei **Städtenamen und Ordensbezeichnungen** sind häufig unterschiedliche Schreibweisen zu finden; die Autoren haben sich für eine davon entschieden.
- Die wichtigsten neuen **Selig- und Heiligsprechungen** wurden bis **Sommer 1999** berücksichtigt.

Trotz aller Gründlichkeit und Vorsicht können sich in ein so umfangreiches Werk Setzfehler oder Sinnfehler einschleichen. Die Autoren nehmen Hinweise und Anmerkungen dazu gern entgegen. Schreiben hierzu können direkt an die Autoren, Pattloch Verlag, gerichtet werden.

Die Autoren danken allen Personen, vatikanischen und kirchlichen Institutionen, Orden, Instituten, Verbänden und Organisationen für ihre Mithilfe und Unterstützung bei diesem Werk.
Besonderer Dank gilt Joachim Kardinal Meisner (Köln), Monsignore Josef Clemens von der Kongregation für die Glaubenslehre im Vatikan (Rom) sowie Bernhard Meuser (Augsburg).

Im Herbst 1999 Die Autoren

A

Abbo von Fleury
OSB, Abt von Fleury, (Märtyrer)
Fest: 13. November
Geboren um 945 bei Orléans, Frankreich, trat Abbo im Kloster Fleury dem Benediktinerorden bei und wurde 988 zum Abt gewählt. Er war berühmt als Reformer des Klosterlebens sowie zahlreicher Klöster, für deren Freiheit er kämpfte. Abbo wurde am 13. November 1004 im Kloster La Réole, das er ebenfalls reformieren wollte, von aufgebrachten Mönchen ermordet (daher teilweise auch als Märtyrer verehrt).

Abbo von Metz hl.
Bischof von Metz
Fest: 19. September
Geboren in der zweiten Hälfte des 6. Jh., wurde Abbo (auch Goericus genannt) 629/30 zum Bischof von Metz, Frankreich, ernannt. Er starb an einem 19. September um 645 in Metz und wurde in der Kirche St-Symphorien beigesetzt. 980 Übertragung der Gebeine nach Épinal in Frankreich, wo er ein Kloster gegründet hatte.
Darstellung: als Bischof, mit Mitra, Krone, Harnisch
Patronat: von Épinal

Abdon und Sennen
Märtyrer
Fest: 30. Juli
Abdon und Sennen waren römische Märtyrer, deren Verehrung seit dem 4. Jh. bekannt ist. Ihre Namen erscheinen in verschiedenen Märtyrer-Verzeichnissen, ihre Vita ist jedoch teilweise legendarisch und historisch nicht gesichert. Beide starben den Martertod in Rom, entweder Mitte des 3. Jh. oder zu Beginn des 4. Jh. Sofort nach ihrem Tod entstand ein starker Kult um Abdon und Sennen, die zunächst im Cömeterium des Pontian in Rom beigesetzt waren. 826 fand eine Übertragung der Gebeine in die Kirche S. Marco in Rom statt; im 10. Jh. sollen die Reliquien dann nach Arles-sur-Tech in Südfrankreich übertragen worden sein.
Darstellung: in orientalischer Tracht (nach der Legende stammten Abdon und Sennen aus Persien), mit Löwen, Bären, Kränzen, Schwertern, Ähren, Trauben
Patronat: der Diözese Perpignan, der Kinder, der Böttcher und Gärtner, gegen Augenkrankheiten

Abel von Reims hl.
Erzbischof von Reims
Fest: 5. August
Nicht ganz sichere Vita. Abel stammte möglicherweise aus England und wirkte gemeinsam mit → Bonifatius bei der Missionierung in Deutschland. Es war wohl Bonifatius, der Abel 744 für den Erzbischofsstuhl von Reims (Frankreich) bestimmte. Er wurde jedoch von Bischof Milos von Trier vertrieben, weil dieser ebenfalls auf Reims Anspruch erhob. Abel soll um 755 im Kloster Lobbes in Belgien gestorben sein.

Abraham von Chiduna
Einsiedler
Fest: 16. März,
29. Oktober (Ostkirche)
Großenteils legendarische Vita; danach war Abraham ein Einsiedler, der im 4. Jh. in Chiduna, Türkei, lebte und durch sein außergewöhnlich asketisches Leben auf sich aufmerksam machte. → Ephräm pries ihn in Hymnen, auch in einer Vita aus dem 6. Jh. wird Abrahams Leben hervorgehoben. Nach einem halben Jahrhundert als Einsiedler soll Abraham um 366 gestorben sein.

Abraham von Krateia hl.
Mönch, Bischof
Fest: 6. Dezember
Geboren 474 in Emesa (heute Homs in Syrien), war Abraham zunächst Mönch in seiner Heimat, ab 500 Priester und Abt in Krateia in Bithynien (heute Türkei). Als ihm immer mehr Jünger folgten, floh er 511 in ein Kloster in Jerusalem, wurde aber wieder nach Krateia zurückgerufen und dort um 518 zum Bischof erhoben. Es heißt, Abraham sei 536 wieder nach Jerusalem geflohen und dort nach 557 gestorben.

Abraham von St-Cirgues hl.
Abt von St-Cirgues
Fest: 15. Juni
Geboren in der ersten Hälfte des 5. Jh. in Persien, lebte Abraham als Christ. Während einer Christenverfolgung in Persien wurde er gefangengenommen und fünf Jahre lang eingekerkert und mißhandelt. Nach seiner Flucht gelangte er nach Clermont in Frankreich, wo er ein Kloster gründete (St-Cirgues) und selbst Abt wurde. Er starb um 477. Sein Leben und sein Wirken sind bezeugt durch → Gregor von Tours und → Sidonius Apollinaris.

Abrunculus
Bischof von Trier
Fest: 22. April
Abrunculus war zu Beginn des 6.

Abdon und Sennen in typischer Darstellung, in orientalischer Tracht

Papst Johannes Paul II. am Adalbert-Grab in Gnesen, Polen, im Juni 1997.

ihn → Willigis von Mainz zum Bischof von Prag. Bereits 989 legte Adalbert wegen ständiger Schwierigkeiten mit den Heiden sein Amt nieder und trat in Rom in ein Benediktinerkloster ein. 992 kehrte er noch einmal nach Prag zurück, doch alle weiteren Missionen Adalberts scheiterten erneut. Ab 996 missionierte er bei den heidnischen Preußen, am 23. April 997 wurde er bei Königsberg von Heiden ermordet. Der polnische Herzog setzte Adalberts Leichnam in Gnesen bei, 999 wurde Adalbert heiliggesprochen. Nachdem Kaiser Otto III. im Jahre 1000 zu Adalberts Grab gewallfahrtet war, nahm die Verehrung für den ermordeten Bischof immer mehr zu. 1039 wurden die Reliquien Adalberts von Gnesen nach Prag überführt und dort im Veitsdom beigesetzt. Neben → Wenzel ist Adalbert von Prag einer der meistverehrten Heiligen in Polen, Böhmen und der Slowakei, sein Kult hatte lange Zeit politische Bedeutung. Noch heute genießt er große Verehrung.
Darstellung: als Bischof oder Benediktinermönch, mit Buch, Schwert, Ruder, Speer, Beil
Patronat: von Polen, von Preußen

Adaldag
Erzbischof von Bremen-Hamburg
Fest: 28. April
Adaldag war von Geburt Sachse, er kam um 900 zur Welt. 937 wurde er zum Erzbischof von Bremen-Hamburg ernannt. Er gründete die Bistümer Oldenburg, Schleswig, Aarhus, Odense und Ribe und war ein kraftvoller Verteidiger der Rechte seiner Diözese. Adaldag starb am 28. (29.?) April 988.

Adalgar hl.
OSB, Erzbischof von Bremen-Hamburg
Fest: 9. Mai, 29. April
Adalgar wurde in der ersten Hälfte des 9. Jh. geboren und trat früh in das Benediktinerkloster Corvey an der Weser ein. 888 erhielt er die Ernennung zum Erzbischof von Bremen-Hamburg und folgte damit → Rimbert, dessen Gefährte er bereits seit 865 gewesen war. Er führte das Bistum durch schwierige Zeiten, immer wieder neue Normanneneinfälle machten eine Glaubensverkündung fast unmöglich. Adalgar starb am 9. Mai 909 in Bremen.
Darstellung: als Bischof, mit Pallium

Adalgis hl.
Priester, Missionar
Fest: 2. Juni
Adalgis (Algise) stammte aus Irland und wirkte etwa ab 660 in der Picardie in Frankreich. Er starb am 2. Juni 670 in der Gegend von Arras, wo bald darauf das Dorf St-Algis entstand. Adalgis genoß große Verehrung, seine Gebeine wurden 976 übertragen.

Adalgott von Chur hl.
OCist, Bischof von Chur
Fest: 3. Oktober
Adalgott, geboren um 1100, war ein Schüler von → Bernhard von Clairvaux und vom Zisterzienserorden stark beeinflußt. 1151 wurde er zum Bischof von Chur in der Schweiz ernannt. Während seiner Amtszeit, die mit seinem Tod am 3. Oktober (?) 1160 endete, kümmerte er sich besonders um die Festigung der schweizerischen Klöster.

Adalgott von Disentis hl.
OSB, Abt von Disentis
Fest: 26. Oktober
Adalgott war um 1000 Abt der Schweizer Benediktinerabtei Disentis. Mehrere neue Kirchenfeste gingen auf ihn zurück. Nach seinem Tod zu Beginn des 11. Jh. wurde er in der Klosterkirche von Disentis beigesetzt, sein Kult nahm danach ständig zu.

Adalhard hl.
OSB, Abt von Corbie
Fest: 2. Januar
Adalhard war ein Vetter von → Karl dem Großen, sein Geburtsjahr lag um 750. Im Jahr 771 wurde er Mönch im Benediktinerkloster Corbie in Frankreich, um 780 erhielt er die Ernennung zum Abt. Unter ihm blühte die Abtei auf, er war der Begründer der berühmten Schule von Corbie. 822/823 gründete er zusammen mit seinem Bruder → Wala (der ihm als Abt von Corbie folgte) das Kloster Corvey an der Weser, zuvor bereits das Frauenstift Herford. In den Jahren 814 bis 821 hatte ihn Ludwig der Fromme verbannt, weil er ein Gegner von → Benedikt von Aniane war. Am 2. Januar 826 starb Adalhard in Corbie.

Adam von Ebrach sel.
OCist, Abt von Ebrach
Fest: 23. November, 25. Februar
Geboren Ende des 11. Jh. in der Kölner Gegend, trat Adam um 1120 in das neugegründete (1115) Zisterzienserkloster Morimond in Frankreich ein. Er wurde ein Freund von → Bernhard von Clairvaux. 1127 wurde er zum Abt der im selben Jahr gegründeten Zisterzienserabtei Ebrach in Oberfranken (Bayern) ernannt, die er besiedelte. Adam von Ebrach gehörte zu den vielbeachteten und erfolgreichen Kirchenmännern seiner Zeit, Persönlichkeiten wie König Konrad III. oder → Hildegard von Bingen waren mit ihm befreundet und suchten seinen Rat. Er ist der Gründer von sechs weiteren Zisterzienserklöstern. Adam starb am 23. November 1161 in Ebrach. Das Volk verehrte ihn immer am 25. Februar.

Adauctus hl.
Märtyrer
Fest: 7. Februar, 14. Mai
Unsichere Überlieferungen. Adauctus stammte aus Italien, wo er wohl Mitte des 3. Jh. geboren wurde. Er war Christ und hatte das Amt eines Leiters des kaiserlichen Fiskus inne, womit er zu den römischen Würdenträgern gehörte. Während der Christenverfolgungen unter Kaiser Diokletian um 304 wurde Adauctus wegen seines Glaubens gefangengenommen und hingerichtet.

Adauctus → Felix und Adauctus

Adela hl.
Gründerin, Äbtissin
Fest: 24. Dezember
Adela (Adula, Adolana) entstammte einer Familie aus dem niederrheinischen Raum, wo sie um 670 zur Welt gekommen war. Sie gründete um 700 das Frauenkloster Pfalzel im Bistum Trier und wurde die erste Äbtissin. Möglicherweise war → Irmina ihre Mutter; ihr Enkel war → Gregor von Utrecht. Adela starb um 734.

Adelelm hl.
OSB, Abt von S. Juan de Burgos
Fest: 30. Januar
Adelelm (Lesmes) kam in der ersten Hälfte des 11. Jh. in Loudin in Frankreich zur Welt. 1079 wurde er Abt des Benediktinerklosters Chaise-Dieu in der Auvergne (Frankreich), einer der bedeutendsten Abteien jener Zeit überhaupt (die ersten acht Äbte des 1046 gegründeten Klosters wurden kanonisiert). Um 1084 gründete Adelelm die Benediktinerabtei San Juan de Burgos in Nordspanien und wurde erster Abt. Er starb dort am 30. Januar(?) 1097, sein Grab befindet sich in der Kirche S. Lesmes in Burgos. Ab dem 12. Jh. wuchs der Kult um Adelelm an, im 15. Jh. wurde seine Verehrung für die Erzdiözese Burgos verpflichtend.
Patronat: der Erzdiözese Burgos

Adelgunde hl.
OSB, Äbtissin von Maubeuge
Fest: 30. Januar
Geboren um 630, gründete Adelgunde etwa 661 das Benediktinerinnenkloster Maubeuge in Nordfrankreich und wurde erste Äbtissin. (Ihre Schwester → Waldetrudis gründete etwa zur selben Zeit das Benediktinerinnenkloster Castrilocus in Belgien.) Sie starb an einem 30. Januar um 700 in Maubeuge. Bis heute werden eine Sandale und der Schleier von Adelgunde in Maubeuge aufbewahrt.
Darstellung: als Nonne oder Äbtissin, manchmal als Jungfrau, mit Rosenkranz, Kerze, Wachsstock
Patronat: gegen den plötzlichen Tod, gegen Augen-, Brust- und Kopfkrankheiten, gegen Krebserkrankungen, gegen Kinderkrankheiten, für Kinder, die das Gehen schwer erlernen

Adelheid hl.
Kaiserin
Fest: 16. Dezember
Geboren 931 in Burgund in Frankreich, wurde Adelheid von ihrem Vater, König Rudolf von Burgund, schon als Kind mit König Lothar von Italien verlobt. Als sie 16 Jahre alt war, fand die Hochzeit statt, drei Jahre später starb Lothar. 951 heiratete Adelheid im italienischen Pavia König Otto I., 962 wurde das Paar in Rom vom Papst zu Kaiser und Kaiserin gekrönt. Nach dem Tod Ottos 973 führte sie mehrere Jahre die Regierungsgeschäfte, angefeindet von ihrer Schwieger-

Statue der Kaiserin Adelheid, Gemahlin Kaiser Otto I., im Dom von Meißen.

tochter Theophanu, der Frau von Otto II., und auch in Spannungen mit Otto. Zermürbt vom familiären Streit, aber auch dem klösterlichen Leben zugetan, lebte Adelheid ihre letzten Jahre bis zu ihrem Tod in ihrer Klosterstiftung Selz im Elsaß (Frankreich). Sie gründete zahlreiche weitere Klöster, förderte die Reform von Cluny und stattete die kirchlichen Einrichtungen des Landes großzügig aus. Mit vielen großen Persönlichkeiten ihrer Zeit stand sie in Kontakt. Adelheid starb am 16. Dezember 999 in Selz, wo sie beigesetzt wurde. Papst Urban II. sprach die Kaiserin 1097 heilig. Die Verehrung für Adelheid verbreitete sich in zahlreichen Ländern, die Grabstätte in Selz entwickelte sich zu einem Wallfahrtsort.
Darstellung: in fürstlichen Gewändern, mit Kaiserkrone, Schiff, Kirchenmodell, Almosen verteilend

Adelheid von Vilich hl.
OSB, Äbtissin
Fest: 3. Februar, 5. Februar
Geboren in der zweiten Hälfte des 10. Jh., wurde Adelheid erste Äbtissin des von ihren Eltern um 980 gegründeten Kanonissenstiftes Vilich bei Bonn (Nordrhein-Westfalen). Um 1000 führte sie in dem Kloster die Benediktinerregel ein. Auf Drängen des Kaisers übernahm Adelheid nach dem Tod ihrer Schwester Bertrada 1002 auch die Leitung des Klosters St. Maria im Kapitol in Köln. Adelheid genoß höchstes Ansehen im Volk und bei den Regierenden, außerdem war sie eine große Wohltäterin der Armen. Erzbischof Heribert von Köln suchte immer wieder ihren Rat. Adelheid starb an einem 3. (5.?) Februar wohl zwischen 1010 und 1020 in Köln. Beigesetzt wurde sie in Vilich. Reliquien befinden sich bis heute in Vilich sowie im benachbarten Ort Pützchen; in Pützchen gibt es einen Brunnen (Pützchen), dessen Wasser bei Augenkrankheiten helfen soll und zu dem bis heute Wallfahrten stattfinden. Auch der Brauch des „Dohlenbrotes" (Adelenbrot) geht auf sie zurück. 27. Januar 1966 Bestätigung des Kults, Adelheid als Heilige zu verehren.
Darstellung: als Äbtissin, mit Kirchenmodell, Weinkrug (Weinwunder-Legende), Broten, Buch, Stab
Patronat: gegen Augenkrankheiten

Grab der Adelheid von Vilich in der Pfarrkirche St. Peter in Vilich bei Bonn.

Adelheid (Aleydis, Alix) von Schaarbeek hl.
OCist, Reklusin, Mystikerin
Fest: 11. Juni
Geboren 1215 in Schaarbeek bei Brüssel, wurde Adelheid schon im Alter von sieben Jahren den Zisterzienserinnen des Klosters Maria von Kamerbos bei Brüssel übergeben. Im Alter von 22 Jahren erkrankte sie an Aussatz und lebte von da an bis zu ihrem Tod am 11. Juni 1250 (1249?) als Reklusin beim Kloster. Sie erfuhr zahlreiche mystische Begnadungen und Visionen, die alle niedergeschrieben wurden. Ihr Schicksal war vielbeachtet. 1907 Bestätigung des Kultes.

Adelhelm sel.
OSB, Abt von Engelberg
Fest: 25. Februar
Adelhelm war etwa ab 1121 der erste Abt des 1120 gegründeten Benediktinerklosters Engelberg in der Schweiz. Bereits 1124 erlangte er gemeinsam mit Klostergründer Konrad von Seldenbüren die Selbständigkeit für das Kloster. Adelhelm starb am 25. Februar 1131. Seit 1147 existieren Zeugnisse über seine Verehrung.

Adelphios hl.
Bischof von Onuphius
Fest: 21. Mai
Adelphios war Mitte des 4. Jh. Bischof von Onuphius (Panuf) im Nil-Delta (Ägypten). Während der Auseinandersetzungen um den Arianismus stand er fest an der Seite von → Athanasios von Alexandrien; einige Zeit war er von Kaiser Konstantinos in die Thebais verbannt. Bezeugt ist, daß er 362 an der Synode von Alexandrien teilnahm, von 371 existiert ein Brief von Athanasios an ihn. Das exakte Todesdatum von Adelphios ist nicht bekannt.

Adelphius hl.
Abt von Remiremont
Fest: 29. August, 11. September
Adelphius war der dritte Abt des um 620 gegründeten Klosters

Abt Adelhelm war erster Abt von Engelberg in der Schweiz. Hier das Kloster nach einem Stich aus dem 16. Jh.

Remiremont in den Vogesen in Frankreich (heute St-Dié). Er starb um 670 in Luxeuil (Frankreich) und wurde in Remiremont beigesetzt.

Adelphus von Metz hl.
Bischof von Metz
Fest: 29. August, 1. September
Unsichere Vita. Adelphus war möglicherweise Ende des 4. Jh. Bischof von Metz in Frankreich und starb an einem 29. August eines nicht bekannten Jahres. Sicher ist, daß Gebeine, die ihm zugeschrieben wurden, 836 in die Abteikirche von Neuweiler im Elsaß gelangten und in der Folge viele Pilger anzogen. Im 11. Jh. wurden die Gebeine in die eigens errichtete Adelphi-Stiftskirche in Neuweiler übertragen und dort in einem Hochgrab aufbewahrt.

Adelrich
OSB, Einsiedler
Fest: 28. September
Geboren in Schwaben, war Adelrich zunächst Mönch im Benediktinerkloster Einsiedeln, Schweiz, und zog sich dann als Einsiedler auf die Insel Ufnau im Zürcher See zurück. Er starb 973. Seine Gebeine wurden 1141 erhoben und 1953 nach Einsiedeln übertragen.
Darstellung: als Benediktinermönch, als Einsiedler, mit Buch, Spruchband

Ado von Vienne hl.
OSB, Erzbischof von Vienne
Fest: 16. Dezember
Ado, geboren um 800 in Sens, trat dem Benediktinerorden bei und war zunächst Lehrer im Kloster Prüm in der Eifel. Nach einem Aufenthalt in Italien ging er nach Lyon (Frankreich) und wirkte dort als Seelsorger. 860 erhielt Ado die Ernennung zum Erzbischof von Vienne, Frankreich. Berühmt wurde er durch seine Verteidigung der Unauflösbarkeit der Ehe, die er während des Ehestreites von Kaiser Lothar II. immer wieder beschwor. Ado starb am 16. Dezember 875 in Vienne.

Adolf von Osnabrück hl.
OCist, Bischof von Osnabrück
Fest: 30. Juni, 13. Februar
Adolf kam um 1185 als Sohn des Grafen von Tecklenburg zur Welt. Zunächst war er Domherr in Köln, dann trat er dem Zisterzienserorden bei. 1216 wurde er zum Bischof von Osnabrück, Niedersachsen, ernannt. Er ging als großer Reformer seines Bistums in die Geschichte ein und genoß starke Verehrung schon zu Lebzeiten. Adolf starb am 30. Juni 1224 und fand seine letzte Ruhestätte im Dom von Osnabrück. 1651 Heiligsprechung. – Im Bistum Osnabrück ist der Gedenktag der 13. Februar (gemeinsam mit den Osnabrücker Bischöfen → Wiho und → Gosbert).
Darstellung: im Bischofsgewand

Adomnan
Abt von Iona
Fest: 23. September
Geboren 627 in Drumhome, Irland, war Adomnan ab 679 Abt des Klosters Iona (Hy) in Schottland. Er setzte sich für die römische Osterfeier sowie für die Tonsur ein. Von ihm stammt die berühmte Vita von → Kolumban, dem Gründer von Iona. Adomnan starb am 23. September 704 in Iona.

Adorni, Anna Maria
Ordensgründerin
Fest: 7. Februar
Anna Maria Adorni, geboren am 19. Juni 1805 in Fivizzano, Italien, heiratete zunächst und wurde Mutter von sechs Kindern. Nachdem Ehemann und fünf Kinder gestorben waren, gründete sie in Parma, Italien, die Kongregation „Mägde der Immaculata" zur Betreuung straffällig gewordener Frauen. → Don Bosco schätzte sie und ihre Arbeit sehr. Hochbetagt starb Anna Maria Adorni am 7. Februar 1893 in Parma. Seligsprechungsprozeß seit 1951, 1978 Dekret über den heroischen Tugendgrad.

Adelrich nach einer typischen Darstellung aus dem 19. Jh.

Sarkophag der heiligen Afra in der Unterkirche der Basilika St. Ulrich und Afra in Augsburg.

öffnete man den Sarkophag nochmals, die Gebeine wurden erhoben. Der Sarg mit den Reliquien steht heute in der Unterkirche der Augsburger Basilika St. Ulrich und Afra.
Legende: Afra soll eine Dirne gewesen sein, die zusammen mit ihrer Mutter → Hilaria und weiteren Gefährtinnen in Augsburg ein Bordell betrieb. Bischof → Narcissus von Gerona habe sie und die anderen Frauen bei einem Zusammentreffen bekehrt und getauft. In der Christenverfolgung unter Kaiser Diokletian sollen dann alle gefangengenommen und hingerichtet worden sein. Eine Legende berichtet, Afra sei eine Königstochter aus Zypern gewesen.
Darstellung: in vornehmer Kleidung, mit Kopftuch oder Krone, beim Martyrium
Patronat: der Diözese Augsburg (Mitpatronin), der Büßerinnen, der armen Seelen, der Heilkräuter, gegen Feuersnot

Afra von Brescia hl.
Märtyrerin (?)
Fest: 24. Mai
Wahrscheinlich hat Afra von Brescia nie existiert, möglicherweise wird sie mit → Afra von Augsburg verwechselt. Nach der Überlieferung wurde sie durch → Faustinus und Jovita bekehrt und von Bischof → Apollonius von Rom um 180 getauft. Bald darauf soll sie in Brescia in Norditalien den Martertod gestorben sein. In der Kirche S. Afra in Brescia befindet sich ihr angebliches Grab.
Patronat: von Brescia

Africanus hl.
Bischof (?)
Fest: 1. Mai, 28. April
Legendarische Vita, nach der Africanus entweder Ende des 5. Jh. Bischof von Lyon in Frankreich oder im 4. oder im 6. Jh. Bischof von Cominges in der französischen Gascogne war. In den jeweiligen Verzeichnissen ist er jedoch nicht erwähnt. Bereits um 840 gab es in Albi in Südfrankreich eine Kirche, die Africanus geweiht war.

Agape von Antiochien hl.
Märtyrerin
Fest: 10. März, 11. März
Der Name von Agape erscheint in einem syrischen Martyrologium aus dem Jahr 411. Nach einer der legendarischen Überlieferungen erlitt sie zusammen mit den bithynischen Märtyrern um 250 in Spanien den Martertod. Nach anderen Quellen wurden jedoch nur ihre Reliquien nach Spanien gebracht.

Agape von Rom hl.
Märtyrerin
Fest: 1. August, 17. September (Griechen)
Der Kult der Agape ist ab dem 6. Jh. in Rom nachweisbar, zum einen an der Via Appia, zum anderen an der Via Aurelia. Historisch gesicherte Angaben existieren kaum. Möglicherweise starb diese Agape um 125. Angebliche Reliquien gelangten später in das Kloster S. Giulia in Brescia (Italien).

Agape von Thessalonike hl.
Märtyrerin
Fest: 1. April, 3. April, 5. April
Agape erlitt am 1. April 304 während der Christenverfolgung des Diokletian in Thessalonike (Saloniki) in Griechenland den Martertod. Mit ihr starben auf dem Scheiterhaufen ihre Schwestern → Chionia und → Irene. Reliquien von Agape werden bis heute in der Kirche S. Martino ai Monti in Rom verehrt. In Thessalonike gab es lange eine Basilika zu Ehren der drei heiligen Schwestern. Protokolle ihres Prozesses sind noch erhalten.

Agapet I. hl.
Papst (535 bis 536)
Fest: 22. April, 20. September, 17. April
Agapet I., Sohn eines Priesters aus Rom, bestieg am 13. Mai 535 als 57. Papst den Stuhl Petri. Um eine Eroberung Italiens durch Byzanz zu verhindern, ging er nach Konstantinopel, konnte jedoch nichts erreichen. Agapet I. starb am 22. April 536 in Konstantinopel; seine Gebeine wurden in die Peterskirche nach Rom überführt.

Agapetos hl.
Bischof von Synaos
Fest: 18. Februar
Agapetos erscheint in der ersten Hälfte des 4. Jh. als Bischof von Synaos, Phrygien (Kleinasien). Es heißt, er sei als Wundertäter verehrt worden.

Agapitus von Praeneste
Märtyrer
Fest: 18. August
Die Überlieferungen berichten, daß Agapitus im Alter von 15 Jahren während der Christenverfolgung unter Aurelianus den Martertod starb. Ort des Martyriums soll Rom gewesen sein. Es ist bezeugt, daß Papst Felix II. um 490 in Rom eine Basilika zu Ehren von Agapitus weihte. Im 9. Jh. gelangten Reliquien nach Palestrina (Praeneste).

Gegenüber: „Das Martyrium der heiligen Agatha" nach einem Gemälde von Giovanni Battista Tiépolo, Gemäldegalerie, Berlin.

Agapitus von Rom →
Felicissimus und Agapitus

Agapius hl.
Märtyrer
Fest: 21. November
Der Christ Agapius wurde, so die Überlieferung, von Christenverfolgern zunächst lange in Cäsarea in Palästina gefangengehalten und dort am 20. November 306 im Amphitheater einem Bären vorgeworfen. Da er überlebte, warf man ihn am nächsten Tag ins Meer, wo er ertrank.

Agatha hl.
Märtyrerin
Fest: 5. Februar
Agatha war eine junge Christin, die wegen ihres Glaubens in Catania auf Sizilien das Martyrium erlitt. Als Todestag steht der 5. Februar fest, das Todesjahr lag möglicherweise um 250, als Decius Christenverfolgungen angeordnet hatte. Ein starker Kult ist schon sehr früh nachweisbar, so weihte Papst Symmachus Agatha um 500 eine Kirche in Rom.
Legende: Es heißt, der Statthalter von Catania habe um Agatha geworben, sie habe ihn jedoch mit den Worten zurückgewiesen, daß sie Christin sei und sich Christus versprochen habe. Daraufhin ließ der Statthalter die junge Frau in ein Bordell bringen, dann in den Kerker werfen. Dort schnitten ihr Folterknechte die Brüste ab und brannten ihren Körper mit lodernden Fackeln. Als Agatha aber über Nacht auf wundersame Weise wieder gesund wurde, ließ der Statthalter sie zu Tode foltern. Ein Jahr nach dem Tod der Märtyrerin brach der Vulkan Ätna auf Sizilien aus, die Lava bedrohte die Stadt Catania. Da trugen die Einwohner den Lavamassen den Schleier Agathas entgegen, worauf der glühende Strom zum Stillstand kam. Seither wird der Schleier in Catania als kostbare Reliquie verehrt. Um die Gestalt der Agatha hat sich im Lauf der Zeit reiches Brauchtum entwickelt, vor allem die Verehrung als Patronin gegen Feuergefahren weitete sich immer mehr aus. Bauern streuen Krumen von geweihtem Agathen-Brot in alle Winkel

Das Martyrium der heiligen Agnes, von Juan Vicente Masip, Prado, Madrid. Unten: Stich der Agnes nach einem Fresko aus den Katakomben.

tertod entweder in der Christenverfolgung unter Valerian (258/259) oder unter Diokletian um 304, sie wurde entweder enthauptet oder verbrannt. Ihre letzte Ruhestätte fand Agnes an der Via Nomentana in Rom, über ihrem Grab entstand die Kirche S. Agnese fuori le mura (die heutige Form erhielt diese um 630). Auf der heutigen Piazza Navona in Rom, früher das Stadion von Domitian, entstand die Kirche S. Agnese in Agone; man nahm an, daß Agnes hier ihr Martyrium erlitten hatte. In S. Agnese fuori le mura werden jedes Jahr am Agnes-Fest zwei Lämmer gesegnet, aus deren Wolle Pallien für die Erzbischöfe hergestellt werden.
Legende: Es heißt, der Sohn des römischen Stadtpräfekten habe um Agnes geworben und wollte sie zur Frau haben. Agnes wies den jungen Mann mehrfach mit dem Hinweis zurück, ihr Bräutigam sei Jesus Christus. Der Präfekt wollte sie deswegen ermorden lassen, doch sie überlebte die Flammen auf dem Scheiterhaufen wundersam. Daraufhin wurde Agnes mit dem Schwert getötet.
Darstellung: mit einem Lamm (agnus, lateinisch für Lamm), mit langem Haar, das ihren Körper verhüllt, auf dem Scheiterhaufen
Patronat: der Jungfrauen, der Verlobten, der Keuschheit, der Gärtner

Agnes von Bayern
Kaisertochter
Fest: 11. November
Agnes kam als Tochter von Kaiser Ludwig IV. im Jahr 1345 zur Welt. Im Alter von vier Jahren übergaben ihre Eltern sie zur Erziehung in das Kloster der Klarissen am Anger in München. Als sie das Kloster bald darauf wieder verlassen sollte, erkrankte sie schwer und bekam am ganzen Körper eitrige Geschwüre. Bald ging die Kunde um, Agnes trage die Stigmata, woraufhin sie im Volk wie eine Heilige verehrt wurde. Siebenjährig starb das Kind am 11. November 1352 im Angerkloster. Seit 1705 ist der Seligsprechungsprozeß in Gang, seit 1988 ist er wieder im „Index ac Status Causarum" verzeichnet.

Agnes von Assisi hl.
OSCl, Äbtissin
Fest: 16. November
Agnes war eine Schwester von → Klara von Assisi. Sie kam 1198 in Assisi in Italien zur Welt und wurde von → Franz von Assisi 1212 in den Klarissenorden aufgenommen. Ab etwa 1220 bis 1253 leitete sie das Kloster Monticelli bei Florenz als Äbtissin. Sie starb am 16. November 1254, nur wenige Monate nach ihrer Schwester Klara. Ihr Grab befindet sich bis heute in S. Chiara in Assisi.

Agnes von Böhmen hl.
OSCl, Königstochter, Ordensfrau
Fest: 2. März
Agnes kam 1205 (1211?) in Prag zur Welt; ihr Vater war König Ottokar I. von Böhmen, ihre Tante → Hedwig von Schlesien, ihre Kusine → Elisabeth von Thüringen. Als ihr Vater 1230 starb, lehnte sie alle Herrscherwürden ab und wies auch Kaiser Friedrich II. ab, der sie heiraten wollte. 1233 stiftete Agnes in Prag ein Klarissenkloster, in das sie selbst an Pfingsten 1234 eintrat und Äbtissin wurde. Sie pflegte eine Brieffreundschaft mit → Klara von Assisi, der Mitbegründerin des Klarissenordens, vier Briefe sind noch erhalten. In Prag gründete Agnes 1233 das Franziskus-Spital; die Gemeinschaft der Kreuzherren mit dem roten Stern, die dort ihren Dienst an Armen, Kranken und Pilgern verrichteten, wurde 1237 von Papst Gregor IX. als Orden bestätigt. Agnes starb am 2. März 1282 in Prag. Der Kult wurde 1874 bestätigt. Papst Johannes Paul II. sprach Agnes von Böhmen am 12. November 1989 in Rom heilig.

Agnes Langeac
OP, Priorin, Mystikerin
Fest: 19. Oktober
Geboren am 17. November 1602 in Le Puy in Frankreich, trat Agnes

Galand, so ihr Geburtsname, 1623 in das Dominikanerinnenkloster in Langeac ein; ab 1627 war sie Priorin. Sie erlebte zahlreiche Visionen und mystische Gnadenbeweise, schließlich empfing sie die Stigmata. Agnes Langeac starb am 19. Oktober 1634 in Langeac. Papst Pius VII. bestätigte 1808 ihren heroischen Tugendgrad.

Agnes von Montepulciano hl.
OP, Priorin
Fest: 20. April
Agnes, geboren 1268 (1274?) in Gracciano Vecchio bei Montepulciano (Italien), trat neunjährig gegen den Willen ihrer Eltern in das Dominikanerinnenkloster von Montepulciano ein. Mit 15 Jahren wurde sie, nach vorheriger Genehmigung durch den Papst, Äbtissin eines Klosters bei Viterbo, das sie mitbegründet hatte. Auf Bitten der Einwohner von Montepulciano kehrte sie in die Heimat zurück und wurde dort Priorin eines von ihr gegründeten Klosters. → Katharina von Siena sprach mit großer Anerkennung von ihr als „glorreicher Mutter“. Agnes von Montepulciano starb am 20. April 1317. Heiligsprechung 1726.

Agnes von Poitiers hl.
Äbtissin
Fest: 12. Mai
Geboren in der ersten Hälfte des 6. Jh. in Frankreich, wurde Agnes von Frankenkönigin → Radegunde im christlichen Glauben erzogen. Um 560 ernannte Radegunde sie zur ersten Äbtissin des von ihr gegründeten Klosters Ste-Croix in Poitiers (Frankreich). Agnes starb um 588 in Poitiers.

Agnes von Böhmen pflegt einen Kranken, 1482, vom Meister des Kreuzherren-Altars, Nationalgalerie, Prag.

Agostini, Zefirino sel.
Ordensgründer
Fest: 6. April
Geboren am 24. September 1813 in Verona, Italien, gestorben am 6. April 1896 in Verona. Priester und Gründer der Kongregation der Ursulinen von der Unbefleckten Maria. Seine Seligsprechung erfolgte am 25. Oktober 1998 in Rom.

Agricius (Agritius) hl.
Bischof von Trier
Fest: 19. Januar, 29. Mai
Agricius (Agritius), geboren in der zweiten Hälfte des 3. Jh., soll angeblich von Kaiserin → Helena zum Bischof von Trier (Rheinland-Pfalz) ernannt worden sein. Bezeugt ist, daß Agricius 314 als Bischof am Konzil von Arles teilnahm. Er gab dem Christentum in Trier ein festes Fundament und wichtige Impulse und gilt als Begründer der Kirche St. Maximin. Es heißt, daß Agricius gemeinsam mit Helena die Gebeine des Apostels → Matthias nach Trier gebracht habe, ebenso den Heiligen Rock Christi. Agricius starb um 330 in Trier und wurde in St. Maximin beigesetzt.

Agricola und Vitalis → Vitalis und Agricola

Agrippina
Märtyrerin(?)
Fest: 23. Juni
Vita unbekannt, tatsächliche Existenz unsicher. Die Legende berichtet, daß Agrippina in Rom um 258 das Martyrium erlitt und ihr Leichnam dann nach Sizilien überführt und dort begraben wurde. Auf Sizilien und bei den Griechen entwickelte sich früh eine Verehrung. Der Name Agrippina erschien auch im Martyrologium Romanum.

Agrippinus hl.
Bischof von Neapel
Fest: 9. November
Die alten Verzeichnisse der Bischöfe von Neapel führen Agrippinus als sechsten Bischof des Bistums; danach war er zu Beginn des 4. Jh. im Amt. Beigesetzt wurde er in den Katakomben der Kir-

che S. Gennaro in Neapel (Italien); später gelangten die Gebeine nach S. Stefania. Einige Überlieferungen berichten von Wundertaten, die Agrippinus vollbracht habe und die seine große Verehrung in der Region Neapel begründeten.

Agritius → Agricius

Aidan hl.
Bischof von Lindisfarne
Fest: 31. August
Aidan, geboren Ende des 6. Jh. in Irland, wurde zunächst Mönch im Kloster Hy (Iona), der berühmten keltischen Abtei auf einer Insel vor Schottland. Später kam er nach England und missionierte dort als Bischof unter den Angelsachsen. Zusammen mit König → Oswald gründete Aidan 635 das berühmte Kloster Lindisfarne auf der gleichnamigen Insel, das zum Ausgangspunkt wichtiger kirchlicher Impulse wurde. Aidan gilt auch als Begründer des Mönchtums in Northumbrien. Seine Zeitgenossen sprachen von ihm mit großer Ehrfurcht, er war eines der größten Vorbilder seiner Zeit. Aidan starb am 31. August 651 in Bamburgh in England und wurde auf Lindisfarne beigesetzt.

Statue des heiligen Aidan auf der Insel Lindisfarne, Schottland.

Aidesios hl.
Märtyrer
Fest: 8. April
Aidesios lebte in der zweiten Hälfte des 3. Jh. in Alexandrien in Ägypten. Um 304 geriet er in die Christenverfolgung von Kaiser Diokletian und wurde zur Zwangsarbeit in einer Kupfermine verurteilt. Später ertränkte man ihn im Meer.

Aigulf (Egolf) hl.
OSB, Abt, Märtyrer
Fest: 3. September
Geboren um 625 in Frankreich, trat Aigulf um 651 in das gerade gegründete Benediktinerkloster Fleury im Bistum Orléans ein. Etwa 670 wurde er zum Abt von Kloster Lérins in Südfrankreich ernannt, hatte dort mit seinen Ansichten und Methoden jedoch keinen Erfolg. Unzufriedene Mönche von Lérins vertrieben Aigulf schließlich und erschlugen (enthaupteten?) ihn. Das Todesjahr lag wohl um 676.

Ailbe
Bischof
Fest: 12. September
Wenige gesicherte Angaben. Ailbe lebte im 6. Jh. in Irland und gründete den Bischofssitz von Imlech. Er war selbst Bischof (von Imlech?).

Akakios (Achatius, Achaz) hl.
Märtyrer, Nothelfer
Fest: 7. Mai
Die großenteils legendarisch ausgeschmückte Passio berichtet, Akakios (Achatius, Achaz) sei Soldat im Heer von Kaiser Hadrian (117 bis 138) gewesen. Wegen seines christlichen Glaubens habe er in Byzanz den Martertod erlitten. Die Legende erzählt, mit Akakios seien 10000 weitere Soldaten ermordet worden; nachdem man sie mit Dornenzweigen ausgepeitscht habe, seien sie alle ans Kreuz geschlagen worden. Akakios gehört zu den Vierzehn Nothelfern. Zahlreiche Hymnen auf ihn sind noch erhalten. In Byzanz/Konstantinopel existierten zwei Kirchen, die ihm geweiht waren; in einer wurden seine angeblichen Gebeine aufbewahrt (und später auch die von → Konstantin). Papst Gregor XIII. (1572 bis 1585) nahm Akakios ins Martyrologium Romanum auf.
Darstellung: als Ritter, Soldat, Edelmann, mit Dornenzweig, Kreuz, Palme, Fahne, Schwert, Lanze, Streitaxt
Patronat: bei Krankheiten, in Todesängsten, bei Zweifeln, in aussichtslosen Situationen

Akakios Agathangelos hl.
Bekenner, Bischof(?)
Fest: 31. März
Unsichere Vita, teilweise Verwechslung mit Trägern gleichen Namens (Akakios von Melitene). Akakios Agathangelos lebte wohl Mitte des 3. Jh. in Griechenland. Wegen seines christlichen Glaubens wurde er von den Verfolgern von Kaiser Decius um 250 festgenommen, später aber wieder freigelassen.

Alanus von Auxerre sel.
OCist, Bischof von Auxerre
Fest: 14. Oktober
Geboren um 1110 in Flandern in Belgien, trat Alanus 1131 in das Zisterzienserkloster Clairvaux in Frankreich ein und wurde Vertrauter von → Bernhard von Clairvaux. Im Jahr 1140 wurde er zum Abt des Klosters Larrivour gewählt, 1152 erhielt er die Ernennung zum Bischof von Auxerre. 1167 trat er vom Bischofsamt zurück und kehrte wieder nach Larrivour zurück. Alanus starb am 14. Oktober 1185 in Clairvaux.

Alanus de Solminihac sel.
OSA, Bischof von Cahors
Fest: 31. Dezember
Geboren am 25. November 1593 in Belet, Frankreich, ergriff Alanus de Solminihac zunächst die militärische Laufbahn. 1616 legte er bei den Augustiner-Chorherren die Gelübde ab, 1618 empfing er die Priesterweihe. 1619 wurde er Abt von Kloster Chancellade, das er zu einer der strahlendsten Abteien

Frankreichs machte. 1636 erhielt er die Ernennung zum Bischof von Cahors, Frankreich. Er reformierte die Diözese von Grund auf, gründete Spitäler, Schulen und Waisenhäuser, berief Volksmissionen und Priesterkonferenzen ein. Alanus de Solminihac starb am 31. Dezember 1659 in Mercuès, Frankreich. 4. Oktober 1981 Seligsprechung.

Alban von England hl.
Märtyrer (Protomärtyrer von England)
Fest: 20. Juni,
2. August (Translation)
Alban gilt als Protomärtyrer von England. Er ist der einzige englische Heilige, dessen Verehrung seit der frühchristlichen Zeit überliefert ist. → Germanus von Auxerre etwa berichtete von einem Besuch an Albans Grab in Verulamium (heute St. Albans in der englischen Grafschaft Hartford) im Jahr 429. Verschiedene Überlieferungen zum Leben Albans sind allerdings legendarisch, manchmal wird der englische Märtyrer auch als Albinus von Rom bezeichnet. Alban von England entstammte einer römischen Familie aus Verulamium und wurde heidnisch erzogen. Ein Priester bekehrte ihn, danach wirkte Alban selbst mit großem Einsatz bei der Verkündigung des christlichen Glaubens mit. Er wurde festgenommen und von Gegnern enthauptet. Wann Albans Martyrium stattfand, ist unklar; die verschiedenen Quellen sprechen von den Verfolgungen unter Septimius Severus (um 209), Decius (um 255) oder Diokletian (um 305). Am Grab von Alban in Verulamium entstand die Abtei St. Albans, Reliquien des Märtyrers wurden dort bis zur Reformation verehrt. St. Albans entwickelte sich zu einem Wallfahrtsort, die Abtei war eine der wichtigsten und reichsten des Landes. Alban-Reliquien gelangten auch nach Rom und von dort durch Kaiserin Theophanu um 990 in deren Stiftung St. Pantaleon in Köln, wo sie bis heute in einem Reliquienschrein (1186) in der Schatzkammer von St. Pantaleon aufbewahrt werden.
Darstellung: das Haupt in der Hand tragend

Alban von Mainz hl.
Priester, Märtyrer
Fest: 21. Juni
Unsichere Vita, die Existenz Albans ist jedoch sicher bezeugt. Das Martyrologium von → Hrabanus Maurus berichtet, daß Alban um 400 von einer Mittelmeerinsel nach Mainz (Rheinland-Pfalz) gekommen sei und dort mit einem Gefährten missioniert habe. Um 406 seien beide Glaubensboten in Mainz von Vandalen (Hunnen) erschlagen oder enthauptet worden. Nach dem Märtyrer benannte sich das St. Albanskloster außerhalb von Mainz (mit einer Kirche, die im Jahr 805 geweiht wurde). Die Grabstätte von Alban fand man später bei Ausgrabungen auf einem spätrömischen Friedhof im Süden von Mainz. Alban genoß vor allem im Mittelalter große Verehrung, besonders in Mainz, in Basel und in Bayern.
Darstellung: als Priester, als Diakon, fälschlicherweise als Bischof, kopflos, den Kopf auf einem Buch oder in der Hand tragend, mit Schwert, bei der Enthauptung
Patronat: von Mainz, gegen Hals- und Kopfweh, Epilepsie, Harnerkrankungen, gegen Unwetter

Alberich von Cîteaux → Robert von Molesme

Alberich von Utrecht sel.
OSB, Bischof von Utrecht
Fest: 14. November, 4. März
Alberich war ein Neffe von → Gregor von Utrecht. Er war zunächst Prior des Benediktinerklosters in Köln, um 778 wurde er als Nachfolger von Gregor zum Bischof von Utrecht (Niederlande) geweiht. Er starb am 14. November 784 (oder 21. August 784).

Alberione, Giacomo
Priester, Ordensgründer
Fest: 26. November
Giacomo Alberione, geboren am 4. April 1884 in S. Lorenzo di Fossano in Italien, war der Gründer der Paulinischen Familie und weiterer Kongregationen für verschiedene Dienste im Apostolat. Er starb am 26. November 1971 in Rom. Seit 1988 läuft der Seligsprechungsprozeß.

Der selige Alanus de Solminihac, Bischof von Cahors, Reformer, Gründer von Waisenhäusern und Spitälern.

Giacomo Alberione, Gründer der Paulinischen Familie in Alba.

Der Schrein des heiligen Alban von England, in der Schatzkammer von St. Pantaleon, Köln. Wahrscheinlich gelangten Reliquien des Alban, von Rom aus, durch Kaiserin Theophanu in ihre Stiftung und spätere Grabeskirche St. Pantaleon.

Federico Albert, Gründer der Vinzentinerinnen von Maria Immaculata, die später nach ihm Albertinerinnen genannt wurden.

Albert, Federico sel.
Ordensgründer
Fest: 30. September
Federico Albert war der Gründer der Kongregation der Vinzentinerinnen von Maria Immaculata, später nach ihm Albertinerinnen genannt. Die Gemeinschaft kümmerte sich um Waisenkinder und Fürsorgefälle. Federico Albert wurde am 16. Oktober 1820 in Turin, Italien, geboren, promovierte in Theologie und empfing 1843 die Priesterweihe. Als er 1873 vom Papst die Ernennung zum Bischof erhielt, lehnte er ab, um sich weiterhin seinem Hilfsorden widmen zu können. Er starb am 30. September 1876 in Lanzo Torinese bei Turin; seine Freunde → Don Bosco und → Michael Rua standen ihm in der Sterbestunde bei. 30. September 1984 Seligsprechung.

Albert von Cashel hl.
Erzbischof von Cashel (?)
Fest: 8. Januar
Die Vita von Albert von Cashel entstand im 12. Jh. im Kloster Regensburg (Bayern), die tatsächliche Existenz Alberts ist historisch nicht bezeugt. Nach der Regensburger Überlieferung war er Erzbischof von Cashel in Irland. Seit dem 18. Jh. ist Albert Diözesanpatron von Cashel. Sein Grabmal aus dem 14. Jh. befindet sich im Niedermünster in Regensburg.

Albert von Jerusalem hl.
Patriarch von Jerusalem, Märtyrer
Fest: 16. September, 25. September
Albert wurde um 1149 in Castro di Gualtieri in Italien geboren. 1184 erhielt er die Ernennung zum Bischof von Bobbio, 1185 zum Bischof von Vercelli (beide Italien). Ab 1205 war er Patriarch von Jerusalem. Er galt als hervorragender Diplomat und aufopfernder Seelsorger. Albert wurde am 14. September 1214 während einer Prozession ermordet. 1609 Approbation des Kultes.

Albert von Lodi hl.
Bischof von Lodi
Fest: 4. Juli
Geboren um 1110 in Rivalta in Italien, war Albert zunächst Propst in seiner Heimatstadt. 1168 wurde er zum Bischof von Lodi (Italien) ernannt. Er starb am 4. Juli 1173 in Lodi.

Albert von Löwen hl.
Bischof von Lüttich, Märtyrer
Fest: 24. November
Albert kam um 1166 als Sohn des Herzogs von Löwen-Brabant (Belgien) zur Welt. Er war zunächst Erzdiakon von Lüttich; 1191 wurde er zum Bischof von Lüttich gewählt, konnte sein Amt jedoch nicht antreten, da Kaiser Heinrich VI. einen anderen Kandidaten zum Bischof bestimmte. Der Papst aber bestätigte Albert, der dann 1192 in Reims, Frankreich, die Weihe empfing. Wenige Tage nach der Bischofsweihe wurde Albert am 24. November 1192 bei Reims von politischen Gegnern ermordet. Die Heiligsprechung erfolgte 1613.

Albert von Oberaltaich (von Haigerloch)
OSB, Prior
Fest: 26. November
Albert stammte wohl aus Haigerloch (Baden-Württemberg), wo er im Jahr 1239 geboren wurde. Nach einem zunächst sehr weltlichen Leben trat der junge Ritter 1261 in das Benediktinerkloster Oberaltaich in Bayern ein und lebte von da an ein demütiges, asketisches Klosterleben; seine besondere Hinwendung galt den Seuchenkranken. Albert starb am 26.(27.?) November 1311 in Oberaltaich. Die Verehrung, die er schon zu Lebzeiten genoß, weitete sich nach seinem Tod weiter aus.

Albert von Trapani hl.
OCarm, Prediger
Fest: 7. August
Albert stammte möglicherweise aus Trapani auf Sizilien (geboren 1212?) und lebte schon als Kind im

Albertus Magnus, Fresko aus dem Stammbuch der Dominikaner, das sich unter der großen Kreuzigung von → Fra Angelico befindet, im Kapitelsaal des Klosters San Marco, Florenz.

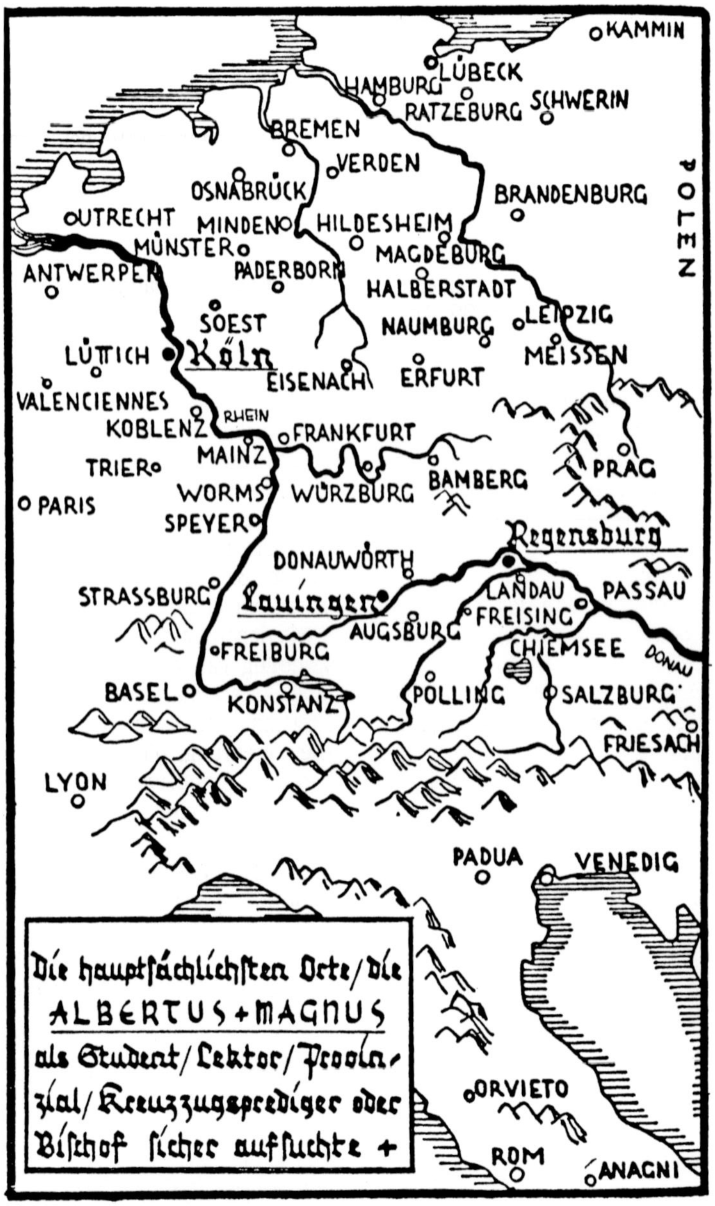

Übersichtskarte mit den Zielorten und Wirkungsstätten Albert des Großen.

dortigen Karmelitenkloster. In späteren Jahren war er einer der bedeutendsten Prediger Siziliens und bekehrte viele Menschen. Schon zu Lebzeiten genoß Albert hohe Verehrung, die sich nach seinem Tod am 7. August 1307 (in Messina) noch erheblich verstärkte. Bestätigung des Kultes 31. Mai 1476. Reliquien Alberts werden bei der Weihe in das sogenannte Albertuswasser getaucht, das dann gegen Fieber und bei Geburtsschwierigkeiten angewandt wird.

Albertinus
von Fonte Avellana hl.
OSB, Generalprior
Fest: 13. April

Albertinus stammte aus Montone in Mittelitalien. Ab 1275 war er Generalprior der Benediktiner-Kongregation von Fonte Avellana in Umbrien (→ Petrus Damiani). Er genoß schon zu Lebzeiten hohe Verehrung, die sich nach seinem Tod am 13. April 1294 noch ausweitete. 1782 Bestätigung des Kultes.
Patronat: gegen Bruchleiden

Albertus Magnus
(Albert der Große) hl.
OP, Provinzial, Bischof,
Kirchenlehrer (1931)
Fest: 15. November

Albertus Magnus war einer der wegbereitenden und bedeutendsten Wissenschaftler, Theologen und Philosophen des Mittelalters. Geboren wohl kurz vor 1200 in Lauingen in Bayerisch-Schwaben, trat er 1223 in Padua (Italien) dem Dominikanerorden bei. Bald darauf kam er nach Köln, wo er einen großen Teil seines Lebens verbrachte. Nach Stationen in Freiburg, Hildesheim, Regensburg und Straßburg machte Albertus Magnus 1245 in Paris seinen Doktor in Theologie. 1248 begründete er in Köln ein Generalstudium seines Ordens, an dem er selbst bis 1254 lehrte und das zu einem kulturellen Mittelpunkt wurde (einer seiner Schüler war → Thomas von Aquin). Von 1254 bis 1257 war er Provinzial aller deutschsprachigen Dominikaner. 1260 wurde er vom Papst zum Bischof von Regensburg ernannt, um die zerrüttete Diözese wiederaufzubauen; er legte das Amt aber 1262 wieder nieder. Der Papst entsandte Albertus Magnus danach als Kreuzzugsprediger in alle deutschsprachigen Länder. Während der Jahre zwischen 1270 und seinem Tod am 15. November 1280 lebte er wieder in Köln und war einer der wichtigsten Friedensvermittler seiner Zeit. Nach seinem Tod wurde Albert der Große in der Dominikanerordenskirche in Köln beigesetzt, die Grabstätte wurde bald zum Wallfahrtsort. Heute ruhen die Reliquien in der Kirche St. Andreas in Köln, die Hirnschale befindet sich in Lauingen, ein Schulterblatt in Regensburg. Heiligsprechung und Erhebung zum Kirchenlehrer am 16. Dezember 1931. – Wegen seines umfassenden Wissens und seiner überragenden Bildung wurde Albertus Magnus „Doctor universalis“ genannt. Auch auf dem Gebiet der Naturwissenschaften, der Zoologie und der Botanik nimmt die Lehre von Albert bis heute eine wichtige Stellung ein. – In Österreich wird der Gedenktag am 16. November begangen, da am 15. November des Landespatrons Leopold gedacht wird.
Darstellung: als Dominikaner oder als Bischof, an einem Schreibpult sitzend, mit Stab, Buch, Schreibfeder.

Karl Dominikus Albini, auch genannt „Apostel Korsikas".

Patronat: der Theologen, Philosophen, Naturwissenschaftler, Studenten, Bergleute

Albina → Märtyrer von Lyon

Albini, Karl Dominikus
OMI, Priester, Volksmissionar
Fest: 20. Mai
Geboren am 26. November 1790 in Menton, Frankreich, empfing Karl Dominikus Albini 1814 die Priesterweihe und trat 1824 der Kongregation der Oblaten der Unbefleckten Jungfrau Maria bei. Er wirkte als erfolgreicher Volksmissionar auf Korsika und trug den Beinamen „Apostel Korsikas". Es gelang ihm, die überlieferte Tradition der Blutrache stark zu verdrängen. Er starb am 20. Mai 1839 in Vico auf Korsika. Der Seligsprechungsprozeß ist in Gang.

Albinus (Albin) →
Alban von England

Albinus (Aubin) hl.
Bischof von Angers
Fest: 1. März
Geboren um 496, wurde Albinus um 529 Bischof von Angers, Frankreich. Seine Anwesenheit bei den Synoden von Orléans in den Jahren 538, 541 und 549 ist bezeugt. Nach seinem Tod um 550 setzte sofort ein starker Kult ein, der sich auch nach Deutschland, Polen und England ausweitete. In Angers existierte schon 556 die Basilika Sancti Albini.

Albuin → Witta

Albuin von Säben-Brixen hl.
Bischof von Säben-Brixen
Fest: 5. Februar
Geboren um 930, bestieg Albuin 975 den Bischofsstuhl von Säben (Südtirol), den er 990 ins nahegelegene Brixen verlegte. Er war befreundet mit den Königen und Kaisern seiner Zeit und erhielt von diesen großzügige Schenkungen für seine Kirche. Albuin starb am 5. Februar 1005 oder 1006 in Brixen, wo er seit dem 13. Jh. als 3. Diözesanpatron verehrt wird. Der Kult wuchs ständig an, die Reliquien werden bis heute im Dom von Brixen verehrt.

Alchmund
Märtyrer
Fest: 19. März
Unsichere Vita, jedoch große Verehrung im angelsächsischen Raum. Alchmund war ein Sohn von König Alchred von Northumbrien. Um 800 wurde er jung ermordet, möglicherweise von König Eardwulf, einem der Nachfolger seines Vaters. Viele Wunder sollen sich an Alchmunds Grab in Lilleshall ereignet haben, was den Kult um seine Person ständig vergrößerte. Die Reliquien gelangten später nach Derby. Zahlreiche Kirchen in England waren Alchmund geweiht.

Alda → Aldobrandesca

Aldebrand hl.
Bischof von Fossombrone
Fest: 1. Mai
Die in Teilen unsichere Vita berichtet, daß der Italiener Aldebrand nach einigen Jahren als Propst in Rimini zum Bischof von Fossombrone in der Region Marken ernannt wurde. Seine Amtszeit könnte zwischen 1240 und 1250 gelegen haben. Hochbetagt starb er Mitte des 13. Jh. Aldebrand wurde als Patron der Stadt Fossombrone sowie der dortigen Kathedrale verehrt.
Darstellung: als Bischof, mit Glocke, Glockenturm, Vögeln, Rebhuhn (weil er nach der Legende ein gebratenes Rebhuhn zum Leben erweckte)

Aldegund → Adelgunde

Aldemar hl.
OSB, Abt
Fest: 24. März
Der Benediktiner Aldemar war um 1070 Mönch im berühmten Kloster Montecassino (Italien), etwa ab 1084 ist er als Abt des Klosters von Capua verzeichnet. Er beendete sein Leben als Priester und Seelsorger in der Gemeinde Bucchianico, wo er zahlreiche Wunder vollbracht haben soll. Er starb um 1088.

Alderich sel.
OPraem, Laienbruder, Hirte
Fest: 6. Februar
Vita wohl teilweise legendarisch; danach stammte Alderich aus einer Königsfamilie und trat als Laienbruder dem Prämonstratenserorden bei. Er soll um 1200 Schweinehirt beim Frauenkloster Füssenich bei Zülpich (Nordrhein-Westfalen) gewesen und dort auch gestorben sein. Erst ab dem frühen 17. Jh. ist ein Kult bekannt. Möglicherweise wurde Alderich aber auch mit einem anderen Ordensbruder verwechselt. In Zülpich-Füssenich existieren eine Alderich-Kapelle und ein Alderich-Brunnen, in der Pfarrkirche steht ein Marmorsarkophag mit Reliquienschrein.
Patronat: des Viehs

Aldetrud hl.
OSB, Äbtissin
Fest: 25. Februar
Aldetrud war die Tochter von → Vinzenz Madelgar und → Waldetrud. Die Eltern gaben sie schon als Kind in das von ihrer Tante → Adelgunde gegründete Benediktinerinnenkloster Maubeuge, wo sie 684 deren Nachfolgerin als Äbtissin wurde. Sie starb wohl am 25. Februar 696.

Aldhelm (Ealdhelm) hl.
OSB, Bischof, Dichter
Fest: 25. Mai
Geboren um 640 in England, trat Aldhelm (Ealdhelm) dem Benediktinerorden bei und wurde 673 zum ersten Abt des Klosters Malmesbury ernannt, das unter ihm schnell aufblühte und an Bedeutung ständig gewann. 705 erhielt er vom Papst die Ernennung zum

Bischof von Sherborne. Populär war Aldhelm auch als Dichter und Schriftsteller von Poesie und Prosa; zahlreiche Gedichte sowie wichtige Briefe sind bis heute erhalten. Aldhelm starb 709 in Doulting, England.

Aldobrandesca (Alda) sel.
Terziarin, Mystikerin
Fest: 26. April
Aldobrandesca stammte aus Siena in Italien, wo sie am 28. Februar 1249 geboren wurde. Nach dem Tod ihres Ehemannes wurde sie Terziarin bei den Humiliaten, die sich der Krankenpflege widmeten. Sie vollbrachte zahlreiche Krankenheilungen und besaß die Gaben der Prophezeiung und der Visionen. Aldobrandesca starb am 26. April 1309 in Siena; ihre Reliquien befinden sich heute in der Kirche S. Tommaso in Siena.

Aldrich von Le Mans sel.
Bischof von Le Mans
Fest: 7. Januar
Aldrich, geboren am 21. Juni 800 als Sohn adliger Eltern, erhielt seine Ausbildung am Hof von → Karl dem Großen. 832 wurde er Bischof von Le Mans (Frankreich). Er starb am 7. Januar 857.

Aldrich von Sens hl.
OSB, Erzbischof von Sens
Fest: 10. Oktober, 7. Juni (Sens)
Aldrich war zunächst Mönch und Abt in dem Benediktinerkloster Ferrières (Frankreich), bevor er 829 zum Erzbischof von Sens ernannt wurde. Er starb am 10. Oktober 836 in Ferrières.

Aleman → Louis Aleman

Alessio Falconieri hl.
Ordensgründer
Fest: 17. Februar
Geboren um 1200 in Florenz, Italien, schloß sich Alessio Falconieri 1233 der Gruppe von insgesamt sieben Männern an, die als Gründer des Servitenordens (Diener Mariens) in die Geschichte eingingen. Aus Demut verzichtete er auf eine Weihe zum Priester und sammelte stattdessen auf den Straßen von Florenz Almosen, um Ordensstudenten an der Universität zu unterstützen (daher wird er auch als Patron der Servitenschüler verehrt). Im Alter von angeblich 110 Jahren starb Alessio Falconieri am 17. Februar 1310. Er war der einzige der sieben Gründer, der die offizielle Bestätigung des Ordens durch Papst Benedikt XI. noch miterlebte. Papst Leo XIII. sprach die Ordensgründer am 15. Januar 1888 heilig.

Büstenreliquiar von Papst Alexander I., von Godefroid de Huy, 1145, Musées Royaux d'Art, Brüssel. Am Sockel Emails mit den Abbildungen von Bischof → Eventius und → Theodolus.

Alexander I. hl.
Papst (107 bis 116)
Fest: 3. Mai
Alexander I. war der fünfte Nachfolger von Petrus auf dem Papststuhl. Er hat wohl von 107 bis 116 amtiert. Angebliche Reliquien gelangten auch nach Freising in Bayern.
Darstellung: als Papst im Kerker (Verwechslung mit dem römischen Märtyrer Alexander)

Alexander (Nonsberger Märtyrer)
Märtyrer
Fest: 29. Mai
Alexander half gemeinsam mit seinen Gefährten → Sisinnius und → Martyrius Ende des 4. Jh. Bischof → Vigilius von Trient bei der Missionierung. Alle drei wurden am 29. Mai 397 auf dem Nonsberg bei Trient in Norditalien von Heiden getötet. Sofort nach dem Tod setzte eine starke Verehrung für die drei Märtyrer ein.
Darstellung: immer gemeinsam mit Sisinnius und Martyrius, mit Buch und Schlüssel

St. Alderich-Kapelle in Füssenich bei Zülpich, bis zum Ersten Weltkrieg ein beliebter Wallfahrtsort.

Alexander von Fiesole hl.
Bischof von Fiesole, Märtyrer
Fest: 6. Juni
Unsichere Vita, nach der Alexander wohl Mitte des 9. Jh. Bischof von Fiesole in Italien war. Nachdem Adlige ihm Güter seiner Kirche geraubt hatten, zog er nach Pavia, wo er sich von Kaiser Lothar seinen Besitz bestätigen ließ. Auf der Rückreise nach Fiesole wurde Alexander von seinen Feinden überfallen und im Fluß Reno bei Bologna ertränkt. Er wurde als Märtyrer verehrt; in Fiesole war er Diözesanpatron.

Alexander (Alessandro) Sauli hl.
CRSP, Ordensgeneral, Bischof
Fest: 11. Oktober
Geboren am 15. Februar 1534 in Mailand, Italien, trat Alexander Sauli 17jährig dem neugegründeten Orden der Barnabiten (Paulaner) bei. 1556 empfing er die Priesterweihe. Er wurde Professor der Theologie und nahm im Alter von 23 Jahren die Tätigkeit als Prediger auf, wobei er unglaubliche Erfolge hatte; die Menschen strömten in Massen zu seinen Predigten und Vorlesungen und waren begeistert von seinem Charisma. 1567 ernannte man ihn zum Ordensgeneral der Barnabiten, 1569 wurde er zum Bischof von Aléria auf Korsika berufen. Bald war er Vorbild aller Bischöfe des Landes, im Volk hatte er den Beinamen „Schutzengel und Apostel Korsikas". Die ihm angetragenen Bischofswürden von Tortona und Genua in Italien lehnte Alexander Sauli ab, 1591 wurde er vom Papst aber gezwungen, das Bistum Pavia zu übernehmen. Während einer Visitationsreise starb Alexander Sauli am 11. Oktober 1593 in Calosso d'Asti. Der Glasschrein mit seinen bekleideten Gebeinen steht bis heute im Dom von Pavia. Heiligsprechung am 11. Dezember 1904.
Patronat: von Korsika, Pavia, Genua

Alexander Sauli; sein Bischofsamt von Aléria auf Korsika brachte ihm die Beinamen „Schutzengel und Apostel von Korsika." Hier nach einem Porträt aus dem Jahr 1591 in der Kirche San Carlo ai Catinari, Rom.

Alexander von Rom
Märtyrer
Fest: 10. Juli
Nach der größtenteils legendarischen Überlieferung war Alexander einer der sieben Söhne der Märtyrerin → Felicitas. Gemeinsam sollen sie um 165 in Rom während der Christenverfolgungen getötet worden sein. Alexander zugeschriebene Reliquien gelangten im 9. Jh. auch nach Deutschland.
Darstellung: als Märtyrer, mit Ofen (Martyrium)
Patronat: bei Gewitter, gegen Kopfschmerzen, gegen Blutfluß

Alexandros hl.
Abt
Fest: 15. Januar
Geboren um 350 auf einer griechischen Insel, gründete der Missionar und Mönch Alexandros um 420 in Konstantinopel ein Kloster, das nach höchsten asketischen Grundregeln ausgerichtet war. Berühmt wurde das Kloster, weil die Mönche Tag und Nacht das Chorgebet verrichten mußten (daher ihr Name Akoimeten, die Schlaflosen). Als die Kritik an Abt Alexandros und seiner Klosterführung größer wurde, mußte er Konstantinopel verlassen. In Gomon am Schwarzen Meer (Türkei) gründete er ein neues Kloster, starb jedoch bald darauf am 25. Januar(?) 430.

Alexandros von Alexandrien
Patriarch von Alexandrien
Fest: 26. Februar, 18. April, 22. April (Kopten)
Alexandros war etwa ab 312 Patriarch von Alexandrien (Ägypten). Er war einer der schärfsten Gegner des Irrlehrers Arius, zunächst mit Güte, dann mit Sanktionen. Zwei Schreiben von Alexandros an Bischöfe, die das Thema zum Inhalt haben, sind noch erhalten, ebenso Fragmente einiger seiner Predigten. Alexandros starb am 17./18. April 328.

Alexandros von Konstantinopel hl.
Bischof von Konstantinopel
Fest: 28. August, 31. August
Alexandros war wohl nach 325 Bischof von Konstantinopel. Er bekämpfte den Irrlehrer Arius, und es heißt, dieser sei 336 auf ein Gebet von Alexandros hin in Konstantinopel gestorben. Auch Alexandros starb bald darauf

Alexandros von Lyon hl.
Arzt, Märtyrer
Fest: 2. Juni
Alexandros gilt als erster bekannt gewordener Märtyrer aus dem Ärztestand. Er lebte und arbeitete Mitte des 2. Jh. in Lyon, Frankreich, war praktizierender Christ und wurde deshalb in einer der Verfolgungen festgenommen. Es heißt, er habe zweifelnden Christen, die vor dem Richter wankten, Mut gemacht, weshalb man ihn schweren Martern aussetzte. Schließlich wurde er mit dem Schwert getötet. Das Todesjahr war 177 (Juni). Alexandros gehört zur Gruppe der Märtyrer von Lyon.

Alexius von Edessa hl.
Bekenner, Asket
Fest: 17. Juli, 17. März (Griechen)
Legendarische Vita aus dem 6. Jh. Alexius soll danach an seinem Hochzeitstag geflüchtet sein und in Edessa, heute Urfa in der Türkei, im Verborgenen in vollkommener Armut bis zu seinem Tod gelebt haben. Eine andere, später entstandene Legende erzählt, Alexius sei nach Jahren wieder in sein Elternhaus zurückgekehrt, wo ihn wegen seiner Verwahrlosung niemand mehr erkannte. Als Bettler oder Diener seiner Eltern habe er unter der Treppe des Hauses gelebt, bis er eines Tages starb. Erst nach seinem Tod habe man erkannt, wer er war. Angeblich hielt sich sogar der Papst an seinem

Totenbett auf. – Um die Person des Alexius entstand ein großer Kult, lange gehörte er zu den meistverehrten Gestalten der Kirche. Um Alexius entwickelte sich auch ein starkes Brauchtum (Alexius-Stiegen). Reliquien wurden an vielen Orten verehrt. Die Legende fand breiten Eingang in Dichtung, Musik und Schauspiel des Mittelalters.
Darstellung: als Asket mit langem Bart, als Bettler unter der Treppe, der Papst an seinem Totenbett
Patronat: von Innsbruck, der Pilger, Bettler, Vagabunden, der Kranken, der Gürtler, gegen Unwetter, Blitz, Erdbeben, Seuchen

Alferius hl.
OSB, Abt von La Cava
Fest: 12. April
Geboren Ende des 10. Jh., trat Alferius, der aus Salerno, Italien, stammte, um 1006 dem berühmten Benediktinerkloster von Cluny bei. Um 1011 kehrte er nach Salerno zurück und ließ sich als Einsiedler in einem Tal nieder. Aus seiner Einsiedelei entwickelte sich nach und nach das Benediktinerkloster La Cava, dem Alferius als erster Abt vorstand. Er starb am 12. April 1050. Bestätigung des Kultes 1911.

Alfons de Mena sel.
OP, Missionar, Märtyrer
Fest: 10. September
Alfons de Mena wurde am 3. Februar 1568 in Logrono in Spanien geboren und trat 1594 dem Dominikanerorden bei. Ab 1598 wirkte er als Missionar auf den Philippinen, ab 1602 in Japan. Gemeinsam mit Gefährten erlitt Alfons de Mena am 10. September 1622 in Nagasaki das Martyrium; er kam im Feuer ums Leben. 1867 Seligsprechung.

Alfons de Navarrete sel.
OP, Missionar, Märtyrer
Fest: 1. Juni
Alfons de Navarrete stammte aus Spanien und trat als junger Mann dem Dominikanerorden bei. Er ging in die Mission, zunächst auf die Philippinen, dann nach Japan, wo er als Vikar des Ordensprovinzials diente. Am 1. Juni 1617 wurde er von Christenverfolgern gefangengenommen und enthauptet. 1867 Seligsprechung.

Alfons von Orozco sel.
OESA, Prior, Mystiker
Fest: 19. September
Geboren 1500 in Oropesa (Toledo) in Spanien, trat Alfons von Orozco 1522 den Augustiner-Eremiten bei und wurde Prior in mehreren Klöstern. Die spanischen Könige suchten ihn als Ratgeber und Beichtvater. Er galt als einer der bedeutendsten Mystiker des 16. Jh. in Spanien, seine schriftstellerischen Werke gehören zu den Klassikern. Alfons von Orozco starb am 19. September 1591 in Madrid. 1882 Seligsprechung.

Alfons Maria di Liguori hl.
CSSR, Ordensgründer, Kirchenlehrer
Fest: 1. August
Alfons Maria di Liguori kam als Sohn eines Admirals am 27. September 1696 in Marianella, einem Vorort von Neapel in Italien, zur Welt. Im Alter von 16 Jahren erwarb er den Doktortitel in Rechtswissenschaften und arbeitete danach etwa zehn Jahre als Rechtsanwalt. Aus Enttäuschung über einen verlorenen Prozeß gab er seine Kanzlei auf und wandte sich einem anderen Leben zu: 1726 empfing er die Priesterweihe. In den ersten Jahren widmete er sich der Missionierung unter der Landbevölkerung rund um Neapel. 1731 gründete er die Kongregation der Redemptoristinnen, 1732 folgten die Redemptoristen (Liguorianer). Ziel der Gemeinschaften sollte es sein, Leben und Tugenden Christi so vollkommen wie möglich nachzuleben, zum eigenen Nutzen und zum Wohle des Volkes. Als Prediger, Missionar und gesuchter, gütiger Beichtvater zog Alfons Maria di Liguori durch ganz Italien. Das Volk liebte und verehrte ihn, überall folgten ihm Massen von Menschen. 1762 ernannte ihn der Papst zum Bischof von Sant'Agata dei Goti, einer Diözese nördlich von Neapel. Unter seinen berühmten Schriften ragen zwei heraus: die „Theologia moralis“ (Moraltheologe) wurde vor seinem Tod achtmal und nach seinem Tod 73 Mal aufgelegt; „Homo Apostolicus“ erreichte 118 Auflagen. Die Schriften sind in 70 Sprachen übersetzt. Alfons Maria di Liguori starb am 1. August 1787

Der Heilige Alfons Maria di Liguori war mit 16 Jahren bereits Doktor der Rechtswissenschaften und gründete mit 35 Jahren die Redemptoristen (Liguorianer).

Diese Darstellung aus dem 19. Jh. zeigt eine der Legenden, die sich um Alexius von Edessa ranken (siehe Text).

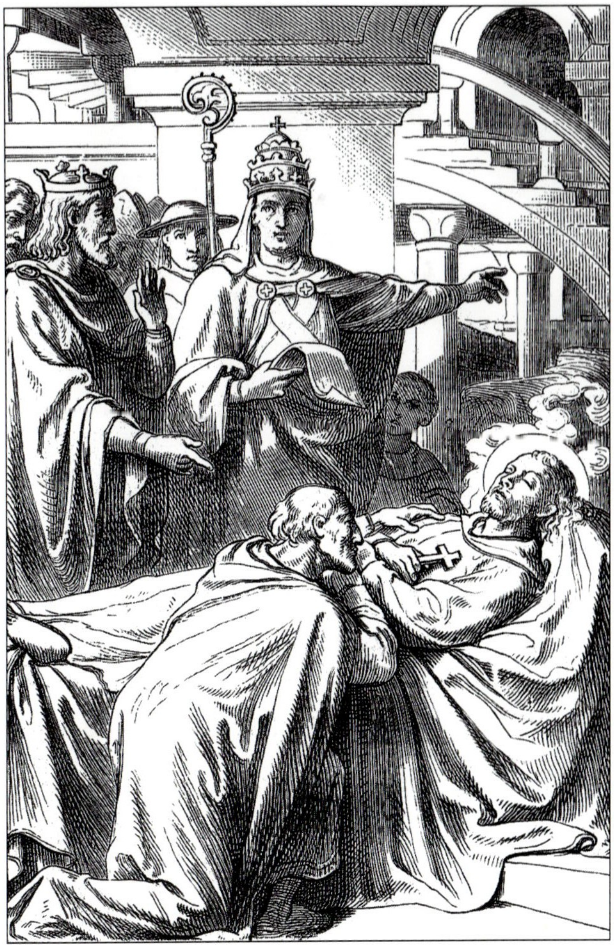

Der Schrein mit dem Körper des heiligen Alfons Maria di Liguori in der Basilika von Nocera dei Pagani bei Neapel.

Alonso Rodríguez, Pförtner und Verfasser mystisch-aszetischer Schriften.

Der selige Giuseppe Allamano, Missionar und Gründer eines Instituts für Weltpriester, die sich der Weltmission zur Verfügung stellen.

in Nocera dei Pagani bei Neapel (im Mutterhaus des Ordens) und wurde in der Redemptoristenkirche beigesetzt. 1816 Seligsprechung, 26. Mai 1839 Heiligsprechung, 23. März 1871 Ernennung zum Kirchenlehrer.
Darstellung: als gebeugter Greis im schwarzen Ordensgewand, mit Ordenskreuz, Rosenkranz, Marienbild, Engel
Patronat: der Beichtväter, Seelenführer, Moraltheologen

Alfons von Pacheco sel.
SJ, Märtyrer
Fest: 27. Juli
Geboren 1551 in Minaya in Spanien, trat Alfons von Pacheco 1567 dem Jesuitenorden bei. Ab 1574 wirkte er in der Mission in Indien, wo er am 27. Juli 1583 gemeinsam mit → Rudolf Acquaviva ermordet wurde. Der Ort des Martyriums war Cuncolim auf der Halbinsel Salsette. 1893 Seligsprechung (zusammen mit Rudolf Acquaviva).

Alfrida
Märtyrerin
Fest: 8. Dezember
Kaum historisch gesicherte Überlieferungen. Geboren wohl im 8. Jh. in Frankreich, soll Alfrida gemeinsam mit ihren Schwestern 819 in Caestre bei Arras, Frankreich, von Normannen ermordet worden sein. In der Gegend von Arras existiert die Verehrung noch heute.

Alice → Aleydis von Schaerbeek

Alix Le Clerc sel.
Ordensgründerin
Fest: 9. Januar
Alix Le Clerc stammte aus Remiremont, Frankreich, wo sie am 2. Februar 1576 geboren wurde. Zusammen mit → Petrus Fourier gründete sie den Lehrorden der Chorfrauen Unserer Lieben Frau, dessen Schwestern sich um Ausbildung und christliche Erziehung junger Mädchen kümmern. Unter dem Ordensnamen Maria Theresia von Jesus war sie die erste Oberin. Alix Le Clerc starb am 9. Januar 1622. Seligsprechung am 4. Mai 1947.

Alkuin
OSB, Abt, Gelehrter
Fest: 19. Mai
Alkuin prägte das Geistesleben seiner Zeit und gehörte zu den bestimmenden Persönlichkeiten der zweiten Hälfte des 8. Jh. Er stammte aus York in England, wo er um 730/735 geboren wurde. Auf einer Rom-Reise traf er → Karl den Großen, der ihn zu sich an den Aachener Hof holte. Alkuin unterrichtete in der Folge die ganze Herrscherfamilie sowie Gelehrte wie → Hrabanus Maurus. Kraftvoll bekämpfte er Heidentum und Irrlehren. 796 wurde er zum Abt der Benediktinerabtei von Tours, Frankreich, ernannt. Er starb am 19. Mai 804 in Tours und wurde in seinem Kloster beigesetzt.
Darstellung: als Mönch, mit Schriftrolle, mit Rabanus Maurus

Allamano, Giuseppe sel.
Gründer
Fest: 15. Februar
Giuseppe Allamano wurde am 21. Januar 1851 in Castelnuovo d'Asti, Italien, geboren, im selben Ort, dem auch → Don Bosco entstammte, der später sein Seelenführer und Beichtvater war. 1873 empfing er die Priesterweihe. Da er seinem größten Wunsch, Missionar zu werden, aus gesundheitlichen Gründen nicht nachkommen konnte, gründete er in Turin ein Institut für Weltpriester, die sich der Weltmission zur Verfügung stellen. 1902 zog die erste Gruppe von Missionaren nach Kenia. 1910 folgte die Gründung einer Gemeinschaft von Missionsschwestern. Beide Institute nannten sich nach dem Turiner Marienheiligtum „Consolata". Giuseppe Allamano starb am 15. Februar 1926. Seligsprechung am 7. Oktober 1990.

Allegra, Gabriel Maria
OFM, Ordensmann
Fest: 26. Januar
Geboren am 26. Dezember 1907 in San Giovanni La Punta auf Sizilien, empfing Gabriel Maria Allegra die Priesterweihe, trat dem Franziskanerorden bei und ging in die Mission. Er starb am 26. Januar 1976 in Hongkong. Der Seligsprechungsprozeß läuft.

Allowinus → Bavo

Almachios → Telemachos

Alonso (Alfons) Rodríguez hl.
SJ, Ordensmann, Mystiker
Fest: 31. Oktober
Alonso Rodríguez, geboren am 23. Juli 1533 in Segovia, Spanien, trat nach dem Tod seiner Ehefrau und seiner Kinder dem Jesuitenorden bei. Er bekleidete viele Jahre das Amt des Pförtners im Kolleg Montesión in Palma auf Mallorca.

Er war ein Vorbild an Demut, Gehorsam und Strenge gegenüber sich selbst, erlebte mystische Begnadungen und verfaßte zahlreiche mystisch-aszetische Schriften, von denen die „Memorias“ sehr bekannt wurden. Alonso Rodríguez starb am 31. Oktober 1617 in Palma. 12. Juni 1825 Seligsprechung, 15. Januar 1888 Heiligsprechung.

Aloysius von Gonzaga hl.
SJ, Ordensmann
Fest: 21. Juni
Geboren am 9. März 1568 in Castiglione delle Stiviere in Norditalien, verzichtete Aloysius von Gonzaga als 17jähriger auf sein adliges Erbe und trat in Rom dem Jesuitenorden bei. Tiefe Frömmigkeit und absolute Strenge gegenüber sich selbst verbanden sich bei ihm mit einer tiefen Liebe zu kranken und hilfesuchenden Menschen. Während einer Pestepidemie in Rom kümmerte er sich aufopfernd um die Kranken und sorgte für würdevolle Beisetzungen der Verstorbenen. Dabei steckte er sich selbst an und starb am 21. Juni 1591 im Alter von 23 Jahren. Die Reliquien von Aloysius von Gonzaga werden in der Kirche S. Ignazio in Rom aufbewahrt, das Haupt befindet sich in der Aloysius-Basilika in Castiglione. 1605 Seligsprechung, 1726 Heiligsprechung, 1729 Ernennung zum Patron der Jugend und Studierenden.
Darstellung: als Jesuit, als Page, mit Totenkopf, Kreuz, Lilie, Rosenkranz, mit anderen Heiligen aus dem Jesuitenorden
Patronat: von Mantua, der Jugend, der Studierenden, bei der Berufswahl, gegen Augenleiden, gegen die Pest

Aloysius Rabatá sel.
OCarm, Prior
Fest: 11. Mai
Aloysius Rabatá stammte aus Sizilien, wo er um 1430 geboren wurde. Er trat dem Karmeliterorden bei und wurde Prior des Klosters von Randazzo auf Sizilien. Er war hochverehrt wegen seiner Güte und seiner Gabe des Verzeihens; so vergab er auch dem Täter, der ihm bei einem Anschlag schwere Verletzungen zufügte, an deren Folgen er am 11. Mai 1490 starb. 1842 Approbation des Kultes durch den Papst.

Alpais sel.
Reklusin, Mystikerin
Fest: 3. November
Alpais war ein Bauernmädchen aus Cudot in Frankreich, das in jungen Jahren auf wunderbare Weise vom Aussatz geheilt wurde. Danach lebte sie, völlig gelähmt, als Reklusin und nahm nur noch die heilige Kommunion zu sich. Alpais war wegen ihrer übernatürlichen Gaben und ihrer Wundertätigkeit in ganz Frankreich bekannt und verehrt. Königin Adele richtete 1180 die Stiftung „Pour l'Amour d'Alpais“ ein. Alpais starb am 3. November 1211 in Cudot. 1874 Bestätigung des Kultes durch den Papst.

Alpheios hl.
Märtyrer
Fest: 10. Mai
Legendarische Passio; danach erlitten Alpheios und seine Brüder Philadelphos und Kyrinos um 251 oder um 258 in Lentini auf Sizilien das Martyrium. Die den drei Brüdern zugeordneten Gebeine wurden 1517 bei Lentini wieder aufgefunden. Die Verehrung der Märtyrer verbreitete sich von Sizilien aus in alle Richtungen. Alpheios ist Patron von Lentini.

Alpinus hl.
Bischof von Châlons-sur-Marne
Fest: 7. September
Alpinus (Albinus) war nach der unsicheren Vita wohl in der zweiten Hälfte des 5. Jh. Bischof von Châlons-sur-Marne in Frankreich. Er starb um 500.

Alruna von Cham
Reklusin
Fest: 27. Januar
Nach dem Tod ihres Ehemannes, des Markgrafen von Cham (Bayern), lebte Alruna als Reklusin beim Benediktinerkloster in Niederaltaich in Bayern und war eine vielgesuchte Ratgeberin. Sie starb am 27. Januar (Dezember?) 1045. Ihre bekleideten Gebeine ruhen in einem Glasschrein in der Kirche St. Mauritius in Niederaltaich.
Darstellung: als Benediktinerin mit abgelegter Krone
Patronat: der werdenden Mütter, der Fieberkranken

„Es ist besser, Gott zu dienen, als die Welt zu beherrschen“, Worte des heiligen Aloysius von Gonzaga, Schutzpatron der Jugend und der Keuschheit.

Altfrid von Hildesheim
Bischof von Hildesheim
Fest: 15. August
Altfrid (Altfred), geboren um 798, war zunächst Leiter der Klosterschule von Corvey. 851 erhielt er die Ernennung zum Bischof von Hildesheim (Niedersachsen). Er gründete den Hildesheimer Dom sowie zahlreiche Stifte, ab 860 war er enger Vertrauter von König Ludwig dem Deutschen. Altfrid starb am 15. August 874 in Hildesheim; beigesetzt wurde er in dem von ihm begründeten Stift in Essen (dort bis heute Reliquien in der Münsterkirche). Altfrid wird seit dem 11. Jh. in Hildesheim und Essen als Heiliger verehrt; 1965 Bestätigung des Kultes.

Altmann von Passau
Bischof von Passau
Fest: 8. August,
9. August (Passau, Wien)

Geboren um 1015 in Westfalen, wirkte Altmann zunächst als Kanoniker an der Paderborner Domschule, ab 1015 war er Hofkaplan von Kaiser Heinrich III. Mit Unterstützung von Kaiserin Agnes, deren Vertrauter er war, wurde er 1065 zum Bischof von Passau in Bayern ernannt. Das Volk verehrte ihn, Adel und Klerus achteten ihn hoch. In seiner Diözese reformierte er tatkräftig, kämpfte energisch für die Zölibatsgesetze und gründete mehrere berühmte Kirchen und Stifte, so 1083 Göttweig (Österreich). Nachdem Altmann 1077 die Absetzung von Heinrich IV. mitbetrieben hatte (er stand im Investiturstreit immer auf seiten des Papstes), mußte er aus Passau fliehen und konnte nie mehr zurückkehren. Bis zu seinem Tod am 8. August 1091 in Zeiselmauer bei Wien wirkte er im österreichischen Teil seiner Diözese. Beigesetzt ist Altmann im Stift Göttweig.
Darstellung: im Bischofsgewand, mit Kaiserin Agnes

Dieser alte Stich zeigt den heiligen Alto beim Auffinden einer Quelle und beim Roden des Waldes. Später entwickelten sich hieraus das Kloster und der Ort Altomünster, Bayern.

Reliquiar mit der Schädeldecke von Bischof Altmann, in der Stiftskirche von Kloster Göttweig, Österreich.

Alto hl.
Einsiedler
Fest: 9. Februar

Passio teilweise legendarisch; danach stammte Alto möglicherweise aus England und wirkte ab 740 im Raum Dachau in Bayern. Nach sicheren Überlieferungen wurde er von Pippin dem Jüngeren mit jenem Wald bei Dachau beschenkt, in welchem er seine Einsiedlerzelle hatte; er errichtete dort eine Kirche. Eine Urkunde von 760 aus dem nahegelegenen Ort Mammendorf trägt die Unterschrift „Alto reclausus" (Alto Einsiedler). Alto genoß in der ganzen Umgebung hohes Ansehen als Ratgeber und war schon zu Lebzeiten sehr verehrt. Nach seinem Tod um 760 wurde bei seiner Zelle ein Kloster errichtet, später entwickelte sich der Ortsname Altomünster. Kirche und Kloster wurden beim Ungarneinfall zerstört, später wieder aufgebaut. Altomünster ist bis heute Wallfahrtsort, Hirnschale sowie das Rodungsmesser von Alto werden dort gezeigt.
Darstellung: als Abt, mit Messer

Alverius
Märtyrer
Fest: 2. Januar

Geboren im 3. Jh., gehörte Alverius zur Thebäischen Legion des → Mauritius. Er wurde um 303 bei Turin in Italien gefangengenommen und enthauptet.

Alyphios hl.
Säulensteher
Fest: 26. November

Alyphios lebte im 7. Jh. in Griechenland und war zunächst Diakon. Im Alter von 32 Jahren zog er sich in die Einsamkeit zurück und verbrachte die folgenden 67 Jahre auf einer Säule stehend. Unter seiner Leitung entstand nahe der Säule ein Doppelkloster, dem er vorstand. Alyphios starb knapp 100jährig, nachdem er die letzten Lebensjahre auf seiner Säule gelegen hatte. Sein Haupt und andere Reliquien befinden sich bis heute im Athoskloster Kutlumusiu, mit dem das Alyphios-Kloster im 15. Jh. vereint worden war.

Alypius
Bischof von Tagaste
Fest: 15. August

Alypius war ein Freund und Schüler von → Augustinus und stammte wie dieser aus Tagaste (Algerien). Unter dem Einfluß von Augustinus bekehrte er sich zum Christentum und empfing mit ihm 387 die Taufe. Er kehrte mit Augustinus nach Afrika zurück und wurde 394 zum Bischof von Tagaste gewählt. Alypius starb um 430 in Tagaste.

Alzon, Emmanuel d'
AA, Ordensgründer
Fest: 21. November
Geboren am 30. August 1810 in Vigan, Frankreich, empfing Emmanuel d'Alzon 1834 die Priesterweihe. Danach war er 45 Jahre lang als Pfarrer und Generalvikar in Nîmes in Südfrankreich tätig. 1845 gründete Emmanuel d'Alzon die Kongregation der Assumptionisten (Augustiner von der Aufnahme Mariens) zur Verteidigung und Verbreitung der Lehre Christi sowie zur Wiedervereinigung der schismatischen Kirchen. D'Alzon gilt auch als Mitbegründer der Assumptionistinnen (1865) sowie weiterer Schwesterngemeinschaften. Er starb am 21. November 1880 in Nîmes. Der Seligsprechungsprozeß ist eingeleitet.

Amabilis (Amable) hl.
Priester
Fest: 19. Oktober, 11. Juni
Amabilis (Amable) wirkte als Priester in Riom in der Auvergne (Frankreich). Er genoß schon zu Lebzeiten große Verehrung, die sich nach seinem Tod, wohl um 475, noch verstärkte. In Riom steht die Amabilis geweihte Kirche (1120) auf jenem Platz, auf dem er selbst wohl eine Kirche errichtet hatte. Reliquien werden in Riom bis heute verehrt.

Amadeus von Lausanne hl.
OCist, Bischof von Lausanne
Fest: 27. August, 30. August
Geboren 1110 in Chatte in Frankreich, trat Amadeus 15jährig dem Zisterzienserorden bei. → Bernhard von Clairvaux ernannte ihn 1139 zum Abt des Klosters Hautecombe (Frankreich). 1144 bestieg er den Bischofsstuhl von Lausanne (Schweiz). Amadeus starb am 27. August 1159 in Lausanne und wurde in der dortigen Kathedrale beigesetzt (das Grab fand man 1911 wieder auf). 1710 und 1903 Erhebung der Gebeine. Zahlreiche Predigten von Amadeus sind noch erhalten.

Amadeus IX. von Savoyen sel.
Herzog, Wohltäter
Fest: 30. März
Geboren am 1. Februar 1435 in Thonon-les-Bains, heiratete Amadeus IX. von Savoyen 1452 die französische Königstochter Yolande. 1465 wurde er regierender Herzog, mußte jedoch bald seiner Frau die Regentschaft übertragen, da er schwer erkrankte. Amadeus faßte seine Krankheit (Epilepsie) als Gnade Gottes auf und widmete sich bis zu seinem Tod am 30. März 1472 karitativen Werken und Stiftungen. Savoyen wurde sogar „Paradies der Armen" genannt. 1677 Seligsprechung. Große Verehrung über Jahrhunderte.
Darstellung: als Herzog, Almosen austeilend, mit Spruchband „Diligite pauperes" (liebet die Armen)
Patronat: von Savoyen

Amalberga von Gent hl.
Jungfrau
Fest: 10. Juli
Hauptsächlich legendarische Vita. Gesichert ist, daß Amalberga im 8. Jh. lebte und in Münsterbilsen in Belgien nach ihrem Tod begraben wurde. Sie soll ein heiligmäßiges Leben geführt haben und hoch verehrt gewesen sein. Ihre Gebeine wurden 870 auf den Blandinienberg in Gent (Belgien) übertragen. Kult weit verbreitet.
Patronat: der Seeleute, der Bauern

Amandus hl.
Missionsbischof, „Apostel der Belgier"
Fest: 6. Februar, 26. Oktober
Amandus kam wohl um 600 in der Gascogne in Südwestfrankreich zur Welt. Er trat ins Kloster Oye ein und lebte 15 Jahre als Rekluse in Bourges (Frankreich). Später schloß er sich dem berühmten Kloster Luxeuil an. Bei einem Besuch in Rom ernannte der Papst Amandus zum Bischof (um 636) und entsandte ihn als ersten Missionsbischof Galliens. Er unternahm auch Missionsreisen zu den Slawen und ins Baskenland sowie nach Kärnten und Tirol. In Belgien gründete er zahlreiche Klöster, die er alle dem heiligen Petrus weihte. Nach nicht gesicherten Überlieferungen war Amandus um 650 für einige Jahre Bischof von Maastricht. Er starb am 6. Februar 679 (684?) und wurde in seiner Klostergründung Elnone-en-Péyèle (später St-Amand-les-Eaux), Frankreich, beigesetzt. In Belgien hoch verehrt, daher der Beiname „Apostel der Belgier".
Darstellung: als Bischof, als Missionar, mit Schlange, Kirchenmodell, Kette
Patronat: der Händler, Wirte, Brauer

Amandus von Bordeaux hl.
Bischof von Bordeaux
Fest: 18. Juni
Geboren in der zweiten Hälfte des 4. Jh., war Amandus zunächst Schüler von → Delphinus, dem Bischof von Bordeaux (Frankreich); um 402 wurde er sein Nachfolger. Er war befreundet mit → Severin und → Paulinus von Nola, von dem noch an Amandus gerichtete Briefe vorhanden sind. Amandus starb um 432 in Bordeaux.

Amandus von Straßburg hl.
Bischof von Straßburg
Fest: 26. Oktober
Teilweise unsichere Passio, vielleicht vermischt mit → Amandus von Worms oder → Amandus, dem Belgier. Amandus soll der erste Bischof von Straßburg (Frankreich) gewesen sein; sein Name erscheint in den Akten des Konzils von Sardika im Jahr 343. Sein Todesjahr war möglicherweise 355. Angebliche Gebeine werden in der Kirche St. Peter in Straßburg aufbewahrt.
Darstellung: als Bischof, mit Heiligenschein, in dem sein Name geschrieben steht

Amandus von Worms hl.
Bischof von Worms
Fest: 26. Oktober (Translation), 6. Februar
Unsichere Vita, möglicherweise teilweise vermengt mit → Amandus, dem Belgier. Amandus war wohl im 7. Jh. Bischof von Worms (Rheinland-Pfalz). König Dagobert I. soll ihm freundschaftlich verbunden gewesen sein. Im Jahr 1007 wird eine Amandus geweihte Kirche in Worms erwähnt. Der Festtag 26. Oktober existierte schon früh.

Amandus, „Apostel der Belgier", in einer typischen Darstellung aus dem 19. Jh.

Amantius hl.
Bischof von Rodez
Fest: 1., 4. und 13. November
Die zum Teil legendarische Überlieferung nennt Amantius den ersten Bischof von Rodez in Südfrankreich. Seine Amtszeit lag laut Bischofsliste von Rodez um 490. Um 505 gab es in Rodez bereits eine Basilika St-Amans, die Amantius geweiht war. Er ist bis heute Bistumspatron.

Amator von Auxerre hl.
Bischof von Auxerre
Fest: 1. Mai
Geboren 344, wurde Amator 388 zum Bischof von Auxerre, Frankreich, ernannt. Er starb am 1. Mai 418.

Amator von Córdoba hl.
Märtyrer
Fest: 30. April
Amator war ein Priester, der Mitte des 9. Jh. in Córdoba in Spanien wirkte. Muslime töteten ihn am 30. April 855 in Córdoba.

Amator von Lucca hl.
Einsiedler
Fest: 20. August
Eventuell Vermengung mit → Amator von Córdoba. Amator von Lucca soll ein Einsiedler gewesen sein, der in Lucca in Italien lebte. Seine Verehrung wurde lange in der Kirche S. Michele in Borgo in Lucca gepflegt.

Amatus von Nusco hl.
Bischof von Nusco
Fest: 30. September, 28. Mai (Translation)
Unsichere Passio, eventuell Vermengung mit Amatus von Montecassino (einem Bischof von Paestum und Geschichtsschreiber). Spätere Quellen berichten von einer starken Verehrung für den Bischof ab dem 14. Jh. Danach soll er Ende des 11. Jh. der erste Bischof von Nusco in Kampanien (Italien) gewesen und um 1093 gestorben sein. Er ist bis heute Bistumspatron.

Amatus von Remiremont hl.
OSB, Abt von Remiremont
Fest: 13. September
Geboren um 568 bei Grenoble, Frankreich, trat Amatus 581 in das Kloster St-Maurice in der Schweiz ein. 614 zog er zunächst ins Kloster Luxeuil und gründete dann 620 zusammen mit → Romarich auf dessen Besitz in den Vogesen das Kloster Habendum, später Remiremont genannt. Er wurde erster Abt des Klosters. Amatus starb um 629 und genoß lange Zeit hohe Verehrung.

Amatus von Sitten hl.
Bischof von Sitten
Fest: 13. September
Amatus (Amé), dessen Vita teilweise mit denen anderer Träger desselben Namens vermengt wurde, war wohl um 670 Bischof von Sitten im Schweizer Wallis. Später wurde er aus seinem Amt vertrieben und starb an einem 13. September um 690 in Bruel-sur-la-Lys, Frankreich. Seine Reliquien werden bis heute in Douai aufbewahrt. Darstellung: als Bischof, wie er Geld in einen Fluß wirft (nach der Legende hat er so gehandelt, um nicht habsüchtig zu werden)

Ambroise-Auguste Chevreux sel.
OSB, Märtyrer
Fest: 3. September
Ambroise-Auguste Chevreux, geboren am 13. Dezember 1728 bei Orléans, Frankreich, war der letzte Obere der Benediktinerkongregation der Mauriner. Als er den Eid auf die Zivilkonstitution verweigerte, wurde er festgenommen und in Paris am 3. September 1792 hingerichtet. 17. Oktober 1926 Seligsprechung.

Ambrosius Autpertus hl.
OSB, Abt
Fest: 30. Januar, 19. Juli
In der ersten Hälfte des 8. Jh. in der Provence in Frankreich geboren, wurde Ambrosius Autpertus Benediktinermönch und Abt und machte sich einen Namen als theologischer Schriftsteller. Er starb am 30. Januar 784 während einer Reise nach Rom.

Ambrosius von Cahors hl.
Bischof von Cahors
Fest: 16. Oktober, 18. Oktober
Die unsichere Vita berichtet, daß Ambrosius im 7. Jh. Bischof von Cahors in Südfrankreich war. Er soll kurz nach 700 gestorben sein (eine Überlieferung sagt, er habe sich vor aufsässigen Bürgern in die Einsamkeit zurückgezogen).

Ambrosius Kirchmayr
Priester
Fest: 17. Juli
Der Priester Ambrosius Kirchmayr, geboren um 1600 in Landshut (Bayern), soll durch seine Fürbitte die oberbayerische Stadt Weilheim davor bewahrt haben, daß sie im Dreißigjährigen Krieg durch die Schweden abgebrannt wurde. Schon zu Lebzeiten wie ein Heiliger verehrt, starb er, vom Volk betrauert, am 17. Juli 1678 in München (Bayern).

Ambrosius von Mailand hl.
Bischof von Mailand, Kirchenlehrer
Fest: 7. Dezember
Ambrosius, einer der vier lateinischen Kirchenlehrer, stammte aus Trier in Rheinland-Pfalz, wo er wohl 339 geboren wurde. Er war der Sohn des Präfekten von Gallien und wurde christlich erzogen. Nach dem frühen Tod des Vaters zog die Familie nach Rom, wo Ambrosius eine hervorragende Ausbildung erhielt und eine Laufbahn als Staatsmann begann. Er

Ambrosius, nach einem Mosaik, um 470, in der Kapelle San Vittore in der Basilika San Ambrogio, Mailand (sicherlich eine der ältesten Darstellungen des Heiligen).

erhielt die Ernennung zum Konsul von Mailand, und als er versuchte, zwischen zwei streitenden Parteien zu vermitteln, wurde er überraschend zum Bischof von Mailand gewählt, obwohl er noch Katechumene (Taufbewerber) war. Wenige Tage nach der Ernennung empfing Ambrosius die Taufe, am 7. Dezember 374 die Bischofsweihe (daher der Festtag). Der hochgebildete und gütige Ambrosius wurde einer der begnadetsten Prediger seiner Zeit, sein Charisma zog die Menschen in Scharen in die Kirche. Tausende kamen durch ihn zum Christentum, so auch → Augustinus. Kaiser und Klerus suchten seinen Rat. Ambrosius dichtete, komponierte und schrieb viele wichtige Bücher, das Kulturleben des 4. Jh. wurde durch ihn maßgeblich beeinflußt. Er war der erste, der den Begriff „Messe" für die Eucharistiefeier benutzte, der „Ambrosianische Gesang", der liturgische Gesang der Mailänder Kirche, wurde zu einem festen Begriff. Ambrosius war aber auch ein aufopfernd dienender Seelsorger; er kümmerte sich sogar darum, daß die Menschen in Mailand genug zu essen hatten. Zahlreiche Schriften und Briefe von ihm sind bis heute erhalten und legen Zeugnis ab von seiner außergewöhnlichen Persönlichkeit. Ambrosius starb am 4. April 397 in Mailand. Er wurde in der von ihm begründeten Basilika beigesetzt, die er den Märtyrern → Gervasius und Protasius geweiht hatte und die dann nach ihm S. Ambrogio genannt wurde. Der bekleidete Leichnam von Ambrosius ruht heute in einem Glasschrein in der Krypta, rechts und links von ihm liegen Gervasius und Protasius. – Gemeinsam mit Augustinus, → Hieronymus und → Gregor dem Großen gehört Ambrosius zu den vier abendländischen Kirchenvätern.

Darstellung: als Bischof oder Kirchenvater, mit Bienenkorb, Bienenzüchterhut („Bienenfleiß"), Buch, Schreibfeder, Taube, Geißel, Kind in der Wiege, in einer Schreibstube sitzend

Patronat: von Mailand und Bologna, der Imker und Wachszieher, der Bienen, Haustiere

Der Glasschrein in der Krypta von San Ambrogio in Mailand mit den Gebeinen von Ambrosius (Mitte) und → Gervasius und Protasius.

Ambrosius von Massa
OFM, Ordensmann
Fest: 10. Mai

Geboren um 1190 in Cotone in Italien, hörte Ambrosius 1222 die Predigt eines Gefährten von → Franz von Assisi, schloß sich 1225 dem jungen Franziskanerorden an und führte von da an ein Leben voller Buße, Demut und Liebe zu den Armen. Er besaß die Gabe der Wundertaten. Er starb um 1240 in Orvieto in Italien und wurde dort beigesetzt. An seinem Grab ereigneten sich viele Wunder. Der Seligsprechungsprozeß kam bisher nicht zum Abschluß.

Ambrosius Sansedoni sel.
OP, Prediger, Theologe
Fest: 20. März

Ambrosius Sansedoni wurde am 16. April 1220 in Siena in Italien geboren und trat dort jung dem Dominikanerorden bei. Er lehrte in Köln, Rom und Paris, war einer der bedeutendsten Prediger seiner Zeit und vermittelte diplomatisch klug in verschiedenen Streitfällen. Die ihm angetragene Bischofswürde lehnte er ab, um weiterhin als Prediger wirken zu können. Ambrosius Sansedoni starb am 20. März 1286 in Siena. Papst Clemens VIII. nahm ihn in das Martyrologium Romanum auf.

Ambrosius Traversari sel.
OSBKam, Ordensgeneral
Fest: 20. Oktober

Geboren am 19. Oktober 1386 in Portico in Italien, trat Ambrosius Traversari 1400 in Florenz dem Kamaldulenserorden bei. 1431 wurde er Ordensgeneral und blieb es bis zu seinem Tod am 20. Oktober 1439. Er war Mitglied des Florentiner Humanistenkreises und galt als bedeutendster Kenner und Übersetzer der Schriften griechischer Kirchenväter und einer der wichtigsten Wissenschaftler und Staatsmänner seiner Zeit.

Amedeo degli Amidei hl.
Ordensgründer
Fest: 18. April, 17. Februar

Geboren zu Beginn des 13. Jh. in Florenz, Italien, gehörte Amedeo degli Amidei zu den sieben Gründern des Servitenordens (Diener Mariens), die sich 1233 in Florenz zusammengeschlossen hatten. Er starb am 18. April 1266. Papst Leo XIII. sprach die sieben Ordensgründer am 15. Januar 1888 heilig.

Amigó y Ferrer, Luis
OFMCap, Ordensgründer, Bischof
Fest: 1. Oktober

Luis Amigó y Ferrer wurde am 17. Oktober 1854 in Masamagrell in

Carlo Amirante, zunächst Ingenieur und Soldat, wurde großer Marienverehrer und trat dem Servitenorden bei.

Spanien geboren und trat 1874 dem Kapuzinerorden bei. Von 1898 bis 1902 war er spanischer Ordensprovinzial und reorganisierte große Teile des Ordens. 1885 gründete er die Gemeinschaft der Kapuzinerterziarinnen von der Heiligen Familie, 1889 die Kapuzinerterziaren, die nach ihm auch Amigonianer genannt wurden. 1913 wurde er zum Bischof von Segorbe in Spanien ernannt. Luis Amigó y Ferrer starb am 1. Oktober 1934 in Godella. Das Verfahren zur Seligsprechung läuft.

Amirante, Carlo
SM, Ordensmann
Fest: 20. Januar
Geboren am 3. September 1852 in Soverate in Italien, war Carlo Amirante zunächst Ingenieur und dann Offizier, bevor er die Priesterweihe empfing. Aufgrund seiner starken Marienverehrung trat er dem Servitenorden (Diener Mariens) bei. Er starb am 20. Januar 1934 in Neapel (Italien). Nach seinem Tod wurden mehrere Gebetserhöhungen gemeldet.

Ammun
Einsiedler
Fest: 4. Oktober
Geboren im 3. Jh. in Alexandrien, Ägypten, war Ammun zunächst verheiratet. Er trennte sich von seiner Familie und lebte bis zu seinem Tod (vor 356) als Einsiedler im Natrongebirge in Ägypten. Damit gilt Ammun als Begründer der Mönchskolonie in der Nitrischen Wüste. Verschiedene Wundertaten von ihm sind überliefert. Mönchsvater → Antonios besuchte ihn mehrfach.

Papst Anaklet I. soll von 76 bis 88 im Amt gewesen sein.

Amor
Missionar
Fest: 17. August
Teilweise legendarische Vita; danach kam Amor im 8. Jh. aus Schottland oder Frankreich in den Odenwald und schloß sich dort → Pirmin an. Zusammen sollen sie das Kloster Amorbach gegründet haben, das sich in der Folge zu einer bedeutenden Benediktinerabtei entwickelte. Amor starb um 777 in Amorbach.
Darstellung: mit Pilgerstab und Kirchenmodell

Anaklet I. (Anenkletos, auch Cletus) hl.
Papst, Märtyrer
Fest: 26. April, 13. Juli
Unsichere Überlieferung; wahrscheinlich erlitt Anaklet I. in der Verfolgung von Kaiser Domitian (81 bis 96) in Rom das Martyrium. Der wievielte Nachfolger von Petrus er war, ist nicht sicher, da verschiedene Listen existieren. Wahrscheinlich amtierte er von 76 bis zu seinem Tod 88.

Anastasia hl.
Märtyrerin
Fest: 25. Dezember
Großenteils legendarische Passio. Wahrscheinlich erlitt die Christin Anastasia in der Verfolgung des Diokletian um 304 in Sirmium (Serbien) das Martyrium. Ihre Gebeine wurden um 465 nach Konstantinopel überführt und dort in einer Anastasia geweihten Kirche beigesetzt. Von dort breitete sich der Kult aus, bald auch nach Rom, wo es dann ebenfalls eine nach Anastasia benannte Kirche gab. Ihr Name erschien in verschiedenen Heiligenlisten und wurde auch in den Meßkanon und in die Allerheiligenlitanei aufgenommen.
Legende: Nach dem frühen Tod ihres Ehemannes widmete sich Anastasia in Rom ganz der Fürsorge für die in den Gefängnissen einsitzenden Christen. Als ihr Seelenführer → Chrysogonos von Christenverfolgern festgenommen wurde, begleitete sie ihn zur Hinrichtungsstätte in Aquileia in Oberitalien. Dort wurde sie selbst ergriffen, in Sirmium in den Kerker geworfen und schließlich zum Tode verurteilt. In einem leckgeschlagenen Boot trieb man sie aufs offene Meer hinaus, aber das Schiff ging nicht unter. Daraufhin wurde sie in Sirmium verbrannt.
Ein wichtiger Verehrungsort auf deutschem Boden ist Benediktbeuern in Bayern, wo seit 1053 Reliquienteile aufbewahrt werden und lange eine Wallfahrt existierte.
Darstellung: als junge Märtyrerin, mit Schwert, Palme, Schere, Salbgefäß, Krone, Schleier, beim Martyrium auf dem Scheiterhaufen, an Pfählen festgebunden, auf einem Boot
Patronat: gegen Kopfkrankheiten, Brustleiden, gegen Pressezensur

Anastasios I. von Antiochien hl.
Patriarch von Antiochien
Fest: 21. April
Anastasios I. amtierte als Patriarch von Antiochien (Syrien) von 559 bis 570, mußte dann ins Exil und kehrte noch einmal zurück für die Jahre von 593 bis zu seinem Tod 599.

Anastasios II. von Antiochien hl.
Patriarch von Antiochien, Märtyrer
Fest: 21. Dezember
Anastasios II. war Patriarch von Antiochien (Syrien) von 599 bis 609; er war der Nachfolger von → Anastasios I. Es heißt, er sei 609 von Glaubensgegnern ermordet worden.

Anastasios Sinaites hl.
Abt, Kirchenschriftsteller
Fest: 21. April
Anastasios Sinaites war Abt auf dem Sinai und einer der bedeutendsten Kirchenschriftsteller seiner Zeit. Sein Geburtsjahr lag wohl um 610, er starb um 700/705. Auf großen, beschwerlichen Reisen nach Syrien und Ägypten vertei-

Silberreliquiar der Märtyrerin Anastasia, von 1725, Kloster Benediktbeuern, Bayern.

digte er vor Andersgläubigen und Irrlehrern die kirchliche Lehre. Predigten, Schriften und Reden von ihm sind noch erhalten.

Anastasius I. hl.
Papst (399 bis 402)
Fest: 27. April
Der Römer Anastasius bestieg den Papststuhl 399 und amtierte bis Dezember 402. Er war hochgebildet und klug, wovon auch die Anerkennung seiner Freunde → Hieronymus und → Paulinus von Nola in Schriften zeugt. Sein Todesdatum ist nicht gesichert (vielleicht 27. April 402).

Anastasius von Ungarn hl.
Erzbischof von Gran
Fest: 12. November
Geboren in der zweiten Hälfte des 10. Jh., gehörte Anastasius zum Kreis um → Adalbert von Prag. Dieser entsandte ihn 993 als Missionar nach Ungarn, wo Anastasius um 1001 Abt von Kloster Martinsberg und 1006 Erzbischof von Gran wurde. Gesichert ist, daß er 1001 an der Synode von Ravenna, 1007 an der Synode von Frankfurt und 1012 an Weihe des Domes von Bamberg teilnahm. Anastasius, der den Beinamen Apostel von Ungarn trägt, starb wohl am 12. November 1036.

Anatolios
Bischof
Fest: 3. Juli
Geboren im 3. Jh. in Alexandria, Ägypten, wurde Anatolios 268 zum Bischof von Laodicea (Syrien) ernannt. Er galt als einer der größten Gelehrten seiner Zeit und verfaßte unter anderem ein umfassendes arithmetisches Lehrwerk. Er starb um 280.
Patronat: der Mathematiker, der Gelehrten

Anatolios hl.
Patriarch von Konstantinopel
Fest: 3. Juli
Anatolios stammte aus Alexandrien in Ägypten, wo er um 400 geboren wurde. Wohl ab 449 war er Patriarch von Konstantinopel. Er starb am 3. Juli 458 in Konstantinopel.

Andeolus hl.
Märtyrer
Fest: 1. Mai
Andeolus wurde wahrscheinlich von Bischof → Polykarp im 2. Jh. als Missionar nach Gallien in die Gegend von Orange und Carpentras (Frankreich) entsandt. Die Vita berichtet, daß er dort am 1. Mai 208 das Martyrium erlitt. Die Gebeine wurden später wieder aufgefunden und befinden sich bis heute in dem nach Andeolus benannten Ort Bourg-St-Andéol in Frankreich.

Andrea Dotti sel.
SM, Ordensmann
Fest: 31. August
Geboren 1250 in Borgo San Sepolcro, Italien, wurde Andrea Dotti 1278 von → Filippo Benizi in den Servitenorden aufgenommen. Er wirkte als Prediger und bekehrte viele Menschen. Er starb am 31. August 1315. Im Jahr 1806 erfolgte die Seligsprechung durch Papst Pius VIII.

Andrea Franchi sel.
OP, Bischof von Pistoia
Fest: 26. Mai
Der Dominikaner Andrea Franchi, geboren 1335 in Pistoia (Italien), war von 1382 bis zu seinem Tod am 26. Mai 1401 Bischof von Pistoia. Sein Augenmerk galt den Armen und der Sozialfürsorge.

Andreas
Apostel, Märtyrer
Fest: 30. November
Andreas stammte aus Betsaida in Galiläa (Israel) und war der Bruder von Simon, dem späteren Apostelfürsten → Petrus. Beide betrieben in Kafarnaum am See Genesaret die Fischerei. Andreas schloß sich zunächst → Johannes dem Täufer an, folgte dann aber auf Rat von Johannes Jesus und brachte auch seinen Bruder Simon zu ihm. Zusammen mit dem Brüderpaar → Jakobus dem Ältern und → Johannes dem Evangelisten waren sie die ersten vier der insgesamt zwölf Apostel Jesu. Nach verschiedenen Überlieferungen wirkte Andreas später als Missionar unter anderem in Griechenland, südlich des Schwarzen Meeres und in Bithy-

Apostel Andreas, Stich nach einer Skulptur in St. Peter, Rom. Das sogenannte Andreaskreuz findet sich in der Flagge Schottlands wieder (weißes Kreuz auf blauem Grund). Englands Flagge hat das Georgskreuz, zusammen ergeben sie die Fahne Großbritanniens.

Apostel Andreas, Fresko aus dem 8. Jh. in der Kirche Santa Maria Antiqua, Rom.

Am 23. September 1964 trug Papst Paul VI. das Reliquiar mit dem Haupt des Apostel Andreas das letzte Mal durch den Petersdom. Nach der Abschiedsfeierlichkeit kehrte die Reliquie in ihre Urheimat nach Patras, Griechenland, zurück.

nien (Türkei). In Patras in Griechenland soll er am 30. November 60 ermordet worden sein; es heißt, er sei an ein schräges Kreuz (Andreas-Kreuz) geschlagen worden. Die Reliquien gelangten 1208 nach Amalfi, Italien, wo sie bis heute im Dom S. Andrea verehrt werden. Das Haupt kam 1462 nach Rom, wurde aber 1964 durch Papst Paul VI. an Patras zurückgegeben. Teile des angeblichen Andreas-Kreuzes werden in Beaune in Burgund (Frankreich) aufbewahrt; Andreas war der Patron des burgundischen Herzogshauses, das Andreas-Kreuz das Zeichen von Burgund. Teile des Kreuzes gelangten 1438 nach Brüssel (Belgien). – Der Andreas-Tag ist ein wichtiges Datum im bäuerlichen Kalender; vom 16. bis zum 19. Jh. wurde der Dezember auch Andreas-Monat genannt.
Darstellung: als älterer Apostel, mit Andreas-Kreuz, Schriftrolle, Buch, Fisch, Fischernetz, Strick, im Kreis der Zwölf Apostel, beim Martyrium
Patronat: von Rußland, Schottland, Spanien, Griechenland, Sizilien, Niederösterreich, Neapel, Ravenna, Brescia, Amalfi, Mantua, Bordeaux, Brügge, Patras, der Bergwerke, der Fischer, Fischhändler, Metzger, Seiler, Bergleute, Wasserträger, gegen Gicht, Krämpfe, Rotlauf (Andreas-Krankheit), für eine gute Heirat und Kindersegen

Andreas hl.
Mönch aus Kreta, Märtyrer
Fest: 17. Oktober, 20. Oktober
Der Mönch Andreas stammte aus Kreta, Griechenland, und wurde 766 oder 767 in Konstantinopel ermordet. Das Martyrologium Romanum führt seinen Gedenktag am 20. Oktober.

Andreas Abellon sel.
OP, Ordensmann, Prediger
Fest: 15. Mai
Geboren 1375 in der Provence in Frankreich, trat Andreas Abellon jung dem Dominikanerorden bei und wurde einer der wichtigsten Prediger des 15. Jh. in Südfrankreich. Berühmt war er durch seine hingebungsvolle Pflege von Pestkranken. Er starb am 15. Mai 1450 in Aix in der Provence. 1902 Bestätigung des Kultes.

Andreas Avellino hl.
OTheat, Ordensmann, Missionar
Fest: 10. November
Geboren 1521 in Castronuovo auf Sizilien, empfing Andreas Avellino 1545 die Priesterweihe, 1556 trat er dem Theatinerorden bei. Er wirkte über ein halbes Jahrhundert als Missionar, Prediger und Seelenführer zwischen Neapel und Norditalien und bekleidete innerhalb des Ordens über Jahrzehnte hohe Ämter. Andreas Avellino starb am 10. November 1608 in Neapel und wurde dort in der Kirche S. Paolo Maggiore beigesetzt. 1624 Seligsprechung, 1712 Heiligsprechung.
Patronat: gegen den jähen Tod

Andreas Bobola hl.
SJ, Volksmissionar, Märtyrer
Fest: 16. Mai, 21. Februar (Polen)
Andreas Bobola wurde 1592 in Polen geboren und trat 18jährig dem Jesuitenorden bei. Er wirkte fast ein halbes Jahrhundert als erfolgreicher Volksmissionar in Polen, ganze Ortschaften wurden durch ihn katholisch. Er selbst war ein Vorbild an Glaubenstreue, Demut und bescheidener Lebensweise. Gegner seines Erfolges bei der Missionierung nahmen ihn in Janov (Polen) gefangen und marterten ihn am 16. Mai 1657 zu Tode. 1853 Seligsprechung, 17. April

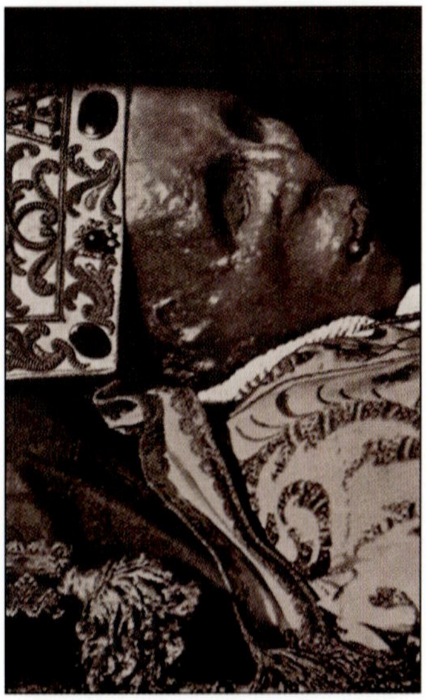

Der heilige Bischof von Fiésole, Andreas Corsini, in seinem Schrein in der Kirche Santa Maria del Carmine, Florenz.

1938 Heiligsprechung. – Verschiedene kirchliche Einrichtungen in Polen nennen sich nach Andreas Bobola, so auch die „Missionsschwestern vom Heiligen Andreas Bobola".

Andreas von Burgio
OFMCap, Laienbruder
Fest: 27. Juni
Andreas von Burgio stammte aus Sizilien, wo er am 6. September 1705 geboren wurde. 1735 trat er dem Kapuzinerorden bei, 1745 ging er in die Mission in den Kongo, wo er aufopferungsvoll bis 1762 wirkte. Er starb am 27. Juni 1772 in Palermo, Sizilien. Der Seligsprechungsprozeß läuft, im Jahr 1873 wurden die heroischen Tugenden anerkannt.

Andreas Caccioli (von Spello) sel.
OFM, Prediger
Fest: 3. Juni
Geboren 1194 in Italien, lernte Andreas Caccioli → Franz von Assisi kennen und war von dem Ordensgründer so beeindruckt, daß er 1223 dem jungen Franziskanerorden beitrat. Am 3. Oktober 1226 war er beim Tod von Franz anwesend. Danach predigte er in Spanien und in Oberitalien. Nach zahlreichen Schwierigkeiten wegen seiner Forderungen nach strengster Ordensarmut, was einige Ordensmitbrüder ablehnten, starb Andreas Caccioli am 3. Juni 1254 in Spello in Umbrien. Von ihm ist ein Regen-Wunder überliefert, weshalb er den Beinamen „dell'acque" erhielt. 1738 Seligsprechung.

Andreas de Comitibus sel.
OFM, Einsiedler
Fest: 1. Februar
Geboren 1240 in Anagni in Italien, war Andreas de Comitibus verwandt mit vier Päpsten. Bonifaz VIII. bot ihm die Kardinalwürde an, doch er lehnte ab und trat dem Franziskanerorden bei. Bis zu seinem Tod am 1. Februar 1302 lebte er als Einsiedler bei Anagni. 1724 Bestätigung des Kultes.

Andreas Corsini hl.
OCarm, Bischof von Fiésole
Fest: 6. Januar, 7. Januar, 4. Februar
Geboren 1301(?), trat Andreas Corsini dem Karmelitenorden bei und empfing die Priesterweihe. Er war Ordensprovinzial der Toskana und wurde 1349 Bischof von Fiésole. Im Volk war er hochverehrt. Er starb am 6. Januar 1374 in Fiésole und wurde im dortigen Karmel beigesetzt; sein Leichnam ist bis heute unverwest. Heiligsprechung am 22. April 1629.

Andreas von Kreta hl.
Bischof von Kreta
Fest: 4. Juli
Geboren 660 in Damaskus, Syrien, war Andreas zunächst Mönch in Jerusalem, dann Diakon in Konstantinopel, ab 692 Bischof (Metropolit) von Kreta (Griechenland). Er starb am 4. Juli 740 auf Kreta. Berühmt wurde er durch die von ihm geschriebenen Kanones, darunter der „Große Kanon", ein Bußlied mit 250 Strophen.

Andreas von Fiésole hl.
OSB, Abt
Fest: 22. August
Unsichere Vita. Andreas von Fiésole kam wahrscheinlich im 9. Jh. aus Schottland oder Irland nach Fiésole in Italien und später ins nahegelegene Florenz; dort soll er Abt des Benediktinerklosters S. Martini in Mensula geworden sein, das er möglicherweise selbst begründete. Er starb wahrscheinlich nach 876 in Florenz.

Andreas Franchi sel.
Bischof von Pistoia
Fest: 26. Mai
Geboren 1335 in Pistoia, Italien, war Andreas Franchi viele Jahre Bischof seiner Heimatstadt. Er starb am 26. Mai 1401. Approbation des Kultes am 23. Mai 1921.

Andreas Gallerani sel.
Stifter
Fest: 19. März, 19. Juni
Geboren um 1190 in Siena in Italien, war Andreas Gallerani zunächst Soldat. Er mußte flüchten, weil er einen Mann, der Gott lästerte, getötet hatte. Er kehrte zurück und stiftete in Siena eine Genossenschaft für Krankenpflege und ein Haus für die Armen der Stadt, das bis 1410 bestand. Er starb am 19. März 1251 in Siena und wurde in der Kirche S. Domenico beigesetzt.

Andreas Hibernon sel.
OFM, Laienbruder, Mystiker
Fest: 18. April
Geboren 1534 in Alcantarilla bei Murcia in Spanien, erlitt Andreas Hibernon beim Anblick eines Raubüberfalles eine solche Erschütterung, daß er dem Franziskanerorden als Laienbruder beitrat und ein asketisches Büßerleben führte. Er erfuhr zahlreiche Gnadenbezeugungen und Wunder. Er starb am 18. April 1602 in Gandía in Spanien. 1791 Seligsprechung.

Andreas von Peschiera sel.
OP, Prediger
Fest: 18. Januar, 26. Januar, 20. Januar
Andreas stammte aus Peschiera am Gardasee (Italien) und trat um 1440 dem Dominikanerorden bei. Er wirkte fast 45 Jahre als Prediger in der Region Veltlin in Oberitalien. Überlieferungen sagen ihm die Gabe der Wunder nach. Er starb am 18. Januar 1485 in Morbegno (Italien). 1820 Bestätigung des Kultes.

Andreas von Slagelse (Heilig Anders)
Priester
Legendenumwobener Lokalheiliger in Dänemark. Er soll um 1200 Priester in Slagelse gewesen sein und angeblich eine wundersame

Heimreise aus dem Heiligen Land nach Dänemark erlebt haben, was die Verehrung für ihn stark förderte. Sein Todesdatum soll 1205 gewesen sein.

Angelina von Marsciano gründete ein Kloster aus dem sich die Kongregation Franziskanerinnen der seligen Angelina entwickelte.

Andreas von Strumi sel.
OSB, Abt von Strumi
Fest: 10. März
Geboren in der ersten Hälfte des 11. Jh. in Italien, trat Andreas um 1066 dem Benediktinerorden bei und wurde Mönch im Kloster Vallombrosa. Ab 1089 ist er als Abt von Kloster S. Fedele in Strumi (Italien) erwähnt. Er starb am 10. März(?) 1102 oder 1106.

Andreas Stratelates hl.
Märtyrer
Fest: 19. August
Andreas Stratelates war um 300 Soldat unter Kaiser Maximianus. Als er wegen seines Glaubens aus dem Heer ausgestoßen wurde, flüchtete er gemeinsam mit vielen Gefährten aus Griechenland nach Kilikien (Türkei), wo sich alle taufen ließen. Der römische Statthalter ließ alle gefangennehmen und 305 im Taurosgebirge ermorden. Die Verehrung für Andreas Stratelates entwickelte sich nur in der Ostkirche.

Andreis, Felix de
CM, Ordensoberer
Fest: 15. Oktober
Felix de Andreis stammte aus Piemont in Italien, wo er am 12. Dezember 1778 geboren wurde. 1797 trat er dem Orden der Lazaristen bei, 1801 empfing er die Priesterweihe. Ab 1816 war er erster Oberer seiner Kongregation in den USA. 1818 gründete er das Lazaristenkolleg The Barrens in Louisiana, wo er am 15. Oktober 1820 starb. Seit 1918 Seligsprechungsprozeß.

Angela Maria Astorch sel.
OSClCap, Äbtissin, Mystikerin
Fest: 2. Dezember
Geboren am 1. September 1592 in Barcelona, Spanien, legte Angela Maria Astorch mit 17 Jahren die Gelübde bei den Kapuzinerinnen ab. 1617 gründete sie in Saragossa, bald darauf in Murcia ein Kloster, welche sie als Äbtissin zu höchster Blüte brachte. Immer wieder durchlebte sie mystische Erfahrungen, die sie auch niederschrieb. Während ihres ganzen Ordenslebens widmete sie sich dem liturgischen Stundengebet. Angela Maria Astorch starb am 2. Dezember 1665 in Murcia. 25. Mai 1982 Seligsprechung.

Angela von Foligno sel.
OFM, Terziarin, Mystikerin
Fest: 4. Januar
Geboren 1248/1249 in Foligno in Italien, lebte Angela zunächst ein weltliches Leben als Ehefrau und Mutter. Während einer Pilgerfahrt entschied sie sich, die Familie zu verlassen und sich karitativen Diensten zu widmen. Sie trat den Franziskanerterziarinnen bei und rief in Foligno eine Gemeinschaft des Dritten Ordens ins Leben. Angela von Foligno erlebte zahlreiche Gnadenbeweise und Visionen. Sie starb am 4. Januar 1309 und wurde in der Franziskuskirche in Foligno beigesetzt. 1693 Seligsprechung.
Darstellung: als Franziskanerterziarin, mit dem Satan (an der Kette)

Angela vom Kreuz sel.
Ordensgründerin
Fest: 2. März
Geboren am 30. Januar 1846 in Sevilla, Spanien, gründete Angela vom Kreuz, so ihr Ordensname,

Angela von Foligno hilft Kranken und Sterbenden; Stich aus dem 19. Jh.

Angela Merici, die Gründerin des Ordens der Ursulinen, als Pilgerin.

1875 in Sevilla die Kongregation der Schwestern vom Kreuz zur Armen- und Krankenpflege und wurde erste Oberin. Sie starb am 2. März 1932 in Sevilla. 5. November 1982 Seligsprechung.

Angela Maria von der Unbefleckten Empfängnis
OST, Ordensfrau
Fest: 13. April
Geboren 1. März 1649 in Cantalapiedra in Spanien, trat Angela schon als Mädchen bei den Trinitarierinnen ein. Sie setzte eine großangelegte Ordensreform in Gang, die ihr viel Anerkennung und Ansehen brachte. Sie starb am 13. April 1690. Seligsprechungsprozeß seit 1912.

Angela Merici hl.
OSU, Ordensgründerin
Fest: 27. Januar
Angela Merici war eine der wichtigsten Reformpersönlichkeiten ihrer Zeit. Geboren am 1. März 1474 in Desenzano am Gardasee, Italien, widmete sie sich zunächst karitativen Werken. 1525 unternahm sie eine Wallfahrt nach Palästina; als sie zurückkehrte, erkannte sie, daß ihre Berufung in der Erziehung und christlichen Bildung von jungen Menschen, vor allem von Mädchen, lag. Sie gründete 1535 den Orden der Ursulinen, benannt nach ihrer Schutzpatronin Ursula, und wurde erste Oberin. Der Ursulinen-Orden wurde für das religiöse Gemeinschaftsleben von Frauen richtungweisend und gilt als berühmtester Frauenorden für Erziehung und Unterricht der weiblichen Jugend. Angela Merici war hochangesehen und gefragt als Ratgeberin und Pädagogin. Sie starb am 27. Januar 1540 in Brescia, Italien, und wurde dort in der Kirche S. Afra (später S. Angela Merici) beigesetzt. 1807 Kanonisation.
Darstellung: im Ursulinengewand, meist Kinder unterrichtend, mit Rosenkranz, Kreuz, Himmelsleiter, Buch

Angelina von Marsciano sel.
Ordensgründerin
Fest: 14. Juli
Angelina von Marsciano wurde 1377 in Montegiove in Italien geboren, heiratete früh und war 17jährig bereits Witwe. Sie wurde Terziarin, sammelte weitere Frauen um sich und gründete schließlich in Foligno ein Kloster, aus dem sich eine Kongregation von Terziarinnen entwickelte. Angelina von Marsciano starb am 14. Juli 1435 in Foligno und wurde in der Kirche S. Francesco beigesetzt. 8. März 1825 Seligsprechung durch Leo XII. Seit dem 19. Jh. trägt die Kongregation den Namen Franziskanerinnen der seligen Angelina.

Angelus von Acri sel.
OFMCap, Volksprediger
Fest: 30. Oktober
Angelus stammte aus Acri in Kalabrien (Italien), wo er am 19. Oktober 1669 geboren wurde. Er empfing die Priesterweihe und trat dem Kapuzinerorden bei. Fast 40 Jahre zog er als Volksprediger durch Mittelitalien und gehörte zu den angesehensten Persönlichkeiten seiner Zeit. Bewundert wurde er wegen seiner Gabe der Heilung. Er starb am 30. Oktober 1739 in Acri. Seligsprechung am 9. Dezember 1825.

Angelus Carleti von Chivasso sel.
OFM, Oberer
Fest: 11. April
Angelus Carleti stammte aus Ligurien in Italien und hatte über viele Jahre wichtige Ämter im Franziskanerorden inne. Er galt als bedeutender Kirchenschriftsteller, verschiedene seiner Werke erlangten viele Auflagen. Er starb am 11. April 1495 in Cuneo (Italien). 1753 Bestätigung des Kultes.

Angelus der Karmelit hl.
OCarm, Märtyrer
Fest: 5. Mai
Angelus stammte aus Jerusalem, wo er um 1185 geboren wurde und

Schrein mit dem Leichnam der heiligen Angela Merici im Santuario di Santa Angela in der Via Crispi in Brescia, Italien.

Diakon Anianus und sein Onkel Bischof Marinus. Stich von 1615 aus der „Bavaria sancta", von Raphael Sadeler d. Ä.

später den Karmeliten beitrat. Wegen Schwierigkeiten, die die Ordensmitglieder auszuräumen hatten, reiste er nach Italien, um vom Papst eine Bestätigung der Ordensregel einzuholen. Von Gegnern wurde er in Licata auf Sizilien ermordet, wohl am 5. Mai 1220. Die Reliquien werden noch in Licata aufbewahrt. 1584 Bestätigung des Kultes.

Angelus de Scarpettis (von Sansepolcro) sel.
OESA, Ordensmann
Fest: 1. Oktober
Angelus de Scarpettis, geboren 1230 in Borgo Sansepolcro, Italien, war ab 1254 Augustiner-Eremit. Unermüdlich setzte er sich für die Ausbreitung seines Ordens in England ein und gründete dort mehrere Klöster. Er starb am 1. Oktober 1306 in seinem Heimatort. Die Verehrung, die schon zu Lebzeiten sehr groß war, nahm nach dem Tod von Angelus noch zu. 27. Juli 1921 Bestätigung des Kultes.

Detail der Grabplatte für den Bischof Marinus in der Kirche von Wilparting. Direkt daneben eine vergleichbare Grabplatte für den Diakon Anianus.

Anianos von Alexandrien hl.
Bischof von Alexandrien
Fest: 25. April
Überliefert ist, daß Anianos um 61/62 von → Markus die Leitung der Kirche von Alexandrien (Ägypten) übernahm. Er übte das Bischofsamt bis zu seinem Tod 84/85 aus. Die Angaben sind jedoch unsicher.

Anianus (Aignan) von Chartres hl.
Bischof von Chartres
Fest: 7. Dezember
Nach der unsicheren Vita lebte Anianus in der ersten Hälfte des 5. Jh. Er soll der fünfte Bischof von Chartres, Frankreich, gewesen sein. Von seiner Verehrung wird ab dem 10. Jh. berichtet. Über seiner Grabstätte in Chartres entstand eine Kirche, die später zweimal abbrannte, ohne daß die Anianus-Reliquien zerstört wurden.

Anianus von Orléans hl.
Bischof von Orléans
Fest: 17. November, 14. Juni (Translation)
Anianus war Mitte des 5. Jh. Bischof von Orléans (Frankreich).

Durch seinen Einsatz soll er die Stadt 451 vor dem Einfall der Hunnen unter Anführer Attila gerettet haben. Er starb am 17. November wohl 453 in Orléans.

Anianus und Marinus hll.
Missionare, Märtyrer
Fest: 15. November
Unsichere, großenteils legendarische Vita. Danach waren Anianus und Marinus im 7. Jh. als Glaubensboten in Oberbayern unterwegs. Angeblich waren sie zuvor in Rom von Papst Eugen I. zu Bischof (Marinus) und Diakon (Anianus) geweiht worden. Sie sollen rund 40 Jahre lang in Irschenberg, südlich von München, in Einsiedlerhütten gewohnt haben. Während einer ihrer Wanderungen wurden sie von Räubern überfallen und am 15. November 697 auf dem Scheiterhaufen verbrannt. Die Reliquien wurden im 15. und im 18. Jh. erhoben und werden bis heute in Wilparting bei Irschenberg in der dortigen Kirche aufbewahrt; die Grabstätte war lange Zeit Wallfahrtsort.
Darstellung: als Bischof und Diakon, Marinus mit Buch und Stab, Anianus mit Buch und Palme

Aniketos (Anicet) hl.
Papst (155 bis 166)
Fest: 17. April
Aniketos der Syrer war wahrscheinlich der zehnte Nachfolger von Petrus als Bischof von Rom und damit auf dem Papststuhl. Er amtierte ab etwa 155 bis 166. Sein Todesjahr war wohl 166.

Anna hl.
Mutter von Maria
Fest: 26. Juli, 25. Juli (Orient)
Schon um 150 wird der Name Annas durch das Protoevangelium von → Jakobus verbreitet. Es heißt, daß die Gebeine der Mutter Marias und Ehefrau von → Joachim zunächst in Jerusalem aufbewahrt wurden und im 8. Jh. nach Konstantinopel gelangten. Heute erklären viele Orte, Anna-Reliquien

zu besitzen. Der Kult um Anna ist im Orient seit dem 6. Jh., im Abendland erst ab dem 8. Jh. nachweisbar. In Neapel in Italien wurde das Anna-Fest schon im 9. Jh. gefeiert, etwa ab 1350 im ganzen Abendland. Das Wasser von sogenannten Anna-Brunnen soll gegen Nöte aller Art helfen. Der Anna-Tag ist vielerorts mit Volksfesten und Brauchtum verbunden. In der Kunst wurde Anna ab dem späteren Mittelalter oft mit Maria und dem Jesuskind (Anna Selbdritt) abgebildet. Da Anna an einem Dienstag gestorben sein soll, gilt der Dienstag als besonderer Verehrungstag für die Mutter Mariens (Brauch der neun Anna-Dienstage). – Nach einer Legende soll Anna nach dem Tod Joachims noch zweimal geheiratet haben und in beiden Ehen weitere Kinder geboren haben, sogar zwei weitere Mädchen mit Namen Maria. Diese Aussage wird heute jedoch eher verneint. – Das Zweite Vatikanische Konzil legte die Gedenktage von Anna und Joachim auf dem 26. Juli zusammen.

Darstellung: als Matrone mit Kopftuch, mit Buch, mit Maria oder mit Maria und Jesus (Anna Selbdritt)

Patronat: von Florenz, Neapel, Innsbruck, der Bretagne, für eine glückliche Heirat, der Ehe, für Kindersegen, für eine gute Geburt, der Mütter, Witwen, Hausfrauen, Arbeiterinnen, Hausangestellten, Bergarbeiter, Weber, Drechsler, Kunsttischler, Müller, Krämer, Seiler, Schneider, Spitzenklöppler, Knechte, für Regen, gegen Gewitter, zum Auffinden verlorener Gegenstände

Anna vom heiligen Augustinus
OCD, Priorin, Mystikerin
Fest: 11. Dezember

Geboren am 11. Dezember 1555 in Valladolid in Spanien, trat Anna 1577 bei den Unbeschuhten Karmelitinnen ein. Sie war einige Jahre Priorin und gründete selbst ein neues Kloster. Bis zu ihrem Tod am 11. Dezember 1624 lebte sie in strenger Abtötung und wurde durch außergewöhnliche mystische Gnadenbeweise ausgezeichnet. Ihre Autobiographie erzählt von den Erlebnissen. 1776 Anerkennung des heroischen Tugendgrades durch den Papst Pius VI. in Rom.

Anna vom heiligen Bartholomäus sel.
OCD, Priorin, Gründerin
Fest: 7. Juni

Ana García, so ihr Geburtsname, wurde am 1. Oktober 1549 in Almendral in Spanien geboren. Sie lernte → Teresa von Ávila kennen und legte bei ihr in Ávila die Ordensgelübde der Unbeschuhten Karmelitinnen ab. Danach begleitete sie Teresa auf zahlreichen Reisen; sie war ihre Beraterin und Helferin. 1604 ging sie nach Frankreich und war Priorin in neuen Klostergründungen der Unbeschuhten Karmelitinnen; 1612 gründete sie ein Kloster in Antwerpen in Belgien. Sie gilt als eine der wichtigsten Persönlichkeiten bei der Fortsetzung der Arbeit von Teresa von Ávila. Anna starb am 7. Juni in Antwerpen. 6. Mai 1917 Seligsprechung.

Anna von Jesus
OCD, Ordensfrau, Gründerin
Fest: 4. März

Geboren am 25. November 1545 in Medina del Campo in Spanien als Ana de Lobera, trat Anna 1570 bei → Teresa von Ávila den Unbeschuhten Karmelitinnen bei. Sie war in der Folge eine der wichtigsten Mitarbeiterinnen und Gefährtinnen von Teresa und gründete selbst mehrere Klöster in Spanien, Frankreich und Belgien. Ihr Beichtvater war → Johannes vom Kreuz. Anna von Jesus starb am 4. März 1621 in Brüssel in ihrer dortigen Klostergründung. Der Seligsprechungsprozeß läuft seit 1878.

Anna Maria Antigo
OSCl, Äbtissin
Fest: 28. September

Anna Maria Antigo stammte aus Perpignan (Frankreich), wo sie 1602 geboren, Klarissin und 1667 Äbtissin des örtlichen Klosters wurde. Sie galt als Vorbild an

„Erziehung der Jungfrau Maria durch die heilige Anna“, nach einem Gemälde von Bartolomé Esteban Murillo.

Ein authentisches Porträt der Anna Maria Redi von der Malerin Anna Piattol, 1770. Das Bild wird in der Hauskapelle des Generalats der Unbeschuhten Karmeliten in Rom aufbewahrt.

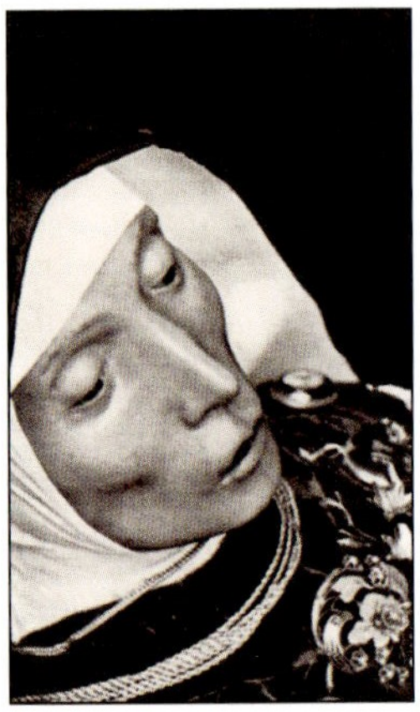

Totenmaske der Anna Maria Rosa Nicoletta Gallo im Sterbehaus des Dritten Ordens der Alcantariner, Neapel.

Tugend und Ordensgeist. Sie starb am 28. September 1676 in Perpignan. Ihr Leichnam wurde 1731 aufgefunden und erhoben. Der Seligsprechungsprozeß läuft.

Anna Maria Redi (Theresia Margareta vom Heiligsten Herzen Jesu) hl.
OCD, Ordensfrau, Mystikerin
Fest: 7. März
Anna Maria Redi war eine der großen Mystikerinnen Italiens. Geboren am 15. Juli 1747 in Arezzo in der Toskana (Italien), trat sie 17jährig den Unbeschuhten Karmelitinnen im Kloster S. Teresa in Florenz bei. Zeitlebens zeichnete sie sich durch große Demut und Leidensfähigkeit aus; sie war mystisch hoch begnadet und wurde schon zu Lebzeiten wie eine Heilige verehrt. Anna Maria Redi starb am 7. März 1770 in Florenz und wurde in ihrer Klosterkirche beigesetzt. 9. Juni 1929 Seligsprechung, 19. März 1934 Heiligsprechung.

Anna Maria Rosa Nicoletta Gallo hl.
OFM, Ordensfrau, Mystikerin
Fest: 6. Oktober
Geboren am 25. März 1715 in Neapel, Italien, trat Anna Maria Rosa Nicoletta Gallo als junge Frau dem Franziskanerorden bei. Bis zu ihrem Tod am 6. Oktober 1791 erlebte sie außergewöhnliche mystische Gnadenbeweise. Ihre Verehrung war schon zu Lebzeiten groß und nahm nach ihrem Tod noch zu. 1867 Heiligsprechung.

Anne de Xainctonge
Ordensgründerin
Fest: 8. Juni
Die Kongregation der Ursulinen von Dôle geht auf Anne de Xainctonge zurück. Geboren wurde die Ordensgründerin am 21. November 1567 in Dijon in Burgund (Frankreich). Ihr Ziel war es, ein Erziehungsinstitut nach dem Vorbild der Einrichtungen von → Angela von Merici (Ursulinen) zu gründen. 1606 eröffnete Anne de Xainctonge in Dôle in Burgund eine erste Niederlassung der sogenannten Ursulinen von Dôle. Kurz vor ihrem Tod am 8. Juni 1621 verfaßte sie die Regel ihrer Gemeinschaft, insgesamt hatte sie vier Niederlassungen gegründet. 1972 erfolgte die Einleitung des Seligsprechungsprozesses.

Anno II. von Köln hl.
Erzbischof von Köln
Fest: 4. Dezember
Anno stammte aus Schwaben (Baden-Württemberg) und wurde um 1010 wohl in Steußlingen geboren. Er erhielt seine Ausbildung in Bamberg (Bayern), wo er auch Domscholast war, bevor er 1046 Hofkaplan von Heinrich III. wurde. 1056 erhielt er die Ernennung zum Erzbischof von Köln, war jedoch bei den Bürgern nicht beliebt. In der Folge mehrte er Ruhm und Besitz seiner Kirche erheblich und kümmerte sich besonders um die Armen seines Bistums. Zahlreiche Klöster verdanken Anno II. ihre Gründung. Immer wieder aber geriet er wegen seiner Art auch in Streit mit der Bevölkerung. Anno starb am 4. Dezember 1075 in Köln. Er wurde in dem von ihm gegründeten Benediktinerkloster St. Michael in Siegburg in einem prächtigen Goldschrein beigesetzt. 1183 Heiligsprechung. Im berühmten Anno-Lied wird er „Blüte und Licht Deutschlands" genannt.
Darstellung: als Bischof oder Erzbischof, mit Buch, Stab, Schwert, fünf Kirchenmodellen
Patronat: gegen die Gicht (an der er selbst lange litt)

Anno von Verona hl.
Bischof von Verona
Fest: 23. Mai
Anno stammte aus Verona und war von 750 bis 761 Bischof seiner Vaterstadt. Er starb am 23. Mai(?) 780 in Verona und wurde in der Kirche S. Maria Matricolare beigesetzt.

Ansbald hl.
OSB, Abt
Fest: 12. Juli, 10. März (Translation)
Geboren in der ersten Hälfte des 9. Jh. wohl in Luxemburg, war Ansbald der fünfte Abt des 721 gegründeten Benediktinerklosters Prüm in der Eifel. Seine Amtszeit ging von 860 bis 886. Als das Kloster 882 durch die Normannen zerstört wurde, leitete er kraftvoll den Wiederaufbau. Er starb am 12. Juli 886.

Ansbert hl.
OSB, Bischof von Rouen
Fest: 9. Februar
Ansbert, geboren in Frankreich, war von 679 bis 684 dritter Abt in dem Benediktinerkloster Fontenelle, 684 wurde er zum Bischof von Rouen (Frankreich) ernannt. Um 690 Entmachtung durch Pippin den Mittleren und Verbannung. Er starb am 9. Februar(?) 695 in seinem Exilkloster Hautmont und wurde in Fontenelle beigesetzt.

Anselm von Canterbury, einer der ersten Europäer, Abt in Frankreich, Erzbischof in England, „Vater der Scholastik", der Denkschule des Mittelalters.

Ansegis hl.
OSB, Abt von Fontenelle
Fest: 20. Juli
Ansegis, geboren um 778, war zunächst Abt der Benediktinerklöster St-Germer-en-Flay und Luxeuil, ab 823 Abt von Kloster Fontenelle, Frankreich. Er förderte sowohl Luxeuil als auch Fontenelle und brachte beide zu hoher Blüte. Auch war er ein bedeutender Kirchenschriftsteller. Er starb am 20. Juli 833 in Fontenelle.

Anselm von Canterbury (von Aosta) hl.
OSB, Erzbischof, Kirchenlehrer
Fest: 21. April
Anselm stammte aus Aosta in Italien, wo er 1033/1034 geboren wurde. Er besuchte verschiedene Klosterschulen in Frankreich. Schließlich kam er zu dem berühmten → Lanfranc in das bewunderte Benediktinerkloster Bec in der Normandie. Er trat dem Benediktinerorden bei und war ab 1063 Prior, ab 1078 Abt von Bec. Sein Einfluß war bald außergewöhnlich, seine Ansprachen vielbeachtet, seine Fähigkeiten bewundert. 1093 wurde Anselm als Nachfolger seines Freundes Lanfranc zum Erzbischof von Canterbury in England ernannt; damit war er gleichzeitig Primas der Kirche von England. Bald stand er in Konfrontation zu König Wilhelm II., der jegliche Reformtätigkeit verhinderte und an der Abhängigkeit der englischen Kirche vom Königshaus festhielt. Anselm mußte 1097 ins Exil und konnte erst 1100 nach dem Tod des Königs wieder zurückkehren. 1103 wurde er erneut verbannt und von den englischen Bischöfen dabei im Stich gelassen. 1107 kam es zur Einigung, zum Konkordat von London. Anselm trat dabei für die Rechte der englischen Kirche ein („Die Kirche ist freie Braut Christi, nicht hörige Magd der Könige", LThK 1,97). Anselm von Canterbury, eine der bedeutendsten Gestalten der englischen Kirche, starb am 21. April 1109. Beigesetzt wurde er in der Kathedrale von Canterbury. 1494 Heiligsprechung, 1720 Ernennung zum Kirchenlehrer. – Anselm von Canterbury wird „Vater der Scholastik" genannt und gilt als wichtigster Kirchenschriftsteller nach → Augustinus.
Darstellung: im Bischofsgewand oder als Mönch, mit Schiff, Buch, Feder, Spruchband

Anselm II. von Lucca hl.
OSB, Bischof von Lucca
Fest: 18. März
Anselm wurde um 1030 bei Mailand (Italien) geboren. Er trat dem Benediktinerorden bei und wurde 1073 zum Bischof von Lucca in der Toskana gewählt. Seine Reformbestrebungen stießen in seinem Bistum auf Widerstand, um 1081 wurde er aus Lucca vertrieben. Der Papst ernannte Anselm zum Päpstlichen Vikar für die Lombardei, ein Amt, in welchem er zu einer mächtigen Persönlichkeit wurde. Anselm II. starb am 18. März 1086 in Mantua in Norditalien. Zahlreiche seiner Schriften werden viel beachtet (so die Collectio canonum) und sind bis heute erhalten.

Anselm von Nonantola hl.
OSB, Abt von Nonantola
Fest: 3. März
Anselm war Herzog von Friaul und gründete um 752 die Benediktinerabtei Nonantola bei Modena in Italien, deren erster Abt er wurde. Er starb am 3. März 803, nachdem er das Kloster zu hoher Blüte geführt hatte. Anselm galt als enger Vertrauter von → Karl dem Großen.

Der heilige Anno, Erzbischof von Köln, als Kirchenstifter, nach einer Miniatur aus Siegburg, um 1183.

Ansfrid (Osfrid) sel.
OSB, Bischof von Utrecht
Fest: 3. Mai
Der Adlige Ansfrid war zunächst verheiratet, trat dann dem Benediktinerorden bei und wurde 995 zum Bischof von Utrecht (Holland) ernannt. Er starb am 3. Mai 1010 in Utrecht.

Ansgar hl.
OSB, Erzbischof
Fest: 3. Februar
Geboren um 801 in Frankreich, wurde Ansgar Benediktiner und widmete sich mit Leidenschaft der Missionierung. 826 erhielt er den Auftrag, in Schweden und Dänemark zu missionieren, und erzielte bald große Erfolge. Man nannte ihn auch „Apostel des Nordens". 831 wurde Ansgar zum Erzbischof mit Sitz in Hamburg geweiht, später war er Erzbischof der vereinigten Bistümer Hamburg und Bremen. Von Bremen aus leitete er das Missionswesen im nordischen

Ansgar, der erste Bischof von Hamburg und „Apostel des Nordens", Tafelbild von Meister Bornemann, 1457.

Raum, er gilt als Wegbereiter des Christentums in Skandinavien. Ansgar starb am 3. Februar 865 in Bremen. – In Kopenhagen gibt es eine katholische und eine evangelische Ansgar-Kirche.

Anstrudis hl.
Äbtissin
Fest: 17. Oktober
Anstrudis kam in der ersten Hälfte des 7. Jh. in Frankreich zur Welt. Sie trat in das von ihrer Mutter → Salaberga um 640 gegründete Kloster in Langres, Frankreich, ein (das später nach Laon übertragen wurde) und wurde nach dem Tod Salabergas ihre Nachfolgerin als Äbtissin. Anstrudis starb an einem 17. Oktober vor 709.

Answer hl.
OSB, Mönch, Märtyrer
Fest: 15. Juli, 18. Juli
Unsichere Vita. Answer (Ansuerus) war Mönch (Abt?) in Ratzeburg (Schleswig-Holstein), verschiedene Quellen sagen, im dortigen Georgikloster. Während seiner Missionstätigkeit erlitt er 1066 (wohl am 15. Juli) das Martyrium; heidnische Slawen sollen ihn zu Tode gesteinigt haben. 1147 Heiligsprechung. – In der Nähe von Ratzeburg steht bis heute das Answer-Kreuz.
Darstellung: als Abt, mit Stab, drei Steinen

Anteros (Anterus) hl.
Papst (235 bis 236)
Fest: 3. Januar
Anteros, von Geburt wohl Grieche, war vom 21. November 235 bis zu seinem Tod am 3. Januar 236 Papst. Seine letzte Ruhestätte fand er in der Callistus-Katakombe, wo man später Teile seines Epitaphs wiederfand.

Anthelm von Chignin (von Belley) hl.
OCart, Bischof
Fest: 26. Juni
Geboren 1107 in Chignin in Frankreich, wurde Anthelm Kartäusermönch, 1142 Generaloberer des Ordens. 1163 erhielt er die Ernennung zum Bischof von Belley (Frankreich). Er starb am 26. Juni 1178 und wurde in Belley begraben.

Anthimos von Nikomedien hl.
Bischof von Nikomedien, Märtyrer
Fest: 27. April, 3. September (Griechen)
Unsichere Vita. Anthimos von Nikomedien (Bithynien, Kleinasien) soll in der Christenverfolgung des Diokletian um 303 enthauptet worden sein. Die Legende berichtet, daß er vor seiner Ermordung aus einem Versteck Briefe an seine Gemeinde geschrieben und sie zum Durchhalten aufgefordert habe. Gesichert ist, daß Anthimos zu Ehren in Nikomedien eine Kirche errichtet wurde.

Antipas hl.
Märtyrer
Fest: 11. April
Das Martyrium von Antipas wird in der Apokalypse erwähnt. Er starb im 1. Jh. in Pergamon in Kleinasien. Eine griechische, wohl nicht zutreffende Legende sagt, Antipas sei Bischof von Pergamon gewesen. Sicher ist, daß in Pergamon im 5. Jh. eine Kirche zu Ehren des Märtyrers existierte.

Antonia von Florenz sel.
OSCl, Äbtissin
Fest: 29. Februar
Geboren 1401 in Florenz, Italien, trat Antonia nach dem frühen Tod ihres Ehemannes in ein Terziarinnenkloster ein und war mehrere Jahre Oberin. Danach gründete sie in L'Aquila (Italien) ein Klarissenkloster, das sie bis zu ihrem Tod am 29. Februar 1472 als Äbtissin leitete. Antonia durchlitt schwere Leiden und bewies dabei große Geduld und Demut. 1847 Bestätigung des Kultes.
Darstellung: als Klarissin, betend vor einem Altar

Antoninos von Apameia hl.
Märtyrer
Fest: 9. November, 10. November, 3. September
Die Verehrung für den Märtyrer Antoninos ist sehr alt. Nach der teilweise legendarischen Vita war er im 4. Jh. Steinmetz in Apameia in Syrien und lebte als Christ. Als er eine Kirche errichtete, wurde er von aufgebrachten Bürgern ermordet. Schon in frühen Überlieferungen aus dem 5. Jh. sind sein Name und sein Martyrium erwähnt.

Antoninus von Florenz (Antoninus Pierozzi) hl.
OP, Erzbischof von Florenz
Fest: 2. Mai, 10. Mai (Orden)
Geboren im März 1389 in Florenz, Italien, trat Antoninus 16jährig dem Dominikanerorden bei. In den folgenden 40 Jahren lebte er in verschiedenen Klöstern Italiens, so in Fiésole, Neapel, Rom, Florenz

Sarkophag mit dem Leichnam des Antoninus von Florenz unter dem Hauptaltar in der Klosterkirche von S. Marco, Florenz.

Antoninus von Florenz; leitete unter anderem als Erzbischof die malerische Ausgestaltung des Klosters San Marco durch Fra Angelico.

und Foligno. Mehrfach war er Abt, zweimal Ordensprovinzial. 1436 gründete Antoninus das Kloster S. Marco in Florenz, das → Fra Angelico mit den bis heute erhaltenen Wandfresken ausmalte. 1446 wurde er zum Erzbischof von Florenz geweiht. Er war ein vorbildlicher Seelsorger und Verwalter seines Bistums. Er war klug und rechtssicher und einer der gefragtesten Berater seiner Zeit; sein Urteil („Antoninus consiliorum") hatte Gültigkeit. Sein schriftstellerisches und sein chronistisches Werk galten als herausragend, seine berühmte Weltchronik reicht bis ins Jahr seines Todes. Antoninus starb am 2. Mai 1459 in Montughi bei Florenz und wurde im Kloster S. Marco in Florenz beigesetzt. 1523 Heiligsprechung.
Darstellung: als Dominikaner, mit Buch
Patronat: gegen Fieber, im Unglück

Antoninus (Antonius) von Piacenza hl.
Märtyrer
Fest: 4. Juli, 30. September
Keine gesicherten Angaben zur Vita. Bereits Ende des 4. Jh. wird von der Wunderkraft des Märtyrers Antoninus von Piacenza berichtet; die Reliquien wurden in einer Kirche in Piacenza verehrt. Später erscheint er auch als Mitglied der Thebäischen Legion, was jedoch legendär ist.

Antonio Lucci sel.
OFM, Bischof
Fest: 25. Juli
Der Franziskaner Antonio Lucci, geboren am 2. August 1681 in Agnone del Sannio (Italien), wurde am 7. Februar 1729 vom Papst zum Bischof von Bovino in Süditalien geweiht. Sein Einsatz galt vor allem den Armen und Kranken, was ihm bald den Namen „angelo della carità" (Engel der Caritas) brachte. Energisch verteidigte er die Rechte der Kirche gegen staatliche Eingriffe. Antonio Lucci starb am 25. Juli 1752; sein Leichnam befindet sich in der Kathedrale von Bovino und wird von vielen Gläubigen besucht. 18. Juni 1989 Seligsprechung durch Papst Johannes Paul II.

Antonio di Santa Anna → Galvão de França, Antonio

Antonios (Antonius) der Große (der Einsiedler) hl.
Abt, Einsiedler, Mönchsvater
Fest: 17. Januar
Antonios wurde um 250/260 in Kome (Keman) in Mittelägypten geboren. Als er in einer Kirche die Worte hörte: „Willst du vollkommen sein, dann verkaufe alles, was du hast ...", folgte er diesem Rat und begann ein asketisches Leben, das sein ganzes Leben lang dauern sollte. Antonios zog sich in eine Felsengrabstätte zurück, danach in die Wüste und schließlich an einen Berg unweit des Roten Meeres. Er durchlebte und bestand zahlreiche innere Kämpfe und wuchs an Weisheit, was ihn bei anderen Asketen zu einem immer größeren Vorbild werden ließ. Antonios wurde immer berühmter, eine große Zahl von Gleichgesinnten sammelte sich um ihn. Um 311 kam er

„Abt Antonius und der Einsiedler Paulus", nach einem Gemälde von Diego de Silva y Velázquez, Prado, Madrid.

Antonius Baldinucci war einer der erfolgreichsten Prediger Italiens.

Antonius Maria Zaccaria gründete die Kongregation Söhne des heiligen Paulus, auch Barnabiten genannt.

für einige Zeit nach Alexandrien in Ägypten, wo er gefangenen Christen Mut zusprach. Danach zog er sich wieder in die Wüste zurück, war von da an aber ein vielbesuchter Ratgeber. Er pflegte Kontakt mit Kaiser → Konstantin genauso wie mit einfachen Menschen, auch Priester und Bischöfe suchten seinen geistigen und geistlichen Beistand. Auf Bitten seines Freundes → Athanasios trat er um 337 noch einmal in Alexandrien auf, um gegen die Irrlehre des Arius zu predigen. Er sagte seinen nahenden Tod voraus und bat seine Schüler, ihn heimlich zu begraben. Um 355/365 starb er, 105 Jahre alt. Im Jahr 561 fand man seine Grabstätte auf und überführte die Gebeine zunächst nach Alexandrien, 635 dann nach Konstantinopel. Um 1000 gelangten die Reliquien nach Frankreich, wo sie seit 1491 in der Kirche St-Julien in Arles in Südfrankreich aufbewahrt werden. – Schon bald nach seinem Tod erhielt Antonios den Beinamen „der Große“. Nach seinem Vorbild zogen Tausende in die Wüsten und lebten in Einsiedlergemeinschaften miteinander. Die Einsiedlergemeinden – auch jene des Abendlandes – gehen auf Antonios zurück. Er hat keine eigene Ordensregel hinterlassen; als Regel des Antonios werden seine Weisungen angesehen, die sein Freund Athanasios zusammenstellte, der auch seine Vita schrieb. Verschiedene Briefe von Antonios sind noch erhalten. Die Verehrung erlebte im Abendland ihre Blütezeit zwischen dem 14. und dem 18. Jh., erste Spuren des Kultes sind hier aber ebenfalls schon im 5. Jh. nachweisbar. Vor allem das Wirken des Antoniterordens (1095 gegründet) trug zur Verehrung des Mönchsvaters bei. Albert von Bayern gründete 1382 den Antonios-Ritterorden, zahlreiche Bruderschaften stellten sich unter den Schutz von Antonios. Manchmal wird Antonios auch den Vierzehn Nothelfern zugeordnet, im Rheinland gehört er zu den Vier heiligen Marschällen. Rund um die Person des Antonios existierte zahlreiches Brauchtum: Antonius-Wasser, Antonius-Feuer, Antonius-Kreuz, Antonius-Schwein. Verschiedene Antonios-Kirchen entwickelten sich zu Wallfahrtsorten. Der 17. Januar war vielerorts ein Lostag für bestimmte Bräuche.

Darstellung: als Einsiedlergreis mit Stab, beim Kampf mit den Dämonen, mit Schwein, Buch, mit dem Antonius-Kreuz als Krücke, wie er heimlich beigesetzt wird

Patronat: der Haustiere und Schweine, der Schweinehirten, Metzger, Korbmacher, Weber, Zuckerbäcker, Totengräber, gegen die Pest, gegen Krankheit allgemein, gegen Viehseuchen und Feuer

Antonius Baldinucci sel.
SJ, Missionar, Prediger
Fest: 7. November

Antonius Baldinucci wurde am 19. Juni 1665 in Florenz in Italien geboren; er trat 16jährig dem Jesuitenorden bei, um in die Mission gehen und dort das Martyrium erleiden zu können. Da er von schwächlicher Gesundheit war, setzte ihn der Orden aber in der Heimatmission ein, und Antonius Baldinucci wurde einer der erfolgreichsten Prediger Italiens. Er starb am 7. November 1717 in Pofi in Italien. Seine Gebeine befinden sich in der Kirche S. Giovannino in Florenz. 1893 Seligsprechung.

Antonius Bonfadini sel.
OFMObs, Missionar
Fest: 1. Dezember

Geboren um 1417 in Ferrara in Italien, trat Antonius Bonfadini 1439 dem Franziskanerorden bei. Viele Jahre wirkte er als Missionar

und Prediger. Er starb am 1. Dezember 1482 in Cotignola in Italien. 1901 Seligsprechung.

Antonius Maria Zaccaria hl.
Ordensgründer
Fest: 5. Juli

Geboren 1502 in Cremona, Italien, war Antonius Maria Zaccaria zunächst Arzt. 1528 empfing er die Priesterweihe, 1530 gründete er in Mailand die Kongregation „Söhne des heiligen Paulus“ (auch Barnabiten genannt, weil sie ihre Zentrale bei der Kirche S. Barnaba hatten). Die Mitglieder der Gemeinschaft verschrieben sich der Volksmission. Es folgte die Frauenkongregation der „Englischen Schwestern vom Heiligen Paulus“ (Angeliken). Auf Antonius Maria Zaccaria gehen die Bräuche des Freitagsläutens und des Vierzigstündigen Gebetes zurück. Er starb jung am 5. Juli 1539 in Cremona; beigesetzt in S. Barnaba in Mailand. 27. Mai 1897 Heiligsprechung.

Darstellung: im Ordensgewand, mit Kreuz, Lilie, Kelch mit Hostie

Antonius von Padua hl.
OFM, Prediger, Kirchenlehrer
Fest: 13. Juni

Geboren 1195 in Lissabon, Portugal, trat der 15jährige Fernando, so sein Taufname, zunächst bei den Augustiner-Chorherren ein. 1220 wechselte er zum Franziskanerorden und nahm nach seinem Eintritt ins Kloster Coimbra (Portugal) den Namen Antonius an. Sein größter Wunsch war es, in Marokko zu

ehrt wurden; er soll in Antiochien, Syrien, den Martertod gestorben sein (möglicherweise um 362). Artemios wurde vor allem bei Krankheiten als Patron angerufen.

Artemius von Clermont hl.
Bischof von Clermont
Fest: 24. Januar
Artemius lebte zunächst in Trier, Rheinland-Pfalz, und reiste Ende des 4. Jh. wohl in politischer Mission nach Spanien. Er erkrankte während der Reise in Clermont in Frankreich, wo er danach blieb und Priester wurde. Um 400 ernannte man ihn zum Bischof von Clermont. Er genoß nach seinem Tod große Verehrung vor allem als Patron gegen Feuergefahren; seine Reliquien werden bis heute im Dom von Clermont-Ferrand aufbewahrt.

Arthur Bell
OFM, Priester, Märtyrer
Fest: 11. Dezember
Der Priester und Franziskaner Arthur Bell, geboren am 13. Januar 1590 in Worcestershire, England, wirkte ab 1634 in London als Guardian der Franziskaner. 1643 wurde er verhaftet und wegen seines christlichen Glaubens am 11. Dezember 1643 in Tyburn bei London gehängt und gevierteilt.

Asella hl.
Jungfrau
Fest: 6. Dezember
Asella lebte im 4. Jh. in Rom und widmete ihr ganzes Leben Bußübungen und Werken der Nächstenliebe. → Hieronymus rühmte sie dafür in ihrer Vita sehr. Der letzte Brief, den Hieronymus vor seiner Flucht aus Rom schrieb, war an Asella gerichtet. Sie starb an einem 6. Dezember um 406. Ihr Name übrigens kommt aus dem Lateinischen und bedeutet: „die kleine Eselin".

Asterius hl.
Märtyrer
Fest: 19. Oktober
Die Vita des Asterius läßt sich aus verschiedenen römischen Überlieferungen rekonstruieren. Danach war er Priester in Rom und starb den Martertod. Zwei Gefährten von Asterius berichteten um 384, daß der Märtyrer in einer Kirche in Ostia bei Rom beigesetzt wurde, die auch seinen Namen erhielt. Eine im 18. Jh. aufgefundene Inschrift bestätigt den Todestag 19. Oktober. Schon früh existierte ein starker Kult.

Athanasius der Große hl.
Erzbischof von Alexandrien, Kirchenlehrer
Fest: 2. Mai
Athanasius war eine der herausragenden Persönlichkeiten der Ostkirche. Geboren um 298 in Alexandria, Ägypten, wurde er 328 zum Erzbischof von Alexandrien und damit zum Primas der katholischen Kirche von Ägypten und Libyen gewählt. In der Folge verteidigte Athanasius kraftvoll und unnachgiebig die Rechte der katholischen Kirche gegenüber dem Kaiser sowie Angriffen eifersüchtiger Bischöfe, die ihn für zu jung für sein hohes Amt befanden. Er war ein unerschrockener Kämpfer gegen die Irrlehre des Arius und ein vehementer Verteidiger der Beschlüsse des Konzils von Nicäa (325). Aufgrund seiner Haltung wurde Athanasius mehrmals verbannt, insgesamt verbrachte er 17 Jahre im Exil (zwei Jahre davon in Trier). Viele seiner Schriften, Briefe und Bücher sind noch erhalten. Seine Vita des Mönchsvaters → Antonios war nach der Bibel das meistverbreitete christliche Buch der Antike. Athanasius starb am 2. Mai 373 in Alexandria, nachdem er alle seine Gegner überlebt hatte.
Darstellung: meist als Greis, im bischöflichen Gewand, mit Buch, Schriftrolle
Patronat: gegen Kopfschmerzen

Athanasius von Neapel hl.
Bischof von Neapel
Fest: 15. Juli
Im Alter von 18 Jahren wurde Athanasius 850 zum Bischof von Neapel, Italien, ernannt. Er war hochangesehen und bei den Päpsten geschätzt, mußte sich jedoch auch gegen Widersacher zur Wehr setzen. Er starb am 15. Juli 875 auf einer Reise in Veroli, Italien; seine Gebeine wurden 877 nach Neapel übertragen.

Athenogenes hl.
Märtyrer
Fest: 17. Juli, 24. Juli
Unsichere Passio. Athenogenes war möglicherweise Bischof und erlitt um 304 das Martyrium entweder durch das Schwert oder durch Feuer. Der Martyriumsort lag wahrscheinlich in Kappadokien in Kleinasien.

Athanasius der Große, Patriarch von Alexandrien, nach einem Mosaik im Baptisterium der Kirche San Marco in Venedig, 14. Jh.

Atreban (Attroban)
Missionar, Märtyrer
Fest: 30. November
Atreban wirkte im 8. Jh. gemeinsam mit → Willehad als Missionar. Beim Sachsenaufstand 782 starb er mit mehreren Gefährten am 30. November an der Weser (Niedersachsen) den Martertod. Die Verehrung für die Märtyrergruppe existierte bis zur Reformation.

Attala hl.
Äbtissin
Geboren um 690 im Elsaß, Frankreich, als Tochter des elsässischen Herzogs, wurde Attala zunächst von ihrer Tante → Odilia erzogen. Ab etwa 720 war sie Äbtissin des von ihrem Vater gegründeten Klosters St. Stephan in Straßburg. Sie starb am 3. Dezember 741 in St. Stephan und wurde dort beigesetzt. 1175 Erhebung der Gebeine. Darstellung: als Äbtissin, als Jungfrau, mit Palme

Attala von Bobbio
Abt von Bobbio
Fest: 10. März
Attala war ein Freund und Gefährte von → Kolumban. Er sollte eigentlich Nachfolger von Kolumban als Abt von Kloster Luxeuil (Frankreich) werden, folgte Kolumban jedoch nach Bobbio in Norditalien. Dort wurde er nach dem Tod Kolumbans 615 Abt von Kloster Bobbio. Er starb am 10. März(?) 627.

Attilanus hl.
Bischof
Fest: 5. Oktober
Attilanus stammte aus Tarragona, Spanien, war zunächst Mönch und wurde 909 zum Bischof des 905 eingerichteten Bistums Zamora in Spanien gewählt. Er starb am 5. Oktober 915. Die Heiligsprechung erfolgte 1095.

Auctor hl.
Bischof von Metz
Fest: 9. August, 20. August (Trier)
Unsichere Vita, zahlreiche Legenden. Auctor lebte und starb möglicherweise im 5. Jh. Reliquien gelangten im 9. Jh. nach Maursmünster (Marmoutier) im Elsaß und im 12. Jh. nach Braunschweig, Niedersachsen, wo er als Stadtpatron verehrt wurde.

Audoin (Ouen) hl.
Bischof von Rouen
Fest: 24. August
Geboren um 605 bei Soissons, Frankreich, gründete Audoin 635 die Benediktinerabtei Rebais, 648 folgte das Kloster Fontenelle. 641 erhielt Audoin die Ernennung zum Bischof von Rouen, Frankreich. Während seines gesamten Lebens förderte er das Mönchswesen. Er starb am 24. August 684.

Audomar (Otmar) hl.
OSB, Bischof von Thérouanne
Fest: 9. September
Audomar (Otmar) stammte aus Coutances in Frankreich, war zunächst Mönch im berühmten Benediktinerkloster Luxeuil und wurde 639 zum Missionsbischof von Thérouanne ernannt, das er wieder zum Bistum machte. Er gründete die Abtei Sithui, aus der sich später die Stadt St-Omer entwickelte. Audomar war einer der wichtigsten Glaubensverkünder seiner Zeit. Er starb um 670 in Sithui.

Augustina Camozzi → **Christina von Spoleto**

Augustinus
Kirchenlehrer, Kirchenvater
Fest: 28. August
Augustinus gehört zu den herausragenden Persönlichkeiten des Christentums und der katholischen Kirche. Sein Wirken hat Maßstäbe gesetzt, die zum Teil bis heute Gültigkeit haben. Augu-

Dieses Fresko im Lateran in Rom, entstanden vor 550, ist die älteste bekannte Darstellung des heiligen Augustinus.

Der Marmorschrein aus dem 14. Jh. mit dem Sarkophag des Kirchenvaters Augustinus in der Kirche San Pietro in Ciel d'Oro in Pavia, Italien.

Diese silberne Kassette aus dem 8. Jh. beinhaltet die Urne mit den sterblichen Überresten des heiligen Augustinus.

stinus war zu seiner Zeit der geistige Führer Afrikas, seiner Heimat, aber auch des gesamten Abendlandes. Durch seine Augustinerordensregel gilt Augustinus bis heute als einer der wichtigsten Väter des katholischen Ordenslebens. – Augustinus kam am 13. November 354 in Tagaste in Numidien (Algerien) zur Welt. Sein Vater war Heide, seine Mutter → Monika Christin; sie erzog ihn christlich, prägte ihn und begleitete sein Leben bis zu ihrem Tod 387 mit großer Anteilnahme, Sorge und Freude. Ab seinem 16. Lebensjahr lebte Augustinus in Karthago mit einer Frau zusammen, Sohn Adeodatus wurde 372 geboren. Auf der Suche nach dem wahren Christentum – Augustinus war noch nicht getauft – schloß sich der inzwischen 20jährige 374 der Sekte der Manichäer an, da er sich bei ihr die wirklichen Erkenntnisse der christlichen Lehre versprach. Augustinus hatte inzwischen seine Studien beendet und wirkte als Lehrer und Rhetorikprofessor in Tagaste, Karthago und später in Rom, ab 384 in Mailand. Eines Tages hörte er in Mailand eine Predigt von Bischof → Ambrosius, der in Oberitalien die Menschen begeisterte, und auch Augustinus war beeindruckt. Er wandte sich nun endgültig dem Christentum zu und empfing in der Osternacht des Jahres 387 in Mailand von Ambrosius die Taufe. Er kehrte 388 nach Tagaste zurück und nahm gemeinsam mit Gleichgesinnten auf seinem väterlichen Gut ein klösterliches Leben auf. Wohl im Frühjahr 391 empfing Augustinus die Priesterweihe, 396 schließlich wurde er zum Bischof von Hippo (Numidien) gewählt. Auch als Bischof lebte Augustinus mit seinen Priestern weiter in einer klösterlichen Gemeinschaft; er war es, der in Afrika das bis dahin ziemlich unbekannte Klosterleben einführte. Unermüdlich wirkte Augustinus in den 34 Jahren seiner Amtszeit als Seelsorger, er war einer der begabtesten Prediger seiner Zeit und ein unerbittlicher Bekämpfer aller Irrlehren. Sein Schrifttum beherrschte die Theologie und die Philosophie der folgenden Jahrhunderte, oft wurde Augustinus als fruchtbarster Kirchenschriftsteller überhaupt bezeichnet. Zu seinen wichtigsten Schriften gehören „Confessiones" (Bekenntnisse) und „De Civitate Dei" (Gottesstaat), eine Apologie des gesamten Christentums. Augustinus starb am 28. August 430 während der Belagerung von Hippo durch die Vandalen. Seine Gebeine gelangten im 8. Jh. nach Pavia in Norditalien, wo sie seither in der Kirche S. Pietro in Ciel d'Oro ruhen. Augustinus gilt neben → Gregor dem Großen, → Ambrosius und → Hieronymus als größter der lateinischen Kirchenväter. Aus einer Regel, die der Bischof für das Frauenkloster in Hippo verfaßt hatte,

Glasfenster mit dem heiligen Augustinus von Canterbury. Er führte die von Papst → Gregor dem Großen zur Bekehrung der Angelsachsen bestimmten Missionare.

entwickelten sich im Laufe der Jahrhunderte zahlreiche Augustiner-Genossenschaften im weiteren Sinn. Im engeren Sinn gibt es zwei Hauptzweige der Augustiner: die Augustiner-Chorherren und -Frauen sowie die Augustiner-Eremiten.
Darstellung: im Bischofsgewand, als Gelehrter, auf einem Thron, mit Jesuskind, Engel, Buch, Schreibfeder, Kirchenmodell, mit einem von Pfeilen durchbohrten oder brennenden Herzen
Patronat: der Theologen, Buchdrucker, Bierbrauer, für gute Augen

Augustinus von Canterbury hl.
OSB, Erzbischof von Canterbury, Apostel Englands
Fest: 26. Mai, 13. September (Translation)
Augustinus stammte aus Italien, wo er Mitte des 6. Jh. geboren und später Benediktinermönch wurde. Papst → Gregor der Große entsandte 596 eine Gruppe von 40 Mönchen unter der Führung von Augustinus zur Missionierung nach England. Vom heidnischen König → Ethelbert freundlich empfangen, entfalteten die Glaubensboten schnell ihre Missionstätigkeit. Vor allem Augustinus erzielte große Erfolge und wurde bald „Apostel Englands“ genannt. So ließ sich Ethelbert schon bald taufen, ebenso viele seiner Untertanen. Im Jahr 601 wurde Augustinus zum Erzbischof von Canterbury ernannt, wo er die berühmte Christ Church errichten ließ. Die Erzbistümer London und York sind seine Gründungen. Er starb am 26. Mai 604 und wurde in St. Peter and Paul – später St. Augustine's – in Canterbury beigesetzt.
Darstellung: im Bischofsgewand mit den bischöflichen Attributen

Augustinus Kažotić sel.
OP, Bischof von Zagreb und Lucera
Fest: 3. August
Augustinus Kažotić stammte aus Dalmatien, wo er um 1260 in Traù geboren wurde. Er war Dominikanermönch und ein hervorragender Prediger. 1303 wurde er zum Bischof von Zagreb (Agram) ernannt. Nach einer politischen Mission in Avignon durfte er nicht mehr an seinen Bischofssitz zurückkehren und erhielt daher 1322 das Bischofsamt von Lucera in Italien übertragen. Er starb am 3. August 1323 in Lucera. 1700 Seligsprechung.

Augustinus Novelli sel.
OSA, Ordensgeneral, Einsiedler
Fest: 19. Mai
Augustinus stammte aus Tarano in Italien und war zunächst Jurist und Kanzler bei König Manfred von Sizilien. Als dieser gestorben war, zog sich Augustinus unerkannt in den Augustinerorden zurück und wurde dort Laienbruder. Als Mitbrüder erkannten, wer er tatsächlich war, übertrug man ihm verschiedene hohe Ordensämter, von 1298 bis 1300 war er Ordensgeneral. Dann dankte er ab und lebte die Jahre bis zu seinem Tod am 19. Mai 1309 (1310?) in der Einsiedelei S. Leonardo bei Siena in der Toskana. 1750 Bestätigung des Kultes.

Aunarius hl.
Bischof von Auxerre
Fest: 25. September
Aunarius war von 561 bis 603 Bischof von Auxerre und ist als Teilnehmer verschiedener Synoden historisch bezeugt.

Aurelia sel.
Jungfrau (?), Reklusin (?)
Fest: 15. Oktober
Vita legendarisch. Danach war sie entweder eine Gefährtin von → Ursula oder eine Reklusin bei St. Emmeram in Regensburg (Bayern), die 1027 starb, nachdem sie 52 Jahre eingeschlossen gelebt hatte. Angebliche Aurelia-Gebeine wurden in die Benediktinerklosterkirche St. Emmeram übertragen; ein Hochgrab von 1330 erinnert dort an Aurelia. Früher wurde das Grab am 15. Oktober mit einem Wandteppich und Kerzen geschmückt.
Darstellung: als Jungfrau mit Palme, als Königstochter, als Pilgerin, mit Buch

Aurelian von Arles hl.
Bischof von Arles
Fest: 16. Juni
Aurelian wurde 546 im Alter von 23 Jahren Bischof von Arles, Frankreich, und hatte das Amt bis zu seinem Tod am 16. Juni 551 inne.

Aurelios
Bischof
Fest: 9. November
Aurelios lebte im 5. Jh. und war Bischof in Armenien. Jahrhunderte nach seinem Tod (um 475) gelangten seine Gebeine nach Hirsau in Baden-Württemberg, wo für ihre Aufbewahrung die Aurelius-Kirche errichtet wurde; aus ihr entstand später die berühmte Reformabtei Hirsau.

Aureus hl.
Bischof von Mainz
Fest: 16. Juni
Aureus war im 4. oder im 5. Jh. Bischof von Mainz (Rheinland-Pfalz). Reliquien wurden im 10. Jh. in die Mainzer Kirche St. Alban übertragen.

Austreberta hl.
Äbtissin
Fest: 10. Februar
Geboren um 630 in Macronne, Frankreich, wurde Austreberta um 662 Äbtissin des Kloster Pavilly bei Rouen (Frankreich). Sie starb am 10. Februar wohl 704.

Austregisilus hl.
Bischof von Bourges
Fest: 20. Mai
Austregisilus stammte aus Bourges, Frankreich, und bestieg in seiner Heimatstadt 612 den Bischofsstuhl. Seine Amtszeit dauerte bis zu seinem Tod 624.

Autbertus von Avranches hl.
Bischof von Avranches
Fest: 18. Juni
Die Überlieferung berichtet, daß Bischof Autbertus von Avranches vom Erzengel Michael dreimal aufgefordert wurde, ein Kloster zu errichten. So wurde 709 das berühmte Bergkloster Mont-Saint-Michel an der Küste der Normandie eingeweiht, eines der im Mittelalter meistbesuchten Heiligtümer Frankreichs. Autbertus starb am 18. Juni 725. Erhebung der Reliquien im Jahr 1012.

Autbertus von Cambrai hl.
Bischof von Cambrai
Fest: 13. Dezember
Autbertus wurde um 633 zum Bischof von Cambrai, Frankreich, ernannt. Er gründete zahlreiche Klöster und kümmerte sich kraftvoll um die Missionierung. Er starb am 13. Dezember 669(?).

Autsch, Angela
OST, Ordensfrau
Fest: 23. Dezember
Geboren am 26. März 1900 in Röllecken in Nordrhein-Westfalen, trat Angela Autsch 1933 in Mötz in Österreich in die einzige deutschsprachige Niederlassung des Trinitarierordens ein, legte 1938 die Ewigen Gelübde ab und wirkte danach als Erzieherin und Erntehelferin. Am 12. August 1940 wurde sie von der Gestapo verhaftet, weil der NS-Ortsgruppenleiter von Mötz sie denunziert hatte; er hatte gehört, wie sie sagte: „Der Hitler ist eine Geißel für ganz Europa." Man überführte sie zunächst in das Konzentrationslager Ravensbrück, Brandenburg, dann 1942 nach Auschwitz; dort war sie für die Wäschekammer und die Verteilung der Essensrationen zuständig. In der Ausübung dieser Tätigkeiten tat sie alles nur Mögliche, um den weiblichen Mithäftlingen Hilfe zukommen zu lassen; sie besorgte ihnen unter Lebensgefahr warmes Wasser und Seife zum Waschen, steckte ihnen immer wieder Extra-Essensportionen zu, nähte heimlich ihre zerrissenen Kleidungsstücke und versteckte kranke Frauen in der Wäschekammer, damit sie sich ein wenig erholen konnten. Bald trug sie den Beinamen „Engel von Auschwitz", überlebende Häftlinge berichteten später, nach der Befreiung des Konzentrationslagers, von ihrem aufopferungsvollen Wirken inmitten des schlimmsten Elends. Angela Autsch starb am 23. Dezember 1944 in Auschwitz (bei einem Bombenangriff hatte ihr Herz versagt). Ihre Gebeine wurden verbrannt. Der Seligsprechungsprozeß läuft.

Schwester Angela Autsch, der „Engel von Auschwitz", bei der Gartenarbeit.

Aurelia bittet Abt → Ramwold vom Kloster St. Emmeram um Almosen. Dieser erkennt ihre geistliche Bestimmung und übergibt ihr eine Zelle außerhalb des Klosters. Aurelia lebte dort fünf Jahrzehnte bis zu ihrem Tod.

Auxentios hl.
Mönch
Fest: 14. Februar
Auxentios war zunächst Soldat, dann zog er sich als Einsiedler auf einen Berg bei Chalkedon in Klein-

Leonie Aviat im Alter von 21 Jahren und als Mutter Franziska Salesia. Zusammen mit Pater Aloysius → Brisson gründete sie die Oblatinnen des heiligen → Franz von Sales.

asien zurück. Er war ein Vorbild an Frömmigkeit und Askese, seine Einsiedelei wurde zu einem Mittelpunkt monastischen Lebens (Auxentios-Berg). Er war hochverehrt, zahlreiche Wundertaten werden ihm nachgesagt. Auxentios starb am 14. Februar 473.

Aviat, Franziska Salesia Leonie sel.
Ordensgründerin
Fest: 10. Januar
Die Kongregation der Oblatinnen des heiligen Franz von Sales geht auf Franziska Salesia Leonie Aviat zurück. Am 16. September 1844 in Sézanne in Frankreich geboren, faßte sie schon als Mädchen den Entschluß, ein Hilfswerk für Fabrikarbeiterinnen ins Leben zu rufen. Als sie 22 Jahre alt war, lernte sie Pater → Aloysius Alexander Brisson kennen, mit dem zusammen sie die Oblatinnen des heiligen Franz von Sales ins Leben rief. Die Schwesterngemeinschaft gründete Heime, Schulen und Internate für die Arbeiterinnen aus den Fabriken. Die Kongregation verbreitete sich rasch über die halbe Welt, so auch nach Afrika und Südamerika. Franziska Salesia Leonie Aviat starb am 10. Januar 1914 in Italien, ihr Grab befindet sich im Ordensmutterhaus in Troyes, Frankreich. 27. September 1992 Seligsprechung.

Avitus hl.
OSB, Abt
Fest: 17. Juni
Avitus war zunächst Abt der Benediktinerabtei Micy (St-Mesmin) bei Orléans, Frankreich, zog sich dann aber zurück und lebte als Einsiedler. Er starb um 527. → Gregor von Tours bezeugte die Basilika St-Avit in Orléans.

Axel → Absalon von Lund

Aymard sel.
OSB, Abt von Cluny
Fest: 5. Oktober
Geboren um 900, wurde Aymard um 942 dritter Abt des Benediktinerklosters Cluny, Frankreich. Er mehrte den Landbesitz von Cluny und war ein hervorragender Verwalter des Reformklosters; er legte damit das Fundament für die wirtschaftliche Stellung der Abtei. Aymard starb am 5. Oktober 963.

Aymer de la Chevalerie, Henriette
Ordensgründerin
Fest: 23. November
Geboren 1767 bei Poitiers (Frankreich), wurde Henriette Aymer de la Chevalerie, eine Adlige, während der Französischen Revolution eingekerkert, weil sie sich für Priester eingesetzt hatte. Nach ihrer Freilassung gründete sie 1800 gemeinsam mit → Marie Joseph Coudrin in Paris die Kongregation von den heiligsten Herzen Jesu und Mariä und der ewigen Anbetung, auch Picpus-Gesellschaft genannt (nach der Rue de Picpus in Paris, wo das Mutterhaus stand). Hauptaufgabe der Gemeinschaft sind Jugenderziehung und Volksmission. Henriette Aymer de la Chevalerie wurde die erste Oberin des Schwesternzweiges, der sich hauptsächlich um die Erziehung der weiblichen Jugend kümmert. Sie starb am 23. November 1834 in Paris. Der Seligsprechungsprozeß läuft seit 1926.

B

Babilon, Theodor
Kolpinghausleiter
Fest: 11. Februar
Theodor Babilon, geboren am 26. Februar 1899 in Köln, Nordrhein-Westfalen, war tiefgläubiger Christ. 1932 wurde er Leiter des Kolpinghauses Köln. Am 15. August 1944 verhafteten ihn die Nationalsozialisten; Babilon war nicht geflüchtet, um seine ebenfalls bedrohte Familie nicht zu gefährden. Sein weiteres Schicksal ist nicht bekannt; wahrscheinlich starb er am 11. Februar 1945 im Konzentrationslager Buchenwald oder im Lager Ohrdruf.

Babylas hl.
Bischof von Antiochien, Märtyrer
Fest: 24. Januar, 4. September (Griechen)
Babylas war von 237 bis um 251 Bischof von Antiochien (Syrien). Nach den Überlieferungen, die teilweise voneinander abweichen, starb er in der Christenverfolgung des Decius im Kerker; möglicherweise wurde er enthauptet. Es heißt, Babylas selbst habe gewünscht, mit seinen Kerkerketten begraben zu werden. Nach seinem Tod entwickelte sich schnell eine starke Verehrung, die Babylas-Reliquien wurden mehrfach übertragen; ein Teil der Gebeine soll auch nach Cremona, Italien, gelangt sein.

Bacchus und Sergius hll.
Märtyrer
Fest: 7. Oktober
Die beiden Märtyrer Bacchus und Sergius gehörten lange zu den meistverehrten Heiligen, ihr Kult verbreitete sich im Osten und im Westen. Ihre teilweise legendarische Passio ist in lateinischer, griechischer und syrischer Form erhalten. Bacchus und Sergius waren angesehene Offiziere in Cölesyrien (ein Teil von Syrien) und praktizierende Christen; sie lebten um 300. Während der Christenverfolgungen unter Diokletian wurden beide gefangengenommen und, nachdem sie sich geweigert hatten, Heidenopfer darzubringen, ermordet. Bacchus wurde zu Tode gepeitscht, Sergius enthauptet. Beide wurden in Rusafa beigesetzt (später Sergiopolis genannt), die Begräbnisstätte entwickelte sich zu einem Wallfahrtsort. Reliquien gelangten auch nach Frankreich und Italien.
Darstellung: als vornehme Offiziere
Patronat: des Militärs

Bacciarini, Aurelio
Priester, Ordensmann
Fest: 27. Juni
Aurelio Bacciarini stammte aus Lavertezzo in der Schweiz, wo er 1873 geboren wurde. 1897 empfing er die Priesterweihe, 1906 trat er in die Kongregation der Diener der Liebe ein. Ab 1917 war er Administrator des Kantons Tessin. Er starb am 27. Juni 1935 in Lugano, Schweiz. Der Seligsprechungsprozeß läuft.

Baccilieri, Ferdinando Maria
OSM, Ordensgründer
Fest: 13. Juli
Ferdinando Maria Baccilieri ist der Gründer der Kongregation der Dienerinnen Mariens von Galeazza. Er stammte aus Campodoso di Reno Finalese in Norditalien, wo er am 14. Mai 1821 geboren wurde. Er trat dem Servitenorden bei und wirkte als Seelsorger und Pfarrer. Am 13. Juli 1893 starb er in Galeazza bei Bologna, Italien. Der Seligsprechungsprozeß ist weit fortgeschritten.

Bachofen von Echt, Claudia
Ordensoberin
Fest: 6. Oktober
Geboren am 21. Januar 1863 in Münster in Nordrhein-Westfalen, trat Claudia Bachofen von Echt den Clemensschwestern bei und war ab 1911 Generaloberin. Ihr Beiname war „Mutter Claudia“, sie galt als Ideal einer Barmherzigen Schwester. Unter ihrer Leitung erlebte die Kongregation der Clemensschwestern eine Hochblüte. Claudia Bachofen von Echt starb am 6. Oktober 1922 in Münster. Sie hinterließ bemerkenswerte religiöse Dichtungen.

Badurad (Baduard)
Bischof von Paderborn
Fest: 17. September
Der Sachse Badurad war von 815 bis zu seinem Tod am 17. September 862 Bischof von Paderborn, Nordrhein-Westfalen. Er vollendete den Paderborner Dom, war Mitbegründer des später berühmten Klosters Corvey und begründete die Domschule und die erste Pfarrorganisation im Bistum Paderborn. 836 überführte er die Reliquien von → Liborius nach Paderborn. 889 Erhebung der Badurad-Gebeine.

Baino
OSB, Bischof, Ordensmann
Fest: 20. Juni
Geboren Mitte des 7. Jh., trat Baino dem Benediktinerorden bei und

Das Armreliquiar des heiligen Babylas entstand 1467 in Braunschweig und befindet sich heute im Museum of Art, Philadelphia, USA.

war zunächst Mönch in Fontenelle, Frankreich. Dann erhielt er die Ernennung zum Bischof von Thérouanne (Frankreich). Nach einigen Jahren Amtszeit gab Baino den Bischofssitz ab und war bis zu seinem Tod am 20. Juni 708 Abt in Fontenelle.

Bakanja, Isidor sel.
Märtyrer
Fest: 15. Juli
Am 24. April 1994 sprach Papst Johannes Paul II. bei einer Afrika-Synode in Rom den Märtyrer Isidor Bakanja aus Zaire selig. Bakanja, ein Plantagenarbeiter im damaligen Belgisch-Kongo, war am 2. Februar 1909 von seinem Herrn mit einer nägelbesetzten Peitsche so geprügelt worden, daß er am 15. Juli 1909 den schweren Verletzungen erlag. Der 29jährige getaufte Schwarze hatte sich geweigert, seinen Rosenkranz wegzuwerfen und sein Skapulier, das er zum Andenken an seine Taufzeremonie (1906) um den Hals trug, abzulegen, wozu ihn sein atheistischer Dienstherr aufgefordert hatte.

Isidor Bakanja wurde im ehemaligen Belgisch-Kongo von einem belgischen Plantagenverwalter wegen seines Glaubensbekenntnisses vor anderen Arbeitern mit 250 Peitschenschlägen bestraft. Der zur Trappistenmission Mbandaka gehörende Katechet erlag seinen Verletzungen.

Bakita, Josefina sel.
Sklavin, Ordensfrau
Fest: 8. Februar
Josefina Bakita stammte aus dem Sudan (Afrika), wo sie um 1870 geboren wurde. Schon als Mädchen mußte sie als Sklavin arbeiten und viele körperliche und seelische Schmerzen erleiden. Später gelang

Die ehemalige Sklavin Josefina Bakita wurde von Papst Johannes Paul II. 1992 als zweite Afrikanerin überhaupt seliggesprochen. „Blume der Wüste" wurde die Ordensfrau genannt.

es ihr, ihrem trostlosen Leben zu entfliehen, und sie trat in Venedig, Italien, der Kongregation der Canossianerinnen bei. Im Verlauf ihres Ordenslebens hatte sie viel unter ihrer dunklen Hautfarbe zu leiden. Josefina Bakita starb am 8. Februar 1947 in Italien. Papst Johannes Paul II. sprach sie am 17. Mai 1992 selig.

Balbina
Stifterin
Fest: 31. März
Legendarische Vita mit verschiedenen irrtümlichen Behauptungen. Sicher ist, daß schon im 4. Jh. in Rom ein Cömeterium und eine Kirche nach Balbina benannt waren. Die Kirche war offensichtlich von Balbina gestiftet worden, sie selbst wurde dort später als „Heilige" verehrt. Der Verfasser einer späteren Vita machte Balbina zur Tochter von → Quirinus und behauptete, beide seien in Rom den Martertod gestorben. Deshalb erschien Balbina auch in Martyrologien.
Darstellung: mit Kreuz, Lilienzepter, Engel, Kette (angeblich wurde sie durch die Ketten von Papst Alexander I., mit dem zusammen sie eingekerkert war, von einem Halsleiden geheilt)
Patronat: gegen Halsleiden und Kropf

Balderich von Utrecht
Bischof von Utrecht
Fest: 27. Dezember
Balderich, geboren um 900, war ab Mitte des 10. Jh. Bischof von Utrecht (Niederlande) und baute Stadt und Bistum nach den verheerenden Folgen der Normannenstürme wieder auf. Er war der Erzieher von → Bruno von Köln. Balderich starb am 27. Dezember 976, hochverehrt vom ganzen Volk.

Baldo, Giuseppe sel.
Ordensgründer
Fest: 24. Oktober
Geboren am 19. Februar 1843 in Puegnago bei Verona (Italien), empfing Giuseppe Baldo 22jährig die Priesterweihe und wirkte danach als Seelsorger. Um karitativ mehr bewirken zu können, gründete er 1894 die Kongregation der Kleinen Töchter vom heiligen Joseph zur Pflege alter Menschen und Jugendlicher. Er starb am 24. Oktober 1915 in Ranco all'Adige in seiner Pfarrei. 31. Oktober 1989 Seligsprechung.

Gründer der Kleinen Töchter vom heiligen Joseph, Giuseppe Baldo.

Baldomar
Mönch
Fest: 27. Februar
Baldomar stammte aus Lyon in Frankreich, wo er zunächst als Schmied und Schlosser arbeitete. Später trat er als Mönch in das Justuskloster in Lyon ein. Er starb um 661.
Patronat: der Schlosser

Balduin
Priester, Märtyrer
Fest: 8. Januar
Balduin, ein Bruder von → Anstrud, war Priester. Um 680 ermordeten ihn Anhänger des fränkischen Hausmeiers Ebroin, weshalb er als Märtyrer verehrt wurde.

Balduin (Baldwin) von Rieti
OCist, Abt von Rieti
Fest: 21. August
Balduin war im 12. Jh. Abt des Zisterzienserklosters von Rieti in Italien; er starb dort 1140.

Balicki, Johannes Adalbert
Priester
Fest: 15. März
Der Seligsprechungsprozeß für den polnischen Priester Johannes Adalbert Balicki ist weit fortgeschritten, Papst Johannes Paul II. hat 1994 bereits den heroischen Tugendgrad anerkannt. Balicki wurde am 25. Januar 1869 in Staromiescie geboren und starb am 15. März 1948 in Przemysl in Polen.

Balsam sel.
OSB, Abt
Fest: 24. November
Balsam leitete im 13. Jh. die Benediktinerabtei La Cava bei Neapel (Italien), wo er am 24. November 1232 starb. 16. Mai 1928 Approbation des Kultes.

Balsemius
Einsiedler
Fest: 15. August, 25. August
Balsemius lebte im 7. Jh. als Einsiedler in der Champagne, Frankreich. Nach dem Tod seines Onkels → Basolus war er in dessen Einsiedlerzelle gezogen.

Balthasar Ravaschieri sel.
Ordenspriester
Fest: 18. September
Balthasar Ravaschieri, geboren um 1419, lebte und wirkte im 15. Jh. als Ordenspriester in Italien. Er starb am 18. September 1492 bei Mailand (Italien). 8. Januar 1930 Approbation des Kultes.

Bandrés y Elósegui, Maria Antonia sel.
Profeßschwester
Fest: 27. April
Am 12. Mai 1996 sprach Papst Johannes Paul II. Maria Antonia Bandrés y Elósegui selig, Profeßschwester der Kongregation der Töchter Jesu. Sie stammte aus Tolosa in Spanien, wo sie am 6. März 1898 geboren wurde, und starb am 27. April 1919 in Salamanca (Spanien).

Bantus hl.
Priester, Einsiedler
Fest: 26. August, 19. August, 31. Juli
Nach der teilweise legendarischen Vita lebte Bantus (zusammen mit seinem Bruder → Beatus) im 6./7. Jh. als Priester und Einsiedler bei Trier, Rheinland-Pfalz. In verschiedenen Überlieferungen wird er erwähnt. Das Todesjahr von Bantus könnte 637 gewesen sein. Reliquien werden in der Bantus-Kapelle beim Trierer Dom aufbewahrt. 1592 entstand in Trier das St. Bantus-Priesterseminar. Über der Grabstätte von Beatus wurde später die Benediktinerabtei St. Marien errichtet; Beatus-Reliquien gelangten in die Kartause nach Koblenz.

Baouardy, Mirjam (Maria vom gekreuzigten Jesus) sel.
OCarm, Ordensfrau, Mystikerin
Fest: 25. August
Mirjam Baouardy, geboren am 5. Januar 1846 in Abellin in Palästina, wurde im Alter von zwei Jahren Waise. Als Mädchen ging sie nach Frankreich und arbeitete dort zunächst als Haushaltshilfe. Dann trat sie bei den Josephsschwestern ein, um fortan ein Ordensleben zu führen. Als man im Kloster aber ihre Stigmata entdeckte und ekstatische Zustände bemerkte, schickte man sie wieder weg. Unter großen Schwierigkeiten erreichte sie die Aufnahme in den Karmel von Pau (Frankreich) und legte 1871 im Karmel Mangalore in Indien ihre Profeß ab. Doch auch von dort wurde Mirjam Baouardy wieder verjagt. In Betlehem gründete sie daraufhin mit Gefährtinnen einen neuen Karmel. Bei einem Sturz während des Klosterbaus verletzte sie sich so schwer, daß sie am 25. August 1878 starb. Am 13. November 1983 wurde sie seliggesprochen.

Baptista (Johannes) Mantuanus (Spagnoli) sel.
OCarm, Ordensgeneral, Dichter
Fest: 20. März
Der Karmelit Baptista Mantuanus gilt als großer katholischer Humanist und bedeutender Dichter und Schriftsteller; er wurde mit Vergil verglichen, der 70 vor Christus ebenfalls bei Mantua zur Welt gekommen war. Baptista Mantuanus wurde am 17. April 1448 in Mantua in Norditalien geboren und trat 15jährig dem Karmeliterorden bei. Zwischen 1483 und 1513 war er sechsmal Ordensgeneralvikar, 1513 auch Ordensgeneral (dankte von diesem Amt jedoch ab). Er war ein gefeierter Schreiber und verfaßte rund 55 000 Verse. Viele der wichtigsten Humanisten seiner Zeit gehörten zu seinem Freundeskreis. Baptista Mantuanus starb am 20. März 1516 in Mantua. 1885 Seligsprechung.

Baptista Spagnoli von Mantua, als Dichter wurde er mit Vergil verglichen.

Baptista von Montefeltre
OSCl, Ordensfrau
Fest: 3. Juli
Geboren um 1385 in Montefeltre, Italien, heiratete Baptista von Montefeltre und führte 40 Jahre lang eine glückliche Ehe. Nach dem Tod des Ehemannes trat die hochgebildete Frau in Foligno, Italien, dem Klarissenorden bei und

Diese Pastell-Farbstift-Zeichnung befindet sich im Karmel vom Kinde Jesus in Betlehem und zeigt Mirjam Baouardy.

Die Statue des seligen Bartolomeo Maria Dal Monte von Bildhauer Luigi E. Mattei, Dom San Petrocio in Bologna.

Basilius oder Basileos der Große auf einer russischen Ikone aus dem frühen 18. Jh.

Der Dominikaner Bartholomäus, geboren um 1200 wohl in Italien, wurde 1252 zum Bischof von Limassol auf Zypern, 1255 zum Bischof von Vicenza in Norditalien ernannt. Er starb 1270 in Vicenza. Zahlreiche theologische Schriften sind von ihm erhalten.

Bartholomäus von Farne
Priester, Einsiedler, Mönch
Fest: 24. Juni
Bartholomäus war der Sohn skandinavischer Eltern und wurde als Tostig um 1120 in Whitby (England) geboren. Er empfing die Priesterweihe in Norwegen, kehrte aber nach England zurück und wurde als Bartholomäus um 1148 Mönch in Durham. Später ging er als Einsiedler auf die Insel Farne, die → Cuthbert berühmt gemacht hatte. Bartholomäus war bekannt wegen seines tugendhaften, oft belächelten Lebensstiles, er wurde mißtrauisch beobachtet, wenige seiner Mitbrüder hatten Zugang zu ihm. Im Volk genoß er große Verehrung; nach seinem Tod 1193 ereigneten sich an seinem Grab zahlreiche Wunder.

Bartolomeo Canale
CRSP, Ordensmann, Mystiker
Fest: 27. Januar
Geboren am 10. Dezember 1605 in Mailand, Italien, trat Bartolomeo Canale 1626 in den Barnabitenorden ein und wurde Novizenmeister, später Provinzial. Er erlebte zahlreiche mystische Gnadenbeweise. Tod am 27. Januar 1681 in Monza (Italien). Am 26. Juli 1948 wurde sein heroischer Tugendgrad anerkannt.

Bartolomeo Fanti sel.
OCarm, Ordensmann
Fest: 5. Dezember
Bartolomeo Fanti, geboren 1410 in Mantua (Italien), gehörte zu Lebzeiten zu den bedeutendsten Persönlichkeiten des Karmeliterordens. Wegen seiner Weisheit und seines heiligmäßigen Lebens war er hochverehrt. Er starb am 5. Dezember 1495 in Mantua; sein Grab befindet sich heute in der Kathedrale von Mantua. Am 18. März 1909 erfolgte die Approbation des Kultes.

Bartolomeo Maria Dal Monte sel.
Priester, Volksmissionar
Fest: 24. Dezember
Papst Johannes Paul II. sprach am 27. September 1997 in Bologna Bartolomeo Maria Dal Monte selig, der im 18. Jh. einer der bedeutendsten Volksmissionare Norditaliens war. Geboren am 3. November 1726 in Bologna, empfing Dal Monte die Priesterweihe und widmete sich bis zu seinem Tod am 24. Dezember 1778 der Volksmission in über 60 Diözesen. Für eine umfassende Ausbildung von Diözesanpriestern richtete er die „Pia Opera delle Missioni" ein, die zur Keimzelle vieler neuer Apostel wurde. Bartolomeo Maria Dal Monte war ein großer Marienverehrer („Jeder Gedanke, jede Regung, jedes Wort, ja alles in mir war für Maria").

Bartolus Bompedoni sel.
OFM, Ordenspriester
Fest: 12. Dezember
Geboren 1228 in Mucchio in der Toskana, Italien, wurde Bartolus Bompedoni um 1250 in Pisa Franziskaner-Terziar, 1258 Weltpriester, später Priester. Im Alter von 52 Jahren erkrankte er an Aussatz und ertrug bis zu seinem Tod am 12. Dezember 1300 zwei Jahrzehnte lang heroisch und demütig seine Krankheit. Sein Kult wurde von der Kirche 1480 und 1910 approbiert.
Patronat: gegen ansteckende Krankheiten

Barzaghi, Cesare Maria
CRSP, Ordensmann
Fest: 3. Mai
Papst Johannes Paul II. bestätigte 1993 den heroischen Tugendgrad von Cesare Maria Barzaghi und kündigte damit die baldige Seligsprechung an. Barzaghi war Priester und Mitglied des Barnabitenordens. Er stammte aus Como in Norditalien, wo er am 28. März 1863 geboren wurde, und starb am 3. Mai 1941 in Lodi (Italien).

Basileios von Amaseia hl.
Bischof, Märtyrer
Fest: 26. April
Basileios war um 300 Bischof von Amaseia (heute Amasya) in Kleinasien. Bezeugt ist seine Teilnahme an verschiedenen Synoden. Um 322 soll er den Martertod erlitten haben; sein Leichnam wurde aus dem Meer geborgen.

Basilides hl.
Märtyrer
Fest: 12. Juni
Das Grab des Märtyrers Basilides an der Via Aurelia in Rom war lange Zeit ein Wallfahrtsort. An der Begräbnisstätte stand eine Kirche zu Ehren von Basilides. Über Leben und Wirken sowie über die Todesumstände ist nichts Näheres bekannt; wahrscheinlich starb Basilides in der Christenverfolgung unter Diokletian um 304 in Rom.

Basilissa
Kind, Märtyrerin
Fest: 3. September
Geboren um 290 in Nikomedien, heute Izmid (Türkei), erlitt Basilissa im Alter von neun Jahren während der Christenverfolgungen den Martertod. Das Kind soll qualvollste Folterungen so tapfer ertragen haben, daß sich sogar der heidnische Statthalter bekehrte. – Die Verehrung für Basilissa entwickelte sich vor allem in Konstantinopel.

Basilius der Große hl.
Erzbischof, Kirchenlehrer
Fest: 1. Januar, 14. Juni (Bischofsweihe), 30. Januar
Basilius der Große gehört zu den bedeutenden Persönlichkeiten der Kirchengeschichte. Seine Beinamen sind: Vater des östlichen Mönchslebens, überragender Theologe, beeindruckender Prediger. Geboren 329/330 in Cäsarea in Kappadokien (heute Türkei) als Sohn einer christlichen Familie, studierte Basilius in Athen und Konstantinopel und wurde ein bekannter Rhetoriker. Vom Mönchsideal beeindruckt, gab er seine Laufbahn auf, empfing 356 die Taufe und zog sich mit seinem Freund → Gregor von Nazianz für mehrere Jahre in die völlige Abgeschiedenheit zurück. In dieser Zeit erarbeiteten beide die Regel der Basilianermönche. 364 empfing Basilius die Priesterweihe,

370 wurde er zum Erzbischof von Cäsarea ernannt. Unermüdlich kämpfte er gegen Irrlehren und gegen die Simonie im Priestertum und förderte den Zusammenhalt unter den Bischöfen. Seine seelsorgerischen Leistungen waren kaum zu ermessen. Basilius starb am 1. Januar 379 in Cäsarea und wurde dort beigesetzt. Zahlreiche seiner Schriften sind noch erhalten. Basilius gilt als größter der sogenannten „Drei Kappadokier" (außer ihm sind es → Gregor von Nazianz und → Gregor von Nyssa).
Darstellung: als Mönch oder als Bischof, manchmal als Einsiedler, mit Taube, Totenkopf, Kirchenmodell, Büchern, mit einem Feuer
Patronat: des morgenländischen Mönchtums

Basin (Basinus)
Bischof von Trier
Fest: 4. März, 23. September
Basin war um 700 Bischof von Trier (Rheinland-Pfalz). Er starb wohl am 4. März 705 in Trier. Seine Vita entstand erst im 16. Jh.

Basolus
Einsiedler
Fest: 26. November
Basolus lebte zu Beginn des 7. Jh. als Einsiedler in der Champagne in Frankreich, die Zelle war Ziel vieler Ratsuchender. Sein Todestag war ein 26. November. Nach seinem Tod bezog sein Neffe → Balsemius die Einsiedelei.

Bassianus hl.
Bischof von Lodi
Fest: 19. Januar
Bassianus, geboren in der ersten Hälfte des 4. Jh. in Italien, war von 374 bis 409 Bischof von Lodi in Mittelitalien. Er war ein enger Freund von → Ambrosius, der 380 die von Bassianus erbaute Basilika in Lodi weihte, und ist als Teilnehmer verschiedener Synoden bezeugt.
Patronat: gegen Aussatz

Bathilde
(Bathildis, Balthild) hl.
Königin, Nonne
Fest: 30. Januar
Geboren um 630 in England, wurde Bathilde als Kind von Wikingern aus ihrem Elternhaus geraubt, ins Frankenreich verschleppt und 641 an den Hausmeier von König Chlodwig II. als Sklavin verkauft. Um 648 heirateten Bathilde und Chlodwig. Nach dem Tod Chlodwigs führte sie für den minderjährigen Chlotar III., den ältesten ihrer drei Söhne, die Regierung. Sie gründete die berühmten Klöster Chelles und Corbie und führte in vielen wichtigen Kirchen des Reiches die Klosterregel von Luxeuil ein. Schließlich überwarf sie sich mit dem Adel und zog sich 675 in das Kloster Chelles zurück, wo sie am 30. Januar 680 starb. Schon früh genoß Bathilde große Verehrung, um ihre Gestalt entstand ein Kult. 833 wurden ihre Gebeine erhoben.
Darstellung: mit Krone und Kirchenmodell, mit Himmelsleiter, auf der Engel heruntersteigen und ihr ein Kind reichen, Almosen verteilend

Batho
Graf, Stifter
Fest: 17. Juni
Batho entstammte dem bayerischen Geschlecht der Grafen von Dießen und Andechs und lebte und starb im 10. Jh. Er setzte sich mehrfach gegen Einfälle der heidnischen Ungarn durch, die er erfolgreich

Kirchenlehrer Basilius der Große diktiert seine Lehre, Gemälde von Francisco Herrera le Vieux, 17. Jh., Louvre, Paris.

abwehrte (→ Ulrich von Augsburg). Er machte sich auch verdient durch verschiedene religiöse Stiftungen. Mehrfach pilgerte er ins Heilige Land.

Batho (Baturich)
OSB, Missionar, Kaplan
Fest: 30. Juli
Batho war im 11. Jh. Mönch im Benediktinerkloster Innichen im Pustertal (Südtirol, Italien). Später wirkte er als Missionar sowie als Kaplan in Freising in Bayern und war Kanoniker am Freisinger Andreasstift. Nach seinem Tod (im 11. Jh.) wurde Batho in der Andreaskirche in Freising beigesetzt; die Gebeine gelangten später ins bayerische Nandlstadt, wo bis heute eine Batho-Verehrung existiert.

Batt → Beatus

Batthyány, László von
Arzt, Wohltäter
Fest: 22. Januar
Die Seligsprechung von László von Batthyány wird bald erwartet. Der Augenarzt, geboren am 28. Oktober 1870 in Dunakiliti in Ungarn, baute und unterhielt im Burgenland und in Ungarn Augenkliniken, in denen er über Jahrzehnte Kranke und Notleidende kostenlos behandelte und versorgte. Er selbst führte ein vorbildlich christliches Leben und war hochverehrt. László von Batthyány starb am 22. Januar 1931 in Wien.

Baturich → Batho

Baudachar
Mönch
Fest: 21. Dezember, 31. August
Von Baudachar weiß man nur, daß er als Mönch hochverehrt im Kloster Bobbio in Norditalien lebte. Sein Abt war → Attala, womit die Zeit auf etwa 615/627 festgelegt werden kann.

Baudouin, Louis-Marie
Priester, Ordensgründer
Fest: 17. Februar
Seit 1871 läuft der Seligsprechungsprozeß für Louis-Marie Baudouin. Der Priester, geboren am 2. August 1765 in Montaigu in

Marguérite Bays trug die Stigmata Christi.

Frankreich, war zunächst Pfarrer, dann Leiter eines Priesterseminars. 1802 war er der Mitbegründer der Ursulinen von Jesus (nach dem Gründungsort auch Ursulinen von Chavagnes genannt) für Krankenpflege und Jugendunterricht. 1828 gründete er die Priestergemeinschaft Oblaten des heiligen Hilarius, deren Mitglieder sich der Mission und den Exerzitien widmeten. Baudouin starb am 17. Februar 1835 in Chavagnes-en-Paillers in Frankreich.

Bauer, Andreas sel.
OFM, Missionar, Märtyrer
Fest: 9. Juli
Andreas Bauer gehört zur Gruppe der Chinesischen Märtyrer, die im sogenannten Boxeraufstand ihr Leben verloren. 1946 wurde er seliggesprochen, der Heiligsprechungsprozeß ist eingeleitet. Geboren am 26. November 1866 in Gebweiler im Elsaß (Frankreich), trat Andreas Bauer dem Franziskanerorden bei und kam 1899 als Missionar nach China. Am 9. Juli 1900 wurde er in Tae-yuen-fu gemeinsam mit zahlreichen Gefährtinnen und Gefährten ermordet.

Bavo (Allowinus, Baaf) hl.
OSB, Mönch, Rekluse
Fest: 1. Oktober
Die teilweise unsichere Vita berichtet, daß Bavo (Taufname: Allowinus) im 7. Jh. in Belgien lebte und zunächst verheiratet war. Der Tod seiner Ehefrau bewegte ihn, sich → Amandus anzuschließen und diesen auf seinen Missionsreisen zu begleiten. Später lebte er bis zu seinem Tod als Rekluse in einem hohlen Baum in Gent (Belgien) beim Kloster St. Peter (später nach ihm St-Bavon genannt). Er starb am 1. Oktober wohl 653, sicher vor 659. Reliquien werden bis heute in Gent in der dortigen Kathedrale aufbewahrt.
Darstellung: als Mönch, in seinem hohlen Baum, mit Schwert, Falke, Stein, kleinem Wagen
Patronat: der Diözesen Gent und Haarlem, der Falkner, gegen Keuchhusten

Bays, Marguérite sel.
OFM, Ordensfrau, Mystikerin
Fest: 27. Juni
Die Franziskaner-Terziarin Marguérite Bays, geboren am 8. September 1815 in La Pierraz in der Schweiz, durchlebte zahlreiche mystische Gnadenbeweise und trug die Stigmata Christi. Sie starb am 27. Juni 1879 in La Pierraz. Ihr Grab in Siviriez nahe La Pierraz ist eine Pilgerstätte. 29. Oktober 1995 Seligsprechung.

Bea, Augustin
SJ, Kardinal
Fest: 16. November
Kardinal der Einheit wird Augustin Bea aufgrund seiner Verdienste für die Ökumene genannt. Er war maßgeblich beteiligt an der Öff-

Augustin Kardinal Bea 1964 in Zürich. Als Mitglied der Kurie war er Leiter des Sekretariats für die Förderung der Einheit der Christen.

nung der katholischen Kirche hin zur ökumenischen Bewegung. Geboren am 28. Mai 1881 in Riedböhringen in Baden-Württemberg, trat Augustin Bea 1902 dem Jesuitenorden bei und bekleidete in den folgenden Jahrzehnten verschiedene Ämter im Orden. Er galt als einer der herausragenden Bibelwissenschaftler, 1943 holte ihn Papst Pius XII. zur Erarbeitung der Bibelenzyklika an seine Seite. 1959 wurde Bea von Papst Johannes XXIII. zum Kardinal ernannt. Ab 1960 leitete er das Sekretariat für die Förderung der Einheit der Christen. Während des Zweiten Vatikanischen Konzils und in den Jahren danach setzte sich Augustin Bea tatkräftig für die Akzeptanz der Beschlüsse zur Ökumene ein. Er starb am 16. November 1968 in Rom.

Beata von Sens hl.
Märtyrerin
Fest: 6. September, 29. Juni
Nach der unsicheren Vita kam Beata im 3. Jh. aus Spanien, wo sie geboren wurde, nach Frankreich und wurde dort während der Regierungszeit von Aurelian um 275 ermordet. Über ihrem Grab in Sens entstand eine Kirche, die sich zur Wallfahrtsstätte entwickelte. Starker Kult im Mittelalter.

Beata (Beatrix)
OSCl, Äbtissin
Fest: 8. April
Beata (Beatrix) von Mecklenburg war von 1350 bis 1399 Äbtissin des Klarissenklosters Ribnitz in Mecklenburg-Vorpommern. Sie war hochverehrt und galt im Volk als Vorbild an Demut und Liebe, im Orden an Regeltreue und Frömmigkeit. Sie starb am 8. April (?) 1399 in Ribnitz und genoß bis zur Reformation große Verehrung.

Beatrix von Aa (von Nazareth)
OCist, Priorin, Mystikerin
Fest: 29. August
Geboren 1200 in Tienen (Aa) in Belgien, trat Beatrix 1216 dem Zisterzienserorden bei und lebte danach in verschiedenen Klöstern. Ab 1237 war sie Priorin im Kloster Nazareth bei Lier (Belgien). Sie hatte häufig Visionen und durchlebte viele mystische Begnadungen, die sie teilweise auch niederschrieb. Sie gilt als Wegbereiterin der Herz-Jesu-Verehrung. Beatrix von Aa starb am 29. August 1268 im Kloster Nazareth.

Beatrix von Este sel.
OSB, Ordensfrau
Fest: 10. Mai, 17. Februar
Beatrix wurde als Tochter des Markgrafen von Este (Italien) um 1200 geboren. Als Mädchen trat sie in das Benediktinerinnenkloster Salarola bei Padua in Norditalien ein, später gründete sie das Kloster Gemmola. Sie starb am 10. Mai 1226. Bestätigung des Kults 1763.

Beatrix von Rom → Simplicius, Faustinus und Beatrix

Beatrix da Silva Meneses hl.
Ordensgründerin
Fest: 16. August (16. Februar?)
Geboren um 1425 in Ceuta, Marokko, wurde Beatrix zunächst Hofdame von Königin Isabella von Kastilien. Nach persönlichen Schwierigkeiten verließ sie den Hof und ging zu den Dominikanerinnen von Toledo, Spanien, bei denen sie, ohne die Gelübde abzulegen, 30 Jahre zurückgezogen lebte. 1484 gründete sie die Kongregation der Konzeptionistinnen (Von der Unbefleckten Empfängnis Mariens) für ein beschauliches Leben; die Gemeinschaft verbreitete sich außer in Europa auch in Amerika. Beatrix da Silva Meneses starb am 16. August (16. Februar?) 1490 (1491?, 1492?) in Toledo. 1926 Bestätigung des Kultes, 3. Oktober 1976 Heiligsprechung.

Beatus (Batt) hl.
Einsiedler, Glaubensbote
Fest: 9. Mai
Die legendarische Vita berichtet, daß Beatus (Batt) der erste Glaubensbote in der Schweiz war. Er soll im 1. Jh. aus England gekommen und vom Apostel → Petrus zum Priester geweiht worden sein. Gemeinsam mit einem Gefährten soll Beatus in der Schweiz missioniert haben, zahlreiche Wundertaten werden ihm nachgesagt (so soll er einen Drachen besiegt haben). Er lebte in einer Höhle (Drachenhöhle) über dem Thuner See (Beatenberg) und starb dort im hohen Alter von über 100 Jahren. – Im 12./13. Jh. entstand eine Wallfahrt zur Beatus-Höhle; sie erlebte einen Höhepunkt im 15. Jh., und noch heute kann bei Beatenberg die Höhle besichtigt werden. In Zürich gründete sich später eine Beatus-Bruderschaft. Die Schweizer Abtei Engelberg gibt an, im Besitz einer Beatus-Reliquie zu sein. – Eine zweite Überlieferung erzählt von einem iro-schottischen Einsiedler Beatus, der im 6./7. Jh. oder im 8./9. Jh. in den Beatus-Höhlen gelebt habe und dort gestorben sei.
Darstellung: als Einsiedler in oder vor einer Höhle, mit Drachen, Stock, Buch, Rosenkranz
Patronat: der Innerschweiz, gegen Krebskrankheiten, gegen die Pest

Der heilige Beatus, zusammen mit Bruder Klaus auf einem Titelblatt der „Helvetia Sancta", von Heinrich Murer aus dem Jahr 1648.

Beda Venerabilis, Abbildung aus einer Fassung von Bedas „Vita Sancti Cuthberti", 12. Jh.

Beatus von Trier hl.
Priester, Einsiedler
Fest: 31. Juli, 19. August
Beatus und sein Bruder → Bantus lebten im 6./7. Jh. als Priester und Einsiedler in der Gegend von Trier (Rheinland-Pfalz) und in den Vogesen im Elsaß. Beatus starb wohl im 7. Jh.; über seiner Grabstätte in Trier entstand später die Benediktinerabtei St. Marien. Beatus-Reliquien gelangten auch in die Kartause nach Koblenz.

Beda Venerabilis (der Ehrwürdige) hl.
OSB, Ordensmann, Kirchenlehrer
Fest: 26. Mai, 27. Mai
Beda Venerabilis gilt als einer der größten Gelehrten seines Jahrhunderts und als erster wissenschaftlicher Theologe des Mittelalters überhaupt. Er schrieb die erste vollständige Klostergeschichte des Abendlandes. Die Nachwelt gab ihm den Beinamen „Venerabilis", der Ehrwürdige. Auf seiner Grabplatte stand: „Mit ihm ging eine Leuchte für die ganze Welt auf." Beda kam um 672/673 in Nordengland zur Welt und wurde von seinen Eltern im Alter von sieben Jahren als Oblate in das nahegelegene Benediktinerkloster Wearmouth (später nach Jarrow übersiedelt) gegeben. Dort blieb Beda bis zu seinem Tod am 26. Mai 735. Im Alter von 29 Jahren empfing er die Priesterweihe. Er war ein begnadeter Lehrer und wirkte im Geist der Erneuerung des mönchischen und kirchlichen Lebens in England. Seine vielbeachteten Schriften umfaßten Werke über die Missionen, Heiligenleben, die Bibel, Orden und Klöster ebenso wie Martyrologien und Lehrbriefe oder Abhandlungen über die Zeitgeschichte, die Orthographie oder die Metrik. Bedas Wissen war umfassend und beeindruckte alle großen Persönlichkeiten seiner Zeit. Er beeinflußte die gesamte Wissenschaft des Mittelalters. Reliquien von Beda Venerabilis kamen um 1025 in die Kathedrale von Durham in England. 1899 Ernennung zum Kirchenlehrer.
Darstellung: als Benediktiner, mit Buch, Schreibfeder

Begga hl.
Klostergründerin
Fest: 17. Dezember
Begga, geboren um 620 als Tochter von Pippin dem Älteren, heiratete um 635/640 Ansegisel, den Sohn von → Arnulf von Metz. Sie wurde die Mutter von Pippin dem Mittleren. Nachdem ihr Ehemann ermordet worden war, gründete sie 691 das Nonnenkloster Andenne an der Maas (Diözese Lüttich). Dort starb sie am 17. Dezember 693 (oder 692).

Begha (Begu, Begith) hl.
Einsiedlerin, Nonne
Fest: 31. Oktober
Die teilweise unsichere Vita berichtet, daß Begha (Begu, Begith) zunächst als Einsiedlerin in England lebte und dann Nonne in dem englischen Kloster Hackness (Yorkshire) wurde; dort starb sie am 31. Oktober 660 oder 681. Reliquien gelangten 1125 in das Kloster Whitby in England, wo sich an der Beisetzungsstätte zahlreiche Heilungen und Wunder ereignet haben sollen, was einen starken Kult auslöste.

Bélanger, Dina sel.
Ordensfrau, Mystikerin
Fest: 4. September
Geboren am 30. April 1897 in Quebec, Kanada, schlug Dina Bélanger zunächst die Karriere einer Pianistin ein. Dann trat sie der Kongregation der Schwestern von Jesus-Maria bei und widmete sich bis zu ihrem Tod am 4. September 1929 (in Sillery/Quebec) dem Dienst an den Armen; immer wieder erlebte sie mystische Begnadungen. Seligsprechung am 21. März 1993.

Bellesini, Stefano sel.
OESA, Ordensmann, Priester
Fest: 2. Februar
Stefano Bellesini kam am 25. November 1774 in Trient, Italien, zur Welt und trat 19jährig bei den Augustiner-Eremiten ein. Ab 1806 wirkte er im Schuldienst und entfaltete eine segensreiche Tätigkeit in den Grundschulen seiner Heimat. Ab 1817 war er in Rom Novizenmeister, später Pfarrer in Genazzano. Er starb am 2. Februar 1840 in Genazzano. 1. November 1904 Seligsprechung.

Bello, Antonio (Don Tonino)
Bischof von Molfetta
Fest: 20. April
Geboren am 18. März 1935 in Alessano bei Lecce (Italien), gestorben am 20. April 1993 in

Antonio Bello, Bischof von Molfetta, während einer Messe vier Monate vor seinem Tod.

Molfetta in Apulien (Italien). Seit 1982 Bischof von Molfetta, ab 1985 Präsident von Pax Christi Italien. Hochverehrt schon zu Lebzeiten; ein Seligsprechungsprozeß soll erreicht werden.

Bello, Heinz
Opfer der Nationalsozialisten
Gedenken: 29. Juni
Im Münsterland und am Niederrhein wird Heinz Bello verehrt, der von den Nationalsozialisten am 29. Juni 1944 in Berlin erschossen wurde. Bello, am 5. September 1920 in Breslau geboren, hatte als 22jähriger im Kreis von Kameraden mit Blick auf die Nazis den Satz gesagt: „Solange dieser Herrgott lebt, wird er schon dafür sorgen, daß die Bäume nicht in den Himmel wachsen." Er wurde denunziert, verhaftet und nach einem Schauprozeß wegen „Wehrkraftzersetzung" erschossen. Seine letzten Worte waren: „Alles zur größeren Ehre Gottes." Die Gebeine von Heinz Bello ruhen zusammen mit denen von → Karl Leisner und Gerhard Storm in der Krypta des Domes von Xanten (Nordrhein-Westfalen).

Benedetto Ricasoli
Einsiedler, Mönch
Fest: 20. Januar
Der Einsiedler und Mönch Benedetto Ricasoli stammte aus Coltobuono in Italien, wo er am 20. Januar 1107 auch starb. Sein Leichnam blieb unverwest. 1907 Approbation des Kultes.

Benedicta
Märtyrerin
Fest: 8. Oktober
Nach der legendarischen Passio soll Benedicta gemeinsam mit zahlreichen anderen Christinnen um 362 in Origny-sur-Oise, Frankreich, den Martertod erlitten haben. Reliquien werden bis heute in St-Quentin (Frankreich) aufbewahrt.

Benedikt hl.
Einsiedler, Märtyrer
Fest: 17. Juli
Benedikt war der Gefährte von → Zöerardus; beide lebten als Einsiedler und Asketen in einer Höhle in der Slowakei. Benedikt wurde 1012 von Räubern ermordet. Gemeinsam mit Zöerardus wurde Benedikt im Jahr 1085 heiliggesprochen.

Benedikt von Aniane (Witiza) hl.
OSB, Abt
Fest: 11. Februar, 12. Februar
Benedikt, der eigentlich Witiza hieß, kam um 750 in Aquitanien (Frankreich) als Sohn eines Grafen zur Welt. Er schlug zunächst die militärisch-höfische Laufbahn ein, zog sich nach dem Tod seines Bruders um 773 aber zurück und wurde Mönch. 779 gründete er bei Montpellier das Kloster Aniane, benannt nach dem gleichnamigen Fluß in der Nähe. Die Regel des → Benedikt von Nursia wurde fortan zur einzigen Leitidee Benedikts, von Aniane aus reformierte er viele fränkische Klöster in ihrem Sinne und brachte sie zu großer Blüte. Der fränkische Hof unter → Karl dem Großen und Ludwig dem Frommen unterstützte Benedikts Reformtätigkeit und beauftragte ihn mit immer neuen Aufgaben. Durch Benedikt von Aniane wurde die Benedikt-Regel für lange Zeit die beherrschende Klosterform im Frankenreich und im Abendland. Benedikt war ab 814 Abt von Kloster Maursmünster im Elsaß und von Kloster Inden, dem späteren Kornelimünster bei Aachen (Nordrhein-Westfalen). Er starb am 11. Februar 821 in Kornelimünster.
Darstellung: als Abt im Benediktinergewand, mit Flamme, mit Karl dem Großen

Benedikt Biscop Baducing hl.
OSB, Abt
Fest: 12. Januar
Geboren 628 in Northumbrien, England, als Sohn einer Adelsfamilie, reiste Benedikt (diesen Namen nahm er erst später an) Biscop Baducing zweimal nach Rom und wurde dann 666 Mönch im Kloster Lérins in Frankreich. 669 kam er wieder nach England und gründete dort die Benediktinerklöster Wearmouth und Jarrow. Er führte die angelsächsische Kirche zur Blüte und zu einem Höhepunkt und war eine der wichtigsten Kirchenpersönlichkeiten seiner Zeit. Die ihm verliehene Abtswürde von St. Augustine's in Canterbury gab er wieder ab, um erneut mehrmals nach Rom zu reisen und wichtige Kirchenschätze nach England zu holen. Benedikt Biscop Baducing starb am 12. Januar 689 in England. Seine Reliquien wurden lange im Kloster Wearmouth aufbewahrt.
Patronat: der englischen Benediktiner, der Maler und Musiker

Benedikt von Nursia hl.
OSB, Ordensgründer
Fest: 21. März, 11. Juli (Translation)
Benedikt von Nursia gilt als Patriarch des abendländischen Mönchtums. Geboren um 480 in Nursia (Norcia) in Umbrien (Italien) als Sohn einer wohlhabenden Familie, studierte Benedikt zunächst in Rom. Er verließ die Stadt aber bald wieder und lebte für einige Zeit bei einer Einsiedlergemeinschaft in Affile (Enfide) in den Sabiner Bergen unweit von Rom. Danach zog er sich drei Jahre lang in eine Höhle im Anio-Tal bei Subiaco, ebenfalls in der Nähe von Rom, zurück und führte ein Leben der völligen Einsamkeit. Die Eremitengemeinschaft eines nahegelegenen Klosters machte ihn zu ihrem Vorsteher; als er jedoch das Leben der Einsiedler neu ordnen wollte, verübte man ein Giftattentat auf ihn. Benedikt kehrte nach Subiaco zurück, wo sich nach und nach immer mehr Einsiedler um ihn sammelten. Es bildeten sich einzelne Mönchsgemeinschaften, für die Benedikt zwölf kleine Klöster

Wegen des Vorwurfs der Wehrkraftzersetzung wurde Heinz Bello am 29. Juni 1944 hingerichtet.

Armreliquiar mit der Armspeiche des heiligen Benedikt von Nursia, geschaffen von Peter Stressel 1794. Karl der Große schenkte die Reliquie 740 dem Kloster Benediktbeuern (heute in der Pfarrkirche St. Benedikt).

Benedikt hilft einem Aussätzigen, Ausschnitt eines Freskos aus dem 10. Jh. in der Unterkirche San Crisògono, Rom.

errichtete. Etwa 529 zog Benedikt mit seinen Mönchen nach Cassino südlich von Rom und gründete dort das berühmte Kloster Montecassino. Hier schrieb er die Regula Benedicti, die zur Grundlage für alle folgenden Benediktinerklöster des Abendlandes wurde. Schon 589 gab es beim Lateran in Rom ein Benediktinerkloster, ein Benediktinermönch wurde 590 Papst: → Gregor der Große (von dem ein Großteil der Überlieferungen über Benedikt von Nursia stammt). Benediktinerklöster und ihre Schulen wurden Zentren der Kultur und der Bildung. Schon Ende des 6. Jh. missionierten Benediktinermönche in England, im 7. Jh. faßte die benediktinische Mönchsregel in Frankreich Fuß. Benedikt von Nursia, der „Baumeister des christlichen Abendlandes", starb am 21. März wohl 547 in Montecassino und wurde dort zunächst neben seiner Zwillingsschwester → Scholastica beigesetzt. An einem 11. Juli (vielleicht 673 oder 703) übertrug man die Gebeine nach Fleury-sur-Loire (seither Saint-Benoît-sur-Loire) in das dortige Benediktinerkloster. Andere Untersuchungen sagen, die Benediktus-Gebeine seien immer in Montecassino geblieben; beim Wiederaufbau des im Zweiten Weltkrieg zerstörten Klosters entdeckt man 1950 unter dem Hochaltar eine Grabstätte mit Gebeinen, die möglicherweise von Benedikt stammen. Eine Reliquie befindet sich bis heute im bayerischen Kloster Benediktbeuern, das lange Zeit ein Zentrum der Benediktus-Verehrung und ein wichtiger Wallfahrtsort war. Um die Gestalt des Benedikt entwickelte sich reiches Brauchtum (Benedikt-Schellen, Benedikt-Medaillen, Benedikt-Pfennige).

Darstellung: als Abt, als Benediktiner, mit Becher (mit Schlange), Raben, Kugel, Dornen, in der Sterbestunde, im Kreis von Mönchen, mit Scholastica

Patronat: des Abendlandes, von Europa (seit 1964), der Lehrer und Schulkinder, der Kupferschmiede, Bergleute, Höhlenforscher, der Sterbenden, gegen Fieber, Entzündungen, Vergiftungen, Steinleiden, gegen Zauberei

Grab des heiligen Benedikt unter dem Hauptaltar der Basilika von Montecassino. Außer den sterblichen Überresten des Benedikt befinden sich hier auch die Gebeine seiner Zwillingsschwester → Scholastica.

Benedikt II. hl.
Papst (684 bis 685)
Fest: 8. Mai, 7. Mai
Der Römer Benedikt wurde im Juni 683 zum Papst gewählt, jedoch erst am 26. Juni 684 geweiht. Bis zu seinem Tod am 8. Mai 685 wirkte Benedikt II. tatkräftig und bemühte sich vor allem um Frieden mit Byzanz.

Papst Benedikt II. war bemüht um Frieden mit Byzanz.

Benedikt XI.
(Niccolò di Boccassio) sel.
OP, Papst (1303 bis 1304)
Fest: 7. Juli
Geboren 1240 in Treviso in Norditalien, trat Niccolò di Boccassio 17jährig dem Dominikanerorden bei. Nach seinen Studien bekleidete er verschiedene Ordensämter. 1298 wurde er zum Kardinal von S. Sabina, 1300 zum Kardinalbischof von Ostia bei Rom ernannt. Am 22. Oktober 1303 empfing er die Papstweihe. Im April 1304 mußte Benedikt XI. vor seinen Gegnern nach Perugia fliehen; dort starb er am 7. Juli 1304. Seligsprechung 1736.

Benedikt und Gefährten (Die fünf polnischen Brüder) hll.
OSB, Missionare, Märtyrer
Fest: 12. November
Der Benediktinermönch Benedikt, geboren Ende des 10. Jh. in Benevent in Italien, zog 1001 zusammen mit seinem Gefährten Johannes zur Missionierung nach Polen. In der Nähe von Mesertz begründete er ein Kloster, in das die Polen Isaak, Matthäus und Christian eintraten. Alle „fünf Brüder" wurden am 12. November 1003 von Räubern, die das Kloster überfallen hatten, ermordet. → Brun von Querfurt schrieb 1008 die „Passio quinque martyrum". Die Reliquien der fünf Märtyrer wurden zunächst im Dom von Gnesen (Polen) aufbewahrt, später aber nach Prag gebracht.

Benedikt-Joseph Labre hl.
Pilger, Mystiker
Fest: 16. April
Geboren am 26. März 1748 in Amettes in Frankreich, unternahm Benedikt-Joseph Labre zahlreiche erfolglose Versuche, in verschiedenen Ordensgemeinschaften aufgenommen zu werden. Ab 1770 wanderte er mittellos als Pilger und Bettler durch Frankreich, Italien, Spanien und Deutschland. Er er-

Benedikt-Joseph Labre, nach einem Porträt von Antonio Cavallucci, welches zu Lebzeiten entstand.

Benedikt von S. Philadelphio oder auch von Palermo, Holzstatue aus dem 16. Jh. im Museum von Valladolid.

Gegenüberliegende Seite oben rechts: Benno von Meißen, der Patron Münchens. Links: Im Dom von München in der Bennokapelle befindet sich dieses Silberreliquiar. Gegenüberliegende Seite unten: Die Frauenkirche in München, hier wurden 1580 die Gebeine des Benno von Meißen beigesetzt.

duldete heroisch Spott und Anfeindungen, übte sich in demütigem Schweigen und durchlebte zahlreiche mystische Gnadenbeweise. Am 16. April 1783 brach er in der Kirche S. Madonna dei Monti in Rom ausgezehrt zusammen und starb; er wurde in dem Gotteshaus beigesetzt. Labre galt in Rom als einer der volkstümlichsten Heiligen und genoß auch im Franziskanerorden große Verehrung. An der Grabstätte ereigneten sich über 100 wunderbare Heilungen. 1860 Seligsprechung, 1881 Heiligsprechung.
Darstellung: als Pilger, mit Stab, Rosenkranz

Benedikt von S. Philadelphio
OFM, Laienbruder
Fest: 4. April
Benedikt kam 1526 als Sohn christlicher Eltern aus Äthiopien (beide waren Sklaven) zur Welt. Er wurde Franziskaner-Laienbruder in Palermo auf Sizilien und bekleidete in den Jahren bis zu seinem Tod am 4. April 1589 verschiedene Ämter in seinem Kloster.
Patronat: von Palermo

Benedikt von Urbino sel.
OFMCap, Ordensmann, Volksprediger
Fest: 30. April
Benedikt von Urbino, der mit Geburtsnamen Marco Passionei hieß, kam am 13. September 1560 in Urbino, Italien, zur Welt. Er studierte zunächst Rechtswissenschaften und trat dann dem Kapuzinerorden bei. Über 40 Jahre lang wirkte er als begeisternder Volksprediger in Italien. Er starb am 30. April 1625 in Fossombrone in Italien. 10. Februar 1867 Seligsprechung.

Bénézet hl.
Volksheiliger
Fest: 4. April
Der Jüngling Bénézet („Klein-Benedikt") kam 1177 im Alter von zwölf Jahren nach Avignon in Südfrankreich und erklärte, er sei von Gott beauftragt, eine Brücke über die Rhône zu bauen. Er gründete die Gemeinschaft der Brückenbauer, die mit dem Bau begann. Bevor das Bauwerk fertig war, starb Bénézet am 4. April 1185 (1184?). Er wurde in der Brückenkapelle St-Nicolas beigesetzt; an seinem Grab entwickelte sich ein starker Kult, der sich in der ganzen Region verbreitete und zur Heiligsprechung führte.

Bengy, Maria Magdalena de
Ordensgründerin
Fest: 5. April
Geboren am 21. September 1781 in Châteauroux in Frankreich, gründete Maria Magdalena de Bengy 1820 in Amiens die Kongregation der Treuen Gefährtinnen Jesu. Die Schwesterngemeinschaft widmete sich der Erziehung und dem Unterricht von Mädchen. Die Gründerin starb am 5. April 1858 in Paris. Der Seligsprechungsprozeß wurde eingeleitet.

Benigna
OCist, Ordensfrau, Märtyrerin
Fest: 20. Juni
Benigna war Zisterzienserin und wurde im 13. Jh. bei einem Mongoleneinfall in Breslau, Polen, ermordet. Bis heute existiert in Svata Dobrotiva, Slowakische Republik, eine Wallfahrt ihr zu Ehren.
Darstellung: als Zisterzienserin, mit Palme

Benignus
OFM, Ordensmann
Fest: 18. September
Der Franziskaner Benignus, geboren am 23. April 1673 in Cuneo in Norditalien, galt als Vorbild in Demut, Askese und in der Beachtung der Ordensregel. Aus Bescheidenheit gab er seine Lehrtätigkeit auf und wirkte bis zu seinem Tod am 18. September 1744 (in Cuneo) als Prediger. Seligsprechungsprozeß seit 1881.

Benignus von Dijon hl.
Märtyrer, Apostel Burgunds
Fest: 1. November
Das berühmte Kloster St-Bénigne in Dijon in Burgund, Frankreich, entstand über der angeblichen Grabstätte von Benignus. Es heißt, Benignus sei ein Schüler von → Polykarp gewesen und habe um 270 in Epagny in Burgund den Martertod in der Christenverfolgung erlitten. Die Überlieferungen sind jedoch historisch nicht bezeugt. Schon im 5. Jh. waren die vermeintliche Martyriumsstätte und das Grab vielbesuchte Wallfahrtsstätten. Benignus trug den Beinamen „Apostel Burgunds". Reliquien befinden sich heute auch in Siegburg bei Köln in einem

Schrein in der Servatiuskirche. Patronat: von Dijon und dem Land Burgund

Benincasa sel.
OSB, Abt
Fest: 10. Januar
Benincasa war im 12. Jh. Abt des Benediktinerklosters La Cava bei Neapel (Italien), wo er am 10. Januar 1194 starb. 16. Mai 1928 Approbation des Kultes.

Benjamin von Sachsen
Missionar, Märtyrer
Fest: 30. November
Gemeinsam mit mehreren Gefährten starb der Missionar Benjamin beim Sachsenaufstand an der Weser (Niedersachsen) am 30. November 782 den Martertod. Die Verehrung für die Märtyrergruppe hielt sich bis zur Reformation.

Benno von Meißen hl.
Bischof von Meißen
Fest: 16. Juni
Benno, Sohn einer sächsischen Grafenfamilie, empfing 1040 die Priesterweihe und war danach Abt und Kanoniker. Gegen seinen Willen wurde er 1066 zum Bischof von Meißen (Sachsen) ernannt. Er wirkte segensreich für sein Bistum und errichtete viele Kirchen und Klöster. Sein Beiname war Apostel der Slawen. Als er den Sachsenkrieg von Heinrich IV. ablehnte, wurde er für mehrere Jahre abgesetzt und teilweise sogar gefangengesetzt. Die letzten fast 20 Jahre seiner Amtszeit wirkte er unbehelligt und erfolgreich. Er starb wohl am 16. Juni 1106 in Meißen. 1523 erfolgte die Heiligsprechung. Zur Erhebung der Gebeine 1524 verfaßte Martin Luther die zornige Schrift „Wider den neuen Abgott und alten Teufel, der zu Meißen soll erhoben werden". Aus Furcht vor Entehrung gelangten die Reliquien 1576 nach München (Bayern), wo sie 1580 in der Frauenkirche beigesetzt wurden. Der Benno-Gedenktag wird in München alljährlich feierlich begangen; auch ein Benno-Starkbier gab es früher. Darstellung: in bischöflichen Gewändern, mit Fisch, der zwei Schlüssel im Maul hält

Patronat: von München, von Altbaiern, des Bistums Dresden-Meißen, der Fischer und Tuchmacher, gegen die Pest, gegen Trockenheit und für Regen, gegen Unwetter

Benno von Metz sel.
Bischof von Metz
Fest: 3. August
Geboren aus vornehmer Familie in Schwaben, lebte Benno zunächst als Einsiedler bei Zürich (Schweiz), bevor er 927 zum Bischof von Metz in Lothringen (Frankreich) ernannt wurde. Schon ein Jahr später mußte er fliehen, nachdem ihn Gegner überfallen, verstümmelt und geblendet hatten. Er zog sich wieder in seine Zelle zurück, wo er am 3. August 940 starb. Er soll an der Gründung der Abtei Einsiedeln in der Schweiz mitgewirkt haben.

Benno II. von Osnabrück sel.
Bischof von Osnabrück
Fest: 27. Juli
Benno war zunächst Dompropst in Hildesheim, dann in Köln, bevor er 1068 zum Bischof von Osnabrück (Niedersachsen) ernannt wurde. Er gründete um 1080 das Reformkloster Iburg bei Osnabrück, wo er am 27. Juli 1088 starb und beigesetzt wurde.

Bentivolius de Bonis sel.
OFM, Ordensmann
Fest: 25. Dezember, 2. Januar
Bentivolius (Bentivola) de Bonis, geboren in der zweiten Hälfte des

12. Jh. in Sanseverino in Italien, wurde von Ordensgründer → Franz von Assisi persönlich in den gerade gegründeten Franziskanerorden aufgenommen. Er war einer der leidenschaftlichsten Ordensbrüder, sein Charisma war außergewöhnlich. Sein ganzer Einsatz galt den Armen und Aussätzigen. Er starb an einem 25. Dezember um 1231 in Sanseverino. 30. September 1852 Bestätigung des Kultes.

Gianna Beretta Molla am Tage ihrer Hochzeit.
Ganz unten: Gianna und Pietro Beretta Molla mit ihren ersten zwei Töchtern.

Bentivoglio, Maria Magdalena (vom heiligen Herzen)
OSCl, Äbtissin
Fest: 18. August
Geboren am 29. Juli 1834 in Castel Fiano bei Rom aus gräflicher Familie, trat Maria Magdalena Bentivoglio 30jährig dem Klarissenorden bei. Nach der Aufhebung der Klöster in Italien ging sie 1875 in die Vereinigten Staaten und gründete 1878 in Omaha in Nebraska ein Klarissenkloster, das zu einem der Hauptzentren für die Ausbreitung des Ordens in den USA wurde. Sie starb am 18. August 1905 in Evansville, USA. Eine Seligsprechung soll erreicht werden.

Benvenuto von Gubbio sel.
OFM, Ordensmann
Fest: 27. Juni
Der Ritter Benvenuto, geboren wohl Ende des 12. Jh. in Gubbio, Italien, wurde 1222 von Ordensgründer → Franz von Assisi persönlich in den jungen Franziskanerorden aufgenommen und von ihm mit der Pflege von Aussätzigen betraut. Er zeichnete sich durch außergewöhnliche Duldsamkeit und Demut aus. Er starb am 27. Juni 1232 in Corneto in Apulien (Italien). Papst Gregor IX. leitete den Seligsprechungsprozeß ein. 1697 Bestätigung des Kultes.

Benvenuto Mareri
OFM, Laienbruder
Fest: 5. Mai, 21. Mai
Der Franziskaner-Laienbruder Benvenuto Mareri starb am 5. Mai 1289 in seinem Geburtsort Recanati in Süditalien und wurde dort beigesetzt. 17. September 1792 Bestätigung des Kultes.

Benvenuto Scotivoli hl.
OFM(?), Bischof von Osimo
Fest: 22. März
Die unsichere Vita berichtet, daß Benvenuto Scotivoli ab 1264 Bischof von Osimo in den Marken (Italien) war. Er starb am 22. März 1282 und wurde in der Kathedrale von Osimo beigesetzt. Seit 1755 ist er Patron von Osimo.

Berachar (Berar, Berarius)
Bischof von Le Mans
Fest: 17. Oktober
Berachar war Mitte des 7. Jh. Bischof von Le Mans (Frankreich). Nach ungesicherten Überlieferungen starb er am 17. Oktober 678.

Berard
OFM, Märtyrer
Fest: 16. Januar
Berard, → Otho und Gefährten waren die ersten Märtyrer des Franziskanerordens. → Franz von Assisi hatte die Gruppe 1219 persönlich in die Mission nach Marokko entsandt; dort wurden sie kurz nach ihrer Ankunft am 16. Januar 1220 von Mohammedanern ermordet. 1481 Approbation des Kultes.

Berchar
Abt, Märtyrer
Fest: 16. Oktober
Nach der ungesicherten Überlieferung war Berchar im 7. Jh. Mönch in Luxeuil, später Abt des Klosters Moutier-en-Der (Frankreich). Er soll drei Klöster selbst aufgebaut haben. Als er einen Mönch auf die Ordensdisziplin hinwies und ihn rügte, soll ihn dieser getötet haben (16. Oktober 696?).

Beregis (Bergis)
Gründerabt von St-Hubert
Fest: 2. Oktober
Beregis galt als Gründerabt von Kloster St-Hubert (Andagium) in den Ardennen, Belgien. Er starb nach 725, vielleicht am 2. Oktober 742.

Berengar → Bernger

Berenwald
Priester
Fest: 21. Dezember
Berenwald wirkte im 8. Jh. in Bampton in England als hochverehrter Priester. Einige Reliquien werden bis heute in der Kirche von Bampton aufbewahrt.

Beretta Molla, Gianna sel.
Mutter
Fest: 28. April
Am 24. April 1994 sprach Papst Johannes Paul II. in Rom Gianna Beretta Molla selig, eine Mutter, die ihr Leben für ihr Kind geopfert hatte. Die Ärztin, seit 1955 mit Peter Molla verheiratet, war vor der Geburt ihres vierten Kindes an einem Tumor erkrankt, weigerte sich aber aus Rücksicht auf das noch ungeborene Kind, eine Operation vornehmen zu lassen. Tochter Gianna Emanuela überlebte, Gianna Beretta Molla starb eine Woche nach der Geburt ihres Kindes am 28. April 1962 in Magenta bei Mailand (Italien), wo sie am 4. Oktober 1922 auch zur Welt gekommen war.

Bergeron, Elisabeth
Ordensgründerin
Fest: 29. April
Papst Johannes Paul II. bestätigte 1996 den heroischen Tugendgrad von Elisabeth Bergeron. Die Kanadierin, geboren am 25. Mai 1851 in Grand Ray de la Présentation (Provinz Quebec), war die Gründerin der Kongregation der Schwestern vom heiligen Josef von Saint-Hyacinthe. Sie starb am 29. April 1936 in Saint-Hyacinthe (Kanada).

Bergis → Beregis

Berin → Birino

Beringer → Bernger

Berlind(e) von Meerbeke
Reklusin
Fest: 3. Februar
Berlind(e) lebte nach der wohl ausschließlich legendarischen Vita im 8. oder im 10. Jh. als Reklusin in Meerbeke in Belgien und soll hochverehrt gewesen sein. Sie führte ein Leben strengster Abtötung.
Darstellung: als Nonne in flämischer Kleidung, mit Kuh

Bernardo Francisco De Hoyos
SJ, Profeßpriester
Fest: 29. November
Geboren am 21. August 1711 in Torrelobaton bei Valladolid, Spanien, gestorben am 29. November 1735 in Valladolid. Profeßpriester der Gesellschaft Jesu (Jesuitenorden). 1996 Anerkennung des heroischen Tugendgrades.

Bernardo Tolomei (Ptolemaeus) sel.
Gründer, Oberer
Fest: 21. August, 4. September
Bernardo Tolomei, geboren 1272 in Siena, Italien, gründete in Accona in der Diözese Arezzo das 1319 bestätigte Kloster Unserer Lieben Frau vom Ölberg (Monte Oliveto), aus dem sich die benediktinische Reformkongregation der Olivetaner entwickelte. Bernardo Tolomei war bis zu seinem Tod im August 1348 Ordensoberer und Abt von Monte Oliveto. 1681 Approbation des Kultes.

Berneux, Siméon-Franciscus hl.
MEP, Missionar, Märtyrer
Fest: 8. März, 20. September
Siméon-Franciscus Berneux gehört zur Gruppe der 103 koreanischen Märtyrer, die am 6. Mai 1984 von Papst Johannes Paul II. in Seoul heiliggesprochen wurden. Berneux stammte aus Château-du-Loire in Frankreich, wo er am 14. Mai 1814 geboren wurde. 1839 trat er in das Pariser Missionsseminar ein, 1840 ging er als Missionar nach Tonking. Er wurde gefangengenommen und zum Tod verurteilt, jedoch 1843 wieder befreit. Nach elf Jahren Missionstätigkeit in der Mandschurei erhielt er 1854 die Ernennung zum Bischof und zum Apostolischen Vikar von Korea; dort wurde er am 8. März 1866 gemeinsam mit drei Gefährten von Gegnern enthauptet.

Der Klosterstifter Bernhard von Aosta, romanisches Reliquiar aus dem 13. Jh.

Bernger (Beringer, Berengar) sel.
OSB, Abt
Fest: 29. Oktober
Geboren Mitte des 11. Jh., trat Bernger in das Reformbenediktinerkloster Münsterschwarzach in Unterfranken (Bayern) ein. 1094 wurde er zum ersten Abt des neugegründeten Klosters Formbach bei Passau in Bayern ernannt und zeichnete sich in der Folge durch strenge Regeltreue aus. Er starb hochverehrt am 29. Oktober 1108 in Formbach und wurde ebenso wie sein direkter Nachfolger → Wirnto als Seliger verehrt.

Bernhard von Aosta (Bernhard von Menthon) hl.
Archidiakon
Fest: 15. Juni
Die teilweise unsichere Vita berichtet, daß Bernhard im Aostatal in Norditalien geboren wurde und danach in Paris Philosophie und Rechte studierte. Später wurde er Archidiakon von Aosta, also erster Gehilfe des Bischofs. Unter seiner Mitwirkung entstanden mehrere Bistümer, durch seine Predigttätigkeit wurden viele Heiden bekehrt. Er gilt als Gründer (oder Erneuerer) des Hospizes auf der Paßhöhe des Großen St. Bernhard, vielleicht auch jenes auf dem Kleinen St. Bernhard. Bernhard starb wohl am 15. Juni 1081 in Novara in Norditalien; seine Gebeine befinden sich im Dom von Novara. Die Heiligsprechung erfolgte um 1120.
Darstellung: im Chorherrengewand, mit Stab, Teufel, Turm (er soll von seinem Vater in einen

Turm gesperrt worden sein, weil er die von der Familie ausgesuchte Braut nicht heiraten wollte)
Patronat: der Skifahrer, Bergsteiger, Alpenbewohner

Bernhard von Baden sel.
Markgraf
Fest: 15. Juli, 24. Juli
Bernhard kam um 1428 als Sohn des Markgrafen von Baden in Hohenbaden bei Baden-Baden (Baden-Württemberg) zur Welt. Nach politischen und familiären Streitigkeiten übergab er seine Herrschaftsansprüche an seinen Bruder Karl und widmete sich fortan dem Dienst für Arme und Kranke sowie dem Werben für den vom Papst angestrebten Türkenfeldzug. Im Volk genoß Bernhard größte Verehrung; er lebte bescheiden und selbstlos und war ein Vorbild an Frömmigkeit. Er starb am 15. Juli 1458 in Moncalieri bei Turin (Italien) und wurde dort in der Kirche S. Maria della Scala beigesetzt. Nach der Seligsprechung am 12. September 1769 breitete sich die Verehrung stark aus. Der Heiligsprechungsprozeß wurde 1958 eröffnet.
Darstellung: in Ritterrüstung, mit Fahne, Schild, auf einer Wolke über Moncalieri schwebend
Patronat: von Baden, von Moncalieri, der Jugend, der Männer

Der selige Bernhard, Markgraf von Baden, ist in Moncalieri bei Turin beigesetzt. Hier seine Darstellung auf einem Kirchenfenster.

Bernhard von Clairvaux hl.
OCist, Abt, Kirchenlehrer
Fest: 20. August
Bernhard von Clairvaux gilt als zweiter Stifter des Zisterzienserordens (gemeinsam mit → Robert von Molesme). Er verkörperte das Idealbild eines Mönches und gilt als eine der herausragenden Persönlichkeiten der katholischen Kirche des Mittelalters. Geboren 1090 in Fontaines-lès-Dijon in Burgund (Frankreich), trat Bernhard 1112 mit 30 Gefährten, darunter vier seiner fünf Brüder, in das um 1100 gegründete Zisterzienserkloster Cîteaux in Burgund ein. Das so wiederbelebte Kloster erlebte einen starken Aufschwung und konnte in kurzer Zeit vier neue Klöster errichten. 1115 war Bernhard Gründerabt von Kloster Clairvaux bei Troyes in Burgund, in der Folge gründete er noch weitere 69 Zisterzienserklöster. Er unterhielt Beziehungen und Freundschaften zu allen großen Persönlichkeiten seiner Zeit, darunter Päpste und Könige, und erlangte große Berühmtheit als Kreuzzugsprediger. Wegen seines außergewöhnlichen Charismas schlugen Bernhard überall Zuneigung und Begeisterung entgegen. Alle ihm angetragenen Ehrenämter lehnte er ab, er bevorzugte das asketische Mönchsleben. Trotz körperlicher und seelischer Leiden unternahm er zahlreiche große Reisen in verschiedene Länder. Bernhards größte Enttäuschung war das Scheitern des von ihm leidenschaftlich unterstützten Kreuzzuges 1149. Er starb am 20. August 1153 in Clairvaux, wo er beigesetzt wurde. Die Reliquien gelangten 1790 in die Kirche des Nachbarortes Ville-sous-la-Ferté, das Haupt befindet sich seit 1813 in einem Schrein in der Kathedrale von Troyes. Heiligsprechung am 18. Januar 1174 durch Papst Alexander III. Ernennung zum Kirchenlehrer im Jahr 1830.
Darstellung: als Zisterzienserabt oder -mönch, mit Bienenkorb (wegen seines Beinamens „Doctor mellifluus“, honigfließender Lehrer), Teufel an der Kette, Kreuz, Totenschädel, Rosenkranz, Leidenswerkzeugen, weißem Hündchen, mit Maria
Patronat: der Zisterzienser, von Burgund und Ligurien, von Genua und Gibraltar, gegen Kinderkrankheiten und Besessenheit, gegen Tierseuchen, gegen Gewitter und Unwetter, in der Todesstunde, der Bienen, Wachszieher und Imker (wegen des Beinamens „honigfließender Lehrer“)

Bernhard von Clairvaux, „wahrhaftige Abbildung“, im Kapitelsaal der Kathedrale von Troyes, Frankreich.

Bernhard von Corleone (Filippo Latino) sel.
OFMCap, Laienbruder
Fest: 12. Januar
Geboren am 6. Februar 1605 in Corleone auf Sizilien (Italien), trat der Schuhmacher Filippo Latino 1631 in Palermo dem Kapuzinerorden bei, nachdem er zuvor in einem Gefecht einen Gegner schwer verletzt hatte. Als Bernhard von Corleone diente er bis zu seinem Tod am 12. Januar 1667 selbstlos und demütig; um ihn ereigneten sich zahlreiche Wunder. Seligsprechung am 5. Mai 1768.

Die Vision des heiligen Bernhard von Clairvaux, nach einem Gemälde von Alonso Cano, 17. Jh., Prado, Madrid.
1146 rief Bernhard in Vézelay, Frankreich, zum zweiten Kreuzzug auf.

Gegenüberliegende Seite: Predigt des heiligen Bernhardin auf der Piazza del Campo in Siena, nach einem Gemälde von Sano di Pietro. Während seiner Predigten forderte er die Gläubigen auf, sich vor dem Monogramm Christi „IHS" niederzuknien. Hierfür mußte er sich wegen Häresie in einem Prozeß in Rom verantworten. Er wurde freigesprochen.

Bernhard von Hildesheim
Bischof von Hildesheim
Fest: 20. Juli
Der Sachse Bernhard war von 1130 bis 1153 Bischof von Hildesheim (Niedersachsen). Er baute das Bistum aus und gründete und förderte Kirchen und Klöster. 1131 erreichte er die Heiligsprechung von → Godehard, Bischof von Hildesheim von 1022 bis 1038. Bernhard starb am 20. Juli 1153 in Hildesheim und wurde dort in der von ihm errichteten Godehardi-Kirche beigesetzt. Bis ins 19. Jh. verehrte man ihn in Hildesheim als Heiligen.

Bernhard von Menthon → Bernhard von Aosta

Bernhard von Offida (Domenico Peroni) sel.
OFMCap, Laienbruder
Fest: 22. August
Geboren am 7. November 1604 in Offida in den Marken (Italien), trat Domenico Peroni 1626 als Laienbruder Bernhard in das Kapuzinerkloster von Offida ein. Fast 70 Jahre lang leistete er bescheiden und selbstlos als Pförtner, Koch, Krankenpfleger und Sammelbruder seinen Dienst und war gesucht als Ratgeber und Helfer in allen Fragen. Er starb am 22. August 1694 in Offida. 25. Mai 1795 Seligsprechung.

Bernhard von Parma (degli Uberti) hl.
CVUOSB, Kardinal, Bischof von Parma
Fest: 4. Dezember
Bernhard von Parma gilt als zweiter Stifter des Vallombrosanerordens (Johannes Gualbertus). Geboren um 1050 in Florenz (Italien), war er 1080/1085 dem Orden beigetreten, bald zum Abt und 1099 zum Generalabt aller Vallombrosaner gewählt worden. Außerdem ernannte ihn der Papst zum Kardinal und zum päpstlichen Legaten in Oberitalien. Ab 1106 war er Bischof von Parma. Dem Vallombrosanerorden gab er eine Organisation und förderte seine Ausbreitung. Bernhard starb am 4. Dezember 1133 in Parma und wurde dort im Dom beigesetzt.

Bernhard von der heiligen Theresia (Jean Duval)
OCD, Bischof von Bagdad
Fest: 11. April
Bernhard von der heiligen Theresia gilt als Wegbereiter des Pariser Missionsseminars, das offiziell 1660 gegründet wurde. Nachdem Bernhard (geboren 1597 in Clamecy in Frankreich als Jean Duval) 1638 vom Papst zum ersten Bischof von Bagdad und zum Apostolischen Vikar von Persien ernannt worden war, gründete er 1642 in Paris ein Seminar für die orientalischen Missionen des Ordens der Unbeschuhten Karmeliten, dem er angehörte. Daraus entwickelte sich dann das Pariser Missionsseminar. Bernhard starb am 11. April 1669 in Paris.

Bernhard von Tiron hl.
OSB, Gründer, Abt
Fest: 14. April
Bernhard, geboren um 1046 in Abbéville, Frankreich, trat dem Benediktinerorden bei und bekleidete verschiedene Klosterämter. Etwa ab 1100 lebte und wirkte er als Wanderprediger und Einsiedler in Frankreich. 1114 gründete er in einem Wald bei Tiron in der Diözese Chartres ein Kloster, aus dem sich die Kongregation von Tiron entwickelte. Die Mönche lebten nach der Benedikt-Regel, übten sich aber in viel größerer Strenge und Askese. Die Kongregation verbreitete sich stark, die Klosterschule von Tiron erlangte große Berühmtheit. Bernhard von Tiron starb am 14. April (25. April?) 1117 in Tiron.
Patronat: der Gefangenen, der Drechsler

Bernhardin von Feltre sel.
OFM, Ordensmann, Prediger
Fest: 28. September
Der Franziskaner Bernhardin, geboren 1439 in Feltre (Italien), gehörte zu den bedeutendsten Volkspredigern Italiens. Ein Denkmal setzte er sich mit der Gründung zahlreicher Pfandleihanstalten im ganzen Land, um der Ausbeutung des Volkes entgegenzuwirken. Bernhardin starb am 28. September 1494 in Pavia (Italien). 1654 Bestätigung des Kultes.
Darstellung: als Mönch in der Kukulle (Mantelumhang), mit Buch, Dreiburg
Patronat: der Pfandleiher

Bernhardin Realino hl.
SJ, Ordensprediger
Fest: 2. Juli
Bernhardin Realino gehörte im 16. und im 17. Jh. zu den wichtigsten Persönlichkeiten des Jesuitenordens in Italien. Geboren am 1. Dezember 1530 in Carpi (Italien), hatte er 34jährig seine erfolgreiche Berufslaufbahn aufgegeben und war bei den Jesuiten eingetreten; eine Marienerscheinung hatte ihn dazu bewogen. Danach wirkte er 50 Jahre lang als Prediger und Seelsorger in Apulien. Das Volk verehrte ihn wegen seines Charismas und seiner Herzensgüte. Er starb am 2. Juli 1616 in Lecce. 22. Juni 1947 Heiligsprechung.
Darstellung: als Priester, als Jesuit
Patronat: von Lecce

Bernhardin von Siena (degli Albizzeschi) hl.
OFM, Volksprediger
Fest: 20. Mai
Bernhardin von Siena war einer der größten Volksprediger Italiens und wurde schon zu Lebzeiten wie ein Heiliger verehrt. Geboren am 8. September 1380 in Massa-Marittima in Italien, begann Bernhardin elfjährig mit dem Studium an der Universität, 1402 trat er dem Franziskanerorden bei, 1404 empfing

Totenmaske des Bernhardin von Siena, des größten Volkspredigers Italiens, im Museo Civico in Aquila, Italien.

er die Priesterweihe. Er befolgte das Armutsprinzip von → Franz von Assisi bis zum Äußersten und sah jede andere Regelauslegung als Verrat an. Zehn Jahre lang lebte er in völliger Einsamkeit und Abtötung, ab 1413 war er Pförtner im Franziskanerkloster Fiésole bei Florenz (seine Zelle kann heute noch besichtigt werden). Ab 1417 war er als Volks- und Bußprediger in ganz Italien tätig und hatte starken Einfluß sowohl auf einfache Menschen als auch auf große Persönlichkeiten. Seine Predigten zogen an allen Orten die Menschenmassen an. Bernhardin schlichtete Streitigkeiten innerhalb von Parteien und milderte durch sein Wort sogar Städtekriege. Von 1438 bis 1442 war er Generalvikar des Franziskanerordens. Er starb am 20. Mai 1444 in L'Aquila (Italien); sein Hochgrab steht bis heute in der Kirche S. Bernardino in L'Aquila. 1450 Heiligsprechung; seit 1860 Bemühungen, eine Erhebung zum Kirchenlehrer zu erreichen.

Darstellung: als Franziskaner mit asketischen Gesichtszügen (nach der Totenmaske angefertigt), mit Buch, Sonnenscheibe mit dem Christusmonogramm IHS, mit drei Bischofshüten (er lehnte drei Bischofstitel ab)

Patronat: von Massa-Marittima, der italienischen Publizisten, der Wollweber, gegen Heiserkeit, Blutungen, Brust- und Lungenkrankheiten

Berno
OCist, Bischof von Schwerin
Fest: 14. Januar

Berno verkündete im 12. Jh. im Auftrag des Papstes das Evangelium bei den Obotriten in Mecklenburg (Beiname: Apostel der Obotriten). 1160 wurde er zum Bischof von Schwerin ernannt, wo er den Dom erbauen ließ. Er starb am 14. Januar 1191.

Bernold von Ottobeuren
OSB, Priestermönch
Fest: 25. November

Bernold war wahrscheinlich im 11. Jh. Mönch und Priester im Benediktinerkloster Ottobeuren in Bayern. Nach seinem Tod ereig-

Kopfreliquiar des heiligen Bernward, Bischof von Hildesheim, Kaplan von Kaiser Otto II. und Lehrer von dessen Sohn, dem späteren Kaiser Otto III.

Jean-Baptiste Berthier, Gründer der Kongregation der Missionare von der Heiligen Familie.

neten sich um seine Gestalt zahlreiche Wunder. Erhebung der Gebeine am 25. November 1189. Die Bernold-Grabstätte befindet sich in der Basilika Ottobeuren.

Bernulf (Bernold) von Utrecht hl.
Bischof von Utrecht
Fest: 19. Juli
Bernulf, geboren um 1000 möglicherweise in Süddeutschland, wurde 1027 (Ende 1026?) zum Bischof von Utrecht (Niederlande) gewählt. Er gilt als Reformbischof und gründete verschiedene Klöster und Kirchen. Bernulf starb wohl am 19. (oder 4.) Juli 1054 in Utrecht und wurde in der dortigen Peterskirche beigesetzt.
Patronat: der Kinder, der unfruchtbaren Frauen

Bernward von Hildesheim hl.
Bischof von Hildesheim
Fest: 20. November
Bernward, ein sächsischer Adliger, geboren um 960, kam schon als Kind an die Domschule von Hildesheim in Niedersachsen. Er erhielt eine hervorragende Erziehung, unter anderem auch bei → Willigis von Mainz. Ab 987 war er Erzieher von Otto III. 993 wurde Bernward zum Bischof von Hildesheim ernannt. Er förderte Ordnung und Disziplin im Klerus, kümmerte sich tatkräftig um die Caritas in seinem Bistum, unterstützte Klöster und Kirchen und gründete – selbst künstlerisch hochbegabt – die berühmte Hildesheimer Kunstschule (Hildesheimer Werkstätten). Bernward starb am 20. November 1022 in Hildesheim und wurde dort in der von ihm gegründeten Kirche St. Michael beigesetzt. Heute befinden sich die Gebeine im berühmten Bernward-Goldschrein in der Magdalenenkirche in Hildesheim, das Haupt im Hildesheimer Dom; der Steinsarkophag blieb in St. Michael. Die Heiligsprechung erfolgte 1192; Bernward war der erste kanonisierte Sachse.
Darstellung: als Bischof, als Künstler, mit Schmiedehammer, Kelch, Kreuz (Bernwardskreuz)
Patronat: der Diözese Hildesheim, der Goldschmiede

Bert(h)a von Avenay
Äbtissin von Avenay, Märtyrerin(?)
Fest: 1. Mai, 11. Mai
Berta, vorher Ehefrau von → Gumbert, gründete im 7. Jh. das Kloster Avenay bei Reims in Frankreich und leitete es bis zu ihrem Tod (an einem 1. Mai im 7. Jh.) als Äbtissin. Sie wurde lange Zeit als Märtyrerin verehrt, da sie ermordet worden sein soll.
Patronat: gegen Wahnsinn

Bert(h)a Bardi sel.
CVUOSB, Ordensgründerin
Fest: 6. April
Berta Bardi war die Gründerin des weiblichen Zweiges des Vallombrosanerordens (→ Johannes Gualbertus), der 1150 entstand. Sie selbst war Äbtissin des Klosters Cauriglia, später von Mantignano. Sie starb am 6. April 1197 in Cauriglia; am 24. März 1731 wurden ihre Gebeine unter den Hochaltar der Pfarrkirche von Cauriglia überführt.

Bert(h)a von Biburg
Stifterin, Priorin(?)
Fest: 6. August
Berta entstammte dem Adelsgeschlecht der Grafen von Biburg (Bistum Regensburg, Bayern) und war eine Schwester von Erzbischof → Eberhard von Salzburg. Sie wirkte 1132 maßgeblich an der Stiftung des Benediktinerdoppelklosters Biburg mit und war angeblich die erste Priorin. Sie starb nach 1132. In der Biburger Kirche existiert bis heute die Grabplatte ihrer Grabstätte, die lange eine Pilgerstätte war.

Bert(h)a von Bingen
Witwe, Mutter von Rupert von Bingen
Fest: 28. November
Bis ins 18. Jh. wurde im Kloster Eibingen bei Rüdesheim (Rheinland-Pfalz) das Fest von Berta, der Mutter von → Rupert von Bingen, gefeiert. Berta und Rupert fanden ihre letzte Ruhestätte nebeneinander in einer kleinen Kapelle auf dem Rupertsberg, wo → Hildegard von Bingen um 1147 ihr berühmtes Benediktinerinnenkloster errichtete. Berta von Bingen starb Mitte des 8. Jh.

Bert(h)a von Blagny hl.
OSB, Äbtissin
Fest: 4. Juli
Bertha gründete um 686, nachdem sie Witwe geworden war, das Benediktinerinnenkloster Blagny bei Arras, Frankreich, und leitete es als erste Äbtissin. Sie starb im Jahr 725 in Blagny. Ihre Reliquien werden bis heute dort verehrt.

Bert(h)a von Marbais sel.
OCist, Äbtissin
Fest: 18. Juli
Die Witwe Bertha von Marbais wurde 1227 erste Äbtissin des Zisterzienserinnenklosters Marquette in Flandern. Sie starb am 18. Juli 1247 und wird in der Diözese Namur offiziell verehrt.

Bertechram (Bertram) von Le Mans hl.
Bischof von Le Mans
Fest: 30. Juni, 6. Juni
Geboren Mitte des 6. Jh. aus fränkischem Geschlecht, wurde Bertechram von → Germanus erzogen und zum Priester geweiht. 586 bestieg er den Bischofsstuhl der Diözese Le Mans, wo er während seiner Amtszeit aus seinem Besitz zahlreiche Kirchen, Hospize und Klöster errichtete. Er starb am 30. Juni 623 in Le Mans; sein Testament aus dem Jahr 616 ist bis heute erhalten.

Bertger
Priester
Fest: 26. November
Der Priester Bertger war der Seelenführer von → Ida von Herzfeld. Nach dem Tod Idas 825 blieb er bis zu seinem Tod an einem 26. November um 830 in Herzfeld (Nordrhein-Westfalen).

Bertharius von Montecassino sel.
OSB, Abt, Märtyrer
Fest: 22. Oktober
Bertharius war Mitte des 9. Jh. Abt des Benediktinerklosters Montecassino in Italien. Er war zu seiner Zeit eine der bedeutendsten Persönlichkeiten Italiens und machte auch als vielbeachteter Dichter und Schriftsteller auf sich aufmerksam. 877 erreichte er für das Kloster Montecassino die Exemtion. Beim Einfall der Sarazenen, die das Kloster zerstörten, wurde Bertharius am 22. Oktober 884 ermordet. 1727 Bestätigung des Kultes. Gebeine befinden sich im Kloster Montecassino.

Bertheid(e)
Äbtissin
Fest: 22. Dezember
Bertheid war die erste Äbtissin des 1040 gegründeten Liebfrauen-Damenstiftes in Münster (Nordrhein-Westfalen). Hochverehrt wegen ihres heiligmäßigen Lebens, starb sie am 22. Dezember 1042.

Berthier, Jean-Baptiste
MSF, Ordensgründer, Volksmissionar
Fest: 16. Oktober
Jean-Baptiste Berthier war der Gründer der Kongregation der Missionare von der Heiligen Familie (für Spätberufene und finanziell Minderbemittelte). Die Gemeinschaft wirkt heute in vielen Ländern auf vier Kontinenten. Berthier kam am 24. Februar 1840 in Châtonnay in Frankreich zur Welt und empfing 1862 die Priesterweihe. Im selben Jahr trat er bei den Missionaren von La Salette ein und wirkte von da an als erfolgreicher Volksmissionar in vielen französischen Diözesen. Seine theologisch-aszetischen Schriften erreichten bereits zu seinen Lebzeiten eine Auflage von einer Million Exemplaren und wurden in viele Sprachen übersetzt. 1895 gründete Berthier in Grave in den Niederlanden die Missionare von der Heiligen Familie. Er starb am 16. Oktober 1908 in Grave. Der Seligsprechungsprozeß läuft seit 1953.

Berthieu, Jacques sel.
SJ, Missionar, Märtyrer
Fest: 8. Juni
Jacques Berthieu stammte aus Polimhac in Frankreich, wo er am 26. November 1838 geboren wurde. Nach seinem Eintritt in den Jesuitenorden ging er als Missionar nach Madagaskar. Im Alter von 58 Jahren wurde er dort am 8. Juni 1896 von Eingeborenen während seiner Missionstätigkeit ermordet. Seligsprechung am 17. Oktober 1965.

Abt Bertin begrüßt Ritter Waldbert und seinen Sohn als Mitbrüder im Kloster Sithiu in Flandern. Altargemälde von Simon Marmion.

Bertila (Berthild) hl.
OSB, Äbtissin von Chelles
Fest: 5. November
Bertila, geboren um 630 in Frankreich, war die erste Äbtissin des 659 von → Bathilde gegründeten Benediktinerinnenklosters Chelles bei Paris und leitete es über 45 Jahre bis zu ihrem Tod am 5. November 705. Erhebung der Gebeine 1185. Reliquien befinden sich in der Kirche St-André in Chelles, das Haupt im Kloster Jouarre.
Patronat: der Pferde, gegen Gewitter, gegen Bruch- und Halsleiden

Bertin (Bertinus) hl.
OSB, Abt
Fest: 5. September
Bertin stammte aus Orval in Frankreich, wo er um 615 geboren wurde. Etwa ab 670 war er Abt von Kloster Sithiu in Flandern, das später nach ihm St-Bertin genannt wurde. Er starb am 5. September 698 und wurde schon bald nach seinem Tod als Heiliger verehrt. Reliquien befinden sich in der Kirche St-Denis in St-Omer.

Grab des Berthold von Garsten in der Stiftskirche von Garsten in Oberösterreich.

Bert(h)old von Engelberg sel.
OSB, Abt von Engelberg
Fest: 3. November
Der Benediktiner Bertold war im 12. Jh. dritter Abt des Klosters Engelberg in der Schweiz und führte es zu großer Blüte. Er starb 1197 in Engelberg.

Bert(h)old von Garsten sel.
OSB, Abt
Fest: 27. Juli
Geboren in der zweiten Hälfte des 11. Jh., trat Berthold in das Benediktinerkloster St. Blasien im Schwarzwald ein, später wechselte er als Prior nach Göttweig in Österreich. 1111 wurde er zum ersten Abt des 1107 gegründeten Benediktinerklosters Garsten (Enns) in Oberösterreich ernannt, das er durch verschiedene Reformen zur Blüte brachte. Berthold starb am 27. Juli 1142 in Garsten, wo sich sein Grab bis heute in der Stiftskirche befindet. 1970 Anerkennung des Kultes.

Berthold von Limoges, auch von Kalabrien genannt (weil damals von den Palästinensern alle europäischen Einwanderer so bezeichnet wurden), sammelte mehrere Einsiedler auf dem Berg Karmel zu einer Gemeinschaft.

Bert(h)old von Kalabrien (von Limoges) hl.
Eremit, Oberer
Fest: 29. März
Berthold, geboren Anfang des 12. Jh. vielleicht in der Nähe von Limoges, Frankreich, ließ sich Mitte des 12. Jh. als Eremit auf dem Berg Karmel nieder. Etwa ab 1185 war er laut Überlieferung Oberer einer Einsiedlergruppe, die nach seinem Tod eine Ordensregel erhielt, aus der sich der spätere Karmelitenorden entwickelte. Berthold starb um 1195 auf dem Berg Karmel; seine Gebeine werden bis heute in einem Kloster in der Nähe (Wadi es Siah) aufbewahrt und verehrt.

Bert(h)old von Regensburg
OFM, Volksprediger
Fest: 14. Dezember
Manche Überlieferungen nennen Berthold von Regensburg den größten Volksprediger des Mittelalters. Geboren um 1210 in Regensburg in Bayern, trat Berthold 1226 dem Franziskanerorden bei und studierte danach wohl in Magdeburg (Sachsen-Anhalt). Etwa ab 1240 erscheint er als Volksprediger. Berthold predigte in Süddeutschland, der Schweiz, Österreich, Böhmen, Mähren, Schlesien und Ungarn und sogar in Paris. Große Volksmassen strömten ihm zu, verschiedenen Berichten zufolge sollen es bis zu 40 000 Menschen gewesen sein, die ihm zuhörten (manche Schriften sprechen sogar von 200 000). Viele seiner Predigten wurden veröffentlicht. Berthold von Regensburg starb am 14. (oder 13.) Dezember 1272 in Regensburg, wo er an der dortigen Minoritenkirche St. Salvator gewirkt hatte und wo er beigesetzt wurde. Die Reliquien befinden sich heute im Regensburger Domschatz. Die Grabstätte war im Mittelalter ein vielbesuchter Wallfahrtsort, die Pilger kamen bis aus Ungarn. 1626 wurden Bertholds Gebeine erhoben.
Darstellung: als Franziskaner, mit Buch, beim Segnen, vom Baum herab predigend
Patronat: der Prediger

Bertoncelli, Amedeo
SM, Ordensmann, Märtyrer
Fest: 16. September
Geboren am 4. August 1771 in Bologna, Italien, trat Amedeo Bertoncelli 20jährig dem Servitenorden bei und wirkte zunächst in Wien. Vom österreichischen Kaiser beauftragt, dem Papst ein wichtiges Schreiben zu überbringen, reiste er nach Italien. Bei seiner Ankunft im Hafen von Senigallia wurde er verhaftet, eingekerkert und am 16. September 1809 in Ancona (Italien) auf Befehl Napoleons erschossen. Verschiedene Gebetserhörungen durch seine Person sind bekannt.

Bertoni, Gaspare Luigi hl.
Ordensgründer
Fest: 12. Juni
Die Kongregation der Bertonianer, die Priester von den heiligen Wundmalen, geht auf Gaspare Luigi Bertoni zurück. Geboren am 9. Oktober 1777 in Verona, Italien, hatte Bertoni zunächst Theologie studiert und danach in der Jugendseelsorge gearbeitet. Als Volksmissionar hatte er große Erfolge. 1816 gründete er in Verona die Genossenschaft der nach ihm benannten Bertonianer, die den Bischof in seelsorgerischen und missionarischen Belangen unterstützten. Bertoni starb am 12. Juni 1853 in Verona. 1. November 1975 Seligsprechung, 2. November 1989 Heiligsprechung.

Bertram → **Bertechram**

Bertrand von Aquileia sel.
Patriarch von Aquileia, Märtyrer
Fest: 6. Juni
Bertrand, geboren um 1260 in St. Geniès, Frankreich, war ab 1334 Patriarch von Aquileia in Norditalien. Nachdem Aquileia durch ein Erdbeben zerstört worden war, verlegte er den Bischofssitz ins nahegelegene Udine; dort in der Nähe wurde er am 6. Juni 1350 auf Anstiften der Grafen von Gorizia in Spilimbergo ermordet.

Bertrand von Comminges hl.
Bischof von Comminges
Fest: 16. Oktober
Der Adlige Bertrand, geboren Mitte des 11. Jh. in Südfrankreich, war ab 1083 Bischof von Comminges in der Gascogne in Südwestfrankreich. Er reformierte das Bistum von Grund auf und baute es nach Zerstörungen wieder auf. Bertrand starb am 16. Oktober 1123 und wurde 1309(?) kanonisiert.

Bertrand de Garriga sel.
OP, Ordensprovinzial
Fest: 6. September
Bertrand, geboren in der zweiten Hälfte des 12. Jh. in Garrigue in Frankreich, war ein Vertrauter von Ordensgründer → Dominikus. Er hatte verschiedene Ämter im Dominikanerorden inne, ab 1221 war er der erste Provinzial für die

Provence und breitete den Orden in Südfrankreich aus. Hochgeachtet starb er um 1230. 14. Juli 1881 Bestätigung des Kultes.

Bertulf hl.
Abt von Bobbio
Fest: 19. August
Bertulf war ab 613 Mönch im Kloster Luxeuil in Frankreich und ging von da ins Kloster Bobbio in Norditalien, wo er ab 627 Abt war. Er starb am 19. August 640 in Bobbio.

Bertuin hl.
OSB, Bischof
Fest: 11. November
Bertuin stammte aus England, wo er zum Bischof geweiht wurde. Er verließ seine Heimat und gründete nach einem Rom-Aufenthalt in Malonne in Belgien eine Zelle, wo er mit Gefährten ein Einsiedlerleben führte und im 7. oder im 8. Jh. starb. Der Schrein mit den Reliquien aus dem Jahr 1601 steht in der Pfarrkirche in Malonne.

Bertwald
Erzbischof von Canterbury
Fest: 13. Januar
Bertwald, geboren um 650 in England, war zu Beginn des 8. Jh. Erzbischof von Canterbury in England. Er starb am 13. Januar 731 in Canterbury.

Berzo, Innozenz von sel.
OFMCap, Ordenspriester
Fest: 3. März
Innozenz von Berzo stammte aus Niardo in Italien, wo er am 19. März 1844 geboren wurde. Er trat dem Kapuzinerorden bei und empfing die Priesterweihe. Am 3. März 1890 starb er in Bergamo, Italien. 12. November 1961 Seligsprechung.

Bessarion (Passarion) hl.
Mönch, Wundertäter
Fest: 6. und 17. Juni, 25. und 29. November
Bessarion war ein ägyptischer Mönch im 4./5. Jh. Er war berühmt als Wundertäter und gilt als Gründer eines Klosters auf dem Berg Sion und eines Hospizes in Jerusalem. Nach einer Überlieferung war er 429 bei einer Weihefeier anwesend. Er soll an einem 25. November gestorben sein.

Bessette, Andreas Alfred sel.
Laienbruder
Fest: 6. Januar
Papst Johannes Paul II. sprach am 23. Mai 1982 den Kanadier Andreas Alfred Bessette selig, der sein ganzes Leben als demütiger Klosterpförtner gedient hatte. Geboren am 9. April 1845 in Saint-Grégoire-d'Iberville, war Bessette 1870 der Kongregation vom Heiligen Kreuz in Montreal beigetreten, am 6. Januar 1937 starb er in Montreal, betrauert von Tausenden.

Bessus hl.
Hirte(?), Soldat(?), Bischof(?), Märtyrer(?)
Fest: 10. August, 1. Dezember
Historisch gesicherte Angaben über Bessus fehlen; manchmal ist er ein Hirte, dann ein Soldat der Thebäischen Legion (um 300) oder Bischof der norditalienischen Stadt Ivrea. Verehrt wird ein Bessus in einem Bergheiligtum in Campiglia in der Diözese Ivrea; ein Bessus ist auch Stadtpatron in Ivrea (Fest: 1. Dezember). Andere Überlieferungen nennen Bessus einen Märtyrer aus dem 4. Jh.

Beth (die Gute) von Reute → **Elisabeth von Reute**

Bettelin
Einsiedler
Fest: 10. August
Bettelin soll nach ungesicherten

Klosterpförtner Andreas Alfred Bessette wurde 1982 seliggesprochen.

Gaspare Luigi Bertoni, Gründer der Priester von den heiligen Wundmalen des Herrn Jesus Christus.

Blasius auf dem Einbanddeckel des Plenariums Herzog Ottos des Milden, Braunschweig 1339.

Birino (Birin, Berin)
Missionar, Bischof von Dorchester
Fest: 3. Dezember
Birino stammte aus der Lombardei in Italien und bot sich dem Papst Mitte des 7. Jh. freiwillig für die Missionierung in England an. Dort konnte er unter anderem König Cynegils zum Christentum bekehren. Um 640 ernannte Papst Honorius I. Birino zum Bischof von Dorchester, wo er um 650 starb. Birino trägt auch den Beinamen „Apostel von Wessex".

Blandina in der Arena von Lyon, der Legende nach zeigten die Löwen kein Interesse an der jungen Frau, und die Folterknechte mußten nach anderen Martern suchen. Darstellung aus dem 19. Jh.

Birstan
Bischof von Winchester
Fest: 4. November
Birstan war von 931 bis 934 Bischof von Winchester in England. Jeden Tag bediente er selbst die Armen seines Bistums mit Essen, stundenlang erklangen seine Gebete für die Verstorbenen der Diözese. Er starb am 4. November 934 in Winchester.

Blanca (Blanka, Blanche) hl.
Königin von Frankreich
Fest: 1. Dezember
Blanca, geboren am 4. März 1188 in Valencia, Spanien, wurde zwölfjährig mit Ludwig VIII., dem späteren König von Frankreich, verheiratet. Nach Ludwigs Tod 1226 führte sie klug und tatkräftig zehn Jahre lang die Regierungsgeschäfte für ihren minderjährigen Sohn (→ Ludwig IX.); sie zeichnete sich aus durch großes Verständnis für politische Vorgänge und Hintergründe. Blancas besonderes Augenmerk galt den Armen und Kranken im Land, sie gründete Hilfseinrichtungen, richtete Spitäler ein und unterstützte Kirchen und Klöster. Das Volk verehrte und liebte die Königin. Als Ludwig IX. 1248 zu einem Kreuzzug aufbrach, übernahm sie erneut für mehrere Jahre die Regentschaft. Blanca starb am 1. Dezember 1252 in Paris und wurde in dem von ihr gegründeten Zisterzienserkloster Maubuisson (Frankreich) begraben.
Darstellung: als gütige Frau in königlichen Gewändern

Blandina hl.
Märtyrerin
Fest: 2. Juni
Blandina lebte im 2. Jh. in Lyon (Frankreich). In den Verfolgungen unter Marc Aurel wurde sie 177 gefangengenommen und qualvoll zu Tode gefoltert. Überlieferte Briefe berichten von ihrem Martyrium.
Darstellung: als junge Frau, mit Marterwerkzeugen, Netz, Löwen, Stier, Rost, Buch, Palme
Patronat: von Lyon, der Jungfrauen, der Dienstmägde und Dienstboten

Blane
Priester, Bischof(?)
Fest: 11. August
Blane stammte aus Blute in Schottland und wirkte nach seinen Studien in Irland als Prediger und Priester wieder in Schottland. In dem von ihm gegründeten Kloster Kingarth wurde er nach seinem Tod (6. Jh.) beigesetzt. Bei dem Kloster erbaute man später eine Kathedrale, in der noch heute eine Glocke von Blane gezeigt wird.

Blasius (Blasios) hl.
Bischof von Sebaste, Märtyrer, Nothelfer
Fest: 3. Februar
Die stark legendarische Passio berichtet, Blasius sei zu Beginn des 4. Jh. Bischof von Sebaste (Türkei) gewesen und in den Verfolgungen unter Diokletian oder Licinius um 316 nach grauenvollen Folterungen den Martertod gestorben.
Legende: Blasius versteckte sich vor seinen Verfolgern im Wald und heilte und segnete Tiere. Nachdem ihn die Häscher gefunden hatten, wurde er ins Gefängnis gebracht, wo er einen Jungen vor dem Ersticken an einer Fischgräte rettete. Außerdem soll Blasius bewirkt haben, daß ein Wolf einer armen Frau ein ihr geraubtes Schwein wieder zurückbrachte. Zum Dank brachte sie ihm eine Kerze ins Gefängnis, die Blasius segnete (Blasius-Segen). Vor seinem Tod soll Blasius ausgepeitscht und mit eisernen Kämmen gepeinigt worden sein, dann wurde er enthauptet.
Die Verehrung für Blasius ist im Abendland schon seit dem 9. Jh. bekannt, im Orient schon seit dem 6. Jh. Den Blasius-Segen gibt es etwa seit dem 16. Jh., dabei werden zwei geweihte Kerzen in Form des Andreas-Kreuzes vor den (kranken) Hals gehalten. Bereits im 12. Jh. existierte ein Blasius-Gebet gegen Kehlschwellung. Im bäuerlichen Leben genießt Blasius große Bedeutung als Wetterpatron. Die Welfen verehren Blasius als

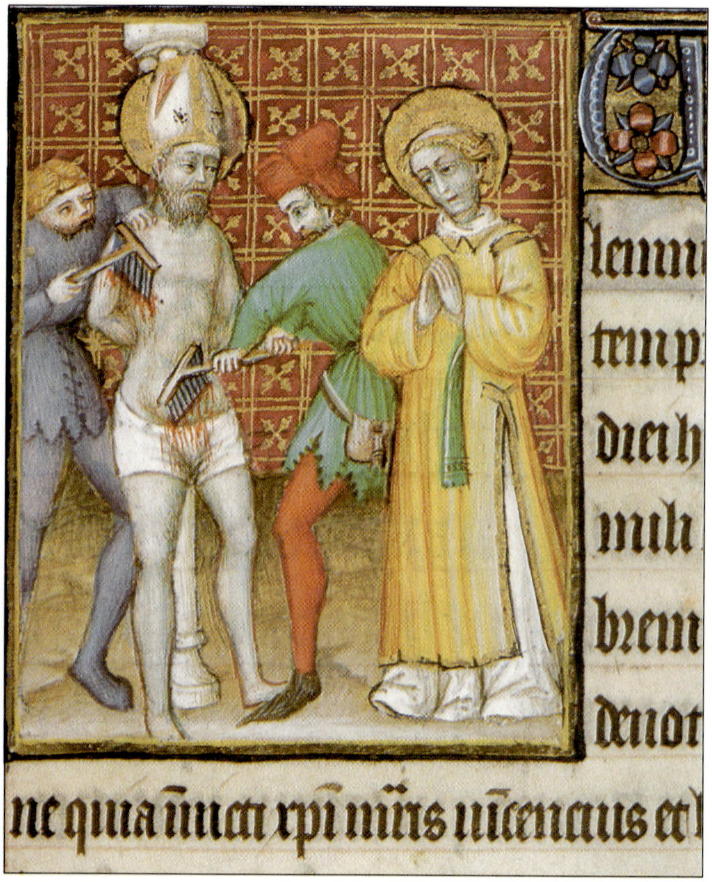

Martyrium des heiligen Blasius nach einer Buchmalerei der British Library, London.

ihren Schutzheiligen. Blasius gehört zur Gruppe der Vierzehn Nothelfer.
Darstellung: als Bischof, als Greis mit lockigem Haar und Bart, mit Kamm, Kerze, Buch, Wolf, Schwein, Wachsstock
Patronat: von Dubrovnik, der Ärzte, Wollhändler, Schuhmacher, Gipser, Schneider, Weber, Gerber, Maurer, Hutmacher, Bäcker, Musikanten, der Haustiere und Pferde, gegen Halsleiden, Husten, Blutungen, Blasenkrankheiten, Zahnschmerzen, Geschwüre, Koliken, für eine gute Beichte

Blasios von Amorion hl.
Mönch
Fest: 20. Dezember
Geboren um 825, war Blasios (Taufname Basileios) zunächst Mönch in Rom und gründete dann ein Kloster auf dem Berg Athos. Er starb um 910 in Konstantinopel.

Blesilla hl.
Witwe, Asketin
Fest: 22. Januar
Blesilla, eine Witwe in Rom, wurde durch ihren Lehrer → Hieronymus für das Ideal der Askese gewonnen und kehrte sich völlig von der Welt ab. Obwohl sie noch jung war, beherrschte sie mehrere Sprachen. Sie starb 384 (387?) in Rom, etwa 20 Jahre alt.

Bobolin
Abt von Bobbio
Fest: 17. Dezember, 10. Juni
Bobolin war ab 640 Abt von Kloster Bobbio in Norditalien. Vorher missionierte er mit → Kolumban, dem Gründer von Bobbio, am Bodensee.

Boccardo, Giovanni Maria
Ordensgründer
Fest: 30. Dezember
Geboren am 20. November 1848 in Moncalieri bei Turin (Italien), gründete der Priester Giovanni Maria Boccardo Ende des 19. Jh. die Schwesternkongregation Povere Figlie di San Gaetano. Gestorben am 30. Dezember 1913 in Pancanlieri, Italien. Die Seligsprechung erfolgte am 24. Mai 1998 in Turin.

Boëthius
Philosoph, Staatsmann, (Märtyrer)
Fest: 23. Oktober
Boëthius stammte aus Rom, wo er um 480 geboren wurde. Zunächst war er wichtiger Berater von Kaiser Theoderich, er und seine beiden Söhne wurden Konsuln. Später veränderte sich das Verhältnis zu Theoderich plötzlich; Boëthius wurde gefangengenommen und durchlitt eine lange Gefängnishaft, bevor er um 526 in Pavia, Italien, hingerichtet wurde. In Oberitalien wird er seit dem 8. Jh. als Märtyrer verehrt; am 15. Dezember 1883 bestätigte der Papst den Kult für die Region Pavia. – Boëthius hatte viele Schriften von Aristoteles übersetzt und kommentiert und damit dem Abendland zugänglich gemacht. Mehrere seiner eigenen, bedeutenden Werke zur Philosophie entstanden während seiner Haftzeit.

Bogumil von Gnesen sel.
Erzbischof von Gnesen, Einsiedler
Fest: 6. Juni
Bogumil war ab 1075 Erzbischof von Gnesen (Polen), resignierte aber 1080 wegen der Mißstände im Klerus und lebte bis zu seinem Tod am 6. Juni(?) 1092 als Einsiedler. 27. Mai 1925 Approbation des Kultes.

Gedenkgottesdienst zur Seligsprechung für Giovanni Maria Boccardo und Teresa → Grillo Michel (links) in Turin 1998. Foto aus der Zeitschrift Famiglia Cristiana.

Mutter Teresa in weißem Sari mit blauer Borte, dem Gewand der niedrigsten Kaste in Bengalen, Ordenskleidung der Missionarinnen der Nächstenliebe. Rechts Agnes Ganxhe als junges Mädchen, es gibt kein Foto von ihr als Kind.

Eugen Bolz wurde am 23. Januar 1945 in Berlin-Plötzensee hingerichtet.

Boisil (Boswell)
OSB, Abt
Fest: 7. Juli
Boisil war zunächst Mönch, dann Abt von Kloster Melrose (Schottland). Er verkehrte mit den Großen seiner Zeit, ein enges Verhältnis hatte er zu → Cuthbert. Boisil starb um 661; in Jedburgh (Schottland) wird bis heute ein großes Fragment des Boisil-Schreines aus dem 8. Jh. aufbewahrt.

Bojanowski, Edmund
Ordensgründer
Fest: 7. August
Edmund Bojanowski, geboren am 14. November 1814 in Grabonóg (Polen), gestorben am 7. August 1871 in Górka Duchowna in Polen, war der Gründer der Kongregation der Mägde Marias. Die Seligsprechung erfolgte am 13. Juni 1999 in Warschau.

Bojaxhiu, Agnes Ganxhe (Mutter Teresa)
Ordensgründerin
Fest: 5. September
Die Welt trauert um den Engel der Armen – mit diesem Gefühl nahmen die Menschen Abschied von Mutter Teresa, nachdem sie am 5. September 1997 in Kalkutta einem Herzleiden erlegen war. Hunderttausende begleiteten den Sarg mit den sterblichen Überresten der Ordensgründerin. Als Agnes Ganxhe Bojaxhiu am 26. August 1910 in Skopje im heutigen Mazedonien als Tochter albanischer Eltern geboren, entschied sich das zwölfjährige Mädchen, Missionarin zu werden. Mit 18 Jahren trat sie in Irland dem Orden der Schwestern von Loreto bei. 1929 ging sie nach Indien, wo sie in Kalkutta zunächst als Missionslehrerin und Leiterin einer Missionsschule wirkte. Ihrem Wunsch folgend, den Armen und Elenden in den Slums von Kalkutta zu helfen, konzentrierte sich Schwester Maria Teresa, so inzwischen ihr Name, ab 1943 ganz auf die Sozialarbeit in den Elendsvierteln der Millionenstadt Kalkutta. 1948 erhielt sie von Papst Pius XII. nach langem Drängen die Erlaubnis, außerhalb ihrer Klostermauern leben zu dürfen. Ein halbes Jahr später legte sie die Ordenstracht der Loreto-Schwestern ab und einen weißen Sari mit blauer Borte an, das Gewand der niedrigsten Kaste in Bengalen. Als sich Mutter Teresa immer mehr Frauen aus der ganzen Welt anschlossen, entstand 1950 der Sozialorden der Missionarinnen der Nächstenliebe, dem heute über 4000 Schwestern und 500 Brüder in 122 Ländern angehören. Das Leitwort der Kongregation lautet: „In jedem Armen ist der hungrige, nackte Jesus zu erkennen. Darum tue etwas.“ 1979 erhielt Mutter Teresa – inzwischen indische Staatsbürgerin – den Friedensnobelpreis. Eine baldige Seligsprechung soll Ausdruck der Würdigung ihres großen Werkes sein.

Bolz, Eugen
Württembergischer Staatspräsident
Gedenken: 23. Januar
Eugen Bolz, geboren am 15. Dezember 1881 in Rottenburg, Baden-Württemberg, war ab 1928 württembergischer Staatspräsident, trat jedoch 1933 zurück. Der praktizierende Christ nahm die Lehre der katholischen Kirche zur Grundlage seines politischen und öffentlichen Wirkens und leistete Widerstand gegen den Nationalsozialismus. Nach dem mißglückten Attentat auf Hitler am 20. Juli 1944 wurde Eugen Bolz verhaftet und am 23. Januar 1945 in Berlin-Plötzensee hingerichtet.

Bonagiunta Manetti hl.
Ordensgründer
Fest: 31. August
Geboren 1206 in Florenz, Italien, schloß sich Bonagiunta Manetti 1233 der Gruppe von Gleichgesinnten an, die sich in Florenz zu einem christlichen Leben zusammengefunden hatten und später den Servitenorden (Diener Mariens) gründeten. Bonagiunta Manetti war nach → Bonfiglio Monaldi zweiter Ordensgeneral. Er starb am 31. August 1257. Papst Leo XIII. sprach am 15. Januar 1888 die sieben Ordensgründer heilig.

Bona von Pisa
OSA, Ordensfrau, Mystikerin
Fest: 29. Mai
Geboren 1156 in Pisa, Italien, trat

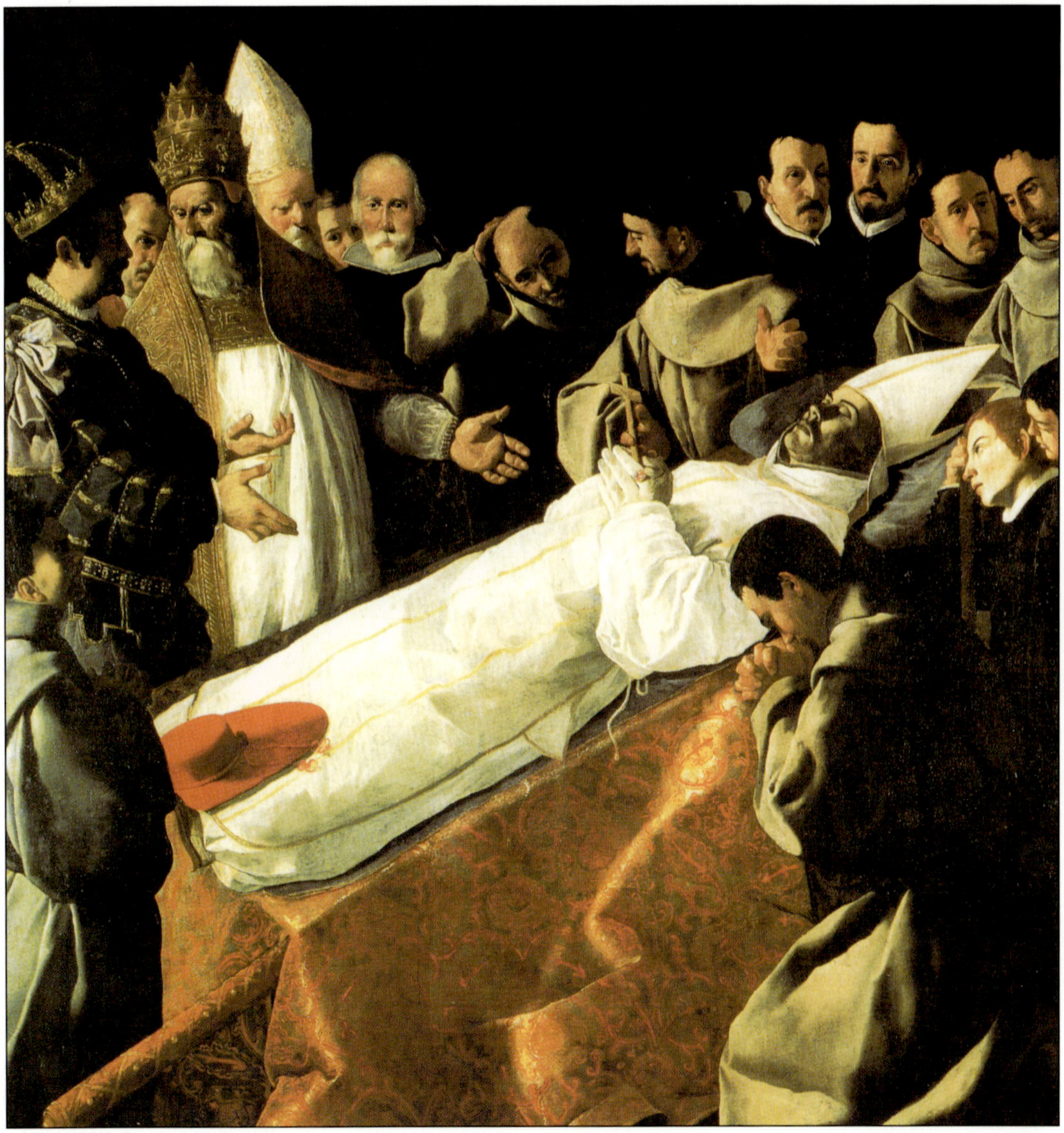

Die Aufbahrung des Leichnams von Bonaventura, nach einem Gemälde von Francisco de Zurbarán, um 1629, Louvre, Paris.

Bona dem Augustinerorden bei. Sie unternahm mehrere beschwerliche Pilgerreisen ins Heilige Land, nach Rom und nach Santiago de Compostela. Sie besaß die Gaben der Prophetie und der Wunder. Bona starb am 29. Mai 1207 in Pisa.
Darstellung: als Nonne, mit Pilgerstab, Kreuz
Patronat: der Stewardessen (seit 1962)

Bonaventura (Giovanni Fidanza) hl.
OFM, Kardinalbischof, Mystiker, Kirchenlehrer
Fest: 15. Juli

Bonaventura war eine der herausragenden Persönlichkeiten des Franziskanerordens und gilt neben → Thomas von Aquin als wichtigster Theologe der Scholastik. Geboren um 1218 in Bagnoregio in Italien, studierte Giovanni Fidanza zunächst in Paris und machte später seinen Doktor in Theologie. 1243 trat er dem jungen Franziskanerorden bei und nahm den Namen Bonaventura an. 1257 wurde er in Paris zum siebten Ordensgeneral ernannt. Bonaventura leitete den Orden 17 Jahre lang geschickt und erfolgreich und wurde „zweiter Gründer des Franziskanerordens" genannt. 1273 erhielt er den Ruf nach Rom als Kardinalbischof. Im Auftrag des Papstes bereitete er das Konzil von Lyon vor, das unter anderem eine Wiedervereinigung mit der griechischen Kirche bringen sollte (was Bonaventura gerade noch miterlebte). Wenige Tage vor Ende des Konzils starb er am 15. Juli 1274 in Lyon. Beigesetzt wurde Bonaventura in der nach ihm benannten Kirche St-Bonaventure in Lyon; die Reliquien sind jedoch verbrannt (in Bagnoregio existiert noch eine Armreliquie). 14. April 1482 Heiligsprechung, 1588 Ernennung zum Kirchenlehrer. Der Papst gab ihm den Beinamen „Doctor Seraphicus", womit seine mystische Religionstätigkeit gewürdigt werden sollte.
Darstellung: als Franziskaner, mit Kardinalshut, mit Kruzifix, Buch, an einem Schreibpult
Patronat: der Franziskaner, der Theologen, der Arbeiter, der Seidenhersteller und Lastenträger, der Kinder

Bonfiglio Monaldi, einer der sieben Stifter des Servitenordens.

Bonaventura Barberini
OFMCap, Erzbischof von Ferrara
Fest: 15. Oktober
Bonaventura Barberini, geboren am 30. Oktober 1674 in Ferrara in Norditalien, war eine der bedeutendsten Ordenspersönlichkeiten seiner Zeit. 1694 dem Kapuzinerorden beigetreten, wurde er zu einem der wichtigsten Volks- und Bußprediger von ganz Italien. Er hatte zahlreiche hohe Ordensämter inne, 1740 wurde er zum Erzbischof seiner Heimatdiözese Ferrara ernannt. Er starb am 15. Oktober 1743 in Ferrara und wurde in der Kapuzinerkirche beigesetzt. Seligsprechungsprozeß seit 1857.

Bonaventura von Barcelona sel.
OFM, Ordensmann, Gründer
Fest: 11. September
Geboren am 24. November 1620 in Riudoms bei Barcelona (Spanien), trat Bonaventura 1640 dem Franziskanerorden bei. 1659 kam er nach Rom und erhielt bald die päpstliche Erlaubnis, sogenannte „retiri“ zu gründen, Häuser, in denen Ordensmitglieder ein völlig zurückgezogenes Leben führen konnten. Bonaventura starb am 11. September 1684 in Rom. Seligsprechung am 10. Juni 1906.

Bonaventura Bonaccorsi sel.
SM, Ordensmann
Fest: 14. Dezember
Geboren 1250 in Pistoia, Italien, trat Bonaventura Bonaccorsi dem Servitenorden bei und war mehrmals Oberer des Klosters von Orvieto (Italien), wo er am 14. Dezember 1315 starb. 1815 Überführung der Gebeine in die Servitenkirche in Pistoia.

Bonaventura Bonaccorsi, Abt des Servitenklosters Orvieto, Italien.

Bonaventura Tornielli (von Forlì) sel.
OSM, Ordensmann, Prediger
Fest: 31. März, 6. September
Bonaventura Tornielli, geboren 1410 in Forlì in Norditalien, gehörte zu den bekanntesten Predigern Italiens. Ab 1488 war er Generalvikar des Servitenordens, dem er früh beigetreten war. Er starb am 31. März 1491 in Udine, Italien, und wurde sofort nach seinem Tod wie ein Heiliger verehrt. Seine Gebeine befinden sich in der Servitenkirche in Venedig. 1911 Bestätigung des Kultes.

Bonfiglio Monaldi hl.
Ordensgründer
Fest: 1. Januar, 17. Februar
Bonfiglio Monaldi, geboren zu Beginn des 13. Jh. in Florenz, Italien, gehörte zu den sieben Gefährten, die als Gründer des Servitenordens (Diener Mariens) angesehen werden. Nachdem sie sich 1233 in Florenz zu einem gemeinsamen christlichen Leben zusammengeschlossen hatten, wählten sie Bonfiglio Monaldi zu ihrem Anführer und Vorgesetzten. Er arbeitete die ersten Satzungen des neuen Ordens aus, die 1249 anerkannt wurden, und schuf später die endgültige Ordensregel der Serviten, die Papst Benedikt XI. im Jahr 1304 bestätigte. Nach 23 Jahren erfolgreichen Wirkens zog sich Bonfiglio Monaldi zurück und lebte bis zu seinem Tod am 1. Januar 1262 als Einsiedler. Papst Leo XIII. sprach die sieben Ordensgründer am 15. Januar 1888 heilig.

Bonifatios von Tarsos hl.
Märtyrer, Eisheiliger
Fest: 14. Mai
Die unsichere, größtenteils legendarische Überlieferung berichtet, Bonifatios sei im Auftrag einer reichen Frau aus Rom nach Tarsos (Türkei) gekommen, um Reliquien von Märtyrern ausfindig zu machen. Nachdem er dort zum Christenglauben übergetreten war, soll er selbst den Martertod gestorben sein. Das Todesjahr soll 306 gewesen sein. Die Reliquien gelangten nach Rom und wurden dort an der Via Latina beigesetzt. – Bonifatios gehört regional zu den sogenannten Eisheiligen. Der Gedenktag 14. Mai ist schon seit dem 10. Jh. bekannt. → Bonifatius, Apostel der Deutschen, nannte sich nach Bonifatios, da er am 15. Mai 719, am Tag nach dem Gedenktag, zur Mission bei den Deutschen ausgesandt wurde.
Darstellung: als junger oder als alter, bärtiger Mann, beim Martyrium (Tod in siedendem Pech)

Bonifatius (Winfrid) hl.
OSB, Erzbischof, Märtyrer, Apostel Deutschlands
Fest: 5. Juni, 1. Dezember (Fulda)
Bonifatius, der Apostel Deutschlands, hat im Verlauf seiner Missionstätigkeit mehr Bistümer und Klöster gegründet als je ein anderer vor oder nach ihm. Sofort nach seinem Tod setzte eine starke Verehrung in Deutschland und in England ein, 756 wurde Bonifatius unter die Schutzpatrone Englands aufgenommen.
Geboren um 674 in Wessex, England, wurde Bonifatius, der mit Taufnamen Winfrid hieß, in den Benediktinerklöstern Exeter und Nursling erzogen. Er trat dem Benediktinerorden bei und leitete unter anderem die Klosterschule von Nursling. Etwa bis zu seinem

Der Apostel der Deutschen, Bonifatius, spendet die Taufe und erleidet (Bild unten) das Martyrium in Dokkum. Beide Abbildungen sind Ausschnitte aus der Buchmalerei im Fuldaer Sakramentar, entstanden zwischen 998 und 1010.

Im Dommuseum in Fulda befindet sich in einem Schrein der Schädel des heiligen Bonifatius.

40. Lebensjahr widmete er sich der Wissenschaft, unter anderem verfaßte er die erste geschriebene lateinische Grammatik Englands. 716 unternahm er mit einigen Gefährten einen erfolglosen Missionierungsversuch in Friesland. 718 reiste er nach Rom und traf Papst → Gregor II., der ihm den Namen Bonifatius gab (nach → Bonifatios, dessen Fest am Tag zuvor gefeiert worden war) und ihn ins heidnische Thüringen in die Mission entsandte. In den folgenden Jahren wirkte Bonifatius überaus erfolgreich in ganz Germanien, er verkündete das Evangelium außer in Thüringen in Friesland, Hessen, Württemberg, Westfalen und Bayern. Er richtete die Bistümer Regensburg, Freising, Würzburg, Passau, Eichstätt, Erfurt und Salzburg ein. 722 wurde Bonifatius zum Missionsbischof geweiht, 732 erhielt er die Ernennung zum Erzbischof und zum päpstlichen Vikar. 744 gründete er sein Lieblingskloster Fulda in Hessen, 746/747 wurde er Bischof von Mainz. 754 unternahm Bonifatius noch einmal eine Missionsreise nach Friesland; dort wurde er am 5. Juni 754 zusammen mit 52 Gefährten in Dokkum (Niederlande) von Heiden ermordet.

Bonifatius wurde später als „Grundleger des Abendlandes und Europas" bezeichnet. – Die außergewöhnlich gestaltete Bonifatius-Grabstätte im Dom zu Fulda ist bis heute Wallfahrtsort; auch in Dokkum existiert noch immer eine Wallfahrt. Im 19. Jh. lebte der Kult erneut auf und verbreitete sich auch in Übersee. Fulda ist seit 1867 jedes Jahr Tagungsort der Deutschen Bischofskonferenz.

Darstellung: als Bischof, manchmal als Benediktinermönch, mit Kreuz (manchmal mit doppeltem Querbalken), Kreuzstab, Axt, Beil, Bußgeißel, Quelle, Brunnenmodell, Götzenfiguren, Buch (das von einem Dolch durchbohrt ist), beim Taufen, Götzenbilder zerstörend

Patronat: des Bistums Fulda, von Thüringen, der Schneider, Bierbrauer, Feilenmacher

Bonifatius von Canterbury (von Savoyen) sel.
OCart, Erzbischof von Canterbury
Fest: 14. Juli

Geboren 1207/1208 als Graf von Savoyen, trat Bonifatius dem Kartäuserorden bei. 1232 wurde er zum Bischof von Belley (England) ernannt, 1241 nach Einsatz von König Heinrich III. zum Erzbischof von Canterbury in England. Er setzte sich stark für sein Bistum ein, hatte jedoch auch viele Gegner. Bonifatius von Canterbury starb am 14. Juli 1270. Bestätigung des Kultes 1838.

Bonifatius von Lausanne hl.
Bischof von Lausanne
Fest: 19. Februar

Bonifatius wurde um 1182 in Brüssel (Belgien) geboren und war ab 1231 Bischof von Lausanne (Schweiz). 1239 resignierte er wegen verschiedener Schwierigkeiten und wirkte danach als Weihbischof. Er starb am 19. Februar 1261 im Zisterzienserinnenkloster Mariä Kammern bei Brüssel. 1702 Heiligsprechung.

Bonifatius I.
Papst (418 bis 422)
Fest: 4. September

Bonifatius I. wurde am 28. Dezember 418 zum Papst gewählt und hatte zu Anfang seiner Amtszeit einen Gegenpapst (Eulalius). Ab Frühjahr 419 war er als alleiniger Papst anerkannt. Bonifatius I. starb am 4. September 422.

Bonifatius IV.
Papst (608 bis 615)
Fest: 8. Mai, 25. Mai

Bonifatius IV., geboren in der zweiten Hälfte des 6. Jh. in der Provinz L'Aquila, Italien, bestieg am 15. September 608 den Papststuhl. Er starb am 8. Mai 615 in Rom. Bonifatius war möglicherweise Benediktiner.

Bonilli, Pietro sel.
Priester, Gründer
Fest: 5. Januar

Geboren am 15. März 1841 in San Lorenzo di Trevi in Italien, empfing Pietro Bonilli 22jährig die Priesterweihe und wirkte danach 72 Jahre lang aufopferungsvoll als Landpfarrer in seiner Heimat. Er gründete die Gemeinschaft Schwestern von der Heiligen Familie für die Fürsorge um Waisenkinder und alte Menschen, die heute über 100 Niederlassungen hat. Bonilli starb am 5. Januar 1935 knapp 94jährig. Seligsprechung erfolgte am 24. April 1988.

Pietro Bonilli, Gründer der Gemeinschaft Schwestern von der Heiligen Familie.

Bonino, Giuseppina Gabriella
Ordensgründerin
Fest: 8. Februar
Geboren am 5. September 1843 in Savigliano bei Cuneo in Norditalien, gründete Giuseppina Gabriella Bonino die Kongregation der Schwestern von der Heiligen Familie von Savigliano. Sie starb am 8. Februar 1906 in Savona (Italien). Der Seligsprechungsprozeß ist eingeleitet.

Bonitus hl.
Bischof von Clermont
Fest: 15. Januar
Geboren um 620 in Frankreich, war Bonitus etwa ab 690 Bischof von Clermont (Frankreich); er folgte seinem Bruder → Avitus auf dem Bischofsstuhl. Die letzten Lebensjahre vor seinem Tod um 705 lebte er als Mönch.

Bononius sel.
OSB, Abt
Fest: 30. August
Der Benediktiner Bononius, geboren um 950 in Bologna, Italien, war ab 990 Abt von Kloster Lucedio in Piemont (Italien). Er starb am 30. August 1026 in Lucedio. 1783 Seligsprechung.

Bonosus von Trier
Bischof von Trier
Fest: 17. Februar
Bonosus folgte → Paulin(us) 358 auf dem Bischofsstuhl von Trier (Rheinland-Pfalz). Im Mittelpunkt seiner Amtszeit stand der Kampf gegen den Arianismus. Er starb 373/374 in Trier und wurde in St. Symphorian beigesetzt; heute befinden sich die Gebeine in St. Paulin in Trier.
Darstellung: als Einsiedler

Bonzel, Maria Theresia (Aline)
Ordensgründerin
Fest: 6. Februar
Maria Theresia Bonzel stammte aus Olpe in Nordrhein-Westfalen, wo sie am 17. September 1830 geboren wurde (ihr Taufname war Regina Christina Wilhelmine). Sie gründete die Kongregation der Franziskanerinnen von der ewigen Anbetung, die am 20. Dezember 1860 ihre Arbeit aufnahm. Die Schwestern der Gemeinschaft widmeten sich der Fürsorge um verwahrloste Kinder. Ab 1875 war die Genossenschaft auch in den USA tätig und missionierte auch bei den Indianern. Maria Theresia Bonzel war Generaloberin bis zu ihrem Tod am 6. Februar 1905 (Olpe). Der Seligsprechungsprozeß ist eingeleitet.

Maria Theresia Bonzel, Gründerin der Kongregation der Franziskanerinnen von der ewigen Anbetung.

Bordino, Luigi
Diener Gottes
Fest: 25. August
Geboren am 12. August 1922 in Castellinaldo bei Cuneo (Italien), mußte Luigi Bordino 1942 an die Front und geriet später in Sibirien und Usbekistan in Kriegsgefangenschaft. Nach seiner Rückkehr nach Italien trat er 1946 den Fratelli Cottolenghini in Turin bei (→ Giuseppe Cottolengo) und diente bis zu seinem Tod am 25. August 1977 als „Fratel Luigi" den Ärmsten der Armen. Der Seligsprechungsprozeß ist eingeleitet.

Boris von Bulgarien
Fürst, Mönch
Fest: 7. Mai, 2. Mai (Bulgarien)
Boris, geboren in der ersten Hälfte des 9. Jh., war der erste christliche Herrscher Bulgariens. Unermüdlich widmete er sich der Christianisierung seines Landes. Als der Papst seinen Wunsch nach einem Patriarchat für Bulgarien nicht erfüllte, wandte er sich 870 enttäuscht wieder der Ostkirche zu. Während seiner Amtszeit führten → Kyrillos und Methodios in Bulgarien die slawische Liturgie ein. 890 dankte Boris ab und trat in Aboba in ein Kloster ein, wo er am 7. Mai 907 starb. – Boris ist Nationalheiliger von Bulgarien.
Darstellung: jugendlich, in Tunika, oft mit Kopfbedeckung, mit Kreuz
Patronat: von Bulgarien

Boris und Gleb
Fürstensöhne, Märtyrer
Fest: 24. Juli
Boris und Gleb (Taufnamen: Roman und David) gelten als die ersten Heiligen russischer Herkunft. Sie waren die Söhne von Großfürst → Wladimir und wurden kurz nach dem Tod ihres Vaters 1015 von ihrem Halbbruder Swatatopolk ermordet; als Todestage werden 24. Juli und 5. September genannt. Ein weiterer Bruder rächte Boris und Gleb und förderte ihre Kanonisation, die wohl noch im 11. Jh. erfolgte.
Darstellung: in fürstlicher Kleidung, reitend auf dem Pferd, zusammen mit Wladimir
Patronat: von Moskau (Boris), von Rußland

Luigi Bordino, in Turin als „Fratel Luigi" bekannt, diente bis zu seinem Tod den Ärmsten der Armen.

Bosatta, Chiara sel.
Profeßschwester
Fest: 20. April
Papst Johannes Paul II. sprach am 21. April 1991 Chiara Bosatta selig, Profeßschwester der Kongregation S. Maria della Providenza. Sie stammte aus Pianello Lario bei Como (Italien), wo sie am 27. Mai 1858 geboren wurde, und starb am 20. April 1887 in Como.

Maria Bertilla Boscardin, aufopferungsvoll pflegte sie Kranke und Sterbende.

Unter dem Verdacht der Spionage für den Vatikan wurde der bulgarische Bischof Vinzenz Bossilkov 1952 ermordet.

Boscardin, Maria Bertilla hl.
Ordensfrau
Fest: 20. Oktober

Maria Bertilla Boscardin wurde am 6. Oktober 1888 in Brèndola in Norditalien geboren. Im Alter von 17 Jahren trat sie in Treviso der Kongregation der Dorotheenschwestern (Töchter der Heiligen Herzen) bei und widmete sich von da an bis zu ihrem Tod heroisch dem Krankendienst. Aufopferungsvoll pflegte sie Kranke und Sterbende in den Lazaretten und Krankenhäusern des Ersten Weltkrieges, obwohl sie selbst schwer leidend war. Sie starb am 20. Oktober 1922 in Treviso, 34 Jahre alt. Um ihre Person ereigneten sich zahlreiche Gebetserhörungen. Seligsprechung am 8. Juni 1952, Heiligsprechung am 11. Mai 1961 durch Papst Johannes XXIII.

Bosco, Giovanni (Johannes) (Don Bosco) hl.
SDB, Ordensgründer
Fest: 31. Januar

Giovanni Bosco, genannt Don Bosco, war einer der begnadetsten Jugendseelsorger und Lehrer, zur Unterrichtung der Jugend gründete er die Kongregation der Salesianer (Gesellschaft des heiligen Franz von Sales). – Geboren am 16. August 1815 in Becchi in Piemont (Norditalien), empfing Giovanni Bosco 1841 die Priesterweihe. Im selben Jahr begann er, sich um die verwahrloste Jugend von Turin zu kümmern, wo er inzwischen lebte und sich weiterbildete. 1845 gründete er die ersten Oratorien, wo Jugendliche ein Zuhause hatten, umsorgt wurden und das Evangelium vermittelt bekamen. Außerdem rief Don Bosco Spitäler, Heime und Berufsschulen ins Leben. 1859 gründete er den Salesianerorden, der 1874 endgültig bestätigt wurde. Auch die Schwesterngemeinschaft Töchter Mariens der Hilfe der Christen (Don-Bosco-Schwestern oder Mariahilfschwestern) wurde von ihm mitbegründet. Die Hauptmerkmale der Kongregationen Don Boscos sind bis heute Güte, Milde und Vertrauen, der Ordensgründer war und ist größtes Vorbild der Ordensmitglieder. Auf Bitten von Giovanni Bosco ereigneten sich zahlreiche Wunder. Don Bosco, der auch ein begnadeter Schriftsteller war, starb am 31. Januar 1888 in Turin. Die Grabstätte in der Salesianerkirche ist bis heute eine der meistbesuchten Wallfahrtsstätten Italiens. Don Bosco wurde am 1. April 1934 heiliggesprochen (die Seligsprechung war 1929 erfolgt). – Don Bosco gehört bis heute weltweit zu den meistverehrten Heiligen überhaupt; er wird auch „der fröhliche Heilige" genannt.

Darstellung: als Priester, meist mit Jungen um sich herum

Patronat: der Jugend, der Jugendseelsorge, der katholischen Verlage

Bossilkov, Vinzenz sel.
CP, Bischof, Märtyrer
Fest: 12. November

Papst Johannes Paul II. nahm am 15. März 1998 in Rom den bulgarischen Bischof Eugenius Bossilkov in den Kreis der Seligen auf. Bossilkov, Mitglied des Passionistenordens, war am 7. Oktober 1947 zum Bischof des Bistums Nicopoli-Russe ernannt worden. Er stammte aus Belene in Bulgarien, wo er am 16. November 1900 zur Welt gekommen war. Am 16. Juli 1952 wurde Bossilkov zusammen mit zahlreichen anderen Bischöfen von den bulgarischen Kommunisten verhaftet. Der Vorwurf lautete auf „Spionage für den Vatikan und andere imperialistische Staaten" sowie auf „amoralischen Lebenswandel". Am 3. Oktober 1952 fiel das Urteil: Tod durch Erschießen. Nach furchtbaren Foltern wurde Bossilkov wahrscheinlich in der Nacht vom 11. auf den 12. November 1952 in Sofia ermordet.

Der Schrein mit den Gebeinen des Johannes (Giovanni) Bosco befindet sich in der Salesianerkirche in Turin und ist vielbesuchter Ort Gläubiger und hilfesuchender Menschen.

Don Bosco, Patron der Jugend und Gründer der Kongregation der Salesianer (Gesellschaft des heiligen Franz von Sales).

Titus Brandsma, Karmelit und Philosoph, Mystiker und Journalist, starb als Märtyrer 1942 in Dachau.

Boso
OSB, Bischof von Merseburg
Fest: 1. November
Boso stammte aus Bayern und war zunächst Mönch im Benediktinerkloster St. Emmeram in Regensburg, bevor er in die Slawenmission ging. 968 wurde er zum ersten Bischof des neugegründeten Bistums Merseburg im Gebiet Magdeburg/Halberstadt (Sachsen-Anhalt) ernannt. Er starb am 1. November 970 und wurde in der Kirche St. Johann Baptist in Merseburg beigesetzt.

Botulf hl.
OSB, Klostergründer, Abt
Fest: 17. Juni
Geboren um 600 in England, gründete Botulf 654 das Benediktinerkloster Ikanhoe (heute Iken oder Bostinin in England) und war erster Abt. Das Kloster war einer der mönchischen Mittelpunkte jener Zeit in England. Botulf starb 680 in Ikanhoe. In England waren ihm über 60 Kirchen geweiht.

Bracaval, Flora (Giovanna Maria di Gesù Eucaristico)
Ordensfrau
Fest: 26. Januar
Im März 1997 erkannte Papst Johannes Paul II. den heroischen Tugendgrad der Ordensfrau Flora Bracaval (im Orden: Giovanna Maria di Gesù Eucaristico) an. Sie war Reformerin und erste Generaloberin der Angeliken des heiligen Paulus. Sie kam am 3. Mai 1861 in Mouscron (Belgien) zur Welt und starb am 26. Januar 1935 in Arienzo in Italien.

Teresa Bracco (rechts) verweigerte sich einem Soldaten und wurde ermordet. Die Aufnahme zeigt ihre Seligsprechung am 24. Mai 1998 in Turin. Links von ihr Giovanni Maria → Boccardo. Nach einem Foto aus „Famiglia Cristiana".

Bracco, Teresa sel.
Märtyrerin
Fest: 28. August
Im Juni 1997 stellte der Papst den heroischen Tugendgrad von Teresa Bracco fest, und bereits am 24. Mai 1998 erfolgte die Seligsprechung. Teresa Bracco, geboren am 24. Februar 1924 in Sanvarezzo bei Savona (Italien), war am 28. August 1944 in der Nähe ihres Heimatortes von einem Soldaten, der sie vergewaltigen wollte, ermordet worden. Am selben Tag wurden mit ihr selig gesprochen Teresa → Grillo und Giovanni Maria → Boccardo.

Brader, Charitas
Ordensfrau, Missionarin
Fest: 27. Februar
Charitas Brader, geboren 1860, wirkte für die Kongregation der Franziskaner-Missionarinnen in Kolumbien. Von 1888 bis zu ihrem Tod am 27. Februar 1943 opferte sie sich für die Missionsarbeit auf und verhalf der Schwesterngemeinschaft (gemeinsam mit deren Gründerin Verena Bernarda → Bütler) zu einer starken Verbreitung sowohl in Südamerika als auch in Mittel- und Nordamerika. Der Seligsprechungsprozeß ist eingeleitet.

Brando, Adelaide (Maria Cristina dell' Immacolata Concezione)
Ordensgründerin
Fest: 20. Januar
Adelaide Brando, geboren am 1. Mai 1856 in Neapel (Italien), gestorben am 20. Januar 1906 in Casoria in Italien, war die Gründerin der Kongregation der Schwestern vom Sühneopfer für Jesus im Sakrament. Papst Johannes Paul II. erkannte im Juni 1994 ihren heroischen Tugendgrad an.

Brandsma, Titus sel.
OCarm, Ordensmann, Märtyrer
Fest: 26. Juli
Titus Brandsma war der erste ermordete Häftling des Konzentrationslagers Dachau, der seliggesprochen wurde. Geboren am 23. Februar 1881 in Bolsward, Niederlande, studierte Brandsma Philosophie und trat dem Karmelitenorden bei. Als Professor an der katholischen Universität von Nijmegen gehörte er zu den kompromißlosesten Gegnern des Nationalsozialismus, er sprach sich mutig gegen die Judenverfolgung aus. Während der Besetzung der Niederlande spielte er eine wichtige Rolle als Verbindungsmann der Bischöfe zur katholischen Presse. Am 19. Januar 1942 wurde Titus Brandsma in seinem Kloster in Nijmegen verhaftet und von der Gestapo in das Konzentrationslager Dachau in Bayern gebracht. Nach verschiedenen Folterungen ermordete man ihn am 26. Juli 1942 mit der Säurespritze. Papst Johannes Paul II. sprach Brandsma am 3. November 1985 selig.

Brendan (Brandan) hl.
Abt, Klostergründer
Fest: 16. Mai
Geboren um 485 in Tralee(?) in Irland, gründete Brendan in Irland zahlreiche Klöster; das bedeutendste in Clonfert leitete er selbst als Abt. Er starb um 575 in Clonfert. Ein starker Kult existierte in Irland, Schottland, Wales und in der Bretagne.

Brictius (Briccius, Brictio) hl.
Bischof von Tours
Fest: 13. November
Geboren um 375, wurde Brictius Schüler von Bischof → Martin von Tours und nach dessen Tod 397

sein Nachfolger. Er mußte Verleumdungen seiner Gegner ertragen, die behaupteten, er lebe nicht so asketisch wie Martin von Tours. Er starb um 444 nach fast 50 Jahren Amtszeit. Die Reliquien befinden sich heute in der Kirche S. Michele in Pavia (Italien).
Darstellung: als Bischof, mit glühenden Kohlen (Unschuldsbeweis), drei Ähren, Wickelkind
Patronat: der Richter, gegen Unterleibserkrankungen

Brigida (Brigit, Brigitta) von Kildare hl.
Äbtissin, Patronin Irlands
Fest: 1. Februar
Die wenigen gesicherten Fakten berichten, daß Brigida um 453 bei Kildare in Irland geboren wurde und von → Patrick getauft worden sein soll. Im Alter von 14 Jahren baute sie sich in Kildare unter einer Eiche eine Zelle, aus der sich nach und nach ein Kloster entwickelte; später kam ein Männerkloster dazu. Das Doppelkloster von Kildare wurde zu einem der monastischen Zentren Irlands. Brigida starb an einem 1. Februar um 525 in Kildare. Reliquien befinden sich an vielen Orten in Europa, ein Stück des Schuhs aus Messing, Silber und Juwelen im Nationalmuseum in Dublin. – Brigida ist schon in alten Sagen als Patronin Irlands erwähnt (Mary of the Gael). Lange Zeit große Verehrung als Viehpatronin. Ab dem 15. Jh. manchmal Verwechslung mit Ordensgründerin → Birgitta von Schweden.
Darstellung: als Äbtissin, Bauernmagd, Hirtin, mit Gänsen, Enten, Lampe, Kerze, Feuerflammen, im Gebet
Patronat: von Irland, von Essen, der Wöchnerinnen, der Kinder, der Kühe, des Viehs, gegen Unglück und Verfolgung

Brigida Morello (Brigida di Gesù) sel.
Gründerin
Fest: 3. September
Geboren am 17. Juni 1610 in San Michele di Pagana di Rapallo (Italien), gründete Brigida Morello in Piacenza, Italien, das Institut der Ursulinen von der Unbefleckten Maria und nannte sich Brigida di Gesù. Gestorben am 3. September 1679 in Piacenza. Bei ihrer Seligsprechung am 15. März 1998 sagte Papst Johannes Paul II.: „Brigida Morello fand in der Unbefleckten Mutter Gottes die Inspiration und den Halt für ihr Werk, das der christlichen Bildung, der Förderung der Frau, der Evangelisierung und der Suche nach der Einheit der Kirche galt.“

Brioc (Brieuc) hl.
Abt, Bischof(?)
Fest: 1. Mai, 11. Mai
Brioc stammte wahrscheinlich aus Cardigan in Wales, wo er im 6. Jh. ein Kloster gründete. Eine Passio aus dem 11. Jh. berichtet, er sei später Schüler von → Germanus von Auxerre gewesen. Sicher ist, daß Brioc in der Bretagne ein Kloster gründete (das nach ihm St-Brieuc genannt wurde) und dort auch starb. Die Reliquien gelangten nach Angers, Teile wurden später wieder nach St-Brieuc zurückgegeben.
Patronat: der Geldbörsenmacher (weil er sehr freigebig gewesen sein soll)

Brisson, Aloysius Alexander
OSFS, Ordensgründer
Fest: 2. Februar
Aloysius Alexander Brisson war der Gründer der Kongregation der Oblaten des heiligen Franz von Sales. Die Mitglieder der 1869 ins Leben gerufenen Gemeinschaft widmeten sich der Erziehung der Jugend sowie seelsorgerischen Aufgaben. Brisson stammte aus Plancy in Frankreich, wo er am 23. Juni 1817 geboren wurde und am 2. Februar 1908 starb. Auch die Gründung der Oblatinnen des heiligen Franz von Sales geht auf Brisson zurück.

Der heilige Brictius. Fenster in der romanischen Pfeilerbasilika in Oekoven, Belgien.

Pater Aloysius Brisson, Gründer der Oblaten vom heiligen Franz von Sales.

Brithwald hl.
OSB, Erzbischof von Canterbury
Fest: 9. Januar
Geboren um 650 in England, wurde Brithwald jung Abt des Benediktinerklosters Reculver und 693 Erzbischof von Canterbury (England). Er genoß großes Ansehen bei Herrschern und Klerus und war eine der meistbeachteten Kirchenpersönlichkeiten Englands seiner Zeit. Er starb am 9. (13.?) Januar 731 in Canterbury.

Britonius → Britto

Maria Brun-Barbantini gründete 1829 die Dienerinnen der Kranken, auch Kamillianerinnen genannt.

Daniel Brottier kümmerte sich um Jugendliche in aller Welt.

Britta → Maura und Britta

Britto (Britonius)
Bischof von Trier
Fest: 5. Mai
Britto folgte → Bonosus 373/374 als Bischof von Trier (Rheinland-Pfalz). Er starb um 385 in Trier.

Brocardus sel.
OCarm, Mönch, Prior
Fest: 2. September
Nach der unsicheren Vita wurde Brocardus um 1151 in Jerusalem geboren und schloß sich den Eremiten auf dem Berg Karmel an; als deren Führer → Berthold von Kalabrien um 1195 starb, ernannt man Brocardus zum Prior. Es heißt, er habe um 1208 vom Patriarchen von Jerusalem eine Regel für seine Eremitengemeinschaft erhalten, die bis heute von den Karmeliten befolgt werde. Brocardus starb 1231 oder 1234 am Berg Karmel. 1628 Bestätigung des Kultes.

Bronislawa sel.
OPraem, Ordensfrau
Fest: 29. August, 30. August, 1. September
Geboren um 1200 in Kamień in Polen, trat Bronislawa 16jährig dem Prämonstratenserkloster Zwierzyniec bei Krakau (Polen) bei. In einer Vision sah sie exakt den Tod von → Hyacinthus von Polen voraus. Sie selbst starb am 29. August 1259 in Zwierzyniec. 1839 und 1868 Bestätigung des Kultes, der Heiligsprechungsprozeß läuft.
Patronat: gegen Cholera und Pest

Brottier, Daniel sel.
CSSP, Ordensmann, Priester
Fest: 28. Februar
Geboren am 7. September 1876 in Ferté-Saint-Cyr in Frankreich, trat Daniel Brottier 1903 dem Spiritanerorden bei und ging als Missionar in den Senegal. Nach krankheitsbedingter Rückkehr nach Frankreich war er Direktor des Werkes für Waisenkinder und Lehrlinge von Auteuil, das sich um Jugendliche in aller Welt kümmert. Er starb am 28. Februar 1936 in Paris. Seligsprechung am 25. November 1984.

Brun-Barbantini, Maria Domenica
Ordensgründerin
Fest: 22. Mai
Maria Domenica Brun-Barbantini war die Gründerin (1829) der Dienerinnen der Kranken, auch Kamillianerinnen genannt. Sie stammte aus Lucca in der Toskana (Italien), wo sie am 17. Januar 1789 geboren wurde und am 22. Mai 1868 starb. Die Seligsprechung für die Ordensgründerin ist eingeleitet.

Brun(o) von Querfurt hl.
Erzbischof von Magdeburg, Märtyrer
Fest: 9. März
Brun(o) gilt als eine der herausragenden Missionspersönlichkeiten überhaupt. Er stammte aus Querfurt in Sachsen, wo er um 974 geboren wurde. Ab 998 war er Mönch im Alexius-Kloster in Rom, 1004 erhielt er die Ernennung zum Erzbischof von Magdeburg (Sachsen-Anhalt). Brun widmete sich in der Folge leidenschaftlich der Bekehrung der Slawen, eines seiner wichtigsten Gebiete war das damalige Preußen. Er erhielt die Beinamen „Bonifatius“ und „Zweiter Apostel der Preußen“ (nach → Adalbert von Prag). Gemeinsam mit 18 Gefährten wurde Brun am 9. März 1009(?) in Braunsberg in Polen ermordet.
Darstellung: als Reiter auf einem Esel, mit Sack, beim Martyrium (wie ihm Füße und Hände abgeschlagen werden)

Bruno (Brun) der Kartäuser hl.
Eremit, Ordensstifter
Fest: 6. Oktober
Auch wenn Bruno selbst nie die Gründung eines Ordens im Sinn hatte, wurde er doch zum Ur- und Mitbegründer des Kartäuserordens, sein geistlicher Vater. Geboren um 1030 in Köln (Nordrhein-Westfalen), übernahm Bruno 1057 die Domschule zu Reims, Frankreich, wo er auch studiert hatte. Er unterrichtete über 25 Jahre in Reims und brachte die Schule zu großer Blüte. 1083 legte Bruno alle Ämter nieder und verließ Reims, nachdem die erwartete Wahl zum Bischof, die schon feststand, durch den königlichen Bischofskandidaten zunichte gemacht worden war. Bischof → Hugo von Grenoble schenkte Bruno, seinem früheren Lehrer, im Norden von Grenoble (Frankreich) ein unwegsames Stück Land namens Cartusia, wohin sich Bruno mit sechs Gefährten zurückzog. In mühevoller Arbeit errichteten die Einsiedler die Große Kartause (Grande Chartreuse), die zunächst nur aus einer Kapelle und mehreren Einzelzellen bestand. Dies war

Tod des heiligen Bruno des Kartäusers am 6. Oktober 1101, Gemälde von Eustache Le Sueur, Louvre, Paris.

Bruno der Kartäuser, Statue in der Kartause von Miraflores bei Burgos, Spanien.

die Geburtsstunde der Kartäuser, die dann allerdings erst von Guigo, dem fünften Prior der Kartause, als Orden begründet wurden, als dieser 1127/1128 die Consuetudines (Gebräuche) domus Carthusiae schrieb. (1133 approbierte Papst Innozenz II. die von Guigo in 80 Kapiteln festgehaltenen Regeln, die unter anderem das Schweigegebot, die Einsamkeit und das Fasten beinhalten). Papst Urban II., ebenfalls ein früherer Schüler, holte Bruno 1089 als Berater nach Rom. Nach zwei Jahren verließ Bruno den Vatikan und gründete seine zweite und seine dritte Kartause in La Torre bei Squillace und in S. Stefano di Bosco (beide in Kalabrien). Er starb am 6. Oktober 1101 in S. Stefano und wurde dort in der Kirche beigesetzt. 1514 und 1623 Bestätigung des Kultes.
Darstellung: als Kartäuser, mit den Fingern an den Lippen (Schweigegebot), mit dem Fuß auf einer Weltkugel, mit Lilie, Buch, Zepter, Olivenzweig, Steinen, Totenschädel, Kreuz

Brun(o) von Köln hl.
Erzbischof von Köln
Fest: 11. Oktober, 12. Oktober
Brun(o) kam als Sohn von König → Heinrich I. und → Mathilde im Mai 925 in Deutschland zur Welt. Im Alter von 15 Jahren wurde er Kanzler am Hof von König Otto I., seinem älteren Bruder, 951 Erzkanzler. 953 erhielt Brun die Ernennung zum Erzbischof von Köln (Nordrhein-Westfalen). Er wirkte als Erneuerer, förderte Bildung und Moral bei Volk und Klerus und gründete zahlreiche Kirchen und Klöster. Otto I., der 962 zum Kaiser gekrönt wurde, war er eine wichtige Stütze in reichs- und kirchenpolitischen Angelegenheiten. Brun starb am 11. Oktober 965 in Reims, Frankreich. Beigesetzt wurde er in der Abtei St. Pantaleon in Köln, die er selbst gegründet hatte.
Darstellung: in bischöflicher Kasel mit Pallium, mit Kirchenmodell, Buch, Reichsapfel, Fahne, Wimpellanze

Krypta mit dem Grab des Bruno von Würzburg im Dom zu Würzburg.

Bruno von Segni hl.
OSB, Bischof von Segni
Fest: 18. Juli
Geboren um 1049 bei Asti in Norditalien, wurde der Benediktiner Bruno 1080 Bischof von Segni in Italien. 1102 verließ er sein Bistum und wurde Mönch, später Abt im Benedikt-Kloster Montecassino, mußte aber um 1113 auf Geheiß des Papstes wieder in seine Diözese zurückkehren. Er starb am 18. Juli 1123 in Segni. 1181 Kanonisation.

Bruno von Würzburg
Bischof von Würzburg
Fest: 27. Mai
Bruno wird in Würzburg (Bayern) etwa seit 1200 als Heiliger verehrt, obwohl er nie offiziell kanonisiert wurde. Der Sohn von Konrad von Kärnten und von Mathilde von Schwaben bestieg 1034 den Würzburger Bischofsstuhl. Er galt als eine der bedeutendsten Kirchenpersönlichkeiten seiner Zeit und genoß große Verehrung wegen seines Wissens und seines Tugendstrebens. Bruno starb am 27. Mai 1045 auf einer Reise in Persenbeug bei Linz in Österreich; beigesetzt wurde er im Dom zu Würzburg, mit dessen Bau er 1040 begonnen hatte.

Brynolf Algotsson hl.
Bischof von Skara
Fest: 6. Februar
Geboren um 1240 in Schweden, wurde Brynolf Algotsson 1278 zum Bischof von Skara in Schweden (bis 1527 Bistum) ernannt. Er starb am 6. Februar 1317 in Skara.

Bufalo, Gaspare (Kaspar) del hl.
Ordensgründer
Fest: 28. Dezember
Geboren am 6. Januar 1786 in Rom, versuchte Gaspare (Kaspar) del Bufalo schon als Junge, missionarisch zu wirken und überall zu

helfen, wo er konnte. Bald schon wurde er in seiner Heimatstadt „der kleine Aloysius" genannt (nach → Aloysius von Gonzaga). 1808 empfing er die Priesterweihe. Als Napoleon Rom besetzte, wurde der Papst verbannt, von den Priestern der Treue- und Hoheitseid verlangt; Bufalo verweigerte dies und saß darauf vier Jahre in den Kerkern von Bologna und Imola sowie auf Korsika ein. Nach der Befreiung 1814 beauftragte ihn der Papst, in Italien zu missionieren. 1815 gründete er die Kongregation der Missionare vom Kostbaren Blut, auch Bufalini oder Sanguinisten genannt; die Mitglieder widmeten sich der Volksmission, der Seelsorge, dem Gymnasialunterricht und den Exerzitien. Der Orden wirkte maßgeblich an der Erneuerung des gesamten religiösen Lebens in Italien mit. Gemeinsam mit → Maria de Mattias gründete Bufalo 1834 auch die Kongregation der Anbeterinnen des Kostbaren Blutes. Er starb am 28. Dezember 1837 in Rom und wurde in Albano bei Rom beigesetzt. 19. August 1904 Seligsprechung, 12. Juni 1954 Heiligsprechung.

Bugga → Edburga

Buggo → Burchard von Worms

In der Kirche Santa Maria in Trivio in Rom befindet sich die Liegefigur von Gaspare del Bufalo. Sein Grab ist in Albano bei Rom.

Bühl, Gregor Cäsar (Wendelin)
FSC, Ordensmann
Fest: 11. Dezember
Geboren am 13. September 1896 in Villingendorf, Baden-Württemberg, trat Wendelin Bühl 17jährig in Torre del Greco bei Neapel (Italien) den Schulbrüdern bei. Nach Beendigung des Noviziates wurde er zweiter Direktor der Gemeinde Torre del Greco und blieb dies 50 Jahre lang bis zu seinem Tod am 11. Dezember 1973. Schon zu Lebzeiten genoß Bühl wegen seines heiligmäßigen Lebens hohe Verehrung. 1995 wurde auf Bitten des Kardinals und Erzbischofs von Neapel der Seligsprechungsprozeß eingeleitet.

Bullesi, Egidio
OFM, Laienbruder
Fest: 15. April
Papst Johannes Paul II. erkannte im Juni 1997 den heroischen Tugendgrad von Egidio Bullesi an, Laienbruder im Franziskanerorden, geboren am 24. August 1905, gestorben am 15. April 1929 in Pola in Kroatien.

Bullion, Gertraud von
Gründerin
Fest: 11. Juni
Gertraud von Bullion, geboren am 11. September 1891 in Würzburg, Bayern, trat 1920 als erste Frau dem von → Josef Kentenich gegründeten Schönstatt-Werk bei. Durch sie entstand in der Folge die Schönstätter Frauenbewegung, zu der heute die Mädchenjugend, die Mütterliga, die Studentinnen, der Mütterbund, die Krankenliga, die Marienschwestern, die Frauenliga, der Krankenbund, der Frauenbund, die Frauen von Schönstatt sowie Akademikerinnen gehören. Alle Verbände widmen sich dem Apostolat in der Gesellschaft und bieten Gemeinschaft sowie Hilfestellung in Notsituationen und bei Gefährdungen an. Gertraud von Bullion starb am 11. Juni 1930 in Isny, Baden-Württemberg. Der Seligsprechungsprozeß wurde eingeleitet.

Gertraud von Bullion; durch sie entstand die Schönstätter Frauenbewegung.

Burchard (Burkhard, Buggo) von Worms
OSB, Bischof von Worms
Fest: 20. August
Burchard, geboren 965, trat im Kloster Lobbes in Belgien dem Benediktinerorden bei. 1000 wurde er zum Bischof von Worms (Rheinland-Pfalz) ernannt und baute das durch die Ungarn stark zerstörte Bistum wieder auf. Die geltenden Kirchenvorschriften schrieb er in 20 Büchern nieder, die bis heute wertvolle Einblicke in die damalige Glaubenssituation bieten. Burchard starb am 20. August 1025 in Worms.

Burgundofara → Fara

Verena Bernarda Bütler, Gründerin der Genossenschaft der Franziskaner-Missionsschwestern.

Burkard von Beinwil hl.
Priester
Fest: 18. Mai
Geboren in der ersten Hälfte des 12. Jh. im Kanton Aargau in der Schweiz, wurde Burkard Pfarrer von Beinwil bei Muri in seinem Heimatkanton. Er starb am 18. Mai 1192 in Muri und wurde in der dortigen Pfarrkirche beigesetzt. An der Grabstätte ereigneten sich zahlreiche bezeugte Wunder, bis heute sind das Grab sowie der Burkard-Brunnen auf dem Friedhof das Ziel von Wallfahrern (vor allem jährlich am 20. August). Der Kult ist seit dem 13. Jh. sicher nachweisbar.
Darstellung: als Priester, mit Hostie, Vogel

Burkhard von Mallersdorf
OSB, Abt
Fest: 25. Juni
Burkhard war der erste Abt des 1107 gegründeten Benediktinerklosters Mallersdorf in Bayern. Er starb am 25. Juni 1122 in Mallersdorf. 1695 Erhebung der Gebeine.

Burkhard von Würzburg hl.
OSB, Bischof von Würzburg
Fest: 2. Februar, 14. Oktober (Translation)
Der Benediktiner Burkhard, geboren um 700 in England, kam 735 aufs Festland und wurde Missionsbegleiter von → Bonifatius, der ihn dann 741 (742?) zum ersten Bischof von Würzburg (Bayern) weihte. Burkhard gründete in Würzburg 750 das Andreaskloster, später den Salvatordom. 752 erhob er die Gebeine von → Kilian. Burkhard starb am 2. Februar 753 (754?) in Homburg im Maintal (Bayern) während einer Reise. Am 14. Oktober 986 wurden die Gebeine erhoben und in den Salvatordom (heute Neumünster) in Würzburg übertragen.
Darstellung: in bischöflichen Gewändern, mit Stab, Buch, Wappen, Kirchenmodell
Patronat: gegen Rheuma, Gliederschmerzen

Hildegard Burjan gründete den Verein Sozialhilfe und die Schwesternschaft Caritas Socialis.

Burjan, Hildegard
Gründerin, Politikerin
Fest: 11. Juni
Hildegard Burjan war die Gründerin des Vereins Sozialhilfe (1912) und der Schwesternschaft Caritas Socialis (1918), beide in Wien. Geboren am 30. Januar 1883 in Görlitz in Sachsen, konvertierte sie 1908 vom Judentum zum katholischen Glauben. Ab 1909 wirkte sie als Ärztin in Wien. 1920 wurde Hildegard Burjan als erste Frau in den Österreichischen Nationalrat gewählt. Sie starb am 11. Juni 1933 in Wien. Der Seligsprechungsprozeß ist eingeleitet.

Bussereau, Jakob Friedrich
Priester, Gründer
Fest: 2. Juli
Geboren am 2. Februar 1863 in Oberhambach in Rheinland-Pfalz, empfing Jakob Friedrich Bussereau die Priesterweihe und wirkte danach aufopferungsvoll als Seelsorger; sein Beiname war „Caritasapostel". 1896 gründete er in Herxheim (Rheinland-Pfalz) eine Einrichtung für Gebrechliche und Schwachsinnige. 1913 rief er die Gemeinschaft der Schwestern und Brüder vom heiligen Paulus ins Leben, deren Mitglieder sich um die Insassen des Herxheimer Heimes kümmerten. Jakob Friedrich Bussereau starb am 2. Juli 1919 in Herxheim und wurde dort beigesetzt.

Bütler, Verena Bernarda
Ordensgründerin
Fest: 19. Mai
Geboren am 28. Mai 1848 in Auw in der Schweiz, trat Verena Bernarda Bütler dem Kapuzinerorden bei und wurde 1880 Oberin im

Kloster Altstätten (Schweiz). 1888 ging sie als Missionarin nach Südamerika, zunächst nach Ecuador, dann nach Kolumbien, wo sie die Genossenschaft der Franziskaner-Missionsschwestern gründete. Verena Bernarda Bütler starb am 19. Mai 1924 in Cartagena, Kolumbien. Der Seligsprechungsprozeß ist eingeleitet.

C

Die Märtyrerin Cäcilia nach einem Gemälde von Domenichino, um 1640.

Von demselben Maler sind in der Cäcilia-Kapelle in der Kirche San Luigi dei Francesi in Rom Fresken mit Szenen aus dem Leben der Heiligen zu besichtigen.

Cabrini, Francesca Saveria hl.
Ordensgründerin
Fest: 22. Dezember
Francesca Saveria Cabrini war die erste Heilige der USA; ihre Heiligsprechung erfolgte 1946. Geboren als Tochter armer Bauern am 15. Juli 1850 in Sant'Angelo Lodigiano in Italien, wollte Francesca Saveria schon jung Missionarin werden. Doch das Kloster der Töchter vom Heiligen Herzen in Arluno lehnte sie wegen schwacher Gesundheit ab. Nachdem sie mit 19 das Gelübde der Jungfräulichkeit abgelegt hatte, absolvierte sie die Ausbildung als Lehrerin. Zunächst arbeitete sie als Volksschullehrerin; 1880 setzte sie ihren Wunsch nach Gründung eines Ordens der Nächstenliebe um und rief die Kongregation der Missionarinnen vom Heiligsten Herzen ins Leben. Aus Verehrung für den Missionar → Franz Xaver nahm sie im Orden den Namen Saveria (Xaviera) an. Ab 1888 wirkte Francesca Saveria Cabrini in den Vereinigten Staaten und gründete von New York aus in vielen Großstädten der USA, aber auch in Südamerika Spitäler, Schulen und Heime; ihre besondere Fürsorge galt den Einwanderern. Sie starb am 22. Dezember 1917 in Chicago, wo sie das Mutterhaus des Ordens errichtet hatte. 13. November 1938 Seligsprechung, 7. Juli 1946 Heiligsprechung.
Patronat: der Auswanderer (seit 1950)

Francesca Saveria Cabrini nahm aus Verehrung für → Franz Xaver den Ordensnamen Saveria (Xaviera) an.

Caburlotto, Luigi
Gründer
Fest: 9. Juli
Luigi Caburlotto, geboren am 7. Juni 1817 in Venedig, Italien, war der Gründer des Instituts der Schwestern vom heiligen Josef. Gestorben am 9. Juli 1897 in Venedig. 1994 Anerkennung des heroischen Tugendgrades.

Cäcilia (Caecilia) hl.
Märtyrerin
Fest: 22. November
Die überlieferte Vita von Cäcilia ist als rein legendarisch anzusehen, historisch gesicherte Daten fehlen. Keine der großen Kirchenpersönlichkeiten der Frühzeit erwähnte sie, sie erscheint in keinem der frühen Kalendarien. Es ist anzunehmen, daß die Passio um 500 entstand. In Rom wurde Cäcilia ab dem 5. Jh. hoch verehrt, die Kirche des römischen Stadtteils Trastevere erhielt wohl im 5. Jh. den Namen sanctae Caeciliae (heute Santa Cecilia). Es heißt, die Kirche sei über den Fundamenten des angeblichen Elternhauses von Cäcilia erbaut worden. Ab 545 wurde dort am 22. November das Cäcilia-Fest gefeiert.
Legende: Cäcilia soll sich schon als Kind heimlich mit Jesus verlobt und ewige Jungfräulichkeit gelobt haben. Auf Anordnung ihrer Eltern mußte sie den heidnischen Jüngling Valerianus heiraten, dem sie in der Hochzeitsnacht gestand, daß

Liegefigur der Cäcilia in der Kirche Santa Cecilia, Rom. Der Künstler Stefano Maderno gab der Marmorstatue um 1600 exakt die Haltung wieder, in der der Leichnam der Heiligen bei Umbauarbeiten in der Kirche 1599 aufgefunden wurde.

sie immerwährende Keuschheit gelobt hatte. Valerianus ließ sich taufen und kümmerte sich fortan mit Cäcilia sowie seinem Bruder → Tiburtius um verfolgte Christen. Die Brüder wurden gefangengenommen und nach Folterungen enthauptet; auf der Suche nach Besitztümern entdeckten die Christenverfolger Cäcilia, die sie tagelang Foltern aussetzten. Als Cäcilia enthauptet werden sollte, überlebte sie das Schwert dreimal, starb aber drei Tage später an den Verletzungen. Der Todestag war angeblich der 22. November 230. Papst → Urban I. bestattete den Leichnam in der Calixtus-Katakombe in Rom neben den Gräbern der Bischöfe. Papst → Paschalis I. ließ den wiederaufgefundenen – unversehrten – Leichnam 821 in die Kirche S. Cecilia in Trastevere übertragen und dort beisetzen (berühmte Liegefigur von Maderno auf dem Sarkophag).
Darstellung: als Jungfrau, mit Engel, Schwert, verschiedenen Musikinstrumenten (oft Orgel), mit Valerianus, mit Wunde am Hals
Patronat: der Kirchenmusik, der Musiker, Instrumentenbauer, Sänger, Orgelbauer, der Dichter

Cádiz, Diego José sel.
OFMCap, Missionar
Fest: 24. März
Der Kapuziner Diego José Cádiz, geboren am 30. März 1743 in Cádiz (Spanien), war einer der großen Volksmissionare Spaniens im 18. Jh.; Zehntausende von Menschen strömten zu seinen Predigten. Er starb am 24. März 1801 in Ronda in Spanien. 1894 Seligsprechung.

Cadoc (Cadocus, Cadog) hl.
Bischof, Märtyrer
Fest: 25. September
Die teilweise unsichere Vita berichtet, daß Cadoc im 5. Jh. in Wales geboren wurde und dort später zu den führenden Mönchen gehörte. Noch heute sind ihm in seiner Heimat zahlreiche Kirchen geweiht. Nach zwei großenteils übereinstimmenden Überlieferungen kam Cadoc nach Benevent in Italien und wurde dort im 6. Jh. Bischof. Eine Vita berichtet, er sei als Märtyrer gestorben. Englischen Pilgern war es untersagt, das Cadoc-Grab in Benevent zu besuchen, da man Reliquienraub befürchtete. – Manchmal wird Cadoc mit einem Träger gleichen Namens verwechselt, einem schottischen → Cadoc, dessen Gedenken am 24. Januar begangen wird.

Cadoc (Cathwy)
Bischof
Fest: 24. Januar
Nach der zum Teil legendarischen Überlieferung stammte Cadoc aus Schottland und wallfahrtete nach dem Verzicht auf sein Erbe nach Jerusalem und Rom. Später gründete er in Wales verschiedene Kirchen und Klöster, unter anderem Llancarfan. Angeblich war er vor seinem Tod Bischof von Beneventum (heute Wedon in Northamptonshire). Er starb im 6. Jh. Vielleicht Vermengung mit → Cadoc.

Caducanus sel.
OCist, Bischof von Bangor
Fest: 18. Juni
Der Zisterzienser Caducanus war ab 1215 Bischof von Bangor in Wales. Er trat 1236 von seinem Amt zurück und lebte bis zu seinem Tod 1241 wieder als Mönch.

Caecilia Romana sel.
OP, Priorin
Fest: 4. August, 9. Juni
Geboren um 1203 in Rom, wurde Caecilia Romana von Ordensgründer → Dominikus in den jungen Dominikanerorden aufgenommen. Später leitete sie das Kloster S. Agnese in Bologna in Norditalien, wo sie am 4. August 1290 starb und begraben wurde. Viele wichtige Überlieferungen über Dominikus stammen von Caecilia Romana. 1892 Bestätigung des Kultes.

Caedmon
Laienbruder, Kirchendichter
Fest: 11. Februar
Die teilweise legendarische Überlieferung berichtet, daß Caedmon im 7. Jh. der erste christliche Dichter der Angelsachsen war. Seine Verse zum Alten und zum Neuen Testament, oft in Liedform vorgetragen, waren berühmt. Caedmon lebte im Kloster Whitby, wo er am 11. Februar 680 starb.

Caesaria die Ältere hl.
Äbtissin
Fest: 12. Januar
Caesaria war die Schwester von →

Caesarius von Arles, der sie um 513 zur ersten Äbtissin des Klosters von Arles ernannte. Hochverehrt starb sie dort an einem 12. Januar nach 524.

Caesarius von Arles hl.
Erzbischof von Arles
Fest: 27. August
Caesarius, geboren um 470 bei Châlon-sur-Saône (Frankreich), empfing um 495 die Priesterweihe und wurde 503 zum Bischof von Arles in Südfrankreich ernannt (später Erzbistum). Er war ein vorbildlicher Seelsorger und führte zahlreiche gerühmte Reformen in seinem Bistum durch. Mehrere wichtige Reformsynoden gehen auf ihn zurück, so jene von 529 in Orange. Caesarius von Arles starb in höchstem Ansehen am 27. August 542 in Arles und wurde dort in der Basilika Ste-Marie beigesetzt. Sein Testament und viele seiner Schriften und Predigten sind noch erhalten.
Darstellung: als Bischof, segnend oder predigend, vor einer brennenden Stadt (er soll sie durch sein Gebet gerettet haben)
Patronat: gegen Feuergefahren aller Art

Caesarius von Speyer
OFM, Provinzial
Fest: 1. April
Geboren um 1195 in Speyer (Rheinland-Pfalz), trat Caesarius um 1220 dem jungen Franziskanerorden bei und führte 1221 die ersten Franziskaner nach Deutschland; in Augsburg gründete er die erste Ordensniederlassung, weitere folgten bald. Caesarius gilt als erster Franziskanerprovinzial in Deutschland. Er starb wohl 1239 in Italien.

Caesarius von Terracina
Diakon, Märtyrer
Fest: 1. November
Der Diakon Caesarius erlitt am 1. November 300 in Terracina in Süditalien den Martertod. Seine Verehrung breitete sich früh aus, Reliquien befinden sich außer in Rom auch in der Kölner Kirche St. Georg.

Cafasso, Giuseppe hl.
Priester
Fest: 23. Juni
Giuseppe Cafasso, geboren am 15. Januar 1811 in Castelnuovo d'Asti bei Turin (Italien), war Priester und Professor für Moraltheologie in Turin. Gemeinsam mit → Don Bosco und → Giuseppe Cottolengo förderte er das religiöse, geistliche und sittliche Leben seiner Zeit, Bosco unterstützte er bei der Gründung des Salesianerordens. Wegen seiner Fürsorge für Verurteilte und Gefangene trug er den Beinamen „Galgenpriester". Giuseppe Cafasso starb am 23. Juni 1860 in Turin. 3. Mai 1925 Seligsprechung, 22. Juni 1947 Heiligsprechung.

Caiani, Maria Anna Margarita sel.
Ordensgründerin
Fest: 8. August
Maria Anna Margarita Caiani, geboren am 2. November 1862 in Poggio a Caiano bei Florenz (Italien), gründete 1902 in ihrem Heimatort die Kongregation Institut der Kleinsten Schwestern des Heiligen Herzens Jesu (Minime del S. Cuore di Gesù) für den Unterricht vernachlässigter und verlassener Kinder. 1915 wurde sie zur Generaloberin gewählt. Sie starb am 8. August 1921 in Poggio a Caiano. Seligsprechung am 23. April 1989. – Die Kongregation zählt heute über 50 Häuser und ist außer in Europa auch in Südamerika und Afrika tätig.

Cajetan von Thiene, Gründer des Theaterordens und Reformer im Klerus.

Cajetan (Gaetano) von Thiene hl.
OTheat, Ordensgründer
Fest: 7. August
Cajetan von Thiene ist der Mitbegründer des Theatinerordens. Geboren 1480 in Vicenza in Norditalien, war er nach dem Studium zunächst Geheimsekretär von Papst Julius II. in Rom. 1516 empfing er die Priesterweihe und setzte sich danach unermüdlich für Reformen im Klerus ein. Zusammen mit Bischof Giampietro Caraffa (später Papst Paul IV.) gründete er 1524 die Kongregation der Regulierten Kleriker, die sich nach dem Bischofssitz Caraffas in Theate (heute Chieti) auch Theatiner nannte und sich der Hebung der Priesterbildung und der Förderung des religiösen Lebens im Volk widmete. Die Theatiner wurden neben den Jesuiten die beherrschende Kraft der Kirchenreform in Italien. Cajetan von Thiene starb am 7. August 1547 in Neapel und wurde dort in der Kirche S. Paolo Maggiore beigesetzt. 1619 Seligsprechung, 1671 Heiligsprechung.
Darstellung: im Ordensgewand der Theatiner, mit Kreuz, Lilie, Vögeln, geflügeltem Herz, Regelbuch, Ähren, Füllhorn, Jesuskind, Totenkopf
Patronat: von Bayern, der Theatiner, gegen die Pest

Cajus → **Gaius**

Giuseppe Cafasso lebte in Turin und unterstützte Don Bosco bei der Gründung des Salesianerordens.

Giovanni Calabria, Priester und Ordensgründer aus Verona.

Benedetta Cambiago-Frasinello gründete eine Kongregation zur Erziehung der Jugend und gefährdeter Mädchen.

Maddalena Gabriela di Canossa, Gründerin der Kongregation der Töchter der Liebe.

Marcel Callo starb im März 1945 im Konzentrationslager Mauthausen, Österreich.

Calabria, Giovanni hl.
Ordensgründer
Fest: 4. Dezember
Giovanni Calabria, geboren am 8. Oktober 1873 in Verona (Italien), war der Gründer der Armen Diener (1907) und der Armen Dienerinnen (1911) der Göttlichen Vorsehung zur Betreuung von Waisenkindern. Er starb am 4. Dezember 1954 in Verona. 17. April 1988 Seligsprechung, 18. April 1999 Heiligsprechung.

Calais → Carilef(us)

Callo, Marcel sel.
Laienapostel, Märtyrer
Fest: 19. März
Marcel Callo, geboren am 6. Dezember 1921 in Rennes in Frankreich, war leidenschaftlicher Christ und Laienapostel, er leitete eine Gruppe der Christlichen Arbeiterjugend (CAJ) Frankreichs. Als nach Ausbruch des Zweiten Weltkrieges viele Franzosen als Zwangsarbeiter nach Deutschland verschleppt wurden, ging er freiwillig mit. In einer Waffenfabrik in Zella-Mehlis in Thüringen hielt er heimlich Gottesdienste und gründete die Gruppe „Katholische Aktion". Von den Nationalsozialisten am 19. April 1944 verhaftet und in das Konzentrationslager Mauthausen in Österreich überstellt, starb Marcel Callo am 19. März 1945 an den Mißhandlungen durch die KZ-Aufseher. Papst Johannes Paul II. sprach Callo am 4. Oktober 1987 in Rom im Rahmen einer Synode selig, die sich mit der Rolle der Laien in der Kirche befaßte.

Calixtus I. (Callistus) hl.
Papst (217 bis 222)
Fest: 14. Oktober
Calixtus I. war Papst während des ersten Schismas der Kirchengeschichte, was ihn in seiner Tatkraft aber nicht beeinträchtigte. Geboren im letzten Drittel des 2. Jh. in Rom, war Calixtus um 200 Sklave eines Christen, später wurde er Diakon von Papst → Zephyrinus; dieser betraute ihn mit der Verwaltung der Begräbnisstätten der römischen Christengemeinde an der Via Appia in Rom (später Calixtus-Katakomben genannt). Als Zephyrinus starb, folgte ihm Calixtus 217 auf dem Papststuhl. Seine Gegner ernannten den Gegenpapst Hippolyt, wodurch sich Calixtus aber nicht beirren ließ. Er bekämpfte tatkräftig die Irrlehren der Zeit und führte die Kirchenmalerei ein. Er starb 222 und wurde am 14. Oktober beigesetzt. – Eine spätere Legende berichtet, Calixtus sei als Märtyrer gestorben; er soll mit einem Stein um den Hals in einen Brunnen geworfen worden sein.
Darstellung: als Papst, mit Palme, Mühlstein, Brunnen

Calogerus (Calogero) hl.
Anachoret
Fest: 18. Juni
Bis heute wird Calogerus auf Sizilien verehrt, wo er wohl im 5. Jh. als Anachoret gelebt hat. Von Konstantinopel kommend, hatte er sich auf dem Monte Gemmara bei Agrigent niedergelassen, der heute Monte S. Calogero heißt.

Cambiago-Frasinello, Benedetta hl.
Ordensgründerin
Fest: 21. März
Benedetta Cambiago-Frasinello, geboren am 2. Oktober 1791 in Langasco in Italien, gründete die Kongregation der Benediktinerinnen von der Vorsehung zur Erziehung der Jugend und gefährdeter Mädchen. Sie starb am 21. März 1858 in Ronco Pavia, Italien. 10. Mai 1987 Seligsprechung.

Camillo (Kamillus) de Lellis hl.
Ordensgründer
Fest: 14. Juli
Geboren am 25. Mai 1550 in

Bucchianico in Italien, war Camillo de Lellis zunächst Soldat und verspielte sein gesamtes Erbe. 1575 erlebte er seine Bekehrung und trat dem Kapuzinerorden bei, der ihn jedoch wegen eines Leidens wieder entließ. Im Jakobusspital in Rom gesundgepflegt, entschloß er sich, dort zu bleiben und Krankenwärter zu werden. Unter der schützenden Hand von → Philipp Neri reifte er und empfing von ihm die Priesterweihe. 1582 gründete Camillo de Lellis eine religiöse Gemeinschaft für Krankenpfleger, aus der sich der Orden der Kamillianer entwickelte (1591 endgültige Approbation), den er bis 1607 als Oberer leitete. Die Genossenschaft reformierte in ganz Italien die Krankenpflege und leistete heroische Dienste in der Betreuung von Pest- und Cholerakranken. Bis heute ist der Kamillianerorden erfolgreich tätig. Camillo de Lellis starb am 14. Juli 1614 in Rom und wurde in der Kirche S. Maria Maddalena beigesetzt. 1742 Seligsprechung, 1746 Heiligsprechung. Seit 1930 Patron der Krankenpflege.
Darstellung: im schwarzen Ordenskleid mit leuchtendem Kreuz, als Priester, mit Kruzifix und Engeln, Kranke oder Sterbende pflegend
Patronat: der Krankenhäuser und Krankenpfleger, der Kranken und Sterbenden

Camozzi, Augustina → Christina von Spoleto

Campidelli, Luigi (Pio vom heiligen Aloysius) sel.
CP, Ordensmann
Fest: 2. November
Im Alter von 14 Jahren trat Luigi Campidelli, geboren am 29. April 1868 in Trebbio di Poggio Berni (Italien), dem Passionistenorden bei und nahm den Namen Pius (Pio) vom heiligen Aloysius an. Noch vor der ersehnten Priesterweihe starb er am 2. November 1889 in Casale, Italien, bereit, sich Gott zu weihen; zu seiner Mutter sagte der 21jährige in seiner Sterbestunde: „Seid nicht traurig, Mama, denn im Himmel sehen wir uns wieder." Papst Johannes Paul II. sprach Campidelli am 17. November 1985 selig.

Der selige Pio vom heiligen Aloysius, Luigi Campidelli, starb mit 21 Jahren, kurz vor seiner Weihe zum Priester.

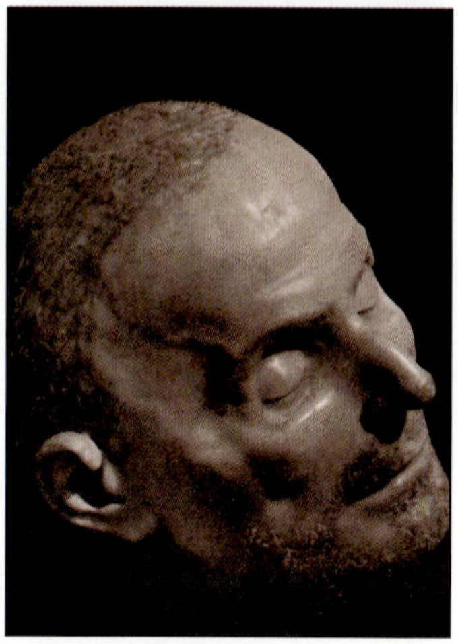

Die Totenmaske des Camillo de Lellis. Der Betreuung von Pest- und Cholera-Kranken galt sein Hauptaugenmerk.

Candia, Marcello
Stifter, Wohltäter
Fest: 31. August
Marcello Candia gilt als einer der größten Wohltäter Brasiliens. Geboren am 27. Juli 1916 in Portici bei Mailand (Italien), gründete Candia nach einer Geschäftsreise durch Länder der Dritten Welt, wo er Armut und Elend gesehen hatte, in Italien eine Institution zur Förderung der Missionen. Außerdem unterstützte er moderne Hilfsprojekte in hilfebedürftigen Ländern. 1965 verkaufte Marcello Candia seinen gesamten Besitz und zog in den Nordosten Brasiliens, wo er sich fortan mit von ihm zusammengesuchten Patres und Schwestern um Aussätzige kümmerte. Darüber hinaus gründete er Einrichtungen und Schulen für Behinderte, Gefangene und verwahrloste Jugendliche in ganz Brasilien; alle existieren durch eine Stiftung, die er eingerichtet hat, bis heute. Marcello Candia starb am 31. August 1983 in Mailand. Der Seligsprechungsprozeß ist eingeleitet.

Candida Maria de Jesus → Cipitria, Juana Josefa

Candida von Rom
Märtyrerin
Fest: 29. August
Von Candida ist nur bekannt, daß sie in einer der großen Christenverfolgungen in Rom den Märtyrertod starb. Papst → Paschalis I. übertrug ihre Gebeine an einem 29. August um 820 in die Kirche S. Prassède in Rom.

Canice (Kenneth)
Abt
Fest: 11. Oktober
Canice (Kenneth) lebte im 6. Jh. in Irland und gründete dort mehrere Klöster, die er leitete; das bedeutendste war Aghaboe. Er gilt auch als Begründer verschiedener Kirchen in Schottland. Canice starb um 600 in Irland.

Canori-Mora, Elisabetta sel.
OST, Terziarin, Mystikerin
Fest: 5. Februar
Begnadet durch außergewöhnliche mystische Gaben, erduldete Elisabetta Canori-Mora ihre unglückliche Ehe und bekehrte schließlich ihren Ehemann. Sie starb am 5. Februar 1825 in Rom. Seligsprechung am 24. April 1994 in Rom.

Canossa, Maddalena Gabriela di hl.
Ordensgründerin
Fest: 10. April
Die Kongregation der Canossianerinnen, der Töchter von der Liebe, die sich bis heute in der ganzen Welt um verwahrloste Kinder kümmert, ist die Gründung von Maddalena di Canossa. Geboren am 2. März 1774 in Verona, Italien, richtete sie in ihrer Heimatstadt ein Haus für verlassene Kinder ein, woraus sich der Orden entwickelte. Sie starb am 10. April 1835 in Verona. 7. Dezember 1941 Seligsprechung. Heiligsprechung am 2. Oktober 1988.

Capelloni, Paolo
SJ, Ordensmann
Fest: 14. Oktober
Paolo Capelloni, geboren am 21. Februar 1776 in Rom, war ein berühmter Kanzelredner und leistete große Dienste bei dem Wie-

Elisabetta Canori-Mora, nach einem Gemälde aus der Zeit.

Edvige Carboni durchlebte mystische Begnadungen.

deraufbau des lange verbotenen Jesuitenordens. Über 35 Jahre wirkte er in Neapel, der Ruf seiner Begnadung und seines Charismas verbreitete sich im ganzen Land. Er starb am 14. Oktober 1857 in Neapel. Der Seligsprechungsprozeß ist eingeleitet.

Capitanio, Bartolomea Maria hl.
Ordensgründerin
Fest: 26. Juli
Bartolomea Maria Capitanio, geboren am 12. Februar 1807 in Lóvere bei Bergamo (Italien), gründete 1832 zusammen mit → Vincentia Gerosa die Kongregation der Schwestern der Liebe vom Kinde Maria. Die Schwestern der Ordensgemeinschaft widmen sich der Fürsorge für Kranke, Arme und Kinder. Bartolomea Maria Capitanio starb am 26. Juli 1833 in Lóvere. 18. Mai 1950 Heiligsprechung.

Capreolus (Capriolus) hl.
Erzbischof von Karthago
Fest: 1. November
Capreolus war von etwa 430 bis 437 (439?) Erzbischof von Karthago (Tunesien). Er starb 437 (439?) in Karthago. Sein Kampf galt den Irrlehren seiner Zeit.

Caps, Eugénie
Ordensgründerin
Fest: 16. März
Eugénie Caps, geboren am 3. Juni 1892 in Loudrefing (Frankreich), war die Gründerin der Kongregation der Spiritanerinnen. Die 1921 ins Leben gerufene Ordensgemeinschaft wirkt heute auf drei Kontinenten in der Mission und widmet sich unter anderem dem Frauenapostolat. Eugénie Caps starb am 16. März 1931 in Montana, Schweiz.

Don Callisto Caravario wurde auf einer Missionsreise in China ermordet.

Caravario, Callisto sel.
SDB, Missionar, Märtyrer
Fest: 25. Februar
Don Callisto Caravario, geboren am 8. Juni 1903 in Cuorgnè in Italien, war Mitglied des Salesianerordens und missionierte ab 1924 in China. Auf einer Missionsreise wurde er gemeinsam mit → Luigi Versiglia am 25. Februar 1930 von Banditen ermordet. 15. Mai 1983 Seligsprechung.

Carboni, Edvige
Mystikerin
Fest: 17. Februar
Geboren am 2. Mai 1880 in Pozzomaggiore auf Sardinien (Italien), widmete sich Edvige Carboni zeitlebens der aufopferungsvollen Pflege ihrer kranken Mutter und anderer kranker Familienmitglieder. Sie durchlebte außergewöhnliche mystische Begnadungen. Gestorben am 17. Februar 1952. Der Seligsprechungsprozeß läuft.

Carilef(us) (Calais) hl.
Einsiedler, Abt
Fest: 1. Juli
Carilef(us) soll im 6. Jh. der Gründerabt von Kloster Calais im Bistum Le Mans (Frankreich), das seinen Namen nach ihm erhielt, gewesen sein. Andere Quellen sagen, das Kloster sei über seinem Grab errichtet worden. Der Todestag war angeblich der 1. Juli 542 (540?). Die Gebeine befinden sich bis heute in St-Calais.

Caritas Pirckheimer
OSCl, Äbtissin
Fest: 19. August
Geboren am 21. März 1467 in Eichstätt (Bayern), trat Caritas Pirckheimer dem Klarissenorden bei und leitete ab 1503 bis zu ihrem Tod am 19. August 1532 das Kloster St. Klara in Nürnberg, Bayern. Mit scharfem Verstand und großer persönlicher Kraft kämpfte sie gegen die Auflösung ihres Klosters, die der Stadtrat nach der Glaubensspaltung und dem Anschluß an die Lehre Luthers beschlossen hatte. Alle Versuche, die Äbtissin zur Aufgabe zu zwingen, blieben erfolglos. (Später war das Kloster dann aber doch zum Aussterben verurteilt.) Das Grab von Caritas Pirckheimer in St. Klara wurde 1959 wieder aufgefunden. Eine Seligsprechung soll erreicht werden.

Carré de Malberg, Caroline Barbara
Gründerin
Fest: 28. Februar
Geboren am 28. April 1829 in Metz (Frankreich), gründete Caroline Barbara Carré de Malberg 1872 in Paris die Gesellschaft der Töchter des heiligen Franz von Sales, in der weltliche Frauen erlernen konnten, ihr Leben zu vervollkommnen und in ihrer Familie den christlichen Geist zu fördern. Sie starb am 28. Februar 1891 in Metz. Der Seligsprechungsprozeß läuft.

Casey, Bernard Francis Solanus
OFMCap, Profeßpriester
Fest: 31. Juli
Geboren am 25. November 1870 in Prescott, Wisconsin (USA), gestorben am 31. Juli 1957 in Detroit, Michigan (USA). Profeßpriester der Kapuziner-Minderbrüder. 1996 erfolgte die Anerkennung des heroischen Tugendgrades.

Casilda von Toledo
Einsiedlerin
Fest: 9. April
Geboren in Toledo, Spanien, als Tochter eines sarazenischen Emirs, trat Casilda zum christlichen Glauben über, nachdem sie von der Blutflußkrankheit geheilt worden war. Sie lebte danach als Einsiedlerin und kümmerte sich um christliche Gefangene. Casilda starb im 11. Jh. in Burgos (Spanien).
Darstellung: als vornehme Dame, mit Rosen im Kleid oder in der Schürze
Patronat: von Toledo und Burgos, gegen Blutfluß, gegen Unglück, gegen eheliche Unfruchtbarkeit

Casini, Maria Teresa
Ordensgründerin
Fest: 3. April
Maria Teresa Casini, geboren am 27. Oktober 1864 in Frascati, Italien, gestorben am 3. April 1937 in Grottaferrata, Italien, war die Gründerin der Kongregation Oblatinnen vom Heiligen Herzen Jesu. 1997 Anerkennung der heroischen Tugenden durch Papst Johannes Paul II.

Casoria, Luigi (Palmentieri Arcangelo) sel.
OFM, Ordensgründer
Fest: 30. März
Der Franziskaner Luigi Casoria, geboren am 11. März 1814 in Casoria (Italien), gründete zahlreiche Krankenhäuser, Heime, Hospize, Schulen, Altersheime und Anstalten für Blinde und Taubstumme. Den Franziskanerorden brachte er in Italien zum Wiedererstarken. Für karitative Dienste gründete er die Genossenschaften der Grauen Brüder und der Grauen Schwestern (Elisabethinnen). Luigi Casoria starb am 30. März 1885 in Neapel (Italien). 18. April 1993 Seligsprechung.

Cassian von Autun hl.
Bischof von Autun
Fest: 5. August
Die teilweise unsichere Vita berichtet, Cassian sei ab etwa 337 Bischof von Autun (Frankreich) gewesen. Sein Todesdatum wird mit 5. August 355 angegeben. → Gregor von Tours berichtete vom Cassian-Grab in Autun. Eine andere legendäre Vita erzählt, daß Cassian Bischof → Simplicius folgte, der 418 starb.

Cassian von Imola hl.
Bischof(?), Märtyrer
Fest: 13. August,
2. Sonntag nach Ostern (Brixen)
Die großenteils legendarische Vita berichtet einmal, Cassian sei um 305 in Imola, Italien, den Martertod gestorben; zum anderen soll er Lehrer gewesen sein und von seinen Schülern mit spitzen Griffeln getötet worden sein; eine weitere Legende sagt, er sei der erste Bischof von Säben (Südtirol) gewesen. Seine Grabstätte befand sich

Luigi Casoria, Gründer der Grauen Brüder und Schwestern.

in Imola, wo Cassian schon früh große Verehrung genoß; eine im 11. Jh. über dem Grab errichtete Kirche trägt bis heute den Namen S. Cassiano. Nachdem 704 eine Armreliquie in den Dom von Brixen gelangt war, wurde Cassian dort zu einem der meistverehrten Heiligen.
Darstellung: als Bischof, mit Buch, Palme, wie er von seinen Schülern mit spitzen Stiften ermordet wird
Patronat: der Diözese Bozen-Brixen, der Lehrer, Erzieher, Stenographen, in Bedrängnis

Cassian von Nantes sel.
OFMCap, Missionar, Märtyrer
Fest: 7. August
Der Kapuzinermönch Cassian, geboren am 15. Januar 1607 in Nantes, Frankreich, erlitt während der Missionierung in Äthiopien den Martertod; er wurde am 7. August 1838 in Gondar hingerichtet. 1905 Seligsprechung.

Cassinelli, Domenico (Norberto di S. Maria del Orto)
CP, Profeßpriester
Fest: 29. Juni
Geboren am 12. April 1829 in Graveglia bei Genua (Italien), gestorben am 29. Juni 1911 in Recanati (Italien). Profeßpriester bei den Passionisten. 1994 Anerkennung des heroischen Tugendgrades.

Cassius und Florentius hl.
Märtyrer
Fest: 10. Oktober
Cassius und Florentius werden der Thebäischen Legion (→ Mauritius) zugerechnet; sie sollen im Gebiet von Bonn den Märtyrertod erlitten haben. Ihre Verehrung ist seit Beginn des 4. Jh. bekannt, das Bonner Münster war früher nach ihnen benannt (St. Cassius und Florentius).
Darstellung: als Ritter, als Soldaten, mit Fahne, Wappenschild, Palme
Patronat: von Bonn

Castor von Apt hl.
Bischof von Apt
Fest: 21. September
Castor war ab 419 der erste bekannte Bischof von Apt in Südfrankreich. Sein Todesjahr lag mit Sicherheit vor 426. Castor genoß in seinem Bistum lange große Verehrung.

Eine der schönsten Frauengestalten der spanischen Malerei, Zurbaráns heilige Casilda, Prado, Madrid. Die maurische Königstochter brachte gefangenen Christen heimlich Nahrung. Als der Vater sie ertappte und zur Rede stellte, verwandelte sich das Brot in Rosen, so die Legende.

Louis Edouard Céstac gründete die Dienerinnen Mariens.

Guillaume-Joseph Chaminade, Stifter der Gesellschaft Mariä und der Marientöchter.

Der Protomärtyrer von Ozeanien, Pierre-Louis-Marie Chanel.

César de Bus sel.
Ordensgründer
Fest: 15. April
Der Priester César de Bus, geboren am 3. Februar 1544 in Cavaillon (Frankreich), gründete 1592 in Avignon aus Weltpriestern die Kongregation von der christlichen Lehre (Doktrinarier). 1597 erhielt die Gemeinschaft die päpstliche Bestätigung. César de Bus starb am 15. April 1607 in Avignon und wurde dort beigesetzt. 27. April 1975 Seligsprechung.

Ceslaus sel.
OP, Ordensprovinzial
Fest: 15. Juli, 20. Juli, 17. Juli
Der „Apostel Schlesiens" (geboren um 1180 in Schlesien) war möglicherweise von Ordensgründer → Dominikus in den jungen Dominikanerorden aufgenommen und zum Provinzial der polnischen Ordensprovinz ernannt worden. Gesicherter ist die Überlieferung, daß Ceslaus um 1226 das Dominikanerkloster in Breslau (Polen) gründete und erster Prior war. In enger Zusammenarbeit mit → Hedwig widmete er sich der Missionierung Schlesiens. Er starb am 1. Juli 1242 in Breslau. 1713 Bestätigung des Kultes. Der Sarkophag mit den Gebeinen befindet sich in der Ceslaus-Kapelle in der Breslauer Adalbertikirche.
Darstellung: mit brennender Kugel, Buch, Lilie
Patronat: von Breslau

Céstac, Louis Edouard
Ordensgründer
Fest: 27. März
Geboren am 6. Januar 1801 in Bayonne, Frankreich, gründete Louis Edouard Céstac 1836 die Kongregation der Dienerinnen Mariens zur Erziehung der weiblichen Jugend und zur Rettung gefallener Mädchen. Er starb am 27. März 1868 in Bayonne. Der Seligsprechungsprozeß läuft.

Chaminade, Guillaume-Joseph
SM, Ordensgründer
Fest: 22. Januar
Die 1817 gegründete Kongregation der Marianisten ist das Werk von Guillaume-Joseph Chaminade. Geboren am 8. April 1761 in Périgueux, Frankreich, wurde er Priester und war einer der mutigsten Seelsorger während der Französischen Revolution (einige Jahre war er deshalb nach Spanien verbannt). Um dem geistlichen Leben neue Impulse zu geben, begründete er in Bordeaux (Frankreich) eine marianische Gemeinschaft, aus der 1816 die Marianistinnen und 1817 die Marianisten hervorgingen. Chaminade war bis 1841 Generaloberer, am 22. Januar 1850 starb er in Bordeaux. Der Seligsprechungsprozeß ist weit fortgeschritten.

Champagnat, Marcellin-Joseph hl.
Ordensgründer
Fest: 6. Juni
Marcellin-Joseph Champagnat war der Gründer (1817) der Maristen-Schulbrüder, einer Laienkongregation für den Unterricht und die Erziehung von Jungen und Burschen. Geboren am 20. Mai 1789 in Marlhes in Südfrankreich, hatte er 1816 die Priesterweihe empfangen und zunächst als Vikar gewirkt. Die Maristen-Schulbrüder, ein Zweig der Maristen, sind heute auf allen fünf Kontinenten verbreitet. Champagnat starb am 6. Juni 1840 in Hermitage in Frankreich. 19. Mai 1955 Seligsprechung, 18. April 1999 Heiligsprechung.

Chanel, Pierre-Louis-Marie hl.
SM, Missionar, Märtyrer
Fest: 28. April
Pierre-Louis-Marie Chanel gilt als Protomärtyrer von Ozeanien. Geboren am 12. Juli 1803 in Potière in Frankreich, war er Mitglied im Maristenorden geworden und hatte ab 1837 auf der zu den Fidschi-Inseln gehörenden Insel Futuna missioniert. Die Eingeborenen nannten ihn „Mann mit dem besten Herzen". Als sich der Sohn eines Häuptlings taufen ließ, ordnete der wütende Vater die Ermordung von Chanel an; der Todestag war der 28. April 1841. Nach dem Tod Chanels wurde die Insel Futuna katholisch. 1889 Seligsprechung, 13. Juni 1954 Heiligsprechung.

Chapdelaine, Auguste sel.
Priester, Märtyrer
Fest: 29. Februar (28. Februar)
Der Missionar Auguste Chapdelaine, am 6. Februar 1814 in La Rochelle in Frankreich geboren, wurde in China bei der Verkündigung des Evangeliums von Glaubensgegnern am 29. Februar 1856 zu Tode gefoltert. 27. Mai 1900 Seligsprechung. – Wenn kein Schaltjahr ist, wird das Gedenken am 28. Februar begangen.

Chappotin, Hélène
(Maria von der Passion)
Ordensgründerin
Fest: 15. November
Hélène Chappotin, geboren am 21. Mai 1839 in Nantes, Frankreich, ging in die Mission nach Indien und war dort bald Provinzialoberin ihrer Kongregation Dames

Réparatrices. Nach Schwierigkeiten gründete sie 1877 die Kongregation der Franziskanerinnen-Missionarinnen Mariens, für die sie eigene Konstitutionen schrieb (1896 bestätigt). Sie starb am 15. November 1904 in San Remo (Italien). Die Seligsprechung läuft.

Chappuis, Marie-Françoise (Maria Salesia)
Ordensgründerin
Fest: 7. Oktober
Geboren am 16. Juni 1793 im Kanton Jura in der Schweiz, trat Marie-Françoise Chappuis 1816 den Schwestern der Heimsuchung bei und wurde 1826 Oberin in Troyes und in Paris, Frankreich. Im Alter von 76 Jahren gründete sie 1869 die Kongregation der Oblatinnen vom heiligen Franz von Sales (→ Franz von Sales), 1875 ermunterte sie → Louis-Alexandre Brisson, die Oblaten vom heiligen Franz von Sales zu gründen. Sie starb am 7. Oktober 1875 in Troyes. Seligsprechungsprozeß seit 1897.

Chariton
Mönch, Abt
Fest: 28. September
Chariton begründete im 4. Jh. mehrere Mönchskolonien in Palästina und leitete sie als Abt. Er starb am 28. September 350.

Charlebois, Ovid
OMI, Bischof, Missionar
Fest: 20. November
Geboren am 17. Februar 1862 in Kanada, empfing Ovid Charlebois die Priesterweihe und trat der Kongregation der Oblaten von der Unbefleckten Empfängnis bei. Fast 50 Jahre lang war er danach in Kanada in der Indianermission tätig, sein Beiname war „Bischof der Wilden". Unermüdlich wirkte er in den riesigen Wald- und Seengebieten Kanadas, Tausende von Kilometern wanderte er dabei zu Fuß zu den Eskimos und Indianern, von denen er unzählige bekehrte und taufte. Er starb am 20. November 1933 in Le Pas in Kanada. Der Seligsprechungsprozeß wurde eingeleitet.

Chavara, Kyriakus Elias sel.
Ordensgründer
Fest: 3. Januar
Kyriakus Elias Chavara gehört zu den herausragenden Persönlichkeiten der Kirche Indiens. Papst Johannes Paul II. sprach den Priester und Ordensgründer bei einem Besuch in Indien am 8. Februar 1986 selig. Chavara, geboren am 10. Februar 1805 in Indien, hatte mehrere Ordensgemeinschaften für Männer und Frauen begründet und durch sie das Missionsapostolat in Indien gestärkt und ausgeweitet. Er starb am 3. Januar 1871 in Koonammavu, Indien.

Chávez Orozco, Vicenta (Maria Vincenza von der heiligen Dorothea) sel.
Ordensgründerin
Fest: 30. Juni
Vicenta Chávez Orozco, geboren am 16. Februar 1867 in Cotija,

Mexiko, gründete 1895 in Guadalajara in Mexiko die Kongregation der Dienerinnen der Heiligsten Dreifaltigkeit und der Armen zur Krankenpflege und zur Schwesternausbildung. Ab 1913 war sie erste Generaloberin des inzwischen bestätigten Ordens. Sie starb am 30. Juli 1949 in Guadalajara. Seligsprechung am 9. November 1997.

Chelidonia (Cleridonia)
Eremitin, Nonne
Fest: 13. Oktober
Chelidonia soll nach nicht ganz sicher bezeugten Überlieferungen Eremitin und Nonne bei Subiaco (Italien) gewesen sein. Sie habe die Gaben der Weissagung und der Wunder besessen. Als Todestag wird der 13. Oktober 1152 genannt.

Chelidonius hl.
Bischof von Besançon
Chelidonius amtierte im 5. Jh. als einer der ersten Bischöfe von Besançon (Frankreich) und soll dem Bistum viele Impulse gegeben haben. Er starb um 445 in Besançon. Mehr ist über ihn nicht bekannt.

Ovid Charlebois, „Bischof der Wilden", wirkte in den Wald- und Seengebieten Kanadas.

Links oben: Marcellin Champagnat, Priester in Lyon und Gründer der Kongregation der Maristen-Schulbrüder.

Maria Vicenta de Santa Dorotea Chávez Orozco, Gründerin der Kongregation der Dienerinnen der Heiligsten Dreifaltigkeit.

Antoine Chevrier, Weltpriester und Gründer des „Prado“ in Lyon, ein ehemaliger Tanzsaal, der zum Inbegriff der Hilfe für Arme und Arbeitslose wurde.

Chevrier, Antoine sel.
Ordensgründer
Fest: 2. Oktober
Geboren am 16. April 1825 in Lyon (Frankreich), wurde Antoine Chevrier Priester und Arbeiterseelsorger und gründete verschiedene Kongregationen zur Fürsorge für die Armen. Er starb am 2. Oktober 1879 in Lyon. Seligsprechung am 4. Oktober 1986 in Lyon durch Papst Johannes Paul II.

Chinesische Märtyrer → Perboyre, Jean-Gabriel

Chieppi, Agostino
Ordensgründer, Priester
Fest: 7. November
Der Priester Agostino Chieppi, geboren am 12. November 1830 in Castel San Giovanni, Italien, gestorben am 7. November 1891 in Parma, Italien, war der Gründer der Kongregation der Kleinen Töchter vom Heiligsten Herzen Jesu und Mariä. 1991 Anerkennung des heroischen Tugendgrades.

Chionia hl.
Märtyrerin
Fest: 2., 3. und 5. April
Chionia starb am 1. April 304 gemeinsam mit ihren Schwestern → Agape und → Irene in der Christenverfolgung des Diokletian den Martertod. Die drei Frauen wurden in Thessalonike (Saloniki) in Griechenland auf dem Scheiterhaufen verbrannt; die Akten ihres vorangegangenen Scheinprozesses sind noch vorhanden.

Chlodoald (Chlodwald)
Priester, Einsiedler
Fest: 7. September
Geboren um 500 als Sohn von König Chlodomer von Orléans, wurde Chlodoald Priester und Einsiedler; er lebte in Nogent bei Paris und gründete dort 555 ein Kloster, das später nach ihm St-Cloud genannt wurde. Er starb an einem 7. September um 560 in Nogent.
Patronat: der Nagelschmiede

Chlodulf von Metz hl.
Bischof von Metz
Fest: 8. Juni
Chlodulf war etwa ab 655 Bischof von Metz (Frankreich). Sein Vater war → Arnulf von Metz, seine Schwägerin → Gertrud von Nivelles. Er starb an einem 8. Juni wohl nach 670. Gebeine befinden sich in der Kirche St-Arnulf in Metz.

Chlothilde (Klothilde) hl.
Königin
Fest: 3. Juni, 4. Juni, 7. Juni
Geboren um 484 als Tochter von Burgunderkönig Chilperich II., heiratete Chlothilde 493 auf Wunsch des Vaters den heidnischen Frankenkönig Chlodwig I. unter der Bedingung, daß dieser ihre christliche Religion akzeptiere. Auch Chlodwig ließ sich schließlich auf Bitten von Chlothilde zusammen mit 3000 Franken von Bischof → Remigius in Reims taufen. Es war das erste Mal, daß ein germanischer Stamm den katholischen Glauben annahm; man sagte später, dies sei die Geburtsstunde des christlichen Abendlandes gewesen. Nach dem Tod Chlodwigs (511) gründete Chlothilde zahlreiche Klöster und Kirchen und bemühte sich um die Missionierung ihres Volkes. Sie starb am 3. Juni 545 in Tours, Frankreich; ihre Gebeine wurden in der Französischen Revolution vernichtet.
Darstellung: als Königin, mit königlichen Attributen, mit Kirchenmodell, Buch, Schild mit drei Lilien (Wappen der Bourbonen), Almosen austeilend
Patronat: der Frauen, der Notare, der Lahmen, gegen Fieber, Kinderkrankheiten, gegen den plötzlichen Tod, für die Bekehrung des Ehepartners

Chmielowski, Albert hl.
Ordensgründer
Fest: 25. Dezember
„Bruder Albert ist eine Gestalt, die in der Geschichte Krakaus und des polnischen Volkes eine tiefe Spur zurückgelassen hat.“ Mit diesen Worten sprach Papst Johannes Paul II. Albert Chmielowski am 1. November 1989 heilig (Seligsprechung am 2. Juni 1983). Chmielowski, geboren am 20. August 1845 in Aigolonija (Polen), studierte zunächst Malerei. Als er nach Krakau kam, sah er dort Elend und Leid der Obdachlosen, um die er sich von da an kümmerte. Zur Fürsorge und zur Betreuung der Betroffenen gründete er 1888 die Kongregationen der Brüder sowie der Schwestern im Dritten Orden des heiligen Franziskus, nach ihm auch Albertiner-Brüder und Albertiner-Schwestern genannt. Bis heute kümmern sich die Ordensmitglieder um Obdachlose und Notleidende. Albert Chmielowski starb am 25. Dezember 1916 in Krakau.

Albert Chmielowski, Ordensname Adam Hilarius, als junger Student und unten kurz vor seinem Tod 1916.

Chrischona hl.
Pilgerin
Fest: 16. Juni
Nach der teilweise legendarischen Überlieferung war Chrischona eine der Jungfrauen um → Ursula. Sie soll auf dem Rückweg von einer Pilgerreise nach Rom bei Basel (Schweiz) gestorben und dort auf dem Dinkelberg beigesetzt worden sein. Die Grabstätte und eine Kapelle waren bis zur Reformation eine Wallfahrtsstätte. Die angeblichen Gebeine wurden 1504 erhoben. Heute existiert bei der Gedenkstätte die Pilgermission St. Chrischona.

Christeta von Ávila
Märtyrerin
Fest: 27. Oktober
Nach der legendarischen Überlieferung soll Christeta am 27. Oktober 303 in der Verfolgung von Diokletian in Ávila (Spanien) den Martertod gestorben sein.

Christian von L'Aumône
OCist, Ordensmann, Mystiker
Fest: 27. Juli
Der Zisterziensermönch und Mystiker Christian gehörte zum Kloster L'Aumône in der Diözese Chartres (Frankreich). Er starb nach 1145 in L'Aumône.

Christiana (Nino)
Bekennerin
Fest: 15. Dezember, 14. Januar (Georgien), 27. Oktober
Christina geriet im 4. Jh. während der Herrschaft von → Konstantin in ihrer Heimat Georgien in Kriegsgefangenschaft. In den Jahren der Haft war sie ihren Mitgefangenen ein Vorbild an Gläubigkeit, Mut und Gottvertrauen; auch besaß sie die Gabe der Wunder. Durch ihr eindringliches christliches Beispiel soll sie nach der Überlieferung 322 die königliche Familie und das ganze georgische Volk zum Christenglauben bekehrt haben. Christina starb um 330 in Georgien.

Christiana von Flandern hl.
Jungfrau
Fest: 26. Juli
Die legendarische Überlieferung berichtet, Christiana sei die Tochter eines englischen Königs gewesen und habe im 8. Jh. in Flandern (Gent?) gelebt. Ihr Kult ist seit dem 9. Jh. nachweisbar, ihre Reliquien gelangten nach Termonde.

Christiana von Lucca (Christiana di S. Croce) sel.
Mystikerin, Klostergründerin
Fest: 4. Januar
Christiana gründete in ihrem Heimatort Lucca in der Toskana (Italien) Ende des 13. Jh. das Kloster S. Croce am Arno nach der Augustinerregel. Sie hatte die Gabe der Weissagung und vollbrachte verschiedene Wunder. Nach ihrem Tod am 4. Januar 1310 blieb ihr Leichnam bis 1515 unverwest. 1776 Bestätigung des Kultes.

Christina von Aquila sel.
OSA, Äbtissin, Mystikerin
Fest: 18. Januar, 3. Oktober
Geboren am 24. Februar 1480 in Colle di Lucoli in Italien, wurde Christina 1505 in L'Aquila Augustinerin und bekleidete mehrfach das Amt der Äbtissin. Sie durchlitt zahlreiche Visionen und Ekstasen. Tod am 18. Januar 1543 in L'Aquila. 1841 Bestätigung des Kultes.

Christina von Bolsena hl.
Märtyrerin
Fest: 24. Juli
Die Passio von Christina von Bolsena beruht fast ausschließlich auf Legenden. Die Verehrung in Bolsena in Latium (Italien) und eine Grabstätte dort sind seit dem 4. Jh. bezeugt; in den Mosaiken der Kirche S. Apollinare Nuovo in Ravenna, erbaut 504, ist sie schon dargestellt.
Legende: Christina soll die Tochter eines heidnischen Ehepaares in Bolsena gewesen und im 3. Jh. zur Welt gekommen sein. Als der Vater erfuhr, daß seine Tochter von ihrer Amme im christlichen Glauben erzogen wurde, ließ er das Mädchen foltern und ermorden (angeblich 304). Um das Martyrium ranken sich verschiedene Erzählungen; so soll Christina auf einer Basaltplatte ins Meer hinaus getrieben, aber auf wundersame Weise gerettet worden sein (die Platte wird bis heute in der Kirche Santa Cristina in Bolsena gezeigt).
Die vermeintlichen Reliquien von Christina von Bolsena ruhen nach mehreren Diebstahlsversuchen jetzt unter dem Hauptaltar der Kirche S. Cristina in Bolsena; in der Confessio der Kirche steht der römische Sarkophag, in dem die Gebeine früher aufbewahrt wurden. Jedes Jahr am 24. Juli werden in Bolsena Szenen aus dem Leben der Heiligen gespielt.

Im Eingang zu den Katakomben in der Kirche Santa Cristina in Bolsena kann man die Basaltplatte mit den angeblichen Fußabdrücken der Christina von Bolsena und die Liegefigur auf ihrem römischen Sarkophag besichtigen.

Das Grabdenkmal der seligen Christina von Stommeln an der Friedhofskirche in Stommeln, Nordrhein-Westfalen.

Gegenüberliegende Seite: Die häufigste und typischste Darstellung des heiligen Christophorus, das Jesuskind an das andere Ufer des Flusses tragend. Gemälde von Tizian, Dogenpalast, Venedig.

Darstellung: als junges Mädchen, mit Krone, Ofen, Palme, Mühlstein, Flamme, Messer, Pfeil, Haken, Rost, Schlange, Zange
Patronat: von Bolsena, Palermo, Torcello (Venedig), der Müller, Seeleute, der Bogenschützen

Christina Ebner
OP, Priorin, Mystikerin
Fest: 27. Dezember
Geboren am 26. März 1277 in Nürnberg in Bayern, trat Christina Ebner zwölfjährig in das Dominikanerinnenkloster in Engeltal bei Nürnberg ein; ab 1345 war sie Priorin. Sie hatte im Laufe ihres Lebens unzählige Visionen, die sie zu einem großen Teil niederschrieb. Schon zu Lebzeiten war sie hochverehrt, von vielen Persönlichkeiten wurde sie um Rat gefragt. Christina Ebner starb am 27. Dezember 1356 in Engeltal.

Christina (Christine) von Hamm sel.
Mystikerin
Fest: 22. Juni
Überlieferungen berichten, daß Mitte des 15. Jh. eine „Jungfrau Stine" in Hamm (Nordrhein-Westfalen) über mehrere Wochen hinweg die Stigmata Christi an Händen, Füßen und an der Seite getragen und deren Wiederverschwinden exakt vorausgesagt habe. Der Gedenktag entstand möglicherweise durch die Übernahme des Festes von → Christina von Stommeln.
Darstellung: mit Wundmalen

Christina Mirabilis (von Belgien) hl.
Hirtin, Mystikerin
Fest: 24. Juli
Geboren um 1150 in Brustem in Belgien, wurde Christina früh Waise und verdiente ihren Lebensunterhalt als Hirtin. Später nahm sie ein asketisches Büßerleben auf und hatte viele mystische Erlebnisse, die stark beachtet wurden. Sie starb um 1224 in Sint-Truiden (St-Trond), Belgien. 1229 Erhebung der Gebeine.
Patronat: der Sünder, in verzweifelten Lagen, für einen friedlichen Tod, gegen Viehseuchen, gegen Infektionskrankheiten

Christina von Spoleto (Augustina Camozzi) sel.
OSA, Ordensfrau, Mystikerin
Fest: 13. Februar
Augustina Camozzi, geboren um 1435 in Porlezza im Tessin, heiratete zunächst; nach dem frühen Tod ihres Ehemannes führte sie ein bewegtes Leben, für das sie dann als Augustiner-Terziarin streng zu büßen versuchte. Bald wurden ihre mystischen Begnadungen bekannt, worauf eine starke Verehrung einsetzte, der sie durch völlige Zurückgezogenheit auswich. Sie starb am 13. Februar 1456 in Spoleto (Italien). 1834 Bestätigung des Kultes.

Christina (Christine) von Stommeln (die Kölnische) sel.
Begine, Mystikerin
Fest: 6. November, 22. Juni
Geboren 1242 in Stommeln bei Köln (Nordrhein-Westfalen), hatte Christina schon als Kind erste Heiland-Visionen, von Jugend an durchlebte sie dämonische Versuchungen. Mehrere gesicherte Überlieferungen berichten, daß sie etwa ab 1258 die Stigmata Christi trug. Christina starb am 6. November 1312 in Stommeln, wo sie als Begine lebte. Zunächst Beisetzung in Stommeln, um 1586 Überführung der Reliquien nach Jülich (Nordrhein-Westfalen), wo bis zum Zweiten Weltkrieg eine starke Verehrung bestand. 12. August 1908 Approbation des Kultes.
Darstellung: als Begine, mit Teufel, der versucht, sie zu verführen

Christina von Markyate
Jungfrau
Fest: 5. Dezember
Christina stammte aus Huntingdon, England, wo sie um 1097 geboren wurde. Obwohl sie Jungfräulichkeit gelobt hatte, mußte sie auf Geheiß ihrer Eltern heiraten. Nach einem Jahr Ehe verhalf ihr ein Einsiedler zur Flucht, und sie versteckte sich zwei Jahre lang. Danach ließ sie sich in Markyate in England nieder, von wo aus sich der Ruhm ihrer Persönlichkeit und ihrer außergewöhnlichen Gläubigkeit schnell weit verbreitete. Im Laufe der Jahre schlossen sich Christina viele Gefährtinnen an, die sie führte. Die Bitten zahlreicher Klöster, Äbtissin zu werden, lehnte sie ab. Christina starb 1161 in Markyate, wo sie beigesetzt wurde.

Christodulos von Patmos hl.
Mönch
Fest: 15. März, 16. März (Ostkirche)
Christodulos lebte im 11. Jh. zunächst in Bithynien und in Palästina und flüchtete dann vor den einfallenden Türken zunächst auf die griechische Insel Kos, dann auf die Insel Patmos und schließlich nach Euboia; dort starb er am 15. März 1101.

Christophorus hl.
Märtyrer, Nothelfer
Fest: 25. Juli, 9. Mai, 14. Juli, 3. August
Von Christophorus weiß man gesichert, daß er ein Märtyrer war und vor 454 lebte, da ihm 454 in Chalkedon (Griechenland) eine Kirche geweiht wurde. Mehr ist über Leben und Wirken nicht bekannt; es existieren jedoch verschiedene Legenden.
Legende: Eine der Legenden erzählt, ein menschenfressendes Untier mit einem Hundekopf und

dem Namen Reprobus soll die Taufe sowie den Namen Christophorus und die Fähigkeit zu sprechen empfangen haben. Danach erlitt er zahlreiche Martern, an denen er schließlich starb. – In einer anderen (abendländischen) Legende war Christophorus von riesenhafter Gestalt und stammte aus Kanaan. – In der Legenda Aurea ist Christophorus ebenfalls ein riesengroßer Mann, der an einem Fluß Pilger auf seinen Schultern von einem Ufer zum anderen getragen hat. Eines Tages trug er ein Kind, das immer schwerer wurde und sich schließlich als Jesus zu erkennen gab und ihn taufte. – Eine weitere Legende erzählt, Christophorus sei um 251 in Lykien vom König, einem Christenhasser, enthauptet worden.

Die Verehrung für Christophorus weitete sich schnell aus, zunächst über die byzantinischen Wege nach Süditalien, Sizilien, Ravenna und ab dem 7. Jh. nach Spanien. Seit dem 16. Jh. genießt Christophorus auch in Übersee Verehrung. Im Westen zählt er zu den Vierzehn Nothelfern.

Darstellung: als Riese, das Christuskind auf den Schultern durch das Wasser watend, mit Stab, beim Martyrium

Patronat: gegen den plötzlichen Tod (wer morgens ein Christophorus-Bild anschaut, soll den ganzen Tag geschützt sein), des Verkehrs, der Chauffeure, Kraftfahrer, Fuhrleute, Flößer, Schiffer, Fährleute, Seeleute, der Pilger, Reisenden, der Athleten, von Bergstraßen, der Bergleute, Zimmerer, Hutmacher, Färber, Buchbinder, Schatzgräber („christoffeln"), Obsthändler, Gärtner, von Festungen, der Kinder, gegen die Pest und Seuchen, gegen Wasser- und Feuergefahren, gegen Dürre, Unwetter, Hagel, gegen Augenleiden, Zahnschmerzen, Wunden

Christophorus von Romandiola sel.
OFM, Ordensmann
Fest: 31. Oktober

Christophorus von Romandiola schloß sich um 1215 → Franz von Assisi an, der ihn 1219 nach Aquitanien entsandte; in Cahors und an

Maria Raffaela Cimatti war Mutter, Schwester, Freund, Ratgeber in einem und immer bereit zu helfen.

Juana Josefa Cipitria y Barriola, mit Ordensnamen Candida Maria de Jesus, Gründerin und Generaloberin der Töchter Jesu.

verschiedenen anderen Orten begründete Christophorus zahlreiche Franziskaner-Niederlassungen und festigte damit den Orden. Er starb fast 100jährig am 31. Oktober 1272 in Cahors. 12. April 1905 Seligsprechung.

Chrodegang von Metz
Erzbischof von Metz
Fest: 6. März,
3. Oktober (Bischofsweihe)
Chrodegang war einer der herausragenden Bischöfe des Bistums Metz; er amtierte Mitte des 8. Jh. und wurde wegen seiner Verdienste vom Papst mit dem Pallium ausgezeichnet. Chrodegang starb am 6. März 766 in Metz und fand seine letzte Ruhestätte in der Kirche St-Symphorien, wo seine Gebeine bis heute verehrt werden.
Darstellung: als Bischof, mit Kirchenmodell

Chrodegang (Godegrand) von Séez hl.
Bischof von Séez, Märtyrer
Fest: 3. September
Chrodegang war Mitte des 8. Jh. Bischof von Séez (Frankreich). Während einer mehrjährigen Pilgerfahrt übertrug er einem Verwandten die Verwaltung der Diözese; dieser ließ Chrodegang bei seiner Rückkehr ermorden. Seine Schwester → Opportunata setzte ihn in ihrem Kloster Almenèches bei. Starker Kult vor allem in der Normandie und in Paris.

Chrysanthus und Daria hll.
Märtyrer
Fest: 25. Oktober
Chrysanthus und Daria starben im 3. oder im 4. Jh. in Rom den Martertod; Papst Damasus (366 bis 384) schmückte ihre Grabstätte an der Via Salaria mit einem Epigramm. Die Verehrung weitete sich schnell aus, Daria ist unter anderem in dem berühmten Mosaik Zug der Jungfrauen in S. Apollinare Nuovo in Ravenna aus dem 6. Jh. verewigt. Reliquien gelangten auch nach Münstereifel. – Es existieren mehrere Gedenktage, der 25. Oktober findet sich unter anderem im Martyrologium Romanum.
Darstellung: in Grube mit Axt
Patronat: der Richter

Chrysogonus hl.
Märtyrer
Fest: 24. November
Die größtenteils legendarische Passio von Chrysogonus erzählt, daß er Christ war und in Rom lebte; angeblich war er Erzieher von → Anastasia. Auf Anordnung von Diokletian soll er gefangengenommen und nach Aquileja in Norditalien gebracht worden sein, wo man ihn (303/304?) enthauptete. Verschiedene Inschriften aus dem 6. Jh. weisen auf sein Martyrium hin. Chrysogonus ist in zahlreichen Kalendarien und Martyrologien erwähnt. Reliquien gelangten später nach Verona und ins Kloster Tegernsee in Bayern. Schon früh entstand in Rom eine Kirche zu Ehren von Chrysogonus, der Vorgängerbau der heutigen Kirche S. Crisògono; der Gedenktag 24. November ist der Tag der Kircheneinweihung. – Chrysogonus ist Kanonheiliger.
Darstellung: als junger Mann, als Soldat, mit Schwert, Kreuz

Chrysolius hl.
Märtyrer
Fest: 7. Februar
Nach der legendarischen Überlieferung soll Chrysolius ein armenischer Prinz und Bischof gewesen und vor der Christenverfolgung des Diokletian nach Rom geflohen sein. Der Papst entsandte ihn von dort nach Gallien, wo er bei Lille enthauptet wurde. Er soll in Comines an der Lys beigesetzt worden sein; dort entwickelte sich ein Kult.

Chrysostomos → Johannes Chrysostomus

Chuniald und Gislar hll.
Priester, Missionare
Fest: 24. September
Gesichert ist, daß Chuniald und Gislar Priester und Gefährten von → Rupert waren, der um 700 an die Salzach kam und als erster Bischof von Salzburg gilt. Gemeinsam missionierten sie in einem großen Gebiet um das heutige Salzburg. Ihre Reliquien wurden am 24. September 774 zusammen mit denen von Rupert von → Virgil in den neu erbauten Dom von Salzburg übertragen.

Ciaran (Ceran)
Abt
Fest: 9. September
Geboren um 512 in Irland, war Ciaran Mönch in verschiedenen Klöstern, später empfing er die Priesterweihe. 543 ließ er sich in Clonmacnoise, Irland, nieder und gründete ein Kloster, wo er um 545 starb. Der Ciaran-Schrein wird heute im Nationalmuseum in Dublin gezeigt.

Cimatti, Santina Maria Raffaella sel.
Ordensfrau
Fest: 23. Juni
Santina Cimatti, geboren am 6. Juni 1861 in Celle di Faenza, Italien, trat dem Orden der Barmherzigen Schwestern bei und nahm den Namen Maria Raffaella an. Sie starb am 23. Juni 1945 in Alatri, Italien. Seligsprechung am 12. Mai 1996.

Cini, Adelheid
Gründerin
Fest: 28. März
Adelheid Cini stammte aus La Valetta, Malta, wo sie am 25. Oktober 1838 geboren wurde. Sie gründete in Hamrun auf Malta ein Hospiz für gefährdete Mädchen und Frauen. Sie starb am 28. März 1885 in Hamrun. Der Seligsprechungsprozeß läuft seit 1910.

Cipitria y Barriola, Juana Josefa (Candida Maria de Jesus) sel.
Ordensgründerin
Fest: 9. August
Juana Josefa Cipitria y Barriola, geboren am 31. Mai 1845 in Andoáin, Spanien, war die Gründerin der Kongregation der Töchter Jesu; im Orden nahm sie den Namen Candida Maria de Jesus an. Sie starb am 9. August 1912 in Salamanca, Spanien. Seligsprechung am 12. Mai 1996.

Cirer Carbonell, Francisca-Ana (Francesca Anna dell' Addolorata) sel.
Ordensfrau
Fest: 27. Februar
Geboren am 1. Juni 1781 in Sencelles auf Mallorca (Spanien), trat Francisca-Ana Cirer Carbonell 1851 der Ordensgemeinschaft der Schwestern von der Liebe des hei-

ligen Vinzenz von Paul (Barmherzige Schwestern) bei; bis zu ihrem Tod am 27. Februar 1855 war sie Oberin ihres Klosters, das sie in ihrem Elternhaus eingerichtet hatte. Seligsprechung am 1. Oktober 1989.

Cisneros, Gregorio Hernandez
Laie
Fest: 29. Juni
Geboren am 26. Oktober 1864 in Isnotu, Venezuela, gestorben am 29. Juni 1919 in Caracas, Venezuela. 1986 Anerkennung des heroischen Tugendgrades.

Cittadini, Caterina
Ordensgründerin
Fest: 5. Mai
Die Kongregation der Ursulinen von Somasca geht auf Caterina Cittadini zurück. Sie wurde am 28. September 1801 in Bergamo, Italien, geboren und starb am 5. Mai 1857 in Somasca. 1996 päpstliche Anerkennung des heroischen Tugendgrades.

Claret, Antonio Maria hl.
CMF, Ordensgründer, Erzbischof
Fest: 24. Oktober
Geboren am 23. Dezember 1807 in Sallent in Spanien, gründete der Priester und Missionar Antonio Maria Claret 1849 zur Gewinnung von Helfern für seine Missionstätigkeit den Missionsorden Söhne des Unbefleckten Herzens Mariä, auch Claretiner genannt; 1855 folgte die Gründung der Claretinerinnen. Beide Orden sind bis heute weltweit tätig. Von 1850 bis 1857 war Claret Erzbischof von Santiago de Cuba auf der Insel Kuba, ab 1859 Präsident des Escorial, des spanischen Königsschlosses. Er starb am 24. Oktober 1870 in Fontfroide (Frankreich) auf der Reise zum Ersten Vatikanischen Konzil. Die Gebeine befinden sich in der Kathedrale von Vich in Spanien. 25. Februar 1934 Seligsprechung, 7. Mai 1950 Heiligsprechung. – Claret verfaßte zahlreiche vielbeachtete Schriften zur Volkserziehung und zur (Aus)Bildung von Priestern. Außerdem gründete er eine Vereinigung christlicher Künstler und Schriftsteller.

Claritus (Voglia)
Bekenner, Gründer
Fest: 25. Mai
Geboren um 1300 in Florenz (Italien) aus dem Adelsgeschlecht der Voglia, gründete Claritus 1343 in Florenz ein Augustinerinnenkloster, das nach ihm Chiarito genannt wurde. Nach seinem Tod am 25. Mai 1348 wurde er wie ein Seliger verehrt; seine Gebeine ruhen in der Kirche Al Sodo in Florenz.

Clarus (Clair) von Nantes
Bischof von Nantes(?)
Fest: 10. Oktober
Die wohl gänzlich legendarische Vita nennt Clarus (Clair) Bekenner und ersten Bischof von Nantes (Frankreich). Sicher ist, daß er in der Bretagne seit Jahrhunderten Verehrung genießt. Reliquien wurden im 9. Jh. von Nantes in die Kirche St-Aubin in Angers in Frankreich übertragen.

Clarus
Abt
Fest: 1. Januar, 2. Januar
Clarus war ab 620 bis zu seinem Tod am 1. Januar 660 Abt des Klosters St-Marcel in Vienne (Frankreich). Schon zu Lebzeiten genoß er große Verehrung, nach seinem Tod wurden viele Kirchen nach ihm benannt. In vielen Regionen Frankreichs wird Clarus bis heute verehrt, so in Marseille, Lyon, Grenoble und Toulon. 1903 Approbation des Kultes.
Patronat: der Schneider

Antonio Maria Claret, Erzbischof von Santiago de Cuba auf Kuba und Ordensgründer.

Claude de la Colombière war ein gefragter Beichtvater und der Seelenführer von → Marguerite (Margarete Maria) Alacoque.

Claude → Claudius

Claude de la Colombière hl.
SJ, Ordensmann
Fest: 15. Februar
Der Jesuit Claude de la Colombière, geboren am 2. Februar 1641 in St-Symphorien-d'Ozon bei Lyon (Frankreich), war einer der großen Förderer der Herz-Jesu-Verehrung. Er war Seelenführer von → Marguerite-Marie Alacoque, Superior an der Jesuitenresidenz in Paray-le-Monial und gefragter Beichtvater. Von Gegnern verleumdet, wurde er eingekerkert, dann verbannt und starb am 15. Februar 1682 in Paray-le-Monial. 16. Juni 1929 Seligsprechung, 31. Mai 1992 Heiligsprechung durch Papst Johannes Paul II.

Claudia
Märtyrerin
Fest: 20. März
Wegen ihres christlichen Glaubens wurde Claudia um 300 in Amisium in Kleinasien aufgehängt, zerfleischt und schließlich im Ofen verbrannt. Die Passio ist legendarisch.

Claudius (Claude) von Condat (von Besançon)
OSB, Abt, Bischof(?)
Fest: 6. Juni
Die unsichere Vita berichtet, Claudius sei im 7. Jh. Abt von Kloster Condat (heute St-Claude) in Frankreich, vielleicht aber auch Bischof von Besançon gewesen. Er soll große Verehrung genossen haben, die sich nach seinem Tod an einem

„Das Martyrium des heiligen Clemens", von Bernardino Fungai, Art City Gallery, New York. Der Legende nach ließ Kaiser Trajan Papst Clemens auf die Halbinsel Krim deportieren und später im Schwarzen Meer ertränken.

6. Juni um 700 noch ausweitete. Zur Grabstätte in Condat/St-Claude entwickelte sich eine große Wallfahrt, Claudius gehörte in Frankreich zu den meistverehrten Kirchengestalten. Das Gewerbe des Spielwarenhandels in St-Claude blüht bis heute.
Darstellung: als Abt oder Bischof, mit Stab, Krone
Patronat: von Burgund, der Spielwarenhändler, Drechsler, Pfeifenhersteller, Sattler, Lebkuchenhändler, gegen Unglück, der Krüppel

Claudius von Rom
Bildhauer, Märtyrer
Fest: 8. November
Nach der unsicheren Vita gehörte Claudius von Rom zu den sogenannten Quattuor Coronati, den Vier Gekrönten (neben Castor, Symphorianus und Nicostratus). Er soll Bildhauer in Rom gewesen sein und wegen seines christlichen Glaubens um 306 in der Verfolgung des Diokletian den Märtyrertod erlitten haben.
Darstellung: beim Martyrium, mit Pfahl, Säule
Patronat: der Bildhauer, Steinhauer, Marmorarbeiter, des Viehs

Claudius von Rom
Märtyrer
Fest: 3. Dezember
Claudius soll 284 zusammen mit seiner ganzen Familie in Rom im Tiber ertränkt worden sein. Die Gebeine gelangten im 9. Jh. in die Kirche S. Prassède in Rom.

Clemens (Klemens) I. von Rom hl.
Papst (92 bis 101), Märtyrer(?)
Fest: 23. November, 24. November, 25. November
Die teilweise unsichere Überlieferung nennt Clemens I. den dritten Nachfolger von → Petrus als Bischof von Rom und damit als Papst (vor ihm amtierten → Linus und → Anaklet I.). Verschiedene Quellen vermuten, er sei Paulus-Schüler gewesen. Clemens I. soll von 92 (90?) bis 101 im Amt gewesen sein. Von ihm stammt der berühmte Korinther-Brief (93/97), in dem er die zerstrittene Korinther-Gemeinde zur Eintracht ermahnte. Ob Clemens I. den Martertod starb, wie eine Legende berichtet, ist unsicher.
Legende: Clemens I. soll Ende des 1. Jh. aus Rom vertrieben worden sein; auf Anordnung des Kaisers habe er danach Zwangsarbeit in den Steinbrüchen auf der Krim leisten müssen. Eines Tages wurde er mit einem Anker um den Hals ins Meer geworfen. Slawenapostel → Kyrillos brachte die Gebeine 868 nach Rom, wo sie in der Kirche S. Clemente beigesetzt wurden. Die Kirche soll über dem Elternhaus des Papstes erbaut worden sein. Heute werden die Gebeine in der Oberkirche von S. Clemente aufbewahrt.
Darstellung: in bischöflichen Gewändern, mit Tiara, Pallium, Lamm, Anker, Brunnen, Buch
Patronat: von Sevilla, Aarhus, Compiègne, der Krim, der Steinmetze, Marmorarbeiter, Hutmacher, Seeleute, gegen Kinderkrankheiten, der Kinder, gegen Wassergefahren, bei Sturm und Gewitter

Clemens der Bulgare
Missionar, Bischof(?)
Fest: 17. Juli
Die unsichere Vita sagt, Clemens sei Schüler von Slawenapostel → Methodius gewesen und habe im 9. Jh. als Missionar in Mazedonien gewirkt. Möglicherweise war er

auch Bischof. Er hinterließ zahlreiche Schriften, Predigten und Heiligenviten. 916 gestorben.

Clemens von S. Elpidio (von Osimo)
OESA, Ordensgeneral
Fest: 8. April
Clemens, geboren um 1220 in S. Elpidio (Italien), war von 1271 bis 1274 und von 1284 bis zu seinem Tod am 8. April 1291 Augustiner-Ordensgeneral. 1761 Approbation des Kultes.

Clet, François Regis sel.
CM, Missionar, Märtyrer
Fest: 17. Februar
Der Lazarist François Regis Clet, geboren am 19. August 1748 in Grenoble, Frankreich, war zunächst Theologieprofessor in Annecy (Beiname: „wandelnde Bibliothek"), danach wirkte er 30 Jahre als Missionar in China. Während der Christenverfolgung in China wurde er am 17. Februar 1820 am Kreuz erdrosselt. 27. Mai 1900 Seligsprechung.

Cocchetti, Annunziata sel.
Ordensgründerin
Fest: 23. März
Geboren am 9. Mai 1800 in Rovato bei Brescia, Italien, wurde Annunziata Cocchetti im Alter von sieben Jahren Waise. Um Mädchen eine gute Erziehung und Fürsorge zukommen zu lassen, rief sie 1842 in Cemmo (Italien) die Kongregation der Schwestern von der heiligen Dorothea ins Leben, deren Mitglieder heute auch in Afrika, Südamerika und England tätig sind. Sie starb am 23. März 1882 in Cemmo. Seligsprechung am 21. April 1991.

Coelestin V. wird am 5. Juli 1294 zum Papst geweiht und gekrönt, Gemälde von Karl Ruthart, Danzig. Nach nur fünf Monaten trat er zurück und ging in seine Einsiedelei zurück.

Annunziata Cocchetti, Gründerin des Instituts der Schwestern von der heiligen Dorothea.

Coelestin I. hl.
Papst (422 bis 432)
Fest: 27. Juli, 6. April
Coelestin stammte aus Kampanien, Italien, und bestieg im September 422 den Papststuhl. Er bekämpfte energisch die Irrlehren der Zeit und förderte die Missionierung vor allem in Irland. Coelestin I. starb am 27. Juli 432 in Rom.
Darstellung: mit Schriftrolle, auf der „Ad Corinthios" (an die Korinther) geschrieben steht

Coelestin V. (Pietro del Murrone) hl.
Papst (1294)
Fest: 19. Mai
Geboren 1215 in Isernia, Italien, lebte Pietro del Murrone als Einsiedler in der Einsamkeit der Abruzzen. Viele Eremiten sammelten sich in den Jahrzehnten um ihn wie Mönche (später entstand an diesem Ort der Einsiedlerorden der Coelestiner). Knapp 80jährig wurde er völlig überraschend und gegen seinen Willen vom Kardinalskollegium zum Papst ernannt, am 5. Juli 1294 empfing er in L'Aquila die Weihe. Als Coelestin V. bestieg er den Papststuhl und litt in den folgenden Monaten unsägliche Qualen, weil er sich dem Amt nicht gewachsen fühlte. Nach fünfmonatigem Pontifikat erließ er eine Konstitution über die Möglichkeit der Abdankung des Papstes, drei Tage später trat er am 13. Dezember 1294 zurück und ging wieder in seine Einsiedelei. Sein Nachfolger Bonifatius VIII. ließ ihn festnehmen, weil er ein Schisma befürchtete, und auf Schloß Fumone bei Rom festsetzen; dort starb Coelestin V. am 19. Mai 1296. Beigesetzt in S. Maria di Collemaggio in L'Aquila (Mausoleum bis heute erhalten). 1313 Kanonisation.
Darstellung: als Mönch mit den päpstlichen Insignien, mit Büßerkette, im Gefängnis
Patronat: von L'Aquila, der Buchbinder

Colan → Collen

Colin, Jean-Claude
SM, Ordensgründer
Fest: 15. November
Jean-Claude Colin war der Gründer des Maristenordens. Geboren am 7. August 1790 in St-Bonnet-le-Troncy bei Lyon (Frankreich), empfing er die Priesterweihe und widmete sich schon früh der Idee, eine „Gesellschaft Mariens" zu gründen, der sich Laien, Priester und Schwestern anschließen konnten. Nach der Gründung der Maristen

Jean-Claude Colin, Gründer des Maristenordens und sein erster Generaloberer.

1824 war Colin bis 1854 erster Generaloberer. Die Kongregation widmet sich in zahlreichen Ländern der Erde der Jugenderziehung und der Jugendbildung, der Mission und der kategorialen Seelsorge. Colin starb am 15. November 1875 in La Neylière, Frankreich. Seligsprechungsprozeß seit 1908.

Coletta (Coleta) Boillet hl.
OSCl, Ordensreformerin
Fest: 6. März

Coletta Boillet, geboren am 13. Januar 1381 bei Corbie (Frankreich), war zunächst Einsiedlerin und trat 1406 dem Klarissenorden bei. Im Auftrag des Papstes führte sie zahlreiche Klöster zur ursprünglichen Ordensstrenge zurück und gründete selbst 20 neue Klöster, deren Schwestern sich Colettinnen nannten. Auch Männerklöster schlossen sich der Reform an (Coletaner). Coletta Boillet starb am 6. März 1447 in Gent, Belgien. 1740 Seligsprechung, 25. Mai 1807 Heiligsprechung.

Darstellung: als Klarissin, mit Lamm und Lerche (sollen sie immer begleitet haben), zusammen mit → Klara von Assisi

Patronat: der Klarissen, von Corbie, Gent, Poligny, der Dienstmägde, Zimmerleute, gegen Fieber, Augenleiden, Kopfschmerzen, bei Unfruchtbarkeit, für eine glückliche Geburt

Coll, Francisco sel.
OP, Ordensgründer
Fest: 2. April, 19. Mai

Der Spanier Francisco Coll, geboren am 18. Mai 1812 in Gombreny, trat 16jährig dem Dominikanerorden bei und empfing später die Priesterweihe. Jahrzehntelang widmete er sich der Missionierung unter der Landbevölkerung; 1856 gründete er zur Erziehung und zum Unterricht armer Landkinder die Frauenkongregation De la Anunciata, einen Zweig des Dritten Ordens der Dominikaner. Coll starb am 2. April 1875 in Gombreny. 29. April 1979 Seligsprechung.

Collen (Colan)
Gründer
Fest: 21. Mai

Über Collen sind keine Lebensangaben bekannt; er wird in walisischen Martyrologien des 16. Jh. aufgeführt. Gilt als Gründer von Colan in Cornwall, England, und vieler Kirchen in Wales und in der Bretagne.

Colman
Bischof von Dromore
Fest: 20. November

Colman gründete im 6. Jh. das Kloster von Dromore in Schottland und wurde dort auch Bischof. Verehrung in Schottland und Irland.

Coloman (Koloman, Kolman) hl.
Pilger, Märtyrer
Fest: 13. Oktober

Coloman stammte wahrscheinlich aus Irland; auf einer Wallfahrt ins Heilige Land kam er durch Österreich, wo er wegen seiner fremdartigen Bekleidung das Mißtrauen der Einwohner erregte. Man vermutete in ihm einen Spion, nahm ihn gefangen und erhängte ihn am 17. Juli(?) 1012 in Stockerau bei Wien an einem Baum. Am 13. Oktober 1014 wurden seine Gebeine in das Kloster Melk (Österreich) überführt. Coloman wurde bald als Märtyrer verehrt, sein Kult verbreitete sich im gesamten deutschsprachigen Raum, besonders unter

Der Tod Colomans nach einer Darstellung aus dem 17. Jh. Die Legende spricht von wundersamen Ereignissen – so begannen im Frühjahr der Strick und der Galgen des Ermordeten zu grünen. Auch soll der Leichnam des Heiligen unversehrt geblieben sein.

den Bauern. Vielfältiges Brauchtum entwickelte sich (Tänze, Umritte, Quellen, Colomani-Büchlein und -segen). 1244 Erhebung zum Landesheiligen von Österreich (1663 durch Leopold ersetzt).
Darstellung: als Pilger, mit Hut, Stab, Flasche, Strick, Zange, Steinen, Ruten
Patronat: von Melk, der zum Tod durch den Strang Verurteilten, der Reisenden, des Viehs, gegen Krankheiten, gegen Unwetter, Feuergefahren, Ratten- und Mäuseplagen, gegen die Pest

Columba Schonath
OP, Ordensfrau, Mystikerin
Fest: 3. März
Geboren am 11. Dezember 1730 in Burgellern in Bayern, wurde Columba Schonath Dominikaner-Laienschwester. Sie mußte viele seelische und körperliche Leiden erdulden und empfing schließlich die Stigmata. Über alle Erfahrungen hinterließ sie einen reichen schriftlichen Nachlaß. Columba Schonath starb am 3. März 1787 in Bamberg (Bayern); ihre Gebeine werden dort im Heiliggrab-Kloster verehrt. Der Seligsprechungsprozeß läuft. – In Bamberg gibt es einen Columba-Schonath-Bund.

Columba (Kolumba) von Sens hl.
Märtyrerin
Fest: 31. Dezember
Die Verehrung für Columba ist seit dem 6. Jh. bekannt, über ihr Leben aber existieren nur Legenden. Sie soll Christin gewesen sein und in Sens (Frankreich) gelebt haben. Als sie sich weigerte, den Sohn des heidnischen Kaisers Aurelian zu heiraten, wurde sie ermordet (um 273). Die Legende erzählt weiter, Columba sei vor ihrer Ermordung in ein Freudenhaus eingesperrt worden, wo aber eine Bärin über ihre Unversehrtheit wachte. – In Frankreich gehörte Columba im Mittelalter zu den meistverehrten Heiligengestalten; König Chlotar III. gründete über ihrem Grab das Kloster Ste-Colombe-lès-Sens.
Darstellung: in vornehmer Kleidung, mit Bärin, Pfauenfeder, Buch
Patronat: gegen Augenleiden, für Regen

Bischof Daniele Comboni, Gründer der Comboni-Missionare und -Missionsschwestern. Dieses Bild entstand zu seiner Seligsprechung im März 1996 in Rom.

Comboni, Daniele sel.
FSCJ, Ordensgründer
Fest: 10. Oktober
Das Lebensziel von Daniele Comboni war die Evangelisierung Afrikas. Geboren am 15. März 1831 in Limone am Gardasee (Italien), gründete der Priester 1867 in Verona den Missionsverein vom Guten Hirten und ein Missionshaus für Afrika und eröffnete im selben Jahr eine Niederlassung in Kairo (Ägypten). Nachdem der Papst sein Vorhaben, die Mission in Zentralafrika voranzutreiben, gutgeheißen hatte, schrieb Comboni eine Regel für die Kongregation der Söhne des heiligen Herzens Jesu, 1876 folgte die Gründung einer Schwesternkongregation. 1877 wurde Comboni Apostolischer Vikar von Zentralafrika. Er starb am 10. Oktober 1881 in Khartum (Sudan). Die Seligsprechung erfolgte am 17. März 1996. – Noch heute arbeiten über 4000 Comboni-Missionare und -Missionsschwestern in 24 Ländern Afrikas und Zentralamerikas.

Comensoli, Gertrude sel.
Ordensgründerin
Fest: 18. Februar
Gertrude Comensoli, geboren am 18. Januar 1847 in Bienno in Norditalien, gründete 1882 die Sakramenterinnen von Bergamo zur Erziehung verlassener Mädchen und zur immerwährenden Anbetung. Die Kongregation ist heute in vielen Ländern der Welt tätig. Gertrude Comensoli starb am 18. Februar 1903 in Bergamo, 1. Oktober 1989 Seligsprechung.

Comgall (Comgell, Comgill) hl.
Klostergründer, Abt
Fest: 10. Mai
Comgall, geboren um 516 in Daladradia in Nordirland, war 559(?) der

Bild von Erzbischof Guido Maria Conforti, der 25 Jahre das Bistum Parma leitete.

Gründer von Kloster Bangor in Ulster (Nordirland). Bangor wurde zum Ausgangspunkt zahlreicher weiterer Klostergründungen und entwickelte sich zu einem der einflußreichsten Klöster seiner Zeit. Von Bangor kamen → Kolumban und → Gallus. Comgall starb um 601 in Bangor.

Comgan
Prinz, Abt
Fest: 13. Oktober
Der irische Prinz Comgan wurde in einer Schlacht verwundet und danach mit seiner Schwester und deren Kindern nach Schottland verbannt. Er ließ sich in Lochalsh nieder und gründete ein kleines Kloster, wo er bis zu seinem Tod (8. Jh.) lebte. Sein Neffe → Fillan setzte ihn auf der Klosterinsel Iona (Hy) bei; über der Grabstätte entstand eine Kirche.

Conan
Bischof
Fest: 26. Januar
Conan war im 7. Jh. Bischof auf der Isle of Man und auf den Hebriden. Er starb 648 in England.

Condesa Lluch, Giovanna Maria
Ordensgründerin
Fest: 16. Januar
Geboren am 30. März 1862 in Valencia, Spanien, gestorben am 16. Januar 1916 in Valencia. Gründerin der Kongregation der Dienerinnen der Makellosen Jungfrau Maria. 1997 Anerkennung des heroischen Tugendgrades.

Concordia
Amme, Märtyrerin
Fest: 13. August
Die Amme Concordia wurde 258 in Rom in der Christenverfolgung gefangengenommen und mit Bleiruten zu Tode gegeißelt.
Darstellung: als junge Frau, mit Ruten, Geißeln

Condedus
Einsiedler, Mönch
Fest: 30. Juli, 21. Oktober
Condedus lebte im 7. Jh. in Frankreich als Einsiedler und Mönch, unter anderem beim Kloster Fontenelle. Er starb nach 680.

Conforti, Guido Maria sel.
Erzbischof von Parma, Ordensgründer
Fest: 5. November
Geboren am 30. März 1865 in Casalora di Ravadese bei Parma (Italien), wurde Guido Maria Conforti 1888 Priester und gründete dann 1895, inspiriert durch das Leben von → Francesco Saverio, den Missionsorden der Frommen Gesellschaft des heiligen Francesco Saverio für die ausländischen Missionen. Als er sich 1902 entschied, selbst in die Mission nach China zu gehen, wo im Boxer-Aufstand gerade die ersten Missionare seines Ordens umgekommen waren, ernannte ihn der Papst zum Erzbischof von Ravenna; 1907 wurde Conforti Erzbischof seiner Heimatdiözese Parma. Er starb am 5. November 1931 in Parma. Seligsprechung am 17. März 1996.

Conrad von Offida sel.
OFM, Ordensmann
Fest: 12. Dezember
Conrad, geboren 1237 in Offida (Italien), trat 14jährig in Ascoli Piceno als Terziar in eines der ersten Franziskanerklöster Italiens ein. Im Kloster tat er freiwillig die niedrigsten Dienste, unter anderem zog er als Almosensammler durch die Straßen. Die Menschen waren von seinem Charisma angezogen, zu seinen Predigten strömten große Scharen. Man nannte Conrad „den zweiten Franziskus". Er starb am 12. Dezember 1306 in Bastia bei Assisi; seine Gebeine wurden 1320 nach Perugia entführt, wo sie bis heute in der Kathedrale aufbewahrt werden. 1817 Bestätigung des Kultes.

Constabilis hl.
OSB, Abt
Fest: 17. Februar
Im Alter von sieben Jahren kam Constabilis um 1077 in die Benediktinerabtei La Cava bei Neapel (Italien), wo er sein ganzes Leben blieb und verschiedene Ämter innehatte; ab 1122 bis zu seinem Tod am 17. Februar 1124 war er Abt. Er war hoch geachtet und wurde „Schild der Mönche" genannt. 1893 Bestätigung des Kultes. Reliquien bis heute unter dem Altar der Klosterkirche La Cava.
Patronat: in Seenot, der Seeleute

Constantius von Fabriano sel.
OP, Prior
Fest: 25. Februar
Constantius, geboren 1410 in Fabriano, Italien, hatte im Dominikanerorden mehrere hohe Ämter inne und machte sich um die Reform der Ordensgemeinschaft verdient; er war Prior verschiedener Klöster. Er starb am 25. Februar 1481 in Fabriano. 1821 Bestätigung des Kultes.

Cordero, Michael Febres hl.
FSC, Ordensmann
Fest: 9. Februar
Geboren am 7. November 1854 in Concha, Ecuador, trat Michael Febres Cordero den Christlichen Schulbrüdern bei und war bald einer der begnadetsten Prediger und Erzieher von Jugendlichen. Er starb am 9. Februar 1910 bei Barcelona (Spanien). 1977 Seligsprechung, 21. Oktober 1984 Heiligsprechung.

Cordula (Kordula) hl.
Märtyrerin
Fest: 22. Oktober
Nach der legendarischen Vita war Cordula eine Gefährtin von → Ursula; sie soll sich zunächst auf dem Schiff versteckt, dann aber freiwillig ebenfalls das Martyrium auf sich genommen haben und mit den anderen „11000 Jungfrauen" gestorben sein. Angebliche Reliquien gelangten in die Johanniterkirche in Köln (Nordrhein-Westfalen), wo sie 1278 von Bischof → Albertus Magnus erhoben wurden; später wurden die Reliquien nach Königswinter überführt.
Darstellung: in vornehmer Kleidung, mit Schiff, Pfeil, Lanze, Kranz, Krone
Patronat: von Köln, Tortosa

Cormier, Hyacinthe-Marie sel.
OP, Ordensgeneral
Fest: 17. Dezember
Hyacinthe-Marie Cormier, geboren am 8. Dezember 1832 in Orléans (Frankreich), war nach verschiedenen anderen Ordensstationen von 1904 bis zu seinem Tod am 17. Dezember 1916 (in Rom) Ordensgeneral der Dominikaner. Unter seiner Leitung erlebte der Orden eine neue Blüte. Bekannt war er auch als theologischer Schriftsteller, als Seelenführer war er gesucht. Seligsprechung am 20. November 1994.

Cornelia (Kornelia)
Märtyrerin
Fest: 31. März
Die Lebensdaten sind unbekannt; Cornelia wurde in Nordafrika zusammen mit mehreren Gefährten in der Christenverfolgung gefangengenommen und ermordet.

Michael Febres Cordero wurde 1977 selig- und 1984 heiliggesprochen.

Der Gedenktag war schon immer der 31. März.
Darstellung: als junge Märtyrerin, mit Palme

Cornelius hl.
Papst (251 bis 253)
Fest: 16. September
Cornelius, ein Römer, bestieg (wohl im März) 251 den Papststuhl. Er konnte nicht verhindern, daß eine gegnerische Minderheit den Gegenpapst Novatian aufstellte, beide vertraten völlig konträre Ansichten hinsichtlich der Bußpraxis gegenüber den während der Christenverfolgung abgefallenen Christen (Cornelius war der Vergebende, Novatian der Unnachgiebige). Noch 251 wurde Novatian abgesetzt. Zwei Briefe von Cornelius dazu an → Cyprian, den Bischof von Karthago, sind noch erhalten. Schon im Juni 253 wurde Cornelius von Kaiser Gallus verbannt und starb am 14. September 253 in Civitavecchia bei Rom. Wegen der erlittenen Demütigungen wurde Cornelius manchmal auch als Märtyrer bezeichnet. Beigesetzt in den Calixtus-Katakomben in Rom; das Haupt und weitere Reliquien befinden sich in Kornelimünster bei Aachen (Nordrhein-Westfalen). – Der Gedenktag wurde mit dem von Cyprian von Karthago, der ebenfalls an einem 14. September (258) starb, auf den 16. September gelegt. Cornelius gehört zu den Vier heiligen Mar-

Dieser Schrein entstand für die heilige Cordula, eine der Gefährtinnen der heiligen → Ursula, heute im Dom von Osnabrück.

Dieses Reliquiar mit dem Haupt von Papst Cornelius befindet sich in Kornelimünster und ist eine Arbeit aus dem Jahr 1360.

schällen (außerdem → Antonios, → Hubert, → Quirinus).
Darstellung: als Papst, mit Tiara, mit Horn (cornu = Horn), Buch, Schwert, Kreuzstab, Palme
Patronat: der Bauern, des Hornviehs, gegen Ohrenleiden, Krämpfe, Nervenleiden, Epilepsie („Kornelkrankheit")

Aus einer kleinen Gründung des Giuseppe Benedetto Cottolengo entstand ein Krankenhaus mit über 2000 Betten in Turin.

Corona hl.
Märtyrerin
Fest: 14. Mai
Die legendarische Passio berichtet, Corona habe im Alter von 16 Jahren bei der Hinrichtung ihres Ehemannes → Victor zusehen müssen. Sie wurde selbst zum Tode verurteilt und an zwei Palmen festgebunden, bei deren Auseinanderschnellen ihr Körper zerrissen wurde. Als Zeit des Todes wird um 175 genannt, als Ort Syrien und Ägypten. – Die Verehrung verbreitete sich schnell, vor allem im Abendland entstand ein starker Kult. In Österreich und in Bayern entwickelten sich zahlreiche Wallfahrten, mehrere Orte sind nach Corona benannt. Angebliche Reliquien wurden von Kaiser Otto III. ins Münster nach Aachen (Nordrhein-Westfalen) und von Kaiser Karl IV. in den Prager Dom gebracht.
Darstellung: als Mädchen, manchmal mit Victor, mit Palme, Krone, Goldstück
Patronat: in Geldangelegenheiten, der Lotterie (in Österreich), der Schatzgräber, der Fleischer

Cosán, Manuel Barbal (Jaime Hilario) sel.
FSC, Ordensmann, Märtyrer
Fest: 18. Januar
Geboren am 2. Januar 1898 in Enviny bei Lérida, Spanien, trat Manuel Barbal Cosán 1916 den Schulbrüdern des heiligen Jean Baptiste de la Salle bei und nahm den Namen Jaime Hilario an. Trotz einer sich immer mehr verstärkenden Taubheit war er unermüdlich im Ordensdienst tätig. Bei einer Reise zu seiner Familie während des Spanischen Bürgerkrieges wurde er festgenommen, wegen seiner Ordenszugehörigkeit zum Tode verurteilt und am 18. Januar 1937 in Tarragona (Spanien) durch Erschießung hingerichtet. Seligsprechung am 24. April 1990.

Cosmas und Damian → Kosmas und Damian

Cottolengo, Giuseppe Benedetto hl.
Priester, Gründer
Fest: 30. April
Der Priester Giuseppe Benedetto Cottolengo, geboren am 3. Mai 1786 in Brà (Italien), gründete 1828 für Notleidende und Kranke in Turin das „Kleine Haus der göttlichen Vorsehung", aus dem sich nach und nach ein Krankenhaus mit heute über 2000 Betten entwickelte. Er rief darüber hinaus zahlreiche karitative Genossenschaften ins Leben, deren Mitglieder alle im „Cottolengo" (so der volkstümliche Name des Turiner Krankenhauses) tätig sind. Cottolengo starb am 30. April 1842 in Chieri in Italien. 19. März 1934 Heiligsprechung.

Couderc, Marie-Victoire-Thérèse hl.
Ordensgründerin
Fest: 26. September
Geboren am 1. Februar 1805 in La Mas de Sablières in Frankreich, gründete Marie-Victoire-Thérèse Couderc die Kongregation der Schwestern vom Cönaculum (Abendmahlsaal), deren Mitglieder sich dem Chorgebet, der Förderung von Exerzitien und der religiösen Bildung von Frauen widmeten. Sie starb am 26. September 1885 in Lyon (Frankreich). 4. November 1951 Seligsprechung, 10. Mai 1970 Heiligsprechung.

Coudrin, Pierre-Marie-Joseph
Ordensgründer
Fest: 27. März
Pierre-Marie-Joseph Coudrin, geboren am 1. März 1768 in Coussay-les-Bois bei Poitiers (Frankreich), war der Gründer der Kongregation von den heiligsten Herzen Jesu und Mariä und der ewigen Anbetung des allerheiligsten Altarsakramentes; nach dem Sitz der Gemeinschaft an der Rue Picpus in Paris wurde sie später auch Picpus-Kongregation genannt, ihre Mitglieder Picpus-Missionare. Die Genossenschaft hatte einen männlichen und einen weiblichen Zweig und breitete sich über die ganze Welt aus; die Brüder und Schwestern widmen sich der Jugenderziehung, den Missionen und dem

Die wachsüberzogenen Gebeine des Giuseppe Cottolengo befinden sich in einem Glasschrein in der Piccola Casa della Divina Provvidenza, Via Cottolengo in Turin.

Priesternachwuchs. Große Erfolge erzielten die Picpus-Missionare in Ostozeanien. Coudrin war bis zu seinem Tod am 27. März 1837 Oberer der Gemeinschaft. Seligsprechungsprozeß seit 1925.

Credan
Abt
Fest: 19. August
Nach der unsicheren Vita lebte Credan wohl im 8. Jh. Er war Abt des Klosters Evesham in England, wo er nach seinem Tod beigesetzt wurde. Die Reliquien sollen auf wundersame Weise verschiedene Unglücke überstanden haben. In Evesham herrschte lange ein starker regionaler Kult.

Crescentia Höß sel.
TOR, Oberin
Fest: 5. April
Geboren am 20. Oktober 1682 in Kaufbeuren in Bayern als arme Weberstochter, durfte Crescentia Höß erst nach mehreren Zurückweisungen und Demütigungen und nach persönlichem Einsatz des Bürgermeisters 1703 in das Kloster der Franziskanerterziarinnen in Kaufbeuren eintreten. Quälereien der Oberin ertrug sie in den folgenden Jahren ebenso demütig wie seelische Anfechtungen; das Klosterleben war für sie zunächst ein Martyrium. Als der Ruf ihrer außergewöhnlichen Leidensfähigkeit über die Klostermauern und Stadtgrenzen hinausdrang, wurde die Oberin abgesetzt, Crescentia Höß 1716 zur Novizenmeisterin ernannt. 1741 erfolgte die Ernennung zur Oberin des Klosters. Sie genoß hohe Verehrung, Menschen von überall her und aller Stände besuchten sie und fragten sie um Rat. Crescentia Höß starb am 5. April 1744 in Kaufbeuren. Im selben Jahr ordnete Papst Benedikt XIV. die Untersuchung ihres außergewöhnlichen Lebens an. 7. Oktober 1900 Seligsprechung; der Heiligsprechungsprozeß läuft. – Die in Wachs gefaßten Gebeine von Crescentia Höß liegen in einem Glasschrein in der Kaufbeurer Klosterkirche; in einer Gedenkstätte werden zahlreiche Erinnerungsstücke gezeigt, so auch ein kaputtes Sieb, mit dem Crescentia Höß auf Anordnung der Oberin Wasser schöpfen sollte.
Darstellung: als Nonne, mit Sieb, Taube, Gebetbuch, Kruzifix (sie schlief im Kloster mit einem Holzkreuz unter der Matratze)

Crispina hl.
Märtyrerin
Fest: 5. Dezember
Die Christin Crispina, geboren Ende des 3. Jh. in Thagora in Nordafrika, wurde am 5. Dezember 304 in Tebesa (Theveste) in Numidien (Algerien) von Christenverfolgern des Prokonsuls ermordet. Akten des Prozesses sind noch erhalten. Schnell große Verehrung in Afrika, aber auch im ganzen Abendland. → Augustinus hielt an ihrem Festtag zwei Reden auf sie. Das Crispina-Grab in Tebesa wurde zur Pilgerstätte, bei der wegen der vielen Wallfahrer Unterkünfte errichtet werden mußten.

Crispinus und Crispinianus hll.
Märtyrer
Fest: 25. Oktober
Die Passio von Crispinus und Crispinianus ist großenteils legendarisch; wahrscheinlich waren sie römische Märtyrer, deren Reliquien nach Soissons (Frankreich) gelangten; von dort verbreitete sich die Verehrung über ganz Europa. Im 9. Jh. gelangten einige Reliquien nach Osnabrück (Niedersachsen), wo beide Stadtpatrone wurden.

Crescentia Höß nach einem Gemälde aus der Zeit und der Glasschrein mit den Reliquien der Seligen in der Klosterkirche von Kaufbeuren, Bayern.

In der Kapuzinerkirche an der Via Veneto in Rom befindet sich der Glasschrein mit den sterblichen Überresten des heiligen Crispinus von Viterbo.

Legende: Crispin und Crispinianus waren Christen und mußten deshalb vor den Verfolgern des Diokletian aus Rom fliehen. Sie kamen nach Soissons, wo sie missionierten und sich ihren Lebensunterhalt als Schuhmacher verdienten; für die Armen arbeiteten sie immer unentgeltlich. Eines Tages wurden sie als Christen angezeigt; als sie sich weigerten, ihrem Glauben abzuschwören und den Götzen zu opfern, erlitten sie nach furchtbaren Martern den Tod durch Enthauptung. Das Todesjahr soll um 287 gelegen haben.
Darstellung: mit Schuhmacherwerkzeugen, Schwert, Mühlstein, Bleikessel, Messer, Scheiterhaufen
Patronat: von Osnabrück, Soissons, des Bistums Osnabrück, der Schuhmacher, Sattler, Gerber, Schneider, Weber, Handschuhmacher

Crispinus von Viterbo (Pietro Fioretti) hl.
OFMCap, Ordensmann
Fest: 19. Mai
Crispinus von Viterbo, am 13. November 1668 in Viterbo (Italien) als Pietro Fioretti geboren, trat 1693 als Laienbruder dem Kapuzinerorden bei, nachdem er zuvor als Schuster gearbeitet hatte. Bis zu seinem Tod am 19. Mai 1750 diente er demütig und heiter als Sammelbruder, Koch und Gärtner; er war ein begnadeter Ratgeber und Seelenführer und wurde von vielen hohen Persönlichkeiten aufgesucht. Er vollbrachte zahlreiche Wunder. Verschiedene Schriften von ihm sind bis heute erhalten. Der Glassarg mit seinen bekleideten Gebeinen befindet sich in der Kapuzinerkirche an der Via Veneto in Rom. Heiligsprechung am 20. Juni 1982 (es war die erste Kanonisation Papst Johannes Paul II.).

Cristofero Maccassoli sel.
OFM, Ordensmann
Fest: 5. März, 11. März
Cristofero Maccassoli, geboren in der ersten Hälfte des 15. Jh. in Mailand (Italien), trat dem Franziskanerorden bei und gründete das Reformkloster Vigevano nahe dem Comer See; dort starb er am 5. März 1485. Seligsprechung am 23. Juli 1890.

Cuartas, Elisabetta Tejada
Profeßschwester
Fest: 29. Juli
Geboren am 13. Oktober 1887 in Remedios in Kolumbien, gestorben am 29. Juli 1925 in Uré, Kolumbien. Profeßschwester der Missionarinnen der Unbefleckten Jungfrau Maria und der heiligen Katharina von Siena. 1994 Anerkennung des heroischen Tugendgrades.

Cuatrecasas, Juan Collell
Ordensgründer, Priester
Fest: 5. Oktober
Geboren am 20. Januar 1864 in Vic, Spanien, gestorben am 5. Oktober 1921 in Vic. Priester und Gründer der Kongregation der Dienerinnen vom Heiligsten Herzen Jesu. 1996 päpstliche Anerkennung des heroischen Tugendgrades.

Cusmano, Giacomo sel.
Arzt, Priester
Fest: 14. März
Der Arzt und Priester Giacomo Cusmano, geboren am 15. März 1834 in Palermo auf Sizilien (Italien), kümmerte sich aufopferungsvoll um Kranke und Arme und gründete die Institution Boccone del Povero, die Medikamente und Nahrungsmittel für die Armen sammelte. Er starb am 14. März 1888 in Palermo. 30. Oktober 1983 Seligsprechung.

Cuthberga
OSB, Äbtissin
Fest: 31. August
Cuthberga war zunächst mit König Aldfrid von Northumbrien verheiratet, ließ sich dann aber scheiden, um Benediktinernonne zu werden. Gemeinsam mit ihrer Schwester Quenburga gründete sie das Kloster Wimborne in England und leitete es als Äbtissin. Zu ihren Nonnen gehörten auch → Lioba und → Thekla. Cuthberga starb am 31. August 725 in Wimborne und wurde dort beigesetzt.

Cuthbert (Gisbert) von Lindisfarne hl.
OSB, Bischof von Lindisfarne
Fest: 20. März
Cuthbert war eine der bedeutendsten Persönlichkeiten der katholischen Kirche Englands, im Norden des Landes galt er lange als volkstümlichster und bekanntester Heiliger überhaupt. Sein Beiname war „Wundertäter von Britannien". Er war Nationalheiliger der angelsächsischen und keltischen Kirche. Geboren 634 in England, trat Cuthbert 651 in das Benediktinerkloster Melrose in Schottland ein. Ab 662 war er Prior, 664 wurde er zum Prior von Kloster Lindisfarne auf der Insel Holy an der Ostküste Englands ernannt. Ab 676 lebte Cuthbert für sechs Jahre als Einsiedler auf der Insel Farna nahe Holy. Als

Cyprian von Karthago vor seiner Bekehrung zwischen heidnischen Symbolen. Miniatur aus Byzanz, 9. Jh., Bibliothèque Nationale, Paris.

seine Heiligkeit und sein Charisma immer berühmter wurden, erhielt Cuthbert 685 die Ernennung zum Bischof von Hexham, wenig später übertrug man ihm das Bischofsamt von Lindisfarne. Sein Ruhm war groß, seine Verehrung breitete sich immer stärker aus. Cuthbert starb am 20. März 687 auf Farna Islands und wurde in Lindisfarne beigesetzt. Als man elf Jahre später sein Grab öffnete, um seine Gebeine zu erheben, war sein Leichnam unversehrt; von da an genoß Cuthbert noch größere Verehrung. Seit 999 ruhen die Gebeine in der Kathedrale von Durham, die eigens für die Aufbewahrung errichtet wurde. Bis heute existieren in England und Schottland fast 100 Kirchen, die Cuthberts Namen tragen.
Darstellung: als Bischof oder als Abt, mit Schwan, Fischottern, Feuersäule, mit Engel, der ihm Brot bringt
Patronat: der Seeleute und Hirten

Cybard → Esparchius

Cyneburg hl.
OSB, Äbtissin
Fest: 6. März
Cyneburg, geboren um 635 als Tochter von König Penda von Mercia, wurde um 650 Christin. Sie gründete verschiedene Klöster und leitete nach dem Tod ihres Ehemannes Alchfrid das Kloster Castor (Dormundcaster) in Northamptonshire als Äbtissin. Sie starb um 680; ihre Gebeine wurden in das von ihr gegründete Kloster Peterborough übertragen.

Cyprian von Antiochia
Bischof(?), Märtyrer(?)
Fest: 26. September
Die möglicherweise völlig legendarische Passio berichtet, daß Cyprian ein Heidenzauberer war, der durch die Liebe der Christin → Justina bekehrt wurde. Nach einem mehrjährigen Büßerleben soll er Bischof von Antiochia geworden sein. Als Todesjahr wird 304 genannt; er soll zusammen mit Justina in Nikomedien (Izmid, Türkei) ermordet worden sein.
Darstellung: in bischöflichen Gewändern, mit Zauberbüchern, beim Martyrium (wird in der Darstellung manchmal mit → Cyprian von Karthago verwechselt)

Cyprian von Karthago hl.
Bischof, Kirchenschriftsteller, Märtyrer
Fest: 16. September
(früher 14. September)
Cyprian stammte aus Karthago (Tunesien), wo er wohl um 200 als Sohn wohlhabender Eltern geboren wurde. Er war Heide und empfing erst um 245/248 das Taufsakrament, bald darauf die Priesterweihe. 249 wurde er zum Bischof von Karthago und damit zum Oberhaupt der nordafrikanischen Kirche geweiht. Schon in dieser Zeit verfaßte Cyprian verschiedene wichtige Schriften, unter anderem auch über seine Bekehrung. Als um 250 von Decius die Christenverfolgungen angeordnet wurden, versteckte sich Cyprian, hielt aber aus dem Verborgenen heraus engen Kontakt mit seiner Gemeinde und korrespondierte viel mit ihr sowie mit Mitgliedern des Klerus. Nach dem Ende der Verfolgung rang Cyprian darum, wie man die vom Christentum Abgefallenen behandeln solle (Traktat De lapsis); unter anderem diskutierte er dies brieflich mit Papst → Cornelius. Als die nächste Verfolgung unter Valerian

Der Angelsachse Cuthbert von Lindisfarne, „Wundertäter Britanniens“, nach einem Fresko aus dem 12. Jh. in der Kathedrale von Durham, England.

Dieses Foto aus dem Archiv der Jesuiten zeigt Alfred Delp als Redakteur bei der Zeitschrift „Stimmen der Zeit".

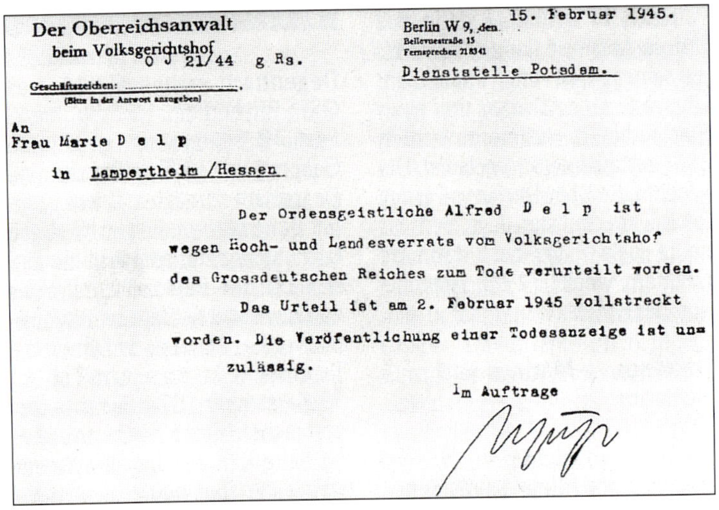

Der Oberreichsanwalt
beim Volksgerichtshof
O J 21/44 g Rs.

Geschäftszeichen: ....
(Bitte in der Antwort angeben)

Berlin W 9, den 15. Februar 1945.
Bellevuestraße 15
Fernsprecher 218341
Dienststelle Potsdam.

An
Frau Marie D e l p
in Lampertheim /Hessen

Der Ordensgeistliche Alfred D e l p ist wegen Hoch- und Landesverrats vom Volksgerichtshof des Grossdeutschen Reiches zum Tode verurteilt worden.

Das Urteil ist am 2. Februar 1945 vollstreckt worden. Die Veröffentlichung einer Todesanzeige ist unzulässig.

Im Auftrage

Darunter die Todesnachricht des Volksgerichtshofes vom 15. Februar 1945 an Mutter Delp.

Delgado Garcia, Maria Amparo (Maria Amparo Del S. Cuore di Gesù)
OSCl, Klostergründerin
Fest: 6. Juli
Geboren am 30. Oktober 1889 in Cantalapiedra, Spanien, gestorben am 6. Juli 1941 in Cantalapiedra; Gründerin des Klarissenklosters von Cantalapiedra. 1994 Anerkennung des heroischen Tugendgrades.

De Loor, Isidor vom hl. Joseph sel.
CP, Laienbruder
Fest: 6. Oktober
Geboren am 18. April 1881 in Vrasene, Belgien, trat Isidor De Loor 1908 als Laienbruder bei den Passionisten in Ere, Belgien, ein. 1911 erkrankte er an Krebs und verlor ein Auge, am 6. Oktober 1916 starb er, nachdem sich die Krankheit nicht mehr hatte aufhalten lassen. Geduldig hatte er sein Leiden ertragen, seine letzten Worte waren: „Das Paradies, der Himmel, einmal verdient, für immer verdient." Seligsprechung am 30. September 1984.

Delp, Alfred
SJ, Priester, Redakteur, Widerstandskämpfer
Gedenken: 2. Februar
Geboren am 15. September 1907 in Mannheim (Baden-Württemberg), trat Alfred Delp 19jährig dem Jesuitenorden bei und empfing 1937 die Priesterweihe. Von 1939 bis 1941 war er Redakteur der Jesuitenzeitschrift „Stimmen der Zeit". Wegen seiner mutigen Predigten und seiner katholischen Jugendarbeit während seiner Zeit als Kirchenrektor in St. Georg in München (1941 bis 1944) wurde er von den Nationalsozialisten bespitzelt. Ab 1942 war er Mitglied des „Kreisauer Kreis", der Widerstandsgruppe um Helmuth Graf von Moltke. Am 28. Juli 1944 wurde Alfred Delp von den Nazis verhaftet, am 11. Januar 1945 vom Volksgerichtshof unter Roland Freisler zum Tode verurteilt und am 2. Februar 1945 in Berlin-Plötzensee gehängt.

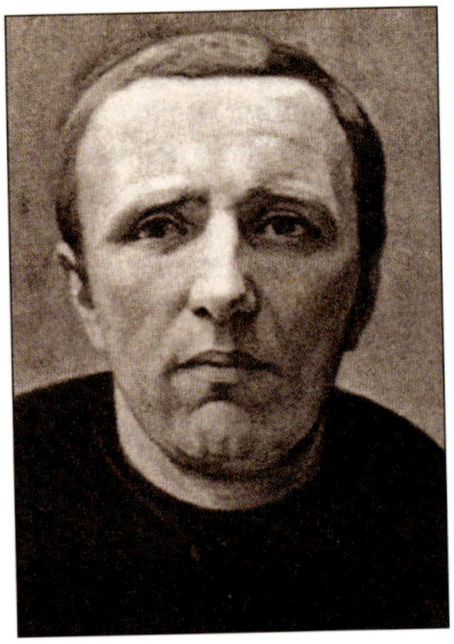

Der Passionisten-Bruder Isidor De Loor wurde 1984 seliggesprochen.

Delphine von Signe sel.
OFM, Terziarin
Fest: 26. November, 9. Dezember
Geboren 1283 in Puy-Michel, Frankreich, war Delphine zunächst mit → Elzéar verheiratet; nach seinem Tod gab sie ihren gesamten Besitz für wohltätige Werke. Sie starb am 26. November 1360 in Apt, Frankreich. 1694 Bestätigung des Kultes.
Darstellung: als Franziskanerterziarin, beim Sammeln von Almosen, mit Waisenkind im Arm

Delphinus von Bordeaux hl.
Bischof von Bordeaux
Fest: 24. Dezember
Delphinus war etwa ab 379 Bischof von Bordeaux (Frankreich). Mit vielen wichtigen Kirchenpersönlichkeiten seiner Zeit hielt er Kontakt, so mit → Ambrosius von Mailand und mit → Paulinus von Nola, den er bekehrt und getauft hatte. Er starb um 402 in Bordeaux.

Deluil-Martiny, Marie Caroline Philomène sel.
Ordensgründerin
Fest: 27. Februar

Geboren am 28. Mai 1841 in Marseille, Frankreich, gründete Marie Caroline Philomène Deluil-Martiny 1873 die Kongregation der Töchter des Herzens Jesu sowie mehrere Ordenshäuser, so in Antwerpen und in Marseille. Am 27. Februar 1884 wurde Marie de Jésus, so ihr Ordensname, von einem Glaubensgegner in Marseille erschossen. 22. Oktober 1989 Seligsprechung.

Demetria
Märtyrerin
Fest: 21. Juni
Nach der wohl legendarischen Passio war Demetria die Schwester von → Bibiana und Tochter von → Dafrosa. Sie soll 363 in Rom zu Tode gemartert worden sein.

Demetrianos hl.
Bischof von Chytri
Fest: 6. November
Demetrianos, geboren um 830 auf Zypern, war etwa ab 890 bis 915 Bischof von Chytri auf Zypern. Er genoß große Verehrung, mehrere Orte auf Zypern sind nach ihm benannt.

Demetrias hl.
Jungfrau
Fest: 24. Februar
Demetrias, geboren Ende des 4. Jh. in Rom als Tochter einer reichen Familie (Anicii), flüchtete 410 aus Rom, um der Zerstörung der Stadt durch Alarich zu entgehen. In Karthago hörte sie eine Predigt von → Augustinus und lebte von da an als christliche Jungfrau. Sie kehrte nach Rom zurück und stiftete zu Ehren von Märtyrer → Stephanus eine Basilika an der Via Latina (dort bis heute ihre Grabinschrift). Der Todestag war wohl der 24. Februar 425.

Demetrios von Alexandrien hl.
Bischof von Alexandrien
Fest: 9. Oktober
Geboren Mitte des 2. Jh., war Demetrios ab 189 der erste Bischof von Alexandrien, über den belegte Überlieferungen vorliegen. Berühmt ist die Tatsache, daß Demetrios dem erst 18jährigen Origenes die Leitung der Katechumenschule von Alexandrien übertrug, und

Die selige Maria von Jesus, Marie Caroline Philomène Deluil-Martiny, Gründerin der Kongregation der Töchter des Herzens Jesu.

Origenes in der Folge einer der bedeutendsten Lehrer der frühen Kirche wurde. Demetrios starb um 231 hochbetagt (105jährig?) in Alexandrien.

Demetrios von Saloniki (Thessalonike)
Märtyrer
Fest: 26. Oktober
Demetrios genießt bis heute große Verehrung in Griechenland, über 200 Kirchen sind ihm dort geweiht. Die Passio ist größtenteils legendarisch, sein Martyrium historisch nicht gesichert. Möglicherweise erlitt Demetrios, ein Soldat, in der Verfolgung unter Maximianus um 302/304 in Sirmium (Serbien) den Martertod. Der Kult gelangte dann nach Thessalonike (Saloniki), Griechenland, wo im 5. Jh. eine Basilika errichtet wurde, die sich zum Zentrum der Demetrios-Verehrung entwickelte. Das angebliche Grab in der Demetrios-Basilika wurde zu einer vielbesuchten Wallfahrtsstätte des Mittelalters, aus ihm soll ein heilkräftiges Öl geflossen sein. Noch heute finden am 26. Oktober Demetrios-Prozessionen statt, der Tag hat aufgrund unzähliger Märkte auch eine wirtschaftliche Bedeutung. Demetrios von Saloniki gehört zu den populärsten Heiligengestalten der Ostkirche. In der Ikonographie nimmt Demetrios eine wichtige Stellung ein; seine Darstellungen sind mannigfaltig, sowohl in der griechischen als auch in der russischen Kirchenkunst.
Darstellung: als römischer Soldat (nach Georg ist er der meistdargestellte Soldatenpatron), mit Schwert, Lanze, Pfeilen, Kreuzschild
Patronat: von Venedig, Saloniki, Konstantinopel (heute Istanbul), der Soldaten

Dengel, Anna
Ordensgründerin
Fest: 17. April
Die Kongregation der Missionsärztlichen Schwestern ist die Gründung von Anna Dengel. Geboren am 16. März 1892 in Steeg in Tirol, Österreich, hatte sie ab 1913 in Cork (Irland) Medizin studiert und war ab 1920 als Missionsärztin in Indien tätig. 1925 gründete sie in Washington (USA) ihren Orden, den sie bis 1967 als Generaloberin

Einer der populärsten Heiligen der Ostkirche, Demetrios von Saloniki. Auf dieser Ikone aus dem 19. Jh. besiegt er den römischen Kaiser Diokletian.

Dr. Anna Dengel auf einer österreichischen Briefmarke von 1992.

leitete und aufbaute. Seit 1936 dürfen die Schwestern Geburtshilfe leisten und chirurgische Eingriffe vornehmen, was nach einem Erlaß aus dem Mittelalter Ordensleuten bis dahin untersagt war. Die Schwestern arbeiten heute in über 30 Ländern der Erde, das Generalat befindet sich in Rom. Anna „Mutter" Dengel starb am 17. April 1980 in Rom und wurde am Campo Santo Teutonico beigesetzt.

Dentlin
Kind
Fest: 14. Juli, 16. März
Dentlin war der Sohn von → Waldetrud und → Vinzenz Madelgar und kam im letzten Drittel des 7. Jh. im Hennegau (Belgien) zur Welt. Er soll im Alter von sieben Jahren gestorben sein und wurde danach im gesamten Hennegau hoch verehrt. Seine Gebeine gelangten später in die 1040 erbaute Stiftskirche von Rees in Nordrhein-Westfalen, wo er bis Ende des 19. Jh. ebenfalls sehr verehrt wurde.

Deochar (Dietger, Theotgar)
OSB, Abt von Herrieden
Fest: 7. Juni
Deochar war ab 795 erster Abt der Benediktinerabtei Herrieden (Hasareode) in Mittelfranken. 819 war er maßgeblich an der Übertragung der Gebeine von → Bonifatius nach Fulda beteiligt. Deochar starb vor 829 in Herrieden. Die Reliquien gelangten 1316 nach Nürnberg, 1845 in den Dom von Eichstätt (Bayern); in St. Lorenz in Nürnberg, Bayern, steht der berühmte Deocharus-Altar.
Darstellung: als Abt, mit Stab, Heiligenschein, vor einem offenen Grab, mit dem Vater eines blinden Jungen (den er geheilt haben soll)
Patronat: der Blinden, Augenkranken

Deodat von Nevers hl.
Missionsbischof, Bischof von Nevers(?)
Fest: 19. Juni
Deodat, geboren zu Beginn des 7. Jh. vielleicht in Irland, gründete in Frankreich wohl die Abteien Ebersmünster und Juncturae (später nach ihm St-Dié genannt). Er starb nach 680. Das Haupt und einige Gebeine werden bis heute in der Kathedrale von St-Dié aufbewahrt.
Darstellung: als Bischof, mit Gewitterwolken (die er angeblich vertreiben konnte)
Patronat: gegen Gewitter, Regen und Nebel sowie Überschwemmungen, gegen Unglück, gegen böse Geister, gegen die Pest

Deodat
Einsiedler, Abt(?)
Fest: 24. April
Nach der Legende soll Deodat im 6. Jh. als Einsiedler in Blois an der Loire (Frankreich) gelebt haben. Möglicherweise war er erster Abt des Benediktinerklosters von Blois, dessen Land ihm von Chlodwig I. geschenkt worden war.

Deodato von Nola
Bischof von Nola
Fest: 27. Juni
Deodato soll 443 bis 473 Bischof von Nola, Italien, gewesen sein (wohl als übernächster Nachfolger von → Paulinus von Nola). Gebeine gelangten 839 nach Benevent.

Deogratias → Felix von Cantalice

Deogratias von Karthago
Bischof von Karthago
Fest: 22. März, 5. Januar
Deogratias wurde in hohem Alter 454 Bischof von Karthago (Tunesien) und kümmerte sich während seiner Amtszeit vor allem um die nach der Plünderung Roms durch Geiserich nach Nordafrika ver-

Das gotische Konhoferfenster in der Lorenzkirche in Nürnberg zeigt den Patron der Blinden, Deochar.

schleppten Christen. Er starb am 22. März 457 in Karthago, betrauert vom Volk.

Deshayes, Gabriel
Ordensgründer
Fest: 28. Dezember
Geboren am 6. Dezember 1767 in Beignon, Frankreich, gestorben am 28. Dezember 1841 in St-Laurent-sur-Sèvre, Frankreich. Der Priester und Pfarrer gründete 1807 die Kongregation der Schwestern vom christlichen Unterricht, danach eine Kongregation für Lehrbrüder; später reorganisierte er die von → Louis Marie Grignion de Montfort ins Leben gerufenen Kongregationen.

Desideratus hl.
Erzbischof von Bourges
Fest: 8. Mai
Desideratus war wohl ab 543 Erzbischof von Bourges (Frankreich). Er erbaute die berühmte Basilika St-Symphorien in Bourges. Gestorben 8. Mai 550 in Bourges.

Desiderius von Cahors
Bischof von Cahors
Fest: 15. November, 27. November
Geboren um 590 bei Narbonne, Frankreich, war Desiderius ab 630 Bischof von Cahors, Frankreich, und führte Stadt und Bistum zu neuer Blüte. Er starb am 15. November 655.

Desiderius von Langres hl.
Bischof von Langres, Märtyrer
Fest: 23. Mai
Desiderius (Didier) war ab 346 Bischof von Langres, Frankreich. Wahrscheinlich wurde er bei einem Vandaleneinfall ermordet (407 oder 411). 1314 Erhebung der Gebeine; Reliquien gelangten nach Köln, Ellwangen, Bologna, Genua und Avignon.
Darstellung: als Bischof, mit Palme, mit abgeschlagenem Haupt
Patronat: von Langres und Avignon, der Schwangeren, gegen Unglück, gegen Meineid

Desiderius von Vienne
Erzbischof von Vienne, Märtyrer
Fest: 23. Mai, 25. Mai
Desiderius ist ab 596 als Erzbischof von Vienne, Frankreich, erwähnt. Weil er Kritik an Königin Brunhilde übte, wurde er 611 in Vienne ermordet.
Patronat: von Vienne

Desmaisières, Maria Miguela von hl.
Ordensgründerin
Fest: 24. August
Geboren am 1. Januar 1809 in Madrid, gründete Maria Miguela Desmaisières (eine Gräfin Jorbalán) 1845 in Madrid eine Einrichtung für gefährdete Mädchen und junge Frauen; daraus entwickelte sich die Kongregation der Dienerinnen (Anbeterinnen) des heiligsten Sakramentes und der Liebe, die 1866 päpstlich approbiert wurde. Maria Miguela Desmaisières vom heiligsten Sakrament starb am 24. August 1865 in Valencia, Spanien. 7. Juni 1925 Seligsprechung und bereits am 4. März 1934 Heiligsprechung. – Die Kongregation hat sich heute in Europa und Amerika ausgebreitet.

Deusdedit (Adeodatus) I. hl.
Papst (615 bis 618)
Fest: 8. November
Deusdedit I. bestieg den Papststuhl am 9. Oktober 615 und amtierte bis zu seinem Tod am 8. November 618. Zuvor war er 40 Jahre lang Vorsteher einer Christengemeinde in Rom gewesen.

Deusdedit (Frithona) von Canterbury hl.
Erzbischof von Canterbury
Fest: 14. Juli, 15. Juli
Deusdedit (Geburtsname: Frithona) war ab 655 Erzbischof von Canterbury, England. Er gilt als Mitbegründer von Kloster Peterborough (Medehamstede) und gründete das Nonnenkloster auf der Insel Thanet. Er starb am 14. Juli 664 an der Pest.

Deusdedit von Montecassino hl.
OSB, Abt von Montecassino, (Märtyrer)
Fest: 9. Oktober
Deusdedit war ab 828 Abt des Benediktinerklosters Montecassino, Italien. Als er gegen den Herzog von Benevent den Besitz der Abtei verteidigte, wurde er abgesetzt und eingekerkert; an den erlittenen Mißhandlungen starb er am 9. Oktober 834.

Damian De Veuster im Alter von 30 Jahren.

Pater Damian wenige Monate vor seinem Tod. Der „Apostel der Aussätzigen" wurde selbst ein Opfer der Lepra.

De Veuster, Damian Joseph sel.
SSCC, Missionar
Fest: 15. April
Geboren am 3. Januar 1840 in Tremeloo, Belgien, trat Damian De Veuster der Picpus-Gesellschaft (Kongregation der Heiligen Herzen Jesu und Mariens und der ewigen Anbetung) bei und ging 1863 als Missionar nach Hawaii. 1873 ließ er sich bei Leprakranken auf Molokai nieder, um ihnen Beistand zu leisten. Er erkrankte selbst an Aussatz und starb am 15. April 1889.
Seligsprechung: 4. Juni 1995.
Darstellung: als Pfarrer mit Rochett und Stola
Patronat: der Pfarrer

Devota (Deivota) hl.
Märtyrerin
Fest: 27. Januar
Bis zum heutigen Tag feiern Gläubige in Monaco das Fest der Märtyrerin Devota, deren Reliquien dort aufbewahrt werden. Die Passio ist wohl legendarisch; danach erlitt Devota unter Diokletian um 304 auf Korsika den Martertod.

Diana von Andalò sel.
OP, Ordensfrau
Fest: 10. Juni
Diana, geboren im 12. Jh. in Bologna, Italien, war zusammen mit ihren zwei Gefährtinnen Cecilia und Amata die erste Ordensfrau, die das in Bologna neu errichtete Dominikanerinnenkloster besiedelte. Sie starb am 10. Juni (?) 1236 in Bologna. 1891 Seligsprechung.

Didacus von Azevedo sel.
Bischof von Osma
Fest: 30. Dezember, 7. Februar
Didacus ist ab 1201 als Bischof von Osma, Spanien, bezeugt. Im Auftrag des Königs war er als Diplomat in Europa unterwegs, gemeinsam mit → Dominikus predigte er ab 1206 in Südfrankreich. Didacus gab Dominikus den Anstoß zur Gründung des Dominikanerordens. Er starb am 30. Dezember 1207 in Osma.

Didacus Josephus von Cádiz sel.
OFMCap, Ordensmann, Prediger
Fest: 24. März

Heiligenbild des seligen Didacus von Cádiz aus dem 19. Jh.

Didacus Josephus, geboren am 30. März 1743 in Cádiz, Spanien, trat 1757 dem Kapuzinerorden bei, empfing 1766 die Priesterweihe und wirkte danach 30 Jahre lang charismatisch als einer der meistbeachteten Prediger und Missionare Spaniens. Viele Predigterneuerungen gingen auf ihn zurück. Er starb am 24. März 1801 in Ronda, Spanien. 1894 Seligsprechung.

Diégo von Alcalá (Didacus) hl.
OFM, Laienbruder, Missionar
Fest: 12. November, 13. November
Geboren um 1400 in S. Nicolás in Andalusien, Spanien, wurde Diégo (Didacus) von Alcalá Laienbruder im Franziskanerorden und ging 1441 zur Missionierung auf die Kanarischen Inseln. Ab 1450 wirkte er in Rom und pflegte dort Pestkranke. Er besaß die Gabe der Krankenheilung. Gestorben am 12. November 1463 in Alcalá, Spanien. 1588 Heiligsprechung.
Darstellung: als Franziskaner, mit Kreuz, bei der Pflege von Kranken

Diego Carvalho sel.
SJ, Missionar, Märtyrer
Fest: 22. Februar, 25. Februar
Der Jesuitenmissionar Diego Carvalho, geboren 1578 in Coimbra, Portugal, missionierte erfolgreich in Japan, später im heutigen Vietnam. Als in Japan die Christenverfolgung immer schlimmer wurde, kehrte er zurück und wirkte dort weiter, wurde jedoch gefangengenommen und starb nach schweren Folterungen am 22. Februar 1624 in Sendai. 1867 Seligsprechung.

Diego Luis de San Vitores Alonso sel.
SJ, Ordensmann, Märtyrer
Fest: 2. April
Geboren am 13. November 1627 in Burgos, Spanien, trat Diego Luis de San Vitores Alonso 1643 dem Jesuitenorden bei, 1651 empfing er die Priesterweihe. Ab 1668 wirkte er in der Mission auf der Insel Guam auf den Marianen, einer Inselgruppe in Mikronesien. In weniger als einem Jahr hatte er gemeinsam mit fünf Gefährten über 13 000 Menschen für das Christentum gewonnen und getauft, nach drei Jahren waren es über 30 000. Heidnische Gegner überfielen ihn am 2. April 1672 in Tumon und erstachen ihn mit einer Lanze. Papst Johannes Paul II. sprach Diego Luis de San Vitores Alonso am 6. Oktober 1985 selig.

Diemut
Inklusin
Fest: 30. März
Diemut lebte Ende des 11., Anfang des 12. Jh. als Inklusin im Benediktinerkloster Wessobrunn, Bayern. In den 50 Jahren bis zu ihrem Tod am 30. März 1130(?) schrieb sie in schöner Schrift 45 Kirchenwerke ab, von denen einige noch erhalten sind.

Dietbald → Theobald von Geisling und von Provine

Dietburg
Mutter von Ulrich von Augsburg
Fest: 1. November
Geboren um 865 in Augsburg, Bayern, gebar Dietburg um 890 Ulrich von Augsburg. Sie starb um 924 in Augsburg. 1683 und 1752 Erhebung der Gebeine.

Dietger → Deochar

Dietgrim → Thiatgrim

Diethild → Thiathildis

Diethilde → Theodechild

Dietlinde → Theodelinde

Dietmar von Prag
Erster Bischof von Prag
Fest: 2. Januar
Dietmar, geboren in der ersten Hälfte des 10. Jh., war der erste Bischof des 973 eingerichteten Bistums Prag. Er starb 983 in Prag (Tschechien).

Dietmar → Thiemo, Thietmar

Dietram
Einsiedler oder Priester, Propst
Fest: 1. November
Dietram, ein Einsiedler oder Priester, leitete etwa ab 1102 als erster Propst das Augustiner-Chorherrenstift Martinszell in Bayern, das spä-

Die Armenspeisung des San Diégo von Alcalá, nach einem Gemälde von Murillo, um 1646. Die Gestalt des Diégo entstand nach einem lebensgetreuen Porträt des Mönchs aus dem Jahr 1480.

ter nach ihm Dietramszell genannt wurde. Er starb wohl am 1. November 1147.

Dietrich → Theoderich

Dietrich Koelde
OFM, Priester
Fest: 11. Dezember
Der Franziskanerpriester Dietrich Koelde, geboren um 1435 in Münster (Nordrhein-Westfalen), war einer der herausragenden Seelsorger des Rheinlandes und der Niederlande im ausgehenden Mittelalter. Während einer Pestepidemie in Brüssel pflegte er aufopferungsvoll die Kranken und Sterbenden. Sein in münsterländischem Dialekt geschriebener Christenspiegel fand große Verbreitung in der Bevölkerung. Dietrich Koelde starb am 11. Dezember 1515 in Brüssel. Eine Seligsprechung wurde mehrfach angestrebt.

Diéz y Bustos de Molina, Victoria sel.
Märtyrerin
Fest: 12. August
Papst Johannes Paul II. sprach am 10. Oktober 1993 in Rom die Spanierin Victoria Diéz y Bustos de Molina selig, die dem Theresianischen Institut angehörte und dessen Spiritualität als Lehrerin lebte und weitergab. Geboren am 11. November 1903 in Sevilla, Spanien, gestorben am 12. August 1936 in Rincon Hornachuelos (Spanien) als Märtyrerin im Spanischen Bürgerkrieg.

Digna → Merita

Diomedes
Arzt, Märtyrer
Fest: 16. August
Geboren im 3. Jh. in Tarsus, Türkei, wurde Diomedes Arzt und behandelte die Christen unentgeltlich. Um 305 erlitt er in Nicäa, Kleinasien, das Martyrium durch Enthauptung.

Dionysia
Märtyrerin
Fest: 6. Dezember
Nach der teilweise wohl legendarischen Passio lebte Dionysia im 5. Jh. in Tunesien und war überzeugte Christin. Sie wies die Forderung von Vandalenkönig Hunerich zurück, sich zum arianischen Glauben zu bekennen und wurde deshalb mit ihrem kleinen Sohn → Majorikus zum Tod verurteilt. Die Hinrichtung von Mutter und Kind soll am 6. Dezember 484 in Tunis stattgefunden haben.

Dionysios der Große von Alexandrien hl.
Bischof von Alexandrien
Fest: 17. November
Geboren wohl um 170 in Ägypten, wurde Dionysios Schüler von Origenes (Alexandrinische Schule) und später Vorsteher der Schule. Ab 247/248 war er Bischof von Alexandrien, mußte jedoch schon um 250 vor der Verfolgung des Decius fliehen und zog sich ins Nil-Delta zurück. Als er nach Jahren zurückkehrte, herrschten in seiner Diözese Hunger, Pest und größte Wirren unter den Menschen. Kraftvoll und unbeirrt kämpfte Dionysios bis zu seinem Tod 264/265 für den Glauben und die Bekehrung

Nichtgläubiger; sein Mut und seine Standhaftigkeit in schwierigsten Zeiten brachten ihm den Beinamen „der Große". Überliefert ist, daß Dionysios jedes Jahr zu Ostern einen Festbrief schrieb und versandte (Tradition der Osterbriefe).

Dionysios von Korinth hl.
Bischof von Korinth
Fest: 8. April
Dionysios war in der zweiten Hälfte des 2. Jh. Bischof von Korinth (Griechenland); er genoß großes Ansehen und verkehrte mit verschiedenen Gemeinden und Persönlichkeiten in regem Briefwechsel. Er starb am 8. April wohl 180.

Der römische Priester Dionysius wurde Nachfolger von Sixtus II. und 25. Papst; nach einem Fresko in der Sixtinischen Kapelle, Vatikan, Rom.

Dionysius hl.
Papst (259/260 bis 267/268)
Fest: 26. Dezember, 30. Dezember
Der Grieche Dionysius, römischer Priester, wurde am 22. Juli 259 oder 260 nach einjähriger (zweijähriger?) Sedisvakanz zum Nachfolger von Sixtus II. gewählt. Er setzte seine ganze Kraft dafür ein, die durch die Christenverfolgungen unter Decius schwer angeschlagene Kirche wiederaufzubauen und zu stärken. Dionysius gilt wegen seines großen Einsatzes zur Wiederherstellung der Christengemeinde als einer der wichtigsten Päpste des 3. Jh. Er starb am 26. Dezember 267 oder 268 in Rom und wurde im Calixtus-Friedhof beigesetzt.

Dionysius von Augsburg
Bischof von Augsburg, Märtyrer
Fest: 26. Februar
Nach der wohl rein legendarischen Überlieferung soll Dionysius um 300 erster Bischof von Augsburg gewesen sein. Er wird als Bruder von → Hilaria, der Mutter von → Afra, erwähnt und soll mit den beiden Frauen um 304 in Augsburg den Martertod durch das Feuer gestorben sein. Etwa ab 1070 wurden Dionysius-Reliquien in der Kirche St. Afra in Augsburg am 26. Februar verehrt; 1258 fand eine feierliche Erhebung der Gebeine statt. Seit 1508 wird das Fest offiziell gefeiert.

Dionysius Pierre Berthelot (a Nativitate Domini) sel.
OCD, Ordensmann, Märtyrer
Fest: 29. November
Dionysius Pierre Berthelot und sein Begleiter Redemptus a Cruce waren die ersten Märtyrer des Karmeliterordens. Geboren am 12. Dezember 1600 in Honfleur, Frankreich, war Dionysius, der mit Familiennamen Pierre Berthelot hieß, zunächst Seefahrer. Während einer seiner Reisen trat er in Goa dem Karmeliterorden bei und empfing die Priesterweihe. 1638 reisten er und Redemptus auf die Insel Sumatra, wo sie bald nach ihrer Ankunft von türkischen Seeleuten überfallen und zu Tode gemartert wurden. Der Todestag lag im November 1638. 10. Juni 1900 Seligsprechung. – Die von Dionysius gezeichneten Meereskarten werden heute im Britischen Museum in London gezeigt.

Dionysius von Mailand hl.
Bischof von Mailand, (Märtyrer)
Fest: 25. Mai
Dionysius wurde etwa 351 zum Bischof von Mailand (Italien) ernannt. Wegen seiner Haltung zu → Athanasius wurde er 355 abgesetzt und nach Armenien verbannt, wo er vor 375 (25. Mai 360?) starb. → Ambrosius ließ Ende des 4. Jh. die Dionysius-Reliquien nach Mailand überführen, wo sie hoch verehrt wurden.

Dionysius (Denis) von Paris hl.
Bischof von Paris, Märtyrer, Nothelfer
Fest: 9. Oktober
Nach der wohl großenteils legendarischen Passio wurde Dionysius von einem „Nachfolger der Apostel" zur Missionierung entsandt und kam dabei nach Paris, wo er erster Bischof war. (Eine Überlieferung sagt, Papst Fabianus (236 bis 250) habe Dionysius zum Bischof geweiht und nach Gallien geschickt; eine andere berichtet, Clemens I., der dritte Nachfolger von Petrus, sei der Entsender gewesen.) Dort habe er zusammen mit Rusticus und Eleutherius 258 den Martertod gefunden. Er soll zahlreiche Kirchen gegründet haben, so in Chartres und in Paris. Über der Dionysius-Grabstätte in Paris entstand 625 die Kathedrale St-Denis (die mehrmals umgebaut wurde), in der sich bis heute die angeblichen Dionysius-Reliquien befinden.
Legende: Dionysius soll das Martyrium durch Enthaupten erlitten haben. Nach der Hinrichtung auf einem Hügel außerhalb von Paris habe er sein abgeschlagenes Haupt aufgenommen und bis zu seiner Grabstätte getragen.
Der Kult verbreitete sich ab dem 6. Jh. im fränkischen Reich, ab dem 11. Jh. entwickelte sich Regensburg, Bayern, zu einem der Kultzentren. In Frankreich ist Dionysius Nationalheiliger. Früher war er Patron der französischen Könige (die größtenteils in St-Denis beigesetzt sind); der Kampfruf der königlichen Truppen lautete: „Montjoie

Dionysius oder Denis (frz.), hier in seiner typischen Darstellung; diese Skulptur befindet sich in einem Seitenschiff des Domes von Bamberg.

Saint-Denis!" – Dionysius gehört zu den Vierzehn Nothelfern.
Darstellung: als Bischof, mit seinem abgeschlagenen Haupt in den Händen
Patronat: der Schützen, gegen Kopfschmerzen, bei Hundebissen, gegen Tollwut

Dioscuros
Märtyrer
Fest: 18. Mai
Dioscuros starb um 304 in Alexandrien, Ägypten, in der Christenverfolgung. Von seinen Verhören durch die Häscher von Kaiser Diokletian sind noch Akten vorhanden.

Disibod
Einsiedler, Bischof(?)
Fest: 8. Juli
Die wohl teilweise legendarische Passio berichtet, daß Disibod vielleicht aus Irland oder Schottland stammte und zu Beginn des 7. Jh. als Einsiedler auf dem Disibodenberg (so der heutige Name) in Rheinland-Pfalz lebte. Nahe seiner Zelle bildete sich eine klösterliche Gemeinschaft, der er vorstand. Andere Überlieferungen sagen, Disibod sei auch Bischof gewesen. Aus seiner Einsiedlerzelle entstand das Kloster Disibodenberg. – Hildegard von Bingen, die bis 1148 im Frauenkonvent auf dem Disibodenberg lebte, verfaßte seine Vita und erwähnte den Gedenktag 8. Juli.
Darstellung: als Einsiedler im Gebet

Dismas der Schächer
Bekehrter
Fest: 25. März
Dismas war angeblich der reuige Schächer, der zur Rechten von Jesus gekreuzigt wurde. Er soll einer Räuberbande angehört und dies am Kreuz tief bereut haben. – Große Verehrung auf Zypern und in Bologna, Italien; nach Zypern soll das Kreuz gelangt sein, nach Bologna verschiedene Kreuzpartikel. Auch im Franziskanerorden genoß Dismas früh große Verehrung.
Patronat: von Gallipoli, der zum Tod Verurteilten, der Fuhrleute, für einen guten Tod

Das Martyrium des heiligen Dionysius von Paris beinhaltet gleichzeitig seine Legende: Nachdem man ihn enthauptet hatte, nahm er seinen Kopf in die Hände und trug ihn zu seinem Grab. Gemälde von Léon Bonnat, Panthéon, Paris.

Dodart →
Theodard von Tongern

Dodo von Haska (Hascha)
OPraem, Ordensmann, Mystiker
Fest: 30. März
Der Prämonstratenser Dodo führte zu Beginn des 13. Jh. in Haska (Hascha) in den Niederlanden ein strenges Leben der Buße und der Abtötung. Er gilt als einer der ersten Menschen, von denen man wußte, daß sie stigmatisiert waren. Dodo starb am 30. März 1231 (1232?) in Haska.

Domenico Blasucci
CSSR, Ordensmann
Fest: 2. Oktober
Im Alter von 18 Jahren trat Domenico Blasucci aus Ruvo del Monte in Apulien (Italien) 1750 dem Redemptoristenorden bei. Er starb am 2. Oktober 1752 in Caposele (Italien). Der Seligsprechungsprozeß läuft.

Domenico Loricato
OSB, Mönch
Fest: 14. Oktober
Geboren 995 in Umbrien, Italien, wurde Domenico Priester, nachdem sein Vater die Weihe durch Bestechung erreicht hatte. Domenico beschloß, sein Leben lang dafür zu büßen und trug deshalb viele Jahre ein eisernes Panzerhemd direkt auf der Haut (daher der Beiname Loricato). Er war zunächst Einsiedler und trat dann bei → Petrus Damianus in das Benediktinerkloster Fontavellana (Italien) ein. Er starb am 14. Oktober 1061.

Domenico Peroni →
Bernhard von Offida

Domenico Pirrotti (Pompilius Maria vom heiligen Nikolaus) hl.
COp, Ordensmann, Mystiker
Fest: 15. Juli
Geboren am 29. September 1710 in Montecalvo Irpino, Italien, trat Domenico Pirrotti 1727 dem Calasantinerorden bei und empfing 1734 die Priesterweihe. Danach wirkte er als charismatischer Prediger und Seelsorger in Süd- und Mittelitalien. Er war mystisch hoch begnadet und besaß die Gaben der Krankenheilung und der Prophe-

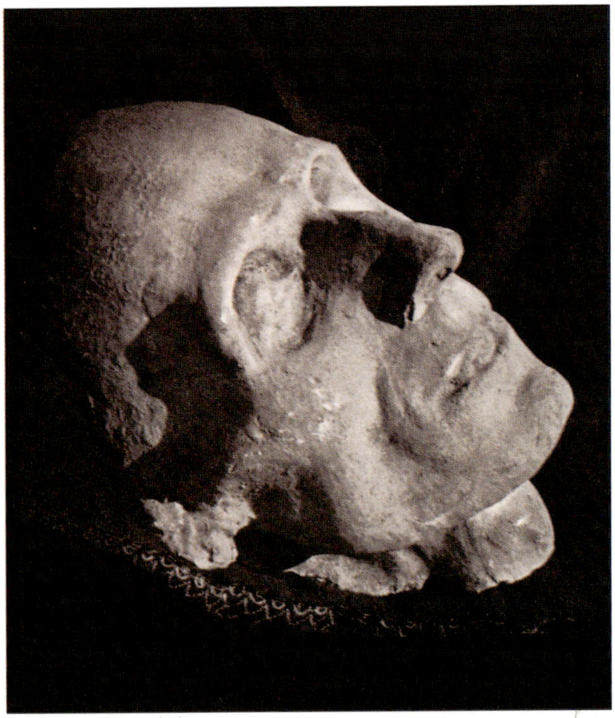

Die Totenmaske des heiligen Domenico Pirrotti befindet sich im Generalat der Calasantiner, Piazza di Massimi, Rom.

Domingo de Silos, Detail des Mittelstücks eines Triptychons von Bartolomé Bermejo, um 1442.

tie. Er starb am 15. Juli 1766 in Campi Salentina, Italien. 1890 Seligsprechung. 18. März 1934 Heiligsprechung.

Domenico di Sora hl.
OSB, Abt
Fest: 22. Januar
Geboren 951 in Foligno in Umbrien (Italien), trat Domenico 972 dem Benediktinerorden bei und lebte zunächst als Einsiedler. Als sich zahlreiche Gefährten um ihn sammelten, gründete er verschiedene Klöster in seiner Heimatregion sowie im damaligen Königreich Neapel. Das Kloster S. Maria di Sora (1011) leitete er als Abt; dort starb er 1031 im Alter von 80 Jahren hochverehrt und geachtet. Die Reliquien befinden sich bis heute in Sora.

Domenico Spadafora sel.
OP, Prior, Volksprediger
Fest: 21. Dezember, 3. Oktober, 12. Oktober
Geboren 1450 in Randazzo auf Sizilien (Italien), trat Domenico Spadafora jung dem Dominikanerorden bei und wirkte in den Jahrzehnten bis zu seinem Tod am 21. Dezember 1521 (Monte Cerignone) als Wanderprediger in ganz Italien und auf Sizilien. 12. Januar 1921 Approbation des Kultes.

Domenico Vernagalli sel.
OSBCam, Ordensmann, Gründer
Fest: 20. April
Geboren Mitte des 12. Jh. in Pisa, Italien, wurde Domenico Vernagalli Kamaldulensermönch und gründete in Pisa bei seinem Kloster S. Michele ein Krankenhaus. Er starb am 20. April 1218 in Pisa. 1854 Approbation des Kultes.

Domingo de la Calzada hl.
Einsiedler, Wohltäter
Fest: 12. Mai
Geboren Mitte des 11. Jh. in Spanien, wollte der Hirte Domingo dem Benediktinerorden beitreten, wurde jedoch mehrfach abgewiesen. Enttäuscht führte er danach in Nordspanien ein Leben als Einsiedler am Rand des Pilgerweges nach Santiago de Compostela und erbaute dort eine Brücke und ein Übernachtungshaus für die Pilger (calzada = Straße); selbst der König würdigte seine Arbeit. Domingo de la Calzada starb 1109. An der Stelle seiner Einsiedelei entstand eine Kirche, die zum Bischofssitz Calahorra-Sto.-Domingo de la Calzada wurde.
Darstellung: als Einsiedler, mit Hahn und Henne (Legende eines Wunders; Hahn und Henne sind bis heute in der Domingo-Kirche in einem Käfig zu sehen)

Domingo Castellet sel.
OP, Märtyrer
Fest: 8. September, 1. Juni
Geboren 1592 in Esparraguerra, Spanien, trat Domingo Castellet dem Dominikanerorden bei und wurde in die Mission nach Japan entsandt. Gemeinsam mit anderen Gefährten erlitt er am 8. September 1628 in Nagasaki den Märtyrertod durch Verbrennen bei lebendigem Leib. 1867 Seligsprechung.

Domingo de Silos hl.
OSB, Abt
Fest: 20. Dezember
Domingo de Silos gehört bis heute zu den volkstümlichsten spanischen Heiligen; seine Grabstätte war lange ein berühmter Wallfahrtsort. Geboren um 1000 im spanischen Canas, damals Region Navarra, trat er um 1030 dem Benediktinerkloster S. Millán de Cogolla bei, dessen Prior er 1036 wurde. Als der König von Navarra immer wieder Kirchengüter von ihm forderte, geriet er mit ihm in Streit und wurde vertrieben. Der König von Kastilien übertrug ihm die heruntergekommene Abtei S. Sebastián in Silos, die er ab 1041 als Abt leitete und zu höchster Blüte führte. Vor allem kulturell strahlte das Kloster heraus. Domingo de Silos war hochgeachtet und wurde sofort nach seinem Tod am 20. Dezember 1071 wie ein Heiliger verehrt; das Kloster erhielt um 1100 nach ihm den Namen San Domingo de Silos. Dort auch seine Beisetzungsstätte. Das Kloster gehört bis heute zu den großen Sehenswürdigkeiten Spaniens.
Darstellung: im Bischofsgewand, als Abt, mit Buch, Mitra, Fesseln (weil er sich zeitweise für die Befreiung von Christen aus maurischer Gefangenschaft einsetzte)
Patronat: der Hirten (er war vor seinem Ordensleben Hirte), der Gefangenen

Domingo y Sol, Emmanuel
Ordensgründer
Fest: 25. Januar
Geboren am 1. April 1836 in Tortosa (Spanien), wurde Emmanuel Domingo y Sol Priester und widmete sich danach vor allem der Ausbildung des Klerus, wofür er

1883 die Kongregation der Diözesanseelsorger gründete. Er starb am 25. Januar 1909 in Tortosa. Der Seligsprechungsprozeß ist eingeleitet.

Domingo del Val
Märtyrer
Fest: 31. August
Domingo del Val ist eine der meistverehrten Heiligengestalten in der spanischen Region Aragón. San Dominguito (der kleine Dominikus), wie er in Spanien nur genannt wird, war ein siebenjähriger Ministrant in der Kathedrale von Saragossa, der, so die Überlieferungen, von Glaubensgegnern entführt und an einer Mauer erschlagen worden sein soll. Als Todesjahr wird 1250 genannt.

Dominici, Maria Enrichetta sel.
Ordensfrau
Fest: 21. Februar
Geboren am 10. Oktober 1829 in Carmagnola, Italien, trat Maria Enrichetta Dominici 1850 in Turin, Italien, der Kongregation der Annaschwestern von der Vorsehung bei. Ab 1860 war sie bis zu ihrem Tod am 21. Februar 1894 Generaloberin und brachte die Gemeinschaft zu höchster Blüte. 7. Mai 1978 Seligsprechung.

Dominicus a Matre Dei → Barberi, Domenico

Dominicus Ibáñez de Erquicia hl.
OP, Ordensmann, Märtyrer
Fest: 14. August
Geboren 1589 in Guipuzcoa, Spanien, trat Dominicus Ibáñez de Erquicia 1605 dem Dominikanerorden bei und wurde 1611 auf die Philippinen entsandt, wo er zunächst als Missionar, dann als Professor in Manila wirkte. 1623 kam er in die Mission nach Japan und war ab 1628 Provinzvikar seines Ordens. Als 1633 die Christenverfolgungen begannen, wurde er gefangengenommen und am 14. August 1633 in Nagasaki gekreuzigt. 18. Februar 1981 Seligsprechung, 18. Oktober 1987 Heiligsprechung (gemeinsam mit 14 weiteren Märtyrern, die in Japan ermordet wurden).

Dominicus Ruzzola (Dominicus a Jesu Maria)
OCarm, Ordensgeneral
Fest: 16. Februar
Geboren am 16. Mai 1559 in Calatayud, Spanien, trat Dominicus Ruzzola dem Karmeliterorden bei und wurde einer der erfolgreichsten und höchstverehrten Vertreter seines Ordens. Päpste und Kaiser suchten seinen Rat, immer wieder vermittelte er in Auseinandersetzungen. Er war Legat des Papstes, ab 1617 Ordensgeneral. Dominicus a Jesu Maria, so sein Ordensname, starb am 16. Februar 1630 in Wien, betrauert von der gesamten Kaiserfamilie. Beigesetzt wurde er in der Wiener Karmelitenkirche; 1903 übertrug man die Gebeine unter größter Anteilnahme in die neuerbaute Karmelitenkirche in Wien-Döbling (dort Grab in der Theresienkapelle). Eine Seligsprechung soll erreicht werden.

Dominikus (Domenico Guzmán) hl.
OP, Ordensgründer
Fest: 8. August
Dominikus war der Gründer des Dominikanerordens, des Vorbilds für fast alle Seelsorgerorden, die danach entstanden. Geboren um 1170 in Caleruega in Spanien, entschied sich Dominikus für den Priesterberuf, empfing die Weihe und wurde Mitglied des regulierten Domstiftes El Burgo de Osma, 1201 Subprior. Danach begleitete er seinen Freund → Didacus von

Dominicus Ruzzola, nach einem Kupferstich von Raphael Sadeler, 17. Jh.

Ganz links: Ordensgründer Emmanuel Domingo y Sol.

Das Kruzifix mit dem knienden Dominikus, Gemälde (Ausschnitt) von Fra Angelico, Museum des Klosters San Marco in Florenz.

Azeveda und beobachtete in Südfrankreich die Auswirkungen der herrschenden Irrlehren. Er beschloß, Missionar zu werden und gründete in Prouille bei Toulouse eine Missionsstation. In den folgenden Jahren wurden viele Abgefallene von Dominikus und seinen Gefährten zum Glauben zurückgeführt. Aus der Gemeinschaft entstand 1215 der Prediger- und Bettlerorden der Dominikaner, der 1216 päpstlich bestätigt wurde. Schon 1217 strömten die ersten Brüder aus, um Klöster zu grün-

Am 22. Dezember 1216 bestätigte Papst Honorius III. in Rom die Ordensregel der besitzlosen Brüdergemeinschaft um Dominikus.

Das von Nicola Pisano geschaffene Grabmal des Dominikus Guzmán in der Kirche San Domenico, Bologna. Die kerzenhaltenden Engel sind von Michelangelo.

den, 1221 wurde Dominikus vom Papst beauftragt, in Rom einen Frauenkonvent ins Leben zu rufen. Armut und Studium waren die beiden Grundlagen des Dominikanerordens, der auf der Regel von → Augustinus aufgebaut war. Vor jeder Predigt mußten sich die Brüder ausführlich unterrichten. Eines der obersten Ordensziele war die Bewahrung der katholischen Kirche gegen alle Angriffe von außen. 1220 fand das erste Ordenskapitel in Bologna (Italien) statt. Dominikus starb am 6. August 1221 in Bologna und fand seine letzte Ruhestätte in der dortigen Dominikanerordenskirche S. Domenico. Heiligsprechung am 3. Juli 1234. Seit 1972 wird der Gedenktag am 8. August begangen.

Darstellung: im Dominikanergewand, beim Segnen, mit Buch, Lilie, Stein, Sperling, Stab, Rosenkranz, Stern, schwarz-weißem Hund mit Fackel, mit anderen Dominikanerbrüdern

Patronat: der Dominikaner, von Bologna, der Schneider, gegen Hagel, gegen Fieber

Dominikus Doan Xuyen hl.
OP, Märtyrer
Fest: 26. November
Der Vietnamese Doan Xuyen, geboren 1788, der nach seinem Beitritt zum Dominikanerorden aus Verehrung für den Ordensgründer den Namen Dominikus annahm, missionierte in der Provinz Nam-Dinh. Er wurde 1839 gefangengenommen, gefoltert und enthauptet. Zusammen mit anderen vietnamesischen Märtyrern sprach ihn Papst Johannes Paul II. im Jahr 1988 heilig.

Dominikus vom heiligen Rosenkranz sel.
OP, Märtyrer
Fest: 10. September
Geboren um 1600, erlitt der junge Novize des Dominikanerordens während des großen Martyriums am 10. September 1622 in Nagasaki (Japan) den Tod durch Enthauptung. 1867 Seligsprechung.

Dominius (Domin)
Einsiedler
Fest: 13. November, 16. November
Dominius soll im 7. Jh. als Einsiedler in der Region um Tulle im Limousin (Frankreich) gelebt haben. Er war hochverehrt und als Ratgeber gesucht.

Domitian von Maastricht hl.
Bischof von Maastricht-Tongern
Fest: 7. Mai, 15. Mai
Domitian war im 6. Jh. Bischof von

Maastricht-Tongern (Niederlande). Er ist als Teilnehmer verschiedener Synoden sicher bezeugt. Sein Todesjahr war wohl 560; die Gebeine gelangten nach Huy, in Maastricht verblieb eine Fingerreliquie.
Patronat: gegen Fieber

Domitilla → Flavia Domitilla

Domninus (Donnino)
Märtyrer
Fest: 9. Oktober
Bis heute werden in Borgo San Donnino bei Parma (Italien) die Reliquien des Märtyrers Domninus (Donnino) hoch verehrt. Er war Christ und arbeitete um 300 als kaiserlicher Kämmerer in seiner Heimatstadt Parma. Christenverfolger nahmen ihn 304 gefangen und enthaupteten ihn an der Straße, wo heute seine Gedenkstätte steht.

Domnius
Bischof, Märtyrer
Fest: 11. April
Domnius war der erste bezeugte Bischof von Salona in Dalmatien. Er erlitt in den Christenverfolgungen unter Diokletian am 10. April 304 in Salona den Märtyrertod. Seine Gebeine wurden im 7. Jh. in die Kathedrale von Split, heute Kroatien, übertragen, wie Inschriften bestätigen.

Domnolus hl.
Bischof von Le Mans
Fest: 1. Dezember, 16. Mai
Domnolus war ab 559 Bischof von Le Mans (Frankreich). Sein Auftreten bei verschiedenen Ereignissen ist bezeugt. Er starb am 1. Dezember 581 in Le Mans.

Donald
Einsiedler
Fest: 15. Juli
Nach der teilweise legendarischen Passio lebte Donald im 7. Jh. in Schottland. Nach dem Tod seiner Ehefrau zog er sich mit seinen neun Töchtern in eine Einöde bei Ogilvy zurück, wo alle ein Leben in der Einsamkeit führten. Alle Töchter sollen nach seinem Tod in das Kloster von Abernethy in Schottland eingetreten sein.

Donata
Märtyrerin
Fest: 17. Juli
Donata lebte im 2. Jh. als Christin in Nordafrika. Nachdem sie sich gemeinsam mit einigen Gefährten vor dem Prokonsul von Karthago zu ihrem Glauben bekannt hatte, wurde sie in Scillium bei Karthago am 17. Juli 180 enthauptet. Die Prozeßakten sind noch erhalten und gelten als ältestes Zeugnis der afrikanischen Kirche. Die „Scillitanischen Märtyrer“ wurden hoch verehrt; über ihrem Grab entstand eine Basilika, in der → Augustinus mehrmals predigte. Der Kult verbreitete sich später auch im Abendland.

Donati, Marianna (Celestina della Madre di Dio)
Ordensgründerin
Fest: 18. März
Geboren am 26. Oktober 1848 in Marradi bei Florenz (Italien), gestorben am 18. März 1925 in Florenz. Gründerin der Kongregation der Kalasantinerinnen. Seligsprechungsprozeß eingeleitet.

Donatian von Nantes hl.
Märtyrer
Fest: 24. Mai
Nach seiner Taufe erlitt Donatian in Nantes (Frankreich) während der Christenverfolgung von Decius (um 250) oder von Diokletian (um 304) den Martertod. Mit ihm starb sein Bruder Rogatian, der noch Katechumene war.

Donatian von Reims hl.
Erzbischof von Reims
Fest: 14. Oktober
Von Donatian ist nur bekannt, daß er in der zweiten Hälfte des 4. Jh. Erzbischof von Reims (Frankreich) war. Als unsicheres Todesdatum ist der 14. Oktober 389 überliefert. Die Reliquien befinden sich in Brügge (Belgien).
Patronat: von Brügge

Donatus von Arezzo hl.
Bischof, Märtyrer
Fest: 7. August
Donatus war im 4. Jh. der zweite oder der vierte Bischof von Arezzo, Italien. Er soll zahlreiche Wunder vollbracht haben, was ihm schon

Donatian von Reims, Detail aus dem Gemälde „Madonna des Kanonikus Georg van der Paele“ von Jan van Eyck, um 1436, Groeningemuseum, Brügge, Belgien.

zu Lebzeiten große Verehrung brachte. Christenverfolger enthaupteten ihn 360/363 in Arezzo. – Donatus von Arezzo wird häufig mit Trägern des gleichen Namens verwechselt.
Darstellung: im Bischofsornat, mit Buch, Kelch, Drachen (den er bezwungen haben soll), Schwert
Patronat: von Arezzo

Mutter Celestina Donati, Gründerin der Kongregation der Kalasantinerinnen.

Donatus von Besançon hl.
OSB, Bischof von Besançon
Fest: 7. August
Der Benediktiner Donatus wurde um 624 Bischof von Besançon (Frankreich) und amtierte bis zu seinem Tod am 7. August 659. Er ist als Teilnehmer verschiedener Synoden sicher bezeugt. Er war ein großer Förderer des Mönchtums und schrieb unter anderem die „Regula ad Virgines“, die Elemente der Mönchsregeln von → Benedikt und von → Kolumban vereinte.

Donatus Scotus
Bischof von Fiésole
Fest: 22. Oktober
Die teilweise unsichere Vita von Donatus berichtet, er sei mögli-

Die Enthauptung der heiligen Dorothea, von Hans Baldung, genannt Grien, um 1516.

cherweise aus Irland/Schottland (Scotus) zur Missionierung aufs Festland gekommen und ab 830 Bischof von Fiésole bei Florenz (Italien) gewesen (bis etwa 880). Sein Todesdatum wird mit 22. Oktober 892 überliefert.

Don Bosco →
Bosco, Giovanni (Johannes)

Donders, Petrus sel.
CSSR, Priester, Missionar
Fest: 14. Januar

Geboren am 27. Oktober 1809 in Tilburg (Niederlande), wurde Petrus Donders Weltpriester und ging 1842 in die Mission nach Surinam (Holländisch-Guyana), wo er über 40 Jahre als Seelsorger wirkte. Die längste Zeit davon diente er aufopferungsvoll in der Aussätzigenkolonie Batavia. 1866 trat er dem Redemptoristenorden bei. Petrus Donders starb am 14. Januar 1887 in Batavia. 1982 Seligsprechung.

Dorothea hl.
Märtyrerin
Fest: 6. Februar

Die legendarische Vita berichtet, daß die Jungfrau Dorothea in Caesarea in Kappadokien (Türkei) um 304 in der Christenverfolgung von Diokletian den Martertod durch Enthauptung fand.

„Vater der Aussätzigen", Petrus Donders, Missionar in Surinam, Holländisch-Guayana.

Legende: Dorothea, Tochter christlicher Eltern in Caesarea, wies den um sie werbenden heidnischen Statthalter zurück. Er verurteilte sie deshalb zu Folterung und Tod durch Enthauptung. Auf dem Weg zur Hinrichtungsstätte murmelte Dorothea immer wieder den Namen Christi, ihres „Bräutigams". Ein junger heidnischer Rechtsanwalt, der dies hörte, forderte sie spöttisch auf, ihren „Bräutigam" doch um Blumen und Früchte zu bitten. Daraufhin brachte plötzlich ein Engel (ein Kind) ein Körbchen voller Obst und Blumen. Der junge Mann habe sich daraufhin bekehrt und zum Christentum bekannt. Dorothea wurde ermordet.

Vor allem im späten Mittelalter genoß Dorothea große Verehrung im deutschen Sprachraum. Sie wurde in allen Nöten angerufen, da die Überlieferung berichtet, sie habe noch im Augenblick ihrer Hinrichtung ausgerufen, Gott möge allen helfen, die in Not sind. Seit 1969 ist der Kult nicht mehr offiziell.

Darstellung: als Jungfrau, mit Blumen, Blumenkranz, Früchten, Rosen, Schwert, Palme

Patronat: der Gärtner, Blumenhändler, Bierbrauer, Bergleute, der Neuvermählten und Bräute, der Wöchnerinnen und in Geburtswehen, bei Armut, in Todesnöten, bei falschen Anschuldigungen

Dorothea von Montau sel.
Reklusin, Mystikerin
Fest: 25. Juni

Dorothea kam am 6. Februar 1347 in Groß-Montau (Polen) als Tochter einer Bauersfamilie zur Welt. Sie heiratete 16jährig und wurde Mutter von neun Kindern. Nachdem ihr Mann gestorben war, lebte sie ab 1391 als Reklusin in einer Zelle beim Dom von Marienwerder (südlich von Danzig). Dorothea

von Montau erlebte zahlreiche Visionen und Gnadenbeweise, durchlitt heroisch körperliche und seelische Schmerzen und empfing schließlich die Wundmale Christi. Alle Erlebnisse schrieb ihr Seelenführer Johannes Marienwerder nieder. Sie starb am 25. Juni 1394 in Marienwerder. Approbation des Kultes am 9. Januar 1976.
Darstellung: als Mutter mit ihren neun Kindern, mit Rosenkranz, Pfeilen, Laterne
Patronat: von Preußen, des Deutschen Ordens

Dorotheus
Märtyrer
Fest: 9. September
Dorotheus war Mitglied der Leibgarde von Kaiser Diokletian in Nikomedien und genoß sein Vertrauen. Als Diokletian erfuhr, daß er Christ war und an seinem Glaubensbekenntnis festhielt, ließ er ihn 303 zusammen mit seinem Gefährten → Gorgonius ermorden. → Eusebius von Caesarea, ein Zeitgenosse, berichtete von dem Martyrium der beiden. 1969 wurde die Verehrung in verschiedenen Kalendern genehmigt.

Dorotheus von Tyros
Bischof, Märtyrer
Fest: 5. Juni
Nach der großenteils legendarischen Passio war Dorotheus Mitte des 4. Jh. Priester in Tyros (Libanon), wurde vertrieben, kehrte zurück und wurde zum Bischof von Tyros ernannt. Unter Julian Apostata erlitt er am 5. Juni 362 den Martertod (angeblich in Varna am Schwarzen Meer).

Drei elende Heilige → Zimius

Drei Könige
(Kaspar, Melchior, Balthasar)
Fest: 6. Januar
Nach der biblischen Überlieferung (Matthäus 2,1–12) waren die Drei Könige drei Magier aus dem Osten, aus dem Morgenland, die nach Betlehem kamen, um dem neugeborenen König der Juden Geschenke zu überbringen (Gold, Myrrhe und Weihrauch). Ein Stern habe sie dorthin geleitet. Tertullian, ab 193 Christ und erster bedeutender Kirchenschriftsteller, war der erste, der von „drei Königen" sprach, ab dem 6. Jh. ist dies ständiger Sprachgebrauch. Langsam kamen dann die Namen Kaspar, Melchior und Balthasar auf, die etwa ab dem 9. Jh. volkstümlich waren, ebenso wie die Erklärung, daß einer der drei Männer von dunkler Hautfarbe war (Mohr). Die angeblichen Reliquien der Drei Könige sollen von Kaiserin → Helena nach Konstantinopel gebracht worden und von dort im 6. Jh. in die Kirche S. Eustorgio nach Mailand (Italien) gelangt sein, die ab dem 9. Jh. als „Basilica Regum" bezeichnet wurde. Nachdem Mailand im 12. Jh. zerstört worden war, soll Kaiser Friedrich Barbarossa die Reliquien aus S. Eustorgio seinem Kanzler Rainald von Dassel geschenkt haben, dem Kölner Erzbischof. Dieser brachte sie 1164 in den Kölner Dom, woraufhin die Verehrung im deutschen Sprachraum stark zunahm. Die deutschen Könige machten in der Folge nach ihrer Krönung jeweils eine Wallfahrt nach Köln zum Dreikönigsschrein, einem der kostbarsten Reliquienschreine des Mittelalters (angefertigt zwischen 1181 und etwa 1220 unter anderem von Nikolaus von Verdun aus der berühmten Rhein-Maas-Schule). Ein kleiner Teil der Reliquien wurde 1903 wieder an Mailand zurückgegeben, einige gingen an andere Städte, der größte Teil aber ruht bis heute im Kölner Dom. Mit Rom, Santiago de Compostela und Aachen war Köln bis zum 18. Jh. einer der bedeutendsten Wallfahrtsorte des ganzen Abendlandes. – Um die „Heiligen Drei Könige" entwickelte sich

Aus einem Bilderzyklus von 1330 wird hier die Übertragung der Dreikönigsreliquien nach Mailand und dann nach Köln gezeigt.

Stirnseite des Dreikönigsschreins mit den Schädeldecken der Heiligen und die Gesamtansicht, im Dom von Köln.

außer im Kölner Raum vor allem in bäuerlichen Gegenden und im alpenländischen Gebiet ein starkes Brauchtum. In einzelnen Regionen ist der Dreikönigstag am 6. Januar noch immer ein offizieller Feiertag, Haustüren werden mit C – M – B beschriftet, was „Christus Mansionem Benedicat“ (Christus segne dieses Haus) bedeutet und auch den Anfangsbuchstaben der Drei Könige entspricht (hinzugefügt wird die Jahreszahl des beginnenden Jahres).
Darstellung: als Könige mit Geschenken, meist an der Krippe; einer der Männer ist oft von dunkler Hautfarbe
Patronat: von Köln, der Reisenden und Pilger, der Spielkartenhersteller und Kürschner, gegen Unwetter, gegen Epilepsie, für einen guten Tod, gegen Zauberei

Dreimüller, Heinrich Ambrosius
OFM, Volksmissionar
Fest: 10. August
Geboren 1825 in Münstereifel (Nordrhein-Westfalen), empfing Heinrich Dreimüller 1851 die Priesterweihe und trat 1858 dem Franziskanerorden bei (Ordensname: Ambrosius). In den folgenden 40 Jahren war er einer der bedeutenden Volksmissionare in Deutschland und ein gefragter Exerzitienmeister; sein heiligmäßiges Leben wurde sehr bewundert. Er starb am 10. August 1896 auf dem Kreuzberg bei Bonn (Nordrhein-Westfalen).

Drexel, Maria Catherine sel.
Ordensgründerin
Fest: 3. März
Maria Catherine Drexel kam als Tochter eines deutschstämmigen Bankiers am 26. November 1858 in Philadelphia, USA, zur Welt. Nach dem Tod des Vaters erbte sie ein großes Vermögen, das sie für wohltätige Werke für Indianer und Schwarze gab. 1891 gründete sie die Kongregation der Schwestern vom heiligen Sakrament (Sisters of the Blessed Sacrament for Indians and Colored People), die 1913 offiziell anerkannt wurde. Das ganze Streben der Schwestern galt, Gnaden für Indianer und Schwarze zu erlangen; Schulen und Universitäten wurden in der ganzen USA errichtet, überall wirkte Maria Catherine Drexel mit und war großes Vorbild in Engagement und Opferbereitschaft. Sie starb am 3. März 1955 im Alter von 96 Jahren. Ihre Seligsprechung erfolgte am 20. November 1988.

Drithelm
Mönch
Fest: 1. September
Drithelm lebte im 7. Jh. in Cunningham, England. Als er plötzlich von einer bis dahin als tödlich gel-

tenden Krankheit genas, teilte er sein gesamtes Vermögen, das er sich als Anwalt erarbeitet hatte, zu je einem Drittel unter seiner Frau, seinen Söhnen und den Armen auf und lebte von da an bis zu seinem Tod um 700 im Kloster Melrose (England).

Drostan
Gründer, Abt
Fest: 11. Juli
Drostan gilt als Gründer und erster Abt von Kloster Deer in Schottland (um 600). Bis heute sind ihm verschiedene Kirchen in Nordost-Schottland geweiht. Die Gebeine befinden sich in der Kirche von Aberdour in Schottland.

Droste zu Vischering, Maria Gräfin (Maria vom Göttlichen Herzen) sel.
Ordensfrau, Mystikerin
Fest: 8. Juni
Geboren am 8. September 1863 in Münster (Nordrhein-Westfalen) aus bekannter Familie, trat Maria Gräfin Droste zu Vischering 25jährig den Schwestern vom Guten Hirten in Münster bei und nahm den Namen Maria vom Göttlichen Herzen an. Ab 1894 war sie Oberin im Ordenskloster in Porto (Portugal), war aber bald wegen einer Rückenmarkserkrankung ans Bett gefesselt. Trotz der schwierigen Situation erfüllte sie alle Aufgaben mit großem Einsatz und machte ihr Kloster zu einem Mittelpunkt des geistlichen Lebens. Sie durchlebte außergewöhnliche Visionen und Gnadenbeweise und berichtete 1897, ihr sei dabei der Wunsch vorgetragen worden, die ganze Welt solle dem Herzen Jesu geweiht werden. Papst Leo XIII. kündigte nach einer Überprüfung in seiner Enzyklika „Annum sacrum" die Weihe für den 11. Juni 1899 an, drei Tage vorher, am 8. Juni 1899, starb Maria Droste zu Vischering im Alter von 35 Jahren in Porto, wo sie beigesetzt wurde. Seit 1944 ruhen die Gebeine in einer Grabkapelle in Paranho, Portugal. 1. November 1975 Seligsprechung.

Maria Catherine Drexel, Missionarin bei den Indianern und Gründerin der Sisters of the Blessed Sacrament for Indians and Colored People.

Drutmar von Corvey (von Lorsch) sel.
OSB, Abt von Corvey
Fest: 15. Februar, 13. August
Geboren in der zweiten Hälfte des 10. Jh., war Drutmar zunächst Mönch im Benediktinerkloster Lorsch (Hessen). → Heinrich II. setzte ihn dann 1014 als Abt in Kloster Corvey an der Weser ein, das nach dem Tod von → Ludolf (13. August 983) darniederlag und von Drutmar in seiner 30jährigen Amtszeit zu neuer Blüte geführt wurde. Er starb am 15. Februar 1046. Seine Gebeine wurden 1100 gemeinsam mit denen von Ludolf erhoben, beider Festtag wird zusammen am 13. August begangen.

Dubouché, Théodolinde
Ordensgründerin, Mystikerin
Fest: 30. August
Geboren am 2. Mai 1809 in Montauban, Frankreich, durchlebte Théodolinde Dubouché zahlreiche mystische Gnadenbeweise. 1848 gründete sie in Paris die Kongregation der Schwestern von der sühnenden Anbetung, die 1865 anerkannt wurde. Sie starb am 30. August 1863 in Paris. Seligsprechungsprozeß läuft.

Dubritius hl.
Bischof
Fest: 14. November, 23. Mai
Dubritius (Dubric) war im 5./6. Jh. einer der Begründer des monastischen Lebens in Wales. Nach teilweise nicht ganz sicheren Überlieferungen gründete er zahlreiche Klöster und war selbst Bischof von Llandaff. Später resignierte er und

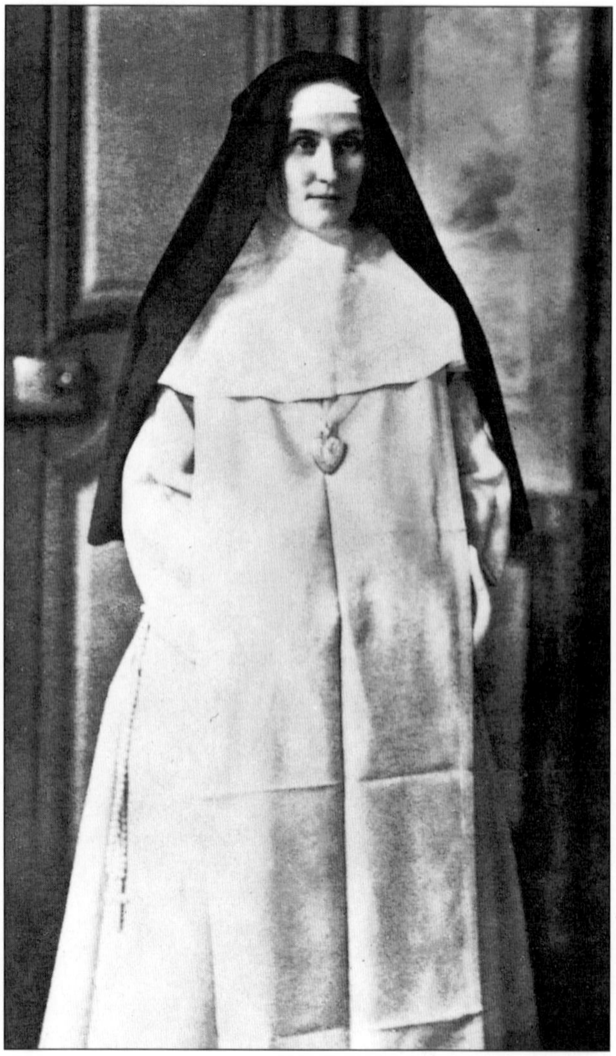

Maria Gräfin Droste zu Vischering, das letzte Foto von ihr, aufgenommen 1896.

lebte als Einsiedler auf der Insel Bardsey. Er starb um 545, seine Gebeine wurden später in die Kathedrale von Llandaff übertragen. – Nach wohl falschen Berichten soll Dubritius auch Erzbischof von Caerleon gewesen sein.

Duchesne, Philippine hl.
SC, Oberin, Missionarin
Fest: 18. November
Geboren am 29. August 1769 in Grenoble, Frankreich, trat Philippine Duchesne 1805 der Kongregation der Ordensfrauen vom Heiligen Herzen Jesu bei und wurde in Paris enge Mitarbeiterin der Ordensgründerin → Madeleine-Sophie Barat. 1818 ging sie in die USA, wo sie in St. Charles bei St. Louis sowie an anderen Orten Niederlassungen gründete und selbst als Oberin in St. Charles blieb. Ab 1840 wirkte sie für einige Zeit als

Philippine Duchesne, Wegbegleiterin der Ordensgründerin Madeleine Sophie → Barat.

Missionarin bei den Indianern. Sie starb am 18. November 1852 in St. Charles. 1940 Seligsprechung, 3. Juli 1988 Heiligsprechung.

Die Gründerin der Kongregation Schwestern von den heiligen Namen Jesu und Mariä, Marie-Rose Durocher.

Gegenüberliegende Seite: „Christus und der heilige Dunstan", Handschrift aus Glastonbury. Dunstan, Abt von Glastonbury und später Erzbischof von Canterbury war Mitte des 10. Jh. faktisch Herrscher Englands.

Dudzik, Maria Teresa Giuseppina
Ordensgründerin
Fest: 20. September
Geboren am 30. August 1860 in Plocicz, Polen, gründete Maria Teresa Giuseppina Dudzik in Chicago (USA) die Kongregation der Franziskanerinnen der seligen Kunigunde (heute Franziskanerinnen von Chicago). Sie starb am 20. September 1918 in Chicago. 1994 Anerkennung des heroischen Tugendgrades.

Dufresse, Jean-Gabriel-Taurin sel.
MEP, Missionsbischof, Märtyrer
Fest: 14. September
Geboren am 8. Dezember 1750 in Lezoux, Frankreich, trat Jean-Gabriel-Taurin Dufresse dem Pariser Missionsseminar bei und ging 1776 in die Mission nach China. 1785 wurde er des Landes verwiesen, kehrte jedoch heimlich 1789 wieder zurück. 1800 wurde er Missionsbischof, 1801 Apostolischer Vikar von Szechwan (China). 1815 entdeckte man ihn und nahm ihn gefangen, am 14. September 1815 wurde er in Chengtu enthauptet. 27. Mai 1900 Seligsprechung.

Dumoulin-Borie, Pierre-Rose-Ursule sel.
MEP, Missionsbischof, Märtyrer
Fest: 24. November
Pierre-Rose-Ursule Dumoulin-Borie gehört zu einer Gruppe von Märtyrern, die am 27. Mai 1900 seliggesprochen wurden. Er war 1832 zur Mission nach Westtonkin gekommen, nachdem er 1829 dem Pariser Missionsseminar beigetreten war. 1838 wurde er gefangengenommen, noch im Kerker zum Bischof und zum Apostolischen Vikar ernannt und am 24. November 1838 nach Folterungen hingerichtet.

Dunchadh hl.
Abt
Fest: 25. Mai
Dunchadh war um 700 zunächst Abt in Ulster, ab 710 dann Abt von Iona (Hy), Schottland. Während seiner Amtszeit wurden unter den keltischen Mönchen die römischen Sitten eingeführt, die benediktinische Regel, das Osterfest und die Tonsur. Dunchadh starb 717 in Iona.

Duns Skotus, Johannes → Johannes Duns Skotus

Dunstan hl.
OSB, Erzbischof von Canterbury
Fest: 19. Mai
Geboren um 909 in Baltonsborough, England, aus adliger Familie, wurde Dunstan Benediktiner und 945 Abt des Klosters Glastonbury, das er aufgrund seiner herausragenden Bildung sowie seiner künstlerischen Begabungen in der Folge zu einem monastischen Mittelpunkt in England machte. Die Abtei wurde Vorreiter einer religiösen Reform; das Mönchtum in England erstarkte wieder, nachdem es seit dem Einfall der Skandinavier brachgelegen hatte. Dunstan galt als enger Ratgeber von König Edred, dessen Nachfolger Eadwig ihn aber verbannte, nachdem er ihm seinen sittenlosen Lebenswandel vorgeworfen hatte. Unter König Edgar kehrte Dunstan zwei Jahre später aus dem Exil zurück, wurde 957 zum Bischof von Worchester ernannt, 959 zum Bischof von London und 960 zum Erzbischof von Canterbury. Bis zu seinem Tod am 19. Mai 988 wirkte Dunstan tatkräftig an der Ausbreitung der benediktinischen Mönchsregel in England mit und gründete viele Männer- und Frauenklöster. Beigesetzt wurde er in der Kathedrale von Canterbury.
Darstellung: in bischöflichen Gewändern, mit Werkzeugen (handwerkliche Begabungen), Engeln, Buch, Schriftrolle, Harfe
Patronat: der Goldschmiede, Schlosser, Schmiede, Musiker

Dupont, Léon-Papin
Wohltäter
Fest: 18. März
Geboren am 24. Januar 1797 in Lamentin auf der Insel Martinique, ließ sich Léon-Papin Dupont nach dem Tod seiner Ehefrau 1833 in Tours, Frankreich, nieder und widmete sich über 40 Jahre lang wohltätigen Werken. Sein persönliches Lebensgebot war die Sühne. Es heißt, er habe das Grab von → Martin von Tours wieder aufgefunden. Er starb am 18. März 1876 in Tours. Seligsprechungsprozeß seit 1939.

Durando, Marcantonio
CM, Ordensmann, Gründer
Fest: 10. Dezember
Marcantonio Durando, geboren am 22. Mai 1801 in Mondovì, Italien, trat den Lazaristen bei und war fast ein halbes Jahrhundert lang in der Ordensleitung der Provinz Piemont tätig. Er begründete Häuser für ambulante Krankenpflege und zur Erziehung unehelich geborener Mädchen. Gestorben am 10. Dezember 1880 in Turin. Seligsprechungsprozeß seit 1941.

Durocher, Eulalia-Melanie (Marie-Rose) sel.
Ordensgründerin
Fest: 6. Oktober
Eulalia-Melanie Durocher, geboren am 6. Oktober 1811 in Saint-Antoine-sur-Richelieu, Kanada, gründete 1843 die erste kanadische Kongregation von Schulschwestern: die Schwestern von den heiligen Namen Jesu und Mariä. Die Gemeinschaft widmete sich dem Aufbau des Schulwesens. Sie starb am 6. Oktober 1849 in Longueil, Kanada. 23. Mai 1982 Seligsprechung.

Pictura et scriptura huius pagine subtus
uisa : est de propria manu sci dunstani.
Æ. D. 2. 19.
(2176)
Bod. 578.
Dunstanum memet clemens rogo xpe tuere
Tenarias me non sinas sorbsisse procellas

Giuseppe Benedetto Dusmet, Abt, Theologieprofessor, Erzbischof und Kardinal.

Dusmet, Melchior Giuseppe Benedetto sel.
OSB, Kardinal, Erzbischof von Catania
Fest: 4. April

Als Papst Johannes Paul II. am 25. September 1988 Kardinal Melchior Giuseppe Benedetto Dusmet seligsprach, würdigte er einen Kirchenmann, der schon zu Lebzeiten über Jahrzehnte hinweg wie ein Heiliger verehrt worden war. Geboren am 15. August 1818 in Palermo auf Sizilien (Italien) aus adliger Familie, trat Melchior Dusmet 1840 dem Benediktinerorden bei und nahm den Namen Giuseppe Benedetto an. Er wurde bald Prior, dann Abt verschiedener Klöster; 1867 erhielt er die Weihe zum Erzbischof von Catania (Sizilien). Während seiner Amtszeit wurde Catania von zwei Ätna-Ausbrüchen und nachfolgenden Cholera-Epidemien heimgesucht, während derer er ein aufopferungsvoller Seelsorger war. 1889 wurde Dusmet zum Kardinal ernannt. Maßgeblich beteiligt war er an der Gründung des berühmten Benediktiner-Ordenskollegs S. Anselmo in Rom. Er starb am 4. April 1894 in Catania und wurde dort im Dom beigesetzt.

Dymphna
Märtyrerin
Fest: 15. Mai

Nach der teilweise mündlich überlieferten und wohl legendarischen Passio soll Dymphna eine Königstochter aus Irland oder England gewesen sein, die im 7. Jh. floh, weil ihr Vater sie nach dem Tod der Mutter heiraten wollte. Gemeinsam mit dem Priester → Gerbert (Gerberen) gelangte sie nach Gheel in Belgien, wo beide später vom Vater entdeckt und ermordet wurden. Erhebung der Gebeine an einem 15. Mai (Gedenktag). An der Grabstätte von Dymphna in Gheel wurde eine Anstalt für Geisteskranke errichtet, die bis heute nach modernsten Methoden arbeitet.
Darstellung: als Königstochter, als Einsiedlerin, mit Teufel, mit Gerbert, beim Martyrium
Patronat: der Geisteskranken und Besessenen, gegen Gicht, Lähmung, Epilepsie

Dwyn
Jungfrau
Fest: 25. Januar

Dwyn war lange Zeit hochverehrt in Wales, obwohl ihre Vita großenteils legendarisch ist. Sie lebte möglicherweise im 5/6. Jh. in der Grafschaft Anglesey, wo ihr Name in den Orten Llanddwyn und Porthddwyn bis heute erhalten ist. Die Kirche mit ihren angeblichen Gebeinen war lange Pilgerstätte für kranke Mädchen und junge Männer, auch für jene, die Liebeskummer hatten, da sie in Wales die Patronin der Liebenden war und noch ist. Auch soll sie kranke Tiere wundersam geheilt haben.
Patronat: der Liebenden, bei Tierkrankheiten

E

Eadbert (Edbert)
OSB, Bischof von Lindisfarne
Fest: 6. Mai
Eadbert war Mönch im Benediktinerkloster Lindisfarne und fogte → Cuthbert nach dessen Tod 687 als Abtbischof von Lindisfarne. Er war berühmt für seine Kenntnisse der heiligen Schrift, → Beda sprach mit größter Hochachtung von ihm. Eadbert starb am 6. Mai 698 in Lindisfarne.

Eadburg → Edburga

Eanswith (Eanswida) hl.
Äbtissin
Fest: 12. September, 31. August
Geboren um 614 als Tochter von König Eadbold von Kent (England), gründete Eanswith um 630 in Folkestone ein Benediktinerkloster (möglicherweise das erste in England überhaupt) und leitete es bis zu ihrem Tod um 640 als Äbtissin. Die Reliquien wurden 1885 bei der Restaurierung der ehemaligen Klosterkirche wiederaufgefunden.
Darstellung: als Äbtissin, mit Kirche, Stab, Palme, manchmal stehend auf einem Fisch oder einen Fisch haltend

Ebba die Ältere
OSB, Gründerin, Äbtissin
Fest: 25. August
Ebba war die Tochter von König Ethelfrid von Northumbrien (England) und die Schwester von → Oswald. Nach dem Tod des Vaters und der Eroberung des Reiches durch Edwin floh sie und gründete aus ihrem Besitz das Benediktiner-Doppelkloster Coldingham an der schottischen Grenze, das sie als Äbtissin leitete. Nach heiligmäßigem Leben starb Ebba die Ältere am 25. August 683.

Ebba die Jüngere von Coldingham
OSB, Äbtissin, Märtyrerin
Fest: 2. April, 23. August
Ebba die Jüngere war Mitte des 9. Jh. Äbtissin des mächtigen Benediktinerinnenklosters Coldingham in Northumberland (England), das im 7. Jh. von → Ebba der Älteren gegründet worden war. Beim Einfall der Dänen 870 im Kloster verstümmelte Ebba, um ihre Jungfräulichkeit fürchtend, ihr Gesicht und bewegte die Nonnen der Abtei dazu, dasselbe zu tun. Die dänischen Zerstörer zündeten daraufhin das Kloster an, worauf alle Klosterfrauen verbrannten.

Ebbo von Sens
OSB, Erzbischof von Sens
Fest: 27. August
Geboren in der zweiten Hälfte des 7. Jh., Abt des Benediktinerklosters von St-Pierre-le-Vif in Sens (Frankreich), dann Erzbischof von Sens (etwa ab 709). Ebbo starb an einem 27. August um 740 in Sens.

Eberhard von Einsiedeln sel.
OSB, 1. Abt von Einsiedeln
Fest: 14. August
Geboren Ende 9. Jh. möglicherweise im Elsaß (Frankreich), war Eberhard zunächst Dompropst in Straßburg im Elsaß. Später wurde er Begleiter von → Benno von Metz und errichtete in Einsiedeln (Schweiz) für die dort lebenden Einsiedler ein Benediktinerkloster, das er ab 934 als erster Abt leitete und das bald großes Ansehen genoß. Eberhard starb am 14. August 958 in Einsiedeln, wo er beigesetzt wurde.

Eberhard von Nellenburg sel.
Graf, Stifter, Laienbruder
Fest: 25. März, 7. April, 24. Januar (Basel)
Geboren um 1015 auf Schloß Nellenburg bei Stockach (Baden-Württemberg), gründete Graf Eberhard von Nellenburg (um 1050) zusammen mit seiner Frau Ita das Benediktinerkloster Allerheiligen in Schaffhausen (Schweiz), wo er selbst als Laienbruder eintrat. Er starb am 25. (26.?) März 1076/1079 in Santiago de Compostela während einer Wallfahrt. Die Grabstätte wurde 1921 im Kloster Schaffhausen wiederentdeckt.
Darstellung: als Ritter, mit Bart, mit Kirchenmodell

Grabmal des Eberhard von Nellenburg, seiner Frau und seiner Söhne in der Erhardskapelle des ehemaligen Klosters Allerheiligen in Schaffhausen, Schweiz.

Eberhard von Salem (von Rohrdorf) sel.
OCist, Abt von Salem
Fest: 10. Juni, 14. April (Orden)
Geboren um 1160 in Rohrdorf (Baden-Württemberg), war Eberhard ab 1191 Abt des Zisterzien-

Eberhard, Erzbischof von Salzburg und Sohn des Grafen von Biburg und Hilpoltstein, wurde schon bald nach seinem Tod als Heiliger verehrt. Hier ist dargestellt, wie er selbst in der Alten- und Armenpflege wirkte.

serklosters Salem in Baden-Württemberg und führte die Abtei zu großer Blüte. Er trat 1240 aus gesundheitlichen Gründen von seinem Amt zurück und starb am 10. Juni 1245 wohl in Salem.

Eberhard von Salzburg
OSB, Erzbischof von Salzburg
Fest: 22. Juni
Geboren um 1085/1090 in Sittling bei Regensburg aus adliger Familie, wurde Eberhard Benediktiner im bayerischen Kloster Prüfening (Regensburg), ab 1133 erster Abt des von der Familie gegründeten Klosters Biburg (Bayern) und 1147 Erzbischof von Salzburg (Österreich). Er wurde wegen seiner unverbrüchlichen Treue zu Papst Alexander III. zum Legaten von Deutschland ernannt, versuchte aber trotzdem ständig, zwischen dem Papst und Kaiser Friedrich Barbarossa zu vermitteln. Eberhard starb am 21. oder 22. Juni 1164 in der Zisterzienserabtei Rein in der Steiermark und wurde im Salzburger Dom beigesetzt. Der 1469 eingeleitete Heiligsprechungsprozeß kam nie zum Abschluß.

Eberhard von Tüntenhausen (hl.)
Hirte
Fest: 28. September
Nach der teilweise legendarischen Vita war Eberhard Mitte des 14. Jh. Schafhirte im Gebiet von Tüntenhausen bei Freising (Bayern). Ihm wurden Wunderkräfte nachgesagt, wo immer er seinen Hirtenstab in den Boden stieß, soll ein Baum gewachsen sein. Eberhard starb angeblich um 1370, sein Kult ist erstmals 1428 bezeugt. Nach einem bischöflichen Verfahren wurde die Verehrung 1734 päpstlich erlaubt, eine offizielle Heiligsprechung erfolgte jedoch nicht. Eberhard von Tüntenhausen ist vor allem ein Bauernheiliger; gegen Viehkrankheiten wurde früher Erde von seinem Grab in Tüntenhausen entnommen und unter das Futter gemischt. Die Gebeine ruhen seit 1938 in einem vom Münchner Kardinal Faulhaber gestifteten gläsernen Schrein in der Dorfkirche von Tüntenhausen, das ursprüngliche Grab wurde geschlossen.
Darstellung: als Hirte, mit Tieren, mit Strahlenkreuz
Patronat: der Hirten, der Haustiere, gegen Viehseuchen und Tierkrankheiten

Eberhard von Wolfegg
OPraem, Propst
Fest: 17. April
Geboren zu Beginn des 12. Jh. in Schwaben, war Eberhard aus dem Geschlecht der Edlen von Wolfegg ab 1175 erster Propst des neugegründeten Prämonstratenserklosters Marchtal (Obermarchtal) in Baden-Württemberg. Er starb 1183 und wurde schon früh als „beatus“ verehrt. 1204 und 1660 Erhebung der Gebeine.

Eberigisil → Evergislus

Eberschweiler, Wilhelm
SJ, Priester, Mystiker
Fest: 23. Dezember
Geboren am 5. Dezember 1837 in Püttlingen im Saarland, trat Wilhelm Eberschweiler 20jährig in Münster dem Jesuitenorden bei, um Missionar zu werden (auch seine drei Brüder folgten ihm nach). 1868 empfing er die Priesterweihe. Als die Jesuiten ab 1871 aus Deutschland vertrieben wurden, ging Eberschweiler zunächst nach Wynandsrade in den Niederlanden, dann nach Ditton Hall in

Wilhelm Eberschweiler, ein „Apostel froher Gottesliebe“.

England, wo er jeweils als Spiritual wirkte. Ab 1894 lebte er in Exaeten (Holland), wo er ein begehrter Beichtvater war, von seinen Mitbrüdern und den Bürgern hochverehrt. Durch seine mystische Begnadung mußte er viele Qualen erleiden, die er geduldig und immer fröhlich ertrug. Wilhelm Eberschweiler starb am 23. Dezember 1921 in Exaeten; seine Gebeine wurden 1958 in die Jesuitenkirche in Trier übertragen. Der Seligsprechungsprozeß ist eingeleitet.

Ebrulf hl.
OSB, Abt von St-Évroult
Fest: 29. Dezember
Geboren 617 in Bayeux (Frankreich), heiratete Ebrulf zunächst, trat dann aber in das von ihm gegründete Benediktinerkloster St-Évroult in der Normandie ein und widmete sich der Hilfe für die Landbevölkerung. Er starb am 29. Dezember 706.
Patronat: der Hirten, Epileptiker, gegen Fieber, gegen Regen

Ebrulf
Gründerabt
Fest: 25. Juli
Geboren im 6. Jh. in Beauvais, Frankreich, wurde Ebrulf zunächst Einsiedler, dann Gründerabt von Kloster Saint-Fuscien-aux-Bois. Er starb um 600.

Edgar, der angelsächsische König, überreicht hier Christus symbolisch die Gründungsurkunde des Münsters von Winchester; Miniatur aus der Gründungsurkunde von 966, Britisches Museum, London.

Ebstorfer Märtyrer
Gruppe von Bischöfen, Adligen und Vasallen, die am 2. Februar 880 bei der Niederlage des sächsischen Heeres gegen die Normannen ermordet wurden. Unter ihnen waren unter anderem Bischof → Dietrich von Minden und Bischof → Markward von Hildesheim.

Edana (Etaoin)
Jungfrau
Fest: 5. Juli
Über das Leben von Edana ist nichts bekannt; sie ist die Patronin mehrerer Pfarrgemeinden in Irland, eine berühmte Heilquelle ist nach ihr benannt. Verschiedene Überlieferungen stellen Vermutungen an, daß Edana identisch sein könnte mit → Modwenna.

Edburga (Eadburg, Bugga) von Minster hl.
OSB, Äbtissin von Thanet
Fest: 13. Dezember
Geboren im letzten Drittel des 7. Jh. als Mitglied der königlichen Familie von Wessex (England), wurde Edburga 716 Äbtissin des Benediktinerinnenklosters Minster-in-Thanet (Kent), wo sie wohl → Mildred im Amt folgte. Sie war hochgebildet und stand in Kontakt mit vielen führenden Kirchenpersönlichkeiten ihrer Zeit; ihre Abtei gelangte durch sie zur Hochblüte. Sie war befreundet mit → Bonifatius, den sie bei seiner Mission tatkräftig mit Büchern, Altarkleidung und Geld unterstützte. Edburga starb wohl am 13. (27.?) Dezember 751 in Minster, wo sie beigesetzt wurde.

Edeltraud → Etheldreda

Edgar der Friedfertige
König
Fest: 8. Juli
Geboren um 944 in Wessex, war Edgar ab 959 König von Mercien und vor seinem Tod von ganz England. Er führte das Land zu Frieden und großer Macht, eines seiner größten Ziele war die Erneuerung des Benediktinerordens. Seinen Freund → Dunstan holte er sich als Ratgeber. Das Volk nannte Edgar „den Friedfertigen". Er starb am 8. Juli 975 und wurde in Glastonbury beigesetzt, wo sich ein starker lokaler Kult entwickelte. Eine Heiligsprechung kam nie zustande, weil die Gegner einer Kanonisation immer auf die Verbindung von Edgar mit einer

Statue des Edmund von Abingdon, Erzbischof von Canterbury, in der Klosterkirche von Pontigny, Frankreich.

Edigna von Puch in ihrer Linde, Deckengemälde in der Kirche St. Sebastian in Puch bei Fürstenfeldbruck, Bayern.

Nonne verwiesen, aus der die Tochter → Edith von Wilton stammte.
Darstellung: in vornehmer Kleidung, als Ritter, mit königlichen Insignien

Edigna von Puch sel.
Einsiedlerin
Fest: 26. Februar
Nach der großenteils wohl legendarischen Vita war Edigna eine Tochter von König Heinrich I. von Frankreich. Um einer von ihren Eltern erzwungenen Ehe zu entgehen, soll sie aus ihrer Heimat geflüchtet und um 1075 nach Puch bei Fürstenfeldbruck (Bayern) gekommen sein. In einer ausgehöhlten Linde neben einem Kirchlein soll Edigna dann bis zu ihrem Tod am 26. Februar 1109 als Einsiedlerin gelebt haben. Bürger aus der Umgebung, aber auch viele Wallfahrer strömten zu ihr und ließen sich von ihr unterrichten und bei Sorgen und Nöten (vor allem um das Vieh) einen Rat geben. Bei Renovierungsarbeiten in der Pucher Kirche St. Sebastian fand man 1979 ein Grab, das man Edigna zuschrieb. Heute ruhen die angeblichen Edigna-Gebeine in einem Glasschrein in der Kirche. Die „1000-jährige Linde“ steht noch immer. Die Bürger von Puch führen alle zehn Jahre das „Edigna-Spiel“ auf (1999, 2009).
Darstellung: als Einsiedlerin in einer hohlen Linde, auf dem Ochsenkarren (Fluchtgefährt)
Patronat: gegen Viehseuchen, gegen Diebstahl

Edistus hl.
Märtyrer
Fest: 12. Oktober
Nach den unsicheren Überlieferungen war Edistus wohl ein Märtyrer aus der Zeit um 304 und starb in der Nähe von Rom. Papst → Gregor der Große berichtet von einem Kloster zu Ehren von Edistus bei der Kirche S. Paolo fuori le mura in Rom.

Edith → Elfriede

Edith von Caestre
Märtyrerin
Fest: 8. Dezember
Edith starb wohl als Märtyrerin 819 in Caestre bei Hazebrouck, Frankreich (zusammen mit ihren Schwestern Alfrida und Sabina); es heißt, sie sei von Normannen ermordet worden. Edith genießt bis heute Verehrung im Gebiet um Arras.

Edith von Wilton
OSB, Nonne
Fest: 16. September
Edith kam 961 als uneheliche Tochter von König → Edgar dem Friedfertigen und der Nonne Wilfrida zur Welt. Bereits kurz nach ihrer Geburt wurde sie dem Benediktinerinnenkloster Wilton (England) übergeben, wo sie bis zu ihrem Tod am 16. September 984 als einfache Nonne blieb. Sie starb im Ruf der Heiligkeit, ihre Verehrung wurde danach von → Dunstan gefördert. Bereits im Alter von 15 Jahren war Edith die Leitung mehrerer Klöster angeboten worden; sie hatte dies jedoch abgelehnt, da sie in der Geborgenheit ihres Klosters bleiben wollte.

Edmund von Abingdon (Edmund Rich) hl.
Erzbischof von Canterbury
Fest: 16. November, 30. Mai (Abingdon)
Geboren um 1180 in Abingdon (England), war Edmund ab 1212 Theologieprofessor in Oxford; ab 1227 Kreuzzugsprediger für sein Heimatland; 1233 wurde er zum Erzbischof von Canterbury (England) ernannt. Edmund war ein unbeugsamer Kämpfer für die Reinheit der kirchlichen Disziplin. Energisch verteidigte er die Kirchenposition gegenüber den weltlichen Herrschern und geriet deshalb mehrfach in schwere Auseinandersetzungen mit König Heinrich III. 1240 resignierte Edmund und verließ England; er zog sich in die Zisterzienserabtei Pontigny in Frankreich zurück, wo er nach seinem Tod am 16. November 1240 auch beigesetzt wurde (in der Abteikirche steht bis heute das große Grabmal). Die Heiligsprechung erfolgte 1246. Manchmal wird Edmund Märtyrer genannt, da er im Exil starb.
Darstellung: mit Lilie, Krone, Buch, mit Maria und dem Jesuskind

Edmund Arrowsmith hl.
SJ, Ordensmann, Märtyrer
Fest: 28. August
Geboren um 1590 in Haydock in Lancashire (England), empfing Edmund Arrowsmith 1612 die Priesterweihe und wirkte danach in der englischen Mission. 1623 trat er dem Jesuitenorden bei. 1628 wurde er in Lancashire gefangengenommen, gehängt und gevierteilt; der Todestag war der 28. August 1628. 1929 Seligsprechung, 1970 Heiligsprechung zusammen mit den Vierzig Märtyrern von England und Wales.

Edmund Campion sel.
SJ, Ordenspriester, Märtyrer
Fest: 1. Dezember
Edmund Campion, geboren am 25. Januar 1540 in London, gehörte schon mit 20 Jahren zu den herausragenden Geisteswissenschaftlern in Oxford, wo er studierte. 1564 wurde er zum Diakon der anglikanischen Kirche Englands ernannt und legte den Suprematseid ab. Innerlich zerrissen, entschied er sich für den katholischen Glauben, trat 1573 in Rom dem Jesuitenorden bei und empfing 1578 in Prag die Priesterweihe. Vom Orden nach England entsandt, um dort die Jesuitenmission einzurichten, wirkte Edmund Campion fortan im geheimen, hielt Messen aus dem Untergrund und verfaßte flammende katholische Schriften. Sein 1580 entstandenes Büchlein „Decem Rationes" (Zehn Gründe), das die katholische Kirche gegenüber der anglikanischen verteidigte, war in kurzer Zeit 400 000 Mal verkauft. Am 27. Juli 1581 wurde er gefangengenommen, im Londoner Tower inhaftiert, monatelang gefoltert und am 1. Dezember 1581 in Tyburn gehängt und gevierteilt. 1886 Seligsprechung.

Edmund Campion mit den Attributen seines Martyriums.

Edmund von Ostanglien hl.
König, Märtyrer
Fest: 20. November
Geboren 841, wurde Edmund 14jährig König von Ostanglien. 870 geriet er beim Einfall heidnischer Dänen in Gefangenschaft; als er sich weigerte, seinem christlichen Glauben abzuschwören, wurde er in Hellesdon in Norfolk mit Pfeilen getötet und danach noch enthauptet. Seine Reliquien übertrug man 903 (915?) in das Benediktinerkloster Bury St. Edmund's in Kingston bei Portsmouth (England). Edmund sind in England über 60 Kirchen geweiht.
Darstellung: in königlichen Gewändern, in Ritterrüstung mit königlichen Insignien, mit Bär, Wolf, Pfeilen
Patronat: gegen die Pest

Der Edmund-von-Abingdon – Schrein hinter dem Hochaltar in der Klosterkirche in Pontigny, 12. Jh.

Eduard der Bekenner hl.
König, Bekenner
Fest: 5. Januar, 13. Oktober
Geboren 1003 in Islip bei Oxford, wurde der Sohn von Ethelred 1042 König von England. Er regierte besonnen, freigebig und selbstlos, das Volk nannte ihn „good King Edward". Er förderte das kirchliche Leben in England und begann nach einer Wallfahrt nach Rom mit dem Wiederaufbau von Westminster Abbey in London. Eduard starb am 5. Januar 1066 und wurde in Westminster Abbey beigesetzt. 13. Oktober 1162 Erhebung der Gebeine und Übertragung in einen Schrein, der bis heute hinter dem Hauptaltar in Westminster Abbey steht. Kult seit 1969 nur noch eingeschränkt.

Typische Darstellung aus dem 19. Jh., Eduard der Bekenner mit einem Kranken auf dem Rücken.

Abt Egbert von Münsterschwarzach, Emailarbeit.

Darstellung: als Wohltäter, mit einem Kranken auf dem Rücken, mit einem Pilger, dem er einen Ring schenkt, mit königlichen Abzeichen
Patronat: von England, der englischen Könige

Eduard der Märtyrer hl.
König, (Märtyrer)
Fest: 18. März
Eduard war der Sohn von → Edgar dem Friedfertigen und übernahm 975 nach dessen Tod 13jährig die Regentschaft als König von England. Seine Stiefmutter Elfrida ließ ihn am 18. März 979 (978?) während der Jagd bei Corfe in Dorset ermorden. An der unscheinbaren Grabstätte in Wareham in Dorsetshire ereigneten sich zahlreiche Wunder, woraufhin der junge König als Märtyrer und als „der Heilige" verehrt wurde. 980 gelangten die Gebeine in das Nonnenkloster Skephtonia in Shaftesbury. 1931 wurden die Reliquien in einem Kästchen wiederaufgefunden.
Darstellung: als König, mit Becher und Dolch, mit Becher und Falke, mit Becher und Schlange
Patronat: gegen Drüsenkrankheiten

Eduard Stemberger
Priester
Fest: 25. Mai
Der Priester Eduard Stemberger wirkte aufopferungsvoll in Tirol und leitete viele Jahre das Priesterheim in Brixen in Südtirol (Italien). Er trug den Beinamen „zweiter Pfarrer von Ars" (→ Vianney, Jean-Baptiste-Marie) und starb im Ruf der Heiligkeit am 25. Mai 1927.

Edward Ambrosius Barlow hl.
OSB, Märtyrer
Fest: 10. September
Edward Barlow, geboren am 30. November 1587 in Manchester, England, trat 1616 dem Benediktinerorden bei, empfing 1617 die Priesterweihe und war danach bis zu seinem Tod als unermüdlicher Seelsorger und Missionar in der englischen Grafschaft Lancashire tätig. Sein asketisches Leben wurde zum Vorbild für viele. An Ostern 1641 ergriffen ihn religiöse Gegner und nahmen ihn gefangen, am 10. September 1641 wurde er in Lancaster hingerichtet. Seligsprechung 1929, Heiligsprechung 1970.

Edward Powell sel.
Theologe, Märtyrer
Fest: 30. Juli
Geboren um 1480 in Wales, wurde Edward Powell Theologe und wirkte in Oxford (England). Er war Berater von König Heinrich VIII. und unterstützte ihn auch im Kampf gegen Luther. 1534 wurde er gefangengenommen und am 30. Juli 1540, nachdem er den Suprematseid verweigert hatte, in London gehängt und gevierteilt. 1886 Seligsprechung.

Edwin hl.
König, (Märtyrer)
Fest: 12. Oktober
Geboren 584 in England, wurde Edwin 616 König von Northumbrien. In zweiter Ehe heiratete er Prinzessin Ethelburga von Kent, Tochter von → König Ethelbert von Kent, die ihn zum Christentum und zur Taufe (627) führte. Fortan förderte er kraftvoll die Christianisierung in seinem Land. Nachdem Edwin in der Schlacht von Hatfield am 12. Oktober 633 von den heidnischen Soldaten von König Penda von Mercia ermordet worden war, wurde er im Volk wie ein Märtyrer verehrt. Sein christliches Werk war mit seinem Tod zerstört, Ethelburga mußte vor den Heiden fliehen. Reliquienschrein bis heute in der Abtei von Whitby.
Darstellung: als Ritter mit königlichen Insignien, mit Lanze

Edwold
Einsiedler
Fest: 29. August
Edwold war der Bruder von → Edmund von Ostanglien; schon jung verließ er seine Heimat und lebte bis zu seinem Tod (Ende des 9. Jh.) als Einsiedler auf einem Berg bei Cerne in Dorsetshire (England). Um seine Person sollen sich viele Wunder ereignet haben, was einen starken Kult auslöste.

Egbert hl.
OSB, Mönch, Bischof(?)
Fest: 24. April
Egbert wurde um 639 in Northumbrien geboren und trat früh dem Benediktinerorden bei. Er war zunächst Mönch im Kloster in Lindisfarne, dann ging er in das

König Eduard von England wird auf Befehl seiner Stiefmutter während der Jagd ermordet. Darstellung aus dem 19. Jh.

irische Kloster Rathelmigisi (Connaught), wo er mehrere Mönchsgruppen für die Mission in Deutschland ausbildete. Er gilt als Begründer der Friesenmission, da er die Missionare → Willibrord und → Suitbert nach Friesland entsandte. Später ging Egbert ins Kloster Iona (Hy), wo er versuchte, die Bräuche Roms einzuführen. An seinem Todestag, dem 24. April 729, wurde in Iona zum erstenmal das römische Osterfest gefeiert.

Egbert (Ekkebert) von Münsterschwarzach sel.
OSB, Abt
Fest: 25. November
Geboren um 1005, war Egbert zunächst Mönch im Benediktinerkloster Gorze in Lothringen (Frankreich), bevor ihn der Würzburger Bischof → Adalbero 1047 zum Abt von Kloster (Münster)Schwarzach in Bayern ernannte. Egbert entwickelte eine 30jährige segensreiche Tätigkeit, reformierte zahlreiche Klöster – auch in Österreich und Sachsen – und errichtete gemeinsam mit Adalbero mehrere neue Klöster (Bamberg, Würzburg, Lambach in Oberösterreich). Er starb am 25. November 1076 in Münsterschwarzach, wo er beigesetzt wurde.

Egid, Egidius → Ägidius

Egil von Prüm
OSB, Abt
Fest: 28. Juni
Egil war zunächst Mönch, dann Abt im Benediktinerkloster Prüm in der Eifel. 860 beauftragte ihn Kaiser Karl der Kahle, als Abt das Benediktinerkloster Flavigny in Burgund (Frankreich) wieder zur Blüte zu bringen, was Egil gelang. Er starb am 28. Juni 871 in Flavigny.

Egil → Eigil

Egilbert von Freising
Bischof von Freising
Fest: 4. November
Egilbert stammte aus Moosburg in Bayern und war ab 1006 Bischof von Freising bei München; dort gründete er auch das berühmte Kloster Weihenstephan. Vor seiner Ernennung zum Bischof war er ein enger Vertrauter von Kaiser → Heinrich II. Egilbert starb am 4. November 1039 in Freising, wo er beigesetzt wurde.

Egilhard
OSB, Abt, Märtyrer
Fest: 25. Mai
Egilhard war der achte Abt des Benediktinerklosters Kornelimünster bei Aachen (Nordrhein-Westfalen). Normannen ermordeten ihn am 25. Mai 881.

Egino von Augsburg sel.
OSB, Abt
Fest: 15. Juli
Geboren um 1065 in Augsburg (?), Bayern, trat Egino 1080 in das Augsburger Benediktinerkloster St. Ulrich und Afra ein. Als er sich im Investiturstreit auf die Seite des Papstes schlug, wurde er 1098 vertrieben, konnte erst 1100 wieder zurückkehren und wurde 1109 Abt seines Augsburger Klosters. Egino starb auf der Rückreise von einem Besuch beim Papst in Rom am 15. Juli 1120 in Pisa im dortigen Kamaldulenserkloster, wo er beigesetzt wurde.
Darstellung: als Mönch, der den Teufel verjagt

Egino von Verona
Bischof von Verona
Fest: 27. Februar
Geboren um 735 aus alemannischer Hochadelsfamilie, erhielt Egino um 778 von → Karl dem Großen den Bischofssitz von Verona (Italien) übertragen, den er bis 799 innehatte. Danach zog er sich als Einsiedler auf die Insel Reichenau im Bodensee zurück, wo er in Niederzell die Basilika Peter und Paul gründete. Egino starb am 27. Februar 802 im Ruf der Heiligkeit in Niederzell und wurde in der Basilika beigesetzt; das heutige Grab ist eine Umbettung des 12. Jh.

In einer Seitenkapelle der Karmeliterkirche auf dem Kaulberg in Bamberg befindet sich das Grab des Karmeliterbruders Alois Ehrlich.

Am 5. April 1976 öffnete man das Egino-Grab und fand das Skelett guterhalten vor; an den Gebeinen entdeckte man Reste der purpurnen Farbe des Bischofsornates von Egino.

Egolf → Aigulf

Egwin
OSB, Bischof von Worchester
Fest: 30. Dezember
Egwin war ab 692 wohl der dritte Bischof von Worchester (England); er gilt auch als Gründer der Abtei Evesham, wohin er sich 701 nach seinem Rücktritt vom Bischofsamt zurückzog. Er starb am 30. Dezember 717 in Evesham.
Darstellung: im Bischofsgewand, mit Fisch, der einen Schlüssel im Maul hält (Legende)

Ehrlich, Aloisius Franz
OCarm, Ordensmann
Fest: 21. Juni
Geboren am 20. September 1868 in Massing in Niederbayern, trat Franz Ehrlich 1897 dem Karmeliterorden bei und nahm den Namen Aloisius an. Er war ein glühender Marienverehrer und stand schon zu Lebzeiten im Ruf der Heiligkeit. Er starb am 21. Juli 1945 in Bamberg (Bayern); seine Gebeine wurden 1948 in die dortige Karmeliterkirche überführt. Der Seligsprechungsprozeß läuft seit 1953.

Eigil (Egil) von Fulda
OSB, Abt
Fest: 15. Juni, 6. August, 28. November
Eigil, geboren um 752, war ein Verwandter von → Sturm (dessen Vita er später schrieb). 818 wurde er Abt von Kloster Fulda. Er ließ in Fulda die Salvator- und die Michaelskirche erbauen, errichtete das neue Kloster und förderte Wissenschaft und Kunst in seinem Bistum. Wegen seiner starken, gleichzeitig aber großherzigen Persönlichkeit war Eigil hochverehrt. Er starb am 15. Juni 822 in Fulda, wo er beigesetzt wurde.

Einbeth, Wilbeth, Vorbeth
Jungfrauen
Fest: 16. September
Nach den legendarischen Überlieferungen waren die drei Jungfrauen, die teilweise auch andere Namen tragen, Begleiterinnen der → Ursula und sollen diese nach Straßburg (Frankreich) begleitet haben, wo sie starben. Zentrum der Volksverehrung waren wohl zunächst Straßburg und das Elsaß, später breitete sich der Kult vor allem von Einbeth in Baden, Bayern und Südtirol aus. Seit 1325 erscheinen die Namen in Urkunden. Wallfahrtsorte waren unter anderem Schlehdorf und Leutstetten in Bayern sowie Meransen in Tirol. Im niederbayerischen Schildthurn existiert bis heute eine Wallfahrt.

Einhard
Klostergründer
Fest: 14. März
Geboren um 770 im Maingau, gehörte Einhard dem Gelehrtenkreis am Hof von → Karl dem Großen an und leitete die Kunstwerkstätten. Er verfaßte eine Biographie von Karl. 816 übertrug man ihm als Laienabt die Benediktinerabtei Fontenelle (Frankreich). 830 gründete er das Benediktinerkloster Seligenstadt in Hessen. Einhard starb am 14. März 840 in Seligenstadt und wurde in der dortigen Abteikirche beigesetzt; sie heißt bis heute Einhartsbasilika und ist die größte erhaltene Basilika aus der Karolingerzeit.

Einhild
Äbtissin
Fest: 28. März, 3. Dezember
Einhild war im 8. Jh. die zweite Äbtissin (nach → Gundlind) des von → Odilia Anfang des 8. Jh. gegründeten Klosters Niedermünster im Elsaß (Frankreich). Sie starb im 8. Jh. in Niedermünster.

Einhold von Gorze
OSB, Abt von Gorze
Fest: 19. August
Geboren um 900, war Einhold zunächst Archidiakon, dann Abt der Benediktinerabtei Gorze in Lothringen (Frankreich). Gemeinsam mit → Johannes von Gorze führte er ab 933 die berühmte Reform des darniederliegenden Klosters durch, die als Gorzer Bewegung oder Gorzer Reform in die Geschichte einging und schnell weite Kreise zog (so in die Klöster Reichenau, Fulda, St. Emmeram, Niederaltaich, Prüm, St. Gallen). Einhold starb am 19. August 967 in Gorze.

Eirene → Irene

Eisheilige
Die Heiligen der Tage 11., 12. und 13. Mai: → Mamertus, → Pankratius und → Servatius. Regional werden → Bonifatius (14. Mai) und → Sophia, „die kalte Sophie", (15. Mai) hinzugezählt. Wann und warum die Verehrung der Gruppe begann, ist nicht exakt bekannt.

Ekkebert → Egbert

Ekkehard
OCist, Ordensmann
Fest: 15. September
Ekkehard war im 12. Jh. Baumeister bei verschiedenen Zisterzienserklöstern und selbst Mönch in Clairvaux (Frankreich). Später wirkte er als Novizenmeister in Clairvaux; aus dieser Zeit sind

noch Ansprachen von ihm an die Novizen erhalten. Er starb an einem 15. September um 1150.

Eldrad (Heldrad) hl.
OSB, Abt von Novalese
Fest: 13. März
Geboren in der zweiten Hälfte des 8. Jh. in der Provence (Frankreich), war Eldrad etwa ab 826 Abt des Benediktinerklosters Novalese in Piemont (Italien), das er vor allem wegen seiner Künste berühmt machte. Er starb wohl an einem 13. März um 840 in Novalese. 1702, 1821 und 1903 Approbation des Kultes. Der Reliquienschrein befindet sich in der Klosterkirche von Novalese. In der Gegend von Aix in der Provence wird er bis heute hoch verehrt.

Eleazar → Elzéar von Sabran

Electa a Jesu → Caterina Tramazzoli

Elena Duglioli (von Bologna) sel.
Bekennerin
Fest: 23. September
Geboren 1472 in Bologna (Italien), heiratete Elena Duglioli 17jährig auf Wunsch ihrer Eltern und führte eine 30 Jahre dauernde, glückliche Ehe. Nach dem Tod ihres Ehemannes widmete sie sich Werken der Wohltätigkeit sowie der Askese. Sie starb am 23. September 1520 in Bologna und wurde in der Kirche S. Giovanni in Monte beigesetzt. Sofort nach ihrem Tod entstand eine starke Verehrung; Papst Leo XII. approbierte den Kult 1828.

Elende Heilige
Zwei verschiedene Gruppen von jeweils drei im Volk hochverehrten Heiligen: Marinus, Vimius und Zimius, die bis heute in Griesstetten in der Oberpfalz (Bayern) verehrt werden. Gedenktag: 12. Juni. – Archan, Haindrit und Gardan, verehrt in Etting in Bayern. Fest: 3. September. – Die Bezeichnung „elend" kommt aus dem Althochdeutschen und bedeutet fremd, aus einem anderen Land. Die Heiligen beider Gruppen sind wahrscheinlich iroschottischer Herkunft.

Eleonara von England
Königin von England
Fest: 21. Februar
Geboren 1222 als Tochter des Grafen von der Provence (Frankreich), heiratete Eleonora auf Wunsch der Eltern 1236 König Heinrich III. von England. 1261 befreite sie ihren Mann mit Hilfe des Heeres aus einer Gefangennahme. Nach dem Tod Heinrichs (1273) führte sie bis zur Rückkehr ihres Sohnes Eduard I. von einem Kreuzzug die Regierung. Dann zog sie sich in das Benediktinerinnenkloster Amresbury (England) zurück, wo sie am 25. Juni 1291 starb. Das Volk verehrte sie sehr, der Gedenktag wurde auf den 21. Februar gelegt.

Eleutherius hl.
Papst (174 bis 189)
Fest: 26. Mai
Geboren in der ersten Hälfte des 2. Jh. in Nikopolis, Griechenland, war Eleutherus zunächst Diakon in Rom. Nach dem Tod von Papst → Soter um 174 wurde er Papst; er war der zwölfte Nachfolger von → Petrus. Während seiner Amtszeit, die bis zu seinem Tod 189 dauerte, herrschte relative Sicherheit für die Christen in Rom.

Eleutherius von Rom
OSB, Abt, Bekenner
Fest: 6. September
Eleutherius lebte im 6. Jh. und war Abt des Benediktinerklosters S. Marco in Spoleto (Italien). → Gregor der Große erwähnte ihn mehrmals als berühmten Wundertäter. In den Jahren vor seinem Tod (6. September 586) lebte Eleutherius als einfacher Mönch in Gregors Kloster in Rom.

Eleutherius von Tournai hl.
Erster Bischof von Tournai
Fest: 20. Februar
Geboren wohl um 455 in Tournai, Belgien, war Eleutherius möglicherweise ab 486 erster Bischof von Tournai (eventuell später). Er hatte gute Erfolge bei der Evangelisierung unter den heidnischen Franken, geriet aber auch immer wieder zwischen die verschiedenen Interessengruppen. Er starb 531/532 wohl an den Verletzungen, die ihm arianische Ketzer zugefügt hatten. In der Kathedrale von Tournai steht der Eleutherius-Schrein (1247).

Der Schrein des heiligen Eleutherius von Tournai, datiert 1247, in der Kirche Notre Dame, Tournai. Hier die Stirnseite mit dem thronenden Heiligen.

Elfleda
OSB, Äbtissin
Fest: 8. Februar
Geboren um 654, wurde Elfleda von ihrem Vater, König Oswy von Northumbria (England), als Dank für eine gewonnene Schlacht als „Gottesgabe" an das Benediktinerinnenkloster Hartlepool übergeben. Gemeinsam mit dessen Äbtissin → Hilda ging sie später ins Kloster Streaneshalch (Whitby) und wurde Nachfolgerin von Hilda als Äbtissin. Elfleda gilt als eine der einflußreichsten Persönlichkeiten ihrer Zeit. Sie starb am 8. Februar (?) 714 in Whitby.

Die Werkstatt des heiligen Eligius, Außenseite eines Marienaltars von Niklaus Manuel, genannt Deutsch. 1515 für die Bruderschaft der Maler und Goldschmiede in Bern gefertigt.

Gegenüberliegende Seite: Die Geburt → Johannes des Täufers durch die hochbetagte → Elisabeth sowie die Namensgebung durch den Vater → Zacharias werden in diesem Gemälde von Juan de Flandes dargestellt. Entstanden um 1500, heute im Cleveland Museum of Art, USA.

Elfriede → Etheldritha von England

Elger (Hilger) von Hohenstein
OP, Prior, Prediger
Fest: 14. Oktober, 8. August
Geboren um 1180, wurde Elger Priester und trat um 1228 in Paris dem Dominikanerorden bei. Er gründete die Dominikanerklöster Erfurt und Eisenach, die er leitete. Das Volk verehrte den vielbeachteten Prediger wie einen Heiligen. Elger starb am 14. Oktober(?) 1242 in Frankfurt am Main, beigesetzt wurde er im Kloster in Eisenach.

Elgiva
Königin
Fest: 18. Mai
Elgiva war verheiratet mit König Edmund von England. Wahrscheinlich gründete sie das berühmte Kloster Shaftesbury in Dorset (England), in das sie sich vor ihrem Tod zurückzog. Sie starb 944.

Elias von Bourdeilles
OFM, Kardinal
Fest: 5. Juli
Geboren 1407 im Périgord (Frankreich) als Graf von Bourdeilles, trat Elias bereits im Alter von zehn Jahren in den Franziskanerorden ein. 1437 wurde er Bischof von Périgueux, 1468 Bischof von Tours und 1483 Kardinal. Berühmtheit erlangte er durch seine schriftliche Verteidigungsrede für → Jeanne d'Arc. Elias starb am 5. Juli 1484; der Seligsprechungsprozeß wurde nie zu Ende geführt.

Elias von Jerusalem hl.
Patriarch von Jerusalem
Fest: 20. Juli, 4. Juli, 18. Februar
Der Araber Elias lebte Mitte des 5. Jh. zunächst als Mönch in der Nitrischen Wüste westlich des Nil, später in Palästina. 494 wurde er zum Patriarchen von Jerusalem ernannt, dankte jedoch 516 nach zahlreichen Auseinandersetzungen mit seinen Gegnern ab. Er starb wohl am 20. Juli 518 in Jerusalem.

Elias in Kalabrien (der Jüngere) hl.
Mönch
Fest: 17. August
Nach den großenteils legendarischen Überlieferungen wurde Elias um 830 auf Sizilien (Italien) geboren, geriet in die Gefangenschaft der Sarazenen, war Sklave in Afrika, kehrte wieder nach Sizilien zurück, wurde Mönch und gründete ein Kloster in Kalabrien. Nach einem erneuten Sarazeneneinfall floh er und starb am 17. August wohl 903 in Thessalonike (Saloniki) in Griechenland.

Elias in Kalabrien (Spelaiotes) hl.
Einsiedler
Fest: 11. September
Geboren um 865 in Kalabrien (Italien), lebte Elias zunächst als Einsiedler in Italien, dann in Griechenland. Später trat er in ein von → Elias dem Jüngeren gegründetes Kloster in Kalabrien ein und widmete sich bis zu seinem Tod am 11. September 960 dessen Verehrung.

Elidius → Teilo

Eligius von Noyon hl.
Bischof von Noyon
Fest: 1. Dezember
Eligius (Éloi), geboren um 590 in Chaptelat bei Limoges (Frankreich), war Goldschmied am Hof der fränkischen Könige Chlotar II. und Dagobert; er war hochangesehen und wurde auch von den Herrschern um Rat gefragt. Neben seinem Beruf widmete sich Eligius Werken der Nächstenliebe, er kaufte Sklaven frei, gründete Kirchen und Klöster und machte Schenkungen aus seinem eigenen Vermögen. 639 empfing er die Priesterweihe, 641 wurde er zum Bischof von Noyon (Frankreich)

geweiht. Sein Hauptaugenmerk galt der Bekehrung von Heiden und der Missionierung in Flandern. Eligius starb am 1. Dezember 660, sein Kult verbreitete sich bald im ganzen Abendland, sogar in Skandinavien.
Darstellung: als Bischof, als Goldschmied oder Hufschmied, mit Goldschmiedewerkzeugen, Amboß, Hufeisen, mit Pferd, dem ein Bein abgenommen wurde, mit zwei Goldeseln
Patronat: der Bauern, Pächter, Knechte, der Gold- und Silberschmiede, Hufschmiede und Schmiede, Bergleute, Büchsenmacher, Schlosser, Metallarbeiter, Münzmeister, Graveure, Uhrmacher, Wagner, Kutscher, Kutschenmacher, Sattler, Pferdehändler, Lampenmacher, Korbmacher, Tierärzte, der Pferde, gegen Pferdekrankheiten

Eliphius
Märtyrer
Fest: 21. Juni, 16. Oktober
Eliphius erlitt um 360 in Toul, Frankreich, den Märtyrertod unter Julian Apostata. Ein großer Teil der Reliquien gelangte am 21. Juni 964 in die Kirche Groß St. Martin in Köln (Nordrhein-Westfalen); ein Teil davon wurde 1949 wieder nach Toul zurückübertragen.

Elisabeth
Mutter von Johannes dem Täufer
Fest: 5. November
Hochbetagt soll Elisabeth, Ehefrau von → Zacharias, nach langer Unfruchtbarkeit ihren Sohn → Johannes den Täufer geboren haben, der als „Vorläufer des Messias" bezeichnet wurde. Es ist nicht überliefert, wie lange Elisabeth und Zacharias den Lebensweg ihres Sohnes begleiteten. Es heißt, → Maria habe Elisabeth mehrmals besucht.
Darstellung: meist zusammen mit Zacharias, mit Lamm, mit Johannes dem Täufer

Elisabeth von der heiligsten Dreifaltigkeit → Catez, Elisabeth

Elisabeth von Dijon → Catez, Elisabeth

widmete sie sich drei Jahre lang bis zu ihrem frühen Tod am 17. November 1231 in Marburg Werken der Nächstenliebe. Ihr einziger Wunsch war es, wie Christus das Kreuz der Leiden und der Selbsterniedrigung zu tragen. Beigesetzt wurde Elisabeth am 19. November 1231 in ihrem Franziskanerhospital in Marburg. Bereits am 27. Mai 1235 erfolgte die Heiligsprechung. Die Gebeine wurden 1236 in die – heute evangelische – Marburger Elisabethkirche übertragen, sind aber größtenteils verschollen (der kostbare Schrein existiert noch). Kaiser Friedrich II. stiftete anläßlich der Übertragung ihrer Gebeine eine Krone für ihr Haupt. Das Haupt befindet sich in Wien, einige andere Einzelreliquien in Stockholm, Halberstadt und Udine. Bis heute Wallfahrt in Marburg. Auch Kaschau in der Slowakei ist ein Zentrum der Verehrung.

Darstellung: in fürstlicher oder in sehr einfacher Kleidung, mit Weinkrug, Broten, Löffel, Korb mit Rosen, Kirchenmodell, Krone, Buch, Almosen spendend, Armen die Füße waschend

Patronat: von Hessen, von Thüringen, der Caritas-Vereinigungen, des Deutschen Ordens, der Elisabeth-Vereine, der Witwen und Waisen, der Bettler, der unschuldig Verfolgten, der Kranken, aller Notleidenden, der Bäcker, der Spitzenmacherinnen

Elisabeth von Ungarn
OP, Ordensfrau
Fest: 6. Mai, 31. Oktober

Elisabeth war die Tochter von König Andreas III. von Ungarn und kam um 1293 im heutigen Budapest zur Welt. Sie sollte auf Wunsch der Eltern Wenzel von Böhmen heiraten, verweigerte dies aber, floh und trat etwa 1310 in Töß bei Zürich (Schweiz) in das Dominikanerinnenkloster ein. Sie ertrug heroisch schwere Leiden und war daher schon zu Lebzeiten hoch verehrt, was sich nach ihrem Tod am 6. Mai 1338 (1337?) noch verstärkte. Hochgrab neben dem Hauptaltar in der Klosterkirche Töß. Mit Elisabeth endete die Dynastie von → Stephan von Ungarn.

Elko
OPraem, Abt von Lidlom
Fest: 22. März
Elko war zu Beginn des 14. Jh. Abt des Prämonstratenserklosters Lidlom im Bistum Utrecht (Niederlande). Er wurde am 22. März(?) 1332 von aufgebrachten Brüdern seines Klosters wegen seiner Strenge hinterrücks erschlagen.

Ellenberger, Agnes Karoline
Ordensfrau
Fest: 1. Juni
Geboren am 16. März 1838 in Wetzlar in Hessen, trat Karoline Ellenberger 25jährig vom evangelischen zum katholischen Glauben über, trat in Koblenz (Rheinland-Pfalz) der Schwesterngemeinschaft vom Heiligen Geist bei und nahm den Namen Agnes an. Im Deutsch-Französischen Krieg 1870/71 pflegte sie in Frankreich aufopferungsvoll Verwundete und infizierte sich dabei mit Typhus. Nach langem Krankenlager kehrte sie in ihr Ordensmutterhaus nach Koblenz zurück, 1891 wurde sie zur Generaloberin ernannt. Die Gründung mehrerer Ordensniederlassungen geht auf sie zurück. Agnes Ellenberger starb hochverehrt am 1. Juni 1906 in Güls (Koblenz); ihre sterblichen Überreste befinden sich seit 1958 in der Kapelle des Ordensmutterhauses. Der Seligsprechungsprozeß wurde am 10. Dezember 1958 eingeleitet.

Ellinger sel.
OSB, Abt von Tegernsee
Fest: 13. Mai
Ellinger, geboren in der zweiten Hälfte des 10. Jh., trat wohl um 1000 dem Benediktinerorden bei und war ab 1017 Abt von Kloster Tegernsee in Bayern, das er in der Folge zur Blüte führte. Trotz großer Erfolge wurde er 1026 von seinen Mönchen abgesetzt, von Bischof → Godehard aber 1031 wieder installiert. Er errichtete 1031 das durch die Ungarn zerstörte bayerische Kloster Benediktbeuern neu und reformierte Tegernsee im Sinne von Gorze. Aufgrund von Verleumdungen wurde Ellinger 1041 erneut abgesetzt. Geduldig und demütig ertrug er alle Erniedrigungen, weshalb er schon zu

Agnes Ellenberger von der Genossenschaft der Schwestern vom Heiligen Geist.

Lebzeiten sehr verehrt wurde. Vor seinem Tod am 13. Mai (5. Februar?) 1056 konnte er nach Tegernsee zurückkehren. 1218 Erhebung der Gebeine, 1256 Übertragung (heute auf dem Vitus-Altar in der Klosterkirche).

Elmer (Elmar)
Missionsbischof
Fest: 28. August
Nach der großenteils unsicheren Vita war Elmer Ende des 7. Jh., Anfang des 8. Jh. Missionsbischof in der Gegend um Lüttich, Belgien. Er soll um 700 an einem 28. August gestorben sein. Seine angeblichen Gebeine werden bis heute in der Stiftskirche von Molhain im Bistum Reims verehrt.

Elmo → Erasmus

Elphegus der Ältere
OSB, Bischof von Winchester
Fest: 12. März
Elphegus I. war von 935 bis zu seinem Tod am 12. März 951 Bischof von Winchester (England). Seinen Verwandten → Dunstan weihte er zum Priester und gewann ihn für das monastische Leben. Elphegus I. trug den Beinamen „der Kahle".

Elphegus der Märtyrer
OSB, Erzbischof von Canterbury, Märtyrer
Fest: 19. April
Geboren 954, war Elphegus zunächst Mönch im Benediktinerkloster Deerhurst, dann Abt eines Klosters nahe Bath (beide England). 984 wurde er zum Bischof von Winchester ernannt, 1006 zum Erzbischof von Canterbury. Als die Dänen 1011 Canterbury eroberten, ging Elphegus freiwillig mit in Gefangenschaft, um seine Gemeinde nicht im Stich zu lassen. nach siebenmonatiger Kerkerhaft wurde er bei einem wilden Fest der heidnischen Dänen mit Ochsenknochen so lange beworfen, bis er starb (1011).

Elpidius
Einsiedler
Fest: 2. September
Elpidius soll im 4. Jh. als Einsiedler 25 Jahre lang in einer Höhle in Kappadokien gelebt haben, umgeben von zahlreichen Schülern. Seine angeblichen Reliquien gelangten später an einen Ort in den Sumpfgebieten von Ancona an der Ostküste Italiens, der seither Sant' Elpidio heißt.

Elsbeth Achler → Elisabeth von Reute

Elvira → Erlvira von Öhren

Elwin
Bischof von Lindsey
Fest: 29. Juni, 3. Mai
Elwin lebte im 7. Jh. und war etwa ab 680 Bischof von Lindsey (England). Er starb 692. – Am 3. Mai wird Elwins zusammen mit seinen Brüdern gedacht.

Elzéar von Sabran hl.
OFM, Terziar, Wohltäter
Fest: 27. September
Geboren 1285/1286 in Ansouis in der Provence (Frankreich) als Baron von Ansouis und Graf von Ariano im damaligen Königreich Neapel (Italien), widmete sich Elzéar von Sabran gemeinsam mit seiner Ehefrau → Delphine hauptsächlich Diensten und Werken der Nächstenliebe. Beide waren stark geprägt vom franziskanischen Gedankengut und traten dem Orden auch als Terziaren bei. Elzéar starb am 27. September 1323 in Paris, beigesetzt wurde er in der Franziskanerkirche von Apt (Frankreich). 1369 Heiligsprechung.

Gegenüberliegende Seite: Die Krönung der heiligen Elisabeth, Stich nach einem Gemälde von Hermann Kaulbach. Vier Jahre nach ihrem Tod wurde Elisabeth bereits heiliggesprochen, und ihre Gebeine wurden 1236 in die fertiggestellte Elisabethkirche von Marburg übertragen. Die Abbildung zeigt die Feier, an der Kaiser Friedrich II. teilnahm und eine Krone stiftete. Ihr Haupt befindet sich heute in der Elisabethkirche in Wien und die Krone in Stockholm, die übrigen Gebeine gingen in den Reformationsstreitigkeiten verloren.

Der Schrein aus dem 13. Jh. ist noch erhalten und befindet sich in der Sakristei der Elisabethkirche in Marburg.

Emanuela Therese von Bayern (Maria Anna Karolina)
OSCl, Prinzessin, Ordensfrau
Fest: 9. Oktober
Geboren 1696 in Brüssel als Tochter von Kurfürst Max Emanuel von Bayern, trat Prinzessin Maria Anna Karolina von Bayern 1720 gegen den Willen ihrer Familie bei den Klarissen im Angerkloster in München (Bayern) ein. Sie lebte danach in völliger Abtötung und starb am 9. Oktober 1750 im Ruf der Heiligkeit. Die Gebeine befinden sich in der Münchner Frauenkirche.

Emebert (Hildebert)
Bischof von Cambrai
Fest: 15. Januar
Emebert, ein Sohn von → Amalberg, war nach der unsicheren Vita um 700 Bischof von Cambrai (Frankreich). Er soll an einem 15. Januar um 715 gestorben sein.

Emerentiana hl.
Märtyrerin
Fest: 23. Januar
Nach der großenteils legendarischen Vita erlitt Emerentiana wohl um 304 in Rom den Märtyrertod. Ihr angebliches Grab wurde in der Frühzeit an der Via Nomentana angenommen. Spätere Legenden erklären, Emerentiana sei während eines Gebetes am Grab von → Agnes von Heiden zu Tode gesteinigt worden. Seit dem 9. Jh. befinden sich ihre angeblichen Gebeine in der Kirche S. Agnese in Rom.
Darstellung: als Jungfrau, mit Palme, Lilie, Steinen
Patronat: der Schwangeren, gegen Magenkrankheiten und Koliken

Em(m)erich (Imre) hl.
Königssohn
Fest: 5. November, 4. November
Geboren 1000 oder 1007 in Stuhlweißenburg (Ungarn) als Sohn von König → Stephan und Königin → Gisela, einer Schwester von → Heinrich II., erhielt Emerich eine christliche Ausbildung durch → Gerhard von Csanad und zeigte schon früh große Tugendhaftigkeit. Stephan wollte seinen Sohn schon zu Lebzeiten zum Mitregenten machen, doch wenige Tage vor der Krönung verunglückte Emerich auf der Jagd tödlich. Der Todestag soll der 2. September 1031 gewesen sein. Er wurde neben seinem Vater, der 1038 starb, in der Kirche von Stuhlweißenburg beigesetzt. 5. November 1083 Heiligsprechung. Im späteren Mittelalter genoß Emerich auch in Deutschland Verehrung.
Darstellung: als junger Mann in Ritterrüstung, in königlichen Gewändern, mit Lilie, Schwert, Ungarn-Schild, Maria mit dem Kind erscheint ihm

Emerita
Märtyrerin
Fest: 4. Dezember
Emerita lebte möglicherweise im 5./6. Jh. und soll nach Quellen des 13. Jh. eine Schwester von Bischof → Lucius von Chur (Schweiz) gewesen sein. Ihr Kult ist schon durch Überlieferungen aus dem 11. Jh. belegt. Es heißt, sie sei in Dreiburg/Trimmis bei Chur wegen ihres christlichen Glaubens verbrannt worden.
Patronat: für und gegen Regen

Emerita → Merita und Digna

Emicho
OSB, Abt von Mallersdorf
Fest: 30. Oktober
Emicho war ab 1143 der dritte Abt des reformierten Klosters Mallersdorf im Bistum Regensburg (Bayern). Er starb am 30. Oktober 1157 und wurde im Kloster beigesetzt. Erhebung der Gebeine 1695 (zusammen mit denen seiner beiden Vorgänger → Burkhard und → Eppo).

Glasfenster in der Kirche von Veszprém in Ungarn mit der Darstellung von Emmerich.

Emilia → Ämilia

Emilie → Ämiliana

Emma von Lesum (Emma von Niedersachsen)
Wohltäterin
Fest: 19. April
Emma, geboren in der zweiten Hälfte des 10. Jh. in Niedersachsen, war eine Schwester von Bischof → Meinwerk von Paderborn. Sie war eine große Wohltäterin und unterstützte und förderte die Kirche in Bremen großzügig aus ihrem Vermögen. Auch als Vermittlerin in gesellschaftlichen Streitfällen machte sie sich einen Namen. Nach ihrem Tod 1038 (3. Dezember) wurde Emma im Bremer Dom beigesetzt.

Emmelia
Christin
Fest: 30. Mai
Emmelia lebte im 4. Jh. in Kappadokien (Türkei); sie war die Mutter von → Basilius dem Großen, → Gregor von Nyssa und → Petrus von Sebaste. Sie starb 372 in Kappadokien.

Emmeram (Haimrham) hl.
Bischof, Märtyrer
Fest: 22. September
Nach der teilweise legendarischen Überlieferung stammte Emmeram aus Poitiers in Westfrankreich, wo er vielleicht um 600 geboren wurde. Um 649 soll er nach Bayern gekommen sein, nachdem er in seiner Heimat schon die Weihe zum Missionsbischof empfangen hatte. Er missionierte rund um Regensburg, bekehrte viele Heiden und war im Volk geachtet, aber auch im Herzoghaus in Regensburg. 652 oder auch später soll Emmeram bei Kleinhelfendorf in der Nähe von Bad Aibling zu Tode gemartert worden sein. Über seiner Grabstätte in Regensburg entstand spä-

zum Gebet und zu Werken der Nächstenliebe. Der Sühnegedanke leitete ihr Denken und Handeln. 1802 trat sie in Dülmen in Westfalen in das Augustinerinnenkloster Agnetenberg ein. Als 1813 bekannt wurde, daß sie die Wundmale Christi trug, rückte sie stark ins öffentliche Interesse; sie wurde bewundert, gleichzeitig aber auch heftig angefeindet und gedemütigt. Clemens von Brentano zeichnete ihre Visionen bis zu ihrem Tod am 9. Februar 1824 auf (nicht immer korrekt). Anna Katharina Emmerick wurde zunächst auf dem allgemeinen Friedhof in Dülmen beigesetzt; 1975 wurden die

Links oben: Auf einer Pilgerfahrt nach Rom erlitt Emmeram 652 sein Martyrium. Lantpert, Sohn des bayerischen Herzogs, übernahm die „Bestrafung", indem er Emmeram auf einer Leiter festband, die Augen ausstach, die Zunge herausriß, Hände und Füße abhackte.

ter das Kloster St. Emmeram; die Krypta der Kirche war lange verschollen und wurde erst 1894 wiederentdeckt. Auch in Kleinhelfendorf existiert eine beeindruckende Emmeramskirche.
Legende: Emmeram soll sich als Vater des unehelichen Kindes ausgegeben haben, das die Herzogstochter Ota erwartete, um das Mädchen zu schützen. Otas Bruder ließ Emmeram daraufhin verfolgen und so schwer mißhandeln, daß der Bischof starb. Durch einen Priester erfuhr Otas Vater die wahre Geschichte und ließ den Leichnam des Ermordeten feierlich beisetzen.
Darstellung: als Bischof, mit Kasel, Palme, Buch, beim Martyrium
Patronat: des Bistums Regensburg

Emmerick, Anna Katharina
OSA, Ordensfrau, Mystikerin
Fest: 9. Februar
Geboren am 8. September 1774 in Flamschen bei Coesfeld (Nordrhein-Westfalen), zeigte Anna Katharina Emmerick schon als Kind eine außergewöhnliche Liebe

Gebeine in die Krypta der Dülmener Kreuzkirche umgebettet. Der Seligsprechungsprozeß ist weit fortgeschritten.
Darstellung: als Ordensfrau im Bett, den Kopf eingebunden, mit Stigmata, mit Kruzifix

Emming (Emmig)
Missionar, Märtyrer
Fest: 30. November
Emming war ein Begleiter von → Willehad von Bremen und missionierte im 8. Jh. mit ihm im Weser-Gebiet in Niedersachsen. Beim

Anna Katharina Emmerick, nach einem Gemälde von Otolia Kraszewska.

Links: Der Reliquienschrein des heiligen Emmeram von 1440 in der Stiftskirche von St. Emmeram, Regensburg, Bayern.

Der Schrein mit den Gebeinen des Kölner Erzbischofs Engelbert I. von 1633, Dom, Köln.

Sachsenaufstand starb er gemeinsam mit mehreren Gefährten am 30. November 782 an der Weser den Martertod. Die Verehrung für die Märtyrergruppe existierte bis zur Reformation.

Emygdius
Bischof von Ascoli, Märtyrer
Fest: 5. August
Emygdius stammte aus der Gegend von Trier (Rheinland-Pfalz) und soll nach teilweise wertlosen Überlieferungen Ende des 3. Jh. der erste Bischof von Ascoli Piceno in Italien gewesen sein. In den Verfolgungen unter Diokletian soll er (am 5. August) 303 in Ascoli den Martertod gefunden haben.
Patronat: von Ascoli Piceno

Encratia
Christin, (Märtyrerin)
Fest: 16. April
Encratia lebte in Saragossa (Spanien) und erlitt in der Christenverfolgung unter Diokletian schwere Mißhandlungen, die sie laut Überlieferungen aber überlebte; trotzdem wird sie teilweise als Märtyrerin verehrt. Sie starb wohl 304. In Saragossa gibt es bis heute eine Kirche, die ihr geweiht ist.

Enda (Endeus, Enna)
Klostergründer, Abt
Fest: 21. März
Enda gilt als frühester Klostergründer in Irland; bereits Ende des 5. Jh. sind erste Gründungen von ihm bekannt, das wichtigste Kloster war Inishmore. Unter seinen vielen Schülern war → Brendan. Enda starb um 530/540, wahrscheinlich an einem 21. März.

Endellion
Christin
Fest: 29. April
Viele Legenden umranken den Namen von Endellion. Sie soll eines der angeblich 24 Kinder von Brychan, dem legendarischen König von Wales, gewesen sein und wie ihre Geschwister im 6. Jh. ein heiligmäßiges Leben geführt haben. Ein Teil ihres prächtigen Schreines in St. Endellion in Cornwall (England) ist bis heute erhalten (rund um die Kirche stehen außerdem eine große Anzahl vollständig erhaltener Domherrenhäuser aus dem frühen Mittelalter, die einzige erhaltene Gebäudegruppe dieser Art überhaupt).

Engelbert I. von Köln (hl.)
Erzbischof von Köln, Märtyrer
Fest: 7. November
Engelbert, 1185 als Graf von Berg in Köln (Nordrhein-Westfalen) geboren, wurde im Alter von 14 Jahren zum Dompropst von Köln ernannt. Als er sich während des Streites zwischen Philipp von Schwaben und Otto IV. um die Königskrone nicht auf die Seite des Papstes stellte, wurde er exkommuniziert und abgesetzt. Nachdem er sich offiziell dem Papst unterworfen und an einem Kreuzzug teilgenommen hatte, wurde Engelbert 1216 von Papst und Kaiser zum Erzbischof von Köln ernannt. In der Folge widmete er sich unermüdlich dem Wiederaufbau der verwüsteten Diözese und bewirkte den religiösen, geistigen und wirtschaftlichen Neubeginn. Gegen die Eingriffe der Landvögte ging er energisch vor, was ihm den Haß des Adels und auch von Teilen seiner eigenen Familie einbrachte. Der Sohn seines Vetters, Vogt des Stiftes Essen, ließ ihn am 7. November 1225 bei Gevelsberg nördlich von Köln überfallen und mißhandeln; an den Folgen der Verletzungen starb Engelbert am selben Tag. Bei der Beisetzung wurde Engelbert durch den päpstlichen Legaten zum Märtyrer erklärt. Seit 1633 ruhen die Gebeine im berühmten Engelbert-Schrein im Kölner Dom.
Darstellung: als Bischof, mit Pallium, Schwert, Palme, Kreuz

Engelhard
OFM, Ordensmann
Fest: 12. März
Engelhard war ein Gefährte von → Franz von Assisi, in den Anfangsjahren des Franziskanerordens. Franz entsandte ihn nach Oxford, und durch sein Vorbild und sein heiligmäßiges Leben trug Engelhard viel zur Ausbreitung des Ordens in England bei. Er starb hochverehrt am 12. März 1230.

Engelmund
OSB, Missionar
Fest: 21. Juni, 1. Februar
Engelmund war von Geburt Engländer. Um 700 trat er sehr jung dem Benediktinerorden bei und wurde bald Abt. Er zog nach Friesland, wo er unter → Willibrord sehr erfolgreich in der Gegend von Velsen missionierte. Er starb um 740 (1. Februar?) in Velsen; Reliquien werden im Dom von Haarlem (Niederlande) aufbewahrt, wo das Fest am 21. Juni gefeiert wird.

Engling, Josef
Diener Gottes
Fest: 4. Oktober
Geboren am 6. Januar 1898 in Prossitten (Polen), trat Josef Engling 14jährig in das Pallottiner-Studienheim Schönstatt in Rhein-

land-Pfalz ein. Während der folgenden vier Jahre zeichnete er sich durch außergewöhnlichen apostolischen Eifer aus. Als er 1916 in den Ersten Weltkrieg ziehen mußte, setzte er sein Apostolat an der Front fort. Sein Tagebuch mit bewegenden Eintragungen wurde später gefunden und seiner Familie übergeben. Josef Engling starb am 4. Oktober 1918 im Artilleriehagel bei Cambrai (Frankreich); seine Grabstätte blieb unbekannt. Seit 1952 Seligsprechungsprozeß.

Englmar (Engelmar)
Einsiedler, Märtyrer
Fest: 14. Januar

Englmar lebte Ende des 11. Jh. als Einsiedler in der Gegend von Passau. Er soll nach den Überlieferungen um 1100 (14. Januar?) beim jetzigen Ort St. Englmar ermordet worden sein. Seit dem 16. Jh. genießt Englmar in St. Englmar und im bayerischen Windberg große Verehrung. In St. Englmar ist der Einsiedler Patron der Pfarrkirche, in der angebliche Englmar-Reliquien aufbewahrt werden. Das alljährliche „Englmarisuchen", in der Barockzeit eingeführt, wird von Tausenden besucht; das ländlich-religiöse Spiel, in dem das Suchen und das Einholen der sterblichen Überreste des Eremiten im Mittelpunkt stehen, fand bis 1906 an Fronleichnam statt, seither wird es am Pfingstmontag aufgeführt. Beim Spiel und beim großen Festzug wirken viele Einwohner von St. Englmar in historischen Trachten mit.

Legende: Englmar soll in seiner kleinen Einsiedlerzelle von einem neidischen Gefährten erschlagen worden sein, nach anderer Legende von einem eifersüchtigen Bediensteten des Grafen von Bogen, mit welchem Englmar befreundet war. Der Täter vergrub die Leiche des Eremiten unter Reisig und Schnee. Erst nach Monaten fand ein Priester namens Riodpert am Pfingstmontag den Leichnam, von dem ein heller Lichtglanz ausging, und brachte ihn ins Tal hinunter. Über der Grabstätte wurde dann eine kleine Kapelle errichtet; als diese im Lauf der Zeit die vielen Wallfahrer nicht mehr fassen konnte, wurde eine Kirche erbaut, der Vorgängerbau der heutigen Pfarrkirche von St. Englmar.
Darstellung: als Einsiedler, kniend, mit einem Beil im Kopf, mit Lilie, Palme
Patronat: der Bauern, für das gute Wachstum der Feldfrüchte, gegen Viehseuchen

Enneco von Ona hl.
OSB, Abt
Fest: 1. Juni

Enneco, geboren um 980 in Calatayud in Spanien, wurde Benediktinermönch und erhielt später vom König von Navarra die Abtei Ona in Kastilien übertragen, die er als Abt zu großer Blüte führte. Als Enneco 1057 starb, trauerten Christen, Juden und Sarazenen gleichermaßen um ihn. 1259 Heiligsprechung.

Ennodius
(Magnus Felix Ennodius) hl.
Bischof von Pavia
Fest: 17. Juli

Geboren um 473 in Arles in Südfrankreich, erhielt Ennodius nach dem Tod seiner Eltern seine Erziehung in Pavia (Italien). Er wurde Christ und empfing 493 von Bischof → Epiphanius die Diakonweihe. Ab 514 selbst Bischof von Pavia, war er ein vorbildlicher Seelsorger und Verwalter seines Amtes. Zweimal wurde er vom Papst zur Vermittlung im Schisma zwischen der römischen und der griechischen Kirche nach Konstantinopel entsandt, kehrte jedoch

Das Martyrium des Einsiedlers Englmar. Darstellung von 1615 aus „Bavaria Sancta" von Raphael Sadeler.

jedes Mal ohne Erfolg zurück. Ennodius starb am 17. Juli 521 in Pavia. Er hinterließ eine Fülle beachtenswerter Schriften, die teilweise auch als Geschichtsquellen Bedeutung haben. Durch seine Hymnen ist er bis heute als christlicher Dichter bekannt.

Enoch
Patriarch von Jerusalem
Fest: 12. August

Enoch war zu Beginn des 13. Jh. Patriarch von Jerusalem. Über sein Wirken ist nichts Genaues bekannt. Er starb am 12. August 1227 in Jerusalem.

Josef Engling zeichnete sich aus durch außergewöhnlichen apostolischen Eifer.

Eoban (Eaba, Eobo, Eoba) hl.
OSB, Missionar, Bischof, Märtyrer
Fest: 5. Juni, 7. Juni, 26. Juli

Eoban war Benediktinermönch und Priester und stammte wohl aus Irland. Nach der teilweise unsicheren Überlieferung soll er ab 718, vielleicht aber auch erst später gemeinsam mit → Bonifatius in Deutschland missioniert haben. Ab 763 soll er Chorbischof von Utrecht (Niederlande) gewesen sein. Gemeinsam mit Boni-

Ephräm der Syrer in einer Darstellung des 19. Jh. Zum Kirchenlehrer wurde er 1920 von Papst Benedikt XV. ernannt.

fatius und etwa 50 weiteren Gefährten wurde Eoban am 5. Juni 754 in Dokkum (Niederlande) von Heiden ermordet. Die Gebeine befinden sich im Dom von Erfurt in Thüringen. Gedenktag im Bistum Fulda am 7. Juni gemeinsam mit → Adalar.
Darstellung: als Bischof, als Priester, mit Buch, mit Adalar

Eparchius (Cybard)
Priester, Mönch
Fest: 1. Juli
Geboren wohl um 504 als Herzog von Périgord (Frankreich), gab Eparchius (Cybard) seinen Adelstitel ab, um als Mönch zu leben. Nach seiner Priesterweihe ließ er sich 542 in Angoulême in der Charente in einer Klosterzelle nieder und verbreitete von dort aus mit Hilfe von immer zahlreicher werdenden Gefährten das Christentum. Aus seiner Zelle wurde später die berühmte Abtei St-Cybard. Noch heute gibt es in der Umgebung von Angoulême über 20 Kirchen, die ihm geweiht sind. Eparchius starb 581 in Angoulême.

Ephräm der Syrer hl.
Diakon, Kirchenlehrer (1920)
Fest: 9. Juni (Westen), 28. Januar (Osten)
Ephräm der Syrer gilt als einer der größten Dichter der syrischen Kirche, er trägt den Beinamen „Harfe Gottes". Geboren um 306 in Nisibis (Türkei), war er vermutlich zunächst das Oberhaupt einer kirchlichen Gemeinschaft in seiner Heimatstadt und ein gefragter Berater. Nach dem Einfall der Perser in Nisibis 363 ließ sich Ephräm in Edessa (Türkei) nieder und war auch hier bald begehrter theologischer Lehrer und Ratgeber. Er wurde berühmt durch seine Bibelkommentare und seine selbstkomponierten Hymnen. Während einer furchtbaren Hungersnot um 370 organisierte Ephräm die Hilfsaktionen und Krankenbehandlungen. Er starb wohl am 9. Juni 373 in seiner Mönchszelle in Edessa, schon zu Lebzeiten verehrt im Osten und im Westen. Papst Benedikt XV. ernannte Ephräm 1920 zum Kirchenlehrer.
Darstellung: als greiser Diakon, mit Feuersäule, Schriftrolle

Ephysius
Märtyrer
Fest: 15. Januar, 1. Mai
Bis heute wird Ephysius auf der italienischen Insel Sardinien verehrt. Die unsicheren Überlieferungen berichten, er sei während der Verfolgungen des Diokletian um 303 nahe Cagliari auf Sardinien ermordet worden. Angeblich soll Ephysius vorher selbst Christenverfolger gewesen, aber bekehrt worden sein. Seit über 30 Jahren feiern die Sarden am 1. Mai in ihren Originaltrachten mit einem farbenprächtigen Festzug ihren Schutzpatron Ephysius; der Umzug führt von Cagliari bis ins 30 Kilometer entfernte Pula.
Patronat: von Sardinien

Epicharis
Märtyrerin
Fest: 27. September
Nach der Legende soll Epicharis die Ehefrau eines römischen Senators gewesen sein und in den Christenverfolgungen des Kaiser Diokletian um 300 den Tod gefunden haben.

Epimachus
Märtyrer
Fest: 10. Mai, 12. Dezember
Epimachus stammte aus Alexandria in Ägypten und erlitt dort um 250 unter Decius den Martertod durch Verbrennen am Pfahl.

Epiphanios von Salamis hl.
Bischof von Salamis
Fest: 12. Mai
Geboren um 315 in Palästina, wurde Epiphanios sehr früh Mönch, später Abt im Kloster Eleutheropolis nahe seiner Heimatstadt, das er selbst gegründet hatte und 30 Jahre lang leitete. Sein Kampf galt den Irrlehren seiner Zeit, vor allem dem Arianismus, gegen den er predigte und schrieb; sein Beiname war „Orakel von Palästina". 367 wurde er zum Bischof von Salamis (Konstantia, Zypern) geweiht und setzte auch in den folgenden Jahrzehnten bis zu seinem Tod 403 seinen Kampf fort, teilweise polemisch und in hohem Alter manchmal halsstarrig.

Epiphanius von Pavia hl.
Bischof von Pavia
Fest: 21. Januar, 22. Januar
Geboren 438 in Pavia (Italien), war Epiphanius zunächst Lektor

Elisabeth Eppinger, Gründerin der Kongregation der Schwestern vom Allerheiligsten Heiland.

Die Heiligen Erasmus und → Mauritius, von Matthias Grünewald, Alte Pinakothek, München. Erasmus (links), Patron des Hauses Brandenburg, trägt die Gesichtszüge des Stifters des Gemäldes, von Kardinal Albrecht von Brandenburg.

in seiner Heimatstadt, geschätzt und geachtet vom Volk und vom amtierenden Bischof. 467 wurde er selbst zum Bischof von Pavia geweiht und war bald einer der wichtigsten Bischöfe seiner Zeit; man nannte ihn „Licht und Vater der Bischöfe". Die 476 durch Odoaker teilweise zerstörte Stadt Pavia ließ er wieder aufbauen, das Elend der Bevölkerung linderte er durch verschiedene Hilfsaktionen, 6000 gefangene Landsleute löste er aus. Er starb am 21. Januar 497 in Pavia. Die Gebeine wurden 962 aus Pavia gestohlen und befinden sich seit 963 im Dom von Hildesheim (Niedersachsen) in einem kostbaren Reliquiar.
Darstellung: als Bischof mit Hacke, Ölzweig, zerbrochenen Ketten, beim Almosenausteilen

Eppinger, Elisabeth Maria Alphonsa
Ordensgründerin
Fest: 31. Juli
Geboren am 9. September 1814 in Niederbronn im Elsaß (Frankreich), gründete Elisabeth Eppinger 1849 unter Mithilfe des Ortspfarrers in Niederbronn die Kongregation der Schwestern vom Allerheiligsten Heiland, auch Niederbronner Schwestern genannt. Die Ordensschwestern widmeten sich der Pflege von Armen und Kranken. Elisabeth Eppinger, die den Namen Maria Alphonsa annahm, leitete die Kongregation bis zu ihrem Tod am 31. Juli 1867 als Generaloberin, 1866 erfolgte die päpstliche Anerkennung des Ordens. Der Seligsprechungsprozeß ist eingeleitet.

Eppo
OSB, Abt von Mallersdorf
Fest: 27. Juni, 7. Februar
Geboren in der zweiten Hälfte des 11. Jh. wohl in Bayern, wurde Eppo Benediktiner und 1122 zweiter Abt von Kloster Mallersdorf in der Diözese Regensburg (Bayern). Unter ihm sowie seinem Vorgänger → Burkhard und seinem Nachfolger → Emicho erlebte das reformierte Kloster eine Blüte. Eppo starb am 27. Juni 1143 und wurde im Kloster Mallersdorf beigesetzt. Erhebung der Gebeine 1695 (gemeinsam mit denen von Burkhard und Emicho).

Equitius
OSB, Abt, Klostergründer
Fest: 8. August
Equitius war ein Gefährte von Ordensgründer → Benedikt von Nursia; er gründete in den Abruzzen (Italien) zahlreiche Klöster und leitete sie teilweise selbst als Abt. Er starb an einem 8. August um 540 (571?). Alles, was über Equitius überliefert ist, stammt von → Gregor dem Großen.

Erasmus (Elmo)
Märtyrer, Nothelfer
Fest: 2. Juni
Nach der Legende stammte Erasmus aus Asien und war um 300 Bischof von Antiochien (Syrien). Sowohl unter Diokletian (um 303) als auch unter Maximian (um 305) soll er wegen seines Glaubens gemartert worden sein. Er starb, so die Legende, hochbetagt um 310 (oder 303?) in Fórmia in Kampanien (Italien), vielleicht als

Epiphanius von Pavia, nach einem Gemälde aus dem 12. Jh.

Märtyrer. Erasmus fand Aufnahme im Martyrologium Hieronymianum. Gebeine gelangten 842 nach Gaeta in Mittelitalien; der dortige Dom trägt bis heute den Namen S. Eramo. Weitere Reliquien befinden sich in anderen italienischen Städten. Der Erasmus-Kult ist seit dem 6. Jh. bekannt, seit etwa 1300 wird Erasmus zu den → Vierzehn Nothelfern gezählt. In Spanien, Portugal, Frankreich und Italien verehrte man Erasmus früh als Patron der Seefahrer und gab ihm auf Bildern als Attribute eine Ankerwinde mit Tauen bei; vielleicht kommt diese Darstellung auch von der Überlieferung, Erasmus seien von den Christenverfolgern die Gedärme mit einer Winde aus dem Bauch gezogen worden. Seit 1969 ist die Erasmus-Verehrung auf lokale Kalender begrenzt.

Darstellung: als Bischof, mit Mitra, Stab, Marterwerkzeugen (Ankerwinde, Pfriemen), beim Martyrium

Patronat: der Seefahrer (Elmsfeuer), der Seiler, Drechsler, Weber, der Haustiere, gegen Unterleibserkrankungen, Koliken, Magenschmerzen, Krämpfe, für eine gute Geburt, gegen Viehseuchen, von Gaeta, für das Haus Brandenburg

Erastus
Gefährte von Paulus, (Bischof)
Fest: 26. Juli

Erastus soll nach unsicheren Quellen im ersten Jahrhundert der Schatzmeister von Korinth (Griechenland) gewesen und von → Paulus bekehrt worden sein. Mehrfach bezeugt ist, daß er ein Gefährte und Helfer von Paulus während dessen Missionsreisen war. Verschiedene Überlieferungen berichten, Erastus sei Bischof von Philippi (in Palästina oder in Makedonien) gewesen.

Erbo
OSB, Abt von Prüfening
Fest: 27. August

Erbo war ab 1121 der zweite Abt der Benediktinerabtei Prüfening in Bayern (heute Stadtteil von Regensburg). In 40 Jahren Amtszeit brachte er das Kloster zu hoher Blüte. Er starb wohl im Juli 1162 und wurde in der Klosterkirche Prüfening beigesetzt. 27. August 1200 Erhebung der Gebeine.

Erc
Bischof
Fest: 31. Oktober
Nach den unsicheren Überlieferungen war Erc in Irland Bischof zu unbekannter Zeit und genoß hohes Ansehen. Er erscheint in mehreren irischen Martyrologien, in Cornwall (England) ist der Ort St. Erth nach ihm benannt.

Ercongotha
OSB, Nonne
Fest: 7. Juli, 21. Februar
Ercongotha kam um 640 als Tochter von König Erconbert von Kent und von → Sexburga zur Welt und wurde schon als Kind in das Benediktinerinnenkloster Faremoutier-en-Brie (Frankreich) übergeben, wo ihre Tante → Ethelburga Äbtissin war. Sie starb schon 660; es heißt, aus ihrem Grab beim Kloster seien balsamgleiche Düfte emporgestiegen, woraufhin sich eine starke Verehrung für Ercongotha entwickelte.

Erembert von Toulouse
OSB, Bischof von Toulouse
Fest: 14. Mai, 30. April
Geboren um 610 in Villiolicourt bei Le Pecq (Frankreich), wurde Erembert um 640 in Fontenelle, Frankreich, Benediktinermönch; um 656 erhielt er die Ernennung zum Bischof von Toulouse in Südfrankreich. Er amtierte bis 668 und zog sich dann wieder ins Kloster Fontenelle zurück, wo er am 14. Mai 671 starb.
Darstellung: als Bischof, mit brennendem Haus
Patronat: gegen Feuersgefahr (er soll ein Feuer auf wundersame Weise gelöscht haben)

Erenfrid (Ezzo)
Klostergründer
Fest: 21. Mai
Geboren um 955 in Lothringen (Frankreich), gründete Pfalzgraf Erenfrid 1024 gemeinsam mit seiner Ehefrau Mathilde, einer Tochter von Kaiser Otto II., das Benediktinerkloster Brauweiler bei Köln (Nordrhein-Westfalen). Er starb am 21. Mai 1035 in Saalfeld in Thüringen und wurde später zusammen mit Mathilde in Brauweiler beigesetzt (Tumba bis heute erhalten).

Erentrudis hl.
OSB, Äbtissin
Fest: 30. Juni
Geboren in der zweiten Hälfte des 7. Jh. wohl in Worms, Rheinland-Pfalz, kam Erentrudis um 714 nach Salzburg, wo sie Äbtissin des von ihrem Onkel (Bruder?) → Rupert von Salzburg gegründeten Benediktinerinnenklosters auf dem Nonnberg wurde. Sie starb um 718 auf dem Nonnberg und wurde dort beigesetzt; in der Krypta steht bis heute der leere Sarkophag, die Gebeine befinden sich seit 1624 in einem Silberschrein auf dem Erentrudis-Altar in der Kirche.
Darstellung: als Jungfrau oder als Äbtissin, mit Kirchenmodell, Kreuz, flammendem Herzen, mit Aussätzigen

Erhard von Regensburg hl.
Bischof von Regensburg
Fest: 8. Januar, 19. Januar
Nach der teilweise unsicheren Überlieferung stammte Erhard vielleicht aus Narbonne in Südfrankreich und kam um 685 nach Regensburg (Bayern), wo er als Missionsbischof wirkte. Im Elsaß (Frankreich) soll er verschiedene Klöster gegründet und aufopferungsvoll missioniert haben. Es heißt, Erhard habe die von Geburt an blinde → Odilia getauft und ihr damit das Augenlicht geschenkt, was aber nicht sicher bezeugt ist. Verschiedene Quellen nennen Erhard auch einen Iroschotten. Er starb um (vor?) 700 und wurde in der Niedermünsterkirche in Regensburg beigesetzt (Grab heute im Seitenschiff). 1052 Erhebung der Gebeine. Starke Verehrung in Regensburg.
Darstellung: als Bischof, mit Axt, manchmal mit Buch, auf dem zwei Augen liegen (Odilien-Liegende)

Gegenüberliegende Seite: Das Martyrium des heiligen Erasmus, von Nicolas Poussin, Pinakothek des Vatikan, Rom. Zwei Henker wickeln mit Hilfe einer Winde die Gedärme aus Erasmus' aufgeschlitztem Unterleib.

Reliquienschrein mit den Gebeinen der heiligen Erentrudis in der Krypta der Stiftskirche auf dem Nonnberg in Salzburg.

Die Seligsprechung des Opus-Dei-Gründers Josemaría Escrivá de Balaguer erfolgte am 17. Mai 1992 durch Papst Johannes Paul II. in Rom.

Ernst Pardubitz (Ernst von Prag)
Erster Erzbischof von Prag
Fest: 30. Juni
Ernst Pardubitz war ab 1344 der erste Erzbischof von Prag, legte 1344 den Grundstein für den Prager Veitsdom und war 1348 Mitbegründer der berühmten Universität von Prag. Geboren um 1300 in Ostböhmen als Ritter, studierte Ernst lange in Bologna und Padua Theologie und kam dann durch die enge Freundschaft zu Karl IV., dem späteren Kaiser, nach Prag, wo er eine segensreiche seelsorgerische und organisatorische Tätigkeit begann. Er starb am 30. Juni 1364 in Raudnitz (Tschechien) und wurde in dem von ihm gegründeten Chorherrenstift Glatz beigesetzt. Eine Seligsprechung wurde immer wieder angestrebt.

Ernst von Zwiefalten
OSB, Abt von Zwiefalten, Märtyrer
Fest: 7. Oktober, 7. November
Ernst war ab 1141 der fünfte Abt des Benediktinerklosters Zwiefalten (Baden-Württemberg), legte aber 1146 sein Amt nieder, um am Zweiten Kreuzzug teilzunehmen. Nach nicht gesicherten Überlieferungen starb er (am 7. Oktober) 1147/8 in Mekka den Martertod durch die Hand von Sarazenen. Sein Kult entstand sofort nach seinem Tod.
Darstellung: als Benediktiner, mit Haspel und Winde (angeblich wurden ihm die Eingeweide aus dem Leib gerissen)

Erpho
Bischof von Münster
Fest: 9. November
Bis heute genießt Erpho in Münster volkstümliche Verehrung, die Kirche St. Mauritz ist eng mit seinem Namen verbunden. Erpho war ab 1085 Bischof von Münster in Westfalen und stand im Investiturstreit fest auf seiten von Kaiser Heinrich IV. Er war ein großer Wohltäter des Bistums und der Stadt, 1090 weihte er den Dom von Münster. Er starb am 9. November 1097 und wurde im Mauritz-Stift, dessen Mitbegründer er war, beigesetzt.

Erwin → Ermin

Escrivá de Balaguer y Albás, Josemaría sel.
Gründer
Fest: 26. Juni
Geboren am 9. Januar 1902 in Barbastro in Spanien, promovierte Josemaría Escrivá de Balaguer als Jurist und war Großkanzler der Universitäten von Navarra (Spanien) und Piura (Peru). 1925 empfing er die Priesterweihe. 1928 gründete er in Madrid die Gemeinschaft Opus Dei, die den Gläubigen „einen neuen Weg der Heiligung mitten in der Welt" eröffnen solle. Fast alle Mitglieder sind Laien. Der Gründer trieb die Ausbreitung der Gemeinschaft in der ganzen Welt voran. Am 16. Juni 1950 erfolgte die Approbation durch den Papst. Escrivá starb am 26. Juni 1975 in Rom. 17. Mai 1992 Seligsprechung.

Eskil hl.
Missionsbischof, Märtyrer
Fest: 12. Juni, 6. Oktober
Eskil stammte aus England und war in der zweiten Hälfte des 11. Jh. der erste Bischof von Strengnäs in Schweden. Er trug den Beinamen „Apostel von Södermanland". Um 1080 wurde er von Heiden zu Tode gesteinigt. Seine letzte Ruhestätte fand er in der schwedischen Stadt Tuna, die später nach ihm Eskilstuna genannt wurde.
Darstellung: als Bischof, mit Steinen, Buch

Eskil von Lund
OCist, Erzbischof von Lund
Fest: 6. September, 7. September
Eskil war eine der großen Kirchenpersönlichkeiten Dänemarks. Geboren um 1100, studierte er in Hildesheim in Niedersachsen, war

danach Dompropst in Lund, ab 1134 Bischof von Roskilde und ab 1137 Erzbischof von Lund (alle Dänemark). Ab 1156 war Eskil auch Primas von Schweden und päpstlicher Legat. Im Streit zwischen Papst und Kaiser hielt er fest zum Papst und wurde daher für sechs Jahre ins Exil nach Frankreich verbannt. Eskil beeinflußte maßgeblich das kulturelle, politische und kirchliche Leben in Dänemark. 1177 resignierte er aus Altersgründen und zog sich als einfacher Mönch in das Zisterzienserkloster Clairvaux in Frankreich zurück, das sein enger Freund → Bernhard gegründet hatte. Zeitlebens hatte Eskil den Zisterzienserorden gefördert. Er starb am 6./7. September 1181 in Clairvaux und wurde in der dortigen Klosterkirche beigesetzt.

Esso (Ezzo) von Beinwil
OSB, Abt von Beinwil
Fest: 27. Dezember
Esso war zunächst Mönch in Hirsau und um 1100 Gründerabt des Benediktinerklosters Beinwil im Kanton Solothurn (Schweiz), das er schnell zu hoher Blüte brachte. Er starb am 27. Dezember 1130(?) in Beinwil.

Ethelbert
König, (Märtyrer)
Fest: 20. Mai
Nach nicht ganz gesicherten Überlieferungen war Ethelbert Ende des 8. Jh. König von Ostanglien (England). Wahrscheinlich heiratete er → Etheldritha (Elfriede), die Tochter von König Offa von Mercien (England). Auf Anstiften von Offas Ehefrau soll Ethelbert 794(?) ermordet worden sein. Er wurde von Anfang an als Märtyrer verehrt; Fragmente seines Schreines befinden sich bis heute in Hereford in England.

Ethelbert von Kent hl.
König von Kent
Fest: 24. Februar
Ethelbert, geboren um 540, war ab 560 König von Kent (England). Er war Heide und heiratete die christlich erzogene Prinzessin Bertha, Tochter des fränkischen Königs Charibert. Sie führte ihn und sein Volk behutsam zum Christentum, so daß Ethelbert auch → Augustinus von Canterbury ab 596 bei seiner Missionierung unterstützte und sich von ihm schon bald taufen ließ. Ethelbert trug so maßgeblich zur Christianisierung Englands bei und war der Begründer verschiedener wichtiger Bistümer und Abteien (u. a. Canterbury, Rochester). Er starb am 24. Februar 616 (618?), wenige Jahre nach Bertha.

Ethelburga von Barking
OSB, Äbtissin
Fest: 11. Oktober
Ethelburga war die Schwester von → Erkonwald von London, der für sie das Nonnenkloster Barking in Essex (England) gründete und sie als Äbtissin einsetzte. Sie starb um 675 in Barking; ihre Reliquien gelangten später nach Reading (England).

Edeltraud oder Etheldreda, Königin und Äbtissin von Kloster Ely in Essex.

Diese Aufnahme von Josemaría Escrivá de Balaguer y Albás entstand eineinhalb Stunden vor seinem Tod am 26. Juni 1975.

Ethelburga von Faremoutier
OSB, Äbtissin
Fest: 7. Juli
Ethelburga, Tochter von König Anna von Ostanglien und Schwester von → Etheldreda, trat jung dem Benediktinerorden bei und wurde später Äbtissin im Kloster Faremoutier in Frankreich. Sie starb dort wohl um 664, hochverehrt schon zu Lebzeiten. → Beda der Ehrwürdige berichtete einige Jahrzehnte später von der Überführung ihrer Reliquien und dem Gedenktag 7. Juli.
Darstellung: als Äbtissin, mit Stab und Passionswerkzeugen, mit Krone zu Füßen
Patronat: bei Schwangerschaft, gegen Rheuma

Etheldreda (Edeltraud) hl.
OSB, Königin, Äbtissin von Ely
Fest: 23. Juni
Etheldreda war die Gründerin des berühmten englischen Benediktinerinnenklosters Ely und eine der meistverehrten Heiligen bei den Angelsachsen. Geboren 635 in Exning in Suffolk als Tochter von Königin Anna von Ostanglien,

heiratete sie zunächst den schottischen Fürsten Tondberth, nach dessen Tod König Egfrith von Northumbrien. Nachdem sie mit beiden eine jungfräuliche Ehe geführt hatte, ließ sie sich nach zwölfjähriger Ehe von Egfrith scheiden und trat ins Kloster Coldingham ein. 673 wurde sie Äbtissin in dem von ihr gegründeten Kloster Ely in Essex und führte bis zu ihrem Pesttod am 23. Juni 679 ein demütiges und heiligmäßiges Leben. Ihre Grabstätte in der Klosterkirche von Ely war bis zur Reformation ein Wallfahrtsort; ihr Leichnam blieb unverwest.
Darstellung: als Äbtissin, mit Jesuskind, Blütenzweig, Quelle, Hermelin
Patronat: gegen Augenleiden

Etheldritha (Elfriede, Alfreda) von England hl.
Königin, Einsiedlerin
Fest: 2. August, 20. Mai
Nach teilweise unsicheren Überlieferungen war Etheldritha die Tochter von König Offa von Mercien (England) und kam wohl Mitte des 8. Jh. in Birmingham (?) in England zur Welt. Sie heiratete wahrscheinlich zunächst → Ethelbert, den König von Ostanglien, lebte später nach seinem Tod 794 (?) aber als Einsiedlerin in den einsamen Sümpfen von Lincolnshire auf Croyland Island. Das Todesdatum von Etheldritha ist unsicher: entweder 795 oder eher 834. Ihr Schrein blieb auf Croyland, bis die Insel geplündert wurde.

Alfred Etlin, der spätere Pater Lukas, als junger Benediktiner-Novize in den USA.

Ethelwold hl.
OSB, Bischof von Winchester
Fest: 1. August
Ethelwold, geboren um 910 in Winchester (England), war Priester und trat 943 in das Benediktinerkloster Glastonbury ein, das → Dunstan leitete. 955 wurde er Abt von Kloster Abingdon, 963 Bischof von Winchester. Ethelwold förderte das Mönchtum in England und gründete zahlreiche Abteien oder richtete verfallene Klöster wieder ein; er trug den Beinamen „Vater der Mönche". Er war auch ein großer Förderer des Kunsthandwerkes und der Baukunst. Ethelwold starb am 1. August 984 in Winchester und genoß schnell große Verehrung (besonders in allen seinen Klöstern). 986 Erhebung der Gebeine.

Etlin, Alfred Lukas
OSB, Ordensmann
Fest: 15. Dezember
Geboren am 25. Februar 1864 in Sarnen in der Schweiz, trat Alfred Lukas Etlin 1886 in das Benediktinerkloster Conception in den USA ein; 1891 empfing er die Priesterweihe. Als Spiritual im Kloster Clyde (USA) bildete er später eine Elite amerikanischer Benediktinerinnen heran. Ab 1920 organisierte er mit Hilfe eines weltumspannenden Hilfswerkes, daß die darniederliegenden Frauenklöster in Deutschland und Österreich wieder Nachwuchs bekamen und daß in diesen Ländern Priester ausgebildet werden konnten. Er erhielt höchstes Lob dafür auch vom Papst, und der Münchner Kardinal Michael Faulhaber überbrachte bei einem Besuch in Clyde den Dank der europäischen Bischöfe und Priester. Lukas Etlin starb am 15. Dezember 1927 in Clyde. Der Seligsprechungsprozeß ist eingeleitet.

Etto (Hetto)
OSB, Missionsbischof
Fest: 10. Juli
Der Ire Etto wirkte im 7. Jh. als Missionsbischof in Belgien und genoß hohes Ansehen vor allem bei der Landbevölkerung und bei den Bauern. Er starb am 10. Juli 670 in Dompierre, Frankreich.
Darstellung: als Missionar, mit Vieh (da er, so die Legende, einen Hirten heilte)

Eucharius von Trier hl.
Erster Bischof von Trier
Fest: 9. Dezember, 11. September
Von Eucharius ist nur bekannt, daß er in der zweiten Hälfte des 3. Jh. der erste Bischof von Trier (Rheinland-Pfalz) war. Eine spätere Legende machte ihn irrtümlich zum Schüler von → Petrus. An der Eucharius-Grabstätte in Trier wurde im 4. Jh. eine Kapelle errichtet, der Vorgängerbau der heutigen Matthiaskirche (in der die Reliquien von → Matthias aufbewahrt werden). → Gregor von Tours nannte Eucharius später einmal „Beschützer der Stadt Trier vor einer Pestepidemie" und vor Dämonen.
Darstellung: als Bischof, als Wanderer mit Stab, mit Petrus, mit Teufel, mit → Valerius und → Maternus (mit denen er angeblich, von Petrus entsandt, als Missionar unterwegs war), mit Höllenhund, Teufel, mit Kirchenmodell (Trier)

Eucherius von Lyon hl.
Bischof von Lyon
Fest: 16. November
Eucherius, geboren um 380 in Frankreich, war zunächst verheiratet und hatte mit seiner Frau Galla zwei Söhne (die späteren Bischöfe → Salonius von Genf und → Veranus von Vence). 422 zog er sich von seinen hohen Ämtern auf die Mönchsinsel Lérins zurück, Galla trat in ein Kloster ein. Euche-

rius widmete sich fortan dem Gebet und dem Verfassen theologischer Schriften, von denen viele sehr bekannt wurden und bis heute erhalten sind (mehrere an seine Söhne). 434 wurde er zum Bischof von Lyon (Frankreich) ernannt. Eucherius starb 449/450 in Lyon.

Eucherius von Orléans
OSB, Bischof von Orléans
Fest: 20. Februar
Geboren um 690 in Orléans (Frankreich), trat Eucherius 714 dem Benediktinerorden bei und wurde 721 zum Bischof von Orléans gewählt. Als er sich weigerte, Karl Martell Kirchengüter für den Krieg gegen die Sarazenen zur Verfügung zu stellen, verbannte dieser ihn 737 zunächst nach Köln (wo er bald hoch verehrt war), später nach Sint-Truiden, Belgien, wo er 743 (738?) starb.
Darstellung: als Bischof, wie er aus Orléans vertrieben wird, bei der Erweckung eines Toten (Legende)

Eudald
Märtyrer
Fest: 11. Mai
Es ist nur bekannt, daß Eudald im 8. Jh. im damaligen Aquitanien (Frankreich) von Sarazenen wegen seines christlichen Glaubens ermordet wurde. Der Festtag 11. Mai ist schon sehr früh bezeugt.

Eudo
OSB, Abt
Fest: 20. November
Eudo war um 740 Gründerabt der Benediktinerabtei Carméry-en-Velay (St-Chaffre) in Frankreich, wo er um 760 starb.

Eudokia
Büßerin, Märtyrerin
Fest: 1. März
Die Legende erzählt, Eudokia sei eine Sünderin aus dem Gebiet des heutigen Libanon gewesen und durch einen Mönch bekehrt worden. Sie habe all ihren Besitz dem Bischof übereignet und sei in ein Kloster eingetreten. Ein früherer Verehrer soll sie dann als Christin angezeigt haben, woraufhin sie von Häschern Kaiser Trajans in Alexandrien enthauptet wurde (um 115?).

Eudokimos
Christ, Wohltäter
Fest: 31. Juli
Schon früh, wohl Mitte des 9. Jh., gab es in Konstantinopel eine Kirche, die dem Wohltäter und Soldaten Eudokimos geweiht war. Überlieferungen berichten von vielen Wundern, die sich an der Grabstätte von Eudokimos ereignet haben. Eudokimos wird zu den sogenannten „Gerechten der byzantinischen Kirche“ gerechnet.

Eugen
Märtyrer
Fest: 15. November
Die möglicherweise gänzlich legendarische Überlieferung nennt Eugen einen Märtyrer aus der frühchristlichen Zeit. Bezeugt ist die Verehrung in Paris und später in Toledo (Spanien), wo er wohl mit einem Bischof Eugen gleichgesetzt wurde; in beiden Städten existieren angebliche Reliquien.

Eugen I. hl.
Papst (654 bis 657)
Fest: 2. Juni
Eugen war ein römischer Priester, der für → Papst Martin I. während dessen Verbannung nach Cherson in Rom als Vikar wirkte. Noch vor Martins Tod am 16. September 655 wählte der römische Klerus Eugen am 10. August 654 zum Papst. Er zeichnete sich durch Milde und besondere Fürsorge für die Armen aus, im Streit mit Konstantinopel versuchte er zu vermitteln und wieder Frieden zu schaffen. Eugen starb am 2. Juni 657 in Rom.

Eugen III. sel.
OCist, Papst (1145 bis 1153)
Fest: 8. Juli
Geboren um 1090 als Bernardo Paganelli in Montemagno in der Toskana (Italien), trat der spätere Papst Eugen III. im Jahr 1135 in Clairvaux dem Zisterzienserorden bei und wurde von Ordensgründer → Bernhard 1143 zum ersten Abt des Klosters Tre Fontane bei Rom ernannt. Am 15. Februar 1145 erfolgte die Wahl zum Papst in einer schwierigen Zeit, da der römische Senat die Konfrontation zum Papsttum suchte. Eugen residierte zunächst in Viterbo, konnte aber im Dezember 1145 nach Rom zurückkehren. Große Sorge machte Eugen III. auch die Situation der Kirche im Osten; deshalb rief er im Dezember 1145 zum Zweiten Kreuzzug auf, wobei ihn vor allem Bernhard von Clairvaux machtvoll unterstützte. Wegen des weltli-

Eudokia, nach einer Einlegearbeit in Stein aus dem 11. Jh., Archäologisches Museum, Istanbul.

chen Lebens der Kurie in Rom stand Eugen III. immer wieder im Mittelpunkt heftiger Kritik. 1147 ging er ganz nach Clairvaux, in der Folge hielt er mehrere vielbeachtete Synoden ab. Eugen III. starb er am 8. Juli 1153 in Tivoli bei Rom; seine Grabstätte befindet sich in St. Peter in Rom. Pius IX. approbierte 1872 den Kult.

Eugen II. von Toledo hl.
Erzbischof von Toledo
Fest: 13. November
Geboren aus adliger Familie in Toledo (Spanien), wurde Eugen Mönch im Kloster Engracia in Saragossa, Spanien. 646 erhielt er die Ernennung zum Erzbischof von Toledo. Eugen war musisch hochbegabt, er dichtete Hymnen und brachte den Kirchengesang zu neuer Blüte; viele seiner Schriften und Dichtungen sind noch erhalten. Er starb 657 (möglicherweise am 13. November) in Toledo.
Darstellung: mit Pallium und Bischofsstab
Patronat: der Müller

Eugendus hl.
Abt
Fest: 1. Januar
Eugendus war der fünfte (vierte?) Abt der um 450 gegründeten burgundischen Abtei St-Condat, die ab 510 nach ihm St-Oyand genannt wurde. Der gelehrte Eugendus galt als großer Reformer des monastischen Lebens. Er starb an einem 1. Januar um 515 in seiner Abtei bei Besançon (Frankreich), die seit dem 12. Jh. St-Claude heißt (nach → Claudius).

Eugenia
OSB, Äbtissin
Fest: 16. September
Eugenia, geboren in der zweiten Hälfte des 7. Jh., war die Nichte und Nachfolgerin von → Odilia als Äbtissin von Kloster Hohenburg (St. Odilien) im Elsaß (Frankreich). Sie starb wohl am 16. September 735; einige Reliquien sind noch erhalten. Verehrung im Elsaß; im Mittelalter auch in Eichstätt in Bayern.
Darstellung: als Äbtissin mit Brot und Wasser

Eugenia von Le Mans
Jungfrau
Fest: 7. Juni
Die Lebensdaten von Eugenia sind unbekannt. Überliefert ist nur, daß sie in Le Mans (Frankreich) lebte und angeblich Taubstumme heilen konnte. Ihr heiligmäßiges Leben wurde hoch gerühmt.

Eugenia von Rom (von Alexandrien) hl.
Märtyrerin
Fest: 25. Dezember
Die Vita von Eugenia ist wohl legendarisch, ihr starker Kult im frühen Mittelalter in Rom, Neapel, Ravenna und in Griechenland ist bezeugt. Um einer Heirat zu entgehen, soll die Anfang des 3. Jh. in Alexandrien (Ägypten) geborene Eugenia als Mann verkleidet in ein Mönchskloster geflohen und später dort sogar Abt geworden sein. Als sie der Unzucht verdächtigt wurde, gab sie sich zu erkennen und ging nach Rom; dort wurde sie um 257 von Christenverfolgern enthauptet. Ihr letzte Ruhestätte fand Eugenia im Cömeterium Aproniani an der Via Latina in Rom; ihr Bild befindet sich in den Mosaiken von S. Apollinare Nuovo in Ravenna (frühes Mittelalter).
Darstellung: als römische Jungfrau, in langem Kleid und mit Mantel, mit Schwert, beim Martyrium
Patronat: gegen Taubheit und Besessenheit

Eugenios von Antiochien hl.
Märtyrer
Fest: 20. Dezember
Eugenios war Mitte des 4. Jh. Priester in Antiochien (Syrien), wurde dann in die mauretanische Wüste verbannt und bei seiner Rückkehr gemeinsam mit seinem Gefährten → Makarios unter Kaiser Julian Apostata um 362 enthauptet. Andere Quellen berichten, Eugenios und Makarios hätten bis zu ihrem natürlichen Tod in Mauretanien als Missionare gewirkt.

Eugenios von Trapezunt
Märtyrer
Fest: 21. Januar
Nach verschiedenen Überlieferungen stammte Eugenios aus Trapezunt in Kleinasien (Türkei) und wurde dort am 21. Januar 310 wegen des Umstürzens einer Heidenstatue zusammen mit mehreren Gefährten von Christenverfolgern hingerichtet. Eugenios genoß große Verehrung, ein Kloster und eine Kirche wurden nach ihm benannt; er war Stadtpatron von Trapezunt (früher Trapezus), und im Mittelalter war sein Bild auf Münzen abgebildet.

Eugenius von Karthago hl.
Bischof von Karthago
Fest: 13. Juli
Der Afrikaner Eugenius wurde 481 zum Bischof von Karthago in Nordafrika ernannt und zeichnete sich in seiner Amtszeit durch großen seelsorgerischen Einsatz und Nachsicht gegenüber Andersdenkenden aus; dies führte mehrfach zu Verbannungen durch den Kaiser. Eugenius starb am 13. Juli 505 im Exil in Albi (Frankreich).

Eugster, Meinrad Gebhard
OSB, Laienbruder
Fest: 14. Juni
Geboren am 23. August 1848 in Altstätten (Schweiz) als Josef Gebhard Eugster, trat der gelernte Schneider 1874 als Laienbruder in das Schweizer Benediktinerkloster Einsiedeln ein und nahm den Namen Meinrad an. Über 50 Jahre lang war er ein Vorbild an Demut und Regeltreue, heroisch erduldete er schwere Krankheiten.

Gebhard Eugster trat als Laienbruder Meinrad in das Kloster Einsiedeln ein.

Meinrad Eugster starb am 14. Juni 1925 in Einsiedeln. Der Seligsprechungsprozeß wurde 1939 eingeleitet. 1960 erkannte Papst Johannes XXIII. den heroischen Tugendgrad an.

Eulalia von Mérida (von Barcelona)
Märtyrerin
Fest: 10. Dezember
Eulalia von Mérida ist eine der meistverehrten Heiligengestalten in Spanien. Die Vita dürfte großenteils legendarisch sein; danach floh Eulalia zwölfjährig aus ihrem Elternhaus, angeblich, um den Martertod zu sterben. Sie trat in Mérida (Spanien) vor den Statthalter, riß ein Götzenbild von der Wand und zertrat es mit den Füßen. Sie wurde gefangengenommen, ans Kreuz gebunden, mit heißem Öl übergossen, gegeißelt, doch sie ertrug alles klaglos. Dann verbrannten die Christenverfolger sie in einem Backofen (oder auf dem Scheiterhaufen). Der Todestag war wohl der 10. Dezember 304. Der große Dichter Prudentius (gestorben um 406) schrieb eine lange Hymne über Eulalias Martyrium. Der „Ofen der heiligen Eulalia" wird bis heute in Mérida gezeigt; die dortige Kirche S. Eulalia ist der Märtyrerin geweiht. Der Eulalia-Kult verbreitete sich früh auch in Frankreich und in Afrika. – Wahrscheinlich ist Eulalia von Mérida identisch mit Eulalia von Barcelona, auch wenn manchmal zwei verschiedene Lebensgeschichten erzählt werden. Es heißt, man habe das Grab einer Eulalia in Barcelona entdeckt.
Darstellung: als Mädchen, als Jungfrau, beim Martyrium, mit Ofen, Taube (aus ihrem Leib soll eine weiße Taube entflogen sein), Krone, Kreuz, Lilie, Buch
Patronat: der Wöchnerinnen, der Reisenden, gegen Unglück, gegen die Ruhr

Eulampios und Eulampia
Märtyrer
Fest: 10. Oktober
Eulampios und Eulampia waren Geschwister aus Nikomedien (Türkei), die nach der – wohl großenteils legendarischen – Überlieferung um 310 in ihrer Heimat noch als Kinder den Martertod fanden. Es heißt, ihr Mut habe zweihundert heidnische Soldaten zum Christentum bekehrt, woraufhin sie ebenfalls hingerichtet wurden. Eulampios und Eulampia wurde in Konstantinopel früh eine Kirche geweiht.

Eulogios von Alexandrien hl.
Patriarch von Alexandrien
Fest: 13. September, 13. Februar
Eulogios war Syrer von Geburt und trat schon jung einer Mönchsgemeinschaft bei. 579 wurde er zum Patriarchen von Alexandrien (Ägypten) gewählt. Er war ein enger Freund von → Gregor dem Großen, mit dem er im Schriftwechsel stand. Eulogios starb 607 in Alexandrien.

Eulogius von Córdoba (von Toledo)
Erzbischof, Märtyrer
Fest: 11. März
Eulogius war Mitte des 9. Jh. ein geachteter und beliebter Priester in Córdoba (Spanien); während der Christenverfolgungen unter den Mauren stand er den mißhandelten und gefangengehaltenen Gläubigen bei. 858 wurde Eulogius zum Erzbischof von Toledo ernannt, konnte aber das Amt nicht mehr antreten, da er am 11. März 859 selbst das Martyrium unter den Moslems erlitt. Große Verehrung in Toledo. Reliquien seit 883 auch in Oviedo.

Eunomia
Märtyrerin
Fest: 12. August
Eunomia soll nach der Legende eine Dienerin von → Hilaria, der Mutter der heiligen → Afra gewesen sein. Als sich nach der Christenverfolgung und dem Feuertod von Afra 304 in Augsburg (Bayern) Hilaria und ihre Dienerinnen weigerten, dem Christentum abzuschwören, sollen sie in der Grabkammer der Afra eingeschlossen und verbrannt worden sein (ebenfalls 304).

Euphemia von Altomünster (von Andechs)
OSB, Äbtissin
Fest: 17. Juni
Euphemia war eine Tochter des Grafen von Andechs (Bayern); Mitte des 12. Jh. wurde sie Benediktinerin im Kloster Altomünster (Bayern), später dort Äbtissin. Sie starb 1180 in Altomünster, nachdem sie den Besitz des Klosters stark erweitert hatte; sie wurde in Dießen am Ammersee neben ihrer Schwester → Mechthild beigesetzt.

Links Eunomia, Dienerin von → Hilaria, der Mutter von der heiligen → Afra. Hier zusammen mit → Digna. Ausschnitt des Hochaltarbildes von Christoph Amberger, 1554, im Dom von Augsburg.

Heilige Euphemia von Chalkedon, Ausschnitt eines Gemäldes von Francisco de Zurbarán, um 1638, Prado, Madrid.

Euphemia von Chalkedon hl.
Märtyrerin
Fest: 16. September
Euphemia von Chalkedon ist eine der meistverehrten Märtyrergestalten der griechischen Kirche, auch wenn ihre Vita wohl großenteils legendarisch ist; danach soll sie an einem 16. September – wohl 303/304 – bei Chalkedon (Türkei) den Martertod durch Enthaupten oder Verbrennen erlitten haben. Ihre dortige Grabeskirche wird bereits in Schriften aus dem 4. Jh. erwähnt. Der Kult verbreitete sich bis nach Italien, in vielen Städten im Osten und im Westen entstanden Euphemia-Kirchen, eine der bekanntesten ist S. Eufemia in Rom. In Rouen in Frankreich werden Reliquien verehrt, das Haupt befindet sich in Matrei in Tirol. Seit 1969 ist die Verehrung auf regionale Kalender begrenzt.
Darstellung: hauptsächlich beim Martyrium, mit wilden Tieren, mit Schlangen, mit Schwert erstochen, mit Palme oder Lilie

Euphemia von Ratibor
OP, Priorin
Fest: 17. Januar
Euphemia Domitilla, Tochter des Herzogs von Ratibor in Schlesien (Polen), trat 1313, etwa 14jährig, in Ratibor den Dominikanerinnen bei und wurde später Priorin. Sie wurde schon zu Lebzeiten sehr verehrt, nach ihrem Tod am 17. Januar 1359 wuchs die Verehrung noch, man sah sie im Volk als Selige an. Die Grabstätte befindet sich in der Liebfrauenkirche in Ratibor.

Euphrasia hl.
Jungfrau
Fest: 13. März
Euphrasia kam um 380 in Konstantinopel zur Welt und war mit dem Kaiserhof verwandt. Nach dem Tod des Vaters ging sie mit ihrer Mutter nach Ägypten und trat dort noch als Kind in ein Kloster in der Thebäis ein. Nach 30 Jahren strengsten Eremitenlebens starb Euphrasia um 410. (Gedenktage bei den Griechen 24. und 25. Juli)

Euphrosyna von Alexandrien hl.
Jungfrau
Fest: 1. Januar, 25. Juli
Nach der teilweise legendarischen Überlieferung lebte Euphrosyna fast 40 Jahre lang in Männerkleidern in einem Mönchskloster in Alexandrien (Ägypten), um einer Heirat zu entgehen; sie trug den Namen „Smaragdus“. Es heißt, sie habe sich erst kurz vor ihrem Tod ihrem Vater zu erkennen gegeben; andere Quellen berichten, man habe ihr wahres Geschlecht erst nach ihrem Tod festgestellt. Euphrosyna starb wohl um 470; ein großer Teil der Reliquien wird in Beaulieu in Frankreich aufbewahrt.
Darstellung: Entdeckung des wahren Geschlechtes beim „Mönch Smaragdus“, als Nonne, bei der Begegnung mit dem Vater

Euphrosyna von Köln (von Basel)
Märtyrerin
Fest: 21. Oktober
Euphrosyna von Köln war eine legendäre Gefährtin (eine der 11000(?) Märtyrerinnen) und eine Verwandte der → Ursula. Reliquien werden bis heute im Kloster Muri in der Schweiz aufbewahrt.

Euphrosynus von Panzano
Bischof, Märtyrer
Fest: 3. November
Euphrosynus war angeblich Bischof von Pamphylien in Kleinasien; wann, ist nicht bekannt. Bezeugt ist, daß er aus Panzano in der Toskana (Italien) stammte und dort auch den Martertod erlitten haben soll. Er ist Patron von Panzano, wo sich auch sein Grab befindet. Zur Erhaltung seines Kultes, der vor allem in der Region Chianti in der Toskana verbreitet ist, gründete sich Mitte des 19. Jh. eine Vereinigung.
Darstellung: als bärtiger Bischof, meist mit Mitra und Stab, mit Frau und Kind

Euplus von Catania hl.
Diakon, Märtyrer
Fest: 12. August
Euplus von Catania war im frühen Mittelalter ein stark verehrter Heiliger. In Italien, vor allem auf Sizilien, waren ihm zahlreiche Kirchen geweiht. Aus wohl authentischen Prozeßakten ist zu entnehmen, daß Euplus sich in Catania freiwillig dem Statthalter von Sizilien auslieferte und 304 während seines Prozesses an den erlittenen Mißhandlungen starb.

Eurosia sel.
Jungfrau, Märtyrerin
Fest: 25. Juni
Seit dem 15. Jh. existiert die Legende der Eurosia; die christliche Jungfrau soll 714 in Jaca in den spanischen Pyrenäen das Martyrium erlitten haben. Der Kult verbreitete sich in Spanien und in Italien und existiert bis heute; in Rom ist Eurosia eine Kirche geweiht. 1902 Approbation des Kultes.
Patronat: gegen Gewitter, gegen Sturm

Eusanius
Märtyrer
Fest: 9. Juli
Nach der Legende war Eusanius ein Priester in Mittelitalien, der in der Christenverfolgung unter Maximinian im 3. Jh. den Martertod fand. Seine Grabstätte befindet sich in S. Eusanio i Furci in den Abruzzen; dort starker Kult.

Eusebia von Hamay
OSB, Äbtissin
Fest: 16. März
Eusebia war eine Tochter von → Adalbald und von → Richtrudis und ging nach dem Tod des Vaters (um 646) ins Kloster; etwa ab 660 war sie Äbtissin von Kloster Hamay (Frankreich). Sie starb am 16. März 680.

Eusebia von St-Cyr
OSB, Äbtissin
Fest: 8. Oktober
Eusebia war Äbtissin des Benediktinerinnenklosters St-Cyr in Marseille (Frankreich) und erlitt nach der Legende im 7. Jh. zusammen mit 39 Mitschwestern unter den Sarazenen das Martyrium. Ein Grabstein in Marseille erinnert daran.

Eusebius
Papst, (Märtyrer)
Fest: 17. August
Von Geburt Grieche, wurde Eusebius am 18. April 309 zum Papst gewählt. Auch während seiner Amtszeit dauerte der Streit über die Wiederaufnahme jener Christen, die während der Christenverfolgungen abgefallen waren, an. Von Kaiser Maxentius nach Sizilien verbannt, starb er dort schon am 17. August 309, vier Monate nach seiner Wahl; er wird daher auch als Märtyrer verehrt. Grab in der Calixtus-Katakombe in Rom.

Eusebius von Bologna hl.
Bischof von Bologna
Fest: 26. September
Eusebius, ein enger Freund von → Ambrosius, war von 370 bis um 389 Bischof von Bologna (Italien). Er galt als leidenschaftlicher Gegner des Arianismus.

Eusebius von Cremona
Bekenner
Fest: 5. März
Eusebius stammte aus Cremona in Norditalien, wo er um 360 geboren wurde. In Rom lernte er → Hieronymus kennen, dessen Schüler und Freund er wurde; er begleitete ihn auf seinen Reisen und lebte mit ihm in seinem Kloster in Betlehem. Ab 398 wirkte Eusebius in Rom, wo er die Lehre von Hieronymus streitbar vertrat. Bis zu seinem Tod 423 in Cremona blieb Eusebius in engem Kontakt zu Hieronymus.

Eusebius von Mailand hl.
Bischof von Mailand
Fest: 12. August
Eusebius war möglicherweise Grieche von Geburt; 449 wurde er zum Bischof von Mailand (Italien) gewählt und amtierte bis zu seinem Tod. Er starb wohl am 12. August 465.

Eusebius von Rom
Priester, Märtyrer
Fest: 14. August
Eusebius war um 360 Priester in der römischen Gemeinde. Gegner nahmen ihn gefangen und schnitten ihm die Zunge ab; trotzdem soll er weiterhin gesprochen und Gott gelobt haben. Eusebius starb am 14. August 370 im Kerker von Rom.

Eusebius von Samosata hl.
Bischof von Samosata, Märtyrer
Fest: 21. Juni
Eusebius war ab 361 Bischof der syrischen Diözese Samosata. Er war eng befreundet mit → Basilius und → Gregor von Nazianz. 374 wurde er verbannt, jedoch vier Jahre später wieder zurückgerufen, worauf er sich tatkräftig dem Wiederaufbau der Kirche in Syrien widmete. Im Jahr 380 wurde Eusebius von einer Arianerin ermordet, indem sie ihm einen Ziegelstein auf den Kopf schlug.

Eusebius von Vercelli hl.
Bischof von Vercelli, (Märtyrer)
Fest: 1. August, 2. August
Eusebius wurde um 283 auf der Insel Sardinien (Italien) geboren und verließ 17jährig seine Familie, um sich in Rom dem Klerus anzuschließen. 340 wurde er zum Bischof von Vercelli ernannt und führte als erster Bischof des Abendlandes in seiner Diözese das gemeinsame Leben des Klerus (vita communis) ein. Wegen seines energischen Kampfes gegen die Arianer wurde er 71jährig verbannt, konnte 361 aber zurückkehren (→ Hieronymus schrieb dazu: „Als Eusebius zurückkehrte, hörte Italien auf zu trauern.") Eusebius starb in Frieden am 1. August 371 in Vercelli. Eine Legende berichtete später von einer Steinigung durch die Arianer, weshalb Eusebius auch als Märtyrer verehrt wird.

Eusepi, Cecilia
OSM, Ordensfrau
Fest: 1. Oktober
In Monteromano bei Viterbo (Italien) am 17. Februar 1910 geboren, trat Cecilia Eusepi 13jährig im Kloster in Pistoia dem Servitenorden bei. Als sie immer stärker unter einer Tuberkulose litt, kehrte sie nach drei Jahren in ihr Elternhaus zurück, wo sie am 1. Oktober 1928, demütig und freudig in ihr Schicksal ergeben, starb. Nach zahlreichen Gebetserhörungen wurde der Seligsprechungsprozeß 1954 eingeleitet.

Cecilia Eusepi, Drittordensschwester der Servitinnen und Mitglied der Katholischen Aktion.

Eusicius
Einsiedler, Abt
Fest: 27. November
Der Einsiedler Eusicius aus der Gegend um Berry in Frankreich gilt als Gründer des Klosters von Selles-sur-Cher, das er bis zu seinem Tod am 27. November 542 auch leitete. Um seine Gestalt sollen sich zahlreiche Wunder ereignet haben.
Patronat: der Bäcker

Eustachius
Märtyrer, Nothelfer
Fest: 20. September
Eustachius gehört zum Kreis der Vierzehn Nothelfer, seine überlieferte Passio ist allerdings legen-

Eusebius von Vercelli als Figur auf seiner Reliquienurne, Domschatz von Vercelli, Italien.

Dieses 1936 freigelegte Mosaik zeigt das Martyrium des heiligen Eustachius; Kirche Santa Maria del Popolo in Pavia, Italien.

darisch, fast romanhaft. Der Kult kam im 8. Jh. aus dem Osten nach Rom und verbreitete sich von hier im Abendland. Möglich ist auch eine Verwechslung mit → Eustathios, dem Patriarchen von Antiochien.
Legende: Geboren im 1. Jh. vielleicht in Rom, zeichnete sich der Heide Eustachius in mehreren Kriegen durch besondere Tapferkeit aus und wurde daher von Kaiser Trajan zum Oberst einer römischen Legion in Kleinasien ernannt. Eines Tages sah er bei der Jagd im Wald einen Hirschen, zwischen dessen Geweih ein Kreuz glänzte. Daraufhin wurden Eustachius und seine Frau und seine beiden Söhne Christen und empfingen die Taufe. Bald darauf starben Frau und Kinder bei Unglücksfällen, Eustachius selbst wurde von Trajan-Nachfolger Hadrian nach Rom gerufen, dort gemartert und getötet. Als Todesjahr wird 118 genannt.
Angebliche Eustachius-Gebeine werden bis heute in S. Eustachio in Rom sowie in St-Eustache in Paris aufbewahrt.
Darstellung: in Jägerkleidung, als Ritter, oft auf einem Pferd, mit Hirsch, der ein Kreuz im Geweih trägt, mit Ofen oder wilden Tieren (Martyrium). Oft wird Eustachius mit seiner Frau Theopista und seinen Söhnen Agapitus und Theophistus abgebildet.
Patronat: von Paris und Madrid, bei Unglück in der Familie, der Jäger, Klempner, Tuchhändler, Krämer, gegen schädliche Insekten

Eustasius von Luxeuil hl.
Abt
Fest: 2. April
Eustasius, geboren im 6. Jh. in Burgund (Frankreich), war nach → Kolumban zweiter Abt des Reformklosters Luxeuil in Burgund. Er wirkte außerdem unermüdlich als Missionar bei den Bayern und kümmerte sich um Blinde, Besessene und Irre. Er starb am 2. April 629 in Luxeuil; die Gebeine gelangten Ende des 10. Jh. nach Vergaville (Widersdorf) in Lothringen, wo lange eine Wallfahrt existierte.
Darstellung: als Abt, der Götzenbilder umstürzt, einen Besessenen heilend, bei einem Unwetter auf dem Feld
Patronat: der Blinden, gegen Besessenheit, der Felder und des Viehs

Eustathios von Antiochien hl.
Patriarch von Antiochien
Fest: 16. Juli
Eustathios war etwa ab 324 Patriarch von Antiochien (Syrien), wurde aber 330 abgesetzt und verbannt. Er starb wohl um 337, vielleicht aber auch erst um 340, in seinem Exil in Thrakien (östlicher Balkan). Im Osten genoß Eustathios lange große Verehrung.

Eustochia Smeralda Calafato hl.
OSCl, Ordensfrau, Mystikerin
Fest: 20. Januar
Am 11. Juni 1988 kam Papst Johannes Paul II. nach Messina auf Sizilien (Italien), um Eustochia Smeralda Calafato heiligzusprechen. Sie war am 25. März 1434 in Annunziata bei Messina zur Welt gekommen und nach einer Gekreuzigten-Vision 1449 in das Klarissenkloster von Messina eingetreten. Als ihr die Ordenszucht zu lasch wurde, gründete Eustochia 1460 ihr eigenes Kloster S. Maria Accomandata, wo große Strenge und Regeltreue herrschten. Der Zustrom war bald so groß, daß das Kloster ins nahegelegene Montevergine verlegt werden mußte. Eustochia durchlebte zahlreiche Visionen und seelische Krankheiten, die sie mit großer Demut ertrug, bewundert von Mitschwestern sowie von der Bevölkerung, die sie hoch verehrte. Sie starb am 20. Januar 1491 in Messina. Die Seligsprechung erfolgte 1782.

Eustochium (Eustachia) von Betlehem hl.
Äbtissin
Fest: 28. September
Geboren um 370 in Rom als dritte Tochter von → Paula von Rom, schloß sich Eustochium ihrer Mutter in Betlehem an, wohin diese → Hieronymus gefolgt war. Nach dem Tod von Paula 404 übernahm sie von ihr die Leitung ihrer Frauen- und Männerklöster

in Betlehem. Auch sie stand weiterhin in engem Kontakt zu Hieronymus, der ihr viele Briefe schrieb. Eustochium starb am 28. September 419 in Betlehem.

Eustochium von Betlehem, Mitte, mit ihrer Mutter→ Paula und→ Hieronymus, von Francisco de Zurbarán, National Gallery of Art, Washington.

Eustochium (Eustachia) von Padua
OSB, Ordensfrau
Fest: 13. Februar
Geboren 1444 in Padua, Italien, trat Eustochium 17jährig in Padua dem Benediktinerorden bei. Ihre schwere psychische Erkrankung sah ihre Umgebung in den folgenden Jahren als Hysterie und Besessenheit an, man hielt sie sogar im Gefängnis gefangen und gab ihr nur Brot und Wasser. Eustochium ertrug alles mit großer Demut und Geduld, im Alter von 25 Jahren starb sie am 13. Februar 1469 in Padua. Als man ihren Leichnam bestattete, entdeckte man auf ihrer Brust den Namen Jesus eingebrannt. Große Verehrung in Padua, 1763 Bestätigung des Kultes.

Eustorgius I. von Mailand hl.
Bischof von Mailand
Fest: 18. September
Nach der teilweise unsicheren Vita war Eustorgius von Geburt Grieche. Entweder um 345 oder – unwahrscheinlicher – schon 315 wurde er Bischof von Mailand (Italien). Kraftvoll bekämpfte er bis zu seinem Tod um 354 (oder um 331) den Arianismus. Eustorgius ließ in Mailand die Kirche S. Eustorgio erbauen, in die er die Gebeine der Heiligen Drei Könige überführte. Sofort nach seinem Tod entstand ein starker Kult, zahlreiche Kirchen in der Diözese Mailand sind Eustorgius bis heute geweiht.

Eustorgius II. von Mailand hl.
Bischof von Mailand
Fest: 6. Juni
Eustorgius war ein römischer Priester, der 511/512 Bischof von Mailand (Italien) wurde. Überliefert ist, daß er große Summen darauf verwandte, von Barbaren gefangengenommene Mitglieder seiner Diözese freizukaufen. Er starb am 6. Juni 518 in Mailand und wurde in S. Sisto beigesetzt.

Eustratios, Auxentios, Eugenios, Mardarios und Orestesa (Fünf Märtyrer)
Märtyrer
Fest: 13. Dezember
Die schon früh weitverbreitete Legende erzählt, daß Eustratios mit seinen vier Gefährten um 302 in Sebaste im damaligen Armenien von Verfolgern Diokletians enthauptet wurde (andere Quellen berichten, er sei in einem Ofen verbrannt worden). Die Reliquien gelangten früh nach Rom und wurden in S. Apollinare beigesetzt. Bis heute gehören die Fünf Märtyrer zu den meistverehrten Heiligen in der armenischen Gegend.
Darstellung: selten Eustratios allein als Krieger oder Märtyrer, meist die Gruppe der Fünf Märtyrer zusammen.

Euthymios der Große (von Melitene) hl.
Asket, Abt
Fest: 20. Januar
Euthymios stammte aus Melitene in Armenien, wo er wohl um 380 geboren wurde. Schon jung empfing er die Priesterweihe und war

Eustochia Smeralda Calafato gründete ihr eigenes Kloster, nachdem ihr die Ordenszucht bei den Klarissen zu lasch erschienen war.

Euthymios von Melitene, auch der Große, in einer Darstellung des 12. Jh., Katharinenkloster, Sinai.

dann mit der Aufsicht über alle Klöster der Gegend beauftragt. Im Alter von etwa 30 Jahren zog sich Euthymios in die Wüste in der Nähe von Jerusalem zurück, wo er fortan bis zu seinem Tod als Asket lebte und zum großen Vorbild wurde. Um ihn entstand zunächst eine sogenannte „Laura", eine Kolonie von Einsiedlerzellen und -grotten, die Euthymios als Abt führte; später entwickelte sich daraus das berühmte Euthymios-Kloster. Er starb am 20. Januar 473 und wurde sofort wie ein Heiliger verehrt. Die gesamte Ostkirche feiert sein Fest am 20. Januar. Euthymios gilt als einer der großen Väter des Mönchtums.
Darstellung: als Greis, mit Bart, der bis zu den Hüften reicht, in Kutte und Mantel

Euthymios von Sardes hl.
Metropolit von Sardes
Fest: 26. Dezember
Euthymios war etwa ab 780 Metropolit von Sardes in Kleinasien. Wegen seiner Haltung im Bilderstreit wurde er 803 verbannt, später gefangengenommen und gefoltert. An den Folgen der Mißhandlungen starb Euthymios am 26. Dezember 831 oder 834.

Eutropius von Orange hl.
Bischof von Orange
Fest: 27. Mai
Eutropius stammte aus Marseille in Südfrankreich, wo er als Diakon wirkte. Um 462 wurde er zum Bischof von Orange (Frankreich) gewählt und ist in der Folge als Teilnehmer verschiedener Synoden bezeugt. Er starb am 27. Mai 475 in Orange.
Patronat: gegen Wassersucht

Eutropius von Saintes hl.
OSB, Bischof, Märtyrer
Fest: 30. April
Nach den Überlieferungen war Eutropius im 3. Jh. der erste Bischof von Saintes in Südwestfrankreich und erlitt dort möglicherweise das Martyrium. Bezeugt ist eine starke frühe Verehrung; in der Kirche St-Eutrope in Saintes existiert bis heute das Eutropius-Grabmal.

Eutychian hl.
Papst (275 bis 283)
Fest: 7. Dezember
Eutychian stammte aus Luni in Italien, wo er in der ersten Hälfte des 3. Jh. zur Welt kam. Am 4. Januar 275 wurde er zum Papst gewählt und folgte Felix I. Über seine Amtszeit ist kaum etwas bekannt, das Christentum konnte sich zu jener Zeit relativ ungestört ausbreiten. Eutychian starb am 7. Dezember 283 in Rom; ein manchmal angeführtes Martyrium läßt sich durch nichts belegen. Als letzter Papst wurde er in der Calixtus-Katakombe beigesetzt, wo man seine Grabinschrift auffand.

Eutychios von Konstantinopel hl.
Patriarch von Konstantinopel
Fest: 6. April
Geboren zu Beginn des 6. Jh., wurde Eutychios 552 zum Patriarchen von Konstantinopel ernannt. Er überwarf sich mit Kaiser Justinianos und mußte daher für zwölf Jahre ins Exil, wurde aber wieder eingesetzt. Er starb am 6. April 582. Große Verehrung im Osten.

Eva von Lüttich sel.
Reklusin, Mystikerin
Fest: 5. April, 14. März, 26. Juni
Eva stammte wohl aus Lüttich (Belgien), wo sie zu Beginn des 13. Jh. zur Welt kam. Durch das Vorbild ihrer Freundin → Juliana von Lüttich wurde sie ebenfalls Reklusin bei St. Martin in Lüttich. Beide bemühten sich, das Fest Fronleichnam einzuführen; nach Julianas Tod führte Eva dies mit Erfolg fort, wie ein Schreiben des Papstes von 1264 beweist. Eva starb 1265 in Lüttich, von wo sich ihre Verehrung ausbreitete. 1902 Bestätigung des Kultes. – Der Gedenktag 5. April entstand nach dem Todestag von Juliana (5. April 1258).
Darstellung: oft mit Juliana, mit päpstlicher Bulle (Einführung des Fronleichnamfestes)

Evaristus
Papst, (Märtyrer)
Fest: 26. Oktober
Evaristus soll nach → Linus, Anaklet I. und → Clemens I. der vierte Nachfolger von → Petrus als Bischof von Rom gewesen sein. Möglicherweise war er von Geburt Grieche. Seine Amtszeit lag etwa zwischen 100 und 107, bekannt ist darüber kaum etwas. Evaristus starb wohl 107 und wurde danach wie alle ganz frühen Päpste als Märtyrer verehrt. Kult seit 1969 nicht mehr offiziell anerkannt.

Evasius
Bischof von Asti, Märtyrer
Fest: 1. Dezember
Es heißt, Evasius sei Mitte des 4. Jh. der erste Bischof von Asti in Italien gewesen. Er wurde von den Arianern vertrieben und schließlich unter Julian Apostata am 1. Dezember 362(?) in Casale Monferrato hingerichtet. Die Überlieferungen sind historisch aber nicht bezeugt.

Eventius und Theodolus
Märtyrer
Fest: 3. Mai
Seit 1969 ist der Kult von Eventius und Theodolus auf regionale Kalender beschränkt. Nach den unsicheren Überlieferungen unterstützten die beiden Papst → Alexander I. in den römischen Gefängnissen bei der Bekehrung und der Taufe von Gefangenen. Um 113 sollen sie gemartert und dann enthauptet worden sein. Ihre Grabstätte fand man in Rom an der Via Nomentana.

Evergislus (Eberigisil) hl.
Bischof von Köln, (Märtyrer)
Fest: 24. Oktober
Evergislus gehört zu den ersten Bischöfen auf der Bischofsliste von Köln (Nordrhein-Westfalen); er amtierte im letzten Drittel des 6. Jh. Bei einem Besuch in seiner flämischen Heimat soll er nach legendarischen Überlieferungen um 593 in Tongern (Belgien) von Räubern ermordet worden sein. Erzbischof → Bruno von Köln übergab die Reliquien 959 den Stiftsdamen von St. Cäcilia in Köln; heute befindet sich der goldene Evergislus-Schrein in St. Peter in Köln.

Stirnseite des Evergislus-Schreines mit der Figur des Heiligen. Angefertigt 1837 von H. Aldenkirchen, St. Peter, Köln.

Everildis
OSB, Äbtissin
Fest: 9. Juli
Everildis war Ende des 7. Jh. Äbtissin des Benediktinerinnenklosters Everildsham (heute Everingham) in England. Den Schleier hatte sie aus der Hand von → Wilfrid von York empfangen, ihre ersten beiden Gefährtinnen im Kloster waren → Bega und → Wulfrida. Ihr Gedenktag ist in mehreren Martyrologien und Kalendern aufgeführt.

Evermar
Pilger, Märtyrer
Fest: 1. Mai
Geboren Mitte des 7. Jh. in Friesland, reiste Evermar als Pilger durch Belgien; um 700 wurde er in Rutten in den Niederlanden von Räubern bei einer Wallfahrt ermordet. Es heißt, Jäger von Herrscher Pippin hätten Evermar mit allen Ehren beigesetzt. 919 Erhebung der Gebeine.
Darstellung: als Pilger, mit Krone, Palme

Evermod von Ratzeburg hl.
OPraem, Bischof von Ratzeburg
Fest: 17. Februar
Geboren um 1100 in Belgien, schloß sich Evermod 1120 Ordensgründer → Norbert von Xanten an und blieb sein Gefährte bis zu dessen Tod 1134. Danach war er Propst in Magdeburg, bis er 1154 zum ersten Bischof von Ratzeburg (Schleswig-Holstein) ernannt wurde. Sein Augenmerk galt der Missionierung, weshalb er auch „Apostel der Wenden" genannt wird. Evermod starb am 17. Februar 1178 in Ratzeburg und wurde in seiner Bischofskirche beigesetzt (die Reliquien sind verschollen).

Evermund
OSB, Abt
Fest: 10. Juni
Evermund war Soldat in seiner Heimatstadt Bayeux in Frankreich. Mit dem Einverständnis seiner Ehefrau entschied er sich für ein Leben als Benediktiner, gründete mehrere Klöster in der Diözese Séez und leitete eines davon als Abt (seine Frau trat in eines der von ihm gegründeten Frauenklöster ein). Evermund starb um 720.

Evodius von Antiochien
Bischof von Antiochien
Fest: 6. Mai
Nach den unsicheren Überlieferungen soll Evodius der erste Bischof von Antiochien (Syrien) gewesen sein; er sei dabei Petrus (der nicht als Bischof gezählt wird) im Amt gefolgt. Er wird den 72 Jüngern Jesu Christi zugerechnet und soll angeblich um 67 das Martyrium erlitten haben.

Ewald(i) hll.
Missionare, Märtyrer
Fest: 3. Oktober, 22. Oktober
Die beiden Brüder Ewald, nach ihrer Haarfarbe „der Weiße" und „der Schwarze" genannt, stamm-

Die Dachflächen des Ewaldi-Schreines in St. Kunibert in Köln schildern: Leben und Martyrium der beiden Brüder.
Das Martyrium des schwarzen Ewald.
Die stromaufwärts treibenden Körper der Heiligen werden von dem Mönch Tilmon entdeckt.

Pippin und Plektrudis überreichen der Kirche St. Kunibert die Gebeine.
Die Weihe des Schreines, 1879 neu angefertigt von G. Hermeling, nachdem der ursprüngliche Reliquienschrein während der Französischen Revolution zerstört worden war.

ten wohl aus Northumbrien (England) und kamen Ende des 7. Jh. zusammen mit → Willibrord zur Missionierung nach Sachsen. Schon nach wenigen Monaten wurden sie von Heiden ermordet, möglicherweise nahe Dortmund (Nordrhein-Westfalen). Das Todesjahr war wohl 695, möglicherweise auch 693. Die Gebeine gelangten nach St. Kunibert in Köln und wurden am 3. Oktober 1074 von Erzbischof → Anno von Köln erhoben, was den Kult erheblich verstärkte. In St. Kunibert wird neben dem vergoldeten Schrein auch die „Ewald-Decke", das Bahrtuch der Märtyrer, aufbewahrt. Weitere Reliquien befinden sich im Dom zu Münster.
Darstellung: im Priestergewand, mit Schwert, Keule, Palme, mit hellem und dunklem Haar
Patronat: von Westfalen

Exuperantius hl.
Bischof von Cingoli
Fest: 24. Januar
Nach wohl legendarischen Überlieferungen stammte Exuperantius aus Afrika. Anfang des 6. Jh. war er Bischof von Cingoli bei Ancona (Italien). Im 12. Jh. ist eine ihm geweihte Kirche in Cingoli bezeugt. Reliquien befinden sich auch in Magdeburg (Sachsen), der Kopf wird in Cingoli verehrt.

Exuperius hl.
Bischof von Toulouse
Fest: 28. September
Exuperius war von 405 bis 411 hochverehrter Bischof von Toulouse in Südfrankreich; aufgrund seiner segensreichen Amtszeit vor allem für die Armen und Notleidenden trug er den Beinamen „Vater der Stadt Toulouse". Für Hilfsaktionen verkaufte er das ganze Gold der Diözese, als Symbol dafür zelebrierte er die Messe mit einem Kelch aus Glas. Exuperius war ein Freund von → Hieronymus und unterstützte ihm zuliebe auch die Armen in Palästina und in Ägypten. 407/408 verteidigte er Toulouse gegen die einfallenden Vandalen. Exuperius starb 411; die Reliquien wurden nach St-Sernin in Toulouse übertragen.

Eymard, Pierre-Julien hl.
Ordensgründer
Fest: 1. August
Geboren am 4. Februar 1811 in La Mure-d'Isère in Frankreich, empfing Pierre-Julien Eymard 1834 die Priesterweihe und war danach als Seelsorger tätig. 1839 trat er zunächst bei den Maristen (Gesellschaft Mariens) ein, verließ den Orden aber wieder und gründete 1856 in Paris die Kongregation der Eucharistiner, die sich die Förderung der Verehrung der Eucharistie zur Aufgabe gemacht hatte. 1858 folgte die Kongregation der Dienerinnen des Allerheiligsten Altarsakramentes. Eymard starb am 1. August 1868 in La Mure d'Isère; sein unversehrter Leichnam wurde 1878 in die Kirche Corpus Christi nach Paris übertragen. 12. Juli 1925 Seligsprechung, 9. Dezember 1962 Heiligsprechung.

Ezzo → Erenfrid

F

Faà di Bruno, Francesco sel.
Ordensgründer
Fest: 27. März
Francesco Faà di Bruno, geboren am 29. März 1825 in Alessandria in Norditalien, schlug zunächst die militärische Laufbahn ein und wurde Offizier. Danach studierte er in Paris Mathematik und Astronomie und wurde in Turin (Italien) Professor an der Universität. Gegen den Willen des Turiner Erzbischofs, aber mit Unterstützung von → Johannes Bosco und Papst Pius IX. erreichte er, daß er 42jährig die Priesterweihe empfangen konnte. In den folgenden 20 Jahren bis zu seinem Tod am 27. März 1888 (in Turin) gründete Francesco Faà di Bruno verschiedene karitative Einrichtungen, Heime und Kirchen; 1881 folgte die Gründung der Kongregation der kleinsten Schwestern Unserer Lieben Frau von der Fürbitte für Erziehungsaufgaben. Seligsprechung am 25. September 1988.

Fabianus (Fabian) hl.
Papst (236 bis 250), Märtyrer
Fest: 20. Januar
Fabianus bestieg am 10. Januar 236 als Nachfolger von Anterus den Papststuhl. Ihm gelang es, die römische Kirche zu stärken und ihr eine kurze Zeit der Ruhe vor den Christenverfolgern zu geben. Um die wachsende Zahl der Gläubigen besser organisieren zu können, teilte er Rom in sieben Diakonien ein. In der Verfolgung des Decius wurde Fabianus am 20. Januar 250 enthauptet; er fand seine letzte Ruhestätte in der Calixtus-Katakombe, Teile der Reliquien wurden nach S. Sebastiano fuori le mura und nach S. Andrea della Valle in Rom übertragen. Oft wird Fabians und Sebastians gemeinsam gedacht.
Darstellung: als Papst, mit Schwert (für sein Martyrium), Taube (bei seiner Wahl zum Papst soll sich eine Taube auf seinem Haupt niedergelassen haben), Kreuzstab, Buch, beim Segnen, mit Sebastian
Patronat: der Töpfer und Zinngießer

Fabiola hl.
Wohltäterin
Fest: 27. Dezember
Fabiola lebte Mitte des 4. Jh. in Rom; nach unglücklicher Ehe ließ sie sich scheiden und heiratete ein zweites Mal, was in Rom einen Skandal hervorrief. Nach dem Tod dieses Mannes zeigte Fabiola öffentlich Reue und widmete sich fortan karitativen und kirchlichen Einrichtungen; in Rom stiftete sie aus ihrem Besitz ein Krankenhaus, das das erste seiner Art im Abendland überhaupt war. 395 reiste sie nach Jerusalem und Betlehem, wo sie → Hieronymus kennenlernte, der sie stark beeinflußte und mit dem sie bis zu ihrem Tod in engem geistigen Austausch stand. Fabiola starb hochverehrt am 27. Dezember 399 (400?) in Rom und erhielt, wie auch Hieronymus später bestätigte, ein riesiges Begräbnis, an dem Tausende Menschen teilnahmen.
Darstellung: als Büßerin, betend

Fachanan
Bischof von Ross
Fest: 14. August
Fachanan war im 6. Jh. wahrscheinlich der erste Bischof der irischen Diözese Ross. Er gilt als Gründer der berühmten Klosterschule im heutigen Rosscarbery, wohin er → Brendan als Lehrer holte. Fachanan starb Ende des 6. Jh.; er wird als Patron der Diözese Ross verehrt.

Falko
OSB, Abt
Fest: 6. Juni
Falko war ab 1141 Abt des Benediktinerklosters Cava, Italien. Er starb am 6. Juni 1146. Bestätigung des Kultes 1928.

Faller, Joseph Alois
Ordensgründer
Fest: 23. November
Der Weltpriester Joseph Alois Faller, geboren am 8. Mai 1816 in Barr im Elsaß, Frankreich, gründete 1851 in Bellemagny im Elsaß die Kongregation der Schwestern der Ewigen Anbetung, die sich karitativen Tätigkeiten sowie der Anbetung des Altarsakramentes widmet (1862 kirchliche Approbation). Die Zahl der Schwestern wuchs rasch, der Orden verbreitete sich bis nach Nordamerika. Faller starb am 23. November 1894 in St-Cosme (Frankreich).

Falzon, Ignatius sel.
Seelsorger
Fest: 1. Juli
Geboren am 1. Juli 1813 in Valetta auf Malta, empfing Ignatius Falzon nach dem Gymnasium nur die niedere Weihe, da er sich für das Priesteramt nicht würdig genug befand, und wirkte danach sein ganzes Leben als Seelsorger auf Malta. Er unterrichtete Kinder und Jugendliche und führte viele – ebenso wie viele englische Soldaten – zu den Sakramenten. In Valetta gründete er eine Gemeinschaft, für die er jeden Abend Bet- und Beichtstunden abhielt. Er starb am 1. Juli 1875 in Valetta. Bestätigung des Kultes am 22. November 1905.

Famian (Quardus, Wardo, Gerhard) hl.
OCist, Pilger, Einsiedler
Fest: 8. August
Famian war der erste Heilige des Zisterzienserordens. Geboren um 1090 in Köln (Nordrhein-Westfalen) und auf den Namen Quardus (Gerhard) getauft, unternahm er verschiedene Pilgerreisen nach Rom und Santiago de Compostela und ließ sich dann im spanischen Galizien am Fluß Nino nieder, wo er viele Jahre als Einsiedler lebte.

Fabian, 20. Papst auf dem Stuhl Petri, nach einem Fresko in der Sixtinischen Kapelle, Vatikan, Rom.

Francesco Faà di Bruno war Soldat, Professor, Priester und Ordensgründer.

Famian aus Köln war der erste Heilige des Zisterzienserordens und ist Stadtpatron von Gallese in Italien. Diese Zeichnung zeigt Famian auf dem Sterbebett.

Um 1142 trat er in Osera in die erste galizische Abtei des neugegründeten Zisterzienserordens ein und empfing die Priesterweihe. Auf der Rückreise von einer Wallfahrt nach Jerusalem starb Quardus am 8. August 1150 in Gallese in Umbrien (Italien), hochverehrt von den Gläubigen. Über der Beisetzungsstätte, einer Grotte, entstand eine Kapelle, die wegen des großen Wallfahrerandranges 1285 durch eine Basilika ersetzt wurde. Schon am 18. Juni 1155 war die Kanonisation erfolgt, nachdem sich am Quardus-Grab viele Wunder ereignet hatten. Seit diesem Tag trägt Quardus daher auch den Namen Famian(us). Bis heute besuchen Tausende von Wallfahrern die Basilika in Gallese, wo Famians unverwester Leichnam in einem Marmorsarkophag ruht, durch dessen Deckel sein Gesicht zu sehen ist. Große Verehrung auch in Osera.
Darstellung: als Pilger, wie er mit seinem Stab eine Quelle schlägt

Fantinus
Mönch
Fest: 30. August
Fantinus lebte im 10. Jh. als Basilianermönch in Kalabrien (Italien), vielleicht war er dort auch Abt einer griechischen Mönchskolonie oder eines Klosters. In sehr hohem Alter zog er nach dem Einfall der Sarazenen in den Osten, wo er um 980 starb.

Fara (Burgundofara) hl.
OSB, Äbtissin
Fest: 7. Dezember, 3. April
Geboren 595 in Burgund (Frankreich), traf Fara als Kind in ihrem Elternhaus → Kolumban, der sie segnete. Stark beeindruckt, entschied sie sich für ein Leben als Nonne und konnte schließlich gegen den anfänglichen Widerstand ihres Vaters auf dem elterlichen Gut Evoriacum bei Meaux ein Kloster errichten. Zunächst lebten die Schwestern nach der Regel von Kolumban, später nach der benediktinischen. Fara war fast 40 Jahre lang Äbtissin und unterrichtete viele Nonnen, die später ebenfalls Heilige wurden. Sie starb am 3. April 655/657 (oder 675) und wurde in ihrem Kloster beigesetzt, das bald nach ihr Faremoutiers hieß.
Patronat: der Blinden, gegen Augenkrankheiten

Faro (Burgundofaro)
OSB, Bischof von Meaux
Fest: 28. Oktober
Faro war angeblich ein Bruder von → Fara; ab etwa 630 amtierte er als Bischof von Meaux (Frankreich). Er starb an einem 28. Oktober um 670 in Meaux.

Fasce, Maria Teresa sel.
OSA, Äbtissin
Fest: 18. Januar
Geboren am 27. Dezember 1881 in Torriglia bei Genua (Italien), wurde Maria Teresa Fasce Augustinerin und war ab 1920 bis zu ihrem Tod am 18. Januar 1947 Äbtissin des Rita-Klosters (→ Rita von Cascia) in Cascia in Umbrien (Italien). Während des Zweiten Weltkrieges weigerte sie sich, ihren Konvent den deutschen Besatzungstruppen zu öffnen, die dort nach Partisanen suchen wollten. Seligsprechung am 12. Oktober 1997 durch Papst Johannes Paul II.

Fastred sel.
OCist, Abt von Cîteaux
Fest: 21. April
Fastred war im 12. Jh. einer der führenden Vertreter des jungen Zisterzienserordens. Geboren wohl in Belgien, war er 1146 in Clairvaux Mönch unter → Bernhard geworden; 1148 wurde er erster Abt von Kloster Cambron (Belgien), 1157 von Clairvaux und 1161 von Cîteaux (beide Frankreich). Er starb am 21. April 1163 in Paris, wo er bei Papst Alexander III. um die Heiligsprechung Bernhards nachgesucht hatte.

Fausta
Märtyrerin
Fest: 20. September,
6. Februar (Ostkirche)
Die möglicherweise gänzlich legendarische Überlieferung erzählt, Fausta habe um 307 in Kyzikos in Kleinasien unter Maximinian das Martyrium erlitten. Bei ihrem Tod soll sie 13 Jahre alt gewesen sein. Der Statthalter, der sie zuvor foltern ließ, soll von ihrem Gottvertrauen im Angesicht des Todes so beeindruckt gewesen sein, daß er sich bekehrte und ebenfalls hingerichtet wurde. Berichtet wird auch von einem Begleiter Faustas mit Namen Evilasios, der mit ihr das Martyrium erlitt.
Darstellung: mit Säge und Nagel, in einem Kessel mit siedendem Blei, mit Evilasios

Fausta von Rom
Märtyrerin
Fest: 19. Dezember
Nach der wohl großenteils legendarischen Überlieferung war Fausta von Rom die Mutter von → Anastasia. Sie soll im 3. Jh. in Rom das Martyrium erlitten haben.
Darstellung: meist gemeinsam mit Anastasia, mit Engeln

Faustina und Liberata
Klostergründerinnen
Fest: 18. Januar
Die beiden Schwestern stammten aus der Gegend um Piacenza (Italien) und flohen gemeinsam, um

nicht heiraten zu müssen. In Como in Norditalien gründeten sie ein Kloster, das sich zu einem Mittelpunkt christlicher Frauen entwickelte. Beide starben wohl 580 in Como; die Reliquien befinden sich seit dem 14. Jh. in der dortigen Kirche S. Carpoforo.

Faustinus und Jovita hll.
Märtyrer
Fest: 15. Februar
Einzelheiten der Passio sind zweifelhaft, bezeugt aber ist ein weitreichender, lang existierender Kult um Faustinus und Jovita. Die beiden Brüder aus Mailand oder Brescia in Norditalien sollen im 2. Jh. als Priester und Diakone in ihrer Heimat gewirkt haben. Um 122 wurden sie angeblich von Häschern Hadrians gefangengenommen und enthauptet. → Gregor der Große (gestorben 604) spricht von einer Faustinus geweihten Kirche in Brescia, andere Überlieferungen berichten von einem Oratorium über der Grabstätte der Märtyrer in Brescia, die schon im 3. Jh. existierte. Seit 1969 beschränkter Kult.
Darstellung: als Ritter, als Priester, beim Martyrium
Patronat: der Diözese Brescia

Faustus von Riez hl.
Bischof von Riez
Fest: 28. September
Faustus stammte aus der Bretagne (Frankreich), wo er um 408 zur Welt kam. Er wurde Mönch auf der Insel Lérins in Südfrankreich, 433 Abt des dortigen Klosters. 459 erhielt er die Ernennung zum Bischof von Riez in Südfrankreich. Sein Kampf galt besonders dem Arianismus und dem Pelagianismus, wobei man ihm allerdings eine nicht immer ganz eindeutige Haltung vorwarf. Es heißt, Faustus sei einer der bedeutendsten Bischöfe seiner Zeit gewesen.

Febronia
Märtyrerin
Fest: 25. Juni
Nach der wohl legendarischen Passio war Febronia eine junge Frau aus Nisibis (Osttürkei), die um 304 in der Verfolgung des Diokletian in Mesopotamien grausam verstümmelt und dann enthauptet wurde. Verschiedene Kalendarien und auch das Martyrologium Romanum führen den Gedenktag auf.

Fechin
OSB, Abt von Fobhar
Fest: 20. Januar
Fechin gründete im 7. Jh. zahlreiche Klöster in Irland, so auch die Abtei Fobhar, die er als Abt leitete. Verschiedene Ortsnamen sind bis heute mit seinem Namen verbunden. Er starb am 20. Januar 664.

Felicianus von Foligno hl.
Bischof von Foligno, Märtyrer
Fest: 24. Januar
Die teilweise unsicheren Überlieferungen machen folgende Vita möglich: Felicianus stammte aus Foligno in Umbrien (Italien) und wurde um 200 zum Bischof seiner Heimatstadt gewählt. Während seiner 50jährigen Amtszeit evangelisierte er ganz Umbrien, was ihm große Verehrung brachte. In der Verfolgung des Decius wurde er gefangengenommen und starb wohl 250/251 in Rom.

Felicissimus und Agapitus hll.
Diakone, Märtyrer
Fest: 6. August, 7. August
Felicissimus und Agapitus waren Diakone von Papst → Sixtus II. und erlitten mit ihm zusammen am 6. August 258 in Rom das Martyrium. Sie wurden an der Via Appia beigesetzt; 1927 fand man eine Grabplatte, auf der Papst → Damasus (366 bis 384) die beiden Märtyrer in einem Hymnus ehrt. 842 gelangten die Gebeine der beiden Märtyrer in die Pfarrkirche von Isarhofen (Bayern); der Abt von Niederaltaich hatte sie von Papst Gregor IV. geschenkt bekommen. – Der Gedenktag wurde in Rom zusammen mit dem von Sixtus II. auf den 7. August verlegt, weil man dort am 6. August den Kirchweihtag von Santa Maria Maggiore feierte.
Darstellung: als Diakone, mit Verletzungen am Hals

Mutter Maria Teresa Fasce, 27 Jahre Äbtissin des Klosters der heiligen → Rita in Cascia, Umbrien, und Gründerin von Waisenhäusern für Knaben und Mädchen. Links: Dieses Denkmal von ihr steht in Cascia.

Mosaik mit der Darstellung der heiligen Felicitas im Erzbischöflichen Museum von Ravenna, Italien.

Felicissimus von Nocera
Einsiedler
Fest: 15. Juli
Felicissimus lebte als Einsiedler und Hirte in der Gegend von Nocera (Italien) und widmete sich der Bekehrung von Heiden. Er starb sehr jung wohl um 1090. Im 16. Jh. wurden seine Reliquien in den Dom von Nocera übertragen.

Felicitas (und 7 Söhne) hl.
Märtyrerin
Fest: 23. November
Felicitas erlitt nach relativ sicheren Überlieferungen während der Herrschaft des heidnischen Kaisers Mark Aurel möglicherweise 162 in Rom das Martyrium durch Enthauptung; sie wurde im Friedhof des Maximus beigesetzt. Ihr Name ist schon in einem sehr alten römischen Meßkanon enthalten. In anderen Überlieferungen wird sie zusammen mit sieben Brüdern erwähnt, die ebenfalls als Märtyrer starben (**Felix, Philippus, Martialis, Vitalis, Alexander, Silanus** und **Januarius**); manchmal wird sie auch zu deren Mutter erklärt. Der Festtag der „Sieben Brüder" wird am 10. Juli begangen. Die Schaffung eines Zusammenhanges zwischen Felicitas und diesen sieben Märtyrerbrüdern rührt vielleicht daher, daß die Märtyrerin neben Silanus beigesetzt wurde. Papst Bonifatius I. ließ um 420 eine Kirche über dem Felicitas-Grab errichten; seither ist auch der Kult bezeugt.
Darstellung: als Matrone, im Mantel mit Kopftuch, mit Palme, Schwert, Buch, oft gemeinsam mit den „Sieben Brüdern".
Patronat: für die Geburt von Söhnen, der Frauen, der Mütter

Felicitas und Perpetua hll.
Märtyrerinnen
Fest: 6. März, 2. Februar und 4. März (Ostkirche)
Die Sklavin Felicitas und die vornehme Perpetua erlitten am 7. März 202 im Kerker der Christenverfolger in Karthago (Nordafrika) das Martyrium. Als sie sich weigerten, den Götzen zu opfern, warf man sie in der Arena der Stadt gemeinsam wilden Kühen vor. Halb bewußtlos erhoben sich die beiden Frauen wieder, priesen Gott und sprachen sich gegenseitig Mut zu; dann wurden sie von einem wilden Leoparden mit Bissen schwer verwundet, schließlich erdolchte man sie. Felicitas hatte noch im Kerker ein Kind zur Welt gebracht, Perpetua war Mutter eines zweijährigen Mädchens. Beide Frauen hatten in der Gefangenschaft erst die Taufe empfangen. Die Prozeßunterlagen sind bis heute erhalten; Perpetua schrieb im Kerker außerdem die Geschichte ihres Schicksals auf.
Darstellung: voneinander Abschied nehmend, mit Kind, mit wilder Kuh, mit Leopard

Felix I. hl.
Papst (269 bis 274)
Fest: 30. Mai
Der Römer bestieg am 5. Januar 269 als Felix I. den Papststuhl. Die Nachricht, er sei als Märtyrer gestorben, beruht wohl auf der Verwechslung mit einem Träger gleichen Namens. Felix I. starb am 30. Dezember 274 und wurde in der Calixtus-Katakombe beigesetzt. Der Kult ist seit 1969 eingeschränkt.

Felix II. (III.) hl.
Papst (483 bis 492)
Fest: 1. März
Der Römer, Witwer und Vater mehrerer Kinder, ein Vorfahre von → Gregor dem Großen, bestieg am 13. März 483 den Papststuhl. Ob als Felix II. oder III., hängt damit zusammen, ob man Gegenpapst Felix, der während des Exils von Papst Liberius (355 bis 358) amtierte, als Felix II. bezeichnet. Felix II. (III.) ging als energisch handelnder Papst in die Geschichte ein; so verbat er sich kaiserliche Einflußnahme mit den Worten: „Der Kaiser ist ein Sohn der Kirche, nicht ein Bischof der Kirche. In Sachen des Glaubens hat er zu lernen, nicht zu lehren." Er starb am 1. März 492 und fand seine letzte Ruhestätte in S. Paolo fuori le mura in Rom.

Die Päpste Felix I., der II. und der III. (von oben nach unten). Stiche nach Darstellungen aus dem 15. Jh. von Bartolomeo Platina, dem Leiter der Vatikanischen Bibliothek.

Felix III. (IV.) hl.
Papst (526 bis 530)
Fest: 22. September
Die Frage, ob Felix III. oder IV., hängt damit zusammen, daß nicht geklärt ist, ob jener Felix, der während der Amtsenthebung von Papst Liberius von 355 bis 358 den Papststuhl für sich reklamierte, als Felix II. zu gelten hat oder nicht. Felix III. (IV.) wurde am 12. Juli 526 auf Veranlassung von König Theoderich zum Papst gewählt. Über seine Amtszeit ist kaum etwas bekannt; er gilt als Erbauer der Kirche Ss. Cosma e Damiano in Rom. In der römischen Gemeinde war Felix wegen seiner schlichten Amtsführung und seiner Großzügigkeit gegenüber den Armen sehr beliebt. Er starb am 22. September 530 und wurde im Petersdom beigesetzt.

Felix und Adauctus hll.
Märtyrer
Fest: 30. August
Nach der wohl legendarischen Überlieferung erlitten Felix und Adauctus in der Verfolgung des Diokletian um 300 in Rom das Martyrium. 1905 entdeckte man bei Grabungen im Cömeterium der Commodilla-Katakomben in Rom die Grabstätte von Märtyrern namens Felix und Adauctus; von einer Grabplatte, auf der Papst → Damasus I. (366 bis 384) ein Loblied auf die beiden hatte einmeißeln lassen, wurde ebenfalls ein Fragment gefunden.
Legenden: Felix wirkte als Priester in Rom und wurde um 300 von den diokletianischen Christenverfolgern gefangengenommen. Auf dem Weg zur Hinrichtungsstätte sprang plötzlich ein Zuschauer aus der Volksmenge auf ihn zu, küßte ihn und bekannte sich ebenfalls zum Christentum. Zusammen mit Felix wurde er dann enthauptet; da niemand ihn kannte, nannte man ihn „adauctus", der Hinzugekommene.
Darstellung: mit zertrümmerten Götzenbildern, mit Maria

Felix von Cantalice hl.
OFMCap, Laienbruder
Fest: 18. Mai
Felix von Cantalice gehört zu den

Unter dem Altar in der Kapuzinerkirche in der Via Veneto in Rom befindet sich der Steinsarkophag mit den sterblichen Überresten des Felix von Cantalice.

bekannten Heiligen des Kapuzinerordens. Geboren 1515 in Cantalice in Umbrien (Italien), trat er 1544 dem Orden bei und lebte und wirkte ab 1547 im Kloster S. Bonaventura in Rom, wo er am 18. Mai 1587 auch starb. In Rom nannte man ihn „Bruder Deogratias", weil er sich für die Almosen, die er 40 Jahre lang sammelte, stets mit einem „Deo gratias" bedankte. Obwohl er nie eine Ausbildung genossen hatte, war Felix von Cantalice eng mit → Carlo Borromeo und Philipp Neri befreundet. Mehrfach erschien dem großen Marienverehrer Maria mit dem Jesuskind, was die Verehrung seiner Person noch verstärkte. Seine Gebeine werden bis heute in der Chiesa Cappuccini in Rom aufbewahrt (in einem Steinsarkophag); auch seine Zelle im Kloster existiert unverändert. 1625 Seligsprechung, 1712 Kanonisation.
Darstellung: im Kapuzinerordensgewand, mit Jesuskind, Bettelsack, bei einer Marienerscheinung
Patronat: der Kapuziner-Laienbrüder, der Mütter und Kinder, der Kinder in Polen, der Felizianerinnen in Polen

Felix von Dunwich
OSB, Bischof von Dunwich
Fest: 8. März
Felix stammte aus Burgund (Frankreich) und bot sich selbst für die Missionierung unter den heidnischen Ostangelsachsen an. Er wurde Bischof und nahm seinen Amtssitz in Dunwich (England), einem Ort, der heute vom Meer verschluckt ist. Er hatte große

Für diese Zeichnung von Felix von Cantalice erteilte → Philipp Neri dem Maler Giuseppe de Cesari einen Geheimauftrag. Als der Kapuzinermönch Felix eines Tages Almosen sammelte, konnte dieser ihn ohne sein Wissen porträtieren.

Erfolge bei der Bekehrung von Heiden und eröffnete zahlreiche christliche Schulen. Man nannte ihn „Apostel der Ostangelsachsen". Felix von Dunwich starb 646/647.

Felix, Fortunatus und Achilleus hll.
Märtyrer
Fest: 23. April
Bezeugt ist, daß der Priester Felix und die beiden Diakone Fortunatus und Achilleus um 212 bei Valence (Frankreich) den Martertod fanden. Wohl legendarisch ist, daß die drei von → Irenäus von Lyon zur Missionierung dorthin geschickt worden waren; diese Erklärung wurde wohl eher später hinzugefügt.

Felix von Fritzlar
OSB, Mönch, Märtyrer
Fest: 5. Juni
Felix war im 8. Jh. Mönch im Bene-

Diese Legenden-Darstellung aus dem 19. Jh. zeigt Felix von Nola, wie er von einem Engel zu seinem entkräfteten und halb verhungerten Bischof Maximus geführt wird, um diesen mit einer Weintraube zu stärken und dann auf seinen Schultern ins bischöfliche Haus zu tragen.

diktinerkloster Fritzlar (Rheinland-Pfalz), das 724 von → Bonifatius gegründet worden war. Angeblich wurde er um 790 während der Glaubensverkündung von heidnischen Sachsen ermordet.

Felix von Metz hl.
Bischof von Metz
Fest: 21. Februar
Es ist überliefert, daß Felix im 2. Jh. der dritte Bischof von Metz (Frankreich) war und rund 40 Jahre lang amtierte. In Metz gab es eine ihm geweihte Kirche, die aber im 16. Jh. zerstört wurde.

Felix von Nicosia sel.
OFMCap, Laienbruder
Fest: 1. Juni
Geboren 1715 in Nicosia auf Sizilien (Italien), wurde Felix zunächst Schuhmacher und trat dann 1743 dem Kapuzinerorden bei, nachdem zuvor mehrere Versuche, ein religiöses Leben zu beginnen, gescheitert waren. In den folgenden über 40 Jahren war er berühmt und verehrt als Bettelbruder in seiner Heimat Nicosia; er bekehrte viele und half den Armen und Kranken. Felix starb am 1. Juni 1787 in Nicosia. Am 12. Februar 1888 erfolgte die Seligsprechung.
Darstellung: als Bettelbruder mit Bettelsack, mit Maria, als Helfer von Kranken

Felix von Nola
Bischof von Nola, Märtyrer
Fest: 15. November
Felix soll in der zweiten Hälfte des 3. Jh. erster Bischof von Nola in Kampanien (Italien) gewesen sein. Gemeinsam mit 30 Gefährten habe er 287 in Nola den Martertod erlitten, berichten Überlieferungen.

Felix von Nola hl.
Priester, (Märtyrer)
Fest: 14. Januar
Die wohl teilweise legendarische Überlieferung berichtet, Felix sei der Sohn eines Syrers gewesen, der Mitte des 3. Jh. als Soldat in Nola in Kampanien (Italien) stationiert war. Er empfing die Priesterweihe und wirkte vor allem während der Christenverfolgungen unter Decius (um 250) segensreich. Er erlitt Kerkerhaft und Mißhandlungen, weshalb er später auch als Märtyrer verehrt wurde. Die ihm angetragene Bischofswürde von Nola lehnte Felix ab. Er starb um 260. Schon im 5. Jh. waren seine Grabstätte und die darüber errichtete Kirche eine vielbesuchte Pilgerstätte; Reliquien werden in verschiedenen Städten Italiens aufbewahrt.
Darstellung: als Diakon oder Priester in einer Höhle/einem Kerker
Patronat: der Augen, der Haustiere, gegen Meineid

Felix in Pincis
Priester, (Märtyrer)
Fest: 14. Januar
Die nicht bezeugte Überlieferung sagt, der Priester Felix sei in Rom am Monte Pincio von Schülern, die er unterrichtet hatte, mit spitzen Griffeln ermordet worden. Mehr ist nicht bekannt. Die Kirche S. Felice in Piazza in Florenz (Italien) soll ihm geweiht gewesen sein.

Felix und Regula hll.
Märtyrer
Fest: 11. September
Die Legende erzählt, daß Felix und Regula Geschwister waren, die der Thebäischen Legion unter → Mauritius angehörten. Als große Teile der Legion um 280/300 in Agaunum (St-Maurice) in der Schweiz ermordet wurden, konnten sie fliehen, erlitten aber um 302 in Zürich ebenfalls das Martyrium durch Enthauptung. Die Legende des Mönches Florentinus erzählt, die beiden hätten selbst ihre abgeschlagenen Köpfe zu ihrer Grabstätte getragen. Im 9. Jh. entstand am Grab der beiden eine Kapelle, aus der sich später das heutige Züricher Großmünster entwickelte. Die Reliquien befinden sich seit der Reformation in Andermatt im Kanton Uri. – Seit dem 13. Jh. wird Exuperantius als Gefährte von Felix und Regula genannt.
Darstellung: mit ihren abgeschlagenen Köpfen in der Hand, mit Schwert, Palme, Buch
Patronat: von Zürich

Felix von Trier
Bischof von Trier
Fest: 26. März
Felix wurde 386 von → Martin von Tours zum Bischof von Trier (Rheinland-Pfalz) geweiht. Als seine Wahl später vom Papst und von → Ambrosius angezweifelt wurde, trat er 398 zurück. Zahlreiche Zeitgenossen von Felix von Trier rühmten in Schriften dessen Tugenden.

Felix von Valois hl.
Ordensgründer(?)
Fest: 20. November
Die teilweise unsichere und nicht bezeugte Vita nennt Felix von Valois neben → Johannes von Matha Gründer des Trinitarierordens. 1694 wurde sein Kult für die ganze Kirche gestattet, 1969 aber wieder auf einige Kalender beschränkt. Geboren 1127 im Valois (Frankreich), lebte Felix zunächst als Einsiedler. Um Christensklaven zu befreien, soll er dann mit Johannes von Matha, der sich ihm angeschlossen hatte, den Trinitarierorden gegründet haben

Darstellung des heiligen Königs Ferdinand III. von Kastilien mit seinen Attributen.

(1198 von Papst Innozenz III. approbiert). Bis heute widmen sich die Ordensmitglieder hauptsächlich der Strafgefangenenseelsorge, der Pfarrseelsorge und der Missionierung. Felix starb am 4. November 1212 in Paris.
Darstellung: als Trinitarier (weißes Gewand mit Mantel und Skapulier und weiß-blauem Kreuz), mit Hirsch, der in seinem Geweih ein Kreuz trägt, mit zerbrochenen Ketten

Felizian → Primus und Felizian

Ferdinand Ayala vom heiligen Joseph sel.
OSA, Priester, Märtyrer
Fest: 1. Juni
Geboren 1575 in Ballesteros (Spanien), wurde Ferdinand Ayala Augustiner und ging in die Mission, zunächst nach Mexiko, dann 1605 nach Japan. Er wirkte mit großem Erfolg in Osaka, bis er 1617 gefangengenommen und am 1. Juni ermordet wurde. 1867 Seligsprechung.

Ferdinand III. von Kastilien (der Heilige) hl.
König
Fest: 30. Mai
Ferdinand III. von Kastilien war für Papst Clemens X. das „Vorbild eines christlichen Herrschers"; er sprach ihn 1671 heilig. Ferdinand, geboren 1199 in Spanien, erbte 1217 Kastilien, das Land seiner Mutter, und 1230 León, das seines Vaters, und vereinigte beide Königreiche. Von den Mauren eroberte er die Königreiche Córdoba, Sevilla, Jaén und Murcia zurück. Er war der Erbauer der berühmten Kathedrale von Burgos. Ferdinand III. starb am 30. Mai(?) 1252 in Sevilla; in der dortigen Kathedrale Santa María fand er seine letzte Ruhestätte.
Darstellung: als König mit den Insignien, mit Schwert, Weltkugel, Schlüssel, Kreuz, Kreuzfahne, als Drachentöter, gegen die Mauren kämpfend
Patronat: der Gefangenen und Armen

Ferdinand der Standhafte sel.
Prinz
Fest: 5. Juni
Ferdinand war der Sohn von König Johannes I. von Portugal und Bruder von Heinrich dem Seefahrer und kam am 29. September 1402 in Santarém zur Welt. Nach dem Scheitern einer Expedition nach Nordafrika blieb Ferdinand, um das Heer zu retten, als Geisel in maurischer Gefangenschaft und wurde dort sechs Jahre lang als Sklave schwer mißhandelt. Er starb am 5. Juni 1443 in Fez (Marokko). Seine Familie hatte sich aus politischen Gründen geweigert, ihn zu befreien.

Ferdinand Steinmayr
SJ, Priester, Ordensmann
Fest: 17. August
Geboren um 1725 in Weißenstein (Baden-Württemberg), trat Ferdinand Steinmayr dem Jesuitenorden bei, ging nach Amerika und gründete dort die erste katholische Gemeinde von New York. Als er am 17. August 1787 in Philadelphia (USA) im Ruf der Heiligkeit starb, hatte er 36 Jahre lang segensreich in Amerika gewirkt. Eine Seligsprechung wurde immer wieder angestrebt.

Fergeolus sel.
Bischof von Grenoble, Märtyrer
Fest: 16. Januar
Fergeolus war Ende des 7. Jh. Bischof von Grenoble (Frankreich). Am 16. Januar 683 wurde er von Glaubensgegnern ermordet. 9. Dezember 1903 Approbation des Kultes.

Feron, Camille
Wohltäter
Geboren 1831, widmete sich Camille Feron bis zu seinem Tod im Jahr 1908 Werken der Caritas. Gemeinsam mit → Philibert Vrau gründete und förderte er katholische Schulen, Kirchen und karitative Einrichtungen. Der Seligsprechungsprozeß ist eingeleitet.

Ferrari, Giacomo Andrea Carlo
Erzbischof von Mailand
Fest: 2. Februar
Geboren am 13. August 1850 in Lalatta di Pratopiano (Italien), empfing Giacomo Andrea Carlo Ferrari 1873 die Priesterweihe, wurde 1891 Bischof von Como und 1894 Erzbischof von Mailand (Italien) und Kardinal. Er war die treibende Kraft für die Gründung einer katholischen Universität in

Felix und Regula werden, nachdem sie dem Massaker an der Thebäischen Legion entkommen waren, in ihrem Versteck entdeckt und erleiden in Zürich 303 ebenfalls das Martyrium.

Andrea Carlo Ferrari, Kardinal und Erzbischof von Mailand, Gründer der Katholischen Universität in Mailand.

Mailand (1921) und einer religiösen Volkserziehung in seiner Diözese. Ferrari starb am 2. Februar 1921 in Mailand. Der Seligsprechungsprozeß ist eingeleitet.

Ferreolus von Limoges hl.
Bischof von Limoges
Fest: 18. September
Ferreolus war im 6. Jh. der fünfte Bischof von Limoges (Frankreich). Er starb um 592 in Limoges. → Gregor von Tours berichtet mit großer Verehrung von ihm.

Ferreolus von Uzès hl.
Bischof von Uzès
Fest: 4. Januar
Geboren im ersten Drittel des 6. Jh. in Narbonne (Frankreich) aus königlicher Familie, wurde Ferreolus um 555 Bischof von Uzès (ehemaliges Bistum in Südfrankreich). Sein Augenmerk galt der Reformierung seiner Diözese. Er starb am 4. Januar 581 und wurde in Uzès beigesetzt. – Verschiedene Überlieferungen berichten, Ferreolus sei enthauptet worden.

Ferreolus von Vienne hl.
Märtyrer
Fest: 18. September
Ferreolus war Militärtribun in Vienne (Frankreich) und wurde wegen seines christlichen Glaubens um 305 unter Diokletian in Vienne enthauptet. Er genoß große Verehrung, seine Grabstätte in Vienne entwickelte sich zum Wallfahrtsort. Die Reliquien werden bis heute in Vienne verehrt.
Patronat: von Marseille, der Gefangenen

Ferreolus und Ferrutius von Besançon hll.
Märtyrer
Fest: 16. Juni
Der Priester Ferreolus und der Diakon Ferrutius wurden wegen ihres Glaubens festgenommen und Ende des 2. Jh. in Besançon (Frankreich) ermordet. Später hieß es, sie seien von → Irenäus von Lyon entsandt gewesen. Reliquien bis heute in Besançon.

Ferrero, Benigna Maria Consolata
OVM, Ordensfrau, Mystikerin
Fest: 1. September
Geboren am 6. August 1885 in Turin (Italien), trat Benigna Maria Consolata Ferrero 1907 in Como den Salesianerinnen bei. Sie durchlebte viele mystische Gnadenbeweise, war deshalb aber auch immer unter mißtrauischer Beobachtung. Zahlreiche Gebetserhörungen sind überliefert. Sie starb am 1. September 1916 in ihrem Kloster in Como, wo sie beigesetzt wurde. Der Seligsprechungsprozeß ist eingeleitet.

Ferrini, Contardo sel.
Gelehrter
Fest: 17. Oktober
Contardo Ferrini, geboren am 4. April 1859 in Mailand (Italien), gehörte zu den größten Gelehrten und Wissenschaftlern seiner Zeit und stand schon zu Lebzeiten im Ruf der Heiligkeit. Neben seiner Tätigkeit als Dozent und Professor für römisches Recht (in Messina, Pavia und Modena) wirkte er aufopferungsvoll im Jugend- und Männerapostolat. Er starb am 17. Oktober 1902 in Suna/Italien. Seligsprechung am 13. April 1947.

Ferrutius von Besançon → Ferreolus und Ferrutius von Besançon

Ferrutius von Mainz
Soldat, Märtyrer
Fest: 28. Oktober
Ferrutius war ein römischer Soldat in Mainz (Rheinland-Pfalz), der wohl in der Christenverfolgung unter Diokletian um 300 den Martertod fand. Die Reliquien wurden mehrfach übertragen; zu ihrer Aufbewahrung entstand im 9. Jh. in Bleidenstadt nahe Mainz eine Kirche, die Ferrutius geweiht wurde (später bekanntes Benediktinerkloster). Im 17. Jh. gelangten die Gebeine wieder nach Mainz, gingen aber in der Französischen Revolution verloren. – Kult auf Mainz und Limburg beschränkt.

Festus
Diakon, Märtyrer
Fest: 19. September
Festus war Diakon von Bischof → Januarius von Benevent (Italien) und erlitt mit diesem am 19. September 305 in der diokletianischen Verfolgung den Martertod durch Enthauptung.
Darstellung: zusammen mit Januarius, als junger Diakon beim Segnen

Fey, Clara
Ordensgründerin
Fest: 8. Mai
Clara Fey, geboren am 11. April 1815 in Aachen (Nordrhein-Westfalen), gründete im Alter von 22 Jahren in Aachen eine Schule für verwahrloste Mädchen, aus der 1848 die Kongregation der Schwestern vom Armen Kinde Jesus erwuchs. Die Schwesterngemeinschaft gründete Kinderhorte, Schulen, Erziehungsanstalten für Waisenkinder und Heime für Beamtinnen. Während des Kulturkampfes wurde das Ordens-

mutterhaus nach Simpelveld in Holland verlegt; dort starb Clara Fey, die bis zu ihrem Tod Generaloberin war, am 8. Mai 1894. Der Seligsprechungsprozeß ist eingeleitet.

Fiacrius (Fiacre) hl.
Einsiedler
Fest: 30. August
Nach der teilweise legendarischen Überlieferung kam Fiacrius Mitte des 7. Jh. aus Irland in die Diözese Meaux (Frankreich), wo er von Bischof Faro ein Waldstück für eine Einsiedelei erhalten hatte. (Als er den Boden mit seinem Stab berührte, soll sich ein Garten aufgetan haben.) Als sich immer mehr Gefährten um ihn versammelten, gründete Fiacrius das Kloster Breuil (das später St-Fiacre-en-Brie hieß). Er starb um 670; seine Gebeine werden bis heute in der Kathedrale von Meaux verehrt. – Die Bezeichnung „Fiaker" für Lohnkutscher leitet sich ab davon, daß in Paris die Kutscher ihren Standort bei der Kirche St-Fiacre hatten.
Darstellung: im Einsiedlergewand, mit Schaufel
Patronat: der Gärtner, Blumenhändler, Kupferschmiede, Gittermacher, Kistenmacher, Packer, Töpfer, Zinngießer, Ziegelbrenner, Notare, gegen Hautkrankheiten

Fidelis von Sigmaringen (Markus Roy) hl.
OFMCap, Märtyrer
Fest: 24. April
Fidelis von Sigmaringen war der erste Märtyrer des Kapuzinerordens. Geboren 1577/1578 in Sigmaringen (Baden-Württemberg) als Sohn des Bürgermeisters, trat Markus Roy (so sein Taufname) 1612 nach einem Studium der Rechte und der Philosophie sowie der Priesterweihe in Freiburg/Breisgau dem Kapuzinerorden bei. Er wirkte danach als vielbeachteter und hochverehrter Prediger in der Schweiz, im Elsaß und in Vorarlberg. Als er sich in Graubünden (Schweiz) um die Rekatholisierung der Bevölkerung bemühte, wurde er am 24. April 1622 in Seewis bei Chur nach einer Predigt von Calvinisten erschlagen. 1746 Heiligsprechung. Gebeine werden bis heute im Dom von Chur aufbewahrt, außerdem in Feldkirch und in der Fidelis-Kirche in Stuttgart.
Darstellung: als Kapuziner, mit Schwert, Stachelkeule, Palme, Lilie
Patronat: des Erzbistums Freiburg, des Bistums Feldkirch, von Vorarlberg und Hohenzollern, der Juristen, in Gerichtsangelegenheiten, für die Glaubensverbreitung

Clara Fey, Gründerin der Schwestern vom Armen Kinde Jesu, stammte aus einer Aachener Industriellenfamilie und gehörte zum Freundinnenkreis von Luise Hensel.

Das Martyrium des begnadeten Predigers Fidelis von Sigmaringen in der Nähe von Chur, Schweiz. Erschlagen von fanatischen Anhängern Calvins.

Fides (Foy) von Agen (von Conques)
Märtyrerin
Fest: 6. Oktober
Nach der wohl großenteils legendarischen Passio starb Fides um 290/300 in Agen in Südwestfrankreich zwölfjährig den Martertod; sie soll auf dem Rost verbrannt und dann enthauptet worden sein. Mit ihr starb der Einsiedler

Reliquienstatue der zwölfjährigen Fides im Abteischatz von Conques-en-Rouergue, Südfrankreich. Die Gesichtsmaske entstand bereits im 5. Jh. und der Körperteil im 9. Jh. Die Figur besteht aus einem Holzkern mit Goldblech verkleidet und mit Edelsteinen, Gemmen und Email besetzt.

(Bischof?) Caprasius, der sich angesichts ihres Sterbens freiwillig den Christenverfolgern gestellt hatte. Der Kult verbreitete sich schon früh; in Agen wurde bereits im 5. Jh. eine Kirche zur Aufbewahrung der Gebeine errichtet, die sich in der Folge zur Wallfahrtsstätte entwickelte. Im 9. Jh. wurden die Reliquien gestohlen und heimlich nach Conques im südfranzösischen Bistum Rodez gebracht, wo sich dadurch eine weltbekannte Wallfahrt entwickelte (kostbarer Schrein bis heute Pilgerziel). Zahlreiche andere Orte erhielten später Reliquienpartikel. Starke Verehrung und Feste im Mittelalter auch in Köln und in Essen sowie in England (Glastonbury).
Darstellung: meist im langen Kleid, mit Palme, Rost, Krone, beim Martyrium
Patronat: der Pilger, der Kunstschreiner, für eheliche Fruchtbarkeit

Fidolus (Phal)
Abt
Fest: 16. Mai
Fidolus, Sohn eines römischen Beamten in der Auvergne (Frankreich), wurde gefangengenommen und als Sklave nach Troyes verkauft. Um 534 kaufte ihn Aventinus, Abt von Aumont in der Diözese Troyes, frei. Nach unsicheren Quellen war Fidolus später dann selbst Abt von Aumont, das nach seinem Tod um 550 (580?) nach ihm St-Phal genannt wurde.

Klara Rosa Fietz berichtete über ihre mystischen Erfahrungen in ihren Tagebüchern, deren Aufzeichnungen später in Buchform und mehreren Sprachen erschienen.

Fietz, Klara Rosa
Ordensfrau, Mystikerin
Fest: 15. Juni
Geboren am 6. Januar 1905 in Niederlindewiese (Tschechische Republik), legte Rosa Fietz 1927 bei den Schulschwestern vom Dritten Orden des heiligen Franziskus im österreichischen Graz die Gelübde ab und nahm den Namen Klara an. 1932 promovierte sie an der Grazer Universität in Philosophie und legte ein Jahr später die Prüfung für das höhere Lehramt ab. Innerlich aber lebte sie, unbemerkt von ihrer Umgebung, nur für Gott und unterwarf sich strengsten Abtötungen und Kasteiungen. Sie starb am 15. Juni 1937 in Eggenberg bei Graz. Erst nach ihrem Tod wurden ihre Tagebücher bekannt, in denen sie von ihrem wahren Leben und ihren mystischen Erfahrungen berichtet; unter dem Titel „Gott lieben, meine einzige Wissenschaft“ erschienen die Aufzeichnungen inzwischen in mehreren Sprachen. Besonders verehrt wird Klara Fietz von ihren sudetendeutschen Landsleuten. Der Seligsprechungsprozeß ist weit fortgeschritten.

Filastrius von Brescia hl.
Bischof von Brescia
Fest: 18. Juli
Filastrius war Mitte des 4. Jh. Bischof von Brescia in Norditalien. Seine Amtszeit war geprägt vom Kampf gegen den Arianismus. Er starb um 396. → Augustinus war beeindruckt von seinen schriftlichen Werken.

Filippo Latino → Bernhard von Corleone

Fina (Seraphina)
Jungfrau
Fest: 12. März
Nach der teilweise legendarischen Vita wurde Fina 1238 in San Gimignano in der Toskana (Italien) geboren und führte schon als Kind ein klösterliches Leben in ihrem Elternhaus; Leiden und Krankheiten ertrug sie heroisch. Mit 15 Jahren starb sie und wurde im Dom von San Gimignano beigesetzt. War sie schon vor ihrem Tod sehr verehrt, nahm der Kult danach noch zu. Fina erhielt den Beinamen „Heilige mit den Levkojen“, da diese Blumen an ihrem Todestag auf den Stadttürmen und auf ihrem Sarg aufgeblüht sein sollen.
Darstellung: auf dem Totenbett, mit Heiligenschein
Patronat: von San Gimignano

Finan
Abtbischof von Lindisfarne
Fest: 17. Februar
Finan war ein irischer Mönch im Kloster Iona und folgte → Aidan nach dessen Tod 651 als Abt und Bischof von Lindisfarne und damit als Organisator der Kirche von Northumbria. Ihm gelang die Evangelisierung großer Teile von Südengland. Er starb 661 in Lindisfarne.

Finbar (Barr)
Bischof von Cork
Fest: 25. September
Finbar war der Gründer und Ende des 6. Jh. erster Bischof des Bistums Cork in Irland. Er starb in Cloyne (Irland); seine Grabstätte wurde zum Wallfahrtsort.

Findan (Fintan) von Rheinau hl.
OSB, Einsiedler
Fest: 15. November
Geboren um 800 in Leinster in Irland, wurde Findan als junger Mann von Plünderern als Sklave auf die Orkney-Inseln verschleppt. Ihm gelang die Flucht nach Schottland, von wo aus er eine Wallfahrt nach Rom unternahm und im Kloster Farfa in Sabina Benediktiner wurde. Auf der Rückreise kam er zum Kloster Rheinau bei Schaffhausen (Schweiz), wo er sich in einer Zelle in der Klosterkirche einmauern ließ und 20 Jahre lang bis zu seinem Tod am 15. November 879 als Rekluse lebte. Seine Gebeine wurden im 15. Jh. wiederaufgefunden und befinden sich bis heute in Rheinau.

Fingar(us) und Piala
Märtyrer
Fest: 14. Dezember
Nach der teilweise legendarischen Überlieferung war Fingar ein irischer Königssohn, der im 5. Jh. lebte. Gemeinsam mit seiner Schwester Piala sei er von → Patrick zum katholischen Glauben bekehrt worden. Nach Aufenthalten im Exil, wohin sie der heidnische Vater vertrieben hatte, wurden Fingar und Piala um 455 in Cornwall (England) ermordet (andere Quellen sagen: in Frankreich). – In der Bretagne wird das Fingar-Fest noch heute gefeiert.

Finian von Clonard hl.
Abt von Clonard
Fest: 12. Dezember
„Lehrer der irischen Heiligen" wird Finian genannt; unter seinen berühmten Schülern war unter anderen → Kolumban von Hy. Finian wurde um 470 in Myshallin (Irland) geboren, lebte lange Zeit als Mönch in Wales und begründete dann in seiner Heimat Irland zahlreiche Klöster, Kirchen und Schulen. Seine bedeutendste Gründung war Kloster Clonard, das er als Abt leitete und das Ausgangspunkt entscheidender Reformen für das gesamte monastische Leben in Irland war. Unter seinen Schülern in Clonard waren neben Kolumban mehrere der sogenannten „Zwölf Apostel von Irland". Finian starb um 550 in Clonard.

Finian von Moville hl.
Abtbischof von Moville
Fest: 10. September
Geboren um 493 in Irland, wurde Finian zunächst Mönch in Schottland, dann empfing er in Rom die Priesterweihe. Nach seiner Rückkehr gründete er in Moville (Irland) ein Kloster und wurde erster Abtbischof. Finian war ein berühmter Lehrer und Gelehrter, der herausragende Schriften hinterließ. Er starb 579 in Moville.

Tod der heiligen Fina, aus dem Finazyklus von Domenico Ghirlandaio, um 1475, Fresko in der Collegiata von San Gimignano, Italien. Die Legende erzählt, daß dem fünfzehnjährigen Mädchen Papst Gregor I. erschien und ihr Erlösung von ihren Leiden verkündete. Fina starb am Todestag des Heiligen fünf Tage später.

Margareta Rosa Flesch kurz nach ihrem Ordenseintritt und als Oberin der von ihr gegründeten Kongregation der Franziskanerinnen.

Firmatus von Auxerre
Märtyrer
Fest: 5. Oktober
Firmatus wurde in Auxerre (Frankreich) schon sehr früh am 5. Oktober gefeiert. Über sein Leben ist nur bekannt, daß er Diakon war und gemeinsam mit einer Jungfrau namens Flaviana in Auxerre den Martertod erlitt. Bereits das Martyrologium Hieronymianum führt ihn auf.

Firminus von Amiens hll.
Bischöfe von Amiens
Fest: 1. September und 25. September
In Amiens (Frankreich) werden zwei Bischöfe dieses Namens verehrt. Firminus der Ältere (der Märtyrer) soll aus Pamplona in Spanien gestammt haben und während seiner Missionstätigkeit im 3. Jh. zum (ersten?) Bischof von Amiens ernannt worden sein. Bei der Ausübung seines Amtes wurde er angeblich um 290 von Gegnern enthauptet. Die Reliquien befinden sich in der Kathedrale von Amiens. – Der andere Firminus von Amiens (der Bekenner) war nach der Legende der Sohn eines von Firminus dem Älteren bekehrten Senators; auch er wurde (dritter?) Bischof von Amiens, wohl im 4. Jh., und wird bis heute dort verehrt.

Die Abbildung zeigt die Märtyrerin Flavia Domitilla, Nichte des römischen Kaisers Vespasian.

Firmus und Rusticus hll.
Märtyrer
Fest: 9. August
Sicher ist nur, daß die beiden Verwandten Firmus und Rusticus bereits Ende des 8. Jh. in Verona (Italien) als Märtyrer verehrt wurden; angeblich stammten sie aus dem nicht weit entfernten Bergamo. Es könnte aber auch sein, daß Reliquien von zwei gleichnamigen Märtyrern aus Afrika nach Verona gebracht worden waren und die Passio erst später entstand oder daß zwei Männer aus Afrika nach Verona verschleppt und dort ermordet wurden.

Flabianus → Flavian von Konstantinopel

Flannan
Bischof von Killaloa
Fest: 18. Dezember
Flannan war im 7. Jh. Bischof der Diözese Killaloa in Irland und ein begnadeter Prediger und Seelsorger. Bis heute Verehrung in Irland und Schottland.

Flavia Domitilla
Jungfrau, (Märtyrerin)
Fest: 12. Mai
Der Kult um Flavia Domitilla ist seit 1969 eingeschränkt. Es existieren verschiedene Überlieferungen; eine davon berichtet, Flavia Domitilla habe im 2. Jh. gelebt und sei mit dem Kaiserhaus verwandt gewesen. Sie wurde Christin und erlitt das Martyrium, als sie sich weigerte, einen Heiden zu heiraten. Der Sterbeort soll Terracina unweit vom Rom gewesen sein. Später verband man das Schicksal von Flavia Domitilla mit dem von → Nereus und Achilleus. Angebliche Gebeine von Flavia Domitilla werden in der Kirche Ss. Nereo ed Achilleo in Rom aufbewahrt. → Hieronymus berichtet schon im 4. Jh. von einem Kult. – Möglicherweise wurden die Schicksale verschiedener Trägerinnen desselben Namens miteinander vermengt.

Flavian
Märtyrer
Fest: 22. Dezember
Flavian, Präfekt in Rom, war der Vater von → Bibiana, die ebenfalls den Martertod starb. Christenverfolger ermordeten ihn am 22. Dezember 362/363 in Rom.

Flavian (Flabianus) von Konstantinopel
Patriarch, Märtyrer
Fest: 18. Februar
Flavian war ab 446 Patriarch von Konstantinopel. Auf der Synode von Konstantinopel 448 ließ er den Irrlehrer Eutyches absetzen (dieser behauptete, in Christus sei nur eine Natur), was Papst Leo I. in seiner berühmten Epistola dogmatica ad Flavianum bestätigte. Auf der sogenannten „Räuber-

synode" 449 in Ephesos wurde Eutyches rehabilitiert, Flavian hingegen abgesetzt. Auf dem Weg in die Verbannung starb er an den Mißhandlungen, wahrscheinlich im August 449. Auf dem Konzil von Chalkedon 451 wurde Flavian wieder rehabilitiert, Kaiserin Pulcheria überführte seine Gebeine in die Apostelkirche in Konstantinopel.

Flesch, Margareta Rosa
Ordensgründerin
Fest: 25. März
Margareta Flesch, geboren am 24. Februar 1826 in Schönstatt (Nordrhein-Westfalen), gründete 1863 die Kongregation der Franziskanerinnen von Waldbreitbach und nahm darin den Namen Rosa an. Die Gemeinschaft widmet sich bis heute der Erziehung in Kindergärten und heilpädagogischen Einrichtungen, der Arbeit in der Krankenpflege und in der Psychiatrie, dem Krankenhaussozialdienst und der Pastoral. Nach Verleumdungen wurde Rosa Flesch, die bis 1878 Oberin war, aus der Gemeinschaft verdrängt, ertrug aber bis zu ihrem Tod am 25. März 1906 alle Leiden demütig und geduldig. Die Grabstätte befindet sich auf dem Friedhof des Ordensmutterhauses in Waldbreitbach (Rheinland-Pfalz). Der Seligsprechungsprozeß ist eingeleitet.

Flocellus
Märtyrer
Fest: 17. September
Nach unsicherer Überlieferung war Flocellus ein Junge, der um 160 in Autun (Frankreich) den Martertod starb; nach Folterungen schon schwer verletzt, wurde er im Amphitheater von Autun wilden Tieren zum Fraß vorgeworfen.

Flora von Beaulieu
Ordensfrau, Mystikerin
Fest: 11. Juni
Flora trat 14jährig dem Hospitalorden des heiligen Johannes von Jerusalem in Beaulieu (Frankreich) bei; ihre mystischen Erfahrungen, begleitet von außergewöhnlichen körperlichen Erscheinungen, erregten große Aufmerksamkeit. Flora starb um 1347.

Florentina von Cartagena
Äbtissin(?)
Fest: 20. Juni
Florentina war die Schwester von → Fulgentius, → Leander und → Isidor von Sevilla und kam um 554 in Cartagena, Spanien, zur Welt. Nachdem die Eltern früh gestorben waren, wuchs sie unter der Aufsicht von Leander auf und zog sich in ein Kloster bei Ecija zurück, für das Leander die Regel verfaßt hatte (möglicherweise war sie Äbtissin). Sie starb um 636.

Florentini, Anton Krispin Theodosius
OFMCap, Ordensgründer
Fest: 15. Februar
Geboren am 23. Mai 1808 in Münster im Kanton Graubünden (Schweiz), trat Anton Krispin Florentini 1825 dem Kapuzinerorden bei und nahm den Namen Theodosius an. Er wirkte als unermüdlicher Missionar und Seelsorger und war im Volk sehr verehrt, hatte aber auch Feinde, die ihn teilweise vertrieben. Für soziale Dienste, vor allem für Fabrikarbeiter, gründete Florentini 1844 die Kongregation der Lehrschwestern vom heiligen Kreuz (Menzinger Schwestern) und 1852 zusammen mit → Maria Theresia Scherer die Barmherzigen Schwestern vom heiligen Kreuz (Ingenbohler Schwestern). Er starb am 15. Februar 1865 in Heiden (Schweiz); 1906 fand er seine letzte Ruhestätte im Mutterhaus der Kreuzschwestern in Ingenbohl im Kanton Schwyz.

Der Ordensgründer und große Caritasapostel Theodosius Florentini.

Florentinus, Hilarius und Aphrodisius hll.
Märtyrer
Fest: 27. September
Die unsicheren Überlieferungen machen Florentinus zum Bischof, Hilarius zum Diakon und Aphrodisius zu ihrem Begleiter; alle drei sollen vielleicht zu Beginn des 5. Jh. gemeinsam den Martertod erlitten haben. Als Martyriumsorte werden Burgund und Wallis genannt. Verschiedene Kalendarien nennen den 27. September als Gedenktag.

Florentius von Saumur hl.
Einsiedler
Fest: 22. September
Nach der wohl stark legendarischen Überlieferung empfing Florentius in der zweiten Hälfte des 4. Jh. von Martin von Tours die Priesterweihe und wurde von ihm zur Missionierung nach Poitiers (Frankreich) gesandt. Später ließ er sich als Einsiedler auf dem Mont Glonne in der Diözese Angers nieder, wo er im 5. Jh. in sehr hohem Alter starb; das Kloster St-Florent-le-Vieux entstand hier später über der Grabstätte von Florentius.

Florentius von Straßburg hl.
Bischof von Straßburg
Fest: 7. November
Florentius war im 7. Jh. angeblich Nachfolger von → Arbogast als Bischof von Straßburg (Frankreich); er soll das Kloster St-Thomas in Straßburg gegründet haben. Die Legende berichtet, er habe eine stumme Königstochter wieder zum Sprechen gebracht. Er starb im 7. Jh. in Straßburg (677/693?).
Darstellung: als Bischof, mit stummer Prinzessin
Patronat: des Viehs, gegen Stein- und Bruchleiden

Florian hl.
Märtyrer
Fest: 4. Mai
Der wahre Kern der von Legenden umrahmten Vita des Florian berichtet, daß er im 3. Jh. im heutigen Zeiselmauer bei Wien geboren wurde, eine christliche Erziehung genoß und dann Offizier, später

Das Martyrium des heiligen Florian, Altarbild von Leopold Schulz, 1837, in der Stiftskirche von St. Florian. Man sieht den Heiligen mit dem Mühlstein kurz vor dem Sturz von der Brücke in die Enns.

Der angebliche Mühlstein, mit dem Florian in die Tiefe des Flusses gezogen wurde. Heute in der Krypta der Stiftskirche St. Florian.

Kanzleileiter des kaiserlichen Statthalters in Lauriacum, dem heutigen Lorch bei Enns in Oberösterreich, war. Anfang des 4. Jh. geriet er während der diokletianischen Christenverfolgung in Gefangenschaft und erlitt furchtbare Martern. Am 4. Mai 304 wurde er mit einem Mühlstein um den Hals in Lorch im Fluß Enns ertränkt. 40 seiner christlichen Gefährten sollen am selben Tag im Kerker umgekommen sein; ihre Gebeine fand man bei Grabungen in Lorch vor und nach dem Zweiten Weltkrieg. Über der Grabstätte von Florian errichteten die Passauer Bischöfe im 8. Jh. das berühmte Chorherrenstift St. Florian (bei Linz) sowie eine Kirche; eine Tafel in der Krypta erzählt, daß die Gebeine des Märtyrers im 13. Jh. wieder aufgefunden wurden. Durch alle Jahrhunderte genoß Florian große Verehrung; er ist einer der besonders volkstümlichen Heiligen, seine Darstellungen sind ungezählt. Vor allem als Patron der Feuerwehren wird Florian sehr verehrt. Auch in Krakau (Polen) werden angebliche Reliquien von Florian aufbewahrt; ihre Echtheit ist aber nicht gesichert.

Darstellung: als Soldat, mit Mühlstein, Fahne, Lanze, Banner, Adler, Wasserkübel, Schild, Schwert

Patronat: von Oberösterreich, Polen, Bologna, Krakau, gegen Feuergefahren, Hochwasser, Sturm, Dürre, bei Unfruchtbarkeit der Felder, der Feuerwehren („Floriansjünger"), der Kaminkehrer, Bierbrauer, Böttcher, Hafner, Schmiede, Seifensieder, bei Brandwunden

Floribert von Lüttich
Bischof von Lüttich
Fest: 25. April

Floribert war Mitte des 8. Jh. Bischof von Lüttich (Belgien). Das einzige, was über ihn berichtet wird, ist, daß er Mißstände in seiner Diözese kraftvoll bekämpfte. Er starb am 25. April 746 in Lüttich.

Florida Cevoli sel.
OSClCap, Ordensfrau, Mystikerin
Fest: 12. Juni

Geboren am 11. November 1685 in Pisa (Italien), trat Florida Cevoli 1703 in Città di Castello dem Kapuzinerorden bei. Sie erlebte außergewöhnliche mystische Gnadenbeweise und hinterließ darüber viele bewegende Schriften. Als Seelenführerin war sie innerhalb und außerhalb des Klosters begehrt. Sie starb am 12. Juni 1767 in Città di Castello und wurde in der Klosterkirche beigesetzt; bis heute dort starke Verehrung. Seligsprechung am 16. Mai 1993.

Darstellung: eine „vera effigies" zeigt sie in ihrer Ordenstracht mit einem Herzen auf der Brust, in der Hand ein Kreuz, auf dem Tisch vor ihr ein Totenkopf

Floridus von Città di Castello
Bischof von Città di Castello
Fest: 11. November

Floridus war im 6. Jh. Bischof von Città di Castello in Italien. Er starb am 11. November 566; seine Reliquien werden bis heute in der Kathedrale von Città di Castello verehrt, dessen Patron er auch ist.

Florinus von Remüs (vom Vinschgau) hl.
Bekenner, Priester
Fest: 17. November
Nach der großenteils legendarischen Vita kam Florinus wohl im 8. Jh. im Vinschgau (Italien), vielleicht in dem Ort Matsch, zur Welt. Er empfing jung die Priesterweihe und übernahm die Pfarrei St. Peter in Remüs im Schweizer Unterengadin. Die Überlieferungen berichten von zahlreichen Wundern, die er vollbracht haben soll. Er starb wohl an einem 17. November, möglicherweise 856, in Remüs und wurde dort in seiner Pfarrkirche beigesetzt. Als sich an der Grabstätte immer mehr Wunder ereigneten, wurde sie zum Wallfahrtsort, die Verehrung für Florinus wuchs immer mehr. Reliquien werden auch in Chur, Koblenz und Regensburg aufbewahrt.
Darstellung: als Priester in Meßkleidung oder mit Pluviale (Schutzmantel), mit Buch, Kelch, Kanne (Weinwunder)
Patronat: des Unterengadins und des Vinschgaus, zweiter Patron der Diözese Chur

Florus von Lodève
Bischof von Lodève
Fest: 3. November
Florus war im 4. Jh. möglicherweise der erste Bischof von Lodève in der Languedoc (Frankreich). Er starb 389; Reliquien werden in der ihm geweihten Kirche in St-Flour verehrt, wo er auch Patron ist.

Florus und Laurus
Märtyrer
Fest: 18. August
In Rußland nennt man die Märtyrer Florus und Laurus „die heiligen Pferdehirten“. Die beiden christlichen Zwillingsbrüder waren nach der größtenteils legendarischen Überlieferung im 2. Jh. Steinmetze in Byzanz. Zwischen 117 und 138 erlitten sie in Illyricum, im heutigen Bereich von Bosnien, den Martertod, nachdem sie zuvor Götzenbilder umgestoßen hatten. Schon früh große Verehrung, vor allem in Rußland.
Patronat: der Bildhauer, des Viehs

Foillan hl.
Bischof, Märtyrer
Fest: 31. Oktober
Foillan stammte aus Irland und war zunächst Missionar und Abt in England. Anfang des 7. Jh. kam er zuerst nach Frankreich, dann nach Belgien, missionierte dort und gründete, nachdem er zum Bischof geweiht worden war, auf einem Stück Land (das ihm → Gertrud von Nivelles geschenkt hatte) das Kloster Fosses (bei Namur). Wahrscheinlich war sein Bruder → Ultan erster Abt. Foillan selbst wurde zum begehrten Lehrer von Mönchen und Nonnen; er gilt als Bekehrer von Brabant. 655 überfielen ihn Räuber und ermordeten ihn (30./31. Oktober?). Seine Grabstätte befindet sich in Fosses-la-Ville. Große Verehrung in Belgien; verschiedene Viten und ein Roman beschreiben sein Leben.

Folcwin hl.
Bischof von Thérouanne
Fest: 14. Dezember
Etwa ab 816 war Folcwin Bischof von Thérouanne (Frankreich). Er ist als Teilnehmer mehrerer Synoden vermerkt. Er starb 855 und wurde zunächst im Kloster St-Bertin beigesetzt, dem er die von Räubern gestohlenen Reliquien von → Audomar wieder zurückgegeben hatte. Später fand er seine letzte Ruhestätte neben → Bertin in St-Omer.

Reliquienstatue des Florinus von Remüs im Kirchenschatz von Vaduz, Liechtenstein.

Folkhard
Missionar, Märtyrer
Fest: 30. November
Folkhard missionierte im 8. Jh. gemeinsam mit → Willehad von Bremen in Friesland, Holstein und bei den Sachsen. Beim Sachsenaufstand 782 starb er zusammen mit mehreren Gefährten am 30. November an der Weser den Martertod; nur Bischof Willehad konnte fliehen. Die Verehrung für die Märtyrergruppe hielt bis zur Reformation an.

Forannan
OSB, Bischof
Fest: 30. April
Forannan war ein irischer Bischof, der um 950 wahrscheinlich erster Abt des Benediktinerklosters Waulsort bei Lüttich (Belgien) wurde. Er war ein großer Anhänger der Gorzer Reform, die er erfolgreich auch in Waulsort einführte. Er starb 982; Reliquien werden bis heute in Waulsort und in Stablo aufbewahrt.
Patronat: gegen Zahnweh, gegen Tollwut

Forgione, Francesco (Pater Pio da Pietrelcina)
OFMCap, Priester, Mystiker
Fest: 23. September
Die Verehrung für den als Wundertäter berühmt gewordenen Pater Pio erreichte an seinem 30. Todestag, am 23. September 1998, einen neuen Höhepunkt: Über 100 000 Gläubige besuchten das süditalienische San Giovanni Rotondo (Apulien), wo der Kapuzinerpater viele Jahre gewirkt hatte. Geboren am 25. Mai 1887 in Pietrelcina in Süditalien, trat Francesco Forgione, so sein Geburtsname, früh dem Kapuzinerorden bei und empfing die Priesterweihe. Als er 28 Jahre alt war (1915), traten bei ihm die Wundmale Christi (Stigmata) auf. Er zog sich daraufhin scheu zurück und versuchte, die Wunden zu verbergen. Jahrelang untersuchten Mediziner die durchbohrten Handflächen von Pater Pio und erklärten die Echtheit der Wunden, die starke Schmerzen verursachten. Die Pilger strömten nach San Giovanni Rotondo auf dem Gargano in Apu-

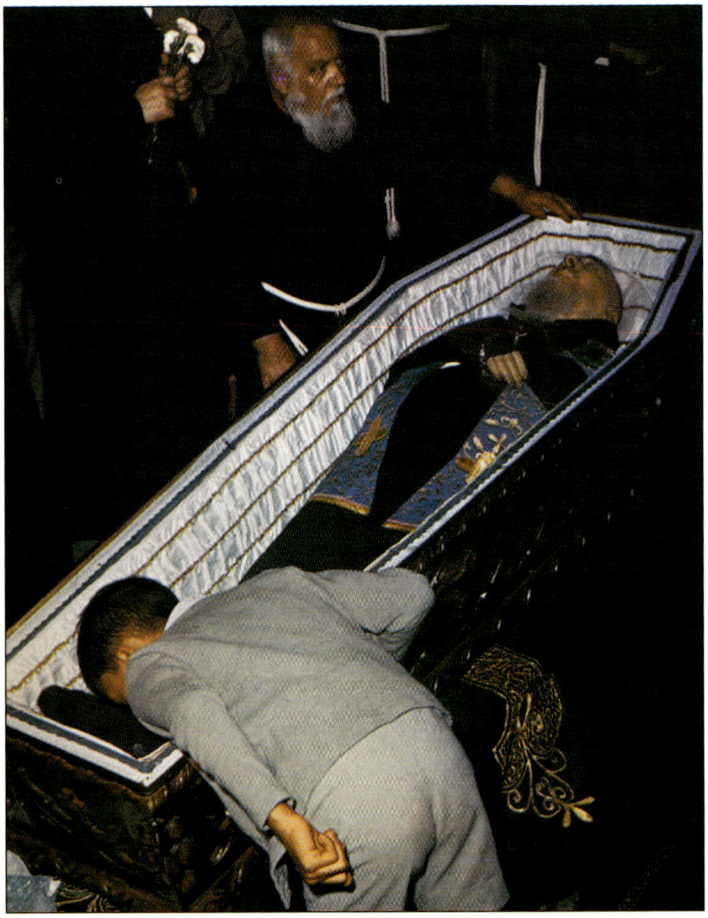

Der stigmatisierte Kapuziner Pater Pio (Francesco Forgione) zelebriert die heilige Messe. Bei einem Zusammentreffen mit dem damaligen Bischof Karol Wojtyla 1947 soll er diesem sowohl die Wahl zum Papst als auch das Attentat auf ihn vorausgesagt haben.

28. September 1968, Pater Pio aufgebahrt in der Kirche Santa Maria delle Grazie in San Giovanni Rotondo auf dem Gargano, Italien. Tausende nahmen Abschied von dem hochverehrten Kapuzinermönch. Hier befindet sich auch seine Grabstätte, heute ein vielbesuchter Wallfahrtsort.

lien, wo Pater Pio lebte und wirkte; alle versuchten, wenigstens in seine Nähe zu gelangen oder an einer seiner Messen teilzunehmen. Die Verehrung wuchs und wuchs, Pater Pio gehörte schon zu Lebzeiten zu den meistverehrten Persönlichkeiten in Italien. Er starb am 23. September 1968 in San Giovanni Rotondo, wo er seine letzte Ruhestätte fand; sein Grab ist ein Wallfahrtsort. Seine Seligsprechung wurde 1983 eingeleitet und erfolgte am 2. Mai 1999 in Rom.

Fortis Gabrielli
Einsiedler
Fest: 9. August
Fortis Gabrielli stammte aus Gubbio in Italien und lebte im 11. Jh. als Einsiedler in den Bergen beim um 1000 gegründeten Eremitenkloster Fonte Avellana in der Diözese Faenza; später trat er in das Kloster ein und führte auch dort ein Leben als Einsiedlermönch. Er starb am 9. August 1040, sein Kult wurde 1756 approbiert.

Fortunata von Agen
Märtyrerin
Fortunata genießt im Gebiet von Agen in der Gascogne (Frankreich) Verehrung. Sie soll eine Tochter heidnischer Eltern gewesen sein und um 250 in Agen wegen ihres Übertritts zum christlichen Glauben den Martertod gestorben sein. In der Kirche Ste-Fortunade in Corrèze gibt es ein bronzenes Kopfreliquiar und eine Steinbüste (beide 15. Jh.).

Fortunata von Cäsarea
Märtyrerin
Fest: 14. Oktober
Die Reliquien von Fortunata werden seit dem 8. Jh. in Neapel (Italien) hoch verehrt. Sie soll nach den teilweise unsicheren Überlieferungen als junges Mädchen in der Christenverfolgung unter Diokletian um 300 in Cäsarea (Palästina) den Martertod gefunden haben.

Fortunato Maria di San Paolo → De Gruttis, Paolo

Fortunatus von Salerno
Märtyrer
Fest: 28. August, 15. Mai
Nach der historisch nicht gesicherten Überlieferung erlitt Fortunatus zusammen mit seinen Gefährten Cajus und Antherus in Salerno (Italien) um 300 den Martertod. Nachdem die Gebeine 940 wieder aufgefunden waren, wurden sie in die Kirche S. Giovanni Battista in Salerno überführt (15. Mai), wo sie bis heute verehrt werden. Der Kult wurde 1052 von Papst Leo IX. bestätigt.
Patronat: von Salerno

Fortunatus von Spoleto (von Montefalco)
Priester
Fest: 1. Juni
Fortunatus war Gemeindepriester in Spoleto in Umbrien (Italien) und weit gerühmt wegen seiner Großherzigkeit gegenüber den Armen seiner Pfarrei. Er starb um 400 bei Montefalco, wo über seinem Grab eine Kirche errichtet wurde und er Patron ist.

Fortunatus von Todi
Bischof von Todi
Fest: 14. Oktober
Fortunatus war im 6. Jh. Bischof von Todi in Umbrien (Italien) und rettete die Stadt vor der Einnahme durch die Goten. Er starb am 14. Oktober 537 in Todi; seine Reliquien befinden sich in der Kathedrale von Todi. Die Kirche S. Fortunato in Todi ist ihm geweiht.
Patronat: von Todi, des Bistums Siena

Fosca (Fusca)
Märtyrerin
Fest: 13. Februar
Fosca entstammte einer einflußreichen heidnischen Familie aus Ravenna (Italien). Gegen den Willen ihres Vaters unterrichtete ihre Amme sie im christlichen Glauben; beide wurden eines Tages gefangengenommen und nach einem Prozeß von den Christenverfolgern des Decius an einem 13. Februar um 250 hingerichtet. Die Reliquien Foscas gelangten zunächst nach Libyen, wurden aber um 1010 auf die Insel Torcello bei Venedig (Italien) gebracht, wo man zur Aufbewahrung die Kirche S. Fosca errichtete, eine der großen Sehenswürdigkeiten Torcellos bis heute.

Foucauld, Charles de
OCR, Missionar, Märtyrer
Fest: 1. Dezember
Charles de Foucauld, geboren am 15. September 1858 in Straßburg im Elsaß (Frankreich), war zunächst Offizier. Nach seiner Suspendierung unternahm er eine abenteuerliche Forschungsreise durch Marokko, danach trat er dem Trappistenorden bei, empfing die Priesterweihe und zog in die algerische Sahara, wo er sich der Missionierung unter den dortigen Stämmen widmete. Er wünschte sich sehnlichst Schüler, Regeln für eine Gemeinschaft hatte er bereits ausgearbeitet. Am 1. Dezember 1916 aber wurde er in Tamanrasset (Algerien) von Tuaregs erschossen. 1936 entstand durch seine Vorarbeit die Genossenschaft der Kleinen Brüder Jesu, 1939 folgte die der Kleinen Schwestern Jesu; die Ordensmitglieder setzen das Werk von Charles de Foucauld fort, für den der Seligsprechungsprozeß eingeleitet ist.

Fournet, André-Hubert hl.
Ordensgründer
Fest: 13. Mai
Geboren am 6. Dezember 1752 in Maillé in der Diözese Poitiers (Frankreich), wurde André-Hubert Fournet Priester und Pfarrer in seinem Heimatort. In den Wirren der Französischen Revolution wirkte er oft unter Lebensgefahr und mußte zeitweise fliehen. 1805 gründete er gemeinsam mit → Jeanne-Élisabeth Bichier des Ages die Kongregation der Töchter des heiligen Kreuzes, die Kreuztöchter vom heiligen Andreas (Andreas-Schwestern), deren Schwestern sich der Armen- und Krankenpflege widmen. 1867 päpstliche Bestätigung. Fournet starb am 13. Mai 1834 in Poitiers und wurde im Ordensmutterhaus in La Puye beigesetzt. 16. Mai 1926 Seligsprechung, 4. Juni 1933 Heiligsprechung.

Charles de Foucauld, erst Offizier, dann Trappistenmönch, im Ordensgewand mit Kreuz und Herz. Er wollte allen Menschen Bruder sein, fand jedoch für sein Mönchstum zu Lebzeiten nicht einen Menschen.

Foy → **Fides von Agen**

Fra Angelico →
Giovanni da Fiésole

Franca Vidalta (von Piacenza)
OSB, OCist, Ordensfrau
Fest: 25. April
Franca Vidalta entstammte dem Grafengeschlecht der Vidalta von

Die Kirche Santa Fosca auf Torcello bei Venedig birgt die Reliquien der Märtyrerin Fosca seit 1010. Links ist ein Teil des Hauptschiffes des Doms von Torcello zu sehen.

Francisco Ximenes de Cisneros, Franziskaner, Beichtvater von Isabella der Katholischen, Erzbischof von Toledo, Primas von Spanien, Kanzler von Kastilien und 1504 Großinquisitor. Bis zu seinem Tod war er alleiniger Herr der Kirche in Spanien.

Das Kloster und die Basilika des heiligen Franz in der umbrischen Stadt Assisi. Ein beeindruckender Anblick für jeden Wallfahrer.

Gegenüberliegende Seite: eine der ältesten, wahrscheinlich die älteste Darstellung des heiligen Franz, entstanden um 1200, Fresko im Sacro Speco in Subiaco, Italien.

war, ernannte Francisco 1495 zum Erzbischof von Toledo und damit zum Primas von Spanien. Bis zu seinem Tod am 8. November 1517 wirkte er überaus segensreich und brachte Spanien in vielen Bereichen zur Hochblüte. Er gilt als eine der größten Persönlichkeiten des Landes. Francisco Ximenes de Cisneros wurde und wird in vielen Gegenden Spaniens wie ein Heiliger verehrt; alle Bestrebungen, eine Heiligsprechung zu erreichen, schlugen jedoch fehl.

Franco Lippi → Francus de Senis

François Joseph Pey sel.
Priester, Märtyrer
Fest: 3. September
Geboren 1759 in Solies-Pont (Frankreich), empfing François Joseph Pey 1784 in Trier die Priesterweihe. Am 3. September 1792 wurde er in Paris bei den „Septembermorden" hingerichtet. 1926 Seligsprechung.

François de Montmorency-Laval sel.
Bischof von Québec
Fest: 6. Mai
Geboren am 30. April 1623 in Montigny-sur-Avre (Frankreich), empfing François de Montmorency-Laval 1647 die Priesterweihe. Ab 1659 wirkte er in Kanada, begründete dort das Bistum Québec und war ab 1674 dessen erster Bischof. Die Diözese reichte von Nordamerika bis zum Golf von Mexiko, wodurch er großen Reisestrapazen ausgesetzt war. Nach verschiedenen Differenzen mit politischen Gegnern trat er 1684 vom Amt zurück. Er starb am 6. Mai 1708 in Québec. 22. Juni 1980 Seligsprechung.

François Régis hl.
SJ, Ordensmann
Fest: 31. Dezember, 16. Juni
Geboren am 31. Januar 1597 in Foncouverte in der Aube (Frankreich), empfing François Régis die Priesterweihe und trat dem Jesuitenorden bei. Ab 1632 wirkte er aufopferungsvoll unter Hintanstellung aller eigenen Bedürfnisse als Volksmissionar im Gebiet der Cevennen und in Le Puy; liebevoll kümmerte er sich vor allem um die Armen. Für Mädchen und Frauen in Not baute er Zufluchtshäuser. Er starb am 31. Dezember 1640 in La Louvesc; seine dortige Grabstätte ist bis heute ein Wallfahrtsort. Große Verehrung auch in Freiburg/Breisgau. 1726 Seligsprechung, 1737 Heiligsprechung.
Darstellung: wie er einem Sterbenden das Kruzifix reicht
Patronat: der Ehepaare, bei Beinbrüchen, gegen die Pest, der Spitzenklöpplerinnen

Françoise von Amboise sel.
OCarm, Priorin
Fest: 4. November
Geboren am 9. Mai 1427 in Rieux (Frankreich), heiratete Françoise

von Amboise 1442 Herzog Peter von der Bretagne. Nach dem Tod ihres Ehemannes gründete sie 1463 in Vannes das erste Karmelitinnenkloster Frankreichs und trat dort selbst 1468 ein; später wurde sie Priorin im Kloster Couets, wo sie am 4. November 1485 starb. 16. Juli 1863 Bestätigung des Kultes.

Francus de Senis (Franco Lippi) sel.
OCarm, Laienbruder
Fest: 11. Dezember
Francus de Senis stammte aus der Nähe von Siena in der Toskana (Italien); in seiner Jugendzeit geriet er in schlechte Gesellschaft und führte lange Zeit ein Leben neben Gesetz und Ordnung, zeitweise saß er im Gefängnis. Angeblich soll er in fortgeschrittenem Alter erblindet, nach einer Wallfahrt nach Santiago de Compostela aber wieder sehend geworden sein. Er bereute seine Taten und erhielt die Erlaubnis, dem Karmelitenorden als Laienbruder beizutreten. Die Jahre bis zu seinem Tod am 11. Dezember 1291 lebte er in strenger Buße und in Abtötung. 1308 und 1670 Bestätigung des Kultes.

Franz(iskus) von Assisi hl.
Ordensgründer
Fest: 4. Oktober
Der „seraphische Heilige" wird Franz von Assisi genannt, und Dante Alighieri war es, der die Worte fand: „Wie eine Sonne ging er in der Welt auf." Wie kaum ein anderer findet Franz von Assisi bis heute die Herzen der Menschen auf der ganzen Welt; Impulse, die von ihm im 13. Jh. ausgingen, sind auch heute noch wertvolle Leitmotive für das menschliche Zusammenleben. – Franz kam um die Jahreswende 1181/1182 als Sohn des Kaufmannes Pietro Bernardone und seiner Frau Johanna Pica in Assisi in Umbrien (Italien) zur Welt. (Teile des Bernardone-Hauses und den Geburtsraum kann man noch heute besichtigen.) Der Taufname war Giovanni, doch wegen der französischen Abstammung seiner Mutter wurde er Francesco (das Französlein) genannt.

Das Innere der Portiunkulakapelle in der Kirche Santa Maria degli Angeli, Assisi. Das Altarbild ist von Ilario da Viterbo, 1395.

Der Stich von 1750 zeigt die Keimzelle des Franziskanerordens, die Portiunkulakapelle, kurz bevor sie mit der Kirche Santa Maria degli Angeli überbaut wurde. Im Hintergrund die Stadt Assisi.

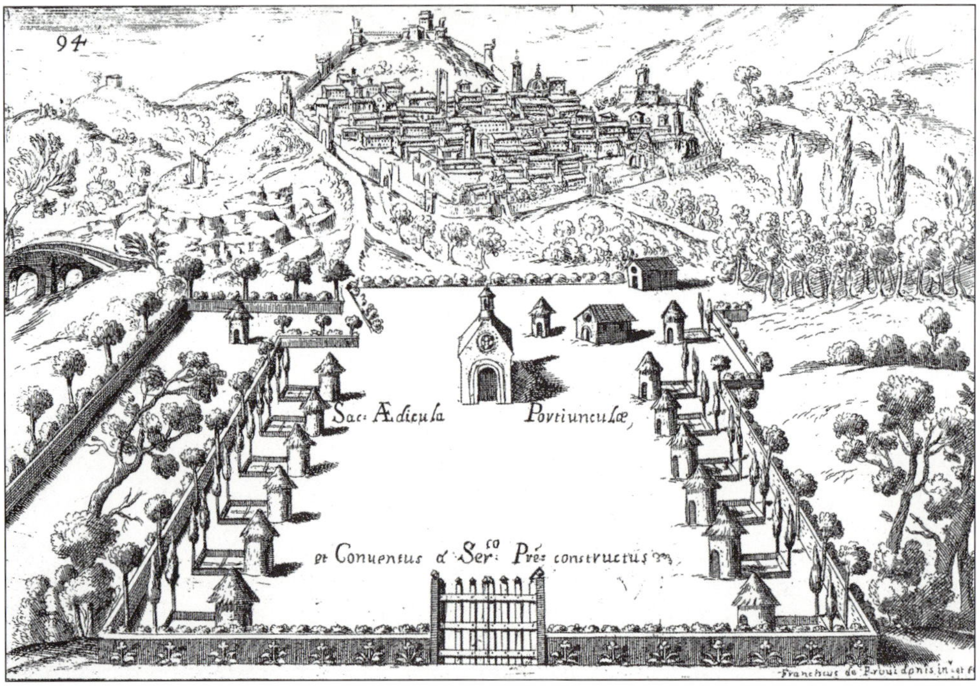

Während seiner Jugendzeit war Franz ein lebenslustiger, den weltlichen Genüssen zugeneigter Jüngling; sein Berufsziel war eine Karriere als Ritter. 1202 zog er in den Städtekrieg zwischen Assisi und Perugia, geriet dabei in einjährige Kerkerhaft und durchlebte dabei einen inneren Wandel; er erkrankte und hatte eine Lebenskrise. 1205 hörte er in der kleinen Kirche von S. Damiano unterhalb von Assisi plötzlich, wie Christus vom Kreuz herabsprach: „Franz, stelle mein verfallenes Haus wieder her." Franz verzichtete auf sein Erbe, verließ sein Elternhaus, bekleidete sich mit einer braunen Kutte, gehalten von einer Kordel, und ging barfuß als Bettler auf Wanderschaft. Als sich Franz immer mehr Gleichgesinnte anschlossen, zeichnete sich das Ideal des späteren Bettelordens ab. 1210 zogen Franz und zwölf Gefährten zu Papst Innozenz III., um sich von ihm die Bestätigung der ersten einfachen Franziskaner-Regel einzuholen – die Geburtsstunde des Franziskanerordens. Der Zustrom wurde immer stärker, Franziskaner zogen in die ganze Welt hinaus, um ihr Ideal vom einfachen Leben in Liebe zum Menschen, zu den Tieren (Franz predigte den Vögeln) und zur Natur zu verkünden. Um auch Frauen den Zugang zur Gemeinschaft zu öffnen, gründete → Klara von Assisi, eine treue Gefährtin von Franz, 1212 den weiblichen Zweig der Franziskaner, den Klarissenorden (auch Zweiter Orden der Franziskaner genannt). Franz selbst reiste 1212 nach Dalmatien, von 1213 bis 1215 nach Spanien, um dort zu predigen. 1221 gründete er für Laien den Dritten Orden, die Terziaren. Papst Honorius III. bestätigte im November 1223 die neue, juristisch gefaßte Franziskaner Ordensregel, genannt „die Endgültige". Am 24. September 1224 kam Franz seinem Lebenstraum, Christus so ähnlich wie möglich zu werden, so nah wie nie zuvor: auf dem Berg La Verna empfing er die Wundmale Christi (es war die erste mit Sicherheit bezeugte Stigmatisation überhaupt). In den letzten beiden Jahren vor seinem Tod

Messe am Grab des heiligen Franz in der Unterkirche der Basilika San Francesco in Assisi.

ertrug Franz von Assisi schwere körperliche Leiden, er war an Malaria erkrankt und drohte außerdem zu erblinden; sein Lebenswille war gebrochen. Als die Todesstunde nahte, ließ sich Franz in die Portiuncula, seine kleine Hütte bei Assisi, bringen; dort starb er am 3. Oktober 1226 (erst am folgenden Tag entdeckte man die Stigmata). Die Heiligsprechung erfolgte bereits am 16. Juli 1228 durch Papst Gregor IX. Die Gebeine von Franz von Assisi wurden 1230 in der Unterkirche der für die Aufbewahrung der Reliquien gebauten Franziskus-Basilika in Assisi an einem geheimen Ort beigesetzt; erst 1818 fand man sie bei Grabungen wieder auf und schuf das Grabmal, das bis heute von Hunderttausenden von Pilgern besucht wird. Der Kult um Franziskus nahm schnell einen riesigen Aufschwung im ganzen Abendland. Franziskus-Kirchen entstanden schon im 13. Jh. an vielen Orten in Europa, viele Städte ernannten den Ordensgründer zu ihrem Patron. Bis heute gehört Franz von Assisi zu den am meisten verehrten Heiligen überhaupt, seine Schriften („Sonnengesang“) liest die Welt.

Darstellung: im einfachen Gewand, mit Kapuze, mit Kruzifix, Totenkopf, Erdkugel, Reichsapfel, einstürzendem Haus, Lilienstab, Wolf, Lamm, mit den Stigmata, bei der Predigt zu den Vögeln

Patronat: von Italien (Hauptpatron seit 1939), von Assisi, des Bistums Basel, der Armen, der Sozialarbeit, des Umweltschutzes, der Kaufleute, Schneider, Weber, Tuchhändler, Flachshändler, Tapetenhändler, gegen Kopfschmerzen, gegen die Pest

Franz de Borja (Borgia) y Aragon hl.
SJ, Ordensgeneral
Fest: 1. Oktober

Geboren am 28. Oktober 1510 in Gandía bei Valencia (Spanien) aus adliger Familie, heiratete Franz de Borja und bekam mit seiner Frau acht Kinder. 1540 wurde er zum Vizekönig von Katalonien ernannt, von 1543 bis 1551 regierte er als Herzog von Gandía. Nachdem seine Ehefrau 1546 gestorben war, stellte er sich bei dem Gründer des Jesuitenordens, → Ignatius von Loyola, vor, machte bei ihm heimlich Exerzitien und trat dem Orden schließlich bei, was er aber erst Jahre später bekanntgab. 1551 verzichtete er auf alle Ämter und Würden seines weltlichen Lebens und empfing die Priesterweihe. Ab 1554 war er Generalkommissar des Jesuitenordens in Spanien und

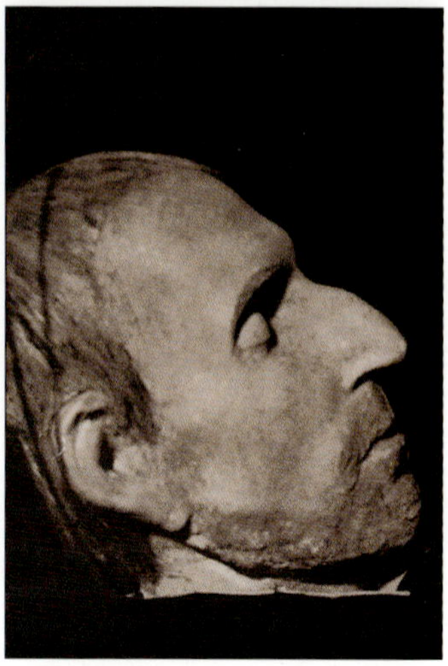

Totenmaske des Franz von Borgia in der Kapelle des San Ignazio in der Kirche Il Gesù, Rom.

unterstützte die Gesellschaft Jesu bei Neugründungen in anderen Ländern. 1565 wurde Franz de Borja zum dritten Ordensgeneral der Jesuiten gewählt. Unter ihm faßte der Orden Fuß in Mittel- und Südamerika. Er starb am 1. Oktober 1572 in Rom; beigesetzt wurde er in der Jesuitenkirche in Madrid, die sein Enkel für die Aufbewahrung der Gebeine hatte erbauen lassen (die Reliquien verbrannten 1931). 1624 Seligsprechung, 12. April 1671 Heiligsprechung.

Darstellung: als Jesuit, mit Herzoghut, Totenkopf, Krone, Buch
Patronat: gegen Erdbeben

Der Eremit Franz von Paula im Gebet, nach einem Gemälde von Francesco Fontebasso, in der Galleria di Capodimonte, Neapel.

Franz von Bormio
OFMCap, Ordensmann
Fest: 23. April
Der Kapuzinerpriester Franz von Bormio war Mitte des 16. Jh. der Gründer der ersten Kapuzinerklöster in der Schweiz, so in Luzern und in Altdorf. → Karl Borromäus hielt mehrere Lobreden auf ihn; im Volk war er hoch verehrt. Er starb am 23. April 1583 in Altdorf (Schweiz).

Franz von Paula hl.
Ordensgründer
Fest: 2. April
Franz stammte aus dem Ort Paola in Kalabrien (Italien), wo er 1436 geboren wurde. Ab seinem 14. Lebensjahr lebte er als Eremit; als sich immer mehr Gleichgesinnte um ihn sammelten, entstand eine Einsiedler-Kongregation, der Orden der Mindesten Brüder, nach Franz auch Paulaner genannt (1474 päpstliche Bestätigung). Franz von Paula galt als Wundertäter und genoß große Verehrung; auch der Papst schätzte ihn sehr. Ab 1483 lebte Franz in Frankreich und war ein enger Vertrauter und Berater des dortigen Königshofes. Er starb am 2. April 1507 in Plessis-les-Tours. 1519 Heiligsprechung.
Darstellung: im Ordenshabit mit Kapuze, mit Schriftzug „Charitas", mit Totenkopf, Geißel
Patronat: der Einsiedler, gegen eheliche Unfruchtbarkeit, bei Leiden, gegen die Pest, der italienischen Seeleute

Franz von Sales hl.
Bischof, Ordensgründer, Kirchenlehrer
Fest: 24. Januar, 28. Dezember
Geboren 1567 auf Schloß Sales in Savoyen (Frankreich) aus altem Adel, studierte Franz von Sales zunächst in Paris, empfing aber 1593 die Priesterweihe. Nach der Ernennung zum Propst von Genf widmete er sich ganz der Missionstätigkeit im Gebiet des Chablais am Genfer See; allein zog er durch das wilde Bergland, durch Eis und Schnee, um das fast völlig calvinistisch gewordene Land für den katholischen Glauben zurückzugewinnen. Er erfand dafür die Methode, seine Argumente auf Flugblättern zu verteilen. Immer wieder wurde er bedroht und angegriffen, Gegner wollten ihn als Hexer anzeigen; er aber blieb geduldig und suchte den Dialog. 1602 wurde Franz von Sales zum Bischof von Genf (Schweiz) ernannt. In jener Zeit entstand sein berühmtes Werk „Philothea", eine Einführung in das christliche Leben. 1610 gründete Franz von Sales zusammen mit seiner Seelenfreundin → Johanna Franziska von Chantal den Frauenorden Schwestern von der Heimsuchung Mariens, die Salesianerinnen; es war ein kontemplativer Orden, dessen Schwestern sich aber auch karitativ betätigten. Schon bald zählte die Kongregation zwölf Klöster. Franz von Sales starb am 28. Dezember 1622 in Lyon (Frankreich); beigesetzt wurde er in der Kirche der Visitation in Annecy südlich des Genfer Sees. 1661 Seligsprechung, 1665 Heiligsprechung, 1877 Erhebung zum Kirchenlehrer.
Darstellung: als Bischof, oft mit Johanna Franziska von Chantal, mit dornenumwundenem Herzen
Patronat: der Salesianerinnen, der katholischen Presse, der Journalisten, der Schriftsteller, der Gehörlosen, von Genf, Annecy und Chambéry

Franz Xaver hl.
SJ, Ordensprovinzial, Missionar
Fest: 3. Dezember
Kaum ein anderer Glaubensbote hat das Missionswesen so nachhaltig beeinflußt wie der spanische Jesuit Francisco de Gassu y Javier, Franz Xaver; er interpretierte den Begriff Mission völlig neu, ja, er begründete ihn neu. Franz Xaver gilt als Gründer der Mission im Fernen Osten und der Jesuitenmission überhaupt. Der Jesuit Georg Schurhammer nannte ihn den „Bahnbrecher der neuzeitlichen Mission". – Geboren am 7. April 1506 auf dem väterlichen Schloß in Javier in Navarra (Spanien), ging Franz Xaver 19jährig zum Studium nach Paris. Hier

Franz von Sales, Ordensgründer und Bischof von Genf.

lernte er → Ignatius von Loyola kennen; zusammen mit fünf weiteren Gefährten legten sie 1534 die sogenannten „Montmartre-Gelübde" (in der Marienkapelle am Montmartre) ab, Gott künftig in Armut und Keuschheit zu dienen und als Missionare zu wirken. 1537 empfingen alle die Priesterweihe. 1538 bis 1540 unterstützte Franz Xaver Ignatius von Loyola bei der Abfassung der ersten Konstitution für den Jesuitenorden (päpstliche Bestätigung 1540) und war somit der Mitbegründer. An seinem 35. Geburtstag brach er im Auftrag von Papst Paul III. und des portugiesischen Königs nach Indien auf, nach beschwerlicher Reise traf er 13 Monate später in Goa ein. Dort nahm Franz Xaver seine einzigartige Missionstätigkeit auf; in den ersten beiden Jahren missionierte er unter den armen Perlfischern an der Südostspitze Indiens, Ende 1544 taufte er in einem Monat 10 000 Fischer. Ab 1545 ging er wieder auf Reisen, von Madras aus fuhr er nach Malakka, dann zu den Molukken-Inseln. Wo er hinkam, gründete er Missionsstationen, die auch nach seinem Weggang weitergeführt werden konnten. Um die jeweilige Bevölkerung besser zu verstehen, studierte er jedes Mal zuvor Sprache, Sitten und die ursprüngliche Religionsform. Franz Xaver zog sich heimische Helfer heran und forderte von ihnen später regelmäßige Berichterstattung. Ab 1545 wurden alle seine Briefe nach Rom geschickt, in denen er über seine Erfahrungen berichtete, gedruckt und im ganzen Abendland verbreitet. Dadurch löste Franz Xaver, obwohl in weiter Ferne weilend, in den europäischen Ländern eine wahre Missionsbegeisterung aus. Noch heute umfaßt die Franz-Xaver-Literatur rund 1500 Nummern. Nachdem man Japan entdeckt hatte, zog Franz Xaver 1549 dorthin; bald schon existierte auch hier eine christliche Gemeinde, die immer mehr aufblühte. Als er 1551 nach Indien zurückkehrte, hatte ihn die Ordensgesellschaft der Jesuiten zum ersten Provinzial der indischen Ordensprovinz ernannt. 1552 brach Franz Xaver nach China auf, erkrankte jedoch während seiner Bemühungen, in das Land hineinzugelangen, und starb am 3. Dezember 1552 auf der Insel Sancian (Shangchuang) bei Kanton. Sein Leichnam wurde einige Monate später nach Goa überführt und dort in der

Linkes Bild: Von links nach rechts → Vinzenz von Paul, Franz von Sales, die Königin von Frankreich und → Johanna von Chantal.

Oben: Franz Xaver nimmt seine Missionstätigkeit auf. Gemälde von Bartolomé Esteban Murillo, Wadsworth Athenaeum, Hartford, USA.

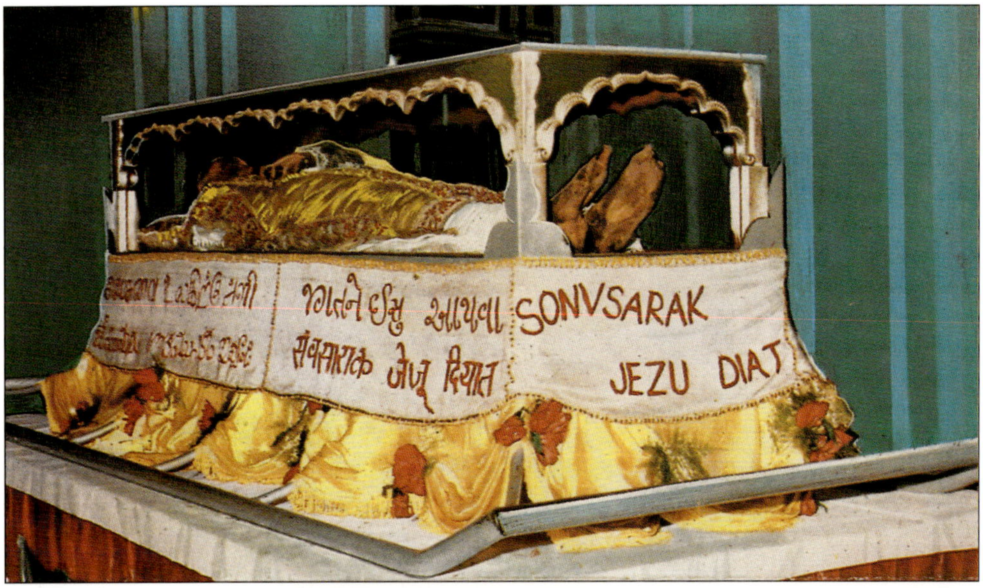

Der Leichnam des Franz Xaver in einem Glasschrein, der sich normalerweise in einem Silbersarkophag in der Basilika Bom Jesus in Goa befindet. Nur bei höchsten kirchlichen Festen ist dieser Schrein für Gläubige zugänglich.

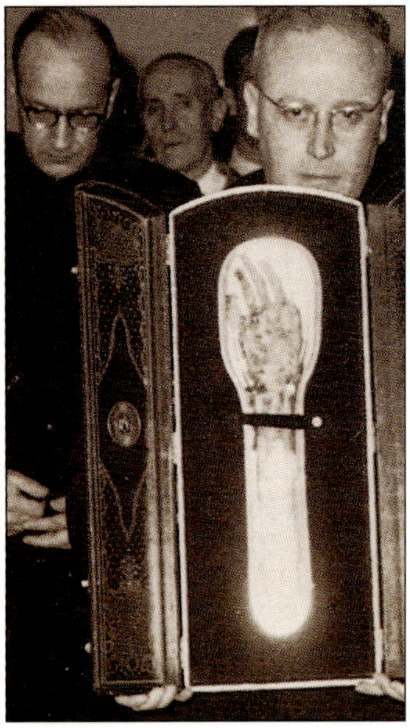

Der rechte Arm des Franz Xaver befindet sich auf dem Altar des Heiligen in der Kirche Il Gesù in Rom.

Pier Giorgio Frassati starb 24jährig an Kinderlähmung.

Kirche Bom Jesus, die bis heute ein Wallfahrtsort ist, beigesetzt. Seine Armreliquie befindet sich in Rom in der Kirche Il Gesù. Paul V. sprach Franz Xaver 1619 selig, Gregor XV. drei Jahre später, 1622, heilig. Der einbalsamierte Leichnam des Missionars hielt mehrere Jahrhunderte in einem Glasschrein der Verwesung stand, über ein Dutzend Male wurde er ausgestellt. 1985 war der Zustand jedoch so schlecht, daß die Gebeine in einen Silbersarkophag übertragen wurden und nicht mehr gezeigt werden sollen. Die Behörden in Rotchina erlauben seit einiger Zeit auch wieder, daß der Sterbeort von Franz Xaver auf Shangchuang von Gläubigen besucht werden darf.
Darstellung: als Jesuit, mit flammendem Herzen, mit Kreuz, wie er predigt oder tauft
Patronat: aller Missionen (1927), von Indien, der Seefahrer, für eine gute Sterbestunde, der katholischen Presse, gegen Sturm, gegen die Pest

Frassati, Pier Giorgio sel.
Student
Fest: 4. Juli
„Frassati ist jung aus dieser Welt geschieden, aber er hat ein Zeichen für das ganze Jahrhundert hinterlassen – und nicht nur für unser Jahrhundert." Mit diesen Worten sprach Papst Johannes Paul II. am 20. Mai 1990 Pier Giorgio Frassati selig. Der Student der Technischen Hochschule Turin, geboren am 6. April 1901 in Turin (Italien), hatte sich aus innerer Überzeugung und mit Leidenschaft im kirchlichen und im karitativen Bereich betätigt, vor allem im FUCI, der italienischen Studentenorganisation, die sich um Arme und Notleidende kümmerte. Er starb am 4. Juli 1925 in Turin nach nur vier Tagen Erkrankung an Kinderlähmung.

Frassinetti, Giuseppe
Ordensgründer
Fest: 2. Januar
Der Priester Giuseppe Frassinetti, geboren am 15. Dezember 1804 in Genua (Italien) und Bruder von → Paola Frassinetti, gründete 1861 die Kongregation der Söhne von der Unbefleckten Jungfrau Maria zur Unterrichtung von jungen Männern, die sonst aus Gründen der Mittellosigkeit den Priesterberuf nicht hätten ergreifen können. Seine Schriften wurden in mehrere Sprachen übersetzt und hatten hohe Auflagen. Er starb am 2. Januar 1868 in Genua. Der Seligsprechungsprozeß ist eingeleitet.

Frassinetti, Paola hl.
Ordensgründerin
Fest: 11. Juni
Geboren am 3. März 1809 in Genua (Italien), half Paola Frassinetti zunächst ihrem Bruder → Giuseppe Frassinetti, der Pfarrer war, und gründete dann bei Genua 1834 die Kongregation der Dorotheenschwestern zur Erziehung von armen Mädchen (päpstliche Bestätigung 1863). Sie starb am 11. Juni 1882 in Rom und wurde dort im Ordensmutterhaus S. Onofrio beigesetzt. 8. Juni 1930 Seligsprechung, 11. März 1984 Heiligsprechung.

Frediano → Frigidian

Freinademetz, Joseph sel.
SVD, Missionar
Fest: 28. Januar
Joseph Freinademetz war einer der ersten Missionare überhaupt, die der Steyler Missionsorden in die Welt entsandte. Geboren am

15. April 1852 in Abtei in Südtirol (Italien), war er dem jungen Orden 1878 beigetreten und 1879 in die Mission nach China gegangen. Rund 30 Jahre lang wirkte er dort segensreich und aufopferungsvoll, ab 1900 war er Ordensprovinzial. Er starb am 28. Januar 1908 in Taikia bei Tsining an Typhus, mit dem er sich bei der Pflege von Kranken angesteckt hatte. Seligsprechung am 19. Oktober 1975.

Fremund
Einsiedler, Märtyrer
Fest: 11. Mai
Nach der Legende war Fremund ein Sohn von König Otta von Mercien. Er lebte als Einsiedler in England und wurde während der Invasion der Dänen um 866 ermordet. Sein Reliquienschrein befindet sich bis heute in Dunstable (England).

Frideswide (Frieda) hl.
OSB, Äbtissin
Fest: 19. Oktober
„Alles, was nicht Gott ist, ist nichts." Dies sagte Frideswide, vielleicht die Tochter von Prinz Didan von Mercien, schon als Kind. Später gründete sie das Benediktinerinnenkloster St. Mary im heutigen Oxford (England), das sie bis zu ihrem Tod um 735 als Äbtissin leitete. Die ihr geweihte Kirche in Oxford war im Mittelalter ein Wallfahrtsort; angebliche Reliquien werden dort bis heute verehrt. Kult auch in Bomy in Frankreich.
Darstellung: als Äbtissin mit Krone, Kruzifix und Zepter, manchmal mit einem Ochsen
Patronat: von Stadt und Universität Oxford

Fridolin von Säckingen hl.
OSB, Missionar, Abt
Fest: 6. März, 7. März
Fridolin von Säckingen wird „Apostel des Oberrheingebietes" genannt; durch ihn soll im 6./7. Jh. die Missionierung dieser Region einen großen Aufschwung genommen haben, er war angeblich der erste Missionar in Alemannien. Die unsichere Vita, von Legenden umrankt, sagt, Fridolin sei irischer, eher aber fränkischer Abstammung gewesen. Zunächst zog er zum Grab des → Hilarius nach Poitiers (Frankreich); als er dieses und die Hilarius-Kirche zerstört vorfand, errichtet er eine neue Grabstätte und erbaute eine neue Kirche. Der Bischof ernannte ihn zum Abt des zugehörigen Klosters. Später wanderte Fridolin als Missionar durch das Elsaß, das Moselgebiet und die Region am Oberrhein; überall gründete er Hilarius-Kirchen, um das Andenken an den großen gallischen Bischof zu stärken. Eine Traumstimme soll ihm dann den Weg zur Rheininsel bei Säckingen am Oberrhein gewiesen haben, wo er ein Hilarius-Kloster gründete, von dem weitere wichtige Missionsimpulse ausgingen. Fridolin starb im 6. Jh. (um 540?) oder im 7. Jh. in Säckingen und wurde dort beigesetzt; Reliquien heute in der Kirche St. Fridolin. – Ein Fest zu Ehren Fridolins ist in Säckingen seit 1347 urkundlich erwähnt. Am Sonntag nach dem Fridolinsfest findet in Säckingen bis heute eine große Prozession statt; nach den Wallfahrtsmessen tragen acht Männer den sechs Zentner schweren Rokoko-Silberschrein mit den Gebeinen des Heiligen durch die Straßen von Säckingen. Am 6. März, dem „Fridlini"-Tag, findet in Säckingen ein großer Jahrmarkt statt.
Darstellung: als Abt, Wandermönch, mit Schenkungsurkunde (für die Rheininsel), Stab, Tasche
Patronat: von Säckingen, gegen Kinderkrankheiten, gegen Bein- und Armleiden, gegen Feuer- und Wassergefahren, für fruchtbare Witterung, gegen Viehseuchen

Fridolin von Säckingen vor dem Gaugericht in Rankweil, wo er seine Besitzrechte gegen den Grafen Landolf durchzusetzen versuchte. Der Legende nach half ihm Urso, der verstorbene Bruder des Grafen, indem er aus seinem Grab stieg und für Fridolin als Zeuge aussagte. Graf Landolf wurde so bekehrt und setzte das Kloster Säckingen als Erben seiner Güter ein.

Links: Joseph Freinademetz, erster Chinamissionar der Steyler Missionsgesellschaft.

Abt Frowin beim Diktat mit seinem Schreiber Richene. Titelbild einer Bibel, Benediktinerabtei St. Maria zu den Engeln, in Engelberg, Schweiz.

von Hexham in England. Er starb 766 in Hexham; seine Gebeine wurden 1154 wiederentdeckt und übertragen.

Frithestan
OSB, Bischof von Winchester
Fest: 10. September
Ab 910 war der Benediktiner Frithestan Bischof von Winchester (England). Er starb 933.

Frithona → Deusdedit von Canterbury

Frodobert
OSB, Abt
Fest: 1. Januar, 8. Januar
Frodobert stammte aus Troyes (Frankreich); er war zunächst Mönch im Benediktinerkloster Luxeuil, um 655 gründete er das Kloster Moutier-la-Celle bei Troyes, das er als Abt leitete. Er war berühmt wegen seines großen Gebetseifers und seiner asketischen Lebensweise. Er starb um 672; seine Gebeine befinden sich seit 1791 in der Pfarrkirche des Ortes Moutier-la-Celle.

Froilán
OSB, Bischof von León
Fest: 5. Oktober
Froilán, geboren 833 in Lugo in Galizien (Spanien), war zunächst Einsiedler, dann gründete er nach nicht ganz sicheren Quellen die Benediktinerklöster Moreruela und Távara in Altkastilien und leitete sie. Ab 900 war er Bischof von León (Spanien). Er starb wohl um 905 in León. Gemeinsam mit seinem Gefährten Atilanus gilt Froilán als Wiederbegründer des benediktinischen Mönchtums in Westspanien.

Der Eremit Fronto nach einem Stich aus dem 17. Jh.

Fronto
Abt, Eremit
Fest: 14. April
Über Fronto gibt es keine näheren Hinweise, bekannt ist nur, daß er wohl im 2. Jh. als Eremit in Ägypten in der Wüste lebte. Sein Gedenktag wird am 14. April erwähnt, das Martyrologium Hieronymianum führt ihn auf.

Fronto von Périgeux hl.
Bischof von Périgeux
Fest: 25. Oktober
Nach wohl legendarischer Überlieferung soll Fronto ein Gefährte von → Petrus und erster Bischof von Périgeux in Südfrankreich gewesen sein. Seine Verehrung wird in mehreren frühen Kalendarien aufgeführt.
Patronat: von Périgeux, gegen Schlangen, gegen Gebrechlichkeit

Frowin von St. Blasien
OSB, Abt von Engelberg
Fest: 27. März
Frowin war zunächst Mönch im Benediktinerkloster St. Blasien im Schwarzwald; 1147 wurde er Abt von Kloster Engelberg, dessen Aufstieg er einleitete. Selbst künstlerisch und schriftstellerisch hoch begabt, gründete er die berühmte Engelberger Klosterschule und eine herausragende Bibliothek. Zahlreiche seiner Schriften sind noch erhalten. Frowin starb am 27. März 1178 in Engelberg, nahe Luzern, Schweiz.

Fructuosus von Braga hl.
Erzbischof von Braga
Fest: 16. April
Geboren um 600 in Spanien, lebte

Fructuosus zunächst als Einsiedler in den Bergen von León, gefolgt von vielen Gefährten, mit denen er eine benediktinische Mönchsgemeinschaft bildete; außerdem gründete er zahlreiche Klöster. Ab 656 wird er als Erzbischof von Braga in Portugal aufgeführt. Er starb wohl am 16. April 665. Teile der Reliquien gelangten später auch nach Santiago de Compostela.

Fructuosus von Tarragona hl.
Bischof von Tarragona, Märtyrer
Fest: 21. Januar
Fructuosus war Mitte des 3. Jh. Bischof von Tarragona in Spanien. Als er sich weigerte, heidnische Opfer darzubringen, wurde er von Christenverfolgern am 21. Januar 259 in Tarragona verbrannt. Schon → Augustinus berichtet über seine Verehrung.

Dieses Foto von 1932 zeigt den Neubau des Augustinerklosters in Würzburg, lange Heimat von Clemens Fuhl.

Clemens Fuhl, General des Augustinerordens von 1931 bis 1945.

Frumentius hl.
Bischof von Äthiopien
Fest: 27. Oktober
Frumentius stammte aus Tyrus (heute Es Sur im Libanon); während einer Reise geriet er in Gefangenschaft und kam nach Äthiopien (Abessinien). Der König gab ihm die Freiheit und machte ihn zum Lehrer seiner Söhne. Frumentius organisierte in Abessinien zahlreiche Christengemeinden und wurde um 340 von → Athanasius zum Bischof von Äthiopien geweiht. Nach einem Aufenthalt in Alexandrien kehrte er nach Abessinien zurück und hatte weitere große Missionserfolge; sein Beiname war „Apostel Abessiniens". Frumentius starb um 360.

Fuhl, Clemens Vinzenz
OSA, Ordensgeneral
Fest: 31. März
Geboren am 18. Juni 1874 in Aidhausen bei Schweinfurt (Bayern) als Sohn eines Landwirtes und Töpfermeisters, trat Vinzenz Fuhl 19jährig dem Augustinerorden bei, 1897 empfing er die Priesterweihe. Der weitere Wiederaufbau des durch die Säkularisation fast völlig zerstörten Augustinerordens sollte das Lebenswerk Fuhls werden. 1920 wurde er zum Ordensprovinzial gewählt, innerhalb weniger Jahre verdreifachte er die Zahl der Augustiner in seiner Heimat. Er begründete die kanadische Ordensprovinz, ab 1929 war er Kommissär der deutschen Augustiner in den USA. 1931 wurde er zum Ordensgeneral gewählt. Während einer Visitationsreise nach Bolivien starb Fuhl am 31. März 1935 in La Paz an Lungenlähmung. Die Gebeine wurden 1953 in die Würzburger Augustinerkirche übertragen. Der Seligsprechungsprozeß läuft.

Fulbert
OSB
Fest: 14. April
Fulbert war der erste Abt der von Erzbischof → Heribert von Köln 1002 gegründeten Benediktinerabtei Deutz am Rhein (bei Köln) und führte das Kloster zur ersten Blüte. Er starb am 14. April 1021, genau vier Wochen nach Heribert

und wurde neben diesem in der Heribert-Kirche in Köln-Deutz beigesetzt.

Fulbert von Chartres
Bischof von Chartres
Fest: 10. April
Fulbert stammte aus Rom oder aus Frankreich und kam um 960 zur Welt. Er wurde Student im Benediktinerkloster Reims, später Lehrer an der Domschule von Chartres (beides Frankreich), ab 1004 Kanzler. Von 1006 bis zu seinem Tod am 10. April 1028 war er Bischof von Chartres. Seine regionale Verehrung wurde mehrfach bestätigt.

Fulgentius von Ruspe hl.
Bischof von Ruspe
Fest: 1. Januar
Fulgentius stammte aus Telepte in Nordafrika, wo er um 465 geboren wurde. Etwa ab 507 war er Bischof von Ruspe nahe Karthago (Tunesien). Sein Hauptaugenmerk galt vor allem der Bekämpfung des Arianismus. Vor den Vandalen flüchtete er zweimal für mehrere Jahre ins Exil nach Sardinien (Italien), wo er herausragende Werke verfaßte, die bis heute von großer Bedeutung sind. 523 konnte er nach Afrika zurückkehren, 532/533 starb er in Ruspe. – Fulgentius übertrug angeblich die Gebeine des von ihm hoch verehrten → Augustinus nach Sardinien.
Darstellung: als Einsiedler in oder vor einer Höhle betend, manchmal als Bischof mit Buch
Patronat: von Cagliari (Sardinien)

Fulko von Neuilly sel.
Priester, Bekenner
Fest: 2. März
Fulko war Ende des 12. Jh. Priester in Neuilly-sur-Marne (Frankreich). Papst Innozenz III. beauftragte ihn, für den vierten Kreuzzug (1202 bis 1204) zu predigen und Kreuzfahrer zu gewinnen. Fulko starb am 2. März 1201 in Neuilly-sur-Marne.

Fulrad hl.
OSB, Abt
Fest: 16. Juli
Fulrad wurde 749 Abt der Benediktinerabtei St-Denis bei Paris. Er war eng mit dem Karolingerhaus verbunden, so fungierte er etwa als Botschafter des Hofes beim Papst in Rom. Er vermittelte zwischen allen Seiten und widmete sein ganzes Leben der Kirche und den Belangen des Heiligen Römischen Reiches. Er gründete viele Klöster und verband zahlreiche Abteien fruchtbar miteinander. Aus seinem großen Familienbesitz gab Fulrad viel für die Kirche. Er starb am 16. Juli 784.

Fünf Märtyrer → Eustratios, Auxentios, Eugenios, Mardarios und Orestes

Fursey (Furseus) hl.
OSB, Abt, Mystiker
Fest: 16. Januar
Fursey war ein irischer Mönch, der in Irland und in England Klöster gründete, bevor er um 642 in Lagny bei Paris in dem ebenfalls von ihm begründeten Benediktinerkloster Abt wurde. Zeitlebens erfuhr er außergewöhnliche mystische Gnadenbeweise, die er schriftlich niederlegte. Auch → Beda Venerabilis beschrieb die Visionen, die Schriften waren durch Jahrhunderte in der Literatur vielbeachtet. Fursey, ein Bruder von → Foillan, starb um 649 in Lagny. So wie Kloster Lagny lange Zentrum des iroschottischen Mönchtums war, so entwickelte sich seine Grabstätte in Péronne zur Wallfahrtsstätte für irische Pilger.

G

Gabinus (Gavinus) von Rom
Priester, (Märtyrer)
Fest: 19. Februar
Trotz der völlig unsicheren Vita war der Priester Gabinus lange Zeit im Martyrologium Romanum aufgeführt. Nach der Legende war er der Vater der Märtyrerin → Susanna und ein Bruder von Papst → Gaius (283 bis 296). Er soll 295/296 in Rom den Märtyrertod gestorben sein.

Gabinus (Gavinus) von Torres
Märtyrer
Fest: 30. Mai
Nach der legendenumrankten Vita war Gabinus ein römischer Beamter, der um 130 in Torres auf Sardinien (Italien) den Martertod erlitt. Mit einem Gefährten namens Crispulus soll er der Erzmärtyrer Sardiniens gewesen sein.

Gabriel →
Michael, Gabriel, Rafael

Gabriel, Colomba Janina sel.
Ordensgründerin
Fest: 24. September
Geboren am 3. Mai 1858 in Stanislawow (Polen), gründete Janina Gabriel die Kongregation der Benediktinerschwestern von der Nächstenliebe zur christlichen Erziehung von jungen Menschen; sie nahm in der Ordensgemeinschaft den Namen Colomba an. Sie starb am 24. September 1926 in Rom. Seligsprechung am 16. Mai 1993.

Gabriel Maria
Gilbert Nicolai sel.
OFM, Ordensmann
Fest: 27. August
Geboren 1463 in der Nähe von Clermont (Frankreich), trat Gilbert Nicolai dem Franziskanerorden bei und hatte zahlreiche hohe Ämter bei den Observanten inne. Sein Ordensname war Gabriel Maria. → Johanna von Valois beriet und unterstützte er maßgeblich bei der Gründung ihrer Ordensgemeinschaft der Annunziatinnen, deren Regel großenteils von ihm verfaßt wurde. Er starb am 27. August 1532; sein Kult wurde 1647 bestätigt.

Gabriele Ferretti sel.
OFM, Ordensmann
Fest: 12. November
Geboren um 1385 in Ancona (Italien), trat Gabriele Ferretti 18jährig bei den Franziskanern in Ancona ein. In den folgenden Jahrzehnten war er segensreich für den Orden tätig und half bei der Ausbreitung der jungen Gemeinschaft. Er starb am 12. November 1456 in Ancona. 1753 Approbation des Kultes.

Gailhac, Jean
Ordensgründer
Fest: 15. Januar
Jean Gailhac, geboren am 13. November 1802 in Béziers (Frankreich), war der Gründer des Instituts vom heiligen Herzen Jesu der Unbefleckten Jungfrau Maria zur Aufnahme von gefährdeten Mädchen und Frauen sowie von Waisen. Er starb am 15. Januar 1890 in Montpellier in Frankreich. Der Seligsprechungsprozeß ist eingeleitet.

Gaius (Caius, Cajus) hl.
Papst (282/283 bis 295/296)
Fest: 22. April
Geboren in der ersten Hälfte des 3. Jh., bestieg Gaius am 17. Dezember 282 oder 283 den Papststuhl. Seine Amtszeit fiel in die ruhigen Jahre vor der danach einsetzenden Christenverfolgung unter Diokletian. Gaius starb am 22. April 295 oder 296.
Darstellung: im Papstgewand, mit Papstkreuz und Tiara, segnend

Galdinus della Sala Valvassi hl.
Erzbischof von Mailand
Fest: 18. April
Galdinus, geboren 1096 in Mailand (Italien) aus hochadliger Familie, war erzbischöflicher Kanzler, später Archidiakon, ab 1166 Erzbischof von Mailand, ab 1167 zusätzlich Päpstlicher Legat für die Lombardei. Er gehörte zu den bestimmenden Persönlichkeiten seiner Zeit, baute das von Barbarossa zerstörte Mailand auf, führte das Kirchenwesen in seiner Region zu neuer Blüte und reorganisierte die Caritas völlig neu. Er starb am 8. April 1176 in Mailand. Seine Reliquien werden im Dom von Mailand verehrt.

Galen, Clemens August
Graf von
Kardinal, Bischof von Münster
Fest: 22. März
„Ein Gigant an Körpergröße, aber nicht nur darin", nannte 1938 Papst Pius XI. Clemens August Graf von Galen, ab 1933 Bischof von Münster (Nordrhein-Westfalen). Welche Bewunderung und Achtung er im Volk genoß, macht sein Beiname deutlich: „Löwe von Münster". Im Jahr 1956 wurde der Seligsprechungsprozeß für Galen eröffnet. – Clemens August Graf von Galen kam am 16. März 1878 als elftes von 13 Kindern auf der Wasserburg der Grafenfamilie in Dinklage bei Vechta (Niedersachsen) zur Welt. 1904 empfing er in Münster die Priesterweihe, ab 1906 war er Kaplan an der

Clemens August Kardinal von Galen, Bischof von Münster, empfing einen Monat vor seinem Tod von Papst Pius XII. den Kardinalshut.

Matthias-Kirche in Berlin, von 1919 bis 1929 war er dort Pfarrer, von 1929 bis 1933 Pfarrer der Kirche St. Lamberti in Münster. Am 20. Oktober 1933 empfing er die Bischofsweihe. In der Folge wurde der adlige Bischof zum unerbittlichen Gegner des Nationalsozialismus; seine mutigen Predigten und Schriften gegen das Hitler-Regime gingen in die Geschichte ein. Ohne Rücksicht auf sein eigenes Schicksal prangerte Galen den Klostersturm und die Euthanasie in den Heilanstalten an; die drei Predigten dazu (1941) wurden weltbekannt, seine zuvor erschienene Schrift „Mit brennender Sorge“ ebenfalls. Immer wieder sprach sich Galen auch für eine deutlichere Haltung der deutschen Bischöfe gegen den Nationalsozialismus aus. Nach Kriegsende wehrte sich der Bischof von Münster ebenso vehement gegen Übergriffe der Besatzungsmächte. Am 21. Februar 1946 empfing Galen in Rom von Pius XII. die Kardinalsinsignien; 20 000 Gläubige jubelten ihm im Petersdom zu: „Il Conte Galen! Il Conte Galen!“ Amerikanische Gäste, die zur Feier des US-Kardinals Spellman gekommen waren, meinten dazu: „He was the star.“ Wenige Tage später das Entsetzen: Nach einem triumphalen Empfang in Münster und einer großen Feier über den Trümmern des Domes starb Clemens August Kardinal von Galen am 22. März 1946 an einem Blinddarmdurchbruch. Er fand seine letzte Ruhestätte in der Liudger-Kapelle im Paulusdom zu Münster.

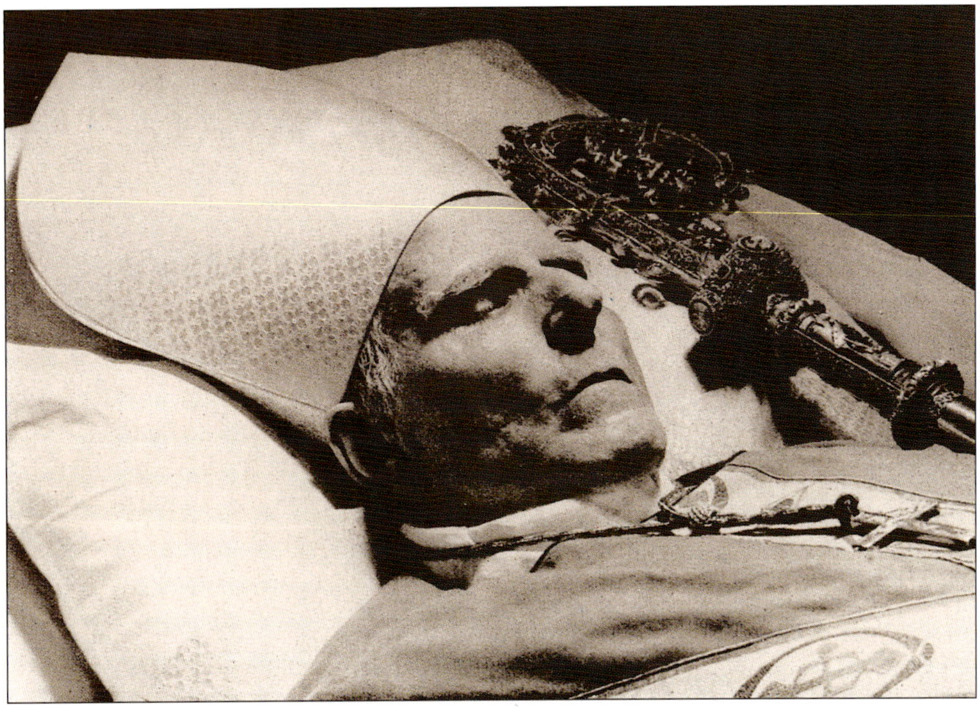

Kardinal Graf Galen auf dem Totenbett. Er starb am 22. März 1946 an einem Blinddarmdurchbruch.

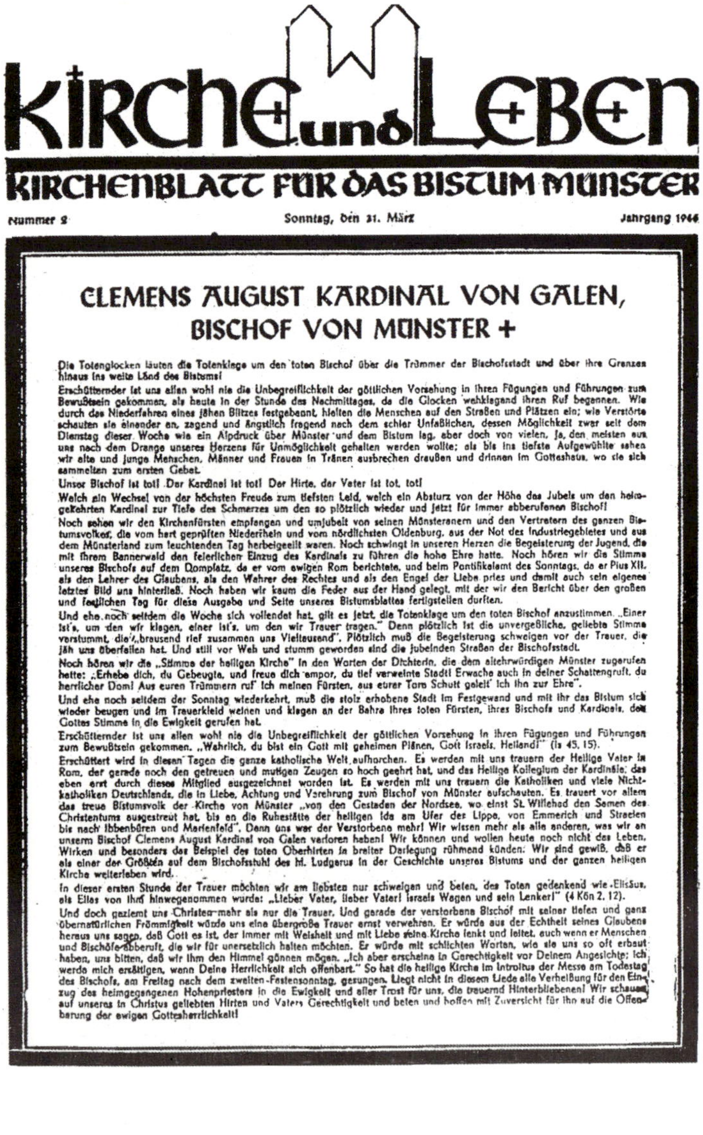

KIRCHE und LEBEN

KIRCHENBLATT FÜR DAS BISTUM MÜNSTER

Nummer 2 Sonntag, den 31. März Jahrgang 1946

CLEMENS AUGUST KARDINAL VON GALEN, BISCHOF VON MÜNSTER +

Die Totenglocken läuten die Totenklage um den toten Bischof über die Trümmer der Bischofsstadt und über ihre Grenzen hinaus ins weite Land des Bistums!

Erschütternder ist uns allen wohl nie die Unbegreiflichkeit der göttlichen Vorsehung in ihren Fügungen und Führungen zum Bewußtsein gekommen, als heute in der Stunde des Nachmittages, da die Glocken wehklagend ihren Ruf begannen. Wie durch das Niederfahren eines jähen Blitzes festgebannt, hielten die Menschen auf den Straßen und Plätzen ein; wie Verstörte schauten sie einander an, zagend und ängstlich fragend nach dem schier Unfaßlichen, dessen Möglichkeit zwar seit dem Dienstag dieser Woche wie ein Alpdruck über Münster und dem Bistum lag, aber doch von vielen, ja, den meisten aus uns nach dem Drange unseres Herzens für Unmöglichkeit gehalten werden wollte; als bis ins tiefste Aufgewühlte sahen wir alte und junge Menschen, Männer und Frauen in Tränen ausbrechen draußen und drinnen im Gotteshaus, wo sie sich sammelten zum ersten Gebet.

Unser Bischof ist tot! Der Kardinal ist tot! Der Hirte, der Vater ist tot, tot!

Welch ein Wechsel von der höchsten Freude zum tiefsten Leid, welch ein Absturz von der Höhe des Jubels um den heimgekehrten Kardinal zur Tiefe des Schmerzes um den so plötzlich wieder und jetzt für immer abberufenen Bischof!

Noch sehen wir den Kirchenfürsten empfangen und umjubelt von seinen Münsteranern und den Vertretern des ganzen Bistumsvolkes, die vom hart geprüften Niederrhein und vom nördlichsten Oldenburg, aus der Not des Industriegebietes und aus dem Münsterland zum leuchtenden Tag herbeigeeilt waren. Noch schwingt in unseren Herzen die Begeisterung der Jugend, die mit ihrem Bannerwald den feierlichen Einzug des Kardinals zu führen die hohe Ehre hatte. Noch hören wir die Stimme unseres Bischofs auf dem Domplatz, da er vom ewigen Rom berichtete, und beim Pontifikalamt des Sonntags, da er Pius XII. als den Lehrer des Glaubens, als den Wahrer des Rechtes und als den Engel der Liebe pries und damit auch sein eigenes letztes Bild uns hinterließ. Noch haben wir kaum die Feder aus der Hand gelegt, mit der wir den Bericht über den großen und festlichen Tag für diese Ausgabe und Seite unseres Bistumsblattes fertigstellen durften.

Und ehe noch seitdem die Woche sich vollendet hat, gilt es jetzt, die Totenklage um den toten Bischof anzustimmen. „Einer ist's, um den wir klagen, einer ist's, um den wir Trauer tragen.“ Denn plötzlich ist die unvergeßliche, geliebte Stimme verstummt, die „brausend rief zusammen uns Vieltausend“. Plötzlich muß die Begeisterung schweigen vor der Trauer, die jäh uns überfallen hat. Und still vor Weh und stumm geworden sind die jubelnden Straßen der Bischofsstadt.

Noch hören wir die „Stimme der heiligen Kirche“ in den Worten der Dichterin, die dem altehrwürdigen Münster zugerufen hatte: „Erhebe dich, du Gebeugte, und freue dich empor, du tief verweinte Stadt! Erwache auch in deiner Schattengruft, du herrlicher Dom! Aus euren Trümmern ruf' ich meinen Fürsten, aus eurer Tore Schutt geleit' ich ihn zur Ehre“.

Und ehe noch seitdem der Sonntag wiederkehrt, muß die stolz erhobene Stadt im Festgewand und mit ihr das Bistum sich wieder beugen und im Trauerkleid weinen und klagen an der Bahre ihres toten Fürsten, ihres Bischofs und Kardinals, den Gottes Stimme in die Ewigkeit gerufen hat.

Erschütternder ist uns allen wohl nie die Unbegreiflichkeit der göttlichen Vorsehung in ihren Fügungen und Führungen zum Bewußtsein gekommen. „Wahrlich, du bist ein Gott mit geheimen Plänen, Gott Israels, Heiland!“ (Is 45, 15).

Erschüttert wird in diesen Tagen die ganze katholische Welt aufhorchen. Es werden mit uns trauern der Heilige Vater in Rom, der gerade noch den getreuen und mutigen Zeugen so hoch geehrt hat, und das Heilige Kollegium der Kardinäle, das eben erst durch dieses Mitglied ausgezeichnet worden ist. Es werden mit uns trauern die Katholiken und viele Nichtkatholiken Deutschlands, die in Liebe, Achtung und Verehrung zum Bischof von Münster aufschauten. Es trauert vor allem das treue Bistumsvolk der Kirche von Münster „von den Gestaden der Nordsee, wo einst St. Willehad den Samen des Christentums ausgestreut hat, bis an die Ruhestätte der heiligen Ida am Ufer der Lippe, von Emmerich und Straelen bis nach Ibbenbüren und Marienfeld“. Denn uns war der Verstorbene mehr! Wir wissen mehr als alle anderen, was wir an unserm Bischof Clemens August Kardinal von Galen verloren haben! Wir können und wollen heute noch nicht das Leben, Wirken und besonders das Beispiel des toten Oberhirten in breiter Darlegung rühmend künden. Wir sind gewiß, daß er als einer der Größten auf dem Bischofsstuhl des hl. Ludgerus in der Geschichte unseres Bistums und der ganzen heiligen Kirche weiterleben wird.

In dieser ersten Stunde der Trauer möchten wir am liebsten nur schweigen und beten, des Toten gedenkend wie Elisäus, als Elias von ihm hinwegenommen wurde: „Lieber Vater, lieber Vater! Israels Wagen und sein Lenker!“ (4 Kön 2, 12).

Und doch geziemt uns Christen mehr als nur die Trauer. Und gerade der verstorbene Bischof mit seiner tiefen und ganz übernatürlichen Frömmigkeit würde uns eine übergroße Trauer ernst verwehren. Er würde aus der Echtheit seines Glaubens heraus uns sagen, daß Gott es ist, der immer mit Weisheit und mit Liebe seine Kirche lenkt und leitet, auch wenn er Menschen und Bischöfe abberuft, die wir für unersetzlich halten möchten. Er würde mit schlichten Worten, wie sie uns so oft erbaut haben, uns bitten, daß wir ihm den Himmel gönnen mögen. „Ich aber erscheine in Gerechtigkeit vor Deinem Angesichte; ich werde mich ersättigen, wenn Deine Herrlichkeit sich offenbart.“ So hat die heilige Kirche im Introitus der Messe am Todestag des Bischofs, am Freitag nach dem zweiten Fastensonntag, gesungen. Liegt nicht in diesem Liede alle Verheißung für den Einzug des heimgegangenen Hohenpriesters in die Ewigkeit und aller Trost für uns, die trauernd Hinterbliebenen! Wir schauen auf unseres in Christus geliebten Hirten und Vaters Gerechtigkeit und beten und hoffen mit Zuversicht für ihn auf die Offenbarung der ewigen Gottesherrlichkeit!

Das Kirchenblatt für das Bistum Münster mit der Nachricht vom Tode des Bischofs.

Galgani, Gemma hl.

Mystikerin

Fest: 11. April

Gemma Galgani ist eine der bekanntesten Mystikerinnen Italiens der Neuzeit. Geboren am 12. März 1878 in Camigliano (Italien), war sie schon früh mystisch hoch begnadet, 1899 empfing sie die Wundmale Christi (Dornenkrönung, Geißelung, Blutschweiß). Ihr Biograph berichtete, daß Gemmas Kleidung in der Herzgegend oft versengt war; drei ihrer Rippen krümmten sich im rechten Winkel

(wie auch bei → Philipp Neri), was noch 20 Jahre nach ihrem Tod feststellbar war. Sie starb am 11. April 1903 in Lucca (Italien) und wurde dort im Passionistinnenkloster beigesetzt. 2. Mai 1940 Heiligsprechung.
Darstellung: als junges Mädchen, mit den Wundmalen Christi, betend

Galganus von Siena
Eremit
Fest: 3. Dezember
Galganus lebte im 12. Jh. als Eremit auf dem Monte Siepi in der Toskana (Italien). Als sich ihm immer mehr Gleichgesinnte anschlossen und er sich bald außerstande sah, die Gemeinschaft zu führen, wandte er sich an Papst Alexander III., um ihn um Rat zu fragen. Bevor es aber zu einer Lösung kam, starb Galganus 1181 auf dem Monte Siepi; Alexander III. soll ihn möglicherweise heiliggesprochen haben. 1196 entstand über seiner Grabstätte auf dem Monte Siepi eine Rundkirche, zu der die Pilger in Scharen strömten. 1220 wurde über der Einsiedelei ein großes Zisterzienserkloster errichtet, die Mönche erklärten Galganus zu einem Heiligen ihres Ordens. Der Kult ist in der Toskana heute noch lebendig; der Galganus-Mantel wird in Siena aufbewahrt.

Die Mystikerin Gemma Galgani empfing 1899 die Stigmata (Wundmale Christi).

Galla von Rom hl.
Witwe, Reklusin
Fest: 5. Oktober
Galla lebte im 6. Jh. in Rom und war zunächst verheiratet; nachdem sie Witwe geworden war, zog sie sich als Reklusin in eine Zelle zurück. Nach der Legende sollen ihr Engel ein Marienbild gebracht haben, das später bei Pestepidemien in Rom große Bedeutung erlangte. Sie starb um 560, betrauert vom Volk, das sie wie eine Heilige verehrte.
Darstellung: als Witwe, manchmal mit Bart (zur Abweisung von Freiern), mit Spital
Patronat: der Witwen

Gallifa y Palmarola, Teresa
Ordensgründerin
Fest: 17. März
Geboren am 21. Juni 1850 in S. Hipolit de Voltrega in Katalonien (Spanien), gründete Teresa Gallifa y Palmarola jung die spanische Kongregation der Dienerinnen von der Passion. Sie starb am 17. März 1907 in Barcelona, Spanien. Der Seligsprechungsprozeß ist eingeleitet.

Gallus (Gall) hl.
Missionar, Einsiedler
Fest: 16. Oktober
Gallus kam um 590 mit → Kolumban und weiteren Mönchen aus dem irischen Kloster Bangor zunächst nach Frankreich, wo Kolumban das später berühmte Kloster Luxeuil gründete. Mit Kolumban zog er dann nach Tuggen am Ostende des Zürichsees, um dort zu missionieren. Entweder aus Krankheitsgründen oder weil er sich mit Kolumban zerstritten hatte, blieb Gallus, als Kolumban 612 nach Bobbio weiterzog, zurück und baute sich am Mühletobel südlich des Bodensees in einer Wildnis eine Klause. Er wurde zum begehrten Ratgeber bei Volk, Adel und Klerus. Die ihm angebotene Bischofswürde von Konstanz soll er 615 abgelehnt haben, ebenso 625 die Abtswürde von Luxeuil. Er starb an einem 16. Oktober um 645 in Arbon (Schweiz) und wurde in seiner Klause beigesetzt. 720 entstand aus der Zelle mit dem Grab das Kloster St. Gallen, in dem die Benediktinerregel eingeführt wurde und das die Kultur des Abendlandes maßgeblich beeinflußte. Bis zur Reformation war das Gallus-Grab eine Wallfahrtsstätte; die Verehrung verbreitete sich in der Schweiz, im südlichen Deutschland und im Elsaß.
Darstellung: als Einsiedler, Benediktiner, Mönch, Abt, mit Wanderstab, mit Bär
Patronat: von Bistum, Kanton und Stadt St. Gallen, der Gänse, Hühner und Hähne (gallus = Hahn), der Fieberkranken

Gallus (rechts) und → Magnus, nach einem Fresko in der Krypta von St. Mang in Füssen, Bayern.

entstanden überall. Besonders stark war der Kult in Kappadokien und Georgien (Name) sowie auf Zypern. Die Griechen feierten Georg als Erzmärtyrer. Auch im Abendland entwickelte sich der Georgskult früh; das angebliche Haupt Georgs gelangte 896 in das Georgskloster auf die Bodensee-Insel Reichenau (Oberzell), eine Georg zugeschriebene Armreliquie in den Dom von Prag. Georg wurde im 15. Jh. in Deutschland einer der → Vierzehn Nothelfer. Die Dardanellen hießen früher „Meerenge des heiligen Georg". Richard Löwenherz ernannte Georg zu seinem persönlichen Schutzherrn. Auch in England genoß Georg schon immer große Verehrung; dort gibt es bis heute über 150 Georgskirchen. Seit der Synode von Oxford 1222 ist Georg der Patron Englands, sein Festtag ist einer der höchsten des Landes.
Legende: Zur Zeit, als Georg hoher Soldat im römischen Heer unter Diokletian war, wurde Kappadokien von einem Drachen tyrannisiert, dem täglich zwei Schafe zur Besänftigung geopfert werden mußten. Als alle Schafe dahin waren, forderte der Drachen Menschenopfer. Das Los fiel als erstes auf die Tochter des Königs, die den Opfergang in Brautkleidung antrat. Da aber griff Georg den Drachen mit einer Lanze an, verletzte ihn schwer und führte ihn dann angekettet vor das Volk. Er versprach, das Untier zu töten, wenn sich alle taufen ließen. Als König und Volk einverstanden waren, tötete er den Drachen, woraufhin sich 15 000 Menschen taufen ließen.
Vor allem im bäuerlichen Leben gehört Georg zu den wichtigsten Heiligen. Ab dem Georgstag dürfen die Felder nicht mehr betreten werden. Als Wetterheiliger wird Georg im Bauernkalender zum Schneebringer: „St. Georg kommt nach alten Sitten auf dem Schimmel angeritten." Die Dienstboten konnten am Georgstag ihren Dienstherrn wechseln, und Zinsen wurden früher höchstens bis zum Georgstag gestundet. Vielerorts gibt es am Sonntag nach St. Georg Pferdeumritte, vor allem in Bayern. Ab dem Georgstag durften die Bauernkinder wieder barfuß gehen.
Darstellung: als Ritter, mit oder ohne Drachen, mit Fahne, Lanze, Schild
Patronat: Nothelfer; von England, von Genua, des Bistums Limburg, der Bauern (griechisch: ge-órgós = Erd-bebauer), der Bergleute, Sattler, Schmiede, Böttcher, Artisten, der Pferde und Reiter, des Viehs, der Wanderer, der Soldaten, der Spitäler, der Gefangenen, bei Kämpfen aller Art, gegen Kriegsgefahren, gegen Versuchungen, für das Wetter, gegen Fieber, gegen die Pest, um Mut, gegen Beschimpfungen, für den Glauben, zahlreicher Ritterorden

Georg von Amastris
Bischof von Amastris
Fest: 21. Februar
Der Einsiedler und Mönch Georg wurde um 800 Bischof von Amastris (Türkei). Während verschiedener Sarazeneneinfälle verteidigte und rettete er seine Stadt und seine Diözese. Er starb um 825 in Amastris.

George Haydock und Gefährten sel.
Priester, Märtyrer
Fest: 10. Februar, 4. Mai
Am 22. November 1987 sprach Papst Johannes Paul II. den englischen Märtyrer George Haydock und 84 weitere Märtyrer aus England, Schottland und Wales selig. Haydock stammte aus Cottam Hall in Lancashire, wo er um 1557 zur Welt kam. Er empfing 1581 in Reims (Frankreich) die Priesterweihe und kehrte dann in seine Heimat England zurück, obwohl er wußte, daß seine Entdeckung sein Todesurteil bedeutete (Königin Elisabeth I. hatte nach ihrer Thronbesteigung 1558 die Verfolgung von Katholiken und die Hinrichtung von Priestern wegen „Hochverrates" angeordnet). Bereits 1582 wurde Haydock gefangengenommen und nach zweijähriger Kerkerhaft im Londoner Tower am 10. Februar 1584 in Tyburn hingerichtet. Der gemeinsame Gedenktag für alle 85 Märtyrer (davon waren 59 Diözesan- und Ordenspriester) ist der 4. Mai.

Georg von Pfronten (Georg von Augsburg, „Bruder Jörg")
OFMCap, Ordensmann
Fest: 7. Oktober
Geboren am (oder vor) 25. November 1696 in Kreuzegg bei Pfronten (Bayern), erlernte Georg zunächst das Bäckerhandwerk. 1724 ging er nach Rom, wo er als Laienbruder dem Kapuzinerorden beitrat. Im Volk war der als Sammelbruder tätige Georg bald als „Bruder Jörg" bekannt und beliebt und verehrt. Er war ein Vorbild an Demut und Buße und tat selbstlos Dienst in der Krankenpflege und in Notfällen aller Art. Georg (bürgerlicher Name: Andreas Erhart) starb am 7. Oktober 1762 in Frascati bei Rom im Ruf der Heiligkeit. Die Gebeine wurden 1922 in die Kapuzinerkirche in Kempten (Bayern) übertragen. 1852 Bestätigung des Kultes; der Seligsprechungsprozeß ist eingeleitet.

Georgios von Choziba hl.
Mönch
Fest: 8. Januar
Georgios von Choziba war als Wundertäter im 6./7. Jh. hoch verehrt. Geboren in der ersten Hälfte des 6. Jh. auf Zypern, wurde er Mönch im Kloster Choziba bei Jerusalem, wo er um 625 starb.

Gerald von Aurillac hl.
Graf, Wohltäter
Fest: 13. Oktober
Geboren um 855 als Graf von Aurillac (Frankreich), regierte Gerald sein Land demütig und gottesfürchtig und verwandte große Teile seines Besitzes, um Armen und Kranken zu helfen. 893 gründete er die Benediktinerabtei Aurillac, die direkt dem Heiligen Stuhl unterstellt war (einer der berühmtesten Mönche von Aurillac war → Gerbert, der spätere Papst Silvester II.). Gerald starb am 13. Oktober 909 in Saint-Cirgues bei Figeac, Frankreich.

Gerald von Braga hl.
OSB, Metropolit von Braga
Fest: 5. Dezember
Gerald war Mönch im Benediktinerkloster Moissac in Frankreich,

Vier weitere Darstellungen zu Georgs Wirken aus dem Legendarium der ungarischen Anjou, 14. Jh., heute in der Biblioteca Apostolica Vaticana, Rom.

Die Hinrichtung des bekehrten Zauberers.

Georg soll auf richterliches Geheiß aufs Rad geflochten werden, sein Gebet wird jedoch erhört, und ein Engel zerstört das Rad.

Nachdem alle Versuche gescheitert sind, Georg um sein Leben zu bringen, wird er in einen Kessel mit siedendem Blei gesteckt. Die Legende berichtet, daß Georg unversehrt dem Kessel entstieg.

Das letzte Bild zeigt: Die heidnischen Götzen zerbrechen – der christliche Glaube siegt.

Heidenaufstandes wurde Gerhard 1046 in Buda (Budapest) durch Steinwürfe und Lanzenstiche ermordet. Der Hügel, auf dem sich das Martyrium ereignete, heißt seither Gerhardsberg. Die Gebeine wurden 1053 nach Csanád übertragen. 1083 Heiligsprechung.
Darstellung: als Bischof, als Benediktiner, mit Stab, das Herz von einer Lanze oder einem Pfeil durchbohrt, kniend vor einem Muttergottesbild
Patronat: von Budapest, der Erzieher

Gerhard Majella hl.
CSSR, Ordensmann, Mystiker
Fest: 16. Oktober
Gerhard Majella (Gerardo Maiella) gehört in Süditalien zu den meistverehrten Heiligen. Geboren am 6. April 1726 in Muro Lucano (Italien), erlernte er zunächst das Schneiderhandwerk, trat dann aber 23jährig in Caposele bei Neapel dem Redemptoristenorden bei. Demütig versah er in den folgenden sechs Jahren als Laienbruder den Dienst als Pförtner und Sakristan. Er besaß die Gaben der Wunder und der Weissagung und war daher im Volk hoch verehrt und beliebt. Wenn er irgendwo in ein Dorf kam, eilte ihm der Ruf voraus: „Der Heilige ist da!" Gerhard starb im Alter von 29 Jahren am 16. Oktober 1755 in Caposele. Die Grabstätte im Kloster wurde zum Wallfahrtsort; vor allem Frauen, die sich ein Kind wünschen, rufen ihn an, weshalb er auch „Engel der Mütter" genannt wird. Auch in den USA, England, Belgien und Holland wird er stark verehrt. 11. Dezember 1904 Heiligsprechung.

Gerhard Majella, der „Engel der Mütter", einer der meistverehrten Heiligen Italiens.

Das Kloster zum Heiligen Gerhard Majella in Mater Domini bei Caposele, Süditalien, entwickelte sich zu einem Wallfahrtsort.

Gerhard von Sauve-Majeure hl.
OSB, Abt von Sauve-Majeure
Fest: 5. April
Geboren um 1025 in Corbie (Frankreich), wurde Gerhard 1050 in Rom von Papst Leo IX. zum Priester geweiht. 1079 gründete er das Benediktinerkloster Sauve-Majeure bei Bordeaux (Frankreich), für das er eine eigene Regel schrieb, und leitete es als Abt. Er starb am 5. April 1095 in Sauve-Majeure. 1197 Heiligsprechung.

Gerhard I. von Toul hl.
Bischof von Toul
Fest: 23. April
Gerhard stammte aus Köln (Nordrhein-Westfalen), wo er 935 geboren wurde. 963 erhielt er in Trier die Weihe zum Bischof von Toul, wo er bis zu seinem Tod am 23. April 994 segensreich wirkte. 1050 Heiligsprechung.

Gerhard von Villamagna sel.
Einsiedler
Fest: 13. Mai
Gerhard stammte aus Florenz (Italien) und lebte nach seiner Teilnahme an den Kreuzzügen und einer Wallfahrt als Einsiedler in Villamagna bei Florenz. Er starb am 13. Mai 1245 in Villamagna. 1833 Bestätigung des Kultes.

Gerhardinger, Karolina Maria Theresia von Jesu sel.
Ordensgründerin
Fest: 9. Mai
Karolina Gerhardinger war die Gründerin der Kongregation der Armen Schulschwestern Unserer Lieben Frau, die sich der Erziehung der weiblichen Jugend widmet. Geboren am 20. Juni 1797 in Stadtamhof-Regensburg (Bayern), wurde Karolina Gerhardinger schon jung Lehrerin; ihr Förderer war der Regensburger Geistliche → Georg Michael Wittmann, der sie auch bestärkte, 1833 ihren Orden zu gründen. Das Mutterhaus befand sich zunächst in Neunburg vorm Wald und wurde dann aus Platzgründen in das Münchner Kloster St. Jakob verlegt, wo es sich heute noch befindet. Maria Theresia von Jesu (so ihr Ordensname) Gerhardinger war fast ein halbes Jahrhundert Oberin; der Orden verbreitete sich in vielen Ländern, ab 1847 auch in den USA. Sie starb am 9. Mai 1879 in München; ihre Grabstätte befindet sich in der Kirche des St. Jakob-Klosters. 17. November 1985 Seligsprechung.

Gerlach von Houthem (von Valkenburg)
Einsiedler
Fest: 5. Januar
Gerlach lebte im 12. Jh.; nachdem seine Ehefrau gestorben war, be-

Germana Cousin hütete das ganze Jahr hindurch Schafe und teilte ihre Speisen mit den Armen. Auf dem 1989 entstandenen Gemälde sieht man Germana mit ihren Schafen und Brot.

endete er 1150 sein Leben als Ritter und unternahm barfuß zwei Wallfahrten nach Rom und nach Jerusalem. 1160 ließ er sich auf seinem Besitz bei Houthem (Niederlande) in einer hohlen Eiche nieder und lebte dort als Eremit in strengster Abtötung. Die schriftliche Erlaubnis dafür hat er sich zuvor bei Papst Hadrian IV. eingeholt. Jeden Tag pilgerte Gerlach zur Servatiuskirche nach Maastricht, jeden Samstag zum Marienmünster nach Aachen. Das Volk verehrte ihn wie einen Heiligen, auch → Hildegard von Bingen bewunderte ihn wegen seiner radikalen Lebensweise. Gerlach starb um 1170 und wurde in Houthem beigesetzt. Bis heute zieht die Grabstätte die Gläubigen an, der Mantel von Gerlach wird als besondere Reliquie verehrt. 1604 Approbation des Kultes.
Darstellung: in einer hohlen Eiche
Patronat: gegen Viehseuchen

Germana hl.
Märtyrerin
Fest: 1. Oktober, 19. Januar
Die teilweise legendarische Überlieferung berichtet, daß Germana im 5. Jh. Dienerin der Priester in Bar-sur-Aube (Frankreich) war; bei einem Einfall der Vandalen 406 oder der Hunnen 452 sei sie ermordet worden. Bezeugt ist eine frühe starke Verehrung; die Kirche in Bar-sur-Aube, in der sie diente, wurde nach ihr benannt und entwickelte sich bald zur Wallfahrtsstätte. Die Pilgerkapelle existiert bis heute.

Germana Cousin sel.
Hirtin
Fest: 15. Juni
Germana Cousin lebte im 16. Jh. in Pibrac nahe Toulouse (Frankreich) als Hirtin. Sie war vor ihrer strengen Stiefmutter geflohen und lebte asketisch und demütig und unterzog sich vielen Selbstkasteiungen. Germana starb am 15. Juni 1601 in Pibrac. 1867 Approbation des Kultes. Ein besonderer Ort der Verehrung ist bis heute die Germana-Kapelle in Wersch im Erzbistum Köln (Nordrhein-Westfalen); dort findet jedes Jahr am Dreifaltigkeitssonntag die Germana-Wallfahrt statt.

Germanos von Konstantinopel hl.
Patriarch von Konstantinopel
Fest: 12. Mai
Germanos war von 715 bis 730 Patriarch von Konstantinopel, dann wurde er von Gegnern abgesetzt. Er starb um 733. Von ihm sind noch liturgische Hymnen erhalten.

Germanus von Auxerre hl.
Bischof von Auxerre
Fest: 31. Juli
Geboren um 378 in Auxerre, schlug Germanus zunächst die politische Laufbahn ein. Nach seiner Bekehrung trennte er sich von seiner Ehefrau, empfing die Priesterweihe und wurde 418 zum Bischof von Auxerre ernannt. In den 30 Jahren seiner Amtszeit führte Germanus ein strenges

Maria Theresia von Jesu Gerhardinger, Gründerin der Armen Schulschwestern Unserer Lieben Frau, Gemälde von J. Kastner, 19. Jh.

Hauptschiff der Kirche Saint-Germain in Auxerre, 13. Jh. Heute ist die Kirche des heiligen Germanus ein Museum.

Wandbehang mit der Darstellung der heiligen Gertrud von Helfta, Benediktinerinnen-Abtei St. Gertrud in Tettenweis.

klösterliches Leben; er stand mit vielen wichtigen Kirchenpersönlichkeiten in Kontakt, einer seiner Schüler war → Patrick von Irland. Er war ein großer Förderer bei der Einführung des Mönchtums in Gallien. Germanus starb am 31. Juli 448 auf einer Missionsreise in Ravenna (Italien). Frankenkönigin Chlothilde ließ im 6. Jh. über der Germanus-Grabstätte in Auxerre eine Basilika errichten, die lange eine der bedeutendsten Wallfahrtsstätten in Europa war. Heute befindet sich dort die berühmte Benediktinerabtei St-Germain.
Patronat: gegen Meineid, Irrsinn, Tollwut, Durchfall

Germanus von Münster-Granfelden hl.
OSB, Abt, Märtyrer
Fest: 21. Februar
Germanus, geboren um 610 in Trier (Rheinland-Pfalz), war ab 640 der erste Abt des Benediktinerklosters Münster-Granfelden im Bistum Basel (Schweiz), dem er über 30 Jahre vorstand. Beim Versuch, Kirchengut vor den Herrschern zu sichern, wurde er gemeinsam mit dem Mönch → Randoald am 21. Februar 675 ermordet. Die Reliquien werden in der Pfarrkirche in Delémont verehrt, wo sich auch der berühmte Germanus-Abtstab befindet.

Germanus von Paris hl.
Bischof von Paris
Fest: 28. Mai
Germanus, geboren um 496 in Autun (Frankreich), lebte zunächst als Einsiedler, empfing 530 die Priesterweihe und war ab 540 Abt des Stiftes St-Symphorien in Autun. 550 wurde er zum Bischof von Paris und zum Erzkaplan von König Childebert I. ernannt. Er verkehrte mit vielen hohen Persönlichkeiten und war als Ratgeber gefragt, gleichzeitig führte er ein bescheidenes, demütiges Leben und war im Volk hoch verehrt. Germanus starb am 28. Mai 576 in Paris; er wurde in dem von ihm gegründeten Kloster St-Vincent beigesetzt, das später nach ihm St-Germain-des-Près benannt wurde. Vor allem in der karolingischen Zeit genoß er große Verehrung.
Darstellung: im Bischofsgewand, mit Ketten, Schlüsseln, brennendem Haus
Patronat: der Gefangenen, der Musik, gegen Feuer, gegen Fieber

Germar (Geremar)
OSB, Abt von Flay
Fest: 30. Dezember
Geboren um 610 in Wardes (Frankreich), war Germar zunächst verheiratet, verließ jedoch um 647 seine Familie und wurde Benediktinermönch. 655 stiftete er das Kloster Flay im Bistum Beauvais in Frankreich und leitete es als Abt bis zu seinem Tod am 30.(?) Dezember 660(?). Das Kloster wurde später in St-Germer-de-Flay umbenannt.

Gerold
Einsiedler
Fest: 10. April, 19. April
Gerold war ein Adliger, der um 970 seine Güter in Vorarlberg verschenkte, große Teile davon an das Benediktinerkloster Einsiedeln, und in Frisun im Walgau (Österreich) eine Propstei stiftete (die seit dem 14. Jh. St. Gerold heißt). Er selbst lebte als Einsiedler völlig zurückgezogen. Gerold starb an einem 10. April um 978.
Darstellung: als Einsiedler, als Ritter, mit Schild, Lanze, mit Esel, betend

Gerold von Köln
Pilger
Fest: 7. Oktober
Geboren 1201 in Köln (Nordrhein-Westfalen), unternahm Gerold Wallfahrten nach Santiago de Compostela, Jerusalem und Rom. Auf dem Weg ins Heilige Land wurde er bei Cremona (Italien) von Räubern überfallen und am 7. Oktober 1241 ermordet. Die Gebeine befinden sich in S. Maddalena in Cremona, ein kleiner Teil davon seit 1651 in der Jesuitenkirche in Köln.

Gerosa, Vincentia hl.
Ordensgründerin
Fest: 28. Juni
Geboren am 29. Oktober 1784 in Lóvere, Italien, gründete Vincentia Gerosa (Mädchenname) 1832 mit ihrer Gefährtin → Bartholomea Capitanio die Kongregation der Schwestern der Liebe von Lóvere, deren Generaloberin sie wurde. Die Schwesterngemeinschaft widmete sich wohltätigen Werken und der Nächstenliebe. Vincentia Gerosa starb am 28. Juni 1847 in Lóvere. 7. Mai 1933 Seligsprechung, 18. Mai 1950 Heiligsprechung.

Gertrud von Altenberg sel.
OPraem, Ordensfrau,
Mystikerin
Fest: 13. August

Gertrud, geboren am 29. September 1227 auf der Wartburg in Thüringen, war die jüngste Tochter von → Elisabeth von Thüringen. Im Alter von knapp zwei Jahren wurde sie den Prämonstratenserinnen von Kloster Altenberg bei Wetzlar (Hessen) zur Erziehung übergeben; später trat sie hier dem Orden bei. Als Novizenmeisterin führte sie Kloster Altenberg zu großer Blüte und pflegte das Ansehen und die Verehrung ihrer Mutter. Sie starb am 13. August 1297 in Altenberg und wurde dort in der Stiftskirche beigesetzt. 1311 Approbation des Kultes.
Darstellung: als Prämonstratenserin, mit Löwe

Gertrud (Gertraud) die Große von Helfta hl.
Mystikerin
Fest: 17. November, 16. November

Im Alter von fünf Jahren kam die am 6. Januar 1256 geborene Gertrud in das Kloster Helfta (heute Stadtteil von Eisleben in Sachsen-Anhalt), dem damals führenden Frauenkloster im deutschsprachigen Raum; später nahm sie hier den Schleier. Am 27. Januar 1281 hatte sie ihre erste Heiland-Vision, und von diesem Tag an sollte sie bis zu ihrem Tod immer wieder innige Vereinigungen mit Christus erleben. Ab 1289 legte sie ihre Erlebnisse schriftlich nieder, berühmt wurden „Gesandter der Gottesliebe" und „Geistliche Übungen". Gertrud von Helfta trug entscheidend zur Verehrung des Herzens Jesu bei, viele Anrufungen der Herz-Jesu-Litanei wurden von ihr verfaßt. Sie starb um 1301/1302 in Helfta. 1738 Aufnahme in den römischen Kalender. – Gertrud die Große wird eine der größten deutschen Mystikerinnen genannt; ihre Schriften erlebten vor allem durch das 20. Jh. hindurch und in der jüngsten Zeit eine Wiederentdeckung. Sie genoß große Verehrung zu allen Zeiten in jenen Ländern, die der spanischen Krone unterstanden.
Darstellung: mit Spruchband, flammendem Herzen, Kruzifix, Jesuskind, Strahlen, Stab
Patronat: von Peru und Tarragona

Gertrud von Nivelles hl.
Äbtissin
Fest: 17. März

Gertrud kam 626 als Tochter von Pippin dem Älteren zur Welt. Sie wurde erste Äbtissin des von ihrer Mutter Iduberga gegründeten Klosters Nivelles (Belgien); ab 652 leitete sie es. Zur Weiterbildung ließ sie sich Bücher aus Rom bringen und berief irische Wandermönche. Gertrud starb am 17. März 659 in Nivelles und wurde in ihrem Kloster beigesetzt. – In bäuerlichen Gegenden gehört Gertrud von Nivelles zu den besonders verehrten Heiligen; nach der Legende beendete sie durch ihr Gebet eine Ratten- und Mäuseplage und rettete so die Ernte. Das Sprichwort: „Gertrud mit der Maus treibt die Spinnerinnen raus" bedeutet, daß am 17. März die Arbeiten im Haus ein Ende haben und die Feldarbeit wieder beginnt. „Gertrudenminne" tranken früher Menschen, die voneinander Abschied nahmen oder sich gerade versöhnt hatten. In Nivelles und in Wetteren (Belgien) existieren bis heute Wallfahrten.
Darstellung: als Äbtissin, mit Mäusen, Spinnrad, Kreuz, Katze
Patronat: der Krankenhäuser, der Pilger und Reisenden, der Witwen, der Armen, der Gärtner, der Feld- und Wiesenfrüchte, gegen Mäuse- und Rattenplagen

Gertrud van Oosten sel.
Mystikerin
Fest: 6. Januar

Gertrud lebte im 14. Jh. in Delft (Niederlande) und war zunächst Magd, dann Begine. Sie durchlebte reiche mystische Erfahrungen, hatte die Gabe der Prophezeiung und empfing schließlich die Stigmata. Sie starb am 6. Januar 1358 in Delft.

Gerulf
Märtyrer
Fest: 21. September

Geboren um 740 in Merendree (Belgien), wurde Gerulf 750 auf dem Heimweg von der Firmung von seinem Firmpaten erschlagen und bald darauf als Märtyrer verehrt; 915 Übertragung der Gebeine in die Marienkirche in Drongen (Belgien).
Patronat: gegen Fieber

Gertrud von Nivelles, Statue auf dem Altar der Dorfkirche in St. Gertrudis auf der Insel Ibiza, Spanien.

Gervasius von Le Mans
Märtyrer
Fest: 6. Juli

Die unsichere Vita berichtet, daß Gervasius zwischen 300 und 500 auf der Rückreise von einer Pilgerfahrt nach Rom in der Nähe von Le Mans (Frankreich), wo er als Diakon tätig war, von Räubern ermordet wurde. Über seiner Grabstätte in dem nach ihm benannten St-Gervais-en-Vallier errichtete → Lupus von Sens um 600 eine Kirche, in der bis heute die Reliquien von Gervasius aufbewahrt werden.

Martyrium der Heiligen Gervasius und Protasius, Darstellung aus dem 19. Jh. Die Legende macht sie zu Zwillingssöhnen der → Valeria und des Vitalis. Nach dem Martyrium der Eltern verteilten sie deren Vermögen und wurden als Christen unter Nero vom Statthalter Astasius verurteilt und hingerichtet (Gervasius zu Tode gegeißelt und Protasius enthauptet).

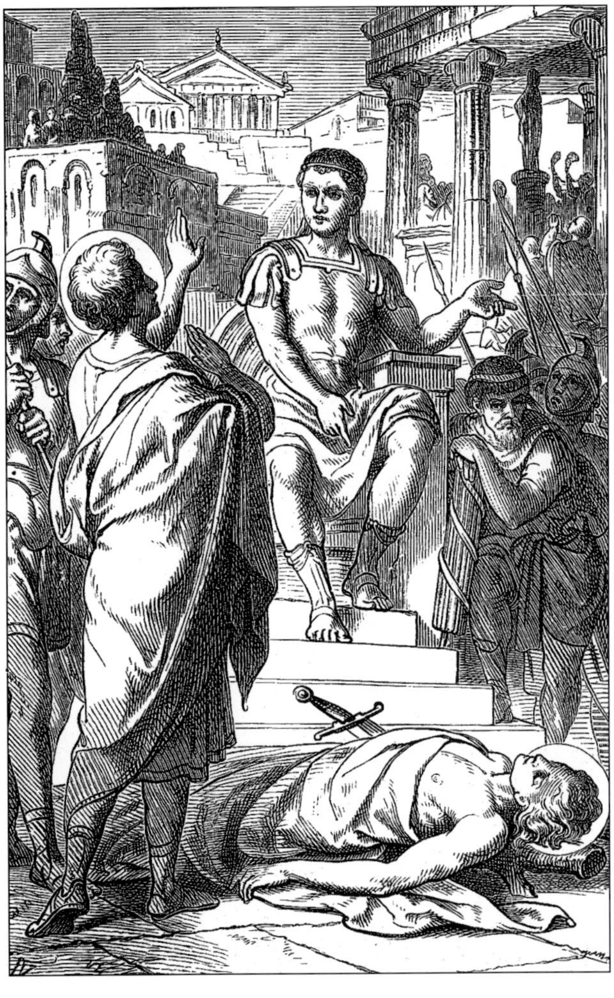

Gervasius und Protasius hll.
Märtyrer
Fest: 19. Juni
Über Gervasius und Protasius weiß man nur, daß sie in früher Zeit das Martyrium erlitten; wo und unter welchen Umständen, ist nicht bekannt. Der Mailänder Bischof → Ambrosius entdeckte im Juni 386 ihre Gebeine in der Kirche der Märtyrer → Nabor und Felix in Mailand und ließ sie wohl am 19. Juni in seine Bischofskirche überführen, die seit seinem Tod S. Ambrogio heißt (seit 1864 ruhen die Gebeine von Ambrosius, Gervasius und Protasius bekleidet nebeneinander in einem Glasschrein in der Krypta der Basilika). Danach verbreitete sich der Kult der beiden Märtyrer schnell im Westen und in Nordafrika. Durch Erzbischof Rainald von Dassel gelangten 1162 den beiden Märtyrern zugeschriebene Reliquien nach Breisach am Rhein (Baden-Württemberg); es ist aber zweifelhaft, ob es sich wirklich um Gebeine von Gervasius und Protasius handelt.
Darstellung: als Märtyrer, als Diakone oder als Edelleute, Gervasius mit Geißel, Keule, Protasius mit Schwert
Patronat: von Mailand und Breisach, der Kinder, für eine gute Ernte, der Heuarbeiter, gegen Blut- und Harnfluß

Gervin (Gerwin) von Oudenburg hl.
OSB, Abt, Einsiedler
Fest: 17. April
Gervin lebte im 11. Jh. als Einsiedler an verschiedenen Orten, so auch beim Münster von Oudenburg in Westflandern (Belgien); die Mönche des zugehörigen Benediktinerklosters verehrten ihn sehr und wählten ihn 1095 zu ihrem Abt. Nach zehn Jahren legte Gervin sein Amt nieder und lebte wieder als Eremit im Wald. Er starb am 17. April 1107.

Gervin (Gerwin) von St-Riquier hl.
OSB, Abt
Fest: 3. März
Geboren um 1000 in Laon (Frankreich), wurde Gervin Mönch im Benediktinerkloster St-Vannes im lothringischen Verdun. Ab 1045 bis zu seinem Tod am 3. März 1075 war er Abt von Kloster St-Riquier in der Diözese Amiens (Frankreich). Gervin galt als einer der großen Förderer der cluniazensischen Reform.

Gerwald (Gerwal)
Missionar, Märtyrer
Fest: 30. November
Gerwald, Missionar und Begleiter von → Willehad von Bremen, starb gemeinsam mit mehreren Gefährten beim Sachsenaufstand am 30. November 782 an der Weser den Martertod; nur Willehad konnte fliehen. Die Verehrung für die Märtyrer hielt sich bis zur Reformation.

Gerwig
OCist, Ordensmann
Fest: 5. Oktober
Nachdem er versehentlich einen Freund verletzt hatte, entsagte Gerwig dem weltlichen Leben und trat in den Benediktinerorden ein. Später wurde er Mitbegründer des Zisterzienserklosters Waldsassen (Bayern). Er starb am 5. Oktober 1133 oder 1151. In Waldsassen existierte schon früh ein Kult.

Gezelin(us) von Altenberg sel.
OCist, Einsiedler
Fest: 6. August
Nach der teilweise unsicheren Überlieferung lebte Gezelin im 12. Jh. und war wohl zunächst Zisterzienser-Laienbruder. Etwa 1135 kam er nach Altenberg (Nordrhein-Westfalen), wo er bis zu seinem Tod als Schafhirte auf dem Abteigut Alkenrath arbeitete und ein strenges Einsiedlerleben führte. Es heißt, daß sich schon zu Lebzeiten Wunder um seine Person ereigneten; so soll angeblich während einer schlimmen Dürre auf sein Gebet hin eine Quelle entsprungen sein. Gezelin starb wohl am 29. Juli 1149, wie eine Grabplatte berichtet, vielleicht aber auch am 6. August 1137. Auf seinen Wunsch hin wurde er unter der Dachtraufe der Kirche von Schlebusch (Leverkusen-Schlebuschrath) beigesetzt; 1814 wurden die Reliquien in die Pfarrkirche St. Andreas in Schlebusch übertragen, wo sie in einem Gold-Glasschrein ruhen. – Bis heute pilgern Gläubige zur Gezelinuskapelle in Leverkusen-Alkenrath und holen Wasser aus der Gezelinusquelle, dem Heilkraft nachgesagt wird. Früher hatte man dem am Dach der Kapelle herunterfließenden Regenwasser reinigende Kraft zugesprochen. Viele Jahre wurde Anfang August das Gezelinfest gefeiert, Prozessionen kamen aus der ganzen Umgebung, ein großer Jahrmarkt wurde abgehalten.
Darstellung: als Einsiedler, mit Schafen, Brunnen
Patronat: gegen Augenleiden und Kopfschmerzen, für Kindersegen, gegen Epilepsie bei Kindern

Ghattas, Maria Alfonsina
Ordensgründerin
Fest: 25. März
Geboren am 4. Oktober 1843 in Jerusalem, gründete Maria Alfonsina Ghattas im Heiligen Land

die Kongregation der Schwestern vom Heiligen Rosenkranz von Jerusalem. Sie starb am 25. März 1927 in Ain-Karem (Israel). Der Seligsprechungsprozeß ist eingeleitet.

Ghebre Michael sel.
Priester, Märtyrer
Fest: 28. August, 1. September
Geboren 1788 in Äthiopien, trat Ghebre Michael vom koptischen zum katholischen Glauben über und empfing die Priesterweihe. Er verfaßte einen Katechismus und ein Wörterbuch in äthiopischer Sprache und formte einen einheimischen Klerus, den er ausbildete. Nach Verleumdungen koptischer Mönche wurde er gefangengenommen und qualvollen Martern ausgesetzt. Er starb an den Folgen der Mißhandlungen am 28. August 1855 in Äthiopien. Seligsprechung am 31. Oktober 1926 durch Pius XI.

Giacomo (Jakob) da Ghazir → Haddad, Kahil

Giaccardo, Timoteo sel.
Priester, Ordensmann
Fest: 24. Januar
Geboren am 13. Juni 1896 in Narzole in Norditalien, empfing Timoteo (Geburtsname: Giuseppe) 1919 die Priesterweihe und trat 1921 der Ordensgemeinschaft Gesellschaft vom heiligen Paulus bei. Im Orden hatte er verschiedene Ämter inne, bei seinem Tod aufgrund von Leukämie am 24. Januar 1948 war er Generalvikar. Papst Johannes Paul II. sprach ihn am 22. Oktober 1989 selig; Giaccardo war damit der erste Selige der Gesellschaft vom heiligen Paulus.

Gianelli, Antonio Maria hl.
Ordensgründer, Bischof
Fest: 7. Juni
Geboren am 12. April 1789 in Cerreta in Ligurien (Italien), empfing Antonio Maria Gianelli 1812 die Priesterweihe und wirkte danach als vielbeachteter Volksmissionar. 1829 gründete er in Chiávari in Ligurien die Kongregation der Suore di Nostra Signora dell' Orto (auch Gianelline genannt) zur Krankenpflege und zur Erziehung der weiblichen Jugend. 1838 wurde er zum Bischof von Bobbio (Italien) ernannt. Er starb am 7. Juni 1846 in Piacenza (Italien). 19. April 1925 Seligsprechung, 21. Oktober 1951 Heiligsprechung.

Don Timoteo Giaccardo war 1989 der erste Selige des Pauliner-Ordens.

Gibrian
Einsiedler
Fest: 8. Mai
Nach der Legende war Gibrian ein Einsiedler, der im 5. Jh. zusammen mit fünf Brüdern und drei Schwestern aus Irland in die Bretagne gekommen war. Alle neun Geschwister sollen Heilige geworden sein. Es heißt, Gibrian sei am 8. Mai 509 in der Nähe von Reims gestorben.

Gilbert von Citeaux
OCist, Abt
Fest: 17. Oktober
Der Engländer Gilbert war ab 1163 Generalabt des Zisterzienserklosters Citeaux (Frankreich). Er genoß höchstes Ansehen und half dabei, den Orden weiter zu festigen. Nach seinem Tod am 17. Oktober 1167 nannte man ihn im Zisterzienserorden „Gilbert der Große" oder „der Theologe".

Gilbert von Sempringham hl.
Ordensgründer
Fest: 4. Februar
Gilbert, geboren um 1090 in Sempringham in England, wurde 1123 Gemeindepriester in seiner Heimatstadt. Für eine Gruppe von sieben Frauen, die gemeinsam ein klösterliches Leben führen wollten, schrieb er eine Regel, woraus sich der Orden der Gilbertiner entwickelte. Es war der einzige Orden, der je von einem Engländer gegründet wurde. Die Mitglieder kümmerten sich um Spitäler und Armenhäuser, die Gemeinschaft wurde 1148 päpstlich bestätigt. Im Königshaus und im Volk war der Orden hoch angesehen. Gilbert von Sempringham war der erste Generalobere, er zog sich zurück, als er erblindete. Hochbetagt starb er am 4. Februar 1189 in Sempringham. 1202 Heiligsprechung. Angebliche Reliquien werden in der Kirche St-Sernin in Toulouse aufbewahrt.
Darstellung: als gütiger, älterer Mann, in der Kleidung der Gilbertiner

Gildard
Bischof von Rouen
Fest: 8. Juni
Gildard war zu Beginn des 6. Jh. Bischof von Rouen (Frankreich). Nach 15jähriger Amtszeit starb er am 8. Juni(?) 514 in Rouen. Möglicherweise war er an der Bekehrung von Chlodwig beteiligt.

Gildas der Weise hl.
Einsiedler, Schriftsteller
Fest: 29. Januar
Gildas gilt als einer der wichtigsten Geschichtsschreiber Großbritanniens, viele seiner Schriften sind noch erhalten und geben wichtige Einblicke in die Zeit des 6. Jh. Geboren um 500, empfing Gildas seine Ausbildung von → Iltut. Später zog er vielleicht in die Bretagne und lebte dort als Einsiedler auf der Insel Ruys; möglicherweise gründete er das dortige Kloster St-Gildas-de-Ruys und starb dort 570. Manche Historiker zweifeln Leben und Wirken von Gildas an.
Patronat: von Vannes, gegen Tollwut

Gilles → Ägidius

Giovanna Maria Bonomo sel.
OSB, Äbtissin, Mystikerin
Fest: 1. März
Giovanna Maria Bonomo war im

An der äußeren Chorwand der Abtei Altenberg befindet sich dieses Gezelinus-Epitaph.

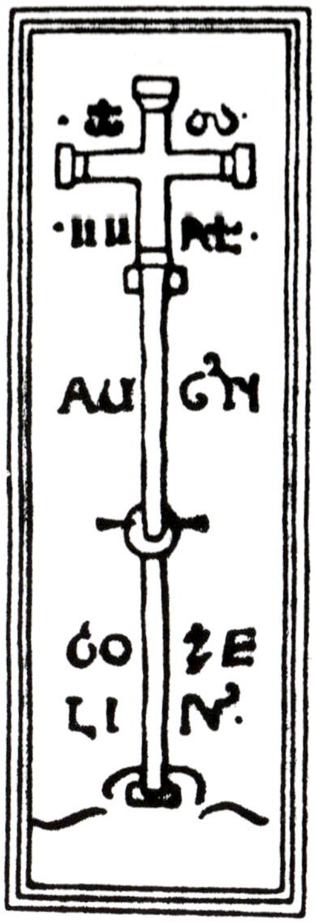

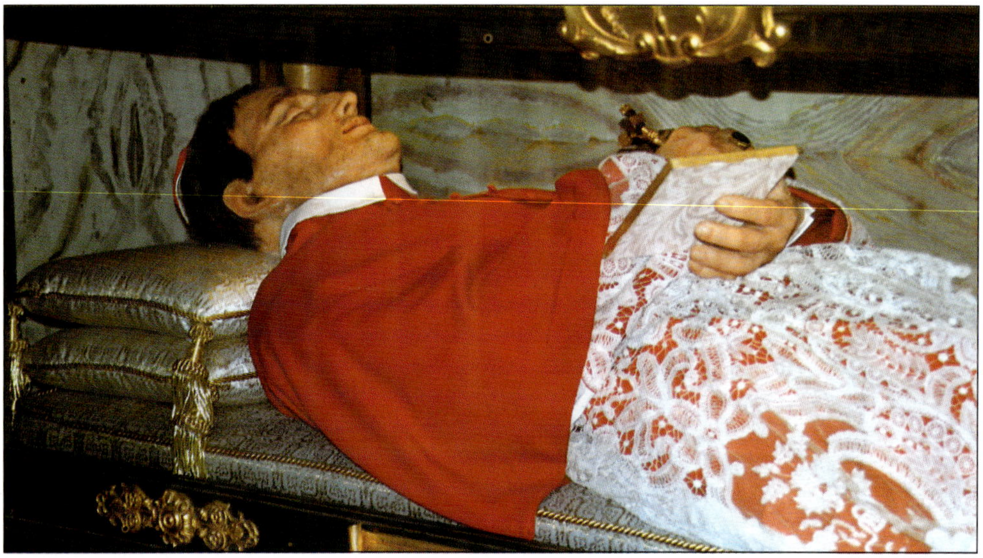

Der gläserne Sarkophag mit den sterblichen Überresten des heiligen Giuseppe Maria Tomasi di Lampedusa in der Kirche S. Andrea della Valle, Rom.

Don Carlo Gnocchi als Kaplan bei den italienischen Gebirgsjägern 1941 an der griechischen Front.

sten Bibelgelehrten seiner Zeit, seine Schriften waren vielbeachtet, er selbst war hoch angesehen. Sein Beiname war „Fürst der römischen Liturgisten". Giuseppe Maria Tomasi wurde mit zahlreichen hohen Ämtern betraut, lebte selbst aber immer bescheiden und fromm. 1712 empfing er den Kardinalshut. Er starb am 1. Januar 1713 in Rom. Tomasi di Lampedusa ist ein Vorfahr des Autors von „Il Gattopardo" (Der Leopard). Beigesetzt wurde der Heilige in der römischen Kirche S. Andrea della Valle. 16. September 1803 Seligsprechung, 12. Oktober 1986 Heiligsprechung. Zahlreiche seiner Werke sind unter dem Pseudonym J. M. Carus erschienen.

Glodesind von Metz
OSB, Äbtissin
Fest: 25. Juli, 27. Juli
Geboren um 575 als Tochter eines Herzogs, wurde Glodesind mit einem Soldaten verlobt, der am Hochzeitstag festgenommen und danach hingerichtet wurde. Sie trat daraufhin dem Benediktinerorden bei und gründete in Metz in Lothringen (Frankreich) ein Kloster, das sie als Äbtissin leitete; nach ihrem Tod um 610 wurde die Abtei nach ihr benannt.
Darstellung: am Altar

Gnocchi, Carlo
Priester
Fest: 28. Februar
Geboren 1902 in San Colombano al Lambro bei Mailand (Italien), empfing Carlo Gnocchi 1925 die Priesterweihe. Bis 1940 bekleidete er verschiedene Pfarrstellen in Italien, dann meldete er sich freiwillig als Kaplan zu den Alpini (Gebirgsjägern) und nahm 1942 am Rußland-Feldzug teil. 1944 kehrte er zurück und gründete in der Folge mehrere Institute und Einrichtungen zur geistlichen Heranbildung von Jugendlichen, auch für Ausländerkinder und Kinder anderer Hautfarben. Don Carlo Gnocchi, wie er genannt wurde, starb am 28. Februar 1956 in Mailand. Eine Seligsprechung wird angestrebt.

Goar hl.
Priester, Einsiedler
Fest: 6. Juli, 9. Juli, 24. Juli
Die teilweise ungesicherte Vita von Goar berichtet, daß er Priester war und um 500 aus seiner Heimat Aquitanien (Frankreich) an den Rhein kam. Mit Erlaubnis des Bischofs ließ er sich um 520 nördlich von Koblenz (Rheinland-Pfalz) als Einsiedler nieder; in seiner kleinen Zelle nahm er Arme und Kranke auf und speiste und pflegte sie. Eine Überlieferung sagt, ihm sei die Bischofswürde von Trier angetragen worden, die er abgelehnt habe. Goar starb wohl um 575 in seiner Zelle, aus der sich dann das Stift und später die Stadt St. Goar entwickelten. Reliquien befinden sich in Darmstadt und in Koblenz. Die starke Verehrung Goars (Wallfahrten) ließen die Stadt St. Goar aufblühen. – Eine Legende berichtet, daß der Einsiedler Goar von Gegnern verleumdet wurde, Vater eines unehelichen Kindes zu sein.
Darstellung: als Mönch, als Priester, mit Schlange, Kirchenmodell, Hirschkühen, Teufel, Buch, Topf, Sonnenstrahlen, als Wundertäter
Patronat: von St. Goar, der Gastwirte, Winzer, Töpfer, Schiffer

Gobert
OCist, Ordensmann
Fest: 20. August
Geboren um 1180 in Aspremont (Frankreich), nahm Graf Gobert am Kreuzzug teil und trat dann 1239 in das Zisterzienserkloster Villers in Brabant (Belgien) ein. Er war ein Vorbild an Demut und Ordensgehorsam und genoß höchstes Ansehen. Er starb am 20. August 1263 in Villers.

Godeberta von Noyon
Äbtissin
Fest: 11. April
Godeberta stammte aus der Gegend um Noyon, wo sie Anfang des 7. Jh. zur Welt kam. 657 erhielt sie von → Eligius von Noyon den Schleier und wurde zur Äbtissin des von ihr in Noyon gegründeten Klosters ernannt (Eligius schrieb auch eine Regel für das Kloster). Sie starb um 700 in Noyon.
Patronat: von Noyon, gegen Feuer und Dürre, gegen Infektionen

Godehard (Gotthard) von Hildesheim hl.
OSB, Bischof von Hildesheim
Fest: 5. Mai
Geboren 960/961 in Reichersdorf nahe Niederaltaich (Bayern), wurde Godehard 990 Mönch im Benediktinerkloster Niederaltaich, 996 dessen Abt. Unter seiner Leitung wurde Niederaltaich eines der wichtigsten Klöster überhaupt, von hier gingen wichtige Impulse für das monastische Leben, vor allem für das benediktinische, aus. Godehard reformierte weitere Klöster (Hersfeld, Tegernsee), denen er ebenfalls als Abt vorgestellt war. Auf Wunsch von Kaiser → Heinrich II., bei dem er höchstes Ansehen genoß, wurde Godehard 1022 zum Bischof von Hildesheim (Niedersachsen) gewählt. Er wirkte segensreich für die Diözese und förderte auch die Kunst stark. Godehard starb am 5. Mai 1038 in Hildesheim in dem von ihm gegründeten Stift St. Moritz (Mauritiusstift) und wurde im Dom beigesetzt. 1131 Heiligsprechung. – Von Hildesheim aus breitete sich der Kult in viele Länder Europas aus. In der Schweiz entwickelte sich eine sehr starke Verehrung; so wurde angeblich der St.-Gotthard-Paß nach Godehard benannt (andere Quellen sagen allerdings, der Paß heiße so nach einem Schweizer Büßer).
Darstellung: in bischöflichem Gewand, mit Buch, Teufel, glühenden Kohlen im Gewand, Kirchenmodell, wie er Tote zum Leben erweckt
Patronat: des Bistums Hildesheim, gegen Gicht, Rheuma, Kinderkrankheiten, gegen Blitz und Hagel, der Maurer, in ganz Europa vieler Kirchen

Godeleva (Godeliva)
Märtyrerin
Fest: 6. Juli
Godeleva heiratete jung einen flämischen Adligen, der sie von Beginn der Ehe an mißhandelte und nach zwei Jahren gedungenen Mördern den Auftrag gab, sie zu erdrosseln. Sie starb am 6. Juli 1070 in Gistel (Belgien). 1084 erste Erhebung der Gebeine, weitere folgten. Sofort nach ihrem Tod wurde Godeleva als Märtyrerin verehrt. Der Kult verbreitete sich rasch in Belgien und Frankreich.
Darstellung: als junge Frau, mit Tuch (Erdrosselung), bei der Ermordung
Patronat: gegen Fieber und Halsschmerzen

Godo
OSB, Abt
Fest: 26. Mai, 24. Juli
Godo stammte aus Verdun (Frankreich) und war ein Neffe von → Wandregisel (Wandrille), dem Gründer und ersten Abt von Fontenelle; unter ihm trat er in Fontenelle dem Benediktinerorden bei. 661 gründete Godo das Kloster Oye in der Champagne (Frankreich) und stand ihm bis zu seinem Tod um 695 als Abt vor.
Patronat: der Gerber, der Handschuhmacher

Godrich
Einsiedler
Fest: 21. Mai
Godrich stammte aus Walpole in Norfolk (England), wo er um 1070 geboren wurde. Nach mehreren Wallfahrten und Seefahrten ließ er sich in Finchale in der Diözese Durham (England) nieder und lebte dort 60 Jahre lang als Einsiedler. Er war berühmt für seine asketische Lebensweise und seine Wundergaben sowie für sein liebevolles Zusammenleben mit allen Tieren seiner Umgebung. Godrich starb etwa 100jährig am 21. Mai 1170. Zahlreiche Gedichte von Godrich existieren noch heute.

Goericus, Goerich → Abbo von Metz

Gomidas Keumurgian sel.
Priester, Märtyrer
Fest: 5. November
Geboren 1656 in Istanbul (Türkei), wirkte Gomidas Keumurgian in seiner Heimatstadt als Prediger. Auf Anstiftung von armenischen Gegnern wurde er unter falschen Anschuldigungen am 5. November 1707 in Istanbul enthauptet. 23. Juni 1929 Seligsprechung.

Gorazd von Bulgarien hl.
Erzbischof
Fest: 17. Juli
Gorazd, geboren um 830 in Mähren, war Schüler von → Kyrillos und Methodios und zog mit ihnen auch nach Rom, wo er 868 die Priesterweihe empfing. 885 wurde er von Methodios zu seinem Nachfolger als Erzbischof von Großmähren bestimmt, bald aber von Gegnern vertrieben. Er fand Zuflucht bei → Boris, dem

Der heilige Goar, Glasmalerei in einer Seitenkapelle der Stiftskirche St. Goar, Rheinland-Pfalz.

Der Godehardschrein von 1132 im Dom von Hildesheim.

christlichen Fürsten von Bulgarien, dessen Ziel die Christianisierung seines Landes war. Gemeinsam mit weiteren Schülern von Kyrillos und Methodios führte Gorazd in Bulgarien die slawische Liturgie und Kultur ein. Er starb um 892.

Gordianus und Epimachus hll.
Märtyrer
Fest: 10. Mai
Über Leben und Wirken von Gordianus und Epimachus ist so gut wie nichts bekannt. Wahrscheinlich wurde Gordianus in der Christenverfolgung unter Julian Apostata (um 362) ermordet, Epimachus unter Decius (um 250). Die gemeinsame Verehrung der Märtyrer rührt daher, daß beider Grabstätten an der Via Latina in Rom nebeneinander lagen. Verschiedene Überlieferungen erklären, die Reliquien seien um 770 nach Kempten im Allgäu (Bayern) übertragen worden; andere sagen, dies sei Legende. Gebeine sollen ebenfalls in die Kirche S. Prassede in Rom gelangt sein.
Darstellung: meist gemeinsam, Gordianus als Ritter, Epimachus im kurzen Mantel, manchmal mit einem Nagel
Patronat: von Kempten

Gordios (Gordius) hl.
Märtyrer
Fest: 3. Januar
Nach der teilweise nicht ganz sicheren Überlieferung lebte Gordios Anfang des 4. Jh. in Cäsarea in Kappadokien (Türkei), war zunächst römischer Soldat und wurde dann Einsiedler. Während eines Wagenrennens zu Ehren des Kriegsgottes Mars in der Arena von Cäsarea bekannte er sich öffentlich zum christlichen Glauben, woraufhin er sofort enthauptet wurde. An seiner Grabstätte in Cäsarea entwickelte sich ein starker Kult.

Goretti, Maria hl.
Märtyrerin
Fest: 6. Juli
Die Heiligsprechung von Maria Goretti am 24. Juni 1950 in Rom war ein bewegender Augenblick: Vor über einer halben Million Gläubigen und in Anwesenheit der hochbetagten Mutter Goretti nahm Papst Pius XII. die Kindmärtyrerin in den Kreis der Heiligen auf. Geboren am 16. Oktober 1890 in Corinaldo bei Ancona (Italien) als ältestes von fünf Kindern, zeigte Maria Goretti schon als Kind eine tiefe Gläubigkeit. Als die Familie, einfache Bauern, nicht mehr genug erwirtschaften konnte, zog sie nach Nettuno an der Westküste Italiens. Ein Jahr nach der Ankunft starb Marias Vater an Malaria, alle Kinder mußten der Mutter in der Folge bei der Feldarbeit helfen. Immer häufiger wurde die elfjährige Maria dabei von einem Burschen aus der Nachbarschaft bedrängt und belästigt. Am 5. Juli 1902 versuchte der 16jährige, Maria zu vergewaltigen; als sie sich wehrte, verletzte er sie mit 14 Messerstichen am ganzen Körper. Maria Goretti erlag ihren Verwundungen am 6. Juli 1902 im Krankenhaus – im Sterben verzieh sie ihrem Peiniger. Der Mörder wurde zu 30 Jahren Zwangsarbeit verurteilt; kein Wort des Bedauerns kam zunächst über seine Lippen. Nach Jahren hatte er eine Vision, er bekehrte sich und trat nach seiner vorzeitigen Entlassung als Laienbruder in den Kapuzinerorden ein. Maria Goretti wurde am 27. April 1947 seliggesprochen. Der Schrein mit ihren bekleideten Gebeinen in der Kirche S. Maria delle Grazie e S. Maria Goretti in Nettuno südlich von Rom ist bis heute das Ziel von Gläubigen. Mindestens 40 Wunder sollen sich inzwischen um ihre Person ereignet haben.

Die bekleideten Gebeine der Maria Goretti in der Kirche Santa Maria delle Grazie e Santa Maria Goretti in Nettuno, Italien.

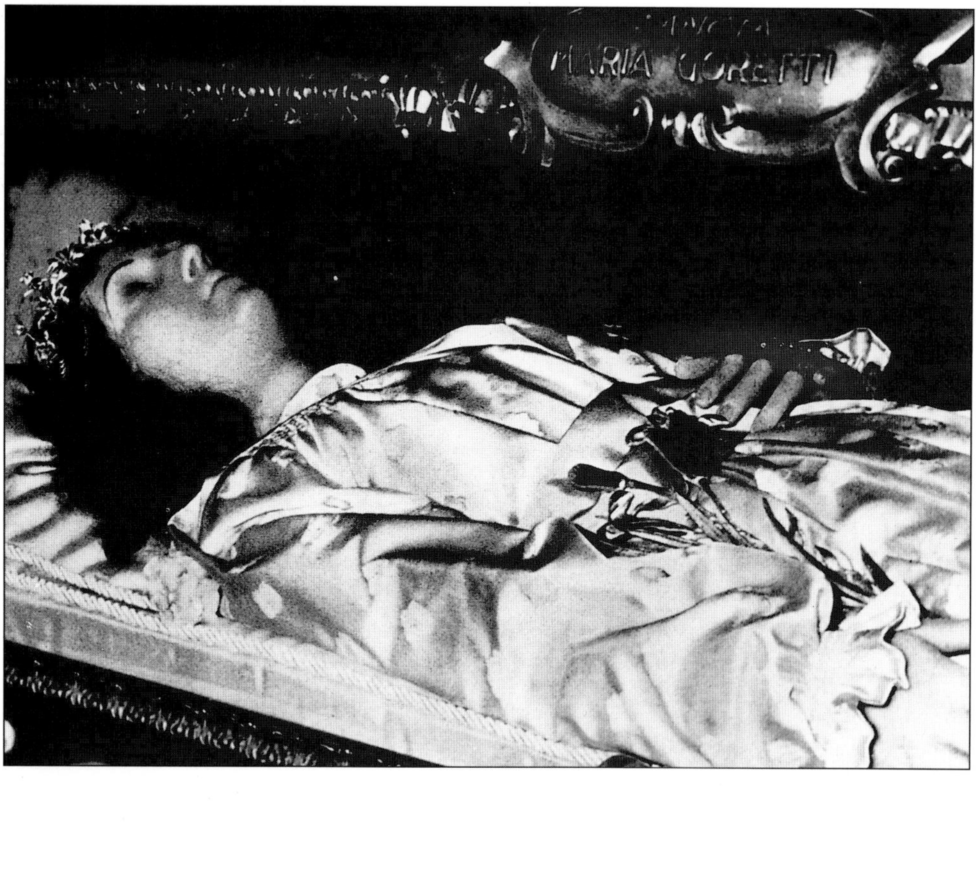

Gorgonia
Christin
Fest: 9. Dezember
Gorgonia war die Schwester von → Gregor von Nazianz dem Jüngeren. Sie lebte im 4. Jh. als vorbildliche Christin, Mutter und Ehefrau in Nazianz (Türkei). Als sie im Sterben lag, stand ihr → Basilius bei. Das Todesjahr lag um 373.

Gorgonius von Nikomedien
Märtyrer
Fest: 9. September
Gorgonius war um 300 Mitglied der Leibgarde von Kaiser Diokletian in Nikomedien und genoß dessen Vertrauen. Als Diokletian bemerkte, daß Gorgonius Christ war und nicht von seinem Glauben abließ, ordnete er seine Ermordung an. → Eusebius von

Caesarea, ein Zeitgenosse, berichtete vom Martyrium des Gorgonius, mit dem sein Gefährte → Dorotheus starb. 1969 Genehmigung der Verehrung in verschiedenen Kalendarien.

Gorgonius von Rom
Märtyrer
Fest: 9. September
Über Leben und Wirken von Gorgonius von Rom existieren keine zuverlässigen Überlieferungen. Wahrscheinlich erlitt er in der Verfolgung des Diokletian um 304 in Rom den Märtyrertod und wurde an der Via Labicana beigesetzt. Reliquien gelangten im 8. Jh. in die Benediktinerabtei Gorze (Frankreich), die fortan Monasterium S. Gorgonii genannt wurde. Weitere Reliquien kamen nach Minden in Nordrhein-Westfalen; der dortige Dom trägt bis heute den Namen des Märtyrers. Der Gorgonius-Gedenktag findet sich bereits in einem Märtyrerverzeichnis von 354. Manchmal Verwechslung mit Trägern gleichen Namens.
Darstellung: als Ritter in Rüstung, mit Schwert, Schild
Patronat: von Minden

Gorkum → Märtyrer von Gorkum

Goswin hl.
OSB, Abt
Fest: 9. Oktober
Goswin, geboren um 1090 in Douai (Frankreich), war ab 1130 Abt von Kloster Anchin bei Douai, einer der bedeutendsten Benediktinerabteien jener Zeit überhaupt. Er starb nach 35jähriger Amtszeit am 9. Oktober 1165 in Anchin und wurde sofort wie ein Heiliger verehrt.

Gottfried von Amiens hl.
Bischof von Amiens
Fest: 8. November
Geboren 1065 bei Soissons (Frankreich), wurde Gottfried Priester und Abt in Nogent-sous-Coucy. 1104 zwang man ihn, das Amt des Bischofs von Amiens zu übernehmen, das er dann auch mit Kraft ausfüllte. Nach verschiedenen Niederlagen floh Gottfried 1114 in das Kartäuserkloster

Im Inneren der Skulptur befinden sich Teile der Gebeine des Gottfried von Cappenberg, Gründer des ersten Prämonstratenserstiftes. Das Relief des Hochgrabes zeigt Ritter Gottfried mit Schwert und Kirchenmodell, Kloster Ilbenstadt, Hessen.

Grande Chartreuse, wurde aber wenige Monate später nach Amiens zurückbefohlen. Kurz darauf starb er am 8. November 1115 im Benediktinerkloster in Soissons. – Die Legende erzählt, daß Gegner einmal versuchten, Gottfried zu vergiften; sein Hund fraß aber das Essen und verendete daraufhin.
Darstellung: als Bischof, vor seiner brennenden Stadt (eine Feuersbrunst hatte Amiens zerstört), mit einem toten Hund zu Füßen

Gottfried von Cappenberg hl.
OPraem, Graf, Ordensmann
Fest: 13. Januar
Geboren 1097 in Cappenberg (Nordrhein-Westfalen) als Sohn des Grafen von Cappenberg, führte Gottfried zunächst ein weltliches Leben. Tief berührt vom Armutsideal des Prämonstratenserordens von → Norbert, schenkte er diesem 1122 seinen Besitz. Aus der Familienburg Cappenberg wurde ein Prämonstratenserkloster (das erste in Deutschland), weitere Stifte entstanden. 1124 trat auch Gottfried in den Orden ein, seine Ehefrau und seine Schwestern ebenfalls. Gottfried starb am 13. Januar 1127 in der Propstei Ilbenstadt in Hessen, einem ebenfalls von ihm gestifteten Kloster. Die Reliquien befinden sich bis heute großenteils in Ilbenstadt (die ehemalige Klosterkirche gehört zu den bedeutendsten romanischen Kirchen in Deutschland); ein Teil wurde nach Cappenberg übertragen.
Darstellung: als Prämonstratenser, mit drei Kirchenmodellen, mit Broten, mit Krone zu Füßen

Gottschalk hl.
Märtyrer
Fest: 7. Juli
Wendenfürst Gottschalk lebte im 11. Jh. Er war Christ und förderte die Christianisierung in seinem Reich nach Kräften; er gründete die Bistümer Oldenburg und Mecklenburg und möglicherweise auch Ratzeburg. Am 7. Juni 1066 wurde er von Heiden in Lenzen an der Elbe ermordet; danach zerfiel sein Wendenreich.

Govan
Einsiedler
Fest: 20. Juni
Govan lebte im 6. Jh. als verehrter Einsiedler in Irland; der Ort, wo seine Steinhütte steht, heißt heute St. Govan's Head. In der Hütte steht ein Altar, unter dem Govan wohl beerdigt ist. Bis zum heutigen Tag besuchen viele Gläubige die Stätte.

Grandin, Vital
OMI, Bischof
Fest: 3. Juni
Geboren am 8. Februar 1829 in St-Pierre-sur-Orthe (Frankreich), wurde Vital Grandin Priester und Mitglied der Oblaten von der Unbefleckten Empfängnis. 1854 ging er in die Mission nach Kanada und wirkte dort unter kaum vorstellbaren Bedingungen; jahrelang durchwanderte er die Eisregionen im Nordwesten des Landes bis fast an die Grenze nach Alaska. Die Strecke, die Vital Grandin als Missionar zu Fuß zurücklegte, würde neunmal um die Erde führen. Sein größter Einsatz galt den Indianern, die ihn „großen

Gottfried von Amiens in einer Darstellung von 1880.

Bischof Vital Grandin widmete sein Leben der Mission in Kanada und den Indianern – „Großer Häuptling des Gebets" und „Heiliger des Nordwestens" wurde er genannt.

Häuptling des Gebetes" nannten. Im Alter von 30 Jahren wurde Grandin zum Bischof von St. Boniface, einer riesigen Diözese in Kanada, ernannt. In den folgenden 43 Jahren als Bischof opferte er sich völlig auf. Vital Grandin starb am 3. Juni 1902 in St. Albert (Kanada). Der Seligsprechungsprozeß (seit 1937) ist fortgeschritten. – Grandin trug auch den Beinamen „Heiliger des Nordwestens".

Granzotto, Claudio sel.
OFM, Ordensmann
Geboren am 23. August 1900 in S. Lucia di Piave in Norditalien, wandte sich Claudio Granzotto früh Werken der Gottesliebe zu und entschied sich, dem Franziskanerorden beizutreten. Er war Bildhauer und strebte sein ganzes künstlerisches Leben danach, die, wie er sagte, „Schönheit Gottes" darzustellen. Er starb am 15. August 1947 in Padua (Italien). Seligsprechung am 20. November 1994.

Gegenüberliegende Seite: Fresko mit Papst Gregor I., dem Großen. Der Legende nach diktierte er seine Schriften hinter einem Vorhang. Einmal blickte sein Schreiber neugierig durch den Vorhang und sah, wie der Heilige Geist als Taube in das Ohr Gregors sprach, was er niederschreiben sollte.

Gras y Granollers, José
Ordensgründer
Fest: 7. Juli
José Gras y Granollers, geboren am 22. Januar 1834 im spanischen Agramunt, war der Gründer der Schwesternkongregation von Christus, dem König. Er starb am 7. Juli 1918 in Granada (Spanien). Der Seligsprechungsprozeß ist eingeleitet.

Grata von Bergamo
Witwe
Fest: 4. September
Die Überlieferungen vermengen möglicherweise zwei Trägerinnen des Namens Grata aus Bergamo miteinander. Vielleicht wurde eine um 245 geboren und starb um 303; sie soll eine Witwe gewesen sein, die sich wohltätigen Werken widmete. Sicher ist, daß eine Grata Patronin von Bergamo ist.

Gratus von Aosta hl.
Bischof von Aosta
Fest: 7. September
Gratus war etwa ab 460 zweiter Bischof von Aosta (Italien) und amtierte bis gegen Ende des 5. Jh. Reliquien befinden sich bis heute in der Kathedrale von Aosta; seine Grabinschrift ist noch erhalten. – Überlieferungen berichten, Gratus habe das Haupt von → Johannes dem Täufer aus Jerusalem nach Aosta geholt.
Patronat: von Aosta, gegen Feuer, Hagel, der Weinberge

Gregor I. der Große hl.
Papst (590 bis 604), Kirchenlehrer
Fest: 3. September
„Idealgestalt eines Papstes" wird Gregor I. genannt, sein Wirken war so herausragend, daß ihm die Nachwelt den Beinamen „der Große" gab. Geboren 540 in Rom aus bekannter Senatorenfamilie, wurde Gregor 572 zunächst römischer Stadtpräfekt. Danach zog er sich in das Kloster zurück, das er zuvor in seinem elterlichen Palast in Rom errichtet hatte (das später berühmte Andreaskloster). 579 empfing er von Papst Pelagius II. die Diakonweihe und wirkte in den folgenden sieben Jahren als Papstvertreter am Kaiserhof in Konstantinopel. Nach dem Tod von Pelagius II. wurde Gregor am 3. September 590 zum Papst gewählt. Während seines Pontifikates kamen drei wichtige Völker zur katholischen Kirche: England (Gregor I. entsandte den Prior des Andreasklosters, → Augustinus, mit 40 Mönchen zur Bekehrung Englands auf die Insel), Spanien und die Langobarden. Den Kirchenbesitz verwandte Gregor I. für die Linderung von Not und Elend in der Bevölkerung; sein karitativer Einsatz, seine Seelsorge und seine soziale Fürsorge waren richtungweisend für alle Päpste der Folgezeit. Gregor I. ging auch als bedeutender theologischer Schriftsteller in die Geschichte ein; seine „Moraltheologie" beeinflußte das gesamte Mittelalter, von seinen Homilien werden noch heute einige im Brevier gelesen. Gregor I. starb am 12. März 604 in Rom; er wurde im Petersdom beigesetzt. 1295 erfolgte die Ernennung zum Kirchenlehrer. Gregor I. gehört mit → Ambrosius, → Hieronymus und → Augustinus zu den vier lateinischen Kirchenvätern. – Der Gedenktag wurde 1969 vom 12. März auf den 3. September verlegt, da der Todestag von Gregor I. in der Fastenzeit liegt; deshalb wird er nun am Tag der Bischofsweihe gefeiert.
Darstellung: mit Buch, Schreibfeder, Taube, Arme speisend, wie ihm bei der Messe Christus als Schmerzensmann erscheint
Patronat: der Bergwerke, der Musiker, Sänger, Scholaren, des Chor- und Choralgesanges, der Maurer, Knopfmacher, der Schüler, Studenten, Lehrer, Gelehrten, des kirchlichen Schulwesens, gegen Gicht

Gregor II. hl.
Papst (715 bis 731)
Fest: 11. Februar, 13. Februar
Geboren 669 in Rom und erzogen im Lateran, bestieg Gregor II. am 10. Mai 715 den Papststuhl. Als 719 der englische Benediktinermönch Winfrid zu ihm nach Rom kam, erteilte Gregor II. ihm den Auftrag, den Sachsen und Friesen das Christentum zu verkünden und gab ihm den Namen → Bonifatius (der Wohltäter). 722 weihte der Papst Bonifatius, den „Apostel der Deutschen", in Rom zum Bischof. Gregor II. starb am 11. Februar 731 in Rom.

Auf einer Synode in Rom 731 exkommunizierte Gregor III. die Bilderstürmer; dies löste Gegenreaktionen bei Kaiser Leon III. aus und führte zum Bruch zwischen Rom und Byzanz.

Gregor III. hl.
Papst (731 bis 741)
Fest: 28. November
Der Syrer bestieg am 18. März 731 als Gregor III. den Papststuhl. 737 ernannte er → Bonifatius zum Legaten für Deutschland; dessen erfolgreiche Missionsarbeit danach vor allem in Bayern und im Salzburger Raum bestärkte Gregor III. in schweren Zeiten. Erfolge gab es auch in der durch ihn gefestigten Beziehung zur englischen Kirche. Bedroht war das sehr schwierige Pontifikat durch den sich ständig zuspitzenden Konflikt zwischen Rom und dem byzantinischen Kaiser; im Mittelpunkt stand dabei der Bilderstreit. Gregor III. starb am 28. November 741 in Rom.

Gregor VII. (Hildebrand) hl.
OSB, Papst (1073 bis 1085)
Fest: 25. Mai
Als Papst Alexander II. am 22. April 1073 in Rom beigesetzt wurde, riefen die anwesenden Gläubigen: „Hildebrand soll Papst werden." Noch am selben Tag wurde Hildebrand zu Gregor VII. Geboren um 1023 in der Toskana (Italien), war Hildebrand jung dem Benediktinerorden beigetreten, hatte eine herausragende Ausbildung genossen und erhielt in der Folge zahlreiche hohe Kirchenämter übertragen. Wohl 1058 wurde er Archidiakon der römischen Kirche und genoß im Volk großes Ansehen; sein Einfluß war stark. Als Papst Gregor VII. verfolgte er unnachgiebig die innere Reform der Kirche; ein 27-Punkte-Katalog regelte die Loslösung der Kirche von weltlicher Bevormundung sowie ihre „Befreiung" von allem Lasterhaften. 1076 kam es zwischen Gregor VII. und dem deutschen König Heinrich IV. zum Investiturstreit, weil der Papst die Besetzung kirchlicher Ämter durch Laien nicht mehr zuließ. Der König erklärte den Papst daraufhin für abgesetzt, dieser wiederum exkommunizierte den König. Beim „Gang nach Canossa" unterwarf sich Heinrich 1077, der Papst löste widerstrebend den Bann. Doch der Streit ging weiter. Heinrich belagerte ab 1081 Rom, stürmte 1083 die Peterskirche und ließ sich 1084 vom Gegenpapst Clemens III. in Rom zum Kaiser krönen, während Gregor VII. in der Engelsburg gefangengehalten wurde. Die Normannen unter Robert Guiscard befreiten den Papst, doch bei dem Kampf brannte halb Rom nieder. Gregor VII. flüchtete nach Salerno in Süditalien, lebte dort noch ein Jahr und starb am 25. Mai 1085. Seine Grabstätte existiert bis heute im Dom von Salerno; auch sein Thron steht dort. Gregor VII. war einer der wichtigsten

Gregor VII. war Sohn eines Zimmermanns aus der Toskana und deutscher Herkunft. Ein wichtiger Beitrag seinerseits war die Befreiung der Kirche von der weltlichen Macht der römisch-deutschen Kaiser. Ausschnitt einer Handschrift in der Nationalbibliothek, Paris.

Päpste und hat das Gesicht der Kirche geprägt bis in die heutige Zeit. 1606 Heiligsprechung.

Gregor X.
(Tedaldo Visconti) sel.
Papst (1271 bis 1276)
Fest: 9. Januar, 10. Januar
Geboren 1210 in Piacenza (Italien) als Tedaldo Visconti, war der spätere Papst Gregor X. zunächst Archidiakon von Lüttich (Belgien). Obwohl er noch gar nicht zum Priester geweiht war, wurde er am 1. September 1271 in Viterbo (Italien) als Kompromißkandidat zum Papst gewählt, nachdem der Papststuhl aufgrund der Kirchenspaltung von 1268 bis 1271 vakant gewesen war. Am 19. März 1272 empfing er die Priesterweihe, am 27. März 1272 wurde er in Rom gekrönt. Gregor X. widmete sich vor allem der Reform der Kirche sowie der Hilfe für das Heilige Land. Er starb am 10. Januar 1276 in Arezzo, wo sich bis heute im Dom seine Grabstätte befindet. Seligsprechung 1713.

Gregor von Burtscheid
(von Cerchiara) hl.
OSB, Abt
Fest: 4. November
Gregor war zunächst Abt eines Klosters in Cerchiara in seiner Heimat Kalabrien (Italien). Auf der Flucht vor den Sarazenen traf er in Rom Kaiser Otto III., der ihn zum ersten Abt des Benediktinerklosters Burtscheid, heute Aachen (Nordrhein-Westfalen), ernannte. Er starb dort im November 999.

Gregor (Gregorios)
der Erleuchter hl.
Bischof von Armenien
Fest: 30. September
Gregor der Erleuchter (Illuminator) gilt als Begründer der Kirche Armeniens (Ende 3./Anfang 4. Jh.), die sich daher oft auch Lousaworakan Ekeleci (Kirche des Erleuchters) nennt. Die Armenier gelten als erstes christliches Volk. – Geboren um 260 wohl in Kappadokien, kam Gregor nach christlicher Erziehung ins heidnische Armenien und dort in den Dienst von König Trdat; als er sich zum Christentum bekannte, verurteilte ihn Trdat zum Leben in einer Grube mit wilden Tieren. Trdats Schwester befreite ihn, worauf Gregor Trdat wundersam von schwerer Krankheit heilte. Darauf trat das ganze Königshaus zum Christentum über, ebenso Fürsten und Volk; Gregor wurde 314 Bischof.

Gregor X. überreicht Niccolò und Maffeo Polo eine Botschaft für den Groß-Khan von China.

Der berühmte Gang nach Canossa. Kaiser Heinrich IV. vor Papst Gregor VII.

Gregor von Langres
Bischof von Langres
Fest: 4. Januar
Gregor stammte aus der Gegend um Autun in Ostfrankreich, wo er in der zweiten Hälfte des 5. Jh. geboren wurde. Nach dem Tod seiner Ehefrau empfing er die Priesterweihe; später wurde er Bischof von Langres (Frankreich). Er starb am 4. Januar 539 oder 541. Gregor war der Urgroßvater von → Gregor von Tours.

Gregor von Nazianz
der Jüngere hl.
Bischof von Konstantinopel, Kirchenlehrer
Fest: 2. Januar (früher 9. Mai)

Das Konzil von Konstantinopel im Jahr 381, nach einer Illustration aus den „Theologischen Reden" des → Gregor von Nazianz, um 880. Auf diesem Konzil wurde das Dogma von der Gottheit des heiligen Geistes verkündet.

Gregor von Nazianz der Jüngere kam um 330 (oder um 300) in Arianz (heute Nenisi, Türkei) in Kappadokien zur Welt. Er studierte in Cäsarea in Kappadokien, in Cäsarea in Palästina, in Athen und in Alexandrien. In Athen lernte er → Basilius kennen, mit dem ihn zeitlebens eine enge Freundschaft verband. Im Alter von 30 Jahren empfing Gregor die Taufe und zog dann mit Basilius für mehrere Jahre in die Einsamkeit, um als Mönch zu leben. Dann empfing er die Priesterweihe; 372 weihte ihn Basilius zum Bischof von Sasima, Gregor weigerte sich jedoch, sein Bischofsamt anzutreten. 380 wählten ihn Klerus und Volk zum Bischof von Konstantinopel, nach verschiedenen Schwierigkeiten trat Gregor aber schon nach einigen Monaten wieder zurück. Er zog nach Arianz und verwaltete dort das verwaiste Bischofsamt seines Vaters Gregor von Nazianz dem Älteren, der Bischof von Nazianz gewesen und 374 gestorben war. Bis zu seinem Tod 390 in Arianz widmete sich Gregor dann vor allem schriftstellerischen Werken und Studien. Sein Gesamtwerk an Schriften, Reden, Gedichten, Briefen und Testamenten ist von herausragender Bedeutung; die Griechen nennen ihn „den Göttlichen". Außerdem wird Gregor von Nazianz der Jüngere „der Theologe" genannt. 1568 wurde er von Pius V. zum Kirchenlehrer ernannt.

Darstellung: als Bischof an einem Schreibpult, mit Basilius, mit Taube

Patronat: der Dichter, für Fruchtbarkeit

Gregor von Nyssa hl.
Bischof, Kirchenvater
Fest: 9. März

Gregor von Nyssa, der jüngere Bruder von → Basilius, kam um 339 in Cäsarea in Kappadokien (Türkei) zur Welt. Nach seiner Heirat war er Rhetorikprofessor, gab dies aber wieder auf, um Priester zu werden. 372 weihte ihn Basilius zum Bischof von Nyssa (Türkei). Gregor scheiterte jedoch, da er kein Mann der Tat war, und wurde 374 abgesetzt, übernahm dann aber ab 379 (nach dem Tod von Basilius, der von ihm sehr enttäuscht war) wieder verschiedene Ämter. Seine Schriften, Reden und Lehrmeinungen waren hoch beachtet und zeugten von großer Gottesliebe. Gregor von Nyssa starb um 395. Gemeinsam mit → Gregor von Nazianz und Basilius bildet Gregor die Gruppe der „Drei Kappadokier". Sein Haupt wird im Iwiron-Kloster auf Berg Athos gezeigt.

Darstellung: als griechischer Bischof mit Omophorion (Würdezeichen), Evangelienkodex

Gregor von Ostia
OSB, Bischof von Ostia, Kardinal
Fest: 9. Mai

Der Benediktiner Gregor war Mitte des 11. Jh. Bischof von Ostia bei Rom und Kardinal. Er wirkte als päpstlicher Legat auch in den spanischen Königreichen Navarra und Altkastilien, wo er bis heute sehr verehrt wird. Er starb wohl am 9. Mai 1048 in Logroño (Spanien).

Patronat: gegen Insekten und Heuschrecken

Dieses Mosaik zeigt Gregor von Nyssa, einen der wichtigsten Kirchenväter des orthodoxen Christentums.

Gregor von Tours
Bischof von Tours
Fest: 17. November
Geboren am 30. November 538/539 in Clermont-Ferrand (Frankreich) als Georgius Florentius, wurde der Priester 573 zum Bischof von Tours, dem damals religiösen Mittelpunkt Galliens, ernannt. Über dem Grab seines großen Vorbildes → Martin von Tours ließ er eine neue Basilika errichten. Er verfaßte zahlreiche aufschlußreiche Schriften über das christliche und kirchliche Leben im 6. Jh., so die berühmte „Historia Francorum“, eine nationale Geschichtsschreibung in zehn Bänden. Gregor starb am 17. November 594 in Tours, wo er beigesetzt wurde. Darstellung: als Bischof, mit Buchrolle, Schreibfeder, Fisch (er soll seinen blinden Vater mit Hilfe einer Fischleber wieder sehend gemacht haben)

Gregor von Utrecht
OSB, Abt
Fest: 25. August
Gregor war ein treuer Gefährte von → Bonifatius. Ab 747 war er Abt des Benediktinerklosters in Utrecht (Niederlande), später für 22 Jahre auch Administrator des Bistums Utrecht. Außerdem leitete er in Utrecht eine berühmte Schule und ein Missionsseminar, aus dem viele Heilige hervorgingen. Er starb am 25. August 776. Reliquien befinden sich in Susteren.

Gregor der Wundertäter (Thaumaturgos) hl.
Bischof von Cäsarea
Fest: 17. November
Gregor stammte aus Cäsarea am Schwarzen Meer, wo er um 213 geboren wurde. Mitte des 3. Jh. wurde er der erste Bischof von Cäsarea. Die später einsetzende Legende berichtet von zahlreichen Wundern, die er vollbracht haben soll. Verschiedene kostbare Schriften von ihm sind noch erhalten, so die wohl erste christliche Selbstbiographie. Er starb um 272 in Cäsarea. Der Kult um Gregor verbreitete sich vor allem im Osten.
Darstellung: als Bischof, wie er den Teufel aus Götzenbildern austreibt

Gregor der Wundertäter auf einer Ikone aus der Eremitage in Petersburg.

Gregorio Barbarigo hl.
Kardinal
Fest: 18. Juni
Geboren am 16. September 1625 in Venedig (Italien), wurde Gregorio Barbarigo zunächst Bischof von Bergamo, dann von Padua (Italien), 1660 auch Kardinal. Er war sowohl Kirchen- als auch Staatsmann, seine Dienste für Stadt und Bistum Padua waren unermeßlich. Auch für die Versöhnung der Kirchen in Ost und West setzte er sich unermüdlich ein. Zweimal lehnte er die Papstwürde ab. Er starb am 18. Juni 1697 in Padua. Seit 1969 ist sein Kult auf regionale Kalender beschränkt. Heiligsprechung am 26. Mai 1960 durch Papst Johannes XXIII.

Gregorius von Pithiviers hl.
Einsiedler
Fest: 16. März
Gregorius war wohl Armenier. Die unsichere Überlieferung berichtet, er sei zunächst Mönch, dann Bischof von Nikopolis in Armenien gewesen. Nach der Flucht aus der Heimat ließ er sich als Einsiedler in Pithiviers bei Orléans (Frankreich) nieder; dort starb er um 1000. Die Verehrung für ihn wuchs nach seinem Tod noch an; seine Gebeine wurden in die Kirche von Pithiviers überführt.

Grialou, Henri (Marie-Eugène vom Kinde Jesu)
OCarm, Gründer
Fest: 27. März
Geboren am 2. Dezember 1894 in Le Gua in Frankreich, empfing Henri Grialou 1922 die Priesterweihe und trat dem Karmeliterorden bei (Ordensname: Marie-Eugène vom Kinde Jesu). Ab 1948 war er Apostolischer Visitator der Karmelitinnenklöster Frankreichs. Er gründete das Säkularinstitut Notre-Dame de Vie, eine Weltgemeinschaft, deren Mitglieder – Laien und Priester– den Weg zu Gott aufzeigen und die dem Karmeliterorden angeschlossen ist. Das Institut hat heute drei Zweige: Frauen, Männer und Priester. Die Kirche erkannte das Institut 1973 als einzige Gemeinschaft dieser Art an. Grialou starb am 27. März 1967 in Frankreich.

Grillo, Teresa sel.
Ordensgründerin
Fest: 25. Januar
Geboren am 25. September 1855 in Spineta Marengo in Norditalien aus adliger Familie, heiratete Teresa Grillo früh (Ehename: Michel). Nachdem sie mit 36 Jahren Witwe geworden war, widmete sie sich nur noch karitativen Werken und wurde zur Mutter der Verlassenen, Waisen, Alten und Kranken. Mehrere Missionsreisen führten sie bis nach Brasilien. Schließlich gründete sie das Institut der Kleinen Schwestern von der Göttlichen Vorsehung für die Unterstützung ihrer Arbeit. Sie starb am 25. Januar 1944 in Alessandria (Italien). Seligsprechung am 24. Mai 1998.

Kardinal Gregorio Barbarigo.

Henri Grialou als Generalvikar der Karmeliten.

Guido von Anderlecht stirbt, von der Welt vergessen, am 12. September 1012.

Guerricus sel.
OCist, Abt
Fest: 19. August
Guerricus stammte aus Tournai (Frankreich), wo er um 1080 geboren wurde. 1125 trat er in Clairvaux unter → Bernhard dem Zisterzienserorden bei, ab 1138 war er Abt von Kloster Igny (Igny-le-Jard), das Bernhard kurz zuvor gegründet hatte. Guerricus führte Igny zur Blüte und machte es zu einem wichtigen Zentrum des Zisterzienser-Gedankens; er selbst war großes Vorbild. Er starb am 19. August 1157 in Igny. 24. Januar 1889 Seligsprechung.

Guibert (Wibert) hl.
OSB, Ordensmann, Klostergründer
Fest: 23. Mai
Guibert (Wibert) von Darnau war der Gründer des zu seiner Zeit berühmten Benediktinerklosters Gembloux in der ersten Hälfte des 10. Jh. auf dem Besitz von Guibert. Er selbst trat dem Benediktinerkloster Gorze in Frankreich bei, wo er am 23. Mai 962 starb und beigesetzt wurde. Guiberts Kanonisation erfolgte 1100.

Guido von Anderlecht hl.
Küster, Pilger
Fest: 12. September
Guido stammte aus Brabant (Belgien) und war Mitte des 10. Jh. zunächst Küster in Laeken bei Brüssel; danach arbeitete er einige Zeit als Kaufmann und begab sich schließlich auf lange Pilgerreisen nach Jerusalem und Rom. An der Pest erkrankt, starb er nach seiner Rückkehr am 12. September 1012 in Anderlecht (Belgien). An seiner Grabstätte ereigneten sich zahlreiche Wunderheilungen, wodurch sich eine immer größere Wallfahrt entwickelte. Erhebung der Gebeine am 24. Juli 1112.
Darstellung: als Pilger oder in bäuerlicher Kleidung (die Eltern waren arme Bauern), mit Pferd, Ochs
Patronat: von Anderlecht, der Bauern, Knechte, Küster, Glöckner, Kaufleute, Fuhrleute, Pilger, des Viehs, ggen Viehseuchen, gegen die Ruhr

Guido (Wido) von Pomposa hl.
OSB, Abt
Fest: 31. März, 4. Mai
Geboren um 970 in Casamar bei Ravenna (Italien), trat Guido dem Benediktinerorden bei und wurde 998 Abt von Kloster Casamar. In den fast 50 Jahren seiner Amtszeit führte er das Kloster zu großer Blüte, es wurde zum Vorbild der Klosterreform. Guido starb am 31. März 1046 in Borgo San Donnino bei Parma (Italien) auf der Reise zu Kaiser Heinrich III., der ihn sprechen wollte. Der Kaiser überführte die Gebeine am 4. Mai 1047 nach Speyer (Rheinland-Pfalz), wo sie bis heute in der Magdalenenkirche verehrt werden (dort Gedenktag am 4. Mai).

Guido Vagnotelli (von Cortona) sel.
OFM, Ordensmann
Fest: 12. Juni
Geboren um 1185 in Cortona (Italien) wahrscheinlich aus der Adelsfamilie der Vagnotelli, schloß sich Guido 1211 Ordensgründer → Franz von Assisi an, trat dem jungen Orden bei und empfing die Priesterweihe. Guido besaß ein starkes Charisma und wurde vom Volk auf seinen Predigtreisen wie ein Heiliger verehrt. Er starb am 12. Juni 1247 in Celle bei Cortona

Pontifikale Bischof Gundekars von Eichstätt, entstanden um 1071. Dieses Blatt zeigt Gundekar (unten Mitte) und seine Vorgänger, so zum Beispiel → Willibald (oben Mitte).

und wurde unter großer Anteilnahme in Cortona beigesetzt. Sein Sarkophag mit den Gebeinen befindet sich in der Kirche S. Maria in Cortona.

Gumbert hl.
OSB, Abt-Bischof
Fest: 15. Juli, 11. März
Gumbert gründete um 750 auf seinem Gut in Ansbach (Bayern) ein Benediktinerkloster, das er als Abt leitete. 786 übereignete er das Kloster → Karl dem Großen, der es später dem Bistum Würzburg gab. Gumbert starb um 790 (11. März?) in Ansbach; Reliquien befinden sich bis heute in der dortigen Gumbertuskirche sowie in Brüssel und in Köln.

Gummar (Gommar) hl.
Einsiedler, Bekenner
Fest: 11. Oktober
Geboren um 710 in Emblehem (Belgien), wurde Gummar Ritter am Hof von Pippin dem Kurzen. Die Überlieferung berichtet, daß er sich von seiner Ehefrau trennte, als er nach der Rückkehr von einem Feldzug erfuhr, daß sie während seiner Abwesenheit die Dienstboten seines Hauses mißhandelt und gequält hatte. Fortan lebte er in Nivesdonck (Lier) als Einsiedler und gründete dort später ein Kloster, wo er um 775 starb.
Darstellung: als Ritter, Pilger oder römischer Centurio
Patronat: von Antwerpen, Lier, der Drechsler, Handschuhmacher, Tischler, Holzhauer, gegen Bruchleiden, gegen bösartige Ehefrauen

Gundebert
Bischof von Sens
Fest: 21. Februar
Gundebert lebte im 7. Jh. und war wohl Bischof von Sens in Frankreich. Er trat von seinem Amt zurück und ging in die Vogesen, wo er als Einsiedler lebte und um 660 das Kloster Senones gründete. Er starb um 676 in Senones.

Gundekar von Eichstätt
Bischof von Eichstätt
Fest: 2. August
Gundekar lebte im 10. Jh. und war zunächst Hofkaplan von Kaiserin Agnes, später Bischof von Eichstätt (Bayern). Er war überaus demütig und mildtätig und wurde hoch verehrt. Nach seinem Tod am 2. August 1075 entwickelte sich an seiner Grabstätte im Eichstätter Dom eine Wallfahrt.

Gundelindis
OSB, Äbtissin
Fest: 28. März
Gundelindis war die erste Äbtissin des von ihrer Tante → Odilia um 703 gegründeten Benediktinerklosters Niedermünster am Fuß des Odilienberges im Elsaß (Frankreich). Sie starb am 28. März 722 in Niedermünster. Ihre Reliquien gelangten im 16. Jh. nach Einsiedeln (Schweiz).

Günther (Gunther) von Niederaltaich
OSB, Einsiedler
Fest: 9. Oktober
Geboren um 955 in Käfernburg bei Arnstadt als Vetter von Kaiser → Heinrich II., trat Günther mit etwa 50 Jahren als Laienbruder in das Benediktinerkloster Hersfeld (Hessen) ein. Nach verschiedenen persönlichen Enttäuschungen entschied er sich für ein Leben als Einsiedler und zog sich zunächst für einige Jahre auf einen Berg bei Niederaltaich in Bayern zurück. Danach machte er zusammen mit einigen Gefährten im Bayerischen Wald ein Stück Land, das ihm der Kaiser geschenkt hatte, urbar und errichtete eine Kirche, aus der sich dann das Kloster Rinchnach entwickelte. Günther, selbst ein großer Büßer und Beter, vermittelte auch in den Kämpfen zwischen Deutschen und Böhmen. Als er 90 Jahre alt war, zog er sich in die völlige Einsamkeit im Böhmerwald zurück, wo er am 9. Oktober 1045 starb. Die Reliquien wurden später in die Abtei Brevnov bei Prag überführt, 1420 aber zerstört. 1402 Bestätigung des Kultes.
Darstellung: als Mönch oder Einsiedler, mit Buch, Nimbus, Sense, wie ihm ein Engel die Kommunion reicht

Dieser Stich von 1615 zeigt die Legende, wie Herzog Bretislav zusammen mit Bischof Severus von Prag den sterbenden Günther von Niederaltaich entdeckt und ihm die Sterbesakramente reicht. Der Leichnam wurde nach Brevnov bei Prag überführt und dort während der Hussitenkämpfe 1420 zerstört. Angeblich sollen jedoch Reliquienteile in das Filialkloster Poltitz gelangt sein.

Der „Segenspfarrer“ aus Oberschneiding bei Straubing in Bayern, Franz Sales Handwercher.

Handwercher, Franz Sales
Priester
Fest: 17. August
Geboren am 3. Juni 1792 in Oberhausen (Bayern), wurde Franz Sales Handwercher Priester und erfüllte sein Amt mit Leidenschaft und großer Hingabe. Seine Überzeugung war: „Wen der Priester segnet, segnet der Heiland.“ So erfüllt vom unerschütterlichen Vertrauen in die Kraft des Priestersegens, segnete er in seinen Pfarreien Gesunde und Kranke, Lebende und Verstorbene, Wohnungen und Ställe. Die Gläubigen aus der Umgebung nannten Handwercher den „Segenspfarrer“. Er starb am 17. August 1853 in seiner Pfarrei Oberschneiding in Bayern; 1953 wurden seine Gebeine in die dortige Pfarrkirche übertragen.

Harlindis → Relindis

Hartmann, Anastasius
OFMCap, Missionar
Fest: 24. April
Der Kapuzinerpriester Anastasius Hartmann, geboren am 24. Februar 1803 in Altwis in der Schweiz, wirkte ab 1844 als Missionar in Indien. Später war er dort Titularbischof und apostolischer Vikar. Sein Ansehen bei der Bevölkerung war hoch, er wurde schon zu Lebzeiten sehr verehrt. Hartmann starb am 24. April 1866 in Coorjee in Indien. Der Seligsprechungsprozeß ist eingeleitet.

Hartmann von Brixen sel.
CanAug, Bischof von Brixen
Fest: 23. Oktober, 12. Dezember
Geboren um 1090 in Polling bei Passau (Bayern), wurde Hartmann Priester und Dekan in Salzburg. Im Jahr 1140 erhielt er die Ernennung zum Bischof von Brixen (Italien). Hartmann führte ein vorbildliches Leben, war im Volk und bei hohen Persönlichkeiten hoch angesehen und wurde auch von Kaisern und Königen um Rat gefragt. 1142 gründete er in seinem Bistum das Reformkloster Neustift, das er mit Mönchen aus dem Chorherrenstift Klosterneuburg besiedelte, wo er vorher Propst gewesen war. Hartmann starb am 23. Dezember 1164 in Brixen. 1784 Bestätigung des Kultes. Die Grabstätte im Kloster Neustift war über Jahrhunderte Wallfahrtsstätte.
Darstellung: als Bischof, als Augustinerchorherr, mit Jesuskind, Lamm Gottes, Kelch
Patronat: des Bistums Brixen, der Schwangeren

Hartwich (Hartwig) von Salzburg sel.
Erzbischof von Salzburg
Fest: 5. Dezember, 14. Juni
Hartwich, geboren Mitte des 10. Jh. aus der Adelsfamilie der Sponheim, war von 991 bis zu seinem Tod am 5. Dezember 1023 Erzbischof von Salzburg (Österreich). Durch seine Freundschaft mit → Heinrich II. und Otto III. erhielt er verschiedene Privilegien für sein Bistum. Er widmete sich mit großer Hingabe der Festigung und dem weiteren Aufbau der Diözese und baute zahlreiche Klöster und Kirchen. Durch das ganze Mittelalter hindurch genoß Hartwich große Verehrung im Salzburger Raum.

Anastasius Hartmann, nach einem Gemälde von Melchior Paul von Deschwanden und Stans.

Hathumoda
OSB, Äbtissin
Fest: 28. November
Hathumoda, geboren um 840 in Sachsen, war die erste Äbtissin des von ihren Eltern gestifteten Benediktinerinnenklosters Brunshausen in Niedersachsen (das später nach Gandersheim verlegt wurde). Sie war eine überaus gütige Oberin; bei der Pflege einer an der Seuche erkrankten Mitschwester infizierte sie sich selbst und starb am 28. November 874 im Kloster Gandersheim. Hathumoda wurde häufig als Heilige bezeichnet.

Haw, Johannes Maria
Ordensgründer
Fest: 28. Oktober
Geboren am 26. Mai 1871 in Schweich (Rheinland-Pfalz), empfing Johannes Maria Haw 1895 die Priesterweihe und widmete danach sein seelsorgerisches Leben hauptsächlich Verzweifelten und Lebensmüden sowie alkoholkranken Menschen. Zusammen mit einigen Laien gründete er 1919 in Leutesdorf in Rheinland-Pfalz den Johannesbund „zur Förderung des Reiches Christi in den Seelen, in den Familien und im öffentlichen Leben“. Der Bund gliedert sich in die beiden Gemeinschaften der Missionare vom heiligen Johannes dem Täufer sowie der Johannesschwestern von Maria Königin (sie widmen sich der Sorge für Obdachlose und Hilfebedürftige und der Förderung der Exerzitienbewegung). 1926 gründete Haw die Zentralstelle der Katholischen Schriftenmission.

Pater Johannes Maria Haw, Gründer des Johannesbundes „zur Förderung des Reiches Christi in den Seelen, in den Familien und im öffentlichen Leben".

Nachdem die Nationalsozialisten 1941 das gesamte Werk aufgelöst hatten, baute Haw es ab 1945 wieder auf. Er starb am 28. Oktober 1949 in Leutesdorf. Der Seligsprechungsprozeß ist eingeleitet.

Haze, Jeanne (Marie Therèse vom Heiligsten Herzen Jesu) scl.
Ordensgründerin
Fest: 7. Januar
Jeanne Haze, geboren am 27. Februar 1782 in Lüttich (Belgien), gründete 1833 in Lüttich die Kongregation der Töchter vom heiligen Kreuz, die sich um Schulen und Waisenhäuser sowie um weibliche Gefangene kümmerte. Sie starb am 7. Januar 1876 in Lüttich. Die Seligsprechung erfolgte am 24. April 1991.

Hedda hl.
OSB, Bischof von Wessex
Fest: 7. Juli
Der Benediktinermönch Hedda, geboren Mitte des 7. Jh. in England, war ab 676 Bischof der geteilten Diözese Wessex; er residierte erst in Dorchester, später in Winchester. Er war ein großer Wohltäter vor allem der Klöster. Hedda starb am 7. Juli 705. Es heißt, daß sich an seinem Grab zahlreiche Wunderheilungen ereignet hätten.

Hedwig (Jadwiga) von Polen hl.
Königin von Polen
Fest: 17. Juli
In einem bewegenden Gottesdienst vor zwei Millionen Gläubigen sprach der polnische Papst Johannes Paul II. am 8. Juni 1997 in Krakau (Polen) Hedwig von Polen heilig. Hedwig, geboren am 18. Februar 1374 in Buda (Budapest), wurde von ihrem Vater König Ludwig I. von Ungarn und Polen schon nach der Geburt mit Wilhelm von Österreich verlobt. Ludwig starb 1382, Hedwig wurde 1384 in Krakau zur Königin ernannt. 1386 heiratete sie, zwölfjährig, den litauischen König Jagiello, nachdem sie sich von ihm zuvor das Versprechen eingeholt hatte, daß er sich taufen lasse und sein Land Litauen christianisiere. Gemeinsam verwandten Hedwig und Jagiello dann alle Kraft darauf, das litauische Volk zum Christentum zu führen, und unterstützten die Mission. Hedwig war eine große Wohltäterin und wurde schon zu Lebzeiten wie eine Heilige verehrt, was sich nach ihrem Tod am 17. Juli 1399 im Alter von 25 Jahren noch verstärkte. Die Hedwig-Grabstätte in der Wawel-Kathedrale in Krakau wurde zu einer Wallfahrtsstätte.
Darstellung: als junge Königin im Mantel mit Anjou-Lilien, vor der Madonna kniend

Hedwig von Schlesien hl.
Herzogin von Schlesien
Fest: 16. Oktober, 15. Oktober
Geboren wohl 1174 in Andechs (Bayern) als Tochter von Graf Berthold von Andechs-Meranien, erhielt Hedwig, eine Tante von → Elisabeth von Thüringen, ihre Erziehung im Benediktinerinnenkloster Kitzingen (Bayern). Im Alter von zwölf Jahren wurde sie mit Herzog Heinrich I. von Schlesien verheiratet, mit dem sie in den folgenden Jahren sieben Kinder bekam und eine glückliche Ehe führte. Beide bemühten sich um die Christianisierung Schlesiens und ebneten den Weg für die Missionare zahlreicher Ordensgemeinschaften. Hedwig war eine große Wohltäterin im Volk, sie stiftete Spitäler und Kranken-

Jeanne Marie Therèse vom Heiligsten Herzen Jesu Haze, Gründerin der Kongregation der Töchter vom heiligen Kreuz.

Der sogenannte Schlackenwerther Codex oder Hedwigcodex, von 1353, zeigt eine Ganzfigur der Hedwig von Schlesien. Die Darstellung zeigt die Attribute der Heiligen, ein Buch, den Rosenkranz, ein Paar Schuhe und eine Figur der Muttergottes Maria. J. Paul Getty Museum, Malibu, Kalifornien, USA.

Das Zisterzienserinnen-Kloster Trebnitz, erstes Frauenkloster in Schlesien, gegründet 1202, ist Grabstätte der heiligen Hedwig von Schlesien.

pflegeeinrichtungen. Zusammen mit Heinrich gründete sie 1202 in Trebnitz bei Breslau das berühmte Zisterzienserinnenkloster Trebnitz, den ersten Frauenkonvent in Schlesien überhaupt. Als Heinrich nach über 50jähriger Ehe starb, zog sich Hedwig nach Trebnitz zurück, wo sie am 15. Oktober 1243 starb und beigesetzt wurde; ihre Grabstätte ist bis heute ein Wallfahrtsort. 26. März 1267 Heiligsprechung.
Darstellung: als Herzogin, als Zisterzienserin, mit Krone, Kirchenmodell, Marienstatuette, Marienbild, Almosen spendend, mit Schuhen in der Hand
Patronat: von Polen, Schlesien, Breslau, Berlin und Trebnitz, der Brautleute

Heimerad
Priester, Einsiedler
Fest: 28. Juni
Der Priester Heimerad aus Meßkirch (Baden-Württemberg) unternahm um 1000 mehrere große Wallfahrten, so ins Heilige Land und nach Rom. Nachdem er danach vergeblich versucht hatte, in einem Kloster aufgenommen zu werden, ließ er sich als Einsiedler auf dem Hasunger Berg in der Nähe von Kassel (Hessen) nieder. Das Volk verhöhnte ihn zunächst wegen seiner seltsamen Lebensweise – er war völlig verwahrlost –, bald aber verehrte man ihn als „heiligen Narren“; er wurde zu einem begehrten Ratgeber für einfache Menschen, aber auch für hohe Persönlichkeiten. Heimerad starb am 28. Juni 1019 in Hasungen. Kult wurde nie offiziell anerkannt.

Heimgartner, Bernarda
Ordensgründerin
Fest: 12. Dezember
Geboren am 26. November 1822 in Fislisbach (Schweiz), gründete Bernarda Heimgartner 1844 zusammen mit → Theodosius Florentini die Kongregation der Lehrschwestern vom Heiligen Kreuz, nach dem Standort des Mutterhauses in Menzingen auch Menzinger Schwestern genannt. Bis zu ihrem Tod am 12. Dezember 1863 war sie Oberin. Der Seligsprechungsprozeß ist eingeleitet.

Heinrich II. (der Heilige) hl. Kaiser
Fest: 13. Juli
Heinrich II., später „der Heilige“ genannt, kam am 6. Mai 973 in Bayern (möglicherweise in Abbach) zur Welt (andere Quellen sprechen von Hildesheim als Geburtsort). Sein Vater war Bayernherzog Heinrich der Zänker, dem er 995 als Herrscher folgte. Nach dem Tod von Kaiser Otto III. im Jahr 1002 wurde er zum deutschen

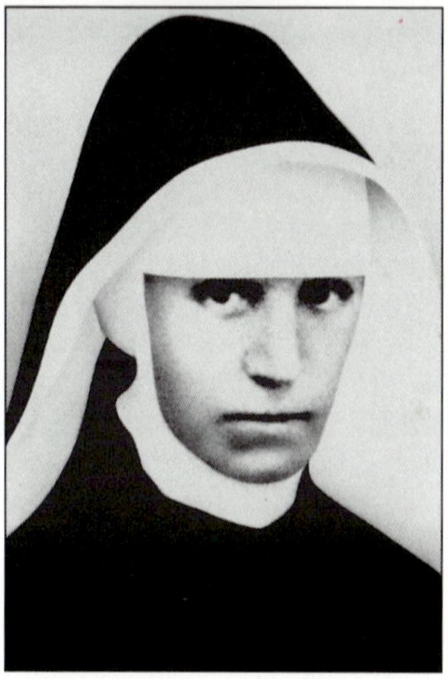

Erste Generaloberin der Schwestern vom Heiligen Kreuz war Bernarda Heimgartner.

König gekrönt. 998 heiratete Heinrich → Kunigunde, eine luxemburgische Grafentochter; die Ehe blieb kinderlos, da sich das Paar angeblich Jungfräulichkeit geschworen hatte. Die Legende erzählt, daß Heinrich dies auf dem Sterbebett den umstehenden Bischöfen versichert habe. 1014 krönte Papst Benedikt VIII. das Königspaar in Rom zu Kaiser und Kaiserin. Heinrich festigte die innere Verbindung zwischen dem Reich und der Kirche, seine großzügigen Schenkungen förderten Klöster und Kirchen. In Bamberg (Bayern) wird er als Gründer des Bistums gefeiert, das aufgehobene Bistum Merseburg begründete er neu, in Basel gründete er das

Kaiser Heinrich II., nach einem Ausschnitt aus dem Königsfenster im Straßburger Münster, um 1260.

Münster. Heinrich II. machte die Bistümer im Reich zu Stützen der königlichen Macht; unbeirrt von anderen Vorschlägen setzte er jene Bischöfe ein, die ihm tatkräftig und durchsetzungsfähig erschienen. Mit seinem eigenen Leben war Heinrich II. Vorbild für das Volk; er lebte demütig und bescheiden, war dem Bußgedanken verbunden und wirkte als großer Wohltäter für die Armen. Unterstützt wurde er in allem von seiner christlich gesinnten Ehefrau Kunigunde, beide galten als Vorbilder einer christlichen Herrschaft. Heinrich II. starb am 13. Juli 1024 in Grona bei Göttingen (Nordrhein-Westfalen); beigesetzt wurde er in seiner Lieblingsgründung, im Dom zu Bamberg. Kunigunde fand nach ihrem Tod ihre letzte Ruhestätte neben Heinrich. Papst Eugen III. sprach Heinrich am 12. März 1146 heilig.
Darstellung: als Kaiser oder als Heiliger, mit königlichen Insignien, mit Kirchenmodell, mit Lilie, oft gemeinsam mit Kunigunde
Patronat: Bamberg (Erzbistum und Stadt), Basel (Bistum und Stadt)

Heinrich von Bonn sel.
Ritter
Fest: 25. Oktober, 18. Oktober
Heinrich stammte aus Bonn (Nordrhein-Westfalen), wo er um 1100 geboren wurde. Während des Zweiten Kreuzzuges fiel er am 25. Oktober 1147 bei der Belagerung von Lissabon (Portugal). An seiner Grabstätte in der Kirche St. Vinzenz in Lissabon ereigneten sich mehrere Wunder, was eine starke Verehrung für Heinrich auslöste und zur Approbation des Kultes führte.

Heinrich von Bozen (von Treviso) sel.
Einsiedler
Fest: 10. Juni
Heinrich, der in Italien auch San Rigo genannt wird, stammte aus Bozen, wo er um 1250 geboren wurde. Er führte ein Leben der strengen Abtötung und verdiente sich seinen Lebensunterhalt als Gepäckträger, zuerst in Bozen, dann in Treviso in Norditalien. Später lebte er als Eremit auf einer Bergalm. Im Volk wurde er schon zu Lebzeiten hoch verehrt; bei seinem Tod am 10. Juni 1315 und bei seinem Begräbnis im Dom von Treviso beweinten ihn Tausende. Mehrere hundert Wunder um seine Person sind dann überliefert. Papst Benedikt XIV. und Pius VII. gestatteten den Kult für die Diözesen Treviso und Trient. In Bozen wurde 1870 eine Kirche zu Ehren Heinrichs erbaut.
Patronat: der Holzfäller

Heinrich von Clairvaux sel.
OCist, Abt, Kardinalbischof
Fest: 1. Januar
Geboren Mitte des 12. Jh. in Burgund (Frankreich), trat Heinrich dem Zisterzienserorden bei und wurde 1176 Abt von Kloster Clairvaux. 1179 erhielt er die Ernennung zum Kardinalbischof von Albano (Italien). Die Päpste, denen er als Legat diente, suchten und schätzten seinen Rat und seine diplomatischen Fähigkeiten, und auch Kaiser und Könige hörten auf ihn. Heinrich starb am 1. Januar 1189 und wurde in Kloster Clairvaux beigesetzt.

Heinrich von Ebrantshausen
Einsiedler
Fest: 15. Mai
Heinrich von Ebrantshausen gehört zu den Lokalheiligen in Niederbayern und wird dort bis zum heutigen Tag verehrt. Geboren um 1120 als Graf von Riedenburg, unternahm Heinrich eine ausgedehnte Wallfahrt ins Heilige Land und ließ sich danach bei Ebrantshausen im Bistum Regensburg (Bayern) als Einsiedler nieder. In den folgenden 40 Jahren

bis zu seinem Tod sprach er kein einziges Wort, um seine adlige Herkunft nicht zu verraten. Heinrich verdiente sich seinen Lebensunterhalt als Hirte; wenn er um milde Gaben bat, läutete er ein Glöcklein, das er um den Hals trug. Betrauert vom Volk, starb er am 15. Mai um 1155 in Ebrantshausen. – Um die Person Heinrichs entwickelte sich ein starkes Brauchtum: Noch heute findet am Gedenktag eine Prozession durch Ebrantshausen statt; sogenannte „Heinrichszeltl" – kleine Brote mit Kreuzzeichen – werden dem Vieh unters Futter gemengt; Bauern bringen Andachtsbilder mit dem Abbild von Heinrich an den Stalltüren an. In der Ebrantshauser Pfarrkirche hängt bis heute ein Glöckchen an einer Kette, das sich Gläubige am Ohr läuten, wenn sie ein Ohrenleiden haben (angeblich hat Heinrich damit einen Schwerhörigen geheilt).
Darstellung: meist als Pilger mit oder ohne Hut, mit Glöckchen, Stab, Buch, Eisenring
Patronat: gegen Ohrenleiden, des Viehs

Heinrich von Finnland (von Uppsala) hl.
Bischof(?), Märtyrer
Fest: 19. Januar, 20. Januar (Finnland)
Die Vita von Heinrich ist nicht ganz gesichert; die einen Überlieferungen nennen ihn Bischof von Uppsala in Schweden, die anderen verneinen dies. Er soll Engländer von Geburt gewesen und um 1110 geboren worden sein. Um 1152 kam er möglicherweise nach Schweden und wurde dort Bischof von Uppsala, in seiner Arbeit unterstützt von König → Erich IX. Jedvardsson, mit dem er um 1156 zur Missionierung nach Finnland zog. Schon bald nach Eintreffen in Finnland wurde Heinrich von einem Finnen ermordet, den er zuvor exkommuniziert hatte; als Todesdatum werden der 19. und der 20. Januar 1156 genannt. Papst Hadrian IV., den Heinrich zu Beginn seiner Missionstätigkeit nach Skandinavien begleitet hatte, soll ihn schon 1158 kanonisiert haben.
Patronat: von Finnland

Heinrich von Ebrantshausen nach einem neueren Andachtsbildchen.

Heinrich von Grünenwörth sel.
Mystiker
Fest: 12. April
Heinrich war im 14. Jh. zunächst Einsiedler bei Schwyz (Schweiz), bevor er in die Gegend von Straßburg im Elsaß (Frankreich) zog und dort wohl Laienbruder war. Er war mystisch hoch begnadet und soll über 15 Jahre ohne jegliche Nahrung und nur von der heiligen Kommunion gelebt haben. Er starb am 12. April 1396 im Johanniterkloster in Grünenwörth bei Straßburg, wo er auch beigesetzt wurde.

Heinrich von Heisterbach sel.
OCist, Abt, Mystiker
Fest: 11. November
Heinrich war ab 1208 Abt des Zisterzienserklosters Heisterbach (Nordrhein-Westfalen), das er zu großer Blüte führte. Er war mystisch begnadet und hatte ein außergewöhnliches Charisma, das er auch bei seinen Kreuzzugspredigten unter Beweis stellte. Heinrich starb am 11. November 1242 in Heisterbach, schon verehrt wie ein Heiliger.

Heinrich Michael Buch (der gute Heinrich)
Gründer
Fest: 9. Juni
Heinrich Michael Buch stammte aus der Luxemburger Gegend und

Heinrich Seuse, nach einem Gemälde von Zurbarán, Museum der Schönen Künste, Sevilla. Eine typische Darstellung mit Griffel und eingeritztem Jesus-Monogramm auf seinem Körper.

ließ sich um 1640 in Paris nieder. Von Beruf war er Schuhmacher, und mit Zustimmung des Bischofs von Paris gründete er eine Bruderschaft für Schuster, als deren Patrone er → Krispin und Krispinian erwählte. Nach dem Vorbild dieser Gemeinschaft entstand später in Paris auch eine Bruderschaft der Schneider; beide Einrichtungen wurden bald auch außerhalb Frankreichs nachgeahmt. Heinrich starb am 9. Juni 1666 in Paris, hoch verehrt vom Volk.

Heinrich Seuse (Suso) sel.
OP, Ordensmann, Mystiker
Fest: 23. Januar
Heinrich Seuse gilt als einer der bedeutendsten Mystiker der deutschen Geschichte; seine Schriften, so das „Büchlein der Wahrheit" und das „Büchlein der ewigen Weisheit", wurden in verschiedene Sprachen übersetzt, in vielen Auflagen gedruckt und werden bis heute gelesen. Geboren am 21. März um 1300 (1295?) als Sohn des Ritters von Berg am

Gegenüberliegende Seite: Kaiser → Konstantin mit seiner Mutter Helena, Fresko im Kloster Meleseva, 13. Jh.

Bodensee (bei Konstanz), nahm Heinrich schon als Kind den Namen seiner Mutter an. 13jährig trat er in Konstanz dem Dominikanerorden bei, begann ein intensives Klosterleben dort aber erst mit 18 Jahren nach seiner ersten Vision. Um Christus ähnlich zu werden, unterzog sich Heinrich in den folgenden fast 20 Jahren schweren Abtötungen und Kasteiungen, er trug eiserne Ketten am Leib, geißelte sich, verzichtete auf Essen und Trinken, schlief kaum und brannte sich den Namen Jesus Christus in die Haut ein. Später wirkte er als begnadeter Seelsorger und Prediger, sein Charisma zog die Menschen an. Aufgrund von Verleumdungen versetzte ihn sein Orden 1347 nach Ulm (Baden-Württemberg), wo er am 25. Januar 1366 starb. Beigesetzt wurde Heinrich Seuse in der Dominikanerkirche in Ulm. 1831 erteilte Papst Gregor XVI. die Erlaubnis, ihn als Seligen zu verehren.

Darstellung: als Dominikaner, mit Dornenkrone, Kranz von Blumen oder Rosen, mit Griffel oder Monogramm des Namens Jesu, mit Hund, der ein Tuch oder eine Lilie in der Schnauze trägt, mit Jesuskind

Heinrich Zdik
Bischof von Olmütz
Fest: 25. Juni
Heinrich, angeblich ein Sohn des böhmischen Königs, war ab 1126 Bischof von Olmütz in Mähren. Während einer Reise ins Heilige Land trat er dem Prämonstratenserorden bei. Nach seiner Rückkehr in seine Diözese führte er dort den Orden ein und gründete später verschiedene Klöster; die bekanntesten waren Strahov in Prag und Windberg in Bayern. Heinrich starb am 25. Juni 1150 in Olmütz.

Heldrad → Eldrad

Helena hl.
Kaiserin
Fest: 18. August,
21. Mai (mit Konstantin)
Helena, die Mutter von Kaiser → Konstantin, galt als Vorbild einer christlichen Herrscherin. Geboren um 255 in Bithynien (Türkei), betrieb die Heidin zunächst ein Gasthaus. Aus der unehelichen Beziehung mit Constantius I. Chlorus entstammte Konstantin, der um 285 geboren wurde. Als Konstantin ab 306 Herrscher im Nordwesten des Römerreiches war, unterstützte sie ihn in Trier in seiner Arbeit. Nachdem Kaiser Galerius 311 den Frieden für die Christen per Edikt verkündet hatte, bekehrte sich Helena und empfing 312 die Taufe. In der Folge ließ sie zahlreiche Kirchen erbauen, so in Rom, im Heiligen Land, in Konstantinopel und in Köln. Auf ihrer Pilgerreise durch das Heilige Land fand sie angeblich das Kreuz Christi auf und ließ für seine Aufbewahrung in Rom die Kirche S. Croce in Gerusalemme erbauen. Die Überlieferung berichtet auch, sie habe die Reliquien des Apostels → Matthias und den Heiligen Rock nach Trier (Rheinland-Pfalz) gebracht. Helena starb um 330 in Nikomedien (Türkei). Angebliche Reliquien werden in der Kirche S. Maria in Aracoeli in Rom, in Paris und Hautvillers in Frankreich sowie in Trier aufbewahrt. – In der Ostkirche gedenkt man Helenas gemeinsam mit Konstantin am 21. Mai. Konstantin soll seiner Mutter 327 den Titel einer Kaiserin verliehen haben.

Darstellung: in edler Kleidung, mit Kaiserkrone, Kreuz, Kirchenmodell, Nägeln

Patronat: von Frankfurt, Pesaro, Ascoli, der Bistümer Trier, Bamberg, Basel, der Färber und Nadler, der Bergwerke und Bergleute, der Schatzgräber, gegen Blitz und Feuer, zur Auffindung verlorener Gegenstände, zur Aufdeckung von Diebstählen

Die Ruinen des Mausoleums der heiligen Kaiserin Helena aus dem 14. Jh. in Rom.

Helena Enselmini sel.
OSCl, Mystikerin
Fest: 4. November
Helena Enselmini trat 13jährig 1220, noch zu Lebzeiten von → Franz von Assisi, in das von ihm gegründete Klarissenkloster Arcella bei Padua in Norditalien ein. Sie führte bis zu ihrem Tod am 4. November 1231 ein Leben der Abtötung und der völligen Armut. Im Verlauf einer schweren Krankheit hatte sie viele Visionen. Ihre Grabstätte befindet sich in der Kirche S. Sofia in Padua. 1695 Bestätigung des Kultes.

Helena von Skövde sel.
Witwe, Märtyrerin
Fest: 31. Juli
Bis heute wird Helena von Skövde

Die heilige Hemma von Gurk, Detail aus dem vierten Hemmarelief im Salvatorianer-Kolleg im Dom von Gurk in Kärnten, Österreich.

in Schweden verehrt, ihre Reliquien befinden sich in Skövde. Sie war eine schwedische Adlige, die sich nach dem Tod ihres Ehemannes um die Armen und Bedürftigen kümmerte und ihr ganzes Vermögen für karitative Werke gab. Bei der Rückkehr von einer Wallfahrt nach Jerusalem wurde sie 1160 von Verwandten erschlagen. 1164 Bestätigung des Kultes.

Helena (Ilona) von Ungarn
OP, Priorin, Mystikerin
Fest: 9. November
Helena war im 13. Jh. Priorin im Dominikanerinnenkloster Veszprèm in Ungarn. Sie war mystisch hoch begnadet und trug die Stigmata Christi. Das Todesjahr war 1270. In Ungarn und im Dominikanerorden wird sie als Selige verehrt.

Helga → Ilga

Helier
Einsiedler, Märtyrer
Fest: 16. Juli
Helier lebte im 6. oder im 7. Jh. auf der Insel Jersey als Einsiedler. Er wurde von Heiden ermordet, denen er predigte. Helier gilt als erster Heiliger von Jersey.

Helinand sel.
OCist, Ordensmann
Fest: 3. Februar
Helinand, geboren um 1160 in Pronleroy (Frankreich), war zunächst Hofsänger, bekehrte sich dann und wurde um 1185 Zisterzienser im Kloster Froidmont. Er machte durch zahlreiche schriftstellerische Werke auf sich aufmerksam, so durch eine Weltchronik. Er starb um 1230 in Froidmont.

Heliodorus hl.
Bischof von Altinum
Fest: 3. Juli
Geboren um 335 in Altinum (Altino) in Norditalien, war Heliodorus zunächst Soldat, wandte sich dann aber dem Asketenleben zu. 375 ging er nach Jerusalem und traf dort → Hieronymus, mit dem ihn bald eine Freundschaft verband. Danach ließ er sich bei Altinum nieder und wurde um 380 der wahrscheinlich erste Bischof von Altinum. Er starb an einem 3. Juli um 407 nach einer vielbeachteten Amtszeit.

Helmtrud
Einsiedlerin
Fest: 31. Mai
Helmtrud war eine berühmte Einsiedlerin, die im 10. Jh. beim Kloster Neuenheerse (Nordrhein-Westfalen) lebte. Sie starb dort um 950.

Hemma sel.
OSB, Königin, Äbtissin
Fest: 31. Januar
Geboren um 810, heiratete Hemma den deutschen König Ludwig den Deutschen und wurde Königin; das Paar bekam sieben Kinder miteinander (unter anderem Karlmann). Sie unterstützte Kirchen und Klöster großzügig, vor allem das Benediktinerinnenkloster Obermünster in Regensburg (Bayern), das sie später selbst leitete. Hemma starb wohl am 31. Januar 876 in Regensburg; ihre Grabplatte ist bis heute in St. Emmeram in Regensburg zu sehen, das ebenso wie Obermünster erklärt, im Besitz ihres Grabes zu sein.
Darstellung: in vornehmer Kleidung, mit Krone und Reichsapfel

Hemma von Gurk hl.
OSB, Stifterin, Klosterfrau
Fest: 29. Juni, 27. Juni
Geboren um 990 wohl in Kärnten (Österreich), heiratete Hemma jung den Grafen → Wilhelm von Sann. Nach dessen frühem Tod und der Ermordung ihres Sohnes zog sie sich von der Gesellschaft zurück und widmete sich nur noch kirchlichen Stiftungen und Werken der Nächstenliebe. Aus ihrem Vermögen gründete sie unter anderem das Benediktinerinnenkloster Gurk in Kärnten und schuf die Grundlagen für die Errichtung

Rechts: Grabaltar der heiligen Hemma von Gurk in der Krypta im Dom von Gurk. Die Figurengruppe wurde von Antonio Corracini 1720 geschaffen.

des Benediktinerklosters Admont in der Steiermark. Hemma selbst trat wohl als Klosterfrau in Gurk ein, wo sie am 29. Juni 1045 starb. Ihre Reliquien befinden sich seit 1174 in der Krypta der Dom- und Pfarrkirche Maria Himmelfahrt in Gurk. 4. Januar 1938 Heiligsprechung.
Darstellung: als vornehme Dame, mit großer Haube, mit Kirchenmodell, Rose, Urkunde
Patronat: von Kärnten, des Bistums Gurk-Klagenfurt, gegen Augenleiden, gegen Krankheit allgemein, für eine glückliche Geburt

Hemming sel.
Bischof von Abo
Fest: 21. Mai, 22. Mai
Die Verehrung von Hemming wurde vor allem vom Birgittenorden gefördert, da er mit → Birgitta befreundet gewesen war. Hemming stammte aus Bälinge in Schweden und wurde 1338 Bischof der schwedischen Diözese Abo, die er bis zu seinem Tod am 21. Mai 1366 vorbildlich leitete. Sein Grab befindet sich im Dom von Abo. 1499 Seligsprechung.

Herais → Irais

Heraklas hl.
Patriarch von Alexandria
Fest: 14. Juli
Heraklas war von 231 bis 246 Patriarch von Alexandria. Er galt als sehr gelehrt und war ein vielgesuchter Ratgeber. Er starb wohl am 14. Juli 246.

Herbert von Cumberland
Priester
Fest: 20. März
Der englische Priester Herbert von Cumberland war ein Schüler des berühmten → Cuthbert; er verehrte diesen so sehr, daß es sein größter Wunsch war, am selben Tag wie er zu sterben. Tatsächlich starben Herbert und Cuthbert beide am 20. März 687 auf Farna Island, England.

Herculanus hl.
Bischof von Perugia, Märtyrer
Fest: 7. November, 1. März
Die unsichere Vita berichtet, Herculanus sei im 6. Jh. Bischof von Perugia (Italien) gewesen und habe unter Totila den Märtyrertod durch Enthauptung erlitten. Das Todesjahr war 549 oder 547. Die Gebeine werden in der Kirche S. Lorenzo in Perugia aufbewahrt.

Hereswitha hl.
OSB, Königin, Ordensfrau
Fest: 3. September
Hereswitha war eine Prinzessin aus Northumbria, Schwester von → Hilda, Mutter von → Sexburga und Ethelburga. Ihre zweite Lebenshälfte verbrachte sie als Ordensfrau im Benediktinerinnenkloster Chelles (Frankreich), wo sie um 647 eintrat. Sie starb um 690.

Heribert von Köln hl.
Erzbischof von Köln
Fest: 16. März, 30. August
Heribert kam um 970 in Worms (Rheinland-Pfalz) als Sohn einer Grafenfamilie zur Welt. Seine Erziehung erhielt er an der Wormser Domschule und in der Reformabtei Gorze. Er wurde Dompropst in Worms, 994 erhielt er die Ernennung zum Kanzler von Otto III. für Italien, 998 auch für Deutschland. 995 hatte er die Priesterweihe empfangen. 999 wurde Heribert zum Erzbischof von Köln gewählt. Aufgrund seiner schlechten Beziehung zu → Heinrich II. trat er als Kanzler zurück, respektierte den Kaiser jedoch (später verbesserte sich das Verhältnis). Heribert starb am 16. März 1021 in Köln und wurde in der von ihm gegründeten (späteren Heribert-)Kirche in Köln-Deutz beigesetzt. 1147 Erhebung der Gebeine, 1180 Übertragung in den bis heute erhaltenen Goldschrein.
Darstellung: als Erzbischof, im Gebet, um Regen bittend
Patronat: von Köln-Deutz, für Regen

Grabplatte mit dem Antlitz der Königin Hemma in der Kirche St. Emmeram in Regensburg, 13. Jh.

Herkumbert → Erkanbert

Herluin von Bec sel.
OSB, Abt
Fest: 26. August
Herluin (Hellouin), geboren um 995 in der Normandie (Frankreich), gründete 1034 auf dem ihm gehörenden Familienbesitz ein Kloster, trat dem Benediktinerorden bei und wurde Abt. 1039 verlegte er das Kloster nach Bec (Normandie); einer der berühmtesten Mönche war ab 1043 → Lanfranc, später folgte → Anselm

Erzbischof Heribert mit den Tugendfiguren Demut und Nächstenliebe. Detail aus der Hauptgiebelseite des Heribert-Schreins, um 1170, hinter dem Hochaltar in der Kirche St. Heribert in Köln-Deutz.

HIERONIMVS
DIVINA
THRONO EVLTVS VBIQVE DO

und als Sänger auftrat. Um 550 gründete er das Kloster Lanhouarneau, dessen Abt er wurde. Er starb 575; die Reliquien befinden sich in der Kathedrale von Nantes (Frankreich).
Darstellung: als blinder Greis, von einem Wolf geführt
Patronat: der bretonischen Sänger, der Pferde

Hesychios von Palästina hl.
Mönch
Fest: 3. Oktober
Hesychios, geboren um 290 in Palästina, war Schüler von → Hilarion, dem Begründer des Mönchtums in Palästina. Er starb um 375 in Palästina.

Hetto → Etto

Hieron von Schottland hl.
Märtyrer
Fest: 17. August
Hieron war wahrscheinlich ein Schotte; im 9. Jh. wirkte er als Missionar in Friesland. Bei einem Normanneneinfall wurde er 856 in Noordwijk ermordet.
Patronat: für das Auffinden verlorener Sachen (weil angeblich seine Gebeine im 10. Jh. auf wundersame Weise wieder aufgefunden wurden)

Hieronymus hl.
Priester, Kirchenlehrer
Fest: 30. September
Hieronymus war einer der größten Theologen überhaupt, er gab dem Klosterleben im Abendland wichtige Impulse, bereitete ihm den Weg. Hieronymus gehört zur Gruppe der vier lateinischen Kirchenväter und wurde 1295 zum Kirchenlehrer ernannt. – Geboren um 347 in Stridon in Dalmatien, studierte Hieronymus in Rom und empfing dort auch die Taufe. Nach einem Aufenthalt in Trier (Rheinland-Pfalz) schloß er sich 370 in Aquileia in Norditalien einem asketischen Freundeskreis („Chor der Seligen") an. Ab 373 unternahm er mehrere Pilgerfahrten in den Orient; einige Zeit lebte er in strengster Abgeschiedenheit in einer Mönchsgemeinschaft bei Aleppo (Syrien), dann empfing er in Antiochien die Priesterweihe und kehrte 382 nach Rom zurück, wo er Sekretär von Papst → Damasus I. wurde. Als der Papst 384 starb, machte sich Hieronymus Hoffnungen auf die Nachfolge, und viele hielten ihn wegen seiner hohen Bildung dafür auch geeignet. Doch er hatte zuviele Feinde, die ihn verleumdeten, so daß ein anderer gewählt wurde. Tief enttäuscht verließ Hieronymus 385 Rom gemeinsam mit einem Kreis frommer Frauen, die sich um ihn gesammelt hatten, besuchte Ägypten und ließ sich 386 in Betlehem nieder. Dort gründete er in der Folge mehrere Frauen- und Männerklöster und widmete sich völlig seinen theologischen Studien und Schriften. Als Höhepunkt in seinem Schriftwerk wird die „Vulgata" angesehen, eine allgemein gebräuchliche Bibelübersetzung, die sogenannte „Kirchenbibel". Bis heute sind von ihm 117 Briefe in außergewöhnlich klarer Sprache erhalten. Hieronymus starb am 30. September 419 oder 420 in Betlehem. Seine Gebeine kamen Ende des 13. Jh. in die Kirche S. Maria Maggiore in Rom.
Darstellung: fast immer als alter Mann, mit Kardinalshut (obwohl er nie Kardinal war), an einem Schreibpult schreibend oder lesend, mit Löwen, Totenschädel, als Einsiedler in oder vor seiner Höhle
Patronat: von Dalmatien, von Lyon, der Theologen, Gelehrten, Studenten, Lehrer, Schüler, Korrektoren, Übersetzer, der Universitäten, der Asketen, gegen Augenleiden

Gegenüberliegende Seite: Szenen aus dem Leben des heiligen Hieronymus, Miniatur aus der Bibel Karls des Kahlen, im Kirchenschatz von San Paolo fuori le mura, Rom. Von oben nach unten sieht man Hieronymus von Rom nach Jerusalem aufbrechen, in der Mitte bei der Übersetzung der Bibel mit seinen beiden Schülern → Paula (links) und Eustachius (rechts von ihm). Ganz unten verteilt Hieronymus die Bibel.

Das Begräbnis des heiligen Hieronymus, nach einem Gemälde von Vittorio Carpaccio, um 1500.

Porträt des Hieronymus Aemiliani von Jacopo da Ponte, wohl entstanden zu Lebzeiten, Museo Correr, Venedig.

Hieronymus Aemiliani hl.
Ordensgründer
Fest: 8. Februar
Hieronymus Aemiliani (Girolamo Miani) war der Gründer des Somaskerordens, der sich die Pflege von Waisen zur Aufgabe gemacht hat. Geboren 1486 in Venedig (Italien), hatte er zunächst die Militärlaufbahn eingeschlagen und war Offizier und später General. Als er auf wundersame Weise aus Kriegsgefangenschaft freikam, trat er aus dem Militärdienst aus und wandte sich dem kirchlichen Leben zu. 1518 empfing er die Priesterweihe, danach gründete er in Norditalien zahlreiche Waisenhäuser. Die Zentrale dieser Einrichtungen befand sich in Somasca in der Lombardei, wo Hieronymus Aemiliani 1532 auch seine Ordensgemeinschaft ins Leben rief (1540 päpstliche Bestätigung). Er selbst trat dem Orden nicht bei. Er starb am 8. Februar 1537 in Somasca an der Pest. 1767 Heiligsprechung.
Darstellung: in vornehmer Kleidung, mit Kette, Eisenkugeln, mit Kindern
Patronat: von Venedig und Treviso, der Waisen, der Gründer von Schulen und Waisenhäusern

Hieronymus Ranuzzi sel.
OSM, Ordensmann
Fest: 11. Dezember
Geboren um 1390 in Sant'Angelo in Vado (Italien), trat Hieronymus Ranuzzi jung dem Servitenorden bei und übernahm im Laufe seiner Ordenszeit verschiedene Ämter; immer aber blieb der Priester Seelsorger mit Leib und Seele. Er war einer der bekanntesten Marienverehrer seiner Zeit. Die letzten Jahre vor seinem Tod am 11. Dezember 1455 lebte er in der Einsamkeit einer Klause. 1. April 1775 Seligsprechung.

Hilaria
Jungfrau, Mutter von Afra
Fest: 12. August
Hilaria war nach der Legende die Mutter von → Afra von Augsburg und wurde mit ihr gemeinsam von Bischof → Narcissus getauft. Es heißt, sie habe mit zahlreichen Gefährten um 304 in Augsburg den Tod durch Verbrennen erlitten. Ebenfalls ungesichert ist die Überlieferung, daß man im 11. Jh. die Gebeine Hilarias neben dem Grab von Afra aufgefunden habe.

Hilarion von Gaza hl.
Einsiedler, Mönch
Fest: 21. Oktober
Hilarion von Gaza, geboren um 291 in Tabatha, gilt als Begründer des Mönchtums in Palästina; er war dort der Gründer des ersten Klosters, das 330 in Gaza aus einer Mönchssiedlung entstand. Da er viele Wunder vollbrachte, suchten ihn immer mehr Menschen auf, weshalb er schließlich flüchtete und sich zunächst nach Sizilien und Dalmatien und dann nach Zypern zurückzog, wo er um 370 starb. Unmittelbar nach seinem Tod entstand im Osten ein starker Kult, der sich später auch nach Italien und Frankreich ausbreitete. Auf Zypern sind bis heute zahlreiche Kirchen nach ihm benannt.

Hilarius von Arles hl.
Erzbischof von Arles
Fest: 5. Mai
Geboren 401 wohl in Lothringen (Frankreich), bekleidete der Heide Hilarius zunächst hohe Ämter in der Verwaltung seiner Heimatregion. Von seinem Verwandten → Honoratus auf die Klosterinsel Lérins in Südfrankreich eingeladen, bekehrte er sich dort und empfing die Taufe. Als Honoratus 427 Erzbischof von Arles wurde, ging Hilarius als sein Sekretär mit; nach seinem Tod um 429 wurde Hilarius sein Nachfolger als Erzbischof. Seine ganze Fürsorge galt den Armen in seiner Diözese, um die er sich persönlich kümmerte. Seine Amtsführung war nicht immer nur klug und brachte ihm auch Kritik des Papstes ein; im Volk aber war er hoch verehrt, seine Autorität war weit über die Grenzen seines Bistums anerkannt. Hilarius von Arles starb 449.

Hilarius von Oizé hl.
Priester
Fest: 1. Juli
Bezeugt ist nur, daß es schon im 9. Jh. in Le Mans (Frankreich) eine Kirche gab, die Hilarius von Oizé (Oise) geweiht war. Wann dieser gelebt hat und wie die angeblichen Hilarius-Reliquien in die Kirche gelangt waren, ist nicht bekannt. Vermutlich war Hilarius ein Priester, der im Gebiet von Le Mans gewirkt hatte (vielleicht im 4. Jh.).

Hilarius von Poitiers hl.
Bischof von Poitiers, Kirchenlehrer
Fest: 13. Januar
Hilarius von Poitiers gehört bis heute zu den stark verehrten Heiligen in Frankreich. Er gilt als erster Hymnendichter der lateinischen Kirche, seine Schriften sind bis heute beachtet. Geboren um 315 in Poitiers (Frankreich) als Sohn einer heidnischen Patrizierfamilie, studierte Hilarius Philosophie und Rhetorik und heiratete früh. Im Alter von 30 Jahren empfing er die Taufe und wandte sich danach dem kirchlichen Leben zu. 350 wurde er zum (ersten?) Bischof von Poitiers gewählt. Sein Kampf im Amt galt der Verhinderung des Arianismus, was dazu führte, daß er aufgrund falscher Anschuldigungen von 356 bis 361 verbannt wurde. Nach seiner Rückkehr lebte er eng mit seinem Klerus zusammen, woraus sich die ersten klösterlichen Vereinigungen Galliens entwickelten. Versöhnlich im Wesen, versuchte Hilarius, die westliche und die östliche Theologie, die er während seiner Verban-

nung in Phrygien kennengelernt hatte, miteinander zu verbinden. Er starb 367 in Poitiers; beigesetzt ist er in der Kirche St-Hilaire-le-Grand in Poitiers. Am 13. Mai 1851 Ernennung zum Kirchenlehrer.
Darstellung: in bischöflichen Gewändern, als Drachentöter oder Schlangenvertreiber, wie er ein totgeborenes Kind zum Leben erweckt, mit Büchern
Patronat: von Poitiers und La Rochelle, der schwächlichen Kinder, gegen Schlangenbiß

Hilarius und Tatian hl.
Märtyrer
Fest: 16. März
Hilarius soll nach der Legende der zweite Bischof von Aquileia in Norditalien gewesen sein (angeblich nach → Hermagoras). Gemeinsam mit seinem Diakon Tatian erlitt er danach unter Kaiser Numerian um 284 in Aquileia den Martertod durch Enthaupten. Schon im frühen Mittelalter gab es in Aquileia eine Kirche, die Hilarius geweiht war.
Patronat: von Goriza

Hilarus hl.
Papst (461 bis 468)
Fest: 29. (28.) Februar
Der Sarde Hilarus, Archidiakon in Rom, wurde am 19. November 461 zum Nachfolger von → Leo I. gewählt. Während seiner Amtszeit als Papst machte er den Klöstern und Kirchen Roms große Schenkungen. Hinnehmen mußte er, daß in Rom eine arianische Gemeinde entstand, die sogar eine eigene Kirche errichtete (S. Agata dei Goti). Hilarus starb am 29. Februar 468 und wurde in der Kirche S. Lorenzo fuori le mura beigesetzt.

Hilarus von Galeata hl.
Abt
Fest: 15. Mai
Hilarus lebte Ende des 5. Jh. als Einsiedler in der Nähe von Faenza in Norditalien. Als sich ihm immer mehr Gleichgesinnte anschlossen, gründete er das Kloster Galeata, später nach ihm Sant'Ilaro genannt. Hilarus war ein mächtiger Abt, der großes Ansehen genoß. Er starb 558; bis heute Verehrung in der Toskana und der Emilia Romagna.

Hilda hl.
OSB, Äbtissin
Fest: 17. November
Hilda gilt als eine der größten Frauengestalten Englands, ihrem Einfluß verdankte die englische Kirche viel. Geboren 614 als Verwandte von König → Edwin, empfing Hilda 627 die Taufe und trat 647 in das Kloster Hartlepool ein, dessen Äbtissin sie 649 wurde. 657 gründete sie das berühmte Doppelkloster Whitby in Streaneshalch (Yorkshire), das sie bis zu ihrem Tod am 17. November 680 als Äbtissin leitete. Sie führte 664 nach anfänglichen Widerständen in ihrem Kloster die römische Liturgie und die benediktinische Regel ein. Fünf ihrer Mönche wurden Bischöfe, darunter → Wilfrith von York. Hilda war auch eine große Förderin von Kultur und Lehre. Die letzten sechs Jahre ihres Lebens litt sie unter einer qualvollen chronischen Krankheit, was ihren Einsatz aber nicht schmälerte. Ihre Reliquien gelangten im 10. Jh. in die englische Abtei Glastonbury.
Darstellung: mit Vögeln, als Äbtissin

Hildebert → Emebert

Hildegard sel.
Kaiserin
Fest: 30. April
Hildegard, geboren um 758, war die zweite Ehefrau von Kaiser → Karl dem Großen, den sie 13jährig heiratete. Eines ihrer neun Kinder war Ludwig der Fromme. Großzügig unterstützte sie Kirchen und Klöster, so Kloster Reichenau am Bodensee. Sie gilt als Stifterin der Abtei Kempten in Bayern, der sie die Gebeine von → Gordianus und Epimachus geschenkt haben soll. Kaiserin Hildegard starb am 30. April 783 in Diedenhofen in der Pfalz. Beigesetzt wurde sie in der Kirche St-Arnul in Metz (Frankreich). Auch Kempten erklärt, ein Hildegard-Grab zu besitzen.
Darstellung: als Kaiserin oder Wohltäterin, mit Karl dem Großen, mit Zepter
Patronat: der Kranken

Hilarius, Bischof von Poitiers und Kirchenlehrer, war → Martins von Tours Seelenführer und Lehrer. Hier eine stilisierte Darstellung aus dem 17. Jh.

Hildegard von Bingen nach einer gotischen Darstellung in der Abtei St. Hildegard in Eibingen.

Inmitten von Weinbergen, oberhalb von Rüdesheim, befindet sich die Abtei St. Hildegard.

Hildegard von Bingen
OSB, Äbtissin, Mystikerin
Fest: 17. September

„Deutschlands größte Frau" wurde Hildegard genannt, sie war eine der meistbeachteten Kirchenpersönlichkeiten des 12. Jh., ihre berühmten Schriften und Lehren stehen bis heute im Mittelpunkt des Interesses. Geboren 1098 in Bermersheim (Rheinland-Pfalz), übergaben ihre Eltern sie im Alter von acht Jahren der Inklusin → Jutta von Sponheim, die sich bei der Abtei Disibodenberg in der Rheinpfalz niedergelassen hatte, zur Erziehung. Nach dem Tod ihrer Lehrerin 1136 übernahm Hildegard die Führung des Klosters, verlegte die Gemeinschaft aber um 1150 auf den nahegelegenen Rupertsberg bei Bingen, wo sie ein Kloster hatte erbauen lassen. (Um 1165 wandelte Hildegard zusätzlich das gegenüberliegende Augustinerkloster Eibingen bei Rüdesheim in ein Tochterkloster von Rupertsberg um.) Trotz angegriffener Gesundheit wirkte Hildegard in den folgenden über 30 Jahren unermüdlich und tatkräftig und unternahm viele Reisen zu den Großen jener Zeit. Sie schrieb naturwissenschaftliche und geistliche Werke, sie dichtete und komponierte, sie entwickelte eigene Gesundheitslehren, die bis heute stark beachtet werden, und verfaßte Ernährungsratgeber, die seit Jahren wieder in steigenden Auflagen erscheinen. Päpsten und Bischöfen, Königen und Fürsten predigte Hildegard von Bingen Sittenstrenge und Bußbereitschaft, für das einfache Volk war sie ebenso eine gefragte Ratgeberin wie für den Adel. Schon seit ihrer Kinderzeit hatte Hildegard Visionen, die sich im Alter mehrten. Diese Erfahrungen legte sie unter Mithilfe eines Schreibers, da sie die lateinische Sprache nicht gut beherrschte, in berühmt gewordenen Schriften nieder; die Werke gelten als Erstlinge der deutschen Mystik. Die Äbtissin ging auch als erste schreibende Ärztin in die Geschichte ein. Hildegard hatte wegen ihres kompromißlosen Anspruches an die Menschen auch zahlreiche Feinde, vor denen sie aber durch Papst Eugen III. und → Bernhard von Clairvaux immer wieder verteidigt wurde. Hildegard von Bingen starb am 17. September 1179 auf dem Rupertsberg, wo sie auch beigesetzt wurde. Als im Dreißigjährigen Krieg die Schweden 1632 das Kloster Rupertsberg durch Brand zerstörten, retteten die Nonnen die Hildegard-Reliquien ins Kloster Eibingen. Dort befinden sie sich bis heute in einem 1929 gefertigten Goldschrein in der Pfarr- und Klosterkirche St. Hildegard. Der Heiligsprechungsprozeß, der im 13. Jh. eingeleitet wurde, kam bisher nicht zum Abschluß; trotzdem wird Hildegard in den kirchlichen Kalendern als Heilige aufgeführt.

Darstellung: als Äbtissin, vor einem Pult, mit Schreibfeder, Buch, Kirchenmodell, wie sie einem Boten einen Brief überreicht, beim Verteilen von Almosen

Patronat: der Naturwissenschaftler, Sprachforscher, Esperantisten

Hildegrim
Bischof von Chalons-sur-Marne
Fest: 19. Juni

Hildegrim war ein Bruder von → Liudger und begleitete diesen über mehrere Jahre. 802 wurde er zum Bischof von Chalons-sur-Marne ernannt und übernahm die Mission in Ostsachsen. Nach dem Tod von Liudger 809 erbte Hildegrim das Familienkloster Werden, das er bis zu seinem Tod am 19. Juni 827 leitete.

Hildegundis von Meer sel.
OPraem, Priorin
Fest: 6. Februar
Geboren um 1110, heiratete Hildegundis zunächst. Nach dem Tod ihres Mannes gründete sie 1166 in Meer (Mehre, Nordrhein-Westfalen) ein Prämonstratenserkloster, das sie als Priorin leitete. Sie starb an einem 6. Februar um 1185.
Darstellung: als Prämonstratenserin, manchmal mit einer Krone zu Füßen
Patronat: gegen Kopfschmerzen, für eine gute Entbindung

Hildegundis von Münchaurach
Jungfrau
Fest: 14. Oktober
Hildegundis, geboren möglicherweise in Höchstadt an der Aisch (Bayern), hatte schon als Kind ewige Jungfräulichkeit geschworen. Als sie auf Befehl ihres Vaters trotzdem heiraten mußte, starb sie an ihrem Hochzeitstag (um 1110). Ihr Verwandter Graf Goswin gründete dann aus ihrem Erbe um 1133 die Benediktinerabtei Münchaurach in Oberfranken, wohin ihre Gebeine übertragen wurden (Grab nicht mehr vorhanden).

Hildegundis von Schönau
OCist, Ordensfrau
Fest: 20. April
Hildegundis stammte möglicherweise aus Neuss (Nordrhein-Westfalen); mit ihrem Vater unternahm sie als Mädchen eine Wallfahrt ins Heilige Land, bei der der Vater erkrankte und starb. Um auf der Heimreise nicht belästigt zu werden, kleidete sich Hildegundis in Männerkleidung und nannte sich Joseph. Als „Joseph" fand sie auch Aufnahme als Novize im Zisterzienserkloster Schönau bei Heidelberg (Baden-Württemberg). Erst nach ihrem Tod am 20. April 1188 erkannten die Klosterbrüder Hildegundis' wahres Geschlecht und schrieben ihre Geschichte für die Nachwelt auf. Im Zisterzienserorden genoß Hildegundis große Verehrung.
Darstellung: in Männerkleidung, mit einem Engel, auf dem Pferd (von dem sie angeblich vor Räubern gerettet wurde)

Der Hildegardis-Schrein in der Pfarrkirche von Eibingen. Neben Gebeinen, Schädel, Herz, Zunge und Haaren von Hildegard befinden sich in dem Schrein Reliquien der Heiligen Wigbert, Rupert und Giselbert.

Hildelith (Hildelide)
OSB, Äbtissin von Barking
Fest: 24. März
Hildelith war eine junge angelsächsische Prinzessin, die Ende des 7. Jh. in Chelles oder in Faremoutiers-en-Brie in Frankreich dem Benediktinerorden beitrat. Nachdem → Erkonwald die Abtei Barking in Essex gegründet hatte, berief er Hildelith dorthin und ernannte sie nach dem Tod von → Ethelburga zur Äbtissin. Hildelith genoß höchstes Ansehen auch bei großen Kirchenpersönlichkeiten wie → Bonifatius und → Beda Venerabilis und führte die Abtei Barking zu großer kultureller Blüte. Sie starb um 715 im Kloster Barking (Burgund).

Hildulf (Hidulf)
OSB, Bischof, Abt
Fest: 11. Juli
Geboren um 615 in Bayern, war Hildulf zunächst Abt des Augustinerchorherrenstiftes St-Dié (Frankreich). 666 wurde er zum Weihbischof von Trier (Rheinland-Pfalz) ernannt, gab sein Amt aber nach fünf Jahren zurück und gründete 671 in Moyenmoutier im Elsaß das dortige Kloster, das er als Abt leitete (St-Hidulphe). Hildulf starb an einem 11. Juli um 707.

Hilgefortis → Kümmernis

Hilger → Elger

Himerius (Immer)
Einsiedler, Missionar
Fest: 12. November
Himerius lebte um 600 als Einsiedler im Suze-Tal in der französischen Schweiz, wo er auch als Missionar wirkte. Er starb dort um 610; über seinem Grab entstand das Kloster St-Imier, von dem noch die Kirche erhalten ist. Das Suze-Tal wurde nach ihm später St.-Immer-Tal (Val-St-Imier) genannt. In der Schweiz bis heute Verehrung (vor allem in Genf, Lausanne und Basel).

Himerius von Amelia hl.
Bischof von Amelia
Fest: 17. Juni
Himerius war im 4. oder im 6. Jh. Bischof von Amelia in Umbrien (Italien). Die Überlieferung nennt ihn einen strengen, aber gerechten Kirchenmann. 965 gelangten seine Reliquien nach Cremona in Norditalien, wo sie seither im Dom aufbewahrt werden.
Patronat: von Cremona

Hinojosa, Maria Gabriela sel.
Ordensfrau, Märtyrerin
Fest: 18. November
Geboren am 24. Juli 1872 in Alhama bei Granada (Spanien), trat Maria Gabriela Hinojosa dem Orden von der Heimsuchung Ma-

Clemens Maria Hofbauer, nach einem Gemälde aus Bachham, Oberbayern.

riens bei. Gemeinsam mit mehreren Gefährtinnen wurde sie im Spanischen Bürgerkrieg am 18. November 1936 von Glaubensgegnern in der Nähe von Madrid ermordet. Seligsprechung am 10. Mai 1998 in Rom.

Hippolyt von Rom hl.
Kirchenschriftsteller, Märtyrer
Fest: 13. August,
30. Januar (Griechen)
Hippolyt stammte wohl aus Kleinasien und hatte um 200 eine einflußreiche Stellung im römischen Klerus. Auch als Prediger war er bekannt. Nach dem Tod von Papst → Zephyrinus 217 machte sich Hippolyt, ein überaus gebildeter Kirchenvertreter, Hoffnungen, Papstnachfolger zu werden. Als aber der Sklave Calixtus I. gewählt wurde, ließ sich Hippolyt (nach nicht gesicherten Berichten) zum Gegenpapst ausrufen. Nach erbittertem Streit zwischen den beiden und mit den beiden Nachfolgern verbannte Kaiser Maximinus Thrax Hippolyt 234 nach Sardinien, wo er 236 an den Strapazen durch die Zwangsarbeit im Steinbruch starb (daher Verehrung als Märtyrer). Papst Fabianus setzte den Leichnam am 13. August 236 in dem nach Hippolyt benannten Cömeterium an der Via Tiburtina in Rom bei. – Hippolyt von Rom gilt als einer der bedeutendsten griechischen Kirchenschriftsteller des Westens seiner Zeit. Seine Vita ist jedoch überlagert von verschiedenen Unsicherheiten und von Berichten über andere Träger desselben Namens, deren Lebensgeschichten möglicherweise mit der von Hippolyt von Rom vermengt werden. Zahlreiche berühmte Schriften können ihm aber gesichert zugesprochen werden.
Darstellung: im Gewand des Gelehrten, auf einem Lehrstuhl sitzend, mit Schriftrolle, mit Märtyrerkrone, in Pontifikalkleidung mit Stab

Diese Statue des Hippolyt von Rom wurde in der Katakombe bei San Lorenzo fuori le mura gefunden. Der obere Teil mußte wiederhergestellt werden.

Hofbauer, Clemens Maria Johannes hl.
CSSR, Generalvikar
Fest: 15. März
Johannes Hofbauer, geboren am 26. Dezember 1751 in Taßwitz (Slowakei), erlernte zunächst das Bäckerhandwerk. Nach einigen Jahren des Einsiedlerlebens studierte er in Wien und in Rom und empfing 1785 die Priesterweihe. 1784 war er als erstes deutsches Mitglied dem Redemptoristenorden beigetreten (seither nannte er sich Clemens Maria). Ab 1788 bis 1808 wirkte er in Warschau und errichtete dort Schulen, Waisenhäuser und Lateinschulen, bis er von Napoleon vertrieben wurde und nach Wien zurückkehrte. In Wien war er als Seelsorger beliebt und verehrt in der ganzen Bevölkerung, er kümmerte sich vor allem um Kranke und Bedürftige und führte die Sitte der Hausbesuche ein. Mutig predigte Clemens Maria Hofbauer gegen die Aufklärung und wurde deshalb ständig von der Polizei bespitzelt. Durch sein Auftreten beeinflußte Hofbauer sogar den Wiener Kongreß 1814/1815. Berühmt wurde sein Gesprächskreis („Hofbauer-Kreis"), an dem verschiedene Vertreter der Romantik teilnahmen, so von Eichendorff, Brentano und Schlegel. Clemens Maria Hofbauer starb am 15. März 1820 in Wien. Seine Ruhestätte fand er in Wien auf dem „Romantikerfriedhof" in Maria Enzersdorf; 1862 wurden seine Gebeine in die Kirche Maria am Gestade (Maria Stiegen) übertragen. 1888 Seligsprechung, 20. Juli 1909 Heiligsprechung.
Darstellung: als Redemptorist, in Gebetshaltung, mit Rosenkranz
Patronat: von Wien (seit 1914), zweiter Patron der Gesellenvereine (seit 1913)

Hoger
OSB, Erzbischof von Bremen-Hamburg
Fest: 20. Dezember
Hoger war Benediktinermönch in Kloster Corvey und wurde 909 zum Erzbischof von Bremen-Hamburg ernannt (als Nachfolger von → Adalgar). Er starb am 20. Dezember 916 in Bremen.

Homobonus (Gutmann von Cremona) hl.
Wohltäter
Fest: 13. November
Homobonus, auch „Gutmann von Cremona" genannt, war Tuchhändler in seiner Heimatstadt Cremona (Italien) und gab den Großteil seines Besitzes für Arme und Kranke; so richtete er Spitäler ein

und kümmerte sich liebevoll um Waisenkinder. Das Volk nannte ihn außer Homobonus (guter Mann) auch „Wundertäter". Er starb am 13. November 1197 in Cremona; die Gebeine gelangten 1202 in den Dom von Cremona. Heiligsprechung am 12. November 1199. – Die Verehrung für Homobonus gelangte im Laufe der Jahre über die Handelswege von Italien nach Deutschland, Frankreich und in die Schweiz.
Darstellung: mit Schneiderwerkzeug, beim Verteilen von Almosen, beim Einkleiden von Kindern oder Armen
Patronat: von Cremona, der Bürger, Schneider, Schuhmacher, Kaufleute, Schmiede

Honoratus von Amiens hl.
Bischof von Amiens
Fest: 16. Mai
Nach der ungesicherten Überlieferung war Honoratus Ende des 6. Jh. der dritte Bischof von Amiens (Frankreich). Bezeugt ist eine starke Verehrung im Gebiet von Amiens vor allem im Mittelalter; im 13. Jh. wurde ihm zu Ehren in Paris eine Kirche errichtet, nach der die berühmte Straße Boulevard Faubourg St-Honoré ihren Namen haben soll.

Honoratus von Arles hl.
Bischof von Arles
Fest: 16. Januar
Geboren im 4. Jh. in Gallien (Trier?), gründete Honoratus nach einer Wallfahrt auf der Insel Lérins vor der Küste Südfrankreichs um 410 eine Einsiedlergemeinschaft, aus der sich dann das Kloster St-Honorat entwickelte. Die Abtei wurde zu einem Mittelpunkt der Kirche ihrer Zeit sowie zum Ziel vieler berühmter Kirchenpersönlichkeiten. 426 erhielt Honoratus die Ernennung zum Bischof von Arles in Südfrankreich, die er nur widerwillig annahm. Schon drei Jahre später starb er, entweder am 16. Januar 429 oder 430. Seine Reliquien befinden sich in der Kirche Notre-Dame in Grasse in Südfrankreich.
Darstellung: als Einsiedler oder Bischof, mit Quelle, Drachen
Patronat: gegen Unglück, für oder gegen Regen

Honoratus von Biala → Kozminski, Vaclav

Honoratus von Vercelli hl.
Bischof von Vercelli
Fest: 29. Oktober
Geboren um 330 in Vercelli, Italien, wurde Honoratus von → Eusebius geschult und auf das monastische Leben vorbereitet. Er begleitete Eusebius auch ins Exil und auf seinen Reisen durch Kappadokien, Ägypten und Illyricum. 396 wurde Honoratus zum Bischof von Vercelli gewählt; sein Fürsprecher war → Ambrosius, dem er 397 auf dem Totenbett das Sterbesakrament gab. Honoratus starb um 415 in Vercelli.

Honorina
Märtyrerin
Fest: 27. Februar
Von Honorina weiß man nur, daß sie eine der ersten Märtyrerinnen in Gallien war; möglicherweise starb sie um 300. Ihre Verehrung ist in der Normandie seit Urzeiten bezeugt, obwohl es keine schriftlichen Überlieferungen mehr gibt.
Patronat: der Matrosen

Honorius von Canterbury hl.
OSB, Erzbischof von Canterbury
Fest: 30. September
Der Römer Honorius kam 601 zur Missionierung nach England. 627 weihte ihn → Paulinus von York zum Bischof von Canterbury, 634 Papst Honorius I. zum Erzbischof. Honorius machte sich in der Folge verdient um die weitere

Bauernhof mit dem Geburtshaus des Clemens Maria Hofbauer in Taßwitz, Südmähren, heute Slowakei.

Missionsarbeit in England. Er starb am 30. September 653 in Canterbury und wurde in SS. Peter und Paul (später St. Augustine's) beigesetzt.

Hordashevska, Michelina Giosafata
Ordensgründerin
Fest: 7. April
Geboren am 20. November 1869 in Lviv in der Ukraine, war Michelina Hordashevska die Mitbegründerin der Kongregation der Dienerinnen der Unbefleckten Maria (im Orden trug sie den Namen Giosfata). Sie starb am 7. April 1919 in Krystynopil (Ukraine). Der Seligsprechungsprozeß ist eingeleitet.

Hormisdas hl.
Papst (514 bis 523)
Fest: 6. August
Geboren Mitte des 5. Jh. in Frosinone (Italien), wurde Hormisdas 514 zum Nachfolger von Papst → Symmachus gewählt. Unter ihm konnte endlich das Akakianische Schisma beigelegt werden, die kaiserliche Regierung erkannte die römische Kirche als höchste Instanz in allen Fragen des christlichen Glaubens und der kirchlichen Lehre an. Die Unionsformel wurde nach Hormisdas benannt: Formula Hormisdae. 250 Ostbischöfe und der Patriarch von Konstantinopel waren nun zur Gemeinschaft mit Rom bereit. Dieses Ereignis bedeutete gleichzeitig das Ende der Kirchenverfolgung in Nordafrika. Hormisdas starb am 6. August 523 in Rom.

Dominikaner-Pater Titus Maria Horten wurde nach seinem Tod als „Heiliger des Oldenburger Landes" bezeichnet.

Horten, Franz Titus Maria
OP, Prior, Verlagsleiter
Fest: 25. Januar
Seit 1948 läuft der Seligsprechungsprozeß für Franz Horten, der im Dominikanerorden (Beitritt 1909) den Namen Titus Maria trug. Geboren am 9. August 1882 in Elberfeld (Nordrhein-Westfalen), empfing Horten sechs Jahre nach dem Ordenseintritt 1915 die Priesterweihe. Im Orden hatte er verschiedene Ämter inne, so die Leitung des Albertus-Magnus-Verlages. Von 1927 bis 1933 war er Prior in Vechta. Schon zu Lebzeiten brachte man dem feinsinnigen Ordenspriester große Verehrung entgegen. In den sogenannten „Devisenprozessen" der Nationalsozialisten wurde Horten am 8. Mai 1935 verhaftet und kurz darauf verurteilt. Die Berufungsverhandlung erbrachte den Freispruch, doch Horten starb vor der Freilassung am 25. Januar 1936 im Gefängnislazarett in Oldenburg (Niedersachsen). Beigesetzt wurde er in der Dominikanerkirche in Vechta.

Hortulana → Ortolana

Houben, Karel (Charles vom heiligen Andreas) sel.
CP, Ordensmann
Fest: 5. Januar
Geboren am 11. Dezember 1821 in Munstergeleen (Niederlande), trat Karel Houben dem Passionistenorden bei und wirkte aufopferungsvoll als Missionar und Seelsorger in Irland. Er starb am 5. Januar 1893 in Dublin. Seine Gebeine befinden sich seit 1949 auf dem Mount Argus in Dublin in der dortigen Passionistenkirche. 16. Oktober 1988 Seligsprechung, der Heiligsprechungsprozeß ist eingeleitet.

Pater Karel Houben, Missionar und Seelsorger in Irland.

Höver, Philipp Johannes
Ordensgründer
Fest: 13. Juli
Geboren am 10. November 1816 in Oberste Höhe (Nordrhein-Westfalen), war Philipp Höver zunächst Lehrer. Nachdem seine Ehefrau jung gestorben war, widmete er sich in Aachen verschiedenen karitativen Tätigkeiten. Unter Mithilfe von Franziska → Schervier gründete er 1857 die Kongregation der Armen Brüder vom heiligen Franziskus, auch Franziskanerbrüder von Aachen genannt; deren Mitglieder kümmerten sich um verwahrloste Kinder und Burschen sowie um Männer in Not. Höver leitete den Orden bis 1863. Er starb am 13. Juli 1864 in Aachen (Nordrhein-Westfalen); eine riesige Menschenmenge gab ihm das letzte Geleit bei der Beisetzung auf dem Friedhof am Adalbertsteinweg in Aachen. 1866 zogen die ersten fünf Ordensbrüder in die USA.

Hrabanus Maurus hl.
OSB, Erzbischof von Mainz
Fest: 4. Februar
„Lehrer Germaniens" wurde er genannt, er galt als einer der gelehrtesten abendländischen Theologen seiner Zeit überhaupt: Hrabanus Maurus gehörte im 9. Jh. zu den vielbeachteten Kirchenmännern. Geboren um 780 in Mainz (Rheinland-Pfalz), wurde Hrabanus als Kind in der berühmten Klosterschule von Fulda unterrichtet, wo

er später auch dem Benediktinerorden beitrat. Als junger Mönch ging er an die Schule von Abt → Alkuin in Tours (Frankreich); dieser gab ihm auch den Beinamen Maurus. 814 empfing er die Priesterweihe, von 822 bis 842 leitete er die Abtei Fulda; die Klosterschule wurde zur besten in Deutschland und brachte viele bekannte Persönlichkeiten hervor. Wahrscheinlich aus politischen Gründen trat Hrabanus Maurus 842 von seinem Amt als Abt zurück und widmete sich in den nächsten Jahren vorwiegend dem Schreiben theologischer Werke. 847 erhielt er die Ernennung zum Erzbischof von Mainz, was er bis zu seinem Tod am 4. Februar 856 blieb (seine Reliquien sind verschollen). Berühmt war seine Mildtätigkeit gegenüber den Armen seiner Diözese; bis zu 300 von ihnen wurden täglich im Haus des Erzbischofs versorgt. Die Werke von Hrabanus Maurus verbreiteten sich im ganzen Abendland; die bekanntesten sind Veni creator Spiritus, De laudibus sanctae crucis und De rerum naturis, eine 22bändige Enzyklopädie.

Darstellung: als Benediktinerabt oder als Bischof, oft mit einem Band mit der Aufschrift „Veni creator Spiritus“

Hrabanus Maurus (rechts) überreicht Papst Gregor IV. eines seiner Werke. Miniatur aus „De laudibus sanctae crucis“ von Hrabanus Maurus, Fulda, um 835.

Hroznata (Groznata) sel.
OPraem, Laienbruder, (Märtyrer)
Fest: 14. Juli
Geboren um 1170 in der Gegend von Leitmeritz (Tschechien) aus adliger Familie, heiratete Hroznata zunächst und wurde Gaugraf des Tepler Landes. Nach dem frühen Tod seines Kindes und kurz darauf seiner Ehefrau stellte er seine Burg Tepl für die Gründung eines Prämonstratenserstiftes zur Verfügung, in das er 1202 selbst eintrat. Als er 1217 von Rittern aus dem benachbarten Land gefangengenommen und für eine Freilassung zu Lösegeldzahlungen erpreßt wurde, weigerte sich Hroznata standhaft nachzugeben. Die Gegner ließen ihn darauf im Kerker verhungern. Er starb am 14. Juli 1217 und wird manchmal als Märtyrer verehrt. Der Hroznata-Goldschrein aus dem 19. Jh. existiert bis heute.

Philipp Johannes Höver gründete mit Franziska → Schervier 1857 die Kongregation der Armen Brüder vom heiligen Franziskus.

Hubert hl.
Bischof von Maastricht-Tongern
Fest: 3. November
In der Lebensbeschreibung von Hubert sind Wahrheit, Legende und Brauchtum stark miteinander vermengt. Geboren wahrscheinlich um 655 in Aquitanien, wurde Hubert Missionar in Brabant und in den Ardennen („Apostel der Ardennen“). Es heißt, er habe auch die Priesterweihe empfangen. Eine Legende fügt hinzu, Hubert sei vorher verheiratet und Vater eines Sohnes namens Floribert gewesen (der ihm angeblich später auf dem Bischofsstuhl von Lüttich folgte). Eine andere Legende berichtet, Hubertus sei während der Jagd ein Hirsch erschienen, der in seinem Geweih ein leuchtendes Kreuz trug, woraufhin er sich bekehrt habe. Gesichert ist wohl die Tatsache, daß Hubert ab 705 Bischof von Maastricht-Tongern (Holland) war. Wegen der Gefahren, die dem Bistum durch die Normannen drohten, verlegte er seinen Amtssitz 717 nach Lüttich (Belgien). Dorthin übertrug er 715 auch die

„Die Bekehrung des heiligen Hubert" vom Meister von Werden, um 1470, National Gallery, London. Das Gemälde zeigt die Legende, wie der leidenschaftliche Jäger Hubert zum Gottesmann wurde.

Gebeine von → Lambert. Auch in den Jahren als Bischof widmete sich Hubert mit ganzer Kraft der Christianisierung der Ardennen, seine Bedeutung für das Christentum in dieser Region ist bedeutend. Er starb am 30. Mai 727 in Tervueren bei Brüssel, am 3. November 743 wurden seine Gebeine erhoben (Gedenktag). Die Reliquien gelangten 825 nach Andagium in den Ardennen, das seither St-Hubert heißt und sich zu einem berühmten Hubert-Wallfahrtsort entwickelte. Bis heute reiten dort Jäger und Schützen auf ihren Pferden und mit ihren Hunden am 3. November in die St-Hubert-Kirche ein. Die Reliquien gelten als verschollen, sollen sich angeblich aber im Schloß Heltdorf bei Düsseldorf befinden. Hubert gehört zusammen mit → Antonius, → Cornelius und → Quirinus zu den sogenannten Vier heiligen Marschällen, die als Gott besonders nahestehend galten und von den Gläubigen daher um Hilfe gebeten wurden. Mit der Gestalt des Hubert sind zahlreiche Bräuche verbunden, so die Hubertusjagd, das Hubertusbrot und der Hubertusschlüssel.
Darstellung: als Bischof, als Jäger, mit Hirsch, in dessen Geweih ein Kreuz leuchtet, mit Hunden, Jagdhorn, Buch, Schlüssel
Patronat: der Ardennen, des Bistums Lüttich, der Jäger, Schützen, Metzger, Kürschner, Drechsler, Optiker, Metallarbeiter, Gießer, Mathematiker, Schellenmacher, der Jagdhunde, gegen Hundebiß und Tollwut bei Hunden („mal de Saint-Hubert"), gegen Schlangenbiß, bei Wasserscheu

Hugo von Bonnevaux hl.
OCist, Abt
Fest: 1. April
Hugo, geboren um 1120 in Frankreich, war ein Neffe von → Hugo von Grenoble. Er trat dem Zisterzienserorden bei und war ab 1162 Abt von Kloster Léoncel, ab 1166 von Kloster Bonnevaux; außerdem gründete er weitere Klöster. Er galt als herausragender Friedensstifter, so auch 1177 zwischen Papst Alexander III. und Friedrich Barbarossa (Friede von Venedig). Hugo starb am 1. April 1184 in Bonnevaux.

Im Beisein von Abt Hugo von Cluny kniet Heinrich IV. vor Mathilde von Canossa, um ihre Vermittlung bei Papst Gregor VII. zu erbitten.

Hugo I. (der Große) von Cluny hl.
OSB, Abt
Fest: 29. April
Hugo, später auch „der Große" genannt, kam 1024 in Semur-en-Brionnais in Burgund (Frankreich) zur Welt. Bereits 1038 trat er in das berühmte Benediktinerreformkloster Cluny in Burgund ein, wohl um 1044 empfing er die Priesterweihe. Im Alter von 25 Jahren wurde Hugo 1049 zum Abt von Cluny gewählt; er war der sechste in der Reihe der berühmten Äbte des 908 gegründeten mächtigen Klosters. Hugo amtierte 60 Jahre als Abt, er erlebte neun Päpste, denen er allen Vertrauter und Ratgeber war, ebenso wie den Herrschern jener Zeit. Hugo I. von Cluny galt als eine der überragenden Persönlichkeiten des 11. Jh. überhaupt, die Verehrung für ihn war übergroß. Er ließ die gewaltige Basilika von Cluny errichten, die mit 187 Metern die längste Kirche der Welt war (in der Französischen Revolution zerstört). Hugo starb am 29. April 1109 in Cluny. Seine Heiligsprechung erfolgte am 6. Januar 1120. Von den Gebeinen existiert nur noch eine Armreliquie in Marcigny (Frankreich).
Darstellung: als Abt mit Kasel, Buch
Patronat: gegen Fieber

Hugo von Fosses sel.
OPraem, Generalabt
Fest: 10. Februar
Geboren wohl um 1090 (1093?) in Fosses bei Namur (Belgien), schloß sich Hugo 1119 → Norbert, dem Gründer des Prämonstratenserordens, an und wurde sein Freund und Gefährte. 1128 folgte er Norbert als Abt von Kloster Prémontré, dem Stammsitz der Prämonstratenser; nach dem Tod Norberts 1134 wurde er Generalabt des Ordens. Hugo starb am 10. Februar 1164 in Prémontré; ein Kult entstand sofort nach seinem Tod (1927 Bestätigung). Reliquien kamen in die Kirche von Bassoles bei Prémontré, 1896 nach Laon und sind heute in der Abtei Bais-Seigneur-Isaac, Belgien.

Die Muttergottes erscheint dem heiligen Hyazinth von Polen, Gemälde von Ludovico Carracci, 1594, Louvre, Paris.

Hyacinthus Castaneda sel.
OP, Missionar, Märtyrer
Fest: 7. November
Der Dominikaner Hyacinthus Castaneda, geboren um 1740 in Setavo bei Valencia (Spanien), wurde von seinem Orden zur Missionierung nach China und dann nach Vietnam entsandt; dort erlitt er den Märtyrertod durch Enthauptung. 20. Juli 1988 Heiligsprechung zusammen mit weiteren Märtyrern.

Hyacinthus (Jacek) von Polen hl.
OP, Ordensmann, Prediger
Fest: 15., 16. und 17. August
Hyacinthus von Polen galt als einer der bedeutendsten Prediger des 13. Jh., er war der Begründer der polnischen Ordensprovinz des Dominikanerordens, die außer Polen auch Rußland, Böhmen, Mähren, Brandenburg, Schlesien, Preußen und Pommern umfaßte. Geboren um 1195 im Gebiet von Oppeln (Polen), lernte Hyacinthus 1220 in Rom Ordensgründer → Dominikus kennen, der ihn kurz vor seinem Tod 1221 in den Dominikanerorden aufnahm und in seine Heimat Polen entsandte. Dort gründete Hyacinthus zahlreiche Ordensniederlassungen und predigte unermüdlich und mit großen Erfolgen in der ganzen Ordensprovinz. Er starb am 15. August 1257 in Krakau, wo er in der Dominikanerkirche beigesetzt wurde. 1594 Heiligsprechung durch Papst Clemens VIII.
Darstellung: als Dominikanermönch, mit Monstranz, Ziborium, Kelch, Marienstatue, auf dem Wasser gehend, auf seinem ausgebreiteten Mantel über einen Fluß gleitend, einen Jungen vor dem Ertrinken rettend
Patronat: der Dominikaner, von Polen, Litauen, Rußland, Preußen, Pommern, von Krakau, Kiew, Breslau, bei Ertrinkensgefahr, für eine gute Entbindung, gegen eheliche Unfruchtbarkeit

Hyazintha Clarice Marescotti hl.
OFM, Ordensfrau
Fest: 30. Januar
Clarice Marescotti stammte aus Vignanello bei Viterbo (Italien), wo sie 1585 als Tochter einer Adelsfamilie geboren wurde. Als der bereits auserwählte Bräutigam sie wegen ihrer jüngeren Schwester verließ, ging sie auf Druck der Familie als Terziarin in ein Franziskanerkloster in Viterbo und nahm den Namen Hyazintha an. Über 15 Jahre führte sie im Kloster zum Entsetzen ihrer Umgebung ein weltliches Leben mit allen Annehmlichkeiten. Durch eine schwere Krankheit bekehrt, begann sie 1615 ein asketisches, völlig zurückgezogenes Klosterleben. In Viterbo gründete sie zwei wohltätige Vereine zur Pflege von Armen, Kranken und Gefangenen. Hyazintha Marescotti starb am 30. Januar 1640 in Viterbo und wurde in der Kirche ihres Klosters beigesetzt. 1726 Seligsprechung, 1807 Heiligsprechung.
Patronat: von Viterbo

Hyginus hl.
Papst (um 138 bis um 142), Märtyrer(?)
Fest: 11. Januar
Hyginus war wohl ein Philosoph aus Athen, der um 138 als neunter Papst (→ Petrus miteingerechnet) den Bischofsstuhl von Rom bestieg; er folgte auf Telesphorus. Über sein Pontifikat ist kaum etwas bekannt. Er starb wohl 142 in Rom. Obwohl er später als Märtyrer verehrt wurde, gibt es für einen Martertod keine Zeugnisse.

Hymnemodus
Abt
Fest: 3. Januar
Hymnemodus aus Burgund (Frankreich) war der erste Abt des berühmten Klosters St-Maurice im Schweizer Wallis. Er starb am 3. Januar 516 in St-Maurice.

Hypatios hl.
Abt
Fest: 17. Juni
Hypatios stammte aus Phrygien in Kleinasien; schon in jungen Jahren wandte er sich dem Mönchsleben zu. Anfang des 5. Jh. stellte er bei Chalkedon (Türkei) ein verlassenes Kloster wieder her und leitete es als Abt. Er starb am 17. Juni 452.

I

Ia (Ives)
Märtyrerin
Fest: 3. Januar
Nach der wohl größtenteils legendarischen Überlieferung war Ia eine Jungfrau aus Irland, die zusammen mit Missionaren nach Cornwall kam. Die ganze Gruppe soll dort am Hayle River um 450 das Martyrium erlitten haben. Die Legende erzählt, Ia sei auf einem Blatt über das Meer gefahren. Ein Kult ist früh bekannt; St. Ives in Cornwall ist nach ihr benannt.

Ia und Gefährten
Märtyrer
Fest: 4. August
Die Überlieferung erzählt, Ia sei eine griechische Sklavin gewesen, die in Persien zusammen mit 9000 christlichen Kriegsgefangenen in der Verfolgung unter König Schapur II. den Martertod erlitt. Während der Gefangenschaft soll sie viele Heiden im Kerker bekehrt haben. Das Todesdatum lag möglicherweise um 360. – Der Name Ia soll Veilchen bedeuten.

Ibar (Ivor)
Missionar
Fest: 23. April
Ibar war bereits vor → Patrick Missionar in Irland; unermüdlich predigte er vor allem in den Gebieten um Leinster und Meath. Möglicherweise war er auch Bischof. Er starb wohl Mitte des 5. Jh. in Irland.

Ida von Boulogne sel.
Stifterin
Fest: 13. April
Geboren um 1040 in Bouillon (Frankreich), heiratete Ida, Tochter von Herzog Gottfried von Lothringen, zunächst und wurde Mutter unter anderem von Balduin, dem späteren König von Jerusalem. Nach dem Tod ihres Ehemannes widmete sie sich der Unterstützung von Kirchen und Klöstern und machte großzügige Stiftungen, so zum Beispiel an die Benediktinerabtei St-Vaast in Arras (Frankreich). Sie selbst lebte bis zu ihrem Tod am 13. April 1113 als Oblate in St-Vaast, wo sie auch beigesetzt wurde. Die Reliquien befinden sich seit 1808 in Bayeux, Frankreich.

Ida von Herzfeld hl.
Wohltäterin
Fest: 4. September, 26. November
Bis heute gehört Ida von Herzfeld zu den meistverehrten Heiligen in Westfalen. Die Pfarrkirche St. Ida in Herzfeld ist noch immer eine vielbesuchte Wallfahrtsstätte; jedes Jahr beginnt am Sonntag nach dem 4. September die Ida-Woche mit der feierlichen Übertragung des Ida-Schreines aus der Krypta der Ida-Kirche in die Oberkirche und endet mit der „Identracht", einer feierlichen Prozession durch Herzfeld. Neben dem kostbaren Ida-Goldschrein existiert in St. Ida auch noch der alte Steinsarg, in dem Ida bestattet wurde. – Ida war eine fränkische Grafentochter, eine Verwandte von → Karl dem Großen. Als Mädchen heiratete sie Sachsenherzog Egbert und führte mit ihm eine überaus glückliche Ehe. Gemeinsam gründeten sie 790 im westfälischen Herzfeld

Dieses Glasfenster in der Ida-Kapelle zeigt, wie die Heilige den Kirchenbau in Herzfeld leitete, 1900, Pfarrkirche St. Ida, Herzfeld.

Ida von Herzfeld mit ihren typischen Attributen, dem Kirchenmodell und der Hirschkuh. Figur am Taufbecken, 1523, Pfarrkirche St. Ida, Herzfeld.

Reliquienschrein der heiligen Ida von Herzfeld, entstanden um 1881, Katholische Pfarrkirche St. Ida, Herzfeld.

eine Kirche, wo Ida nach dem Tod Egberts 812 in einem Raum an der Südseite lebte. Liebevoll kümmerte sie sich um die Notleidenden in der Bevölkerung und gab dafür ihr ganzes Vermögen. In die Mitte ihres Wohnraumes hatte sie den für sie bestimmten Steinsarg gestellt; zweimal am Tag füllte sie ihn mit Essen und Kleidung für die Armen. Die „Mutter der Armen", wie sie genannt wurde, starb am 4. September 825 (einige Quellen sprechen von 813) und wurde in ihrem Steinsarg beigesetzt. 26. November 980 Erhebung der Gebeine. – Schwangere Frauen tragen zum Schutz den geweihten Ida-Gürtel.
Darstellung: in vornehmer Kleidung, mit Schleier, Kirchenmodell, Hirschkuh (nach der Legende bot Ida einer von Jägern verfolgten Hirschkuh Schutz)
Patronat: der Schwangeren

Ida von Löwen (von Roosendael) sel.
OCist, Ordensfrau, Mystikerin
Fest: 13. April
Geboren um 1220 in Löwen (Leuven) in Belgien als Tochter eines Weinhändlers, trat Ida in das Zisterzienserkloster Roosendael in Walem bei Mecheln (Belgien) ein. Ihr wurden zeitlebens außergewöhnliche mystische Begnadungen zuteil, einige Zeit trug sie die Stigmata. Ida starb um 1300 in Walem.
Darstellung: als Nonne mit Stigmata, mit Kreuz, Jesuskind

Ida von Nivelles sel.
OCist, Ordensfrau, Mystikerin
Fest: 11. Dezember
Geboren um 1190 in Nivelles (Belgien), trat Ida im Alter von 16 Jahren in das Zisterzienserkloster Kerkhem bei Löwen (Belgien) ein, das später nach Rameige verlegt wurde. Sie durchlebte regelmäßig schwere seelische Qualen; Visionen und Ekstasen prägten ihr Leben bis zu ihrem Tod am 11. Dezember 1231. Um sie ereigneten sich zahlreiche Wunder, was ihre Verehrung stark förderte.
Darstellung: meist auf dem Krankenbett liegend, mit Jesuskind, manchmal mit Maria
Patronat: gegen Zahnschmerzen, gegen Qualen des Fegefeuers

Ida von Toggenburg hl.
Reklusin
Fest: 3. November
Ida von Toggenburg lebte im 12. Jh. als Reklusin beim Benediktinerinnenkloster Fischingen (Schweiz), wo sie wohl 1226 starb und beigesetzt wurde.
Legende: Ida, geboren um 1156, heiratete Graf Heinrich von Toggenburg, mit dem sie eine unglückliche Ehe führte. Eines Tages fand man den Ehering Idas an der Hand eines Jägers, der ihn zuvor im Nest eines Raben entdeckt hatte. Der eifersüchtige Ehemann stürzte Ida vom Turm seiner Burg und ließ den Jäger töten. Auf wunderbare Weise gerettet, lebte Ida danach als Einsiedlerin im Wald, wo sie später von ihrem bereuenden Ehemann entdeckt wurde, den sie jedoch abwies. Jede Nacht ging sie zur Mette ins nahegelegene Kloster Fischingen; ein Hirsch mit Kerzen im Geweih wies ihr den Weg.
Bis heute wird Ida von Toggenburg in Fischingen verehrt; über Jahrhunderte existierte eine starke Verehrung. 1724 Bestätigung des Kultes.
Darstellung: als Gräfin oder Benediktinerin, oft vor einer Höhle im Wald, neben sich einen Hirsch mit Kerzen im Geweih, mit Buch, Stock, Rabe (der einen Ehering im Schnabel hält), mit anderen Schweizer Heiligen.
Patronat: zur Auffindung von verlorengegangenem Vieh, gegen Frauenleiden und Kopfschmerzen

Idesbald sel.
OCist, Abt
Fest: 18. April
Geboren um 1095 in Flandern (Belgien), verbrachte Idesbald seine Kindheit und Jugend am Hof der Grafen von Flandern. 1135 wurde er Stiftsherr, trat aber wieder zurück, um in Dünen (Belgien) dem Zisterzienserorden beizutreten. Zwölf Jahre leitete er ab 1155 sein Kloster als Abt. Er starb im Ruf großer Heiligkeit wohl 1167 in Dünen. Seine Reliquien befinden sich seit 1831 in der Kirche Notre-Dame-de-la-Potterie in Brügge (Belgien). 1894 Bestätigung des Kultes.
Darstellung: als Abt, mit Stab, Kapuze, Angelrute
Patronat: der Seefahrer und Schiffer, gegen Rheuma und Fieber

Iduberga (Ida, Itta) hl.
Stifterin
Fest: 8. Mai
Iduberga war die Ehefrau von Pippin dem Älteren und die Mutter von → Begga und von → Gertrud von Nivelles. Sie stiftete um 640 in Brabant (Belgien) das Doppelkloster Nivelles und machte ihre Tochter Gertrud 652 zur ersten Äbtissin; die ersten Mönche der Abtei kamen aus Irland. Iduberga starb 652 (8. Mai?) in Nivelles.

Ignatios (Ignatius) von Antiochien hl.
Bischof von Antiochien, Märtyrer
Fest: 17. Oktober, 1. Februar
Der Kanon-Heilige Ignatios von Antiochien gehört zu den frühesten und wichtigsten Zeugen der alten Kirche. In seinen berühmten „sieben Briefen" kam erstmals überhaupt der Begriff katholische Kirche vor. – Nach den Märtyrerakten war Ignatios ein Schüler des Evangelisten → Johannes; sein Beiname war Theophoros (der Gottesträger). Schon 40 Jahre war er Bischof von Antiochien in Syrien, als ihn Kaiser Trajan (98 bis 117) zum Tode verurteilte. Zusammen mit anderen Christen brachte man Ignatios auf einer beschwerlichen Reise nach Rom, wo er im Amphitheater, dem heu-

Der Legende nach soll Ignatios von Antiochien während seiner Foltern unter Kaiser Trajan darauf beharrt haben, daß ihm Gott ins Herz geschrieben ist. Nach seinem Martertod erfolgte die Überprüfung, und man fand „Christus"-Initialen im Herzen des Ignatios.

Die ganze Lebensgeschichte der Ida von Toggenburg auf einem Stich aus dem 18. Jh. Man sieht den Jäger am Nest des Raben (links oben), wie Graf Heinrich Ida vom Turm stößt (oben Mitte), und den Hirsch mit Kerzen im Geweih, der Ida den Weg zur Messe zeigt.

Ignatius von Láconi im Gebet, mit seinen Attributen Bettelstab und Sack.

tigen Kolosseum, wilden Tieren zum Fraß vorgeworfen wurde. Als Todesdatum wird in einigen Überlieferungen das Jahr 107, in anderen die Zeit um 117 genannt. Im Angesicht des Todes soll Ignatios ausgerufen haben: „Ich bin der Weizen Christi, ich muß durch die Zähne der Tiere gemahlen werden, um als reines Brot befunden zu werden." Reliquien werden bis heute in den Kirchen Il Gesù und S. Clemente in Rom verehrt. – Seine „sieben heiligen Briefe" richtete Ignatios während seiner Reise zur Hinrichtung nach Rom an verschiedene christliche Gemeinden. Die ersten vier Briefe sind in Smyrna, dem heutigen Izmir an der türkischen Westküste, verfaßt und waren an die in Smyrna im Kerker einsitzenden Christen sowie an die Christengemeinden von Rom, Ephesus, Tralles und Magnesia gerichtet. In Troas verfaßte Ignatios drei weitere Briefe an die Gemeinde von Philippi, nochmals an Smyrna sowie an → Polykarp, mit dem er auf der Reise zusammengetroffen war. In allen Schreiben erklärte Ignatios, daß er erfüllt sei von glühender Liebe zu Jesus Christus, daß er ohne seinen Herrn nichts sei. Immer wieder betonte er seine Sehnsucht nach dem Martyrium. – Bei den Syrern feiert man den Gedenktag von Ignatios schon seit dem 4. Jh. am 17. Oktober. Im Osten wurde Ignatios als einer der Väter der Orthodoxie (Rechtgläubigkeit) verehrt.
Darstellung: als Greis mit Bart, mit Löwen, beim Martyrium
Patronat: gegen Halsschmerzen, Ausschlag

Ignatius Capizzi
Prediger, Mystiker
Fest: 27. September
Bis heute wird Ignatius Capizzi auf Sizilien (Italien) verehrt. Geboren am 2. September 1708 in Bronte auf Sizilien, war er jahrzehntelang als Volksprediger über die Insel gezogen und hatte sich für seine Aufgabe, den Menschen das Evangelium zu verkünden, aufgeopfert. Er war reich begnadet mit außergewöhnlichen charismatischen Gaben; um seine Person ereigneten sich verschiedene Wunder. Ignatius Capizzi starb am 27. September 1783 in Palermo auf Sizilien. Der Seligsprechungsprozeß ist eingeleitet.

Ignatius von Láconi (Ignazio Vincenzo Peis) hl.
OFMCap, Ordensmann, Mystiker
Fest: 11. Mai
Ignatius, geboren am 17. Dezember 1701 in Láconi auf Sardinien (Italien), war zunächst Viehhirte. Nach langem Krankenlager wieder gesundet, entschied er sich 1721 als Dank für seine Genesung dem Kapuzinerorden beizutreten. Ab 1736 wirkte er über 40 Jahre lang demütig und aufopferungsvoll als Sammelbruder in der sardischen Hauptstadt Cagliari. Er besaß die Gaben der Weissagung sowie der Wunderheilung. Ignatius von Láconi starb am 11. Mai 1781 in Cagliari und wurde dort in der Kapuzinerkirche beigesetzt. 1940 Seligsprechung, 21. Oktober 1951 Heiligsprechung.
Darstellung: mit Bettelsack und Stock, im Gebet
Patronat: der werdenden Mütter

Ignatius von Loyola hl.
SJ, Ordensgründer, Mystiker
Fest: 31. Juli
Der Gründer des heute weltweit wirkenden Jesuitenordens wurde 1491 als Inigo de Recalde de Loyola auf dem Familienschloß im baskischen Loyola (Spanien) als jüngstes von 13 Kindern geboren. Seine Biographie berichtet später, daß er „allen Eitelkeiten der Welt" zugetan gewesen sei und „im Glücksspiel, in Frauengeschichten und in Raufhändeln besonders mutig war". Bis heute existieren Prozeßakten, die von Gerichtsverfahren des jungen Adligen zeugen. Die Wende im Leben des Offiziers Inigo de Loyola kam, als er 1521 während der Belagerung von Pamplona durch eine Kanonenkugel der Franzosen schwer verletzt wurde und fast ein Bein verlor. Auf dem monatelangen Krankenlager im Schloß von Loyola geriet ihm auch das Werk „Leben Christi" des Kartäusermönches Ludolf von Sachsen in die Hände, das ihn tief bewegte. Er erkannte, daß sein bisheriges Leben hohl und inhaltlos gewesen war. Nach erfolgrei-

Ignatius von Loyola, Gründer des Jesuitenordens.

Gegenüberliegende Seite: „Der heilige Ignatius von Loyola treibt den Teufel aus"; unter diesem Titel erhielt der Maler Peter Paul Rubens den Auftrag für das Gemälde, welches heute bekannt ist als „Die Wunder des heiligen Ignatius von Loyola".

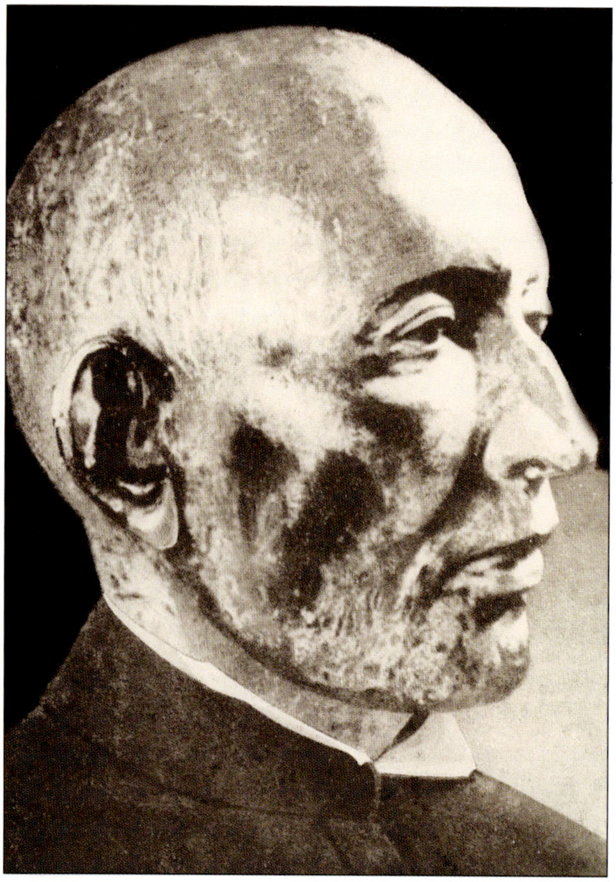

Diese Kopfbüste des heiligen Ignatius von Loyola wurde von seiner Totenmaske abgenommen. Sie wird im Generalat der Jesuiten in Rom aufbewahrt.

Gegenüberliegende Seite oben: Der Ignatius-Altar mit den Gebeinen des Heiligen in der Kirche Il Gesù in Rom.

Gegenüberliegende Seite unten: Der Legende nach erhielt Ildefons von Toledo seine Kasel von der Mutter Gottes, hier nach einem Gemälde von 1680, von Bartolomé Esteban Murillo.

cher Genesung legte er beim Abt des Klosters Montserrat eine Generalbeichte ab; seine Waffen hängte er am Gnadenbild der Gottesmutter auf. Danach zog er sich in eine Höhle zurück und tat strenge Buße. Hier verfaßte er auch sein berühmtes Exerzitienbüchlein „Geistliche Übungen". Eines seiner Gebete aus jener Zeit lautet: „Nimm hin, Herr, und empfange meine ganze Freiheit, mein Gedächtnis, meine ganze Habe und meinen Besitz. Du hast es mir gegeben, Dir, Herr, gebe ich es zurück. Alles ist dein." In dieser Zeit hatte er seine ersten Visionen, verschiedene Gnadenbeweise wurde ihm zuteil. Nachdem Inigo bemerkt hatte, daß sein Wissen zu gering war, begann er nach einer vorhergehenden Wallfahrt ins Heilige Land mit dem Studium von Latein in Barcelona; danach studierte er in Alcalá und in Salamanca Philosophie, von 1528 bis 1535 in Paris Theologie und Philosophie. Aus Verehrung für → Ignatios von Antiochien nannte er sich nun Ignatius. Ein Leben der Seelsorge und des Apostolats vor Augen und mit dem Herzen gewünscht, schloß sich Ignatius in Paris mit sechs Gleichgesinnten zusammen; die sieben Männer legten am 15. August 1534 in der Marienkapelle am Montmartre die Gelübde der ewigen Armut und Keuschheit sowie der Missionsarbeit im Heiligen Land ab. Bald darauf versuchte die kleine Gruppe von Missionaren, von Venedig aus mit dem Schiff ins Heilige Land zu gelangen. Als dieser Plan scheiterte, wirkten die sieben Männer einige Zeit in Norditalien; dort empfing Ignatius 1537 auch die Priesterweihe. Danach zog er mit seinen Gefährten nach Rom, um sich ganz dem Papst zur Verfügung zu stellen. Der Papst, so Ignatius in dem nun hinzugefügten Gehorsamkeitsgelübde, solle sie künftig dort einsetzen, wo es ihm erforderlich erscheine, wo Seelsorger benötigt würden. Paul III. nahm das Angebot 1538 an; am 27. September 1540 bestätigte er die von Ignatius ausgearbeiteten Konstitutionen für eine Ordensgemeinschaft, die Gesellschaft Jesu (Jesuiten) war gegründet. Das Ziel der Jesuiten war es, überall dort zu helfen, wo Hilfe besonders nötig war, und dem Papst in absolutem Gehorsam zu dienen. Erster Ordensgeneral wurde Ignatius. Zwei der ersten sechs Gefährten von Ignatius waren → Franz Xaver und → Petrus Faber. Um seine Ordensbrüder in ihrer Arbeit nicht zu behindern, verzichtete Ignatius auf die Einrichtung von Klöstern, auf eine Ordenstracht sowie auf das gemeinsame Chorgebet. Allen Jesuiten gemeinsam sind die Exerzitien, die geistlichen Übungen, sowie hochkarätige Studien und Ausbildungen. Abgelehnt wurden Ehrenämter – etwa die Ernennung zu Bischöfen –, von Ignatius so begründet: „Würden anzunehmen, hieße, unsere eigenen Totengräber zu sein." Nach 15jähriger Amtszeit als Ordensgeneral der Societas Jesu starb Ignatius von Loyola am 31. Juli 1556 in Rom. Seine letzte Ruhestätte fand er in Il Gesù, der Mutterkirche des Jesuitenordens in Rom. Die Seligsprechung erfolgte 1609, die Heiligsprechung am 13. März 1622; für die Kanonisationsfeierlichkeiten erbaute man in Rom eigens die Kirche S. Ignazio. – Der Jesuitenorden wurde früher wegen seiner besonderen Ausrichtung zeitweise mißtrauisch beobachtet, angefeindet und von 1773 bis 1814 sogar ganz verboten. Heute wirken Jesuiten erfolgreich in der ganzen Welt, davon fast die Hälfte in Afrika, Südamerika und Indien. Der Orden trägt den Beinamen „die Lanze der Kirche".

Darstellung: authentische Porträts, die anhand der Totenmaske angefertigt wurden, im Meßornat oder im Jesuitenkleid, meist mit wenig Haar und kleinem Schnurrbart.

Patronat: der Jesuiten, der Exerzitien und Exerzitienhäuser, der Soldaten, der Schwangeren und der Kinder, bei schwerer Geburt, gegen Fieber, Pest, Gewissensbisse, Dämonen, gegen Krankheiten beim Vieh

Ignatius von Santhià (Lorenzo Maurizio Belvisotti) sel.
OFMCap, Ordensmann, Mystiker
Fest: 22. September

Geboren am 5. Juni 1686 in Santhià bei Vercelli (Italien), wurde Lorenzo Maurizio Belvisotti 1710 Weltpriester und trat 1716 dem Kapuzinerorden bei (Ordensname: Ignatius). Sein Lebensziel war es, Gehorsam zu zeigen. Er wirkte zunächst in der Region Turin als vielgesuchter Beichtvater, als Seelsorger in Militärkrankenhäusern und als Exerzitienmeister; später war er Novizenmeister. Er starb am 22. September 1770 in Turin. 17. April 1966 Seligsprechung.

Ildefons von Toledo hl.
OSB, Erzbischof von Toledo
Fest: 23. Januar

Ildefons gehört zu den besonders verehrten Heiligen in Spanien. Geboren 607, erhielt er die Ernennung zum Erzbischof von Toledo; er amtierte bis zu seinem Tod am 23. Januar 667. Berühmt war Ildefons als großer Marienverehrer; seine Legende berichtet, einmal sei ihm Maria erschienen und habe ihm ein Meßgewand

überreicht. Die Ildefons-Reliquien gelangten im 8. Jh. in die spanische Stadt Zamora, wo sich zahlreiche Wunder um sie ereigneten, was den Ildefons-Kult stark förderte. Ildefons war einer der bedeutendsten Kirchenschriftsteller Spaniens.
Darstellung: als Mönch oder Bischof, beim Segnen oder beim Lesen, mit Maria (die ihm ein Meßgewand reicht)
Patronat: von Toledo und Zamora

Ilga (Helga) von Schwarzenberg sel.
Einsiedlerin
Fest: 8. Juni
Ilga lebte im 11./12. Jh. als Einsiedlerin in Schwarzenberg im Bregenzer Wald (Österreich). Die Legende erzählt, sie sei eine Tochter des Grafen von Bregenz gewesen, ihr Bruder soll → Merbot gewesen sein. Ilga war im Volk sehr verehrt und wurde viel um Rat gefragt. Sie starb 1115 in Schwarzenberg, wo die Ilga-Quelle bis heute von Augenkranken aufgesucht wird, da ihrem Wasser Heilkraft nachgesagt wird.
Darstellung: in vornehmer Kleidung (Abstammung), mit Krug, Quelle
Patronat: gegen Augenkrankheiten

Illerhues-Misono, Therese
Ordensgründerin
Fest: 14. September
Der japanische Kaiser Hirohito verlieh Therese Illerhues-Misono aus dem Münsterland an ihrem Todestag, dem 14. September 1965, den Hausorden III. Klasse mit einem besonderen japanischen Ehrentitel. Der Herrscher ehrte damit das über 52 Jahre dauernde Wirken der Steyler Missionsschwester in Japan. Geboren am 3. Dezember 1890 in Reken (Nordrhein-Westfalen) als Tochter eines Maurers, trat Therese Illerhues 1913 bei den Steyler Missionsschwestern ein und trug als Novizin den Namen Leonissa. Schon vier Monate später wurde sie nach Japan entsandt, wo der Missionsorden gerade seine Arbeit aufgenommen und noch kaum Erfahrung hatte. 1919, kurz vor der Ablegung der ewigen Gelübde, trat Therese Leonissa aus ihrem Orden

aus und gründete 1920 ihre eigene Ordensgemeinschaft unter dem Namen „Seishin Aishikai", Gemeinschaft der geliebten Kinder der Töchter des Herzens Jesu. Ab 1928 war sie Oberin und trug den Namen Misono (Heiliger Garten), da sie inzwischen japanische Staatsbürgerin geworden war. Der Sozialorden war bald in ganz Japan verbreitet, immer mehr Ordenshäuser wurden eröffnet; sogar eine Hofdame des japanischen Kaisers trat dem Orden bei, ebenso viele höhergestellte japanische Frauen. Auch in Deutschland wurden Niederlassungen der Kongregation eröffnet.

Therese Illerhues-Misono, Gründerin der Gemeinschaft der geliebten Kinder der Töchter des Herzens Jesu, vor ihrem Eintritt in den Steyler Missionsorden. Nach einer Abbildung aus einer Tageszeitung.

Illidius hl.
Bischof von Clermont
Fest: 7. Juli, 4. Juni
Illidius war der vierte Bischof des Bistums Clermont (Clermont-Ferrand), Frankreich; er amtierte etwa 15 Jahre bis zu seinem Tod 385. Er soll die Gabe der Wunderheilung gehabt und eine Kaisertochter geheilt haben. Seine Begräbnisstätte in Clermont (Kirche St-Alyre) war über viele Jahrhunderte eine Wallfahrtsstätte. → Gregor, der Bischof von Tours, berichtete mit großer Verehrung von Illidius.

Illuminata
Christin
Fest: 29. November
Illuminata war eine vielbewunderte Jungfrau und Christin in Todi (Italien); sie starb um 320 und wird bis heute in Todi sehr verehrt.

Illuminatus
OSB, Mönch
Fest: 11. Mai
Illuminatus war Benediktinermönch in seiner Heimatstadt Sanseverino bei Ancona (Italien); er war hoch verehrt im Volk und wurde bei seinem Tod um 1000 sehr betrauert. – Ein anderer Illuminatus, der wohl im 13. Jh. in Italien lebte und Franziskanermönch war, wird oft mit Illuminatus von Sanseverino verwechselt.

Ilona → Helena von Ungarn

Iltut hl.
Abt
Fest: 6. November
Iltut ist bis heute einer der meistverehrten Heiligen von Wales, obwohl über seine Lebensgeschichte nicht viel Authentisches überliefert ist. Unter dem Einfluß von → Cadoc wurde Iltut um 470 Mönch in Wales, nachdem er seine Heimat in der Bretagne verlassen hatte. Er gründete das Kloster Caerworgan (später nach ihm Llan-Illtut genannt), das eine der berühmtesten Abteien von Wales wurde und die meisten Heiligen des Landes hervorbrachte. Das Todesjahr von Iltut ist nicht gesichert überliefert; es lag zwischen 505 und 535. Bis heute sind Iltut in Süd-Wales zahlreiche Kirchen geweiht.

Imad von Paderborn
Bischof von Paderborn
Fest: 3. Februar, 21. Oktober
Imad war ab 1051 Bischof von Paderborn (Nordrhein-Westfalen). Nachdem ein Brand 1058 den Dom der Stadt zerstört hatte, stellte er das Gotteshaus wieder her. Er war der Stifter der berühmten „Imad-Madonna". Imad starb am 3. Februar 1076 in Paderborn. Die Grabstätte wurde 1924 wieder aufgefunden.

Imelda sel.
OP, Ordensfrau
Fest: 13. Mai
Imelda genießt in Italien bis heute besondere Verehrung als Patronin der Erstkommunikanten, was auf ihre – wenn auch teilweise legendarische – Lebensgeschichte zurückzuführen ist. Geboren um 1321 in Bologna (Italien) aus der Grafenfamilie Lambertini, wurde Imelda schon als Kind dem Dominikanerinnenkloster Valdipietra bei Bologna zur Erziehung übergeben. Ihr größter Wunsch war es, die Kommunion empfangen zu dürfen; als ihr dies am Fest Christi Himmelfahrt 1233 wegen ihres Alters erneut verweigert wurde, soll ihr nach der Legende die Erste heilige Kommunion auf wundersame Weise gereicht worden sein, woraufhin sie plötzlich verstarb (der Todestag war möglicherweise der 12. Mai 1333). Die Verehrung für Imelda Lambertini entstand sofort nach ihrem Tod. Die Reliquien befinden sich in der Kirche S. Sigismondo in Bologna. 1826 Bestätigung des Kultes.
Patronat: der Erstkommunikanten

Immina (Imma, Emma) sel.
OSB, Äbtissin
Fest: 10. Dezember, 25. November
Immina war die Tochter des Herzogs von Thüringen und kam um 700 in Thüringen (in Würzburg?) zur Welt. Sie soll die ihr gehörende Burg Marienberg bei Würzburg (Bayern) mit dem dortigen Kloster Bischof → Burkhard von Würzburg geschenkt haben und selbst Nonne im Benediktinerkloster Karlburg bei Würzburg geworden sein; später war sie Äbtissin des Klosters. Immina starb am 10. Dezember 750 in Würzburg; ihre Reliquien gelangten 1236 in den Würzburger Dom. Im Kreuzaltar der Karlburger Pfarrkirche werden seit 1961 in einem Reliquiar ebenfalls Reliquien aufbewahrt. – Es heißt, daß die Überlassung des Klosters Marienberg an Bischof Burkhard („Immina-Tausch") das Bistum Würzburg erst richtig begründet habe.

Imre → Em(m)erich

Inácio de Azevedo sel.
SJ, Märtyrer
Fest: 15. Juli
Geboren 1527 in Porto, Portugal, trat Inácio de Azevedo 1547 dem Jesuitenorden bei. Er bekleidete verschiedene hohe Ordensämter,

ab 1566 war er Visitator in Brasilien. Auf der Rückfahrt von Europa nach Brasilien wurde er zusammen mit einer Gruppe von Mitbrüdern überfallen, gefoltert und am 15. Mai 1570 in der Nähe der Kanarischen Inseln im Meer ertränkt. Sofort nach der Ermordung setzte eine starke Verehrung ein. 1854 Seligsprechung.

Indractus
Märtyrer
Fest: 5. Februar
Über Indractus existieren nur Legenden, seine Verehrung in Irland aber ist seit Jahrhunderten bezeugt. Angeblich war er ein irischer Prinz, der eine Wallfahrt nach Rom unternahm; bei seiner Rückkehr nach Irland wurde er von heidnischen Sachsen nahe Glastonbury gemeinsam mit seiner Schwester und anderen Christen ermordet. Das Todesjahr soll um 700 gelegen haben. Die Reliquien der Märtyrer wurden in einen Schrein übertragen.

Inés de Benigamin → Josepha Maria von der heiligen Agnes

Inflananus (Efflam)
Einsiedler
Fest: 6. November
Der irische Mönch Inflananus ließ sich 480 als Einsiedler in der Bretagne (Frankreich) nieder, wo er große Verehrung genoß. Er starb 512. Bei seiner Einsiedlerhütte entstand der Ort St-Efflam.
Darstellung: wie er König Arthur beschützt und Drachen bekämpft

Ingbert
Einsiedler
Fest: 22. Oktober
Die saarländische Stadt St. Ingbert entstand aus der Klause des Einsiedlers Ingbert, der hier Mitte des 6. Jh. lebte und große Verehrung genoß. Nach unsicheren Überlieferungen war er Benediktinermönch und wirkte als Missionar im ganzen Saarland. Gestorben ist Ingbert um 650.

Ingeborg
Königin
Fest: 30. Juli
Als Tochter des Dänenkönigs wurde Ingeborg um 1176 geboren. 17jährig verheirateten sie ihre Eltern mit Frankenkönig Philipp II., der sie aber schon nach einem Monat verstieß und Agnes von Meran heiratete. Ingeborg wandte sich an den Papst, der Philipp mit einem Kirchenbann drohte, falls er nicht zu Ingeborg zurückkehre. Der König unterwarf sich, verachtete Ingeborg aber und bekam mit Agnes zwei Kinder. Als Agnes starb, kümmerte sich Ingeborg um die Kinder, und zog sie liebevoll groß. Geliebt und verehrt vom ganzen Volk, starb sie am 30. Juli 1237.

Ingenuin von Säben hl.
Bischof von Säben
Fest: 5. Februar
Ingenuin war der erste Bischof von Säben (Sabiona) in Südtirol (Brixen), der sicher bezeugt ist. Man weiß, daß er an der Synode von Meran 588/590 teilgenommen hat. Er starb wohl um 605. Seine Verehrung zusammen mit → Albuin entstand im 11. Jh.; Bischof → Hartmann von Brixen vereinte die Reliquien der beiden Heiligen in einem Schrein im Dom von Brixen.
Darstellung: mit Albuin, manchmal mit Hartmann
Patronat: der Diözese Bozen-Brixen, der Bergwerke

Ingrid Elovsdotter
OP, Priorin
Fest: 2. September, 9. Oktober
Geboren um 1235 in Schöningen in Schweden, heiratete Ingrid jung. Nach dem Tod ihres Ehemannes wandte sie sich dem Ordensleben zu und gründete aus ihrem Besitz das Dominikanerinnenkloster Skenninge in Südschweden, in das sie nach einer langen Wallfahrt nach Rom und Jerusalem selbst eintrat. Ab 1281 war sie Priorin. Sie starb 1282 oder 1288 an einem 2. September oder einem 9. Oktober. Auf dem Konstanzer Konzil 1418 beantragte man einen Seligsprechungsprozeß, der aber durch die nach-

Statue des Ingenuin von Säben an der Fassade der Pfarrkirche St. Jakob in Innsbruck, Österreich.

Der Stich aus dem 17. Jh. zeigt die legendarische Vertreibung des heiligen Ingenuin, Bischof von Säben, durch arianische Langobarden. Später soll er zwischen den Kriegsparteien der Franken und der Langobarden vermittelt haben.

Der Glasschrein mit den Gebeinen von Innozenz XI. unter einem Nebenaltar im Petersdom, Rom.

Papst Innozenz XI., dargestellt auf einem Heiligen-Bildchen aus dem 20. Jh.

Die Päpste Innozenz I. und Innozenz V., nach Darstellungen von da Platina aus: Das Leben der Päpste, 1715, Venedig.

folgende Reformation nie aufgenommen wurde. Der Dominikanerorden strebt eine Seligsprechung weiter an.

Ingundis
Königin
Fest: 13. April, 29. Juli
Die Christin Ingundis heiratete 579 → Hermenegild, den Sohn des mächtigen heidnischen Westgotenkönigs Leovigild. Es gelang ihr, Hermenegild zu bekehren und zum christlichen Glauben zu führen. Als Leovigild davon erfuhr und seinem Sohn drohte, ihm Titel und Land zu nehmen, bestärkte Ingundis ihren Mann, an seinem neuen Glauben festzuhalten. Hermenegild wurde gefangengenommen und nach einem Jahr Kerker 585 in Tarragona, Spanien, öffentlich enthauptet. Ingundis erlitt ebenfalls schwere seelische und körperliche Mißhandlungen und wurde von Leovigild nach Afrika verbannt. Sie starb um 595.

Innozenz I. hl.
Papst (402 bis 417)
Fest: 12. März
Innozenz I. stammte aus Albano bei Rom und wurde am 22. Dezember 402 zum Papst gewählt. Im Verlauf seiner Amtszeit setzte er sich besonders für den Ausbau der römischen Führungsposition innerhalb der katholischen Kirche ein. Als → Chrysostomos vertrieben wurde, machte er sich für seine Wiedereinsetzung stark. Das Hauptereignis in seiner Amtszeit war die Plünderung Roms durch Gotenführer Alarich und seine Horden. Innozenz I. starb am 12. März 417.

Innozenz V.
(Petrus von Tarentaise) sel.
OP, Papst (1276)
Fest: 22. Juni
Geboren um 1224 in Champigny in Savoyen (Frankreich), trat Petrus von Tarentaise 1240 dem Dominikanerorden bei; 1264 wurde er zum Ordensprovinzial von Frankreich ernannt. 1272 erhielt er die Ernennung zum Erzbischof von Lyon, 1273 wurde er Kardinalbischof von Ostia. Er war befreundet mit → Bonaventura und → Gregor X. Am 21. Januar 1276 bestieg er den Papststuhl als Nachfolger von Gregor X. Er war damit der erste Dominikaner als Papst. Innozenz V. starb schon nach fünfmonatiger Amtszeit am 22. Juni 1276; er ist in der Lateranbasilika in Rom beigesetzt. 13. März 1898 Seligsprechung.

Innozenz XI.
(Benedetto Odescalchi) sel.
Papst (1676 bis 1689)
Fest: 12. August
Pius XII. sprach am 7. Oktober 1956 Innozenz XI. selig und würdigte damit den wohl bedeutendsten Papst des 17. Jh. Geboren am 19. Mai 1611 in Como in Norditalien als Sohn eines reichen Kaufmannes, wurde Benedetto Odescalchi 1645 Kardinal, von 1650 bis 1656 amtierte er zusätzlich als Bischof von Novara. Im Konklave von 1670 als Nachfolger von Clemens IX. abgelehnt, wurde er am 21. September 1676 einstimmig zum Nachfolger von Clemens X. gewählt. Der strenge Asket war bei den Gläubigen und im Volk bald hoch verehrt; er war mildtätig und freigebig gegenüber den Armen, bekämpfte den Nepotismus innerhalb des Klerus mit aller Kraft, reformierte die Behörden der Kurie und ordnete die Finanzen des Kirchenstaates. Innozenz XI. war außerdem ein unerbittlicher Verfechter der päpstlichen Autorität. Mit dem französischen König Ludwig XIV. hatte er zahlreiche Auseinandersetzungen wegen dessen Staatskirchentums. Große Verdienste erwarb er sich, als er im Krieg gegen die Türken ein Bündnis zwischen dem österreichischen Kaiser und dem polnischen König zustande brachte, auf dessen Grundlage 1683 der Sieg gegen die Türken errungen und Wien befreit wurde. Innozenz XI. starb am 12. August 1689 im Quirinalspalast, betrauert vom ganzen römischen Volk. Beigesetzt wurde er im Petersdom in Rom. Eine Seligsprechung wurde drei Jahrhunderte lang von der französischen Regierung verhindert, die den Streit zwischen dem Papst und dem französischen König nicht vergessen konnte.

Innozenz von Agaunum
Märtyrer
Fest: 22. September
Die Überlieferung berichtet, Innozenz sei Bannerträger bei der Thebäischen Legion (→ Mauritius) gewesen und habe am 22. September 286 in Agaunum (St-Maurice) im Wallis (Schweiz) das Martyrium erlitten.
Darstellung: in Rüstung, mit Schild und Schwert, oft mit anderen Mit-

gliedern der Thebäischen Legion
Patronat: der Soldaten, der Waffenschmiede

Innozenz von Berzo (Giovanni Scalvinoni) sel.
OFMCap, Ordenspriester
Fest: 3. März
Geboren am 19. März 1844 in Niardo in Norditalien, empfing Innozenz von Berzo 1867 die Priesterweihe und trat 1874 dem Kapuzinerorden bei. Im Orden lehnte er alle ihm angebotenen Ämter ab, um als einfacher Mönch demütig zu dienen. Das Gebet war der Mittelpunkt seines Lebens. Er starb am 3. März 1890 in Bergamo (Italien); seine Gebeine wurden nach Berzo übertragen. 12. November 1961 Seligsprechung.

Innozenz von Tortona hl.
Bischof von Tortona
Fest: 17. April, 24. September
Innozenz war wahrscheinlich der erste Bischof der Diözese Tortona in Norditalien, die im 4. Jh. errichtet wurde. Er amtierte vor 381, da zu diesem Zeitpunkt bereits ein Bischof anderen Namens das Bistum Tortona auf der Synode von Aquileia vertrat. Bezeugt ist, daß die Gläubigen in Tortona schon früh den Todestag von Innozenz (17. April) feierten, ebenso den Tag seiner Ernennung zum Bischof (24. September). Das Todesjahr war möglicherweise 350.
Patronat: von Tortona

Irais (Herais)
Märtyrerin
Fest: 22. September
Irais war eine junge Christin, die in ihrer Heimat Ägypten wegen ihres Glaubens enthauptet wurde. Über die Zeit ihres Martyriums besteht keine Einigkeit; die einen Quellen nennen die Regierungszeit von Diokletian um 300, andere verweisen auf das 5. Jh.

Irchard
Bischof
Fest: 24. August
Der Schotte Irchard missionierte in seiner Heimat; angeblich war er ein Gefährte von → Ternan, der im 5. Jh. lebte. Andere Quellen berichten, Irchard sei von Papst Gregor dem Großen, der von 590 bis 604 amtierte, in Rom zum Bischof geweiht worden.

Irenäus von Chiusi
Märtyrer
Fest: 3. Juli
Nach der Legende war Irenäus ein Diakon in der Toskana (Italien), der am 3. Juli 275 in Chiusi zusammen mit der Adligen → Mustiola den Märtyrertod erlitt, weil sie hingerichtete Christen beigesetzt hatten. Sicher ist, daß es bei Chiusi ein Cömeterium gab, das nach Mustiola benannt war.

Irenäus (Eirenaios) von Lyon hl.
Bischof von Lyon, (Märtyrer)
Fest: 28. Juni
Irenäus war einer der bedeutendsten Kirchenschriftsteller des Westens in der frühchristlichen Zeit. Ein großer Teil seines Werkes ist noch erhalten, so „Adversus haereses", mit dem er dem Gnostizismus entgegenwirken wollte. Geboren um 130 in Kleinasien, wurde Irenäus angeblich Schüler von → Polykarp. Bezeugt ist, daß er etwa ab 170 Priester im gallischen Lyon (Frankreich) war, wo zu dieser Zeit eine christliche Gemeinde entstanden war und in den Christenverfolgungen viele Gläubige als Märtyrer starben. Wohl 177/178 wurde Irenäus zum (zweiten?) Bischof von Lyon gewählt. Unermüdlich missionierte er in den folgenden Jahren in Ost- und Südgallien und verzeichnete große Erfolge. Energisch setzte er sich für den Frieden mit der Ostkirche ein. Irenäus starb um 200/202 in Lyon; verschiedene ungesicherte Quellen berichten, er habe den Martertod erlitten, was jedoch nicht sicher bezeugt ist. Seine Reliquien wurden über Jahrhunderte in einer Kirche in Lyon verehrt, dann aber von den Hugenotten zerstört.
Darstellung: als Bischof, mit Mitra und Stab, lehrend
Patronat: der Diözese Lyon

Irenäus und Abundius
Märtyrer
Fest: 26. August
Nach der legendarischen Überlieferung waren Irenäus und Abundius Christen in Rom, die um 258 das Martyrium erlitten, indem sie in der Kanalisation von Rom ertränkt wurden. Bezeugt ist eine frühe Verehrung, unter anderem in der Kirche S. Lorenzo fuori le mura in Rom. Reliquien von Abundius sollen auch nach Deutschland gelangt sein.

Irene (Iria) von Portugal hl.
Märtyrerin
Fest: 20. Oktober
Es scheint, daß Irene von Portugal identisch ist mit Irene von Thessalonike (→ Agape von Thessalonike). Die Legende erzählt, Irene sei eine Nonne in Portugal gewesen, die von einem Mann, den sie zuvor einmal abgelehnt hatte, ermordet wurde. Der Leichnam Irenes sei in einem Fluß fortgetrieben und auf wundersame Weise im heutigen Santarem (Sant-Iria) in Portugal beigesetzt worden, worauf sich dort ein starker Kult entwickelte. Die zu

Irenäus von Lyon, auf einer Darstellung, die einem Fresko aus dem 8. Jh. nachgezeichnet wurde.

Irene von Rom versorgt den verletzten → Sebastian, Ausschnitt nach einem Gemälde von Trophime Bigot, 17. Jh., Musée des Beaux-Arts, Bordeaux.

Brigitta Irrgang, die „Maria Goretti aus Pommern", wird als Märtyrerin der Reinheit bezeichnet.

Ehren Irenes errichtete Kirche wurde an einem 20. Oktober geweiht, weshalb dieser als Gedenktag für Irene gilt.

Irene von Rom
Witwe
Fest: 22. Januar
In der darstellenden Kunst ist Irene von Rom oft zu sehen, wie sie → Sebastian pflegt, der von Pfeilen durchbohrt am Boden liegt. Die Witwe hatte den Märtyrer beisetzen wollen, nachdem ihn die Christenverfolger mit Pfeilen beschossen hatten; als sie erkannte, daß Sebastian noch lebte, pflegte sie ihn wieder gesund. Als ihr Todesjahr wird 288 angegeben.
Darstellung: als Nonne, die den von Pfeilen durchbohrten Sebastian pflegt
Patronat: der Kranken

Irmgard
Kaiserin
Fest: 20. März
Geboren um 800 in Tours (Frankreich), heiratete Irmgard 821 Kaiser Lothar I. Zusammen mit ihrer Tochter gründete sie 850 die weltliche Frauenabtei Erstein im Elsaß (die Äbtissin der Abtei war gleichzeitig Reichsfürstin). Irmgard starb am 20. März 851 in Erstein und wurde dort beigesetzt. Ihr Reliquienschrein war über Jahrhunderte das Ziel vieler Gläubiger, wurde aber in der Französischen Revolution zerstört.

Irmgard (Irmengard) von Chiemsee sel.
OSB, Äbtissin
Fest: 16. Juli, 17. Juli
Irmgard war die Tochter von Bayernherzog Ludwig dem Deutschen und von → Hemma. Geboren wurde sie wohl 832, möglicherweise in Regensburg (Bayern). Als junge Frau trat sie als Nonne in das ihr von ihrem Vater übertragene Augustinerinnenstift Buchau am Federsee (Baden-Württemberg) ein und ist dort mindestens bis 857 bezeugt. Danach wurde sie Äbtissin des Benediktinerinnenklosters Frauenwörth (Frauenchiemsee) im Chiemsee (Bayern). Überliefert ist, daß Irmgard ein Engel der Armen war und alle Bedürftigen rund um den Chiemsee versorgte; wenn zur Winterszeit der Schiffsverkehr auf dem See eingestellt war, soll sie in einem Einbaum zu den Armen gefahren sein. Sie selbst aß nur Fisch und Gemüse und führte ein strenges Bußleben. Irmgard starb jung am 16. Juli 866 in ihrem Kloster. Als man Jahrhunderte später ihren Sarg öffnete, fand man unter ihrer Ordenstracht ein Bußkleid aus harten Haaren. 1004 wurden ihre Gebeine erstmals erhoben, 1631 zum zweiten Mal. 19. Dezember 1928 Seligsprechung. Die Irmgard-Grabstätte in der Klosterkirche Frauenchiemsee wurde zu einem vielbesuchten Gedenkort; seit 1929 ruhen die Reliquien in einem Schrein im Altar der Irmengardkapelle in der Klosterkirche. Auch in Oberschwaben genießt Irmgard von Chiemsee große Verehrung.
Darstellung: als Nonne mit Abtsstab und Krone, mit flammendem Herzen in der Hand und Glocke auf dem Äbtissinnenstab, mit ihrem Vater

Irmgard von Köln (von Süchteln)
Einsiedlerin
Fest: 4. September
Die Lebensgeschichte der Irmgard von Köln ist nicht völlig gesichert, da es möglich ist, daß verschiedene Frauengestalten miteinander vermengt werden (Irmtrud von Süchteln, Irmgard von Aspel). Irmgard von Köln soll Mitte des 11. Jh. als Einsiedlerin auf dem Heiligenberg bei Süchteln (Viersen) gelebt haben, danach in Köln. Angeblich brachte sie von ihren Rom-Wallfahrten Reliquien mit nach Köln, so auch Erde vom Grab der → Ursula, die einen Handschuh Irmgards blutrot gefärbt haben soll. Irmgard galt außerdem als große Wohltäterin der Abtei St. Pantaleon in Köln. Irmgard starb wohl an einem 4. September zwischen 1082 und 1089. Im Kölner Dom steht ein Steinsarkophag, der die Gebeine von Irmgard von Köln enthalten soll (was aber auch angezweifelt wird). Auf dem Heiligenberg in Viersen-Süchteln feiern die Gläubigen seit 1498 eine Woche lang die Irmgardisoktav mit Gottesdiensten und Andachten; Beginn der Festwoche ist immer am Sonntag nach dem 4. September. In dem Gotteshaus auf dem Heiligenberg, dessen Vorgängerkapelle erstmals 1498 erwähnt wurde, befinden sich seit Mitte des 16. Jh. zwei Rippenpartikel der Irmgard, die Süchteln damals vom Kölner Domkapitel geschenkt worden waren.
Darstellung: als Jungfrau mit Stirnreif, mit Reliquien aus Rom

Irmina (Irma, Ermina, Hermine) hl.
OSB, Äbtissin
Fest: 24. Dezember, 30. Dezember
Irmina entstammte einem fränkischen Adelsgeschlecht. Sie war die Mutter von → Adela und → Plektrudis. Nach dem Tod ihres Ehemannes schenkte sie einen Teil ihres Besitzes in Echternach (Luxemburg) dem englischen Missionsbischof → Willibrord, der dort 697/698 die erste angelsächsische Missionszentrale außerhalb Englands errichtete. Als zweite

Äbtissin übernahm Irmina die Leitung von Kloster Öhren (Oeren) in Trier (Rheinland-Pfalz), das später nach ihr St. Irminen genannt wurde. Sie starb um 708 und wurde im Kloster Weißenburg im Elsaß, einer Stiftung ihrer Familie, beigesetzt.
Darstellung: in fürstlicher Kleidung oder als Äbtissin

Irmtrud
Märtyrerin
Fest: 21. Oktober
Nach der großenteils legendarischen Überlieferung soll Irmtrud eine Gefährtin von → Ursula gewesen sein. Es heißt, auch sie habe in der Gegend von Köln das Martyrium erlitten.

Irmund (Irmonz) von Jülich
Einsiedler
Fest: 28. Januar
Die Lebensdaten von Irmund sind nicht bekannt; bezeugt ist aber eine starke Verehrung im Gebiet um Jülich (Nordrhein-Westfalen). Er lebte als Einsiedler und Viehhirte in Mündt bei Jülich, vom Volk verehrt. An der Stelle seiner Einsiedelei soll die Quelle „St.-Irmunds-Pütz" entsprungen sein, deren Wasser man lange Zeit Heilkraft nachsagte.
Darstellung: als Einsiedler, mit Rosenkranz, Buch, Kreuz
Patronat: für das Vieh

Irrgang, Maria Juliane Brigitta
Märtyrerin
Fest: 29. September
„Märtyrerin der Reinheit" wird Maria Juliane Brigitta Irrgang bis heute in ihrer Heimat Vorpommern genannt. Ihr Grab auf dem Friedhof am Kamp in Loitz (Mecklenburg-Vorpommern) ist zur Stätte vieler Betender geworden. Brigitta Irrgang, geboren am 10. Februar 1943 in Krickerhau in der Slowakei, war am 29. September 1954 in Loitz auf dem Heimweg zum Elternhaus von einem Burschen vergewaltigt und ermordet worden. An ihrer Beisetzung nahm das ganze Dorf teil.

Isaac Jogues hl.
SJ, Missionar, Märtyrer
Fest: 18. Oktober, 19. Oktober
Isaac Jogues war der erste katholische Priester, der New York besuchte. Geboren am 10. Januar 1607 in Orléans, Frankreich, war er 17jährig dem Jesuitenorden beigetreten und hatte einige Jahre später die Priesterweihe empfangen. Ab 1636 wirkte er für mehrere Jahre unter schwierigsten Bedingungen in der Huronenmission in Kanada und hatte dabei große Erfolge. 1642 wurde er von heidnischen Irokesen gefangengenommen und gefoltert; auch während der Gefangenschaft missionierte er und bekehrte zahlreiche Irokesen. In einer abenteuerlichen Flucht gelangte er nach Frankreich zurück, wo er von Papst und König geehrt wurde. 1644 kehrte Isaac Jogues nach Kanada zurück und wurde zum Friedensstifter zwischen Franzosen und Mohawks. Als er den Mohawks aber das Evangelium predigen wollte, wurden sie mißtrauisch und ermordeten ihn am 18. Oktober 1646 in Ossernenon (heute USA). 21. Juni 1925 Seligsprechung, 29. Juni 1930 Heiligsprechung.

Isaias Boner
(Isaias von Krakau)
OESA, Ordensmann, Mystiker
Fest: 18. Februar
Geboren um 1400 in Krakau (Polen), trat Isaias Boner früh

Isaac Jogues, der erste katholische Priester New Yorks; Bronzefigur am Portal der St. Patrick's Cathedral an der 5th Avenue in New York.

Hinter dem Hochaltar im Münster auf der Insel Frauenchiemsee in Bayern befindet sich die Irmengard-Kapelle mit den Reliquien der Seligen.

Isidor von Madrid, nach einem Holzstich von 1879, in typischer Darstellung, betend, während Engel sein Feld bestellen.

den Augustinereremiten bei und bekleidete im Orden und an der Universität Krakau verschiedene hohe Ämter. Er hatte eine charismatische Ausstrahlung und wurde schon zu Lebzeiten hoch verehrt. Er starb am 8. Februar 1471 in Krakau im Ruf der Heiligkeit; schon bald ereigneten sich Wunder und Gebetserhörungen um seine Gestalt. Eine Seligsprechung wurde immer wieder versucht.

Isberga
Nonne
Fest: 21. Mai
Isberga soll angeblich eine Schwester von → Karl dem Großen gewesen sein. Sie war Ende des 8. Jh. Nonne im Kloster Aire in der Region Artois (Frankreich), deren Patronin sie bis heute ist. Sie starb wohl um 800.

Ischyrion und Gefährten
Märtyrer
Fest: 1. Juni
Ischyrion war Mitte des 3. Jh. Beamter in Ägypten und bekannte sich trotz der Christenverfolgungen unter Decius treu zu seinem Glauben. Zusammen mit Gefährten wurde er 250 auf Pfähle aufgespießt und so lange gefoltert, bis er starb. – Wahrscheinlich ist der Heerführer Ischyrion von Ägypten, der am 22. Dezember verehrt wird und zwischen 284 und 305 den Martertod gestorben sein soll, identisch mit diesem Ischyrion.

Isfried hl.
OPraem, Bischof von Ratzeburg
Fest: 15. Juni
Isfried gewinnt in jüngster Zeit wieder an Bedeutung im Norden von Deutschland, so in Hamburg, wo er an einem eigenen Gedenktag gefeiert wird. Von Isfried weiß man, daß er Prämonstratenser war und ab 1159 als Propst am Stift Jerichow in der Diözese Magdeburg wirkte. 1179/1180 wurde er als Nachfolger von → Evermod zweiter Bischof von Ratzeburg im Wendenland (Schleswig-Holstein). Überlieferungen berichten, Isfried habe bahnbrechend gewirkt bei der Organisation der äußerst schwierigen Diözese, die zuvor beim Wendenaufstand zerstört worden war; er soll maßgeblich den Dombau betrieben haben. Er starb am 15. Juni 1204 in Ratzeburg und wurde im Presbyterium des Ratzeburger Domes beigesetzt.

Isidor von Alexandria hl.
Priester
Fest: 15. Januar
Isidor war Priester und leitete in der zweiten Hälfte des 4. Jh. in Alexandria (Ägypten) das Hospiz für die Fremden. Nachdem er sich mit dem Patriarchen überworfen hatte, floh er in die Wüste und lebte als Asket. Im Verlauf seiner Schwierigkeiten wandte er sich auch an → Johannes Chrysostomus, der ihm freundlich gegenüberstand. Isidor starb wohl 404.

Isidor von Chios hl.
Märtyrer
Fest: 15. Mai
Bis heute werden die Reliquien von Isidor von Chios in der Cappella S. Isidoro im Markusdom in Venedig aufbewahrt. Nach der legendarischen Vita erlitt der Seemann Isidor um 250 auf der Insel Chios (Griechenland) den Martertod durch Schleifen und Enthaupten. Seine Verehrung ist in der Ostkirche schon im 6. Jh. bezeugt; nach Venedig gelangten die Gebeine 1125.
Darstellung: mit Bart, beim Martyrium
Patronat: von Venedig, von Chios, der Seeleute

Isidor vom heiligen Joseph → De Loor, Isidor

Isidor (Isidro) von Madrid (der Bauer) hl.
Bauer
Fest: 15. Mai
Die Kathedrale und die Kirche S. Andrés in Madrid erinnern bis heute an den Bauern Isidor, einen der meistverehrten Heiligen Spaniens. Isidor, geboren um 1070 in Madrid, bewirtschaftete gemeinsam mit seiner Ehefrau → Maria Toribia nahe Madrid die Äcker und Felder eines reichen Barons und brachte sie durch seine rastlose Arbeit zum Erblühen. Nach der Legende sollen ihn mißgünstige Knechte bei seinem Herrn verleumdet haben, weil er jeden Morgen zur Kirche ging und häufig auch auf dem Feld betete. Als der Gutsbesitzer eines Tages mit Isidor darüber sprechen wollte, fand er ihn betend neben einem Acker, während ein Engel auf dem Feld den Pflug führte. Tief berührt zog der Baron sich wieder zurück und schenkte Isidor künftig all sein Vertrauen. Gemeinsam kümmerten sich Isidor und Toribia um die Armen und Kranken der Umgebung, niemand ging von ihnen fort, ohne Hilfe erhalten zu haben. Schon zu Lebzeiten wurde Isidor hoch verehrt, nach seinem Tod am 15. Mai 1130 nahm die Verehrung noch zu. Als man 40 Jahre nach seinem Tod sein Grab öffnete, waren sein Leib und seine Kleidung noch völlig unversehrt. In einer feierlichen Prozession übertrug man seine Gebeine daraufhin in die Kirche S. Andrés in Madrid (sie wurde im Spanischen Bürgerkrieg 1936 stark beschädigt, nur die Kapelle S. Isidro blieb erhalten). Der unversehrte Leib ruht heute in der Kathedrale

S. Isidro in Madrid. 12. März 1622 Heiligsprechung.
Darstellung: in bäuerlicher Kleidung, mit landwirtschaftlichen Geräten, beim Beten, während ein Engel das Feld bestellt
Patronat: von Madrid, der Bauern, für eine gute Ernte, gegen Dürre und für Regen

Isidor von Pelusium
Mönch
Fest: 4. Februar
Isidor war Abt eines Klosters in Pelusium in Ägypten. Er genoß großes Ansehen und war mit verschiedenen Kirchenpersönlichkeiten seiner Zeit befreundet, so mit → Cyrillus von Alexandria. Er starb zwischen 431 und 451. Von ihm sind über 1000 Briefe erhalten.

Isidor (Isidro) von Sevilla hl.
OSB, Erzbischof von Sevilla, Kirchenlehrer
Fest: 4. April
Isidor von Sevilla ist der Nationalheilige von Spanien. „Letzter abendländischer Kirchenvater“ wird er genannt, seine Schriften waren von großer kirchenpolitischer Bedeutung für alle folgenden Jahrhunderte, sein schriftstellerisches Werk ist von außergewöhnlicher Brillanz. Isidor gilt als eine der großen Persönlichkeiten des christlichen Spanien der Frühzeit, manchmal wird er „der Lehrmeister Spaniens“ genannt. Isidor entstammte einer vornehmen Familie aus Cartagena, wo er um 560 geboren wurde. Drei seiner vier Geschwister wurden später ebenfalls heiliggesprochen, der bekannteste ist → Leander von Sevilla, von dem Isidor um 583 die Priesterweihe empfing. In einer schwierigen Zeit, in der Ketzer in Spanien die Existenz Christi leugneten und auch der König von Irrlehrern beeinflußt war, nahm Isidor den Kampf mutig auf und hatte bald gute Erfolge zu verzeichnen. Als sein Bruder Leander, Erzbischof von Sevilla, 600 starb, wählte man Isidor zu seinem Nachfolger. In den folgenden 35 Jahren wirkte Isidor unermüdlich für das Wohl der spanischen Kirche; er errichtete Schulen und Bibliotheken für den Klerus und berief Synoden und Konzile ein, die er auch leitete (jene von Sevilla, 619, und von Toledo, 633, gingen in die Geschichte ein). Die Schriften und Bücher Isidors sind geprägt von seinem umfassenden Wissen. Berühmt wurden sein Buch über die Wunder der Natur, seine „Chronica Maiora“, die die Jahre von der Schöpfung bis 615 zum Inhalt haben, und seine Geschichte über die Goten und die Vandalen. Sein letztes und außergewöhnlichstes Werk waren die „Etymologien“, eine Art Enzyklopädie über das Wissen seiner Zeit. Isidor starb am 4. April 636 in Sevilla. König Ferdinand I. ließ die Gebeine 1063 in die Isidorkirche in León in Nordspanien überführen (fünf Tage später starb Ferdinand in dieser Kirche). Das nicht gesicherte Jahr der Kanonisation war 1598. Papst Benedikt XIII. erhob Isidor 1722 zum Kirchenlehrer.
Darstellung: als Bischof, mit Buch, Feder, Kreuz, Stab, Nimbus, reitend auf einem Pferd
Patronat: von Spanien

Isidora
Nonne
Fest: 1. Mai
Isidora war nach teilweise legendarischer Überlieferung eine Nonne eines Klosters in Ägypten, die in die Wüste flüchtete, um nicht durch die Übertragung eines Amtes geehrt zu werden. In ihrer Wüsteneinsiedelei starb sie am 1. Mai 365.

Isis → Thais

Ismael
Bischof
Fest: 16. Juni
Ismael genießt bis heute Verehrung in Wales. Die Berichte sagen, daß er im 6. Jh. ein Schüler von → Teilo war und von ihm zum Bischof geweiht wurde. Noch heute sind Ismael in Wales zahlreiche Kirchen geweiht.

Ismido von Die sel.
Bischof von Die
Fest: 30. September
Ismido stammte wohl aus Lyon (Frankreich) und war etwa ab 1100 Bischof von Die, Frankreich. Er starb hoch verehrt am 30. September 1115 in Die; um seine Person hatten sich bereits zahlreiche Wunder ereignet. 9. Dezember 1903 Bestätigung des Kultes.

Isnard von Chiampo (von Vicenza) sel.
OP, Ordensmann, Prediger
Fest: 19. März

Bischof Isidor von Sevilla, nach einem Gemälde von Murillo.

Kopfbüste mit Reliquien des heiligen Isidor von Sevilla (in der Schatzkammer im Dom von Sevilla zu besichtigen).

Dieses Gemälde von Rogier van der Weyden zeigt den Advokaten Ivo Hélory.

Isnard stammte aus Chiampo in der Diözese Vicenza (Italien), 1219 empfing er das Dominikanerordenskleid aus der Hand von → Dominikus. Er gründete und leitete das Dominikanerkloster in Pavia, Italien. Isnard war ein getreuer Gefährte von Dominikus, einer der großen Prediger seiner Zeit und gefragt als Seelenführer. Er starb am 19. März 1244 in Pavia. 1912 Approbation des Kultes. Die Reliquien werden in der Kirche S. Gervasio e S. Protasio in Pavia verehrt.

Ita hl.
Äbtissin
Fest: 15. Januar
Ita ist in Irland nach → Brigitta von Kildare die meistverehrte Heilige. Sie stammte aus Drum in der Grafschaft Waterford, wo sie um 500 geboren wurde. In der Grafschaft Limerick gründete sie ein Frauenkloster, das in kürzester Zeit riesigen Zulauf hatte. Um ihre Person ereigneten sich schon zu Lebzeiten unglaubliche Wunder, was die Verehrung für sie immer mehr steigerte. Als sie um 570 starb, war sie schon wie eine Heilige verehrt.

Ithamar
OSB, Bischof von Rochester
Fest: 10. Juni
Ithamar stammte aus Kent, wo er Ende des 6. Jh. geboren wurde. Er trat dem Benediktinerorden bei und war ab 644 der erste angelsächsische Bischof; er folgte dem Italiener → Paulinus auf dem Bischofsstuhl von Rochester (Paulinus war Bischof von York und verwaltete Rochester mit; er starb 644). Ithamars Todesdatum war wohl der 10. Juni 656.

Ivan von Böhmen
Prinz, Einsiedler
Fest: 24. Juni
Ivan war ein Prinz (oder ein Fürstensohn), der davor flüchtete, die Krone zu übernehmen. Er lebte 14 Jahre lang in einer Höhle zwischen Prag und Karlstein, wo er am 24. Juni 904 starb. Über seinem Grab wurde eine Kapelle errichtet, aus der sich später ein Benediktinerkloster entwickelte.
Darstellung: als Einsiedler, vor einer Höhle, bei der Versuchung durch Dämonen

Ives → Ia

Ivette → Yvetta

Ivo (Yves) von Chartres hl.
OSA, Bischof von Chartres
Fest: 23. Dezember, 20. Mai
Geboren um 1040 bei Beauvais, Frankreich, trat Ivo dem Augustinerorden bei; 1090 wurde er zum Bischof von Chartres (Frankreich) gewählt und stand vom Beginn seiner Amtszeit an im Mittelpunkt verschiedener Auseinandersetzungen. Als er die Beziehung zwischen Philipp I. und Bertrade von Anjou, die beide mit anderen Partnern verheiratet waren, öffentlich kritisierte, wurde Ivo gefangengenommen und zwei Jahre eingekerkert; ein Prozeß brachte den Freispruch. Er verfaßte berühmte Schriften zum Kirchenrecht; wichtige Texte über die Jahre seiner Amtszeit sind bis heute erhalten. Ivo starb am 23. Dezember 1116 in Chartres und wurde nach seinem Tod wie ein Heiliger verehrt.

Ivo von England hl.
Missionar
Fest: 24. April
Nach der wohl großenteils legendarischen Überlieferung stammte Ivo aus Persien und kam im 7. Jh. als Missionar in die Grafschaft Huntingdonshire (England). In dem Ort St. Ives (nach ihm benannt) fand man am 24. April 1001 Gebeine, die man Ivo zuschrieb und übertrug. Bereits im Juli 1001 wurden diese in die Abtei Ramsey übertragen.

Ivo (Yves) Hélory hl.
Priester, Anwalt
Fest: 19. Mai
Geboren am 17. Oktober 1253 in Minihy-Tréguier in der Bretagne (Frankreich), studierte Ivo Hélory Theologie und kanonisches Recht und wurde zunächst Advokat. 1284 empfing er die Priesterweihe und war danach Pfarrer in mehreren kleinen Dörfern. 1298 gab er die Seelsorgetätigkeit auf, um sich fortan unentgeltlich als Anwalt für Arme, Hilflose und Unterdrückte einzusetzen. Er selbst führte ein Leben der Abtötung und des Gebetes. Ivo Hélory starb am 19. Mai 1303 in Kermartin bei Tréguier. 1347 Heiligsprechung. In Minihy-Tréguier existiert bis heute eine Ivo-Wallfahrt. Die Ivo-Bruderschaften in Europa und in Brasilien gehen auf ihn zurück; ihre Mitglieder kümmern sich um den rechtlichen Schutz von Bedürftigen.
Darstellung: als Richter, mit Schriftrolle, Geißel, Strick, Kelch, inmitten von Armen
Patronat: der Bretagne (zusammen mit → Anna), der Richter, Rechtsanwälte, Notare, Pfarrer, Drechsler, der Armen, der Waisen, bei Prozessen, der Tugend

Iwi (Ywi)
OSB, Mönch, Diakon
Fest: 8. Oktober
Iwi lebte im 7. Jh. und empfing von → Cuthbert die Diakonweihe. Sein Kloster soll Lindisfarne gewesen sein. Überliefert ist auch, daß er sich einige Zeit als Einsiedler in der Bretagne (Frankreich) aufhielt. Er starb um 690; seine Reliquien gelangten im 9./10. Jh. in die englische Abtei Wilton (wahrscheinlich an einem 8. Oktober).

J

Ja
Märtyrerin
Fest: 4. August
Ja wird im persischen Raum bis heute verehrt; sie war eine junge Christin, die 360 unter Schapur II. gefangengenommen und grausam gefoltert wurde. Nachdem sie heroisch alle Martyrien ohne zu klagen überlebt hatte, ließ der Herrscher sie enthaupten.

Jablonska, Bernardina Maria sel.
Ordensgründerin
Fest: 23. September
Die Polin Maria Jablonska, geboren am 5. August 1878 in Pyzuny-Lukawica, war die Mitbegründerin der Kongregation der Schwestern vom Drittorden des heiligen Franziskus und Dienerinnen der Armen, auch Albertinerinnen genannt. Ihr Ordensname war Bernardina. Sie starb am 23. September 1940 in Krakau (Polen). 6. Juni 1997 Seligsprechung in Zakopane.

Jachelina von Schwarzenberg
Witwe
Fest: 26. Februar
Jachelina Gräfin von Schwarzenberg, geboren 1563, lebte in Bayern. Nach dem Tod ihres Ehemannes führte sie ein Leben der Buße und der Nächstenliebe und war im Volk hoch verehrt. Sie starb am 26. Februar 1622 in München und wurde in der Mauritiuskapelle in Ebersberg bei München beigesetzt.

Jacobina von Pisa
OP, Ordensfrau
Fest: 1. November
Jacobina wurde nach dem Tod ihres Ehemannes Dominikanerterziarin und später Oberin des Dominikanerinnenklosters in ihrer Heimatstadt Pisa (Italien). Sie war hoch verehrt, was sich nach ihrem Tod 1370 noch verstärkte. Ihre Grabstätte befindet sich in der Kirche S. Chiara in Pisa.

Jacobis, Giustino de hl.
CM, Bischof
Fest: 31. Juli
„Giustino de Jacobis war der Vater der äthiopischen Kirche", schrieben die äthiopischen Bischöfe 1975 an Papst Paul VI., der den Missionar aus Süditalien dann am 26. Oktober 1975 heiligsprach (die Seligsprechung war am 25. Juni 1939 erfolgt). Geboren am 9. Oktober 1800 in San Fele bei Potenza (Italien) als siebtes von 14 Kindern, war Jacobis 1818 dem Lazaristenorden beigetreten und hatte 1824 die Priesterweihe empfangen. 1839 wurde er in die Mission nach Äthiopien (damals Abessinien) entsandt, 1849 dort zum Bischof ernannt. Bei seiner Missionierung paßte sich Jacobis vollständig den Gewohnheiten der Bevölkerung an und erzielte so große Erfolge bei der Christianisierung; Tausende ließen sich taufen. Jacobis gilt als Begründer der katholischen Kirche in Abessinien. Feinde seiner Arbeit verbannten ihn dann in die Wüste, wo er nach einem Leben voller Entbehrungen am 31. Juli 1860 starb (in Aligadé).

Jacopone von Todi
OFM, Ordensmann, Dichter
Fest: 25. Dezember
Geboren um 1229 in Todi (Italien), war Jacopone Benedetti zunächst Rechtsanwalt in Todi. 1268 starb seine Ehefrau, was ihn über Jahre in tiefe Trauer stürzte. 1278 trat er dem Franziskanerorden bei und schloß sich im Orden den Spiritualen von Monte Morrone an. Als er sich in einem Manifest der Forderung nach Absetzung des Papstes anschloß, wurde er exkommuniziert und bis 1303 im Gefängnis festgehalten. Papst Benedikt XI. ließ ihn frei. Jacopone von Todi starb am 25. Dezember 1306

Bischof Giustino de Jacobis war der Gründer der katholischen Kirche in Abessinien, heute Äthiopien.

Diese Darstellung des Jacopone von Todi wird dem Künstler Paolo Uccello zugeschrieben und befindet sich in der Kathedrale von Prato, Italien.

Der Franziskaner Jacobus von den Marken war einer der erfolgreichsten Prediger in Deutschland, Ungarn und Italien. Ausschnitt aus einem Gemälde von Carlo Crivelli, 1477, Venedig.

im Franziskanerkloster Collazzone. Er hinterließ ein vielbeachtetes schriftstellerisches und dichterisches Werk. Nach seinem Tod wurde sein Leichnam in das Kloster von Todi überführt; bald darauf war er wie ein Heiliger verehrt. 1433 Erhebung der Gebeine und Übertragung in die Kirche S. Fortunato, wo die Reliquien bis heute in der Krypta aufbewahrt werden.

Jacobus Bianconi (von Mevania) sel.
OP, Prior
Fest: 22. August
Geboren um 1220 in Mevania, heute Bevagna bei Spoleto (Italien), trat Jacobus Bianconi 1236 dem Dominikanerorden bei und gründete in seiner Heimatstadt das erste Dominikanerkloster, das er als Prior leitete. Er starb am 22. August 1301 in Mevania. 1400 und 1674 Bestätigung des Kultes. Die Grabstätte befindet sich in der Kirche Ss. Domenico e Giacomo in Bevagna.

Jacobus Cinthier von Cerqueto sel.
OESA, Ordensmann, Prediger
Fest: 17. April
Jacobus Cinthier wurde um 1294 in Cerqueto in Umbrien (Italien) geboren und trat um 1312 dem Augustinerorden bei. Er wurde einer der wichtigsten Prediger seiner Ordensgemeinschaft, das Volk verehrte ihn wegen seiner außergewöhnlichen Liebe zum Gebet und seiner großen Demut. Er starb am 17. April 1367 in Perugia (Italien). 1895 Bestätigung des Kultes.

Jacobus Guidi von Certaldo sel.
OSBCam, Ordensmann
Fest: 13. April
Geboren um 1212 in Certaldo bei Volterra (Italien), trat Jacobus Guidi um 1230 dem Kamaldulenserorden bei und wirkte 60 Jahre lang in der Ordensgemeinschaft; 40 Jahre war er Klosterpfarrer in Volterra. Er starb am 13. April 1292 in Volterra; an seiner Grabstätte ereigneten sich zahlreiche Wunder.

Jacobus de Marchia (von den Marken) hl.
OFM, Ordensmann, Prediger
Fest: 28. November
Geboren 1393/1394 in Monteprandone bei Ancona (Italien), trat Jacobus de Marchia um 1415 dem Franziskanerorden bei und wurde einer der erfolgreichsten Prediger in Italien, Ungarn und Deutschland; leidenschaftlich wandte er sich gegen die Irrlehren der Zeit. Im Orden war er ein tatkräftiger Reformer und Erneuerer. Kein Glück hatte er bei seinen Bemühungen, die Observanten und Konventualen, in die sich der Franziskanerorden gespalten hatte, wieder zusammenzuführen. Kaiser und Papst schätzten Jacobus de Marchia sehr und suchten seinen Rat. Den Erzbischofsstuhl von Mailand lehnte er ab. Er starb am 28. November 1476 in Neapel (Italien) und fand seine letzte Ruhestätte in der Kirche S. Maria Nuova in Neapel. 1624 Seligsprechung. 10. Dezember 1726 Heiligsprechung.
Darstellung: mit Scheibe mit Christusmonogramm, Rosenkranz, Blutampulle, Kelch mit Schlange, Lilie

Jacobus Salomonius
OP, Ordensmann
Fest: 31. Mai
Jacobus Salomonius stammte aus Venedig, wo er 1231 geboren wurde. Er trat 1248 in Venedig dem Dominikanerorden bei und hatte im Orden verschiedene Ämter inne, bis er am 31. Mai 1314 im Kloster in Forlí (Italien) starb. (Sein Grab und seine Gebeine befinden sich bis heute dort.)
Patronat: von Forlí

Jacobus Strepa sel.
OFM, Erzbischof von Halicz
Fest: 20. Oktober, 1. Juni
Jacobus Strepa, geboren um 1340 bei Krakau (Polen), trat dem Franziskanerorden bei und bekleidete zahlreiche hohe Ämter. Ab 1391 war er Erzbischof von Halicz. Wegen seines Charismas und seiner großen Autorität war er geachtet und im Volk verehrt. Er starb am 20. Oktober 1409 in Lemberg und wurde zunächst in der dortigen Minoritenkirche beigesetzt; später übertrug man die Gebeine in die Kathedrale von Lemberg, 1945 schließlich in die Kathedrale von Tarnów (Polen). 1790 Seligsprechung.

Jacobus a Voragine sel.
OP, Erzbischof von Genua
Fest: 14. Juli, 13. Juli
Der Name von Jacobus a Voragine ist vor allem verbunden mit der

Totenmaske des Wanderpredigers Jacobus von den Marken, heute in der Kirche S. Maria Nuova, Neapel.

berühmten „Legenda aurea"; die zwischen 1263 und 1267 entstandene Heiligenlegende beeinflußte den Heiligenkult im Abendland maßgeblich und wurde dort in alle Sprachen übersetzt. Das Werk war auch Grundlage für Tausende von Heiligengemälden. Geboren um 1228 in Voragine (heute Varazze) bei Genua, Italien, trat Jacobus 1244 dem Dominikanerorden bei. Er war Prior, Ordensprovinzial der Lombardei und ab 1292 Erzbischof des Bistums Genua. Über die Jahrzehnte bis zu seinem Tod am 14. Juli 1298 verfaßte Jacobus ein riesiges schriftstellerisches Werk. Beigesetzt wurde er in der Kirche S. Domenico in Genua. 1816 Bestätigung des Kultes.

Jacut hl.
Einsiedler
Fest: 8. Februar

Jacut war nach nicht ganz gesicherter Überlieferung der Sohn von → Fragan und → Gwen und der Bruder von → Winwaloe (Gwenaloe). Im 5. Jh. soll die Familie aus ihrer Heimat Wales in die Bretagne (Frankreich) geflohen sein, um den einfallenden Sachsen zu entkommen. Es heißt, Jacut habe dort die spätere Abtei St-Jacut-de-la-Mer bei Dinan begründet. Jacut starb zu Beginn des 6. Jh.; seine Reliquien wurden zunächst in St-Jacut aufbewahrt und später vor den Normannen gerettet und an einen unbekannten Ort übertragen. St-Jacut-sur-Ars erklärt heute, im Besitz der Gebeine zu sein. In der Bretagne sind Jacut zahlreiche Kirchen geweiht.
Darstellung: als Pilger mit Bart, mit Buch und Pilgerstab

Jader
Bischof, Märtyrer
Fest: 10. September

Jader war Mitte des 3. Jh. Bischof in Numidien. Er wurde gefangengenommen und mußte gemeinsam mit weiteren Bischöfen und Gläubigen so lange in Marmorsteinbrüchen arbeiten, bis er vor Erschöpfung starb. Das Todesjahr war 257/258. Es existiert noch ein Brief von → Cyprian an die Bischöfe.

Jaegen, Hieronymus
Gründer, Mystiker
Fest: 26. Januar

Geboren am 23. August 1841 in Trier (Rheinland-Pfalz), wurde Hieronymus Jaegen Ingenieur, später war er Bankdirektor. Von 1899 bis 1908 war er preußischer Landtagsabgeordneter. Zeitlebens setzte sich Jaegen für katholische Belange ein; über 30 Jahre lang leitete er die Fronleichnamsprozession in Trier; großzügig unterstützte er die Kirche mit Spenden aus seinem Privatbesitz. 1867 gründete Jaegen in Trier den „religiös-wissenschaftlich-geselligen Verein für junge Kaufleute und dergleichen", genannt Harmonia. Er selbst war mystisch hoch begnadet und schrieb viele seiner Erfahrungen in Büchern nieder. Jaegen starb am 26. Januar 1919 in Trier; sein Grab befindet sich seit 1959 in der Pauluskirche in Trier. Eine Seligsprechung wird seit 1939 vor allem von der Hieronymus-Jaegen-Gesellschaft betrieben.

Hieronymus Jaegen, Bankdirektor und Mystiker, Ingenieur und preußischer Landtagsabgeordneter.

Jägerstätter, Franz
Bauer, Mesner, Märtyrer
Fest: 9. August

Vor allem in England, in den USA und in seiner Heimat Österreich wird Franz Jägerstätter bis heute hoch verehrt. In der Londoner Westminster Kathedrale wird jährlich am Todestag Jägerstätters ein Requiem abgehalten. Der Wiener

Franz Jägerstätter (auf dem Motorrad) mit seinen Eltern und seiner Ziehschwester vor dem Leherbauerhof in St. Radegund, Oberösterreich.

Franz Jägerstätter wurde am 9. August 1943 wegen angeblicher Wehrkraftzersetzung hingerichtet.

Kardinal Christoph Schönborn nannte den Oberösterreicher „eine klare Märtyrergestalt". Geboren am 20. Mai 1907 in St. Radegund, wurde Franz Jägerstätter Bauer und Mesner in seinem Heimatort; er war glücklich verheiratet und führte mit seiner Ehefrau ein gläubiges Leben. 1938 stimmte er als einziger aus seinem Ort gegen den Anschluß Österreichs an das Deutsche Reich. Als er sich 1943 weigerte, in der Wehrmacht mit der Waffe zu dienen und nur bereit war, als Sanitäter in den Krieg zu ziehen, nahmen ihn die Nationalsozialisten fest und ließen ihn am 9. August 1943 „wegen Zersetzung der Wehrkraft" in Berlin-Brandenburg enthaupten. Seit 1994 ist der Seligsprechungsprozeß eingeleitet.

Jakob der Almosengeber
Priester, Märtyrer
Fest: 28. Januar
Jakob stammte aus Chiusi in der Toskana (Italien), wo er Mitte des 13. Jh. geboren wurde. Zunächst studierte er Rechtswissenschaft, entschied sich dann aber für ein Leben als Priester und empfing die Weihe. Er baute ein zerstörtes Krankenhaus wieder auf, kümmerte sich dort um Hilfebedürftige und gab ihnen kostenlosen Rechtsbeistand. Als er entdeckte, daß sich der Klerus früher an dem Krankenhaus bereichert hatte, klagte er den Diözesanbischof vor Gericht an und gewann den Prozeß. Der Bischof ließ Jakob daraufhin durch gedungene Mörder töten. Das Todesjahr war 1304.

Jakob Bell sel.
Priester, Märtyrer
Fest: 20. April
Jakob Bell stammte aus Warrington in England, wo er 1520 geboren wurde. Er empfing die Priesterweihe während der Amtszeit von Königin Maria der Katholischen, wandte sich aber unter deren Nachfolgerin Königin Elisabeth I. der Staatskirche zu. Später bereute er und versöhnte sich wieder mit der römischen Kirche, weshalb ihn Elisabeth am 20. April 1584 in Lancaster hängen ließ. 1929 Seligsprechung.

Jakob Duckett sel.
Verleger, Märtyrer
Fest: 19. April
Geboren um 1550 in Gilfortrigs in England, konvertierte Jakob Duckett zum katholischen Glauben und ließ sich als Verleger katholischer Bücher in London nieder. Mehrfach wegen Herstellung und Verkauf seiner Bücher verhaftet und insgesamt neun Jahre im Gefängnis festgehalten, wurde er am 19. April 1602 in Tyburn bei London gehängt. 1929 Seligsprechung.

In Bologna in der Kirche S. Domenico befindet sich der Glasschrein mit den bekleideten Gebeinen des Jakob Griesinger.

Jakob Griesinger von Ulm (Jacobus Alemannus) sel.
OP, Ordensmann, Künstler
Fest: 11. Oktober
Jakob Griesinger stammte aus Ulm (Baden-Württemberg), wo er 1407 als Sohn eines wohlhabenden Kaufmannes geboren wurde. Nachdem er den Beruf eines Glasmalers erlernt hatte, war er mehrere Jahre Söldner in Italien. 1441 trat er dort in Bologna dem Dominikanerorden als Laienbruder bei und nahm seinen Beruf als Glasmaler wieder auf. In Bologna schuf „Jacopo Alemanno" herausragende Glaskunstwerke, so das berühmte Fenster in der Kirche S. Petronio und Fenster im Palazzo Bentivogli. Jakob Griesinger starb am 11. Oktober 1491 in Bologna und wurde in der Kirche S. Domenico beigesetzt (→ Dominikus). 1576 und 1730 Erhebung der Gebeine. 1825 Seligsprechung.
Darstellung: als Dominikaner, mit Malerpalette, Taube, Kreuz, Rosenkranz
Patronat: der Glaser und Glasmaler

Jakob Kisai hl.
SJ, Märtyrer
Fest: 6. Februar
Der Japaner Jakob Kisai, geboren 1533, schloß sich in seiner Heimat den Jesuiten an und war Katechist in Osaka. Er wurde gefangengenommen und am 6. Februar 1597 in Nagasaki gekreuzigt. Heiligsprechung erfolgte 1862 (→ Paul Miki).

Jakob Lacops hl.
OPraem, Märtyrer
Fest: 9. Juli
Jakob Lacops stammte aus Flandern. Er trat Mitte des 16. Jh. dem Prämonstratenserorden bei, fiel aber 1566 vom Glauben ab und predigte und schrieb fortan gegen die katholische Kirche. Dann bereute er, kehrte in sein Kloster zurück und wurde am 9. Juli 1572

in der Gruppe der Gorkumer Märtyrer von Calvinisten gehängt, weil er sich für das päpstliche Primat ausgesprochen hatte. 1867 Heiligsprechung.

Jakob Rem
SJ, Ordensmann, Gründer
Fest: 12. Oktober
Geboren im Juni 1546 in Bregenz (Österreich), studierte Jakob Rem im bayerischen Dillingen und trat 1566 in Rom dem Jesuitenorden bei. 1573 empfing er die Priesterweihe. Bald darauf kehrte er nach Dillingen zurück und wirkte in den folgenden 50 Jahren als Subregens in Dillingen, München und Ingolstadt in Bayern. Sein besonderes Anliegen war die religiöse Erziehung von Kindern; um diese Arbeit noch zu verbessern, gründete Jakob Rem 1574 in Dillingen die erste Marianische Kongregation in Deutschland. 1595 rief er in Ingolstadt das später berühmte Colloquium Marianum ins Leben; Mittelpunkt war die Kapelle der „Dreimal wunderbaren Mutter" mit einem Maria-Schnee-Bild. Jakob Rem starb am 12. Oktober 1618 in Ingolstadt. 1694 Erhebung der Gebeine, die seit 1935 im Ingolstädter Liebfrauenmünster verehrt werden. Der Seligsprechungsprozeß ist eingeleitet.
Darstellung: als Jesuit, betend vor dem Maria-Schnee-Bild, Buch haltend in beiden Händen

Jakob Salès sel.
SJ, Märtyrer
Fest: 7. Februar
Jakob Salès, geboren am 21. März 1556 in Lesoux (Frankreich), trat um 1580 dem Jesuitenorden bei; 1592 entsandte ihn der Orden nach Aubenas (zusammen mit → Wilhelm Saultemouche). Er griff in seinen Predigten die Lehren der Protestanten an und hatte zunächst großen Erfolg. Dann aber wurde er vor ein Behelfsgericht der Calvinisten gebracht, wo er sich für seine Thesen rechtfertigen mußte; man verurteilte ihn zum Tod durch Erschießen, das Todesdatum war 7. Februar 1593 (mit ihm starb Wilhelm Saultemouche). am 6. Juni 1926 erfolgte die Seligsprechung.

Der Hochaltar in der Kathedrale von Santiago de Compostela (Spanien) mit der Sitzfigur des Jakobus des Älteren als Pilger. Die Statue stammt aus dem 18. Jh. und wurde von Erzbischof Rajoy gestiftet.

Jakob von Toul
Bischof von Toul
Fest: 23. Juni
Jakob, der möglicherweise Benediktiner war, wurde 756 zum Bischof von Toul (Frankreich) ernannt. Überlieferungen berichten, daß er den Benediktinerorden großzügig unterstützte und förderte. Es heißt, er sei 769 gestorben, als er bei der Rückkehr von einer Wallfahrt nach Rom in Dijon, Frankreich, vor dem Grab von → Benignus betete.

Jakobos von Nisibis hl.
Bischof von Nisibis
Fest: 15. Juli, 13. Januar
Nach der teilweise ungesicherten Überlieferung war Jakobos ab 290 der erste Bischof von Nisibis (dem heutigen Nusaybin an der türkisch-syrischen Grenze). → Ephräm der Syrer verehrte ihn als seinen Lehrer. Bezeugt ist Jakobos als Teilnehmer am Konzil von Nicäa (325). Er starb wohl 338 in Nisibis. In der Kirche Mar Jakub in Nisibis steht bis heute in der Krypta der Sarg mit den Gebeinen von Jakobos.

Jakobus der Ältere (Maior)
Apostel, Märtyrer
Fest: 25. Juli
Über Jahrhunderte war Jakobus der Ältere einer der meistverehrten Heiligen überhaupt, unter den Zwölf Aposteln genoß er bei den Gläubigen lange das höchste Ansehen. Jakobus war der Sohn des Zebedäus und der Salome und der Bruder von Apostel und Evangelist → Johannes. Es heißt, er habe mit → Petrus und Johannes bei Jesus große Anerkennung genossen und zu dessen Lieblingsjüngern gehört. Jakobus soll Jesus auch in den Ölgarten begleitet haben. Wegen seines Temperamentes wurde Jakobus – ebenso wie sein Bruder

Das Apostelreliquiar mit den Gebeinen von Jakobus dem Älteren in der Kathedrale von Santiago de Compostela.

Johannes – manchmal auch Donnersohn genannt. Nach der Auferstehung Jesu soll Jakobus weiterhin das Evangelium gepredigt haben, bis er um 43/44 im Auftrag von Herodes Agrippa in Jerusalem enthauptet wurde. Jakobus war damit der erste Märtyrer aus dem Kreis der Zwölf Apostel. Die Gebeine sollen zunächst auf den Sinai gebracht worden sein. Nachdem sich inzwischen die Überlieferung herumgesprochen hatte, daß Jakobus angeblich auch in Spanien das Evangelium verkündet habe, brachten Mönche die Gebeine nach Galizien in den Nordwesten Spaniens und begruben sie dort. Man vergaß das Grab, bis nach der Legende eines Tages über einem Feld ein heller Stern leuchtete und man die Gebeine wiederauffand. Den Ort nannte man campus stellae, das Sternenfeld; daraus entwickelte sich später Santiago (St. Jakob) de Compostela, der Wallfahrtsort, der vom 10. bis ins 15. Jh. hinein mehr Pilger anzog als Rom und Jerusalem. Aus ganz Europa kamen die Pilgerzüge ans Grab von Jakobus, eigene Pilgerwege führten sternenförmig nach Santiago de Compostela; an den Routen entstanden viele Hospize, in denen die Wallfahrer versorgt wurden, sowie Klöster und Kirchen (alle im Stil der 1075 begonnenen Kathedrale von Santiago de Compostela). Die Pilger, die ihr Ziel erreichten, erhielten dort einen Hut, an dem eine besondere Muschel befestigt war (Jakobsmuschel).

Legende: Eine deutsche Pilgerfamilie machte auf ihrer Wallfahrt nach Santiago de Compostela Rast in einem Pilgerhaus. Bei der Abreise versteckte der Wirt in ihren Kleidern einen silbernen Becher und ließ ihn „zufällig" dort finden. Der Sohn der Familie wurde daraufhin als vermeintlicher Dieb gehängt. Als die Eltern nach Wochen von Santiago de Compostela wieder an den Ort des „Raubes" zurückkamen, lebte ihr Sohn wieder; Jakobus stützte ihn und hielt ihn am Leben.

Bis heute wird der Jakobstag in Santiago de Compostela mit einem riesigen, farbenprächtigen Fest gefeiert, an dem sich die ganze Bevölkerung beteiligt. Die Jakobswallfahrt erlebt in jüngerer Zeit wieder einen starken Aufschwung, ebenso das Bereisen der Jakob-Pilgerwege. Im deutschsprachigen Raum wird Jakobus der Ältere besonders im ländlichen Raum verehrt, um seine Person existiert dort bis heute ein lebendiges Brauchtum; so werden beispielsweise am Jakobstag die ersten Äpfel gesegnet und Jakobsäpfel genannt.

Darstellung: als Apostel oder Pilger, mit Rolle oder Buch, mit Muschel, Hut, Stab, Flasche, Beutel, beim Martyrium, als Maurentöter mit Pferd

Patronat: von Spanien, der Pilger, der Krieger, der Arbeiter, Apotheker, Drogisten, Hutmacher, Wachszieher, Kettenschmiede, der Äpfel und Feldfrüchte, gegen Rheuma, der nach ihm benannten Orden

Jakobus Philipp Bertoni sel.
OSM, Ordensmann
Fest: 25. Mai
Geboren um 1444 in Faenza (Italien), soll Jakobus Philipp Bertoni bereits neunjährig in seiner Heimatstadt dem Servitenorden beigetreten sein, dem er vom Tag seiner Ordination bis zu seinem Tod am 25. Mai 1483 als Prokurator diente. Der Kult entstand sofort nach seinem Tod; an der Grabstätte in der Servitenkirche in Faenza sollen sich zahlreiche Wunder ereignet haben. 22. Juli 1761 Bestätigung des Kultes.

Jakobus der Einsiedler
Eremit
Fest: 28. Januar
Die Lebensgeschichte von Jakobus dem Einsiedler ist von zahlreichen Legenden umrankt. Er lebte möglicherweise im 6. Jh. in Palästina und verbrachte 50 Jahre in Höhlen und Grotten und soll immer wieder Versuchungen erlegen sein, weshalb er seine letzten Lebensjahre liegend in einem Steinsarkophag auf den Tod wartete.

Jakobus der Jüngere (Minor)
Apostel, (Märtyrer)
Fest: 3. Mai
Es heißt, der Apostel Jakobus der Jüngere sei ein Sohn der Schwester von → Maria gewesen. Jesus soll ihn in den Kreis der Zwölf Apostel aufgenommen haben. Mehr ist über ihn nicht bekannt. Um die Identität von Jakobus Minor entstanden viele Diskussionen; immer wieder wurde er mit Jakobus dem Herrenbruder, dem Bruder Jesu, gleichgesetzt, der in Jerusalem hohes Ansehen genoß. Im Jahr 62 wurde Jakobus der Herrenbruder vom Hohepriester Annas zum Tod verurteilt, von der Mauer des Tempels geworfen und von einem Walker (Gerber) ermordet. Dieses Martyrium wird wegen der unsicheren Überlieferungen in zahlreichen Quellen dem Apostel Jakobus dem Jüngeren zugeordnet. In der Ostkirche werdenbeide Personen getrennt gesehen. Verschiedene Quellen nennen Jakobus auch den ersten Bischof von Jerusalem. Jakobus-Gebeine gelangten schon früh nach Rom; dort war Jakobus dem Jüngeren und → Philippus die Kirche Ss. Dodici Apostoli geweiht.
Darstellung: mit oder ohne Bart, in langer Tunika, mit Mantel, mit Schriftrolle, Keule, Walkerstange, Buch
Patronat: von Friesland, der Hutmacher, Krämer, Pastetenbäcker, Konditoren, Gerber, Walker

Jakobus der Zerschnittene (Jakobus Intercisus)
Märtyrer
Fest: 27. November
Jakobus war ein hoher Beamter am persischen Herrscherhof. Um sich die Gunst des Königs zu erhalten, fiel er vom christlichen Glauben ab, kehrte aber bald wieder zur Kirche zurück. Er wurde gefangengenommen und gefoltert; danach zerschnitten ihn die Christenverfolger nach und nach in 28 Teile (daher sein Beiname). Der Todestag war der 27. November 420 oder 421. Reliquien werden bis heute an verschiedenen Orten verehrt.

Jambert
OSB, Erzbischof von Canterbury
Fest: 12. August
Jambert war zunächst Abt der berühmten englischen Benediktinerabtei St. Augustine's in Canterbury; 766 wurde er zum Erzbischof von Canterbury ernannt. Er starb am 12. August 792 in Canterbury und wurde in St. Augustine's beigesetzt.

Jakobus der Jüngere, mit seinen Attributen Buch und Walkerstange, nach einer Darstellung von Martin Schongauer, um 1480.

Pierre-François Jamet, Priester und Ordensgründer.

Jamet, Pierre-François sel.
Ordensgründer
Fest: 12. Januar
Geboren am 13. September 1762 in Fresnes (Frankreich), empfing Pierre-François Jamet 1787 in Caen die Priesterweihe. Trotz großer Gefahr blieb er während der Französischen Revolution in Frankreich – obwohl er den Eid auf die Zivilkonstitution abgelehnt hatte – und wirkte als Seelsorger im verborgenen. Nach der Revolution nahm sich Jamet besonders der vor der Auflösung stehenden Kongregation vom Guten Heiland (Congregation du Bon-Sauveur) an und vermittelte den Schwestern neue Betätigungsfelder, hauptsächlich in der Betreuung von Taubstummen. Dafür entwickelte er ganz neue Methoden und schrieb mehrere Unterrichtsbücher. Jamet gilt daher als zweiter Ordensgründer der Gemeinschaft. Er starb am 12. Januar 1845 in Caen. 10. Mai 1987 Seligsprechung.

Jan (Johannes) Dukla hl.
OFM, Ordensmann, Prediger
Fest: 29. September
Papst Johannes Paul II. sprach Jan Dukla, den Patron von Polen, am 10. Juni 1997 heilig, nachdem er seinen Landsmann 1994 auch

In diesem Haus in Domrémy kam Jeanne d'Arc am 6. Januar 1412 zur Welt.

Jeanne Delanoue, Gründerin der Kongregation der Schwestern der heiligen Anna von der Vorsehung.

kenntnis führte zur Verurteilung, am 30. (31.?) Mai 1431 wurde Jeanne d'Arc auf dem Marktplatz von Rouen öffentlich auf einem Scheiterhaufen verbrannt. Die Asche wurde in die Seine gestreut. Papst Calixtus II. hob das Urteil 1456 wegen Formfehlern wieder auf und erklärte es für ungültig. Ein neuer Prozeß rehabilitierte Johanna von Orléans. Im 19. Jh. wurde der Heiligsprechungsprozeß eingeleitet; am 18. April 1909 erfolgte die Seligsprechung, am 16. Mai 1920 die Heiligsprechung. Die Akten beider Prozesse sind bis heute erhalten. In Frankreich wurden Jeanne d'Arc nach der Heiligsprechung viele Kirchen geweiht, man feiert sie in Frankreich als Retterin des Landes, sie war lange das Symbol für Vaterland und für Freiheit. – In Frankreich wird der Gedenktag am ersten Sonntag nach Christi Himmelfahrt begangen.
Darstellung: als Befreierin und Kämpferin, in Rüstung, in Männerkleidung, mit Banner und Schwert, als Reiterstandbild, im Kampf, Martyrium auf dem Scheiterhaufen
Patronat: von Frankreich, von Orléans und Rouen, des Rundfunks und der Telegrafie (wegen der „inneren Stimmen")

Jeanne Delanoue (Jeanne de la Croix) hl.
Ordensgründerin
Fest: 17. August
Geboren am 18. Juni 1666 in Saumur (Frankreich) als zwölftes Kind einer Kaufmannsfamilie, gründete Jeanne Delanoue 1704 die Kongregation der Schwestern der heiligen Anna von der Vorsehung zur Erziehung von Waisenkindern und zur Betreuung alter, hilfebedürftiger Menschen. Sie nahm den Namen Jeanne de la Croix (Johanna vom Kreuz) an und wurde erste Oberin. Die Ordensgemeinschaft wurde zu einem festen Bestandteil der karitativen Arbeit in Frankreich und ist heute nach ihrer Gründerin (Sœurs de Jeanne Delanoue) benannt, die am 17. August 1736 in Saumur starb. 9. November 1947 Seligsprechung, 31. Oktober 1982 Heiligsprechung.

Jeanne Françoise Frémyot de Chantal → Johanna Franziska von Chantal

Jeremia aus der Walachei sel.
OFMCap, Ordensmann
Fest: 5. März
Geboren am 29. Juni 1556 in Tzazo, Rumänien, trat Jeremia als Laienbruder dem Kapuzinerorden bei, ging nach Neapel (Italien) und wirkte dort 40 Jahre lang ununterbrochen als Krankenbruder für seinen Orden. Er starb am 5. März 1625 in Neapel, wo er unter großer Anteilnahme des Volkes beigesetzt wurde. 30. Oktober 1983 Seligsprechung.

Jermyn (German) sel.
Bekenner
Fest: 7. März
Jermyn war Sekretär von Bischof Stephen Gardiner von Winchester (England). Als er sich weigerte, den Suprematseid abzulegen, wurde er gefangengenommen und am 7. März 1544 in Tyburn bei London gehängt. 1886 Seligsprechung.

Joachim
Vater Marias
Fest: 26. Juli
Das Zweite Vatikanische Konzil legte die Gedenktage von Joachim und → Anna als Eltern Marias auf dem 26. Juli zusammen. Über Joachim und sein Leben ist nicht viel bekannt; das meiste, was man weiß, stammt aus dem apokryphen Jakobus-Evangelium. Danach war Joachim ein greiser Priester, der mit seiner Frau Anna kinderlos in Jerusalem lebte. Eines Tages verkündete ein Engel Joachim, daß Anna ein Kind bekommen werde, was tatsächlich so geschah, → Maria wurde geboren. Als Maria drei Jahre alt war, brachten sie ihre Eltern in den Tempel, kurz darauf soll Joachim, etwa 80jährig, gestorben sein. In der Ostkirche wurde Joachim schon ab dem 5. Jh. verehrt, im Westen erst ab dem 16. Jh.
Darstellung: als alter Mann, mit Buch, Schriftrolle, Tauben, Lamm
Patronat: der Ehepaare, der Schreiner und Leinenhändler

Joachim von Fiore
OCist, Ordensgründer
Fest: 30. März, 29. Mai
Geboren um 1135 in Celico (Italien), trat Joachim von Fiore nach einer Orient-Reise dem Zisterzienserorden bei und war ab 1177 Abt von Kloster Corazzo. 1189 gründete er in Fiore in Kalabrien das Reformkloster S. Giovanni mit äußerst strengen Regeln, die 1196 kirchlich approbiert wurden und

aus denen sich dann der Zisterzienser-Reformordenszweig der Floriazenser (Florenser) entwickelte. Die neue Kongregation verbreitete sich rasch und umfaßte bald 35 Männer- und vier Frauenklöster. Mehrere Päpste sowie das Herrscherhaus der Staufer förderten die Kongregation. Die Gründungsabtei wurde zu Beginn des 19. Jh. aufgehoben. Joachim von Fiore, der am 30. März 1202 starb, war auch ein bedeutender Kirchenschriftsteller und einer der wichtigsten Theologen des 12. Jh. überhaupt. Bemühungen, eine Kanonisation zu erreichen, scheiterten mehrmals.

Joachim Piccolomini (Pelacani) sel.
OSM, Ordensmann
Fest: 16. April
Im Alter von 14 Jahren wurde Joachim Piccolomini, ein Mitglied der berühmten Adelsfamilie aus Siena (Italien), 1272 von → Philippus Benitius in den neugegründeten Servitenorden aufgenommen. Er führte ein Leben der strengsten Abtötung; nach der Legende konnte er Epilepsiekranke heilen, indem er von ihnen die Krankheit übernahm. Er starb am 16. April 1306. Die Reliquien werden in der Servitenkirche in Siena aufbewahrt. 1609 Seligsprechung.
Patronat: gegen Epilepsie

Joavan
Bischof
Fest: 2. März
Joavan stammte aus England oder Irland und kam Mitte des 6. Jh. in die Bretagne, Frankreich, wo er von einem Onkel, der Bischof war, die Weihe zum Hilfsbischof erhielt. Er starb um 570 in der Bretagne, wo ihm bis heute zwei Kirchen geweiht sind. Die Grabstätte befindet sich dort in Plougen.

Jodok (Jobst, Jost, Josse) hl.
Pilger, Priester, Einsiedler
Fest: 13. Dezember
Jodok war lange Zeit einer der meistverehrten Heiligen in Deutschland; der Kult hatte seinen Aufschwung im 9. Jh. genommen. St. Jost in der Eifel ist bis heute ein lebendiger Jodok-Wallfahrtsort; die St.-Jodok-Kirche im bayerischen Landshut erklärt, im Besitz einer bedeutenden Jodok-Reliquie zu sein. – Nach den Überlieferungen war Jodok ein bretonischer Fürstensohn, der Mitte des 7. Jh. aus der Heimat floh, um nicht die Nachfolge als Herrscher antreten zu müssen. Er ließ sich nacheinander an mehreren Orten in Frankreich als Einsiedler nieder und empfing schließlich die Priesterweihe. Aus einer seiner Einsiedeleien entwickelte sich später die Benediktinerabtei St-Josse-sur-Mer bei Boulogne in Nordfrankreich. Nach einer langen und beschwerlichen Wallfahrt nach Rom ließ sich Jodok wieder in Frankreich nieder (vielleicht in Runiac) und starb um 669. Die Reliquien gelangten zunächst nach Winchester in England, wurden aber 977 nach St-Josse-sur-Mer rückübertragen (einige Reliquien blieben in Winchester, das sich in der Folge zum Jodok-Kultzentrum von England entwickelte).
Darstellung: als Pilger, Einsiedler oder Priester, mit abgelegter Krone, Stab, Quelle, Haustieren
Patronat: der Pilger, der Blinden, der Bäcker und Schiffer, für eine gute Ernte, für das Vieh, gegen Feuer und Fieber, gegen Gewitter

Johann Baptist de La Salle hl.
Ordensgründer
Fest: 7. April
Geboren am 30. April 1651 in Reims, Frankreich, aus adliger Familie, wurde Johann Baptist de La Salle 16jährig Domherr, 1678 empfing er die Priesterweihe. 1679 gründete er in Reims eine

Joachim Piccolomini, Beschützer der Kinder und Kranken und im besonderen der Epileptiker.

Jeanne d'Arc (Johanna von Orléans) in der Kathedrale von Reims, Gemälde von Jean Ingres, um 1800, Louvre, Paris.

Der heilige Johann Baptist de La Salle, Gründer der Brüder der christlichen Schule.

Johanna Franziska von Chantal gründete zusammen mit → Franz von Sales den Orden der Salesianerinnen von der Heimsuchung.

Freischule für Burschen aus niederen Bevölkerungsschichten, 1681 nahm er für ihre Unterrichtung zahlreiche Armenschullehrer in sein Haus auf und sorgte für sie. Bald darauf gab er sein Amt als Domherr auf, verschenkte sein gesamtes Erbe unter den Armen und gründete die Gemeinschaft der Brüder der christlichen Schule, auch Schulbrüder genannt. De La Salle setzte durch, daß der Unterricht in Klassen anstatt als Einzelunterricht abgehalten wurde und daß sich die Kinder in ihrer Muttersprache anstatt auf Lateinisch unterhalten durften; dies war der Beginn der französischen Grundschule. Später gründete er Sonntagsschulen für berufstätige Jugendliche, die erste Realschule Frankreichs, Lehrerseminare und Einrichtungen für verwahrloste Jugendliche. Seine Ideen und Ausführungen galten zu ihrer Zeit als revolutionär, heute gehören die Schulbrüder zu den größten Ordensgemeinschaften der Welt. Johann Baptist de La Salle starb am 7. April 1719 in Rouen, Frankreich, und wurde dort in der Kirche St-Sever beigesetzt. 1888 Seligsprechung, 24. Mai 1900 Heiligsprechung. – In Deutschland erfolgten 1851 die ersten Schulbrüder-Gründungen in Koblenz und Aachen; im Preußischen Kulturkampf wurden sie verboten, nach dem Ersten Weltkrieg kam es zum Neuanfang, es folgten die erneute Vernichtung durch die Nationalsozialisten und der dritte erfolgreiche Neuanfang 1945.
Darstellung: im Gewand der Schulbrüder (schwarzes Kleid mit weißem Schulterkragen), mit Kindern
Patronat: des christlichen Unterrichtes, der Lehrer und Erzieher

Johann Evang. Birndorfer → Konrad von Parzham

Johanna Franziska von Chantal (Jeanne Françoise Frémyot de Chantal) hl.
Ordensgründerin, Mystikerin
Fest: 13. Dezember, 12. Dezember
Der Orden der Salesianerinnen von der Heimsuchung geht auf Johanna Franziska von Chantal zurück; sie gründete die Kongregation gemeinsam mit → Franz von Sales im Jahr 1610 in Annecy (Frankreich). Geboren am 28. Januar 1572 in Dijon (Frankreich), war Johanna zunächst verheiratet und bekam sechs Kinder. Nach dem plötzlichen Tod ihres Ehemannes 1601 wandte sie sich dem religiösen Leben zu, hatte jedoch zeitlebens schwere Anfechtungen zu durchstehen. Die Salesianerinnen verbreiteten sich nach ihrer Gründung schnell, beim Tod der Gründerin gab es über 80 Klöster. Johanna durchlitt viele mystische Gnadenbeweise, ihre Leiden daraus wurden für sie zu einem Martyrium, das sie aber klaglos erduldete. Sie starb am 13. Dezember 1641 in Moulins (Frankreich) und wurde in der Salesianerinnenkirche in Annecy beigesetzt. 1751 Seligsprechung, 1767 Heiligsprechung. – Wegen des Gedenktages von → Lucia am 13. Dezember wurde der Gedenktag 1969 auf den 12. Dezember vorverlegt.
Darstellung: im Ordensgewand der Salesianerinnen (authentische Porträts), mit Herz, Buch
Patronat: der Salesianerinnen, für eine glückliche Entbindung

Johanna Guzmán von Aza sel.
Mutter von Dominikus
Fest: 2. August
Johanna Guzmán von Aza war die Mutter von Ordensgründer → Dominikus, den sie um 1170 nach zwei Söhnen und einer Tochter gebar, nachdem sie zuvor am Schrein von → Dominikus von Silos um einen Sohn gebetet hatte. Sie entstammte der Adelsfamilie von Aza aus Altkastilien. Ihr Todesjahr lag um 1190. 1828 Bestätigung des Kultes.

Johanna von Lestonnac hl.
Ordensgründerin
Fest: 2. Februar
Geboren 1556 in Bordeaux, Frankreich, als Tochter einer Adelsfamilie, wurde Johanna von Lestonnac zunächst calvinistisch erzogen, dann im Alter von 13 Jahren getauft. Sie heiratete und wurde Mutter von sieben Kindern. Nachdem ihr Ehemann 1597 gestorben war, begann sie ein Noviziat bei den Zisterzienserinnen, das sie aber aufgrund ihrer schlechten Gesundheit wieder aufgeben mußte. Danach fühlte sich Johanna von Lestonnac berufen,

einen eigenen Orden zur Verteidigung des katholischen Glaubens und zur Verdrängung des Calvinismus zu gründen; 1607 bestätigte Papst Paul V. ihre Kongregation der Töchter Unserer Lieben Frau, auch Gesellschaft Mariens genannt. Der Orden verbreitete sich rasch, in kurzer Zeit existierten 30 Klöster, die alle von Johanna von Lestonnac geleitet wurden. Aufgrund von Verleumdungen lebte sie vor ihrem Tod am 2. Februar 1640 (in Bordeaux) einige Zeit zurückgezogen. 15. Mai 1949 Heiligsprechung.

Johanna Maria de Maillé sel.
OFM, Klausnerin, Terziarin
Fest: 28. März
Johanna Maria de Maillé heiratete 15jährig 1346 Baron Robert de Silly, der nach 16 Jahren gemeinsamer jungfräulicher Ehe starb. Die Witwe zog sich daraufhin nach Tours, Frankreich, zurück und lebte bis zu ihrem Tod als Klausnerin und Terziarin beim dortigen Franziskanerkloster. Sie starb Ende März 1414 in Tours und wurde in der Franziskanerkirche von Tours beigesetzt. 1871 Bestätigung des Kultes.

Johanna von Orléans → Jeanne d'Arc

Johanna von Portugal sel.
OP, Königstochter, Ordensfrau
Fest: 12. Mai
Als Tochter von König Alfons V. von Portugal am 6. Februar 1452 in Lissabon geboren, verzichtete Johanna auf die Thronfolge und trat 1472 in Aveiro, Portugal, dem Dominikanerorden bei. Sie war eine große Dulderin und Büßerin, schon unter ihrem Prinzessinnengewand hatte sie ein rauhes Bußkleid getragen. Als Ordensfrau kümmerte sie sich hauptsächlich um die Armen sowie um die Sklaven. Nach heroisch ertragenem langem Leiden starb Johanna von Portugal am 12. Mai 1490 in Aveiro, wo sich bis heute ihre Grabstätte in der Klosterkirche (heute Museum) befindet. 1577 Erhebung der Gebeine, 1693 Bestätigung des Kultes; seit 1959 läuft der Heiligsprechungsprozeß.

Darstellung: als Nonne, mit Buch und Feder, mit Kreuz und Lilie, mit Bußgürtel und Geißel, mit abgelegten Kronen

Johanna von Toulouse sel.
OCarm, Ordensfrau
Fest: 31. März
Johanna stammte aus Toulouse in Südfrankreich, wo sie im ersten Drittel des 13. Jh. zur Welt kam. Als Terziarin wurde sie Mitte des 13. Jh. in den noch jungen Karmeliterorden aufgenommen (durch Ordensgeneral → Simon Stock) und wird deshalb manchmal als Gründerin des Dritten Ordens der Karmeliten bezeichnet. Sie starb am 31. März 1286. Bestätigung des Kultes 1895.

Johanna Scopelli sel.
OCarm, Ordensfrau
Fest: 9. Juli
Geboren 1428 in Reggio d'Emilia (Italien), gründete Johanna Scopelli das erste Karmeliterinnenkloster in Reggio und leitete es als Priorin. Alle Stiftungen für ihr Haus wies sie zurück und nahm nur Almosen an, die den Nonnen selbst gegeben wurden. Sie starb am 9. Juli 1491 in Reggio. 1771 Bestätigung des Kultes.

Johanna von Signa sel.
Hirtin, Terziarin
Fest: 9. November
Die Schafhirtin Johanna lebte als Reklusin nahe ihrem Heimatort Signa in der Toskana (Italien). Sie starb am 9. November 1307; ihr Kult wurde 1798 bestätigt. Sowohl der Franziskaner- als auch der Vallombrosanerorden erklären, Johanna von Signa sei bei ihnen Terziarin gewesen.

Johanna Soderini sel.
OSM, Ordensfrau
Fest: 1. September
Geboren 1301 in Florenz, Italien, erhielt Johanna Soderini ihre christliche Ausbildung bei → Juliana Falconieri, der ersten Oberin der Servitinnen; diese nahm sie auch in den Servitenorden auf, wo sie bis zu ihrem Tod am 1. September 1367 als Terziarin diente. 1828 erfolgte die Approbation des Kultes.

Johanna von Valois (von Frankreich) hl.
Ordensgründerin
Fest: 4. Februar
Als Tochter des französischen Königs Ludwig XI. kam Johanna von Valois am 23. April 1464 in Nogent-le-Roy in Frankreich zur Welt. Ihr Vater lehnte sie wegen einer Mißgestaltung ab und verheiratete sie als Zwölfjährige mit dem zwei Jahre älteren Herzog von Orléans, der sie, nachdem er als Ludwig XII. 1498 König geworden war, verstieß und die Ehe annullierte. Johanna erhielt das Schloß von Bourges zugesprochen, wo sie 1500 den Orden der französischen Annunziatinnen gründete. 1501 erhielten die Religieuses de l'Annonciade die päpstliche Bestätigung. Johanna führte bis zu ihrem Tod am 4. Februar 1505 ein Leben strengster Kasteiungen (an Pfingsten 1503 hatte sie als Schwester Gabrielle Marie selbst die Profeß abgelegt). 1742 Bestätigung des Kultes, 28. Mai 1950 Heiligsprechung. Die Grabstätte in Bourges wurde 1562 von den Hugenotten zerstört (Johanna war im Ordenskleid mit Krone beigesetzt). In zahlreichen Kirchen in Bourges werden bis heute Totenmasken von Johanna von Valois aufbewahrt.

Johanna von Valois, nach einem Heiligenbild aus dem 19. Jh., und ihre Totenmaske, die sich heute im Museum von Bourges, Frankreich befindet.

Gegenüberliegende Seite: der Apostel Johannes unter dem Kreuz, Ausschnitt eines Freskos von 1209 in der Muttergotteskirche im Kloster Studenica, Serbien.

Darstellung: im grauen Ordensgewand mit schwarzem Schleier, mit Hermelin oder reichbesetzter Decke, mit Becher, Geißel, Jesuskind, Almosen verteilend
Patronat: von Bourges

Johannes
Apostel und Evangelist
Fest: 27. Dezember

Johannes war „der Jünger, den Jesus liebte". So heißt es im Evangelium, und es bedeutet, daß Johannes eine vorrangige Stellung unter den Aposteln einnahm. Beim Letzten Abendmahl saß er an der Seite Jesu (ruhte an der Brust des Herrn), zusammen mit → Petrus begleitete er den Gottessohn in den Garten Getsemani, um mit ihm seine letzten Stunden vor der Gefangennahme zu verbringen, unter dem Kreuz vertraute ihm Jesus seine Mutter → Maria an, und er war es wohl, der gemeinsam mit Petrus am Morgen des Ostertages das leere Grab vorfand und damit Zeuge der Auferstehung Christi wurde. Johannes war der Sohn von → Zebedäus und ein Bruder des Apostels → Jakobus des Älteren. Beide „Zebedäus-Söhne", wie sie oft genannt werden, waren Fischer am See Genesaret, wo auch ihr Geburtsort Betsaida lag. Johannes und Jakobus der Ältere gehörten ursprünglich zum Jüngerkreis von → Johannes dem Täufer. Eine enge Freundschaft verband Johannes mit Petrus. Nach dem Tod Jesu wirkte Johannes in den Gemeinden von Jerusalem und Samaria, bevor er nach dem jüdisch-römischen Krieg (69/70) die Leitung der Kirche von Ephesus (Türkei) übernahm. In der Christenverfolgung unter Kaiser Domitian (81 bis 96) wurde Johannes, schon hochbetagt, auf die Insel Patmos verbannt, wo er die „Offenbarung des Johannes", die Apokalypse, geschrieben haben soll (eine Niederschrift von Visionen, die Gott ihn habe sehen lassen). Nach dem Tod Domitians kehrte Johannes „der Theologe", wie er auch genannt wird, nach Ephesus zurück und soll dort, so die christliche Tradition, das Johannes-Evangelium sowie die Johannes-Briefe geschrieben haben. Neuere Forschungen verneinen allerdings, daß es sich beim Apostel Johannes und beim Verfasser von Apokalypse, Evangelium und Briefen um dieselbe Person gehandelt habe. In hohem Greisenalter soll Johannes um 100/101 in Ephesus gestorben sein; er überlebte damit alle anderen Apostel. Die angebliche Johannes-Grabstätte liegt auf dem Burghügel in Ephesus, wo bereits um 200 die Johanneskirche erbaut wurde (ihre Ruinen fand man um 1900 bei Ausgrabungen).

Legende: Einmal erhielt Johannes von einem ihm feindlich gesinnten Irrlehrer einen Becher mit vergiftetem Wein, den er trinken solle, um seine Wahrhaftigkeit unter Beweis zu stellen. Johannes trank das Gefäß leer und überlebte ohne Schaden, woraufhin sich der Attentäter bekehrte. – Nach der Gefangennahme durch die Christenverfolger des Domitian wurde Johannes vor der Porta Latina in Rom in einen Kessel mit siedendem Öl geworfen; als ihm die kochende Flüssigkeit nichts antun konnte, verbannte ihn der zutiefst erschrockene Domitian auf die Insel Patmos.

Von Ephesus aus verbreitete sich der Johannes-Kult nach und nach auch in Richtung Westen; etwa ab dem 6. Jh. war Johannes Mitpatron der Lateranbasilika in Rom, wo lange auch seine angebliche Tunika verehrt wurde. Bei der Porta Latina (ante Portam Latinam) existierte ab Ende des 8. Jh. eine Johanneskirche; sie soll an einem 6. Mai geweiht worden sein, weshalb dieses Datum ebenfalls ein Gedenktag ist. Vor allem in ländlichen Gegenden hat sich mancherorts bis heute der Brauch erhalten, am Johannestag („Winterjohann") Wein zur Segnung in die Kirche zu bringen. Oft wird der Wein dann in der Kirche an die Gläubigen oder zu Hause an die Familienmitglieder verteilt mit den Worten: „Trinket die Liebe des heiligen Johannes"; daher trägt dieser Brauch auch die Bezeichnung „Minnetrinken". Im Bauernkalender hat der Johannestag ebenfalls Bedeutung.

Darstellung: als Greis oder als junger Mann, mit dem Evangelistenzeichen des Adlers (er soll den hohen Flug der Gedanken im Anfangskapitel des Johannes-Evangeliums symbolisieren), mit Ölkessel, Kelch mit Schlange, Schreibfeder, Buch, beim Martyrium, mit Adlerflügeln oder einem Adlerkopf.

Patronat: der Theologen, der Beamten, Notare, Bildhauer, Maler, Schreiber, Schriftsteller, Buchhändler, Buchdrucker, Buchbin-

In den sechziger Jahren deklarierte der Patriarch Athenagoras Patmos zur „heiligen Insel der Christenheit". Nach der Apokalypse 1,9 lebte Johannes hier in der Verbannung. Über der Stadt das im 11. Jh. erbaute Johanneskloster.

Der prächtige Lapislazuli-Sarkophag des Johannes Berchmans in der Kirche S. Ignazio in Rom.

Rechts: Johannes Capestrano nach einem Gemälde von Bartolomeo Vivarini, 1459.
Ganz oben rechts: Die Capistran-Kanzel an der Außenfassade des Wiener St. Stephansdomes.

Ganz rechts unten: Das angebliche Martyrium des Johannes von Bergamo, Ausschnitt nach einem Gemälde von Tiepolo im Dom von Bergamo.

Johannes Berchmans hl.
SJ, Ordensmann
Fest: 13. August
„Jugendapostel" Johannes Berchmans kam am 13. März 1599 in Diest in Belgien als Sohn eines Schuhmachers zur Welt. Im Alter von 17 Jahren trat er 1616 in Mecheln in den noch jungen Jesuitenorden ein und ging nach Rom, um dort sein Studium fortzusetzen. Noch während des Noviziates starb er in Rom am 13. August 1621. Seinen Mitbrüdern war er ein Vorbild an Tugendhaftigkeit und steter Fröhlichkeit gewesen; seine Begeisterung und Strenge, mit der er die Ordensregeln beachtet hatte, waren für sein jugendliches Alter außergewöhnlich. Die bis heute erhaltenen Aufzeichnungen von Berchmans sind bewegende Zeugnisse seiner Treue zur Ordensgemeinschaft und zu seinen Mitbrüdern. Seine Grabstätte befindet sich in der Kirche S. Ignazio in Rom; sein Herz wird im Jesuitenkolleg im belgischen Löwen aufbewahrt. 1865 Seligsprechung, 15. Januar 1888 Heiligsprechung.
Darstellung: als Jesuit, mit Regelbuch, Kreuz, Rosenkranz, Totenkopf, vor einem Kreuz kniend
Patronat: der Jugend insgesamt, der studierenden Jugend, der Novizen, des Jesuitenordens

Johannes von Bergamo
Bischof von Bergamo
Fest: 11. Juli
Johannes war etwa ab 670 (656?) Bischof von Bergamo, Italien, und berühmt für seinen unnachgiebigen Kampf gegen die Arianer. Er setzte die von → Theodelinde eingeleitete Bekehrung der Langobarden zum katholischen Glauben tatkräftig fort. Wohl nur legendarisch ist sein angebliches Martyrium unter den Arianern. Er starb um 690 in Bergamo; die Reliquien wurden Ende des 13. Jh. wiederaufgefunden und im 16. Jh. in den Dom von Bergamo übertragen.

Johannes (John) von Beverley
OSB, Bischof von York
Fest: 7. Mai
Geboren Mitte des 7. Jh. in Harpham in England, trat Johannes dem Benediktinerorden bei und wurde Mönch in Whitby. Ab 687 war er Bischof von Hexham, ab 705 von York, vom Volk hoch verehrt. 718 dankte er ab und zog sich in die von ihm gegründete Abtei Beverley in Yorkshire zurück, wo er hochbetagt 721 starb und beigesetzt wurde. Die Gebeine ruhen in einem kostbaren Schrein in Beverley. Möglicherweise gab es 1307 eine Kanonisation.

Johannes Bonus sel.
Gründer, Einsiedler
Fest: 23. Oktober
Die Ordensgemeinschaft der Augustiner-Eremiten geht zu einem Teil auf Johannes Bonus zurück. Geboren 1168 in Mantua, Italien, hatte er sich in Budriolo bei Cesena als Einsiedler niedergelassen, woraufhin sich immer mehr Gleichgesinnte um ihn scharten und ein klösterliches Leben führten. Nach und nach entstanden 26 Klöster, die meisten in der Lombardei und in der Emilia Romagna. Die Brüder nannten sich Johannboniten oder Jamboniten. Johannes Bonus starb am 23. Oktober 1249. (Bestätigung des Kultes 1483.) Papst Alexander IV. schloß die Johannboniten 1256 mit anderen Eremitenkongregationen zum Orden der Augustiner-Eremiten zusammen, der sich sehr schnell verbreitete. Schon 1256 gab es die fünf Ordensprovinzen Italien, Frankreich, Deutschland, Spanien und England.

Johannes Hector de Britto hl.
SJ, Missionar, Märtyrer
Fest: 4. Februar
Geboren am 1. März 1647 in Lissabon, Portugal, trat Johannes Hector de Britto 15jährig dem Jesuitenorden bei. Er ging nach Indien und wirkte dort unter schwierigsten Bedingungen als Missionar. Allein im Jahr 1692 taufte er über 4000 Hindus, darunter auch Mitglieder von Herrscherfamilien. Im Volk genoß er wegen seiner strengen Lebensführung große Verehrung. Glaubensgegner marterten ihn am 4. Februar 1693 in Oreiour zu Tode. Heiligsprechung am 22. Juni 1947.

Johannes Cantius
(von Krakau) hl.
Kanoniker, Pilger
Fest: 23. Dezember
Geboren am 23. Juni 1390 in Kety (Polen), wurde Johannes Cantius Kanoniker und Theologieprofessor in Krakau. Im Laufe seines Lebens

pilgerte er barfuß viermal nach Rom und einmal nach Jerusalem. Sein Leben war geprägt von tiefer Religiosität und außergewöhnlicher Nächstenliebe; er wurde wie ein Heiliger verehrt. Nach seinem Tod am 24. Dezember 1473 setzte man ihn in Krakau in der Universitätskirche St. Anna bei; an seinem Grab ereigneten sich bald zahlreiche Wunder. 1690 Seligsprechung, 1767 Heiligsprechung. Der Gedenktag wurde 1969 auf den 23. Dezember gelegt.

Johannes von Capestrano (Johannes Kapistran) hl.
OFM, Ordensmann, Prediger
Fest: 23. Oktober

„Apostel Europas" wird Johannes Capestrano genannt; zusammen mit → Bernhardin von Siena gilt er als größter Wanderprediger des 15. Jh. Geboren am 24. Juni 1386 in Capestrano (Italien), möglicherweise als Sohn eines eingewanderten deutschen Adligen, studierte Johannes in Perugia und war etwa ab 1412 Richter und eventuell Bürgermeister von Perugia. Bei einem der Städtekämpfe geriet er in Gefangenschaft und durchlebte im Kerker eine innere Bekehrung. Nach seiner Freilassung ließ er seine Ehe annullieren und trat 1415/1416 in Perugia dem Franziskanerorden bei. Bald war er engster Freund und Begleiter von Bernhardin von Siena, dem großen Volksprediger. 1417 empfing Johannes die Priesterweihe, danach war er rund 40 Jahre lang als Prediger und Friedensstifter in ganz Europa unterwegs. Wohin er kam, wurde er feierlich empfangen; die Menschenmassen strömten ihm zu, wenn er von den Kanzeln und auf den Plätzen predigte. Beeindruckt von dem Charisma, das Johannes umgab, machte ihn der Papst mehrmals zu seinem Legaten. Johannes von Capestrano versöhnte streitende Herrscher und sich bekämpfende Städte. In der berühmten Schlacht von Belgrad (1456) trat er mit dem Kreuz in den Händen vor den fast schon geschlagenen Soldaten auf und erreichte, daß sie sich noch einmal gegen die Türken aufbäumten und schließlich siegten. Für die Franziskaner-Observanten erreichte er die Loslösung von den Konventualen, bewahrte dabei jedoch die Einheit der Ordensgemeinschaft. Große Erfolge erzielte Johannes von Capestrano in Böhmen und bei den Ungarn; er predigte auch in Bayern, Thüringen, Schlesien und Sachsen. Johannes von Capestrano starb am 23. Oktober 1456 in Ilok in Ungarn. Seine Gebeine sind verschollen. 1622 Seligsprechung, 1690 Heiligsprechung.

Darstellung: als Franziskanermönch, mit Kreuzfahne und Kruzifix, Monstranz mit Hostie, IHS-Zeichen, Stern, mit besiegten Türken, predigend

Johannes Cassian
Abt, Kirchenschriftsteller
Fest: 23. Juli

Geboren um 360 wohl in Rumänien, begann Johannes Cassian sein Mönchsleben in Ägypten und Betlehem, wurde von → Johannes Chrysostomus in Konstantinopel zum Diakon geweiht und ließ sich schließlich in Marseille (Frankreich) nieder; dort gründete er das Kloster St-Victor und ein Frauenkloster. Er starb um 433 in Marseille. In die Geschichte ging Johannes Cassian ein als einer der bedeutendsten Kirchenschriftsteller überhaupt; ihm verdankte das Abendland früh Wissen und Empfinden zum Mönchsleben des Ostens. Die Lehre des Johannes Cassian gilt bis heute als beachtenswert. Ordensgründer → Benedikt von Nursia empfahl im 5. Jh. die Regeln von Johannes Cassianus als Schule für die Mönche überall.

Johannes de Cellis (von Vallombrosa)
CVUOSB, Einsiedler, Schriftsteller
Fest: 10. März

Johannes de Cellis war einer der bedeutendsten humanistischen Schriftsteller seiner Zeit. Geboren um 1310 in Florenz, Italien, trat er in seiner Heimatstadt dem Vallombrosanerorden bei und war ab 1349 Abt des Klosters S. Trinità. Nachdem man ihm eine weit zurückliegende Verfehlung zum Vorwurf gemacht und er ein Jahr

Gegenüberliegende Seite: Diese Ikone aus dem 14. Jh. (wahrscheinlich von Theophanes dem Griechen) stellt den heiligen Johannes Chrysostomus im Kirchenväterornat dar, Russisches Museum, St. Petersburg.

im Kerker verbracht hatte, trat er von seinem Amt zurück und lebte fortan als Einsiedler bei Vallombrosa, um Buße zu tun. Er verfaßte außergewöhnliche Schriften von höchster Geschliffenheit und Brillanz, die überall mit Bewunderung gelesen wurden. → Katharina von Siena besuchte ihn regelmäßig und hielt mit ihm auch brieflich Gedankenaustausch. Johannes de Cellis starb am 10. März 1396 (1380?).

Johannes Chrysostomus (Goldmund) hl.
Patriarch von Konstantinopel, Kirchenlehrer
Fest: 13. September

Johannes Chrysostomus gilt als einflußreichster Kirchenlehrer der Ostkirche. Noch heute sind seine Predigten für viele Theologen und Geschichtsschreiber von großem Interesse. Geboren um 350 in Antiochien (Syrien), empfing Johannes wohl um 368 das Taufsakrament und zog sich danach in die Einsamkeit zurück, um als Einsiedler zu leben. Aufgrund von Abtötungen und Kasteiungen gesundheitlich schwer angeschlagen, gab er sein Eremitenleben 378 wieder auf; 381 trat er die Diakonstelle bei Bischof Meletios von Antiochien an, 386 empfing er die Priesterweihe. Der Ruf seiner mitreißenden Predigten drang bald über die Grenzen Antiochiens hinaus, und er erhielt den Beinamen „chrysostomus", Goldmund. 397 wurde er zum Patriarchen von Konstantinopel geweiht, wo er fortan gütig und segensreich wirkte. Als er sich immer häufiger gegen die Prunksucht am kaiserlichen Hof aussprach und Bescheidenheit anmahnte, geriet er mit Kaiserin Eudokia, einer Heidin, in Streit. Nach verschiedenen Intrigen wurde Johannes 403 auf der Eichensynode abgesetzt. Später verbannte man ihn und setzte ihn drei Jahre lang in Kukusus in Armenien fest. Als man den gesundheitlich schwer Angeschlagenen eine weite Reise zu einem neuen Verbannungsort antreten ließ, erkrankte er unterwegs, wie man es wohl geplant hatte, und starb am 14. September 407 in Kumana. Seine letzten Worte waren: „Gott sei gepriesen für alles." Beigesetzt wurde Johannes zunächst in der Apostelkirche in Konstantinopel; um 1200 kamen seine Reliquien nach Rom, wo sie, wie es immer der Wunsch von Johannes Chrysostomus gewesen war, in der Nähe des Petrusgrabes im Petersdom ihre letzte Ruhestätte fanden. Johannes Chrysostomus hat eine riesige Anzahl von Predigten, Abhandlungen, Briefen und Homilien hinterlassen, die Zeugnis geben von seinem außergewöhnlichen Charisma und seiner menschlichen Größe. Papst Pius V. ernannte ihn 1568 zum Kirchenlehrer, Papst Pius X. 1908 zum Patron der Prediger.

Darstellung: als griechischer Bischof, mit Evangelienbuch, Bienenkorb (wegen seines Fleißes bezüglich seiner Beredsamkeit), Engel, Taube (für den Heiligen Geist)

Patronat: der Prediger, gegen Epilepsie

Johannes Cini (Giovanni della Pace) sel.
Einsiedler, Gründer
Fest: 12. November

Geboren um 1270 in Pisa in Italien, war Johannes (Giovanni) Cini zunächst Soldat (Giovanni il Soldato). Etwa ab 1305 lebte er als Einsiedler in Pisa an der Porta Pacis (daher der Beiname della Pace) und widmete sich fortan karitativen Werken; er gründete verschiedene Hilfseinrichtungen und baute bestehende weiter aus. Er starb um 1335 in Pisa. 1857 Bestätigung des Kultes.

Überführung der Gebeine des heiligen Johannes Chrysostomus in die Zwölf-Apostelkirche nach Konstantinopel. Die Kirche, hier mit fünf Kuppeln auf einer Buchmalerei von 985 recht getreu wiedergegeben, wurde später von den Türken zerstört. Der Markusdom in Venedig ist nach Plänen dieser Kirche errichtet worden.

Johannes Colombini sel.
Ordensgründer
Fest: 31. Juli

Geboren Anfang des 14. Jh. in Siena in Italien als Sohn einer wohlhabenden Patrizierfamilie, wurde Johannes Colombini in seiner Heimat ein bekannter und reicher Mann, der aber auch durch verschiedene schlechte Charaktereigenschaften auf sich aufmerksam machte. Als er eines Tages die Lebensgeschichte der Büßerin → Maria von Ägypten las, soll er sich plötzlich bekehrt und sein Leben radikal verändert haben; er verschenkte sein Vermögen und widmete sich fortan Werken der Buße und der Nächstenliebe. 1360 gründete er die Laienkongregation der Jesuaten, deren Brüder sich hauptsächlich der Krankenpflege widmeten; 1367 erfolgte die kirchliche Anerkennung (die 1668 wieder aufgehoben wurde). Johannes Colombini starb am 31. Juli 1367. Gregor XIII. bestätigte 1583 den Kult.

Darstellung: im Gewand der Jesuaten (weißer Talar, brauner Mantel, Ledergürtel), in Sandalen, mit Glorienschein mit dem Namen „Jesus"

Johannes von Damaskus hl.
Mönch, Kirchenlehrer
Fest: 4. Dezember

Johannes von Damaskus gilt als einer der bedeutendsten Theologen der Kirche überhaupt und als letzter der griechischen Kirchenväter. Berühmt wurde er vor allem durch seine Haltung im sogenannten Bilderstreit, als er sich kraftvoll für die Bilderverehrung einsetzte. – Geboren um 650 in Damaskus (Syrien) als Sohn der christlichen Familie Mansur (Sieger), wurde Johannes zunächst angesehener Dichter und Schriftsteller. Als die Christenverfolgungen schärfer wurden, verließ er mit seiner Familie die Heimat und ließ sich mit seinem Bruder um 700 in einer Höhle des Klosters Mar Saba (Sabaskloster) im Kidrontal bei Jerusalem nieder, um dort zurückgezogen zu leben. Jedoch wurde er immer berühmter, zum einen durch seine flammenden Reden zum Bilderstreit, zum anderen durch seine vielbeachteten schriftstellerischen

Dieser Holzschnitt von 1880 zeigt die Legende wie Maria dem Johannes von Damaskus seinen abgehackten Arm wieder anwachsen läßt.

Werke. Patriarch und Bischöfe zogen ihn zu Rate, und bald war Johannes, inzwischen zum Priester geweiht, eine der bekanntesten Persönlichkeiten überhaupt. In seinen Schriften behandelte er alle Themen der Theologie, außerdem schrieb er Gedichte und Kirchenmusik. Viele Werke sind bis heute erhalten, beachtenswert ist vor allem die 726 entstandene Verteidigungsschrift der Bilder. Großen Einfluß hatten die Johannes-Schriften auch auf die slawische und die russische Kirche. Johannes von Damaskus starb um 750/752 in Mar Saba.
Legende: Es heißt, der Kalif habe Johannes die Hand abhacken lassen, weil er Landesverrat begangen habe. Die Gottesmutter → Maria habe die Hand wieder anwachsen lassen, worauf Johannes beschloß, ins Kloster zu gehen.
Bis ins 12. Jh. wurde das Johannes-Grab im Sabaskloster gezeigt, danach sollen die Reliquien nach Konstantinopel gelangt sein. Papst Leo XIII. erhob Johannes von Damaskus am 18. September 1890 zum Kirchenlehrer.
Darstellung: in orientalischer Mönchskleidung, mit Turban, schreibend an einem Pult, mit abgehackter Hand
Patronat: der Theologiestudenten des Ostens, der Ikonenmaler, der Mailänder Apotheker

Johannes Dat hl.
Priester, Märtyrer
Fest: 28. Oktober
Johannes Dat stammte aus Vietnam, wo er 1764 geboren wurde. Trotz der Christenverfolgung ließ er sich 1798 in seiner Heimat zum Priester weihen; schon kurz darauf wurde er gefangengenommen und nach dreimonatiger Kerkerhaft am 28. Oktober 1798 enthauptet. 1900 Seligsprechung, 20. Juni 1988 Heiligsprechung durch Papst Johannes Paul II.

Johannes Dominici sel.
OP, Kardinal
Fest: 10. Juni
Geboren 1356 in Florenz in Italien, trat Johannes Dominici 1374 dem Dominikanerorden bei und wurde in der Folge einer der wichtigsten Vertreter der Ordensgemeinschaft. Er gehörte zu den meistbeachteten Predigern seiner Zeit und war Gesandter in Rom und enger Berater des Papstes. Innerhalb des Ordens wurde er einer der tatkräftigsten Erneuerer. 1408 ernannte ihn Gregor XII. zum Kardinal und zum Erzbischof von Ragusa (heute Dubrovnik in Kroatien). Energisch half er bei der Beendigung des Schismas, indem er auf dem Konzil von Konstanz die Abdankung von Gregor XIII. maßgeblich mit in die Wege leitete. Johannes Dominici starb am 10. Juni 1419 in Buda (Budapest, Ungarn). 1832 Bestätigung des Kultes.

Johannes Duns Scotus, nach einem Stich aus dem 15. Jh.

Johannes von Dukla →
Jan von Dukla

Johannes Duns Scotus sel.
OFM, Theologe, Philosoph
Fest: 8. November
Johannes Duns Scotus gilt als einer der bedeutendsten Theologen überhaupt; er wird als wichtiger Zeuge des christlichen Glaubens angesehen und wurde „Theologe der Liebe" genannt. Papst Paul VI. (gestorben 1978) sprach einmal vom „hocherhabenen Tempel, den Johannes Duns Scotus neben dem des heiligen → Thomas von Aquin errichtet hat". Nach langem und schwierigem Prozeß wurde Duns Scotus am 20. März 1993 im Rahmen einer Feier im Petersdom von Papst Johannes Paul II. zum Seligen erklärt, „die seit unvordenklicher Zeit dem Diener Gottes gezollte Verehrung" damit von höchster Seite erlaubt. Schon 1991 hatte Johannes Paul II. in einem Dekret erklärt: „Der Ruf der Heiligkeit und die heldenhaften Tugenden des Dieners Gottes Johannes Duns Scotus stehen fest wie auch der ihm seit unvordenklicher Zeit erwiesene Kult." – Über das Leben von Johannes Duns Scotus ist wenig bekannt; die Inschrift an seinem Grab in der Minoritenkirche in Köln (Nordrhein-Westfalen) faßt zusammen: „Schottland hat mich geboren, England hat mich aufgenommen, Gallien hat mich gelehrt, Köln besitzt mich." Geboren wurde Johannes um 1265 in Duns im Südwesten von Schottland, woraus sich sein ganzer Name ergibt. Wohl 14jährig trat er in Dumfries in England dem Franziskanerorden bei, am 17. März 1291 empfing er

die Priesterweihe. Von 1293 bis 1297 studierte er in Paris, danach lehrte er in Cambridge, Oxford und Paris. Am 25. Juni 1303 verweigerte Johannes Scotus in Paris die Unterschrift für eine Berufung von König Philipp dem Schönen von Frankreich an ein Konzil gegen Papst Bonifaz VIII. und mußte deshalb innerhalb von drei Tagen Gallien verlassen (daher wird er auch „Märtyrer für das Papsttum“ genannt). Nach einem Jahr kehrte er nach Paris zurück, promovierte und lehrte danach als gefeierter Professor. 1307 mußte Johannes Paris erneut verlassen – wohl wegen politischer Auseinandersetzungen – und ging nach Köln, wo er begeistert empfangen wurde. Er wirkte in Köln hochgeachtet als Lehrer und Seelsorger, starb aber bereits am 8. November 1308 während der Amtsausübung, zutiefst betrauert vom ganzen Volk. Johannes Duns Scotus wurde in der Kölner Minoritenkirche beigesetzt, wo man die Grabstätte mehrfach verlegte; heute ruhen die Gebeine in einem Steinsarkophag. – Größte Berühmtheit erlangte Johannes Duns Scotus als Kämpfer für die Lehre der Unbefleckten Empfängnis Mariens; man nennt ihn daher auch „Märtyrer der Unbefleckten Empfängnis“. In seiner Ansprache bei der Seligsprechungsfeier am 20. März 1993 sagte Papst Johannes Paul II.: „Die Lehre von Johannes Duns Scotus ist auch heute noch eine leuchtende Waffe im Kampf gegen die schwarze Wolke des Atheismus, der unsere Epoche verdunkelt.“ Durch die Schärfe seines Geistes und die Heiligkeit seines Lebens sei der Franziskaner ein Vorbild gewesen. Johannes Paul II.: „Er war ein Lehrer des Denkens und des Lebens für die Kirche und die ganze Menschheit.“
Darstellung: als Franziskaner mit Jesuskind oder mit der Unbefleckten Empfängnis

Papst Johannes Paul II. am 15. November 1980 am Grab des Johannes Duns Scotus in der Minoritenkirche in Köln.

Johannes von Facundo (von Sahagún) hl.
OESA, Ordensmann, Mystiker
Fest: 11. Juni, 12. Juni
Geboren um 1430 in San Facundo, heute Sahagún in Spanien, wurde Johannes 1463 Augustiner-Eremit in Salamanca und war in der Folge Novizenmeister und Prior. Er war ein begnadeter Prediger und erreichte durch seine leidenschaftlichen Auftritte große soziale Veränderungen in Salamanca. Er war mystisch hoch begnadet und soll Tote zum Leben erweckt haben. Johannes von Facundo starb am 11. Juni 1479 in Salamanca. 1690 Heiligsprechung; seit 1969 nur noch Beschränkung auf lokale Kalender.
Darstellung: als Augustiner-Eremit, mit Kelch, über dem eine Hostie schwebt
Patronat: der Diözese und der Stadt Salamanca, der Augustiner-Eremiten

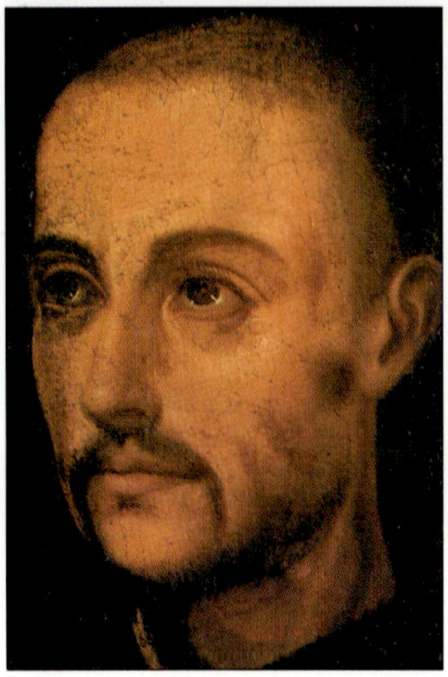

Johannes von Gott, nach einem Gemälde von Pedro de Raxis. Eines der ältesten und unverfälschten Porträts des Heiligen, heute in Granada.

Johannes von Gott (Juan de Dios) hl.
Ordensgründer
Fest: 8. März
Johannes von Gott gilt als Bahnbrecher in der methodischen Krankenpflege und in der Betreuung von geistig kranken Menschen. Geboren am 8. März 1495 in Montemór o Novo in Portugal, führte Johannes zunächst ein unruhiges Leben als Hirte und als Soldat, zeitweise in Afrika, bevor er 1539 in Granada (Spanien) durch → Johannes von Ávila bekehrt wurde. 1540 begann er mit der Pflege von Armen, Kranken und geistig verwirrten Menschen und gründete ein eigenes Hospital, um seine Vorstellungen einer menschenachtenden Betreuung verwirklichen zu können. Sein aufopferungsvoller Dienst galt auch Häftlingen, Prostituierten und verwahrlosten Straßenkindern. Johannes von Gott starb am 8. März 1550 in Granada, wo sich seine Reliquien bis heute in der Basilika S. Juan de Dios befinden. Erst 1584 zeichneten Gefährten von Johannes eine Ordensregel auf, die 1586

Johannes von Gott widmete sich der Betreuung und Krankenpflege geistig Behinderter.

als Ordensregel der Barmherzigen Brüder von Johannes von Gott approbiert wurde. Die Barmherzigen Brüder sind meist Laien, die neben den drei üblichen Gelübden noch das vierte der Hospitalität ablegen. 1630 Seligsprechung von Johannes von Gott, 1691 Heiligsprechung.
Darstellung: im Ordensgewand, mit Dornenkrone, Kruzifix, Sammelbüchse, einen Bettler auf dem Rücken tragend, mit Kind
Patronat: von Granada, der Kranken, Krankenhäuser und Krankenpfleger, der Buchhändler (er soll selbst kurze Zeit als Buchhändler gearbeitet haben), Buchdrucker, Papiermüller

Rechts oben: Johannes Gualbertus mit seinen Attributen.

Johannes Grande Román erhielt den Beinamen „Apostel der Pestkranken".

Johannes Grande Román (Peccator) hl.
OH, Ordensmann
Fest: 3. Juni

Geboren am 6. März 1546 in Carmona, Spanien, arbeitete Johannes (Juan) zunächst im Leinenhandel, bevor er den Barmherzigen Brüdern von → Johannes von Gott beitrat, seinen Beruf aufgab und Einsiedler wurde; von diesem Tag an gab er sich selbst den Namen Johannes der große Sünder (grande Peccator). Er verließ seine Einsiedlerzelle nur, um in den Gefängnissen und Krankenhäusern zu helfen und zu dienen, sein Beiname war „Apostel der Pestkranken". Johannes Grande starb am 3. Juni 1600 in Jerez de la Frontera in Südspanien. 1853 Seligsprechung, 6. Juni 1996 Heiligsprechung durch Papst Johannes Paul II.

Johannes Gualbertus hl.
CVUOSB, Ordensgründer
Fest: 12. Juli

Geboren um 995/1000 nahe Florenz (Italien), trat Johannes Gualbertus nach zunächst ausschweifendem Leben etwa 20jährig in das Benediktinerkloster S. Miniato bei Florenz ein, das er aber wieder verließ, weil ihm die Art der Ämtervergabe in der Klosterleitung (Simonie) nicht gefiel. Etwa ab 1035 lebte er als Einsiedler in Vallombrosa in der Toskana. „Fuga mundi", Flucht aus der Welt, war das Leitmotiv von Johannes damals (und es ist es bis heute bei den Mönchen von Vallombrosa). Zahlreiche Gleichgesinnte schlossen sich an, so daß bald ein Kloster erbaut werden mußte. Johannes Gualbertus gab der Gemeinschaft eine eigene Regel, die auf der Grundlage der benediktinischen Konstitutionen fußte. Nach dem Standort des Klosters nannte sich die neue Kongregation Vallombrosaner-Orden. Die Satzung sah eine strenge Trennung zwischen Chormönchen und Laienbrüdern vor; die Mönche durften das Kloster nie verlassen, die Brüder besorgten die Gänge außerhalb des Hauses. Der besondere Kampf der Mönche galt der Reinheit der Kirche, vor allem der Bekämpfung der Simonie. Die Kongregation verbreitete sich rasch in Italien (bis heute leben Vallombrosanermönche im Stammkloster). Johannes Gualbertus starb am 12. Juli 1073 in Passignano in einem der Klöster (bei einer Visitationsreise) und wurde dort in der Klosterkirche beigesetzt. 1193 Heiligsprechung.
Darstellung: in grauem oder bräunlichem Gewand, mit Kruzifix, Stab, Buch, den Teufel zertretend
Patronat: der Forstleute und Waldarbeiter, gegen Besessenheit

Johannes Kalybites hl.
Mönch
Fest: 15. Januar

Die teilweise wohl legendarische Vita berichtet, daß Johannes um 420 in Konstantinopel als Sohn reicher Eltern geboren wurde, aber schon mit zwölf Jahren heimlich seine Familie verließ und in Konstantinopel in das Gomon-Kloster der Akoimeten eintrat. Nach einigen Jahren kehrte er in sein Elternhaus zurück, hatte sein Aussehen aber so verändert, daß ihn niemand mehr erkannte. Johannes lebte als Bettler auf dem Anwesen seiner Eltern, die ihn versorgten und ihm mildtätig eine Hütte errichtet hatten (Hütte = Kalybe auf Griechisch, daher der Beiname Kalybites). Erst kurz vor seinem Tod (15. Januar 450) gab sich Johannes zu erkennen. Die Reliquien gelangten später auf die Tiberinsel in Rom, wo sie bis heute in der Kirche S. Giovanni Calabita aufbewahrt werden.

Johannes Klimakos hl.
Abt, Kirchenschriftsteller
Fest: 30. März

Johannes Klimakos trägt seinen Beinamen von seinem schriftstellerischen Hauptwerk „Klimax" (= griechisch: Leiter), manchmal auch „Leiter der Vollkommenheit" oder „Himmlische Leiter" genannt.

Geboren wohl um 570/575 (vielleicht in Palästina), wurde Johannes im Alter von 16 Jahren Mönch auf dem Berg Sinai. Danach lebte er rund 40 Jahre als Einsiedler an verschiedenen Orten in der arabischen Wüste. Im Alter von 75 Jahren wählte man ihn zum Abt des Sinai-Klosters; er gab das Amt aber vier Jahre später wieder ab und starb um 650 als Eremit in der Wüste. – Das Werk „Himmlische Leiter" von Johannes enthält 30 Kapitel mit den Tugenden, die es zu beherzigen gilt, um Gott zu gefallen und vollkommen zu werden. Die Schrift gewann große Bedeutung für das ostkirchliche Mönchtum.
Darstellung: als Asket im Greisenalter mit langem Bart

Johannes von Krakau → Johannes Cantius

Johannes vom Kreuz (Juan de la Cruz) hl.
OCarm, Ordensreformer, Mystiker, Kirchenlehrer
Fest: 14. Dezember
„Lehrer der Heiligkeit und Frömmigkeit" nannte Papst Pius XI. Johannes vom Kreuz, als er den großen Mystiker des 16. Jh. im Jahr 1926 zum Kirchenlehrer erhob. Die Schriften des Karmeliters seien das „Gesetzbuch und die Schule der gläubigen Seele". Bis heute gilt Johannes vom Kreuz als wichtigster Kirchenlehrer der Mystischen Theologie, seine mystischen Schriften gehören zu den bedeutendsten Klassikern der Neuzeit. – Johannes kam am 24. Juni 1542 in Fontiveros in Altkastilien (Spanien) zur Welt. Schon als Jüngling widmete er sich der Krankenpflege und zeigte dabei eine überaus große Liebe zu den Kranken. 21jährig trat Johannes in Medina dem Karmeliterorden bei und nahm den Namen Johannes von St. Matthias (Juan de Santo Matía) an. 1568 empfing er die Priesterweihe. Unzufrieden über die nachlassende Ordenszucht bei den Karmelitern sowie über verschiedene Ermüdungserscheinungen in der Gemeinschaft, schloß sich Johannes 1568 → Theresia von Ávila an, die, unzufrieden wie er, seit 1662 den weiblichen Zweig des Karmeliterordens reformierte. Gemeinsam schufen sie den Zweigorden der Unbeschuhten Karmeliten (im Gegensatz zu den Beschuhten). Johannes nannte sich nun Johannes vom Kreuz. Die Auseinandersetzungen zwischen den Beschuhten und den Unbeschuhten führten dazu, daß Johannes 1677 sogar gefangengenommen wurde und neun Monate im Kerker saß; hier erlebte er im Verlauf von Folterungen und Mißhandlungen seine ersten Visionen. Johannes gründete zahlreiche Männerklöster der Unbeschuhten Karmeliter und hatte innerhalb des Ordens verschiedene Ämter inne. Zu allen Zeiten widmete er sich auch der schriftstellerischen Tätigkeit. Nach erneuten Auseinandersetzungen und Intrigen wurde Johannes nach Ubeda in Andalusien verbannt, wo er am 14. Dezember 1591 starb. An der Stelle seines Sterbezimmers erhebt sich heute ein Gedächtnisbau aus dem 17. Jh., das Oratorio de San Juan de la Cruz. Die Reliquien wurden 1593 nach Segovia im Norden von Madrid überführt und werden dort bis heute im Kloster Carmelitas Descalzos verehrt (zusammen mit anderen Erinnerungsstücken an Johannes vom Kreuz). 1675 Seligsprechung, 1726 Heiligsprechung. Seit 1969 ist der 14. Dezember der Gedenktag. – Johannes vom Kreuz hinterließ eines der umfassendsten

Eine russische Ikone aus dem 19. Jh. zeigt Johannes Klimakos und seine „Tugendleiter". Dreißig Tugenden galt es zu üben, um die höchste Stufe der Vollkommenheit und Gottgefälligkeit zu erreichen.

Porträt des Johannes vom Kreuz in der Kirche der Unbeschuhten Karmeliter von Segovia, Spanien.

mystischen Werke der neueren Zeit; die Schriften beruhen alle auf eigenen Erlebnissen und Erfahrungen, seine Analysen der Mystikbegnadungen werden als meisterhaft angesehen, seine Formulierungen gelten als hohe klassische Literatur. Die Hauptwerke bilden untereinander ein System der Mystik.
Darstellung: im Karmeliter-Ordensgewand, mit Buch, Schreibfeder, Kreuz, mit dem kreuztragenden Jesus, beim Beten

Johannes Leonardi hl.
OMD, Ordensgründer
Fest: 9. Oktober, 6. Oktober
Geboren 1541 oder 1543 in Diecimo in der Toskana (Italien), wurde Johannes Leonardi zunächst Apotheker. 1571 empfing er die Priesterweihe. 1574 gründete er in Rom mit Unterstützung von → Philipp Neri die Gemeinschaft der Regularkleriker der Mutter Gottes (Leonardiner), deren Mitglieder sich hauptsächlich dem Schul- und Spitalwesen widmeten und die 1593 offiziell anerkannt wurde. Außerdem war er einer der Mitbegründer des berühmten Kollegs Propaganda Fide in Rom. Johannes Leonardi starb am 9. Oktober 1609 in Rom und wurde zunächst in der Kirche S. Maria del Portico beigesetzt; später übertrug man seine Gebeine nach S. Maria in Campitelli. 1861 Seligsprechung, 17. April 1938 Heiligsprechung.

Johannes Licci sel.
OP, Ordensmann
Fest: 14. November
Geboren um 1422 in Caccabi auf Sizilien, Italien, trat Johannes Licci 1439 in Palermo dem Dominikanerorden bei. Er gründete das Kloster von Caccabi und war 1491 der erste Prior. Später wurde er zum Oberen der Ordensprovinz Sizilien ernannt und machte sich einen Namen als großer Prediger. Er starb am 14. November 1511 in Palermo. 1753 Seligsprechung.
Patronat: für das Vieh

Johannes Lobedau sel.
OFM, Ordensmann
Fest: 9. Oktober
Geboren um 1200 in Thorn (Polen), trat Johannes Lobedau dem Franziskanerorden bei und war Mitbegründer des Franziskanerkonvents in Thorn. Er war ein großes Vorbild an Regeltreue und Seeleneifer, unter den heidnischen Preußen verkündete er mit großer Leidenschaft das Wort Gottes. Er war der Seelenführer von → Jutta von Sangershausen. Johannes Lobedau starb am 9. Oktober 1264 in Kulm (Polen). 1627 Approbation des Kultes.
Darstellung: als Franziskaner, mit brennender Lampe, Buch
Patronat: der Seeleute und Fischer

Johannes von Lodi
OKam, Bischof von Gubbio
Fest: 7. September
Geboren 1026 in Lodi in der Lombardei (Italien), trat Johannes in das Kamaldulenserkloster Fonte Avellana bei Gubbio in Umbrien ein und war ab 1072 Prior. 1104 bestieg er, 78jährig, den Bischofsstuhl von Gubbio. Er starb am 7. September 1105.

Johannes von Lykopolis hl.
Eremit
Fest: 27. März
Geboren um 305 in Lykopolis (Assiut) in Ägypten, war Johannes zunächst Zimmermann, bevor er sich 25jährig in eine Höhle auf dem Berg Lykos zurückzog und dort 40 Jahre als Eremit lebte. Seine Einsiedelei wurde zur Pilgerstätte, so daß sogar ein Haus für die Betenden errichtet werden mußte. Um die Person von Johannes ereigneten sich zahllose Wunder, er hatte die Gabe der Krankenheilung und der Weissagung. Auch Kaiser Theodosius besuchte ihn, → Hieronymus und → Augustinus verehrten und konsultierten ihn ebenfalls. Johannes von Lykopolis, der auch „der Ägypter" genannt wird, starb 394/395.

Johannes Massias hl.
OP, Ordensmann
Fest: 17. September
Geboren am 2. März 1585 in Ribera de Fresno in Spanien, zog Johannes Massias als junger Mann nach Südamerika und arbeitete zunächst auf einer Rinderfarm. 1622 trat er in Lima (Peru) dem Dominikanerorden bei und wirkte danach bis zu seinem Tod am 17. September 1645 als demütiger, bescheidener Klosterpförtner im Magdalenenkloster in Lima. Er sagte exakt seinen Tod (Tag und Stunde) voraus. 1837 Seligsprechung, 28. September 1975 Heiligsprechung.

Johannes von Matera (von Pulsano) hl.
Ordensgründer
Fest: 20. Juni
Geboren 1070 in Matera in der Basilikata, Italien, trat Johannes jung dem Benediktinerorden bei. Er wirkte als Prediger in Bari in Apulien, bevor er um 1130 in Pulsano auf dem Monte Gargano, ebenfalls in Apulien, ein Kloster und eine Eremitengemeinschaft gründete, aus der sich dann die Kongregation der Pulsaner (Barfüßer) entwickelte, die nach der Benediktregel lebte und sich rasch ausbreitete. Johannes starb am 20. Juni 1139 in Pulsano. Seine Reliquien befinden sich seit 1830 in Matera.

Johannes von Matha hl.
OST, Ordensgründer
Fest: 8. Februar, 17. Dezember
Geboren am 23. Juni wohl 1160(?) in Faucon, Frankreich, empfing Johannes von Matha 1185 die Priesterweihe. Während der Primiz erlebte er eine Vision der Dreifaltigkeit und sah dies als Hinweis Gottes an, einen Orden zu gründen, der im Zeichen der Dreifaltigkeit wirkt. Er verfaßte eine Regel für den Orden der Allerheiligsten Dreifaltigkeit (auch Trinitarier genannt) zum Loskauf von Christensklaven, die Papst Innozenz III. im Jahr 1198 bestätigte. Die Trinitarier verlegten ihr ganzes Wirken darauf, Gefangenen in aller Welt zur Freiheit zu verhelfen; außerdem waren sie seelsorgerisch in Gefängnissen, Krankenhäusern und bei Kreuzzügen tätig. Hunderttausende von Christensklaven verdankten dem Trinitarierorden ihre Freilassung. Johannes von Matha starb am 17. Dezember 1213 in Rom, wo er in der Kirche S. Tommaso in Formis beigesetzt wurde; 1665 brachte der Orden die Reliquien nach Madrid, wo sie bis heute im Trinitarierkonvent verehrt werden. 1665 und 1694 Bestätigung des Kultes. – Daß → Felix von Valois Mitbegründer des Trinitarierordens war, wird heute großenteils verneint; möglicherweise ist die Person des Felix unhistorisch.
Darstellung: im Ordensgewand, mit zerbrochenen Ketten, mit Gefangenen zu Füßen oder im Kreis von Sklaven
Patronat: der Trinitarier

Johannes von Monte Marano sel.
OSB, Bischof von Monte Marano
Fest: 17. August
Der Benediktiner Johannes wurde 1074 von Papst → Gregor VII. während dessen Exil in Salerno zum Bischof von Monte Marano (Italien) ernannt. Er starb am 17. August 1094 in Monte Marano. 1906 Approbation des Kultes.

Johannes Martin Moye sel.
Ordensgründer
Fest: 4. Mai
Geboren am 27. Januar 1730 in Lothringen, Frankreich, gründete Johannes Martin Moye 1762 die Kongregation der Schwestern von der Vorsehung, die sich der Leitung von Landschulen widmete. In China rief er das Institut der chinesischen Jungfrauen zur Unterstützung der Mission ins Leben. Er starb am 4. Mai 1793 in Trier (Rheinland-Pfalz). 21. November 1954 Seligsprechung.

Johannes I. von Neapel hl.
Bischof von Neapel
Fest: 2. April
Johannes soll ab 414 Bischof von Neapel (Italien) gewesen sein. Es heißt, er habe die Gebeine von → Januarius, dem Stadtpatron, nach Neapel übertragen. Das Todesdatum war wohl der 2. April 432. Manchmal Verwechslung mit → Johannes IV. von Neapel.

Johannes IV. von Neapel hl.
Bischof von Neapel
Fest: 22. Juni
In Neapel in Süditalien wird Johannes, der von 842 bis 849 Bischof der Stadt war, heute als einer der Stadtpatrone verehrt. Manchmal Verwechslung mit → Johannes I. von Neapel.

Johannes von Nepomuk hl.
Generalvikar, Märtyrer
Fest: 16. Mai
Der Sturz von Johannes von Nepomuk von einer Prager Brücke in die Moldau gehört zu den am häufigsten dargestellten Martyriumsszenen in der Ikonographie. Die Grabstätte des Brückenheiligen im Veitsdom zu Prag ist bis heute eine Pilgerstätte. – Geboren 1340/1350 in Nepomuk in Böhmen, empfing Johannes 1380 die

Johannes von Matha im Habit der Trinitarier.

Der Leichnam des Johannes von Nepomuk wird aus der Moldau bei Prag geborgen. Der Legende nach ließ ihn König Wenzel IV. ertränken, nachdem Johannes das Beichtgeheimnis nicht brechen wollte.

Diese Statue auf der Prager Karlsbrücke ist der Prototyp aller Johannes-Nepomuk-Figuren.

Die Taufe Jesu am Jordan durch Johannes den Täufer, nach einem Gemälde von Bartolomé Esteban Murillo, 1655.

bereiten." Das Volk lauschte Zacharias, verstand aber seine Worte noch nicht. Als junger Mann zog sich Johannes in die Wüste zurück (vielleicht sogar schon als Junge) und führte dort ein klösterliches Leben. Etwa 28/29 nach Christi Geburt trat er an die Öffentlichkeit und gewann nach Art eines Propheten Jünger. Er predigte mit großer Leidenschaft und taufte am Jordan viele Büßer. Überall verkündete Johannes das Kommen des Messias, des Erlösers. Eines Tages erschien Jesus selbst am Jordan und ließ sich von Johannes taufen. Der Täufer sprach danach zum Volk: „Das ist das Lamm Gottes, das die Sünden der Welt hinwegnimmt." In der ständig größer werdenden Popularität von Johannes und in der durch ihn geschürten Messias-Erwartung sah König Herodes Antipas bald eine Gefahr für sich und seinen Thron. Als Johannes auch noch öffentlich an seiner illegitimen Beziehung zu Herodias, der Ehefrau seines Stiefbruders, Kritik übte, ließ Herodes Johannes in der Festung Machairus östlich des Toten Meeres einkerkern. Dies aber reichte Herodias nicht aus, sie forderte von Herodes den Tod von Johannes. Als dieser sich jedoch scheute, weil er den Volkszorn fürchtete, griff Herodias zu einer List: Als sich ihre Tochter Salome von Herodes einmal etwas wünschen durfte, weil sie ihn mit einem Tanz bei einem Fest begeistert hatte, wünschte sie sich auf Anstiften ihrer Mutter den Kopf von Johannes. Die Überlieferungen berichten, daß Salome daraufhin der Kopf des Täufers auf einer Schale in den Saal gebracht wurde. Das Todesjahr von Johannes dem Täufer lag um 30. Der Leichnam wurde, wie Quellen seit dem 4. Jh. berichten, in Samaria beigesetzt. Im 4. Jh. errichtete man über der Beisetzungsstätte eine Kirche, von der man 1931 Ruinen freilegte; auch das mutmaßliche Grab wird wieder gezeigt. → Hieronymus (gestorben 420) bestätigte die Johannes-Grabstätte in einer seiner Schriften. Die Städte Konstantinopel, Emesa (Syrien) und Damaskus (Syrien) behaupteten in der Folgezeit, im Besitz des Johannes-Hauptes zu sein. – Schon seit Jahrhunderten ist der Johannestag ein wichtiger Festtag im Kalender (dies rührt aber auch daher, daß der 24. Juni, der Sonnwendtag, der längste Tag im Jahresablauf ist). Vor allem im Mittelalter zählte der Johannestag zu den bedeutenden Feiertagen, der mit Wallfahrten, Prozessionen und Volksfesten begangen wurde. Manche der Brauchtumssitten ähneln jenen der Wintersonnwende, oft sind es Bräuche aus der Heidenzeit. Zahlreiche Sitten drehen sich um die Gesundheit; so wird dem Johanniskraut, das im Juni blüht, eine besondere Wirkkraft etwa gegen Magen- und Leberkrankheiten, bei Blutungen und offenen Wunden, aber auch gegen den Teufel und böse Geister nachgesagt. In einigen Regionen wird das Johanniskraut zu Kränzen geflochten und in der Kirche geweiht. Der bekannteste Brauch zum Johannestag dürfte das sogenannte Johannesfeuer sein, das am Vorabend des 24. Juni abgebrannt wird; nachweislich seit dem 10. Jh. trinkt man dabei Wein, der in der Kirche geweiht wurde. Auch dem Wasser und den Brunnen wird am Johannestag besondere Aufmerksamkeit geschenkt; bis heute schmückt man in manchen Gebieten am 24. Juni Brunnen und Quellen.

Darstellung: in Fellbekleidung, mit Lamm, Taufschale, (Kreuz)Stab, beim Taufen, bei der Taufe Jesu, beim Predigen, bei der Enthauptung, Salome und das Johanneshaupt auf einer Schale, mit Spruchband „Ecce Agnus Dei"

Patronat: von Malta, Burgund, der Provence, von Florenz und Amiens, der Weber, Schneider, Kürschner, Gerber, Färber, Sattler, Winzer, Gastwirte, Faßbinder, Kaminkehrer, Schmiede, Zimmerleute, Architekten, Steinmetze, Kinobesitzer, Hirten, Bauern, Musiker, Sänger, Tänzer, der Weinstöcke, der Haustiere, Schafe und Lämmer, bei Abstinenz, gegen Epilepsie, Kopfschmerzen, Heiserkeit, Schwindel, Kinderkrankheiten, gegen Angst, gegen Hagel, der Karmeliter, der Malteser (Johanniter)

Johannes von Triora → Lantrua, Johannes

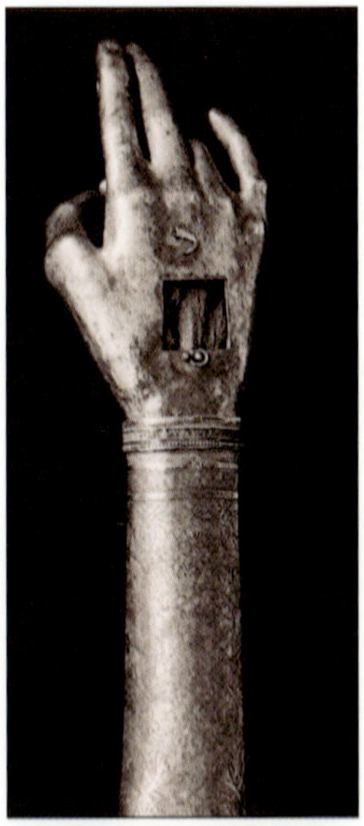

Goldenes Reliquiar mit der angeblichen Hand Johannes des Täufers, 15. Jh., Topkapi Museum, Istanbul.

Salome empfängt das Haupt Johannes des Täufers, nach einem Gemälde von Guercino, 1637, Musée des Beaux-Arts, Rennes.

Kardinal John Fisher, nach einer Zeichnung von Hans Holbein, 1528, Windsor Castle.

Heinrich VIII. von England ließ John Fisher wegen seines katholischen Glaubens enthaupten.

Johannes von Vercelli sel.
OP, Ordensgeneral
Fest: 30. November
Geboren um 1210 in Mosso S. Maria in Italien, studierte Johannes in Paris und lehrte dann Recht in Paris und in Vercelli in seiner Heimat. Dann trat er in Vercelli dem Dominikanerorden bei und hatte in der Folge mehrere Ordensämter inne, ab 1264 war er der sechste Ordensgeneral der Dominikaner. Er starb am 30. November 1283. Bestätigung des Kultes 1903.

Johannes Vincentius hl.
Bischof
Fest: 21. Dezember
Johannes stammte aus Ravenna (Italien) und soll in der zweiten Hälfte des 10. Jh. Bischof in der Region Ravenna gewesen sein. Später zog er sich als Einsiedler zurück und errichtete für sich und seine Gefährten eine Einsiedelei mit Kapelle, aus der später eine Abtei (San Michele di Chiusa) entstand. Johannes starb am 21. Dezember 1012.

Johannes von Warneton (von Thérouanne) sel.
Bischof von Thérouanne
Fest: 27. Januar
Geboren Mitte des 11. Jh. in Warneton in Flandern, war Johannes ein Schüler von → Ivo von Chartres. Gegen seinen Willen und nur auf Druck des Papstes nahm er 1099 das Amt des Bischofs von Thérouanne (Frankreich) an; er war über 30 Jahre ein strenger, aber gütiger Amtsinhaber, gründete viele Klöster und förderte das Mönchtum. Johannes starb am 27. Januar 1130 in Thérouanne.

John Davy sel.
OCart, Ordensmann, Märtyrer
Fest: 6. Juni
John Davy war in London Diakon im Kartäuserorden. Als er sich weigerte, den von König Heinrich VIII. geforderten Suprematseid zu leisten, wurde er zusammen mit sechs anderen Ordensbrüdern schwer gefoltert und am 6. Juni 1537 in Newgate hingerichtet. 29. Dezember 1886 Seligsprechung.

John Fisher hl.
Kardinal, Märtyrer
Fest: 22. Juni
Geboren 1469 in Beverley in Yorkshire (England) als Sohn eines Tuchhändlers, wurde John Fisher in Cambridge ausgebildet und begann dort an der Universität auch seine berufliche Laufbahn; möglicherweise war er auch Kanzler der Universität von Cambridge. 1504 wurde er zum Bischof von Rochester ernannt. Er machte sich als liebevoller Seelsorger und als herausragender Prediger bald einen großen Namen, er war ein glänzender Kirchenschriftsteller und einer der bedeutendsten Humanisten seiner Zeit. John Fisher stand in unverbrüchlicher Treue zur katholischen Kirche und weigerte sich daher auch, den Suprematseid zu leisten. König Heinrich VIII. ließ ihn deshalb gefangennehmen und einkerkern, kurz nachdem Fisher vom Papst zum Kardinal ernannt worden war. Am 22. Juni 1535 wurde John Fisher in London enthauptet. Zwei Wochen später starb auch → Thomas More, ein enger Freund von Fisher, den Martertod. Erasmus von Rotterdam sagte über beide: „Sie waren die weisesten und heiligsten Männer, die England hatte." John Fisher wurde später wegen der großen Verehrung, die nach seinem Tod einsetzte, im Tower in London beigesetzt. 19. Mai 1935 Heiligsprechung.

John Southworth hl.
Priester, Märtyrer
Fest: 28. Juni
Die Reliquien von John Southworth werden bis heute in der Westminster Kathedrale von London verehrt. Geboren 1582/1592 in Lancashire, England, empfing John Southworth 1619 die Priesterweihe und missionierte danach aufopferungsvoll in seinem Heimatland, wo er während der Pestepidemien heroische Dienste leistete. Wegen seines katholischen Glaubens mußte er zeitweise ins Gefängnis, einmal war er aus dem Land verbannt. Am 28. Juni 1654 wurde er in Tyburn bei London hingerichtet. Katholiken

schmuggelten seinen Leichnam außer Landes nach Douai, wo John studiert hatte, und setzten ihn dort im Kolleg von Douai an unbekannter Stelle bei; Arbeiter fanden die Gebeine 1927 bei Restaurierungen wieder auf, seit 1930 ruhen sie in der Westminster Cathedral. 1929 Seligsprechung, 25. Oktober 1970 Heiligsprechung.

Jolanda von Aywières
OCist, Ordensfrau
Fest: 29. Oktober
Jolanda von Aywières wurde zunächst Benediktinerin, wechselte dann aber zum strengeren Zisterzienserorden über und führte im Kloster von Aywières in Belgien ein Leben der völligen Abtötung. Sie starb an einem 29. Oktober im 13. Jh..

Jolenta (Helen) von Ungarn sel.
OSCl, Herzogin, Ordensfrau
Fest: 11. Juni
Jolenta (Helen) war die Tochter des ungarischen Königs Bela IV. 1256 heiratete sie Herzog Boleslaw VI. von Polen; nach dessen Tod 1279 zog sie sich in das von ihrer Schwester → Kinga gegründete Klarissenkloster in Gnesen zurück, das Kinga als Äbtissin leitete. Jolenta starb am 11. Juni 1298; ihr Kult wurde 1827 approbiert.

Jón Ögmundsson
Bischof von Hólar
Fest: 23. April
Geboren um 1052 in Breidabólsstadur auf Island, wurde Jón Ogmundsson 1106 der erste Bischof von Hólar auf Island. Er gründete die Domkirche und die Domschule und stiftete das Kloster Thingeyri, das älteste Kloster Islands. Er starb am 23. April 1121 in Hólar; seine Gebeine wurden 1198 erhoben, seither wird er bis heute wie ein Heiliger verehrt.

Jonas und Barachisius hll.
Mönche, Märtyrer
Fest: 29. März
Vom Martyrium der Brüder Jonas und Barachisius existiert ein Augenzeugenbericht; er erzählt, daß die beiden Mönche, die aus Persien stammten, von den Christenverfolgern des persischen Herrschers brutal gefoltert wurden, jedoch alle Qualen klaglos erduldeten, bis sie enthauptet wurden. Das Todesjahr war 327.

Jonatus hl.
OSB, Abt
Fest: 1. August
Jonatus war etwa ab 645 erster Abt des neugegründeten Benediktinerklosters Marchiennes (Frankreich). Es heißt, er sei ein Schüler von → Amandus, dem Apostel der Belgier, gewesen. Er starb um 690.

Jordan, Franziskus Johann Baptist
SDS, Ordensgründer
Fest: 8. September
Die Kongregationen der Salvatorianer und der Salvatorianerinnen, die bis heute in vielen Ländern wirken, sind die Gründung von Pater Franziskus Maria vom Kreuz Jordan. Geboren am 16. Juni 1848 in Gurtweil (Baden-Württemberg), machte Johann Baptist Jordan, so sein Taufname, zunächst eine Ausbildung als Maler, Tapezierer und Vergolder. Er entschied sich angesichts der menschlichen Not, die er überall beobachtete, Priester zu werden und empfing 1878 in St. Peter bei Freiburg die Weihe. Jordan hatte ein Ziel: Er wollte unter den Laien den apostolischen Geist fördern, er wollte missionieren. Er ging nach Rom, um dort unter anderem orientalische Sprachen zu studieren. 1881 rief er in Rom die Apostolische Lehrgemeinschaft ins Leben, die Kongregation der Salvatorianer. 1885 lernte Jordan in Rom Maria Theresia → Wüllenweber kennen, mit der zusammen er 1888 die Schwesterngemeinschaft der Salvatorianerinnen gründete, die Schwestern vom Göttlichen Heiland. Beide Ordensgemeinschaften breiteten sich überall aus, wo Hilfe benötigt wurde, auch in Australien, Afrika, Asien, Südamerika und in den Vereinigten Staaten. Patres und Schwestern arbeiteten in Schulen, Pfarreien, Missionen, Wallfahrtsorten, Erziehungseinrichtungen sowie in der Eltern- und Arbeiterfürsorge. Franziskus Jordan starb am 8. September 1918 in Tafers bei Fribourg in der Schweiz. 1956 wurden die Gebeine in die Kapelle des Ordensgeneralates der Salvatorianer in Rom übertragen. Der Seligsprechungsprozeß ist eingeleitet.

Franziskus Johann Jordan gründete zusammen mit Maria Theresia → Wüllenweber zwei Schwestern-Kongregationen.

Jordan von Sachsen sel.
OP, Ordensgeneral
Fest: 13. Februar
Der Deutsche Jordan von Sachsen war der Nachfolger von Ordensgründer → Dominikus als General der Dominikaner. Geboren vor 1200 in Borgberge (Nordrhein-

Der Ordensgeneral der Dominikaner, Jordan von Sachsen, nach einem Fresko von Fra Angelico im Kloster S. Marco in Florenz.

Westfalen), studierte er in Paris und wurde dort 1220 von Dominikus in den jungen Dominikanerorden aufgenommen. Nachdem Dominikus 1221 gestorben war, wählte man Jordan von Sachsen 1222 zum neuen Ordensgeneral; er gilt als Vollender der Gründung, unter seiner charismatischen Führung breitete sich die Ordensgemeinschaft in ganz Deutschland aus und erreichte auch Dänemark. → Albertus Magnus trat nach einer seiner mitreißenden Predigten den Dominikanern bei. Jordan von Sachsen missionierte auch unter den Sarazenen. Auf der Rückfahrt von einer Visitationsreise nach Palästina ertrank er am 13. Februar 1237 bei einem Schiffbruch bei Akkon vor der syrischen Küste. Beigesetzt wurde er in der Dominikanerkirche in Akkon; die Grabstätte ist jedoch verschollen. 1826 Bestätigung des Kultes.
Darstellung: als jugendlicher Dominikaner, mit Strahlenkranz, Lilie

Josaphat Kuncewic, nach einem Porträt bei den Barmherzigen Brüdern von Zebrzydowice, Wolhynien, Ukraine.

Jordanus Forzaté sel.
OSBKam, Ordensmann
Fest: 7. August
Geboren 1158 in Padua (Italien), trat Jordanus Forzaté jung dem Kamaldulenserorden bei und war schon bald Prior in Padua. In den folgenden Jahrzehnten war er eine der wichtigsten Persönlichkeiten in Norditalien, er gilt auch als Gründer des ostlombardischen Städtebundes. Der Staufer Friedrich II. betraute ihn immer wieder mit politischen Missionen, und auch der Papst suchte den Rat von Jordanus Forzaté. Einer seiner Gegner, Graf Ezzelino, ließ ihn einmal für drei Jahre einkerkern, was seine Macht aber nicht schmälerte. Jordanus starb am 7. August 1248 in Celestia bei Venedig. 1700 Bestätigung des Kultes; 1810 wurden die Gebeine im Dom von Pavia beigesetzt.

Jordanus von Pisa sel.
OP, Ordensmann, Prediger
Fest: 19. August
Jordanus von Pisa, geboren um 1260 bei Pisa (Italien), trat 1280 in Pisa dem Dominikanerorden bei und studierte zunächst in Paris. Nachdem er nach Italien zurückgekehrt war, wurde er einer der größten Prediger Italiens. Er war der erste, der Predigten in der italienischen Sprache hielt und nicht auf Lateinisch und wird deshalb auch einer der Begründer des italienischen Vokabulars genannt. Die Predigten gelten auch als Zeugnisse mittelalterlicher Literatur. Jordanus von Pisa starb am 19. August 1331 in Piacenza in Norditalien. 1833 Approbation des Kultes.

Jornet y Ibars, Teresa (Theresia von Jesus) hl.
Ordensgründerin
Fest: 26. August
Geboren am 9. Januar 1843 in Aytona, Spanien, versuchte Teresa Jornet y Ibars mehrfach vergeblich, einem Orden beizutreten. 1872 schließlich gründete sie selbst in Barbastro in Spanien die Kongregation der Kleinen Schwestern für die verlassenen Greise, deren Schwestern sich bis heute in vielen Ländern der Welt aufopferungsvoll der Pflege alter, alleinstehender Männer widmen. Sie starb am 26. August 1897 in Barbastro. 27. April 1958 Seligsprechung, 27. Januar 1974 Heiligsprechung.

Josaphat (Joan) Kuncewic hl.
OSBas, Erzbischof, Märtyrer
Fest: 12. November
Seit 1949 ruhen die Gebeine von Josaphat Kuncewic im Petersdom in Rom. Papst Pius IX., der ihn 1867 heiliggesprochen hatte, nannte ihn einen Märtyrer der Einheit. Geboren 1580 in Wlodzimierz als Sohn orthodoxer Eltern, trat Joan Kuncewic als junger Mann zur katholischen (ruthenisch-unierten) Kirche über und wurde 1604 Basilianermönch (Ordensname: Josaphat). 1617 wurde er zum Bischof von Witebsk ernannt, 1618 zum Erzbischof von Polock (beide Weißrußland). Offen sprach er sich für eine Union mit dem Papst in Rom aus und förderte eine Reform des Klerus. Gegner seiner Kirchenpolitik erschlugen ihn am 12. November 1623 in Witebsk während einer Visitationsreise.
Darstellung: als Bischof, als Basilianermönch, mit Beil, Hackmesser (das manchmal in seinem Kopf steckt)

Joscius (Josbert)
OSB, Ordensmann
Fest: 30. November
Joscius lebte als Mönch im Benediktinerkloster St-Bertin in der Diözese Arras (Frankreich) und war berühmt für seine große Marienverehrung. Die Legende berichtet, daß nach seinem Tod (1163 oder 1186) ein Rosenstock aus seinem Mund gewachsen sei und auf einem der Blütenblätter der Name Maria gestanden habe.

José de Anchieta sel.
SJ, Missionar
Fest: 9. Juni
Geboren am 19. März 1534 in La Laguna auf Teneriffa, trat José de Anchieta 1551 dem Jesuitenorden bei. 1553 zog er in die Mission nach Brasilien und war 1554 Mitbegründer von Piratininga, dem späteren Sao Paolo. José de Anchieta entwickelte eine für Brasilien überaus segensreiche Tätigkeit; er verfaßte die erste Grammatik und zahlreiche Wörterbücher für die Einheimischen, und sogar ein Katechismus in Eingeborenensprache stammt von ihm.

Bald nannte man ihn „Apostel von Brasilien". Er unternahm zu Fuß über 40 beschwerliche Reisen durch Brasilien, um das Wort Gottes zu verkünden. Von 1577 bis 1588 war er Provinzoberer Brasiliens. José de Anchieta starb am 9. Juni 1597 in Reritiba, dem heutigen Anchieta, in Brasilien. Seine Verehrung wuchs nach seinem Tod nochmals an, er ist eine der meistverehrten Gestalten in Brasilien. 1980 Seligsprechung.

Josef (von Nazaret) hl.
Mann Marias, Nährvater Jesu
Fest: 19. März, 1. Mai, 26. Dezember

Alles, was man über Josef von Nazaret weiß, geht auf Berichte der beiden Evangelisten → Lukas und → Matthäus zurück, die ihn mehrfach erwähnten. Trotz spärlicher Angaben zu Leben und Wirken des Bräutigams → Mariens gehört Josef zu den meistverehrten Kirchengestalten überhaupt; den Höhepunkt der Verehrung bildete das Jahr 1870, als Papst Pius IX. den Nährvater Jesu zum Schutzpatron der ganzen Kirche erhob. 1621 hatte Papst Gregor XV. den 19. März zum Feiertag erhoben, den Papst Clemens XI. dann 1714 für die gesamte Kirche vorschrieb. 1955 verkündete Papst Pius XII. den 1. Mai als Fest für „Josef den Arbeiter". Papst Johannes XXIII. nahm Josef von Nazaret 1962 in den Kreis der Kanon-Heiligen auf. – Und dies berichten Lukas und Matthäus über Josef von Nazaret: Der Zimmermann Josef lebte und arbeitete in Nazaret und war mit Maria verlobt. Noch vor der Hochzeit empfing Maria ein Kind, ein Engel erklärte Josef im Schlaf das Wunder der Empfängnis und forderte ihn auf, dem kommenden Sohn den Namen Jesus zu geben. Von diesem Tag an lebten Maria und Josef in jungfräulicher Ehe zusammen („Josefsehe"). Als Josef mit der hochschwangeren Maria zu einer von Kaiser Augustus angeordneten Volkszählung nach Betlehem unterwegs war, besorgte Josef die Unterkunft für die Stunde der Geburt (oft als Stall mit Krippe bezeichnet) und kümmerte sich liebevoll um Mutter und Neugeborenes. Wieder auf Rat eines Engels flüchtete Josef mit Jesus und Maria vor König Herodes nach Ägypten und wartete dort auf den Tod des Despoten. Danach ließ sich die Familie wieder in Nazaret nieder. Als Jesus zwölf Jahre alt war, nahm Josef mit ihm an der Osterwallfahrt nach Jerusalem teil. Dieses Auftreten von Josef ist sein letztes Erscheinen in den Evangelien; möglicherweise ist er bald darauf gestorben, oder – wahrscheinlicher – er blieb in der ihm eigenen Bescheidenheit von da an im Hintergrund und wurde deshalb nie mehr erwähnt. Die angebliche Josef-Grabstätte wird in Nazaret in einer Grotte unter der Verkündigungsbasilika gezeigt. – Im Osten ist eine Verehrung von Josef erheblich früher bekannt als im Westen, wo zunächst über Jahrhunderte das Verhältnis zwischen Maria und Josef sowie die Unbefleckte Empfängnis diskutiert

Christus im Haus seiner Eltern Josef und → Maria, nach einem Gemälde von J. E. Millais, Tate Gallery, London.

Josef mit dem Jesuskind – wohl die häufigste Darstellung des Nährvaters Jesu, von Guido Reni, 1620, Eremitage, St. Petersburg.

wurden. Ein Martyrologium des Klosters Reichenau am Bodensee erwähnt 850 erstmals das Josef-Fest am 19. März; in der Benediktinerabtei Winchester in England soll Mitte des 11. Jh. erstmals das Josefsfest offiziell gefeiert worden sein; ebenfalls im 11. Jh. gab es in der Kathedrale von Parma (Italien) ein Josef-Oratorium, 1129 in Bologna eine Josef-Kirche. In Joinville in der Champagne (Frankreich) wurde 1154 eine Kapelle errichtet, nachdem Kreuzfahrer angebliche Kleidungsstücke von Josef, die von Maria genäht worden sein sollen, mitgebracht hatten; sie werden in dem Gotteshaus aufbewahrt. Die Kirche S. Maria degli Angeli in Florenz zeigt den vermeintlichen Stab von Josef. – Vor allem Ordensgemeinschaften setzten sich zu allen Zeiten für die Verehrung von Josef ein, so die Franziskaner, die Karmeliter und die Serviten. Auch große Kirchenpersönlichkeiten förderten den Josef-Kult, etwa → Bernhard von Clairvaux, → Franz von Sales, → Bernhardin von Siena und → Theresia von Ávila. – Mit dem sogenannten „Josefitag" verbinden sich vor allem im Alpenraum, aber auch in Italien verschiedene Bräuche; am bekanntesten ist wohl das Verteilen von „Josefi-Küchlein", einem Schmalzgebäck. Warum der Gedenktag von Josef auf den 19. März gelegt wurde, ist nicht exakt geklärt. Der Grund liegt möglicherweise in der Nähe zum Fest Mariä Verkündigung am 25. März. Eine andere Erklärung ist das Fest der römischen Göttin Minerva, Patronin der Handwerker, am 19. März (Josef der Handwerker).

Darstellung: fast immer als Greis (eine Legende erzählt, Josef sei bei der Verlobung mit Maria schon sehr alt gewesen), mit Jesuskind, mit Zimmermannswerkzeugen, Lilie, Wanderstab

Patronat: der gesamten Kirche, von Kanada, Mexiko, Österreich, Peru, Philippinen, Bayern, Böhmen, Tirol, Steiermark, Kärnten, des Bistums Osnabrück, zweiter Patron des Erzbistums Köln, der nach ihm benannten Bruderschaften und Ordensgemeinschaften, der Ehepaare, der christlichen Familien, der Kinder, Jugendlichen und Waisen, der Jungfräulichkeit, der Arbeiter, Handwerker, Zimmerleute, Holzhauer, Schreiner, Wagner, Ingenieure, Erzieher und Totengräber, der Reisenden, der Verbannten, bei Augenleiden, in Versuchungen und verzweifelten Lagen, bei Wohnungsnot, der Sterbenden, für einen guten Tod

Joseph von Arimathäa
Ratsherr von Jerusalem
Fest: 17. März

Seit Ende des 16. Jh. wird Joseph von Arimathäa als Heiliger im Martyrologium Romanum aufgeführt. Alle vier Evangelisten berichten von ihm; danach war Joseph von Arimathäa (genannt nach seiner Heimat) ein Ratsherr in Jerusalem, der möglicherweise zum großen Kreis der Jünger um Jesus gerechnet werden kann. Nach der Kreuzigung Christi soll er von Pilatus die Erlaubnis erhalten haben, den Leichnam vom Kreuz zu nehmen und in seiner eigenen, noch ungenutzten Grabkammer in Jerusalem zu bestatten. Nach einer späteren Legende soll Joseph von Arimathäa das Blut Jesu in einer Schale (Gral) gesammelt haben, woraus sich die berühmte mittelalterliche Gralsage entwickelte, nach welcher die Schale nach Britannien kam und dort die Evangelisation gefördert haben soll. Nach einer anderen Legende gelangte der Leichnam von Joseph zur Zeit von → Karl dem Großen nach Moyenmoutier in Frankreich; nach einer wieder anderen Überlieferung soll Joseph Missionar in Britannien und Gallien gewesen sein.

Darstellung: meist mit dem Leichnam Jesu, mit Schale (Gral), Kelch, Dornenkrone

Patronat: der Leichenbestatter, Totengräber

Joseph von Calasanza hl.
SP, Ordensgründer
Fest: 25. August

Papst Pius XII. ernannte Joseph von Calasanza 1948 zum Patron der christlichen Volksschulen. 1597 hatte der Spanier in Rom die erste unentgeltliche Volksschule Europas eröffnet. Geboren 1556/1557 in Peralta de la Sal in Spanien, empfing Joseph von Calasanza 1583 die Priesterweihe. 1592 verschenkte er nach dem Tod seines Vaters sein gesamtes Erbe und ging nach Rom, wo er in den Dienst von Kardinal Colonna eintrat. Angesichts des Elends zahlloser verwahrloster Kinder, die bei den großen Seuchen ihre Eltern verloren hatten, eröffnete er 1597 in der Kirche S. Dorotea in Trastevere, dem Armenviertel von Rom, eine unentgeltliche Volksschule, die schnell großen Zulauf hatte. Um Hilfe bei der Betreuung und Unterrichtung der vielen Kinder zu erhalten, rief Joseph von Calasanza die Gemeinschaft der Regulierten Kleriker der frommen Schulen ins Leben (Scholarum Piarum), genannt Piaristen. Er arbeitete die Regel aus und war Generaloberer der 1617 erstmals päpstlich bestätigten Kongregation (1621 endgültig approbiert). Der Orden hatte schnell große Erfolge auch in anderen Ländern, so in Österreich, Böhmen und Polen. Aufgrund falscher Anklagen und Verleumdungen wurde Joseph von Calasanza 1642 als Oberer

abgesetzt, die Kongregation zur Genossenschaft herabgesetzt. Nach schweren seelischen Leiden starb Joseph am 25. August 1648 in Rom; 1659 wurde der Orden wieder eingesetzt. Die Grabstätte befindet sich im Hochaltar der Kirche S. Pantaleo in Rom. 1748 Seligsprechung, 1767 Heiligsprechung.
Darstellung: im Gewand der Piaristen, umringt von Kindern, kniend vor einem Marienaltar
Patronat: der Piaristen, der Kinder, der christlichen Volksschulen

Joseph von Copertino hl.
OFM, Ordensmann, Mystiker
Fest: 18. September
Joseph von Copertino gehört zu den außergewöhnlichsten Heiligen der Kirche. Geboren am 17. Juni 1603 in einem Stall in Copertino in Apulien (Italien), erkrankte er schon als Jugendlicher schwer, weshalb ihm auch mehrmals die ersehnte Aufnahme in den Franziskanerorden verwehrt wurde; außerdem warf man ihm sein geringes Wissen vor. Unter größten Schwierigkeiten gelang ihm schließlich 1626 die Aufnahme als Konventuale in das Franziskanerkloster Grotella in Apulien, und er empfing die Priesterweihe. 1630 begann das außergewöhnliche Leben von Joseph: Zunächst erfuhr er öffentliche Ekstasen, dann plötzlich besaß er die Gabe zu fliegen (Levitationen). Zahlreiche Augenzeugen berichteten, daß Joseph beispielsweise von der Kirchentür direkt zum Altar flog, über die Köpfe der Gottesdienstbesucher hinweg. Einmal flog er auf einen Olivenbaum hinauf und kniete dort eine halbe Stunde auf einem Ast. Bei allen Ereignissen waren Hunderte von Menschen anwesend, die Aufregung wurde ständig größer. Schließlich stellte man ihn vor ein Gericht, wo er aber von der Anklage der Scheinheiligkeit freigesprochen wurde. Die Ordensoberen versetzten den bescheidenen, demütigen Ordensbruder daraufhin in abgelegene Klöster, ab 1656 war er in Osimo bei Ancona, wo er im dortigen Franziskanerkloster am 18. September 1663 starb und beigesetzt wurde. 1753 Seligsprechung, 1767 Heiligsprechung.
Darstellung: als Franziskaner, mit Flügeln, schwebend
Patronat: für gute Prüfungen, in Examen, für die Bekehrung von Sündern, der Weltraumfahrer (seit 1963), der amerikanischen Flugzeugpiloten im Zweiten Weltkrieg

Totenmaske des Joseph von Copertino im Kloster der Franziskaner von Osimo, Italien.

Totenmaske des Joseph von Calasanza im Generalat der Piaristen, Piazza dei Massimi, Rom.

Joseph von Freising
OSB, Bischof von Freising
Fest: 17. Januar
Joseph war 764 wohl der dritte Bischof von Freising in Bayern. Er starb am 17. Januar 764 und wurde gleich nach seinem Tod als Seliger verehrt. Die Reliquien ruhen seit 1907 in einem Schrein in der Kirche von Isen in Oberbayern, wo Joseph 747 das Benediktinerkloster St. Zeno gegründet hatte.

Joseph
vom heiligen Hyazinth sel.
OP, Märtyrer
Fest: 10. September
Joseph, geboren um 1570 in Villareal in Spanien, trat dem Dominikanerorden bei und nahm den Beinamen vom heiligen Hyazinth an. Er ging in die Mission nach Japan, nachdem er zuvor die japanische Sprache fließend sprechen gelernt hatte, und wurde dort Ordensprovinzvikar. 1622 nahmen ihn einheimische Glaubensgegner gefangen und verbrannten ihn am 10. September 1622 bei lebendigem Leib. 1867 Seligsprechung.

Joseph
der Hymnenschreiber hl.
OBas, Mönch, Dichter
Fest: 3. April
Geboren 816 in Syrakus auf Sizilien, Italien, wurde Joseph in Thessalonike (Griechenland) Basilianermönch. Er ging nach Konstantinopel, wo er in der Nähe der Grabstätte von → Johannes Chrysostomus ein Kloster errichtete, in dem er in der Folge seine berühmten Hymnen dichtete. 858 bis 867 wurde er gemeinsam mit → Ignatios verbannt. Nach seiner Rückkehr nach Konstantinopel war er bis zu seinem Tod am 3. April 886 Verwalter der Hagia Sophia. Joseph gilt als einer der wichtigsten Dichter der griechischen Kirche.
Darstellung: als Greis mit Spitzbart, mit Kapuze, beim Dichten von Hymnen

Joseph von Leonessa hl.
OFMCap, Missionar, Mystiker
Fest: 4. Februar
Geboren am 8. Januar 1556 in Leonessa in den Sabiner Bergen (Italien), trat Eufranio Desideri, so sein Geburtsname, 1572 dem Kapuzinerorden bei und nahm den Namen Joseph an. 1587 ging er zur Missionierung nach Konstantinopel, wo er durch Glaubensgegner furchtbare Mißhandlungen erlitt und zum Tode verurteilt wurde. Nach seiner Befreiung kehrte er wieder nach Italien

zurück und wirkte dort als vielbeachteter Volksprediger. Er besaß die Gaben der Weissagung und der Wunderheilung und wurde deshalb schon zu Lebzeiten sehr verehrt. Joseph von Leonessa starb am 4. Februar 1612 in Amatrice nach einer Operation. 1737 Seligsprechung, 1746 Heiligsprechung. 1952 wurde er zum Patron der Kapuzinermission in der Türkei ernannt.
Darstellung: mit langem Bart, beim Predigen, an einem Galgenhaken hängend (Folterung)

Porträt des Weltpriesters Joseph Oriol in der Kirche del Pino, Barcelona. Oriol war sehr beliebt beim Volk, den Kindern und der Jugend, die ihm den Titel „Doktor Wasser und Brot" gaben.

Joseph Oriol hl.
Priester
Fest: 22. März und 23. März
Geboren am 23. November 1650 in Barcelona, Spanien, empfing Joseph Oriol 1676 die Priesterweihe und wirkte danach in seiner Heimat als charismatischer Seelsorger. Er war ein begnadeter Prediger und Volksmissionar und wurde wie ein Heiliger verehrt. Um seine Person ereigneten sich viele Wunder, er lebte fast 30 Jahre nur von Brot und Wasser. Er starb am 22. März 1702 in Barcelona; seine Grabstätte in der dortigen Kirche S. María del Pino wurde im Spanischen Bürgerkrieg 1936 zerstört. 1805 Seligsprechung, 20. Mai 1909 Heiligsprechung.

Joseph Maria von Palermo
OFMCap, Novize
Fest: 1. Januar
Geboren am 1. Februar 1864 in Palermo auf Sizilien (Italien), war Vincenzo Diliberto, so sein Geburtsname, als Kind und junger Bursche ein wegen seines schlechten Benehmens und seiner Ausschweifungen negativ auffallender Mensch. Etwa 1880 erlebte er eine Bekehrung und bat im Kapuzinerkloster in Palermo um Aufnahme. Er wurde Novize, erkrankte bald schwer und legte auf dem Sterbebett die Ordensgelübde ab. Das Todesdatum war 1. Januar 1886. Der Seligsprechungsprozeß läuft.

Joseph von Skythopolis (von Palästina)
Christ
Fest: 22. Juli
Geboren in Tiberias, Palästina, war Joseph jüdischen Glaubens. Um 326 bekehrte er sich zum Christentum und fand die Aufmerksamkeit von → Konstantin dem Großen, der ihn zum Comes (ein Adelstitel ähnlich dem des Grafen) ernannte. Konstantin beauftragte ihn damit, christliche Kirchen in verschiedenen Städten zu errichten und das Evangelium im ganzen Land zu verbreiten. Joseph war in seinem Haus Gastgeber von → Eusebius von Vercelli und von → Epiphanius, die in Briefen über ihn berichteten. Er starb um 356.

Joseph (Josippos) von Thessalonike hl.
Erzbischof von Thessalonike
Fest: 15. Juli
Joseph, geboren um 762, war ein Bruder von → Theodoros Studites; mit ihm zusammen wurde er Mönch, ab 798 war er in dem berühmten Studiukloster in Konstantinopel. 807 wurde Joseph, auch ein bekannter Hymnendichter, zum Erzbischof von Thessalonike (Saloniki, Griechenland) ernannt, aber schon 809 zusammen mit Theodoros von Glaubensgegnern verbannt. 811 konnte er zurückkehren, ab 815 war er aber erneut verbannt und starb am 15. Juli 832 im Exil. – Manchmal wird Joseph von Thessalonike mit → Joseph dem Hymnenschreiber verwechselt.

Joseph Thomas
Priester, Märtyrer
Fest: 11. Dezember
Der Priester Joseph Thomas, geboren am 17. August 1742 in Gebweiler im Elsaß, verweigerte den Eid auf die Zivilkonstitution und wurde deshalb am 11. Dezember 1793 in Colmar, Elsaß, hingerichtet. Der Seligsprechungsprozeß läuft.

Joseph Vaz sel.
Or, Priester, Missionar
Fest: 16. Januar
Der Oratorianer Joseph Vaz gilt als „Apostel von Ceylon" und wird außerdem „Vater der Kirche von Sri Lanka" (Ceylon) genannt. Für sein heroisches Wirken während schwierigster Zeiten wurde er am 21. Januar 1995 von Papst Johannes Paul II. seliggesprochen. – Geboren am 21. April 1651 in Benaulim in Goa, Indien, empfing Joseph Vaz 1676 die Priesterweihe und trat 1685 der Kongregation der Oratorianer bei. Nach mehrjähriger Missionstätigkeit in Indien ging er nach Ceylon und begann dort seine jahrzehntelange Arbeit als Erneuerer der Kirche und des christlichen Glaubens, obwohl auf Ceylon damals jegliche Religionsausübung verboten war. Zwei Jahre mußte er wegen seines Einsatzes sogar ins Gefängnis. Vaz starb am 16. Januar 1711 in Candy auf Sri Lanka.

Josepha Maria Anna Lindmayr
OCarm, Ordensfrau
Fest: 6. Dezember
Geboren am 24. September 1657 in München, Bayern, wurde Josepha Lindmayr 1691 Terziarin. 1704 gab sie den Anstoß zum Bau der Münchner Dreifaltigkeitskirche, ihr Haus daneben stiftete sie als Karmelitinnenkloster. 1712 trat sie dem Orden selbst bei, am 6. Dezember 1726 starb sie im Kloster. Der Seligsprechungsprozeß ist eingeleitet.

Josepha Maria von der heiligen Agnes (Inés de Benigamin) sel.
OESA, Ordensfrau, Mystikerin
Fest: 21. Januar
Inés de Benigamin, wie sie in ihrer Heimat genannt wird, gehört in Spanien bis heute zu den bekannten Kirchengestalten. Geboren am 9. Februar 1625 in Benigamin, war

sie 1643 in Benigamin als Laienschwester in das dortige Augustinerinnenkloster eingetreten. Sie konnte weder lesen noch schreiben, besaß jedoch ein außergewöhnliches theologisches Wissen und die Gabe des Rates. Ihre regelmäßigen Ekstasen versetzten ihre Umgebung in großes Erstaunen. 1663 legte sie die Gelübde ab und nannte sich fortan Josepha Maria von der heiligen Agnes. Sie starb am 21. Januar 1696 in Benigamin. 26. Februar 1888 Seligsprechung.

Josephine Leroux sel.
OSU, Ordensfrau, Märtyrerin
Fest: 23. Oktober
Josephine Leroux stammte aus Cambrai in Frankreich, wo sie 1747 geboren wurde. Sie trat dem Ursulinenorden bei und wurde wegen ihres Glaubens während der Französischen Revolution gefangengenommen und am 23. Oktober 1794 in Valenciennes in Frankreich enthauptet. 1920 Seligsprechung.

Joubert, Eugénie sel.
Ordensfrau, Mystikerin
Fest: 2. Juli
Geboren am 11. Februar 1876 in Yssingeaux, Frankreich, trat Eugénie Joubert 1895 in Lüttich (Belgien) dem Institut der Schwestern von der Heiligen Familie vom heiligsten Herzen bei. In den Jahren bis zu ihrem Tod am 2. Juli 1904 (Lüttich) wirkte die charismatische Ordensfrau außer in Lüttich auch in Rom und Paris und machte durch außergewöhnliche mystische Gnadenerlebnisse auf sich aufmerksam. Seligsprechung am 20. November 1994.

Jovianus von Trier
Märtyrer
Fest: 4. Oktober
Die unsichere Vita berichtet, Jovianus habe um 304 in Trier

(Rheinland-Pfalz) den Martertod in der Christenverfolgung des Diokletian erlitten. Die Gebeine wurden 1071/1072 in Trier aufgefunden und in der Pauluskirche beigesetzt.

Jovinus von Trient
Bischof von Trient
Fest: 12. Juli
Nach nicht ganz gesicherten Überlieferungen soll Jovinus Mitte des 4. Jh. der erste Bischof des Bistums Trient (Italien) gewesen sein. Über Sterbedatum und Beisetzungsort ist nichts bekannt; als Gedenktag ist der 12. Juli überliefert.

Jovita → Faustinus und Jovita

Juan Diego sel.
Christ
Fest: 31. Mai
Papst Johannes Paul II. sprach am 6. Mai 1990 den mexikanischen Indianer Juan Diego selig, der zwischen dem 9. und dem 12. Dezember 1531 auf dem Hügel von Tepeyac fünf Kilometer von Mexiko-City entfernt mehrere Marienerscheinungen hatte. Das berühmte Gnadenbild „Nuestra Señora de Guadalupe", die bekannteste Pilgerstätte Lateinamerikas, in der Kathedrale von Mexiko-Stadt – ein Mantel aus mexikanischen Palmblattfasern mit dem Antlitz der Gottesmutter – geht auf die Erlebnisse von Juan Diego zurück. – Geboren um 1474 in Cuauhtlithan in Mexiko, führte Juan Diego wie seine Landsleute das Leben der Azteken, zu welchem auch Götzendienste gehörten. Als 1524 die ersten Franziskaner-Missionare nach Mexiko kamen, ließ sich Juan Diego zusammen mit seiner Frau taufen. Nach dem Tod der Ehefrau wirkte er ab 1531 als Sakristan in der Kapelle, die am Ort seiner Marienerscheinungen errichtet worden war. Die Überlieferungen, die von Zeitgenossen von Juan Diego verfaßt

Links oben: Der Indianer Juan Diego wurde 1990 seliggesprochen.

Oben: Die heilige Jungfrau von Guadalupe erscheint 1531 dem indianischen Bauern Juan Diego an einer Stelle, die seit Menschengedenken einer Azteken-Göttin geweiht war. Darstellung nach einem Fresko von Antonio Garcia, 1947.

Links: Josepha Maria Anna Lindmayr, Zeitgenossin und Verehrerin der → Crescentia Höß von Kaufbeuren.

Judas Thaddäus mit dem Attribut seines Martyriums, der Keule, nach einem Holzstich von Hans Baldung, genannt Grien, 1519.

wurden, berichten, daß Diego an den vier Tagen 1531 täglich eine Marienerscheinung hatte und die Gottesmutter außergewöhnliche Ereignisse in seinem Leben bewirkte; unter anderem heilte sie seinen im Sterben liegenden Onkel von einem Augenblick auf den nächsten. Nach der letzten Begegnung am 12. Dezember 1531 erschien im Stoff des Mantels von Juan Diego das Antlitz Mariens (Gnadenbild). Diego starb am 31. Mai 1548 in Mexico-City.

Juan Vincente von Jesus und Maria → Zengotitabengoa Lasuen, Juan Vincente

Judas Cyriacus hl.
Bischof, Märtyrer
Fest: 4. Mai, 1. Mai
Die Überlieferungen zu Judas Cyriacus sind wohl legendarisch und vermengen zwei Lebensgeschichten miteinander. So soll er im 4. Jh. einmal Bischof von Jerusalem, zum anderen Bischof von Ancona in Italien gewesen sein. Angeblich erlitt er das Martyrium. Nach der Kreuzauffindungslegende war er es, der Kaiserin → Helena in Jerusalem das Kreuz Christi zeigte. In Ancona ist Judas Cyriacus erster Bistumspatron und Patron der Kathedrale.

Judas Thaddäus
Apostel, Märtyrer
Fest: 28. Oktober, 19. Juni (Ostkirche)
Judas Thaddäus gehört zu den weniger bekannten Aposteln, seine Verehrung litt lange darunter, daß er oft mit Judas dem Verräter oder mit anderen Gestalten aus der Zeit der Apostel verwechselt wurde. Über Leben und Wirken von Judas Thaddäus im 1. Jh. existieren fast nur widersprüchliche Angaben, so daß ein Lebensbild kaum erstellt werden kann. Seit Beginn des 19. Jh. hat sich die Verehrung allerdings erheblich verstärkt, vor allem, seit Judas Thaddäus bei besonders schweren Anliegen angerufen wird. (Besondere Verehrung in St. Quintin in Mainz.) Im Neuen Testament ist Judas Thaddäus nur selten erwähnt. Bei der Abschiednahme Christi von den Aposteln soll er Jesus gefragt haben: „Herr, wie kommt es, daß du dich uns und nicht der Welt offenbaren willst?" Nach einer anderen, nicht gesicherten Überlieferung soll Judas Thaddäus zusammen mit → Simon Zelotes in Syrien, Mesopotamien und Persien gewirkt haben und dort von Magiern ermordet worden sein; das Tatwerkzeug war danach eine Keule. Auch der Gedenktag von Simon Zelotes wird am 28. Oktober begangen. Angebliche Reliquien von Judas Thaddäus werden im Petersdom in Rom verehrt.
Patronat: in der Aussichtslosigkeit
Darstellung: meist als zwölfter Apostel, zusammen mit Simon Zelotes, mit langem Bart, mit Keule, Buch, Rolle, Hellebarde

Judicael hl.
Fürst
Fest: 17. Dezember
Judicael war der rechtmäßige Fürst der Bretagne (Frankreich), wurde jedoch durch Intrigen an der Machtübernahme gehindert, sein jüngerer Bruder wurde der Herrscher. Judicael zog sich als Mönch ins Kloster Gael bei Vannes zurück. Als sein Bruder seine Schuld erkannte, trat er ab, und Judicael konnte den Thron bestei-

gen; er dankte jedoch schon bald wieder ab und ging 640 in sein Kloster zurück. Sein Todesjahr soll 658 gewesen sein.

Judith (Jutta) und Salome von Niederaltaich sell.
Reklusinnen
Fest: 29. Juni
Die mit Legenden durchsetzte Überlieferung erzählt, daß Judith und Salome zwei englische Prinzessinnen waren, die sich nach einer Wallfahrt ins Heilige Land beim Benediktinerkloster Niederaltaich niederließen und dort als Reklusinnen lebten. Eine andere Vita berichtet, daß Judith auf ihrer Rückreise in Niederaltaich ihre verschollene, schwer erkrankte Nichte Salome wiederfand und sie als Reklusin pflegte. Beide sollen Ende des 11. Jh. gestorben sein.
Darstellung: beide in bürgerlicher Kleidung, Judith mit Geldbeutel, Salome mit Lilie und abgelegter Krone.
Patronat: Judith bei Anfechtungen des Teufels, Salome gegen Augenkrankheiten

Jugan, Jeanne (Maria vom Kreuz) sel.
Ordensgründerin
Fest: 29. August
Geboren am 25. Oktober 1792 in Chancale, Frankreich, gründete Jeanne Jugan 1842 die Kongregation der Kleinen Schwestern der Armen zur Pflege von armen Kranken (1879 approbiert); sie selbst war in den ersten Jahren Oberin, wurde dann aber durch falsche Berater aus dem Amt gedrängt. Demütig lebte sie danach als einfache Schwester Maria vom Kreuz bis zu ihrem Tod am 29. August 1879. Seligsprechung am 3. Oktober 1982.

Martyrium der heiligen Julia von Korsika, nach einem Gemälde von Gabriel Cornelius von Max, Eremitage, St. Petersburg.

Jeanne Jugan, nach einer Skulptur von Maria Bernard.

Julia von Certaldo sel.
OESA, Reklusin
Fest: 9. Februar
Julia stammte aus Certaldo in der Toskana, Italien, wo sie um 1319 geboren wurde. Nachdem sie zunächst als Hausmädchen gearbeitet hatte, trat sie 1337 in Florenz den Augustiner-Eremitinnen bei und lebte danach als Reklusin bei der Kirche Ss. Michele e Giacomo in Certaldo. Sie starb am 9. Februar 1367 in Certaldo und wurde in Ss. Michele e Giacomo beigesetzt. 1818 Bestätigung des Kultes.

Julia von Korsika (von Karthago) hl.
Märtyrerin
Fest: 22. Mai
Julia (Giulia) gehört bis heute zu den stark verehrten Heiligen in Italien; sie ist Patronin der italienischen Städte Brescia, Bergamo und Livorno sowie der französischen Insel Korsika. Nach der wohl großenteils legendarischen Überlieferung stammte die Christin

Julia aus Karthago in Nordafrika und wurde als Sklavin auf die Insel Korsika verschleppt; dort soll sie 439 beim Einfall der Vandalen gekreuzigt worden sein. Auch in Karthago verehrte man eine Julia, die dort um 250 das Martyrium erlitten haben soll. Reliquien gelangten im 8. Jh. nach Brescia, wo sie in der eigens zur Aufbewahrung errichteten Kirche S. Giulia beigesetzt wurden.
Patronat: von Korsika
Darstellung: als Jungfrau, mit Palme und Kreuzstab, bei der Kreuzigung

Julia von Troyes hl.
Märtyrerin
Fest: 21. Juli
Das Wissen über die Märtyrerin Julia von Troyes stammt zu großen Teilen von der römischen Märtyrerin Luceia, deren Passio allerdings größtenteils als legendarisch gilt. Danach war Julia ein Mädchen in Troyes (Frankreich), das wegen seines christlichen Glaubens von Christenverfolgern ergriffen und getötet wurde. Erst spätere Quellen datieren das Martyrium in die Zeit der Herrschaft von Kaiser Aurelian (270 bis 275). Vor allem im Gebiet Meaux in Frankreich genießt Julia von Troyes Verehrung.

Juliana von Bologna
Witwe
Fest: 7. Februar
Seit dem 12. Jh. wird Juliana in Bologna (Italien) verehrt, angebliche Juliana-Reliquien werden in der Kirche S. Stefano in Bologna aufbewahrt. Nach der wohl erst im 12. Jh. entstandenen Passio soll Juliana eine wohltätige Witwe in Bologna gewesen sein, über die auch → Ambrosius berichtete. Als Todesjahr wird 435 genannt.

Szenen aus dem Leben der seligen Juliana di Collalto, nach einem Gemälde eines unbekannten Meisters der venezianischen Schule, 14. Jh.

Juliana di Collalto sel.
OSB, Äbtissin
Fest: 1. September
Geboren 1186 bei Treviso in Norditalien, trat Juliana di Collalto im Alter von zehn Jahren auf eigenen Wunsch dem Benediktinerorden bei. Später war sie Äbtissin in Padua, nach 1226 gründete sie in Venedig das Kloster Ss. Biagio e Cataldo und war dort bis zu ihrem Tod am 1. September 1262 Äbtissin. Ihre Reliquien werden bis heute in der Kirche S. Eufemia in Venedig verehrt. Papst Benedikt XIV. bestätigte ihren Kult im 18. Jh. für Venedig.

Juliana Falconieri hl.
OSM, Ordensstifterin
Fest: 19. Juni
Juliana Falconieri war eine Nichte von → Alexius Falconieri, einem der sieben Gründer des Servitenordens. Geboren um 1270 in Florenz (Italien), wurde sie 1305 Terziarin bei den Serviten. Sie gilt als Stifterin des Dritten Ordens der Servitinnen Mariens, dessen Mitglieder Mantellate genannt wurden (1424 päpstlich anerkannt). Juliana Falconieri war die erste Oberin der Gemeinschaft. Sie starb am 19. Juni 1341 in Florenz; bei ihrem Tod soll sich ein Hostienwunder ereignet haben: In ihrer Sterbestunde bat Juliana darum, ihr die Hostie auf die Brust zu legen, da sie nicht mehr schlucken könne; die Hostie soll plötzlich verschwunden, Juliana verstorben sein. Auf der Brust entdeckte man dann das Bild des gekreuzigten Heilands, wie es sich zuvor auf der Hostie befunden hatte. Juliana Falconieri wurde 1737 heiliggesprochen; seit 1969 ist ihre Verehrung aber auf regionale Kalender beschränkt. Die Gebeine werden in Florenz in der Kirche S. Annunziata verehrt.
Darstellung: als Ordensfrau im Habit, mit Rosenkranz, Totenkopf, Lilie, mit Hostie auf der Brust, betend vor dem Altarsakrament
Patronat: des Servitenordens

Juliana von Lüttich (von Cornillon) sel.
CSA, Ordensfrau, Mystikerin
Fest: 5. April

Glasschrein mit den Gebeinen der Juliana Falconieri in der Basilika S. Annunziata, Florenz.

„Prophetin des Fronleichnamfestes“ wurde sie genannt, ihre visionäre Kraft und ihre Beharrlichkeit hätten mit zur Einführung des im Kirchenkalender so wichtigen Festes geführt. Juliana wurde 1192/1193 in Rétienne bei Lüttich, Belgien, geboren. Etwa ab ihrem 15. Lebensjahr wurde sie von den Augustiner-Chorfrauen im Lütticher Kloster Mont-Cornillon erzogen. 1222 wählten sie ihre Mitschwestern zur Priorin. Da sie ihr Amt mit übergroßer Regelstrenge führte, wurde sie zweimal aus ihrem Kloster vertrieben; auch ihren vielen Visionen standen die anderen Schwestern ablehnend gegenüber. 1248 mußte sie Cornillon endgültig verlassen und fand Zuflucht in verschiedenen Zisterzienserinnenklöstern. Juliana starb in Fosses bei Namur (Belgien) am 5. April 1258 und wurde in der Zisterzienserabtei Villers im Bistum Lüttich beigesetzt. 1869 Bestätigung des Kultes. – Bereits als Mädchen hatte Juliana mehrfach die Vision von einem leuchtenden Mond, der an einer Stelle gebrochen war. Dazu war ihr die Deutung zuteil geworden, dem Kirchenjahr fehle noch ein großes, glanzvolles Fest zu Ehren der Eucharistie, damit der Mond voll und schön strahle. Die Überlieferung erzählt, daß Juliana erst 20 Jahre später ihrer Freundin → Eva von Lüttich, einer Reklusin, von diesen Visionen berichtete. Auch der Lütticher Erzdiakon Jacques Pantaléon erfuhr schließlich von Julianas Traum, und als er als Urban IV. den Papststuhl bestieg, ordnete er 1264 das Fronleichnamsfest für die gesamte Kirche an. Zuvor hatte bereits der Dominikanerprovinzial und Kardinallegat Hugo von Saint Cher, ebenfalls ein Vertrauter von Juliana, für die ihm unterstellten Gebiete in den Niederlanden und in Deutschland das Fronleichnamsfest eingeführt. Zunächst hieß das Fest „Bluttag“, später dann Fronleichnam (Leib des Herrn). Nach und nach entstanden in den katholischen Ländern die Festlichkeiten rund um den Tag sowie die farbenprächtigen Prozessionen, die bis heute abgehalten werden.
Darstellung: als Augustinerin oder Zisterzienserin, mit Teufel, Fronleichnamsmonstranz und Buch, mit Eva von Lüttich

Juliana von Nikomedien hl.
Märtyrerin
Fest: 16. Februar, 21. Dezember (Osten)
Juliana von Nikomedien gehörte lange zu den besonders verehrten Heiligen in Italien und Spanien, aber auch in Deutschland und den Niederlanden. Die wohl legendarische Überlieferung berichtet, Juliana habe in der Christenverfolgung des Maximinus Daja (311 bis 313) in Nikomedien in Kleinasien den Martertod erlitten. Ihr Vater und ein verschmähter Liebhaber, beide Heiden, hätten sie zuvor beim Statthalter als Christin angezeigt. Möglicherweise erlitt Juliana das Martyrium aber auch in der Gegend von Neapel, da ihre Reliquien dort seit dem 6. Jh. verehrt werden und schon früh mehrere Kirchen ihr zu Ehren erbaut wurden.
Darstellung: als Jungfrau oder Märtyrerin, mit Teufel oder Drachen, die sie an der Kette führt oder auf denen sie steht, mit Palme, Buch, Lilie
Patronat: gegen Infektionen, bei Entbindungen

Juliana Puricelli sel.
OSA, Ordensfrau
Fest: 14. August
Geboren 1427 in Busto-Arsizio in der Lombardei, Italien, wurde Juliana Puricelli Augustinerin und lebte danach bis zu ihrem Tod am 14. August 1501 auf dem Sacro Monte bei Varese in Norditalien. Sie war berühmt wegen ihrer Bußstrenge und der Abtötung. 1769 Bestätigung des Kultes.

Juliana Falconieri, Stifterin des Dritten Ordens der Servitinnen.

Juliana von Lüttich, dargestellt mit ihren Attributen, der Fronleichnamsmonstranz und dem Buch, Holzstich, 19. Jh.

Julianos von Anazarbos hl.
Märtyrer
Fest: 16. März
Julianos Anazarbos war Senator in Anazarbos in Kilikien, Kleinasien, und von christlichem Glauben. Um 302 nahmen ihn die Verfolger von Diokletian gefangen und setzten ihn grauenvollen Martern aus; schließlich steckten sie ihn in einen Sack, der halb mit Skorpionen und Schlangen gefüllt war, schnürten ihn zu und warfen ihn ins Meer. Christen bargen den Leichnam von Julianos und setzten ihn in Antiochien bei. → Johannes Chrysostomus hielt eine Predigt zu seinen Ehren. – Julianos von Anazarbos wird manchmal mit Trägern desselben Namens verwechselt.

Julianos von Antinoe hl.
Märtyrer
Fest: 8. Januar, 21. Juni
Der Christ Julianos von Antinoe richtete an seinem Heimatort in Ägypten gemeinsam mit Ehefrau → Basilissa in seinem Haus ein Hospital für Arme, Kranke und Hilfebedürftige ein und pflegte sie aufopferungsvoll. In der Christenverfolgung unter Diokletian erlitt er wahrscheinlich um 304 das Martyrium.
Darstellung: oft zusammen mit Basilissa, mit Schwert, mit Götzenbildern

Darstellung des Julianus von Brioude als adliger Ritter mit Schwert.

Julianos Sabas hl.
Einsiedler
Fest: 17. Januar, 18. Oktober
Julianos Sabas lebte im 4. Jh. als Einsiedler am Euphrat und zeitweise auf dem Berg Sinai. Sein ganzer Lebensinhalt war es, Christen darin zu bestärken, an ihrem Glauben festzuhalten und sich auch durch Verfolgungen nicht davon abbringen zu lassen; er selbst war dafür für alle das Vorbild. Julianos von Sabas starb um 370. → Johannes Chrysostomus berichtete mit großer Achtung von ihm.

Julianus vom heiligen Augustin sel.
OFM, Laienbruder
Fest: 8. April
Julianus stammte aus Medinacelli in Kastilien, Spanien. Er trat dem Franziskanerorden als Laienbruder bei und begleitete die Franziskanerprediger auf ihren Wegen durch Spanien. Berühmt war er dafür, daß er in den Straßen der Städte immer eine Glocke läutete, um die Menschen zur Predigt zu rufen. Julianus starb am 8. April 1606. Seligsprechung 1825.

Julianus von Brioude hl.
Märtyrer
Fest: 28. August
Die Begräbnisstätte von Julianus mit der darüber errichteten Basilika in Brioude in der Auvergne, Frankreich, war über Jahrhunderte einer der bedeutendsten Wallfahrtsorte in Frankreich. Der Adlige Julianus stammte aus Vienne und war um 300 heimlich Schüler von → Ferreolus. Als die Christenverfolgung unter Diokletian ausbrach, wurde er gefangengenommen und um 306 in Brioude enthauptet. Schnell entwickelte sich eine starke Verehrung, schon 385 waren die Hinrichtungsstätte und das Grab Wallfahrtsorte. Bischof → Germanus von Auxerre legte den Gedenktag für Julianus Anfang des 5. Jh. auf den 28. August; schon im 5. Jh. entstand die Basilika über der Grabstätte, die von den Wallfahrern über Jahrhunderte reich beschenkt wurde. Das Haupt von Julianus wird in der Kathedrale in Vienne aufbewahrt.
Darstellung: als Adliger, Jäger oder Ritter, mit Schwert, beim Martyrium
Patronat: der Auvergne, der Bauern, gegen Viehdiebstahl und Viehkrankheiten

Julianus von Cuenca hl.
Bischof von Cuenca
Fest: 28. Januar, 5. September
Julianus, geboren um 1127 in Burgos in Nordspanien, war Priester und Archidiakon von Toledo (Spanien). 1196 wurde er zum zweiten Bischof von Cuenca in Neukastilien ernannt und amtierte bis zu seinem Tod 1208 mildtätig und als großer Wohltäter der Armen, für die er selbst das Geld sammelte. Julianus ist bis heute Patron des Bistums Cuenca. 1551 Bestätigung des Kultes.

Julianus von Emesa hl.
Märtyrer
Fest: 6. Februar
Die Lebensgeschichte des Julianus von Emesa ist von Legenden überdeckt; teilweise findet auch eine Vermengung mit Trägern desselben Namens statt. Julianus soll Arzt in Emesa (Syrien) gewesen sein. In der Christenverfolgung des Numerian erlitt er 283/284 das Martyrium, indem man ihm Füße, Hände und Kopf mit Nägeln durchbohrte. – Möglicherweise ist Julianus von Emesa identisch mit → Julianos Anazarbos.
Darstellung: beim Martyrium, mit Nagel im Kopf

Julianus Hospitator (der Hospitalier)
Büßer
Fest: 29. Januar
Die Legende von Julianus Hospitator findet sich in der berühmten Legenda aurea des → Jacobus a Voragine, die 1265 entstand. Über Leben und Wirken von Julianus, der auch „der Arme" genannt wird, ist nichts bekannt; möglicherweise lebte er im 7. Jh. in Belgien.

Die Gastfreundschaft des Julianus Hospitator, nach einem Gemälde von Alessandro Allori, 16. Jh., Florenz.

Legende: Julianus wurde im 7. Jh. in Ath (Belgien) oder in Spanien geboren. Ein Hirsch weissagte ihm im Traum, daß er seine Eltern töten werde. Daraufhin floh Julianus aus dem Elternhaus. Als er eines Tages auf der Jagd war, kehrten seine Eltern unerkannt in seinem Haus ein, und seine Ehefrau überließ ihnen das Eheschlafzimmer für die Übernachtung. Als Julianus nach Hause kam, verdächtigte er seine Frau des Ehebruches und ermordete seine Eltern, die er nicht erkannt hatte. Als er seine Schuld bemerkte, war er völlig verzweifelt. Er zog sich vom Leben zurück und führte fortan ein Dasein als Büßer. In der Provence (in Italien?) errichtete er an einem Fluß ein Hospiz für Kranke und Sterbende, die er selbst auf den Schultern durch das Wasser trug und dann in seinem Haus pflegte. Eines Tages half er wieder einmal einem Schwerkranken durch den Fluß, und plötzlich gab sich dieser als Jesus Christus zu erkennen (→ Christophorus). Angebliche Reliquien werden in Florenz und in Macerata (Italien) aufbewahrt. In der Darstellung wird Julianus Hospitator oft mit Trägern desselben Namens verwechselt.
Darstellung: als jugendlicher Adliger, mit Schwert
Patronat: der Reisenden, Pilger, Gastwirte, Fährleute, Schiffer, Bootsmänner, von Herbergsbetrieben

Julianus von Le Mans hl.
Bischof von Le Mans
Fest: 27. Januar
Julianus soll der erste Bischof von Le Mans (Frankreich) gewesen sein, wo sich das Christentum im 3. und 4. Jh. stark ausbreitete. Eine Legende berichtet, er sei von Papst → Clemens I. (um 100) nach Le Mans entsandt worden; wahrscheinlicher aber liegt die Amtszeit im 3. Jh. Im 4. Jh. soll bereits eine Kirche über der Grabstätte von Julianus in Le Mans gestanden haben. Im 9. Jh. gelangten Julianus-Reliquien in die Kathedrale von Le Mans, die nach ihm St-Julien heißt. Durch die Normannen kam der Kult auch nach England, wo zahlreiche Kirchen nach Julianus benannt sind.

Julianus Maunoir sel.
SJ, Missionar
Fest: 28. Januar
Julianus Maunoir war im 17. Jh. einer der größten Volksmissionare in Frankreich. Geboren am 1. Oktober 1606 in St-Georges-de-Reintembault, trat er 1625 dem Jesuitenorden bei und empfing 1637 die Priesterweihe. Sein größter Wunsch war es, in die Kanada-Mission zu gehen, doch seine Ordensoberen entsandten ihn in die französische Bretagne. Nach Überwindung seiner Enttäuschung darüber, daß er Missionar in seiner Heimat sein sollte, entwickelte er eine so erfolgreiche Tätigkeit, daß er angeblich allein in den ersten zwei Jahren 30 000 Menschen zum katholischen Glauben führte. Es heißt, daß er zeitweise bis zu 1000 Priester um sich versammelt hatte, die ihn unterstützten. Julianus Maunoir starb während einer Missionsreise am 28. Januar 1683 in Plévin in der Bretagne. 20. Mai 1951 Seligsprechung.

Julianus von Rimini (Istricus)
Märtyrer
Fest: 22. Juni
Julianus ist seit dem 13. Jh. der Patron der italienischen Adriastadt Rimini; seit 1204 ruhen die Reliquien dort in dem nach Julianus benannten Kloster S. Giuliano. Die Passio allerdings ist wohl legendarisch. Danach erlitt Julianus Mitte des 3. Jh. das Martyrium; der Sarg mit seinem unversehrten Leichnam trieb im 10. Jh. an den Strand von Rimini. – Möglicherweise auch Vermengung mit Trägern desselben Namens.

Dieser Jugendstil-Holzstich zeigt die Folter der Julitta und des Kyriakos bei ihrem Martyrium.

Julianus von Toledo hl.
Erzbischof von Toledo
Fest: 8. März

Julianus von Toledo gehörte im 7. Jh. zu den bedeutenden Kirchenpersönlichkeiten in Spanien; dies geht unter anderem auf die bedeutenden Schriften zurück, die er verfaßte. Geboren in der ersten Hälfte des 7. Jh. in Toledo, Spanien, wurde Julianus Priester und gehörte dem Klerus seiner Heimatstadt an. Im Januar 680 wählte man ihn als Nachfolger von Eugen II. zum Erzbischof von Toledo. Er wirkte tatkräftig und unnachgiebig, wenn es um die Rechte der Kirche ging. Julianus soll es gewesen sein, der die Anerkennung des Primats von Toledo über alle spanischen Bistümer erreichte (681); damit war auch verbunden, daß der Erzbischof von Toledo die Krönung der Könige vornahm und zusammen mit dem König alle Bischöfe Spaniens ernannte und weihte. Julianus starb am 8. März 690 in Toledo und wurde in der Kirche S. Leocadia beigesetzt. Reliquien gelangten später in andere spanische Städte.

Juliette Verolot sel.
OCarm, Märtyrerin
Fest: 17. Juli

Juliette Verolot stammte aus der Diözese Troyes und trat 1789 in Compiègne (Frankreich) dem Karmeliterorden bei (Ordensname: Schwester Franz Xaver). Kurz danach begann die Französische Revolution; am 17. Juli 1794 wurde Juliette Verolot mit der Guillotine hingerichtet. 1906 Seligsprechung.

Julitta von Cäsarea hl.
Märtyrerin
Fest: 30. Juli

Von → Basilius stammt das Wissen über Leben und Martyrium der Julitta. Danach war sie eine wohlhabende Witwe in Cäsarea in Kappadokien, wurde von einem Einwohner der Stadt um ihr Hab und Gut betrogen und danach als Christin angezeigt. Wohl um 303 erlitt sie das Martyrium; sie soll verbrannt worden sein, aber ihr Körper blieb in den Flammen unversehrt.

Die hl. Julitta, Martyrerin.

Julitta und Kyriakos (Quiricus) hll.
Märtyrer
Fest: 16. Juni

Nach dem legendarischen Bericht war Julitta eine junge Christin, die mit ihrem dreijährigen Sohn Kyriakos aus ihrer Heimat Ikonium nach Tarsus (Türkei) flüchtete, um der Christenverfolgung zu entkommen. Dort wurde sie aber doch gefangengenommen, gekreuzigt und enthauptet, nachdem sie sich standhaft geweigert hatte, ihr Leben durch Abschwören vom Christenglauben zu retten. Kyriakos wurde vom heidnischen Statthalter auf den Stufen seines Thrones zerschmettert. – Die Verehrung für Julitta und Kyriakos verbreitete sich früh im ganzen Osten, schon bald aber auch in Italien, Spanien und Frankreich. In der Ostkirche gehören die beiden Märtyrer zu den „heiligen Ärzten". Darstellung: als Mutter und Kind, mit Krone, Handkreuz

Julius I. hl.
Papst (337 bis 352)
Fest: 12. April

Während der Amtszeit von Julius I. entstand das erste Schisma zwischen der Ost- und der Westkirche. Ursache war der Fall → Athanasius. Julius I. war von Geburt Römer und bestieg am 6. Februar 337 den Papststuhl. Seine Wahl fiel in die Zeit größter Auseinandersetzungen zwischen katholischer Kirche und Anhängern des Arianismus. 341 berief Julius I. eine Synode nach Rom ein, deren Teilnehmer sich geschlossen hinter Athanasius, einen der unerschrockensten Kämpfer gegen den Arianismus, stellten. Um den Streit endgültig beizulegen, wurde 343 das Konzil von Sardika (Sofia) einberufen, doch hier kam es zum endgültigen Bruch zwischen der Ostkirche und Rom (der sich unter Liberius, dem Nachfolger von Julius I., noch verschärfte). Julius I. zeichnete sich durch Charakter-

festigkeit und Stärke aus, er verlieh dem Papsttum neues Ansehen. In Rom errichtete er zahlreiche Kirchen. Er starb am 12. April 352. Seine Gebeine werden in der Kirche S. Maria in Trastevere in Rom aufbewahrt.
Darstellung: mit kurzem Bart und Tonsur, beim Segnen, mit anderen Päpsten.

Julius und Julianus hll.
Missionare
Fest: 31. Januar
Die Überlieferung ist unsicher und wohl legendarisch. Möglicherweise waren Julius und Julianus auch nur eine Person. Nach den Berichten kamen die beiden Brüder aus Griechenland und missionierten Ende des 4. Jh. in Norditalien; Julius soll Priester, Julianus Diakon gewesen sein. Kaiser Theodosius I. (379 bis 395), der sie angeblich entsandt hatte, soll ihnen gestattet haben, heidnische Tempel in Kirchen umzuwandeln. Möglicherweise lag das Todesdatum um 390.

Julius der Veteran (von Dorostorum) hl.
Märtyrer
Fest: 27. Mai
Julius diente im 3. Jh. treu als Soldat, nach der Überlieferung 27 Jahre lang. Nachdem er aus dem römischen Heer ausgeschieden war, geriet er als Veteran in die Christenverfolgung des Diokletian und erlitt 304 wohl bei Dorostorum an der Donau den Martertod, weil er sich geweigert hatte, den Götzen zu opfern.

Junian
Einsiedler
Fest: 16. Oktober
Junian lebte im 6. Jh. als Einsiedler bei Limoges (Frankreich), wahrscheinlich in der Zelle von → Amandus, die er nach dessen Tod bezogen hatte. Möglicherweise war Junian der Sohn des Herzogs von Cambrai. Er starb wohl 535. Sein Grabmal befindet sich in der Kirche in dem nach ihm benannten Ort St-Junien, Diözese Limoges.

Junipero Serra, der „Apostel Kaliforniens" gründete im 18. Jh. an der Westküste der USA zahlreiche Missionsstationen, aus denen später Großstädte entstanden, so San Diego, Los Angeles und San Francisco.

Junipero Serra sel.
OFM, Missionar
Fest: 28. August
Die Weltstadt San Francisco in Kalifornien (USA) entstand im 18. Jh. aus der Franziskanermissionsstation von Junipero Serra. Sein Name wird dort bis zum heutigen Tag in Ehren gehalten, man nennt ihn noch immer „Apostel Kaliforniens". Papst Johannes Paul II. sprach den spanischen Franziskanerpater am 25. September 1988 selig. – Geboren am 24. November 1713 in Petra auf der Insel Mallorca, trat Miguel José Serra 17jährig in den Franziskanerorden ein und erhielt den Ordensnamen Junipero (so hieß der Begleiter von → Franz von Assisi). Er empfing die Priesterweihe und wurde Professor in Palma de Mallorca. 1750 ging er nach Mexiko und missionierte bis 1758 unter den Indianern; danach wirkte er als Volksprediger. 1767 wurde er Ordensoberer der Missionen in Niederkalifornien und begann seine missionarische Aufbauarbeit, aus der folgende Missionsstationen und späteren Städte entstanden: San Diego (1769), Monterey (1770),

Die Urne mit den sterblichen Überresten von Papst Julius I. befindet sich unter dem Hauptaltar (hinter dem Blumengesteck) in der Kirche S. Maria in Trastevere, Rom.

Eine Seitenkapelle im Dom von Sevilla ist den beiden Märtyrerinnen Justa und Rufina geweiht. Hier befinden sich die Reliquien und Barockfiguren der Heiligen.

San Antonio (1771), San Gabriel (heute in Los Angeles, 1771), Santa Barbara (1782) – und eben San Francisco (1776). Junipero Serra legte dabei rund 9000 Kilometer zu Fuß zurück, obwohl er von schwacher Gesundheit war. Am 28. August 1784 starb er im Krankenlager am Fluß Carmel bei Monterey. Sein Lebensbeispiel ist heute Vorbild für die „Serra-Clubs", die in der ganzen Welt tätig sind.

Jurmin
Prinz, Christ
Fest: 23. Februar
Jurmin lebte im 7. Jh. und war ein englischer Prinz, wahrscheinlich der Sohn von Königin Anna von Mercia. Nach seinem Tod wurde er vom Volk sehr verehrt; seine Gebeine ruhten lang in einem Schrein.

Justinus von Chieti, nach einem Medaillon im Dom von Chieti.

Justa und Rufina hll.
Märtyrerinnen
Fest: 19. Juli
Seit dem 6. Jh. ist der Kult von Justa und Rufina nachweisbar. Danach waren sie Töchter eines Töpfers in Sevilla in Andalusien (Spanien), die die Ware ihres Vaters in der Stadt verkauften. Als sie während einer heidnischen Prozession in Sevilla ein Götzenbild zertrümmerten und sich zum christlichen Glauben bekannten, wurden sie festgenommen und zum Tod verurteilt. Justa soll in einem Brunnen ertränkt, Rufina erdrosselt worden sein. Eine andere Überlieferung sagt, Justina sei im Kerker gestorben. Das Todesjahr lag um 303. König → Ferdinand III. (der Heilige) errichtete über der Martyriumsstätte eine Kirche und ein Augustinerinnenkloster. Justa und Rufina werden in Spanien sehr verehrt.
Darstellung: in bürgerlicher Kleidung, mit irdenen Gefäßen, Palme, dem Turm der Kathedrale von Sevilla
Patronat: von Sevilla und Burgos, der Töpfer

Justina Francucci Bezzoli sel.
OSB, Ordensfrau, Einsiedlerin
Fest: 12. März
Geboren Mitte des 13. Jh. in Arezzo (Italien), trat Justina Francucci Bezzoli 13jährig dem Benediktinerorden bei und lebte einige Zeit im Kloster in Arezzo. Später zog sie sich als Einsiedlerin zurück; die letzten Jahre vor ihrem Tod am 12. März 1319 lebte sie völlig erblindet wieder im Kloster Arezzo. 1890 Bestätigung des Kultes.

Justina von Padua hl.
Märtyrerin
Fest: 7. Oktober
Der Justina-Kult ist in Padua in Norditalien schon im 5. Jh. nachweisbar. Nach der Überlieferung erlitt Justina an einem 17. Oktober, vielleicht um 305 in der diokletianischen Verfolgung, in Padua das Martyrium; sie soll von Soldaten des heidnischen Statthalters mit dem Schwert durchbohrt worden sein. Die Verehrung verbreitete sich in Norditalien rasch; schon Ende des 5. Jh. entstand über der Justina-Grabstätte in Padua eine Kirche (der Vorgängerbau der heutigen gewaltigen Kirche S. Giustina), auch an anderen Orten wurden im 7. Jh. Kirchen zu Ehren der Märtyrerin errichtet. Die Benediktiner verehrten Justina ebenfalls und trugen den Kult in andere Länder in Europa.
Darstellung: mit Einhorn, Palme
Patronat: von Padua, Venedig, Pisa, der 1419 gegründeten Benediktiner-Kongregation S. Giustina

Justinian
Einsiedler, Märtyrer
Fest: 5. Dezember, 23. August
Justinian stammte wohl aus der Bretagne (Frankreich) und lebte im 6. Jh. auf der Klosterinsel Ramey an der schottischen Küste, wo er 540 (?) von seinen drei Knechten ermordet wurde. Man verehrte ihn zu allen Zeiten als Märtyrer, um ihn ranken sich viele Legenden.

Justinus von Chieti
Bischof von Chieti(?)
Fest: 14. Januar
Justinus wird als Schutzpatron von Chieti in den Abruzzen (Italien) verehrt. Angeblich war er im 4. Jh. der erste Bischof von Chieti. Todesjahr war vielleicht 336.

Justinus von Rom hl.
Märtyrer
Fest. 4. August
Justinus soll zu den Christen um → Laurentius gehört haben. Die wohl legendarische Überlieferung berichtet, er habe in Rom viele Märtyrer beigesetzt und sei eines Tages dabei von den Christenverfolgern überrascht worden; nach seiner Verurteilung zum Tode habe man ihn 269 in Rom hingerichtet. Möglicherweise wurde Justinus in einer eigenen Kirche beigesetzt; im frühen Mittelalter verehrte man seine Grabstätte neben der von Laurentius in der Kirche S. Lorenzo fuori le mura. Reliquien von Justinus sollen im 9. Jh. nach Freising (Bayern) gelangt und in der Kirche St. Stephan in Weihenstephan bei Freising beigesetzt worden sein.

Justus (Justinus) von Beauvais
Märtyrer
Fest: 18. Oktober
Die legendarische Passio erzählt, Justus aus Auxerre, ein neunjähriger Junge, sei auf seiner Flucht vor den Christenverfolgern nahe Beauvais (Frankreich) ergriffen worden; als er nicht preisgab, wo sich sein Vater und sein Onkel, beide praktizierende Christen, versteckt hielten, wurde das Kind enthauptet. Um Justus entwickelte sich rasch ein Kult, vor allem seine Reliquien sollen sehr begehrt gewesen sein. (Die Städte Auxerre und Winchester erklären, im Besitz des Hauptes von Justus zu sein.) – Manchmal Gleichsetzung mit einem Justinus von Louvres.
Darstellung: als Kind im kurzen Rock, mit Palme, den Kopf in den Händen

Justus von Canterbury hl.
Erzbischof von Canterbury
Fest: 10. November
Justus gehörte zu den ersten Glaubensboten in England. Zusammen mit → Augustinus (von Canterbury) 601 aus dem Andreaskloster in Rom in die britische Mission entsandt, wurde Justus 604 zum ersten Bischof von Rochester ernannt. 616 von den heidnischen Königen von Essex und Kent vertrieben, ging Justus ein Jahr ins Exil nach Gallien und kehrte 617 wieder zurück, nachdem König Eadbald sich bekehrt hatte. 624 folgte Justus → Mellitus als vierter Erzbischof von Canterbury. Er starb am 10. November 627 in Canterbury und wurde dort in St. Augustine's beigesetzt; die Reliquien werden seit dem 11. Jh. hinter dem Hochaltar aufbewahrt.

Der Legende nach zeigt der enthauptete Knabe Justus von Beauvais Vater und Onkel (deren Versteck er seinen Mördern nicht preisgeben wollte) seinen abgeschlagenen Kopf. Stich nach einem Gemälde von Peter Paul Rubens.

Justus von Lyon hl.
Bischof von Lyon
Fest: 14. Oktober
Justus war ab 350 Bischof von Lyon (Frankreich) und ist in diesem Amt als Teilnehmer der Synode von Aquileia (381) bezeugt. Die Überlieferung berichtet, er habe nach 30jähriger tatkräftiger Amtszeit den Bischofstitel zurückgegeben, weil er einen Mann, der zuvor mehrere Menschen verletzt hatte, nicht vor der Selbstjustiz der Menge hatte schützen können. Resigniert zog sich Justus als Einsiedler in die ägyptische Wüste zurück, wo er um 390 starb. Die Gebeine wurden im 5. Jh. nach Lyon übertragen (Gedenktag 4. August). – Es existieren zwei Briefe, die → Ambrosius an Justus gerichtet hat.

Die Basilika S. Giustina in Padua entstand im 5. Jh. über der Grabstelle der heiligen Justina von Padua.

Kopfreliquiar des thebäischen Märtyrers Kandidus von St-Maurice, um 1150. Auf dem Sockel zeigt ein Relief die Enthauptung und die Himmelfahrt des Heiligen.

einem vielbesuchten Wallfahrtsort. 515 entstand hier die berühmte Abtei St-Maurice, die heute einen der bedeutendsten Kirchenschätze birgt, unter anderem auch das Kopfreliquiar des Kandidus aus dem Jahr 1150. Die Verehrung für Kandidus verbreitete sich früh in vielen Ländern Europas.

Kanut → Knut

Karl von Blois sel.
Herzog, Wohltäter
Fest: 29. September
Geboren 1319 in Chatillon-sur-Seine (Frankreich) als Sohn des Grafen von Blois und der Margarete von Valois, heiratete Karl 1341 die Erbin des Herzogtums Bretagne und wurde Herzog der Bretagne. Ausgelöst wurde dadurch der Bretonische Erbfolgekrieg, da auch Jean de Montfort, der mit England verbündet war, Anspruch auf die Bretagne erhob. Bis zu seinem Tod am 29. September 1364, als er in der Schlacht von Auray fiel, kämpfte Karl von Blois für seine Rechte; neun Jahre saß er im Gefängnis im Tower von London ein. Karl von Blois zeichnete sich durch große Mildtätigkeit gegenüber den Armen aus und war ein großer Förderer des Franziskanerordens. 1904 Bestätigung des Kultes.

Karl Borromäus (Carlo Borromeo) hl.
Kardinal, Erzbischof von Mailand
Fest: 4. November
Karl Borromäus galt zu seiner Zeit als Vorbild eines Reformbischofs, seine Lebensgeschichte von jungen Jahren bis zu seinem Tod fasziniert bis heute. Geboren am 2. Oktober 1538 in Arona in Oberitalien als Sohn des Grafen Borromeo, nahm Karl 14jährig sein Rechtsstudium an der Universität Pavia auf, mit 21 Jahren erlangte er die Doktorwürde. Als sein Onkel, Kardinal Medici, 1559 als Pius IV. den Papststuhl bestieg, ernannte er den 22jährigen Karl 1560 zum Kardinaldiakon und zu seinem engsten Vertrauten sowie zum Verwalter des Erzbistums Mailand – ohne daß Karl bis dahin die Priesterweihe empfangen oder Theologie studiert hatte. 1563 empfing er die Priester-, danach die offizielle Bischofsweihe. Erst 1566 siedelte Karl Borromäus ganz in seine Bischofsstadt Mailand über. In den folgenden zwei Jahrzehnten entwickelte er eine Tatkraft im Amt, die ihn zu einem leuchtenden Vorbild für den Klerus und seine Bischofskollegen machte. Unermüdlich widmete er sich dem Wiederaufbau der verwahrlosten Diözese und der Hebung der Religiosität im Volk. Er führte Seminare für den Priesternachwuchs ein, hielt unzählige Synoden ab und unterstützte die Missionsarbeit der Orden. Während der verheerenden Pestepidemie 1576/1577 kümmerte sich Karl Borromäus monatelang persönlich um die Kranken und Sterbenden und zehrte sich dabei gesundheitlich völlig auf, nicht zuletzt, weil er sich fast ausschließlich von Brot und Wasser ernährte. Die Reformbeschlüsse, die auf dem Konzil von Trient gefaßt worden waren, setzte Karl in seinem Bistum umgehend und mit großer Umsicht in die Tat um; auch hier war er allen anderen Bischöfen ein Maßstab. Völlig erschöpft starb Karl Borromäus am 3. November 1584 in Mailand, erst 46 Jahre alt. Eine riesige Menge zog an seiner Bahre vorbei, die Menschen betrauerten einen charismatischen Kirchenführer. Seine letzte Ruhestätte fand Karl Borromäus im Mailänder Dom. 1602 Seligsprechung, 1. November 1610 Heiligsprechung.
Darstellung: als Bischof oder Kardinal, mit Totenkopf, Kreuz, Strick um den Hals, Geißel, mit Pestkranken
Patronat: des Bistums Lugano, der Seelsorger, der Seminare, des Borromäusvereines (der sich die Verbreitung religiöser Literatur zur Aufgabe gemacht hat), der Borromäerinnen

Karl Borromäus als 26jähriger Kardinalstaatssekretär, daneben sein Wappen.

Gegenüberliegende Seite: Der heilige Karl Borromäus, nach einem Gemälde von Orazio Borgianni, um 1612, Eremitage, St. Petersburg.

Krönung von Karl dem Großen durch Papst Leo III. zum ersten Kaiser des Heiligen Römischen Reiches, Weihnachten 800 in Rom, nach einer illuminierten Handschrift aus dem 14. Jh.

Silbermünze (karolingisches Pfund) mit dem Bildnis von Karl dem Großen. Das Porträt des Herrschers verbürgte den Wert der um 804 geprägten Münze, Bibliothèque Nationale, Paris.

Karl von Flandern (der Gute) sel.
König, Märtyrer
Fest: 2. März

Karl war der Sohn von → Knut von Dänemark und kam um 1084 zur Welt. Nachdem sein Vater 1086 ermordet worden war, ging er mit seiner Mutter Adela von Flandern an den Hof von Flandern; 1119 wurde er Graf von Flandern. Karl war ein großer Wohltäter der Kirche, er unterstützte die Armen und förderte die Klöster, bei Hungersnöten in seinem Land gab er sein Vermögen zur Linderung. Das Volk liebte und verehrte ihn, sein Ruf als „Karl der Gute" drang über die Grenzen Flanderns hinaus. Feinde ermordeten Karl den Guten am 2. März 1127 während einer Heiligen Messe in der Kirche St. Donatian in Brügge (was in Flandern zu Unruhen führte). Schnell wurde Karl als Märtyrer verehrt; seine Gebeine ruhen seit 1827 in St-Sauveur in Brügge. 1883 Bestätigung des Kultes.

Karl der Große
Kaiser
Fest: 28. Januar

Gegenpapst Paschalis III. war es, der 1165 auf Forderung von Kaiser Friedrich I. Barbarossa und dessen Kanzler Rainald von Dassel Karl den Großen kanonisierte. Der rechtmäßige Papst Alexander III. erkannte den Akt nie an. Den Städten Aachen und Osnabrück wurde die Verehrung von Karl dem Großen als Seliger später zuerkannt. Orte, die Karl im Laufe seiner Herrschaft gegründet hatte, griffen den Kult teilweise auf. Papst Benedikt XIV. (1740 bis 1758) gestattete den Titel Seliger im 18. Jh. Karl der Große starb am 28. Januar 814 in Aachen (Nordrhein-Westfalen) und wurde in der Aachener Pfalzkapelle beigesetzt, aus der im Laufe der Jahrhunderte das Aachener Münster wurde.

Darstellung: als Kaiser, mit den Insignien, mit Kirchenmodell

Karl Melchior von Sezze hl.
OFM, Ordensmann, Mystiker
Fest: 5. Januar, 7. Januar

Geboren am 19. Oktober 1613 in Sezze unweit von Rom, trat Karl Melchior 1635 dem Franziskanerorden als Laienbruder bei. Er durchlebte in den folgenden Jahrzehnten außergewöhnliche mystische Gnadenbeweise, 1648 empfing er die Stigmata. Viele seiner Erlebnisse schrieb Karl nieder. Er starb am 6. Januar 1670 in Rom. 1882 Seligsprechung, 12. April 1959 Heiligsprechung.

Karl Spinola sel.
SJ, Priester, Märtyrer
Fest: 10. September

Geboren 1564 in Prag als Sohn des italienischen Adelshauses Spinola, wurde Karl Spinola 1584 Jesuit und ging 1594 (1602?) in die Mission nach Japan. 1618 wurde er von Glaubensgegnern verhaftet und vier Jahre unter qualvollen Bedingungen im Kerker festgehalten, bevor man ihn zusammen mit 51 Gefährten am 10. September 1622 in Nagasaki verbrannte. 1867 Seligsprechung.

Karl von Villers (von Sayn) sel.
OCist, Abt
Fest: 29. Januar
Karl von Sayn war zunächst Soldat und trat dann 1185 in das Zisterzienserkloster Himmerod in der Eifel ein. Ab 1189 war er Prior im Kloster Heisterbach, ab 1197 Abt im Kloster Villers in Brabant. 1209 trat er vom Amt zurück und ging als einfacher Mönch wieder nach Himmerod. Er starb wohl am 29. Januar 1212.

Karlowska, Maria sel.
Ordensgründerin
Fest: 24. März
Maria Karlowska, geboren am 4. September 1865 in Slupówa (Karlowo, Polen), war die Gründerin der Kongregation der Schwestern vom Göttlichen Hirten und der Göttlichen Vorsehung. Sie starb am 24. März 1935 in Pniewite, Polen. Papst Johannes Paul II. sprach sie am 6. Juni 1997 im polnischen Zakopane selig.

Karterios hl.
Märtyrer
Fest: 8. Januar
Karterios war im 3. Jh. ein Priester in Cäsarea in Kappadokien, der viele Heiden zum Glauben führte. In der Verfolgung des Diokletian soll er Ende des 3. Jh. das Martyrium erlitten haben. Vor allem die Griechen verehrten ihn. Er wird schon in einem Martyrologium aus dem 4. Jh. aufgeführt.

Kasimir von Polen hl.
Königssohn
Fest: 4. März
Kasimir ist der Patron von Polen und Litauen und wird bis heute sehr verehrt, vor allem in Litauen, wo sich in der Kathedrale der Hauptstadt Wilna seine Reliquien befinden. Geboren am 5. Oktober 1458 in Krakau (Polen) als Sohn von Polens König Kasimir IV. und der Habsburgerin Elisabeth, wählte ihn der ungarische Adel 13jährig zum König von Ungarn, doch Gegner Matthias Corvinus, der selbst Herrscher werden wollte, hinderte Kasimir am Amtsantritt. Von 1479 bis 1483 führte er für seinen abwesenden Vater die Regierungsgeschäfte in Polen. Kasimir widmete sich oft dem Gebet und war von außergewöhnlicher Frömmigkeit und Bescheidenheit; er hatte ewige Keuschheit geschworen und lehnte auch Heiraten mit Königstöchtern ab. Kasimir von Polen starb am 4. März 1484 in Grodno in Litauen während einer Reise. Es gab bald nach dem Tod Bemühungen um eine Heiligsprechung, die entweder 1521 oder 1602 erfolgte.
Darstellung: in polnischer Tracht, mit Krone, Zepter, Palme, Schmuck, Kruzifix
Patronat: von Polen und Litauen, der Jugend, gegen die Pest, des Malteser-Ritterordens

Kaspar → Drei Könige

Kasper, Maria Katharina sel.
Ordensgründerin
Fest: 2. Februar
Die Kongregation der Armen Dienstmägde Jesu Christi, auch Dernbacher Schwestern genannt, ist die Gründung von Maria Katharina Kasper. Geboren am 26. Mai 1820 in Dernbach in Hessen, hatte Katharina Kasper in ihrem Heimatort einen Verein der christlichen Nächstenliebe gegründet, dessen Mitglieder sich der Armen- und Krankenpflege widmeten. Daraus entstand der Orden, der 1870 die kirchliche Bestätigung erhielt und den Schwester Maria Kasper, so ihr Ordensname, als Generaloberin leitete. Ordensniederlassungen entstanden bald außer in Deutschland auch in Holland und in den USA. Maria Katharina Kasper starb am 2. Februar 1898 in Dernbach. 16. April 1978 Seligsprechung; der Heiligsprechungsprozeß ist eingeleitet.

Kassab, Youssef → Nimatullah

Kastor → Castor

Kastulus (Castulus)
Märtyrer
Fest: 26. März
Nach der Legende war der Christ Kastulus der Kämmerer von Kaiser Diokletian. Als der Herrscher die Christenverfolgungen anordnete, wurde auch Kastulus in Rom gefangengenommen und bei lebendigem Leib in eine Grube geworfen und zugeschüttet. Das Todesjahr

Gründerin der Dernbacher Schwestern: Maria Katharina Kasper.

Links unten: Kasimir von Polen, nach einem Gemälde bei den Franziskanerreformaten in Krakau, 17. Jh.

Grabstätte der Maria Katharina Kasper in Dernbach.

Gegenüberliegende Seite: Martyrium der heiligen Katharina von Alexandrien, eine der Tafeln des Leitmeritzer Altars, entstanden um 1500, Nationalgalerie Prag.

lag, so die legendarische Überlieferung, um 286. Über der angeblichen Martyriumsstätte soll in Rom schon im 7. Jh. eine Kastulus-Kirche gestanden haben. Gebeine bewahrte man zunächst in der norditalienischen Stadt Pavia auf, um 800 gelangten sie nach Moosburg bei Freising in Bayern, wo man das Kastulus-Münster erbaute. Reliquien wurden 1604 ins nahegelegene Landshut in die dortige St. Martins-Kirche übertragen. – Kastulus gehört in Bayern zu den verehrten Märtyrergestalten. Moosburg gedenkt seiner seit der Erhebung der Gebeine 1469 mit einer Kastulus-Prozession am ersten Sonntag im Juli. Dabei wird ein Goldschrein mit Reliquien durch die Straßen getragen; traditionell sind Kolpingsöhne die Träger. Die Feier in Moosburg endet mit dem gemeinsamen Singen des Kastulus-Liedes.
Darstellung: als Märtyrer, mit Palme, in Tunika, in edler Kleidung, beim Martyrium
Patronat: gegen Blitz- und Wassergefahren, gegen Pferdediebstahl, gegen Rotlauf

Kateri (Katharina) Tekakwitha sel.
Büßerin
Fest: 17. April
„Lilie der Mohawks" wird Kateri Tekakwitha bis heute in ihrer Heimat genannt; sie war die erste indianische Selige der USA und Kanadas. Papst Johannes Paul II. sprach sie am 22. Juni 1980 selig. Geboren 1656 in Ossernon im US-Bundesstaat New York als Tochter eines heidnischen Irokesen und einer christlichen Mutter, wurde Tekakwitha, so ihr Name, vierjährig Waise, als ihre Eltern während einer Pockenepidemie starben. Sie wuchs bei einem heidnischen Onkel auf, der sie gern mehrfach verheiratet hätte, was sie jedoch immer wieder ablehnte. Im Alter von 20 Jahren ließ sich Tekakwhita taufen und nahm den Namen Kateri (Katharina) an. Als der Onkel weiterhin versuchte, Kateri zu verheiraten, floh sie in eine Missionsstation bei Montreal am St.-Lorenz-Strom (Kanada). Sie legte das Gelübde der Jungfräulichkeit ab und widmete sich nur noch dem Gebet und der Arbeit; sie sah sich selbst als Büßerin und wollte ihr Leben der Buße widmen. Der Ruf ihres heiligmäßigen Lebens verbreitete sich unter den Indianern immer mehr, und als Kateri Tekakwitha am 17. April 1680, erst 24 Jahre alt, starb, kamen Tausende an ihr Grab. Das Dorf Caughgnawaga in Kanada, wo sich die Ruhestätte der Seligen befindet, wird auch „Dorf des Gebetes" genannt.

Katharina von Alexandrien hl.
Märtyrerin, Nothelferin
Fest: 25. November
Katharina von Alexandrien gehört zu den besonders verehrten Heiligen aus dem Kreis der Vierzehn Nothelfer. Ihre Lebensgeschichte aber ist eine Legende, eine historisch bezeugte Person Katharina von Alexandrien existierte wohl nicht. Im Generalkalender der katholischen Kirche wird Katharina seit 1969 nicht mehr aufgeführt, was der Verehrung aber keinen Abbruch tat. Der Kult beruht rein auf einer Passio, die möglicherweise im 6. oder im 7. Jh. entstand und später teilweise verändert wurde. Verschiedene Darstellungen der Katharina gab es schon sehr früh, so ein Wandgemälde in den Katakomben von S. Gennaro in Neapel (Italien) aus dem 8. Jh..
Legende: Eine der Legendenvarianten erzählt folgende Lebensgeschichte: Katharina lebte zu Beginn des 4. Jh. als Tochter von König Costus in Alexandria in Ägypten. Als römischer Kaiser regierte zu dieser Zeit Maximinus Daja (305 bis 313), einer der grausamsten Christenverfolger überhaupt. Katharina, die heidnisch erzogen war,

Rechts: Das älteste Porträt der Kateri Tekakwitha, gemalt von Pater Claude Chaucetiers um 1680.

Bronzefigur der Kateri Tekakwitha, der „Lily of the Mohawks", am Portal der St.-Patrick-Kathedrale an der 5th Avenue in New York.

war ein außergewöhnlich schönes Mädchen, aber auch von übertriebenem Stolz, mit dem sie auch jeden jungen Mann zurückwies, der um sie warb. Eines Tages traf sie mit einem greisen Einsiedler zusammen, der dem jungen Mädchen erklärte, daß sein wahrer Bräutigam Jesus Christus sei. Dieses Erlebnis bewirkte bei Katharina eine tiefe Nachdenklichkeit; sie erkannte ihre bisherige oberflächliche Einstellung zum Leben, suchte heimlich einen Priester auf und ließ sich taufen. Nicht lange darauf wurde in Alexandria ein Opferfest zu Ehren der heidnischen Götzen gefeiert. Auch Katharina erhielt die Aufforderung, daran teilzunehmen, antwortete jedoch, daß die Heidengötter Abgötter seien. Durch ihre Redegewandtheit gelang es ihr, Maximinus Daja in Verlegenheit zu bringen. Der Kaiser rief daraufhin die 50 besten Philosophen und Meister der Rhetorik des Landes an den Hof; sie sollten Katharina in aller Öffentlichkeit der falschen Aussage überführen. Doch als es zur Gegenüberstellung kam, widerlegte die junge Christin alle Argumente der 50 Weisen mit einer solchen Eindringlichkeit, daß sich die Männer alle bekehrten und taufen ließen. Einer von ihnen sagte zu Maximinus: „Du weißt, Kaiser, niemals stand vor uns ein Mensch, den wir nicht hätten bezwingen können. Aber aus dieser Jungfrau spricht der Geist Gottes. Jetzt wollen und können wir nicht mehr streiten gegen Christus." Der vor Wut rasende Kaiser verurteilte die 50 Weisen zum Tod auf dem Scheiterhaufen. Katharina wurde in den Kerker geworfen und grausamen Martern unterzogen. Unter anderem band man sie auf ein Rad, das aber wie von Gottes Hand zersprang. Man ließ sie wochenlang ohne Nahrung, peitschte sie aus, spannte sie zwischen Räder, die mit Nägeln und Messern besetzt waren und ihren Leib aufrissen – doch sie gesundete immer wieder auf wundersame Weise. Der Kaiser war schließlich so entsetzt über diese Wunder, daß er Katharina enthaupten ließ. Über eine Begräbnisstätte ist nichts überliefert. Angebliche Katharina-Reliquien will man

Das Katharinenkloster am Fuß des Berges Sinai. Hier soll der Überlieferung nach Moses den brennenden Dornbusch entdeckt haben. Und der Legende nach wurde von Engeln der Leichnam der Katharina von Alexandrien hierher getragen. Die Klostergründung erfolgte im 6. Jh.

später am Berg Sinai gefunden haben; nach der Legende sollen sie von Engeln hierher getragen worden sein. Im 6. Jh. entstand hier das berühmte Katharinenkloster.
Katharina bildet zusammen mit → Barbara und → Margareta die Gruppe der „Drei heiligen Madeln" oder der „Drei heiligen Jungfrauen". Zur Gruppe der Vierzehn Nothelfer gehört Katharina seit dem 14. Jh. – Die Verehrung der Katharina hat ihren Niederschlag besonders im bäuerlichen Leben gefunden. Am Kathrein-Fest endete früher die Weidezeit, auf den Höfen begann man mit der Schafschur. Für die Mägde und die Knechte war „Kathrein" der Tag, an dem sie ihren Lohn erhielten und den Hof wechseln konnten. Einer der Höhepunkte des Bauernjahres war der traditionelle Kathreinstanz am Abend des 25. November. Mehrere der Bräuche haben sich bis heute erhalten. Die Schneiderinnen und Modistinnen der Pariser Modehäuser hießen nach Katharina „Catherinettes".
Darstellung: als junge Königstochter, mit Krone, Rad, Schwert, Palme, Buch, beim Martyrium
Patronat: der Kantone Wallis und Sitten, der Stadt Fribourg in der Schweiz, der Universität Paris, der Mädchen, Jungfrauen und Ehefrauen, der Lehrer, Studenten und Schüler, der Theologen und Philosophen, der Universitäten und Bibliotheken, der Spitäler, der Redner, aller Berufe, die mit Rad zu tun haben (Wagner, Töpfer, Müller, Spinner, Seiler, Schiffer, Gerber, Friseure, Tuchhändler, Buchdrucker, Schuhmacher), der Näherinnen, der Anwälte und Notare, bei Migräne und Zungenleiden, zur Auffindung von Ertrunkenen, der Feldfrüchte

Dieses Porträt der Katharina von Bologna wurde von ihrer Mitschwester Illuminata Bembi gezeichnet. Es zeigt die Äbtissin auf ihrem Sterbebett und befindet sich heute im Kloster Corpus Domini, Bologna.

Katharina von Bologna hl.
OSCl, Äbtissin, Mystikerin
Fest: 9. März

Katharina von Bologna war zu ihrer Zeit eine berühmte Miniaturmalerin und Dichterin lateinischer und italienischer Hymnen. Geboren am 8. September 1413 in Bologna, Italien, war sie zunächst Hofdame von Margareta d'Este. 1432 wurde sie Klarissin, ab 1456 war sie Äbtissin in Bologna. Berühmt ist ihr Werk „Die sieben geistlichen Waffen" (1438), in dem sie ihre Erfahrungen aus ihren außergewöhnlichen mystischen Erlebnissen niedergeschrieben hat. Katharina starb am 9. März 1463 in Bologna; ihr unverwester Leichnam ruht in der Kapelle ihres Klosters. 1712 Heiligsprechung. Der Kult besteht in Bologna bis heute.
Patronat: von Bologna, der Maler

Katharina Fieschi von Genua hl.
Nonne, Mystikerin
Fest: 15. September

Geboren 1447 in Genua, Italien, aus der Adelsfamilie der Fieschi, mußte Katharina auf Geheiß der Eltern 16jährig heiraten und führte in den ersten Jahren eine unglückliche Ehe. 1474 hatte sie ihre erste Vision, kurz darauf verlor ihr ausschweifend lebender Ehemann sein gesamtes Vermögen, sah dies als Zeichen Gottes an und führte von da ein tiefreligiöses Leben. Katharina widmete ihr weiteres Leben der Krankenpflege im Spital Pammatone in Genua, wo sie ab 1490 eine leitende Funktion übernahm. In zwei verheerenden Pestepidemien leistete sie Übermenschliches, im Volk wurde sie deshalb wie eine Heilige verehrt. Nachdem ihr Ehemann 1497 gestorben war, begann Katharina damit, ihre mystischen Erlebnisse aufzuzeichnen; in den Schriften kommt ihre tiefe Gottesliebe zum Ausdruck. Katharina von Genua starb am 15. September 1510 in Genua; ihr unverwester Leichnam

ruht in der Kirche S. Caterina e S. ma Annunziata in Portoria in Genua. Auch im Ospedale Pammatone wird Katharina bis heute verehrt. Kult 1675 anerkannt, 1737 Heiligsprechung.
Darstellung: in einfacher Tracht, bei der Pflege von Kranken
Patronat: von Genua, der italienischen Krankenhäuser (seit 1944)

Katharina de Mattei (von Racconigi) sel.
OP, Mystikerin
Fest: 4. September
Geboren 1486 in Racconigi in Norditalien, erlebte Katharina ab ihrem fünften Lebensjahr Visionen und Gnadenbeweise. Sie trat dem Dritten Orden der Dominikaner bei und richtete ihr Leben ganz darauf aus, → Katharina von Siena ähnlich zu werden; an ihrem Körper soll sie schließlich ebenfalls die Wundmale getragen haben. Heroisch erduldete sie seelische und körperliche Leiden. Durch Verleumdungen ihrer Umgebung wurde sie aus ihrer Heimat vertrieben und starb nach langer Krankheit am 4. September 1547 in Caramagna (Italien). 9. April 1808 Bestätigung des Kultes.
Darstellung: in Ordenstracht, mit Dornenkrone und Lilie, mit Stigmata

Katharina von Genua, nach einem Gemälde im Krankenhaus Pammatone in Genua.

Katharina von Pallanza sel.
OSA, Ordensfrau
Fest: 6. April
Geboren um 1437 in Pallanza in Norditalien, zog sich Katharina 14jährig in die Berge zurück, um als Einsiedlerin zu leben. Als sich immer mehr Gleichgesinnte um sie sammelten, entstand eine klösterliche Gemeinschaft unter der Regel des heiligen → Augustinus. Katharina starb am 6. April 1478. Bestätigung des Kultes 1769.

Katharina de' Ricci (von Florenz) hl.
OP, Priorin, Mystikerin
Fest: 1. Februar, 13. Februar
Katharina de' Ricci war eine der meistbewunderten Persönlichkeiten ihrer Zeit. Sie war hochgebildet, verkehrte und korrespondierte mit zahlreichen bedeutenden Kirchenvertretern, zum Beispiel mit → Philipp Neri, sie trug die Stigmata und hatte die Gaben der Weissagung und der Wunder. Geboren am 23. April 1522 in Florenz (Italien), war sie 1535 in Prato unweit ihrer Heimatstadt dem Dominikanerorden beigetreten; von 1560 bis zu ihrem Tod am 1. Februar 1590 war sie Priorin ihres Klosters in Prato. Ihre Briefe und Schriften gelten bis heute als zeitgeschichtliche Zeugnisse und sind in klassischer Sprache geschrieben. Katharina de' Ricci wurde 1732 selig- und 1746 heiliggesprochen.
Darstellung: in Ordenstracht, bei ihren mystischen Erlebnissen
Patronat: von Prato, der Pfeifenmacher und Tabakhändler

Katharina de' Ricci, nach einem zeitgenössischen Gemälde von Naldini, Pinacoteca Communale, Montepulciano.

Katharina von Schweden, Tochter der heiligen → Birgitta von Schweden, nach einem Gemälde im Museum von Altomünster, Bayern.

Katharina von Schweden hl.
Äbtissin
Fest: 24. März
Geboren 1331 als viertes Kind von → Birgitta (von Schweden) in Vadstena in Schweden, heiratete Katharina den Adligen Eggard Lydersson und lebte mit ihm in enthaltsamer, glücklicher Ehe. Mit dem Einverständnis ihres Ehemannes schloß sie sich 1350 ihrer Mutter in Rom an und war von da an die treueste Helferin der Ordensgründerin. Nach dem Tod Birgittas brachte Katharina die Reliquien 1374 nach Schweden und wurde 1375 Äbtissin in dem von Birgitta 30 Jahre zuvor gegründeten ersten Birgittenkloster in Vadstena. Katharina betrieb tatkräftig die päpstliche Anerkennung des Birgittenordens (1378) und die Heiligsprechung ihrer Mutter (1391), die sie nicht mehr erlebte; sie starb am 24. März 1381 in Vadstena. 1484 Bestätigung des Kultes, 1489 Erhebung der Gebeine.
Darstellung: im Gewand der Birgittinnen, als Pilgerin, mit Hirsch, Buch, Lilie, Lampe
Patronat: gegen Früh- und Fehlgeburten, gegen Überschwemmung

Erinnerungstafel am Geburtshaus des Gründers des Schönstatt-Werkes in Gymnich bei Köln, Josef Kentenich.

Foto von Pater Kentenich aus den sechziger Jahren.

Kentenich, Josef
SAC, Gründer, Priester
Fest: 15. September
Josef Kentenich war der Gründer des Schönstatt-Werkes, einer der wenigen katholischen Laienbewegungen, die in Deutschland entstanden und in der Folge Weltgeltung erlangten. Das Werk versteht sich als „Apostolische Bewegung zur Verbreitung, Verteidigung und Verinnerlichung des christlichen Lebens". Die Bewegung hat sich inzwischen auf allen fünf Kontinenten verbreitet. Entstanden ist das Schönstatt-Werk aus der Erziehungsarbeit des Pallottinerpaters Josef Kentenich bei den Nachwuchsgymnasiasten der Pallottiner in Schönstatt bei Vallendar (Nordrhein-Westfalen). Kentenich, geboren am 18. November 1885 in Gymnich bei Köln, wurde 1941 von Nationalsozialisten verhaftet und vier Jahre im Konzentrationslager Dachau festgehalten. Nach dem Zweiten Weltkrieg kam die nächste große Belastung für das Schönstatt-Werk: Kirchenobere befürchteten kritische Strömungen und enthoben Josef Kentenich seiner Ämter und schoben ihn ins Exil nach Milwaukee in den USA ab. Papst Paul VI. rehabilitierte ihn 1965 während des Zweiten Vatikanischen Konzils, so daß Kentenich wieder nach Schönstatt zurückkehren konnte. Bis zu seinem Tod am 15. September 1968 gab er der Schönstattbewegung noch die letzten wichtigen Ausrichtungen. Beigesetzt ist Josef Kentenich in der Dreifaltigkeitskirche in Schönstatt. Der Seligsprechungsprozeß ist eingeleitet.

Kentigern Mungo hl.
Bischof
Fest: 13. Januar
Kentigern wird noch heute als Apostel von Nordwest-England und Südwest-Schottland verehrt; vielleicht war er im 6. Jh. sogar der Begründer des Christentums in Schottland. Etwa Mitte des 6. Jh. soll Kentigern, dessen Beiname „Mungo" Liebling bedeutet, seine Missionsarbeit im heutigen Gebiet von Glasgow in Schottland (Strathclyde) aufgenommen haben. Über seine Herkunft ist nichts bekannt. Wahrscheinlich war er einer der ersten Bischöfe der ganzen Region überhaupt. Er wurde von Glaubensgegnern vertrieben, zog nach Wales, um dort zu missionieren, und konnte nach einigen Jahren wieder nach Schottland zurückkehren. Nach weiterer erfolgreicher Evangelisierung starb Kentigern Mungo 603. In Glasgow ist Kentigern bis heute im Stadtwappen abgebildet, was darauf hindeutet, daß er einmal Patron von Glasgow war.

Kern, Jakob Franz Alexander
OPraem, Ordensmann, Priester
Fest: 20. Oktober
Franz Alexander Kern, geboren am 11. April 1897 in Wien, wurde 1915 Soldat und kehrte schwer verwundet aus dem Ersten Weltkrieg zurück. 1920 trat er in Geras im österreichischen Waldviertel in das dortige Prämonstratenserkloster ein (Ordensname: Jakob) und empfing 1922 die Priesterweihe. In den folgenden zwei Jahren widmete sich Kern voller Hingabe und Aufopferungsbereitschaft seinem Seelsorgedienst in den Pfarreien von Geras; seine qualvollen Schmerzen aus seiner Kriegsverletzung sah er als Sühne an. Am Tag seiner Profeß, dem 20. Oktober 1924, starb er im Allgemeinen Krankenhaus in Wien an den Folgen der Verwundung. Seine Gebeine wurden am 26. September 1956 in die Stiftskirche von Geras übertragen. Am 21. Juni 1998 sprach Papst Johannes Paul II. Pater Jakob Kern auf dem Heldenplatz in Wien selig.

Kessog (Mackessog) hl.
Bischof, (Märtyrer)
Fest: 10. März
Geboren im 6. Jh. in Cashel, England, wirkte Kessog laut Überlieferungen schon als Kind Wunder. Er wurde Missionar und zog nach Schottland; dort soll er zum Bischof geweiht worden sein. In Schottland sind Kessog bis heute mehrere Kirchen geweiht. Eine Überlieferung sagt, er sei als Märtyrer gestorben.

Kevin (Coemgen) hl.
Gründerabt
Fest: 3. Juni
Kevin gehört noch immer zu den großen Gestalten der katholischen Kirche in Irland. Der Abt aus dem 6./7. Jh. wird bis heute als Patron der irischen Hauptstadt Dublin verehrt. Geboren in Leinster in Irland,

erhielt Kevin seine christliche Erziehung von → Petroc. Später lebte er als Einsiedler in Glendalough; als sich immer mehr Gleichgesinnte um ihn sammelten, entstand das Kloster Glendalough, eine der berühmtesten Abteien in Irland aller Zeiten. Kevin, der schon zu Lebzeiten wegen seines heiligmäßigen Lebenswandels wie ein Heiliger verehrt wurde, starb um 618 in Glendalough, angeblich weit über 100 Jahre alt. Seine Grabstätte war lange Zeit ein Wallfahrtsort.
Patronat: von Dublin

Keyna (Keyne)
Jungfrau
Fest: 8. Oktober
Keyna lebte im 5. Jh. als Reklusin in Cornwall, England. Die Legende sagt, sie sei eine Tochter von Brychan von Brecknock gewesen, dem legendären König von Wales. Nach den – wohl falschen – Überlieferungen wurde der Ort Keynsham in Somerset (England) nach ihr benannt. Bis heute existiert in Cornwall eine Kirche, deren Namensgeberin sie ist.

Kieran (Kyran)
Bischof
Fest: 5. März
Man nennt Kieran „den Erstgeborenen der Heiligen Irlands". Geboren im 5. Jh. in Ossory in Irland, wurde er wahrscheinlich von → Patrick zum ersten Bischof von Ossory geweiht. Er gilt als Gründer der berühmten irischen Abtei Saighir. Kieran starb um 530 in Ossory.

Kilian von Würzburg (mit Kolonat und Totnan) hl.
Bischof, Märtyrer
Fest: 8. Juli
Bis heute finden in der Kilianiwoche in Würzburg Wallfahrten zum Grab des heiligen Kilian im Neumünster statt. Nach der teilweise durch Legenden überlagerten Vita stammte Kilian vielleicht aus Irland (Mullagh?) und wirkte im 7. Jh. im Raum Würzburg (Bayern) als Wanderbischof, begleitet von seinen Gefährten Kolonat und Totnan. Seinen Namen Kilian erhielt er möglicherweise erst zu dieser Zeit. Angeblich geriet er dann in Würzburg mit der Herzogfamilie in Streit, weil er den Herzog aufforderte, seine Ehefrau zu verlassen, die zuvor mit seinem Bruder verheiratet gewesen war. Die zornige Ehefrau soll daraufhin Mördern den Auftrag gegeben haben, Kilian mit seinen Begleitern Kolonat und Totnan zu ermorden. Das Todesdatum lag um 689. Bischof → Burkhard von Würzburg erhob die Gebeine von Kilian am 8. Juli 752 (Gedenktag); 788 wurden sie in Anwesenheit von → Karl dem Großen in den als Grablege erbauten Würzburger Salvatordom überführt (den Vorgängerbau der Neumünsterkirche). Auch Kolonats und Totnans wird am 8. Juli gedacht.
Darstellung: als Bischof, mit Dolch, Schwert, Stab, Kreuz, Palme, Buch, mit Totnan und Kolonat
Patronat: der Diözese Würzburg, von Franken, der Tüncher, Weißbinder, gegen Augenkrankheiten, Gicht, Rheuma

Schrein mit den Schädeldecken der Heiligen Kilian, → Totnan und → Kolonat, von Josef Amberg aus dem Jahr 1949, im Dom von Würzburg.

Dieses Büstenreliquiar in der Krypta des Neumünsters in Würzburg stellt den Bischof und Märtyrer Kilian dar.

Kim, André (Andreas) hl.
Priester, Märtyrer
Fest: 16. September, 5. Juli
André Kim kam am 21. August 1821 in Korea als Sohn einer christlichen Familie zur Welt. Der katholische Glaube war in Korea unter

Andreas Kim, Priester und Märtyrer wurde 1984 heiliggesprochen.

Strafe verboten, was André nicht davon abhalten konnte, 1845 in Shanghai als erster Koreaner heimlich die Priesterweihe zu empfangen. Unter größten Gefahren kehrte er von Shanghai nach Korea zurück und schmuggelte unter Lebensgefahr weitere Priester ins Land. Ein Jahr nach seiner Priesterweihe wurde André Kim gefangengenommen und am 16. September 1846 in Seoul grausam ermordet. Gemeinsam mit anderen koreanischen Märtyrern sprach Papst Johannes Paul II. André Kim am 6. Mai 1984 heilig (Seligsprechung 1925). Bis heute wird er in Korea verehrt, vor allem bei den im Land wirkenden Priestern.

Kinga (Kunigunde) von Polen sel.
OSCl, Ordensfrau, Herzogin
Fest: 24. Juli
Geboren um 1224 in Ungarn, heiratete Kinga den polnischen Herzog Boleslaw V. Nach seinem Tod 1279 übernahm sie die Leitung des von ihr gegründeten Klarissenklosters Alt-Sandecz. Sie starb am 24. Juli 1292 in Alt-Sandecz. 1690 Seligsprechung. Kinga war eine Nichte von → Elisabeth von Ungarn und eine Großnichte von → Hedwig.

Klara Agolanti (von Rimini) sel.
OFM, Terziarin
Fest: 10. Februar
Geboren 1282 in Rimini (Italien), heiratete Klara Agolanti zweimal und führte bis zu ihrem 34. Lebensjahr ein ausschweifendes Leben. Als ihr Vater und ihr Bruder in einem der Städtekriege ermordet wurden, änderte sie sich völlig, wurde Franziskanerterziarin und gründete in Rimini ein Kloster, in das sie aber selbst nie eintrat. Klara starb am 10. Februar 1346 in Rimini. 1784 Bestätigung des Kultes.

Klara (Chiara) von Assisi hl.
OSCl, Ordensgründerin
Fest: 11. August
Schon zwei Jahre nach ihrem Tod wurde Klara von Assisi, die Gründerin des nach ihr benannten Klarissenordens, von Papst Alexander IV. heiliggesprochen. Sein Vorgänger Innozenz IV. hatte die Ordensgemeinschaft zwei Tage vor Klaras Tod, am 9. August 1253, offiziell bestätigt. – Klara, 1194 in Assisi in Umbrien, Italien, als Tochter einer vornehmen Familie geboren, erlebte in ihrer Jugend voller Staunen den radikalen Wandel im Leben ihres zwölf Jahre älteren Freundes → Franz von Assisi mit, und auch für sie wurde schließlich der Verzicht auf jeglichen Besitz, das Armutsideal, zum Lebensziel. Mit 18 Jahren verließ sie ebenfalls ihr Elternhaus und floh nach Portiuncula, wo sie von Franz das Ordensgewand und den Schleier erhielt.

Prinzessin Kinga von Polen, aus Salz gehauen in einer Kapelle in der Salzmine Wieliczka bei Krakau.

Rechts: Klara von Assisi, nach einem Fresko in der Basilika S. Chiara in Assisi.

Mit ihrer Schwester Agnes ließ sich Klara unterhalb von Assisi bei dem Kirchlein S. Damiano nieder, neben dem in der Folgezeit ein kleines Kloster entstand, sozusagen das erste Klarissenkloster. Franz hatte der Frauengemeinschaft eine Regel geschrieben, die sich eng an den Franziskanerorden anlehnte. 1216 verlieh Papst Innozenz III. Klara und ihrem Kloster das sogenannte Armutsprivileg. Klara selbst verfaßte eine eigene Klarissen-Ordensregel, die schließlich 1253 ihre endgültige Bestätigung erhielt. Über 40 Jahre leitete Klara ihre Gemeinschaft; sie war ebenso wie Franz eine bekannte Persönlichkeit ihrer Zeit, Päpste, Kardinäle und Bischöfe kamen nach S. Damiano, um ihren Rat einzuholen (ab 1224 war sie fast immer bettlägerig). Am 11. August 1253 starb sie in ihrem Kloster S. Damiano (in dem noch ihr Sterbezimmer besichtigt werden kann). In der Kirche S. Chiara in Assisi steht bis heute der Glasschrein mit ihren bekleideten Gebeinen.

Darstellung: als jugendliche Klarissin, den Habit oft umgürtet mit einem Strick, mit Monstranz in der Hand (angeblich soll sie mit ihr den einfallenden Sarazenen entgegengegangen sein und so zweimal ihr Kloster gerettet haben), Regelbuch, Ziborium, Lilie, oft zusammen mit Franz von Assisi

Patronat: der Klarissen, von Assisi, der Wäscherinnen, Vergolder, Stickerinnen, Glaser, Glasmaler, gegen Fieber und Augenleiden, der Blinden, des Fernsehens

Klara Gambacorta sel.
OP, Ordensfrau
Fest: 17. April
Geboren 1362 in Pisa als Tochter des Stadtchefs, mußte Klara schon früh heiraten und war mit 15 Jahren bereits Witwe. Gegen den Widerstand ihres Vaters wurde sie 1378 Dominikanerin; ihr Lebensziel war es, ihrem großen Vorbild → Katharina von Siena ähnlich zu werden. Möglicherweise war es später ihr Vater, der ihr in Pisa ein Kloster errichtete (S. Domenico). Klara starb am 17. April 1419 in Pisa. 1830 Bestätigung des Kultes.

Klara von Montefalco (Klara vom Kreuz) hl.
OSA, Äbtissin, Mystikerin
Fest: 17. August
Geboren 1268 in Montefalco in Umbrien (Italien), trat Klara schon als Kind einer klösterlichen Gemeinschaft in Montefalco bei; zunächst war sie bei den Franziskaner-Terziaren, später zusammen mit ihrer Schwester bei den Augustiner-Eremitinnen. Ab 1291 war sie Äbtissin. Ihr Leben war ausgezeichnet durch viele Ekstasen, Visionen und Wunder, weshalb Klara auch im Mittelpunkt großen Interesses stand; auch zahlreiche Kirchenpersönlichkeiten suchten ihren Rat. Klara starb am 17. August 1308 in Montefalco. Beigesetzt ist sie in der Kirche S. Chiara in Montefalco. Die Überlieferung berichtet, daß man auf ihrem Herzen Abbilder der Passion gefunden hat (Dornenkrone, Kreuz). 1881 Heiligsprechung.

Klausener, Erich
Beamter, Märtyrer
Gedenken: 30. Juni
Erich Klausener war der erste katholische Blutzeuge in der Kirchenverfolgung der Nationalsozialisten. Er war 1934 auf Befehl von Hermann Göring erschossen worden. Geboren am 25. Januar 1885 in Düsseldorf (Nordrhein-Westfalen), wurde Klausener Beamter und war ab 1924 Ministerialdirektor im Wohlfahrtsministerium, ab 1926 Leiter der Polizeiabteilung im Innenministerium in Berlin. 1928 trat er an die Spitze der „Katholischen Aktion" Berlin und wandte

Tod der Klara von Montefalco, nach einem Fresko im Augustinerinnenkloster S. Chiara in Montefalco.
Unten: Im selben Kloster befindet sich der Schrein mit den Gebeinen, hier das Haupt der Klara.

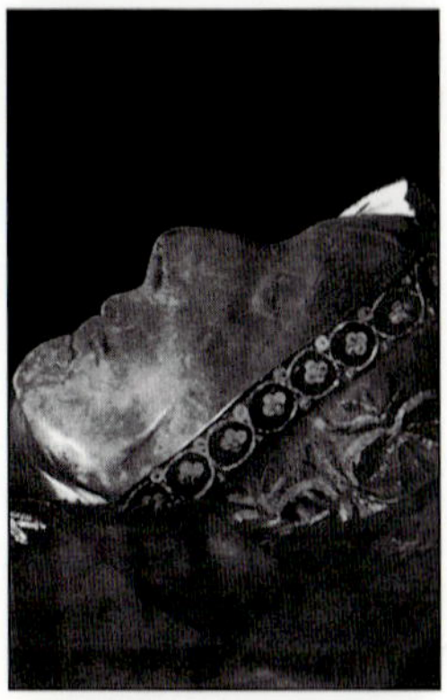

Ganz unten: Glasschrein mit den Gebeinen der heiligen Klara von Assisi in der Basilika S. Chiara, Assisi.

Ministerialdirektor Dr. Erich Klausener stand von 1928 bis zu seiner Ermordung durch die SS 1934 an der Spitze der „Katholischen Aktion“.

sich in der Folge energisch gegen die kirchenzerstörerische Politik der Nationalsozialisten. Göring wurde zu seinem erbittertsten Feind. Nachdem Klausener am 24. Juni 1934 beim Katholikentag eine vielbeachtete, von einer Welle der Begeisterung getragene Rede gehalten hatte, ließ ihn Göring am 30. Juni 1934 in seinem Büro in Berlin von zwei SS-Angehörigen erschießen. Der Todesschütze gab dies 1951 im Prozeß vor dem Berliner Schwurgericht zu; offiziell war 1934 verbreitet worden, Erich Klausener habe im Zusammenhang mit dem „Röhm-Putsch“ Selbstmord begangen.

Klemens → Clemens

Kliment von Ochrid → Clemens der Bulgare

Knut der Große
König von England, Dänemark und Norwegen
Fest: 12. November
Knut kam um 1000 als Sohn des Dänenkönigs Sven zur Welt und wurde nach dessen Tod 1014 Anführer der dänischen Wikinger in England, 1016 König von England und 1018 König von Dänemark, 1028 König von Norwegen. Er war ein überzeugter Christ und förderte die Christianisierung in allen seinen Ländern mit Nachdruck und zahlreichen bahnbrechenden Gesetzen. Zusammen mit seiner Ehefrau Aelfgifu (Emma) war er selbst ein leuchtendes Vorbild in der Ausübung des Glaubens. Knut starb am 12. November 1035 in Shaftesbury und wurde in der Kathedrale von Winchester beigesetzt.

Knut (Kanut) der Heilige (hl.)
König von Dänemark, Märtyrer
Fest: 10. Juli, 19. Januar
Geboren um 1040, war Knut ab 1080 König von Dänemark. Energisch trieb er in seinem Land die Kirchenreform voran; er hob die Bedeutung des Klerus und ließ viele Kirchen errichten. Wegen seiner Unnachgiebigkeit im Handeln hatte er aber auch zahlreiche Feinde, vor allem im Adel; dieser ließ ihn am 10. Juli 1086 in der Albanskirche in Odense auf der dänischen Insel Fünen ermorden. 1095 wurden seine Gebeine erhoben; auf Bitten von Knuts Bruder und Nachfolger Erich III. soll der Papst 1100 eine Heiligsprechung ausgesprochen haben, die aber nicht sicher bezeugt ist.
Darstellung: als König, mit Lanze
Patronat: von Dänemark

Knut (Kanut) Lavard hl.
Herzog, (Märtyrer)
Fest: 7. Januar, 25. Juni
Knut war ein Neffe von → Knut dem Heiligen. Geboren am 25. Juni 1096 in Roskilde in Dänemark, erhielt er seine Erziehung am Hof von Lothar III., dem späteren Kaiser. Ab 1115 war er Herzog von Südjütland, später König von Teilen der Wenden. Unermüdlich setzte er sich in den Gebieten, für die er verantwortlich war, für die Verbreitung des Christentums ein; auch war er ein großer Förderer der Kultur im Norden. Ein eifersüchtiger Verwandter ermordete Knut Lavard am 7. Januar 1131. Die von der Verwandtschaft betriebene Heiligsprechung erfolgte 1169. In Dänemark wurde er auch als Märtyrer verehrt.
Darstellung: mit königlichen Insignien, mit Keule oder Axt

Knut der Große und seine Frau Aelfgifu stiften ein Kreuz, Detail aus dem Liber Vitae von Hyde Abbey, um 1030, im neuen Münster von Winchester.

Oben links: Stark vergrößerte Münzen zeigen Knut den Heiligen, Nationalmuseum Kopenhagen.

Koch, Elisabeth Josefine
Ordensgründerin
Fest: 3. April

Geboren am 21. Januar 1815 in Aachen (Nordrhein-Westfalen), trat Josefine Koch mit 22 Jahren bei den Rekollektinnen in Eupen bei. Während einer Typhusepidemie leitete sie ab 1842 bis 1849 in Eupen ein Hospital für die Seuchenerkrankten. Danach kehrte sie nicht mehr in das Rekollektinnenkloster zurück und gründete selbst eine Ordensgemeinschaft. Am 13. Juni 1857 bestätigte die Kirche die Kongregation der Franziskanerinnen von der Heiligen Familie. Josefine Koch nahm den Ordensnamen Elisabeth von Jesus an und wurde Generaloberin des Ordens. Die Schwestern widmeten sich der stationären und ambulanten Pflege Kranker und Geisteskranker, der Armenfürsorge und der Leitung von Armenküchen, Kindergärten und Arbeitsschulen. Elisabeth Koch starb am 3. April 1899 in Löwen in Belgien. Der Orden ist inzwischen auch in Zaire in Afrika tätig.

Koglbaur, Benno Matthias
OFMCap, Laienbruder
Fest: 13. Dezember

Am 29. Juni 1862 in Mönichkirchen in Österreich geboren, trat Matthias Koglbaur dem Kapuzinerorden als Laienbruder bei, nahm den Namen Benno an und tat demütig seinen Dienst als Pförtner in den Klöstern Innsbruck, Brixen und Bregenz. Er galt als Vorbild in allen Belangen der klösterlichen Tugend und stand schon zu Lebzeiten im Ruf der Heiligkeit. Benno Koglbaur starb am 13. Dezember 1925 in Bregenz. Die Gebeine wurden 1934 in die Klosterkirche Bregenz übertragen. Der Seligsprechungsprozeß läuft.

Kolbe, Maximilian Rajmund hl.
OFM, Ordensmann, Märtyrer
Fest: 14. August

„Es gibt keine größere Liebe, als wenn einer sein Leben für seine Freunde hingibt. Von heute an möchte die Kirche einen Mann heilig nennen, dem es gegeben war, diese Worte des Erlösers in ihrem buchstäblichen Sinn zu erfüllen." Mit diesen Worten sprach Papst Johannes Paul II. am 10. Oktober 1982 seinen Landsmann Maximilian Kolbe heilig, der 1941 sein Leben im Konzentrationslager Auschwitz freiwillig für einen Familienvater geopfert hatte. Der Gerettete, Franz Gajowniczek, wohnte der Heiligsprechungsfeier auf dem Petersplatz in Rom mit seiner Familie bei (er starb 1995). Als polnischer Kardinal hatte der Papst schon bei der Seligsprechungsfeier 1971 die Rede gehalten. – Geboren am 7. Januar 1894 als Rajmund Kolbe in Zdunska-Wola in Polen als Sohn einer armen Handwerkerfamilie, legte der 17jährige 1911 die zeitlichen Gelübde bei den Franziskanern ab, die in Polen um Ordensnachwuchs geworben hatten, und nahm den Namen Maximilian an. Er durfte zum Studium nach Rom, wo er die ewigen Gelübde ablegte und 1918 die Priesterweihe empfing. In Rom gründete Kolbe zusammen mit Gefährten die Militia Immaculatae, eine Bewegung zu Ehren der Immaculata. Nachdem er 1922 nach Polen zurückgekehrt war, rief er die Zeitschrift „Ritter der Immaculata" ins Leben, die bis 1939 eine Millionenauflage erreichte. Kolbes ganzes Wirken galt dem Presseapostolat, selbst dann noch, als er 1930 in die Mission nach Japan

Elisabeth Josefine Koch, Stifterin der Kongregation Franziskanerinnen von der Heiligen Familie.

Maximilian Kolbe in KZ-Kleidung im Lager Auschwitz-Birkenau, nach einem Gemälde.

Franz Gajowniczek (Mitte) besucht 1982 die Zelle im Hungerbunker von Auschwitz, in der Maximilian Kolbe gestorben ist. Für Gajowniczek hat der Pater 1944 sein Leben geopfert.

ging; dort erschien bald ein in japanischer Sprache verfaßter „Ritter" (Auflage: 10 000 Exemplare). Kolbe kehrte nach Polen zurück und eröffnete 1936 in Niepokalanow, wo er ein Kloster gegründet hatte, eine katholische Radiostation. Nach Ausbruch des Zweiten Weltkrieges besetzten die Deutschen das Kloster und plünderten es. Im Mai 1941 wurde Maximilian Kolbe in das Konzentrationslager Auschwitz überführt – die Nationalsozialisten wollten den ihnen so unbequemen Franziskanerpater endlich zum Schweigen bringen. Kolbe wurde im Lager gefoltert und seelisch mißhandelt, aber sein Wille war nicht zu brechen. An einem Julitag 1941 sonderte Lagerführer Fritsch zehn Gefangene aus, die in den Hungerbunker eingeschlossen werden sollten. Einer von ihnen war der polnische Familienvater Franz Gajowniczek, der zusammenbrach und schluchzend von seinen beiden Kindern erzählte. Da trat Maximilian Kolbe gefaßt und ruhig aus der Reihe derer, die verschont geblieben waren, und bot sein Leben für das von Gajowniczek an. Fritsch akzeptierte den Tausch, Kolbe ging freiwillig in den Hungerbunker und damit in den Tod. Am 14. August 1941 gab der Lagerhenker dem zum Skelett abgemagerten Priester, der als einziger von zehn Eingeschlossenen noch lebte, die tödliche Spritze.

Adolf Kolping kurz nach seiner Priesterweihe 1845.

Kolland, Engelbert Michael sel.
OFM, Missionar, Märtyrer
Fest: 10. Juli
Geboren am 21. September 1827 in Ramsau, Österreich, trat Michael Kolland 1847 dem Franziskanerorden bei (Ordensname: Engelbert) und wirkte danach aufopferungsvoll als Seelsorger unter Armeniern und Arabern im Heiligen Land. Während eines Drusenüberfalles auf sein Kloster wurde er am 10. Juli 1860 in Damaskus (Syrien) ermordet. 10. Oktober 1926 Seligsprechung.

Koloman → Coloman

Kolonat → Kilian von Würzburg

Kolping, Adolf sel.
Priester, „Gesellenvater"
Fest: 4. Dezember
Der „Gesellenvater" Adolf Kolping, Namensgeber und Initiator des in mehreren Ländern der Erde wirkenden Kolpingwerkes und Vater der Kolpingsfamilien, kam am 8. Dezember 1813 in Kerpen bei Köln (Nordrhein-Westfalen) als viertes Kind einer Schäferfamilie zur Welt. Nach der Grundschule erlernte er das Schuhmacherhandwerk und zog mehrere Jahre als Geselle von Ort zu Ort, wobei er die Not der Handwerksgesellen erkannte. Mit 23 Jahren begann Kolping am Kölner Marzellengymnasium eine neue Schulausbildung, machte das Abitur nach und studierte Theologie in Bonn und München. 1845 empfing er in Köln die Priesterweihe und wurde Kaplan in Elberfeld im Industriegebiet von Düsseldorf. 1846 wurde Kolping Präses in dem von Gregor Breuer gegründeten Katholischen Gesellenverein, 1849 rief er in Köln einen Gesellenverein ins Leben, 1853 ein Gesellenhaus. Adolf Kolping forderte jede Stadt dazu auf, einen Gesellenverein zu gründen, um die Not der Handwerksgesellen zu lindern. Seine Worte waren: „Es gibt eine Klasse Menschen, die kriegt ihr gar nicht zu sehen, aber sie lebt doch." In Kolpings Gesellenhäusern sollten die jungen Männer preiswert unterkommen und Weiterbildungsmöglichkeiten vorfinden. Kolping nannte seine Häuser „Akademien im Volkston" und war selbst aktiv in der Erwachsenenbildung tätig. Die Gesellenvereine verbreiteten sich durch seine Initiative in ganz Europa und bald auch in den USA; der Papst hatte dem Sozialwerk die Bestätigung erteilt.

1850 schlossen sich die ersten Gesellenvereine zusammen; dies war der Beginn des Kolpingwerkes und seiner Kolpingsfamilien (seit 1933 werden die Ortsgruppen des Kolpingwerkes so genannt). Adolf Kolping starb nach schwerer Krankheit am 4. Dezember 1865; seine Grabstätte befindet sich heute in der Kölner Minoritenkirche.
Darstellung: als Priester, umgeben von jungen Gesellen

„Gesellenvater" Adolf Kolping gründete und organisierte Vereine, in denen Handwerker zu „ganzen Christen" werden sollten.

Papst Johannes Paul II. im Gebet am Grab von Adolf Kolping, am 15. November 1980 in der Minoritenkirche, Köln.

Kolumba →
Columba von Sens

Kolumba Elisabeth Weigl
OP, Ordensfrau, Mystikerin
Fest: 31. August
Geboren am 8. März 1713 in München, legte Elisabeth Weigl 1731 im Dominikanerinnenkloster Altenhohenau am Inn in Bayern die Gelübde ab und nahm den Namen Kolumba an. In den folgenden Jahrzehnten bis zu ihrem Tod hatte sie unzählige Visionen, bereits 1731 erhielt sie die Stigmata. Bewundert und verehrt, aber auch angefeindet, starb Kolumba Weigl am 31. August 1783 in Altenhohenau, nachdem sie von 1774 bis 1777 noch Priorin gewesen war. Ihre Grabstätte befindet sich bis heute im Kloster Altenhohenau. 1883 wurden ihre Gebeine erhoben. Eine Seligsprechung wird angestrebt.

Kolumba(n) (Columban)
von Hy (von Iona) hl.
Missionar, Klostergründer
Fest: 9. Juni
Kolumban (Columcille) gehört zu den berühmtesten Heiligen von Schottland und Irland. Das von ihm im 6. Jh. gegründete schottische Kloster Hy (Iona) war eines der bedeutendsten Zentren der Mission und der Kultur; aus ihm gingen zahlreiche weitere Heilige hervor. – Geboren wohl 521 in Garton in Irland aus königlicher Familie, war Kolumban zunächst Mönch in Irland und gründete dort verschiedene Klöster ohne bestimmte Regel. Wohl 563 ließ er sich auf der Insel Iona im Südwesten von Schottland nieder und gründete die Abtei Hy, die schon bald die ein-

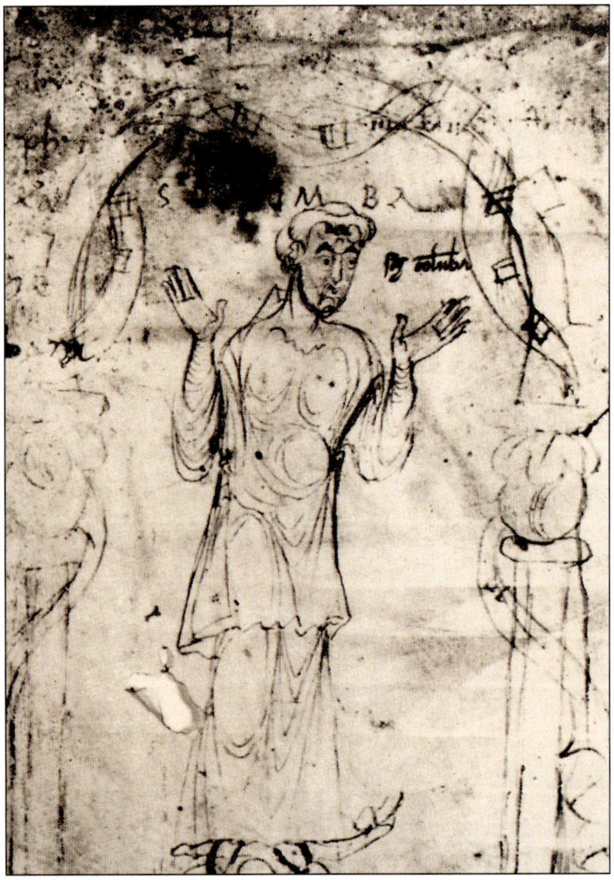

Der Ire Kolumban gründete auf der schottischen Hebrideninsel Hy das Kloster Iona (oben). Die Zeichnung (ganz oben) stammt aus dem 9. Jh.

flußreichste Missionskirche von Schottland und Northumbria wurde. Bis Ende des 12. Jh. blieb Hy an der Spitze wichtiger Abteien, die der Lehre Kolumbans folgten. Kolumban war hochgerühmt und wurde schon zu Lebzeiten wie ein Heiliger verehrt; man bewunderte seine Glaubensreinheit, seine Predigtgewandtheit und seine Fähigkeiten, Rat zu geben und Wege aufzuweisen. Er war auch Verfasser berühmter Schriften und Hymnen, von denen einige noch erhalten sind. Kolumban von Hy starb am 9. Juni 597 auf Iona. Sein Kult verbreitete sich im Mittelalter in ganz Europa, beschränkt sich aber heute auf Schottland und Irland.

Darstellung: meist als Benediktiner, obwohl er dem Orden nie angehörte, bei seinem Tod (er starb vor der Frühmette in seiner Kirche)

Patronat: der irischen Dichter, gegen Feuer und Blitz, gegen Mäuse- und Rattenplagen

Kolumban von Luxeuil und Bobbio hl.
Abt
Fest: 23. November, 21. November

Der irische Mönch und Klostergründer Kolumban wird bis heute als die wichtigste Persönlichkeit der Kirche Irlands angesehen, die auf dem europäischen Festland wirkte. Geboren 543 in Leinster in Irland, trat Kolumban 560 in das berühmte Kloster Bangor ein und wurde einer seiner ruhmreichen Lehrer. 590 verließ er Bangor gemeinsam mit zwölf Gefährten und zog in die Bretagne und dann nach Burgund (Frankreich), wo er das Kloster Luxeuil gründete, das in der Folge die Kultur des ganzen Abendlandes erheblich beeinflussen sollte. Kolumban behielt in Luxeuil und in anderen von ihm gegründeten Klöstern die irische Mönchstradition bei, so auch das eigene Osterfestdatum; außerdem schrieb er für die Klöster eine eigene Regel, die sich durch ihre Strenge und Härte von allen bisherigen Klosterregeln abhob. Bald sah sich Kolumban deshalb Angriffen ausgesetzt, weshalb er sich direkt an Papst → Gregor den Großen wandte, später auch an Papst Bonifaz III. Immer wieder bat er seine Kritiker darum, seine Klosterregel und das irische Mönchtum zu respektieren und zu tolerieren. Als Kolumban dann König Theuderich II. wegen seines Konkubinats kritisierte und sich weigerte, seine illegitimen Söhne zu segnen, verwies der Herrscher ihn und seine Mönche des Landes und ließ die Männer auf ein Schiff bringen, um sie nach Irland zurückzuschicken. Ein Sturm warf das Boot wieder an die Küste zurück, und Kolumban missionierte daraufhin mit einigen seiner Mönche im Oberrheingebiet; einer seiner Gefährten war → Gallus. 613 schließlich zog er nach Oberitalien, wo er in Bobbio sein letztes Kloster gründete und am 23. November 615 starb. Sein Grab befindet sich bis heute in der Klosterkirche von Bobbio.

Darstellung: als Abt oder Pilger, mit Stab, Bär

Patronat: von Irland, gegen Überschwemmung, gegen Geisteskrankheit

Komorek, Rudolf
SDB, Profeßpriester
Fest: 11. Dezember

Der Salesianer Rudolf Komorek, geboren am 11. Oktober 1880 in Bielsko (Polen), ging als Missionar nach Brasilien; dort starb er am 11. Dezember 1949 in Sao José dos Campos. Der Seligsprechungsprozeß ist eingeleitet.

Konon hl.
Märtyrer
Fest: 29. Mai

Konon erlitt zusammen mit seinem zwölfjährigen Sohn 275 in Ikonion in Kleinasien (Konya, Türkei) das Martyrium in der Christenverfolgung unter Kaiser Aurelian. Beide wurden auf einem Rost über dem Feuer zu Tode gefoltert.

Abt Kolumban von Luxeuil und Bobbio, nach einem Stich aus dem 18. Jh.

Silbergetriebene Reliquienbüste des Konrad von Bayern (79 cm hoch), geschaffen von Giacomo Todero, 1622, Venedig. Heute im Besitz des Doms von Molfetta bei Bari. Sie wird an jedem 7. August einer Prozession vorangetragen.

Konon von Nazaret hl.
Märtyrer
Fest: 6. März
Nach der wohl teilweise legendarischen Überlieferung stammte Konon aus Nazaret im Heiligen Land und war Gärtner. In der Christenverfolgung unter Decius erlitt er Mitte des 3. Jh. das Martyrium, indem man ihm die Füße auf dem Boden festnagelte, ihn dann in ein Pferdegeschirr spannte und zu Tode zog. Ein Kult ist im Osten schon sehr früh bezeugt.

Konrad von Ascoli Piceno sel.
OFM, Prediger, Missionar
Fest: 19. April
Konrad wurde um 1234 in Ascoli Piceno in Italien geboren. 1253 trat er dem Franziskanerorden bei, predigte und lehrte zunächst in Rom, dann in Paris. Zusammen mit dem späteren Papst Nikolaus IV., einem Jugendfreund von ihm ebenfalls aus Ascoli, vermittelte er bei verschiedenen Auseinandersetzungen. Einige Zeit war er für seinen Orden als Missionar in Libyen. Konrad starb am 19. April 1289 in Ascoli Piceno; an seinem Grab dort ereigneten sich viele Wunder. 1371 Übertragung der Gebeine in die Franziskanerkirche in Ascoli Piceno. 1783 Bestätigung des Kultes.

Konrad von Bayern (von Clairvaux) sel.
OCist, Ordensmann
Fest: 17. März, 14. Februar
Geboren um 1105 in Bayern als Sohn von Herzog Heinrich dem Schwarzen und Wolfhild von Sachsen, studierte Konrad in Köln und trat 1125 in die Zisterzienserabtei Morimond ein. Von dem von ihm hochverehrten → Bernhard von Clairvaux um 1128 nach Clairvaux berufen, erhielt er von diesem 1143 die Erlaubnis, nach Palästina zu wallfahrten, um dort fortan als Einsiedler zu leben. Als Konrad nach einigen Jahren hörte, daß Bernhard schwer krank war, trat er die Heimreise an. In Süditalien erfuhr er vom Tod von Bernhard (1153) und blieb als Einsiedler bei Modugno (bei Bari). Er starb am 17. März 1154/1155. Seine Gebeine wurden in die Kathedrale von Molfetta übertragen, 1785 in den dort neuerrichteten Dom. Konrad ist der Stadtpatron von Molfetta und wird dort bis heute verehrt (jedes Jahr am 7. August Prozession).

Konrad von Hildesheim
OFM, Ordensmann
Fest: 6. Oktober
Der Italiener Konrad war der erste Franziskanermönch, der nach Hildesheim (Niedersachsen) kam (im 13. Jh.). Er wurde „der heilige Pater" genannt, weil er die Gabe der Wunder hatte. Einige Zeit lebte er in Hildesheim unter einer Brücke, weshalb er auch als Brückenheiliger verehrt wird. In den Jahren vor seinem Tod war er Ordensprovinzial von Straßburg, Elsaß und Teilen Frankreichs. Konrad starb um 1250 in Hildesheim.

Konrad I. von Konstanz hl.
Bischof von Konstanz
Fest: 26. November
Geboren um 900 in Altdorf (Baden-Württemberg) als Sohn des Grafen

Bischof→ Ulrich von Augsburg weiht Konrad zum Bischof von Konstanz. Stich nach einem Wandgemälde in der St. Konradskapelle im Münster von Konstanz.

von Altdorf, wurde Konrad Dompropst in Konstanz (Bodensee) und 934 mit Unterstützung von → Ulrich von Augsburg Bischof von Konstanz. Sein über 40jähriges Wirken in seiner Diözese war überaus segensreich, einen großen Teil seines persönlichen Besitzes gab er für die Errichtung von Kirchen und Hospizen sowie für die Ausstattung von Klöstern. Er starb am 26. November 975 in Konstanz. Seine Reliquien wurden während der Reformation in den Bodensee geworfen, nur das Haupt konnte gerettet werden und befindet sich heute im Münsterschatz von Konstanz. 1123 Heiligsprechung.
Darstellung: als Bischof, mit Kelch und Spinne (er soll einmal mit dem Wein eine giftige Spinne verschluckt haben, die ihm aber nicht schadete)
Patronat: der Bistümer Freiburg und Konstanz

Konrad II. von Mondsee (Bosinlother) sel.
OSB, Abt
Fest: 15. Januar
Ende des 11. Jh. in Trier (Rheinland-Pfalz) geboren, wurde Konrad Benediktinermönch in Siegburg, bevor er 1127 als Abt in das Kloster Mondsee (Österreich) berufen wurde. Er brachte das Kloster zu großer Blüte und erreichte 1142 sogar die Exemtion. Als er Klosterbesitz wieder zurückforderte, ermordeten ihn Bauern am 15. Januar 1145 in Oberwang bei Mondsee. Bis heute werden die Reliquien in der Kirche von Mondsee verehrt (1697 und 1732 erhoben). An der Stelle der Ermordung von Konrad wurde eine Kirche errichtet.

Konrad von Offida → Conrad von Offida

Konrad von Ottobeuren sel.
OSB, Abt
Fest: 27. Juli
Konrad von Ottobeuren war 36 Jahre lang Abt des Benediktinerklosters Ottobeuren in Bayern und baute die Abtei zweimal wieder neu auf, nachdem Brand und Verfall sie zerstört hatten. Er starb am 27. Juli 1227. Seine Reliquien werden bis heute im Kloster Ottobeuren verehrt.

Konrad von Parzham (Johann Evangelist Birndorfer) hl.
OFMCap, Ordensmann
Fest: 21. April
Den „ewigen Pförtner" nannte Papst Pius XI. Konrad von Parzham, als er ihn am 20. Mai 1934 in Rom heiligsprach: „In ihm erglänzen Reinheit und Demut, Liebe zu Gott und zum Nächsten, Pflichttreue." Pius XI. hatte Konrad 1930 auch seliggesprochen. Als Sohn einer Bauersfamilie kam Johann Evangelist Birndorfer am 22. Dezember 1818 in Parzham in Bayern zur Welt. Bis zu seinem 31. Lebensjahr arbeitete er als Bauer; dann verzichtete er auf den ihm zustehenden Hof, um ein neues Leben als Ordensmann beginnen zu können, und trat 1849 als Laienbruder in das Kapuzinerkloster St. Anna in Altötting (Bayern) ein. Drei Jahre später legte er die Gelübde ab und nahm den Namen Konrad an. Ab 1853 war er Pförtner im St.-Anna-Kloster und blieb es bis zu seinem Tod am 21. April 1894 über 40 Jahre lang. Er war von aufopfernder Liebe und Hilfsbereitschaft zu allen Hilfesuchenden, die zu ihm kamen. Dadurch, daß Altötting zu den meistbesuchten Wallfahrtsorten überhaupt gehört, war die Pforte vom Kloster St. Anna eine wichtige Anlaufstelle für Tausende von Wallfahrern, die Rat oder Hilfe benötigten. Konrad bewältigte über Jahrzehnte einen 18-Stunden-Tag, die übrigen Stunden verbrachte er im innigen Gebet in der Alexius-Zelle, von der aus er durch eine kleine Öffnung direkt auf den Hochaltar der Klosterkirche sehen konnte. Nach 41 Jahren Tätigkeit war er ausgezehrt und völlig erschöpft, auch von zahlreichen Krankheiten, die er nie behandeln hatte lassen, um nicht an der Klosterpforte zu fehlen. Er

ging zu seinem Oberen und sagte: „Jetzt kann ich nicht mehr"; drei Tage später starb er. Das Volk und die Altötting-Wallfahrer verehrten Konrad von Parzham schon zu Lebzeiten wie einen Heiligen, nach seinem Tod nahm die Verehrung stark zu. Seine letzte Ruhestätte fand Konrad in der Kapuzinerklosterkirche St. Anna, die 1953 in Bruder-Konrad-Kirche umbenannt wurde; seit Ende der fünfziger Jahre ruhen die Gebeine dort in einem Silberschrein unter einem eigens geschaffenen Altar. – Das berühmteste Bild von Konrad von Parzham ist ein Foto von ihm auf dem Totenbett, dessen Original aber verschollen ist.
Darstellung: als Pförtner, beim Austeilen von Brot, auf dem Totenbett
Patronat: der Pförtner, der katholischen Burschenvereine

Konrad von Piacenza sel.
OFM, Einsiedler
Fest: 19. Februar
Geboren 1290 als Sohn einer Adelsfamilie von Piacenza (Italien), verursachte Konrad eines Tages während einer Jagd einen großen Brand; ein unschuldiger, armer Man wurde deshalb zum Tod verurteilt. Konrad bereute seine Tat und gab sein ganzes Vermögen für wohltätige Zwecke, um seine Schuld wiedergutzumachen. Seine Frau trat dem Klarissenorden bei, er selbst lebte fortan als Einsiedler, nachdem er dem Dritten Orden des heiligen Franz beigetreten war. 30 Jahre bis zu seinem Tod war er Eremit auf Sizilien. Er starb am 19. Februar 1351. Bestätigung des Kultes 1625.

Konrad Scheuber
Einsiedler
Fest: 5. März
Konrad Scheuber, geboren 1481 in Altfellen, Schweiz, lebte als Einsiedler und war im Volk sehr verehrt. Er starb am 5. März 1559 in Bettelruti in der Schweiz. 1602 Erhebung der Gebeine.

Konrad von Seldenbüren sel.
OSB, Stifter, Ordensmann
Fest: 2. Mai
Konrad von Seldenbüren (Sellenbüren), Schweiz, stiftete 1120 auf seinem Besitz das berühmte Benediktinerkloster Engelberg und beschenkte es reich. Er trat selbst als Laienbruder ein. Am 2. Mai 1126 wurde Konrad wahrscheinlich wegen Erbstreitigkeiten von einem Verwandten ermordet. Sofort nach seinem Tod setzte eine starke Verehrung ein.

Konrad (Kuno) von Urach (von Zähringen)
OCist, Kardinalbischof
Fest: 29. September
Konrad kam 1180 als Sohn von Graf Egino von Urach und Agnes von Zähringen in Urach (Baden-Württemberg) zur Welt. 20jährig trat er dem Zisterzienserorden bei

Das Grab von Konrad befindet sich unter dem Altar in der Bruder-Konrad-Kirche in Altötting, Bayern.
Konrad von Parzham auf dem Totenbett; das einzige von ihm existierende Foto.

und wurde in der Folge Abt der berühmten Klöster Villers-en-Brabant, Clairvaux und Cîteaux. 1219 ernannte ihn Papst Honorius III. zum Kardinalbischof. Als Honorius starb, hätte Konrad Papst werden können, doch er verzichtete. Tatkräftig kümmerte er sich um die Bekehrung der Albigenser und um die Förderung des Kreuzzugsgedankens in Deutschland. Konrad starb am 29. September 1227; seine Gebeine wurden ins Kloster Clairvaux übertragen.
Darstellung: als Zisterzienserabt oder -mönch, mit leuchtenden Fingerspitzen (damit er in seiner Mönchszelle im Dunkeln schreiben konnte)

Korbinian von Freising mit seinem bepackten Bären (der Legende nach hatte der Heilige, auf seiner zweiten Romreise kraft seines Wortes einen Bären zum Ersatzlasttier gemacht, nachdem dieser vorher seinen Packesel getötet hatte). Vor Korbinian kniend Herzog Grimoald und seine Frau sowie Schwägerin Piltrudis, die mit ihm in unstatthafter Ehe lebte. Das war der Beginn fortwährender Streitigkeiten zwischen Bischof und Herrscher. Stich aus dem 17. Jh.

Konstantin I. (der Große)
Kaiser
Fest: 21. Mai (Osten)
Konstantin I. gilt als erster christlicher Kaiser; mit seinem Namen verbunden ist der Begriff „Konstantinische Wende“. Nach Jahrzehnten furchtbarer Verfolgungen konnten Christen während der Regierungszeit Konstantins erstmals einigermaßen in Frieden leben. – Geboren um 288(?) in Naissus (Nisch, Serbien) als Constantinus Flavius Valerius, Sohn des Konstantius Chlorus und der → Helena, verbrachte Konstantin seine Kinder- und Jugendzeit am Hof von Kaiser Diokletian, dem Christenhasser, in Nikomedien. Nach dem Tod seines Vater wurde er 306 einer der Herrscher im riesigen römischen Reich und nahm wie sein Vater eine nachgiebige Haltung gegenüber den Christen ein; 311 unterzeichnete er das Toleranzedikt von Oberkaiser Galerius mit. Nachdem Konstantin 312 einen großen Sieg gegen Maxentius an der Milvischen Brücke errungen hatte und vom Volk in Rom gefeiert wurde, berichtete er, daß er vor dem Kampf am Himmel ein Lichtkreuz erblickt habe. Von da an verfolgte Konstantin eine christenfreundliche Politik, verbot jedoch das Heidentum nie. Er selbst wurde immer mehr vom Christentum erfaßt und machte der Kirche große Schenkungen. In Rom, Jerusalem, Konstantinopel und Trier ließ er Kirchenbauten errichten. Christen arbeiteten zu Konstantins Zeit auch in hohen politischen Ämtern. Der Kaiser war gleichzeitig Pontifex maximus. Konstantin der Große starb am 22. Mai 337 in Konstantinopel. Noch auf dem Totenbett hatte er die Taufe empfangen. – Ein Kult existierte nur im Osten, wo Konstantin auch „der Apostelgleiche“ genannt wurde. Dort legte man sein Fest auf den 21. Mai.
Darstellung: als römischer Kaiser mit Schwert und Feldzeichen

1487 wurde die Kolossalbüste Kaiser Konstantins von 315 unter Schutt in der alten Maxentius-Basilika in Rom entdeckt.

Konstantin der Große schuf eine neue Goldmünze mit seinem Porträt, den Solidus (gediegen, solide).

Konstantin von Cornwall
Märtyrer
Fest: 9. März
Nach der wohl großenteils legendarischen Überlieferung war Konstantin König von Cornwall (England) und lebte im 6. Jh. Nach einem zunächst lasterhaften, ausschweifenden Leben bekehrte er sich und führte fortan ein Dasein als Büßer. Er missionierte in Schottland, wo er angeblich 576 von Piraten ermordet wurde. In Cornwall erinnern bis heute zwei Kirchen an ihn.

Korbinian von Freising hl.
Bischof
Fest: 8. September, 20. November
In Bayern gehört Korbinian bis heute zu den besonders verehrten Heiligen; die Krypta im Freisinger Dom birgt die Gebeine des Bischofs in einem Goldschrein, der auf dem Korbinian-Sarkophag steht. Die Korbinian-Wallfahrt hat sich seit dem 19. Jh. wieder belebt. – Gebo-

ren im letzten Drittel des 7. Jh., wahrscheinlich bei Melun (Seine) in Frankreich, als Sohn einer Irin (Korbiniana) und eines Franken, wurde Korbinian zunächst Einsiedler; er lebte mehrere Jahre in einer Zelle bei der Kirche seines Heimatortes. Schon zu dieser Zeit drang der Ruf seines heiligmäßigen Lebens weit hinaus, auch die Herrscher wurden auf ihn aufmerksam. Um 710 unternahm Korbinian eine Wallfahrt nach Rom und empfing dort von Papst Konstantin I. die Bischofsweihe und die Predigterlaubnis. Um 714 kam er auf seiner zweiten Pilgerreise nach Rom durch Bayern, wo ihn der Herzog gern als Bischof behalten hätte. Nach seiner Rückkehr von Rom ließ sich Korbinian tatsächlich in Freising nieder und begann eine wirkungsvolle Missionsarbeit in ganz Bayern mit großen Erfolgen. Unter anderem gründete er eine Kirche, die er dem heiligen → Stephan weihte; es war der Beginn der später berühmten Abtei Weihenstephan. Korbinians Ruf und Ansehen waren groß, er wurde bewundert und verehrt. Sein Verhältnis zu Bayerns Herzog Grimoald war gut, bis er diesem seine unrechtmäßige Ehe mit einer Blutsverwandten vorwarf. Vor den Racheplänen der Herzogin mußte Korbinian fliehen; er zog sich nach Südtirol ins Kloster Kains bei Meran zurück, das er einige Jahre zuvor auf der Rückreise von Rom gegründet hatte. Nach dem Tod Grimoalds etwa zwei Jahre später holte dessen Nachfolger Hugibert Korbinian nach Freising zurück, wo ihn das Volk begeistert empfing. Schon nach kurzer Zeit starb Korbinian; das Todesdatum lag wohl um 728. Beigesetzt wurde er auf eigenen Wunsch hin in Kains; der Freisinger Bischof → Arbeo (ab 765 Bischof von Freising) ließ den Leichnam Korbinians am 20. November 765 nach Freising rückübertragen.
Legende: Eine Legende über Korbinian erzählt, daß er bei einer seiner Reisen nach Rom während der Alpenüberquerung von einem Bären angefallen wurde, der sein Maultier zerriß. Als Strafe dafür ließ Korbinian den Bären sein gesamtes Gepäck bis Rom tragen.
Darstellung: als Abt, Bischof, Priester oder Mönch, meist mit Bär, das Gepäck des Heiligen tragend, mit Kirchenmodell, Buch
Patronat: des Erzbistums München-Freising (eingerichtet zwischen 1818 und 1821)

Korczak, Janusz
Arzt, Pädagoge, Märtyrer
Fest: 5. August
Der Pole Janusz Korczak war einer der großen Pädagogen des 20. Jh.; er starb für die Kinder, denen seine ganze Hinwendung galt. Geboren am 22. Juli 1878 oder 1879 in Warschau (Polen), studierte Henryk Goldszmit, so sein richtiger Name, Medizin und wurde Arzt. 1911 gab er seine Praxis auf und übernahm in Warschau die Leitung eines Waisenhauses für jüdische Kinder, 1919 zusätzlich die eines Waisenhauses für polnische Kinder. Er kämpfte für die Rechte des Kindes und verfaßte dazu Schriften, die bis heute vielbeachtet sind. Als 1939 deutsche Truppen Polen besetzten, versuchte er mit übermenschlichem Einsatz, den Kindern die Angst zu nehmen und ihnen ein kindgerechtes Leben zu bewahren. Als 1942 über 200 Waisenkinder in das Vernichtungslager Treblinka abtransportiert wurden, ging er freiwillig mit ihnen mit, um sie zu stützen und zu trösten. Er entschied sich damit selbst für den Tod, obwohl er das Angebot gehabt hatte, in Warschau als Arzt zu arbeiten. In Treblinka wurde Korczak am 5. August 1942 zusammen mit den Kindern in der Gaskammer ermordet.

Kordula → Cordula

Koreanische Märtyrer → Kim, André

Kornelia → Cornelia

Kornelius → Cornelius

Korona → Corona

Kosmas und Damian(os) hll.
Ärzte, Märtyrer
Fest: 26. September
Trotz der unsicheren und wohl großenteils legendarischen Berichte über Kosmas und Damian genießt das Brüderpaar seit Jahrhunderten an vielen Stätten große Verehrung. Wahrscheinlich existierten verschiedene Brüderpaare

Der Schrein mit den Gebeinen des heiligen Korbinian im Dom von Freising, Bayern. Geschaffen 1863 von dem Münchner Goldschmied Harrach.

Die wundersame Verpflanzung des Beines eines Schwarzen an das amputierte eines Weißen durch die Ärzte Kosmas und Damian. Nach einem Gemälde von Fra Angelico, Museo San Marco, Florenz.

Der Missionar Anton Kowalczyk.

mit dem Namen Kosmas und Damianos; die Verehrung im Westen bezieht sich auf folgende Überlieferung: Die (Zwillings-?) Brüder praktizierten im 3. Jh. in Syrien (oder in Arabien) als Ärzte und behandelten dabei arme Menschen und Tiere ohne Bezahlung. In der Verfolgung von Diokletian erlitten die beiden Christen um 303 in Syrien das Martyrium; sie sollen gefoltert und schließlich enthauptet worden sein. Eine Verehrung ist im Osten schon im 5. Jh. bezeugt; die über der Grabstätte der Märtyrer erbaute Kirche in Syrien wurde zum Wallfahrtsziel kranker Menschen. Auch im Westen kam es zu einer schnellen Ausbreitung des Kultes; es heißt, → Gregor von Tours habe schon im 6. Jh. Reliquien der Märtyrer besessen. Als erste orientalische Heilige wurden Kosmas und Damian im 6. Jh. in den römischen Meßkanon aufgenommen. Papst → Symmachus (498 bis 514) errichtete in Rom ein Oratorium zu Ehren der heiligen Ärzte, Papst Felix IV. (526 bis 530) die Kirche Ss. Cosma e Damiano beim Forum Romanum in Rom, die bis heute einer der Hauptverehrungsorte ist. Reliquien finden sich auch in Deutschland an zahlreichen Orten, so in Hildesheim, Essen, Bremen, München und in Prüm in der Eifel (Haupt). Auf Sizilien (Italien) existieren noch immer Wallfahrten zu Ehren der Heiligen.
Darstellung: in vornehmer Kleidung (oft mit Pelzbesatz), mit medizinischen Geräten, Gläsern, Salbenspatel, Mörser, Schlangenstab, beim Martyrium
Patronat: von Florenz, der Apotheker, Ärzte, Chirurgen, Drogisten, Zahnärzte, Friseure, Physiker, Zuckerbäcker, der medizinischen Fakultäten, gegen Epidemien, gegen Geschwüre, gegen Pferdekrankheiten

Kowalczyk, Anton
Missionar
Fest: 10. Juli
Ein halbes Jahrhundert wirkte Anton Kowalczyk als Missionar in Kanada und vollbrachte dabei übermenschliche Leistungen. Geboren am 4. Juni 1866 in Dziersanow (Polen), war er 1891 in den Niederlanden der Ordensgemeinschaft der Oblaten der Unbefleckten Jungfrau Maria beigetreten. 1896 ging er freiwillig als Missionar nach Kanada und wirkte dort bis zu seinem Tod am 10. Juli 1947 (in St. Albert) in verschiedenen Ordensämtern. Er erlitt viele Demütigungen und gesundheitliche Schwächungen (so verlor er bei einem Unfall den rechten Unterarm), ertrug jedoch alles mit heroischer Geduld und in völliger Selbstaufgabe. Durch sein Gebet vollbrachte er zahlreiche Wunder. Anton Kowalczyk ist auf dem Friedhof von St. Albert beigesetzt. Der Seligsprechungsprozeß ist eingeleitet.

Kowalska, Maria Faustina Helena sel.
Ordensfrau, Mystikerin
Fest: 5. Oktober
Geboren am 25. August 1905 in Glogowiec (Polen), trat Helena Kowalska 1925 in die Kongregation der Muttergottes der Barmherzigkeit ein (Ordensname: Maria

Faustina). Demütig und bescheiden war sie in den folgenden Jahren in verschiedenen Klöstern in Polen als Gärtnerin, Köchin und Pförtnerin tätig. Immer wieder wurden ihr außergewöhnliche mystische Gnadenbeweise und viele Visionen zuteil. Sie starb am 5. Oktober 1938 in Krakau (Polen). 18. April 1993 Seligsprechung.

Kozal, Michael sel.
Bischof, Märtyrer
Fest: 26. Januar
Michael Kozal war einer von über 2000 polnischen Priestern, die im Konzentrationslager Dachau starben. Stellvertretend für alle sprach Papst Johannes Paul II. ihn am 14. Juni 1987 in Rom selig. Geboren am 27. September 1893 in Ligota (Polen), empfing Kozal 1918 die Priesterweihe und war danach Lehrer, Spiritual und Regens am Priesterseminar. 1939 erhielt er von Papst Pius XII. die Ernennung zum Weihbischof. Bereits zwei Jahre später wurde Michael Kozal von den Nationalsozialisten verhaftet und zunächst in Polen im Kerker gefangengehalten. Später überführte man ihn nach Dachau, wo er am 26. Januar 1943 an den erlittenen Folterungen starb.

Kózka, Karolina sel.
Märtyrerin
Fest: 18. November
Karolina Kózka stammte aus Wal-Ruda, wo sie am 2. August 1898 geboren wurde. Kurz nach Ausbruch des Ersten Weltkrieges wurde sie in einem Wald, der an ihr Elternhaus angrenzte, von einem russischen Soldaten überfallen; als sie sich weigerte, ihm gefügig zu sein, ermordete der Mann sie. Der Todestag war der 18. November 1914. Papst Johannes Paul II. sprach sie am 10. Juni 1987 selig.

Kozminski, Vaclav
(Honoratus von Biala) sel.
OFMCap, Ordensgründer
Fest: 16. Dezember
Den „Vorläufer der religiösen Institute in Polen" nannten die polnischen Bischöfe den Kapuziner Vaclav Kozminski, als sie 1951 in

Der polnische Weihbischof Michael Kozal starb im Januar 1943 im Konzentrationslager Dachau.

Rom um die Eröffnung des Seligsprechungsprozesses nachsuchten. Geboren am 16. Oktober 1829 in Biala Podlaska (Polen), trat Kozminski 1848 in Warschau dem Kapuzinerorden bei und nahm den Namen Honoratus von Biala an. 1852 empfing er die Priesterweihe und wirkte zunächst zwölf Jahre als Seelsorger in Warschau. Schon zu dieser Zeit widmete er sich intensiv der Aufgabe, den Dritten Orden der Kapuziner zu fördern und zum Blühen zu bringen. Als 1864 von der Regierung alle Orden verboten wurden, vertrieb man auch die Kapuziner aus Warschau. Fast 30 Jahre lang lebte Honoratus von Biala in einem abgelegenen Kloster. Dort begann er sein außergewöhnliches Werk: Aus dem Verborgenen heraus gründete er 26 verschiedene Ordenskongregationen und leitete sie aus dem Beichtstuhl, indem er dort (bei Beichtgesprächen) seine Anweisungen für die Tätigkeit der nach außen hin unerkannten Ordensmitglieder gab und diesen die Regeln vorgab. Im geheimen wirkten die Unterrichteten und sammelten selbst wieder viele Gläubige um sich, die wiederum in ihrem jeweiligen Umfeld seelsorgerisch wirkten. So entstand trotz Ordensverbot ein Netz zahlreicher Ordensgemeinschaften von Terziaren, die aber niemand als solche erkannte. Als die Behörden das Aufblühen des Ordenslebens schließlich bemerkten, verbannten sie Vaclav Kozminski 1892 in ein kleines Kapuzinerkloster und ließen ihn bis

In der Münchner Michaelskirche in der Fußgängerzone steht der Schrein mit Reliquien der heiligen Ärzte Kosmas und Damian.

Vaclav Kozminski gründete 26 verschiedene Ordenskongregationen.

zu seinem Tod am 16. Dezember 1916 rund um die Uhr von der Polizei bewachen. Papst Johannes Paul II. sprach Honoratus von Biala am 16. Oktober 1988 selig.

Krispin und Krispinian → Crispin und Crispinian

Kuefstein, Maria Clara
OSCl, Ordensfrau
Fest: 15. März
Geboren am 19. Juni 1878 in St. Pölten-Viehofen in Österreich, wurde Maria Clara Kuefstein Klarissin in Rom, wo sie am 15. März 1933 starb. Der Seligsprechungsprozeß ist eingeleitet.

Kugler, Eustachius Josef
OH, Ordensprovinzial
Fest: 10. Juni
„Ich will mich in allem fragen, wie Jesus gehandelt hätte." Das war der Leitspruch von Eustachius Kugler, einem Bauernbuben aus der Oberpfalz, der zunächst nicht einmal zum Noviziat zugelassen und später ein vielbeachteter Ordensprovinzial wurde. Geboren am 13. Januar 1867 in Neuhaus, Bayern, konnte der Schlosser Josef Kugler im Alter von 26 Jahren nach vielen Versuchen dem Hospitalorden der Barmherzigen Brüder vom heiligen Johannes von Gott beitreten. Selbst von Kindheit an körperlich behindert, wollte er Schwache und Kranke pflegen. Doch schon bald war der gebildete Kugler Prior verschiedener Klostereinrichtungen, 1925 schließlich wurde er zum Ordensprovinzial von Bayern ernannt (und viermal wiedergewählt). Unvergessen bleibt Kugler durch sein wohl größtes Werk: In Regensburg (Bayern) ließ er ein riesiges Krankenhaus errichten, ein 1929 schier unglaubliches Unterfangen, für das Kugler auch viel Kritik erhielt (das Krankenhaus der Barmherzigen Brüder existiert bis heute). Eustachius Kugler starb am 10. Juni 1946 in Regensburg; in der Krankenhauskirche St. Pius in Regensburg fand er 1982 endgültig seine letzte Ruhestätte. Der Seligsprechungsprozeß ist eingeleitet.

Frater Eustachius Kugler war über 25 Jahre, bis zu seinem Tod 1946, Provinzial der Barmherzigen Brüder.

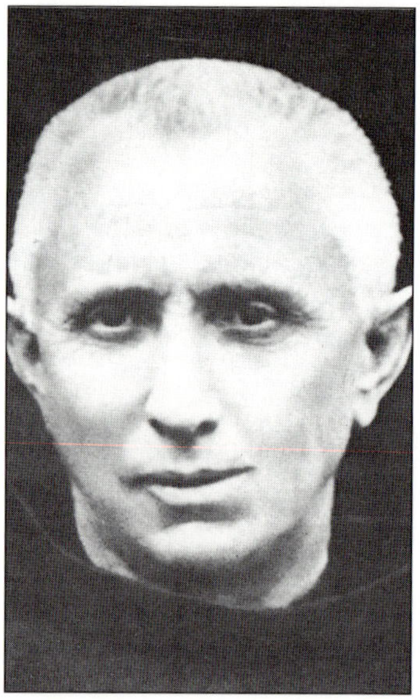

Kümmernis (Wilgefortis)
Legendarische Volksheilige
Fest: 20. Juli
Kümmernis, die „heilige Helferin" bei allen Kümmernissen, ist eine rein legendarische Gestalt. Sie entstand sozusagen als Wunschheilige für in Not geratene Menschen, für die sie über viele Jahrhunderte als Fürsorgerin und Helferin diente. Kümmernis ist eine mythologische Volksheilige, um die sich im Laufe der Zeit reichhaltige Legenden entwickelten. Ihr Kult ist allerdings inzwischen so gut wie erloschen, auch wenn man in Bayern noch zahlreiche Darstellungen findet. Der Name Wilgefortis (Hilgefortis), den Kümmernis auch trägt, leitet sich ab vom Lateinischen virgo fortis, starke Jungfrau.
Legende: Kümmernis war die Tochter eines portugiesischen Königs heidnischen Glaubens. Als ihr Vater sie mit einem heidnischen Prinzen verheiraten wollte, weigerte sie sich, diesen zu heiraten, denn sie hatte sich, wie sie sagte, mit der göttlichen Liebe, mit Christus, verlobt. Um der Ehe entfliehen zu können, erbat sie von Gott Hilfe, und über Nacht wuchs ihr ein Bart, der sie völlig entstellte. Ihr zorniger Vater ließ sie daraufhin kreuzigen (nach anderer Legende verstieß er sie in die Wildnis). Eines Tages bereute der König seine Tat, empfing die Taufe und ließ von seiner Tochter eine Figur mit goldenen Schuhen anfertigen. Eines Tages warf Kümmernis einem Spielmann als Dank für sein Musikspiel einen Schuh zu; er wurde verdächtigt, den Schuh gestohlen zu haben und zum Tode verurteilt, durfte aber noch einmal vor der Kümmernis-Figur spielen, die ihm darauf den zweiten Schuh zuwarf und ihm damit das Leben rettete. Dadurch wurde Kümmernis zur hochverehrten Patronin der Spielmänner und Spielmannszüge sowie des fahrenden Volkes.
Darstellung: mit Bart, meist am Kreuz, die Spielmannslegende, mit Krone oder Dornenkrone
Patronat: der Spielleute, Straßenmusikanten, Spielmannszüge, des fahrenden Volkes

Kunera (Kennera) hl.
Märtyrerin
Fest: 12. Juni
Kunera genoß lange große Verehrung und wurde in vielen Gegenden als Viehpatronin angerufen, obwohl ihre Gestalt wohl rein legendarisch ist. Nach der Legende war sie eine Prinzessin und Gefährtin von → Ursula, die mit ihren „11 000 Jungfrauen" im Raum Köln den Martertod erlitt. Kunera soll jedoch von einem König gerettet, später aber (angeblich 451) von dessen eifersüchtiger Ehefrau erdrosselt worden sein. Der Todesort soll Rhenen bei Utrecht (Holland) gewesen sein, wo Kunera später eine Kirche geweiht war. Angeblich erhob → Willibrord ihre Gebeine.
Darstellung: beim Martyrium, in vornehmer Kleidung
Patronat: des Viehs, der Pferde, der Seefahrer, gegen Halsschmerzen, gegen Viehseuchen, von Rhenen

Innenraum der Kölner Kirche St. Kunibert mit dem Schrein des gleichnamigen Heiligen neben dem Hauptaltar. Die Gründung der Kirche und deren Erstbau gehen auf Kunibert zurück.

Kunibert hl.
Bischof von Köln
Fest: 12. November

Kunibert stammte aus dem Moselgebiet, wo er um 600 zur Welt kam. Wohl 623 wurde er zum Bischof von Köln (Nordrhein-Westfalen) ernannt, nachdem er zuvor Archidiakon von Trier gewesen war. Er brachte das völlig darniederliegende Bistum zu neuer Blüte und reorganisierte die gesamte Diözese und den Klerus. Für Arme und Kranke gründete er zahlreiche karitative Einrichtungen. Merowinger-Könige holten seinen Rat ein und waren ihm freundschaftlich verbunden. Kunibert starb am 12. November 663(?) nach rund 40jähriger segensreicher Bischofstätigkeit. Seine Reliquien befinden sich bis heute in einem Schrein neben dem Hauptaltar in der Kölner Kirche St. Kunibert, die er angeblich als Clemenskirche im 7. Jh. gegründet hat.

Darstellung: als Bischof, mit Kirchenmodell, Buch, Taube (die ihm angeblich die verschollene Grabstätte der → Ursula in Köln offenbarte)

Patronat: gegen Fieber und Kopfschmerzen

Kaiserin Kunigunde, Detail einer Figur, die früher an der sogenannten Adamspforte des Bamberger Doms zu finden war, heute im Museum.

Gegenüberliegende Seite oben: Hochgrab von Kaiser→ Heinrich II. und seiner Gemahlin Kunigunde im Ostchor des Bamberger Doms. Geschaffen von dem Schnitzer und Bildhauer Tilman Riemenschneider.

Kunigunde hl.
Kaiserin, Nonne
Fest: 3. März. 9. September, 13. Juli (mit Heinrich)
Kunigunde, um 980 als Tochter des Grafen von Luxemburg geboren (daher manchmal auch Kunigunde von Luxemburg genannt), heiratete um 998 Herzog Heinrich von Bayern, den späteren König und Kaiser → Heinrich II. Erzbischof → Willigis krönte sie 1002 in Paderborn zur Königin, am 14. Februar 1014 wurden sie und Heinrich in Rom von Papst Benedikt VIII. zu Kaiser und Kaiserin gekrönt. Kunigunde trug die Arbeit ihres Mannes tatkräftig mit, mehrfach vertrat sie ihn während seiner Reisen als Regentin. An der Gründung des Bistums Bamberg war sie maßgeblich beteiligt und gab dafür auch einen Teil ihres Besitzes. Auch das Benediktinerinnenkloster Kaufungen in Hessen (heute Oberkaufungen) ist ihre Gründung.
Legende: Gegner von Kunigunde bezichtigten die Herrscherin bei ihrem Ehemann Heinrich des Ehebruchs. Als die Verleumdungen immer schlimmer wurden, bot Kunigunde an, sich einem Gottesurteil zu unterwerfen: Vor dem versammelten Volk ging sie über glühende Pflugscharen – und blieb dabei völlig unversehrt. Die Untertanen verehrten sie von diesem Tag an noch mehr als schon zuvor. Für ihre Verleumder bat Kunigunde bei Heinrich um Vergebung. (Überlieferungen berichten, Kunigunde und Heinrich hätten eine jungfräuliche Ehe geführt, was inzwischen aber bezweifelt wird.)
Nachdem Heinrich II. am 13. Juli 1024 gestorben war, zog sich Kunigunde am Jahrestag seines Todes 1025 in ihr Kloster Kaufungen zurück, wo sie bis zu ihrem Tod am 3. März 1033 (oder 1039) als einfache Nonne lebte. 1200 Heiligsprechung durch Papst Innozenz III., Übertragung der Gebeine 1201 in den Bamberger Dom, wo auch die Reliquien von Heinrich verehrt wurden. Seit etwa 1500 hat das Kaiserpaar dort in einem

von Tilman Riemenschneider geschaffenen Sarkophag die letzte Ruhestätte gefunden. – Heilkräfte sagt man dem „Kunigundswasser" nach, und aus dem „Kunigundskraut", dem Thymian, flocht man früher Kränzlein, denen ebenfalls Wirkkräfte bescheinigt wurden. Vor allem schwangere Frauen erbaten sich von Kunigunde, die kinderlos geblieben war, Beistand.
Darstellung: als Kaiserin, als Nonne, mit Modell des Bamberger Domes, mit griechischem Kreuz, während ihres Ganges über die glühenden Pflugscharen
Patronat: des Erzbistums Bamberg, der Schwangeren, der (kranken) Kinder

Dieser Stich aus dem 17. Jh. zeigt das von Kaiser Heinrich II. abgehaltene Gottesgericht. Kunigunde war des Ehebruchs beschuldigt worden und mußte barfuß über zwölf glühende Pflugscharen gehen.

Kunigunde von Rapperswil hl.
Jungfrau
Fest: 16. Juni
Nach der Legende war Kunigunde eine Gefährtin von → Ursula. Auf dem Rückweg von Rom, wo sie zusammen mit anderen Jungfrauen gewesen war, soll sie bei Rapperswil (Schweiz) erkrankt und gestorben sein. Erhebung der Gebeine am 16. Juni 1504. In der Schweiz existiert bis heute eine Verehrung.
Patronat: der Blinden und Lahmen

Kunissa (Kunigund)
Gräfin, Klostergründerin
Fest: 6. März
Kunissa entstammte dem berühmten bayerischen Grafengeschlecht

Gegenüberliegende Seite unten: Papst Hadrian II. stimmt dem Wunsch der Missionare Kyrillos und Methodios zu, in der Liturgie die slawische Sprache anzuwenden.

von Dießen-Andechs. Um 1000 gründete sie in Dießen am Ammersee den Frauenkonvent St. Stephan und stattete ihn großzügig aus. Sie galt als große Wohltäterin. Kunissa starb 1020 in Dießen (dort bis heute ihre Grabplatte im Marienmünster). 1466 und 1739 Erhebung der Gebeine.

Kuno (Konrad) von Trier hl.
Erzbischof von Trier, Märtyrer
Fest: 1. Juni
Kuno stammte aus Pfullingen (Baden-Württemberg), wo er um 1016 geboren wurde. Heinrich IV. ernannte ihn auf Vorschlag von → Anno von Köln (seinem Onkel) zum Bischof von Trier. Verärgert über diese Entscheidung, die ohne Zustimmung des Klerus von Trier getroffen wurde, nahmen kirchenpolitische Gegner Kunos diesen vor Amtsantritt gefangen und ermordeten ihn am 1. Juli 1066, indem sie ihn über einen Felsen stürzten. Schon bald wurde Kuno als Märtyrer verehrt. Die Gebeine gelangten in die Benediktinerabtei Tholey an der Saar.

Kurkowitsch, Anton
Bischof
Fest: 10. Dezember
Geboren am 17. Mai 1888 in Bad Deutsch Altenburg (Österreich), kam Anton Kurkowitsch als Jugendlicher nach Rumänien, wo er 1910 die Priesterweihe empfing. 1923 wurde er Regens in Bukarest und 1948 Bischof von Jassy. 1949 verschleppte ihn die damalige rumänische Geheimpolizei Securitate und mißhandelte ihn schwer. Er starb am 10. (11.?) Dezember 1951 in Sighet in Rumänien. Der Seligsprechungsprozeß ist eingeleitet.

Kyrillos und Methodios hl.
Missionare
Fest: 7. Juli, 11. Mai
Kyrillos und Methodios waren zwei Brüder aus Thessalonike (Saloniki, Griechenland), die dort im ersten Drittel des 9. Jh. zur Welt kamen. Von Kaiser Michael III. 862 zur Missionierung in das Gebiet von Mähren entsandt, nachdem ihn der dortige Herrscher um slawisch sprechende Priester gebeten

In der Unterkirche der römischen Basilika S. Clemente befinden sich die Erinnerungstafeln slawischer Volksgruppen zu Ehren der Missionare Kyrillos und Methodios. Die Tafel mit dem Mosaik des Kyrillos wurde 1975 vom bulgarischen Volk gestiftet.

hatte, begannen die Brüder eine überaus erfolgreiche Missionsarbeit, die ihre Grundlage hauptsächlich darin hatte, daß beide die Sprache der Einheimischen beherrschten und sogar eigene Schriftzeichen schufen (Glagolitische Sprache). Kyrillos gilt als Begründer der slawischen Literatur; er übersetzte auch die Heilige Schrift in die slawische Sprache. Nach mehrjähriger Missionstätigkeit in Mähren reisten Kyrillos und Methodios nach Rom und überbrachten Papst Hadrian II. die von ihnen aufgefundenen Gebeine von Papst → Clemens I. Kyrillos starb in Rom am 14. Februar 869 und wurde in der Kirche S. Clemente beigesetzt. Methodios erhielt vom Papst die Ernennung zum Erzbischof von Pannonien und Mähren, wohin er zurückkehrte, und war Legat des Papstes bei den Slawen. Da der Erzbischof von Salzburg das Gebiet jedoch als sein Missionsgebiet ansah, ließ er Methodios zweieinhalb Jahre gefangensetzen. Papst Johannes VIII. befreite ihn 873, bestätigte ihn in seinen Ämtern und erlaubte erneut die inzwischen wieder verbotene slawische Kirchensprache, allerdings mit Einschränkungen. Methodios starb am 6. April 885, der Ort ist nicht genau festzulegen. Nach seinem Tod verbot Papst Stephan VI. die slawische Kirchensprache wieder. – Kyrillos und Methodios werden in Anerkennung ihrer Verdienste um die Einführung des Christentums in Mähren „Apostel der Slawen" genannt. Außer dem 7. Juli und dem 11. Mai gilt auch der 5. Juli als Gedenktag.

Darstellung: meist als Bischöfe (entweder in westlichem Ornat oder als slawische Bischöfe), wie Michael III. sie in die Mission entsendet, Szenen aus ihrer Missionstätigkeit

Patronat: von Europa (von Papst Johannes Paul II. im Jahr 1980 dazu ernannt), aller slawischen Völker (seit 1863), gegen Gewitter

Kyrinos hl.
Märtyrer
Fest: 3. Januar

Kyrinos diente im 3. Jh. im kaiserlichen römischen Heer. Als er sich zusammen mit seinen Gefährten, unter ihnen → Theogenes, zum christlichen Glauben bekannte und den Dienst in der heidnischen Armee verweigerte, wurden die Soldaten festgenommen und 40 Tage ohne Nahrung im Kerker festgehalten. Als sie immer noch am Leben waren, warfen die Christenverfolger sie in Kyzikos am Hellespont ins Meer, wo sie ertranken. Das Todesjahr war wohl 320.

Kyros und Johannes hll.
Märtyrer
Fest: 31. Januar

Obwohl über Kyros und Johannes keine historisch gesicherten Überlieferungen existieren, gehörten sie lange Zeit in Ägypten zu den meistverehrten Heiligengestalten. Angeblich hatten die beiden Christen in der Verfolgung des Diokletian um 303 das Martyrium erlitten. Möglicherweise war Kyros Arzt und Johannes Soldat gewesen. Die Gebeine der beiden Märtyrer wurden in einer Kirche in Alexandria in Ägypten aufbewahrt, die lange ein wichtiges Wallfahrtsziel war, später aber ihre Bedeutung verlor. Vor allem als Krankenpatrone genossen Kyros und Johannes im frühen Mittelalter große Verehrung.

L

Labouré, Cathérine Zoe hl.
FdC, Ordensfrau, Mystikerin
Fest: 31. Dezember
Die Vinzentinerin (seit 1830) Cathérine Zoe Labouré, geboren am 2. Mai 1806 in Fain-les-Moutiers in Burgund (Frankreich), pflegte im Pariser Hospital d'Enghien fast ein halbes Jahrhundert lang aufopferungsvoll betagte Menschen. Immer wieder hatte sie Visionen der Gottesmutter Maria; eine dieser Erscheinungen hatte die Prägung der „wundertätigen Medaille“ zur Folge (1830), nach der eine starke Nachfrage bestand. Cathérine Labouré starb am 31. Dezember 1876 in Paris; dort ruht ihr unverwester Leib bis heute in der Kirche der Vinzentinerinnen an der Rue du Bac. 28. Mai 1933 Seligsprechung, 27. Juli 1947 Heiligsprechung.

Lactan (Lactinus)
Abt
Fest: 19. März
Geboren um 610 in Cork, Irland, erhielt Lactan seine Erziehung von → Comgall, der ihn später zur Missionierung entsandte. Er gilt als Gründer von Kloster Achadh-Ur in Irland, das er bis zu seinem Tod um 672 als Abt leitete.

Ladislaus von Gielniów sel.
Ordensprovinzial, Prediger
Fest: 4. Mai
Ladislaus von Gielniów ist einer der Patrone Polens, Litauens und von Warschau. Geboren 1440 in Gielniów (Polen), trat er 1462 den Bernhardinern (nach dem hl. → Bernhardin von Siena) bei, die in seiner Heimat stark vertreten waren; ab 1487 war er Provinzial. Er gründete zahlreiche neue Klöster und förderte die Mission in Litauen. Ladislaus war einer der herausragenden Prediger seiner Zeit. Er starb am 4. Mai 1505 in Warschau. 1750 Seligsprechung.
Patronat: von Polen, Litauen, Warschau

Ladislaus I. (Wladislaw, Laszlo) von Ungarn hl.
König
Fest: 29. Juli, 27. Juni
Nach dem Tod von König → Stephan I. war Ladislaus (geboren um 1040) involviert in die Kämpfe um den ungarischen Thron, gewann gegen seine Mitstreiter und erhielt 1077 die Krone. Unter seiner Herrschaft erlebte Ungarn seine erste Blütezeit. Ladislaus erließ straffe Gesetze, die die Kirchenorganisation und die Glaubensübung schützten und stärkten, er unterstützte und förderte Kirche, Klerus und Klöster und gründete mehrere neue Bistümer. Sein Hauptverdienst war die Festigung Ungarns.

Cathérine Labouré nach ihrem Eintritt bei den Barmherzigen Schwestern in der Rue du Bac. In einer Vision erhielt sie den Auftrag, eine Medaille (in ihren Händen) prägen zu lassen.

Die „wundertätige Medaille“ (oben) fand und findet noch immer weite Verbreitung.

Links: Der Glasschrein mit den Gebeinen der Cathérine Labouré in der Chapelle Notre-Dame de la Médaille Miraculeuse in der Rue du Bac 140, Paris.

Büstenreliquiar von Ladislaus I. von Ungarn aus vergoldetem Silber, 15. Jh., heute in der Schatzkammer der Kathedrale von Györ.

Legende: Einmal waren Ladislaus und sein Heer auf einem Feldzug. Bei sengender Hitze drohten Menschen und Tiere zu verdursten. Da flehte König Ladislaus zu Gott und bat um Wasser, und plötzlich entsprang unter dem Huf seines Pferdes eine Quelle. Ein anderes Mal konnten die Soldaten ihre Verfolger nicht abhängen; da bat Ladislaus zu Gott, und unter dem Huf des Pferdes tat sich im Berg eine Schlucht auf, durch die die Männer flüchten konnten.

Auf seinen Wunsch wurde Ladislaus I. nach seinem Tod am 29. Juli 1095 bei Neutra in der von ihm gegründeten Kathedrale in Großwardein (Rumänien) beigesetzt; seine Grabstätte entwickelte sich zum Wallfahrtsort. 1192 Heiligsprechung. Als Mongolen 150 Jahre nach dem Tod von Ladislaus Großwardein überfielen, erschien ihnen ein Streiter hoch zu Roß, über ihm schwebte eine goldglänzende Frauengestalt; die Mongolen ergriffen daraufhin die Flucht.

Darstellung: als Ritter von großem Wuchs, in königlichen Gewändern, oft zu Pferd

Laetus von Provins
Märtyrer
Fest: 2. Juli

Geboren 1155 in Provins, Frankreich, als Sohn eines Webers, wurde Laetus 14jährig von Verwandten ermordet, weil er sich deren gotteslästerliche Äußerungen verbeten hatte. Der Todestag war der 2. Juli 1169. Im Jahr 1200 wurden seine Gebeine erhoben.

Lambert (Lantbert) von Lyon hl.
OSB, Bischof von Lyon
Fest: 14. April

Der Lambert-Kult besteht in Frankreich trotz unsicherer Vita schon seit dem 8. Jh. Historisch bezeugt ist, daß Lambert unter → Wandregiselus Mönch im Benediktinerkloster Fontenelle war und nach dessen Tod dort Abt wurde. Etwa ab 678 war er Bischof von Lyon, wo er 688 starb.

Lambert von Maastricht hl.
Bischof von Maastricht, Märtyrer
Fest: 17. September

Lambert, geboren Mitte des 7. Jh. in Maastricht (Holland), war Schüler seines Onkels → Theodard, Bischof von Maastricht. Nach dessen Tod um 670/672 wurde er zum Nachfolger auf dem Bischofsstuhl ernannt, jedoch 675 durch den Hausmeier Ebroin abgesetzt und verbannt. Unter Pippin dem Mittleren konnte Lambert 682 wieder zurückkehren. In den folgenden Jahrzehnten widmete er sich vor allem der Organisation und dem Aufbau seiner Diözese und des Klerus. Eines Tages geriet er mit einem Adligen, der Kirchengut gestohlen hatte, so sehr in Streit, daß ihn dieser durch einen gedungenen Mörder in Lüttich (Belgien) erschlagen ließ. Der Todestag lag um 705 (wohl ein 17. September). Bischof → Hubert übertrug die Gebeine Lamberts 715 nach Lüttich, nachdem sie zuvor in Maastricht beigesetzt worden waren; sie verbrannten während der Französischen Revolution 1794. Eine Kopfreliquie befindet sich noch in Freiburg im Breisgau im dortigen Münster. – Um Lambert entwickelte sich rasch ein starker Kult, der bis ins späte Mittelalter anhielt und sich noch heute in verschiedenem Brauchtum ausdrückt (Lambert-Singen, Lambertlichter, Lambert-Tanz).

Darstellung: als Bischof, mit Schwert, Pfeil oder Lanze, mit Kirchenmodell, Handkreuz, glühenden Kohlen

Patronat: des Bistums Lüttich, der Stadt Freiburg im Breisgau, der Chirurgen und Zahnärzte, der Bauern, gegen Geburtsnöte, Krämpfe, Epilepsie, Augenleiden, Lahmheit, gegen Viehseuchen

Lambert von Vence
OSB, Bischof von Vence
Fest: 26. Mai

Lambert, geboren um 1080 in Frankreich, war ab 1114 bis zu seinem Tod am 26. Mai 1154 Bischof von Vence in Südfrankreich. Bis heute werden seine Gebeine dort in einem Schrein verehrt.

Lament, Boleslawa Maria sel.
Ordensgründerin
Fest: 29. Januar

Geboren am 3. Juli 1862 in Lowicz (Polen), trat Maria Lament 1884 in ihrer Heimat in die Kongregation der Familie Mariens ein und nahm den Namen Boleslawa an. Später ging sie nach Weißrußland, um dort lebende orthodoxe Christen wieder zur katholischen Kirche zurückzuführen. Zur Unterstützung ihrer Arbeit gründete sie 1905 die Kongregation der Schwestern-Missionarinnen von der Heiligen Familie; 1907 legte sie den Sitz der Ordengemeinschaft nach St. Petersburg. Ab 1913 wirkten die Schwestern auch in Finnland, später auch in Rom, Estland und Warschau. 1935 verzichtete Boleslawa Lament auf das Amt der Generaloberin und zog sich zurück; am 29. Januar 1946 starb sie in Bialystok (Polen). Seligsprechung am 5. Juni 1991 in Bialystok durch Papst Johannes Paul II.

Lamoignon, Marie-Louise Elisabeth de
Ordensgründerin
Fest: 4. März

Die Pariserin Marie-Louise Elisabeth de Lamoignon, geboren am 3. Oktober 1763, heiratete zunächst und hieß Molé de Champlatreux. Nach dem Tod ihres Ehemannes entschied sie sich für ein Leben der Caritas und gründete dafür die Kongregation der Schwestern von der Nächstenliebe vom heiligen Ludwig. Sie starb am 4. März 1825 in Vannes (Frankreich). Die Seligsprechung läuft.

Lampert, Carl
Priester, Märtyrer
Fest: 13. November
Geboren am 9. Januar 1894 in Göfis in Österreich, empfing Carl Lampert 1918 die Priesterweihe. 1930 ging er nach Rom, wo er als Advokat an der Sacra Romana Rota, dem bedeutendsten Gerichtshof der Römischen Kurie, wirkte. 1935 kehrte er in seine Heimat zurück und wurde 1939 Provikar der Apostolischen Administration in Innsbruck. 1940 verhaftete ihn die Gestapo und überführte ihn in das Konzentrationslager Dachau in Bayern. 1941 verbannte man ihn, 1943 wurde er erneut verhaftet und zum Tod verurteilt. Bei seiner Hinrichtung durch das Fallbeil am 13. November 1944 in Halle (Sachsen-Anhalt) waren seine letzten, bezeugten Worte: „Jesus, Maria." Lampert war der ranghöchste Geistliche Österreichs, der durch das Hitler-Regime ermordet wurde.

Landelin von Ettenheimmünster hl.
Einsiedler, (Märtyrer)
Fest: 21. September und 22. September
Im Bistum Straßburg (Frankreich) verehrte man Landelin von Ettenheimmünster schon seit dem 11. Jh. Der Einsiedler, der vielleicht aus Irland in die Ortenau gekommen war, lebte wohl im 6./7. Jh. und missionierte im Gebiet Ortenau und Elsaß. Eine Überlieferung berichtet, daß er gewaltsam ermordet worden sei, weshalb er auch als Märtyrer bezeichnet wird. Aus der Landelin-Einsiedelei entstand später das Benediktinerkloster Ettenheimmünster; bis heute steht dort noch die Wallfahrtskirche St. Landelin. Die Grabstätte von Landelin befindet sich im benachbarten Münchweier bei Ettenheim in Baden.
Patronat: gegen Augenkrankheiten, der Kinder

Der Vorarlberger Carl Lampert, Provikar der Apostolischen Administratur Innsbruck, starb 1944 durch das Fallbeil.

Büstenreliquiar des Lambert von Maastricht, eine Goldschmiedearbeit von Peter Sachs, 1514, im Münsterschatz von Freiburg.

Landelin von Lobbes hl.
OSB, Abt
Fest: 15. Juni
Geboren um 625 in Nordfrankreich aus adliger Familie, begann Landelin als junger Mann ein ausschweifendes Leben und war schließlich sogar ein Räuber. Er bekehrte sich aber, bereute und unternahm zwei Wallfahrten nach Rom. Danach trat er dem Benediktinerorden bei und empfing die Priesterweihe. Um 654 gründete er im belgischen Hennegau die später berühmte Benediktinerabtei Lobbes, 656 das Kloster Aulne, 657 Wallers und 670 das Kloster St-Crespin, das er bis zu seinem Tod 686 als Abt leitete.

Landfried (Lantfrid)
OSB, Abt
Fest: 10. Juli
Landfried wird als Gründer der Benediktinerabtei Benediktbeuern (Bayern) genannt; das Kloster entstand während der Bistumsorganisation von → Bonifatius, der Landfried angeblich mit der Einrichtung

Das Silberreliquiar des Landelin von Ettenheimmünster birgt die Hirnschale des Heiligen.

Der Schmuckfußboden aus dem 12. Jh. in der ehemaligen Klosterkirche von Benediktbeuern zeigt, wie → Bonifatius (rechts) die Regel des heiligen → Benedikt an Abt Landfried überreicht.

der Abtei beauftragte, die schon früh ein kulturelles und geistliches Zentrum wurde. Landfried starb an einem 10. Juli, vielleicht 800, in Benediktbeuern. 1288 Erhebung der Gebeine, die bis heute in der Klosterkirche Benediktbeuern aufbewahrt werden.

Landoald hl.
Priester
Fest: 19. März
Landoald soll ein Gefährte von → Amandus, dem Apostel der Belgier, gewesen sein; der Papst selbst hatte ihn von Rom entsandt. Angeblich war er der Lehrer von → Lambert von Maastricht. Landoald starb am 19. März wohl 668 in Wintershoven bei Maastricht (Holland), wo er beigesetzt wurde. 980 übertrug man seine Gebeine nach Gent in die Kirche St-Bavo.

Landrada hl.
Einsiedlerin, Äbtissin
Fest: 8. Juli
In den belgischen Diözesen Gent und Lüttich genießt Landrada bis heute starke Verehrung. Die Einsiedlerin lebte im 7. Jh. in Belgien, wo sie um 680 das Kloster Münsterbilsen gründete, das sie bis zu ihrem Tod um 695 als Äbtissin leitete. Sie genoß schon zu Lebzeiten große Verehrung; ihre Gebeine gelangten 980 nach Gent in die Kirche St-Bavo.

Landrich (Landry) hl.
Bischof
Fest: 17. April
Landrich, ein Sohn von → Waldetrud und → Vincentius Madelgar, war zu Beginn des 8. Jh. Missionsbischof in der Region um Brüssel (Belgien). Als Abt leitete er die von seinen Eltern gestifteten Klöster Hautmont und Soignies. Landrich, der manchmal (wohl fälschlich) auch Bischof von Metz oder von Meaux genannt wird, starb an einem 17. April um 700. Reliquien werden bis heute in Soignies aufbewahrt (dort auch Kult).

Landrich (Landericus) von Paris
Bischof von Paris
Fest: 10. Juni
Landrich war von 650 bis zu seinem Tod um 661 Bischof von Paris. Bis heute ist er unvergessen als Gründer des ersten Krankenhauses in Paris, des Hôtel-Dieu.

Landulf von Évreux
Bischof von Évreux
Fest: 13. August
Die ungesicherte Vita nennt Landulf Bischof von Évreux (um 600), der um 612 gestorben sein soll. Bis heute wird er in der Diözese Évreux (Frankreich) verehrt; in dem Ort Bérengeville-la-Rivière existiert eine Landulf-Wallfahrt.

Landvogt, Franz Adam
Priester
Fest: 5. Oktober
Franz Adam Landvogt war ab 1928 Pfarrer von St. Christoph in Mainz (Rheinland-Pfalz). Er war ein begnadeter Seelsorger und im Volk hoch verehrt und geliebt. Er starb am 5. Oktober 1953 und wurde in St. Peter in Mainz beigesetzt; das Grab ist eine Pilgerstätte, von mehreren Gebetserhörungen wird berichtet.

Lanfranc von Canterbury
OSB, Erzbischof von Canterbury
Fest: 28. Mai
Obwohl Lanfranc nie seliggesprochen wurde, wird er seit jeher wie ein Seliger verehrt und als solcher bezeichnet. Geboren um 1005 in Pavia (Italien), studierte Lanfranc und wurde ein gefeierter Lehrer in Italien und in Burgund. In Avranches in der Normandie eröffnete er um 1040 eine Schule für Rechtswissenschaften und freie Künste, die bald große Berühmtheit erlangte. 1043 trat Lanfranc in das Benediktinerkloster Le Bec in der Nor-

mandie ein, ab 1045 war er Prior und gründete die bald im ganzen Abendland berühmte Klosterschule. Zahlreiche Schüler von Lanfranc wurden selbst berühmte Glaubenspersönlichkeiten, so → Anselm von Canterbury, → Ivo von Chartres und der spätere Papst Alexander II. Ab 1063 war Lanfranc Abt von Kloster Caen. Wilhelm der Eroberer ernannte ihn dann 1070 zum Erzbischof von Canterbury (England). Lanfranc genoß auch das Vertrauen der Päpste, die ihn mit hohen Aufgaben betrauten. Für die Kirche in England leistete er große Dienste. Lanfranc starb am 28. Mai 1089 in Canterbury; seine Reliquien werden im Jesuitenkolleg in Venedig aufbewahrt. Viele der Schriften von Lanfranc sind bis heute beachtet.

Dieser Stich aus dem 17. Jh. zeigt die legendarische Geschichte, wie Bischof Lantpert nach einem Ungarnüberfall durch sein Gebet den Domberg vor der Einäscherung rettete (Freising stand bereits in Flammen). Danach soll ein dichter Nebel den Dom mehrere Tage vor den Ungarn verborgen haben.

Lantpert (Lantbert) von Freising hl.
Bischof von Freising
Fest: 18. September

Lantpert von Freising gehört bis heute zu den volkstümlichsten Heiligen in Bayern. Im Dom von Freising steht in der Krypta das Lantpert-Reliquiar, das 1973 vom Münchner Kardinal Julius Döpfner gestiftet wurde. Lantpert entstammte dem Grafengeschlecht von Ebersberg (Bayern); sein Geburtsjahr lag kurz vor 900. Im Jahr 937 bestieg er den Bischofsstuhl von Freising, den er bis zu seinem Tod am 19. September 957 innehatte; beigesetzt wurde er in der Domkrypta. Lantperts Amtszeit fiel in die schwierige Zeit der Ungarneinfälle. Nach einer Legende des 15. Jh. soll er es durch sein inniges Gebet erreicht haben, daß 955 bei einem Sturm der Ungarn auf Freising der Dom mehrere Tage von dichtem Nebel eingehüllt war und so vor der Einäscherung bewahrt blieb.
Darstellung: als Bischof, mit Lamm, betend im Dom

Der heilige Bischof Lantpert, nach einem Gemälde im Fürstengang von Freising.

Lantrua, Johannes (von Triora) sel.
OFM, Märtyrer
Fest: 13. Februar

Geboren am 15. März 1760 in Molini di Triora (Italien), trat Johannes Lantrua 1777 dem Franziskanerorden bei und empfing die Priesterweihe. Ab 1798 wirkte er heimlich unter vielen Qualen als Seelsorger in China, in das Ausländer keinen Zugang hatten. Er wurde schließlich entdeckt und eingekerkert und am 7. Februar 1816 in der Provinz Hunan am Kreuz erdrosselt. Die Reliquien gelangten 1866 in die Kirche S. Maria in Aracoeli in Rom. Gemeinsam mit anderen China-Märtyrern wurde Johannes Lantrua von Triora 1900 seliggesprochen; der Heiligsprechungsprozeß ist eingeleitet.

Lanuin(us)
OCart, Prior
Fest: 11. April

Lanuin war ein Schüler von → Bruno dem Kartäuser, den er nach Italien begleitete, wo der Ordensgründer 1091 in La Torre bei Squillace in Kalabrien seine zweite Kartause (nach der Grande Chartreuse bei Grenoble) gründete. Nach dem Tod Brunos folgte ihm Lanuin als Prior von La Torre; später war er auch apostolischer Visitator aller Klöster in Kalabrien. Lanuin starb am 11. April 1121 in La Torre. 1893 Approbation des Kultes.

Der spanische Ordensmann Adolfo Lanzuela wurde bereits zu Lebzeiten wie ein Heiliger verehrt.

Lanzuela, Adolfo
FSC, Ordensmann
Fest: 14. März
Geboren am 8. November 1894 in Cella in Spanien, trat Adolfo Lanzuela den Schulbrüdern bei und unterrichtete 40 Jahre am La-Salle-Kolleg im spanischen Montemolin. Wegen seines heiligmäßigen Lebens und seiner charismatischen Ausstrahlung wurde er schon zu Lebzeiten wie ein Heiliger verehrt. Lanzuela starb am 14. März 1976 in Saragossa, Spanien; seine Gebeine wurden 1980 in die Kapelle des La-Salle-Kollegs in Montemolin überführt. Der Seligsprechungsprozeß ist aufgenommen.

Laserian (Molaisse, Lamliss)
Bischof
Fest: 18. April
Der Ire Laserian gründete zunächst das Kloster und dann das Bistum Leighlin in Irland. Papst Honorius I. ernannte ihn zum apostolischen Legaten von Irland, wo er sich tatkräftig für die römischen Bräuche einsetzte. In großem Ruf starb Laserian am 18. April 639 oder 640. 1902 Approbation des Kultes.

Latinus
Bischof von Brescia
Fest: 24. März
Nach nicht ganz gesicherten Überlieferungen war Latinus der dritte Bischof von Brescia (Italien) und amtierte von 84 bis 115. Zeitweise wurde er im Gefängnis festgehalten und erlitt schwere Folterungen. Latinus starb 115 oder 119.

Laudomar (Launomar, Laumer) hl.
Einsiedler, Abt
Fest: 19. Januar
Geboren um 515 nahe Chartres (Frankreich), war Laudomar zunächst Hirte, später lebte er nach seiner Priesterweihe als Einsiedler. Um 570 gründete er für seine zahlreichen Schüler das Kloster Corbion bei Chartres und leitete es bis zu seinem Tod am 19. Januar 590 als Abt. Die Gebeine gelangten im 9. Jh. nach Blois, wo 924 das nach Laudomar benannte Kloster St-Laumer errichtet wurde, in dem die Reliquien noch immer verehrt werden. Der Kult existiert bis heute in den Diözesen Chartres und Séez.
Patronat: von Chartres und Blois

Laura
Äbtissin, Märtyrerin
Fest: 19. Oktober
Laura stammte aus Córdoba (Spanien); nach dem Tod ihres Ehemannes trat sie in Córdoba in das Kloster S. Maria de Cuteclara an, wo sie 855 Äbtissin wurde. Mauren nahmen sie gefangen und ermordeten sie am 19. Oktober 864, indem sie sie nach Folterungen in einen Kessel mit siedendem Blei warfen.

Laurent, Giovanni Battista
Ordensmann
Fest: 30. Dezember
Geboren am 12. September 1884 in Montjovet bei Aosta (Italien), trat Giovanni Battista Laurent als Frater Egidio in Verrés, Italien, dem Orden der Regularkanoniker vom heiligen Augustinus der Kongregation des Heiligsten Erlösers vom Lateran bei. Nach einem vorbildlichen Ordensleben starb er am 30. Dezember 1941 in Verrés. Der Seligsprechungsprozeß ist fortgeschritten.

Laurentius von Brindisi hl.
OFMCap, Ordensgeneral, Kirchenlehrer
Fest: 21. Juli
Laurentius war eine der gelehrtesten und charismatischsten Kirchenpersönlichkeiten seiner Zeit, sein Ansehen und sein Einfluß waren groß. Geboren am 22. Juli 1559 in Brindisi in Apulien (Italien), trat Laurentius, inzwischen Waise, 16jährig in Venedig dem Kapuzinerorden bei, 1582 empfing er die Priesterweihe. Schon während seines Studiums in Pavia bewies er außergewöhnliche Gelehrtheit, er sprach mehrere Sprachen fließend und kannte die Bibel auf Griechisch und Hebräisch auswendig. Als der Papst auf ihn aufmerksam wurde, holte er ihn nach Rom, damit er dort seine berühmten Predigten hielt. Im Kapuzinerorden bekleidete Laurentius viele hohe Ämter; so war er ab 1590 Provinzial der Toskana, ab 1593 von Venedig, von 1602 bis 1605 war er Ordensgeneral. Durch Laurentius kamen die ersten Kapuziner in den deutschsprachigen Raum, er gründete Klöster in Tirol, Bayern, Böhmen und in Wien. Es heißt, daß er die Visitationen der Abteien in den verschiedenen Ländern zu Fuß absolvierte. Seinem persönlichen Einsatz und Beistand war der Sieg der kaiserlichen Truppen über die Türken bei Stuhlweißenburg (11. Oktober 1601) zu verdanken. Laurentius von Brindisi starb am 22. Juli 1619 in Lissabon während einer Visitationsreise. Sein Leichnam ruht in der Kirche der Franziskanerinnen von Villafranca del Bierzo in Nordspanien. 1783 Seligsprechung, 8. Dezember 1881 Heiligsprechung, 1959 Ernennung zum Kirchenlehrer (Doctor apostolicus). – Laurentius von Brindisi hinterließ ein reiches Schriftenwerk, das teilweise erst

Der Ordensgeneral der Kapuziner, Laurentius von Brindisi, nach einem Gemälde von Pietro Labruzzi im Kapuzinerkonvent von Montughi bei Florenz.

1925 bis 1956 veröffentlicht wurde. Eines seiner berühmtesten Werke ist die „Lutheranismi Hypotyposis“, in der er die Lehre Martin Luthers zu widerlegen versuchte. Darstellung: als Kapuziner, mit Schreibfeder, Buch, Engeln, Marienbild, Jesuskind

Laurentius von Canterbury hl.
OSB, Erzbischof von Canterbury
Fest: 2. Februar, 3. Februar (England)
Laurentius gehörte zu den ersten Glaubensboten aus Rom, die, von Papst → Gregor dem Großen entsandt, den katholischen Glauben in England verkündeten; zusammen mit → Augustinus von Canterbury war er 597 eingetroffen. 601 kehrte er nach Rom zurück, um Verstärkung vom Papst zu erbitten, und kam mit einer zweiten Gruppe von Missionaren von dort zurück. Nach dem Tod von Augustinus bestieg Laurentius 605 als sein Nachfolger den Bischofsstuhl von Canterbury. In der Folge hatte er viel unter dem heidnischen König und dessen Gefolgsleuten zu erleiden, so daß er erwog, sich nach Frankreich zurückzuziehen. Doch im Traum erschien ihm → Petrus, der ihn bestärkte, in Canterbury zu bleiben, was er auch tat und schließlich sogar den Herrscher zum katholischen Glauben bekehrte. Laurentius starb am 2. Februar 619 in Canterbury.

Laurentius Giustiniani hl.
Bischof von Venedig
Fest: 8. Januar
Laurentius Giustiniani, geboren am 1. Juli 1381 aus der gleichnamigen venezianischen Adelsfamilie, war ab 1433 Bischof von Venedig. Seine Güte und Mildtätigkeit wurden gerühmt, er gab alles für die Armen und lebte selbst asketisch bescheiden. Als er im Sterben lag, wollte man ihm ein weiches Bett bereiten, doch er soll geantwortet haben: „Mein Heiland ist nicht auf Federn, sondern am harten Kreuzesholz gestorben.“ Er starb am 8. Januar 1456. Heiligsprechung 1690. Seit 1969 ist der Kult auf lokale Kalender beschränkt.

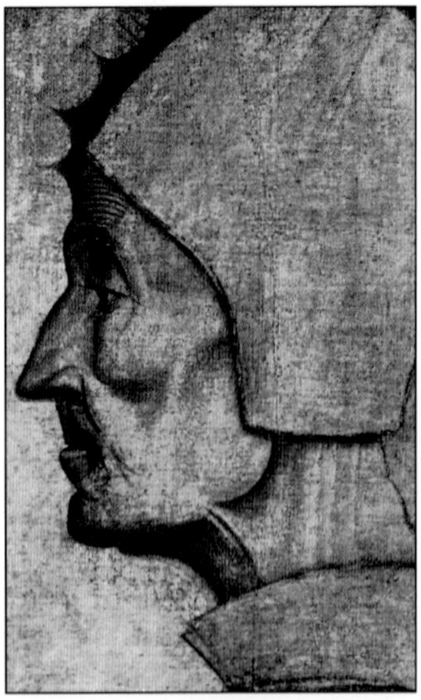

Laurentius Giustiniani, Ausschnitt nach einem Gemälde von Gentile Bellini, 1465, Accademia, Venedig.

Laurentius Humphrey sel.
Märtyrer
Fest: 7. Juli
Geboren 1571 in Hampshire (England), konvertierte Laurentius Humphrey als Junge zum katholischen Glauben. 20jährig wurde er bald darauf gefangengenommen und, als er sich weigerte, seinem Glauben abzuschwören, gehängt und gevierteilt. 1929 Seligsprechung.

Laurentius Illuminator hl.
Klostergründer, Bischof(?)
Fest: 3. Februar
Der Syrer Laurentius kam auf der Flucht vor Verfolgung Mitte des 6. Jh. nach Italien, wo er bei Spoleto ein Kloster gründete. Nach unsicherer Quelle soll er 20 Jahre Bischof von Spoleto gewesen sein, bevor er sein Amt abgab und das berühmte Kloster Farfa in den Sabiner Bergen bei Rom gründete, das er bis zu seinem Tod 576 leitete. Der Beiname Illuminator rührt daher, daß Laurentius die Gabe gehabt haben soll, Blinde zu heilen (Augenkranke) und zu erleuchten (dem Heil Verschlossene).

Laurentius Loricatus sel.
OSB, Einsiedler
Fest: 16. August
Laurentius stammte aus Apulien (Italien), wo er um 1180 geboren wurde. Als Soldat tötete er unabsichtlich einen Menschen, worüber er so entsetzt war, daß er eine Bußwallfahrt nach Santiago de Compostela unternahm und nach der Rückkehr dem Benediktinerorden beitrat. Ab 1210 lebte er als Einsiedler in einer Höhle in Subiaco unweit von Rom. Er unterwarf sich strengsten Bußübungen und Abtötungen; so trug er immer ein eisernes Büßerhemd (lorica, lateinisch für Kettenhemd). Laurentius Loricatus starb am 16. August 1243 in Subiaco. 1778 Bestätigung des Kultes.

Laurentius O'Toole hl.
OSA, Erzbischof von Dublin
Fest: 14. November
Als Lorcan O'Tuathail um 1128 in Leinster in Irland geboren, trat Laurentius O'Toole zwölfjährig dem Augustinerorden bei und in das berühmte irische Kloster Glendalough ein, wo er später Abt wurde. Hoch geachtet wegen seiner Tatkraft, erhielt er die Ernennung zum Erzbischof von Dublin und 1179 zum Päpstlichen Legaten für Irland, wo er zahlreiche Reformen durchführte. Im Streit mit König Heinrich II. von England, der Irland erobert hatte, durfte Laurentius schließlich seinen Bischofssitz nicht mehr einnehmen. Auf dem Weg zum König, der in Frankreich weilte und mit dem er sich aussprechen wollte, erkrankte Laurentius und starb am 14. November 1180 im Augustinerkloster in Eu in der Normandie. 1225 Heiligsprechung.

Laurentius (Lorenz) von Rom hl.
Märtyrer
Fest: 10. August
Zu allen Zeiten wurde Laurentius (Lorenz) im Westen und im Osten verehrt, sein Haupt wird als eine der kostbarsten Reliquien der Christenheit im Vatikan aufbewahrt. In Rom folgte Laurentius in der Verehrung gleich nach → Petrus und → Paulus; der Kult ist in der ganzen Welt bekannt. Nach den historisch nicht ganz gesicherten Überlieferungen war der aus Spanien gekommene Laurentius Diakon unter Papst → Sixtus II. (257 bis 258), mit dem er freundschaftlich verbunden war (es existieren Quellen, die Gespräche der beiden wiedergeben). Sixtus II. wurde am 6. Au-

Nachfolgende Seiten: Seite 394: Das Martyrium des heiligen Laurentius von Rom auf einem glühenden Rost, Stich von Louis Vorstermann nach einem Gemälde von Peter Paul Rubens.

Seite 395 von oben nach unten: Eine der sieben Hauptkirchen Roms, S. Lorenzo fuori le mura, errichtet zu Ehren des Laurentius von Rom.

Unter dem Hauptaltar in der Kirche S. Lorenzo befindet sich der Laurentius-Altar mit Reliquien des Heiligen.

Der angebliche Rost, auf dem Laurentius sein Martyrium erlitt, befindet sich hinter dem Reliquienaltar in der Kirche S. Lorenzo fuori le mura in Rom.

gust 258 beim Gottesdienst in den Calixtus-Katakomben mit seinen vier Diakonen festgenommen (unter ihnen Laurentius) und noch am selben Tag enthauptet. Vier Tage später, am 10. August 258, soll Laurentius das Martyrium erlitten haben, indem man ihn auf einen glühenden Rost legte und dort zu Tode brannte. (Wahrscheinlicher aber ist, daß auch Laurentius enthauptet wurde.) Laurentius hatte Sixtus II. auf dem Weg zu dessen Martyrium begleitet und weinend ausgerufen: „Wo gehst du hin, Vater, ohne deinen Sohn?" Sixtus erteilte Laurentius daraufhin noch den Auftrag, den gesamten Kirchenschatz Roms an die Armen zu verschenken, was dieser vor seinem Martyrium auch tat; als Laurentius dann vor den Christenverfolger Kaiser Valerian treten mußte, brachte er die Notleidenden Roms, die er beschenkt hatte, mit und rief dem Herrscher zu: „Das sind die wahren Kirchenschätze." – Bis zum heutigen Tag ruhen die Gebeine von Laurentius zusammen mit denen von → Stephan in einem antiken Sarkophag in der Kirche S. Lorenzo fuori le mura in Rom, einer der Hauptkirchen der Ewigen Stadt. Die Ursprungskirche ließ → Konstantin der Große errichten. Im bäuerlichen Kalender nimmt Laurentius einen wichtigen Stellenwert ein; der Laurentius-Tag gilt als Wetter- und Lostag. Der Heilige ist der erste sogenannte „Herbstbruder", der den Anbau der herbstlichen Feldfrüchte einleitet. In früheren Zeiten wurden auf dem Land am 10. August die Glocken geläutet. Auch bäuerliche Sprüche gibt es, so: „Auf Laurenzi ist es Brauch, hört das Holz zu wachsen auf." Sternschnuppen, die Mitte August häufig fallen, werden manchmal „Laurentius-Tränen" genannt. Am 10. August brachten Bauern früher auch oft Brote in die Kirche, um sie segnen zu lassen; danach wurden sie an wartende Bedürftige verteilt. Auch das Vieh erhielt ein Stück vom „Laurenzibrot", damit es ebenfalls gesegnet war. Bei Krankheiten sah man früher „Laurenzikräuterl" und „Laurenzilorbeer" (Goldrute) als Heilmittel an. Vor Feuergefah-

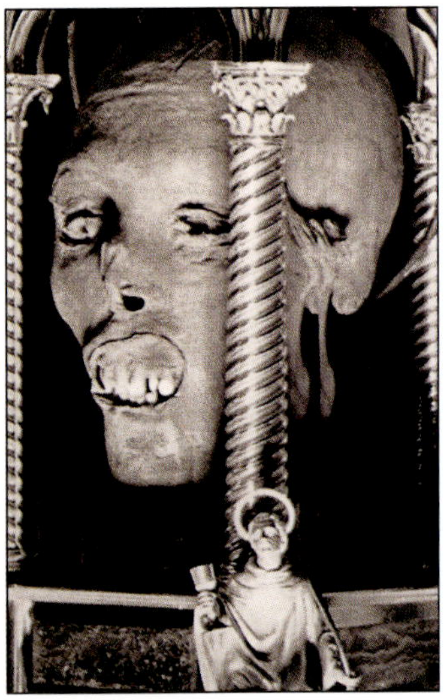

Eine der kostbarsten Reliquien der Christenheit, das Haupt des Laurentius von Rom, wird im Tesoro delle Reliquie im Vatikan aufbewahrt.

Jacques-Désiré Laval, der in Mauritius als Arzt, Priester und Missionar wirkte.

Gegenüberliegende Seite oben: Die Auferweckung des Lazarus von Bethanien durch Jesus Christus, Darstellung aus einem Stundenbuch des Mittelalters.

Unten: Der Erzbischof von Algier und spätere Kardinal Charles Lavigerie, Gründer der Missionsgesellschaft der Weißen Väter, nach einem Foto von 1890.

ren sollten „Laurenzikohlen" bewahren, der Laurentius-Segen galt als Brandsegen gegen Feuer, aber auch bei seelischen Qualen. Eine bedeutende Laurentius-Wallfahrt existiert bis heute in Gau-Algesheim im Bistum Mainz (dabei werden auch Pferde und Autos gesegnet).
Darstellung: als junger Diakon, meist mit Rost, Martyrium auf dem Rost, mit Geldsack (Kirchenschatz), Broten, Kelch, Palme
Patronat: von Wuppertal und Nürnberg, der Bibliothekare, Archivare, Köche, Bierbrauer, Wirte, Verwalter, Konditoren, Glaser, Glasbrenner, Wäscherinnen, Büglerinnen, der Feuerwehren, der Schüler und Studenten, gegen Augenleiden, Hexenschuß, Ischias, Fieber, Hautkrankheiten, gegen Feuergefahren, gegen Qualen des Fegefeuers, der Trauben und Weinberge, der armen Seelen

Laurentius von Rippafratta sel.
OP, Ordensmann
Fest: 27. September
Laurentius stammte aus Rippafratta in der Toskana (Italien), wo er um 1375 geboren wurde. In Pisa trat er dem Dominikanerorden bei und wurde ein vielbeachteter Prediger und Lehrer; unter seinen Schülern waren → Antoninus und → Giovanni da Fiésole. Laurentius starb am 27. September 1456 in Pistoia in der Toskana und wurde dort in der Kirche S. Domenico beigesetzt. 1851 Bestätigung des Kultes.

Laurentius Ruiz hl.
Märtyrer
Fest: 28. September
Laurentius gehörte der Gruppe der 15 japanischen Märtyrer um → Dominikus Ibánez de Erquicia an, die Papst Johannes Paul II. am 18. Februar 1981 in Manila selig- und am 18. Oktober 1987 im Petersdom in Rom heiligsprach. Laurentius Ruiz war der einzige Filipino in diesem Kreis; er stammte aus Manila, wo er 1589 in Guipúzcoa geboren wurde. Der Familienvater diente den 14 Dominikanermissionaren mehrerer Nationen, die in Japan unter größten Gefahren den Glauben verkündeten, als Sakristan. 1633 erließ der Oberkommandierende der japanischen Streitkräfte ein Edikt, das sagte, daß Ausländer, die das Christentum predigten, gefangengenommen und getötet werden sollen. Kurz darauf wurden Laurentius Ruiz und seine Gefährten in den Kerker geworfen und gefoltert und am 14. August 1633 in Nagasaki ermordet.

Laurentius von Siponto sel.
Bischof von Siponto
Fest: 7. Februar
Laurentius war von 492 bis zu seinem Tod um 546 Bischof von Siponto (Italien). Es heißt, er habe das Michaelsheiligtum auf dem Monte Gargano in Apulien errichtet.

Laurentius von Villamagna sel.
OFM, Ordensmann
Fest: 6. Juni
Geboren 1476 in Villamagna in den Abruzzen (Italien) als Sohn der Adelsfamilie de Mascolis (Maschi) trat Laurentius dem Franziskanerorden bei und wurde einer der bekanntesten Prediger seiner Zeit. Er besaß die Gabe der Weissagung und sah auch seinen eigenen Tod am 6. Juni 1535 voraus. An seiner Grabstätte ereigneten sich viele Wunder.

Laurus (Léry)
Abt
Fest: 30. September
Laurus stammte aus Wales und kam im 7. Jh. in die Bretagne (Frankreich), wo er das Kloster St-Malo gründete und als Abt leitete. Er starb Ende des 7. Jh. Das Kloster benannte man später St-Léry.

Laurus → Florus und Laurus

Lauto (Laudus, Lo)
Bischof von Coutances
Fest: 22. September
Lauto war von 528 bis 568 Bischof von Coutances in der Normandie (Frankreich) und eine der tatkräftigsten Kirchenpersönlichkeiten seiner Zeit, bezeugt als Teilnehmer vieler Synoden des 6. Jh. Er starb am 22. September 568. Sein Familiensitz wurde später das Dorf St-Lo.

Laval, Jacques-Désiré sel.
CSSp, Ordensmann, Missionar
Fest: 9. September
„Apostel von Mauritius" wird Jacques Laval genannt, die Einheimischen sagten schon zu Lebzeiten „Vater" zu ihm. Geboren am 18. September 1803 in Croth (Frankreich), studierte Laval zunächst Medizin und wurde Arzt. 1838 empfing er die Priesterweihe und wurde Pfarrer; später trat er dem Orden der Spiritaner bei. Ab 1841 war er als Missionar auf der Insel Mauritius tätig, wo kurz zuvor 70 000 Sklaven befreit worden waren, die seelsorgerisch betreut werden mußten. Da Jacques aus seiner Heimat keine Unterstützung erhielt, bildete er sich seine Mitarbeiter aus den Reihen der Eingeborenen heran. Laval begründete ein bis heute bewundertes Pastoralmodell, indem er die ganze Insel in Bezirke einteilte, in denen Katecheten Unterricht erteilten, Wortgottesdienste feierten und sich um Arme und Kranke kümmerten. Jacques Laval starb am 9. September 1864 in Port-Louis auf Mauritius. Regierungschef Ramgoolam erklärte 1976 den 9. September zum Staatsfeiertag von Mauritius. 29. April 1979 Seligsprechung.

Lavigerie, Charles-Martial-Allemand
PA, Kardinal, Ordensgründer
Fest: 25. November
Geboren am 31. Oktober 1825 in

Huire bei Bayonne (Frankreich), empfing Charles-Martial-Allemand Lavigerie 1849 die Priesterweihe. Nach verschiedenen Studien und Lehrtätigkeiten wurde er 1863 Bischof von Nancy und 1867 Erzbischof von Algier; 1882 erhielt er die Ernennung zum Kardinal, 1884 zum Erzbischof von Karthago und gleichzeitig zum Primas von Afrika. Sein ganzes Streben galt der Missionierung; sein Ziel war es, in Algerien ein Zusammenleben von Arabern und Europäern zu erreichen. 1868 gründete Lavigerie die Missionsgesellschaft der Weißen Väter, 1869 die Gemeinschaft der Weißen Schwestern für die Missionsarbeit bei den Muslimen. Am 12. November 1890 rief er im berühmten „Toast von Algier" zur Aussöhnung der französischen Katholiken mit der Republik Algerien auf. Lavigerie starb am 25. November 1892 in Algier. Beigesetzt ist er in der von ihm gegründeten Kathedrale von Karthago. Der Seligsprechungsprozeß ist eingeleitet.

Lazaros Stylites hl.
Säulensteher
Fest: 7. November
Lazaros Stylites war einer der berühmtesten Säulensteher des 11. Jh. Fast ein halbes Jahrhundert verbrachte der Mönch auf der Säule. Lazaros lebte zunächst einige Zeit im Sabaskloster in Palästina, bevor er um 1006 seine erste Säule bei Ephesus (Türkei) bestieg, auf der er sieben Jahre stand. Danach zog er sich auf den Berg Galesion nördlich von Ephesus zurück, wo bereits andere Styliten und Stylitinnen lebten; dort stand Lazaros 41 Jahre lang auf seiner Säule. Um ihn herum entstanden im Laufe der Jahre drei Männer- und ein Frauenkloster; Lazaros hatte für die Mönche und Nonnen eine Regel verfaßt.

Lazarus von Bethanien
Freund Jesu
Fest: 17. Dezember
Das in vielen Sprachen bekannte Wort Lazarett hat seinen Ursprung im Lazarus-Kult (geht aber möglicherweise auch auf einen anderen Lazarus zurück). Die Geschichte des Lazarus ist eine der bekanntesten überhaupt; danach war Lazarus der Bruder von → Maria (Magdalena) und → Martha und ein enger Freund von Jesus, der manchmal im Haus der Geschwister in Bethanien in Palästina zu Gast war. Eines Tages verstarb Lazarus, und Jesus erweckte ihn vier Tage später wieder zum Leben. Darüber berichtet → Johannes. – Nach einer anderen Überlieferung soll Lazarus nach seiner Erwekkung nach Zypern gekommen und dort Bischof von Lition geworden sein. In Larnaka auf Zypern zeigt man bis heute den angeblichen Lazarus-Sarkophag. Nach der Legenda aurea wiederum gelangte Lazarus mit seinen Schwestern auf wundersame Weise mit dem Boot nach Marseille in Südfrankreich und wirkte dort als Bischof. Angebliche Reliquien von Martha und Maria Magdalena werden ebenfalls im südlichen Frankreich verehrt (Tarascon und Saint-Maximla-Sainte-Baume). – In Bethanien (Israel) zeigt man bis heute das Grab, in dem Lazarus vier Tage lang beigesetzt gewesen sein soll. Am Samstag vor dem Palmsonntag wird zu Ehren von Lazarus eine Prozession von Jerusalem nach Bethanien durchgeführt; in der Ostkirche ist dieser Tag jeweils auch der Gedenktag. In Spanien, Italien und Frankreich wurde das Lazarus-Fest früher am Palmsonntag oder am fünften Fastensonntag gefeiert. Angebliche Lazarus-Reliquien werden an vielen Orten verehrt.
Darstellung: Auferweckungsszenen, als Bischof, mit Martha und Maria Magdalena (manchmal im Boot)
Patronat: der Bettler, der Metzger, der Totengräber, der Aussätzigen, der Leprosenhäuser

Lea von Rom hl.
Witwe
Fest: 22. März
Die Witwe Lea wurde „Mutter der Jungfrauen" genannt, weil sie in Rom dem Jungfrauenkloster S. Marcella vorstand und ihren Nonnen ein großes Vorbild war. Sie gehörte zu dem Kreis der frommen Frauen, die sich um → Hieronymus gesammelt hatten; er würdig-

Ursula Julia Maria Ledóchowska gründete in Rom die sogenannten „Grauen Ursulinen".

Büstenreliquiar des heiligen Leander von Sevilla, in der Schatzkammer des Doms von Sevilla.

te nach ihrem Tod (22. März 384) ihre außergewöhnliche Tugendhaftigkeit. Ihre letzte Ruhestätte fand Lea von Rom in Ostia bei Rom.
Darstellung: als Witwe, betend vor einem Kreuz

Leander hl.
Erzbischof von Sevilla
Fest: 27. Februar
Leander war einer der großen Kirchenväter Spaniens. Geboren um 540 in Cartagena, kam er mit seiner Familie nach Sevilla, wo er sich nach dem frühen Tod der Eltern um seine Geschwister kümmerte, unter ihnen → Isidor von Sevilla. Später trat er dem Benediktinerorden bei, 578 wurde er Erzbischof von Sevilla. An der Bekehrung von → Hermenegild war er neben dessen Frau Ingundis maßgeblich beteiligt, und er unterstützte den Sohn des mächtigen Westgotenkönigs Leovigild auch gegen seinen wütenden Vater (der ihn dann 585 ermorden ließ). Während einer Mission in Konstantinopel lernte Leander → Gregor den Großen kennen, dessen enger Freund er wurde. Leander gilt als Wegbereiter und Organisator des berühmten Konzils von Toledo (589), auf dem auch der Westgotenkönig Rekkared, Bruder von Hermenegild, mit seinem ganzen Volk vom Arianismus zum Katholizismus übertrat. 590 berief er ein weiteres Konzil in Toledo ein, das wieder wichtige Entscheidungen für die spanische Kirche traf. Leander starb 600 in Sevilla; manche Quellen nennen den 13. März, andere den 27. Februar. Zahlreiche wichtige Schriften von ihm sind bis heute erhalten.
Darstellung: als Erzbischof, mit Buch, Schreibfeder, Herz, flammendem Herzen, mit seinen Geschwistern
Patronat: von Sevilla, gegen Rheuma

Le Bouteiller,
Martha Aimée sel.
Schulschwester
Fest: 18. März
Geboren am 2. Dezember 1816 in Percy in Frankreich, wurde Aimée Le Bouteiller am 19. März 1841 in St-Sauveur-le-Vicomte Schulschwester im Orden von → Maria Magdalena Postel und nahm den Namen Martha an. Bis zu ihrem Tod am 18. März 1883 diente sie über vier Jahrzehnte sich aufopfernd und bescheiden im Mutterhaus ihrer Kongregation und war schon zu Lebzeiten wegen ihres heiligmäßigen Lebens hoch verehrt. 4. November 1990 Seligsprechung.

Lebuin (Liebwin, Liafwin) hl.
OSB, Mönch, Missionar
Fest: 12. November
Lebuin stammte aus Ripon in England, wo er Mitte des 8. Jh. dem Benediktinerorden beitrat. Nach dem Tod von → Bonifatius (754) kam er zu → Gregor von Utrecht, der die Friesenmission von Bonifatius übernommen hatte, und unterstützte ihn mit wechselndem Erfolg bei der Missionierung unter den Friesen. In Deventer (Niederlande) errichtete er eine Kirche, die zum Mittelpunkt seines Wirkens wurde und in der er nach seinem Tod um 780 seine letzte Ruhestätte fand. Dort existiert bis heute ein Kult.
Patronat: von Deventer, der Sterbenden

Ledóchowska,
Maria Theresia sel.
Ordensgründerin
Fest: 6. Juli
Maria Theresia Ledóchowska (eine Schwester von → Ursula Julia Maria Ledóchowska), geboren am 29. April 1863 in Loosdorf in Österreich, widmete ihr Leben ab 1888 der Mission in Afrika. Angeregt worden war sie dazu von Charles-Martial-Allemand → Lavigerie, dem Gründer der Weißen Väter. Sie gründete Antisklavenvereine, Organisationen, die sich um materielle Hilfe für die Afrika-Mission kümmerten, und Druckereien für afrikanische religiöse Bücher und Unterrichtsmaterial. Ihr Werk setzte sich fort in der Kongregation der Petrus-Claver-Sodalität für die afrikanischen Missionen (1894). Maria Theresia Ledóchowska starb am 6. Juli 1922 in Rom, wo sie 1905 das Generalat der Kongregation eröffnet hatte. Seligsprechung am 25. September 1975.

Ledóchowska,
Ursula Julia Maria sel.
OSU, Ordensgründerin
Fest: 29. Mai
Geboren am 17. April 1865 in Loosdorf in Österreich, trat Ursula Ledóchowska 1886 in Krakau (Polen) den Ursulinen bei. Nach bewegten Jahrzehnten, während deren sie im Verlauf des Ersten Weltkrieges auch ins Exil nach Schweden auswandern mußte, gründete sie 1923 in Polen die Kongregation der „Ursulinen von dem Todesangst leidenden Herzen Jesu", auch „Graue Ursulinen" genannt. Auf Wunsch des Heiligen Stuhls übte Ursula Ledóchowska ihr Apostolat in Rom aus. Die Ordensschwestern kümmerten sich um Alte, Kranke und Gebrechliche sowie um Kinder sozial schwacher Familien. Niederlassungen gibt es in Europa, Kanada und Brasilien. Die Gründerin starb am 29. Mai 1939 in Rom. Seligsprechung am 20. Juni 1983; da-

Links oben: In jungen Jahren war Maria Theresia Ledóchowska Hofdame beim Fürsten der Toskana, darunter sieht man sie als Ordensgründerin.

nach wurden die Reliquien in das Mutterhaus der Kongregation in Pniewy bei Posen in Polen überführt. Auch ihre Schwester → Maria Theresia Ledóchowska ist seliggesprochen.

Lehner, Bernhard
Schüler
Fest: 24. Januar
„Diener Gottes" darf Bernhard Lehner seit 1951 genannt werden; der Seligsprechungsprozeß ist eingeleitet. Geboren am 4. Januar 1930 in Herrngiersdorf in Bayern, erkrankte Bernhard Lehner als 13jähriger Ende 1943 schwer; in der Kinderklinik Regensburg (Bayern) ertrug er heroisch und tief erfüllt von der Liebe zu Gott einen zehnwöchigen Krankenhausaufenthalt bis zu seinem Tod am 24. Januar 1944. Kurz vor Ausbruch seiner Krankheit hatte Bernhard zu seiner Mutter gesagt: „Ich würde mich freuen, wenn ich sterben könnte." Die Verehrung für den Schüler begann bereits im Todesjahr und wurde ständig größer; auffallende Heilungen nach Gebeten zu Bernhard Lehner sind bezeugt. Als die Gebeine am 12. September 1952 vom Friedhof in die Ortskirche von Herrngiersdorf übertragen wurden, nahmen über 20 000 Menschen an der Feier teil. Bis heute begehen die Gläubigen von Herrngiersdorf den Gedenktag am zweiten Sonntag im September.

Leisner, Karl sel.
Priester
Fest: 12. August
Das Tagebuch von Karl Leisner endet mit der Eintragung vom 25. Juli 1945: „Segne auch, Höchster, meine Feinde." Am 12. August 1945 starb der Priester, 30 Jahre alt, an den Folgen der im Konzentrationslager Dachau erlittenen Mißhandlungen. Papst Johannes Paul II. sprach Karl Leisner bei einem Deutschlandbesuch am 23. Juni 1996 in Berlin selig; er würdigte damit einen Mann, von dem der große Kardinal → Clemens August von Galen in einem Kondolenzbrief an die Eltern Leisners geschrieben hatte: „Sie haben dem Himmel einen Heiligen geschenkt." – Geboren am 28. Februar 1915 in Kleve (Nordrhein-Westfalen), wurde Karl Leisner Diakon. Während eines Sanatoriumsaufenthaltes 1939 im Schwarzwald, bei dem er die Folgen einer Tuberkulose auskurierte, hörte er vom mißglückten Attentat auf Adolf Hitler in München. Seine Bemerkung „schade" wurde von einem der Mitpatienten sofort an einen Nazi-Funktionär weitergeleitet, Leisner noch am selben Tag im November 1939 verhaftet. Er kam zunächst in die Gefängnisse Freiburg und Mannheim, wo die Tuberkulose wieder aufbrach, dann in die Konzentrationslager Sachsenhausen sowie Dachau, wo Leisner 1945 das Ende des Krieges erlebte. Im KZ Dachau hatte der Diakon am 26. Dezember 1944 unter schlimmsten Bedingungen heimlich die Priesterweihe empfangen; Zeugen berichteten später von der ergreifenden Zeremonie, die der ebenfalls verhaftete französische Bischof von Clermont-Fer-

Diese Aufnahme von Karl Leisner im Priestergewand entstand im KZ Dachau bei einer „Generalprobe" zwei Tage vor seiner Priesterweihe.

Bernhard Lehner als Erstkommunikant am 16. April 1939.

rand, Gabriel Piguet, in Sträflingskleidern mit übergelegtem Pontifikalgewand durchführte. Nach der Entlassung aus Dachau kam Karl Leisner in ein Sanatorium in Planegg bei München, wo er am 12. August 1945 starb. Seit 1966 befindet sich sein Grab im Dom zu Xanten (Nordrhein-Westfalen).

Hinter dem Messinggitter befinden sich die sterblichen Überreste von Papst Leo I., dem Großen, in einer Urne. Das Grabdenkmal wurde von Alessandro Aljardi geschaffen und befindet sich in St. Peter in Rom.

Lentini, Domenico sel.
Priester
Fest: 25. Februar

Geboren am 20. November 1770 in Lauria bei Potenza (Italien), entschied sich Domenico Lentini früh für den Priesterberuf; 1794 empfing er die Priesterweihe. Er beschloß, an seinem Heimatort Lauria und in seiner Diözese seelsorgerisch zu wirken, und blieb dort sein ganzes Leben. Sein einziges Streben waren Gebet und Buße, Gefährten nannten ihn „einen Engel am Altar". Immer mehr Menschen strömten in seine Kirche und zu seinen Predigten, Kinder und junge Menschen unterrichtete Lentini umsonst und weigerte sich, etwas dafür anzunehmen. Er selbst lebte asketisch, aß fast nichts und schlief nur wenig, meist auf dem Steinfußboden. Am 25. Februar 1828 starb Domenico Lentini in Lauria; seine Beisetzung dauerte sieben Tage, die Menschen kamen von überall her und verehrten ihn wie einen Heiligen. Papst Johannes Paul II. sprach Lentini am 12. Oktober 1997 selig.

Der Priester Domenico Lentini wurde von seinen Gefährten als „Engel am Altar" bezeichnet.

Leo I. (der Große) hl.
Papst (440 bis 461)
Fest: 10. November

Es heißt, das Papsttum sei mit dem Pontifikat von Leo I. auf einem ersten Höhepunkt angelangt. Als einem von wenigen Päpsten erkannte die Kirche ihm den Beinamen „der Große" zu. Leo stammte aus dem Gebiet der heutigen Toskana; das genaue Geburtsdatum ist nicht bekannt. Er wurde Archidiakon von Papst → Cölestin I., der 432 starb. Nach dem Pontifikat von Sixtus III. wurde er am 29. September 440 zum Papst gewählt. Er erwarb sich große Verdienste bei der Verteidigung kirchlicher Rechte und in der Abwehr zahlreicher Irrlehren in ganz Europa, etwa des Pelagianismus und des Manichäismus. Immer wieder verteidigte Leo I. die göttliche und die menschliche Natur in Jesus Christus und begab sich dadurch ständig in eine Machtprobe mit der Ostkirche, die nur die Mensch gewordene göttliche Natur sah (Monophysitismus). Auf dem berühmten Konzil von Chalkedon im Jahr 451 stimmten alle Kirchenvertreter der Meinung von Leo zu, und der Papst stand im Mittelpunkt größter Bewunderung. 452 rettete Leo I. Rom vor den heranrückenden Hunnen, indem er Attila entgegenreiste und ihm bei Mantua in Norditalien mit so großer Würde entgegentrat, daß dieser von sich aus auf eine Zerstörung Roms verzichtete. Als drei Jahre später die Vandalen unter Geiserich in Rom einfielen, konnte Leo zwar die Plünderung nicht verhindern, aber zumindest die Einäscherung der Stadt. Das Volk sah in ihm daraufhin einen Helden und verehrte ihn wie einen Heiligen. Leo I. war die absolut beherrschende Persönlichkeit seiner Zeit. Er starb am 10. November 461 in Rom und wurde als erster Papst in der Vorhalle der konstantinischen Petersbasilika beigesetzt. 688 Erhebung der Gebeine und Übertragung in einen ihm geweihten Altar in der Kirche; heute erinnert ein außergewöhnliches Grabmal im Petersdom an ihn.

Darstellung: im Papstgewand, mit Tiara und Papstkreuz, mit Drachen (Rettung vor Attila), Schriftrolle, Kodex

Patronat: der Musiker, Sänger und Organisten

Leo II. hl.
Papst (682 bis 683)
Fest: 3. Juli

Leo II. stammte aus Sizilien (Italien); am 17. August 682 bestieg er den Papststuhl. In den zehneinhalb Monaten seines Pontifikates bemühte er sich um die Wiederherstellung des Friedens zwischen Ost und West, der zu jener Zeit nachhaltig gestört war; so gründete er in Rom unter anderem die Kirche S. Giorgio in Velabro für die Griechen. Leo II. starb am 3. Juli 683 in Rom und wurde in St. Peter beigesetzt.

Papst Leo II. war zehneinhalb Monate im Amt und gründete die Kirche S. Giorgio in Velabro.

Rechts: Leo III., der „Kaisermacher", krönte → Karl den Großen im Jahr 800.

Leo III. hl.
Papst (795 bis 816)
Fest: 12. Juni

Durch Leo III. wurde der Papst für längere Zeit zum „Kaisermacher"; er war es, der → Karl den Großen an Weihnachten 800 in Rom zum Kaiser krönte, eine Rolle, die in der Folge zahlreichen weiteren Päpsten zufiel. Geboren Mitte des 8. Jh. wohl in Rom, wurde Leo III., Kardinalspriester in Rom, bereits am Tag nach dem Tod seines Vorgängers Hadrian I. zum Papst gewählt. Er war frankenfreundlich gesinnt und erkannte Karl den Großen als Schutzherrn von Rom an. Feinde dieser Haltung überfielen ihn 799 bei einer Prozession in Rom und mißhandelten ihn schwer. Leo konnte fliehen und suchte Karl in Paderborn auf, der ihn unter seinem Schutz wieder nach Rom zurückentsandte. Bald darauf kam Karl selbst nach Rom, hielt dort eine Synode ab und wurde von Leo zum Kaiser gekrönt. Leo III. starb am 12. Juni 816 in Rom und wurde in St. Peter beigesetzt. 1673 Heiligsprechung.

Leo IV.
OSB, Papst (847 bis 855)
Fest: 17. Juli

Der Römer und Benediktiner Leo IV. bestieg im Januar 847 den Papststuhl und mußte sich wie seine Vorgänger in Rom mit den plündernden und mordenden Sarazenen auseinandersetzen. Um dem Vatikan Schutz zu geben, ließ er ihn mit einer Mauer umgeben (Leostadt). Als die Sarazenen 849 erneut in Rom einfallen wollten, wurden sie von der Truppe des

Begegnung zwischen Attila und Leo dem Großen, nach einem Fresko (Stanza di Eliodoro) von Raffael, um 1513. Obwohl das Treffen am Fluß Mincio bei Mantua stattfand, verlegte es der Künstler in die Nähe von Rom.

Leonius hl.
OSB, Abt
Fest: 26. Januar
Leonius war zunächst Mönch, ab 1131 Abt des Benediktinerklosters Lobbes (Belgien), ab 1138 von St-Bertin (Sithiu). Er wurde hoch gerühmt wegen seiner Tatkraft und seines Bemühens, seine Abtei völlig unabhängig zu führen. Er starb am 26. Januar 1163.

Leonorus
Bischof
Fest: 1. Juli
Leonorus stammte aus Wales, wo er zu Beginn des 6. Jh. als Sohn des Königs der Bretagne geboren wurde. Seine christliche Erziehung erhielt er von → Illtyd. Nach seiner Weihe zum Missionsbischof ging er in die Bretagne (Frankreich) und verkündete dort das Evangelium. In der Nähe von Malo gründete er ein Kloster, wo er um 570 starb.

Leontia
Märtyrerin
Fest: 6. Dezember
Leontia gehörte zu einer Gruppe von Märtyrern, die in Afrika grausam ermordet wurden. Die Einzelheiten des Martyriums sind authentisch überliefert; danach ergötzten sich die Christenverfolger, die arianischen Glaubens waren, daran, sich immer neue Folterungen einfallen zu lassen. Der Todestag war der 6. Dezember 484.

Leontia von Rom hl.
Märtyrerin
Fest: 1. März
Unsichere Vita. Leontia starb wohl während der Christenverfolgungen in Rom und wurde dort beigesetzt. 1618 Erhebung der Gebeine, 1622 Übertragung der Reliquien zusammen mit den ebenfalls 1618 erhobenen Gebeinen von → Venerius nach Eichstätt in Bayern.

Leontios, Hypatios und Theodulos hll.
Märtyrer
Fest: 18. Juni
Leontios war Soldat und erlitt wohl in der Christenverfolgung um 135 in Tripolis (Tarabulus, Libanon) den Martertod, nachdem er zuvor noch die Soldaten Hypatios und Theodulos bekehrt hatte, die dann ebenfalls ermordet wurden. Leontios genoß im Osten früher große Verehrung; zahlreiche Kirchen waren ihm geweiht.

Leontius von Fréjus hl.
Bischof von Fréjus
Fest: 1. Dezember
Leontius, ab 419 Bischof von Fréjus in Südfrankreich, war Mitbegründer (mit → Honoratus von Arles) des berühmten Klosters Lérins vor der südfranzösischen Küste, das zu einem Mittelpunkt monastischen Lebens wurde. Er starb wohl am 1. Dezember 432 in Fréjus.
Patronat: von Fréjus

Leontius und Carpophorus hll.
Ärzte, Märtyrer
Fest: 20. August
Bis heute werden die Märtyrer Leontius und Carpophorus in Vicenza in Oberitalien sehr verehrt. Nach den teilweise legendarischen Überlieferungen wirkten beide als Ärzte in Aquileia nahe Venedig und erlitten dort um 300 das Martyrium unter Diokletian, indem sie gesteinigt, gekreuzigt und dann enthauptet wurden. Sofort nach ihrem Tod entstand ein starker Kult; die Reliquien wurden nach Vicenza übertragen, Teile davon im 10. Jh. nach Metz (Frankreich), wo sie in der Kirche St-Vincent aufbewahrt werden.

Leontius von Cäsarea
Bischof von Cäsarea
Fest: 13. Januar
Leontius, in der ersten Hälfte des 4. Jh. Bischof von Cäsarea in Kappadokien, gilt als einer der Väter des berühmten Konzils von Nicäa im Jahr 325. Immer um Ausgleich und Versöhnung bemüht, war er einer der meistbeachteten Bischöfe seiner Zeit; → Athanasius pries ihn, die Griechen nannten ihn einen „Engel des Friedens". Leontius starb am 13. Januar 337(?).

Leontius und Gefährten hll.
Märtyrer
Fest: 10. Juli
Leontius gehörte zu einer Gruppe von 45 Märtyrern, die 319 in Nikopolis in Armenien ermordet wurden; Auslöser dieser grausamen Christenverfolgung war Kaiser Licinius.

Leontius von Saintes
Bischof von Saintes
Fest: 19. März
Leontius amtierte in der ersten Hälfte des 7. Jh. als Bischof von Saintes im Südwesten Frankreichs. Er starb an einem 19. März nach 637 (vielleicht 640).

Leontius (Legontius) von Trier
Bischof von Trier
Fest: 19. Februar
Leontius war um 400 Bischof von Trier (Rheinland-Pfalz); wahrscheinlich stammte er aus dem Südwesten Frankreichs. Er starb am 19. Januar 409 in Trier und wurde dort beigesetzt.

Leopardinus
OSB, Abt, Märtyrer
Fest: 7. Oktober
Leopardinus lebte im 7. Jh. zunächst als Einsiedler und gründete dann das Benediktinerkloster St-Symphorien in Vivare bei Berry (Frankreich). Unbekannte ermordeten ihn am 7. Oktober 673 in seinem Kloster, weshalb er sofort nach seinem Tod als Märtyrer verehrt wurde.

Leopardus (Liebhard) von Osimo
Bischof von Osimo
Fest: 7. November
Leopardus stammte aus Deutschland und war der erste Bischof von Osimo in den Marken (Italien). Wann er genau amtierte, läßt sich nicht feststellen; das Bistum Osimo besteht wahrscheinlich schon seit dem 5. Jh..

Leopardus von Rom
Märtyrer
Fest: 30. September
Leopardus war ein Diener am Hof von Kaiser Julian Apostata, der ab 361 die Stellung der Christen wieder beschnitt und das Heidentum wieder förderte. 362 erlitt Leopardus, der treu am christlichen Glauben festhielt, das Martyrium (wahrscheinlich in Rom).

Leopold III. (der Heilige) hl. Markgraf
Fest: 15. November
Leopold III. ist der Landespatron von Österreich; er war der erste Landesfürst Österreichs, der überregionale Bedeutung erlangte und damit den Grundstein für die spätere Selbständigkeit des Landes legte. Schon zu Lebzeiten wurde Leopold wegen seiner Friedenspolitik und seiner sozialen Einstellung „der milde Markgraf" genannt. – Geboren um 1075 in Gars aus dem Geschlecht der Babenberger, erhielt Leopold seine Erziehung im Kloster Melk von → Altmann von Passau. 1095 übernahm er als Markgraf die Regierung von Österreich, 1106 heiratete er Agnes, die Tochter von Kaiser Heinrich IV., und bekam mit ihr 18 Kinder (unter ihnen die späteren Bischöfe → Otto von Freising und Konrad II. von Salzburg). Über viele Jahre stand Leopold während des Investiturstreites treu zum Papst, 1110 unterstellte er ihm sogar das Benediktinerstift Melk, das kurz darauf von Rom die Exemtion erhielt. Dem Mönchtum ebnete Leopold III. in Österreich den Boden; er gründete zahlreiche

Dieser Ausschnitt aus dem „Stammbuch der Babenberger" zeigt den heiligen Markgrafen Leopold und seine Klosterstiftungen, heute in Klosterneuburg, Niederösterreich, zu besichtigen.

Klöster verschiedener Orden, so Mariazell (Benediktiner), Heiligenkreuz (Zisterzienser) und Klosterneuburg (Augustiner-Chorherren). Über 40 Jahre regierte er umsichtig und sozial überaus engagiert, als Familienvater war er ein großes Vorbild, ebenso im christlichen Glauben. Leopold III. starb am 15. November 1136 in seiner Residenz Klosterneuburg an den Verletzungen, die er zuvor bei einem Jagdunfall erlitten hatte. Beigesetzt wurde er im Kapitelsaal von Klosterneuburg, der seit der Heiligsprechung Leopolds 1485 Leopoldskapelle heißt. Der Reliquienschrein steht heute auf dem berühmten Emailaltar von Nikolaus von Verdun. 1663 erfolgte die Erhebung Leopolds zum Landespatron von Österreich.
Legende: Nach der Hochzeitsfeier standen Leopold und Agnes auf einem Balkon ihrer Burg auf dem Kahlenberg, als plötzlich ein Windstoß den Hochzeitsschleier von Agnes wegwehte. Als das Ehepaar neun Jahre später auf der Jagd durch die Donauwälder ritt, entdeckten sie den weißen Schleier völlig unversehrt auf einem Holunderstrauch. Tief berührt beschlossen Leopold und Agnes, an der Fundstelle das Stift Klosterneuburg zu errichten.
Darstellung: in fürstlicher Kleidung, oft mit Markgrafenhut, manchmal mit wallendem Bart, mit Banner und Wappenschild Österreichs, mit Agnes, mit seinen sechs Söhnen
Patronat: von Österreich

Leopold von Gaiche sel.
OFM, Ordensprovinzial
Fest: 2. April
Leopold, geboren am 30. Oktober 1732 in Gaiche in Umbrien (Italien), gehörte zu den außergewöhnlichen Kirchenpersönlichkeiten seiner Zeit. 1751 trat er dem Franziskanerorden bei und war danach ein vielbeachteter Philosophie- und Theologieprofessor; als Volksmissionar verzeichnete er große Erfolge. Von 1781 bis 1784 war er Ordensprovinzial. Während der napoleonischen Besetzung zwang man ihn, das Ordenskleid abzulegen; obwohl er schon 77 Jahre alt war, begann er daraufhin, als Gemeindepfarrer zu arbeiten. Leopold von Gaiche starb am 2. April 1815 in Spoleto, wo er beigesetzt wurde.

Leothadius
OSB, Bischof von Auch
Fest: 23. Oktober
Leothadius entstammte einer fränkischen Adelsfamilie, wurde Benediktinermönch und früh Abt von Kloster Moissac im südlichen Frankreich. Etwa ab 700 war er Bischof von Auch in Südwestfrankreich. Er starb am 23. Oktober 720 (718?).

Letterhaus, Bernhard
Widerstandskämpfer
Gedenken: 14. November
Bernhard Letterhaus gehörte zum Kreis der Widerstandskämpfer des 20. Juli 1944 (gescheitertes Attentat auf Hitler). Geboren am 10. Juli 1894 in Barmen (Nordrhein-Westfalen), war Letterhaus ab 1927 Verbandssekretär der Katholischen Arbeitervereine Westdeutschlands; 1928 wurde er Zentrumsabgeordneter im Preußischen Landtag, wo er sich vor allem für die christliche Gesinnung auch in der politischen Arbeit einsetzte. Nach der Machtübernahme der Nationalsozialisten versuchte Letterhaus, die katholischen Arbeitervereine im Widerstand gegen das Hitler-Regime zu stärken. Bereits auf dem Katholikentag 1930 in Münster hatte er vor den „Demagogen" gewarnt, in der Westdeutschen Arbeiter-Zeitung schrieb er, die Nationalsozialisten seien „Volksverderb". Wenige Tage nach dem gescheiterten Attentat auf Hitler wurde Bernhard Letterhaus verhaftet; man hatte nach einer Denunziation eine Liste gefunden, auf der er als zukünftiger Wiederaufbauminister des Deutschen Reiches aufgeführt war. Der Volksgerichtshof unter Roland Freisler verurteilte Letterhaus am 13. November 1944 zum Tod, einen Tag später wurde er in Berlin-Plötzensee mit dem Fallbeil hingerichtet.

Bernhard Letterhaus konnte als Offizier der Nachrichtenabteilung des OKW (Oberkommando der Wehrmacht) Kontakte zu Widerstandsgruppen aufnehmen. Durch einen Spitzel wurde er nach dem 20. Juli 1944 an die Gestapo verraten.

Verkündung des Todesurteils für Bernhard Letterhaus am 13. November 1944 durch Roland Freisler, den Vorsitzenden des Volksgerichtshofes.

Leucius (Leukios)
Bischof von Brindisi
Fest: 11. Januar
Leucius soll der erste Bischof von Brindisi in Apulien (Italien) gewesen sein. Verschiedene Überlieferungen berichten auch, daß er noch von → Petrus entsandt wurde. Das Christentum ist in Brindisi tatsächlich schon im 1. Jh. bezeugt, das Bistum allerdings erst im 5. Jh. Als unsichere Todesjahre von Leucius werden 172 und 180 genannt.

Leutfred (Lefroy) hl.
OSB, Abt
Fest: 21. Juni
Leutfred war Benediktinermönch und gründete um 690 das Kloster La-Croix-St-Ouen bei Évreux in der Normandie (Frankreich), das er fast 50 Jahre als Abt leitete. Er starb am 21. Juni 738; sein Kloster wurde später nach ihm in La-

Croix-St-Lefroy umbenannt. Leutfred genoß lange große Verehrung, was vor allem auf seine Mildtätigkeit, besonders armen Kindern gegenüber, zurückzuführen war. Reliquien gelangten im 9. Jh. auch in die Kirche St-Germain-des-Près bei Paris.
Patronat: gegen Kinderkrankheiten

Lewinna
Märtyrerin
Fest: 24. Juli
Nach der Legende war Lewinna ein junges Mädchen in England, das dort im 5. oder im 6. Jh. von Sachsen während eines Einfalles getötet wurde. Angebliche Reliquien gelangten im 11. Jh. von Sussex nach St-Winnoc in Flandern (worüber ein Mönch namens Drogo 1058 einen Bericht verfaßte).

Lewoniuk, Wincenty (Vinzenz) und zwölf Gefährten sel.
Märtyrer
Fest: 24. Januar
Wincenty Lewoniuk und seine zwölf Gefährten gehörten der unierten Kirche an, deren Mitglieder im russischen Teil des heutigen Polen im Zuge der Bürgerlichen Revolution von der Regierung verfolgt wurden. Alle 13 Männer und Frauen fanden den Tod, als sie sich weigerten, eine unierte Kirche freizugeben; zaristische Soldaten ermordeten sie am 24. Januar 1874 in Pratulin (Polen). Papst Johannes Paul II. sprach die Märtyrer am 6. Oktober 1996 selig.

Liafdag
Bischof, Märtyrer
Fest: 3. Februar
Liafdag war erster Bischof des von Otto dem Großen 947 gegründeten Bistums Ripen (Jütland), von wo aus er bis Norwegen missionierte. Am 3. Februar 980 ermordeten ihn Heiden in Ripen, wo lange ein Kult existierte.

Libentius (Liebizo)
OSB, Erzbischof von Hamburg-Bremen
Fest: 4. Januar
Der Benediktinermönch Libentius, geboren wohl 938 in Graubünden (Schweiz), begleitete Papst Benedikt V., der von Kaiser Otto I. einen Monat nach seiner Wahl 964 abgesetzt worden war, in die Verbannung nach Hamburg. Er blieb nach dem Tod des Papstes (966) dort und wurde 988 zum Erzbischof des Bistums Hamburg-Bremen ernannt (wo er auch die benediktinische Regel einführte). Libentius starb am 4. Januar 1013 in Hamburg.

Liberalis von Treviso hl.
Priester, Missionar
Fest: 27. April
Noch heute gehört Liberalis im Nordosten von Italien zu den besonders verehrten Heiligen. Heidnisch erzogen, war er vor 400 von Bischof → Heliodorus von Altino bekehrt und getauft worden und hatte die Priesterweihe empfangen. Als Missionar war er danach unermüdlich im Gebiet von Treviso, Altino, Castelfranco und Venedig unterwegs und lag dabei ständig im Streit mit den Arianern, die ihn verfolgten. Liberalis starb wohl am 27. April 400. Die Reliquien werden bis heute in der Krypta des Domes von Treviso aufbewahrt.
Patronat: von Treviso, Venedig und Castelfranco

Liberata
Klostergründerin
Fest: 18. Januar
Liberata gründete gemeinsam mit ihrer Schwester Faustina im 6. Jh. in Como in Norditalien ein Kloster, das zum Mittelpunkt christlicher Frauen wurde. Sie starb am 18. Januar 580/581 in Como.

Liberatus und Gefährten sel.
OSA, Märtyrer
Fest: 17. August
Liberatus war im 5. Jh. Abt des Augustiner-Klosters Gafsa (Tunesien). Auf Befehl von Vandalenkönig Hunnerich wurden er und seine sechs Mönche von den Mauren gefangengenommen und am 17. August 484 in Karthago nach grausamen Martern ermordet. Alle Angebote, ihr Leben zu retten, indem sie von ihrem Glauben abließen, wiesen die Ordensmänner heroisch zurück. 6. Juni 1671 Approbation des Kultes für den Augustinerorden. Das Haupt von Liberatus wird in Oberreitnau bei Lindau am Bodensee aufbewahrt.

Liberatus Johannes Laurentius Weiss und Gefährten sel.
OFM, Missionar, Märtyrer
Fest: 3. März
Geboren am 4. Januar 1675 in

Wincenty Lewoniuk und zwölf Gefährten, katholische Ruthenen von Podlachia, wurden im Januar 1874 von zaristischen Soldaten wegen ihres Glaubens ermordet.

Liberatus Weiss (ganz oben) und seine Gefährten Michele Pio Fasoli (Mitte) sowie Samuele Marzorato.

Konnersreuth in Bayern, trat Johannes Laurentius Weiss 1693 in Graz (Österreich) dem Franziskanerorden bei und nahm den Ordensnamen Liberatus an. Nach der Priesterweihe 1698 wirkte er als Seelsorger in Österreich, bevor er 1704 in die Mission nach Äthiopien aufbrach. Nach unglaublichen Strapazen erreichten er und mehrere Gefährten 1705 über Ägypten das Gebiet des heutigen Khartoum, wo sie dann von Einheimischen ausgeraubt und mißhandelt wurden. An der Weiterreise nach Äthiopien gehindert, durchstanden die Franziskaner furchtbare Jahre, bevor sie 1710 nach Ägypten zurückkehren konnten. 1711 wurde Weiss von Rom zum Apostolischen Präfekten für Äthiopien ernannt und erneut dorthin entsandt. Aus Gehorsam dem Papst gegenüber machte sich Liberatus Weiss mit den zwei Gefährten Pater Michele Pio Fasoli und Pater Samuele Marzorato 1711 wieder in Richtung Äthiopien auf, das die Männer nach unsäglichen Qualen 1712 erreichten. Nach drei Jahren segensreicher Missionsarbeit wandte sich die Stimmung gegen die Franziskaner, geschürt durch den christenfeindlichen Herrscher David III. In einem Prozeß verurteilte man Weiss, Fasoli und Marzorato zum Tode, am 3. März 1716 wurden sie in der äthiopischen Hauptstadt Gondar von der aufgehetzten Volksmenge zu Tode gesteinigt. Papst Johannes Paul II. sprach alle drei Märtyrer am 20. November 1988 im Petersdom in Rom selig. Ruinen einer über dem Grab der Märtyrer in Gondar errichteten Kirche sind noch vorhanden.

Libermann,
Jakob Franz Maria Paul
CSSp, Ordensgründer
Fest: 2. Februar

Geboren am 12. April 1802 in Zabern im Elsaß (Frankreich) als Sohn jüdischer Eltern (sein Vater war Rabbiner), empfing Jakob Franz Maria Paul Libermann 1826 die Taufe und konnte nach Überwindung zahlreicher Schwierigkeiten 1841 Priester werden. Als seine Lebensaufgabe sah er die

Rechts oben: Der konvertierte Jude Jakob Franz Maria Paul Libermann gründete eine Gemeinschaft zur Bekehrung Afrikas.

Afrikamission an, weshalb er 1841 die Kongregation Vom heiligen Herzen Mariens gründete, die sich der Bekehrung der Schwarzafrikaner widmen wollte. 1848 schloß sich die Gemeinschaft mit der Kongregation vom Heiligen Geist (gegründet 1703 in Paris) zusammen; die Ordensmitglieder nannten sich fortan Spiritaner. Libermann starb am 2. Februar 1852 in Paris. Der Seligsprechungsprozeß wurde aufgenommen.

Liborius von Le Mans hl.
Bischof von Le Mans
Fest: 23. Juli, 25. Oktober

Über die Herkunft von Liborius weiß man kaum etwas; sicher bezeugt ist er ab 348 als Bischof von Le Mans (Frankreich), wo er die Nachfolge von Pavacius antrat. Seine Amtsführung war geprägt von tiefer Gottgläubigkeit, Bescheidenheit und großer Mildtätigkeit gegenüber Armen und Kranken; viele Krankenheilungen wurden ihm zugeschrieben. Eine enge Freundschaft verband ihn mit → Martin von Tours. Liborius starb wohl am 9. Juni (23. Juli?) 397 in Le Mans. 836 (23. Juli?) gelangten die Reliquien nach Paderborn (Nordrhein-Westfalen); im Dreißigjährigen Krieg wurden sie geraubt, 1627 aber wieder zurückgebracht. Durch die Überlassung der Reliquien war zwischen den Bistümern Le Mans und Paderborn eine enge Freundschaft entstanden. Im Erzbistum Paderborn gedenkt man Liborius' von Le Mans am 23. Juli (Libori-Fest). Auch der 25. Oktober, der Tag der Rückführung der Reliquien 1627, ist ein Festtag (Klein-Libori). Seit 1969 ist der Kult auf lokale Kalender beschränkt.

Darstellung: als Bischof, mit Buch, auf dem Steine liegen, mit Pfau (er soll nach der Legende bei der Übertragung der Reliquien vorausgeflogen sein)

Patronat: des Erzbistums Paderborn, gegen Steinleiden, Fieber, Wassersucht, Koliken

Liborius Wagner sel.
Priester, Märtyrer
Fest: 9. Dezember

Geboren im Dezember 1593 in Mühlhausen (Thüringen) als Sohn evangelischer Eltern, trat Liborius Wagner 1623 während des Dreißigjährigen Krieges in Würzburg zum katholischen Glauben über. 1625 empfing er die Priesterweihe, 1626 trat er eine Pfarrstelle in Altenmünster bei Schweinfurt (Bayern) an. 1631 wurde Liborius Wagner von Schweden gefangengenommen, eingekerkert und Folterungen unterzogen, weil er sich weigerte, wieder den evangelischen Glauben anzunehmen. Immer wieder sagte er: „Ich lebe, leide und sterbe päpstlich-katholisch." Am 9. Dezember 1631 erstachen Unbekannte Liborius Wagner in Schonungen in Bayern, seine Leiche warfen die Täter in den Main. 1637 wurde der Leichnam in der Augustiner-Klosterkirche von Heidenfeld (Bayern) beigesetzt, 1804 in die Pfarrkirche von Heidenfeld übertragen. Die Seligsprechung Wagners erfolgte am 24. März 1974 in Rom.

Darstellung: als Priester

Licerius (Lizier)
Bischof von Couserans
Fest: 27. August

Licerius stammte wahrscheinlich aus Spanien, kam um 500 nach Frankreich und wurde dort 506 zum Bischof von Couserans ernannt. Er starb am 27. August 548 in Couserans, wo seine Gebeine im 9. Jh. in der Kathedrale beigesetzt wurden. Lange Zeit existierte in Südfrankreich und Spanien (Lérida) ein starker Kult.

Liborius von Le Mans als Bischof, mit Buch, auf dem Steine liegen, nach einer Darstellung von 1725, Diözesanmuseum Paderborn.

Lichtenberg, Bernhard sel.
Priester, Märtyrer
Fest: 5. November

In einer bewegenden Feier im Berliner Olympiastadion sprach Papst Johannes Paul II. am 23. Juni 1996 Dompropst Bernhard Lichtenberg selig (zusammen mit → Karl Leisner), der den Tod in der Gewaltherrschaft der Nationalsozialisten gefunden hatte. Geboren am 3. Dezember 1875 in Ohlau/Oder (Polen), hatte Lichtenberg 1899 im Dom von Breslau die Priesterweihe empfangen und 1913 die Pfarrei Herz-Jesu in Berlin-Charlottenburg übernommen. Als Zentrumsabgeordneter engagierte er sich später im Parlament für christliches Handeln in der Politik und in der Gesellschaft. Seit dem Auftauchen der Nationalsozialisten in den zwanziger Jahren war Lichtenberg ein Gegner von deren Gedankengut; mehrmals setzte er sich öffentlich mit Joseph Goebbels auseinander. 1932 wurde Bernhard Lichtenberg Dompfarrer der St.-Hedwigs-Kirche in Berlin. Nachdem die Nationalsozialisten 1933 die Macht übernommen hatten, protestierte er mehrfach scharf gegen die unwürdigen Zustände in den Konzentrationslagern und gegen die Aktion „Tötung lebensunwerten Lebens“. Längst stand er auf der schwarzen Liste der Geheimen Staatspolizei. Ab 1938 – Lichtenberg war inzwischen zum Dompropst ernannt – betete er jeden Abend in der Bischofskirche in Berlin öffentlich auch für die verfolgten Juden und die Gefangenen in den Konzentrationslagern. Unter größten Gefahren leisteten Lichtenberg und mutige Helfer im Rahmen des heimlich agierenden „Hilfswerkes beim Bischöflichen Ordinariat Berlin“ (vom Berliner Bischof Konrad Graf von Preysing eingerichtet) Hilfe für sogenannte „Nichtarier“. Eine seiner wichtigsten Helferinnen war Margarete Sommer. Schließlich denunzierten zwei Frauen Lichtenberg bei der Gestapo, am 23. Oktober 1941 wurde er verhaftet und zu zwei Jahren Gefängnis verurteilt (wegen „Kanzelmißbrauchs“). Heroisch erduldete Lichtenberg, inzwischen schwer-

Papst Paul VI. bei der Seligsprechung von Liborius Wagner am 24. März 1974 im Petersdom, Rom.

Eine Liborius-Wagner-Reliquie wird in einem prächtigen Schrein im Würzburger Dom aufbewahrt.

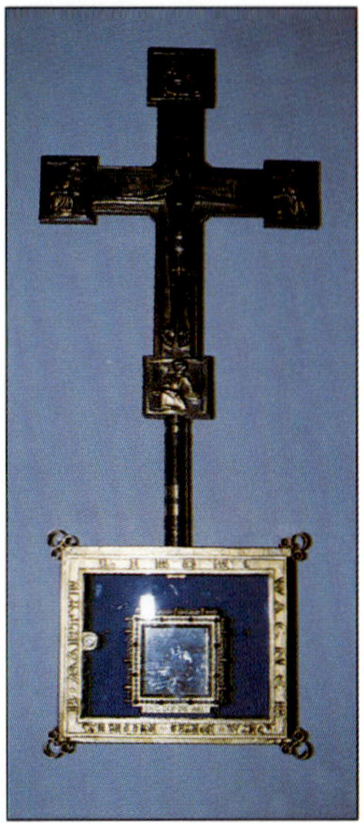

krank, in Berlin-Tegel die Haft: „Ich will alles, was mir widerfährt, Freudiges und Schmerzliches, Erhebendes und Niederdrückendes, im Lichte der Ewigkeit ansehen ... Ich will alles aus Liebe leiden." Nach Ablauf der zwei Gefängnisjahre wurde Bernhard Lichtenberg 1943 nicht freigelassen; die Nationalsozialisten hatten seine Überführung in das Konzentrationslager Dachau verfügt. Todkrank und kaum noch transportfähig, mußte Lichtenberg während der Zugfahrt in Hof in Bayern ins Krankenhaus gebracht werden; einen Tag später, am 5. November 1943, starb er. An seiner Beisetzung in Berlin nahmen Tausende von Menschen teil. Seit 1965 ruhen die sterblichen Überreste von Bernhard Lichtenberg in der St.-Hedwigs-Kathedrale in Berlin.

Lichtenegger, Maria
Bekennerin
Fest: 8. Juli
Maria Lichtenegger, geboren am 4. August 1906 in St. Marein, Österreich, bewies schon als Kind eine außergewöhnliche Frömmigkeit und führte ein Leben der Reinheit voller Gottesliebe. Früh zeigte sie Anzeichen von Todessehnsucht; Schmerzen und Qualen einer schweren Krankheit ertrug sie heroisch. Sie starb 17jährig am 8. Juli 1923 in St. Marein, betrauert von der ganzen Gemeinde, die vollzählig am Begräbnis teilnahm. Der Seligsprechungsprozeß ist eingeleitet.

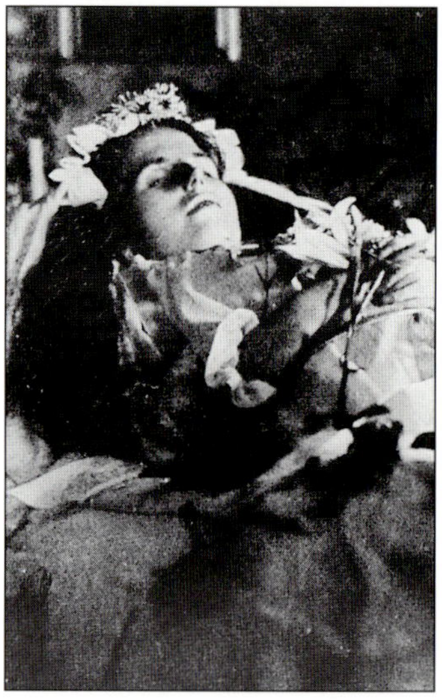

Licinius (Lézin) hl.
Bischof von Angers
Fest: 1. November, 13. Februar
Licinius, Graf von Angers (Frankreich), wurde Mönch und um 590 Bischof von Angers. Verschiedene Quellen berichten, er habe die Bischofsweihe von → Gregor von Tours erhalten. Er starb vor 610 in Angers; die Gläubigen seines Bistums hatten zuvor seinem Wunsch, sein Amt abgeben zu dürfen, nicht entsprochen, weil sie ihn so verehrten.

Lidanus (Lindanus) hl.
OSB, Abt
Fest: 2. Juli
Geboren um 1026 in Antina, Italien, soll Lidanus schon im Alter von neun Jahren in Montecassino dem Benediktinerorden beigetreten sein. Mitte des 11. Jh. gründete er das Kloster S. Cecilia im Bistum Sezze (Terracina) und leitete es als Abt bis ins hohe Alter. Verdient machte er sich bei der Urbarmachung und Austrocknung der Pontinischen Sümpfe, wodurch vor allem Krankheiten bekämpft werden konnten. Lidanus starb am 2. Juli 1118 wohl in Montecassino (oder in Sezze, wo sich seine Reliquien befinden).
Patronat: von Sezze

Lidwina (Lidia, Ludwina, Lidwiga) hl.
Mystikerin
Fest: 14. April
Lidwina gilt als die wohl bekannteste Vertreterin der sogenannten Leidensmystik. Geboren am 18. März 1380 in Schiedam (Niederlande) aus einer armen Arbeiterfamilie, wuchs Lidwina zu einem schönen jungen Mädchen heran. Als ihr die Aufmerksamkeit, die ihr wegen ihrer Schönheit entgegengebracht wurde, immer lästiger wurde, bat sie Gott darum, sie davon zu erlösen. Kurze Zeit darauf, sie war 15 Jahre alt, stürzte sie beim Eislaufen schwer und brach sich eine Rippe. Aus dieser Verletzung entwickelte sich ein fast 40 Jahre andauerndes Martyrium, das Lidwina mit schier unfaßbarer Leidensfähigkeit erduldete und dabei immer frohgemut blieb. Sie konnte nur noch den

Kopf und einen Arm bewegen, erblindete auf einem Auge, hatte furchtbare Zahnschmerzen, ihr Magen konnte keine Nahrung mehr aufnehmen, aus Mund und Nase floß ständig Blut, am ganzen Körper brachen Geschwüre auf. Viele Jahre lebte sie ausschließlich von der heiligen Kommunion. Während ihres Martyriums erlebte Lidwina viele Ekstasen und Visionen; so besuchte sie während ihrer Entrückungen auch die heiligen Stätten, wie etwa den Kalvarienberg. Einmal durchschritt sie, so ihre nachherige Erzählung, einen Dornenhag (Dornenkrone) und zerriß sich dabei die Arme; blutende Wunden zeugten davon und erinnerten danach immer an diese Vision. Lidwina starb am 14. April 1433 in ihrem Elternhaus in Schiedam. Ihre Reliquien gelangten im 17. Jh. nach Brüssel in das dortige Karmelitinnenkloster; Teile davon kamen 1871 nach Schiedam zurück, wo seither eine Wallfahrt existiert. In den Niederlanden gehört Lidwina zu den stark verehrten Heiligen, sie ist Patronin vieler Kirchen, Schulen und Altersheime. Auch im Rheinland und in Westfalen wird sie verehrt. 1890 Approbation des Kultes.
Darstellung: als junges Mädchen mit offenem Haar, manchmal mit einem Rosenkranz auf dem Kopf oder einem Rosenzweig (nach der Legende sollte sie an dem Tag sterben, an dem ein von einem Engel überbrachter Rosenzweig erblüht sei), mit Kruzifix in den Händen
Patronat: der Kranken, des Krankenapostolats

Dieser Stich von 1900 zeigt eine Legende um Lidwina kurz vor ihrem Tod. In ihren Visionen sah sie immer häufiger einen Rosenstrauch, erst klein, dann immer größer. Ein Engel offenbarte Lidwina, daß sie dann sterben werde, wenn alle Knospen blühen.

Salvator Lilli war Missionar in Armenien und erlitt dort das Martyrium.

Liephard
Bischof, Märtyrer
Fest: 4. Februar
Liephard war ein englischer Bischof, der auf der Rückreise von einer Rom-Wallfahrt in der Nähe von Cambrai (Frankreich) ermordet wurde. Das Todesjahr war 640.

Lietbert hl.
Bischof von Cambrai-Arras
Fest: 23. Juni
Lietbert war etwa ab 1050 Bischof von Cambrai-Arras (Frankreich) und führte sein Bistum zu großer Blüte. Große Aufmerksamkeit zog er auf sich, als er 1054 mit mehreren tausend Pilgern eine Wallfahrt ins Heilige Land unternahm, die aber vor dem Ziel scheiterte. Er starb am 23. Juni 1076. Reliquien befinden sich bis heute in der Kathedrale von Cambrai. 1211 Approbation des Kultes.

Liliosa
Märtyrerin
Fest: 27. Juli
Liliosa und ihr Ehemann Felix, beide Christen, stellten sich in Córdoba (Spanien) freiwillig den Mauren, obwohl sie wußten, daß dies ihr sicheres Todesurteil bedeutete. Tatsächlich wurden sie am 27. Juli 852 in Córdoba wegen ihres christlichen Glaubens zu Tode gemartert. Bis heute genießt Liliosa dort Verehrung.

Lilli, Salvator sel.
OFM, Missionar, Märtyrer
Fest: 22. November
Geboren am 19. Juni 1853 in Cappadocia unweit L'Aquila (Italien), trat Salvator Lilli 1871 dem Franziskanerorden bei (1874 ewige Ordensprofeß) und studierte danach in Betlehem und Jerusalem. 1880 entsandte ihn sein Orden nach Marasc in Klein-Armenien, um dort in islamischer Umgebung zu missionieren; seine seelsorgerische Arbeit war in der Folge überaus erfolgreich. 1894 begannen die Aktionen zur Ausrottung des armenischen Volkes, doch Lilli ließ sich von den blutigen Vorfällen nicht einschüchtern; seine Worte waren: „Ich kann meine Schafe nicht allein lassen." Am 22. November 1895 nahmen ihn Soldaten gefangen und erstachen ihn und weitere Gefährten, nachdem sich

Gegenüberliegende Seite: Ganz links Dompropst Bernhard Lichtenberg bei einer Fronleichnamsprozession in Berlin.

Die sterblichen Überreste von Bernhard Lichtenberg befinden sich in der Unterkirche der St.-Hedwigs-Kathedrale in Berlin. Das Epitaph wurde 1977 von Hubert Elsässer geschaffen.

Maria Lichtenegger auf dem Totenbett.

Lioba, nach einem Gemälde von Wilhelm von Schadow-Godenhaus in der Abtei St. Maria, Fulda.

alle geweigert hatten, ihren katholischen Glauben aufzugeben. Seligsprechung am 3. Oktober 1982 in Rom.

Limbania
OSB, Reklusin
Fest: 15. August
Limbania stammte aus Zypern und kam im 13. Jh. nach Genua (Italien), wo sie Benediktinerin wurde. Bis zu ihrem Tod am 15. August 1294 lebte sie als Reklusin in einem Keller unter der Kirche S. Tomaso in Genua. 1676 Approbation des Kultes.

Linus hl.
Papst (um 66 bis um 78)
Fest: 23. September
Nach den urkirchlichen Berechnungen gilt Linus als erster Papst. Erst etwa ab dem frühen 3. Jh. begann man, → Petrus als ersten Papst und Linus damit als seinen Nachfolger und zweiten Papst anzusehen. Übereinstimmung besteht bei vielen Quellen, daß das Pontifikat von Linus zwölf Jahre dauerte, unsicher aber ist, welche Jahre es genau waren. Über die Amtszeit und das Wirken von Linus ist kaum etwas bekannt. Es heißt, er sei aus der Toskana (Volterra?) gebürtig gewesen. Die Überlieferung, Linus sei neben Petrus begraben worden, beruht wohl auf einer Legende.

In der Urkirche galt Linus als der erste Papst. Ab 210 begann man, Petrus den ersten Papst zu nennen.

Lioba (Thrutgeba, Leobgytha) hl.
OSB, Äbtissin
Fest: 28. September
Lioba kam um 710 im englischen Königreich Wessex zur Welt; ihre Mutter Aebbe war mit → Bonifatius verwandt. Ihre Eltern nannten sie als Kind Thrutgeba oder in Koseform Leobgyth (also Lioba), was Liebling bedeutet. Schon als Kind kam Lioba in das Benediktinerkloster Wimborne, wo sie ihre Erziehung erhielt. Nachdem man dort früh ihre Fähigkeiten erkannt hatte, sah man für sie schon in jungem Alter das Amt der Klosterlehrerin vor. Damit sie sich besser auf diese Aufgabe vorbereiten konnte, entsandte das Kloster Lioba für einige Zeit ins Kloster Minster auf der Halbinsel Thanet in Kent. Die dortige Äbtissin → Eadburga war mit Bonifatius befreundet und stand mit ihm, der inzwischen in Germanien missionierte, in brieflichem Kontakt. So kam auch Lioba wieder mit ihrem Verwandten Bonifatius in Verbindung, und als der „Apostel der Deutschen" dringend um Unterstützung für seine Missionsarbeit nachsuchte, folgte Lioba seinem Ruf. Bonifatius übertrug ihr die Leitung des Frauenklosters, das er in Tauberbischofsheim (Baden-Württemberg) gegründet hatte; mehrere ihrer Nonnen wurden später Äbtissinnen neuer Klöster, deren Oberleitung Bonifatius Lioba übergab. Lioba war hoch geschätzt und verehrt, eine enge Freundschaft verband sie mit dem deutschen Königshof und dort vor allem mit Königin Hildegard. In ihren letzten Lebensjahren gab Lioba die Leitung ihrer Klöster ab und zog sich auf ein Hofgut in Schornsheim bei Mainz (Rheinland-Pfalz) zurück, das ihr → Karl der Große geschenkt hatte. Dort starb sie am 28. September wohl 782. Auf Wunsch von Bonifatius wurde sie in Fulda an seiner Seite in der Klosterkirche beigesetzt. Reliquien befinden sich heute im Dom von Fulda und in der Kirche auf dem Petersberg bei Fulda, wohin die Gebeine 836 übertragen und in einem Steinsarkophag beigesetzt wurden (der Sarkophag steht dort bis heute). Das Haupt von Lioba befindet sich im Dommuseum Fulda.
Darstellung: als Äbtissin, mit Schleier, Wimpel, Buch, Glocke (eine Glocke in der Brust hatte der schon betagten Mutter Liobas die lang ersehnte Geburt einer Tochter angekündigt), von Blitzen umgeben oder über ihr (Lioba soll einmal ein schweres Unwetter von Tauberbischofsheim abgewendet haben)

Liphardus (Lifard)
Abt
Fest: 3. Juni
Liphardus, dessen Herkunft unbekannt ist, war Mitte des 6. Jh. Abt von Kloster Meung-sur-Loire im Bistum Orléans (Frankreich). Er starb um 560. Seine Reliquien werden heute in der Pfarrkirche von Meung verehrt (sie wurden 1865 wieder aufgefunden).
Patronat: gegen Schlangenbiß

Liudger (Ludgerus) hl.
OSB, Bischof von Münster
Fest: 26. März
Liudger stammte wohl aus der Gegend von Utrecht (Niederlande), wo er um 742 geboren wurde. Nach hervorragender Erziehung durch → Gregor von Utrecht und Ausbildung durch → Alkuin empfing er 777 in Köln die Priesterweihe und war danach erfolgreich in der Mission in Friesland und bei den Sachsen tätig. Einige Zeit lebte er dann im Kloster Montecassino und trat dem Benediktinerorden bei, dessen Regeln ihn beeindruckt hatten. 792 übertrug ihm → Karl der Große die Leitung der Friesen- und Sachsenmission sowie des neueingerichteten Bistums Mimigardeford im nordwestlichen Westfalen; dort errichtete Liudger ein Stift, ein „monasterium" (Münster). Am 30. März 804 wurde er zum Bischof von Münster geweiht. Von Liudger heißt es, daß er durch sein Charisma mehr Menschen zum christlichen Glauben geführt habe als alle Armeen von Karl dem Großen. In seinem Bistum gründete er neben dem Dom von Münster 40 Pfarreien und die Benediktinerklöster Werden und Helmstedt sowie das Frauenkloster Nottuln. Liudger starb am 26. März 809 in Billerbeck in Westfalen, nachdem er gerade zwei Predigten gehalten hatte. Er verschied genau an dem Tag, den er schon lange als seinen Todestag vorausgesagt hatte. Beigesetzt wurde er in seiner Klostergründung Werden; anläßlich seines 1175. Todestages übertrug man den Liudgerschrein von Werden nach Münster. In Billerbeck und in Essen-Werden existieren bis heute Wallfahrten; in der Kirche St. Ludger in Werden wird der Ludger-Kelch aufbewahrt, der angeblich der älteste Kelch Deutschlands ist. Auch in Münster begeht man das Liudger-Gedenken jedes Jahr feierlich. In der Diözese Hildesheim ist der 25. März der Gedenktag.
Darstellung: als Bischof, mit Buch, Kirchenmodell, Gänsen (er soll sein Bistum von einer Wildgänseplage befreit haben)
Patronat: des Bistums Münster, sowie zweiter Patron des Bistums Essen

Liudger mit seinen Attributen, nach einer Miniatur aus dem Psalter des Friedrich Hugenpoet, 15. Jh..

Liudhard hl.
Bischof
Fest: 24. Februar
Liudhard war ein fränkischer Bischof, der Bertha, Tochter des fränkischen Königs Charibert von Paris, auf dessen Wunsch nach England begleitete, wo sie → Ethelbert, den König von Kent, heiratete. Angeblich soll er Ethelbert zum christlichen Glauben geführt und ihn auch getauft haben, was aber inzwischen bezweifelt wird. Liudhard starb am 24. Februar 596(?) und wurde in der Abtei St. Peter und Paul in Canterbury (England) beigesetzt.

Links: Grab der heiligen Lioba in der Propsteikirche Petersberg bei Fulda (rechts der Schrein von 838).

Das Reliquiar mit dem Schädel der Lioba befindet sich im Diözesanmuseum Fulda.

Liutbirg
Inkluse
Fest: 3. April, 30. Dezember
Liutbirg war eine berühmte Inkluse ihrer Zeit. Sie hatte sich um 830 von Bischof → Thiatgrim von Halberstadt beim Kloster Wendhausen im damaligen Herzogtum Sachsen einschließen lassen; in ihrer Zelle unterrichtete sie Mädchen im Kirchengesang. Zahlreiche Kirchenpersönlichkeiten suchten sie auf, um ihren Rat einzuholen. Liutbirg starb wohl an einem 3. April um 880 (möglicherweise auch schon um 865).

Liutrud hl.
Reklusin
Fest: 22. September
Seit dem 9. Jh. existiert in Korvey und in Essen in Deutschland ein Liutrud-Kult; damals waren Reliquien in die beiden Städte gelangt. Nach der Überlieferung war Liutrud eine Schwester von → Pusinna und → Imma und lebte im 6. Jh. als Reklusin in einer Kapelle auf ihrem Familiengut bei Perthe in der Champagne (Frankreich).

Liutwin (Lutwin, Leodewinus) hl.
Bischof von Trier
Fest: 29. September
Liutwin entstammte einer hohen fränkischen Adelsfamilie und hatte zunächst verschiedene angesehene Ämter in der Reichsverwaltung inne. Nachdem sein Onkel Basinus, Bischof von Trier (Rheinland-Pfalz), 705 gestorben war, wurde er sein Nachfolger auf dem Bischofsstuhl. Wahrscheinlich erhielt er später auch noch die Bischofsämter von Reims und Laon (Frankreich) übertragen. Liutwin starb am 29. September 717/718 und wurde im Kloster Mettlach an der Saar beigesetzt, das er selbst gegründet hatte.

Livarius (Livier) hl.
Ritter, Märtyrer
Fest: 25. November
Die Legende erzählt von Livarius, daß er ein Ritter war, der 451 bei der Verteidigung der Stadt Metz (Frankreich) gegen die Hunnen wegen seines christlichen Glaubens getötet wurde. Man vermutet aber, daß sich sein Martyrium eher bei den Ungarneinfällen im 9./10. Jh. ereignete. Gesichert ist auf alle Fälle ein Kult. Erzbischof → Theoderich von Metz übertrug Livarius-Reliquien um 970 in die Kirche St-Vincent in Metz; ab dem 11. Jh. befanden sich die Gebeine in Metz in der Kirche St-Polyeucte, die später in St-Livier umbenannt wurde.

Livinus (Lebuin, Liebwin)
OSB, Bischof, Märtyrer
Fest: 12. November
Livinus soll von Geburt Ire gewesen und von → Augustinus von Canterbury um 600 zum Priester geweiht worden sein. Er kam nach Flandern, wo er mit großem Erfolg über Jahrzehnte missioniert haben soll. Wohl in dieser Zeit wurde er zum (Missions-)Bischof geweiht, was aber nicht sicher bezeugt ist. Angeblich am 12. November 659 erlitt Livinus das Martyrium; seine Mörder rissen ihm neben anderen Mißhandlungen die Zunge aus dem Mund. Livinus wird manchmal „Apostel von Flandern" genannt.
Darstellung: als Bischof, mit Zange und ausgerissener Zunge, beim Martyrium
Patronat: von Gent

Longinus
Soldat
Fest: 15. März
Longinus soll jener Soldat gewesen sein, der Jesus am Kreuz mit einer Lanze durchbohrte. Nach anderen Akten war er der Hauptmann, der die Kreuzigung Jesu überwachte, sich später bekehrte und Bischof in Kappadokien wurde. Eine andere Überlieferung berichtet, Longinus habe in Kappadokien gepredigt und dort Mitte des 1. Jh. das Martyrium erlitten. Nach wieder einer anderen Legende fing Longinus das Blut Christi in einem Kelch auf (→ Josef

Das Martyrium des Livinus malte Peter Paul Rubens 1635 für die Jesuitenkirche in Gent, heute im Museum der Schönen Künste, Brüssel.

von Arimathäa) und brachte diesen nach Mantua (Italien). Der Gedenktag 15. März gilt dem Soldaten Longinus, der Jesus mit der Lanze durchstach.
Darstellung: als römischer Soldat oder Centurio, mit Lanze und Helm, oft auf dem Pferd, bei der Kreuzigung
Patronat: der Reiter

Longo, Bartolo sel.
Gründer
Fest: 5. Oktober
Bartolo Longo stammte aus Latiano in Apulien (Italien), wo er am 11. Februar 1841 geboren wurde. Er arbeitete zunächst als Rechtsanwalt, gab seinen Beruf dann aber auf, um in den Armenvierteln von Neapel apostolisch und karitativ tätig zu sein. In Neu-Pompeji bei Neapel ließ er aus eigenem Vermögen ein Waisenhaus und ein Heim für Kinder straffällig gewordener Eltern erbauen. Er starb am 5. Oktober 1926 in Pompeji. 26. Oktober 1980 Seligsprechung.

Longpré, Catherine de → Marie-Catherine vom heiligen Augustin

López Brú, Claudio
Wohltäter, Gründer
Fest: 18. April
Geboren am 13. Mai 1853 in Barcelona (Spanien), verwandte Claudio López Brú das riesige Erbe, das ihm sein Vater hinterlassen hatte, zu großen Teilen dafür, soziale und karitative Einrichtungen in Spanien und im Ausland zu begründen oder zu unterstützen. Ab 1900 war er der Präsident der spanischen katholischen Aktion, die er ins Leben gerufen hatte. Verschiedene Gewerkschaften Spaniens gehen auf ihn zurück; das Wohl der Arbeiter war ihm immer ein Herzensanliegen gewesen. Claudio López Brú starb am 18. April 1925 in Madrid. Der Seligsprechungsprozeß ist eingeleitet.

López y Vicuña, Vicenta Maria hl.
Ordensgründerin
Fest: 26. Dezember
Geboren am 22. März 1847 in Cascante in Spanien, widmete sich Vicenta Maria López y Vicuña schon in frühen Jahren Werken der Nächstenliebe und der Caritas. Um alleinstehenden Hausangestellten zu helfen, rief sie 1876 die Kongregation der Töchter der Unbefleckten Jungfrau Maria ins Leben, die 1888 kirchlich anerkannt wurde. Der Orden wirkt bis heute in zahlreichen Ländern und nimmt sich der Sorgen und Nöte von Hausangestellten an. Vicenta Maria López y Vicuña starb am 26. Dezember 1890 in Madrid. Heiligsprechung 1975.

Der später bekehrte römische Hauptmann Longinus sticht mit der Lanze in den Brustkorb des gekreuzigten Jesus, um zu prüfen, ob er schon tot ist. Stich nach einem Gemälde von Peter Paul Rubens.

Lorenzo Maurizio Belvisotti → Ignatius von Santhià

Lothar von Sées
Bischof von Sées
Fest: 14. Juni
Lothar, geboren um 685, war zunächst verheiratet; nach dem Tod seiner Ehefrau zog er sich als Einsiedler in ein einsames Kloster bei Argentan (Frankreich) zurück, das er gegründet hatte (und das später nach ihm St-Loyer-des-Champs genannt wurde). Verehrt wegen seines heiligmäßigen Lebens, wählte man ihn um 720 zum Bischof von Sées (Séez) in der Normandie. Nach 32jähriger Amtszeit dankte er ab und ging wieder in die Einsamkeit von Argentan, wo er am 14. Juni 756 starb. Reliquien werden bis heute im Kloster St-Loyer und in Sées verehrt.

Lötschert, Ignatius Peter
Ordensgründer
Fest: 1. März
Die Barmherzigen Brüder von Montabaur sind die Gründung von Peter Lötschert, der sich in seiner Gemeinschaft Ignatius nannte. Geboren am 4. August 1820 in Höhr (Rheinland-Pfalz), hatte der Kaufmann Lötschert schon in jungen Jahren beschlossen, daß er sich

Bartolo Longo errichtete bei Neapel ein Heim für Kinder straffälliger Eltern.

spiele für diese Art von Reliquienkult. – In der Schweiz ist Lucius von Chur einer der meistverehrten Heiligen; die St.-Luzi-Legende gehört dort zu den bekanntesten Geschichten.
Darstellung: fast immer als König (Legende), mit Krone, Reichsapfel, Buch, Zepter, mit → Emerita, seiner angeblichen Schwester
Patronat: des Bistums und der Stadt Chur

Lucretia → Leocritia

Ludanus hl.
Pilger
Fest: 16. Februar, 12. Februar
Ludanus soll ein Herzogssohn aus Schottland gewesen sein, der auf der Rückreise von einer Rom (Jerusalem?)-Wallfahrt am 12. Februar 1202 bei St-Lotten nahe Erstein im Elsaß (Frankreich) starb. Seine Grabstätte wurde zum Wallfahrtsziel und wird noch heute von vielen Gläubigen besucht.

Ludger → Liudger

Ludmilla hl.
Herzogin
Fest: 15. und 16. September
Geboren um 860, heiratete Ludmilla den böhmischen Herzog Borivoj I.; mit ihm zusammen empfing sie von → Methodius die Taufe und sorgte danach für ein christliches Leben in der Herzogfamilie. Ihren Enkel → Wenzel erzog Ludmilla in christlichem Glauben, was ihre heidnische Schwiegertochter Drahomira mit Haß erfüllte; nachdem Ludmilla Witwe geworden war, ließ Drahomira sie am 15. September 921 an ihrem Witwensitz in Tetin bei Prag von gedungenen Mördern erdrosseln. Die Ludmilla-Grabstätte befindet sich bis heute in der Georgskirche in Prag.
Darstellung: als Witwe oder Matrone, mit Herzoghut oder mit Krone, mit Strick oder Tuch um den Hals
Patronat: der Mütter, der Erzieher

Der untere Teil eines Votivbildes zeigt vier böhmische Heilige, von rechts: Ludmilla, → Vitus, den Stifter, → Adalbert, → Prokop, von einem böhmischen Meister nach 1370, Nationalgalerie, Prag.

Ludolf von Corvey hl.
OSB, Abt
Fest: 13. August
Ludolf war ab 971 Abt der Benediktinerabtei Corvey (Nordrhein-Westfalen); unter seiner Leitung erreichte das Kloster eine hohe Blüte und galt als eines der wichtigsten überhaupt. Er starb am 13. August 983 und wurde in der Klosterkirche beigesetzt (dort mehrfache Übertragung der Gebeine). An der Grabstätte ereigneten sich zahlreiche Wunder.

Ludolf von Ratzeburg hl.
OPraem, Bischof, Märtyrer
Fest: 29. März
Der Prämonstratenser Ludolf war ab 1236 Bischof von Ratzeburg (Schleswig-Holstein). Mutig stellte er sich Herzog Albert von Sachsen-Lauenburg entgegen, der Kirchengut für sich beanspruchte, woraufhin ihn der Herrscher verhaften und im Kerker schwer mißhandeln ließ. Kurz nach seiner Freilassung starb Ludolf am 29. März 1250 in Wismar wohl an den erlittenen Verletzungen, weshalb er als Märtyrer verehrt wird. 1728 Approbation des Kultes.

Ludovica degli Albertoni sel.
OFM, Terziarin, Mystikerin
Fest: 31. Januar
Ludovica entstammte der römischen Adelsfamilie degli Albertoni und kam 1447 zur Welt. Sie heiratete zunächst; nach dem Tod ihres Ehemannes 1507 trat sie dem Dritten Orden der Franziskaner bei und lebte bis zu ihrem Tod am 31. Januar 1533 nur noch für Werke der Nächstenliebe; im Volk war sie hoch verehrt, auch wegen ihrer Gabe der Wunder und Prophetie. Die Grabstätte befindet sich in der Kirche S. Francesco a Ripa in Rom (Bernini schuf die berühmte Marmorskulptur der Ludovica auf dem Totenbett).

Ludwig IX. (der Heilige) hl.
König
Fest: 25. August
König Ludwig IX. von Frankreich galt als eine der größten Persönlichkeiten seiner Zeit und wurde zu Lebzeiten „ungekrönter Kaiser des Abendlandes" genannt; unter ihm

wurde Frankreich zum mächtigsten Staat Europas. – Geboren am 25. April 1214 in Poissy, wurde Ludwig 1226 nach dem frühen Tod seines Vaters Ludwig VIII. neuer Herrscher. Seine Mutter → Blanca führte für ihn klug und übersichtlich die Regentschaft, bis er regieren konnte. Der tiefreligiöse König förderte die Wissenschaften ebenso wie die Bedürftigen und schritt gegen alle kirchlichen Mißbräuche unnachgiebig ein. Zur Aufbewahrung bedeutender Reliquien ließ er in Paris die Ste-Chapelle erbauen; unter anderem fand darin die Dornenkrone Christi ihren Platz, die Ludwig 1239 erworben hatte. Einen großen Namen machte sich Ludwig auch durch die Friedensvermittlung zwischen dem Papst und dem Kaiser. 1248 bis 1254 unternahm er einen Kreuzzug nach Damiette (Ägypten) und nach Palästina, von welchem er früher als gewollt zurückkehren mußte, weil seine Mutter, die für ihn wieder die Staatsgeschäfte geführt hatte, gestorben war. 1267 brach Ludwig zu einem weiteren Kreuzzug auf; das erste Ziel war Tunis, wo er den Sultan bekehren wollte. Im Heer wütete aber bald eine Seuche, an der auch Ludwig IX. am 25. August 1270 in Tunis starb. Die Gebeine wurden in die Kirche St-Denis in Paris übertragen, das Herz befindet sich im Dom von Monreale auf Sizilien. 1297 erfolgte die Heiligsprechung. Alle französischen Botschaftskirchen in der ganzen Welt sind Ludwig IX. geweiht.

Darstellung: als König, mit Dornenkrone, Nägeln, Kreuzstab, Lanze, Schwert, Lilie, Wappen mit Lilien, Buch, Geißel, Jagdvogel, Ring

Patronat: der Jesuiten und Franziskaner, von Paris, München, Berlin, Saarbrücken, Saarlouis, aller Orte in Frankreich, die Louis heißen, der Wissenschaft, der Pilger und Reisenden, der Bauarbeiter, Bäcker, Friseure, Tapezierer, Stukkateure, Anstreicher, Buchbinder, Steinhauer, Buchdrucker, Fischer, Bürstenbinder, Kaufleute, Juweliere, Maurer, Zimmerer, Knopfmacher, Leinenverkäufer, Gerichtsdiener, gegen Blindheit, Gehörkrankheiten und die Pest

Liegefigur der Ludovica degli Albertoni in der Kirche S. Francesco a Ripa in Rom, geschaffen von Bernini und vollendet 1675.

Königskrone von Ludwig IX., dem Heiligen, Musee du Louvre, Paris.

Ludwig IX. verehrt die Passionsreliquien, die er von Konstantinopel erwarb und für die er die Sainte-Chapelle in Paris errichten ließ.

Das Wandgemälde aus der Grabeskirche der Heiligen → Felix und Adauctus zeigt eine der ältesten Darstellungen des Evangelisten Lukas, um 680, Commodilla-Katakombe, Rom.

Lukas schreibt das Evangelium nieder; nach einem griechischen Kodex aus dem 12. Jh., Biblioteca Apostolica Vaticana.

geboren wurde. Nach ihrem Eintritt in den Zisterzienserorden durchlebte sie viele mystische Gnadenbeweise, aber auch furchtbare Leiden, die sie heroisch erduldete. Schließlich empfing sie die Wundmale Christi (Stigmatisation). Lukardis starb am 23. März 1309 in ihrem Kloster in Oberweimar in Thüringen.

Lukas
Evangelist
Fest: 18. Oktober

Lukas wird als Verfasser des dritten Evangeliums sowie der Apostelgeschichte genannt. So sehr der Evangelist seit vielen Jahrhunderten auf der ganzen Welt verehrt wird, so wenig weiß man über sein Leben und sein Wirken. Bereits seine Herkunft bereitet den Forschern Kopfzerbrechen; alte Quellen nennen unterschiedliche Geburtsorte. Die alten Schriftsteller, so auch → Eusebius und → Hieronymus, sind sich jedoch einig, daß Lukas aus Antiochien in Syrien stammte. Keinen Zweifel gibt es über den Beruf: Lukas war Arzt. So steht beispielsweise im Kolosserbrief: „Auch der Arzt Lukas ... grüßt euch." In verschiedenen Abschnitten seines Evangeliums, das wohl zwischen 80 und 90 entstand, beweist Lukas auch medizinisches Wissen. Unbekannt ist, wann die Bekehrung des möglicherweise heidnisch erzogenen Lukas erfolgte; auch weiß man nicht, ob er Jesus persönlich begegnete. Wahrscheinlich ist, daß Lukas durch → Paulus bekehrt wurde, dessen treuer Gefährte er für etwa 17 Jahre wurde. Er schloß sich ihm 50/51 an und begleitete ihn auf seiner zweiten Missionsreise bis Philippi. 58 ging er mit Paulus nach Jerusalem, wo der Völkerapostel verhaftet wurde. Bei der Überführung nach Rom war Lukas ebenfalls an seiner Seite, und während der beiden Gefangenschaften von Paulus in Rom hielt Lukas treu zu ihm. In Rom traf Lukas wohl auch mit → Petrus und → Markus zusammen. Über das Leben von Lukas nach dem Tod von Paulus um 67 ist kaum etwas bekannt. Einige Quellen berichten, daß er in Achaia in Griechenland gewirkt, dort Evangelium und Apostelgeschichte verfaßt habe und 84jährig eines friedlichen Todes gestorben sei. Andere Berichte nennen Ephesus (Türkei) als Sterbeort von Lukas; dort wird auch das sogenannte Lukas-Grab gezeigt. Wieder andere Quellen sagen, Lukas sei Bischof von Theben gewesen und dort gestorben. 357 wurden Gebeine von Theben nach Konstantinopel gebracht und dort in der Apostelkirche beigesetzt. Einige Reliquien gelangten an einem 18. Oktober im 8. Jh. nach Padua (Italien), wo sie bis heute in der Kirche S. Giustina in einem Sarkophag verehrt werden. Papst Alexander III. erkannte diese Gebeine 1177 offiziell als Lukas-Reliquien an. – Um die Person des Lukas gibt es verschiedene Volkstumsbräuche; Bauern ließen ihr Vieh früher geweihte „Lukas-Zettel" schlucken, um Seuchen und Unglück von den Tieren fernzuhalten. Der Lukas-Tag ist außerdem ein Wetterlostag in der Landwirtschaft. Lukas-Gilden sind Ärztevereinigungen, die sich mit ethischen Fragen auf dem Gebiet der Medizin befassen. Das Wappentier des Lukas ist der Stier, was manchmal so gedeutet wird, daß der Evangelist geduldig und treu war, so wie der Ochse bei der Arbeit gefügig das Joch trägt. Die Überlieferung, Lukas sei der Ersteller unzähliger Marienikonen gewesen, ließ ihn zum Schutzpatron der Maler und Künstler werden. Man vermutet, daß die vielen Legenden, die sich um Lukas als Maler wunderschöner Mariendarstellungen ranken, ihren Ursprung in der liebevollen Beschreibung der Mutter Gottes im Lukas-Evangelium haben.

Darstellung: jugendlich, mit Stier, Evangelienbuch, beim Malen eines Marienbildes

Patronat: von Bologna, Padua, Reutlingen, der Ärzte (seit dem 7. Jh.), der St.-Lukas-Gilden, Chirurgen, Maler, Notare, Künstler, Goldschmiede, Bildhauer, Buchbinder, Metzger, Sticker, Glasmaler, des Viehs, für gutes Wetter

Lukas Belludi sel.
OFM, Ordensprovinzial
Fest: 17. Februar
Lukas Belludi war ein enger Gefährte von Ordensgründer → Franz von Assisi, von dem persönlich er um 1225 das Ordensgewand der Franziskaner erhalten hatte. Später wurde er Begleiter von → Antonius von Padua. Nachdem er Franziskaner-Ordensprovinzial geworden war, ließ er die Basilika Il Santo in Padua, wo Antonius beigesetzt war, großzügig ausgestalten. Lukas Belludi wurde als Wundertäter verehrt. Er starb an einem 17. Februar nach 1285 in Padua. 18. Mai 1927 Bestätigung des Kultes.

Lukas Stylites (von Chalkedon) hl.
Säulensteher
Fest: 11. Dezember
Lukas, geboren um 880 in Phrygien, war zunächst Soldat. Nach einer Niederlage seines Heeres entschied er sich, Asket zu werden; er empfing die Priesterweihe und lebte zunächst einige Jahre als Mönch in einem Kloster. Am Festtag von → Daniel Stylites, am 11. Dezember 935, bestieg er eine Säule bei Chalkedon (Türkei), die er 44 Jahre bis zu seinem Tod 979 nicht mehr verließ. Das Volk verehrte ihn wegen seiner Gaben der Wunder und der Weissagung schon zu Lebzeiten wie einen Heiligen.

Lul (Lullus) hl.
OSB, Erzbischof von Mainz
Fest: 16. Oktober
Lul war der erste Bischof von Mainz (Rheinland-Pfalz), der vom Papst (Hadrian I.) das Pallium erhielt, wodurch Mainz zum Erzbistum wurde. Geboren um 710 in Wessex (England), war Lul zunächst Mönch im Benediktinerkloster Malmesbury in seiner Heimat. 738 folgte er dem Ruf seines Verwandten → Bonifatius und wurde dessen enger Vertrauter bei der Missionierung in Germanien; er war zunächst Archidiakon, 752 weihte ihn Bonifatius zum Chorbischof. Eigentlich als Nachfolger von Bonifatius vorgesehen, erhielt Lul nach dessen Tod nur das Bistum Mainz, das er in der Folge stark ausbaute, um seine Bedeutung zu unterstreichen. Jahrelang lag Lul im Streit mit → Sturmius, dem Abt von Kloster Fulda, der auf der Eigenständigkeit Fuldas bestand. Lul war der Gründer mehrerer Abteien, so auch von Hersfeld (Hessen), wo er wohl auch starb (am 16. Oktober 786) und beigesetzt wurde.
Darstellung: als Bischof mit Pallium, vor einem Schreibpult

Lunkenbein, Rudolf
SDB, Missionar, Märtyrer
Fest: 15. Juli
Bis heute ist der Salesianerpater Rudolf Lunkenbein in Merure in Brasilien unvergessen; zahlreiche brasilianische Buben dort heißen nach ihm Rudolfo. Geboren am 1. April 1939 in Döringstadt bei Bamberg in Bayern, empfing Rudolf Lunkenbein die Priesterweihe und trat dem Salesianerorden bei. 19jährig war er das erste Mal in Brasilien, 1970 ließ er sich endgültig als Missionar in Merure nieder. Er machte sich Sprache, Leben und Gefühle der Indianer völlig zu eigen, um erfolgreich missionieren zu können. Die Einheimischen liebten und verehrten ihn bald wie einen Vater. Doch Lunkenbein hatte auch Feinde: Am 15. Juli 1976 ließen ihn Großgrundbesitzer aus Landgier durch Pistoleros in seiner Missionsstation in Merure erschießen. Der Tod Lunkenbeins erschütterte auch die Menschen in Deutschland; in Merure, wo Rudolf Lunkenbein beigesetzt wurde, trauert man bis heute.

Lupicinus hl.
Abt
Fest: 21. März, 28. Februar
Lupicinus war zunächst verheiratet; nachdem seine Ehefrau gestorben war, folgte er seinem Bruder → Romanus, der als Einsiedler in Condat im Jura (Frankreich) lebte. Als sich zahlreiche Gefährten um das Brüderpaar sammelten, entstand eine Klostergemeinschaft, die spätere Abtei Condat (St-Claude). Auch das Kloster St-Lupicin (früher Leuconne) im Jura ist eine Gründung von Lupicinus, ebenso das Frauenkloster La Beaume. Nach dem Tod von Romanus (463/464) übernahm Lupicinus von ihm die Leitung der beiden Männerklöster. Er starb um 480 und wurde im Kloster Leuconne-St-Lupicin beigesetzt (dort bis heute Reliquien in der Pfarrkirche).

Weil Rudolf Lunkenbein brasilianischen Großgrundbesitzern im Wege war, mußte er sterben.

Der Alabastersarkophag mit Reliquien des Evangelisten Lukas steht in der Kirche S. Giustina (→ Justina) in Padua.

Lupus hl.
Bischof von Bayeux
Fest: 25. Oktober
Lupus (Loup) war im 5. Jh. wahrscheinlich der vierte Bischof von Bayeux (Frankreich). Über seine Amtszeit ist nichts Genaues bekannt; er soll über 30 Jahre an der Spitze des Bistums gestanden und große Verehrung genossen haben. Lupus starb um 470/480 in Bayeux; seine Reliquien wurden mehrmals übertragen.

Lupus von Lyon hl.
Erzbischof von Lyon
Fest: 25. September
Lupus war etwa ab 524 Erzbischof von Lyon (Frankreich), nachdem er zuvor ein Mönchsleben geführt hatte. Es heißt, er habe viele Demütigungen erleiden müssen, als → Sigismund, König von Burgund und Vertrauter von Lupus, 524 starb und politische Unruhen ausbrachen. Lupus starb zwischen 538 und 549 (wahrscheinlich 542).

Lupus von Troyes hl.
Bischof von Troyes
Fest: 29. Juli
Lupus von Troyes gehörte im 5. Jh. zu den herausragenden Kirchenpersönlichkeiten Galliens. Geboren Ende des 4. Jh. in Toul, heiratete Lupus zunächst die Schwester von → Hilarius von Arles; beide trennten sich nach siebenjähriger Ehe einverständlich, und Lupus wurde 426 Mönch auf der Klosterinsel Lérins in Südfrankreich. 427 erhielt er gegen seinen Willen die Ernennung zum Bischof von Troyes; er amtierte über ein halbes Jahrhundert, behielt jedoch immer seine mönchische Lebensweise bei. 429 reiste Lupus zusammen mit → Germanus von Auxerre nach England, um dort gegen die Pelagianer vorzugehen und deren Gedankengut zu bekämpfen. Durch seinen Einsatz bei Attila wurde die Region Troyes vor der Zerstörung durch die Hunnen bewahrt. Lupus von Troyes starb wohl am 29. Juli 478. Mehrere seiner Schüler waren inzwischen berühmte Bischöfe geworden.

Dieses Kopfreliquiar enthielt früher den Schädel des Luxorius und kam 1591 in die Kirche S. Stefano dei Cavalieri in Pisa. Heute im Museo Nazionale di S. Matteo, Pisa.

Luu, Joseph hl.
Märtyrer
Fest: 2. Mai
Joseph Luu, geboren um 1790 in Cai-nhum in Vietnam, ließ sich trotz Verbotes des christlichen Glaubens in seinem Heimatland taufen. Er wurde verhaftet und im Gefängnis von Vinh-long mißhandelt. Er starb 1854. Papst Johannes Paul II. sprach Luu mit einer Gruppe weiterer Vietnamesen 1988 heilig.

Luxorius
Märtyrer
Fest: 21. August
Der Christ Luxorius diente um 300 auf Sardinien als Soldat im kaiserlichen Heer von Christenverfolger Diokletian; dieser ließ ihn um 303 enthaupten. In seiner Heimat Sardinien wird Luxorius als Santu Lussurgiu verehrt, in der Toskana als San Rossore.

Luzia → Lucia

Lwanga, Charles und Gefährten hl.
Märtyrer
Fest: 3. Juni
Geboren 1865 in Bulimu (Uganda), wurde Charles Lwanga Führer der Pagen am Hof von König Mwanga. 1885 empfing er die Taufe und bekehrte zahlreiche der Pagen ebenfalls zum katholischen Glauben. Kurz darauf brach die Christenverfolgung aus, in der Lwanga und 31 seiner Gefährten am 3. Juni 1886 ermordet wurden; sie starben den Feuertod in Namugongo. Papst Paul VI. sprach Charles Lwanga und 21 andere Märtyrer Ugandas am 18. Oktober 1964 heilig; die Seligsprechung war 1920 erfolgt. Lwanga ist der bekannteste aus der Gruppe der „Märtyrer von Uganda".

Die Christin Lydia auf einer Ikone in einer griechisch-orthodoxen Taufkapelle.

Lydia
Christin
Fest: 3. August
Lydia lebte im 1. Jh. in Philippi in Nordgriechenland und verdiente sich ihren Lebensunterhalt als Purpurhändlerin. Als → Paulus in Philippi weilte, nahm sie ihn in ihrem Haus gastfreundlich auf und wurde seine Schülerin; später empfing sie von ihm die Taufe. Lydia starb in der zweiten Hälfte des 1. Jh. Man nennt Lydia auch „erste europäische Christin".
Darstellung: als vornehme Frau, in großem Mantel, unter dem Kinder Schutz suchen
Patronat: der Färber

M

Mabenna (Mabyn)
Äbtissin
Fest: 15. Februar, 21. September
Über Leben und Wirken von Mabenna ist nichts bekannt; sicher ist nur, daß sie wohl Äbtissin war und aus Cornwall in England stammte. Manche Quellen machen sie zur Tochter eines Häuptlings. In der Kirche von St. Neot in Cornwall ist sie als Äbtissin mit Krone auf dem Kopf dargestellt.

Macanisius
Bischof
Fest: 3. September
Macanisius gehört zu den ersten bekannten Heiligengestalten Irlands. Geboren Mitte des 5. Jh. in Irland, erhielt er als Kind die Taufe von → Patrick, der ihn später auch zum Bischof weihte. Macanisius war der Gründerabt eines Klosters (vielleicht Kells), aus dem sich die irische Diözese Connor entwickelte. Er starb 514.

Macartan
Bischof von Clogher
Fest: 24. März
Der Ire Macartan galt als Wunderbischof, weil sich um seine Person zu Lebzeiten und nach dem Tod viele Wunder ereigneten. Als einer der ersten Gefährten von → Patrick empfing er von diesem die Weihe zum Bischof von Clogher in Irland. Sein Charisma und seine Wundergaben machten ihn im ganzen Land berühmt, das Volk verehrte ihn wie einen Heiligen. Er starb um 505 in Clogher.

Machar
Bischof(?)
Fest: 12. November
Machar, geboren Anfang des 6. Jh. in Irland, kam um 563 mit → Kolumban auf die Insel Hy (Iona), wo Kolumban das später berühmte Kloster Iona gründete. Gemeinsam missionierten sie auf der Insel, Machar später auch in der Umgebung von Aberdeen in Schottland. Nach verschiedenen, allerdings unsicheren Überlieferungen ernannte Papst → Gregor der Große Machar um 592 zum Bischof von Tours (Frankreich), wo er wenige Jahre bis zu seinem Tod um 595 amtiert haben soll.

Mackessog → Kessog

MacKillop, Mary sel.
Ordensgründerin
Fest: 8. August
Mary MacKillop ist die erste gebürtige Australierin, die seliggesprochen wurde. „Wenn Seligsprechungen den Zweck haben, den Gläubigen Vorbilder zu geben, dann wurde mit Mary MacKillop ohne Zweifel eine hervorragende Wahl getroffen“, so kommentierte eine große Zeitung das Ereignis, das am 19. Januar 1995 in Sydney der Höhepunkt einer Australien-Reise von Papst Johannes Paul II. war. Die von Mary MacKillop gegründete Ordensgemeinschaft stellt heute die größte Kongregation auf dem Kontinent Australien. – Geboren am 15. Januar 1842 in Fitzroy, Australien, als Tochter schottischer Einwanderer, gründete Mary MacKillop 1862 zusammen mit ihrem Beichtvater die Gemeinschaft der St.-Josef-Schwestern vom Herzen Jesu, die 1868 die Anerkennung des örtlichen Bischofs erhielt. Vier Jahre später rief Mary eine Schule für arme Kinder ins Leben, weitere Einrichtungen folgten, und die Gemeinschaft wuchs immer stärker. Die Schwestern nahmen sich besonders der Ärmsten an, sie zogen zu den Aborigines, in die Slums und zu den Ausgestoßenen. Dem Bischof gefiel diese Form der Sozialarbeit von Mary MacKillop und ihren Schwestern nicht; er forderte die Ordensgründerin auf, ein geregeltes Ordensleben zu führen. Als sich Mary weigerte, wurde sie vom Bischof exkommuniziert (erst kurz vor seinem Tod nahm er die Entscheidung zurück). Papst Leo XIII. bestätigte 1888 die überarbeiteten Ordensstatuten endgültig. Obwohl körperlich stark geschwächt, ermutigte Mary MacKillop in den Jahren vor ihrem Tod (8. August 1909) ihre Mitschwestern unermüdlich, das Ordenswerk auszuweiten; die Kongregation der Josef-Schwestern hat heute auch Niederlassungen in Neuseeland und in Peru. Gründerin Mary MacKillop ist im Ordensmutterhaus in Sydney beigesetzt.

Macra hl.
Märtyrerin
Fest: 2. März, 6. Januar
Macra ist eine in der Region Reims in Frankreich bis heute verehrte Märtyrerin. Nach wohl gesicherter Überlieferung erlitt sie um 300 bei Reims in der Verfolgung von Diokletian den Martertod. Angebliche Macra-Reliquien fand man Jahrhunderte später wieder auf und errichtete für ihre Aufbewahrung in dem Ort Fismes bei Reims eine Kirche.

Maddalena Albricci sel.
OESA, Äbtissin
Fest: 13. Mai
Maddalena Albricci, die um 1400 in Como in Norditalien zur Welt gekommen war, wurde schon zu Lebzeiten wie eine Heilige verehrt und gehörte zu den angesehensten Persönlichkeiten ihrer Zeit. Ab

Seligsprechung von Ordensgründerin Mary MacKillop am 19. Januar 1995 in Sydney, nach einer Aufnahme aus „Famiglia Cristiana“.

1420 Augustiner-Eremitin, wurde sie bald Äbtissin ihres Klosters Brunate bei Como; ein weiteres Kloster gründete sie in Como. Um ihre Person ereigneten sich zahlreiche Wunder, an ihrer Grabstätte nach ihrem Tod am 13. Mai 1465 ebenfalls. 10. Dezember 1907 Bestätigung des Kultes.

Maddalena Panatieri von Trino
OPraem, Terziarin
Fest: 13. Oktober
Maddalena Panatieri stammte aus Trino bei Vercelli (Italien); sie wurde Prämonstratenser-Terziarin und führte ein Leben der Demut, der Abtötung und der Nächstenliebe, weshalb sie sehr verehrt wurde. Sie starb am 13. Oktober 1503 in Trino. 1827 Approbation des Kultes.

Madelberta (Amalberte)
OSB, Äbtissin
Fest: 7. September
Madelberta war eine Tochter von → Vinzenz Madelgar und von → Waldetrudis. Die Erziehung erhielt sie von ihrer Tante → Adelgunde, der Gründerin des Benediktinerklosters Maubeuge (Frankreich), wo sie ebenfalls dem Orden beitrat. 696 wurde sie als Nachfolgerin ihrer Schwester → Aldetrudis Äbtissin von Maubeuge. Sie starb wohl 706 in Maubeuge; die Reliquien gelangten bald darauf nach Lüttich (Belgien).
Darstellung: als Nonne, wie der Teufel versucht, sie zu verführen
Patronat: der Schwangeren, für eine glückliche Entbindung

Madron (Maden)
Einsiedler
Fest: 17. Mai
Madron soll ein Einsiedler gewesen sein, der aus Cornwall in England stammte und wohl in seiner Heimat (oder in der Bretagne, Frankreich) lebte. Bis heute sind ihm in Cornwall zahlreiche Kirchen geweiht; die dortige Stadt Madron ist nach ihm benannt, sie entwickelte sich angeblich rund um Madrons Einsiedelei. Noch heute existiert in Madron eine Wallfahrt.

Maedoc von Ferns hl.
Bischof von Ferns
Fest: 31. Januar
Maedoc (Aidan) war ab 598 der erste Bischof der Diözese Ferns in Wexford (Irland); gleichzeitig gründete und leitete er dort ein Kloster. Zuvor war er Mönch und Einsiedler in Wales. Maedoc starb 626 in Ferns, betrauert vom Volk, das ihn sehr verehrte. Im Nationalmuseum in Dublin (Irland) steht heute ein Schrein, der die Maedoc-Reliquien enthalten soll.

Mafalda sel.
OCist, Ordensfrau
Fest: 2. Mai, 17. Juni
Mafalda kam als Tochter des portugiesischen Königs wohl 1184 in Portugal zur Welt. Zwölfjährig mußte sie heiraten, ließ die Ehe aber 1216 wieder auflösen und widmete sich der Reformierung eines Zisterzienserklosters in Arouca, in ihrer Heimat. Wahrscheinlich trat Mafalda dort ebenfalls dem Zisterzienserorden bei. Sie starb am 2. Mai 1257 in Arouca. 1793 Bestätigung des Kultes.

Maginus
Märtyrer
Fest: 25. August
Maginus war Missionar in Katalonien (Spanien); 235 erlitt er in der Christenverfolgung von Kaiser Maximinus Thrax in Tarragona den Martertod, indem man ihn mit einer Sichel ermordete.
Patronat: gegen Hautkrankheiten

Das Volk, der Bischof und seine Priester erwarten die Ankunft der Reliquien des heiligen Magnus in Anagni, nach einem Fresko aus dem 13. Jh. in der Krypta der Kathedrale von Anagni.

Maglorius
Bischof von Dol
Fest: 24. Oktober
Maglorius, geboren um 500 in Wales, erhielt seine Erziehung von → Illtyd. Danach ging er in die Bretagne (Frankreich), wurde Abt von Kloster Lammeur und ein bedeutender Missionar und später Bischof von Dol. In den Jahren vor seinem Tod (um 575) lebte Maglorius auf der Kanalinsel Sark, wo er ein Kloster errichtete, in dem er starb. Maglorius genießt in Frankreich bis heute Verehrung, seine Reliquien werden seit 963 in der Kirche St-Magloire in Paris aufbewahrt.

Magnerich von Trier
Bischof von Trier
Fest: 25. Juli
Magnerich (Magnericus) gehörte zu den berühmtesten Bischöfen seiner Zeit; er war befreundet mit vielen Persönlichkeiten, so mit → Gregor von Tours und → Venantius Fortunatus. 566 war er Nachfolger seines Lehrers → Nicetius auf dem Bischofsstuhl von Trier geworden und damit der erste Franke im Amt. Er gründete viele Kirchen und Klöster in seinem Bistum, richtete das Kloster St. Martin in Trier wieder ein und begründete die Kirche von Karden. Magnerich, der auch am Königshof hoch geschätzt war, starb wohl 596 in Trier und wurde dort in St. Martin beigesetzt.

Magnobod hl.
Bischof von Angers
Fest: 16. Oktober
Magnobod, geboren um 575, wurde 610 auf Bitten des Volkes zum Bischof von Angers (Frankreich) ernannt. Er ist als Teilnehmer mehrerer Synoden vermerkt. Die Gläubigen verehrten ihn und achteten ihn als großes Vorbild. Sein Todesdatum kann nicht exakt festgelegt werden; es lag wahrscheinlich um 660.

Magnus von Anagni hl.
Bischof(?), Märtyrer
Fest: 19. August
Magnus war nach der wohl großenteils legendarischen Überlieferung Bischof von Trani in Apulien

Ein Stich aus dem 17. Jh. zeigt die legendarische Geschichte von Magnus und → Tozzo; Tozzo holte im Auftrag des Augsburger Bischofs Magnus sowie Theodor vom Grab des heiligen → Gallus als Glaubensboten ins Allgäu.
Auf seinem Weg nach Füssen überwindet Magnus mit seinem „Gallusstab" (Mönchsstab des Gallus) und der Hilfe von Tozzo einen Drachen.

(Italien), möglicherweise Mitte des 3. Jh. In der Christenverfolgung des Decius soll er um 250 bei Fondi das Martyrium erlitten haben. Angebliche Reliquien gelangten später nach Trani sowie nach Anagni. Bezeugt ist eine starke Verehrung in Apulien und im übrigen Süditalien, was auch zahlreiche Darstellungen beweisen.

Magnus von Füssen (St. Mang) hl.
OSB, Missionar
Fest: 6. September
Eigentlich hieß Magnus mit Geburtsnamen Maginold; erst später wurde er wegen seiner vollbrachten Wundertaten Magnus (der Große) genannt. Geboren um 699/700 möglicherweise in der Nähe von St. Gallen (Schweiz), war Magnus zunächst Mönch in St. Gallen, bevor er um 745 als Missionar ins Allgäu in Bayern kam; auf Bitten des Augsburger Bischofs → Wikterp weitete er sein Missionsgebiet weiter aus. Für sich selbst errichtete Magnus an der Stelle des heutigen Städtchens Füssen direkt am Lech eine Zelle, die sich im Laufe der Jahre aufgrund großzügiger Schenkungen von Pippin dem Jüngeren zu einem stattlichen Benediktinerkloster entwickelte. Der Zulauf war groß, die Kunde vom ruhmreichen Wirken von Magnus sowie von seiner Fähigkeit, Wunder zu vollbringen, hatte sich weit herumgesprochen.
Legende: Aus St. Gallen hatte Magnus den Stab von → Gallus mitgenommen. Als einmal Schlangen und Bären die Gegend und die Bewohner von Kempten im Allgäu bedrohten, vertrieb Magnus sie mit dem Stab. Sogar einen Drachen soll er einmal auf diese Weise in die Flucht geschlagen haben.
Magnus starb wohl an einem 6. September, entweder 750 oder 772 (vielleicht auch um 666). Mitte des 9. Jh. wurde im Auftrag der Augsburger Bischöfe in Füs-

Statue des heiligen Magnus in der Krypta der St.-Mang-Kirche in Füssen, vom Füssener Bildhauer Anton Sturm, 18. Jh.

sen eine Kirche zur Aufbewahrung der Reliquien errichtet; heute erhebt sich an dieser Stelle die Kirche St. Mang, die Magnus-Gebeine aber sind verschollen. Aufbewahrt werden in Füssen noch der berühmte Stab, ein Kelch und eine Stola von Magnus. In Bayern wird Magnus häufig zu den Nothelfern gezählt.
Darstellung: meist als Benediktinermönch, zusammen mit Gallus, wie er einen Drachen oder wilde Tiere bekämpft, mit Bär, der ihm beim Suchen hilft
Patronat: des Allgäus, von Kempten und Füssen, gegen Schlangenbiß, gegen Augenkrankheiten, gegen Ungeziefer, Würmer, Ratten und Mäuse

Magnus von Schottland
Büßer, (Märtyrer)
Fest: 16. April
Magnus wird in Schottland schon immer als Märtyrer verehrt, obwohl er aus politischen Gründen ermordet wurde. Geboren um 1075 auf den schottischen Orkney-Inseln, soll Magnus, so eine Überlieferung, Räuber geworden sein; eines Tages habe er sich bekehrt und sein weiteres Leben ausschließlich der Buße gewidmet. Ein anderer Bericht sagt, Magnus sei der Oberlehnsherr der Orkney-Inseln gewesen und, als er sich von Verschwörern bedroht fühlte, geflohen, um ein Leben der Buße zu führen. Alle Überlieferungen stimmen darin überein, daß er in einem politischen Streit mit seinem Cousin von diesem ermordet wurde (1105/1106 oder 1116).
Patronat: der Fischhändler von Orkney

Mai, Jordan Heinrich
OFM, Ordensmann
Fest: 20. Februar
Jedes Jahr kommen am Todestag von Jordan Mai, am 20. Februar, Tausende von Gläubigen in die Franziskanerkirche in Dortmund (Nordrhein-Westfalen), um des außergewöhnlichen Ordensmannes zu gedenken. An der Übertragung der Gebeine Mais 1950 vom Dortmunder Friedhof in die dortige Kirche hatten über 100 000 Menschen teilgenommen. – Geboren am 1. September 1866 in Buer in Westfalen, wurde Heinrich Mai Franziskaner-Laienbruder und nahm den Namen Jordan an. Er war in verschiedenen Klöstern als Koch tätig, ab 1907 in Dortmund; während seines gesamten Ordenslebens sah er es als seine Aufgabe an, stellvertretend für die Sünder Buße zu tun. Nachdem im Januar 1922 aus seiner Klosterkirche der Tabernakel gestohlen worden war, sagte er: „Für diesen Gottesraub opfere ich dem Herrgott mein Leben auf. Und heute in einem Monat wird er mich holen." Genau einen Monat später, am 22. Februar 1922, starb Jordan Mai, ohne daß eine Todesursache zu erkennen war. Der Seligsprechungsprozeß ist eingeleitet.

Seine letzte Ruhestätte fand Jordan Mai in der Franziskanerkirche in Dortmund. Am 17. August 1950 wurden die Gebeine erhoben, am 20. August vom Ostenfriedhof überführt.

Maildulf
OSB, Gründer
Fest: 17. Mai
Der irische Mönch Maildulf gründete Mitte des 7. Jh. die später berühmte Benediktinerabtei Malmesbury in England. Sein Gefährte → Aldhelm wurde erster Abt und führte das Kloster schnell zu großer Blüte. Maildulf starb 673 in Malmesbury und wurde dort beigesetzt.

Majolus hl.
OSB, Abt
Fest: 11. Mai
Majolus war ab 965 der vierte Abt des Reformklosters Cluny (Frankreich). Geboren um 910 wohl in Südfrankreich, war er zunächst Archidiakon, später Begleiter des erblindeten → Aymard, seines Vorgängers, gewesen. Als Abt von Cluny sowie des Klosterverbandes verbreitete er die cluniazensische Reform rasch in zahlreichen weiteren Klöstern in Frankreich, Italien und Deutschland. Er stand in engem, freundschaftlichem Kontakt zu den Kaisern Otto I. und Otto II. und zu Kaiserin → Adelheid. Einige Zeit sah es sogar so aus, als könne Majolus Papst werden. Er starb am 11. Mai 994 in Souvigny, wo er ein Kloster gegründet hatte. An seiner Grabstätte in Souvigny existiert noch heute eine Wallfahrt. Majolus hatte der cluniazensischen Reformbewegung einen wichtigen Aufschwung verschafft.

Jordan Heinrich Mai; er starb genau an dem Tag, den er vorausgesagt hatte.

Majoricus
Märtyrer
Fest: 6. Dezember
Die historisch als gesichert angesehenen Berichte erzählen, daß Majoricus 480 in Tunis in Nordafrika als Sohn von → Dionysia geboren wurde. Vandalenkönig Hunerich forderte die Christin Dionysia eines Tages auf, sich zum Arianismus zu bekennen; als sie dies ablehnte, verurteilte Hunerich sie und Majoricus zum Tod. Auf dem Weg zur Hinrichtungsstätte war der Vierjährige voller Angst; seine Mutter aber ermutigte ihn immer wieder und bat ihn, tapfer zu sterben. Der Todestag von Mutter und Kind war der 6. Dezember 484.

Makarios der Ägypter (der Ältere, der Große) hl.
Mönch, Priester
Fest: 15. Januar
Makarios der Ägypter gilt als einer der Väter des ägyptischen Mönchlebens. Geboren um 300 in Oberägypten, hatte er sich schon in seiner Jugend in eine einsame Hütte zurückgezogen; er hütete Schafe und verdiente sich seinen Lebensunterhalt mit dem Flechten von Körben. Einen Großteil des Tages widmete er dem Gebet. Als die Menschen auf ihn aufmerksam wurden, floh Makarios, inzwischen etwa 30 Jahre alt, in die Sketische Wüste (Ägypten). In den folgenden 60 Jahren lebte er als hochverehrter Eremit, bewundert wegen seiner Wundertaten, gesucht von Tausenden von Mönchen, für die er regelmäßig Eucharistiefeiern abhielt. Um 335 kam es zu dem später in zahlreichen Gemälden festgehaltenen Besuch von Makarios bei Wüstenvater → Antonios dem Großen in der Thebäischen Wüste. Um 375 lebte Makarios etwa zwei Jahre in der Verbannung, nachdem ihn der arianische Bischof von Alexandrien wegen seines Festhaltens am katholischen Glauben vertrieben hatte. Betrauert von einer riesigen Mönchskolonie, starb Makarios der Ägypter (um) 390. Ihm später zugeschriebene schriftstellerische Werke stammen zum großen Teil nicht von ihm.
Darstellung: als Asket mit langem Bart, manchmal nackt, mit Schriftrolle, Totenschädel, oft mit Stab (Makarios-Stab)

Makarios Alexandrinos (der Jüngere) hl.
Einsiedler
Fest: 2. Januar, 19. Januar
Makarios Alexandrinos (der Alexandriner) lebte zur gleichen Zeit wie → Makarios der Ägypter; beide kannten und begegneten sich auch, beide waren um 375 zusammen für etwa zwei Jahre von Arianer-Bischof Lucius von Alexandrien verbannt. Makarios der Jüngere, geboren um 296 in Ägypten, war zunächst Früchtehändler in seiner Heimat. Im Alter von etwa 40 Jahren zog er sich als Mönch in die Thebäische Wüste zurück, 338 empfing er die Priesterweihe. Danach ging er in die Nitrische Wüste in Unterägypten und lebte dort in ständigem Gebet und härtester Kasteiung. Überlieferungen berichten, Makarios der Jüngere habe die Wundergabe besessen, Krankheiten und Dämonen zu vertreiben. Er starb um 394.
Darstellung: als Einsiedler, mit langem Bart, umgeben von wilden Tieren, mit Laterne, Traube (die als Geschenk von einem Mönch zum nächsten ging und zum Gebet zurückkam)

Makarios und Eugenios hll.
Märtyrer
Fest: 20. Dezember
Makarios war gemeinsam mit → Eugenios Mitte des 4. Jh. Priester in Antiochien (Syrien). Beide wurden von Gegnern gefangengenommen, gemartert und dann in die mauretanische Wüste verbannt. Bei ihrer Rückkehr ließ Kaiser Julian Apostata Makarios und Eugenios enthaupten; das Todesjahr lag um 362. Andere Quellen berichten, beide hätten bis zu ihrem natürlichen Tod in Mauretanien als Missionare gewirkt.

Charbel Makhlouf, Priester, Einsiedler und Mönch des libanesischen Maronitenordens.

Makarios I. von Jerusalem hl.
Bischof von Jerusalem
Fest: 10. März

Makarios war von 314 bis zu seinem Tod um 334 Bischof von Jerusalem. In der Zeit seines Episkopates fand → Helena, so Überlieferungen, das Kreuz Christi auf; Makarios I. soll seine Echtheit bestätigt haben. Andere Berichte sagen, Makarios habe das Grab Christi in Jerusalem entdeckt, und die Kreuzeslegende sei erst später hinzugefügt worden. → Konstantin der Große soll Makarios I. mit dem Bau der Grabeskirche in Jerusalem beauftragt haben. Makarios galt als entschlossener Verteidiger des christlichen Glaubens gegen alle Irrlehren und genoß in den zwei Jahrzehnten seiner Amtszeit hohes Ansehen.

Eine stark idealisierte Darstellung des Charbel Makhlouf von 1997. Wundersame Heilungen werden dem 1977 heiliggesprochenen Einsiedler nachgesagt. Der unversehrte Leichnam scheidet noch heute eine Flüssigkeit (ein Gemisch aus Blut und Wasser) aus.

Makarius der Schotte sel.
OSB, Abt
Fest: 6. Januar, 23. Januar

Schottenmönch Makarius, geboren um 1090 in Schottland oder Irland, wurde am 3. September 1139 von Würzburgs Bischof Embrico zum ersten Abt des „Schottenklosters" St. Jakob in Würzburg bestellt. Etwa ab 1090 waren in Deutschland zahlreiche Schottenklöster entstanden, Gründungen von Benediktinern aus Irland und Schottland, die in ihren Klöstern Pilgern Unterkunft gaben. Makarius war aus dem Schottenkloster Regensburg nach Würzburg gekommen. Schon bald verehrte ihn die Bevölkerung wegen seiner großen Güte den Armen gegenüber, wegen seiner Gelehrtheit und seiner Gabe des Rates.

Legende: Als Makarius einmal bei Bischof Embrico weilte, bot ihm dieser einen Becher Wein an. Makarius erklärte, er habe gelobt, keinen Wein zu trinken. Als ihn der Bischof zum Trinken drängte, führte Makarius den Becher zum Mund, und plötzlich hatte sich der Wein in Wasser verwandelt, wie alle Anwesenden bezeugen konnten.

Makarius starb am 6. Januar 1153 in Würzburg und wurde in der Klosterkirche St. Jakob beigesetzt. 1615 ließ Fürstbischof Julius Echter die Gebeine erheben; 1818 übertrug man die Reliquien in die Marienkapelle am Würzburger Marktplatz, wo die bekleideten Gebeine in einem Schrein beigesetzt wurden (der bei einem Bombenangriff im Zweiten Weltkrieg zerstört wurde).

Makhlouf, Charbel hl.
Mönch, Priester, Einsiedler
Fest: 24. Dezember

Charbel Makhlouf galt als Vorbild des vollkommenen Mönches; schon zu Lebzeiten wurde der Libanese wie ein Heiliger verehrt. Geboren am 8. Mai 1828 in Beka'kafra, Libanon, hatte Makhlouf 1859 im Kloster Annaya, wo er zuvor als Mönch eingetreten war, die Priesterweihe empfangen. In der Folge führte er über Jahrzehnte ein außergewöhnlich strenges Buß- und Opferleben, bewundert von seinen Mitmönchen. Er starb am 24. Dezember 1898 in Annaya; an seiner Grabstätte ereigneten sich viele Wunder, so daß sie zu einem Wallfahrtsort wurde. 5. Dezember 1965 Seligsprechung, 9. Oktober 1977 Heiligsprechung durch Papst Paul VI.

Makrina die Ältere hl.
Christin
Fest: 14. Januar

Makrina die Ältere war die Großmutter von → Basilius dem Großen und von → Gregor von Nyssa sowie von → Makrina der Jüngeren. Die Überlieferungen berichten, daß sie viel zur christlichen Erziehung und zur Herzensbildung ihrer Enkel beigetragen hat. Während der Christenverfolgung des Diokletian um 300 mußte sie mit ihrem Ehemann fliehen und lebte für etwa sieben Jahre an den Ufern des Schwarzen Meeres. Nach ihrer Rückkehr in die Heimat in Kleinasien hatten sie erneut viel zu erleiden, weil sie an ihrem Glauben festhielten. Unter den Christen genoß die ganze Familie große Verehrung und Bewunderung. Makrina die Ältere starb um 340.

Makrina die Jüngere hl.
Christin
Fest: 19. Juli
Makrina die Jüngere war die Schwester von → Basilius dem Großen und von → Gregor von Nyssa und die Enkelin von → Makrina der Älteren; ihre Mutter war → Emmelia. Geboren um 327 in Cäsarea in Kappadokien, unterstützte sie zunächst ihre Eltern bei der Erziehung ihrer neun jüngeren Geschwister, später führte sie mit ihrer Mutter und weiteren Gefährtinnen ein Leben des Gebetes und der Buße. Manche Überlieferungen sagen, sie sei Äbtissin einer Klostergemeinschaft gewesen.

Malachias von Armagh hl.
Erzbischof von Armagh
Fest: 3. November
Das Wissen über Leben und Wirken von Malachias stammt zum großen Teil von → Bernhard von Clairvaux, in dessen Armen der irische Bischof gestorben war; in der „Vita Sancti Malachiae episcopi" beschrieb Bernhard um 1150 die großen Leistungen seines Freundes. – Geboren 1094/1095 in Armagh in Irland, erlebte Malachias als Kind die Reformen von → Cellach mit, was ihn bestärkte, sich dem Leben als Priester zuzuwenden. 1119 empfing er die Priesterweihe, 1123 wurde er bereits zum Bischof des irischen Bistums Connor ernannt. Cellach machte ihn 1129 zum Erzbischof von Armagh und damit zu seinem Nachfolger, eine Entscheidung, die eine starke Opposition von Gegnern hervorrief. Malachias konnte das Amt schließlich übernehmen, resignierte jedoch schon 1136 und entschied sich für das Bischofsamt von Down. Im Auftrag der irischen Bischöfe reiste Malachias 1139 nach Rom; Papst Innozenz II. machte ihn zum Päpstlichen Legaten für Irland. Auf der Rückreise machte Malachias Rast im Zisterzienserkloster Clairvaux (Frankreich) und befreundete sich mit Bernhard. 1142 entstand in Irland das erste Zisterzienserkloster in Mellifont. Auch die Augustiner-Chorherrenstifte, die kurz darauf in Irland gegründet wurden, gingen auf Malachias zurück. Er war es auch, der die römische Liturgie in Irland einführte. Auf einer weiteren Reise nach Rom erkrankte er schon auf dem Heimweg, machte deshalb in Clairvaux bei Bernhard Rast und starb dort am 1. oder 2. November 1148, tief betrauert von Bernhard, der ihn im Kloster beisetzen ließ. 6. Juli 1190 Heiligsprechung. – Der Gedenktag wurde auf den 3. November gelegt, um den Festen Allerheiligen und Allerseelen auszuweichen.

Malchos (Malchus) hl.
Einsiedler
Fest: 21. Oktober
Das Leben von Malchos wurde um 390 von → Hieronymus niedergeschrieben, der ihn gut kannte. Malchos stammte aus Nisibis (Syrien); um nicht heiraten zu müssen, flüchtete er aus seinem Elternhaus und lebte etwa 20 Jahre als Einsiedler in der Wüste. Sarazenen nahmen ihn gefangen und zwangen ihn zur Ehe mit einer christlichen Sklavin. Beide konnten fliehen, und Malchos kehrte in die Wüste zurück, wo er wohl um 385 starb.

Malla, Ceferino Giménez sel.
Märtyrer
Fest: 9. August
Erstmals in der Geschichte der katholischen Kirche hat Papst Johannes Paul II. am 4. Mai 1997 einen Angehörigen des Roma-Volkes seliggesprochen. Zur Seligsprechungsfeier auf dem Petersplatz in Rom waren über 4000 Roma und Sinti in farbenprächtigen Festkleidern gekommen, und auch der Papst trug ein buntes liturgisches Gewand, das von spanischen Roma für ihn genäht worden war. – Ceferino Giménez Malla, geboren 1861 in Benavent de Segría in der Provinz Lérida (Spanien), lebte etwa 40 Jahre als Nomade zwischen Katalonien und Aragonien; da er keine Schule hatte besuchen können, war er Analphabet. Durch seine ihm gegebene natürliche Begabung wurde er zu einem Sachverständigen für Pferde und Maulesel und verdiente sich damit seinen Lebensunterhalt. Im Volk wurde er „El Pelé" genannt. Mit dem Geld, das er verdiente, unterstützte Malla Arme und Notleidende, er sorgte für sie in allen Lebenslagen, und bald sahen die Nomaden in ihm so etwas wie ihren Bürgermeister. Immer mehr wandte sich Malla dem religiösen Leben zu, jeden Abend betete er den Rosenkranz, das Gewand der Franziskanerterziaren wurde seine Kleidung. Während des Spanischen Bürgerkrieges beobachtete er 1936, wie Milizionäre einen Priester verhafteten und schrie: „Ihr Elenden!" Er wurde verhaftet und ins Gefängnis geworfen. Am 9. August 1936 führte man ihn in Barbastro vor das Exekutionskommando, dem er seinen Rosenkranz entgegenhielt und rief: „Viva Cristo Rey!", es lebe Christus, der König. Dann wurde er erschossen.

Ceferino Malla, Märtyrer des Spanischen Bürgerkriegs, ist der erste Angehörige der Sinti und Roma, der seliggesprochen wurde.

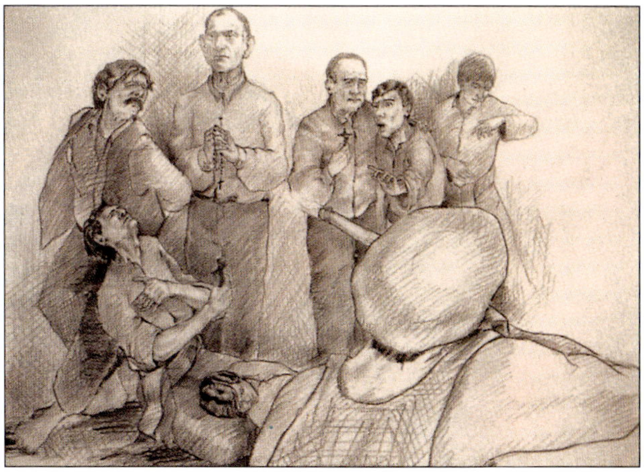

Am 9. August 1936 wurde Malla zusammen mit 18 anderen Personen von Milizionaren an der Friedhofsmauer von Barbastro erschossen.

Die Fotos zeigen Ordensgründerin Pauline von Mallinckrodt (links) und die junge Pauline 1840, nachdem sie eine „Kinderbewahranstalt“ eröffnet hatte.

Das Generalmutterhaus der Kongregation der Schwestern der Christlichen Liebe in Paderborn, gegründet von Pauline von Mallinckrodt, Fotografie von 1910.

Mallinckrodt, Pauline von sel.
Ordensgründerin
Fest: 30. April
„Mutter der Blinden“ ist der Beiname von Pauline von Mallinckrodt, die am 14. April 1985 von Papst Johannes Paul II. seliggesprochen wurde. Geboren am 3. Juni 1817 in Minden (Nordrhein-Westfalen), war Pauline ab 1824 in Aachen Schülerin von Luise Hensel, die auch ihren Blick für die soziale Not der Zeit schulte. Zusammen mit ihrer Mutter setzte sich Pauline schon früh für Notleidende ein; 1840 gründete sie in Paderborn eine Kleinkinderbewahrschule, um kranken Müttern die Sorge für ihre unbeaufsichtigten Kinder abzunehmen. 1842 nahm sie dort zwei blinde Kinder auf und legte damit den Grundstein für eine kleine Blindenanstalt, die 1847 zur Provinzialblindenanstalt erhoben wurde. 1849 schließlich gründete Pauline von Mallinckrodt die Kongregation der Schwestern der Christlichen Liebe, die sich zunächst der Betreuung von Blinden widmete. Bald übernahmen die Schwestern immer mehr Aufgaben in der katholischen Mädchenerziehung; es entstanden schnell Waisenhäuser mit eigenen Schulen, Volksschulen, Verwahrschulen, Handarbeitsschulen und Höhere Töchterschulen. Der 1871 beginnende Kulturkampf vernichtete das Werk von Pauline von Mallinckrodt nahezu. Doch sie ließ sich nicht entmutigen und gründete neue Niederlassungen in den USA und in Chile, in Liechtenstein und Belgien, die sie alle trotz angegriffener Gesundheit selbst besuchte. Sie starb am 30. April 1881 in Paderborn, wo sich bis heute das Mutterhaus des Ordens befindet, in dessen Conradiuskapelle im Garten die Ordensgründerin ihre letzte Ruhestätte gefunden hat.

Mamertus hl.
Bischof von Vienne
Fest: 11. Mai
In verschiedenen Gegenden wird Mamertus zu den Eisheiligen gerechnet, so in Norddeutschland, in den Niederlanden und in der Schweiz. Mamertus war ab 461 Bischof von Vienne (Frankreich) und führte 470 nach mehreren Erdbeben und Feuersbrünsten in seiner Stadt die sogenannten Drei Bittgänge vor dem Fest Christi Himmelfahrt ein, Prozessionen zur Erflehung göttlicher Hilfe oder zur Abwendung von Gefahren. Zahlreiche Diözesen in Gallien und Spanien übernahmen den Brauch. Mamertus starb wahrscheinlich 477 in Vienne.
Darstellung: im Bischofsgewand, mit brennendem Licht, zu Füßen des Kreuzes stehend
Patronat: der Ammen (Frankreich), der Feuerwehr, der Hirten, gegen Dürre, gegen Fieber

Mammas (Mamas) hl.
Hirte, Märtyrer
Fest: 17. August, 2. September
Die Kathedrale St-Mammès in Langres, Frankreich, erklärt, im Besitz des Hauptes und eines Armes von Mammas zu sein. Mehrere Zeitgenossen, so → Basilius der Große, berichten, daß Mammas, ein Hirte, um 270/275 in Cäsarea in Kappadokien den Martertod in der Christenverfolgung erlitt. Im Osten genoß Mammas schon früh große Verehrung, im Westen entwickelte sich später ein Kult in der Toskana und in Venetien (Italien) sowie in Langres. Viele Darstellungen zeugen von der starken Verehrung.

Darstellung: als jugendlicher Märtyrer, mit Hirtenstab, Handkreuz, Hirsch, Löwe, Buch, Palme
Patronat: der Ammen (Osten), der Tiere

Mandic, Bogdan (Leopold von Castelnuovo) hl.
OFMCap, Ordensmann, Mystiker
Fest: 30. Juli
„Neuer Apostel des Bußsakramentes" wurde Bogdan Mandic einmal genannte, und auch „Apostel der Einheit mit der Ostkirche". Papst Johannes Paul II. sprach den Kapuziner aus Dalmatien 1983 während der Internationalen Bischofskonferenz heilig, die in Rom zum Thema Buße und Wiederversöhnung tagte. – Geboren am 12. Mai 1866 in Castelnuovo di Cattaro im damaligen Dalmatien (Kroatien), trat Bogdan Mandic 16jährig in Udine (Italien) dem Kapuzinerorden bei und nahm den Namen Leopold an. 1890 empfing er die Priesterweihe. Von nun an kannte Leopold von Castelnuovo nur noch ein Ziel: er wollte die Katholiken und die Orthodoxen zusammenführen. Er selbst nannte dies seinen „Kampf um den Orient", dafür betete er Tag und Nacht. Als seine Hauptaufgabe im seelsorgerischen Dienst sah Mandic die Beichtabnahme an; 36 Jahre lang saß er täglich bis zu 15 Stunden im Beichtstuhl des Klosters in Padua, wo er nun wirkte. Sein Charisma war außergewöhnlich, er besaß die Gabe der Herzensschau und der Prophetie und half Tausenden aus schweren Nöten. Als er erkannte, daß sein Wunsch, in den Osten zu reisen, um dort zu vermitteln, nie Wirklichkeit werden würde, verstand er: „Mein Orient ist hier in Padua." Leopold von Castelnuovo, der auch die Wundmale Christi trug, starb am 30. Juli 1942 in Padua im Ruf der Heiligkeit. 1976 erfolgte die Seligsprechung durch Papst Paul VI. auf dem Petersplatz. Als man 24 Jahre später sein Grab im Kloster in Padua öffnete, war der Leichnam völlig unversehrt.

Manetti, Teresa (Adelaide) Maria a Cruce sel.
Ordensgründerin
Fest: 23. April
Geboren am 2. März 1846 in Campi Bisenzio bei Florenz (Italien), sammelte Teresa Adelaide Manetti schon als Mädchen Gefährtinnen um sich, um gemeinsam Kinder zu betreuen. Geprägt war die Gruppe von ihrer Verehrung für → Teresa von Ávila und deren Schriften. Schließlich entstand unter Führung von Teresa Manetti das Institut der Terziarschwestern-Karmelitinnen von der heiligen Teresa, das sich um Kinder in Not kümmerte und sich rasch ausbreitete. Teresa trug nun den Namen Teresa Maria a Cruce. 1904 erteilte Papst Pius X. der Gemeinschaft die päpstliche Approbation. Teresa starb am 23. April 1910 in Campi Bisenzio. 19. Oktober 1986 Seligsprechung.

Der Kapuzinerpater Bogdan Mandic, ein „Apostel der Versöhnung".

Teresa Manetti gründete das Institut der Terziarschwestern-Karmelitinnen von der heiligen Teresa.

Manetto dell' Antella hl.
Ordensgründer
Fest: 20. August, 17. Februar
Manetto dell' Antella, geboren Anfang des 13. Jh. in Florenz, Italien, gehörte zu den sieben Gründern des Servitenordens (Diener Mariens). Er schloß sich 1233 der Gruppe von Gefährten an, die sich in Florenz zu einem christlichen Leben zusammengefunden hatten und die Regel des 1304 endgültig bestätigten Ordens erarbeiteten und war vierter Generaloberer der Ordensgemeinschaft. Er starb am 20. August 1268. Papst Leo XIII. sprach die sieben Ordensgründer am 15. Januar 1888 heilig.

Manfred
Priester, Einsiedler
Fest: 28. Januar
Manfred kam vor 1400 in Mailand (Italien) zur Welt; er empfing die Priesterweihe und wirkte einige Zeit als Seelsorger in seiner Hei-

Ein Silberrelief aus dem 6. Jh. zeigt Mammas auf einem Löwen. Die Legende erzählt, daß der Heilige für seinen christlichen Glauben Löwen zum Fraß vorgeworfen wurde; diese taten ihm jedoch nichts, deshalb wurde er mit einer Lanze getötet.

Clemente Marchisio gründete die Kongregation Töchter des heiligen Joseph.

treuung verlassener Mädchen gründete er 1875 in Rivalba die Kongregation Töchter des heiligen Joseph. Marchisio starb am 16. Dezember 1903 in Rivalba. 30. September 1984 Seligsprechung.

Marcian von Syrakus
Bischof(?), Märtyrer(?)
Fest: 14. Juni
Nach der wohl rein legendarischen Überlieferung soll Marcian von → Petrus im 1. Jh. als „erster Bischof des Westens" nach Sizilien entsandt worden sein, wo er in Syrakus amtierte. Wahrscheinlicher aber ist es, daß Marcian im 3. Jh. vom Papst zum Bischof von Syrakus ernannt wurde, da ein Sterbejahr 255 überliefert ist; es heißt dort, Marcian sei von Glaubensgegnern von einem Turm in den Tod gestürzt worden. Bis heute wird die Grabstätte von Marcian in Syrakus im Cömeterium S. Giovanni (Krypta S. Marciano) gezeigt; angebliche Reliquien befinden sich in der Kathedrale von Gaëta in Süditalien.

Marciana
Märtyrerin
Fest: 9. Januar
Marciana lebte in Mauretanien (Afrika) und war gläubige Christin. Als sie eines Tages eine Statue der Göttin Diana zerschmetterte, warfen die Christenverfolger sie im örtlichen Amphitheater wilden Tieren zum Fraß vor. Das Todesjahr war wohl 307. Noch heute existiert in der Heimat Marcianas eine Hymne zu ihren Ehren.

Marcolinus Amanni (von Forlí) sel.
OP, Ordensmann
Fest: 24. Januar
Geboren 1317 in Forlí (Italien), trat Marcolinus Amanni bereits zehnjährig dem Dominikanerorden bei und wurde zusammen mit → Raimund von Capua zum Erneuerer der Ordensgemeinschaft. Er führte eine tiefreligiöses Leben, was nach seinem Tod (24. Januar 1397) eine starke Verehrung zur Folge hatte. 1750 Bestätigung des Kultes durch Papst Benedikt XIV. Bis heute befindet sich die Grabstätte von Marcolinus Amanni in der Kathedrale von Forlí.

Die Krypta des Marcian von Syrakus in der Kirche S. Giovanni alle Catacombe an der Straße von Syrakus nach Catania auf Sizilien.

Marello, Giuseppe sel.
Bischof, Ordensgründer
Fest: 30. Mai
Geboren am 26. Dezember 1844 in Turin (Italien), empfing Giuseppe Marello jung die Priesterweihe und war danach Sekretär des Bischofs von Asti (bei Turin). 1878 gründete er die Kongregation der Oblaten vom heiligen Josef für den Dienst in den Pfarreien und in der Mission. 1889 erhielt er die Ernennung zum Bischof von Acqui (ebenfalls in Piemont). Marello starb am 30. Mai 1895. Seligsprechung in Asti am 26. September 1993.

Mareas
Bischof, Märtyrer
Fest: 22. April
Mareas war im 4. Jh. Bischof in Persien. Um 345 wurde er zusammen mit 21 anderen persischen Bischöfen, über 200 Priestern und vielen Nonnen und Mönchen von Christenverfolgern von König Schapur II. zu Tode gemartert. Dieses Ereignis brachte der persischen Kirche nach schweren Jahren des Aufbaus beinahe den völligen Zusammenbruch.

Margareta Maria Alacoque hl.
Ordensfrau, Mystikerin
Fest: 16. Oktober
Einen Teil der Bedeutung, die dem Herz-Jesu-Fest im Jahreskreis zukommt, erkennt man bis heute den Bemühungen von Margareta Maria Alacoque um Einführung dieses Festtages zu. Geboren am 22. Juli 1647 in Lauthecour in Burgund (Frankreich), trat die Tochter einer angesehenen Bürgersfamilie 1671 in Paray-le-Monial dem Orden von der Heimsuchung, den Salesianerinnen, bei. Bereits in ihren ersten Ordensjahren hatte Margareta Maria Alacoque ihre großen Herz-Jesu-Visionen; die bedeutendste erlebte sie in der Oktav des Fronleichnamfestes 1675, verbunden mit dem Auftrag, sich für die Einführung des Herz-Jesu-Festes einzusetzen.

Eine Theologiekommission unterstützte die Aussagen der Mystikerin; auch ihr Kloster stellte sich bald darauf in den Dienst der Ausbreitung der Herz-Jesu-Verehrung (und ist bis heute ein Zentrum geistlicher Erneuerung weit über Frankreich hinaus). Die Visionen setzten sich bis 1689 fort, wenige Monate später, am 16. Oktober 1690, starb Margareta Maria Alacoque in Paray-le-Monial. Bis zur offiziellen Anordnung des Herz-Jesu-Festes durch Papst Pius IX. dauerte es bis 1856 – im gläubigen Volk aber war das Herz-Jesu-Gedenken schon bald nach dem Tod seiner Förderin fest verwurzelt. Margareta Maria Alacoque wurde 1864 selig- und am 13. Mai 1920 heiliggesprochen. Die Reliquien werden bis heute in der Chapelle de la Visitation in Paray-le-Monial verehrt (wo sie ihre wichtigste Vision hatte).

Darstellung: als Salesianerin im schwarzen Gewand, mit gekreuzten Händen vor der Brust, das Herz Jesu betrachtend

Margareta (Marina) von Antiochien hl.
Märtyrerin, Nothelferin
Fest: 20. Juli, 17. Juli

Obwohl über Leben und Wirken der Margareta von Antiochien keine historisch gesicherten Erkenntnisse existieren, gehört sie zu den besonders beliebten Heiligengestalten; sie wird im Kreis der Vierzehn Nothelfer verehrt und genießt vor allem im bäuerlichen Jahreskreis einen hohen Stellenwert. Bei den Griechen, die sie am 17. Juli feiern, heißt sie Marina. Zusammen mit → Barbara und → Katharina bildet Margareta die Gruppe der Virgines Capitales (Heilige drei Jungfrauen). Im Westen gedenkt man der Margareta von Antiochien in Montefiascone nahe Viterbo in Italien, wo im dortigen Dom S. Margherita angebliche Reliquien aufbewahrt werden.

Legende: Margareta, Tochter eines heidnischen Ehepaares aus Antiochien (Kleinasien), wurde von ihrer Amme heimlich im christlichen Glauben erzogen. Als der Vater dies nach einigen Jahren bemerkte, zeigte er seine Tochter, inzwischen ein schönes junges Mädchen, beim heidnischen Statthalter an. Dieser war von der Schönheit Margaretas so angetan, daß er sie zu seiner Frau machen wollte. Margareta, die wußte, in welche Gefahr sie sich mit der Ablehnung des Antrages begab, erklärte mutig, sie habe ihr Leben ihrem himmlischen Bräutigam Jesus Christus geweiht: „Darfst du wohl verlangen, daß ich den Himmel aufgebe und dafür den Staub der Erde wähle?“ Der gedemütigte Statthalter ließ Margareta daraufhin mit Fackeln brennen, an den Haaren aufhängen und geißeln. In der Nacht erschien der schwerverletzten Margareta im Kerker ein Drache, der sie verschlingen wollte; als das Mädchen das Kreuzzeichen machte, verschwand der Drache wieder. Die vielen Wunden am Körper Margaretas waren am nächsten Tag wie durch ein Wunder verheilt und verschwunden. Als sich im Volk wegen dieser Wunder

Die Mystikerin Margareta Maria Alacoque.

Links oben: Um 1875 wurde Sacré Cœur in Paris errichtet – die Kirche ist der Verehrung des Herzens Jesu geweiht, ausgelöst durch Visionen der Margareta Maria Alacoque, wie der Stich von 1870 (rechts) zeigt.

immer stärkere Unruhe breitmachte und sich viele Heiden taufen ließen, ordnete der Statthalter die Enthauptung von Margareta an, die auf einem öffentlichen Platz vollzogen wurde. Das Todesjahr soll 307 gewesen sein.
Schon im Mittelalter war der Margaretentag ein wichtiger Lostag für die Bauern; war das Wetter zuvor gut gewesen, begann an diesem Tag die Ernte. Auch wurde am 20. Juli der bäuerliche Pachtzins bezahlt. – Seit 1969 ist der offizielle Kult stark eingeschränkt.
Darstellung: mit Drachen, mit Handkreuz, Krone, Fackel, Metallkamm, Palme, Buch, mit Barbara und Katharina
Patronat: der Jungfrauen, Ehefrauen, Mädchen, Gebärenden, Ammen, bei schwerer Geburt, gegen Unfruchtbarkeit, bei Gesichtskrankheiten, bei Wunden, für Fruchtbarkeit allgemein (auch bei der Ernte der Bauern)

Margareta Bourgeoys hl.
Ordensgründerin
Fest: 12. Januar
Geboren am 17. April 1620 in Troyes, Frankreich, ging Margareta Bourgeoys 1653 nach Kanada, wo sie in den folgenden Jahrzehnten unter größten Entbehrungen als Erzieherin wirkte und viele Schulen und Missionen begründete. 1658 gründete sie die Kongregation Unserer Lieben Frau von Montreal, die ab 1860 auch in den USA tätig war; die Schwestern widmen sich bis heute Aufgaben des Unterrichtes und der Erziehung. Margareta Bourgeoys starb am 12. Januar 1700 im Ordensmutterhaus in Montreal. 12. November 1950 Seligsprechung, 31. Oktober 1982 Heiligsprechung.

Margareta von Città di Castello sel.
OP, Terziarin, Mystikerin
Fest: 13. April
Margareta, geboren 1287 in Metola (Italien), wurde von ihren Eltern nach der Geburt ausgesetzt, weil sie blind war. Mehrere Familien, die sie in Città di Castello auffanden, nahmen sie in ihren Häusern auf und zogen sie zur Betreuung ihrer Kinder heran. Jung wurde Margareta Dominikaner-Terziarin und machte bald durch außergewöhnliche mystische Gnadenbeweise auf sich aufmerksam; so erlebte sie zahlreiche Elevationen (Erhebungen, Flüge) ihres Körpers. Sie starb am 13. April 1320 in Città di Castello, wo sie in der Dominikanerklosterkirche beigesetzt wurde. 1609 Bestätigung des Kultes.

Margareta Clitherow hl.
Märtyrerin
Fest: 21. Oktober
Margareta Clitherow ist eine der Vierzig Märtyrer von England und Wales, die 1970 heiliggesprochen wurden (Seligsprechung 1929). Geboren 1556 als Margareta Middleton in York in England, heiratete Margareta und wurde kurz darauf Katholikin. Wegen ihres Glaubens mußte sie für zwei Jahre ins Gefängnis; nach ihrer Freilassung gab sie Priestern in ihrem Haus Zuflucht und Schutz. Erneut gefangengenommen, weigerte sie sich, für sich um Gnade zu bitten und wurde daraufhin zum Tod durch Zerquetschen verurteilt. Das Todesdatum war der 21. Oktober 1586.

Margareta von Cortona hl.
OFM, Terziarin, Mystikerin
Fest: 22. Februar
Geboren 1247 in Laviano in der Toskana (Italien) als Bauerstochter, lebte Margareta als junge Frau neun Jahre unverheiratet mit einem Adligen zusammen und hatte einen Sohn mit ihm. Als der Mann plötzlich starb, sah Margareta dies als ein Zeichen des Himmels an, bereute ihr bisheriges Leben und trat in Cortona den Franziskaner-Terziarinnen bei. Sie gründete ein Hospital für Arme und eine Genossenschaft von Schwestern des Dritten Ordens. Sie selbst führte ein Leben strengster Buße und durchlebte viele mystische Gnadenbeweise. Margareta starb am 22. Februar 1297 in Cortona; an ihrer Grabstätte steht heute die Kirche Santuario di S. Margherita. 1728 Heiligsprechung.
Darstellung: als Terziarin, mit Hund (er soll ihren toten Geliebten gefunden haben), Rosenkranz, Geißel, Strick, Totenschädel, Stein
Patronat: von Cortona, der Büßerinnen

Margareta von Cortona, nach einem Gemälde, und in einem Glasschrein (oben) unter dem Hauptaltar in der Kirche Santuario di Santa Margherita, Cortona.

Gegenüberliegende Seite: Margareta von Antiochien (rechts), → Maria Magdalena (Mitte) und → Katharina von Alexandrien, vom Meister des Wittingauer Altars, um 1380.

Margareta Bourgeoys auf einer Gedenkmedaille zu ihrer Heiligsprechung.

Die älteste Darstellung der Margareta Ebner, um 1530, in der Margareten-Kapelle, Kloster Maria Medingen. Dort befindet sich auch vor dem Hauptaltar das Grabmal der Seligen (rechts).

Kardinal Reginald Pole opponierte gegen König Heinrich VIII. von England; im Gegenzug ließ dieser Poles Mutter Margareta Pole und dessen Bruder hinrichten.

Margareta Ebner (Margareta von Maria Medingen) sel.
OP, Ordensfrau, Mystikerin
Fest: 20. Juni
Margareta Ebner gilt als eine der bedeutendsten deutschen Mystikerinnen. Geboren 1291 in Donauwörth (Bayern), war sie 15jährig in das Dominikanerinnenkloster Maria Medingen in Mödingen nahe Dillingen unweit ihres Heimatortes eingetreten. Ab 1312 war sie für 14 Jahre durch eine schwere Krankheit ans Bett gefesselt; in dieser Zeit durchlebte sie viele Visionen und erfuhr zahlreiche Gnadenbeweise. Margaretas Seelenführer Heinrich von Nördlingen half ihr bei der Niederschrift ihrer Erfahrungen; die Aufzeichnungen sind bis heute im Kloster Medingen erhalten und gelten als kostbares Zeugnis mystischen Erlebens. Margareta Ebner starb am 20. Juni 1351 in Maria Medingen, wo sie im Kapitelsaal des Klosters beigesetzt wurde, den man bald darauf in eine Kapelle umwandelte. 24. Februar 1979 Bestätigung des Kultes.
Darstellung: als Dominikanerin, mit Bußwerkzeugen, Lilie, Buch

Margareta von England
OCist, Ordensfrau
Fest: 3. Februar
Geboren im ersten Drittel des 12. Jh. in Ungarn, wahrscheinlich von einer englischen Mutter, unternahm Margareta mehrere Wallfahrten (bei einer starb ihre sie begleitende Mutter), bevor sie in Sauve Benite in Frankreich dem Zisterzienserorden beitrat. Sie war schon zu Lebzeiten hoch verehrt, was sich nach ihrem Tod 1192 noch verstärkte. Ihre Grabstätte in Sauve Benite wurde zu einem Wallfahrtsort.

Margareta von Lothringen sel.
OSCl, Klostergründerin
Fest: 2. November
Margareta, geboren 1463 als Tochter von Herzog Friedrich von Lothringen, heiratete 1488 den Herzog von Alençon (Frankreich). Nach dessen frühem Tod 1492 kümmerte sie sich allein um die Erziehung der drei Kinder und regierte dazu klug und umsichtig ihr Land. Ab 1513 wandte sie sich dem Ordensleben zu, gründete in Argentan ein Klarissenkloster und trat dem Orden 1520 selbst bei. Margareta von Lothringen starb am 2. November 1521 in Argentan. 1921 Bestätigung des Kultes. Bis heute wird das Herz Margaretas in der Pfarrkirche von Argentan aufbewahrt.

Margareta von Löwen sel.
Märtyrerin
Fest: 2. September
In Belgien trägt Margareta von Löwen den Beinamen „Marguerite la Fière" und wird bis heute verehrt, nicht zuletzt wegen der zahlreichen Wunder, die sich an ihrer Grabstätte bei der St.-Peter-Kirche in Löwen ereigneten. Margareta war zu Beginn des 13. Jh. Dienstmagd in einem Pilgerhospiz in Löwen (Belgien). Kurz vor ihrem Eintritt in den Zisterzienserorden wurde sie, gerade 18 Jahre alt, von Räubern ermordet, die sie zuvor dabei beobachtete, wie sie ihren Dienstherrn ausraubten und töteten. Die Mörder warfen Margaretas Leichnam in den Fluß Deyle, von wo er auf wundersame Weise gerettet werden konnte. Das Todesdatum war möglicherweise der 2. September 1225 oder 1227.

Margareta Pole sel.
Märtyrerin
Fest: 27. Mai
Geboren am 14. August 1473 in Farley Castle in England, wurde Margareta Pole Erzieherin von Maria der Katholischen, der Tochter von Heinrich VIII. Sie fiel bei Heinrich in Ungnade, weil ihr Sohn, Erzbischof Reginald, gegen die Kirchenpolitik des Königs opponierte. Heinrich VIII. ließ einen anderen Sohn von ihr hinrichten, ein Jahr später, am 27. Mai 1541, auch sie selbst ohne jeglichen Schuldnachweis. 1886 Seligsprechung.

Margareta von Savoyen sel.
OP, Ordensfrau
Fest: 23. November
Bis heute ruhen die bekleideten Gebeine der Margareta von Savoyen im Dom von Alba in Piemont (Italien) in einem kostbaren Glasschrein, den Königin Maria Cristina 1840 gestiftet hat. Geboren 1382 in Pinerolo bei Turin, Italien, als Tochter von Fürst Amadeus von Savoyen, heiratete Margareta 1403 Graf Theodor II. von Monferrato. Nachdem sie 1418 Witwe geworden war, zog sie sich 1420 in ihr Schloß in Alba zurück, gründete dort ein Dominikanerinnenkloster und trat dem Orden selbst bei. Nach heiligmäßigem Leben starb sie am 23. November 1464 in ihrem Kloster. 1670 Bestätigung des Kultes.

Margareta von Schottland hl.
Königin
Fest: 16. November
Obwohl Schottland heute mehrheitlich protestantisch geprägt ist,

genießt Margareta von Schottland noch immer große Verehrung. Sie galt über Jahrhunderte als Idealbild einer gütigen Herrscherin und einer liebevollen Mutter und Ehefrau. Geboren um 1046 in Reska in Ungarn als Tochter des aus England verbannten englischen Königs Edward Atheling, lebte Margareta etwa ab 1057 mit ihrer Familie am Hof ihres Onkels → Eduard (dem Bekenner). Vor Wilhelm dem Eroberer floh sie 1066 nach Schottland, wo sie 1070 König Malcolm III. heiratete und zur Königin gekrönt wurde. Von Beginn an prägte Margareta das schottische Königshaus und das Volk durch ihren täglich gelebten christlichen Glauben; sie förderte und unterstützte Kirchen und Klöster, Bischöfe und christliche Schulen. Ein Denkmal setzte sie sich mit der Gründung der berühmten Benediktinerabtei Dunfermline. Den Armen im Land war sie eine großzügige Landesmutter; wo immer sie Ungerechtigkeit erkannte, bekämpfte sie diese schon im Ansatz. Ihre sechs Söhne und zwei Töchter erzog sie zu bekennenden Christen. Margareta von Schottland starb am 16. November 1093 in Edinburgh; auf dem Sterbebett hatte sie noch die Nachricht erhalten, daß ihr Ehemann und einer ihrer Söhne in einer Schlacht gefallen waren, in die zu ziehen sie Malcolm dringend abgeraten hatte. Margareta wurde in der Abtei Dunfermline beigesetzt; die Reliquien brachte man während der Reformation zusammen mit denen von Malcolm in die Escorial-Kapelle nach Madrid (Spanien), das Haupt bewahren die Jesuiten von Douai (Frankreich) auf.

Darstellung: als Königin, mit Krone zu Füßen, als Nonne, Kranke heilend

Patronat: von Schottland

Margareta von Ungarn hl.
OP, Königin, Ordensfrau
Fest: 18. Januar

Die bekannte Margareteninsel in Budapest (Ungarn) ist nach Margareta benannt; ab ihrem zehnten Lebensjahr (ab 1252) lebte Margareta dort in einem von ihrem Vater, König Béla IV., gegründeten Dominikanerinnenkloster, die Insel hieß damals noch Haseninsel. 1254 legte die Nichte der → Elisabeth von Thüringen selbst die Profeß ab. Margareta führte ein Leben der strengsten Buße und der absoluten

Ankunft der heiligen Margareta von Schottland in Queensferry, nach einem Gemälde von William Hole, 1899, National Portrait Gallery, Edinburgh.

Leichnam der seligen Margareta von Savoyen in einem Glasschrein im Dom von Alba, Piemont.

Einer der Festtage von Maria ist ihre Geburt, hier nach einem Gemälde von Martin Schongauer, um 1475, Ulmer Museum.

Armut, sie war ein Vorbild an Demut und Nächstenliebe. Schon zu Lebzeiten war sie sehr verehrt, nach ihrem Tod am 18. Januar 1270 wuchs die Verehrung weiter an. 1276 Seligsprechung, 1943 von Papst Pius XII. heiliggesprochen. – Bis heute heilkräftige Margaretenquelle auf der Margareteninsel.
Darstellung: als Nonne, mit Lilie, manchmal mit Krone zu Füßen (sie verschmähte die Heirat mit mehreren Königen, die sie umwarben), mit sternenbedecktem Mantel

Margareta von Ypern sel.
OP, Terziarin, Mystikerin
Fest: 20. Juli
Geboren 1216 in Ypern, Belgien, wandte sich Margareta schon in jungen Jahren einem Leben der strengsten Buße und völliger Armut zu; ihre große Verehrung galt der Eucharistie. Zahlreiche Bewunderer ihrer Lebensführung sammelten sich um sie und versuchten, ein ähnliches Leben zu führen. Margareta von Ypern starb am 20. Juli 1237 in Ypern.

Maria
Mutter Gottes
Fest: 8. September
(Mariä Geburt)
In allen vier Evangelien wird Maria in erster Linie als Mutter Jesu geschildert; ihre eigene Persönlichkeit steht im Hintergrund. Am besten läßt sich das Leben Marias anhand des Lukas-Evangeliums begleiten, aber auch mit Hilfe apokrypher Evangelien, wie beispielsweise jenem von → Jakobus. → Paulus berichtete 53 im Galaterbrief davon, daß „Gott seinen Sohn sandte, geboren von einer Frau“, erwähnte aber den Namen Maria nicht. – Nach sorgfältiger Erziehung durch ihre Eltern → Anna und → Joachim, die ihre Tochter in fortgeschrittenem Alter empfangen hatten, verlobte sich Maria als junge Frau mit → Joseph, dem Zimmermann aus Nazaret. Noch vor der Hochzeit überbrachte der Erzengel Gabriel (→ Michael, Gabriel, Raphael) ihr die Nachricht, daß sie einen Sohn gebären werde, dem sie den Namen Jesus geben solle und der Sohn des Höchsten genannt werden würde. Maria verstand, daß sie die Mutter des Messias werden sollte und zeigte sich damit einverstanden. Als sie zu ihrer Verwandten → Elisabeth kam, erkannte diese bereits, daß Maria den Messias zur Welt bringen werde. Als Joseph Monate später die Schwangerschaft bei Maria bemerkte, wollte er sich von ihr trennen, ein Engel hielt ihn jedoch davon ab. Daraufhin heiratete Joseph Maria und lebte fortan in jungfräulicher Ehe mit ihr (Josephsehe). Auf Befehl von Kaiser Augustus begaben sich Maria und Joseph zur Volkszählung nach Betlehem; auf dem Weg dorthin gebar Maria (in einem Stall) ihren Sohn Jesus. Nach der Rückkehr aus Ägypten, wohin die Familie von Betlehem aus vor dem gewalttätigen König Herodes geflüchtet war, traten Maria und Joseph in den Hintergrund, die Spur von Joseph verlor sich bald ganz. Das letzte gemeinsame Bild der Familie zeigt das Elternpaar auf der Suche nach seinem zwölfjährigen Sohn Jesus, den es dann bei den Schriftgelehrten im Tempel in Jerusalem fand. Danach soll Maria rund 18 Jahre lang mit Jesus in Nazaret gelebt haben. Im öffentlichen Leben erschien sie noch einmal bei der Hochzeit von Kana; dort, so schrieb der Evangelist → Johannes, forderte Maria die Diener auf: „Was er euch sagt, das tut.“ Dann ereignete sich das Wunder von Kana, die Verwandlung von Wasser in Wein. Danach zeigen die Evangelien Maria als trauernde Mutter unter dem Kreuz, an dem ihr Sohn starb. Nach dem Tod Jesu lebte sie möglicherweise bei dem Jünger → Johannes, zu dem Jesus vor seinem Hinscheiden noch

Das Motiv „Madonna mit dem segnenden Christuskind", hier von Guercino, 1651, ist eine der häufigsten Darstellungen der Muttergottes.

gesagt hatte: „Siehe da, deine Mutter." Das letzte öffentliche Auftreten Marias fand statt, als sie nach Christi Himmelfahrt mit den Jüngern um den Heiligen Geist betete. Als Ort des Todes von Maria werden Jerusalem und Ephesus (Türkei) genannt. – Das Fest Mariä Geburt ist seit 700 sicher bezeugt; Papst → Sergius I. ordnete es für Rom an. Später feierte die ganze Kirche diesen Tag zu Ehren der Gottesmutter. Andere wichtige Marienfeste sind: Hochfest der Gottesmutter Maria (1. Januar), Mariä Lichtmeß (2. Februar), Mariä Verkündigung (25. März), Mariä Heimsuchung (2. Juli), Mariä Himmelfahrt (15. August), Maria Königin (22. August), Mariä Namen (12. September), Hochfest der Unbefleckt Empfangenen Gottesmutter Maria (8. Dezember). – Schon im 4. Jh. gab es mehrere Marienkirchen, beispielsweise S. Maria in Trastevere und S. Maria Maggiore in Rom sowie die Marienkirche in Ephesus. Um 350 verfaßte der Kirchenlehrer → Ephräm der Syrer seine ersten Hymnen auf Maria. Im 9. Jh. versuchten Bilderstürmer, die Marienbildnisse zu zerstören, konnten die Verehrung dadurch jedoch nicht antasten. Etwa seit dem 9. Jh. besteht der Brauch, Maria den Samstag zu weihen und ihr eine Messe zu lesen. Die Anfänge des Rosenkranzes sind im 12. Jh. zu finden. Etwa ab dem 14. Jh. entwickelten sich die Marienwallfahrtsorte, so Loreto in Italien, später Altötting in Bayern, Einsiedeln in der Schweiz, Lourdes in Frankreich, Fatima in Portugal, Czenstochau (Polen). Allein der Marienwallfahrtsort Guadelupe bei Mexiko-Stadt zieht heute jährlich über sechs Millionen Pilger an (→ Juan Diego), Lourdes über fünf Millionen, Fatima vier Millionen und Loreto rund dreieinhalb Millionen. Die Ostkirche feiert in der Liturgie das Geheimnis Maria. Papst Pius IX. verkündete 1854 das Dogma von der unbefleckten Empfängnis, Papst Pius XII. proklamierte 1950 das Dogma von Marias leiblicher Aufnahme in den Himmel.

Darstellung: meist mit Jesus, mit Jesus und Joseph, mit Jesus und Anna („Anna selbdritt"), bei den verschiedenen Stationen ihres Lebens

Patronat: der Christenheit, von Bayern, von Lausanne, der Gastwirte, Köche, Kürschner, Tuchmacher, Töpfer, Schiffer, Lebkuchenbäcker, Seidenarbeiter, Essigbrauer, gegen Gewitter und Blitz, in allen Nöten

„Tod Mariä", Gemälde von Caravaggio (eigentlich Michelangelo Merisi), 1605, Louvre, Paris.

Maria von Ägypten hl.

Einsiedlerin

Fest: 2. April

Historisch wohl sicher ist, daß Maria eine Büßerin und Einsiedlerin in Palästina war, deren Grabstätte im frühen Mittelalter das Ziel von Wallfahrern war. Mit palästinensischen Flüchtlingen gelangte der Kult zu Beginn des 7. Jh. nach Italien, wo bis heute in Neapel und Rom angebliche Reliquien Marias verehrt werden.

Legende: Maria stammte aus Alexandrien in Ägypten und verdiente sich ihren Lebensunterhalt als Dirne. Eines Tages bot sie ihre Dienste auf einem Pilgerschiff an, das sich auf dem Weg ins Heilige Land befand. Nach der Ankunft in Jerusalem wollte Maria, die einem christlichen Elternhaus entstammte und getauft war, in der Grabeskirche am Fest der Kreuzerhöhung teilnehmen. Als sie in das Gotteshaus eintreten wollte, wurde sie plötzlich von einer unsichtbaren Kraft zurückgehalten, und eine innere Stimme sagte zu ihr: „Du bist es nicht wert, das Kreuz dessen zu sehen, der für dich in namenlosen Schmerzen gestorben ist." Wie vom Blitz getroffen sank Maria nieder und begann, ihr bisheriges Leben zutiefst zu bereuen. Mit drei Münzen, die ihr ein Unbekannter vor der Kirche schenkte, kaufte sie sich drei Brote und zog allein über den Jordan in eine einsame Wüste. Dort lebte sie von

Der Gnadenaltar mit der „Schwarzen Madonna" von Altötting, dem meistbesuchten Marienwallfahrtsort Bayerns. Die kniende Figur (links) zeigt Bruder→ Konrad von Parzham, einen großen Marienverehrer.

Maria Anna von Jesus, die „Lilie von Quito", nach einem Porträt von Frater Hernando de la Cruz.

diesem Tag an 47 Jahre als Büßerin in völliger Abgeschiedenheit; nachdem ihre Kleider zerfallen waren, bedeckte sie ihren nackten Körper mit ihren langen Haaren. Kurz vor ihrem Tod besuchte sie der Mönch Zosimus und reichte ihr auf ihre Bitte hin die heilige Kommunion. Maria bat ihn, in genau einem Jahr wiederzukommen. Als Zosimus dies tat, fand er Maria tot auf der Erde liegend; in den Sand hatte sie die Bitte geschrieben, begraben zu werden. Noch während Zosimus die Worte las, kam ein Löwe und hob mit seinen Tatzen ein Grab aus. Als Todesjahr wird manchmal 430 angegeben.

Darstellung: als Einsiedlerin oder Büßerin, nackt und nur mit ihren langen Haaren bedeckt, mit einem Löwen, mit Zosimus

Patronat: der reuigen Sünderinnen, der Büßerinnen, gegen Fieber

Maria Amparo Del Santo Cuore di Gesù → Delgado Garcia, Maria Amparo

Maria Anna von Jesus (Mariana de Paredes y Flores) hl.
OFM, Ordensfrau, Mystikerin
Fest: 26. Mai

Geboren am 31. Oktober 1618 in Quito (Ecuador), soll Mariana de Paredes y Flores schon im Alter von sieben Jahren das Gelübde der ewigen Jungfräulichkeit abgelegt haben; ab ihrem zwölften Lebensjahr lebte sie als Franziskanerterziarin zurückgezogen im Haus ihrer Schwester. Ihr ganzer Einsatz galt Werken der Nächstenliebe, und bald wurde Maria Anna von Jesus, wie sie sich nun nannte, „Lilie von Quito" genannt. Sie war charismatisch und mystisch hoch begnadet; während einer verheerenden Pestepidemie 1645 in Quito bot sie Gott ihr Leben für die Errettung der Stadt, und tatsächlich starb sie kurz darauf am 26. Mai 1645 in Quito. Beigesetzt ist Maria Anna von Jesus in der Jesuitenkirche in Quito. 1853 Seligsprechung, 9. Juli 1950 Heiligsprechung.

Maria von den Aposteln → Maria Theresia Wüllenweber

Maria d'Azevedo
OSB, Ordensfrau, Mystikerin
Fest: 13. Februar

Maria d'Azevedo stammte aus Portugal und lebte als Benediktinerin im Kloster Semide bei Coimbra. Sie erduldete heroisch viele Leiden und durchlebte zahlreiche Gnadenbeweise; sie war stigmatisiert und trug die Seitenwunde. Ihr Todestag war der 13. Februar 1610. Die Seligsprechung ist eingeleitet. Ihr heroischer Tugendgrad wurde bestätigt.

Der Legende nach sind Maria Magdalena und ihre Geschwister → Martha und → Lazarus mit der Dienstmagd → Sarah übers Meer nach Südfrankreich gekommen, wo sie bei Marseille an Land gingen. Außerdem waren im Boot Maximin, Sidonius, Maria Jacobäa, die Tante von Jesus, und Maria Salome, die Mutter des Apostels → Johannes.

Maria von Bethanien
Christin
Fest: 22. Juli
Seit dem 6. Jh. wird Maria von Bethanien oft mit → Maria Magdalena gleichgesetzt (auch gleicher Gedenktag). Legenden berichteten, Maria von Bethanien sei die Schwester von → Martha und → Lazarus gewesen. Dem in Freundschaft verbundenen Jesus soll sie, so das Johannes-Evangelium, Haupt und Füße gesalbt haben. In der griechischen Kirche gedenkt man ihrer gemeinsam mit Martha.

Maria Büßerin
Einsiedlerin
Fest: 16. März
Die unsichere Überlieferung berichtet, Maria sei nach einem ausschweifenden Leben von ihrem Onkel → Abraham von Chiduna bekehrt worden und habe mit ihm danach als Einsiedlerin und Büßerin gelebt. Sie soll Mitte des 4. Jh. (in Syrien?) gestorben sein. Manchmal wird Maria die Büßerin verwechselt oder gleichgesetzt mit → Maria von Ägypten.

Maria Caterina von der heiligen Rosa von Viterbo → Troiani, Costanza

Maria de Cervelló sel.
OdeM, Ordensfrau, Gründerin
Fest: 25. September
Maria de Cervelló, geboren am 10. Dezember 1230 in Barcelona, Spanien, war 1265 die Gründerin des weiblichen Ordenszweiges der Mercedarier (1218 von → Petrus Nolascus zum Freikauf von Sklaven gegründet); bereits 1260 war sie dem Orden beigetreten. Sie wurde Priorin des Mercedarierinnenklosters in Barcelona und war wegen ihrer großen und teilweise wundersamen Hilfeleistungen für Menschen in Not – auch für viele Seeleute – im Volk hoch verehrt; man nannte sie „Maria von der Hilfe“. Maria de Cervelló starb am 25. (19.?) September 1290 in Barcelona. 1692 Bestätigung des Kultes.
Patronat: der Seeleute

Maria Cristina dell'Immacolata Concez. → Brando, Adelaide

Maria Crocifissa Elisabetta Satellico sel.
OSCl, Ordensfrau, Mystikerin
Fest: 8. November
Geboren am 9. Januar 1706 in Venedig, Italien, trat Elisabetta Satellico dem Klarissenorden bei und lebte als Profeßnonne im Kloster S. Lucia di Monte Novo in den Marken (Italien). Um ihre Person ereigneten sich zahlreiche Wunder, die die Verehrung für sie immer mehr anwachsen ließen. Maria Crocifissa, wie sie sich im Orden nannte, starb am 8. November 1745 in Senigallia. 10. Oktober 1993 Seligsprechung durch Papst Johannes Paul II.

Maria Diomira von der Menschwerdung (Maria Teresa Serri)
OSClCap, Ordensfrau, Mystikerin
Fest: 14. Januar
Geboren am 23. Februar 1708 in Genua (Italien), trat Maria Teresa Serri 1730 in Fanano in das Kapuzinerinnenkloster ein und hatte in den folgenden Jahrzehnten zahl-

Maria Magdalena mit dem Salbgefäß in ihrer Hand, nach einem Gemälde von Carlo Dolci, um 1665, Uffizien, Florenz.

reiche hohe Ordensämter inne (mehrere Jahre war sie Oberin). Sie durchlebte viele Visionen und mystische Gnadenbeweise und führte ein Leben der völligen Abtötung, mußte sich aber ständig schweren Anfechtungen widersetzen. Sie starb am 14. Januar 1768, und erst auf dem Totenbett entdeckten die Mitschwestern bei Maria Diomira von der Menschwerdung die Stigmata (die sie schon vor dem Klostereintritt empfangen hatte).

Maria Euthymia → Üffing, Emma

Maria vom Göttlichen Herzen → Droste zu Vischering, Maria

Maria vom gekreuzigten Jesus → Baouardy, Mariam

Maria Laurentia Longo
Ordensgründerin
Geboren um 1465/70 in Katalonien, Spanien, heiratete Maria Laurentia Longo zunächst; nach dem Tod ihres Ehemannes, mit dem sie die letzten Jahre in Neapel (Italien) gelebt hatte, widmete sie sich sozialen und religiösen Werken und erbaute 1521 in Neapel ein Spital für Unheilbare, das sie leitete. 1535/1538 gründete sie die Ordensgemeinschaft der Kapuzinerinnen, die sie unter die Führung der Kapuziner stellte. Sie starb 1542 in Neapel, wo sie auch beigesetzt wurde. Der Seligsprechungsprozeß ist eingeleitet.

Maria López de Rivas (Maria von Jesus) sel.
OCD, Ordensfrau, Mystikerin
Fest: 13. September
Die Ordensfrau Maria von Jesus gehörte zu ihrer Zeit zu den außergewöhnlichsten Frauengestalten; Politiker und Geistliche suchten ihren Rat, und auch der spanische König war ihr freundschaftlich verbunden. Geboren am 18. August 1560 in Tartanedo in Mexiko, war Maria López de Rivas 1578 in Toledo, Spanien, den Unbeschuhten Karmelitinnen beigetreten und schon bald Priorin geworden. Nach über 60 Jahren Wirkens in einflußreichen Ordensämtern starb Maria von Jesus, so ihr Ordensname, am 13. September 1640 in Toledo. 14. November 1977 Seligsprechung.

Maria Maddalena Margherita Martinengo di Barco sel.
OFMCap, Ordensfrau, Mystikerin
Fest: 27. Juli
Geboren am 14. Oktober 1687 in Brescia, Italien, trat Margherita Martinengo di Barco, Mitglied einer Adelsfamilie, 1705 in Brescia dem Kapuzinerorden bei und nahm den Namen Maria Maddalena an. Immer wieder ereigneten sich um ihre Person Wunder, sie hatte die Gaben der Wunderheilung und der Prophetie und durchlebte vielbeachtete Visionen, die sie teilweise niederschrieb. Immer wieder sprach sie davon, sich bis zum Tod aufopfern zu wollen. In den Jahren vor ihrem Tod (27. Juli 1737) war sie Äbtissin ihres Klosters. 1900 Seligsprechung.

Maria Magdalena
Begleiterin Jesu
Fest: 22. Juli
Obwohl die Gestalt der Maria Magdalena kaum zu fassen ist, genießt sie seit Jahrhunderten Verehrung; in Frankreich existieren zwei Stätten, Vézelay in Burgund und St-Maximin-la-Sainte-Baume in der Provence, die erklären, im Besitz der Reliquien von Maria Magdalena zu sein. In zahlreichen Überlieferungen wurde die Jüngerin Jesu mit → Maria von Bethanien und → Maria der Büßerin gleichgesetzt, andere Quellen verneinen dies strikt. – Der Evangelist → Markus berichtete, Maria Magdalena, die Frau aus Magdala am See Genesaret, sei von Jesus von ihrer Besessenheit geheilt worden und danach seine Begleiterin geworden. Alle vier Evangelisten erwähnen ihre Anwesenheit in der Sterbestunde von Jesus und bei seinem Begräbnis. Nach → Johannes ging sie am Ostermorgen zum – leeren – Grab und begegnete danach dem Auferstandenen (Erstzeugin), der zu ihr sagte: „Noli me

Diese Figur der Maria Magdalena befindet sich am Eingang zur Krypta der Kirche von St-Maximin-la-Sainte-Baume und „bewacht" den Reliquienschrein.

Die Krypta in der Basilika Sainte-Madeleine in Vézelay mit dem Reliquien-Schrein (Karl der Große soll ihn von Aix-en-Provence nach Burgund gebracht haben) der Maria Magdalena.

tangere (berühre mich nicht)." Über Maria Magdalenas Leben danach existieren nur Legenden; die bekannteste berichtet, sie sei mit ihrer Schwester → Martha und ihrem Bruder → Lazarus (den Jesus vom Tod erweckt hatte) auf einem Schiff nach Südfrankreich gekommen und habe dort entweder das Evangelium verkündet oder als Büßerin gelebt. Aus diesen Erzählungen sowie angeblichen Grabstätten entwickelten sich später die beiden französischen Wallfahrtsorte. Nach griechischer Überlieferung fand Maria Magdalena in Ephesus (Türkei) ihre letzte Ruhestätte.

Darstellung: vornehm gekleidet oder als Büßerin, vor einer Höhle, mit Salbgefäß, Dornenkrone, Geißel, Weihrauchgefäß, Buch, Teufelsköpfen, Palmzweig, Rosenkranz, Kreuz, Musikinstrumenten, (in der Darstellung auch Vermengung mit Maria von Bethanien und Maria der Büßerin)
Patronat: der Frauen, der reuigen Sünderinnen, der Schüler und Studenten, der Gefangenen, der Verführten, der Friseure, Gärtner, Winzer, Weinhändler, Bleigießer, Böttcher, Wollweber, Handschuhmacher, Parfüm- und Puderhersteller, der Kinder, die schwer das Gehen lernen, gegen Augenleiden

Maria Magdalena vom heiligsten Herzen → Bentivoglio, Maria

Maria Magdalena Katharina de' Pazzi hl.
OCarm, Ordensfrau, Mystikerin
Fest: 25. Mai
Maria Magdalena de' Pazzi gilt als eine der bedeutendsten Mystikerinnen Italiens. Geboren am 2. April 1566 in Florenz als Katharina de' Pazzi, entwickelte sie schon als Kind eine starke Christusbeziehung. Im Alter von 16 Jahren trat sie in Florenz in das Karmelitinnenkloster S. Maria degli Angeli ein und trug nun den Namen Maria Magdalena. Schon bald erfuhr sie schwerste körperliche und seelische Leiden; sie erlebte viele Visionen sowie Gespräche mit Christus, deren Inhalt von ihren Mitschwestern aufgezeichnet wurde. Zeit ihres Lebens fühlte Maria Magdalena de' Pazzi die Schmerzen der Dornenkrone. Während einer der Visionen erhielt sie den Auftrag, die Kirche zu erneuern, woraufhin sie sich in Briefen an den Papst und viele kirchliche Würdenträger wandte. Nach langem Leiden starb Maria Magdalena de' Pazzi am 25. Mai 1607 in Florenz; sie wurde in ihrem Kloster beigesetzt (als man nach einem Jahr ihren Sarg öffnete, war ihr Leichnam unversehrt). 1626 Seligsprechung, 1669 Heiligsprechung.
Darstellung: als Karmeliterin oder vornehm gekleidet, mit Dornenkrone, Leidenswerkzeugen, Kreuz, brennendem Herzen, mit den Wundmalen Christi
Patronat: von Florenz und Neapel

Maria v. d. Menschwerdung → Marie Guyart

Maria von Oignies (von Nivelles)
Begine, Mystikerin
Fest: 23. Juni
Maria von Oignies war eine der ersten Beginen nach Entstehen dieser Lebensform Ende des 12. Jh. im Raum Lüttich (Belgien). Beginen sind Frauen, die, meist innerhalb einer Gemeinschaft, ein klosterähnliches Leben ohne speziel-

les Klostergelübde führen. – Geboren 1177 in Nivelles in Brabant, Belgien, als Tochter einer wohlhabenden Familie, regte sich bei Maria schon in der Kindheit Widerspruch gegen den sichtbar gelebten Wohlstand der Bürgerfamilien. Nachdem sie 14jährig zur Ehe gezwungen worden war, überzeugte sie ihren Ehemann, mit ihr ein religiös geprägtes Leben in ehelicher Enthaltsamkeit zu führen. Beide zogen in ein Aussätzigenheim in Willenbroek bei Nivelles, wo sie fortan Leprakranke pflegten und dafür ihr ganzes Vermögen gaben. Maria durchlebte viele Visionen, geißelte sich regelmäßig und aß meist nur trockenes Brot. 1208 zog sie sich nach Oignies bei Namur, Belgien, zurück und bildete dort mit mehreren Gefährtinnen die erste Gruppe von Beginen im Lütticher Raum. Maria starb am 23. Juni 1213. Erhebung der Gebeine 1609.

Maria von der Passion → Chappotin, Hélène

Maria-Teresa vom heiligen Josef → Tauscher, Marie

Maria dello Spirito Santo → Tétrault, Delia

Maria Teresa Serri → Maria Diomira von der Menschwerdung

Maria Theresia von Jesus → Alix Le Clerc

Maria-Anna Vaillot sel.
Ordensfrau, Märtyrerin
Fest: 1. Januar
Die Vinzentinerin (1761) Anna-Maria Vaillot, geboren am 13. Mai 1736 in Fontainebleau in Frankreich, widmete sich gemeinsam mit ihrer Freundin → Odilia Baumgarten in Angers der Krankenpflege. In der Verfolgung der Französischen Revolution wurde sie gemeinsam mit Odilia am 1. Februar 1794 ermordet. 19. Februar 1984 Seligsprechung.

Maria Vela
SOCist, Mystikerin
Fest: 24. September
Geboren 1561 in der Nähe von Ávila in Spanien, trat Maria Vela mit 15 Jahren dem Zisterzienserorden bei und in das Anna-Kloster in Ávila ein. Im Verlauf der folgenden Jahrzehnte bis zu ihrem Tod am 24. September 1617 durchlebte sie außergewöhnliche mystische Begebenheiten und erlangte dadurch große Berühmtheit. Das Volk verehrte sie als Heilige. 1961 wurde ihre Biographie herausgegeben.

Marie-Catherine vom heiligen Augustin (Catherine de Longpré) sel.
OESA, Ordensfrau
Fest: 8. Mai
Eine der Gründergestalten aus der Anfangszeit der Kirche in Kanada nannte Papst Johannes Paul II. Marie-Catherine vom heiligen Augustin bei der Feier ihrer Seligsprechung am 23. April 1989. Geboren am 3. Mai 1632 in St-Sauveur-le-Vicomte, Frankreich, trat Catherine de Longpré jung dem Augustinerorden bei und wurde nach Quebec in Kanada entsandt. Bis zu ihrem Tod am 8. Mai 1668 war sie aufopferungsvoll in der Krankenpflege und in der Mission tätig.

Marie Guyart (Maria von der Menschwerdung) sel.
OSU, Missionarin, Mystikerin
Fest: 30. April
„Heilige Theresia der Neuen Welt“ wird Marie Guyart genannt. Papst Johannes Paul II. sprach bei der Seligsprechungsfeier am 22. Juni 1980 von ihr als „Mutter der katholischen Kirche in Kanada“. Geboren am 28. Oktober 1599 in Tours, Frankreich, heiratete Marie Guyart 1617, wurde aber schon 1619 Witwe. Aufgrund zahlreicher Visionen, die sie bereits seit ihrer Kindheit hatte, trat sie 1631 dem Ursulinenorden bei und ging 1639 nach Kanada, wo sie in Quebec die erste Ursulinen-Niederlassung Kanadas begründete. In den folgenden 33 Jahren bis zu ihrem Tod am 30. April 1672 (in Quebec) widmete sich Maria von der Menschwerdung, wie sie sich nun nannte, unermüdlich und in völliger Selbstaufopferung der Bekehrung der Indianer. Sie war der Motor der gesamten Missionierung des riesigen Landes; ihre Verdienste wirkten noch bis in die folgenden Jahrhunderte.

Catherine de Longpré war in Kanada in der Mission und der Krankenpflege tätig.

Ganz oben: Marie Guyart setzte sich über dreißig Jahre lang für die Bekehrung der Indianer ein.

Links: Jugendbildnis der Maria Magdalena de' Pazzi im Karmel von Trespiano-Careggi bei Florenz.

Marie-Marguerite Dufrost de Lajemmerais hl.
Ordensgründerin, Mystikerin
Fest: 23. Dezember
Der Orden der Grauen Schwestern der Liebe (Grey nuns of Charity), der bis heute in Kanada und in den USA wirkt, war die Gründung von Marie-Marguerite Dufrost de Lajemmerais (verwitwete d'You-

Ein kanadisches Heiligenbild mit der idealisierten Darstellung der Marie-Marguerite Dufrost de Lajemmerais von 1990.

ville). Geboren am 15. Oktober 1701 in Varennes in Kanada, hatte sie sich schon als Mädchen Werken der Nächstenliebe gewidmet; aus einem kleinen Hospiz, das sie nach dem Tod ihres Ehemannes in ihrem Haus in Montreal eingerichtet hatte, entstand dann 1737 die Kongregation der Grauen Schwestern (1888 endgültig päpstlich bestätigt). Die Ordensfrauen nahmen sich der Kranken, Waisen, Flüchtlinge, Gefangenen und Kriegsopfer an. Die mystisch hochbegnadete Ordensgründerin starb am 23. Dezember 1771 in Montreal im Ordensmutterhaus, wo sie auch beigesetzt wurde. 3. Mai 1959 Seligsprechung, 9. Dezember 1990 Heiligsprechung (als erste Kanadierin überhaupt).

Marie Poussepin sel.
Ordensgründerin
Fest: 24. Januar
Geboren am 14. Oktober 1653 in Dourdan nahe Paris, war es Marie Poussepin von Kindheit an ein Herzensanliegen, den Armen in der Gesellschaft zu helfen; später gab sie dafür einen großen Teil ihres Vermögens. Um 1700 gründete sie in Sainville in Frankreich eine Schwesterngemeinschaft für Krankenpflege und Jugendunterricht, aus der sich die Kongregation der Dominikanerinnen von der Darstellung der seligen Jungfrau Maria entwickelte (1738 endgültig bestätigt), der bis heute mehrere tausend Schwestern angehören. Marie Poussepin starb am 24. Januar 1744 in Sainville; ihre Grabstätte befindet sich heute im Ordensmutterhaus in Tours (Frankreich). 20. November 1994 Seligsprechung.

Marie de Sales →
Chappuis, Maria

Marie-Thérèse vom
Heiligsten Herzen Jesu →
Haze, Jeanne

Marie-Louise Trichet sel.
Ordensmitbegründerin
Fest: 28. April
Marie-Louise Trichet, geboren am 7. Mai 1684 in Poitiers, Frankreich, war die erste Schwester der 1703 von → Ludwig Maria Grignion de Montfort gegründeten Ordensgemeinschaft Töchter der Weisheit. Nachdem Grignion wegen Unstimmigkeiten mit dem Bischof seine Heimat hatte verlassen müssen, führte und leitete Marie-Louise Trichet die Kongregation über 50 Jahre lang, sie begründete mehr als 30 Ordensniederlassungen in Frankreich. Die Schwestern kümmerten sich um die Ärmsten der Gesellschaft. Marie-Louise Trichet starb am 28. April 1759 im Ordensmutterhaus in St-Laurent-sur-Sèvre (Frankreich) und wurde dort neben Grignion beigesetzt (der am 28. April des Jahres 1716 gestorben war). Papst Johannes Paul II. sprach die Ordensmitbegründerin am 16. Mai 1993 selig (Grignion wurde am 20. Juli 1947 heiliggesprochen).

Marie-Louise Trichet gründete zusammen mit → Ludwig Maria Grignion de Montfort die Ordensgemeinschaft Töchter der Weisheit.

Marianus und Jakobus hll.
Märtyrer
Fest: 30. April
Bis heute werden die angeblichen Reliquien der Märtyrer Marianus und Jakobus in der Kathedrale von Gubbio in Italien verehrt. Die bekennenden Christen (Marianus war Lektor, Jakobus Diakon) hatten wohl 259 in Numidien in Nordafrika unter Valerian den Martertod erlitten; sie waren enthauptet worden, ihre Leichen warfen die Christenverfolger in einen Fluß.

Marianus Scotus
(Muirdach) sel.
OSB, Abt
Fest: 9. Februar
Marianus Scotus war der Begründer des berühmten Schottenklosters St. Jakob in Regensburg (Bayern). Geboren um 1020 in Donegal in Irland als Muirdach Mac-Robertaigh, blieb Marianus, so der ins Lateinische übertragene Name, 1067 auf dem Rückweg von einer Wallfahrt nach Rom in Bayern und wurde Benediktiner im Kloster Michelsberg bei Bamberg. Um 1070 zog er nach Regensburg, wo sich um 1075 aus seiner Mönchszelle das Priorat Weih-St.-Peter sowie die Abtei St. Jakob entwickelten, die Marianus leitete. Von hier aus wurden in der Folge alle entstehenden Schottenklöster in Deutschland organisiert. Marianus starb am 9. Februar 1088 in Regensburg und wurde in St. Jakob beigesetzt.

Marina hl.
Nonne
Fest: 8. Februar, 12. Februar
Die wohl großenteils legendarische Überlieferung berichtet, Marina sei zusammen mit ihrem Vater unter dem Namen Marinos in ein Männerkloster eingetreten. Später

Marina, nach einem Gemälde von Francisco de Zurbarán, Kunstmuseum Göteborg.

verleumdete man sie, „Vater“ eines unehelichen Kindes zu sein und verstieß sie mit dem Kind aus dem Kloster. Marina akzeptierte das Urteil, ohne sich zu erkennen zu geben, und lebte in den folgenden Jahren mit dem Waisenkind auf den Treppen vor dem Kloster. Erst als Marina starb, entdeckte man ihr wahres Geschlecht und damit ihre Unschuld. Die Geschichte der Marina sowie die Verehrung verbreiteten sich hauptsächlich im Osten.

Marinus →
Anianus und Marinus

Marinus →
Zimius (Drei elende Heilige)

Marinus und Declanus hll.
Missionare(?)
Fest: 1. Dezember
Nach der Legende waren Marinus und Declanus Gefährten von → Virgil, der ab 745 Bischof von Salzburg (Österreich) war. Laut verschiedener Quellen sollen sie irische Missionare gewesen sein, wofür es aber keine gesicherten Beweise gibt. Bezeugt ist, daß angebliche Gebeine der beiden in das Prämonstratenserkloster Neustift in Bayern kamen und dort über Jahrhunderte verehrt wurden.

Marinus von Rimini
Diakon
Fest: 4. September
Marinus gilt als Gründer und Patron von San Marino, dem Zwergstaat in Nordostitalien. Angeblich hatte er um 300 zusammen mit seinem Gefährten Leo zunächst als Zwangsarbeiter unter den Christenverfolgern des Diokletian gearbeitet, bevor er sich als Einsiedler auf einen Berg nahe der Adria zurückzog, der dann nach seinem Tod nach ihm San Marino genannt wurde. Die Marinus-Gebeine wurden 1586 in der Basilika San Marino wieder aufgefunden.

Marius von Avenches hl.
Bischof von Avenches-Lausanne
Fest: 31. Dezember
Marius war ab 574 Bischof von Avenches (Frankreich); da sein Bistum völlig zerstört war, verlegte er seinen Amtssitz nach Lausanne (Schweiz). Marinus starb am 31. Dezember 594 in Lausanne und hinterließ viele bedeutende Schriften über Ereignisse seiner Zeit im Westen und im Osten. 1605 Bestätigung des Kultes.

Marius, Martha, Audifax und Abachum hll.
Märtyrerfamilie
Fest: 19. Januar
Nach den großenteils legendarischen Berichten kamen Marius und Martha mit ihren Söhnen Audifax und Abachum (Abacuc) aus Persien nach Rom, um die Gräber der Apostel und Märtyrer zu besuchen; sie gerieten selbst in die Hände der Christenverfolger und sollen gemeinsam um 269 ermordet worden sein. Ihre Grabstätte am Hinrichtungsort an der Via Cornelia wurde schon bald zu einer Pilgerstätte, worüber verschiedene Quellen berichten (bis heute existieren von der ersten Grabeskirche noch Ruinen).

Markellos hl.
Mönch (Akoimet)
Fest: 29. Dezember
Markellos gilt als bedeutendster Vertreter der Akoimeten und war zu seiner Zeit eine vielbeachtete Persönlichkeit. Geboren in Apameia (Syrien), schloß sich Markellos um 425 der Mönchsgemeinschaft um Alexandros an, deren Mitglieder etwa ab 430 Akoimeten (nicht Schlafende) genannt wurden. Etwa ab 445 war Markellos dritter Abt der Akoimeten-Klostergemeinschaft in Konstantinopel, der er zu großem Zulauf und erheblicher Bedeutung verhalf. Nach rund 40jähriger Amtszeit starb Markellos um 485 im Ruf der Heiligkeit.

Markianos und Martyrios hll.
Märtyrer
Fest: 25. Oktober
Markianos und Martyrios, die auch die heiligen Notare genannt werden, standen in Diensten von → Paulos I., dem Patriarchen von Konstantinopel, der in den Jahren seiner Amtszeit viel unter den Arianern zu leiden hatte und mehrfach verbannt war. Nach seinem Tod um 353 im Exil wurden auch Markianos und Martyrios gefangengenommen und um 358 von den Arianern in Konstantinopel ermordet. → Johannes Chrysostomus errichtete über ihrer Grabstätte eine Kirche.

Bischof Marinus und sein Diakon Declanus waren iro-schottische Mönche und verkündeten das Evangelium in der Gegend von Freising; nach einem Stich aus dem 17. Jh.

Papst Marcus, nach einem Relief an einem der vielen Säulenpfeiler in St. Peter, Rom.

Markötter, Elpidius
OFM, Priester, Märtyrer
Gedenken: 28. Juni
Geboren 1911, trat Elpidius Markötter 1932 dem Franziskanerorden bei und empfing 1939 die Priesterweihe. Nach einer Predigt über die christliche Nächstenliebe verurteilten ihn die Nationalsozialisten zu einer Gefängnisstrafe und verschleppten ihn dann ins Konzentrationslager Dachau (Bayern). Im KZ war er den Mitgefangenen ein großes Vorbild an Stärke, seine Fürsorge und Hilfe waren unerschöpflich. Er starb am 28. Juni 1942 in Dachau an den erlittenen Entbehrungen.

Markulf (Marcoul, Maclou) hl.
OSB, Gründerabt
Gedenken: 1. Mai
Markulf genoß in Frankreich über Jahrhunderte größtes Ansehen; obwohl er eigentlich nur ein Lokalheiliger war, wurde er zu einer Gestalt von nationaler Bedeutung, was hauptsächlich mit seiner Verbindung zum Königshaus zu tun hatte. Geboren 490 in Bayeux in Nordfrankreich, wurde Markulf Missionar in der Normandie, nachdem er seinen zivilen Beruf aufgegeben hatte. Von König Childebert I. erhielt er ein Stück Land geschenkt, auf dem er um 540 das Kloster Nanteuil errichtete, dem er als Abt vorstand. Nach seinem Tod am 1. Mai 558 wurde er in seinem Kloster beigesetzt, das nach ihm später St-Marcoul hieß. Die Grabstätte entwickelte sich zu einem der meistbesuchten Wallfahrtsorte Frankreichs, nicht zuletzt, weil man Markulf Wunderkräfte bei der Heilung von Geschwülsten, Kropf und Ausschlägen nachsagte. König → Ludwig IX. (der Heilige) stiftete einen Reliquienschrein.

Marcus, Markus

Marcus hl.
Papst (336)
Fest: 7. Oktober
Der Römer Marcus wurde am 18. Januar 336 als Nachfolger von → Silvester I. zum Papst gewählt; im römischen Klerus hatte er zuvor schon über längere Zeit eine führende Stellung eingenommen. Nach nur neunmonatiger Amtszeit starb er am 7. Oktober 336 und wurde im Friedhof neben der von ihm errichteten Kirche S. Balbina in Rom beigesetzt. 1867 wurden die Überreste der Gebeine in die Basilika S. Marco in Rom übertragen. – Der Kult ist seit 1969 auf lokale Kalender beschränkt.

Markus
Evangelist, Märtyrer
Fest: 25. April
Markus wird in den Quellen, die über sein Leben und Wirken berichten, mit verschiedenen Namen belegt: Johannes mit dem Beinamen Markus, Schüler und Dolmetscher von → Petrus, Vetter des → Barnabas, der Stummelfingrige (weil er sich angeblich selbst einen Daumen abgeschnitten hat); Petrus nannte ihn „mein Sohn". Markus gilt als Verfasser des zweiten Evangeliums, welches das kürzeste der vier ist (→ Johannes, → Lukas, → Matthäus); es heißt, Petrus habe ihn gebeten, es zu schreiben. Nach Angaben aus dem Neuen Testament war Markus der Sohn einer Frau in Jerusalem, in deren Haus sich regelmäßig die Urchristengemeinde versammelte (vielleicht fand hier auch das Letzte Abendmahl statt). Wahrscheinlich ist, daß Markus durch Petrus zum Christentum bekehrt worden war; etwa ab 44 begleitete er → Paulus und Barnabas als Gehilfe auf deren erster Missionsreise nach Antiochien. Als Paulus Markus zu seiner zweiten Reise nicht mehr mitnehmen wollte, weil dieser die erste vorzeitig abgebrochen hatte, entzweite sich

Das Mosaik über dem Hauptportal von S. Marco in Venedig zeigt den Evangelisten Markus; entstanden um 1545.

Hinter dem Altar in S. Marco befindet sich die Pala d'Oro, ein Retabel aus Gold, Silber, 1300 Perlen, 90 Amethysten und 300 Smaragden.

Der Löwe von San Marco, das Attribut des Evangelisten, wurde Wahrzeichen Venedigs; in Zeiten des Friedens mit Buch, im Krieg mit Schwert.

Paulus deshalb mit Barnabas, der daraufhin zurückblieb und später mit Markus nach Zypern segelte (woher Barnabas möglicherweise stammte). Von 61 bis 63, so steht es im zweiten Kolosserbrief, befand sich Markus in Rom und stand dem gefangengenommenen Paulus bei, mit dem er sich wieder versöhnt hatte. Hier schloß er sich eng an Petrus an und schrieb wohl auch sein Evangelium. Nach dem Tod von Petrus um 65 zog Markus in die Mission in den Orient. Danach liegen Leben und Wirken von Markus im Dunkeln. Dafür entstanden verschiedene Legenden.

Legende: Die Kirche von Aquileia erzählt, Markus sei aus Rom mit dem Schiff nach Aquileia gekommen und habe dort als Bischof gewirkt. Bis heute zeigen Einheimische eine Stelle, wo Markus gelandet sein und einen Aussätzigen geheilt haben soll. Im Kirchenschatz von Aquileia bewahrte man lange den angeblichen Bischofsstuhl von Markus aus Elfenbein auf. Andere Quellen berichten, Markus sei nach Alexandrien gekommen und erster Bischof von Alexandria geworden. Einer der ersten, die er dort bekehrt habe, sei ein Schuhmacher gewesen, bei dem er eingekehrt sei, um sich einen Schuh flicken zu lassen. Nachdem er viele Heiden zum Christentum hatte bekehren können, soll sich im Verlauf heidnischer Osterbrauchfeste ein Aufstand gegen Markus gebildet haben; die aufgebrachte Menge nahm den Bischof während der Messe gefangen und schleifte ihn mit Stricken um den Hals durch die Straßen der Stadt. Am nächsten Tag starb Markus an den erlittenen Mißhandlungen. Als die Heiden seinen Leichnam verbrennen wollten, löschte ein plötzlich einsetzender starker Regen die Flammen; Christen bemächtigten sich der Gebeine, balsamierten sie ein, wickelten sie in ein Seidentuch und legten sie in einen steinernen Sarkophag; schon im 4. Jh., so heißt es, seien Wallfahrer zur Grabstätte gepilgert.

Eine weitere Legende erzählt, wie die Markus-Reliquien nach Venedig gelangt sein sollen, wo sie bis heute verehrt werden. Kaufleute aus Venedig hatten 829 wegen schlechter Windverhältnisse mit ihren Schiffen in Alexandrien anlegen müssen. Sie besuchten die Grabstätte des Markus und entschieden dort, daß die Stadt Venedig aufgrund der Nähe zu Aquileia, wo Markus früher gewirkt habe, ein größeres Anrecht auf die Markus-Reliquien habe als Alexandria. Die Kaufleute überredeten den Bewacher des Grabes, ihnen die Gebeine zu übergeben; in einem Korb, den man mit Fleisch, Häuten und Krautblättern abdeckte, transportierten die Venezianer das kostbare Gut hinweg und segelten unverzüglich nach Venedig zurück. 836 wurde dort die Kirche geweiht, die man für die Aufbewahrung der Reliquien errichtet hatte und aus der sich der heutige Markusdom entwickelte. Markus wurde – statt → Theodor – der Schutzpatron von Venedig; sein Symbol, der Löwe, ist bis heute das Wahrzeichen der Lagunenstadt.

Schon 830 hatte Abt Erlebald von der Insel Reichenau im Bodensee vom Bischof von Verona in einem feierlichen Akt eine Markus-Reliquie für sein Kloster geschenkt bekommen; sie wird bis heute in einem kostbaren Schrein im Marien-Markus-Münster auf der Reichenau aufbewahrt.

Der Schriftsteller Papias wiederum berichtet, Markus habe, während er mit Petrus zusammen war, alles, was der Apostelfürst über Jesus erzählte, exakt aufgeschrieben. Daß dies stimmen könnte, sehen Experten darin, daß die Texte sehr anschaulich und erlebnisecht sind. In Rom soll Markus nach dieser Überlieferung bei einer christlichen Familie nahe der heutigen Kirche S. Marco gelebt haben. Hier gründete Markus angeblich auch ein Oratorium (wo vielleicht sein Evangelium entstand). Papst → Marcus errichtete an dieser Stelle 336 die Kirche S. Marco, eine der ersten dreischiffigen Basiliken Roms, die noch heute an Markus erinnert und mehrere außergewöhnliche Darstellungen des Evangelisten aufweist.

Der Gedenktag von Markus, der 25. April, erlangte vor allem in bäuerlichen Gegenden Bedeutung: Die Landwirte fürchteten den Tag, weil danach oft schlechtes Wetter kam („St. Marx bringt oft viel Args" oder „Sankt Markus kalt, ist auch die Bittwoch – vor Christi Himmelfahrt – kalt"). Bis heute wird der Gedenktag in ländlichen Regionen mit Bittprozessionen gefeiert. Auch auf der Insel Reichenau finden in unregelmäßigen Abständen Markus-Prozessionen statt.

Darstellung: meist vor einem Buch sitzend und schreibend, manchmal mit einem Löwen, mit den drei anderen Evangelisten, beim Martyrium, häufig in antikischer Tracht

Patronat: von Venedig, der Insel Reichenau, der Schreiber und Notare, der Maurer, Bauarbeiter, Korb- und Mattenflechter, Glaser und Glasmaler, für gutes Wetter, für „guten" Regen, gegen Gewitter und Hagel, gegen einen plötzlichen Tod

Unter dem Hauptaltar von S. Marco befinden sich in einem Sarkophag die Gebeine des Evangelisten Markus. Darüber sieht man die Vorderseite der Pala d'Oro.

Marcus von Aviano, Freund und Berater von Kaiser Leopold I. von Österreich.

Marcus von Aviano (Carlo Domenico Cristofori)
OFMCap, Ordensmann, Prediger
Fest: 13. August

Der Kapuzinerpriester Marcus von Aviano, unter dem Namen Carlo Domenico Cristofori am 17. November 1631 in Aviano im Friaul (Italien) geboren, wurde zu Lebzeiten im Volk als Wundertäter verehrt; er galt als einer der mitreißendsten Prediger seiner Zeit in Europa überhaupt. Marcus missionierte und predigte in Italien, Österreich, Bayern, im Rheinland und in Paris und in der Schweiz. Nachdem er am österreichischen Kaiserhof gepredigt hatte, wurde er zum engen Freund und Berater von Kaiser Leopold I. 1683 bewirkte Marcus durch seinen diplomatischen Einsatz und seine begeisternden Reden, die er an die Truppen richtete, daß Wien von den osmanischen Heeren befreit werden konnte. 1697 half er entscheidend mit, den Bruch zwischen Österreich und Rom zu verhindern. Papst Innozenz XI. (gestorben 1689) rief ihn immer wieder zu politischen Vermittlungsmissionen. Zu allen Zeiten stand Marcus von Aviano auch in brieflichem Kontakt mit den wichtigsten Herrschern seiner Zeit; zahlreiche Briefe und Schriften

Das Gemälde von Jacopo Tintoretto, von 1580, zeigt die Szene, wie Martha ihre Schwester Maria rügt, weil sie sich mit Jesus Christus unterhält, anstatt ihr im Haushalt zu helfen, Alte Pinakothek, München.

Gegenüberliegende Seite von oben nach unten: Das Kirchenportal von Sainte Marthe in Tarascon, Südfrankreich. Hier werden Reliquien von Martha aufbewahrt und verehrt.

In einer Seitenkapelle Büstenreliquiar und Liegefigur der Heiligen.

Der Steinsarkophag der heiligen Martha von Bethanien in der Krypta.

wiederum setzt sich zu Füßen von Jesus und lauscht seinen Worten. Die verärgerte Martha weist ihre Schwester zurecht, woraufhin Jesus ihre Kritik zurückweist und erklärt, Maria habe den besseren Teil gewählt. Das zweite bekannte Bild erzählt (bei → Johannes), wie Jesus den toten Lazarus zum Leben wiedererweckt und die anwesende Martha daraufhin sagt: „Ja, Herr, ich weiß, du bist der Messias." – Im Westen wird Maria von Bethanien oft mit → Maria Magdalena gleichgesetzt.

Legende: Eine im Mittelalter entstandene Erzählung sagt, Martha sei mit ihren Geschwistern Maria und Lazarus mit dem Schiff nach Südfrankreich gekommen und habe dort im Gebiet von Aix missioniert (oder als Einsiedlerin gelebt). Einen menschenfressenden Drachen soll sie mit ihrem Kreuz und mit Weihwasser in die Flucht geschlagen haben. Sie starb kurz nach ihrer Schwester und wurde vom Bischof in Tarascon in Südfrankreich beigesetzt. Nachdem man ihre angeblichen Gebeine im 12. Jh. wiederentdeckt hatte, entwickelte sich Tarascon zur Kultstätte; die Kirche St-Marthe, die eigens zur Aufbewahrung der Reliquien im 12. Jh. errichtet wurde, zeigt bis heute in der Krypta den (leeren) Steinsarkophag.

Darstellung: als Hausfrau, im einfachen Kleid, mit Kochlöffel, Krug, Salbgefäß, Schlüsselbund, Weihwasserkessel und Drachen, Buch, Rosenkranz

Patronat: der Häuslichkeit, der Hausfrauen und Köchinnen, der Dienstmägde und Arbeiterinnen, der Hausangestellten, Wäscherinnen, Gastwirte, Hoteliers, Bildhauer und Maler, gegen Blutfluß, der Sterbenden

Martialis von Limoges hl.
Bischof von Limoges
Fest: 30. Juni

Martialis soll Mitte des 3. Jh. der erste Bischof von Limoges im Limousin (Frankreich) gewesen sein. Nach → Gregor von Tours war er einer von sieben Bischöfen, die von Rom nach Gallien gekommen waren, um zu missionieren. Gregor, von 573 bis 594 Bischof

Teil eines Freskos; es zeigt ein „Wunder des heiligen Martialis", Martialiskapelle, Papstpalast, Avignon.

von Tours, berichtet auch von der Basilika des Martialis sowie von vielen Wundern, die sich am Grab des Bischofs in Limoges ereignet haben sollen. 848 entstand über der Grabstätte die berühmte Benediktinerabtei St-Martial (ab 1535 bis 1791 Augustiner-Chorherrenstift). Aufgrund von Legenden, die im 10./11. Jh. entstanden, wurde Martialis zu einem der zeitweise meistverehrten Heiligen Frankreichs. Bis heute besteht im Gebiet des Limousin und in Limoges eine große Verehrung.

Legende: Um 1000 entstanden Legenden, die Martialis zu einem der 72 Jünger Jesu und zu einem von → Petrus persönlich nach Gallien entsandten Missionar machten. Nach diesen Erzählungen soll Martialis Teilnehmer beim Letzten Abendmahl und bei der Himmelfahrt Jesu gewesen sein. Gegner und Befürworter der Behauptung, Martialis sei ein „Apostel" gewesen, tauschten zu Beginn des 11. Jh. Schriften aus. Im 19. Jh. wurde die Frage nach dem Apostolat des Martialis erneut geprüft. Im Bistum Limoges darf Martialis weiterhin als „Apostel" verehrt werden.

Darstellung: als Bischof, mit Mitra, Stab und Buch, mit Petrus, beim Abendmahl, als Apostel

Martillo Morán, Narcisa de Jesus sel.
OP, Ordensfrau, Mystikerin
Fest: 8. Dezember

Die Dominikanerin Narcisa de Jesus Martillo Morán, geboren 1832 in Nobol in Ecuador, widmete die Mehrzahl der Stunden des Tages Werken der Buße; nachts legte sie sich auf ein Bett aus Nägeln, am Tag betete sie ohne Unterbrechung acht Stunden, sie verwendete Bußwerkzeuge und eine Dornenkrone. Immer wieder durchlebte sie mystische Erfahrungen. Sie starb am 8. Dezember 1869 in Lima in Peru. 25. Oktober 1992 Seligsprechung.

Martin I. hl.
Papst (649 bis 653/655), Märtyrer
Fest: 16. September, 12. November

Geboren in Todi in Umbrien, Italien, wurde Martin I. im Juli 649 zum Papst gewählt und ließ sich weihen, ohne die Bestätigung durch Kaiser Konstans II. abzuwarten; damit herrschten von Beginn des Episkopates an Spannungen zwischen Papst und Kaiser. Schon 649 verurteilte Martin I. auf der Lateransynode den Monotheletismus (Ein-Willen-Lehre) und brachte Konstans II. damit erneut gegen sich auf. Durch seinen Statthalter ließ der Kaiser Martin I. am 17. Juni 653 in der Lateranbasilika gefangennehmen und nach Byzanz (Konstantinopel) verschleppen, wo der Papst wegen Hochverrates zum Tod verurteilt wurde. Nach der Begnadigung brachte man Martin I. nach Cherson auf der Krim, wo er vergessen am 16. September 655 starb.

Papst Martin I. starb verbittert und vergessen auf der ukrainischen Halbinsel Krim.

Schon während seines Exils hatte der römische Klerus Eugen I. als Nachfolger gewählt. Es existieren Briefe von Martin I., die seine tiefe Enttäuschung über dieses Vorgehen ausdrücken. Im Westen wird er als Märtyrer verehrt.

Martin, Theresia → Theresia von Lisieux

Martin von Braga hl.
OSB, Erzbischof von Braga
Fest: 20. März

Geboren um 515 im Gebiet Pannonien, wirkte Martin etwa ab 550 als Missionar bei den arianischen Sueven in der Region Braga im Nordwesten der Iberischen Halbinsel (Galicien). Auf ihn geht großenteils die Bekehrung der Sueven zum katholischen Glauben zurück. Um Helfer bei seiner Missionsarbeit zu haben, gründete er nahe Braga, in Mondonedo (Dumium), ein Kloster, dessen Brüder ihn tatkräftig unterstützten. Etwa ab 556 war Martin erster Bischof von Dumium. Auf dem Provinzialkonzil 561/563 wurden die Sueven durch Martin in die katholische Kirche eingegliedert. Etwa ab 570 war Martin Erzbischof von Braga (das heute zu Portugal gehört) und leitete unter anderem die berühmte Synode 572, auf der Maßnahmen gegen die umstrittene Lehre des Priscillianismus beschlossen wurden. Martin von Braga starb am 20. März 579 oder 580 in Braga und hinterließ viele wichtige theologische Schriften. Seine Grabstätte in der Basilika von Braga wird noch immer viel besucht.

Martin, Konrad
Bischof von Paderborn
Fest: 16. Juli

Gläubige des Erzbistums Paderborn und des Bistums Erfurt beten um die Seligsprechung von Konrad Martin, der von 1856 bis zu seiner Absetzung 1875 während des Kulturkampfes Bischof von Paderborn (Nordrhein-Westfalen) war. Martin, geboren am 18. Mai 1812 in Geismar (Hessen), empfing 1836 in Köln die Priesterweihe, war danach Religionslehrer und Verfasser wichtiger Lehrbücher und ab 1844 Professor an der Universität Bonn.

Konrad Martin, Bischof von Paderborn, nach einer Lithografie aus der Zeit.

Nach seiner Ernennung zum Bischof von Paderborn widmete er sich neben Tätigkeiten für die Wissenschaft unermüdlich der Verbesserung und Erweiterung der Seelsorge in seinem Bistum. Immer wieder wandte er sich an die Protestanten und fragte in einer Schrift sogar: „Wozu noch die Kirchenspaltung?", woraufhin er sich auch heftiger Kritik ausgesetzt sah. Nach Ausbruch des Preußischen Kulturkampfes widersetzte sich Martin wie andere Bischöfe auch Gesetzen der Staatsregierung; am 4. August 1874 wurde er verhaftet, am 5. Januar 1875 als Bischof abgesetzt und mit Gefängnishaft bestraft. Im August 1875 floh er in die Niederlande und von dort nach Belgien; von seinem Aufenthaltsort im Kloster der Schwestern der Liebe in Mont-St-Guibert bei Namur aus versuchte er mit Hilfe von Vertrauten, sein Bistum weiter zu leiten. Bischof Konrad Martin starb am 16. Juli 1879; sein Leichnam wurde nach Paderborn überführt und im Dom beigesetzt.

Martin Lumberas sel.
Ordensmann, Märtyrer
Fest: 11. Dezember
Geboren 1598 in Saragossa, Spanien, legte Martin Lumberas 1619 bei den Augustiner-Rekollekten in Granada die Ordensprofeß ab. Seine erste Mission führte ihn 1623 auf die Philippinen; 1632 erfüllte ihm der Orden seinen größten Wunsch und entsandte ihn nach Japan, wo Christen zu jener Zeit verfolgt wurden. Heimlich reiste Martin Lumberas nach Nagasaki ein, mußte aber schon kurze Zeit später flüchten, weil man ihn verraten hatte. Zusammen mit seinem Gefährten → Melchior Sánchez wurde er jedoch schon bald entdeckt und zum Tod verurteilt. Beide Männer starben am 11. Dezember 1632 in Nagasaki auf dem Scheiterhaufen. 23. April 1989 Seligsprechung.

Martin von Porres hl.
OP, Laienbruder
Fest: 3. November,
5. November
Martin von Porres ist eine der wenigen südamerikanischen Kirchenpersönlichkeiten, die heiliggesprochen wurden; Papst → Johannes XXIII. nahm den Dominikaner am 6. Mai 1962 in den Kreis der Heiligen auf (1837 Seligsprechung). Der Kult um Martin von Porres ist heute in ganz Amerika verbreitet. – Geboren am 9. Dezember 1569 in Lima in Peru als Sohn des spanischen Ritters Juan de Porres und einer Peruanerin, hatte Martin (Martinico) von Kindheit an darunter zu leiden, daß er eine dunklere Hautfarbe hatte. Zunächst erlernte er die Heilkunde und war Apotheker und „Wunderarzt". Der Priesterstand, den er eigentlich anstrebte, blieb ihm wegen seiner Hautfarbe verschlossen. Schließlich trat er in Lima als Laienbruder dem Dominikanerorden bei und widmete sein weiteres Leben aufopferungsvoll der Pflege von Kranken; sein Kloster wurde zu einem Zufluchtsort für die Ärmsten Perus, einen Teil des Hauses hatte er in ein Hospital umgewandelt, in dem es, im Unterschied zu den anderen Krankenhäusern, keine Trennung gab zwischen Menschen verschiedener Hautfarben. Nachdem sich herumgesprochen hatte, daß Martin über Wunderkräfte verfügte, schwoll der Strom von Menschen immer mehr an, und Martin wandelte zusätzlich das Haus seiner Schwester in ein Krankenhaus um. Er selbst führte ein demütiges, asketisches Leben, aß kaum etwas und schlief nachts nur drei bis vier Stunden. Am 3. November 1639 starb Mar-

Martin von Porres kümmerte sich als Laienbruder des Dominikanerordens um seine kranken und armen Landsleute.

Martin von Tours erhält vom Kaiser die Insignien der Garde.

Abschied aus der kaiserlichen Armee, dem Schwert des Herrschers hält Martin das Kreuz entgegen. Beide Fresken gehören zu einem Martin-Zyklus von Simone Martini in der Basilika S. Francesco, Assisi.

tin von Porres an Typhus, mit dem er sich bei der Krankenpflege angesteckt hatte.
Darstellung: als Dominikaner mit dunkler Hautfarbe, mit Kreuz, Rosenkranz, Büßerwerkzeugen, Korb mit Mäusen, inmitten von Kranken
Patronat: der sozialen Gerechtigkeit, des Pflegepersonals, bei Erkrankungen von Haustieren, gegen Ratten- und Mäuseplagen

Martin von Tours hl.
Bischof von Tours
Fest: 11. November
Bis heute gehört Martin von Tours zu den beliebtesten und meistverehrten Heiligen des Abendlandes. Trotz vieler Reformen des Heiligenkalenders besteht St. Martin noch immer als Festtag und das, obwohl die Lebensbeschreibung des Bischofs von Tours nur wenige Seiten umfaßt. Martins Idee, mönchische Askese mit dem Apostolat zu verbinden, entstanden im 4. Jh., wurde zum Vorbild für das ganze abendländische Mönchtum. Martin war einer der ersten Nicht-Märtyrer, die in die römische Liturgie aufgenommen wurden. Und die Szene der Mantelteilung im Anblick eines frierenden Bettlers gehört zu den bekanntesten Bildern der Heiligenerzählungen überhaupt. – Martin wurde um 316/317 als Sohn heidnischer Eltern in Claudia Sabaria in Pannonien geboren, dem heutigen Szombathely (Steinamanger) in Ungarn. Sein Vater war römischer Militärtribun und nannte seinen neugeborenen Sohn Martinus (kleiner Mars, nach dem Kriegsgott Mars). Nach der Versetzung des Vaters verbrachte Martin seine Kindheit in Pavia (Italien); dort lernte er das Christentum kennen und entschied, etwa zehnjährig, daß er Mönch werden wollte. Möglicherweise bewarb sich Martin da schon um die Zulassung zum Katechumenat, um später die Taufe zu empfangen. Der Vater durchkreuzte alle Pläne und zwang Martin, Soldat zu werden wie er; mit 15 Jahren trat er so der Armee bei. Bald schon war Martin in Gallien stationiert, wo es 335 zur berühmten Mantelteilung kam:

Gegenüberliegende Seite: Martin von Tours und der Bettler, eine der am häufigsten dargestellten Szenen in der Ikonografie der Heiligen. Hier nach einem Gemälde von El Greco, um 1598, National Gallery of Art, Washington, USA.

Am Stadttor von Amiens erblickte Martin einen nackten Bettler, der der eisigen Winterkälte ausgesetzt war. Er nahm sein Schwert, teilte seinen Reitermantel und gab dem Bettler die eine Hälfte davon. In der folgenden Nacht erschien Martin im Traum Christus, bedeckt mit der einen Mantelhälfte, und sprach: „Martin, der noch nicht getauft ist, hat mich damit bekleidet." Durch dieses Erlebnis wurde Martin in seinem Verlangen gestärkt, die Taufe zu empfangen, was wohl ein Jahr später, um 336, geschah. Er soll vor seinen Befehlshaber getreten sein und ausgerufen haben: „Bis heute habe ich dir als Soldat gedient, erlaube, daß ich in Zukunft für Gott streite." Wie dies zeitlich genau einzuordnen ist, steht nicht exakt fest; sicher ist, daß Martin noch längere Zeit im Heer bleiben mußte und erst 356 entlassen wurde, inzwischen etwa 40 Jahre alt. Er zog zu → Hilarius von Poitiers, der ihn in seiner Kirche zum Gehilfen machte, bevor er selbst wegen seiner unnachgiebigen Haltung gegenüber den Arianern für fünf Jahre ins Exil verbannt wurde. Bald darauf verließ Martin Poitiers ebenfalls und lebte mehrere Jahre als Eremit; nacheinander gründete er drei Klöster: in Mailand, auf der winzigen Insel Gallinara vor der ligurischen Küste und 361 in Ligugé bei Poitiers (das erste Kloster in Gallien und wohl auch das älteste Kloster in Europa überhaupt). Überall, wo er missionierte, gewann er vor allem die Herzen der einfachen Menschen; sie waren es auch, die forderten, Martin zum Bischof von Tours zu machen, was dann durch Akklamation so 371 geschah. Martin lehnte es aber ab, im Bischofshaus zu wohnen und gründete nahe Tours für sich eine kleine Einsiedelei, aus der sich 375 die Anfänge der später berühmten Benediktinerabtei Marmoutier entwickelten, die Martin zu einer blühenden Schule künftiger Missionare und Bischöfe machte. Über 25 Jahre lang wirkte Martin in Gallien segensreich für das junge Christentum, mit großer Liebe zu den Menschen warb er bei den Heiden für den christlichen Glauben, er er-

Maria Pilar Martínez García, eine der drei Märtyrerinnen aus dem Karmel St. Joseph in Guadalajara, Spanien.

trug alle Anfeindungen und war verzeihend zu jenen, die ihn wegen seiner Lebensform ablehnten. Sulpicius Severus, der Martin noch persönlich erlebte und die erste Biographie über ihn schrieb, erklärte: „Niemanden hat er gerichtet, niemanden verdammt." Auf einer seiner unzähligen Seelsorgereisen starb Martin von Tours am 8. November 397 in Candes nahe Tours. Drei Tage später, am 11. November, wurde er in Anwesenheit einer unüberschaubaren Menschenmenge, darunter über 2000 Mönche, in Tours beigesetzt. Über dem Grab wurde eine kleine Kirche errichtet, die man nach dem Mantel Martins „capella" nannte (daher stammt der Name Kapelle). Nachdem Chlodwig 496 die Taufe empfangen hatte, machte er Martins Mantel zur Reichsreliquie und führte ihn auf allen Eroberungszügen mit sich; später fand er in der eigens erbauten Sainte-Chapelle in Paris seinen Aufbewahrungsort. Die Basilika St-Martin in Tours, die 470 aus der Grabkapelle entstanden war, war über Jahrhunderte eines der wichtigsten Pilgerzentren Frankreichs, das Martin-Grab fränkisches Nationalheiligtum (heute existieren dort nur noch wenige Reliquien). – Der Martinstag ist bis heute ein besonderes Datum; Kinder ziehen mit selbstgebastelten Lampions durch die Straßen, man trifft sich bei der „Martinsgans", und im bäuerlichen Kalender ist „Martini" ein Wetterlostag („Wenn auf Martini Nebel sind, wird der Winter gelind").

Die Insignien, Bischofsstab und Mitra, des Martin von Tours, Schatzkammer der Kathedrale von Tours.

Darstellung: Szene der Mantelteilung (Martin meist zu Pferd), Martin als Bischof, mit Gans, Hunden, Pokal, verschiedene Szenen seines Lebens, so bei der Erweckung eines toten Kindes

Patronat: der Diözesen Mainz und Rottenburg, des Burgenlandes, des Kantons Schwyz, der Soldaten und Reiter, der Huf- und Waffenschmiede, der Weber, Schneider, Gerber, Handschuh- und Hutmacher, der Hoteliers, Müller, Winzer, Gastwirte, Böttcher, Bürstenbinder, Hirten, der Reisenden, der Armen und Bettler, der Gefangenen, der Abstinenzler, der Haustiere, Pferde und Gänse, gegen Ausschlag, Schlangenbiß und Rotlauf, für das Gedeihen auf den Feldern

Martin von Vertou hl.
Gründerabt
Fest: 24. Oktober

Martin lebte zunächst als Einsiedler bei Nantes (Frankreich), bevor er dort das Kloster Vertou gründete und es als Abt leitete. Im Umkreis von Vertou rief er weitere klösterliche Einrichtungen ins Leben, so auch das Tochterkloster St-Jouin-de-Marnes, in welches im 9. Jh. auch seine Reliquien übertragen wurden (die aber verschollen sind). Martin von Vertou starb am 24. Oktober 601 (?).

Martina von Rom hl.
Märtyrerin
Fest: 30. Januar, 1. Januar

Der Kult der Martina ist in Rom seit Anfang des 7. Jh. bezeugt, die Vita ist jedoch als apokryph anzusehen; danach war Martina Diakonisse in Rom und erlitt in der Christenverfolgung unter Kaiser Alexander Severus (er starb 235), der zuvor um sie geworben hatte, den Martertod. Nach der Legende warf man die junge Frau Löwen zum Fraß vor, doch die Tiere wurden zahm und legten sich zu ihren Füßen; als man Martina auf dem Scheiterhaufen verbrennen wollte, löschte plötzlich einsetzender starker Regen das Feuer, woraufhin der Kaiser die Enthauptung des Mädchens anordnete. (Erwiesen ist, daß es zwar zur Zeit von Severus Verfolgungen gab, er selbst dem Christentum aber eher interessiert und freundlich gegenüberstand.) Papst Urban VIII. ließ 1634 nach der Auffindung angeblicher Martina-Reliquien den Kult wieder aufleben und legte das Gedenken auf den 30. Januar (vorher 1. Januar). Die Gebeine befinden sich heute in Rom in der Kirche SS. Luca e Martina.

Martínez García, Maria Pilar Jacoba sel.
OCD, Ordensfrau, Märtyrerin
Fest: 24. Juli

Geboren am 30. Dezember 1877 in Tarazona bei Guadalajara, Spanien, trat Jacoba Martínez García nach ihrer älteren Schwester ebenfalls in den Karmel von Guadalajara ein und legte 1899 die Profeß ab. Sie wirkte demütig als Sakristanin und Pförtnerin ihres Klosters; in ihrem Tagebuch vermerkte Schwester Maria Pilar, so ihr Ordensname: „Warum bin ich Karmelitin? Um, mit Gott ganz verbunden, eine große Heilige zu werden." Als nach Ausbruch des Spanischen Bürgerkrieges die Christenverfolgungen begannen, gerieten auch die Ordensfrauen von Guadalajara ins Visier der Miliz; am 24. Juli 1936 wurde Maria Pilar zusammen mit zwei Mitschwestern von Soldaten auf offener Straße erschossen. 29. März 1987 Seligsprechung.

Martinian von Palästina
Einsiedler
Fest: 13. Februar

Die Person des Martinian umgeben zahlreiche Legenden; sicher ist, daß er im 4. Jh. als Einsiedler nahe Cäsarea in Palästina lebte und dort (in Athen?) um 400 starb. Er wird in frühen Kalendern aufgeführt.

Martinianus →
Processus und Martinianus

Märtyrer von Damaskus sel.
Märtyrer
Fest: 10. Juli

Papst Pius XI. sprach am 10. Oktober 1926 acht Franziskanerbrüder und drei Maroniten selig, die in der Nacht vom 9. auf den 10. Juli 1860 in Damaskus (Syrien) im sogenannten Drusenaufstand ermordet wurden.

Märtyrer von Gorkum hll.
Märtyrer
Fest: 9. Juli
Als die Stadt Gorkum (Holland) am 26. Juni 1572 von den Geusen eingenommen wurde, sagten sie den Katholiken zunächst Glaubensfreiheit zu. Doch schon wenige Tage später wurden mehrere Priester und Ordensmänner gefangengenommen und tagelang gefoltert. Schließlich erhängte man die 19 unbeugsamen Kirchenmänner, die treu zu ihrem Glauben standen, am 9. Juli 1572 in einer Scheune in Brielle. Sofort nach ihrem Tod setzte eine starke Verehrung für die Märtyrer ein, um ihre Personen ereigneten sich viele Wunder. 1675 Seligsprechung, 1867 Heiligsprechung durch Papst Pius IX. Zur Gruppe der Gorkumer Märtyrer gehörten unter anderem → Leonard Vechel, Nikolaus Pieck, Nikolaus Poppel und Hieronymus Werdan. Ein großer Teil der Reliquien befindet sich heute in der Kirche St-Gudule in Brüssel.

Märtyrer der Kartäuser in England sel.
Märtyrer
Fest: 4. Mai
In der Verfolgung der Katholiken in England, die ausgebrochen war, nachdem Heinrich VIII. den Bruch mit Rom herbeigeführt hatte, erlitten die Kartäusermönche der Kartause London als erste das Martyrium. Heinrich ließ sie am 4. Mai 1535 in London hängen.

Märtyrer von Kaschau/Košice → Markus Stephan Crisinus, → Melchior Grodecz, → Stephan Pongrácz

Märtyrer von Marokko hll.
OFM, Märtyrer
Fest: 16. Januar
Von Ordensgründer → Franz von Assisi 1219 in die Mission entsandt, gelangten die Brüder Akkursius, Adjutus, Berardus, Otto und Petrus zunächst in das mohammedanisch besetzte Spanien, später auf abenteuerlichen Wegen nach Marokko. Von Anfang an vom Kalifen verfolgt und zeitweise verhaftet, gelang es ihnen immer wieder, ihre Missionsarbeit fortzusetzen, bis sie schließlich gefangengenommen und zum Tode verurteilt wurden. Nach Geißelungen wurden die fünf Franziskaner am 16. Januar 1220 in Marrakesch enthauptet. Die Gebeine gelangten kurze Zeit später nach Coimbra (Portugal), wo der Kult bis heute existiert. 1933 wurden die fünf Märtyrer zu Patronen des marokkanischen Erzbistums Rabat ernannt.

Märtyrer von Uganda → Lwanga, Charles

Märtyrer von Vietnam hll.
Märtyrer
Fest: 24. November
Am 24. November jeden Jahres gedenken die Gläubigen der Märtyrer von Vietnam, die Papst Johannes Paul II. am 20. Juni 1988 in Rom heiliggesprochen hat. Die-

Das Martyrium der katholischen Männer von Gorkum in Holland, nach einem Gemälde von Cesare Fracassini, 1867.

se 117 Märtyrer stehen stellvertretend für die unüberschaubare Zahl vietnamesischer Christen, die ab dem 16. Jh. die Treue zur Kirche mit dem Leben bezahlten. Von Beginn an hatte die vietnamesische Kirche, durch mutige ausländische Missionare begründet, unter schlimmen Verfolgungen zu leiden; über drei Jahrhunderte gab es nur wenige kurze Friedenszeiten.

Maruthas
Bischof
Fest: 4. Dezember

Maruthas gehört bis heute zu den wichtigsten Persönlichkeiten der Kirche von Syrien. Er war um 400 Bischof von Tagrite in Mesopotamien und verwandte seine ganze Energie darauf, die Kirche in Persien und Teilen Syriens zu reorganisieren und zur Blüte zu bringen. Sein besonderer Einsatz galt dem Gedenken an die vielen syrischen und persischen Märtyrer, die unter dem Christenverfolger Schapur ihr Leben ließen; für sie schrieb er viele Hymnen und Kirchenlieder, und er sammelte ihre Reliquien. Maruthas, der um 415 starb, war ein enger Freund von → Johannes Chrysostomus.

Mary (Marie) Ward
Gründerin
Fest: 30. Januar

In vielen Ländern der Welt erinnern bis heute Schulen der Englischen Fräulein an Mary (Maria) Ward. Papst Pius X. erklärte 1909, daß die Engländerin offiziell als Stifterin der Englischen Fräulein bezeichnet werden darf, eine Bestätigung, der über Jahrhunderte viele Wirrungen um die außergewöhnliche Persönlichkeit der Mary Ward vorausgegangen waren. – Geboren am 23. Januar 1585 in Mulwith (England), trat Mary Ward 21jährig dem Klarissenorden bei und gründete bald darauf in England ein eigenes Klarissenkloster. Schon kurze Zeit später trat sie dort aus und gründete in St-Omer (Frankreich) ein Institut, für das sie die Regel der Jesuiten annahm. Ziel der hier entstehenden Gemeinschaft war es, die Erziehung von Mädchen zu fördern und Priester in der Seelsorge zu unterstützen. Obwohl Mary Ward für ihr Werk eine kirchliche Belobigung erhielt, verweigerte Rom ihr mehrmals die offizielle Approbation ihrer Ordensgemeinschaft. Der Grund dafür war, daß sie keine Klausur für ihre Schwestern wollte. Unterdessen verbreitete sich das Institut der Englischen Fräulein bereits in Italien, Belgien, Deutschland und Österreich. Argwöhnisch wegen zahlreicher Neuerungen beobachtet, wuchs jedoch auch der Widerstand gegen die Schwesterngemeinschaft; Papst Urban VIII. erließ schließlich 1631 einen Erlaß, der das Institut unterdrückte. Mary Ward wurde mehrere Jahre in Rom in Arrest gehalten, bevor der Papst sie 1637 in ihre Heimat England ausreisen ließ. Enttäuscht starb sie am 31. Januar 1645 in Hewarth. Mary Ward war eine der ersten Frauen, die erkannten, wie wichtig die Mitarbeit der Frauen in der Kirche war, die ihre Vorstellungen dazu jedoch nicht umsetzen durfte.

Mas, Exuperianus Adrien
FSC, Ordensmann, Gründer
Fest: 31. Januar

Exuperianus Adrien Mas gilt als Mitbegründer der christlichen Gewerkschaften in Frankreich. Geboren am 7. Juni 1829 in Poujol bei Montpellier, war Adrien Mas 1846 in Paris der Kongregation der Schulbrüder des heiligen Johannes von La Salle beigetreten (Ordensname: Exuperianus) und hatte in den folgenden rund 60 Jahren wichtige Ordensämter inne; von 1873 bis zu seinem Tod am 31. Januar 1905 war er Generalassistent und verhalf dem Orden zu Festigung und Erneuerung. 1882 gründete er in Paris die Vereinigung vom heiligen Benedikt Josef Labre mit dem Ziel, junge Menschen dafür zu begeistern, ein christliches Leben zu führen. Er inspirierte die erste christliche Gewerkschaft für Angestellte der Industrie und des Handels und füllte sie mit Leben; sie war der Ursprung der französischen „Christlichen Arbeitervereinigung".

Mary Ward, Gründerin der Englischen Fräulein, nach dem ältesten Gemälde (1621) im Institut der Mary-Ward-Schwestern in Augsburg, Bayern.

Maternus von Köln hl.
Bischof von Köln
Fest: 14. September
Maternus war der erste sicher bezeugte Bischof von Köln (Nordrhein-Westfalen); man findet ihn auf den Teilnehmerlisten der beiden Konzile in Rom (313) und in Arles (314) sowie in den Akten des sogenannten Donatistenstreites, in welchem Maternus einer der drei Schiedsrichter war. Maternus war ein enger Vertrauter von Kaiser → Konstantin, unter dem das Christentum seine erste durchgehend friedliche Zeit erlebte. Um die Person des Maternus entwickelten sich im Laufe der Jahrhunderte mehrere Legenden, nach einer soll er Schüler von → Petrus sowie außer von Köln auch Bischof von Trier und von Tongern gewesen sein; möglich ist, daß er in Tongern das Christentum mitbegründete. In Trier existierten ab 760 Maternus-Reliquien, die aber wohl von einem anderen Träger desselben Namens stammten. Eine andere Legende berichtet, Maternus sei im Elsaß gestorben und mit dem Petrusstab wieder zum Leben erweckt worden. Ein Maternus-Kult entstand vor allem in Köln, Trier, Tongern, Lüttich und im Elsaß.
Darstellung: als Bischof mit drei Mitren oder mit einer dreitürmigen Kirche (angebliche drei Bischofstitel), mit drei Hostien über dem Kelch, mit Krückstock, bei der Erweckung vom Tod
Patronat: gegen Fieber und ansteckende Krankheiten, für das Gedeihen der Weinreben

Maternus von Mailand hl.
Bischof von Mailand
Fest: 18. Juli
Wahrscheinlich war Maternus der siebte Bischof von Mailand (Italien); er amtierte danach wohl von 316 bis zu seinem Tod 328 (andere Quellen nennen als Todesjahr 307). In der ausgehenden Christenverfolgung soll Maternus verschiedene Martern erlitten haben.

Mathilde (Mechthild, Maud) hl.
Königin
Fest: 14. März
Mathilde, geboren 895, war die zweite Ehefrau des deutschen Königs Heinrich I., den sie 909 geheiratet hatte. Sie widmete sich vielen karitativen Tätigkeiten und gründete Klöster, so Quedlinburg, Nordhausen und Enger (wohl ihr Geburtsort). Nach dem Tod Heinrichs 936 hatte Mathilde viel unter dem Streit ihrer Söhne Otto (I.) und Heinrich zu erleiden, die beide die Königskrone für sich beanspruchten (ein anderer Sohn Mathildes war → Bruno, Erzbischof von Köln). Schon zu Lebzeiten war Mathilde vom Volk wegen ihres heiligmäßigen Lebens hoch verehrt; nach ihrem Tod am 14. März 968 verstärkte sich dies noch. Beigesetzt ist Mathilde in der Krypta der Stiftskirche Quedlinburg (wo auch Heinrich I. seine letzte Ruhestätte gefunden hat).
Darstellung: als Königin, Almosen austeilend, mit Kirchenmodell, mit Bruno von Köln, versöhnend mit ihrem Sohn Otto I.

Matrona von Konstantinopel hl.
Äbtissin
Fest: 7. November, 8. November
Matrona soll es gewesen sein, die im 5. Jh. das Haupt von → Johannes dem Täufer in Emesa auffand. Es heißt, sie sei vor ihrem Ehemann nach Emesa geflohen. Später war sie wohl Äbtissin eines Klosters in Konstantinopel und nahm starken Einfluß auf die dortige Kirche. Matrona starb an einem 7. November um 520/525; sie soll bei ihrem Tod 100 Jahre alt gewesen sein.

Matthäus
Apostel, Evangelist, (Märtyrer)
Fest: 21. September
Nach der Überlieferung ist Matthäus der Verfasser des ersten Evangeliums; nach altkirchlichen Berichten soll es das erste in hebräischer Sprache gewesen sein. „Als Jesus weiterging, sah er einen Mann namens Matthäus am Zoll sitzen und sagte zu ihm: Folge mir nach. Da stand Matthäus auf und folgte ihm." Mit diesen Worten beschreibt das Matthäus-Evangelium die Berufung von Matthäus in den Kreis der Zwölf Apostel. Auch → Markus und → Lukas nennen in ihren Evangelien Zöllner als Beruf des Matthäus, allerdings heißt Matthäus bei ihnen Levi, so daß vermutet werden kann, daß Matthäus zwei Namen hatte, was zu jener Zeit bei den Juden häufig vorkam. Abgesehen von den Erwähnungen in den Evangelien sowie dem Erscheinen auf der Apostelliste der Apostelgeschichte erfährt man im Neuen Testament

Exuperianus Adrien Mas war der Mitbegründer der christlichen Gewerkschaften in Frankreich.

Der Holzstich von 1890 zeigt die Versöhnung von Königin Mathilde mit ihrem Sohn, Kaiser Otto I.

Die Berufung des Apostels Matthäus durch Jesus Christus, nach einem Gemälde von Caravaggio, 1595, in der Kirche S. Luigi dei Francesi, Rom.

nichts mehr über Matthäus. Entwickelt haben sich aber verschiedene Legenden. Danach soll Matthäus Palästina 42 verlassen haben und zur Verkündigung des Evangeliums nach Ägypten und Äthiopien gezogen sein. Nach einigen Quellen starb Matthäus den Martertod, andere widersprechen dem. Sicher ist, daß der Apostel schon früh auch als Märtyrer verehrt wurde. Über den Tod, die Todesart und den Ort existieren keinerlei gesicherte Überlieferungen. Angebliche Matthäus-Reliquien tauchten im Mittelalter in Paestum in Süditalien auf und wurden dort seit 954 in Salerno aufbewahrt, ab 1084 in der ihm geweihten Kathedrale S. Matteo; bis heute sind sie das Ziel Tausender Pilger. – Die Bibelkommission des Jahres 1911 erklärte den Apostel Matthäus zum „Verfasser eines in palästinensischer Sprache verfaßten Evangeliums, nicht bloß einer Redesammlung" (im Matthäus-Evngelium werden hauptsächlich Worte und Taten Jesu wiedergegeben); Glaubwürdigkeit und Integrität seien anzuerkennen. Es gibt aber auch Stimmen in der neueren Forschung, die sagen, Levi, der Apostel Matthäus und der Evangelist Matthäus seien drei verschiedene Personen gewesen. – Um Matthäus entwickelte sich ein starkes Brauchtum. Im Bauernkalender ist der 21. September ein Lostag, früher galt der Tag als Winterbeginn und wird heute noch hier und da „Wintertag" genannt. „Mathies macht die Trauben süß" heißt es bis heute in Südtirol; wenn am 21. September das Wetter schön ist, soll es vier Wochen so bleiben, wenn es friert, folgen 42 Frostnächte. In Norddeutschland verbindet sich mit dem Matthäus-Tag ein Liebesorakel: Junge Mädchen ließen früher am Vorabend kleine Kränzchen oder Papierstücke im Wasser schwimmen, um ihre künftige Heirat zu erforschen.

Darstellung: als Apostel, mit einem Engel (als seinem Evangelisten-Symbol), mit Buchrolle, Geldbeutel, Beil, Schwert, Zählbrett, Prozessionsfahne, mit dem Menschensohn

Patronat: von Stadt und Bistum Salerno, der Zöllner, Finanzbeamten, Buchhalter, Bankbeamten, Wechsler, der Trinker und gegen Trunksucht

Matthäus von Girgenti (Agrigent) sel.
OFM, Bischof von Girgenti
Fest: 7. Januar

Matthäus stammte aus Girgenti (Agrigent) auf Sizilien, Italien. Nach seinem Beitritt bei den Franziskanern wirkte er voller Tatkraft als Wanderprediger unter der Führung von → Bernhardin von Siena. Papst Eugen IV. zwang ihn 1442, den Bischofsstuhl von Girgenti zu übernehmen, den er aber 1445 aufgrund von starker Opposition gegen seine Person wieder aufgab. Matthäus starb 1450 in einem Franziskanerkloster in Palermo (Sizilien). 1767 Approbation des Kultes.

Matthias
Apostel
Fest: 24. Februar

Von der Wahl des Matthias in den Kreis der Zwölf Apostel erzählt die Apostelgeschichte; danach mußte ein Nachfolger für Judas Iskariot gefunden werden, der Jesus verraten hatte. Zwei Männer wurden aufgestellt: Josef Barsabbas mit dem Beinamen Justus und Matthias, auf den schließlich das Los fiel. Der Name Matthias bedeutet Geschenk Gottes. Außer der Erzählung aus der Apostelgeschichte weiß man nichts historisch Bezeugtes über den Apostel. Er stammte wohl aus Betlehem und gehörte zum Kreis der 72 Jünger; er war wohl einer der Männer, die von der Taufe des → Johannes bis zum Empfang des Heiligen Geistes an Pfingsten alles miterlebten, auch die Auferstehung Christi. Danach soll Matthias nach den wohl legendarischen Überlieferungen Palästina verlassen und das Evangelium „im äußeren Äthiopien" verkündet haben; dort soll er angeblich auch als Märtyrer gestorben sein. Nach einer anderen Legende ging er zunächst nach Mazedonien, wo man seine „Heiligkeit" auf die Probe stellte und ihm einen Becher mit vergiftetem Wein reichte; Matthias trank den Wein in Christi Namen, blieb völlig unversehrt und heilte danach auch noch 250 Menschen, die durch den vergifteten Wein bereits erblindet waren. Nach Judäa zurückgekehrt, soll er dort zu Tode gesteinigt worden sein; als er nicht gleich starb, soll ihm ein Soldat mit einem Beil den Kopf abgeschlagen haben. Angeblich war Matthias bei seinem Tod 63 Jahre alt. Die abendländische Kirche sagt, daß Matthias in Mazedonien blieb und dort eines friedlichen Todes starb. So legendenumrankt wie das Leben von Matthias ist auch die Geschichte seiner Reliquien. Angeblich entdeckte → Helena die Gebeine in Palästina und brachte sie nach Rom; dort werden bis heute Reliquien in der Kirche S. Maria Maggiore aufbewahrt.

Das Martyrium des Matthäus, von Caravaggio, Kirche S. Luigi dei Francesi.

Das Martyrium des Matthias, nach einem Holzstich des 19. Jh.

Schrein mit den Gebeinen des Apostels in der Trierer Basilika St. Matthias.

Auf Bitten Helenas gestattete Papst Silvester I. es um 320, daß Reliquien auch nach Trier (Rheinland-Pfalz), die Heimatstadt der Kaiserin, übertragen wurden. In der dortigen Matthias-Basilika zeigt man bis heute das einzige Apostelgrab nördlich der Alpen (das Haupt wird im Trierer Dom aufbewahrt). Aber auch die Kirche S. Giustina in Padua, Italien, erklärt, im Besitz von Matthias-Reliquien zu sein. Wie das Grab in Trier ist der Marmorschrein in Padua seit Jahrhunderten das Ziel der Pilger. – Um die Person des Apostels Matthias entwickelte sich ein starkes Brauchtum. Im bäuerlichen Kalender ist der 24. Februar ein Lostag; der Spruch „Matheis bricht's Eis" weist auf den kommenden Frühling hin, an diesem Tag werden verschiedene Pflanzen gesät, und damit das Obst gut wächst, geht man „an Matthias" in den Garten und schüttelt die Bäume kräftig (Wachschütteln aus dem Winterschlaf). Die Matthias-Nacht war Anlaß für verschiedene Orakelspiele; so versuchten früher junge Mädchen, durch Buchstabenspiele den Namen ihres künftigen Bräutigams zu erkennen.

Darstellung: als Apostel, mit Buch, Rolle, Beil, Schwert, Steinen, Lanze

Patronat: des Bistums Trier, von Goslar, Hannover, Hildesheim, der Bauhandwerker, Schreiner, Metzger, Zuckerbäcker, Schmiede, Schneider, gegen Keuchhusten, gegen eheliche Unfruchtbarkeit, zum Schulbeginn von Jungen, der Matthias-Bruderschaften

Mattias, Maria de sel.
Ordensgründerin
Fest: 20. August

Geboren am 4. Februar 1805 in Vallecorsa, Italien, lernte Maria de Mattias 1822 Gaspare del → Bufalo kennen und gründete unter seiner Führung 1834 die Kongregation der Anbeterinnen des Kostbaren Blutes für die Erziehung von Mädchen, die sie bis zu ihrem Tod am 20. August 1866 (in Rom) als Oberin leitete. Ihr großer Einsatz galt auch den Frauen, deren Situation innerhalb der Gesellschaft sie zu verbessern versuchte. Unzählige Schriftdokumente von Maria de Mattias sind erhalten. 1. Oktober 1950 Seligsprechung.

Matulaitis, Jurgis sel.
MIC, Erzbischof, Gründer
Fest: 27. Januar

Rund 600 Jahre nach der Christianisierung Litauens sprach Papst Johannes Paul II. den Litauer Jurgis Matulaitis selig, der als einer der Pioniere der litauischen Kirche gilt. Geboren am 13. April 1871 in Liuginė (Litauen), empfing Matulaitis 1898 die Priesterweihe. Vor dem Ersten Weltkrieg, als sowohl Litauen als auch Polen zu Rußland gehörten, wurde er zum Erzbischof der litauischen Hauptstadt Vilnius ernannt, die eine mehrheitlich polnischsprechende Bevölkerung hatte. Als nach dem Krieg Vilnius polnisch wurde (Wilno), demissionierte Matulaitis und war fortan als Vertrauter des Papstes für Litauen tätig. Während seiner Bischofszeit hatte er zwei Schwesternkongregationen in Litauen und in Weißrußland gegründet und die Kongregation der Marianer im polnisch-weißrussisch-litauischen Grenzgebiet erneuert (Oberer von 1911 bis 1927). Matulaitis starb am 27. Januar 1927 in Kaunas (Litauen). Grab in Kapsukas in Litauen.

Maturinus hl.
Priester(?)
Fest: 1. November

Über Jahrhunderte war die Maturinus-Grabstätte in Larchant bei Meaux (Frankreich) ein berühmtes Kultzentrum und eine Pilgerstätte. Über Leben und Wirken von Maturinus aber ist nichts bekannt, außer daß er im 4. Jh. ein Priester in der Gegend von Sens gewesen sein soll. Im 12. Jh. restaurierten die Kanoniker von Notre-Dame von Paris die Maturinus-Kirche in Larchant prunkvoll. Die Mitglieder des Trinitarierordens werden manchmal auch Mathuriner genannt, weil sie im 13. Jh. eine dem heiligen Maturinus geweihte Kapelle in Paris übertragen erhalten hatten.

Patronat: gegen Wahnsinn

Maura von Troyes
Jungfrau, Mystikerin
Fest: 21. September

Maura führte in ihrer Heimatstadt Troyes (Frankreich) ein Leben des Gebetes und der tätigen Buße. Sie war berühmt für die liturgischen Gewänder, die sie mit handwerklichem Geschick anfertigte. Hoch verehrt war sie, weil sie die Gabe

der Wunder besaß und immer wieder außergewöhnliche Visionen durchlebte. Maura starb um 850 in Troyes (Reliquien dort in der Kirche St-Martin).
Patronat: der Wäscherinnen, der Ammen und Kindermädchen

Maurilius von Angers hl.
Bischof von Angers
Fest: 13. September
Geboren um 365 in Mailand (Italien), schloß sich Maurilius (Maurillo) jung → Martin von Tours an. Er wirkte rund 40 Jahre als Priester und Mönch im Westen von Frankreich, bevor er von → Brictius zum Bischof von Angers geweiht wurde. Nach 30jähriger tatkräftiger Amtszeit, die von zahlreichen Wundern um seine Person ausgezeichnet war, starb Maurilius am 13. September 453 in Angers. Die Reliquien befinden sich heute in der Kathedrale von Angers.
Patronat: von Angers, der Fischer und Gärtner, gegen Wassergefahren

Maurilius von Rouen sel.
OSB, Erzbischof von Rouen
Fest: 9. August
Geboren um 1000 in Reims (Frankreich), empfing Maurilius die Priesterweihe und war etwa ab 1025 Domscholarch in Halberstadt (Sachsen-Anhalt). Danach trat er dem Benediktinerorden bei und lebte etwa ab 1030 als Mönch in Fécamp (Frankreich), um 1050 wurde er Abt des Klosters S. Maria in Florenz (Italien). 1055 erhielt Maurilius die Ernennung zum Erzbischof von Rouen und amtierte bis zu seinem Tod am 9. August 1067. Maurilius war einer der führenden Kirchenmänner seiner Zeit; er brachte Reformen voran und setzte sich engagiert mit den brennenden Themen des 11. Jh. auseinander.

Der selige Erzbischof Jurgis Matulaitis war ein Pionier der katholischen Kirche in Litauen.

Maurinus von Köln
Abt(?), Märtyrer(?)
Fest: 10. Juni
In der Kirche St. Pantaleon in Köln (Nordrhein-Westfalen) werden in einem kostbaren Schrein Reliquien eines Maurinus aufbewahrt; sie waren 966 in einem Sarkophag in St. Pantaleon aufgefunden worden, auf dem geschrieben stand „abbas“ und „martyr“. Über Leben oder Wirken von Maurinus ist jedoch nichts bekannt. Etwa seit dem 12. Jh. wird das Gedenken in Köln gefeiert, Maurinus gilt dort als „Regenheiliger“.

Mauritius von Agaunum hl.
Märtyrer
Fest: 22. September
Mauritius war Ende des 3. Jh. der Führer der Thebäischen Legion, einer Soldatentruppe aus der Thebais in Ägypten, deren Soldaten alle Christen waren. In der Christenverfolgung des Maximianus wurden die Soldaten aufgefordert, ihrem christlichen Glauben abzuschwören, was alle ablehnten. Daraufhin wurden sie in ihrem Lager bei Agaunum (heute St-Maurice im Wallis, Schweiz) einer nach dem anderen über mehrere Tage hinweg durch das Schwert hingerichtet. Das Todesjahr lag um 280/300. Um 380 wurden die Gebeine der Märtyrer dort wieder aufgefunden, Bischof → Theodor von Octodurum errichtete über dem Auffindungsort die erste Kirche, die schnell zu einem Wallfahrtsort wurde. Durch die Pilger verbreitete sich der Kult bald in ganz Europa, es entstanden zahlreiche weitere den Märtyrern geweihte Wallfahrtsstätten. Im 6. Jh. entwickelte sich in St-Maurice die berühmte Abtei gleichen Namens (die bis heute keinem Bistum unterstellt ist); sie besitzt den bedeutendsten Kirchenschatz der ganzen Schweiz, für die Märtyrer der Thebäischen Legion wurden Reliquiare seltener Pracht geschaffen. Mauritius genoß über Jahrhunderte große Verehrung und war besonders als Militärheiliger beliebt. Verschiedene Herrscherhäuser sahen in Mauritius ihren Schutzheiligen.
Darstellung: als Soldat oder Ritter, zu Fuß oder zu Pferd, mit Fahne, Lanze, Schwert, Schild, häufig mit dunkler Hautfarbe
Patronat: der Soldaten, der Kaufleute, Wäscher, Färber, Hutmacher, Glasmacher, Waffen- und Messerschmiede, Tuchmacher, der Weinstöcke, in Kämpfen, gegen Ohrenleiden, Gicht, Besessenheit, der Pferde und gegen Pferdekrankheiten

Statue des Märtyrers Mauritius von Agaunum im Dom von Magdeburg.

Mauritius von Carnoet sel.
OCist, Abt
Fest: 29. September
Der Zisterzienser Mauritius, geboren 1114 in der Bretagne, war ab 1147 Abt von Kloster Langonnet und gründete 1171 das Tochterkloster Carnoet (beide Frankreich), das er ab 1176 leitete. Er war berühmt und verehrt wegen der zahlreichen Wunder, die sich um seine Person ereigneten. Mauritius starb am 29. September 1191 in Carnoet. 1869 Approbation des Kultes.

Mauritius Pannonius
OP, Ordensmann
Fest: 20. März
Geboren um 1280 als Mitglied des königlichen Hauses von Ungarn, heiratete Mauritius Pannonius (Csaky) zunächst, trennte sich aber nach dreijähriger Ehe einverständlich von seiner Frau und trat auf der Margareteninsel (Budapest) in ein Kloster ein. Wegen seiner asketischen Lebensweise, seiner Demut und seines Gebetseifers war er hoch verehrt. Mauritius starb am 20. März 1336; obwohl er nie offiziell seliggesprochen wurde, wird er in Ungarn bis heute sehr verehrt.

Die berühmte Elfenbein-Kathedra von Maximianus, Mitte 6. Jh., Museo Arcivescovile, Ravenna.

Maurus von Cesena hl.
OSB, Bischof von Cesena
Fest: 20. Januar
Der Römer Maurus empfing von seinem Onkel, Papst Johannes IX., um 900 die Priesterweihe. Danach wurde er Benediktiner und Abt von Kloster Classe in Ravenna (Italien); 934 wurde er zum Bischof des nahegelegenen Bistums Classe ernannt. Er errichtete sich eine Zelle oberhalb von Cesena, wohin er sich regelmäßig zum Gebet zurückzog; aus dieser Einsiedelei entwickelte sich nach dem Tod von Maurus (946) die Benediktinerabtei S. Maria del Monte. Die Reliquien befinden sich in der Kathedrale von Cesena.

Maurus von Subiaco hl.
OSB, Abt
Fest: 15. Januar
Maurus war Gefährte und Lieblingsschüler von → Benedikt von Nursia; sein Vater hatte ihn dem Ordensgründer zur Erziehung übergeben. Maurus soll es gewesen sein, der die Benediktiner-Regel nach Gallien brachte. Trotz verschiedener Legenden um die Person des Maurus scheint sicher, daß er der Nachfolger Benedikts als Abt von Kloster Subiaco war. Maurus starb im 6. Jh. Starke Verehrung über Jahrhunderte. – Der Maurus-Segen, der Kranken gespendet wird, geht auf Maurus von Subiaco zurück; schon zu Lebzeiten soll der Abt außergewöhnliche Heilkräfte besessen haben.
Patronat: gegen Krankheiten aller Art, gegen Rheumatismus, Kopfschmerzen, Gicht, Heiserkeit, Erkältungen, Lähmung, der Kupferschmiede, Köhler, Schuhmacher, Schneider

Mawes (Maudez)
Bischof(?)
Fest: 18. November
Nach der unsicheren Vita stammte Mawes aus Wales und lebte im 6. Jh. zunächst als Einsiedler in

Maximianus von Ravenna, nach einem Mosaik aus dem 6. Jh. in der Basilika S. Vitale, Ravenna.

Cornwall; später zog er in die Bretagne und wirkte dort vielleicht als Missionsbischof. Überlieferungen berichten, daß er ein charismatischer Lehrer war und große Verehrung genoß. In der Bretagne existierte über Jahrhunderte ein starker Kult; über 60 Kirchen waren oder sind Mawes dort geweiht, Reliquien werden in Quimper und in Treuguier verehrt. Auch die Stadt Bourges erklärt, im 10. Jh. Mawes-Gebeine erhalten zu haben.

Maximianus von Ravenna hl.
Bischof von Ravenna
Fest: 21. Februar
Maximianus stammte wohl aus Pula (Kroatien); 546 wurde er von Papst Vigilius zum Bischof von Ravenna (Italien) geweiht, die prunkvolle Feier fand in Anwesenheit von Kaiser Justinian und seiner Frau Theodora statt, mit denen Maximianus eine enge Freundschaft verband. Auf Maximianus gehen die wichtigsten Kirchen Ravennas zurück, er weihte S. Vitale und S. Apollinare in Classe und erbaute S. Stefano und S. Andrea (wo sich seine Grabstätte befindet). Er starb am 21. Februar 556. Im Museo Arcivescovile in Ravenna steht bis heute der Maximian-Stuhl, die berühmte Kathedra des Bischofs aus Elfenbein.

Maximilian von Lorch (vom Pongau) hl.
Bischof von Lorch(?), Märtyrer(?)
Fest: 12. Oktober

Obwohl die Vita von Maximilian von Lorch erst Jahrhunderte nach seinem angeblichen Wirken verfaßt wurde und wohl größtenteils als legendarisch zu gelten hat, genießt der Bischof bis in die jüngste Zeit große Verehrung in Österreich und in Bayern. Nach den Erzählungen stammte Maximilian aus Jugoslawien und war im 3. Jh., vom Papst entsandt, zunächst Wanderbischof in Noricum, dann Bischof von Lorch an der Enns (Österreich). 284 soll er dort als Märtyrer gestorben sein. Bezeugt ist, daß es ab etwa 710 in Bischofshofen im Pongau in Österreich eine Kapelle über der Grabstätte eines hochverehrten Maximilian gab, der später „Märtyrer" oder „Bischof" genannt wurde. Gebeine gelangten im 10. Jh. nach Altötting und danach nach Passau in Bayern (heute verschollen). Maximilian ist Patron des Bistums Passau und wird auch in der Diözese Linz verehrt (dort lange Patron).
Darstellung: als Missionsbischof mit Kreuz in der Hand

Dieser Stich aus dem 17. Jh. zeigt, wie Maximilian, Bischof von Lorch, sich weigert, dem Kriegsgott Mars zu opfern. Daraufhin ließ ihn der Statthalter Eulasius vor dem Stadttor hinrichten.

Maximinus von Trier hl.
Bischof von Trier
Fest: 12. September, 29. Mai
Maximinus von Trier galt zu seiner Zeit als eine der herausragendsten Kirchenpersönlichkeiten überhaupt. Zahlreiche berühmte Zeitgenossen sprachen mit größer Hochachtung von ihm und berichteten von starker Verehrung nach seinem Tod. – Geboren in Silly (Mouterre-Silly) bei Poitiers, Frankreich, kam Maximinus während der Amtszeit von Bischof → Agricius nach Trier (Rheinland-Pfalz); nach dessen Tod 330 wurde er sein Nachfolger auf dem Bischofsstuhl. Er war ein unerbittlicher Gegner des Arianismus, dem von den Arianern bedrängten → Athanasius gewährte er mutig Exil in Trier; ebenso setzte er sich energisch für den verbannten Patriarchen Paulos von Konstantinopel ein. Arianische Ostbischöfe erstellten daraufhin ein „Sündenregister" über angebliche Verfehlungen von Maximinus, woraufhin die Westbischöfe die Ostbischöfe bannten. Auf der Rückreise von Friedensverhandlungen in Konstantinopel starb Maximinus am 12. September 346 (347?) überraschend bei seiner Familie in Silly. Sein Nachfolger → Paulinus (Bischof von Trier ab 347) überführte seine Gebeine nach Trier und ließ sie dort in der Kirche St. Johann Baptist beisetzen (heute St. Maximin). Von der Grabstätte aus entwickelte sich ein starker Kult.
Darstellung: als Bischof, mit Bär (dieser hatte nach der Legende das Lasttier des Bischofs aufgefressen und mußte deshalb sein Gepäck tragen), mit Buch, Kirchenmodell im Arm
Patronat: gegen Meineid, gegen Regen, gegen Gefahren des Meeres

Maximus Confessor hl.
Mönch, Theologe
Fest: 13. August
Maximus Confessor gilt als einer der führenden Theologen des frühen Mittelalters. Geboren wohl 580 in Konstantinopel, zog sich Maximus, der seine Eltern schon als Kind verloren hatte, um 613 als Mönch in ein Kloster nahe Konstantinopel zurück, später in ein anderes Kloster. Nach einem Aufenthalt in Afrika kam er 649 nach Rom und nahm dort an einer von Papst → Martin I. einberufenen Synode teil, die den Monotheletismus (Ein-Willen-Lehre) verurteilte. Auch Maximus bekämpfte den Monotheletismus mit aller Kraft und hatte dazu bereits zahlreiche vielbeachtete Schriften verfaßt. Der byzantinische Kaiser Konstans II., gegen den die Synode geführt worden war, ließ den Papst gefangennehmen (er starb 655) und verbannte auch Maximus 655 nach einem Prozeß wegen Hochverrates nach Thrakien. Als Maximus es auch in der Verbannung weiterhin ablehnte, seinen Kampf gegen den Monotheletismus zu beenden, ließ man ihm die Zunge herausreißen und die rechte Hand abhacken. An den erlittenen Mißhandlungen starb er am 13. August 662 im Exil am Schwarzen Meer. Seine Schriften fanden nach seinem Tod weitere große Verbreitung und gelten teilweise bis heute als Meisterwerke.

Antonia Mesina wurde im Alter von 15 Jahren ermordet. Auf Sardinien wird sie als „Märtyrerin der Reinheit" bezeichnet.

Gemeinsam mit Maria de → Mattias und Gaspare del → Bufalo gründete Giovanni Merlini 1834 die Kongregation der Anbeterinnen des Kostbaren Blutes.

Merbot (Marbold) sel.
OSB, Einsiedler, Märtyrer
Fest: 23. März
Merbot war zunächst Mönch im Benediktinerkloster Mehrerau bei Bregenz am Bodensee, dann Einsiedler und Seelsorger in der Gegend von Alberschwende im Bregenzer Wald. In seiner Einsiedlerzelle trafen sich Ratsuchende aus allen Bevölkerungsschichten. Am 23. März 1120 wurde er in seiner Zelle von Unbekannten ermordet. Nach der Legende war Merbot ein Mitglied der Grafenfamilie von Bregenz. Zu seinem Grab in Alberschwende entwickelte sich eine starke Wallfahrt.

Mercherdach
Inkluse
Fest: 7. September
Mercherdach kam um 1040 nach Regensburg in Bayern und lebte dort bis zu seinem Tod am 7. September 1075 als Inkluse beim Stift Obermünster (der Raum, in welchem er sich hatte einmauern lassen, hatte drei Fenster, aber keine Tür). Er war gesucht als Ratgeber; auch Papst Leo IX. besuchte ihn 1052 während eines Aufenthaltes in Regensburg. Als Mercherdach seinen Tod nahen fühlte, grub er sich in seiner Zelle selbst sein Grab. Die Reliquien befinden sich bis heute in der Mercherdachklause in Regensburg.
Darstellung: als bärtiger Pilger, mit Stab, Wasserflasche, Pilgertasche

Mercurialis von Forlì hl.
OSB, Bischof von Forlì
Fest: 30. April
Mercurialis gehört bis heute in der Diözese Forlì (Italien) zu den meistverehrten Heiligen. Er war möglicherweise der erste Bischof in dem im 3./4. Jh. eingerichteten Bistum, sicher war er der erste historisch bezeugte und einer der bedeutendsten. Spätere Legenden erzählen von drei Bischöfen von Forlì mit dem Namen Mercurialis.

Merewenna
Äbtissin
Fest: 29. Oktober
Merewenna war ab 967 Äbtissin des wiedereingerichteten Frauenklosters Romsey in England. Unter ihrer Führung erlebte das Kloster eine Blüte; auch zahlreiche englische Prinzessinnen traten nach und nach ein. Sie starb 985 in Romsey.

Meriadec
Bischof von Vannes
Fest: 7. Juni
Bis heute sind in der Bretagne, Frankreich, und in Cornwall, England, Quellen nach einem Meriadec benannt. Wahrscheinlich erinnern sie an einen Bischof von Vannes (Bretagne) gleichen Namens; es existierten allerdings zwei Bischöfe mit Namen Meriadec, einer lebte wohl im 6./7. Jh., der andere starb um 1302.

Merinus (Mirin)
Mönch, Gründer
Fest: 15. Februar
Nach den unsicheren Überlieferungen wirkte der Ire Merinus im 7. Jh. in Schottland. Er war Mönch und gründete wahrscheinlich das schottische Kloster Paisley; seine dortige Grabstätte war lange Zeit ein vielbesuchter Wallfahrtsort.

Merita (Emerita) sel.
Märtyrerin
Fest: 22. September
Merita (Emerita) erlitt wohl im 4. Jh. in Rom den Martertod und wurde in der Commodilla-Katakombe beigesetzt; eine Inschrift von 426 erwähnt sie dort, außerdem ist sie auf verschiedenen Darstellungen abgebildet. Nach der legendarischen Überlieferung soll Merita eine Begleiterin namens Digna gehabt haben, die ebenfalls am 22. September im Martyrologium Romanum aufgeführt wird.

Merkert, Maria
Ordensgründerin
Fest: 24. November
Maria Merkert, geboren am 23. September 1817 in Neiße (Polen), gründete 1850 in Neiße die Kongregation der Grauen Schwestern von der heiligen Elisabeth, deren Schwestern sich zunächst um die Pflege hilfloser Hauskranker kümmerten; später übernahm der Orden auch Tätigkeiten in Lazaretten. Die Gemeinschaft hat heute mehrere tausend Mitglieder und über 400 Niederlassungen. Maria Merkert starb am 24. November 1872 in Neiße. Der Seligsprechungsprozeß ist eingeleitet.

Merkurios hl.
Soldat, Märtyrer
Fest: 25. November
Merkurios gehört zu den bedeutendsten heiligen Soldaten der Ostkirche, obwohl er eine wohl rein legendarische Gestalt war. Schon im 6. Jh. existierte ein Kult; bei Cäsarea in Kappadokien, wo Merkurios den Martertod erlitten haben soll, fand man Teile einer Basilika, die Merkurios geweiht war. Eine der zahlreichen Legenden erzählt, Merkurios habe auf Weisung Gottes Kaiser Julian Apostata erstochen, was dann zu seiner großen Verehrung führte.

Merlini, Giovanni
CPPS, Ordensgründer
Fest: 12. Januar
Geboren am 28. August 1797 in Spoleto, Italien, empfing Giovanni Merlini die Priesterweihe und trat 1820 der Kongregation der Missionare vom Kostbaren Blut bei, für die er sich im folgenden halben Jahrhundert unermüdlich einsetzte; er war der Mitbegründer der amerikanischen Provinz, ab 1847 Generaloberer der Ordensgemeinschaft. Gemeinsam mit Maria de → Mattias und Gaspare del → Bufalo gründete er 1834 die Kongregation der Anbeterinnen des Kostbaren

Blutes. Merlini starb am 12. Januar 1873 in Rom; seine Gebeine befinden sich in der Kirche S. Maria in Trivio. Der Seligsprechungsprozeß ist eingeleitet.

Merten, Blandine Maria Magdalena sel.
OSU, Ordensfrau
Fest: 18. Mai
Geboren am 10. Juli 1883 in Düppenweiler (Saarland), trat Maria Magdalena Merten 1908 den Ursulinen bei und nahm den Namen Blandine an. Ab 1916 an unheilbarer Tuberkulose erkrankt, erduldete sie ihr Schicksal heroisch und zeichnete sich durch tiefe Frömmigkeit und außergewöhnliche Opferbereitschaft aus. Sie starb am 18. Mai 1918 in Trier und wurde dort auf dem Friedhof St. Paulin beigesetzt. 1. November 1987 Seligsprechung.

Mesina, Antonia sel.
Märtyrerin
Fest: 17. Mai
Geboren am 21. Juni 1919 in Orgósolo auf Sardinien (Italien), wurde Antonia Mesina am 17. Mai 1935 im Alter von 15 Jahren ermordet. Ein Mann hatte versucht, sie im Wald, während sie Brennholz sammelte, zu vergewaltigen; als sie sich wehrte, tötete er das Mädchen. 4. Oktober 1987 Seligsprechung.

Mesrob
Mönch
Fest: 25. November
Mesrob, der auch den Beinamen „Lehrer" trug, war eine der bemerkenswertesten Ost-Kirchenpersönlichkeiten seiner Zeit. Geboren um 350/360 in der armenischen Provinz Taron, wurde er Mönch und erfand später mit einem Gefährten die armenische Schrift; außerdem übersetzte er das Neue Testament ins Armenische. Mesrob gilt als Begründer und Organisator der armenischen Kirche. Er starb 440 in Armenien.

Methodios von Konstantinopel hl.
Patriarch von Konstantinopel
Fest: 14. Juni
Geboren um 790 in Syrakus auf

Sizilien (Italien), trat Methodios schon jung in Konstantinopel ins Kloster ein. Während einer Verfolgung flüchtete er für einige Jahre nach Rom und wirkte dort als Verteidiger der Bilderverehrung. Als er nach Konstantinopel zurückkehrte, wurde er gefangengenommen und für mehrere Jahre in den Kerker geworfen. Nach seiner Freilassung wählte man ihn 843 zum Patriarchen von Konstantinopel. Er starb am 14. Juni 847 in Konstantinopel.

Methodios von Olympos hl.
Bischof, Märtyrer
Fest: 18. September
Methodios war ein bedeutender Kirchenschriftsteller, Theologe und christlicher Lehrer. Er lebte im 3. Jh. und war Bischof von Olympos in Lykien, später wohl auch von Philippi und von Patara. Eines seiner Hauptwerke ist bis heute erhalten (Symposion). Er starb 311 wahrscheinlich als Märtyrer.

Metrophanes hl.
Bischof von Byzanz
Fest: 4. Juni
Metrophanes war wahrscheinlich der erste Bischof von Byzanz. Über seine Amtszeit gehen die Meinungen auseinander; die einen Quellen sagen, sie lag zwischen 314 und 325, die anderen nennen den Zeitraum 306 bis 314. Über sein Wirken weiß man nichts Genaues. 330 wurde Byzanz nach → Konstantin dem Großen in Konstantinopel umbenannt (heute Istanbul, Türkei). In Konstantinopel existierte lange eine Metrophanes geweihte Kirche, die seine Gebeine barg.

Metzger, Max Josef
Priester, Gründer
Gedenken: 17. April
Geboren am 3. Februar 1887 in Schopfheim (Baden-Württemberg), empfing Max Josef Metzger 1911 die Priesterweihe und wurde zum Vorkämpfer der katholischen Friedensbewegung. (Im Ersten Weltkrieg als Divisionspfarrer eingesetzt, war Metzger zum kämpferischen Pazifisten geworden.) Sein weiterer unermüdlicher Einsatz galt der Einheit der getrennten Kirchen; er gründete die Bruderschaft Una, Sancta den Friedensbund Deutscher Katholiken sowie die Christköniggesellschaft vom Weißen Kreuz. Immer war er ein entschiedener Gegner des Nationalsozialismus; als ein von ihm verfaßtes Friedensmemorandum in die Hände der Gestapo fiel, wurde Metzger (der sich selbst Bruder Paulus nannte) verhaftet. Am 17. April 1944 erfolgte in Brandenburg-Görden seine Hinrichtung durch das Fallbeil; die Anklage hatte auf Hochverrat und Feindbegünstigung gelautet.

Die selige Ordensschwester Blandine Maria Magdalena Merten aus Düppenweiler im Saarland.

Max Josef Metzger, Priester und Widerstandskämpfer, wurde am 17. April 1944 von den Nationalsozialisten hingerichtet.

Mevennus (Maine, Mewan) hl. Abt
Fest: 21. Juni
Der Schrein von Mevennus in dem nach ihm benannten Ort St-Méen in der Bretagne (Frankreich) war für lange Zeit ein vielbesuchter Wallfahrtsort. Geboren um 520 in Cornwall oder Wales, kam Mevennus zusammen mit → Samson Mitte des 6. Jh. in die Bretagne, wo beide ein Kloster gründeten (später St-Méen-de-Gael), das Mevennus als Abt leitete. Außer in der Bretagne existierte lange auch ein Kult in England und in Wales.
Patronat: gegen Hautkrankheiten

Michael, Gabriel und Raphael Erzengel
Fest: 29. September
Seit 1969 wird der drei Erzengel Michael, Gabriel und Raphael gemeinsam am 29. September gedacht.
Michael trägt verschiedene Beinamen: Engelsfürst, Engel der Gerechtigkeit, Hüter des Paradieses, Beschützer der Kirche Christi, Fürst der Seelen, Vertrauter Gottes (der die Weisungen des Herrn an die Menschen weitergibt). Michael soll am 8. Mai 495 auf dem Monte Sant' Angelo in Apulien (Italien) mehreren Hirten erschienen sein, woraufhin sich der Kult auch im Abendland stark verbreitete; der Ort gilt als eines der ältesten Michaelsheiligtümer der Welt. Die berühmte Abtei Mont-Saint-Michel in der Normandie (Frankreich), ebenfalls ein vielbesuchter Wallfahrtsort, entstand 709 unter Bischof → Autbert, der den Erzengel in einer Vision auf einem Felsen im Atlantik gesehen hatte. Der Gedenktag 29. September existiert seit dem 5. Jh., als Papst → Leo I. (440 bis 461) an diesem Datum in Rom die Kirche S. Michele weihte. – Der Michaelstag gilt als Wetter- und Lostag vor allem im bäuerlichen Kalender; einer der Gründe dafür ist, daß der Tag am Ende eines Kalendervierteljahres steht.
Gabriel war der Engel, der Zacharias die Geburt seines Sohnes → Johannes (Täufer) und → Maria die Geburt von Jesus ankündigte. Papst Benedikt XV. (1914 bis 1922) ordnete das Fest für die ganze Kirche an.
Raphael gilt als Engelfürst, als Engel über die Krankheiten und Wunden der Menschen, als Engel der Heilung und als Engel, der die Menschen auf ihren Reisen begleitet. Papst Benedikt XV. legte das Fest von Raphael auf den 24. Oktober.
Darstellung: Michael: als Engel in Ritterrüstung, mit Helm, Schwert, Lanze, Schild, Waage, einen Drachen mit einer Lanze durchbohrend, im Kampf mit Luzifer; Gabriel: als leuchtender Engel (Verkündigungsengel), mit Lilie, Weltkugel; Raphael: als Engel in Pilgertracht, mit Stab, Flasche, Fisch, mit Tobias (den er auf seiner gefährlichen Reise begleitet haben soll)
Patronat: Michael: der katholischen Kirche, der Deutschen, der Soldaten, der Apotheker, Schneider, Glaser, Maler, Drechsler, Bäcker, Kaufleute, Eicher, Waagenhersteller, Blei- und Zinngießer, Vergolder, Bankangestellten, Radiomechaniker, der Sterbenden und für einen guten Tod, der Armen Seelen, der Friedhöfe, gegen Blitz und Unwetter; Gabriel: der Postboten und Postbeamten, der Boten, der Briefmarkensammler, des Fernmelde- und Nachrichtenwesens, gegen eheliche Unfruchtbarkeit; Raphael: der Apotheker, Bergleute, Dachdecker, Schiffsleute, der Pilger und Reisenden, der Auswanderer, der Kranken und gegen Krankheiten (speziell Augenleiden), gegen die Pest

Eingang zur Basilika S. Michele auf dem Monte Sant'Angelo auf dem Gargano. Hier befindet sich in einer Grotte aus Urzeiten das älteste Michaels-Heiligtum der Welt.

Michael Carvalho sel.
SJ, Märtyrer
Fest: 25. August
Geboren 1577 in Braga (Portugal), trat Michael Carvalho 1597 dem Jesuitenorden bei und wurde danach in die Mission nach Goa entsandt, wo er 15 Jahre blieb. Nach vielen Abenteuern während der Reise erreichte er dann Japan, sein nächstes Missionsziel. 1623 wurde er dort gefangengenommen und von seinen Gegnern auf dem Rost zu Tode gebrannt. 1867 Seligsprechung.

Michael Gedrocius sel.
OSA, Ordensmann
Fest: 4. Mai
Michael Gedrocius kam 1430 nahe Wilna (Litauen) als Sohn adliger Eltern zur Welt; er war verkrüppelt und von zwergenhaftem Wuchs. Um sich vor der Öffentlichkeit zu verbergen, ließ er sich in Krakau (Polen) bei den Augustinern in einer Zelle nieder und blieb dort bis zu seinem Tod am 4. Mai 1485. Er war berühmt für seine Gaben der Wunder und der Weissagung; die Menschen verehrten ihn schon zu Lebzeiten wie einen Heiligen.

Michael Pini sel.
OSBKam, Ordensmann, Inkluse
Fest: 27. Januar
Geboren um 1445 in Florenz (Italien), wirkte Michael Pini zunächst in hohen Ämtern am Hof der Medici. 1502 trat er in den Kamaldulenserorden ein, ließ sich in Florenz in einer Zelle einmauern und blieb dort 20 Jahre bis zu seinem Tod 1522.

Michael Ghebre → Ghebre, Michael

Michael de Sanctis hl.
OST, Ordensmann, Mystiker
Fest: 10. April
Geboren am 29. September 1591 in Vich, Spanien, trat Michael de Sanctis 1603 in Barcelona den Beschuhten Trinitariern bei, 1607 wechselte er zu den Unbeschuhten und ging in das Kloster in Alcalá. Später war er zweimal Prior in Valladolid, wo er am 10. April 1625 starb. Michael de Sanctis (Miguel de los Santos) erlebte viele Ekstasen, unter anderem auch zahlreiche Flüge (Levitationen), weshalb er auch „El Extático" genannt wurde. 1779 Seligsprechung, und am 8. Juli 1862 erfolgte die Heiligsprechung.

Das „Jüngste Gericht", von Hans Memling. Erzengel Michael wägt die Seelen: links im Bild die Auserwählten, und rechts sieht man die Verdammten.

Michael Synkellos hl.
Mönch, Synkellos
Fest: 4. Januar, 18. Dezember
Geboren um 760 wohl in Jerusalem, war Michael zunächst Priester und Mönch in seiner Heimat. Ab 811 war er Synkellos (Ratgeber und Begleiter) des Patriarchen von Jerusalem. Während einer Reise wurde er in Konstantinopel von Widersachern gefangengenommen (im Verlauf des Bilderstreites) und für viele Jahre im Gefängnis festgehalten. Ab etwa 842 war er Synkellos des Patriarchen von Konstantinopel und hatte damit eine besonders hohe Stellung inne. Michael Synkellos, der am 4. Januar 846 starb, war mit zahlreichen Kirchenpersönlichkeiten seiner Zeit befreundet, so mit → Theodoros Studites.

Mirjam Elisabeth Michaelis wurde am 9. August 1942 im Konzentrationslager Auschwitz vergast.

Michaelis, Mirjam Elisabeth
Ordensfrau, Märtyrerin
Gedenken: 9. August
Die Jüdin Elisabeth Michaelis, geboren am 31. März 1889 in Berlin, empfing im Alter von 30 Jahren in Berlin die Taufe und trat 1928 in Trier den Josefsschwestern bei und nahm den Namen Mirjam an. Als die Nationalsozialisten die Ordensniederlassung schlossen, in der Mirjam arbeitete, ging sie nach Berlin und war dort im Xaveriusstift als Buchhalterin tätig. 1939 flüchtete sie nach Rotterdam (Holland), doch nachdem Hitler 1940 auch die Niederlande hatte überfallen lassen, wurde sie 1942 verhaftet; eine Mitschwester kündigte ihr das Eintreffen der Gestapo im Kloster Marienwaard, wo Mirjam nun lebte, mit den Worten an: „Das Kreuz ist da." Am 9. August 1942 wurde Mirjam Elisabeth Michaelis im Konzentrationslager Auschwitz vergast.

Im Jahr 312, während der Amtszeit von Papst Miltiades, wurde die Christenverfolgung beendet.

Michelina (Michaela) Metelli von Pesaro sel.
OFM, Ordensfrau, Mystikerin
Fest: 19. Juni
Geboren um 1300 in Pesaro (Italien), heiratete Michelina Metelli zunächst; nach dem frühen Tod ihres Ehemannes und ihres Sohnes trat sie in Pesaro in den Franziskanerorden ein und widmete sich nur noch Werken der Nächstenliebe (in Jerusalem pflegte sie für einige Zeit Aussätzige). Berichtet wird, daß sie außergewöhnliche Visionen erlebte. Michelina von Pesaro starb am 19. Juni 1356 in Pesaro. 1737 Bestätigung des Kultes.

Michelotti, Anna sel.
Ordensgründerin
Fest: 1. Februar
Geboren am 29. August 1843 in Annecy (Frankreich), wandte sich Anna Michelotti schon als Mädchen der Pflege armer Kranker zu. 1875 schließlich gründete sie in Turin, Italien, die Kongregation der Kleinen Dienerinnen des heiligen Herzens Jesu zur Pflege von Kranken und leitete den Orden bis zu ihrem Tod am 1. Februar 1888. Beigesetzt ist sie im Ordensmutterhaus in Turin. 1. November 1975 Seligsprechung.

Miguez, Faustino Emanuel sel.
Ordensgründer
Fest: 8. März
Emanuel Miguez, geboren am 25. März 1831 in Xamiras, Spanien, trat früh dem Orden der Armen Regularkleriker bei (Ordensname: Faustino) und gründete selbst die Kongregation der Kalasantinerinnen (Schwestern von Calasanza). Er starb am 8. März 1929 in Getafe (Spanien). 25. Oktober 1998 Seligsprechung.

Milburga (Mildburg) hl.
OSB, Äbtissin
Fest: 23. Februar
Milburga war die Tochter von → Ermenburga und die Schwester von → Mildred und → Mildgytha. Zusammen mit ihrem Vater, König Merewald von Mercien, gründete sie um 680 das Benediktinerinnenkloster Wenlock (England), leitete es als Äbtissin und führte es zu hoher Blüte. Überlieferungen berichten, daß sie die Gabe der Wunder sowie eine unerklärliche Macht über Vögel besaß. Sie starb 715 in Wenlock.

Mildgytha hl.
OSB, Ordensfrau
Fest: 17. Juli
Mildgytha war die jüngste der „drei heiligen Jungfrauen" und Töchter von → Ermenburga (die beiden Schwestern waren → Mildred und → Milburga). Sie wurde Benediktinerin entweder in Minster-in-Thanet in dem Kloster, das ihre Mutter 670 gegründet hatte, oder in einem Kloster in Northumbria. Sie starb um 676.

Mildred(a) von Thanet hl.
OSB, Äbtissin
Fest: 13. Juli
Mildred war die Tochter von → Ermenburga und die Schwester von → Milburga und von → Mildgytha. Nach guter Erziehung in Kloster Chelles (Frankreich) folgte sie wohl ihrer Mutter als Äbtissin in dem von dieser 670 gegründeten Benediktinerinnenkloster Minster-in-Thanet. Sie starb wahrscheinlich um 700 oder um 734. Ihre Reliquien wurden zunächst nach Canterbury übertragen und später nach Deventer (Holland) überführt; ein Teil gelangte nach Minster zurück, wo sich eine starke Wallfahrt entwickelte. Mildred war im Mittelalter eine der meistverehrten Heiligen in England, und auch heute noch findet an ihrem Gedenktag jährlich eine Wallfahrt zu den Reliquien in Minster statt. Das Kloster ist eines der ältesten in England, das durchgehend bewohnt war. Teile ihrer Gebeine befinden sich auch in der Kirche St. Augustin in Canterbury (Kent, England).

Milleret, Marie-Eugénie (Eugenia Maria von Jesus) sel.
Ordensgründerin
Fest: 9. März
Marie-Eugénie de Jesus Milleret war die Gründerin des Ordens der Assumptionistinnen. Geboren am 26. August 1817 in Metz (Frankreich), wandte sie sich früh der christlichen Erziehung von Mädchen zu und gründete dafür 1839 die Kongregation der Schwestern (Frauen) von der Himmelfahrt (Assumptionistinnen). Bis heute ist die Schwesterngemeinschaft in Europa, Amerika und auf den Philippinen tätig; das Mutterhaus befindet sich in Paris. Marie-Eugénie Milleret starb am 9. März 1898 in Paris. 9. Februar 1975 Seligsprechung.

József Mindszenty, Fürstprimas von Ungarn und Erzbischof von Esztergom, in feierlichem Kardinalsgewand.

Oben: Mindszenty am 8. Februar 1949 auf der Anklagebank; er wurde wegen Hochverrats zu lebenslangem Gefängnis verurteilt.

Milo von Thérouanne sel.
OPraem,
Bischof von Thérouanne
Fest: 16. Juli

Milo, geboren um 1080, war etwa ab 1130 Bischof von Thérouanne (Frankreich), nachdem er zuvor als Prämonstratensermönch gelebt hatte. Er amtierte bis zu seinem Tod am 16. Juli 1158 (1159).

Miltiades (Melchiades) hl.
Papst (311 bis 314)
Fest: 11. Januar, 10. Dezember

Miltiades, dem sowohl eine römische als auch eine afrikanische Herkunft nachgesagt wird, wurde am 2. Juli 311 zum römischen Bischof und damit zum Papst gewählt. In seine Amtszeit fielen wichtige kirchengeschichtliche Ereignisse, die eine neue Zeit für die Christen einleiteten, so der Sieg von → Konstantin an der Milvischen Brücke (312), der die Christenverfolgung beendete, und das Mailänder Toleranzedikt (313), das die Gleichstellung der Christen anerkannte, Religionsfreiheit verkündete und die Kirchengüter zurückerstattete. Konstantin schenkte Miltiades seinen großen Besitz am Lateran in Rom, der dann über Jahrhunderte der Sitz der Päpste war. Miltiades starb am 11. Januar 314 in Rom. Der Kult wurde 1969 auf lokale Kalender beschränkt.

Mindszenty, József
Kardinal
Fest: 6. Mai

József Mindszenty gehört zu den außergewöhnlichsten und mutigsten Kirchenpersönlichkeiten des 20. Jh., er ist ein Symbol des kirchlichen Widerstands. Geboren am 29. März 1892 in Csehimindszent (Ungarn) als József Pehm, empfing er 1915 die Priesterweihe und war danach bis 1944 Pfarrer. 1944 wurde er Bischof von Veszprém, 1945 Erzbischof von Gran (Esztergom) in Ungarn. 1946 erhielt er die Ernennung zum Kardinal. Energisch und ohne Angst vor den Folgen sprach sich Mindszenty in den Jahrzehnten seit seiner Priesterweihe immer wieder gegen den Kommunismus aus, später ebenso gegen den Nationalsozialismus; mehrfach wurde er deshalb verhaftet. In einem Schauprozeß verurteilten ihn die Kommunisten 1949 – nach vorausgegangenen Folterungen – zu lebenslanger Haft. Während des Ungarn-Aufstandes 1956 wurde Mindszenty befreit und erhielt Asyl in der US-Botschaft in Budapest. 1971 durfte er nach Rom ausreisen, danach ließ er sich im ungarischen Priesterseminar in Wien nieder („um meiner Heimat nahe zu sein"). In Wien begann der hochbetagte Kardinal eine intensive kirchenschriftstellerische Tätigkeit; 1974 veröffentlichte er anläßlich des 25. Jahrestages seiner Verurteilung eine Erklärung, in der er alle Anschuldigungen zurückwies. Am selben Tag wurde er durch Papst Paul VI. offiziell in seinem Amt als Erzbischof von Esztergom abgesetzt, die Erzdiözese für „vakant" erklärt. József Mindszenty starb am 6. Mai 1975 in Wien und wurde auf eigenen Wunsch in der Basilika von Mariazell in Österreich beigesetzt. 1990, nach der politischen Wende und dem Fall des Eisernen Vorhangs, rehabilitierte man Mindszenty in allen Fragen. 1991 wurden seine Gebeine in die Gruft seiner einstigen Bischofskirche in Esztergom überführt. Die Seligsprechung ist eingeleitet.

Die Kirche S. Miniato al Monte bei Florenz wurde über dem Grab des um 250 unter Kaiser Decius enthaupteten Minias errichtet.

Minias (Miniato)
Märtyrer
Fest: 25. Oktober
Nach der wohl großenteils legendarischen Überlieferung war Minias ein armenischer Prinz, der in Italien in der römischen Armee diente. Wegen seines christlichen Glaubens wurde er um 250 in der Verfolgung des Decius nach schweren Martern in Florenz enthauptet. Es heißt, er habe sein abgeschlagenes Haupt selbst an der Stelle niedergelegt, wo dann die berühmte, nach ihm benannte Basilika S. Miniato al Monte oberhalb von Florenz errichtet wurde.
Darstellung: als junger Prinz oder Krieger, mit Mantel, Stab, Buch
Patronat: von Florenz

Mochoemoc (Pulcherius) hl.
Gründerabt
Fest: 13. März
Über Mochoemoc weiß man, daß er, um 580 geboren, etwa ab 597 Mönch unter → Comgall im Kloster Bangor in Irland war. Später gründete er das Kloster Liath-Mochoemoc, dessen Abt er bis zu seinem Tod um 656 war. Alle anderen Berichte und Erzählungen über ihn sind Legende.

Mochta (Mochteus, Mochuta)
Bischof
Fest: 19. August
Mochta war möglicherweise zunächst ein Gefährte von → Patrick. Als gesichert gilt, daß er in Louth im Nordosten Irlands ein Kloster begründete und leitete, das bald im ganzen Land Berühmtheit erlangte. Wahrscheinlich war er dort auch Bischof. Mochta starb Ende des 5. Jh. Er gilt als einer der ersten britischen Missionare in Irland; es heißt, ihm seien zeitweise über dreihundert Priester unterstellt gewesen.

Modesta hl.
OSB, Äbtissin
Fest: 4. November
Modesta war wohl die erste Äbtissin von Kloster Öhren in Trier (Rheinland-Pfalz), welches später nach ihrer Nachfolgerin → Irmina St. Irminen genannt wurde. Sie starb um 660; ihre Reliquien wurden bis 1770 in St. Irminen aufbewahrt und sollen dann nach St. Matthias in Trier übertragen worden sein. In Trier, wo man den Gedenktag am 6. November begeht, entstand schon sehr früh ein Kult.

Modestos von Jerusalem hl.
Patriarch von Jerusalem
Fest: 17. Dezember
Modestos, ein Priester in Jerusalem, erhielt 614 nach der Gefangennahme des Patriarchen von Jerusalem, dessen Vertrauter er war, die Aufgabe übertragen, das Patriarchat kommissarisch zu verwalten. Er tat dies tatkräftig und umsichtig und bewirkte eine Beruhigung und einen Aufschwung des kirchlichen Lebens. Nachdem der Patriarch im Exil gestorben war, wählte man Modestos zu seinem Nachfolger; er starb aber schon wenige Monate später am 17. Dezember 630.

Modestus von Kärnten hl.
Chorbischof, Missionar
Fest: 5. Februar
Bischof von Kärnten (Karatanien) wird Modestus genannt; ihm schreibt man die zweite Christianisierung dieser Region im Süden Österreichs zu. Vom Salzburger Bischof → Virgil entsandt, verlegte Modestus, Chorbischof in Salzburg, seinen Missionssitz um 750 an den Ort Virunum, aus dem sich später Maria Saal entwickelte. In den folgenden zwei Jahrzehnten missionierte Modestus zusammen mit Gefährten das umliegende Land und führte es nach dem vorausgegangenen Einfall heidnischer Slawen wieder zum Christentum zurück. Nachdem er 772 gestorben war, setzte man ihn in seiner Kirche in Maria Saal bei; die Reliquien werden heute in einem römischen Kindersarkophag unter einem Tischaltar in der Propstei- und Wallfahrtskirche Maria Saal aufbewahrt.

Modoald (Modowandus) hl.
Bischof von Trier
Fest: 12. Mai
Modoald stammte aus der Gascogne in Frankreich und war mit mehreren Heiligen der Merowingerzeit blutsverwandt. Zunächst Ratgeber von König Dagobert I., wurde er um 620 zum Bischof von Trier (Rheinland-Pfalz) ernannt. Er wirkte überaus erfolgreich und gründete in Trier zahlreiche Kirchen und Klöster, so St. Symphorian und Öhren (später

St. Irminen). Modoald starb um 648 und wurde in St. Symphorian beigesetzt. Um seine Person ranken sich zahlreiche Legenden.

Modwenna hl.
Äbtissin(?)
Fest: 5. Juli, 6. Juli
In Irland und England existierten mehrere Heilige mit dem Namen Modwenna, deren Lebensgeschichten völlig miteinander vermengt wurden. So war eine von ihnen als Nachfolgerin von → Hilda wohl Äbtissin in dem englischen Benediktinerinnenkloster Whitby; sie starb um 695. Eine andere verehrte Modwenna war Äbtissin von Kloster Polesworth in England und starb um 900. Eine dritte Trägerin dieses Namens soll Gründerin und Äbtissin des irischen Nonnenklosters Killeevy gewesen und um 520 gestorben sein.

Moes, Dominika Klara Anna vom heiligen Kreuz
OP, Ordensfrau, Mystikerin
Fest: 24. Februar
Geboren am 27. Oktober 1832 in Bous (Luxemburg), trat Anna Moes 1868 dem Dominikanerorden bei und nahm den Namen Dominika Klara vom heiligen Kreuz an; bereits 1861 hatte sie das Kloster Limpertsberg gegründet. Sie durchlebte außergewöhnliche Gnadenbeweise, was ihre Gegner argwöhnisch beobachteten und teilweise als Lüge darstellten. Der Bischof erklärte die mystischen Erlebnisse schließlich für authentisch. Sie starb im Ruf der Heiligkeit am 24. Februar 1895 in Limpertsberg und wurde dort beigesetzt. Der Seligsprechungsprozeß ist eingeleitet.

Mogas Fontcuberta, Maria Ana
Ordensgründerin
Fest: 3. Juli
Maria Ana Mogas Fontcuberta, geboren am 13. Januar 1827 in Corro de Vall bei Barcelona (Spanien), gründete die Kongregation des Dritten Ordens vom heiligen Franziskus von der Mutter des Göttlichen Heilands. Sie starb am 3. Juli 1886 in Fuencarral, Spanien. Die Seligsprechung erfolgte am 6. Oktober 1996.

Möhler, Johann Adam
Theologe
Gedenken: 12. April
Johann Adam Möhler gilt als eine der herausragenden Theologengestalten des 19. Jh. und als einer der Wegbereiter der Ökumene. Geboren am 6. Mai 1796 in Igersheim (Baden-Württemberg), studierte Möhler von 1815 bis 1818 Theologie und empfing 1819 die Priesterweihe. Danach wirkte er als Dozent und dann als Professor für Kirchengeschichte in Tübingen und München; in seinen letzten Lebenswochen war er Domdekan in Würzburg (Bayern). Jahrzehntelang setzte sich Möhler mit dem Thema Einheit der Kirche einerseits und Bestehen verschiedener Konfessionen andererseits auseinander und verfaßte dazu bis heute vielbeachtete Schriften; die wohl wichtigsten waren „Symbolik" und „Die Einheit in der Kirche". Möhler starb am 12. April 1838 in München. In Paderborn existiert seit 1957 das Johann-Adam-Möhler-Institut für Konfessions- und Diasporakunde.

Maria Ana Mogas Fontcuberta gründete die Kongregation des Dritten Ordens vom heiligen Franziskus von der Mutter des Göttlichen Heilands.

Johann Adam Möhler setzte sich mit den Themen Ökumene und Einheit in der Kirche auseinander.

Molas y Vallvé, Rosa Maria hl.
Ordensgründerin
Fest: 11. Juni
Geboren am 24. März 1815 in Reus in Nordostspanien, wandte sich Rosa Maria Molas y Vallvé schon als Mädchen Werken der Caritas zu. Nach dem Tod der Mutter führte sie zunächst für den Vater den Haushalt, schloß sich dann aber einer Schwesterngemeinschaft in Reus an, die sich der Krankenpflege widmete. Nach

In der Wallfahrtskirche Maria Saal in Österreich befindet sich in der Sachsenkapelle ein römischer Sarkophag mit den angeblichen Gebeinen des heiligen Modestus von Kärnten.

Rosa Maria Molas y Vallvé gründete die Kongregation der Schwestern Unserer Lieben Frau vom Trost.

einem Streit trennte sie sich wieder und gründete 1857 in Tortosa (Spanien) die Kongregation der Schwestern Unserer Lieben Frau vom Trost, die Kranken und Notleidenden Beistand leisten sollte. Zahlreiche weitere Häuser und Einrichtungen für wohltätige Werke gehen auf sie zurück. Obwohl sie selbst seelisch viel an Trostlosigkeit und Einsamkeit litt und die Leitung ihres Ordens manchmal nur unter größtem Kraftaufwand durchstand, war sie eine große Trösterin für alle anderen. Rosa Maria Molas y Vallvé starb am 11. Juni 1876 in Tortosa. 8. Mai 1977 Seligsprechung, 11. Dezember 1988 Heiligsprechung.

Molina, Maria Mercedes von Jesus sel.
Ordensgründerin
Fest: 12. Juni
Geboren 1828 in Baba in Ecuador, führte Maria Mercedes Molina zunächst ein weltliches Leben; ein schwerer Sturz vom Pferd bewirkte eine Bekehrung, fortan widmete sie sich der Pflege verlassener Kinder. Danach half sie den Jesuiten bei der Missionierung unter den Jivaras-Indianern. 1873 gründete sie in Riobamba in Ecuador die Kongregation der Schwestern von der heiligen Marianna von Jesus (→ Maria Anna von Jesus) für die Betreuung von Waisenkindern, die sie selbst als Oberin leitete. Bis zu ihrem Tod am 12. Juni 1883 erduldete sie viele körperliche und seelische Leiden. 1. Februar 1985 Seligsprechung.

Maria Mercedes von Jesus Molina, Gründerin der Kongregation der Schwestern von der heiligen Marianna von Jesus.

Moling (Molignus, Myllin) hl.
Bischof von Ferns
Fest: 17. Juni
Moling gilt als einer der ältesten Patrone von Irland und wird bis heute im Volk sehr verehrt. Geboren Anfang des 7. Jh. in Wexford, war er Mönch im Kloster Glendalough, später Abt im Kloster Aghacainid. Nach der Mitte des 7. Jh. war Moling Bischof von Ferns (und damit einer der frühen Nachfolger von → Aidan, gestorben 626) sowie von Glendalough. Große Teile des christlichen Irland standen damit unter seiner Führung. Moling starb 697 in Ferns.

Monegundis hl.
Reklusin
Fest: 2. Juli
Geboren um 500 in Chartres (Frankreich), ließ sich Monegundis nach dem Tod ihrer beiden Töchter mit Einverständnis ihres Ehemannes in Chartres als Reklusin nieder. Später zog sie nach Tours, wo sie ebenfalls als Reklusin beim Grab von → Martin von Tours lebte. Nachdem sich dort immer mehr Frauen um sie sammelten, die von ihrem Ruf und ihren Wundergaben gehört hatten, gründete sie bei ihrer Klause ein Nonnenkloster. Um ihre Person ereigneten sich schon zu Lebzeiten zahlreiche Wunder, nach ihrem Tod (an einem 2. Juli um 570) ebenfalls an ihrer Grabstätte in der Kirche St-Pierre-le-Puellier in Tours. Monegundis genoß durch das ganze Mittelalter hindurch große Verehrung in Frankreich.

Monica (Monika, Monnica) hl.
Mutter von Augustinus
Fest: 27. August
Im Jahr 1945 fand man in Ostia bei Rom ein Fragment des Epitaphs von Monica. Die Mutter von → Augustinus von Hippo war in Ostia 387 gestorben. Geboren 331 in Tagaste in Numidien (Algerien), heiratete die Christin Monica jung, bekehrte bald ihren heidnischen Ehemann und bekam mit ihm drei Kinder; Augustinus wurde 354 geboren. Monica erzog ihre Kinder in christlichem Glauben, machte sich aber viele Sorgen um Augustinus, der sich während

Die heilige Monica, nach einem Gemälde von Luis Tristan, 1616, Prado, Madrid.

seiner Studienzeit in Karthago immer mehr vom Christenglauben entfernte. In Karthago wurde auch Deodatus geboren, ein Sohn Augustins aus der Verbindung mit einer unbekannten Frau. Etwa ab 373 wandte sich Augustinus zum Entsetzen von Monica der Irrlehre der Manichäer zu, der er zehn Jahre lang verbunden blieb. Alle Bitten Monicas, sich taufen zu lassen, fruchteten nichts. 383 zog Augustinus nach Rom, 384 nach Mailand (Italien), und Monica folgte ihm besorgt überallhin. In Mailand hörte Augustinus, inzwischen Rhetorikprofessor, aus Interesse einer Predigt des berühmten → Ambrosius zu, bekehrte sich daraufhin und empfing in der Osternacht 387 gemeinsam mit Deodatus in Anwesenheit von Monica die Taufe. Zusammen wollte die Familie einige Monate später nach Afrika zurückkehren, doch Monica starb plötzlich in Ostia, wo das Schiff nach Nordafrika ablegen sollte. Es war Oktober 387. – Ein Kult entwickelte sich ab 1162, nachdem die Reliquien nach Arrouaise (Frankreich) übertragen worden waren. 1430 gelangten die Gebeine nach Rom, wo sie bis heute in der Kirche S. Agostino verehrt werden. Der Gedenktag wurde bei der Neuordnung des römischen Kalenders auf den 27. August gelegt, einen Tag vor den Festtag von Augustinus.
Darstellung: als Matrone, als Witwe, als Augustinerin, mit Kruzifix, Rosenkranz, Buch, mit Augustinus

Patronat: der christlichen Frauen und Mütter, für die Seelenrettung von Kindern

Monon
Mönch, Märtyrer
Fest: 18. Oktober, 12. Juli
Monon stammte aus Schottland oder Irland. Während einer Wallfahrt entschied er sich, als Einsiedler in einem Wald in den Ardennen (Belgien) zu bleiben. Dort entfaltete er eine segensreiche Predigt- und Missionstätigkeit und war im Volk verehrt und geachtet. Um 645 ermordeten ihn Räuber bei Nassogne in den Ardennen.
Darstellung: im Gewand eines Diakons oder als Priester, als Eremit, mit Wildschwein, das eine Glocke aus der Erde wühlt

Montaignac de Chauvance, Louise-Thérèse sel.
Ordensgründerin
Fest: 27. Juni
Geboren am 14. Mai 1820 in Paris, legte Louise-Thérèse Montaignac de Chauvance 1843 das Gelübde ab, sich für immer dem Herzen Jesu zu widmen und viele andere Menschen ebenfalls dafür zu gewinnen. In diesem Sinn gründete sie 1848 das Werk der Tabernakel, woraus 1854 in Moulins das Werk der Sühne-Anbetung entstand. 1859 rief sie dann in Moulins die Kongregation der Oblatinnen des Herzens Jesu ins Leben. Weiterhin förderte sie das Werk der Sühne-Anbetung sowie das Herz-Jesu-Gebetsapostolat. Sie starb am 27. Juni 1885 in Moulins. Seligsprechung am 4. November 1990.

Montal Fornés, Paula sel.
Ordensgründerin
Fest: 26. Februar
Papst Johannes Paul II. sprach am 18. April 1993 die Spanierin Paula Montal Fornés selig, die am 11. Oktober 1799 in Spanien geboren wurde. Ihr Ziel war es ein Leben lang, „die Familie zu retten", wie sie es nannte. Dafür gründete sie die Kongregation der Töchter Marias der frommen Familien (Escuelas Pias); das vierte Gelübde der Schwestern lautete: ausschließlicher Einsatz für das Bildungswesen. Paula Montal Fornés starb am 26. Februar 1889 in Olesa de Montserra in Spanien.

Montanus von Toledo hl.
Erzbischof von Toledo
Fest: 23. Februar
Montanus, geboren um 465 in Spanien, war ab 522 Erzbischof von Toledo (Spanien). Er berief das zweite der berühmten Konzile von Toledo ein und leitete es. Von ihm sind Briefe überliefert, in denen er sich gegen Irrlehren ausspricht. Montanus starb um 530 in Toledo.

Monulf hl.
Bischof von Tongern-Maastricht
Fest: 16. Juli
Monulf, geboren um 515 in Belgien, wurde 560 zum Bischof von Tongern-Maastricht ernannt. Er erbaute zahlreiche Kirchen, so jene in Maastricht (Holland) über der Grabstätte von → Servatius von Tongern sowie die Kapelle zu Ehren von Kosmas und Damian in Lüttich (Belgien). Monulf starb am 16. Juli 599 in Maastricht und wurde in der Servatius-Kirche beigesetzt. 1039 Erhebung der Gebeine.

Moragas Cantarero, Elvira (Maria Sagrario de San Luis Gonzaga) sel.
OCarm, Ordensfrau, Märtyrerin
Fest: 15. August
Geboren am 8. Januar 1881 in Lillo, Spanien, studierte Elvira Moragas Cantarero nach einer christlichen Ausbildung Pharmazie, um 1909 die Apotheke ihres Vaters zu übernehmen. Ihr Wunsch, in den Karmel einzutreten, war aber so groß, daß sie 1915 in Madrid

Der Marmorsarkophag mit dem Leichnam von Monica, der Mutter des heiligen → Augustinus, in der Kirche S. Agostino, Rom.

Elvira Moragas Cantarero, Apothekerin, Ordensfrau und Märtyrerin im Spanischen Bürgerkrieg.

dem Karmeliterorden beitrat und den Namen Maria Sagrario de San Luis Gonzaga annahm. Ab 1927 war sie Priorin ihres Klosters in Madrid, ab 1930 Novizenmeisterin. Als sie 1936 zum zweiten Mal zur Priorin gewählt wurde, war bereits der Spanische Bürgerkrieg ausgebrochen, am 20. Juli 1936 wurde ihr Kloster von fanatischen Glaubensgegnern teilweise zerstört. Am 14. August 1936 nahmen Soldaten die Ordensschwestern gefangen, am Morgen des 15. August wurde Maria Sagrario in Madrid erschossen. Seligsprechung am 10. Mai 1998.

Morales, Genoveva
Ordensgründerin
Fest: 5. Januar
Geboren am 3. Januar 1870 in Almanera (Spanien), gründete Genoveva Morales die Kongregation der Schwestern vom Heiligsten Herzen Jesu und von den Heiligen Engeln (Angeliche). Sie starb am 25. Januar 1956 in Saragossa (Spanien). Seligsprechung am 29. Januar 1995.

Morandus hl.
OSB, Prior
Fest: 3. Juni
Nach hervorragender Erziehung an der Bischofsschule Worms (Rheinland-Pfalz) unweit seines Geburtsortes, pilgerte Morandus zunächst nach Santiago de Compostela. Nach längerem Aufenthalt dort reiste er nach Cluny und empfing von Abt → Hugo I. (dem Großen) das Benediktinerordenskleid. Als um 1106 in Altkirch im Elsaß eine Niederlassung von Cluny gegründet wurde, entsandte Hugo Morandus als ersten Prior des Klosters. In der Folge wirkte Morandus hier überaus segensreich und tatkräftig; sein Beiname lautete „Apostel des Sundgaus", er genoß große Achtung und Verehrung. Er starb an einem 3. Juni um 1115 in Altkirch, das später nach ihm St-Morand genannt wurde. Bis heute existiert in der Klosterkirche das Morandus-Hochgrab, zu dem immer noch eine Wallfahrt durchgeführt wird. Das Morandus-Haupt befindet sich im Stephansdom in Wien; das Haus Habsburg verehrte ihn lang als einen der Hauptpatrone.
Darstellung: als Mönch oder Pilger, mit Traube
Patronat: der Winzer, des Weines, gegen Besessenheit

Morano, Maddalena sel.
Ordensfrau
Fest: 26. März
Geboren am 15. November 1847 in Chieri (Italien), trat Maddalena Morano 1879 den Mariahilf-Schwestern bei und wurde vom Orden bald nach Sizilien versetzt, wo sie in den folgenden rund 30 Jahren segensreich pädagogisch wirkte. Sie erzielte außergewöhnliche Erfolge, die auch von den Kirchenoberen mit großem Staunen verfolgt wurden; auf Sizilien gründete sie 19 pädagogische Einrichtungen, zwölf Gebetsstätten, sechs Schulen, fünf Kindergärten, elf Arbeitsstätten, vier Internate und drei Religionsschulen. Der Erzbischof von Catania sagte später, er habe nie eine andere Frau kennengelernt, die mehr Energie und Tatkraft besessen habe als Maddalena Morano. Sie starb am

Bischof Louis-Zéphyrin Moreau war bereits zu Lebzeiten hoch verehrt.

26. März 1908 in Alí Marina auf Sizilien. 5. November 1994 Seligsprechung.

Moreau, Louis-Zéphyrin sel.
Bischof
Fest: 24. Mai
Der Kanadier Louis-Zéphyrin Moreau, geboren am 1. April 1824 in Bécancour, empfing 1846 die Priesterweihe und war ab 1852 enger Mitarbeiter von drei Bischöfen der Diözese St-Hyacinthe. 1875 wurde er selbst zum Bischof des Bistums ernannt. Schon zu Lebzeiten hoch verehrt, starb Moreau am 24. Mai 1901. Seligsprechung am 10. Mai 1987.

Morello, Brigida di Gesù sel.
Ordensgründerin
Fest: 3. September
Geboren am 17. Juni 1610 in S.

Brigida di Gesù Morello gründete eine Kongregation zur Unterrichtung von Mädchen.

Michele di Pagana bei Genua (Italien) als zehntes von elf Kindern, entschied sich Brigida Morello 1633 aus eigenem Wunsch zu heiraten. Mit ihrem Ehemann Matteo führte sie eine christliche Ehe, in der sich beide Werken der Nächstenliebe widmeten. Nachdem Matteo 1637 überraschend an Tuberkulose gestorben war, wollte Brigida Morello nur noch für Christus leben; 1649 gründete sie in Piacenza (Italien) eine Kongregation zur Unterrichtung von Mädchen, die sie selbst leitete (Ordensname: Brigida di Gesù). Nach Jahren schwerer körperlicher und seelischer Leiden starb Brigida am 3. September 1679 in Piacenza. Die Ordensgemeinschaft hat sich inzwischen bis nach Brasilien ausgedehnt. 15. März 1998 Seligsprechung.

Moreno y Dias, Ezechiel hl.
OSA, Bischof von Pasto
Fest: 19. August
Der Spanier Ezechiel Moreno y Dias, geboren am 10. April 1848 in Alfaro, wurde Augustiner-Eremit und wirkte danach als Priester und Missionar auf den Philippinen. Ab 1888 war er in Kolumbien tätig und leitete dort eine neue Missionsära ein. 1896 erhielt er die Ernennung zum Bischof von Pasto im Süden Kolumbiens. Durch sein seelsorgerisches und theologisches Wirken trug er maßgeblich zur Beendigung des herrschenden Bürgerkrieges bei; die Menschen verehrten ihn deshalb schon zu Lebzeiten wie einen Heiligen. Ezechiel Moreno y Dias starb am 19. August 1906 in Montegudo in Spanien, wohin er sich zu einer Krankenbehandlung begeben hatte. 1. November 1975 Seligsprechung, 11. Oktober 1992 Heiligsprechung.

Morosini, Pierina sel.
Märtyrerin
Fest: 6. April
Geboren am 7. Januar 1931 in Fiobbio di Albino bei Bergamo (Italien) als erstes von neun Kindern bescheidener Bauern, wurde Pierina Morosini nach der Schule Näherin; schon jung engagierte sie sich in der Katholischen Aktion und im Weltmissionswerk. Während einer Rom-Wallfahrt nahm sie am 27. April 1947 an der Seligsprechungsfeier für Maria → Goretti teil, die als Kind von einem Burschen bei einem Vergewaltigungsversuch ermordet worden war. Genau zehn Jahre später erlitt Pierina in Bergamo dasselbe Schicksal: Ein junger Mann versuchte, sie zu vergewaltigen; als sie sich heftig wehrte, erschlug er sie mit einem Stein. Der Todestag war der 6. April 1957. Seligsprechung am 4. Oktober 1987.

Moscati, Giuseppe hl.
Arzt
Fest: 12. April
Papst Johannes Paul II. sprach am 25. Oktober 1987 den Arzt Giuseppe Moscati heilig, der sein Leben, ohne zu zögern, für andere eingesetzt hatte (die Seligsprechung war am 16. November 1975 erfolgt). Geboren am 25. Juli 1880 in Benevent (Italien), gelobte Moscati schon als 17jähriger ewige Keuschheit. Nach Abschluß seines Medizinstudiums war er leitender Arzt im Krankenhaus der Unheilbaren in Neapel, Italien, sowie

Pierina Morosini wurde, weil sie sich verweigerte, mit einem Stein erschlagen.

Die feierliche Überführung der sterblichen Überreste von Giuseppe Moscati am 16. November 1930 vom Friedhof in die Kirche Gesù Nuovo in Neapel.

1987 sprach Papst Johannes Paul II. vor 400 000 Gläubigen in Rom den Arzt und Universitätsprofessor Giuseppe Moscati heilig.

Der Generalpostulator der Jesuiten, Pater Paolo Molinari, überreicht Papst Paul VI. am 16. November 1975 eine Reliquie von Giuseppe Moscati.

Alpert Christian Motsch leitete die deutsche Schule St.-Joseph-Mission in Paris.

ein bedeutender Wissenschaftler. Beim Vesuv-Ausbruch 1906 und bei der Cholera-Epidemie 1911 in Neapel war er monatelang Tag und Nacht im Einsatz; den Kranken und Sterbenden galt sein ganzes Dasein, für sie opferte er sich völlig auf. Moscati starb am 12. April 1927 in Neapel und wurde in der Kirche Gesù Nuovo beigesetzt.

Moses der Äthiopier (der Räuber, der Schwarze)
Mönch, Märtyrer
Fest: 28. August
Moses wurde als Sohn einer Sklavin in Abessinien (Äthiopien) geboren. Auch er war zunächst Sklave bei einem Staatsbeamten, wurde dann aber wegen Unregelmäßigkeiten entlassen. Er schloß sich einer Räuberbande an, deren Anführer er bald war. Nach einer plötzlichen Bekehrung wurde er Mönch in der Sketischen Wüste (Ägypten) und sammelte zahlreiche Schüler um sich. Es heißt, daß ihn Berber um 395 ermordeten. Von Moses sind noch 18 Sinnsprüche erhalten.

Motsch, Alpert Christian
FSC, Ordensmann
Fest: 16. April
Geboren am 26. Mai 1849 in Eywiller im Elsaß (Frankreich), wurde Christian Motsch 1864 Mitglied bei den Christlichen Schulbrüdern und trug von da an den Namen Bruder Alpert. 1879 wurde ihm die Leitung der deutschen Schule St.-Joseph-Mission in Paris übertragen, die von Kindern der Auswanderer aus dem Elsaß und aus Lothringen während des Deutsch-Französischen Krieges 1870/71 besucht wurde. Motsch galt als begnadeter Lehrer. In hohem Ansehen starb er am 16. April 1898 in Paris. Der Seligsprechungsprozeß ist eingeleitet.

Mucius
Märtyrer
Fest: 13. Mai
Nach den unsicheren Überlieferungen war Mucius ein Römer, der im 3. Jh. in Byzanz zur Welt kam, christlich erzogen wurde und die Priesterweihe empfing. Er soll 304 in der Verfolgung des Diokletian das Martyrium erlitten haben, weil er einen Heidenaltar umgestürzt hatte.

Müller, Eduard
Missionsvikar
Gedenken: 6. Januar
„Apostel Berlins" wurde Eduard Müller genannt; 40 Jahre lang hatte er aufopferungsvoll als Seelsorger in Berlin und der Umgebung gewirkt. Geboren am 15. November 1818 in Quilitz bei Glogau (Polen), empfing Müller 1843 die Priesterweihe und kam 1852 zunächst als Gymnasiallehrer nach Berlin. In den folgenden Jahrzehnten gründete er zahlreiche Seelsorgeeinrichtungen und karitative Organisationen, Missions- und Schulvereine sowie Berufsvereinigungen; er gab das Märkische Kirchenblatt heraus und engagierte sich auch als Abgeordneter der Zentrumspartei. Eduard Müller starb am 6. Januar 1895 in Neiße (Polen); seine letzte Ruhestätte fand er in der Eduardkirche in Berlin.

Müller, Josef
Priester, Märtyrer
Gedenken: 11. September
In Groß Düngen in Niedersachsen wird heute die Urne mit der Asche des Priestermärtyrers Josef Müller aufbewahrt. Ergreifende Schriften und Briefe Müllers aus dem Gefängnis Berlin-Moabit zeigen die Größe des Geistlichen, der 1944 von den Nationalsozialisten ermordet wurde. – Geboren am 19. August 1894 in Salmünster in Hessen, empfing Müller 1922 die Priesterweihe und trat danach verschiedene Kaplanstellen an. Ab 1932 hatte er eigene Pfarrstellen, 1943 begann er seine Tätigkeit in Groß Düngen. In allen Jahren hatte Müller immer wieder seine Stimme gegen den Nationalsozialismus und seine Repräsentanten erhoben

und stand deshalb schon früh auf der „Liste" von Nazirichter Roland Freisler. Ein Witz, den er über Hitler und Göring erzählte, führte dann zur Verhaftung; einer der Zuhörer hatte der örtlichen NSDAP davon erzählt. Freisler verurteilte Josef Müller am 28. Juli 1944 zum Tod. In der Verhandlung sagte Müller: „Nun kommt das letzte und schwerste Kreuz meines Lebens." Gnadengesuche seiner Familie lehnte er ab. Am 11. September 1944 wurde Josef Müller in Berlin-Moabit durch das Fallbeil hingerichtet. Es gibt Bemühungen, eine Seligsprechung zu erreichen.

Müller, Otto
Priester, Märtyrer
Gedenken: 12. Oktober
Otto Müller war einer der mutigsten und kämpferischsten Gegner des Nationalsozialismus und gab dafür schließlich sein Leben. Geboren am 9. Dezember 1870 in Eckenhagen (Nordrhein-Westfalen), empfing Otto Müller 1894 die Priesterweihe. Ab 1906 war er Diözesanpräses der Katholischen Arbeiterbewegung (KAB) in Köln, ab 1918 Verbandspräses für Westdeutschland. Von Beginn der nationalsozialistischen Bewegung an hatte Müller vor Hitler gewarnt, ab Mitte der dreißiger Jahre wirkte er in Köln aktiv im Widerstand. In den Wochen nach dem mißglückten Attentat auf Hitler am 20. Juli 1944 wurde Müller von der Gestapo verhaftet; am 12. Oktober 1944 starb er im Staatskrankenhaus der Polizei in Berlin. Nähere Umstände sowie der Ort seiner Beisetzung sind bis heute nicht bekannt.

Mummolenus hl.
OSB, Bischof von Noyon
Fest: 16. Oktober
Mummolenus, der möglicherweise aus der Gegend des Bodensees stammte, wurde Mönch im Kloster Luxeuil, dann Missionar und vielleicht Abt von Kloster St-Omer (Frankreich). Zusammen mit → Bertinus gründete er um 650 die Benediktinerabtei Sithiu (später St-Bertin) und wurde erster Abt. Ab 660 war er als Nachfolger von → Eligius Bischof von Noyon-Tournai, wo er an einem 16. Oktober um 686 starb. Die Gebeine befinden sich bis heute großenteils in der Kathedrale von Noyon; ein Teil gelangte nach St-Bertin.
Patronat: von Noyon und Tournai, gegen Stottern und Sprechstörungen

Mummolus (Mommole) hl.
OSB, Abt
Fest: 8. August
Bis heute genießt Mummolus in Bordeaux in Frankreich Verehrung; seine Reliquien werden dort in der Abtei Ste-Croix aufbewahrt. Mummolus war ab etwa 670 der zweite Abt der um 651 von → Leodobod gegründeten Benediktinerabtei Fleury im Bistum Orléans (Frankreich). Es heißt, er sei es gewesen, der die Gebeine von → Benedikt von Nursia und seiner Schwester → Scholastica am 11. Juli 673 von Montecassino nach Fleury übertragen ließ, das danach St-Benoît-sur-Loire hieß. (Andere Quellen sagen aber, die Reliquien seien immer in Montecassino geblieben.) Mummolus starb an einem 8. August um 680.

Munárriz, Felipe de Jesus sel.
CMF, Ordensmann, Märtyrer
Fest: 2. August
Zusammen mit 50 Ordensgefährten erlitt der Claretiner Felipe de Jesus Munárriz am 2. August 1936 in Barbastro in Spanien während des Spanischen Bürgerkrieges den Martertod. Milizsoldaten waren unter dem Vorwand des angeblichen Waffenbesitzes in das Kloster in Barbastro eingedrungen und hatten alle Ordensmitglieder ins Staatsgefängnis gebracht. Nach furchtbaren Foltern wurden die Ordensmänner nach und nach erschossen; Munárriz war der erste von ihnen. Seligsprechung am 25. Oktober 1992.

Otto Müller wirkte aktiv im Widerstand gegen Hitler; er wurde nach dem 20. Juli 1944 verhaftet und starb in einem Krankenhaus der Gestapo in Berlin.

Johann Nepomuk Neumann wurde 1977 heiliggesprochen.

In einem Kristallsarg in der Krypta der Kathedrale St. Peter in Philadelphia hat Johann Nepomuk Neumann seine letzte Ruhestätte gefunden.

Otto Neururer aus Tirol starb 1940 im Konzentrationslager Buchenwald.

Schulwesen. Als Neumann nach Philadelphia kam, gab es in seiner Diözese zwei Pfarrschulen, bei seinem Tod acht Jahre später waren es hundert; er gilt als Begründer des Pfarrschulwesens sowie der katholischen Privatschulen in den USA. Wenn heute die katholischen Schulen mit mehreren Millionen Schülern das auffallendste Merkmal des katholischen Lebens in den Vereinigten Staaten sind, ist dies hauptsächlich das Verdienst von Neumann. Er starb am 5. Januar 1860 in Philadelphia und wurde dort in der Redemptoristenkirche St. Peter beigesetzt.

Neururer, Otto sel.
Priester, Märtyrer
Fest: 30. Mai
Geboren am 25. März 1882 in Piller in Tirol (Österreich) als letztes von zwölf Kindern seiner Eltern, entschied sich Otto Neururer für den Priesterberuf und feierte 1907 Primiz. Nach verschiedenen Stationen als Kaplan und Katechet übernahm er 1932 die Pfarrstelle von Götzens nahe Innsbruck (Österreich). Nachdem die Nationalsozialisten 1938 Tirol besetzt hatten, begann dort eine blutige Verfolgung der Kirche. Als Otto Neururer einem Mädchen von einer Heirat mit einem schlecht beleumundeten Mann abriet, ließ ihn dieser verhaften; er war ein Freund des Gauleiters. Neururer kam ins Konzentrationslager Buchenwald, wo ihn eines Tages ein „Mithäftling" um Taufunterricht bat. Die Falle ahnend, wies Neururer ihn trotzdem nicht zurück; der Mann verriet ihn sofort, und Otto Neururer kam in den Bunker, wo man ihn mit dem Kopf nach unten so lange aufhängte, bis er tot war. Er starb am 30. Mai 1940. Seine Urne befindet sich in der Pfarrkirche Götzens. 24. November 1996 Seligsprechung.

Nevolonus
(Nevolo, Novellone) sel.
OSBKam, Terziar
Fest: 27. Juli
Nevolonus lebte in Faenza (Italien), war von Beruf Schuhmacher und führte ein leichtfertiges Leben. Im Alter von 24 Jahren bekehrte er sich, wurde Franziskanerterziar und führte ein strenges Büßerleben. Nachdem seine Ehefrau, von der er sich einvernehmlich getrennt hatte, gestorben war, wurde er Einsiedler beim Kamaldulenserkloster in seiner Heimatstadt Faenza. Dort starb er am 27. Juli 1280. Bestätigung des Kultes 1817.

Newlyn (Newelina)
Patronin
Fest: 6. Juli
Newlyn ist eine Patronin von Cornwall (England); eine Stadt ist dort nach ihr benannt, und auch eine Quelle und eine Kirche tragen ihren Namen. Über Leben und Wirken von Newlyn ist nichts überliefert. Ihr Kult ist schon sehr alt.

Newman, John Henry
Or, Kardinal
Fest: 11. August
Das Leben von John Henry Newman umfaßte fast das gesamte 19. Jh.; die erste Hälfte davon gehörte der Engländer zur anglikanischen, die zweite Hälfte zur katholischen

Kirche. Obwohl da schon seit Jahrzehnten tot, wurde Newman „Vater des Zweiten Vatikanischen Konzils" genannt; man sagt, daß einige der bedeutendsten Theologen des Konzils (1962 bis 1965) stark von der Lehre Newmans geprägt und seine Schriften dort immer präsent waren. Newmans Ausführungen zur Ökumene haben bis heute Gültigkeit. – Geboren am 21. Februar 1801 in London, erlebte John Henry Newman, wie er es selbst später erzählte, im Alter von 15 Jahren eine Bekehrung, die fortan eine radikale Hingabe an Gott zur Folge hatte („Ich und mein Schöpfer und allein diese beiden existieren absolut klar.") Newman wurde anglikanischer Priester (Weihe 1825) und war in den folgenden 20 Jahren einer der meistbeachteten theologischen Schriftsteller und Prediger. 1833 gehörte er zu den Mitbegründern der Oxfordbewegung. Intensiv setzte er sich mit der Frage der Ökumene auseinander. Als er 1841 versuchte, die 39 Artikel der Anglikanischen Kirche katholisch zu interpretieren und dieser Ansatz von den Bischöfen verworfen wurde, wandte sich Newman langsam von seiner Kirche ab. 1843 legte er seine Ämter nieder, am 8. Oktober 1845 konvertierte er zur katholischen Kirche. In Rom empfing er 1847 die Priesterweihe, wurde Oratorianer (→ Philipp Neri) und gründete in der Folge Oratorien in Birmingham und London. Die von ihm 1852 gegründete Katholische Universität in Dublin (Irland) scheiterte 1858 wegen Verleumdungen, zahlreiche andere Initiativen Newmans wurden von den Gegnern schon im Ansatz zerstört. Doch Stimme und Werke von John Henry Newman fanden große Aufmerksamkeit, seine Vorträge und Schriften weite Verbreitung. Papst Leo XIII. ernannte Newman 1879 zum Kardinal und würdigte damit seine Arbeit. Newman starb am 11. August 1890 in Birmingham. Der Seligsprechungsprozeß ist eingeleitet. – Bis heute gedenkt die internationale Gemeinschaft „Das Werk", ein Zusammenschluß von Newman-Freunden, auf der ganzen Welt des Wirkens von John Henry Newman.

Kardinal John Henry Newman, nach einem Gemälde von Emmeline Deane, um 1890, in der National Portrait Gallery, London.

Nicasius von Reims hl.
Bischof von Reims, Märtyrer
Fest: 14. Dezember

Seit dem 6. Jh. genießt Nicasius (Nicaise) in der Region Reims (Frankreich), aber auch in Spanien große Verehrung. Er war etwa ab 400 Bischof von Reims und gilt als Erbauer der Marienkirche, des Vorgängerbaues der berühmten Kathedrale von Reims. Nicasius starb als Märtyrer am 14. Dezember entweder 407 unter den Vandalen oder 451 unter den Hunnen. Reliquien werden bis heute in der Kathedrale von Reims aufbewahrt.

Darstellung: als Bischof, mit abgeschlagener Schädeldecke, mit Schwert, Buch, mit dem abgeschlagenen Kopf unter dem Arm (nach der Legende soll er singend weitergegangen sein, nachdem sein Haupt abgeschlagen war)

Patronat: gegen Augenleiden, gegen Mäuseplagen

Nicasius von Rouen hl.
Märtyrer, (Bischof)
Fest: 11. Oktober

Nicasius erlitt wohl in Rouen (Frankreich) das Martyrium, wann genau, kann nicht gesagt werden. Die Legende macht ihn zum ersten Bischof von Rouen (Rouen war etwa ab 250 Bistum). Sicher weiß man, daß Nicasius-Reliquien im 9. Jh. von Bischof Riculf von Rouen erhoben worden und danach eine Verehrung einsetzte.

Niccolò d'Albergati (von Bologna) sel.
OCart, Erzbischof
Fest: 9. Mai, 3. März

Geboren 1375 in Bologna (Italien), trat Niccolò Albergati 1395 dem Kartäuserorden bei und empfing 1411 die Priesterweihe. Schon 1417 wurde er zum Bischof von Bologna ernannt, 1426 zum Kardinal. Er genoß das Vertrauen von Päpsten und Herrschern; mehrmals war er vom Vatikan mit wichtigen Friedensvermittlungen in Länderstreitigkeiten und Städtekriegen beauftragt. Albergati, der

Das älteste Gemälde von Nikolaus von Flüe, entstanden fünf Jahre nach seinem Tod. Es war eine Auftragsarbeit der Gemeinde Sachseln.

geheiratet hatte, versagte Nikolaus nachträglich die Auflösung der Ehe. Vor seiner Wahl zum Bischof von Rom am 24. April 858 hatte Nikolaus I. unter den Päpsten Sergius II., Leo IV. und Benedikt III. gedient. Er war der erste Papst der Geschichte, der mit der Tiara gekrönt wurde. Über die Grabstätte ist nichts bekannt.

Nicolaus Factor sel.
OFM, Prediger
Fest: 23. Dezember
Geboren 1520 in Valencia (Spanien), wurde Nicolaus Factor 1537 Franziskaner und wirkte danach über 40 Jahre als unermüdlicher Wanderprediger für seinen Orden. Berühmt war er dafür, daß er sich vor jeder Predigt selbst geißelte. Er starb am 23. Dezember 1582. Für seine Seligsprechung, die 1786 erfolgte, machte sich auch → Paschalis Baylon stark.

Nik(o)laus von Flüe (Bruder Klaus) hl.
Einsiedler, Mystiker
Fest: 25. September, 21. März
Die Verehrung für Nikolaus von Flüe ist bis heute in und um Sachseln in der Zentralschweiz lebendig. Tausende von Gläubigen gehen Jahr für Jahr den Spuren von Bruder Klaus, wie er volkstümlich genannt wird, nach, und auch Papst Johannes Paul II. kniete bei seinem Schweiz-Besuch am Grab des spätmittelalterlichen Mystikers. – Geboren 1417 auf dem Flüeli bei Sachseln am Sarnersee, heiratete Nikolaus Löwenbrugger 1445 Dorothea Wyss und bekam mit ihr zehn Kinder. Er war ein angesehener Richter und bewirtschaftete gleichzeitig mit seiner Familie seinen Bauernhof. 1467 nahm Nikolaus von Frau und Kindern Abschied, um sich auf eine Wallfahrt zu begeben. Doch schon nach kurzem Pilgerweg hatte er eine Vision, kehrte wieder um und ließ sich nahe seinem Hof in der Ranftschlucht als Einsiedler nieder. Er erbaute sich eine Kapelle, wo er in den 20 Jahren bis zu seinem Tod (am 21. März 1487) lebte; immer sonntags besuchte er die Pfarrkirche von Sachseln. Als sich herumsprach, daß Nikolaus ohne Nah-

Flüeli-Ranft in der Zentralschweiz. Blick von der Mösli-Kapelle auf die Ranft-Kapelle, die ehemalige Zelle von Bruder Klaus.

rungsaufnahme überlebte und nur die heilige Kommunion zu sich nahm, wurde die Verehrung für ihn größer und größer; Ratsuchende aller Stände von nah und fern kamen in seine Einsiedelei. Durch seinen Einfluß rettete Nikolaus sogar die Einheit der Eidgenossen: Auf der Tagsatzung in Stans 1481 zerstritten sich die Gesandten über der Frage der Aufnahme von Fribourg und Solothurn derart, daß der ganze Bund in Gefahr geriet. Da eilte der Pfarrer von Stans zu Nikolaus von Flüe in die Ranftschlucht, um dessen Rat einzuholen; nach seiner Rückkehr setzten sich die Politiker noch einmal zusammen und vernahmen die Botschaft von Nikolaus. Wie diese lautete, ist nicht überliefert, wohl aber das Ergebnis der Beratung: Eine Einigung kam zustande, Solothurn und Fribourg wurden in den Bund aufgenommen, das „Stanser Verkommnis" konnte am 22. Dezember 1481 positiv abgeschlossen werden. Nikolaus wurde daraufhin als Friedensstifter verehrt, man sah in ihm einen Heiligen. – Die Grabkapelle in der Pfarr- und Wallfahrtskirche Sachseln birgt das ursprüngliche Grab von Nikolaus von Flüe; die ehemalige Grabplatte zeigt ihn mit langen Haaren und mit Bart. Die neue Grabstätte befindet sich heute in einem modernen Altar in der Kirche. Geburtshaus und Wohnhaus von Nikolaus sind auf dem Flüeli noch zu sehen. 1669 Seligsprechung, 15. Mai 1947 Heiligsprechung.

Darstellung: als Einsiedler, mit Stock, Rosenkranz, Strick, Dornbusch, Kreuz, Teufel

Patronat: der Schweiz

Die Grabstätte des Nikolaus von Flüe in der Pfarrkirche von Sachseln.

Nikolaus Giustiniani
OSB, Bekenner
Fest: 21. November

Seit Jahrhunderten bis heute wird Nikolaus Giustiniani in Venedig (Italien) verehrt. Geboren um 1110 aus der venezianischen Adelsfamilie Giustiniani, entschied sich Nikolaus früh für das Mönchtum und trat in das Benediktinerkloster auf dem Lido vor Venedig ein. Nachdem jedoch alle seine Brüder ums Leben gekommen waren, erhielt er vom Papst die Erlaubnis, aus dem Orden auszutreten und zu heiraten. Mit seiner Ehefrau bekam Nikolaus sechs Söhne und drei Töchter, die er alle bis zum Erwachsenenalter versorgte und die das Erbe der Giustiniani weitertrugen. In hohem Alter zog er sich zurück und trat wieder in sein früheres Kloster ein; auch seine Frau wurde Nonne. Nikolaus starb um 1180.

Nicolaus Hermanni (Niels Hermansson) sel.
Bischof von Linköping
Fest: 2. Mai, 24. Juli

Geboren um 1330 in Schweden, wirkte Nicolaus Hermanni ab 1360 in Linköping als Archidiakon, ab 1374 als Bischof. Eng verbunden mit der Familie von → Birgitta von Schweden – er hatte auch ihre Söhne erzogen –, entstand in seinem Bistum 1384 das Stammkloster des Birgittenordens, dessen Regel er geschrieben hatte. Nicolaus Hermanni galt als unerschrockener Kämpfer für die Kirchenrechte, die er auch gegenüber den Herrschern verteidigte; er selbst lebte gottesfürchtig und asketisch und forderte dies auch von seinem Klerus. Auch als Hymnendichter genoß er großes Ansehen, bis heute wird er dafür verehrt. Nicolaus Hermanni starb am 2. Mai 1391 in Linköping. 1515 Erhebung der Gebeine.

Nikolaus von Myra hl.
Bischof von Myra
Fest: 6. Dezember, 8. Mai

Nikolaus von Myra gehört seit Jahrhunderten zu den beliebtesten Volksheiligen in West und Ost, obwohl keine historisch bezeugten Überlieferungen zu seiner Person existieren. Nikolaus ist der Freund der Kinder, der Patron für eine glückliche Heirat, der Schutzheilige der Gefangenen genauso wie von Rußland, Ministranten rufen ihn an ebenso wie Reisende, Feuerwehrleute oder Bäcker und Metzger. Im Osten ist Nikolaus

Dieses Glasfenster aus dem 16. Jh. zeigt die legendäre Geburt des Nikolaus von Myra. Der Heilige ist dargestellt, wie er am Tage seiner Geburt betend in der Wanne steht, Victoria und Albert Museum, London.

nach Maria die meistverehrte Heiligengestalt. Zwei Städte teilen sich heute den Ruhm des Nikolaus-Kultes: Demre in der Türkei (das frühere Myra) und Bari in Apulien (Italien), wo seit 1087 in der Basilika S. Nicola die Reliquien des Bischofs aufbewahrt werden, nachdem italienische Kaufleute sie gestohlen hatten. – Ziemlich sicher ist, daß Nikolaus in Patras in Griechenland geboren und vom Bischof von Myra, einem Bruder seiner Mutter Anna, erzogen wurde. Nach dem Tod seines Onkels erwählte man Nikolaus zum Bischof von Myra (Demre); der uneinige Klerus hatte zuvor entschieden, daß der erste, der in die Stadt hereinkomme, neuer Bischof werde – es war Nikolaus. Die Legenden, die später um sein Leben entstanden, entwickelten sich wohl aus der Vermengung seiner Lebensgeschichte mit der eines Trägers gleichen Namens ebenfalls aus der Gegend von Myra. Verschiedene Überlieferungen berichten, Nikolaus sei in der Christenverfolgung des Galerius Valerius Maximinus im Kerker schwer mißhandelt worden und habe, noch gezeichnet von den Folterungen, am berühmten Konzil von Nicäa (325) teilgenommen. Bald darauf (327) sei er gestorben (andere Quellen nennen als Todeszeitpunkt die Jahre zwischen 342 und 351). – Der Nikolaus-Kult breitete sich etwa zwei Jahrhunderte nach dem Tod des Bischof aus, griff auf die gesamte griechische Kirche, später auch auf die slawischen Länder über. Die stärkste Verehrung genoß Nikolaus ab dem 8. Jh. in Rußland. Etwa ab dem 10. Jh. kam der Kult dann (durch Kaiserin Theophanu) auch nach Deutschland, Frankreich und England. Nachdem italienische Seefahrer die Gebeine von Nikolaus 1087 aus Myra gestohlen und sie (in einem Holzfaß versteckt) in das zu jener Zeit von den Normannen regierte Apulien gebracht hatten, nahm die Verehrung in Italien einen starken Aufschwung. Der leere Nikolaus-Steinsarkophag (mit einem großen Loch auf der Vorderseite) kann noch heute in der wiederhergestellten Unterkirche der Nikolaus-Basilika in Demre (an der Südküste der Türkei) besichtigt werden; das antike Myra allerdings ist nur noch eine Ruinenstadt. In Bari errichtete man zur Aufbewahrung der Reliquien die Basilika S. Nicola, die Papst Urban II. 1089 weihte. Festtag ist in Bari der Translationstag 8. Mai.

Um die Nikolaus-Gestalt entwickelte sich besonders in Europa ein reiches Brauchtum, vor allem für Kinder ist „Nikolaus" einer der wichtigsten Tage im Jahr; am Vorabend des 6. Dezember besucht der Mann mit dem Kapuzenmantel und dem weißen Bart (diese Gestalt wurde übrigens erst im 19. Jh. von dem Maler Moritz von Schwind geschaffen) die Kinder, oft zusammen mit Knecht Ruprecht. In den Alpenländern treiben am Nikolaustag vermummte Gestalten, die sogenannten Klausen, ihr Unwesen.

Legende: Ein Adliger schickte seine drei Töchter in ein Bordell, damit sie sich dort ihre Mitgift für die Heirat verdienen. Als Nikolaus dies

Der heilige Nikolaus wirft drei Beutel mit Goldstücken durchs Fenster eines Bordells, um drei Mädchen die Möglichkeit zu geben, sich freizukaufen; nach einer Handschrift in der Nationalbibliothek, Paris.

Reste des Holzfasses, in dem die Reliquien des Nikolaus von Myra nach Bari transportiert worden sein sollen; Schatzkammer der Basilika S. Nicola in Bari.

Die romanische Fassade der Basilika S. Nicola di Bari, im 11. Jh. von den Normannen erbaut. Hier befinden sich die Gebeine des heiligen Nikolaus von Myra.

erfuhr, warf er den drei Mädchen in der Nacht je einen Beutel mit Goldstücken durch das Fenster zu, so daß sie ihre Tätigkeit beenden und heiraten konnten. – Eine andere Legende erzählt, Nikolaus habe einmal drei Schüler davor bewahrt, daß sie in dem Gasthaus, in dem sie eingekehrt waren, von dem verbrecherischen Wirt geschlachtet und eingepökelt wurden. – Nach einer weiteren Legende half Nikolaus einem Schiff aus Seenot, dessen Matrosen ihn um Hilfe angerufen hatten. Alle diese Erzählungen schlagen sich auch in den Darstellungen des Nikolaus nieder.

Der Brauch, daß Kinder am Nikolaustag beschenkt werden, beruht auf der sogenannten Schülerlegende: Im späten Mittelalter war es in Klosterschulen Brauch, daß im sogenannten „Bischofsspiel" einmal im Jahr ein Schüler die Funktion des Abtes oder des Bischofs übernahm und über das Kloster und die Schule „herrschte". Ursprünglich beging man diesen Tag am 28. Dezember, ab dem 14. Jh. war der 6. Dezember der Kinderbischof-Tag.

Darstellung: als Bischof mit kurzem bis langem Bart, im Osten oft kahlköpfig, mit drei goldenen Kugeln auf einem Buch, drei Geldsäckchen, drei Goldbarren, drei Broten, drei Äpfeln, mit (Pökel-)Faß, in dem drei Buben sitzen, mit Schiff, Anker, im Kreis der → Vierzehn Nothelfer (in verschiedenen Regionen, so in Süddeutschland, ersetzt Nikolaus → Erasmus als Nothelfer)

Patronat: von Rußland, Lothringen, der Kinder und Ministranten, der Jungfrauen, der Reisenden und Pilger, der Notare, Rechtsanwälte und Richter, der Apotheker, Kaufleute, Wirte, Weinhändler, Parfümhersteller und -händler, Fischer, Schiffer, Matrosen, Flößer, Müller, Bäcker, Metzger, Korn- und Samenhändler, Bierbrauer, Schnapsbrenner, Weber, Spitzen- und Tuchhändler, Steinmetze, Steinbrucharbeiter, Faßbinder, Knopfmacher, Kerzenzieher, der Bauern, der Feuerwehr, der Gefangenen, für eine glückliche Heirat, gegen Wassergefahren und Seenot, zur Wiedererlangung gestohlener Gegenstände, gegen Diebstahl und Diebe

Nicolaus Palea sel.
OP, Ordensprovinzial
Fest: 11. Februar

Geboren 1197 nahe Bari in Apulien (Italien), lernte Nicolaus Palea in Bologna jung Ordensgründer → Dominikus kennen und wurde sein Schüler. Nachdem er dem Dominikanerorden selbst beigetreten war, wurde er zu einem seiner wichtigsten Vertreter und warb durch seine herausragenden Predigten viele neue Ordensmitglieder. Mehrere Jahre war er Provinzial der römischen Ordensprovinz. Um seine Person ereigneten sich viele Wunder, was eine starke Verehrung schon zu Lebzeiten bewirkte. Nicolaus Palea starb am 11. Februar 1255 in Perugia (Italien), wo er ein Dominikanerkloster gegründet hatte; die Reliquien werden dort in der Kirche S. Domenico aufbewahrt. 1828 Seligsprechung.

Nikolaus Peregrinus
Pilger
Fest: 2. Juni
Der Hirte Nikolaus Peregrinus (Pilger), geboren 1075 in Griechenland, durchzog als Bursche Süditalien, trug dabei ein Kreuz vor sich her und rief ständig „Kyrie eleison" aus. Große Menschenmengen folgten ihm, vor allem Kinder, und riefen dieselben Worte. Man hielt Nikolaus für einen Irren und behandelte ihn auch so, doch nach seinem Tod im Alter von 19 Jahren ereigneten sich an seinem Grab in Trani (Kathedrale) so viele Wunder, daß bald eine große Verehrung einsetzte. Es heißt, Nikolaus Peregrinus sei 1098 heiliggesprochen worden.
Patronat: von Trani, der Schiffer

Nikolaus Pieck →
Märtyrer von Gorkum

Nikolaus Poppel →
Märtyrer von Gorkum

Nikolaus von Preußen
OSB, Prior
Fest: 23. Februar
Geboren 1379 in Preußen, trat Nikolaus dem Benediktinerorden bei und war eines der ersten Mitglieder der Reformabtei S. Giustina in Padua (Italien). Später wechselte er in Klöster in Venedig und nahe Genua, zuletzt war er Novizenmeister und Prior wieder in Padua. Er starb am 23. Februar 1456 in Padua.

Nikolaus Rusca
Priester, Märtyrer
Fest: 25. August
Geboren 1563 in der Schweiz, war Nikolaus Rusca ab 1590 Priester in Sondrio (Schweiz). Sein Kampf galt allen nicht-katholischen Glaubensströmungen, denen er sich energisch entgegensetzte. Glaubensgegner nahmen ihn gefangen und warfen ihm Landesverrat vor; nach furchtbaren Mißhandlungen starb er am 25. August 1618 in Thusis an den erlittenen Verletzungen. Er wurde zunächst in der Klosterkirche von Pfäffers beigesetzt; 1838 übertrug man die Gebeine nach Sondrio, wo Nikolaus Rusca seither hoch verehrt wird. Der Seligsprechungsprozeß ist eingeleitet.

Nikolaos Studites hl.
Abt
Fest: 4. Februar
Geboren um 795 auf Kreta (Griechenland), trat Nikolaos schon zehnjährig als Schüler in das berühmte Studionkloster in Konstantinopel ein. Im Verlauf des Bilderstreites wurde er von Kaiser Leon V. (813 bis 820) gefangengenommen und eingekerkert. Später ernannte man ihn mehrmals zum Abt des Studionklosters, zweimal trat er freiwillig vom Amt zurück. Er starb am 4. Februar 868 in Konstantinopel (als amtierender Abt).

Nikolaus Tavelić hl.
OFM, Missionar, Märtyrer
Fest: 14. November
Nikolaus Tavelić, geboren in Sibenik in Dalmatien, trat dem Franziskanerorden bei und wirkte danach ein Jahrzehnt als Missionar im Gebiet von Bosnien. 1385 ging er nach Jerusalem, wo er sich mit drei Franziskanermissionaren aus Italien und Frankreich zusammenschloß. Als die vier Glaubensboten eines Tages in Jerusalem vor dem Kadi und zahlreichen Muslimen predigen wollten, wurden sie gefangengenommen, gefoltert und schließlich in Stücke geschnitten. Der Todestag war der 14. November 1391. Heiligsprechung am 21. Juni 1970 durch Papst Paul VI.

Nikolaus von Tolentino hl.
OESA, Ordensmann
Fest: 10. September
Zwischen dem 16. und dem 18. Jh. gehörte Nikolaus von Tolentino zu den meistverehrten Heiligen in Europa und in Amerika; seine Grabstätte in der italienischen Stadt Tolentino in den Marken ist bis heute ein Wallfahrtsort. Bei seiner Heiligsprechung 1446 wurden über 300 Wunder um seine Person bestätigt. – Geboren um 1245 in Sant'Angelo in Pontano in den Marken (Italien), trat Nikolaus im Alter von elf Jahren in seinem Heimatort bei den Augustiner-Eremiten ein. In den folgenden 20 Jahren wirkte er, zunächst als Junge, dann als junger Mann, als charismatischer Prediger in seiner Heimatregion; die Menschen bewunderten ihn trotz seines jugendli-

Haupteingang und Fassade der Wallfahrtskirche S. Nicola in Tolentino.

Nikolaus von Tolentino heilt ein krankes Mädchen; nach einem Fresko aus dem 15. Jh. in der Großen Kapelle der Basilika S. Nicola, Tolentino.

chen Alters. 1275 ließ sich Nikolaus endgültig in Tolentino nieder und empfing die Priesterweihe. Zu seinen täglichen Predigten strömten immer mehr Menschen, kaum jemand konnte sich dem gewinnenden Wesen des Augustinerpaters entziehen; schon zu Lebzeiten wurde Nikolaus wie ein Heiliger verehrt, was sich noch verstärkte, als sich immer mehr Wunder um seine Person ereigneten. Nikolaus von Tolentino starb am 10. September 1305 in Tolentino und wurde dort beigesetzt; über seiner Grabstätte entstand eine Basilika. Bei Grabungen entdeckte man die Gebeine 1926 wieder (sie waren 1345 versteckt worden); sie ruhen jetzt in der Krypta der Basilika, die zwischen 1926 und 1932 errichtet wurde (eine silberne Urne birgt die Nikolaus-Gebeine).

Darstellung: als Augustiner-Eremit, mit Lilienstengel, Buch, Schüssel mit zwei gebratenen Vögeln (als man ihm während einer Krankheit gebratene Vögel brachte, wies er diese zurück, worauf die Vögel vom Teller aufflogen), mit Teufel, Kelch, Kreuz, Geißel

Patronat: von Bayern (Mitpatron), von Rom, Tolentino, Venedig, Genua, Antwerpen, Lima, Córdoba, für das tägliche Brot, der Armen Seelen im Fegefeuer, der Freiheit, der Armen-Seelen-Bruderschaft

Der Schädel des Nikolaus von Tolentino ist mit einer Wachsmaske überzogen. In der 1926 bis 1932 erbauten Krypta der Kirche S. Nicola befinden sich in einem Glassarkophag die sterblichen Überreste des Heiligen.

Nikomedes hl.
Märtyrer
Fest: 15. September, 1. Juni
Nikomedes ist ein in Rom lange Zeit verehrter Märtyrer, über den aber keine historische Angaben existieren. Sicher ist nur, daß eine ihm geweihte Kirche ab dem 7. Jh. an der Porta Nomentana in Rom stand. Nach der Legende soll Nikomedes Priester in Rom gewesen sein und im 1. oder im 2. Jh. das Martyrium durch Geißelung erlitten haben. Angebliche Reliquien werden bis heute in der Kirche S. Prassede in Rom aufbewahrt.

Nikon
Mönch
Fest: 26. November
Nikon war einer der bedeutenden Mönche Griechenlands im 10. Jh. Geboren um 930, wirkte er jahrzehntelang unermüdlich als Wanderprediger in Kleinasien (Türkei), auf der griechischen Insel Kreta, wo er dem Christentum den Weg bereitete, und schließlich auf dem Peloponnes, wo er nahe Sparta ein Kloster gründete, in welchem er bis zu seinem Tod an einem 26. November um 998 lebte.

Nilamon
Mönch, Einsiedler
Fest: 6. Januar
Nilamon war ein Mönch in Ägypten, der als Einsiedler lebte. Als er auserwählt worden war, Bischof zu werden, verbarrikadierte er sich in seiner Zelle, um die Ernennung nicht zu erhalten. Er betete so lange, bis er starb, während die anderen Bischöfe vor seiner Einsiedelei auf ihn warteten.

Nilus → Neilos von Rossano

Nimatullah Al-Hardini (Kassab, Youssef) sel.
Mönch
Fest: 14. Dezember
Geboren 1808 in Hardine (Libanon), trat Youssef Kassab 20jährig dem Maronitenorden bei und nahm den Namen Nimatullah Al-Hardini an. Nach seinem Theologiestudium wurde er ein vielbeachteter Theologieprofessor und hatte verschiedene hohe Kirchenämter inne. Die Verehrung für Maria stand im Mittelpunkt seines Gebetslebens; er ermutigte auch die Gläubigen, zur Gottesmutter zu beten, und schuf zahlreiche Marienaltäre. Kassab starb am 14. Dezember 1858 in Kfifane (Libanon). 10. Mai 1998 Seligsprechung in Rom.

Nino → Christiana

Ninian hl.
Bischof
Fest: 26. August, 16. September
Im Jahr 1871 entdeckte man in Schottland bei Galloway eine Steinhöhle, in die sich der Missionar und Bischof Ninian im 4./5. Jh. zum Gebet und zur Meditation zurückzog. In der Grotte fand man Kreuze sowie einen großen Stein mit der Inschrift „Sanc Ninia". Ninian war ein Brite, der in Rom für den Priesterstand ausgebildet wurde. Von dort wurde er 394 zur Missionierung in seine Heimat entsandt, wo er sich im Südwesten von Schottland in Galloway niederließ und seine überaus erfolgreiche Evangelisierung begann. Ninian gilt somit als Gründer des Bistums Galloway, dessen Sitz Whithorn (White Hou-

Youssef Kassab nannte sich im libanesischen Maronitenorden Nimatullah Al-Hardini; er war einer der größten Marienverehrer.

Die Höhle des heiligen Ninian in Galloway, Schottland, nach einer Fotografie von 1890. Die Kreuzsteine wurden entfernt und befinden sich heute im Museum.

se) war, so genannt, weil Ninian die erste Steinkirche Schottlands aus weißen Steinen errichtet hatte (Candida Casa). Mit den Mönchen eines angeschlossenen Klosters missionierte Ninian die gesamte Region und wurde „Apostel von Galloway" genannt. Er starb vielleicht um 430.
Patronat: von Schottland

Ninnoc(a)
Äbtissin
Fest: 4. Juni
In der Bretagne in Frankreich existiert bis heute eine Verehrung für Ninnoc(a), obwohl man kaum etwas von ihr weiß; zahlreiche Abbildungen in Kirchen erinnern an sie. Wahrscheinlich war sie Äbtissin in einem der bretonischen Klöster; gestorben ist sie wohl am 4. Juni 486.

Nisch, Ulrika Franziska sel.
Ordensfrau
Fest: 8. Mai
„Nur in der Liebe und für die Liebe alles zu leiden und zu arbeiten." Dies war das einzige Streben der Ordensschwester Ulrika Nisch (von Hegne), die die meiste Zeit ihres Lebens als Dienstmädchen gearbeitet hatte und dann in ihrem Kloster als Küchenschwester tätig war. Geboren am 18. September 1882 in Mittelbiberach-Oberdorf (Baden-Württemberg) als Tochter einer armen Familie, durchlebte Franziska Nisch nach der Schulzeit als Dienstmagd schwere Jahre. Schwer erkrankt, wurde sie 1904 im Spital der Ingenbohler Schwestern (Kreuzschwestern) in Rorschach in der Schweiz gesund gepflegt, woraufhin sie am 17. Oktober 1904 in Hegne am Bodensee (heute Allensbach) in den Orden der Kreuzschwestern eintrat (Ordensname: Ulrika). In den neun Jahren ihrer Klosterzeit tat sie in den Klöstern Zell, Bühl und Baden-Baden Dienst als Küchenschwester, ein stiller Dienst, der kennzeichnend war für ihr ganzes Leben. Ständige Kopfschmerzen und immer wiederkehrende Glaubensnöte ließen sie ihr Kreuz tragen, wie sie es sich immer gewünscht hatte. Am 8. Mai 1913 starb Ulrika Nisch in Hegne an Tuberkulose; auf dem Klosterfriedhof Hegne fand sie ihre letzte Ruhestätte. Papst Johannes Paul II. sprach sie am 1. November 1987 selig. Heute ruhen ihre Gebeine in der Krypta unter der Kloster- und Kuratiekirche St. Konrad.

Nithard
OSB, Mönch, Märtyrer
Fest: 3. Februar
Der Mönch Nithard, geboren um 800, lebte zunächst im Benediktinerkloster Corbie (Frankreich); später ging er nach Schweden, wo er am 3. Februar 845 bei einem Heidenaufstand von Glaubensgegnern erschlagen wurde.

Nivard von Clairvaux sel.
OCist, Ordensmann
Fest: 7. Februar
Nivard, geboren um 1100, war der jüngste Bruder von → Bernhard von Clairvaux. Als letzter folgte er seinen vier Brüdern in das Kloster Clairvaux, wo er zu einem Vertrauten von Bernhard wurde, der ihn beim Aufbau mehrerer Zisterzienserklöster einsetzte. Über sein

Ulrika Nisch kurz vor ihrem Eintritt ins Kloster; nach einem Foto von 1904.

Ulrika Nisch (vierte von links) in der Küche des St. Vinzentiushauses in Baden-Baden; nach einer Fotografie von 1911.

Leben vor seinem Tod (wohl um 1150) existieren keine Überlieferungen; trotzdem entwickelte sich eine Verehrung.

Nivard (Nivo) von Reims
Erzbischof von Reims
Fest: 1. September
Nivard, ein Mitglied des fränkischen Hochadels, war etwa ab 655 Erzbischof von Reims (Frankreich). Er verwandte sein Vermögen für sein Bistum, unter anderem gründete er 662 das Kloster Hautvillers, wo er nach seinem Tod am 1. September 673 auch beigesetzt wurde.

Noitburgis (Notburga) von Köln
Nonne
Fest: 31. Oktober
Nach der wohl legendarischen Überlieferung war Noitburgis eine Nichte von → Plektrudis und lebte im 7. Jh. in dem von dieser gegründeten Kanonissenstift St. Maria im Kapitol in Köln (Nordrhein-Westfalen). Sie war gerühmt wegen ihres heiligmäßigen Lebens und wurde schon zu Lebzeiten verehrt. Nach ihrem Tod um 700/710 soll sie in der benachbarten Kirche St. Peter und Paul beigesetzt worden sein, die im 12. Jh. nach ihr in St. Noitburgis umbenannt wurde. In Köln genießt Noitburgis Verehrung als regionale Heilige.

Non (Nonna, Nonnita)
Nonne
Fest: 3. März
Non war die Mutter von → David von Wales, dem Patron von Wales. Bis heute tragen eine Kapelle und eine Quelle nahe der Kathedrale St. David's, dem Bischofssitz ihres Sohnes, den Namen von Non. Auch in Cornwall (England) erinnert ein Ort an sie: in Altanon soll Non möglicherweise als Nonne gelebt haben und gestorben sein; bis zur Reformation wurden ihre Reliquien dort aufbewahrt. Andere Quellen sagen, Non sei in der Bretagne gestorben.

Nonna hl.
Christin
Fest: 5. August
Nonna war die Ehefrau von → Gregor von Nazianz dem Älteren, der später Bischof von Nazianz wurde, und Mutter von → Gregor von Nazianz dem Jüngeren; dieser rühmte in mehreren seiner Schriften ihr vorbildlich christliches Leben und hob ihre tiefe Frömmigkeit hervor. Nonna gilt als Ideal einer christlichen Ehefrau und Mutter. Sie starb am 4. August 374.

Nonnosus
OSB, Abt
Fest: 2. September
Bis heute bestaunen die Gläubigen im Dom von Freising (Bayern) den Nonnosus-Steinsarg: er hat eine Öffnung, durch die früher Pilger hindurchschlüpften, um dadurch Hilfe bei bestimmten körperlichen Gebrechen oder für Kinder in Schulnöten zu erlangen („Durchschlupfbrauch"). Nonnosus war im 6. Jh. Mönch in dem berühmten Benediktinerkloster S. Silvestro auf dem Berg Soracte im Norden von Rom. Er hatte sehr unter dem herrschsüchtigen und groben Abt zu leiden, ertrug aber alle Prüfungen demütig. Nachdem er selbst Abt des Klosters geworden war, war er ein gütiger Vorsteher seiner Mönche. Nach dem Tod von Nonnosus am 2. September wohl 560 war der Leichnam zunächst auf dem Soracte beigesetzt; im 11. Jh. gelangten alle Reliquien als Geschenk nach Freising und waren sogleich ein vielbesuchtes Wallfahrtsziel. Später gelangten Reliquien wieder nach Soracte und ins Pustertal (Haupt bis 1803 in Michelsberg bei Bamberg).
Darstellung: im schwarzen Benediktinerhabit, mit Stab, Ölzweig, Glasampel, Felsberg
Patronat: von Freising (Mitpatron), des Bistums Nepi, gegen Gebrechen aller Art, bei Schulnöten

Nonsberger Märtyrer → Sisinnius, Martyrius und Alexander

Norbert von Xanten (von Magdeburg) hl.
OPraem, Ordensgründer, Erzbischof
Fest: 6. Juni
„Ich war am Hofe, ich lebte im Kloster, ich stand in hohen Ehrenämtern der Kirche, und ich habe überall gelernt, daß es nichts Besseres gibt, als sich ganz Gott hinzugeben." Diese Worte sprach Norbert von Xanten nach einem erfüllten Leben als Wanderprediger, Ordensgründer und Erzbischof. Bis heute wirken „seine" Prämonstratenser in vielen Länder der Erde in seinem Sinne fort. – Geboren um 1082 wahrscheinlich auf der Burg Gennep am Niederrhein (Nordrhein-Westfalen) als Sohn eines Ritters, führte Norbert zunächst ein weltliches Leben. Nach der Legende war es ein Blitzstrahl, der sein Leben völlig veränderte; das Wettererlebnis während eines Ausrittes beeindruckte ihn so, daß er, die Todesnähe fühlend, ein neues Leben gelobte und 1115 die Priesterweihe empfing. Fortan zog er barfuß als charismatischer Wanderprediger durch das Land und lockte mit seinen mitreißenden Predigten die Massen an. Nach durchstandener Krankheit aufgrund völliger Erschöpfung zog sich Norbert mit einigen Gefährten in eine Waldwildnis bei Laon unweit von Reims

Abt Nonnosus von Freising, nach einem Stich von 1615 aus der „Bavaria sancta et pia".

Norbert von Xanten als Prämonstratenser; älteste Darstellung des Heiligen, nach einem Fresko aus dem 14. Jh., Prämonstratenserabtei San Severo, Orvieto.

1118 erhält Norbert von Xanten von Papst Gelasius II. die Erlaubnis zur Predigt; nach einem Gemälde in Stift Geras, Österreich.

(Frankreich) zurück und gründete dort 1120 in dem Ort Prémontré eine Gebetsgemeinschaft, der er die Regel des → Augustinus gab; es entstand ein Reformorden der Augustiner-Chorherren, die Prämonstratenser (nach Norbert auch Norbertiner genannt). Durch Heiligung der eigenen Person wollten die Mönche die Heiligung ihrer Umwelt erreichen; bald strömten immer mehr Gleichgesinnte nach Prémontré. 1126 erhielt Norbert vom Papst die Bestätigung des Ordens, im selben Jahr wurde er zum Erzbischof von Magdeburg (Sachsen-Anhalt) ernannt; barfuß zog er dort in der Stadt ein, umjubelt von der Bevölkerung. Innerhalb kurzer Zeit führte Norbert sein völlig heruntergekommenes Bistum wieder zur Blüte, mit Reformen, die ihm wegen der Radikalität aber auch Feinde und sogar Attentate auf seine Person brachten. Am 6. Juni 1134 starb Norbert in Magdeburg und wurde zunächst in der dortigen Prämonstratenser-Ordenskirche beigesetzt; 1627 überführte man seine Gebeine in die Prämonstratenserabtei Strahov in Prag, das neue Ordenszentrum, wo sie bis heute ruhen. 1582 Heiligsprechung. Große Verehrung vor allem in Belgien.
Darstellung: als Prämonstratenser oder als Erzbischof, mit Kelch, Monstranz, Teufel zu Füßen, mit anderen böhmischen Patronen
Patronat: von Böhmen, für eine gute Geburt

Norberto di Santa Maria Dell'Orto → Cassinelli, Domenico

Notburga von Bühl (aus dem Klettgau) hl.
Witwe
Fest: 26. Januar
Die rein legendarische Überlieferung erzählt, daß Notburga nach dem Tod ihres Ehemannes, eines schottischen Herzogs oder Königs, in den alamannischen Klettgau bei Schaffhausen im deutsch-schweizerischen Grenzgebiet gekommen sei und dort in Bühl 820 neun Kinder auf einmal zur Welt brachte. In Bühl soll sie auch eine Schule und ein Hospiz erbaut haben. Angeblich starb Notburga 840 und wurde in Bühl begraben. Ihre Verehrung im Gebiet Klettgau ist seit Jahrhunderten bis heute bezeugt.
Darstellung: mit neun Kindern (manchmal ist ein Kind tot), mit Krone, als Fürstin
Patronat: der Schwangeren, bei Mehrlingsgeburten

Notburga von Eben (von Rattenberg) hl.
Dienstmagd
Fest: 14. September, 13. September
Obwohl Leben und Wirken der Notburga von Eben kaum historisch bezeugt sind, genießt sie bis heute starke volkstümliche Verehrung in Tirol (Österreich), ihr Leben als Dienstmagd wurde in Geschichten, Schauspielen und Liedern festgehalten. – Nach der großenteils legendarischen Vita wurde Notburga 1265 in Rattenberg am Inn geboren und schon als junges Mädchen dem Grafen von Rottenburg im Unterinntal in Österreich als Dienstmagd übergeben. Von Anfang an gab sie einen großen Teil ihrer Nahrung an Arme und Bettler der Umgebung ab und

wurde deshalb von ihrem Dienstherrn ständig getadelt und schließlich entlassen. Danach arbeitete sie als Magd bei einem Bauern in Eben am Achensee, wo sie sich besonders für die Rechte der Dienstboten einsetzte; als sie einmal nach dem Feierabendläuten Weizen schneiden sollte, warf sie ihre Sichel in die Höhe, die daraufhin in der Luft schweben blieb. Später soll Notburga in Frieden auf das Schloß Rottenburg zurückgekehrt sein, wo sie bis zu ihrem Tod am 14. September 1313 treu und verantwortungsbewußt diente und jetzt von der ganzen Grafenfamilie geachtet wurde. Die bekleideten Gebeine von Notburga werden bis heute in einem Schrein in der Pfarrkirche von Eben gezeigt; das Gotteshaus ist eine vielbesuchte Wallfahrtsstätte. 1862 Approbation des Kultes.
Darstellung: als einfache Dienstmagd, mit Krug, Brot, Sichel, Milchkübel, Getreidegarbe, Schlüsselbund

Patronat: der Dienstmägde und Dienstboten, der Bauern, für den Feierabend, bei Viehkrankheiten, bei allen Nöten in der Landwirtschaft, für eine glückliche Geburt, für eine gute Ernte

Notburga von Hochhausen
Einsiedlerin
Fest: 15. September
Nach der Legende lebte Notburga im 7. Jh. als Einsiedlerin in einer Höhle in Hochhausen am Neckar (Baden-Württemberg); eine Hirschkuh soll ihr jeden Tag das Essen gebracht haben. Ihre Grabstätte in der Kirche von Hochhausen war über Jahrhunderte ein vielbesuchter Wallfahrtsort (das Grabmal befindet sich dort jetzt in der evangelischen Kirche).
Darstellung: als Einsiedlerin, manchmal ohne Arm (ihr Vater soll ihn ihr aus Verärgerung über ihr christliches Leben ausgerissen haben), mit Schlange, die ihr Heilkräuter bringt, mit Hirschkuh, die sie mit Essen versorgt

Notburga von Eben in einer typischen Darstellung, mit Sichel und Brot in der Schürze.

Das bekleidete Skelett der Notburga befindet sich in einem Glasschrein hinter dem Hochaltar der Pfarrkirche von Eben, Tirol.

Nothelm
Erzbischof von Canterbury
Fest: 17. Oktober
Nothelm war etwa ab 720 Erzbischof von Canterbury und gehörte zu den prägenden Kirchengestalten Englands in der ersten Hälfte des 8. Jh. Er war befreundet mit → Beda, mit dem er eng zusammenarbeitete, und er stand in brieflichem Kontakt mit → Bonifatius. Nothelm starb 739/740.

Notker Labeo
OSB, Ordensmann, Gelehrter
Fest: 29. Juni
Notker Labeo („der Großlippige") gehörte zu den herausragenden Gelehrten seiner Zeit. Geboren um 950 im Kanton Thurgau (Schweiz), war er in das Benediktinerkloster St. Gallen eingetreten und hatte die Leitung der Klosterschule übernommen, die unter ihm ihre letzte große Blüte erlebte. Notker übersetzte mehrere lateinische Schriftsteller in die deutsche Sprache, weshalb er auch den Beinamen „Teutonicus", der Deutsche, trägt. Nach einem heiligmäßigen Leben starb er am 29. Juni 1022 in St. Gallen an der Pest.

Notker von Lüttich
OSB, Bischof von Lüttich
Fest: 10. April
Notker stammte wahrscheinlich aus Schwaben und war ein Neffe

von Kaiser Otto I.; seine Ausbildung erhielt er wohl im Benediktinerkloster St. Gallen. 972 wurde er zum Bischof von Lüttich (Belgien) ernannt, wo er über 35 Jahre segensreich wirkte; unter ihm wurde die Lütticher Domschule zu einer der herausragenden Schulen des ganzen Abendlandes. Er war enger Vertrauter des Papstes ebenso wie verschiedener Herrscher, auf mehreren Reichssynoden spielte er eine maßgebliche Rolle. Notker von Lüttich starb am 10. April 1008 und wurde in der Kirche St-Jean in Lüttich beigesetzt.

Notker der Stammler, nach einer Miniatur aus dem 11. Jh.; er war ein bedeutender Lyriker, Hymnen- und Geschichtsschreiber, so verfaßte er „Die Taten Karls des Großen“, die Jahrhunderte das Bild des Herrschers prägten.

Notker der Stammler (Notker Balbulus) sel.
OSB, Mönch
Fest: 6. April
Notker gehörte zu den außergewöhnlichen Kirchenpersönlichkeiten seiner Zeit. Geboren um 840 wohl im Kanton St. Gallen in der Schweiz (in Elgg?), wurde er schon als Kind dem Benediktinerkloster in St. Gallen übergeben, wo er sein ganzes Leben blieb. Genannt Balbulus (der Stammler) wegen eines Sprachfehlers, trug Notker zur ersten Blüte von St. Gallen bei; er war Leiter der Klosterschule, seine Lieder, Gedichte und Schriften beeinflußten die Kultur der Zeit. Vor allem die Kirchenmusik wurde von Notker maßgeblich mitgefördert und bestimmt. Zahlreiche seiner Werke sind bis heute erhalten. Notker starb am 6. April 912 in St. Gallen; seine Reliquien befinden sich im Münster St. Gallen. 1512 Seligsprechung.
Darstellung: als Mönch, wie er dem Knarren eines Mühlrades lauscht (er schrieb nach dem Takt einen Pfingstgesang), am Schreibpult

Numerian (Memorian)
OSB, Bischof von Trier
Fest: 5. Juli
Numerian, geboren um 600 in Trier (Rheinland-Pfalz) als Sohn eines reichen Senators, wurde Mönch im Benediktinerkloster Remiremont (Frankreich), wechselte dann in die Abtei Luxeuil und war etwa ab 650 Bischof seiner Heimatstadt Trier. Er starb an einem 5. Juli um 666 und wurde in der Kirche St. Helena in Euren nahe Trier beigesetzt.

Nunilo und Alodia hll.
Märtyrerinnen
Fest: 22. Oktober
Noch heute genießen die Märtyrerinnen Nunilo und Alodia im spanischen Aragonien Verehrung. Die beiden Schwestern lebten im 9. Jh. in Spanien (wohl in der Gegend von Huesca, Aragonien) und wurden von ihrer Mutter, die Christin war, im christlichen Glauben erzogen; ihr Vater war Muslim. Nach dem Tod des Vaters heiratete die Mutter, so die wohl legendarische Überlieferung, erneut einen Muslim, der die beiden Mädchen fortan wegen ihres Glaubens verfolgte und mißhandelte und schließlich sogar einkerkern ließ. Sicher ist, daß Nunilo und Alodia am 21./22. Oktober 851 in Huesca von den Mauren enthauptet wurden. Die Reliquien werden bis heute in Sangüesa in Navarra verehrt.

Nuño Álvares Pereira sel.
OCarm, Laienbruder
Fest: 1. April
Geboren am 24. April 1360 in Flor de Rosa in Portugal aus adliger Familie, heiratete Nuño Álvares Pereira zunächst, bekam mit seiner Frau drei Kinder und wurde ein erfolgreicher Soldat und Feldmarschall im portugiesischen Heer. Täglich feierte er zweimal die heilige Messe, und vor jeder Schlacht ermahnte er seine Soldaten, auf Gott zu vertrauen und schickte sie zu den Sakramenten. Nachdem seine Frau gestorben war, verteilte er seinen Besitz an seine Kriegsgefährten und trat als Laienbruder in das von ihm gestiftete Karmeliterkloster in Lissabon ein (Ordensname: Nuno de S. Maria), wo er die einfachsten Arbeiten erledigte. Er starb am 1. April 1431 im Kloster; an seiner Beisetzung nahm die ganze königliche Familie Portugals teil. Der Ruf seiner Heiligkeit zog bald viele Pilger an sein Grab in Lissabon; die Gläubigen besangen in Liedern die Tugenden des „Conde Santo“, des heiligen Grafen. 1918 Approbation des Kultes.

Nympha
Märtyrerin
Fest: 10. November
Nach der Legende war Nympha eine Jungfrau auf Sizilien (Italien), die zu Beginn des 4. Jh. in der Christenverfolgung des Diokletian in Palermo das Martyrium erlitt. Ihre Reliquien gelangten in die Kirche S. Spirito in Sascia in Rom; das Haupt wurde 1593 wieder in die Kathedrale von Palermo zurückübertragen, wo sich ein starker Kult entwickelte.

O

Obertus
OCist, Laienbruder
Fest: 26. Dezember
Obertus war etwa ab 1170 Laienbruder im Zisterzienserkloster Himmerod in der Eifel (Rheinland-Pfalz) und pflegte dort über 30 Jahre lang aufopferungsvoll Kranke und Sterbende. Dann erkrankte er selbst schwer an verschiedenen Leiden, die er heroisch ertrug. Obertus starb um 1220, hoch verehrt von seinen Mitbrüdern und vom Volk.

Obitius von Nardò sel.
OSB, Konverse
Fest: 4. Februar, 6. Dezember
Graf und Ritter Obitius aus Brescia in Norditalien wurde im Verlauf einer Schlacht schwer verletzt und entkam nur knapp dem Tod. Erschüttert von einer nachfolgenden Vision der Verdammnis, änderte er sein Leben völlig und führte fortan im Benediktinerinnenkloster S. Giulia in Brescia als Benediktiner-Konverse ein Leben der Buße. Obitius starb am 6. Dezember 1204 in Brescia. 1900 Bestätigung des Kultes. Die Reliquien befinden sich seit 1798 in der Pfarrkirche von Nardò in Apulien, Italien.

Occhiena, Margherita
Mutter von Don Bosco
Fest: 25. November
In der Heimat der Familie von Giovanni → Bosco (Don Bosco), im norditalienischen Piemont, gibt es seit Jahren Bemühungen, eine Seligsprechung von Margherita Occhiena (Mamma Margherita), der Mutter Boscos, zu erreichen. Sie hat durch ihre Erziehung maßgeblich zum weiteren Leben und Wirken des Ordensgründers beigetragen und war eine der ersten Mitarbeiterinnen seines Salesianerordens. Einmal rettete sie Don Bosco sogar das Leben: Als ihr Sohn bei ihr zu Besuch war, spürte sie Unheil nahen und bat Giovanni, ihr Haus nicht zu verlassen. Als er sich weigerte zu bleiben, wies sie ihn auf seinen treuen Hund hin, der ihn immer begleitete („il Grigio") und der unruhig umherlief: „Wenn du schon nicht auf mich hörst, dann hör wenigstens auf deinen Hund." Don Bosco blieb, und kurz darauf kam die Polizei und berichtete, daß ein Unbekannter einen Mordanschlag auf ihn geplant hatte (was schon mehrmals zuvor geschehen war). „Mamma Margherita", geboren am 1. April 1788 in Capriglio bei Turin, starb am 25. November 1856 im Oratorium Don Boscos in Turin, wo sie zehn Jahre lang als aufopferungsvolle Helferin ihres Sohnes gelebt hatte.

Octavianus
OSB, Bischof von Savona
Fest: 6. August
Geboren um 1060 in Quingy in Burgund, Frankreich, erhielt Octavianus, ein Bruder des späteren Papstes Calixtus II. (1119 bis 1124), seine Erziehung bei den Benediktinern und trat dann dem Orden im Kloster S. Pietro in Ciel d'Oro in Pavia (Italien) auch bei. 1129 erhielt er die Ernennung zum Bischof von Savona, Italien. Octavianus starb 1132 in Savona. 1793 Bestätigung des Kultes.

Oda (Uta) von Aquitanien (von Amy) hl.
Stifterin, Wohltäterin
Fest: 23. Oktober
Die Vita von Oda ist stark von Legenden überlagert. Ziemlich sicher ist, daß sie zu Beginn des 7. Jh. im Gebiet von Lüttich (Belgien) lebte und dort in Amy eine Kirche stiftete (wo später auch ihre angeblichen Reliquien verehrt wurden). Außerdem soll sie eine große Wohltäterin der Armen gewesen sein. In verschiedenen Legenden wurde später hinzugefügt, Oda sei eine Prinzessin gewesen und habe den Herzog von Aquitanien geheiratet. Das Sterbejahr von Oda lag um 630.

Oda (Odette) von Rivreulle
OPraem, Priorin
Fest: 20. April
Oda war eines der ersten weiblichen Mitglieder des 1120 gegründeten Prämonstratenserordens (→ Norbert von Xanten). Die Tochter einer Adelsfamilie in Brabant, Belgien, hatte sich vor ihrem Ordenseintritt eigenhändig ihr Gesicht entstellt, um einer von den Eltern geplanten Heirat zu entgehen; danach trat sie um 1150 in das Prämonstratenserkloster Rivreulle ein, wo sie bald Priorin wurde. Oda starb am 20. April 1158, hoch verehrt wegen ihrer großen Demut und ihrer Liebe zu den Armen und Kranken. Ihre Grabstätte befindet sich in der ehemaligen Prämonstratenserabtei Bonne-Espérance im belgischen Hennegau (gegründet 1125).

Margherita Occhiena, Mutter von Don → Bosco, und der treue Begleiter, Schäferhund „il Grigio".

Oda von Sint Oden-Roey
Einsiedlerin
Fest: 27. November
Die Legende erzählt, Oda sei eine irische Königstochter gewesen, die von ihrem Vater nach Lüttich an das Grab von → Lambert geschickt wurde, damit sie durch den Patron der Augenkranken von ihrer Blindheit geheilt werde. Nach ihrer Rückkehr weigerte sie sich, den

vom Vater auserwählten Bräutigam zu heiraten, flüchtete und unternahm Wallfahrten nach Rom und nach Apulien. Später lebte sie als Einsiedlerin in Brabant (Belgien), wo sie um 725 gestorben sein soll; über ihrer Einsiedelei entstand der Ort Sint Oden-Roey. 1248 Bestätigung des Kultes.

Oddino Barotto sel.
OFM, Priester
Fest: 7. Juli
Bis heute verehren die Einwohner von Fossano in Piemont, Italien, Oddino Barotto. Hier geboren 1324, wurde er Priester in Fossano und trat dem Franziskanerorden bei. Später gab er die Seelsorge auf und wandelte sein Haus in ein Hospital um, wo er bis zu seinem Tod am 7. Juli 1400 Kranke pflegte. 1808 Approbation des Kultes.

Oderisius sel.
OSB, Kardinal
Fest: 2. Dezember
Geboren um 1025 aus der gräflichen Familie der Marsio (Marsi, Italien), erhielt Oderisius seine Erziehung bei den Benediktinern von Montecassino, wo er um 1040 auch dem Orden beitrat und danach als Mönch lebte. 1059 wurde er zum Kardinal ernannt; ab 1087 war er auch Abt von Kloster Montecassino. Oderisius, der am 2. Dezember 1105 starb, galt als großer Friedensvermittler sowie als Dichter ersten Ranges.

Odilia (Ottilia, Ottilie) von Hohenburg hl.
Äbtissin
Fest: 13. Dezember
Odilia, deren Name sich aus dem Althochdeutschen „ôdal" für adelig ableitet, gehört bis heute zu den besonders verehrten Heiligengestalten, obwohl ihre Lebensgeschichte stark von Legenden überlagert ist. Vor allem die Elsässer bewahren den Kult ihrer Patronin und pflegen ihn. Bis ins 12. Jh. findet man in allen Urkunden und Büchern die Schreibweise Odilia, und im Elsaß und in den romanischen Ländern hat sie sich auch erhalten; in Deutschland und in anderen Ländern entstand später die Namensform Ottilie. – Als Tochter von Herzog Adalrich (Attich) vom Elsaß kam Odilia um 660 in der Gegend von Straßburg zur Welt (vielleicht auf dem Odilienberg). Die Mutter von Odilia soll Bereswinda, eine nahe Verwandte von Bischof → Leodegar von Autun gewesen sein, den der Hausmeier Ebroin 679 ermorden ließ.

Legende: Odilia wurde blind geboren, woraufhin der Vater sie verstoßen, möglicherweise sogar töten wollte. Auf Bitten von Bereswinda konnte das Kind einer Vertrauten übergeben werden, die es heimlich aufzog. Später übergab man Odilia den Nonnen von Kloster Palma im Bistum Besançon. Dort ereignete sich das Wunder: Im Gebet erfuhr Bischof → Erhard von Regensburg den Auftrag, im Kloster Palma ein blindes Mädchen zu taufen. Erhard reiste in das Kloster, taufte Odilia und segnete dabei ihre Augen mit dem heiligen Öl, und plötzlich war das Mädchen sehend. Eines Tages erfuhr Odilia von ihrer wahren Herkunft und nahm heimlich Kontakt mit ihrem Bruder auf, damit er sie zurückhole; er bezahlte für die Zusammenführung der Familie mit dem Leben: Adalrich erschlug ihn dafür in blinder Wut. Odilia lebte fortan auf der Hohenburg; einer von Adalrich gewünschten Heirat entzog sie sich durch vorübergehende Flucht in den Breisgau. Als der Vater eines Tages beobachtete, wie Odilia unter ihrem Mantel Lebensmittel für die Armen aus der Burg schmuggelte, bekehrte er sich und übergab ihr die Hohenburg mit allen Gütern, damit sie darin ein Frauenkloster einrichten konnte. Der Zulauf zum Kloster war groß, bald lebten dort weit über 100 Nonnen nach den von Odilia täglich neu vorgegebenen Regeln. Sie selbst galt als Wundertäterin, woraufhin immer mehr Pilger auf den „Odilienberg" strömten; um für sie Unterkunft und Schlafstätte zu haben, errichteten die Klosterfrauen der Hohenburg am Fuß des Berges eine Kirche mit angeschlossenem Hospiz, später auch noch ein Frauenkloster, genannt Nieder-Hohenmünster (später nur noch Niedermünster). Nahe der Pilgerherberge hatte Odilia zuvor durch den Schlag mit einem Stab an einen Felsen eine Quelle zum Erscheinen gebracht („Odilienquelle").
Odilia starb wohl am 13. Dezember 720 in ihrem Kloster, wo sie auch beigesetzt wurde. Odilia war

Statue der heiligen Odilia von Hohenburg im Innenhof des Klosters auf dem Odilienberg, Elsaß.

Odilia von Hohenburg betet für die Seele ihres Vaters, nach einem Gemälde von Gabriel Mälesskircher, um 1470.

Der Sarkophag mit dem Leichnam der heiligen Odilia in der Klosterkirche auf dem Odilienberg.

eine der meistverehrten Heiligen des Mittelalters; heute nehmen die Pilgerströme auf den Odilienberg wieder zu, das Odilia-Grab gehört zu den berühmtesten Wallfahrtsstätten Frankreichs (es hat alle Kriegszerstörungen und Brände im Verlauf der Jahrhunderte heil überstanden). Zur „Odilienquelle" kommen Kranke aus allen Ländern, um das Wasser zu trinken oder sich die Augen damit auszuwaschen. Odilia trägt auch den Beinamen „himmlische Augenärztin".

Darstellung: als Kanonissin, als Äbtissin (der verschiedensten Ordensgemeinschaften), mit zwei Augen (oft auf einem Buch), mit Stab, Hahn, Kelch, Krone

Patronat: des Elsaß, der Blinden, gegen Augenkrankheiten, gegen Ohren- und Kopfleiden

Odilia Baumgarten sel.
FdC, Ordensfrau, Märtyrerin
Fest: 1. Februar

Geboren am 15. November 1750 in Gondrexange in Frankreich, wurde Odilia Baumgarten Vinzentinerin und wirkte in Angers aufopferungsvoll im Krankendienst. In den Verfolgungen während der Französischen Revolution erlitt sie zusammen mit ihrer Freundin → Marie-Anne Vaillot am 1. Februar 1794 in Angers das Martyrium. 19. Februar 1984 Seligsprechung.

Odilo von Cluny hl.
OSB, Erzabt
Fest: 1. Januar, 11. Mai

Auf Odilo von Cluny geht das Fest Allerseelen zurück; er ordnete 998 das Gedächtnis aller verstorbenen Gläubigen für alle der Abtei Cluny unterstellten Klöster an. 1006 setzte Papst Johannes XIX. das Fest für die ganze Kirche auf dem 2. November fest. – Odilo stammte aus der Auvergne (Frankreich) und trat

991, knapp 30jährig, in die Reformabtei Cluny in Burgund, Frankreich, ein, die zu jener Zeit einer der Mittelpunkte des abendländischen Geisteslebens war. Bereits 994 wurde er zum fünften Erzabt des Klosterverbundes der Reformabteien gewählt. Unter Odilo wurde Cluny noch einmal mächtiger, nicht zuletzt, weil er in engem Kontakt zu Päpsten, Bischöfen und Herrschern stand; die cluniazensische Reform nahm einen weiteren Aufschwung. In Odilos über 50jähriger Amtszeit wuchs die Zahl der zu Cluny gehörenden Klöster auf das Doppelte (von etwa 37 auf 70). 998 hatte Odilo vom Papst die Exemtion für Cluny erreicht. Odilo gehörte im 11. Jh. zu den führenden Persönlichkeiten Europas, sein Rat und seine Meinung waren überall gefragt (was ihm allerdings auch neidische Gegner einbrachte); innerhalb des Cluny-Klosterverbandes wurde er sogar „König Odilo“ genannt. Odilo von Cluny starb am 1. Januar 1049 (manche Quellen sagen: am 31. Dezember 1048).
Darstellung: als Abt, als Bischof, als Fürbitter der Armen Seelen im Fegefeuer
Patronat: der Armen Seelen im Fegefeuer, gegen Gelbsucht

Der Legende nach verschenkte Abt Odilo von Cluny während einer großen Not sogar wertvolle persönliche Gegenstände und liturgisches Geschirr aus dem Kirchenschatz an die hungernden Armen; Stich von 1890.

Odo von Beauvais sel.
OSB, Bischof von Beauvais
Fest: 28. Januar
Odo von Beauvais gehörte zu den herausragenden Kirchenpersönlichkeiten des 9. Jh. in Frankreich. Geboren um 800 bei Beauvais, war er zunächst Soldat und trat dann in Kloster Corbie dem Benediktinerorden bei; einige Zeit war er Privatlehrer der Söhne von Karl Martell. Ab 851 amtierte er als Abt von Corbie, 861 wurde er zum Bischof von Beauvais gewählt. Seine Reformtätigkeit in seinem Bistum beeinflußte die gesamte Kirche seiner Zeit in Nordfrankreich. Odo starb an einem 28. Januar nach 881. Papst Pius IX. (1846 bis 1878) bestätigte den Kult.

Odo von Cambrai sel.
OSB, Bischof von Cambrai
Fest: 19. Juni
Odo stammte wohl aus Orléans (Frankreich), wo er Mitte des 11. Jh. geboren wurde. Ab 1095 war er Abt des Benediktinerklosters von Tournai, das er selbst gegründet hatte, ab 1105 umstrittener Bischof von Cambrai, Frankreich (der deutsche König Heinrich IV. hatte einen anderen Kandidaten für das Amt bestimmt, war aber überstimmt worden), wurde jedoch vom Papst 1112 wieder abgesetzt. Odo starb am 19. Juni(?) 1113 im Exil im Kloster Anchin im Hennegau (Belgien), wo er begraben wurde. – Odo von Cambrai war einer der angesehensten theologischen und philosophischen Schriftsteller seiner Zeit.

Odo von Canterbury (der Gute) hl.
OSB, Erzbischof von Canterbury
Fest: 4. Juli, 2. Juni
Geboren um 880 in England als Sohn heidnischer Eltern, erhielt Odo eine christliche Erziehung. 925 wurde er Bischof von Ramsbury und trat dem Benediktinerorden bei; 942 wurde er zum Erzbischof von Canterbury ernannt. Odo, der wegen seiner Mildtätigkeit und seiner Güte den Beinamen „der Gute“ trug, starb 958/959 in Canterbury.

Odo von Cluny hl.
OSB, Abt
Fest: 18. November
Odo, zweiter Abt des Reformklosters Cluny in Burgund, gilt als eigentlicher Begründer der Abtei sowie der cluniazensischen Klosterreformbewegung, einer der wichtigsten monastischen Bewegungen des Mittelalters mit maßgeblicher Bedeutung auch für die abendländische Geschichte. – Geboren um 878 wohl im Gebiet Aquitanien (Frankreich), war Odo zunächst Kanoniker in Tours, bevor er um 906 in das Benediktinerkloster Baume eintrat, das → Berno als Abt leitete. 909 gründete Berno Kloster Cluny, welches er ebenfalls als Abt führte; nach seinem Tod übernahm Odo die Klosterleitung in Cluny und begann sein bahnbrechendes Reformwerk. 931 erlangte Odo das päpstliche Privileg, daß dem Abt von Cluny auch andere Klöster unterstellt werden konnten und diese ebenfalls reformiert werden durften. Die cluniazensische Reform hatte zum Inhalt, sich ganz auf die Benediktregel (→ Benedikt von Nursia) zu besinnen, sie im Sinne von → Benedikt von Aniane weiterzuentwickeln und allen Mißständen im kirchlichen und im klösterlichen Leben jener Zeit den Kampf anzusagen. Odo selbst war großes Vorbild, er lebte asketisch bescheiden und kümmerte sich liebevoll um Arme und Kranke. Auch auf die Politik des Hochmittelalters hatte die cluniazensische Reform starken Einfluß, obwohl dies von Odo ursprünglich nicht geplant war; viele Päpste und Bischöfe trugen die Ideen – unter anderem den Europa-Gedanken – weit hinaus. Odo von Cluny, eine der größten Persönlichkeiten des Mittelalters, starb am 18. November 942 in Tours, Frankreich, und wurde dort in der Kirche St-Julien beigesetzt. 1407 erfolgte die feierliche Erhebung der Gebeine.

Das noch erhaltene Querschiff der romanischen Kirche der Benediktinerabtei Cluny in Burgund; die Abtei war im 10. Jh. Ausgangspunkt einer großen monastischen Reformbewegung, unter anderem ausgelöst durch die Äbte Odo und Odilo.

Darstellung: als Abt, mit Krummstab, Buch, wie er Arme bedient und liturgisches Geschirr an sie verschenkt
Patronat: der Musiker (Odo war ein begnadeter Komponist und Musiktheoretiker), für Regen, gegen Dürre

Odo der Kartäuser (von Novara) sel.
OCart, Ordensmann
Fest: 14. Januar
Geboren um 1105 in Novara (Italien), trat Odo dem Kartäuserorden bei und wurde Prior einer Kartause im damaligen Jugoslawien. Wegen Auseinandersetzungen mit dem Bischof trat er wieder vom Amt zurück und wurde Priester in Tagliacozzo (Abruzzen) in Italien. Er starb hoch verehrt wohl 1198/1200. Bestätigung des Kultes 1859.

Odorich von Pordenone sel.
OFM, Missionar
Fest: 14. Januar
Odorich (Odorico) von Pordenone spielte eine maßgebliche Rolle bei der Missionierung Asiens. Geboren um 1285 bei Pordenone in Friaul (Italien), war er um 1305 dem Franziskanerorden beigetreten mit dem Ziel, in die Mission zu gehen. Tatsächlich beauftragten ihn die Ordensoberen, nach Asien zu ziehen; Papst Johannes XXIII. verabschiedete ihn persönlich im Jahr 1316. Nach über 15jähriger beschwerlichster Missionsreise durch Rußland, Kleinasien, Persien, Mesopotamien, Ägypten, Ceylon, Indien, die Südsee und China kehrte er nach Pordenone zurück. Einem Ordensmitbruder diktierte er einen ausführlichen Reisebericht, der zu den wichtigsten Zeugnissen der Mission im Fernen Osten gehört. Odorich starb am 14. Januar 1331 in Udine; der Schrein mit seinen Gebeinen steht dort bis heute in der Kirche S. Madonna del Carmine. 1755 Seligsprechung.
Patronat: für Fernreisende

Odrada
Jungfrau
Fest: 3. November
Nach der wohl gänzlich legendarischen Vita stammte Odrada aus Scheps bei Baelen (Belgien) und

Sarkophag mit den Gebeinen des Odorich von Pordenone in der Kirche S. Madonna del Carmine in Udine.

zogen englische und schottische Benediktiner ein, einer von ihnen lernte Oliver Plunket im Gefängnis von London kennen und brachte nach seiner Ermordung den Leichnam nach Lamspringe. – Geboren 1629 in Loughcrew in Irland, studierte Oliver Plunket in Rom Theologie und empfing 1654 die Priesterweihe. Als er 1669 zum Erzbischof von Armagh und zum Primas von Irland ernannt wurde, machte er sich kraftvoll daran, die irische Kirche wiederherzustellen, obwohl Katholiken weiterhin schwersten Verfolgungen ausgesetzt waren. Ab 1674 konnte Plunket nur aus dem Verborgenen wirken, so sehr hatte sich die Lage aufgrund antikatholischer Gesetze verschärft. Nach falschen Beschuldigungen wurde Plunket 1679 in Dublin verhaftet und in einem Scheinprozeß mit falschen Zeugen und gekauften Aussagen als „Hochverräter" zum Tod verurteilt. Noch im Gefängnis trat Oliver Plunket dem Benediktinerorden bei, indem er vor dem Mitgefangenen Maurus Corker, dem Obersten der englischen Benediktiner, die Gelübde ablegte (ihm „vermachte" er auch seinen Körper). Plunket wurde am 11. Juli 1681 in Tyburn/London gehängt und gevierteilt (er war der letzte in einer langen Reihe von Katholiken, die in Tyburn ermordet wurden). 1920 Seligsprechung. 12. Oktober 1975 Heiligsprechung.

Olympias
Witwe
Fest: 17. Dezember
Olympias, eine Adlige aus Konstantinopel, heiratete zunächst den Präfekten der Stadt; nachdem er schon kurz nach der Hochzeit gestorben war, sollte sie auf Druck ihrer Familie erneut heiraten, was sie jedoch verweigerte, um sich fortan ganz dem Dienst für die Kirche zu widmen. Olympias gab ihr ganzes Vermögen für Kirchen und Klöster sowie für die Armen von Konstantinopel. Sie war hoch angesehen und wurde auch von Bischöfen um Rat gefragt. Schließlich empfing sie die Weihe zur Diakonisse und stellte ihr Haus für die Einrichtung eines Diakonissenklosters zur Verfügung, das sie leitete. Als Patriarch → Johannes Chrysostomus, mit dem sie eine enge geistige Freundschaft verband, aus Konstantinopel verbannt wurde, mußte auch Olympias auf Befehl die Stadt verlassen. Sie ging ins Exil nach Nikomedien (Türkei), wo sie 408 starb.

Oncho
Pilger
Fest: 8. Februar
Der Pilger Oncho aus Irland widmete sein Leben dem Suchen und Sammeln von Reliquien irischer Heiliger. Dabei starb er eines Tages (um 600) im Kloster Clonmore in Irland, worauf sein Leichnam dort zusammen mit den gesammelten Heiligenreliquien in einem Schrein vereint wurde.

Onesimos hl.
Sklave, Bischof(?)
Fest: 16. Februar
Bei Onesimos werden wahrscheinlich zwei Träger gleichen Namens miteinander vermengt. Zum einen war Onesimos jener Sklave von → Philemon, der vor ihm geflohen war und in Rom auf → Paulus traf, woraufhin sich zwischen beiden eine herzliche Freundschaft entwickelte. Paulus gab Onesimos ein Empfehlungsschreiben an Philemon mit, in dem er diesen um die Freilassung seines Sklaven bat. Nach den wohl legendarischen Überlieferungen soll Onesimos später Missionar und Bischof von Ephesos (Türkei) gewesen sein und als Märtyrer gestorben sein.

Onesiphoros und Porphyrios hll.
Märtyrer
Fest: 6. September
Onesiphoros soll ein Freund von → Paulus gewesen sein; beide lernten sich wohl in Ephesos kennen. Die Legende erzählt, daß Onesiphoros und sein Diener(?) Porphyrios Paulus nach Spanien begleiteten und später wieder zurück wohl nach Kleinasien; dort soll Onesiphoros zusammen mit Porphyrios um 80

Der Einsiedler Onuphrios, nach einem Gemälde von José de Ribera, um 1637, Eremitage, St. Petersburg.

das Martyrium erlitten haben (angeblich wurden die beiden Männer wilden Stieren vorgeworfen, die sie mit ihren Hörnern zu Tode stießen).

Onuphrios der Große hl.
Einsiedler
Fest: 12. Juni
Onuphrios gehörte im Mittelalter zu den besonders verehrten Heiligen im Osten und im Westen, in der ganzen christlichen Welt kannte man seine (legendarische) Lebensgeschichte. Danach war er ein Ägypter, der im 4. Jh. fast 70 Jahre lang als Asket in der Wüste Thebäis in Oberägypten lebte. Entdeckt wurde er von → Paphnutios, der ihn nackt vorfand, den Körper bedeckt mit seinen Haaren und einem Blätterschurz; bei dem Treffen starb der betagte Onuphrios (um 400). Bald verbreitete sich die Verehrung in vielen Ländern der Erde, nicht zuletzt durch die von Paphnutios verfaßte Vita. Onuphrios gilt als einer der wenigen Wüstenväter, deren Kult sich auch im Westen festigte. Auch die Kreuzzüge trugen zu der weitverbreiteten Verehrung bei. Angebliche Reliquien gelangten auch nach München und Braunschweig in Deutschland.
Darstellung: als Asket, mit langen Haaren, Fellen, Blättern, Krone, Zepter, Kelch, Hostie, Kreuz
Patronat: von München (Mitpatron), der Weber, des Viehs

Opportunata hl.
OSB, Äbtissin
Fest: 22. April
Die Verehrung für Opportunata existiert in den Bistümern Sées, Paris und Meaux bis heute. Die Schwester von Bischof → Chrodegang von Séez (Sées) trat jung in das Benediktinerkloster Montreuil bei Séez in der Normandie (Frankreich) ein und wurde dort wohl Äbtissin; Überlieferungen beschreiben sie als liebevolle Mutter all ihrer Nonnen. Opportunata starb um 770. Vor allem in Frankreich entwickelte sich ein lang anhaltender Kult; Reliquien werden in Argentan aufbewahrt (wahrscheinlich der Geburtsort von Opportunata in der Normandie).

Optatus hl.
Bischof von Mileve, Kirchenschriftsteller
Fest: 4. Juni
Optatus, etwa ab 360 Bischof von Mileve in Numidien (Mila, Algerien), war ein machtvoller, gebildeter, gleichzeitig aber immer versöhnlicher Gegner der (großenteils auf Nordafrika beschränkten) Donatisten; er versuchte alles, um mit Worten und Schriften den sogenannten Donatistenstreit beizulegen, seine sechs (sieben?) Bücher dazu schrieben Geschichte und wurden von Zeitgenossen wie → Augustinus von Hippo und → Fulgentius von Ruspe hoch gerühmt. Optatus starb um 387 in Mileve.

Oranna (Oranda) hl.
Königstochter, Einsiedlerin
Fest: 15. September
In Berus bei Saarlouis (Saarland) feiert man bis heute den Orannentag; in der Pfarrkirche werden Reliquien von Oranna aufbewahrt, zu denen sich eine Wallfahrt entwickelte. – Nach der legendarischen Überlieferung soll Oranna die Tochter eines schottischen Königs gewesen sein, der sie wegen ihrer Schwerhörigkeit verstieß. Zusammen mit → Wendelin soll sie dann im 6. Jh. in das Saar-Mosel-Gebiet gekommen sein, wo sie mit einer Gefährtin namens Cyrilla missionierte und eine große Wohltäterin war. Gemeinsam wurden beide Frauen in Eschweiler bei Saarlouis beigesetzt. 1488 wurden die Oranna-Gebeine erhoben, 1719 gelangten sie ins benachbarte Berus (Reste der Kirche mit Grabstätte sind in der Kapelle im heutigen Überherrn-Berus noch enthalten, seit 1969 ruhen Oranna-Gebeine in einer hölzernen Reliquienlade neben dem Altar).
Patronat: gegen Ohrenleiden und Schwindel

Ordonius
OSB, Bischof von Astorga
Fest: 23. Februar
Der Spanier Ordonius war Mönch in der Benediktinerabtei Sahgún bei León (Spanien); 1062 wurde er zum Bischof von Astorga ernannt. Er starb hoch verehrt am 23. Februar 1066.

Luigi Orione, Gründer der Kongregation der Eremiten der göttlichen Vorsehung.

Orentius von Auch
Bischof von Auch
Fest: 1. Mai
Orentius lebte im 5. Jh. als Einsiedler in Südwestfrankreich; über 40 Jahre war er dort Seelsorger. Das Volk, das ihn hoch achtete und verehrte, bestand darauf, daß er Bischof von Auch (Gascogne) wurde; er trat sein Amt um 438 an, starb aber schon kurze Zeit später am 1. Mai 439.

Orione, Luigi sel.
Ordensgründer
Fest: 12. März
Geboren am 23. Juni 1872 in Pontecurone bei Tortona (Italien), trat Luigi Orione 13jährig bei den Franziskanern in Voghera ein, mußte aber nach einem Jahr wegen einer schweren Erkrankung das Kloster wieder verlassen. Ab 1886 studierte er im Oratorium von Giovanni → Bosco in Turin und erlebte den Ordensgründer noch für kurze Zeit. 1892 gründete Orione in Tortona, wo er nun im Priesterseminar studierte, sein erstes

Die Cappella della Casa Madre in dem von Luigi Orione erbauten Wallfahrtszentrum Madonna della Guardia in Tortona.

Don Orione im Alter von 24 Jahren und kurz vor seinem Tod.

Werk, das Feiertags-Oratorium S. Luigi. 1895 empfing er die Priesterweihe. 1903 gründete er für den Schulunterricht armer Kinder und deren Aufenthalt in Ferienlagern die Kongregation der Eremiten der göttlichen Vorsehung (Figli della Divina Provvidenza), 1915 die Kongregation der Kleinen Missionsschwestern der Caritas. Weitere Gemeinschaften für Männer und Frauen folgten und wurden von Orione in die ganze Welt entsandt, so nach USA und Südamerika, nach England und Polen. Unermüdlich organisierte er Caritas-Einrichtungen in unzähligen Ländern, das Zentrum seines Hilfswerkes war Tortona. Luigi Orione starb am 12. Mai 1940 in San Remo; in einem triumphalen Begräbnis wurde er in der Krypta des von ihm erbauten marianischen Wallfahrtszentrums Madonna della Guardia in Tortona beigesetzt. Als man den Sarg Oriones 1965 eröffnete, war der Leichnam noch völlig unversehrt. 26. Oktober 1980 Seligsprechung.

Ormieres, Antonio Rosa
Ordensgründer
Fest: 16. Januar
Geboren am 14. Juli 1809 in Quillan (Frankreich), wurde Antonio Rosa Ormieres Priester und gründete die Kongregation der Schwestern vom Schutzengel. Er starb am 16. Januar 1890 in Gijon, Spanien. Der Seligsprechungsprozeß ist eingeleitet.

Orsola Benincasa
Ordensgründerin
Fest: 20. Oktober
Orsola Benincasa, geboren am 21. Oktober 1550 in Neapel in Italien, gründete 1583 die Kongregation der Oblatinnen (später Theatinerinnen von der Unbefleckten Empfängnis der Jungfrau Maria genannt). Sie starb am 20. Oktober 1618 in Neapel. Der Seligsprechungsprozeß läuft.

Ortolana (Hortulana) sel.
OSCl, Ordensfrau
Fest: 2. Januar
Ortolana war die Mutter von → Klara von Assisi, der Gründerin des Klarissenordens (zusammen mit → Franz von Assisi). Geboren um 1170, heiratete sie einen Adligen namens Offreduccio und bekam drei Töchter (1194 wurde Klara geboren, um 1196 Schwester → Agnes). Nachdem Klara den Klarissenorden gegründet hatte (der 1253, zwei Tage vor ihrem Tod, päpstlich bestätigt wurde), traten Agnes (1212), Schwester Beatrix und Ortolana (1226) ebenfalls in das Klarissen-Urkloster S. Damiano bei Assisi ein. Die Angaben über das Todesjahr von Ortolana gehen auseinander; die einen Quellen nennen den 2. Januar 1253 (auch Klara starb 1253), andere sagen, das Todesdatum lag vor 1240.

Osanna Andreasi von Mantua sel.
OP, Ordensfrau, Mystikerin
Fest: 18. Juni
Geboren am 17. Januar 1449 in Mantua (Italien), wurde Osanna Andreasi schon als Mädchen Dominikanerterziarin und gab im Laufe ihres Lebens den größten Teil ihres Vermögens für die Armen von Mantua. Sie hatte viele Visionen und Begnadungen und trug die Stigmata. 1501 trat sie dem Dominikanerorden bei. Osanna von Mantua war eine charismatische Persönlichkeit und gefragt als Ratgeberin von Menschen aller Schichten. Sie starb am 18. Juni 1505 in Mantua und wurde dort in der Kirche S. Domenico beigesetzt; seit 1814 ruhen die Gebeine in der Kathedrale. 1694 und 1695 Bestätigung des Kultes.
Darstellung: mit Satan zu Füßen, mit Kruzifix, Dornenkrone, Christuskind, Rosenkranz
Patronat: der Diözese Mantua, der Schülerinnen

Osburga
OSB, Äbtissin
Fest: 30. März
Osburga war die erste Äbtissin der von König Canute um 1000 gegründeten Benediktinerabtei Coventry in England; sie starb dort an einem 30.(28.?) März nach 1016 (sie wird 1016 noch als Äbtissin geführt, danach existieren keine Angaben mehr).

Osfrid → Ansfrid

Osmanna (Osanna) von Jouarre hl.
Reklusin
Fest: 9. September
Über das Leben von Osmanna existieren nur Legenden; danach war sie eine irische Prinzessin, die im 7. Jh. vor einer von den Eltern beschlossenen Heirat in die Bretagne (Frankreich) flüchtete und sich dort in St-Brieuc in einer Zelle einmauern ließ. Bezeugt ist ein sehr alter Kult; in der Bretagne erinnern bis heute verschiedene Orte und Stellen an Osmanna, so Ste-Osmane. – Nach einer anderen Überlieferung soll Osmanna eine Nonne in Jouarre in der Diözese Meaux gewesen sein, wo sie bis heute verehrt und ein Osmanna-Grab gezeigt wird.

Osmund (Ansmund) sel.
Bischof von Salisbury (Old Sarum)
Fest: 4. Dezember
Osmund, ein normannischer Adliger aus Séez (Sées) kam Mitte des 11. Jh. an den Hof von Wilhelm I. (dem Eroberer) und begleitete ihn 1066 nach England; Wilhelm machte ihn 1071 zum Kanzler. 1072 wurde Osmund zum Bischof von Exeter ernannt, 1078 zum Bischof von Salisbury (damals Old Sarum), wo er die erste Kathedrale vollendete. Er gilt als Mitverfasser des sogenannten Sarum Rite (Sarum Use), einer lokalen Form des liturgischen Dienstes (der in jüngerer Zeit in der anglikanischen

Kirche wieder an Bedeutung gewonnen hat). Osmund starb am 4. Dezember 1099 in Salisbury und wurde dort in der Kathedrale beigesetzt. 1457 (1456?) Seligsprechung.

Ossó y Cervelló, Enrique de hl.
Ordensgründer
Fest: 27. Januar
Bei seinem Spanienbesuch sprach Papst Johannes Paul II. am 16. Juni 1993 auf dem Kolumbus-Platz in Madrid den Spanier Enrique de Ossó y Cervelló heilig (am 14. Oktober 1979 hatte er ihn auch seliggesprochen). Der Papst nannte den Heiligen in seiner Ansprache „Salz der Erde und Licht der Welt"; gebannt durch das „Licht, das keinen Untergang kennt", habe Ossó den unerschöpflichen Reichtum gefunden und alles verlassen, um es zu besitzen. – Geboren am 16. Oktober 1840 in Vinebre, empfing Enrique de Ossó y Cervelló die Priesterweihe und gründete 1876 die Kongregation der Schwestern der Gesellschaft der heiligen Theresia von Jesus, die sich der christlichen Erziehung und der Sorge um die Bedürftigen widmet. Er selbst konzentrierte sein ganzes apostolisches Wirken auf die Katechese. Ossó starb am 27. Januar 1896 in Gilet (Spanien).

Statue des Enrique (Heinrich) de Ossó y Cervelló, Gründer der Kongregation der Schwestern der Gesellschaft der heiligen Theresia von Jesus. – Auf dem Bild rechts als Priester.

Kopfreliquiar (um 1180) von König Oswald mit Krone (um 1000), Domschatz Hildesheim.

Oswald hl.
König, (Märtyrer)
Fest: 5. August
Oswald wird in den deutschsprachigen Alpenländern oft als einer der → Vierzehn Nothelfer angesehen. Im Mittelalter bis in die neuere Zeit genoß er große Verehrung in ganz Europa; in England, wo er als Märtyrer angesehen wird, verehrt man ihn bis heute (er ist der Patron der englischen Könige). – Geboren um 604 als Sohn von König Ethelfrid von Northumbrien, mußte Oswald nach dem Tod seines Vaters, der bei einem Aufstand der Briten getötet worden war, aus dem Land fliehen. Er kam in das Kolumban-Kloster Iona (Hy) in Schottland, wo er, noch heidnischen Glaubens, im christlichen Glauben unterrichtet wurde und schließlich die Taufe empfing. 634 eroberte Oswald sein Land zurück und widmete sich fortan mit aller Kraft der Christianisierung seines Volkes; durch sein Vorbild bestärkt, ließen sich viele Untertanen taufen, bald war der größte Teil von Northumbrien christlich. 635 gründete er zusammen mit → Aidan das Benediktinerkloster Lindisfarne auf Holy Island, das zum Mittelpunkt der Missionstätigkeit in England wurde. Oswald hatte Aidan um die Missionierung unter den Angelsachsen gebeten (Aidan war erster Abt von Lindisfarne und eine der verehrtesten Glaubenspersönlichkeiten Englands jener Zeit). Oswald starb am 5. August 642, erst etwa 38 Jahre alt, in der Schlacht gegen den heidnischen König Penda von Mercia bei Maserfield (und wird daher als Märtyrer verehrt). Über eine Grabstätte ist nichts bekannt; das Oswald-Haupt soll sich bis heute im Sarkophag von → Cuthbert in Durham (England) befinden.
Darstellung: als König oder Krieger, mit Rabe, Taube, Hirsch, Ähren, Pokal, Palme
Patronat: der englischen Könige, von Stadt und Kanton Zug, der Kreuzfahrer, der Schnitter, gegen die Pest, des Viehs

Oswald von York hl.
OSB, Bischof von York
Fest: 29. Februar (28. Februar)
Der Benediktiner Oswald gilt als großer Wiederbeleber und Reformer des monastischen Lebens in England. Geboren im ersten Drittel des 10. Jh. in England als Sohn einer dänischen Adelsfamilie, erhielt Oswald seine Erziehung von seinem Onkel → Odo von Canterbury. Zur weiteren Ausbildung kam er in das Benediktinerkloster Fleury in Frankreich und nahm

dort auch das Ordensgewand. Auf Vorschlag von → Dunstan wurde Oswald 961 zum Bischof von Worcester ernannt; er setzte sich fortan tatkräftig und unermüdlich für die Wiederbelebung des Klosterlebens in England ein und gründete unter anderem die Abteien Ramsey und Worcester. 972 erhielt Oswald die Ernennung zum Erzbischof von York, behielt aber auch das Bischofsamt von Worcester. Er starb am 29. Februar 992 in York; es heißt, er sei auf den Knien gestorben, als er, wie jeden Tag, zwölf Armen die Füße wusch. Beigesetzt ist Oswald in Worcester.
Darstellung: Teufel vertreibend

Osyth (Osith, Osgitha)
OSB, Königin, (Märtyrerin)
Fest: 7. Oktober
Nach der teilweise unsicheren Überlieferung war Osyth eine englische Prinzessin, die Mitte des 7. Jh. Sighere, den König der Ostsachsen, heiratete (ihr gemeinsamer Sohn Offa wurde 683 König). Wahrscheinlich gründete Osyth später in Essex das Benediktinerinnenkloster in Chich, das nach ihr heute St. Osyth heißt. Mehr weiß man nicht über sie; angeblich starb sie um 700. Bald nach dem Tod Osyths entstand eine starke Verehrung; 1095 wurden ihre Gebeine erhoben, sie befinden sich in Chich. – Eine andere Legende berichtet, Osyth sei von dänischen Plünderern erschlagen worden, als diese ihr Kloster überfielen.
Darstellung: in königlichen Gewändern, ihren abgeschlagenen Kopf in den Händen tragend, mit Hirsch

Otmar →
Audomar (von Thérouanne)

Otmar (Othmar)
von St. Gallen hl.
OSB, Gründerabt
Fest: 16. November
Otmars Lebensgeschichte ist eng mit dem Benediktinerkloster von St. Gallen in der Schweiz verbunden, als dessen Gründer er gilt und das er im 8. Jh. in wenigen Jahren zu hoher Blüte brachte. – Otmar stammte wohl aus dem alamannischen Raum und war Priester und Missionar. 719 wurde er zur Einsiedelei des 640 verstorbenen → Gallus im Schweizer Steinachtal berufen, wo weiterhin eine Gruppe von Mönchen nach der von Gallus eingeführten Kolumban-Regel zusammenlebte, die Zelle jedoch langsam auszusterben drohte. Otmar baute die Einsiedelei zu einem Kloster aus und gab ihm die Benediktregel; er holte zahlreiche Mönche aus der ganzen alamannischen Region ins Steinachtal, so daß die Klostergemeinschaft beim Grab des Urgründers Gallus rasch wuchs. Verschiedene Schenkungen verhalfen dem Kloster darüber hinaus zum Aufschwung. Bei der Abtei gründete Otmar auch das erste Aussätzigenheim der Schweiz. Als Otmar in einer Auseinandersetzung mit Staat und Bistum die Rechte des Klosters verteidigte, verleumdeten ihn Feinde und erreichten seine lebenslange Verbannung auf die Rheininsel Werd

Der Stahlstich von 1836 zeigt St. Gallen mit dem Kloster und der Kathedrale (rechts), Wirkungsstätte von Otmar, dem Erneuerer und ersten Abt der Einsiedelei des heiligen → Gallus.

Der Kupferstich aus der Helvetia Sancta von 1648 zeigt Otmar von St. Gallen und die Legende der Rücküberführung seiner Gebeine von der Insel Werd ins Kloster St. Gallen.

bei Stein am Rhein (Schweiz). Einsam und verlassen starb Otmar am 16. November 759 auf Werd; 769 wurden die Gebeine in sein Kloster „St. Gallen" rückübertragen, 864 erhoben und schließlich 867 in der neuen Otmar-Kirche beigesetzt.
Legende: Bei der Übertragung der Otmar-Gebeine von Werd ins Kloster zurück geriet das Schiff der Mönche auf dem Bodensee in Seenot. Für ihren Durst hatten die Klostermänner nur ein Fäßchen mit Wein dabei, der sich auf wundersame Weise immer wieder vermehrte, bis das Schiff endlich an Land gelangen konnte.
Um die Gestalt des Otmar entwickelte sich im Mittelalter ein starker Kult, vor allem in der Schweiz und in Süddeutschland. Vielerorts hat sich bis heute lebendiges Brauchtum erhalten; kranken Kindern zog man früher „Otmars-Kittelchen" an, damit sie wieder gesund würden. In Werd existiert bis heute eine Otmar-Wallfahrt. Am Otmarstag werden mancherorts Wasser und Öl gesegnet.
Darstellung: als Abt oder Benediktinermönch, mit Weintrauben oder Weinfäßchen, mit Gallus
Patronat: des Bistums St. Gallen, der Kranken, der Verleumdeten, der schwangeren Frauen, der Kinder, des Viehs

Otho
OFM, Missionar, Märtyrer
Fest: 16. Januar
Otho, geboren um 1195 in Italien, wurde von → Franz von Assisi in den neugegründeten Franziskanerorden aufgenommen und gleich in die Mission nach Marokko entsandt. Schon kurz nach dem Eintreffen erlitt er zusammen mit anderen Franziskanern den Martertod: Mohammedaner ermordeten die Missionare am 16. Januar 1220 in Marrakesch. Otho und seine Gefährten (Berardus, Petrus von S. Gimignano, Accursius und Adiutus) waren die ersten Märtyrer des Franziskanerordens überhaupt. 1482 Approbation des Kultes.

Otteran (Otteronus) sel.
Abt, (Bischof)
Fest: 27. Oktober
In ganz Irland begeht man bis heute das Gedenken an Otteran, der 1902 seliggesprochen wurde. Geboren um 500 in Irland, wurde Otteran Abt von Kloster Meath (und vielleicht Bischof). 563 zog er mit → Columban und elf weiteren Gefährten auf die schottische Insel Hy, wo Columban sein berühmtestes Kloster Iona gründete, das zum Missionsmittelpunkt wurde. Otteran war der erste Mönch, der in Iona starb, wahrscheinlich noch im Jahr 563.

Otto von Bamberg hl.
Bischof von Bamberg
Fest: 30. Juni, 30. September
Otto entstammte einem schwäbischen Adelsgeschlecht und kam um 1061 in Mittelfranken (Bayern) zur Welt. Ab 1088 bewegte er sich im Umfeld von Kaiser Heinrich IV. und war ihm treu verbunden; 1090 übertrug ihm Heinrich die Aufsicht über den Fortgang der Bauarbeiten für den Dom von Speyer. Als im Investiturstreit der Bann über Heinrich verhängt wurde, blieb Otto in seiner Nähe, ebenso nach Heinrichs berühmtem „Gang nach Canossa". Als Dank für seine Treue ernannte der Kaiser Otto 1102 zum Bischof von Bamberg (Bayern). Otto schob die Bischofsweihe immer wieder hinaus, bis er sie endlich an Pfingsten 1106 von Papst Paschalis II. persönlich empfangen konnte; damit besaß Otto die Legitimation vom Kaiser und vom Papst, eine während des Inve-

Die Mitra von Otto von Bamberg aus dem frühen 12. Jh. befindet sich im Domschatz von Bamberg; sie soll aus dem Grab des Heiligen stammen.

Bischof Otto von Bamberg, nach einer romanischen Wandmalerei von 1130, Klosterkirche St. Georg, Prüfening bei Regensburg.

stiturstreites bemerkenswerte Tatsache. In den folgenden Jahren bemühte sich Otto von Bamberg unermüdlich um eine Versöhnung zwischen Kaiser und Papst und konnte schließlich den Kompromiß des Wormser Konkordates von 1122 vorbereiten. Zwischen 1124 und 1128 gründete und organisierte er auf Bitten von Boleslaw von Polen die Kirche von Pommern (Beiname: „Apostel von Pommern“) und hinterließ dort ein Netz von Missionaren, die in kurzer Zeit 22 000 Menschen tauften. In mehreren Diözesen gründete und erneuerte Otto darüber hinaus viele Kirchen und Klöster, so die Hirsauer Reformklöster und die neuen Gemeinschaften der Augustiner-Chorherren, der Zisterzienser und der Prämonstratenser. Immer aber war Bamberg sein Hauptbetätigungsfeld; hier hielt er Synoden ab, baute die Seelsorgestellen aus und verdichtete das Netz der Pfarreien in den ländlichen Gebieten. Otto starb am 30. Juni 1139 in Bamberg und wurde auf seinen Wunsch hin im Kloster Michaelsberg beigesetzt (das Hochgrab ist noch erhalten und wurde zur Wallfahrtsstätte).
Darstellung: als Bischof, mit Kirchenmodell, Löwe, Pfeilen, Nägeln
Patronat: des Erzbistums Bamberg, der Diözese Berlin, gegen Fieber, gegen Tollwut

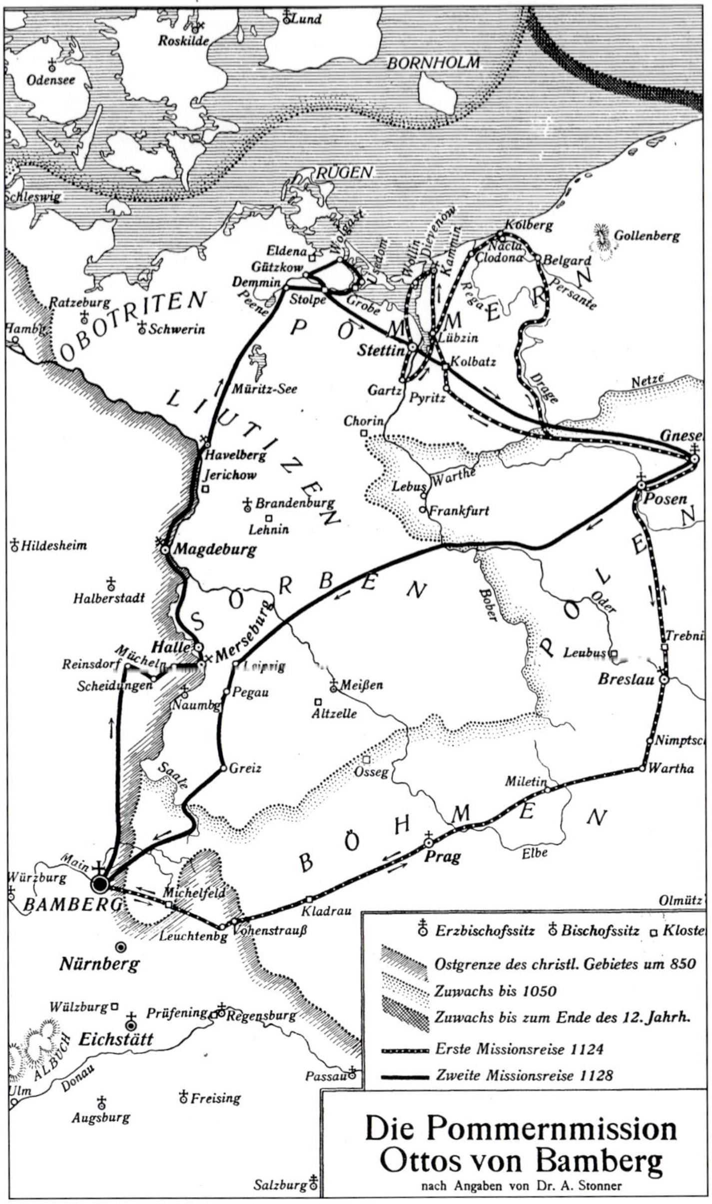

Die Pommern-Mission des Otto von Bamberg, auf einer Karte nach Angaben von Dr. A. Stonner.

Denkmal für Bischof Otto von Freising auf dem Domplatz in Freising. Das Standbild ist von Kaspar Zumbusch und wurde 1858 aufgestellt.

Otto von Freising
OCist, Bischof von Freising
Fest: 22. September

Otto von Freising wird seit Jahrhunderten wie ein Seliger verehrt, obwohl er nie offiziell seliggesprochen wurde. Er galt als eine der prägenden Kirchenpersönlichkeiten des 12. Jh. im deutschsprachigen Raum. Geboren um 1112 in Neuburg bei Wien, Österreich, als Sohn des Markgrafen → Leopold III. von Österreich, soll Otto schon 14jährig Propst von Klosterneuburg gewesen sein. 1132 trat er in das Zisterzienserkloster Morimond in Frankreich ein und wurde dort 1138 Abt; im selben Jahr erhielt er die Ernennung zum Bischof von Freising (Bayern). Otto wirkte in Freising – ohne je den Mönchshabit abzulegen – als Reformer und Neubegründer des Bistums. Das monastische Ideal vorlebend, erneuerte er den Geist in den Klöstern; er hob die Moral im Klerus und machte seine Klosterschule in

Antoine-Frédéric Ozanam in jungen Jahren und ein Jahr vor seinem Tod, nach einer Bleistiftzeichnung von L. Janmot, 1852.

Maria di Gesù Émilie d'Oultremont, Gründerin der Gesellschaft Mariens von der Sühne.

Freising zu einem kulturellen Mittelpunkt. Unermüdlich setzte sich Otto für die Versöhnung von Kirche, Reich und Herzogtum ein. Berühmt wurde er auch durch sein schriftstellerisches Werk, so durch sein „Chronicon" in acht Bänden. Otto von Freising starb am 22. September 1158 in Morimond während des Ordenskapitels der Zisterzienser; er wurde in Morimond beigesetzt. – Im Bistum München-Freising gedenkt man Ottos am 7. September.
Darstellung: als Bischof, im Zisterzienserhabit, mit Buch, Schreibfeder

Ottokar (Otgar)
OSB, Ordensmann, Gründer
Fest: 26. Februar
Ottokar gründete um 750 gemeinsam mit seinem Bruder Adalbert das Benediktinerkloster Tegernsee in Bayern; besiedelt wurde es mit Mönchen aus St. Gallen (→ Otmar). Berühmtheit erlangte das Kloster, als um 761 Reliquien des Märtyrers → Quirinus hierher übertragen wurden. Kloster Tegernsee blühte rasch auf und wurde unter Abt Adalbert eines der Kulturzentren Europas. Ottokar, der als Mönch im Kloster lebte, starb am 26. Februar 771.

Oudoceus
Bischof
Fest: 2. Juli
Oudoceus, wohl bretonischer Herkunft, lebte in Wales und wurde um 600 Bischof der Region um Llandaff. Er starb an einem 2. Juli um 615. Trotz unsicherer Lebensgeschichte wird er in verschiedenen Überlieferungen beschrieben.

Oultremont,
Maria di Gesù Émilie d' sel.
Ordensgründerin
Fest: 22. Februar
Maria di Gesù Émilie d'Oultremont, verwitwete Van der Linder d'Hooghvorst, war die Gründerin der Kongregation Gesellschaft Mariens von der Sühne, deren über 1000 Schwestern heute in 21 Ländern Waisenkinder, junge Frauen in Schwierigkeiten sowie Aidskranke betreuen. Die Belgierin, geboren am 11. Oktober 1818 in Lüttich, starb am 22. Februar 1878 in Florenz (Italien). Papst Johannes Paul II. sprach sie am 12. Oktober 1997 selig.

Oviedo y Schönthal,
Antonia Maria
Ordensgründerin
Fest: 28. Februar
Geboren am 16. März 1822 in Lausanne, Schweiz, gründete Antonia Maria Oviedo y Schönthal die Kongregation der Oblatinnen vom heiligsten Erlöser. Sie starb am 28. Februar 1898. Der Seligsprechungsprozeß läuft.

Owen (Owin, Ouini)
OSB, Mönch
Fest: 4. März
Owen war zunächst Diener bei → Etheldreda, die mit dem König von Northumbrien verheiratet war (sie war eine der später meistverehrten Heiligen der Angelsachsen). Um 665 wurde er Mönch im Benediktinerkloster Lastingham unter Abt → Chad; als dieser 672 zum Bischof von Mercia ernannt wurde, nahm er Owen und andere Mönche mit und gab ihnen ein Kloster an seinem Bischofssitz Lichfield. Owen starb um 680 in Lichfield.

Ozanam,
Antoine-Frédéric sel.
Gründer
Fest: 8. September
Der Franzose Antoine-Frédéric Ozanam gilt als Vordenker der katholischen Soziallehre und als Organisator einer modernen Caritas; seine Ideen eröffneten neue Wege in der tätigen Nächstenliebe. Auch der deutsche Caritas-Verband, der 1997 seinen 100. Geburtstag beging, geht in seinen Ursprüngen auf Ozanam und seine sogenannten Vinzenz-Konferenzen zurück. Papst Johannes Paul II., der Ozanam am 22. August 1997 in Paris seligsprach, war in seiner Jugend selbst Mitglied einer Vinzenz-Konferenz. – Geboren am 23. April 1813 in Mailand (Italien) als Kind französischer Eltern, schloß Ozanam sein Studium 1836 mit dem Doktor in Jura und 1839 mit dem in Literaturwissenschaften ab. Zum Freundeskreis von Ozanam gehörten zu jener Zeit der Politiker Chateaubriand, der Kirchenpolitiker und Dominikaner Lacordaire und der sozialpolitisch tätige Priester Mamenais. Bereits im Mai 1833 hatte der 20jährige Ozanam, der an seiner Universität Sorbonne in Paris die Seele der neuerstandenen katholischen Bewegung unter der Studentenschaft war, die erste Vinzenz-Konferenz gegründet, die „Konferenz der Nächstenliebe"; viele weitere folgten rasch. Benannt nach dem großen Caritas-Apostel → Vinzenz von Paul, waren die Vinzenz-Konferenzen eine Bewegung von, für und mit Laien, die in persönlichen Begegnungen mit Bedürftigen und sozial Schwachen wirkungsvolle Hilfeleistungen erbrachten. Ab 1844 wirkten die Vinzenz-Konferenzen auch in Italien, ab 1845 in Deutschland und in Amerika. Heute engagieren sich über 900 000 Menschen in fast 50 000 örtlichen Vinzenz-Konferenzen in 132 Ländern der Welt. Ozanam starb am 8. September 1853 in Marseille.

P

Pachomios der Ältere (von Theben) hl.
Abt, Mönchsvater
Fest: 14. Mai

„Vater des ägyptischen Mönchtums“ wird Pachomios der Ältere genannt; er war es, der die erste bekannte Mönchsregel in schriftlicher Form verfaßte, er gehörte zu den herausragenden Persönlichkeiten des Mönchtums überhaupt. Das Koinobitentum, das Zusammenleben von Asketen in einer Klostergemeinschaft (im Gegensatz zum Leben als Einsiedler), wurde von Pachomios begründet. – Geboren um 290 in Oberägypten als Kind heidnischer Bauern, mußte Pachomios um 310 gegen seinen Willen Soldat im römischen Heer werden. Nach der Entlassung empfing er, beeindruckt vom Leben der noch jungen Christengemeinden, die Taufe und wurde Schüler des damals berühmten Anachoreten → Palaemon. Um 320 verließ er seinen Lehrer und ließ sich in Tabennísi in der Wüste Thebäis (Ägypten) nieder, wo er in der Folge das erste christliche Kloster überhaupt gründete und einzeln lebende Asketen erstmals hinter Mauern vereinte und führte. Dies war die Geburtsstunde des Koinobitentums. Pachomios verfaßte für die Mönche eine eigene Regel, die Gemeinsamkeit und Einheitlichkeit in Kleidung, Mahlzeiten, Arbeit und Gebet sowie große Disziplin und Achtung des Abtes vorschrieb. Er gründete rasch weitere Klöster, bald waren es neun Männer- und zwei Frauenklöster; als Pachomios am 14. (9.?) Mai 347 in seinem Kloster starb, lebten bereits über 9000 Mönche nach seiner Regel.
Darstellung: als bärtiger Greis, in Mönchs- oder einfacher Fellkleidung, mit Schrifttafeln

Pacianus hl.
Bischof von Barcelona
Fest: 9. März

In Spanien genießt Pacianus bis heute Verehrung, der berühmte Spruch: „Mein Vorname ist Christ, mein Nachname Katholik“ stammt von ihm. Geboren um 300 in Spanien (vielleicht in Barcelona), war Pacianus wohl etwa ab 360/365 Bischof von Barcelona und zeichnete sich in seinem Amt durch große Fürsorge für seine Gläubigen aus. Bekannt wurde er durch aufsehenerregende Schriften; Pacianus galt als einer der geschliffensten Schriftsteller seiner Zeit. In Briefen setzte er sich auch mit den Thesen der Novatianer auseinander (die behaupteten, nach dem Erhalt der Taufe habe der Mensch keine Möglichkeit mehr, Vergebung für seine Sünden zu erhalten). Pacianus starb um 390 in Barcelona.

Pacificus von der Mark sel.
OFM, Provinzial
Fest: 10. Juli

Pacificus war der Begründer der Franziskanerordensprovinz Frankreich. Geboren um 1175 in Italien, war er zunächst als umjubelter Troubadour durch Italien gezogen und genoß auch große Anerkennung und Bewunderung der Herrscher. 1212 begegnete er → Franz von Assisi, der gerade den Franziskanerorden gegründet hatte; er bekehrte sich, trat dem Orden bei und erhielt von Franz den Namen Pacificus. Von Franz beauftragt, zog er 1217 nach Frankreich, legte dort den Grundstein für die Ordensprovinz und wurde erster Provinzial. Pacificus von der Mark starb am 10. Juli 1230.

Die Wüstenväter in der Thebäis; nach einem Gemälde aus dem 15. Jh. In Tabennísi gründete Pachomios das erste christliche Kloster.

Francisco Palau y Quer gründete die Gemeinschaften Bruder-Karmeliten der Schulen und Missionskarmelitinnen.

Pacificus von Novara (von Cerano) sel.
OFM, Ordensmann
Fest: 4. Juni, 9. Juni
Pacificus, der mit Familiennamen Ramota hieß, kam 1424 in Cerano (Ceredano) in der Lombardei (Italien) zur Welt und trat 1445 bei den Franziskanerobservanten in Novara in Norditalien ein. In den folgenden Jahrzehnten bis zu seinem Tod am 4. Juni 1482 (in Sassari auf Sardinien) wirkte er als begeisternder Prediger in ganz Italien und hatte darüber hinaus wichtige Ordensämter inne. 1745 Bestätigung des Kultes.

Pacificus von San Severino hl.
OFM, Ordensmann, Mystiker
Fest: 24. September
Geboren am 1. März 1653 in San Severino bei Ancona (Italien), nahm Carlo Antonio Divini 1670 beim Eintritt in den Franziskanerorden den Namen Pacificus an. 1679 empfing er die Priesterweihe und wirkte danach viele Jahre als Philosophielehrer, später auch als Volksmissionar. 1688 änderte sich sein Leben völlig, er wurde plötzlich taub und blind, eine offene Wunde am Bein machte ihn gehunfähig; gleichzeitig erhielt er verschiedene mystische Begnadungen, sein Charisma beeindruckte alle, die ihn aufsuchten. Pacificus starb am 24. September 1721 in San Severino. Die Seligsprechung erfolgte 1786 und seine Heiligsprechung 1839.

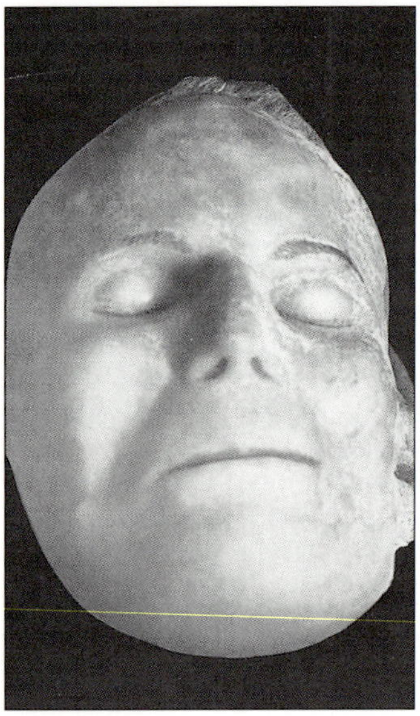

Die Totenmaske des Pacificus von San Severino befindet sich im Santuario di S. Pacifico in San Severino.

Paduinus (Pavin, Badwin)
OSB, Abt
Fest: 15. November
Paduinus war um 700 einer der bekanntesten Benediktiner seiner Zeit. Er war zunächst Mönch und Prior im Kloster Ste-Vincent in Le Mans (Frankreich), später erster Abt der Benediktinerabtei St-Marie bei Le Mans. Er starb am 15. November wohl 703(?).

Palaemon
Abt
Fest: 11. Januar
Palaemon war um 300 einer der ersten Anachoreten in Ägypten. In den Verfolgungen unter Christenhasser Diokletian geriet er in Lebensgefahr und floh nach Oberägypten in die Wüste Thebäis. Einer seiner berühmtesten Schüler war → Pachomios, den er auf das Mönchsleben vorbereitete und mit dem ihn eine Freundschaft verband. Wahrscheinlich folgte Palaemon Pachomios nach Tabennísi und wirkte dort beim Aufbau des ersten Koinobitenklosters mit. Palaemon starb am 11. Januar 330.

Palau y Quer, Francisco sel.
OCarm, Ordensmann
Fest: 20. März
Geboren am 29. Dezember 1811 in Aytona bei Lerida, Spanien, legte Francisco Palau y Quer 1833 bei den Karmelitern die Profeß ab und nahm den Namen Francisco von Jesus, Maria und Joseph an. Wegen der in Spanien herrschenden Kirchenverfolgung mußte er in den folgenden Jahrzehnten immer wieder flüchten und sich zeitweise sogar vor Gericht verantworten; 1854 verbannte man ihn auf die Insel Ibiza. Nach seiner Rückkehr 1860 widmete sich Palau y Quer intensiv dem Predigtapostolat; außerdem gründete er die beiden religiösen Gemeinschaften Bruder-Karmeliten der Schulen sowie Missionskarmelitinnen. Er starb am 20. März 1872 in Tarragona, Spanien. 24. April 1988 Seligsprechung.

Palazzolo, Luigi Maria sel.
Ordensgründer
Fest: 15. Juni
Geboren am 10. Dezember 1827 in Bergamo, Italien, empfing Luigi Maria Palazzolo 1850 die Priesterweihe. Vom Wirken von Giovanni → Bosco beeindruckt, wandte er sich karitativen Werken zu und widmete sich in der Region Bergamo der Fürsorge für Kranke und Arme sowie für Kinder der Arbeiterklasse. Zur Unterstützung seiner Arbeit gründete er die Schwesternkongregation der Armen Kleinen Schwestern und die Männerkongregation der Brüder von der Heiligen Familie (1872). Palazzolo starb am 15. Juni 1886 in Bergamo. 19. März 1963 Seligsprechung.

Paldo hl.
OSB, Abt
Fest: 11. Oktober
Paldo war ab 702 erster Abt des von ihm gegründeten Benediktinerklosters S. Vincenzo an den Quellen von Volturno bei Benevent (Italien), das bald große Berühmtheit erlangte und von vielen Persönlichkeiten der Zeit besucht und gefördert wurde. Nach dem Tod Paldos am 11. Oktober 720 (719?) folgten ihm seine Verwandten Taso und Tato nacheinander im Amt des Abtes.

Palladius hl.
Bischof
Fest: 6. Juli
Palladius gilt als erster von Rom entsandter Bischof in Irland; bevor er von Papst → Cölestin I. im Jahr 430/431 geweiht wurde, war er Diakon in Auxerre (Frankreich). Palladius hatte den Auftrag, die junge Kirche in Irland zu festigen und sie gegen den Einfluß von Irrlehren zu schützen. Nach einigen Erfolgen verließ er Irland und zog nach Schottland weiter, wo er wohl am 6. Juli 450 starb. 1898 Approbation des Kultes.

Palladius von Saintes hl.
Bischof von Saintes
Fest: 7. Oktober
Palladius genießt trotz teilweise unsicherer Vita bis heute in einigen Teilen Frankreichs Verehrung. Während seiner Amtszeit als Bischof von Saintes (das damalige Bistum gehört heute zum größten Teil zur Diözese La Rochelle) von etwa 570 bis um 595 errichtete Palladius zu Ehren seines Amts-

vorgängers → Eutropius die gewaltige Kirche St-Eutrope, deren außergewöhnliche Krypta bis heute unter der jetzigen Kirche existiert und die Eutropius-Gebeine birgt.

Pallotta, Maria Assunta sel.
Laienschwester
Fest: 7. April
Geboren am 20. August 1878 in Force bei Ascoli Piceno (Italien), trat Maria Assunta Pallotta 1898 in Rom dem Orden der Missionsfranziskanerschwestern von Maria als Laienschwester bei und meldete sich freiwillig für die Pflege von Aussätzigen in China. Später arbeitete sie in Tung-eul-keu in einem Waisenhaus, wo sie am 7. April 1905 an Typhus starb. 7. November 1954 Seligsprechung.

Pallotti, Vinzenz (Vincenzo) hl.
SAC, Ordensgründer
Fest: 22. Januar
Vinzenz Pallotti, „Vater" der Pallottiner und Pallottinerinnen, gilt als bahnbrechender Vorkämpfer der Katholischen Aktion; Papst → Johannes XXIII. erklärte 1962, Pallotti habe in Rom „den ersten Anstoß zur eigentlichen Katholischen Aktion gegeben". Mit dem Ziel, auch Laien am Apostolat der Kirche teilhaben zu lassen, war der Römer seiner damaligen Zeit weit voraus, und er spürte genau, daß seine Gründungen Zukunft hatten. Einen Tag vor seinem Tod, den er kommen fühlte, sagte Pallotti zu seinen Gefährten: „Diese Gemeinschaft wird von Gott gesegnet sein. Ihr werdet es sehen. Und das sage ich nicht, weil ich darauf vertraue, sondern weil ich es weiß." Heute wirken weit über 2000 Pallottiner in der ganzen Welt, in Europa, Afrika, Australien, USA, Kanada, Südamerika und Indien. – Geboren am 21. April 1795 in Rom, empfing Vinzenz Pallotti 1818 die Priesterweihe. Früh hatte er erkannt, daß Bischöfe und Priester nicht allein die ganze Verantwortung für die Glaubensverkündung tragen konnten; auch die Laien, so Pallotti, hätten den Auftrag – und die Kraft –, in der Kirche mitzuwirken. Man machte es Pallotti zunächst nicht leicht, seine Idee zu verwirklichen, zu sehr herrschte die Meinung

Vinzenz Pallotti, nach einer Pastellzeichnung von Alfred Gottwald aus dem Jahr 1950.

Der Glasschrein mit dem Leichnam von Vinzenz Pallotti unter dem Hauptaltar in der Kirche S. Salvatore in Onda, Rom.

Der heilige Pankratius, Ausschnitt nach einem Gemälde von Guercino um 1616, Pfarrkirche S. Sebastiano in Renazzo di Cento.

schen Heiden aus Phrygien in Kleinasien; dort soll er 290 geboren worden sein (andere Quellen nennen als Geburtsdatum die Zeit der Verfolgung unter Valerian, die zwischen 254 und 260 stattfand). Nach dem frühen Tod der Eltern soll Pankratius mit einem Onkel namens Dionysius nach Rom gekommen sein, um dort eine Erbschaft anzutreten. In Rom erlebte er seine Bekehrung und schloß sich nach der Taufe (angeblich durch Papst → Cornelius, der 253 starb) der Christengemeinde an. Mit dem ererbten Vermögen versuchte er, das Leid der verfolgten und gefangengenommenen Christen zu lindern. Eines Tages wurde der 14jährige Pankratius wegen seiner vornehmen Abstammung und seines jugendlichen Alters dem Kaiser zu einem Gespräch vorgeführt. Diokletian forderte Pankratius auf, seinem Glauben abzuschwören, was dieser jedoch standhaft ablehnte, obwohl er sein Schicksal ahnte (den Tod hatte er schon vorausgesehen, weshalb er vor dem Gang zum Kaiser bereits sein gesamtes Hab und Gut unter den Christen verteilte). Diokletian verurteilte Pankratius zum Tod, und am 12. Mai 304 wurde er an der Via Aurelia von den Häschern des Kaisers enthauptet; bis zum letzten Atemzug pries er Jesus Christus. Den Leichnam des jungen Märtyrers ließ man zum Fraß für die Hunde liegen; eine Christin namens Ottavilla nahm ihn jedoch unter Lebensgefahr auf und bestattete ihn in den nahegelegenen Katakomben, die seinen Namen erhielten. Papst → Symmachus errichtete über dem Grab um 500 eine Basilika, nachdem ständig viele Pilger zur Pankratius-Gedenkstätte geströmt waren; bis heute ist die Kirche S. Pancrazio fuori le mura (jetzt an der in Via Vitellia umbenannten Straße) ein Anziehungspunkt für Gläubige. – In Deutschland blühte der Kult auf, nachdem Kaiser Arnulf von Kärnten, ein Karolinger, am 12. Mai 896 die Stadt Rom erobert hatte und dies der Fürbitte des heiligen Pankratius zuschrieb. In England war im 7. Jh. eine starke Verehrung entstanden, als Papst → Vitalianus Reliquien von Pankratius an das angelsächsische Königshaus übergab. – Pankratius galt über Jahrhunderte als Schützer des Eides und Rächer des Meineides; in dieser Eigenschaft erwähnte ihn bereits → Gregor von Tours (gestorben 594); er berichtete, daß sich Römer, die eine Anklage durch einen Eid entkräften wollten, an das Grab von Pankratius begaben, um dort den Eid zu leisten. In Frankreich gilt Pankratius als Schutzpatron der Kinder und wird dort deshalb ganz besonders verehrt. In der Wallfahrtskirche St. Pankraz in Fügen in Tirol (Österreich) wird seit 1787 in einem kostbaren Silberreliquiar das Haupt von Pankratius aufbewahrt; eine Wallfahrt existiert hier schon seit dem 13. Jh. (Pankratius wird hier seit jener Zeit gegen das Stottern angerufen).

Darstellung: in bürgerlicher Tracht oder in Ritterrüstung, mit Krone, Schwert, Palme, Rosenkorb
Patronat: der Erstkommunikanten, der Kinder, gegen Meineid, gegen falsches Zeugnis, gegen Kopfschmerzen, Krämpfe und Stottern, der jungen Pflanzen und Blüten

Pantainos
Glaubensbote, Theologe
Fest: 7. Juli

Pantainos lebte im 2. Jh. und stammte wohl aus Sizilien, Italien (oder Athen?). Es heißt, er habe als Glaubensbote in verschiedenen Ländern gewirkt, so in Äthiopien und Arabien. Etwa 180 kam er nach Alexandrien, wo er fortan, gerühmt und verehrt, die Alexandrinische Schule leitete, eine Art privater Bildungseinrichtung. Pantainos gilt als erster faßbarer christlicher Gelehrter in Alexandrien; bald sah man seine Schule als geistiges Zentrum des christlichen Ostens an. Er starb um 200.

Pantaleon (Panteleimon) hl.
Arzt, Märtyrer, Nothelfer
Fest: 27. Juli

Pantaleon, der im Osten Panteleimon (= All-Erbarmer) heißt, gehört in West und Ost zu den meistverehrten Heiligen, um ihn ranken sich zahlreiche Legenden, die sich weltweit auf vielen Darstellungen niederschlagen. Im Osten gehört er zu den sogenannten „Anargyroi" (ohne Geld), zu den heiligen Ärzten, die ihre Patienten ohne Bezahlung behandelten, im Westen ist Pantaleon einer der → Vierzehn Nothelfer. Eine Verehrung ist bereits seit dem 5. Jh. bezeugt. – Die Existenz von Pantaleon und sein Martertod um 305 in Nikomedien, Kleinasien, können wohl als einigermaßen gesichert gelten. Die aber wohl in Teilen legendarische Vita erzählt folgendes: Als Sohn eines Senators und einer heimlich praktizierenden Christin wurde Pantaleon in der zweiten Hälfte des 3. Jh. in Nistodonia nahe Konstantinopel geboren. Vom kaiserlichen Kämmerer erhielt er als junger Mann eine Ausbildung in der Arzneikunde; ein frommer Mann, den Pantaleon öfters einmal traf, unterrichtete ihn in der christ-

Pantaleon als jugendlicher Arzt, nach einem Holzstich aus dem 19. Jh.

lichen Lehre. Als eines Tages ein Kind vor seinen Augen an einem Schlangenbiß starb, betete Pantaleon zu Gott um Hilfe, das Kind erwachte wieder zum Leben. Daraufhin ließ er sich taufen. Künftig behandelte Pantaleon Patienten im Namen Gottes und immer umsonst und hatte dabei so große Erfolge, daß ihn andere Ärzte beim Kaiser verleumdeten; dieser ließ ihn daraufhin gefangennehmen und foltern. Die Legende erzählt, daß alle Martern Pantaleon nichts anhaben konnten: Als er ertränkt werden sollte, trugen ihn die Wellen des Meeres wieder ans Ufer zurück; die wilden Tiere in der Arena, denen er zum Fraß vorgeworfen wurde, griffen ihn nicht an; das Schwert, mit dem er enthauptet werden sollte, blieb stumpf. Dann fesselte man ihn an einen Ölbaum und nagelte seine Hände über seinem Haupt zusammen und schlug ihm den Kopf ab. Nach der Enthauptung floß aus Pantaleons Körper kein Blut, sondern Milch. – Aufgrund des Blutwunders entwickelte sich in der Folge der Brauch der Pantaleon-Blutampullen, der in verschiedenen Städten gepflegt wird (besonders in Ravello in Italien); das in den Ampullen enthaltene Blut soll sich zu gewissen Zeitpunkten verflüssigen (in Ravello angeblich immer am Pantaleon-Gedenktag, erstmals 1577). – Bis heute gilt Pantaleon im Westen als der spezielle Schutzpatron der Ärzte; aber auch das einfache Volk versprach sich zu allen Zeiten Hilfe und Schutz bei Krankheiten von ihm (die anderen populären „heiligen Ärzte“ sind → Kosmas und Damian). Angebliche Reliquien gelangten im Mittelalter in viele Städte der Welt, so nach Paris (St-Denis), Köln (St. Pantaleon), Venedig (S. Pantaleo), Lyon (angeblich das Haupt), Arles, Brindisi, Genua, Vercelli, Jerusalem, Rom (in vier Kirchen), Andechs am Ammersee, Zwiefalten. Pantaleon-Ampullen existieren außer in Ravello in Madrid, Bari, Neapel, Rom und Paris. Um Pantaleon haben sich auch volkstümliche Bräuche entwickelt, die in manchen Orten bis heute gepflegt werden.

Darstellung: als jugendlicher Arzt mit ärztlichen Geräten wie Besteck, Salbspatel, Salbengefäß mit Handkreuz, beim Martyrium (am Ölbaum festgebunden), mit Nägeln in den Händen, mit Rute oder Geißel, zusammen mit Kosmas und Damian

Patronat: der Ärzte, der Ammen und Hebammen, gegen Kopfschmerzen und Auszehrung, gegen Viehkrankheiten, gegen Heuschrecken, bei Verlassenheit, bei der Buße

Pantalus hl.
Bischof von Basel
Fest: 12. Oktober

Pantalus soll Bischof von Basel (Schweiz) gewesen sein, allerdings ist seine Existenz nirgends belegt. Verschiedene Quellen berichten, er sei der erste Bischof von Augst, so der damalige Name des Bistums (Augusta Raurica, Baselaugst), gewesen, doch dies war um 345 Justinianus. Eine andere Legende bringt

Pantalus in Verbindung mit → Ursula, mit der er in Köln das Martyrium erlitten haben soll. – Ein als Pantalus-Reliquie verehrtes Haupt gelangte im 13. Jh. nach Basel und wird heute in der Schweizer Abtei Marienstein aufbewahrt. Pantalus wird in Basel als zweiter Bistumspatron verehrt.

Paola Gambara-Costa sel.
OFM, Terziarin
Fest: 24. Januar
Paola Gambara entstammte dem Adelsgeschlecht der Gambara und wurde 1473 in Brescia (Italien) geboren. Als 12jährige mußte sie den Grafen Costa heiraten, einen leichtlebigen, an christlichen Werten nicht interessierten Mann. Mit viel Geduld und großer Hingabe bekehrte Paola ihren Ehemann; sie selbst wurde 1491 Franziskaner-Terziarin und war hoch verehrt wegen ihres Lebens der Bußstrenge, der Demut und des großen Gebetseifers. Sie starb am 24. Januar 1515. Bestätigung des Kultes 1845.

Paolina vom Todesangst leidenden Herzen Jesu → Wisenteiner, Amabile

Paolo Cafaro
CSSR, Ordenspriester
Fest: 13. August
Der Priester Paolo Cafaro, geboren am 5. Juli 1707 in Cafari in Süditalien, trat 1741 der neugegründeten Redemptoristen-Kongregation bei und wirkte fortan als vielbeachteter Volksmissionar. Er starb am 13. August 1753 in Caposele in Italien. Seligsprechungsprozeß seit 1908.

Paphnutios
Mönch
Fest: 15. Februar
Paphnutios lebte nach der Legende im 5. Jh. mehrere Jahrzehnte gemeinsam mit seiner Tochter → Euphrosyne in einem Mönchskloster in Ägypten; Euphrosyne hatte Männerkleidung angelegt und trug den Namen Smaragdus, und erst nach ihrem Tod um 470 erkannte man ihr wahres Geschlecht. Paphnutios genießt in der Ostkirche bis heute Verehrung.

Paphnutios
Bischof
Fest: 11. September
Der Ägypter Paphnutios bekannte sich in der Verfolgung von Kaiser Maximinus Daja (305 bis 313), einem der grausamsten Christenverfolger überhaupt, mutig zu seinem christlichen Glauben und erlitt in der Folge furchtbare Martern; unter anderem stach man ihm ein Auge aus und zerschnitt ihm die Kniesehne. Um 313 wurde Paphnutios zum Bischof ernannt (sein Bischofssitz lag wohl in Oberägypten) und ist als solcher als Teilnehmer des Konzils von Nicäa (325) vermerkt. Berühmt wurde er durch seinen Einsatz für Priester, die vor ihrer Weihe verheiratet gewesen waren; er forderte, daß sie sich nicht scheiden lassen müßten, sondern weiterhin mit ihren Ehefrauen zusammenleben dürften (eine Eheschließung nach der Priesterweihe lehnte aber auch er ab). Paphnutios starb hochbetagt um 360.

Paphnutios von Ägypten (der Große)
Einsiedler
Fest: 9. Februar
Paphnutios von Ägypten war nach der Legende ein Einsiedler in der Thebäis in Ägypten; er soll es gewesen sein, der → Onuphrios fand, ihn nach seinem Tod in der Wüste beisetzte und dann seine Vita schrieb. – Manchmal Verwechslung mit Trägern desselben Namens.

Paphnutios von Heraklea hl.
Abt
Fest: 29. November
Paphnutios war Mönch in Ägypten und soll Mitte des 4. Jh. in Heraklea ein Kloster gegründet haben; manchmal wird er auch als Mönchsvater bezeichnet. Paphnutios war es nach der Überlieferung, der die Sünderin → Thais bekehrte. Er starb wohl um 380.

Paradis, Marie-Léonie Alodia Virginia sel.
Ordensgründerin
Fest: 3. Mai
Geboren am 12. Mai 1840 in L'Acadie bei Quebec in Kanada, trat Alodia Virginia Paradis 14jährig in die Kongregation der Marianistinnen vom Heiligen Kreuz ein und nahm den Ordensnamen Marie-Léonie an. Von 1862 bis 1870 wirkte sie als Erzieherin in einem Waisenhaus in New York; ab 1874 war sie wieder in Kanada und gründete dort in dem Ort Memramcook eine Schwesterngemeinschaft, aus der sich die Kongregation der Kleinen Schwestern von der Heiligen Familie entwickelte, der sie selbst 1904 beitrat und deren Leitung sie bis zu ihrem Tod am 3. Mai 1912 innehatte. Bis heute ist die Hauptaufgabe des Ordens die Haushaltsführung in Männerklöstern, Priesterseminaren und Kollegien. Marie-Léonie Paradis wurde am 11. September 1984 seliggesprochen.

Paraskeve
Märtyrerin
Fest: 20. März
Im Mittelalter war die Märtyrerin Paraskeve eine der meistdargestellten Heiligengestalten, was mit dem Reichtum an Legenden um ihre Person zusammenhing. Bei den slawischen Völkern wird sie bis heute als Schutzpatronin für das Haus verehrt. – Die Passio von Paraskeve liegt in mehr als zwölf verschiedenen Fassungen vor, alle schmücken das Leben der Jungfrau und Märtyrerin anders aus. Das Martyrium erlitt sie danach während der Amtszeit von Kaiser Antoninus Pius (138 bis 161) in Palästina (unter Antoninus Pius gab es keine Christenverfolgungen, es

Marie-Léonie Paradis gründete eine Schwesterngemeinschaft, aus der die Kongregation der Kleinen Schwestern von der Heiligen Familie hervorging.

Papst Paschalis I., nach einem Ausschnitt aus dem Apsismosaik (zwischen 817 und 824 entstanden) in der Kirche S. Prassede, Rom.

sind jedoch vereinzelte Ermordungen von Christen durch Glaubensgegner bekannt). Nach der Legende soll Paraskeve mehrmals gefangengenommen und gefoltert worden sein, blieb aber jedes Mal auf wundersame Weise unverletzt; der Kaiser soll davon so beeindruckt gewesen sein, daß er sich taufen ließ. Paraskeve zog daraufhin durch verschiedene Länder und predigte das Wort Gottes und soll dabei große Erfolge gehabt haben; einmal habe sie sogar einen Drachen getötet und dadurch einen Herrscher bekehrt. Den Martertod fand sie durch das Schwert.
Darstellung: oft mit Kopftuch, mit Lanze, Handkreuz, Schriftrolle

Pardulf
OSB, Abt
Fest: 6. Oktober
In der Pfarrkirche von Guéret in der Diözese Limoges (Frankreich) werden bis heute Reliquien von Pardulf verehrt, der hier Pardoux heißt. Pardulf, geboren um 658 in Sardent bei Limoges, war mehrere Jahrzehnte Abt des Benediktinerklosters in Guéret und hoch verehrt wegen seiner außergewöhnlichen Bußstrenge und der Gabe der Wunder. Es heißt, er sei während der Sarazeneneinfälle allein in seinem Kloster geblieben und habe es durch sein Gebet vor der Zerstörung gerettet. Pardulf starb am 6. Oktober 737.

Parisius
OKam, Ordensmann
Fest: 11. Juni
In der Kathedrale von Treviso in Norditalien ruht bis heute in einem Schrein der Leichnam von Parisius. Im Alter von zwölf Jahren war Parisius in seiner Heimatstadt Treviso dem Kamaldulenserorden beigetreten, 1190 hatte er die Priesterweihe empfangen. Ebenfalls 1190 wurde er zum Leiter der Kamaldulenserinnen des Klosters S. Cristina bei Treviso ernannt und hatte dieses Amt 77 Jahre bis zu seinem Tod am 11. Juni 1267 inne.

Parmenas
Diakon, Märtyrer
Fest: 23. Januar
Parmenas soll einer der sieben Diakone von Jerusalem gewesen sein, die von den Aposteln geweiht worden waren. Nach der Überlieferung missionierte er viele Jahre unbehelligt in Kleinasien und wurde dann in der Verfolgung von Kaiser Trajan (98 bis 117) in Philippi ermordet.

Paschalis I. hl.
OSB, Papst (817 bis 824)
Fest: 11. Februar, 14. Mai
Der Römer Paschalis I., Abt des Benediktinerklosters S. Stefano in Rom, wurde noch am Todestag seines Vorgängers Stephan IV., am 24. Januar 817, zum Papst gewählt und amtierte bis zu seinem Tod am 11. Februar 824. Während seiner Amtszeit bestätigten Papst und Herrscherhaus in Person des fränkischen Kaisers Ludwig I. (des Frommen) das Bündnis „Pactum Ludovicianum“, eine der wesentlichen Grundlagen für die Gestaltung des Kirchenstaates; unter anderem bekräftigte Ludwig I. darin den Römern die freie Papstwahl. In Rom errichtete und schmückte Paschalis zahlreiche Kirchen, so S. Prassede, wo er später begraben wurde, und S. Cecilia, wohin er die Gebeine von → Cäcilia bringen ließ.

Paschalis Baylon, nach einem Heiligenbildchen aus dem 19. Jh.

Paschalis Baylon hl.
OFM, Laienbruder, Mystiker
Fest: 17. Mai
Bis heute genießt der spanische Franziskaner-Laienbruder Paschalis Baylon in Villarreal bei Valencia in Spanien große Verehrung, ebenso in Italien, wo ihn vor allem Frauen als Schutzpatron verehren. Geboren am 16. Mai 1540 in Torrehermosa in der Provinz Aragón, war Paschalis Baylon zunächst Hirte und wurde dann 1564 in Monforte bei Alicante Franziskaner-Laienbruder. In der Folge diente er demütig und bescheiden in mehreren Klöstern, meist als Pförtner oder im Refektorium. Baylon war von großer Liebe zur Eucharistie erfüllt und durchlebte zahlreiche mystische Gnadenbeweise (Visionen der eucharistischen Hostie). Er

starb am 15. Mai 1592 im Kloster Villareal, wo er auch beigesetzt wurde (der Sarkophag wurde 1938 im Spanischen Bürgerkrieg zerstört). 1618 Seligsprechung, 1690 Heiligsprechung.
Darstellung: als Franziskaner, meist bei der Anbetung der Eucharistie, mit Hirtenstab, Gartenschaufel, Bußkette, Monstranz, Hostie
Patronat: der Hirten und Köche, aller eucharistischen Vereinigungen und Bruderschaften (seit 1897)

Paschasius von Rom
Diakon
Fest: 31. Mai
Das Wissen über Leben und Wirken von Paschasius stammt zum großen Teil von Papst → Gregor I. (590 bis 604), der über den Diakon von Rom Jahrzehnte nach seinem Tod schrieb, daß er ein herausragend heiligmäßiges Leben geführt und sich aufopferungsvoll um die Armen Roms gekümmert habe. Paschasius stand in gutem Glauben und in Treue zu Gegenpapst Laurentius und hielt diesen statt des gewählten → Symmachus für den rechtmäßigen Papst. Paschasius starb am 31. Mai 520 (514?) in Rom.

Paschasius Radbertus hl.
OSB, Abt, Schriftsteller
Fest: 26. April
Geboren um 790 bei Soissons (Frankreich), wurde Paschasius Radbertus Mönch im Benediktinerkloster Corbie und empfing die Diakonweihe von Abt → Adalhard. Ab 844 war er selbst Abt von Corbie, gab das Amt aber 849 wieder ab, weil er sich darin nicht wohlfühlte, und widmete sich verstärkt der Tätigkeit als theologischer Schriftsteller (berühmt wurde seine Abhandlung über die Aufnahme Marias in den Himmel). Mit den Brüdern Adalhard und → Wala war Paschasius Radbertus 822 an der Gründung von Kloster Corvey an der Weser beteiligt. Er starb am 26. April 860 in Corbie, wo seine Reliquien in St-Pierre aufbewahrt werden. 1073 Approbation des Kultes.

Passarion → Bessarion

Passerat, Joseph-Amand
CSSR, Ordensmann
Fest: 30. Oktober
Joseph-Amand Passerat trug den Beinamen „der große Beter". Geboren am 30. April 1772 in Joinville in der Champagne (Frankreich), floh Passerat während der Französischen Revolution aus Frankreich und trat 1796 in Warschau (Polen) dem Redemptoristenorden bei, 1797 empfing er die Priesterweihe. In den folgenden Jahren hatte er zahlreiche wichtige Ordensämter inne, ab 1820 war er Nachfolger von Clemens Maria → Hofbauer als Ordensvikar und führte den Orden in Europa und den USA zu großer Blüte. Während der Revolution 1848 wurde Passerat aus Wien vertrieben, floh nach Belgien, dankte 1849 ab und starb am 30. Oktober 1858 in Tournai, wo er beisetzt wurde.

Pastor → Justus und Pastor

Pater Pio → Forgione, Francesco

Patermuthios und Kopres hll.
Märtyrer
Fest: 9. Juli
Nach der wohl rein legendarischen Überlieferung war Patermuthios ein Räuber in Ägypten, der von dem Einsiedler Kopres bekehrt wurde und sich dann ebenfalls dem Eremitenleben zuwandte. Beide sollen in den Verfolgungen unter Kaiser Julian Apostata (361 bis 363) in Ägypten das Martyrium erlitten haben. Die Verehrung gelangte aus dem Osten auch ins Abendland; in Rom existierte im Mittelalter eine den beiden geweihte Kirche.

Paternianus hl.
Bischof von Fano
Fest: 13. November
Paternianus ist der Stadtpatron der Marken-Stadt Fano (Italien); seine bekleideten Gebeine werden dort in S. Paterniano in einem durchsichtigen Sarg gezeigt. Nach der unsicheren Vita war er im 4. Jh. der erste Bischof von Fano; zuvor soll er als Missionar gewirkt und die Verfolgungen von Diokletian zu Beginn des 4. Jh. überstanden haben. Möglicherweise starb Paternianus später aber doch als Märtyrer. – Manchmal Verwechslung mit einem Bischof Paternianus von Bologna (Italien), dessen Gedenken am 12. Juli begangen wird.

Paternus von Abdinghof sel.
OSB, Inkluse
Fest: 10. April
Der Schotte Paternus war einer der ersten Mönche des 1015 von Bischof → Meinwerk gegründeten Benediktinerklosters Abdinghof in Paderborn (Nordrhein-Westfalen). Er ließ sich in einer Zelle im Kloster einschließen und kam so beim Brand von Paderborn am 10. April 1058 ums Leben, weil er sich weigerte, seine Zelle im brennenden Kloster zu verlassen. Früher war Paternus Stadtpatron von Paderborn.

Paternus von Avranches hl.
Bischof von Avranches
Fest: 16. April
Geboren um 480 in Poitiers, Frankreich, war Paternus Mönch und später Einsiedler; viele Jahre missionierte er in der Gegend von Coutances in der Normandie, wo er auch Klöster gründete. König Childebert I. ernannte ihn 550 im Alter von 70 Jahren zum Bischof von Avranches (Normandie), wo er um 565 nach segensreichem Wirken starb. – Bis heute existiert in Coutances und Poitiers ein Kult um St-Pair, wie er in Frankreich heißt.
Patronat: gegen Schlangenbiß

Paternus von Sens
OSB, Mönch, Märtyrer
Fest: 12. November
Geboren um 680 in der Bretagne, Frankreich, trat Paternus dem Benediktinerorden bei und lebte zunächst in einem Kloster in der Diözese Avranches, später im Bistum Sens. Am 12. November 726 wurde er in Sens von Männern ermordet, die er zuvor ermahnt hatte, ein gottgerechteres Leben zu führen.

Patricia hl.
Jungfrau
Fest: 25. August, 26. August
Nach der teilweise legendarischen

Überlieferung lebte Patricia zu Beginn des 7. Jh. am Kaiserhof in Konstantinopel. Als ihre Familie für sie einen Ehemann ausgesucht hatte, floh sie, weil sie Jungfräulichkeit gelobt hatte. Auf dem Weg ins Heilige Land, wohin sie wallfahren wollte, legte ihr Schiff in Neapel (Italien) an, wo sie dann blieb und bis zu ihrem Tod an einem 25. August um 665 hoch verehrt vom Volk ein jungfräuliches Leben führte. Beigesetzt wurde sie unter großer Anteilnahme im Basilianerkloster SS. Nicandro e Marciano in Neapel, das später nach ihr S. Patrizia genannt wurde. 1549 fand man ihre Reliquien wieder auf.

Patrick (Patricius) hl.
Bischof, „Apostel Irlands"
Fest: 17. März

Auch wenn sich um die Person des irischen Nationalheiligen Patrick viele Legenden ranken und manches in seiner Vita zweifelhaft erscheint, so ist sein Wirken unstrittig nachgewiesen, sein christliches Vermächtnis wirkt bis heute fort. Patrick, wie Patricius in Irland genannt wird, ist der wichtigste Heilige des Landes, und auch in der katholischen Kirche gehört er zu den bedeutendsten Glaubensgestalten. Am Patrickstag, dem 17. März, tragen die Iren an ihrer Kleidung ein Kleeblatt – nach der Überlieferung soll Patrick den Heiden mit Hilfe eines dreiblättrigen Kleeblattes die Dreifaltigkeit erklärt haben. Durch die irischen Auswanderer verbreitete sich der Patrick-Kult auch in den Vereinigten Staaten und später in Australien. Im Mittelalter war der Glaubensbote auch in Frankreich besonders beliebt. – Patrick kam um 385/390 im römischen Britannien zur Welt; sein Vater war Dekurio (Senatsmitglied), später Diakon. Im Alter von 16 Jahren, um 401/406, geriet Patrick in die Hände von Piraten, die ihn nach Irland verschleppten und dort als Sklaven verkauften. In der Zeit der Gefangenschaft wandelte sich Patrick zum Asketen und entschied sich, sein Leben fortan Gott zu weihen. Nach sechs Jahren konnte er fliehen und zog auf den Kontinent, um dort als Mönch in mehreren Klöstern seine Bildung zu vervollständigen. Um 432 wurde er zum Bischof geweiht – möglicherweise in Gallien (Frankreich) – und kehrte an seine Sklavenstätte Irland zurück, um dort, mit Zustimmung und unter dem Schutz der meisten irischen Stammeskönige, sein Missionswerk unter den Heiden zu beginnen. Unermüdlich war Patrick gemeinsam mit seinen Missionsgefährten in den folgenden Jahren in ganz Irland unterwegs, überall gründete er Klöster, Kirchen und Schulen und legte damit das Fundament für die katholische Kirche in Irland, wichtiger: er organisierte die irische Kirche von Grund auf für die folgenden Jahrhunderte. Um 440 richtete sich Patrick seinen Bischofssitz in Armagh ein, inmitten eines heidnischen Stammes. Aber auch an Gegnern fehlte es Patrick nicht: Die irischen Druiden standen seinem Werk feindlich gegenüber, oft mußte er um sein Leben fürchten. Um das Sterbedatum von Patrick gibt es Unsicherheiten; das Todesjahr lag wohl zwischen 457 und 464, andere Quellen sprechen von 491 oder von 470, der Todestag war wohl der 17. März (St Patrick's Day), doch manche Quellen nennen auch den 24. August.
Darstellung: als Bischof, mit Schlangen (Heiden), Kleeblatt, Feuer, Vieh, bei der Heilung eines Kranken
Patronat: von Irland, für die armen Seelen, gegen Viehkrankheiten und Ungeziefer, gegen das Böse, der Friseure, Böttcher, Schmiede und Bergleute

Patrocinio, Maria de los Dolores
OConc, Ordensfrau, Mystikerin
Fest: 27. Januar

Geboren am 27. April 1811 in Venta del Pinar (Spanien), trat Maria de los Dolores (Ordensname) Patrocinio 1829 dem Orden der Konzeptionistinnen bei und führte fortan im Kloster in Madrid ein äußerst strenges Bußleben, für das sie sehr gerühmt wurde. 1830 empfing sie die Seitenwunde, später trug sie alle Stigmata; um ihre Person ereigneten sich viele Wunder. Für ihre Kongregation gründete sie viele neue Klöster. Sie starb am 27. Januar 1891 in Guadalajara. Der Seligsprechungsprozeß ist eingeleitet.

Patrick, der „Apostel Irlands", nach einer Darstellung auf einem Glasfenster in der Kirche von Chilham, Kent, England.

Patroclus von Colombier hl.
Einsiedler
Fest: 16. November, 28. November

Patroclus, geboren um 500 in Berry, Frankreich, lebte einige Zeit am Hof von König Childebert I. in Paris. Nach seiner Priesterweihe gründete er in seinem eigenen Haus in Neris ein Kloster, später in der Nähe das Kloster La-Celle-St-Patrocle und für seine Schüler das Kloster Colombier, in dem er nach seinem Tod 577 begraben wurde.

Paul vom Kreuz, Gründer der Ordensgemeinschaft der Passionisten und Passionistinnen, dargestellt mit seinen Attributen; nach einem Stich von 1870.

Patroclus von Troyes hl.
Märtyrer
Fest: 22. Januar

Patroclus wird in Frankreich als St-Parre verehrt, im Deutschen wird er auch Trockel genannt. Er war ein wohlhabender Christ in Troyes, der sich liebevoll um die Armen der Stadt kümmerte und viel von seinem Vermögen für sie gab. Wohl 259 erlitt er in Troyes das Martyrium durch Enthaupten mit dem Schwert. Schon früh existierte über seiner Grabstätte in Troyes eine ihm geweihte Kirche. 964 gelangten Patroclus-Reliquien nach Soest (Nordrhein-Westfalen), wo sie bis heute im Patroklidom aufbewahrt werden.

Darstellung: als Soldat oder in vornehmer Kleidung, mit Schild, Schwert, Palme, Fahne, Handkreuz

Patronat: von Soest, gegen Fieber und Besessenheit

Paul I. hl.
Papst (757 bis 767)
Fest: 28. Juni

Paul I. folgte seinem Bruder, Papst Stephan II., nach dessen Tod auf dem Papststuhl nach, nachdem er zuvor bereits sein Berater gewesen war. Eine byzanzfreundliche Gruppierung versuchte vergeblich, die Wahl des Römers Paul am 29. Mai 757 zu verhindern. Paul I. amtierte bis zu seinem Tod am 28. Juni 767 und galt als starker Verfechter des päpstlichen Primates.

Paul vom Kreuz hl.
CP, Ordensgründer, Mystiker
Fest: 19. Oktober

Die Ordensgemeinschaften der Passionisten und der Passionistinnen sind das Werk von Paul vom Kreuz, der mit Geburtsnamen Paolo Francesco Danei hieß und am 3. Januar 1694 in Ovada in Piemont (Italien) als erstes von 16 Kindern eines Tuchmachers zur Welt kam. Als er 19 Jahre alt war, meldete er sich freiwillig zum Militär, um im Kampf der Republik Venedig gegen die Türken für den Gottesglauben zu kämpfen. Nach zwei Jahren gab er dieses Leben auf, weil er sich nach einer Vision des Heilands zu einem anderen Leben berufen fühlte. Er erhielt vom Bischof von Alessandria ein schwarzes Bußgewand und zog sich gemeinsam mit seinem Bruder Giovanni Battista in die Einsamkeit eines Waldes zurück, wo er 40 Tage betete und Buße tat. In dieser Zeit schrieb er auch die Ordensregel („Ich fühlte die Worte mir aus dem Herzen kommen") der Passionisten nieder, die 1725 in Rom von Papst Benedikt XIII. zunächst mündlich anerkannt wurde; außerdem erhielt Paul vom Kreuz, wie er sich nun nannte, die Erlaubnis, Gleichgesinnte für ein gemeinsames Leben zu sammeln. Nach Jahren der Krankenpflege und des Aufbauens der Gemeinschaft zog Paul vom Kreuz 1737 mit seinem Bruder auf den Monte Argentario auf einer kleinen Halbinsel an der toskanischen Mittelmeerküste und gründete dort das erste Kloster seiner Gemeinschaft. Die von Paul erarbeitete Regel war jedoch so hart, daß Papst Benedikt XIV. sie erst abmilderte, bevor er 1741 endgültig die Approbation zur Gründung des Ordens erteilte, der sich Kongregation vom heiligsten Kreuz und Leiden unseres Herrn Jesus Christus nannte (von passio = Leid leitete sich dann der Name Passionisten ab). Im Zentrum des Denkens und des Wirkens des Ordens sollte das Leiden Christi stehen. Die Gemeinschaft breitete sich rasch aus; die Mönche durchwanderten das ganze Land und predigten, so auch Paul vom Kreuz, der überall, wohin er kam, Passionistenklöster gründete. Nachdem ihm Papst Clemens XIV. 1773 Kirche und Kloster SS. Giovanni e Paolo in Rom geschenkt hatte, entstanden hier das wichtigste Kloster und bald auch das Generalat des Ordens (das sich bis heute dort befindet), dessen Oberer Paul von nun an war. 1771 gründete Paul in Corneto (heute Tarquinia) in Italien das erste Kloster der Passionistinnen, für deren Regel er 1770 die päpstliche Erlaubnis erhalten hatte. Paul hatte von 1744 bis 1769 im Kloster Vetralla gelebt, ab 1769 bis

zu seinem Tod am 18. Oktober 1775 lebte er in Rom; er war nicht nur als Ordensgründer hoch geachtet, sondern galt auch als einer der begnadetsten Prediger des 18. Jh. überhaupt; seine Güte allen Menschen gegenüber war seine wesentlichste Charaktereigenschaft, das Volk sah in dem mystisch hoch begnadeten Mönch und Priester schon zu Lebzeiten einen Heiligen. Auch die Päpste, die das Leben und Wirken Pauls über Jahrzehnte beobachteten, sprachen mit großer Hochachtung von ihm; so sagte etwa Papst Benedikt XIV. bei der Approbation des Passionistenordens: „Der Orden, der als erster hätte gestiftet werden müssen, wurde als letzter gegründet." Seine letzte Ruhestätte fand Paul vom Kreuz in der Klosterkapelle von Kloster SS. Giovanni e Paolo, wo seine bekleideten Gebeine in einem Glassarg ruhen. Das Sterbezimmer Pauls im Kloster wird von den Passionisten bis heute so bewahrt, wie es zu Lebzeiten des Ordensgründers war. Über 2000 erhaltene Briefe von Paul vom Kreuz legen Zeugnis von seiner Geisteshaltung und seiner großen Liebe zu Christus ab. 1. Mai 1853 Seligsprechung, 29. Juni 1867 Heiligsprechung.
Darstellung: im schwarzen Ordensgewand, mit Ordensemblem (Herz mit Kreuz und Inschrift „Passio Domini Nostri Jesu"), betend vor einem Totenschädel und einem Kruzifix
Patronat: der Passionisten

Paul Miki und Gefährten hll.
SJ, Ordensmann, Märtyrer
Fest: 6. Februar
Paul Miki steht für die zahllosen Märtyrer, die im 16. Jh. in den Christenverfolgungen in Japan ihr Leben ließen. Geboren 1562 in Japan als Sohn eines Hauptmannes beim Militär, erhielt Paul Miki eine christliche Erziehung im Jesuitenkolleg in Anziquiama und trat 1580 dem Jesuitenorden bei. Bald war er einer der berühmtesten Prediger in Japan, wo Ende des 16. Jh. rund 700 000 Christen lebten. Als sich die Stimmung um 1590 plötzlich gegen die Gläubigen richtete, begann eine furchtbare Christenverfolgung, vor allem die Missionare auf japanischem Boden waren der Wut des Kaisers und seiner Häscher ausgesetzt. Im Januar 1597 wurden Paul Miki und zahlreiche weitere Glaubensboten gefangengenommen und gefoltert und schließlich nach Nagasaki gebracht; dort band man die Missionare und ihre Laienhelfer, insgesamt 26 Männer, auf einem öffentlichen Platz an große Kreuze. Noch vom Kreuz herab sangen die zum Tod Verurteilten christliche Lieder und priesen Gott. Der Todestag war der 5. Februar 1597. Paul Miki und seine 25 Gefährten wurden am 8. Juni 1862 heiliggesprochen.

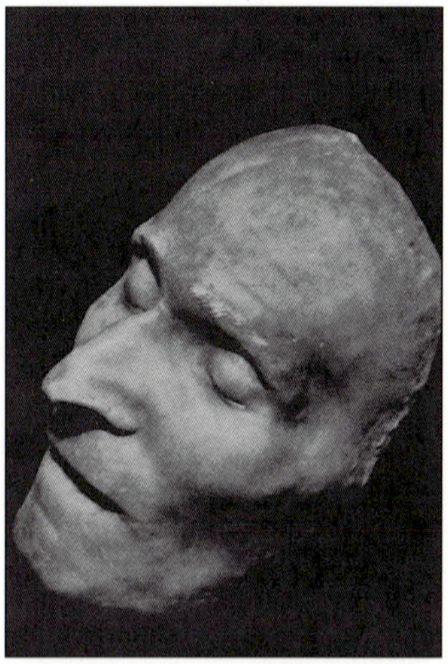

Im Generalat der Passionisten in Rom befindet sich die Totenmaske von Paul vom Kreuz.

Sterbezimmer von Paul vom Kreuz im Kloster SS. Giovanni e Paolo, Rom.

Paula vom heiligen Aloysius (Rosa Magdalena Delpuig)
Ordensfrau
Fest: 23. Februar
Geboren am 3. Februar 1811 in Malgrat de Mar (Spanien), übte sich Rosa Magdalena Delpuig schon als Kind in strengsten Bußwerken. 1830 trat sie in Barcelona in die Kongregation der Karmelitinnen von der Liebe ein (Ordensname: Paula vom heiligen Aloysius) und wurde zur engsten Gefährtin von Ordensgründerin Joachima de → Vedruna; von 1854 bis zu ihrem Tod am 23. Februar 1881 war sie Generaloberin. Der Seligsprechungsprozeß ist eingeleitet.

Paula von Montaldo sel.
OSCl, Äbtissin, Mystikerin
Fest: 18. August
Geboren 1443 in Montaldo bei Mantua, Italien, trat Paula 15jährig

bei den Klarissen in Mantua ein; dreimal wurde sie in den 56 Jahren ihres Ordenslebens zur Äbtissin gewählt. Sie war hoch verehrt und geachtet und wegen ihrer mystischen Erfahrungen bewundert. Paula starb am 18. August 1514 in Mantua. 1866 Bestätigung des Kultes.

Paula von Rom (Paula Romana) hl.
Christin
Fest: 26. Januar
Paula, geboren 347 in Rom und christlich erzogen, heiratete 15jährig einen heidnischen Mann und bekam mit ihm fünf Kinder. Nach dem Tod ihres Mannes wandte sich die 32jährige ganz dem asketischen Leben zu, das sie durch → Hieronymus, den sie in Rom kennengelernt hatte und bewunderte, erfahren hatte. 385 folgte sie Hieronymus nach Ägypten und Palästina; 386 gründete sie in Betlehem ein Frauen- und ein Männerkloster, die sie und Hieronymus leiteten, sowie ein Hospiz für Pilger. Hieronymus sprach mit großer Achtung von Paula; es gibt aber auch Quellen, die von einer schwierigen menschlichen Situation zwischen beiden berichten. Paula starb am 26. Januar 404 in Betlehem und wurde dort bei der Geburtsgrotte beigesetzt.
Darstellung: als Witwe oder Pilgerin, mit Tochter, mit Hieronymus

Paulina von Thüringen sel.
OSB, Stifterin
Fest: 14. März
Die noch immer beeindruckenden Ruinen der Basilika Paulinzella bei Gera (Thüringen) erinnern bis heute an Paulina von Thüringen, die hier 1103 ein Doppelkloster gegründet hatte. Geboren um 1067, heiratete Paulina zunächst zweimal; nach dem Tod ihres zweiten Ehemannes zog sie sich mit gleichgesinnten Frauen in die Einsamkeit des Thüringer Waldes zurück und gründete ihr Kloster Cella Mariae (Marienzella), das sie mit Mönchen des Reformklosters Hirsau besiedelte. Auf dem Weg nach Hirsau starb Paulina am 14. März 1107 im Kloster Münsterschwarzach (Bayern); 1122 übertrug man ihre Gebeine in die neu errichtete Kirche des Klosters, das nun nach ihr Paulinzella genannt wurde und sich zu einem Wallfahrtsort entwickelte.

Die Ruine Paulinzella in Thüringen; Blick vom Innenraum der Basilika gegen Westen, nach einer Fotografie von 1920.

Paulinus von Aquileia
Patriarch von Aquileia
Fest: 11. Januar
Paulinus, geboren vor 750 in Aquileia in Norditalien, galt als einer der berühmtesten Lehrer und Grammatiker seiner Zeit. Kaiser → Karl holte ihn um 776 an seinen Hof nach Aachen, 787 ernannte er ihn zum Patriarchen von Aquileia. Paulinus bekämpfte in zahlreichen Schriften die Irrlehren der Zeit, war ein anerkannter Dichter und missionierte erfolgreich im Gebiet von Kärnten nördlich von Aquileia. Er starb am 11. Januar 802.

Paulinus von Lucca (von Antiochien) hl.
Bischof von Lucca
Fest: 12. Juli
Nach der historisch nicht bezeugten Überlieferung war Paulinus der erste Bischof von Lucca in der Toskana (Italien). Nach der Legende soll er aus Antiochien gestammt haben und von → Petrus nach Lucca entsandt worden sein (tatsächlich existierte in Lucca bereits im 1. Jh. ein Christentum). Um 67 habe er in Lucca gemeinsam mit einem Priester, einem Diakon und einem Soldaten das Martyrium unter Nero erlitten. Sein angebliches Grab will man im 13. Jh. in Lucca wieder aufgefunden haben.

Paulinus von Nola hl.
Bischof von Nola, Dichter
Fest: 22. Juni
Paulinus war im 4./5. Jh. eine der meistbeachteten Kirchenpersönlichkeiten in Italien und in Spanien, was auch mit seinem außergewöhnlichen Lebensweg zusammenhing. Geboren um 353 nahe Bordeaux (Frankreich) aus vornehmer römischer Senatorenfamilie, war Paulinus ab etwa 380 Statthalter der Region Kampanien in Italien. 385 heiratete er eine Christin aus Spanien und bekam mit ihr Sohn Celsus, der aber bald starb. In dieser Zeit (um 390) empfing er auch die Taufe und entschied sich für ein Gott zugewandtes, vollkommenes Leben. Er verkaufte seinen gesamten Besitz, ging nach Barcelona (Spanien) und empfing dort 394 unter dem großen Beifall der Bevölkerung die

Die Statue auf dem Platz vor der Kirche S. Bartolomeo auf der Tiberinsel in Rom zeigt Paulinus von Nola.

Priesterweihe. Gemeinsam mit seiner Ehefrau, mit der er in enthaltsamer Ehe lebte, ließ er sich dann am Grab des von ihm sehr verehrten → Felix von Nola in Nola in Kampanien nieder und führte fortan mit mehreren Gleichgesinnten ein streng asketisches Leben. Vom Erlös aus dem Verkauf seiner Besitztümer errichtete er Kirchen und Einrichtungen für wohltätige Werke, unterstützte Arme und Kranke und betreute und versorgte Pilger. Auf Wunsch und unter dem Jubel des Volkes wurde Paulinus 409 (andere Quellen sprechen von einem früheren oder einem etwas späteren Zeitpunkt) zum Bischof von Nola ernannt. Als ab 410 die Goten unter Alarich in Italien einfielen und furchtbare Verwüstungen anrichteten, war Paulinus Helfer, Tröster und Vater für die drangsalierten Menschen in seinem Bistum; zeitweise soll er sogar von den Vandalen gefangengenommen gewesen sein. Paulinus starb am 22. Juni 431 in Nola nach überaus segensreicher Bischofstätigkeit; er galt als großes Vorbild, war hoch verehrt vom Volk, aber auch von vielen berühmten Zeitgenossen wie → Hieronymus, → Ambrosius und → Augustinus. Paulinus war auch ein vielbeachteter Dichter und Schriftsteller, seine Sprache galt als eine der besten der Zeit. (Zahlreiche Briefe und Gedichte sind bis heute erhalten.) Beigesetzt wurde Paulinus zunächst am Grab von Felix in Nola in der Kathedrale S. Felice; Otto III. ließ die Gebeine um 1000 nach Rom in die Kirche S. Bartolomeo auf der Tiberinsel übertragen. 1908 wurden sie auf Anordnung von Papst Pius X. wieder nach Nola zurücküberführt. – Die Einwohner von Nola gedenken Paulinus jedes Jahr am 26. Juni mit einem Volksumzug und einem riesigen Volksfest (Sagra dei Gigli).

Darstellung: als Bischof mit Mitra, mit Schaufel, Korb, Gießkanne, zerbrochenen Ketten (nach der Legende soll sich Paulinus für einen Unschuldigen freiwillig in die Gefangenschaft der Goten begeben haben, sei aber bald wieder freigelassen worden)
Patronat: von Nola, von Regensburg, der Müller

Paulinus von Trier hl.
Bischof von Trier
Fest: 31. August

Bischof Paulinus von Trier wird manchmal auch als Märtyrer verehrt; dies rührt daher, daß er in der Verbannung gestorben ist. Geboren um 300, möglicherweise im Gebiet der Gascogne (Frankreich), war Paulinus ab 346/347 Nachfolger von → Maximinus als Bischof von Trier (Rheinland-Pfalz); von Maximinus hatte er wohl auch die Priesterweihe empfangen. Paulinus galt als Verteidiger der Orthodoxie und weigerte sich daher auch, auf der Synode von Arles gemeinsam mit den anderen Teilnehmern → Athanasius zu verurteilen, der die gültige Lehre über Jesus Christus lehrte, während Arius – auf dessen Seite der Kaiser

Schädelreliquiar des heiligen Paulinus von Trier, 1891 von Gabriel Hermeling gefertigt; St. Paulin, Trier.

stand – die wesensmäßige Gottheit von Jesus leugnete. Als Folge davon wurde Paulinus nach Phrygien (Türkei) verbannt, nachdem man ihn zuvor als Bischof abgesetzt hatte; einsam starb er dort 358. Als die Lehre des Arius 381 verworfen wurde, rehabilitierte man auch Paulinus und holte seine Gebeine zurück nach Trier; sie ruhen heute in der Krypta der Kirche St. Paulin in einem Sarkophag (der Originalsarg aus Zedernholz ist noch teilweise erhalten).
Darstellung: als Bischof, mit Buch, mit Schwert (weil man längere Zeit davon ausging, daß Paulinus enthauptet worden war), mit Taube

Paulinus von York hl.
OSB, Bischof von York
Fest: 10. Oktober
Entsandt von Papst → Gregor dem Großen, kam Paulinus 601 aus dem Andreaskloster in Rom nach England, um dort zu missionieren. Er wirkte zunächst viele Jahre in Kent, dann in Northumbria, wo er König → Edwin bekehrte und taufte und die Diözese York gründete, deren erster Bischof er 625 wurde (634 erhielt er das Pallium und war damit Erzbischof). 633 mußte er vor dem heidnischen König Penda fliehen, nachdem dieser Edwin besiegt und getötet hatte, und wurde in der Folge Bischof von Rochester, wo er am 10. Oktober 644 starb. In England genießt Paulinus Verehrung bis heute.

Paulos, Paulus

Paulus
Völkerapostel, Märtyrer
Fest: 29. Juni (mit Petrus)
Paulus gilt als erster christlicher Theologe überhaupt, als Baumeister des Christentums, als Organisator der katholischen Kirche; sein Einfluß auf die Theologie wirkte über alle Jahrhunderte und ist noch heute von Bedeutung. Es heißt, daß es Paulus war, der durch seinen Einsatz in den Wirren des 1. Jh. die Einheit der Christenheit bewahrt hat. Obwohl er kein eigentlicher Jünger Jesu war, gilt Paulus als Apostel, auch er wird wie → Petrus „Apostelfürst" genannt. Vor allem aber ist er der große Völkerapostel, verehrt und geehrt bis heute auf der ganzen Welt.
Leben und Wirken von Paulus lassen sich durch zwei Quellen nachvollziehen; einmal durch die Apostelgeschichte, zum anderen durch die von Paulus selbst geschriebenen Briefe (alle erhaltenen Briefe von ihm stammen aus den rund 15 Jahren vor seinem Tod). Danach stammte Paulus aus Tarsus in Kilikien (Türkei), wo er um 10 nach Christi Geburt als Sohn pharisäischer Eltern geboren wurde und den hebräischen Namen Saul erhielt. Aufgrund der Tatsache, daß die Familie auch das römische Bürgerrecht besaß, ist anzunehmen, daß er den lateinischen Namen Paulus schon von Geburt an zusätzlich hatte. Wie sein Vater lernte er das Zeltmacherhandwerk. Im Alter von etwa 19 Jahren kam er nach Jerusalem, um bei dem bekannten Lehrer Gamaliel eine Ausbildung als Rabbi zu beginnen. Zu dieser Zeit war der intellektuell hochgebildete Paulus ein erbitterter Gegner und Bekämpfer der jungen christlichen Gemeinde; er war aktiv beteiligt an der Verfolgung der Christen, so bei der Steinigung des → Stephanus zum Tode (vielleicht sogar von ihm veranlaßt). Etwa im Jahr 34 nahm er so auch den Auftrag an, nach Damaskus (Syrien) zu gehen

Die Bekehrung des Paulus, nach einem Gemälde von Caravaggio, um 1601, Cerasi-Kapelle, S. Maria del Popolo, Rom.

und die dortige Christengemeinde aktiv zu bekämpfen. Auf dem Weg nach Damaskus kam es dann zur berühmten Bekehrung des Saulus zum Paulus („Damaskuserlebnis"): Vor den Toren von Damaskus erschien ihm der gekreuzigte Jesus. Eine plausible Erklärung für dieses Ereignis ist nicht möglich (Paulus soll auch vorher bereits verschiedene Visionen gehabt haben), sicher ist aber, daß mit diesem Datum das leidenschaftliche Wirken des Paulus, wie er sich von nun an nannte, als Apostel begann. Über das „Damaskuserlebnis" berichtet die Apostelgeschichte dreimal, Paulus selbst erwähnte es nur kurz im Galaterbrief und in einem der Korintherbriefe.

In Damaskus ließ sich Paulus taufen und verkündete sofort das Wort Jesu, zunächst in Damaskus, dann in Arabien, kurzzeitig in Jerusalem und schließlich mehrere Jahre in seiner Heimat Kilikien und in Syrien (über diese Jahre ist so gut wie nichts bekannt). Etwa im Jahr 44 begann die bahnbrechende Missionstätigkeit des Paulus: Von → Barnabas nach Antiochien (Syrien) geholt, damit er mit ihm in der dortigen Christengemeinde das Evangelium verkünde, schloß sich Paulus Barnabas an, als dieser um 45 zu einer großen Missionsreise aufbrach (es war die erste der drei Missionsreisen von Paulus, sie dauerte bis etwa 49). Das Ziel der beiden Missionare war es, so viele Heiden wie möglich zu bekehren und zu taufen. Die Reise führte nach Zypern, Pisidien und Kilikien. Auf dem berühmten Apostelkonzil in Jerusalem 49/50 verteidigten Paulus und Barnabas ihre Art der Missionsarbeit unter den Heidenchristen, an der es in der Zwischenzeit von seiten der Judenchristen so schwere Kritik gab, daß sogar die ganze Kirche in Gefahr geraten war (die Judenchristen beharrten auf jüdischen Ritualen wie etwa der Beschneidung). Das Konzil (Urapostel und Älteste) entschied zugunsten der Heidenmissionare Paulus und Barnabas, die weiterhin, frei vom Gesetz, unter den Heiden missionieren durften. Noch im Jahr 50 brach Paulus zur

Paulus, nach einem Fresko von 1265, Kloster Sopocani, Serbien.

zweiten Missionsreise auf, die ihn bis etwa 52/53 durch ganz Kleinasien, Makedonien und Griechenland führte; in Korinth blieb er eineinhalb Jahre. Die dritte Missionsreise unternahm Paulus zwischen 54 und 58 nach Ephesus (Türkei), wo er über zwei Jahre blieb, und noch einmal nach Makedonien und Korinth. Überall gründete Paulus Christengemeinden, mit denen er nach seiner Weiterreise in brieflichem Kontakt blieb.

Im Jahr 58 plante Paulus, nun nach Westen aufzubrechen, sein Ziel hieß Spanien. Bei einem Aufenthalt in Jerusalem geriet er jedoch in schwere Auseinandersetzungen mit den Juden, wurde von den Römern verhaftet und saß zwei Jahre in Cäsarea (Antiochien) in Haft. Dann überführte man ihn nach Rom (die abenteuerliche Fahrt mit dem Schiff dauerte von etwa Mitte 60 bis zum Frühjahr 61 und beinhaltete auch einen Schiffbruch bei Malta), wo Paulus erneut für zwei Jahre in abgemilderter Haft verbringen mußte. In dieser Zeit soll er auch Petrus wiedergetroffen haben. Daß Paulus nach seiner Freilassung 63 nach Spanien reiste, auch noch einmal nach Kleinasien, und in Rom erneut in Gefangenschaft geriet, wird erzählt, ist historisch aber nicht belegt. Sicher ist, daß Paulus zwischen 63 und 67 (wohl eher 67) in Rom das Martyrium erlitt, wahrscheinlich durch Enthaupten. Apokryphe Paulus-Akten berichten, daß die Enthauptung drei Meilen vor den Toren Roms stattgefunden habe; nachdem das Paulus-Haupt dreimal auf der Straße aufschlug, seien dort drei Quellen (tre fontane) entsprungen. An der Stelle, an der Paulus beigesetzt worden sein soll, entstand eine Andachtsstätte (über die schon früh berichtet wurde),

Das Hauptschiff der Kirche S. Paolo fuori le mura, Rom.

Ganz oben: Das „Paulus-Fenster“ (rechts) in der Stadtmauer von Damaskus. Nachdem orthodoxe Juden beschlossen hatten, den Konvertiten Paulus zu töten, ließen Freunde ihn nachts durch das Fenster hinab.

die dann im 4. Jh. in eine große Basilika umgewandelt wurde: S. Paolo fuori le mura (außerhalb der Stadt Rom an der Via Ostiense), heute eine der sieben Pilgerkirchen Roms. Die Paulus-Reliquien werden heute mit denen von Petrus im Petersdom in Rom aufbewahrt, beider Häupter seit 1370 in der Lateranbasilika SS. Giovanni e Paolo in Rom. Als gemeinsamen Festtag für Petrus und Paulus legte die katholische Kirche den 29. Juni fest. Das Fest Pauli Gedächtnis am 30. Juni entstand, weil es in der Frühzeit unmöglich war, an den beiden, weit auseinanderliegenden, Begräbnisstätten der Apostel am selben Tag Feiern abzuhalten. Im Brauchtum gilt der 29. Juni, „Halbwintertag“, als Lostag für die Witterung im Herbst. In den Niederlanden „spendet“ man dem Vieh an diesem Tag Kuchen. Mancherorts werden Paulus-Wurzeln oder Paulus-Erde gegen Gifte eingesetzt.

Darstellung: mit länglichem Gesicht, fast kahlem Haupt und länglichem Bart, mit Buch, Schwert, Briefen, Rolle, umgestürztem Altar, drei Quellen, oft mit Petrus

Patronat: der katholischen Presse, der Theologen und Seelsorger, der Arbeiterinnen, der Weber und Teppichweber, Korbmacher, Seiler, Sattler, gegen Ohrenkrankheiten und Krämpfe, gegen Schlangenbiß, gegen Unwetter bei Schiffsreisen, für die Fruchtbarkeit der Felder, für Regen, gegen die Angst

Paulus Aurelianus hl.
Missionsbischof
Fest: 12. März

Geboren um 500 in Wales, erhielt Paulus Aurelianus seine Erziehung von → Illtyd. Er zog dann zusammen mit einigen Gefährten in die Bretagne (Frankreich) und gründete dort verschiedene Klöster; ab 530 war er Missionsbischof und hatte seinen Sitz in dem später nach ihm benannten St-Pol-de-Léon. Er starb um 575.

Paulus Burali von Arezzo sel.
OTheat, Kardinal, Bischof von Piacenza und Neapel
Fest: 17. Juni

Geboren 1511 in Itri (Italien), war Paulus Burali von Arezzo zunächst mehrere Jahre als Anwalt in Neapel tätig; 1549 wurde er in den königlichen Rat berufen. 1558 entschied er sich für ein anderes Leben und trat dem Theatinerorden bei. Papst Pius V. ernannte ihn 1568 zum Bischof von Piacenza und zum Kardinal; in den Jahren vor seinem Tod (17. Juni 1578) war er Bischof von Neapel. 1772 Approbation des Kultes.

Paulos I. von Konstantinopel hl.
Patriarch, Märtyrer
Fest: 7. Juni, 6. November

Paulos I. war ab 337 (336?) Patriarch von Konstantinopel. Schon 339 wurde er von Kaiser Konstantios vertrieben und ging nach Rom; versehen mit Briefen von Papst → Julius kehrte er 340 wieder nach Konstantinopel zurück. 342 zwangen ihn die Arianer erneut, Konstantinopel zu verlassen; in Ketten brachte man ihn nach Mesopotamien. Kaiser Konstans I. holte ihn 346 wieder zurück, und am Konzil von Sardika (Sofia) nahm Paulos I. wieder als Bischof teil. Nach dem

Tod von Konstans I. vertrieb man Paulos 351 zum dritten Mal, dieses Mal nach Kukusus in Armenien, wo er angeblich von Arianern erdrosselt wurde, was aber nicht bezeugt ist. In der Liturgie wird Paulos I. wegen seiner Glaubenstreue als „zweiter Paulus" gerühmt. Die Paulos-Gebeine wurden später in die Eirene-Kirche nach Konstantinopel überführt.

Paulos von Latros hl.
Einsiedler
Fest: 15. Dezember
Paulos war im 10. Jh. ein berühmter Einsiedler im Latros-Gebirge (Anatolien, Türkei), wo sich ab dem 7. Jh. eine bedeutende Mönchsrepublik entwickelt hatte. Er war begehrt als Ratgeber und Helfer und mußte schließlich sogar vor den Strömen von Gläubigen, die ihn aufsuchten, fliehen; für einige Zeit ließ er sich auf der Insel Patmos nieder, kehrte dann aber wieder zurück. Um seine Einsiedelei entwickelte sich im Laufe der Zeit ein großes Kloster (Paulos-Kloster), das zu einem wichtigen Zentrum in der Latros-Mönchskolonie wurde. Paulos starb am 15. Dezember 955 in Latros.

Paulus von Narbonne hl.
Bischof von Narbonne
Fest: 22. März
Paulus war ab etwa 250 der erste Bischof von Narbonne (Frankreich); wahrscheinlich war er aus Rom entsandt worden. Über Leben und Wirken ist ansonsten nichts bekannt. → Gregor von Tours bestätigte im 6. Jh., daß Paulus die Bischofsweihe bereits in Rom empfangen hatte.

Paulus Novus
Märtyrer
Fest: 8. Juli
Der Christ Paulus Novus war Feldherr im kaiserlichen Heer von Konstantinopel. Als er gemeinsam mit anderen Christen und zahlreichen Mönchen für die Bewahrung der Bilderverehrung kämpfte, ließ ihn der Kaiser einkerkern und foltern; man schnitt ihm die Nase ab, stach ihm beide Augen aus und übergoß ihn mit geschmolzenem Schwefel und mit Pech. Paulus starb am 8. Juli 766 in Konstantinopel. Die Gebeine gelangten 1222 nach Venedig.

Paulus Simplex (der Einfache)
Einsiedler
Fest: 7. März
Paulus war ein Bauer in Ägypten, der im Alter von 60 Jahren entdeckte, daß seine Frau Ehebruch beging. Tief enttäuscht zog er sich daraufhin in die Wüste zurück und schloß sich → Antonios an. Mit kindlicher Freude und großem Gehorsam lebte er sein Mönchsleben, und bald wurde er „der Stolz der Wüste" genannt; sein Beiname war „Simplex", der Einfache. Paulus starb am 7. März 330.

Paulos von Theben (Paulos der Einsiedler) hl.
Einsiedler
Fest: 15. Januar
„Der erste Einsiedler", der „Ureinsiedler" oder „Vater des Einsiedlerlebens" wird Paulos von Theben genannt. Es existiert nur eine Quelle, die über sein Leben

Paulos I. von Konstantinopel, nach einer russischen Ikone von 1800.

Paulos von Theben, der „erste Einsiedler", nach einem Gemälde von Guercino um 1655, Pinacoteca Nazionale, Bologna.

Christus erscheint Petrus; nach einem Gemälde von Annibale Carracci, um 1602, National Gallery, London. Diese Darstellung geht auf jene Legende zurück, die erzählt, daß dem aus Rom fliehenden Petrus Jesus Christus erscheint. Auf die Frage: „Domine, quo vadis?“ (Herr, wohin gehst du?) antwortete der Herr: „Nach Rom, um mich ein zweites Mal kreuzigen zu lassen.“

reisen, zu Anfang hauptsächlich, wie auch die anderen Urapostel, durch Palästina. Später scheint er vorübergehend im nördlichen und nordwestlichen Kleinasien (Türkei) missioniert zu haben, wo genau, kann nicht exakt nachvollzogen werden. Sicher ist, daß Petrus und Paulus in späteren Jahren immer wieder in heftigen Streit gerieten über die Form der Missionsarbeit, so auch auf dem Apostelkonzil 49/50, als Paulus und → Barnabas die Anerkennung ihrer gesetzesfreien Heidenmission einforderten. Unsicher ist, ob Petrus bereits um/ab 42 in Rom weilte, wie manche Quellen sagen (so wird manchmal von den 25 Jahren des Petrus in Rom gesprochen), unklar auch, wieviele Jahre insgesamt. Sicher bewiesen ist der Aufenthalt in Rom überhaupt sowie der dort stattgefundene Kreuzestod von Petrus im Jahr 64 oder 67 während der Verfolgungen unter Kaiser Nero; eine Fülle von Zeugnissen belegt dies. Auch die Grabstätte von Petrus auf dem Vatikan, unter dem heutigen Petersdom, gilt als historisch sicher. Die Legende berichtet dazu, daß Petrus, nachdem er in Rom gefangengenommen, Nero vorgeführt und zum Tod verurteilt worden war, als einzige Worte von sich gab, er wolle mit dem Kopf nach unten am Kreuz sterben, da er nicht würdig sei, wie Jesus Christus aufrecht ans Kreuz genagelt zu werden. Die Hinrichtung soll im Circus des Nero in Rom stattgefunden haben – mit dem Kopf nach unten. In Rom soll Petrus um 61 nach langer Zeit auch wieder mit Paulus zusammengetroffen sein (auch er wurde von Nero zum Tod verurteilt und enthauptet).

Die Leichname von Petrus und Paulus sollen zunächst auf einem Friedhof an der Via Appia beigesetzt worden sein, über dem im 4. Jh. die Kirche S. Sebastiano ad catacumbas entstand. Später erhielt Petrus ein neues Grab, über dem Kaiser → Konstantin der Große eine mächtige Basilika errichten ließ (in der Karl der Große 800 zum Kaiser gekrönt wurde). Wo einst die Apsis der konstantinischen Basilika war, erheben sich heute die vier Bronzesäulen von Berninis Baldachin im Petersdom; einige Meter darunter, unterhalb des Altars über der Confessio, fand man bei Grabungen und Forschungen in jüngerer Zeit die Spuren der Begräbnisstätte des Petrus. In einem Geheimfach in einer Mauer waren die Gebeine des Apostels beigesetzt worden, wahrscheinlich von Konstantin persönlich, wie Purpurstoffreste, dem Kaiser vorbehalten, vermuten lassen. Grobe Buchstaben an der Mauer sagen „petros eni“, zu lesen als „Petros, du bist hier“. Der Petersdom in Rom gehört bis heute zu den wichtigsten und meistbesuchten Stätten der Christenheit; die Nachfolger Petri auf dem Stuhl des Bischofs von Rom und damit als Papst haben ihren Sitz und auch ihre privaten Gemächer direkt bei ihm.

Etwa seit Mitte des 3. Jh. ist im Westen ein Kult des Petrus nachweisbar; im 4. Jh. gab es bereits Petrus-Kirchen in Konstantinopel und in Ravenna in Norditalien. Der größte Teil aller Bischofskirchen im Westen trug bis ins 12. Jh. hinein den Namen des Apostelfürsten. Die katholische Kirche kennt außer dem 29. Juni mehrere andere Petrus-Feste: Petri Stuhlfeier (Cathedra Petri) am 22. Februar (das Fest wurde im 4. Jh. in Rom eingeführt); bis 1960 Petri Kettenfest am 1. August (an einem 1. August soll die römische Kirche S. Pietro in Vincoli eingeweiht worden sein, in der bis heute zwei Ketten aufbewahrt werden, mit denen Petrus im Kerker gefesselt gewesen sein soll); Kirch-

Die Confessio (eine halbkreisförmige Krypta) im Petersdom vor dem päpstlichen Altar, um 1600 von Carlo Maderno angelegt. In der vergoldeten Kassette befinden sich die heiligen Pallien und hinter der Marmorwand die Reliquien des Apostels Petrus.

weihfest der Basiliken von Petrus (und Paulus) am 18. November (am 18. November 326 wurde Alt-St. Peter in Rom geweiht).

Darstellung: als Apostel oder als Papst, mit Schlüssel, Fels, Stab, Buch, Schriftrolle, Fisch, Kreuz, Hahn, bei der Kreuzigung (mit dem Kopf nach unten), wie er Wasser aus dem Felsen schlägt (was er mit seinem Stab getan haben soll), im Kerker, zusammen mit Paulus

Patronat: der Päpste, der Büßer und Beichtenden, der Metzger, Schreiner, Glaser, Uhrmacher, Schlosser, Schmiede, Bleigießer, Töpfer, Maurer, Ziegelbrenner, Brückenbauer, Steinhauer, Walker, Netzmacher, Tuchweber, Schiffer, Fischer, Fischhändler, der Schiffbrüchigen, der Jungfrauen, gegen Fieber, Schlangenbiß, Tollwut, Besessenheit, Fußleiden, gegen Diebstahl

Petrus Acontato sel.
OSB, Ordensmann
Fest: 23. September

Geboren um 1115 in Venedig, trat Petrus Acontato jung dem Benediktinerorden bei; noch vor der Profeß verließ er sein Kloster S. Giorgio in Venedig wieder, weil sein Vater gestorben war und er die Geschäfte der Familie fortführen mußte. Als Jahrzehnte später seine Ehefrau starb, trat er wieder in S. Giorgio ein und führte bis zu seinem Tod am 23. September 1180 hoch verehrt ein Leben strengster Buße und großer Demut. Petrus Acontato gehört zu den Patronen Venedigs. 1598 Approbation des Kultes.

Petrus von Alcántara hl.
OFM, Gründer, Mystiker
Fest: 19. Oktober, 18. Oktober

Petrus von Alcántara gehörte zu den einflußreichsten und charismatischsten Persönlichkeiten seiner Zeit; Volk, Adel, Herrscher und Ordensleute bewunderten ihn und suchten seinen Rat. Eines seiner Lehrbücher erreichte 200 Auflagen. – Geboren 1499 in Alcántara, Portugal, war Petrus 1515 Franziskaner geworden und bekleidete schon bald verschiedene Ordensämter. 1524 empfing er die Priesterweihe. Etwa ab 1542 befaßte er

Büstenreliquiar des Apostels Petrus von 1473, Stiftskirche St. Peter und Alexander, Aschaffenburg.

sich intensiv mit Reformversuchen innerhalb des Ordens, und 1555 gründete er das berühmte Reformkloster Pedrosa, aus der die päpstlich bestätigte Gemeinschaft der Alcantariner hervorging, eine Reformkongregation von bisher noch nicht gekannter Strenge. 1556 wurde er zum Oberen aller Reformklöster Spaniens ernannt. Petrus selbst war das größte Vorbild an Ordensstrenge, Bußeifer und Demut; er war mystisch hoch begnadet, hatte die Gaben der Prophetie und der Herzensschau und war ein begnadeter Seelenführer (so von → Theresia von Ávila, deren Reformarbeit innerhalb des Karmeliterordens er maßgeblich unterstützte). Auf Volksmissionen errichtete er überall Erinnerungskreuze. Seine Geduld war so groß, daß man in Spanien heute noch ein Sprichwort dazu im Wortschatz hat. Petrus von Alcántara starb am 18. Oktober 1562 in Arenas nahe Ávila in Spanien, das seither Arenas de San Pedro heißt; beigesetzt ist er dort in einer prunkvollen Grabkapelle im Kloster San Pedro de Alcántara. 1622 Seligsprechung, 1669 Heiligsprechung.
Darstellung: mit Geißel, Buch, Feder, Tintenfaß, Totenkopf, Kreuz, Lilie, Taube, Stern
Patronat: von Brasilien, gegen Fieber, der Nachtwächter

Petros I. von Alexandrien
Bischof, Märtyrer
Fest: 26. November
Seit 1969 ist der Kult von Petros I. von Alexandrien auf einzelne Kalendarien beschränkt. Petros war etwa ab 300 Patriarch von Alexandrien und erlitt 311 den Martertod unter Maximinus Daja. Nach ungesicherten Überlieferungen war er auch schon Christenverfolger Diokletian vorgeführt worden, hatte sich dort mutig zum Christentum bekannt und war wieder freigelassen worden. (Andere Quellen berichten, er sei unter Diokletian gestorben.) Petros I. war sehr gelehrt, seine Schriften genossen lange Zeit höchstes Ansehen. Er galt als einer der ersten, die vor der Lehre des Arius warnten.

Petrus von Anagni hl.
OSB, Bischof von Anagni
Fest: 3. August
Petrus, geboren um 1030 in Salerno, Italien, wurde um 1045 Benediktiner und war ab 1062 Bischof von Anagni (dem Geburtsort mehrerer Päpste des Mittelalters) südöstlich von Rom. Er war Vertrauter und Gesandter von Papst Gregor VII., von dem er schon zu dessen Zeit als Archidiakon Hildebrand an die Kurie berufen war. Ab 1097 war er mit dem Ersten Kreuzzug im Heiligen Land und starb bald nach der Rückkehr 1105 in Anagni; beigesetzt ist er dort im Dom S. Maria. 1109 Heiligsprechung.

Petrus von Arbués hl.
CanAug, Ordensmann, Märtyrer
Fest: 17. September
Geboren 1442 in Epila in Aragón, Spanien, trat Petrus (Pedro) von Arbués nach seinem Studium der Philosophie, der Theologie und des kanonischen Rechts 1474 den Augustiner-Chorherren in Saragossa bei. 1484 wurde er zum ersten Inquisitor für Aragón ernannt; nachdem er auf Anordnung von oben einige Todesurteile gefällt hatte, ließen ihn Adlige während eines Gebetes in der Kathedrale

Petrus von Alcántara mit seinen Attributen, nach einem Gemälde von Tiepolo, Königspalast, Madrid.

Gegenüberliegende Seite: Kreuzigung Petri, nach einem Gemälde von Guido Reni, Pinakothek, Vatikan.

Petrus Canisius im Gebet; nach einem Holzschnitt, um 1865, von einem unbekannten Meister, Freiburg im Breisgau.

von Saragossa mit dem Dolch niederstechen, zwei Tage später, am 17. September 1485 starb er an den Verletzungen. (Der Angriff galt weniger ihm als der Inquisition.) Sofort nach dem Tod begann eine starke Verehrung, die 1664 zur Selig- und 1867 zur Heiligsprechung führte.

Petrus (Pedro) Armengol sel.
OdeM, Ordensmann
Fest: 27. April
Geboren 1238 als Sohn des Grafenhauses von Urgell in Nordspanien, führte Petrus (Pedro) Armengol zunächst ein wildes, ausschweifendes Leben, bevor er 1258 in den Mercedarierorden eintrat und sich fortan mit aller Kraft der Befreiung von Gefangenen widmete. So bot er sich auch als Geisel für die Befreiung von 18 Kindern an und wurde deshalb mehrere Jahre in Algerien in Gefangenschaft gehalten und schwerst gefoltert (daher auch Verehrung als Märtyrer). Angeblich soll er auf wundersame Weise gerettet worden und in seine Heimat zurückgekehrt sein. Dort starb er am 27. April 1304. Kultapprobation 1686.

Petrus (Pietro) Cambiani de Ruffia sel.
OP, Ordensmann, Märtyrer
Fest: 2. Februar, 7. November
Petrus (Pietro) Cambiani de Ruffia, geboren 1320 in Ruffia in Piemont (Italien), trat 1339 dem Dominikanerorden bei und war in der Folge als Inquisitor im Piemont tätig; sein ganzer Einsatz galt der Bekämpfung der Genossenschaft der Waldenser, die sich in Norditalien mit der Gruppierung der Armen Lombarden vereint hatte und stark antikirchlich wirkte. Petrus hatte große Erfolge, was den Haß der Waldenser so sehr verstärkte, daß sie ihn am 2. Februar 1365 in Susa in Piemont ermorden ließen. Beigesetzt ist er in der Kirche S. Domenico in Turin. 1856 Bestätigung des Kultes.

Petrus Canisius hl.
SJ, Ordensmann, Kirchenlehrer (1925)
Fest: 21. Dezember, 27. April
„Der zweite Apostel Deutschlands" wurde Petrus Canisius von Papst Leo XIII. genannt, und er verglich ihn damit mit → Bonifatius, dem „Apostel der Deutschen". Papst Pius XI. ernannte den ersten deutschstämmigen Jesuiten (1543) am 21. Mai 1925 zum Kirchenlehrer und sprach ihn gleichzeitig heilig; er würdigte damit das unermüdliche Wirken von Petrus Canisius um die Erneuerung der katholischen Kirche in Deutschland im 16. Jh. nach den Wirren der Reformation sowie sein herausragendes kirchenschriftstellerisches Werk. – Geboren am 8. Mai 1521 in Nijmegen (Holland) als Sohn des Bürgermeisters der damals zum deutschen Reich gehörenden Stadt, entschied sich Petrus Canisius gegen den Wunsch seiner Familie für das Theologiestudium und kam 1536 nach Köln (Nordrhein-Westfalen). 1543 lernte er → Petrus Faber und die jesuitische Idee kennen und trat am 8. Mai 1543 in den Orden der Jesuiten ein. 1546 empfing er die Priesterweihe. Voller Tatkraft wirkte und predigte er in den folgenden Jahrzehnten in Deutschland, Österreich, der Schweiz, Böhmen und Ungarn; er war päpstlicher Theologe beim Konzil von Trient, lehrte auf Sizilien, war Universitätsrektor und Theologieprofessor in Ingolstadt, Domprediger in Wien, lehrte und unterrichtete in Augsburg, Innsbruck und München und an vielen anderen Orten. Dreimal lehnte er die ihm angebotene Bischofswürde von Wien ab. Petrus Canisius war der Kirchenpolitiker seiner Zeit schlechthin; an allen großen kirchenpolitischen Entscheidungen war er maßgeblich beteiligt, die Päpste achteten und schätzten ihn. Berühmt wurden auch die Bücher und Schriften von Canisius; das bekannteste Werk ist der dreifache Katechismus (Canisi), der allein bis zum Tod seines Autors in zwölf europäische Sprachen übersetzt wurde und über 200 Auflagen erlebte (es handelt sich dabei um je einen Katechismus für Kinder, Mittelschüler und Studenten). Nach Auseinandersetzungen mit Paul Hoffaeus, seinem Nachfolger als Ordensprovinzial, ging Canisius nach Fribourg in der Schweiz, wo er das Jesuitenkolleg St. Michael aufbaute. Dort starb er am 21. Dezember 1597 und wurde unter dem Hochaltar der Kirche St. Michael beigesetzt. (Seligsprechung 1864.)
Darstellung: in Jesuitentracht, oft mit Mantel, mit Katechismus und Feder, Kruzifix, Totenschädel
Patronat: der Bistümer Innsbruck und Brixen, der katholischen Schulorganisation in Deutschland

Petrus von Canterbury sel.
OSB, Abt
Fest: 6. Januar
Petrus gehörte zur ersten Gruppe von Benediktinermönchen aus dem Andreaskloster in Rom, die von Papst → Gregor dem Großen Ende des 6. Jh. zur Missionierung nach England entsandt wurden; er wurde erster Abt von Kloster St. Peter und Paul (später St. Augustine's) in Canterbury. Während einer Missionsreise ertrank er 607 im Ärmelkanal. 1915 Bestätigung des Kultes.

Petrus von Castelnau hl.
OCist, Legat, Märtyrer
Fest: 16. Februar, 5. März
Geboren um 1170 auf Burg Castelnau (Frankreich), trat Petrus von Castelnau 1202 in Fontfroide dem Zisterzienserorden bei und wurde 1203 von Papst Innozenz III. zum Päpstlichen Legaten ernannt. Bei seinen Missionen undiplomatisch und teilweise rücksichtslos agierend, machte sich Petrus vor allem den Adel zum Feind; am 16. Februar 1208 ließ man ihn bei der Abtei St-Gilles in Südfrankreich ermorden. Der Papst nannte Petrus einen Märtyrer und sprach ihn wohl noch 1208 heilig. Bis heute Verehrung in mehreren südfranzösischen Bistümern.

Petrus Chrysologus hl.
Bischof, Kirchenlehrer (1729)
Fest: 30. Juli, 4. Dezember
Petrus Chrysologus war einer der großen Prediger des 5. Jh., woraus sich auch sein Beiname erklärt: Chrysologus bedeutet „Goldredner“. Viele seiner Predigten, etwa 180, sind bis heute erhalten. – Geboren um 380 in Forum Cornelii bei Imola in Norditalien, wurde Petrus wohl 430/431 zum Bischof von Ravenna (Italien) ernannt, das er in der Folge zur Metropole des Weströmischen Reiches machte (der Bischof wurde damit Erzbischof); er war es, der den Grundstein legte für die später glanzvolle Stadt Ravenna, die in den nachfolgenden Jahrhunderten so bewundert werden sollte. Eng befreundet mit Papst → Leo dem Großen, bekämpfte er mit diesem energisch die Irrlehren der Zeit und wurde dabei einer der herausragenden Kanzelredner. Petrus Chrysologus starb am 4. Dezember 450 in Forum Cornelii; seine Grabstätte im Dom von Imola ist bis heute das Ziel von Gläubigen.
Patronat: gegen Fieber und Tollwut

Petrus (Pedro) Claver hl.
SJ, Priester, Ordensmann
Fest: 9. September, 8. September
Im Jesuitenkolleg in Cartagena in Kolumbien werden bis heute in einem Glassarg unter dem Hochaltar der Klosterkirche die Gebeine von Petrus (Pedro) Claver aufbewahrt, der den Beinamen „Apostel der Neger“ trägt. Viele Gläubige kommen, um die letzte Ruhestätte eines der größten Wohltäter des Jesuitenordens zu besuchen. – Geboren 1580 in Verdú in Katalonien (Spanien), trat Petrus Claver 1602 dem Jesuitenorden bei und empfing 1616 die Priesterweihe in Cartagena, wohin er gekommen war, um sich ganz der Seelsorgetätigkeit im Zentrum des Sklavenhandels zu widmen. Fast 40 Jahre lang wirkte er bis zur völligen Erschöpfung unter den schwarzen Sklaven, er war für sie Arzt, Almosensammler, Lehrer, Krankenpfleger, Seelentröster und Priester. Petrus Claver berichtete kurz vor seinem Tod, daß er 300 000 Negersklaven getauft habe (die danach ihr Leben in Unfreiheit verbrachten). Er selbst sagte immer, er sei „der Sklave der Sklaven“. In der wenigen Zeit, die ihm neben dieser Arbeit noch blieb, kümmerte er sich um die Menschen von Cartagena; er wurde dort „Apostel von Cartagena“ genannt. Petrus Claver starb am 8. September 1654 in Cartagena. 1851 Selig-, 1888 Heiligsprechung. Papst Leo XIII. ernannte Claver 1896 zum „Patron der Negermission“. – Noch heute unterstützen die Missionsschwestern vom heiligen Petrus Claver, deren Patron er ist, die afrikanische Mission.

Petrus von Damaskus
Bischof, Märtyrer
Fest: 4. Oktober
Petrus war Mitte des 8. Jh. Bischof von Damaskus (Syrien). Die Überlieferung berichtet, daß man ihn auf Anordnung des Kalifen gefangennahm und mißhandelte; unter anderem wurde er geblendet, man riß ihm die Zunge aus dem Mund, band ihn an ein Kreuz und enthauptete ihn schließlich. Das Todesjahr lag um 750.

Petrus Damiani hl.
OSB, Kardinal, Kirchenlehrer (1828)
Fest: 23. Februar, 21. Februar
Obwohl er nie offiziell heiliggesprochen wurde, genießt Petrus Damiani Verehrung als Heiliger und wurde 1828 von Papst Leo XII. zum Kirchenlehrer ernannt; er gilt als einer der herausragenden Refor-

Petrus Claver bei der Krankenpflege; Ausschnitt eines Gemäldes im Jesuiten-Konvent von Cartagena, Kolumbien.

Simonie gegen den Bischof von Pavia zu untermauern, bot er 1068 freiwillig die Feuerprobe an und bestand sie unversehrt (daher der Beiname Igneus, lat. für „vom Feuer"). Unter → Johannes Gualbertus war Petrus um 1060 im Vallombrosa-Tal dem gerade gegründeten Vallombrosanerorden beigetreten und wurde 1069 Prior in Kloster Passignano (wo Johannes Gualbertus 1073 während eines Aufenthaltes starb). Papst Gregor VII. ernannte Petrus Igneus 1074 zum Kardinalbischof von Albano (bei Rom) und beauftragte ihn mit verschiedenen Missionen in Deutschland und Frankreich, die er mit großem Erfolg absolvierte. Er starb am 8. Februar 1087 (oder nach 1088). Approbation des Kultes 1673.

Petrus von Jully sel.
OSB, Ordensmann, Mystiker
Fest: 23. Juni

Petrus stammte aus England und war ein Freund von → Stephen Harding, mit dem zusammen er um 1090 in die von → Robert gegründete Benediktinerabtei Molesme in der Diözese Langres (Frankreich) eintrat. Er wurde Kaplan und Beichtvater des Benediktinerinnenklosters Jully-sur-Sarce, wo → Humbelina, Schwester von → Bernhard von Clairvaux, Äbtissin war. (Jully gehörte zu Molesme.) Petrus galt als großer Prediger; er war mystisch hoch begnadet und vollbrachte zahlreiche Wunder. Er starb am 23. Juni 1136 in Jully, hoch verehrt vom Orden und vom Volk (das ihn Saint Pron nennt). 1884 Approbation des Kultes.

Petrus vom Kreuz sel.
OSM, Ordensmann
Fest: 6. Juli

Petrus stammte aus Deutschland und führte ein Leben als Pilger. Die Überlieferung berichtet, daß er auf der geplanten Reise von Santiago de Compostela über Rom ins Heilige Land in Viterbo (Italien) plötzlich erkrankte und dort im Hospiz des Servitenordens gesundgepflegt wurde. Als zur gleichen Zeit eine Pestepidemie ausbrach, soll Petrus zahlreiche Menschen geheilt haben, indem er über ihnen das Kreuzzeichen machte (daher der Name). Auf dem Sterbebett entschied er sich, noch dem Servitenorden beizutreten und legte die Gelübde ab. Er starb am 6. Juli 1522 und wurde in der Servitenkirche in Viterbo beigesetzt.

Petrus von Luxemburg sel.
Kardinal, Bischof von Metz
Fest: 2. Juli

Geboren am 20. Juli 1369 in Lothringen (Frankreich) aus adliger Familie, wurde Petrus im Alter von 14 Jahren zum Bischof von Metz (Frankreich) ernannt, verzichtete aber ein Jahr später auf das Amt. Papst Urban VI. ernannte ihn als 16jährigen zum Kardinal, zwei Jahre später starb er am 2. Juli 1387, wenige Tage vor seinem 18. Geburtstag, in Avignon in Südfrankreich, wo er lebte. Die Reliquien werden bis heute in der Kirche St-Didier in Avignon verehrt. 1527 Seligsprechung.

Petrus Martyr
(Petrus von Verona) hl.
OP, Ordensmann, Märtyrer
Fest: 6. April, 29. April

Petrus Martyr gehört im Dominikanerorden bis heute zu den besonders verehrten Heiligen, in Italien gilt er als einer der populärsten Volksheiligen; das monumentale Grab in der Kirche S. Eustorgio in Mailand ist bis in die heutige Zeit ein vielbesuchter Ort der Gläubigen. – Geboren um 1205 in Verona in Norditalien als Sohn ungläubiger Eltern, wandte sich Petrus Veronensis (so genannt nach seiner Vaterstadt) schon jung der Kirche zu; nachdem er Ordensgründer → Dominikus persönlich kennengelernt hatte, trat er 16jährig dem Dominikanerorden bei (1221) und wurde bald Prior im Kloster Como. Petrus entwickelte eine segensreiche Predigertätigkeit in ganz Ober- und Mittelitalien, die noch unterstrichen wurde, nachdem sich

Der heilige Petrus Martyr, Ausschnitt nach einem Gemälde, um 1650, von Guercino in der Pinacoteca Nazionale, Bologna.

immer wieder Wunder um seine Person ereigneten und das Volk ihn deshalb sehr bewunderte. Auch die Päpste seiner Zeit vertrauten ihm und betrauten ihn immer wieder mit Missionen. Sein besonderer Einsatz galt der Bekämpfung der Irrlehre der Katharer, was ihm schließlich den Tod brachte: Am 6. April 1252 wurde er auf dem Weg zwischen Como und Mailand von gedungenen Mördern überfallen und erstochen. Bereits am 24. März 1253 erfolgte die Heiligsprechung. Lange Zeit war der 29. April der Gedenktag. – Geweihtes „Petrus-Martyr-Wasser" sollte früher Krankheiten vertreiben, das „Petrus-Martyr-Kreuzlein" aus Palm- und Ölzweigen vor Ungeziefer auf den Feldern und gegen Unwetter schützen.
Darstellung: als Dominikaner, mit dem Finger an den Lippen (Schweigegebot), mit klaffender Kopfwunde, mit Messer, Schwert, Palme
Patronat: der Dominikaner, der Lombardei, der Wöchnerinnen, gegen Kopfleiden, gegen Sturm, Blitz und Unwetter, für eine gute Ernte

Petrus von Mogliano sel.
OFM, Ordensmann
Fest: 25. Juli, 30. Juli
Petrus, geboren um 1443 in Mogliano in Mittelitalien, gehörte in der zweiten Hälfte des 15. Jh. zu den prägenden Persönlichkeiten des Franziskanerordens; er galt als segensreicher Missionar und Prediger und bekleidete im Orden verschiedene hohe Ämter. Er starb am 25. Juli 1490 in Camerino. 1760 Bestätigung des Kultes.

Petrus Nolascus hl.
OdeM, Ordensgründer
Fest: 25. Dezember, 28. Januar
Der Orden der Mercedarier, auch Nolasker genannt, geht auf Petrus Nolascus zurück; gemeinsam mit → Raimund von Peñafort gründete er die Gemeinschaft zum Zweck des Loskaufes von christlichen Gefangenen. Der Orden ist bis heute tätig und hat sich inzwischen auf die Missionsarbeit und karitative Tätigkeiten ausgerichtet. – Geboren 1182 (1189?) in Carcassonne in Südfrankreich, nahm Petrus Nolascus mit 15 Jahren an einem Kreuzzug gegen die Albigenser teil; danach ließ er sich in Barcelona (Spanien) nieder, wo er sich mit Raimund von Peñafort anfreundete. Es heißt, er habe eines Tages eine Erscheinung der Muttergottes gehabt, was ihn bewegte, einen Orden zu gründen; zusammen mit Raimund von Peñafort rief er daraufhin 1218 die Kongregation der seligen Jungfrau Maria vom Loskauf der Gefangenen ins Leben, die er bis 1249 leitete. Petrus Nolascus wirkte heroisch mit bei Aktionen zur Befreiung von Christen aus muslimischer Gefangenschaft; einmal soll er von einer Reise durch Spanien 400 Befreite mitgebracht haben, mehrfach riskierte er bei den Unternehmungen sein Leben. Petrus Nolascus starb am 25. Dezember 1256 in Barcelona. 1628 Approbation des Kultes.
Darstellung: in der Tracht der Mercedarier (weißer Habit mit rotem Kreuz auf der Brust), bei der Befreiung von Gefangenen
Patronat: der Gefangenen

Petrus (Pietro) Orseolo hl.
OSB, Doge, Ordensmann
Fest: 10. Januar
Geboren 928 in Venedig, Italien, wurde Petrus (Pietro) Orseolo 20jährig Admiral der venezianischen Flotte. 976 wählte man ihn zum Dogen von Venedig; er wirkte segensreich für den inneren Frieden der Stadt, der durch vorausgehende Kämpfe und Aufstände nachhaltig gestört war. Markusdom und Dogenpalast, beide stark zerstört, baute er wieder auf (unter Verwendung eigener Mittel). 978 verließ er heimlich seine Familie und Venedig und trat in Cuxá in das dortige Benediktinerkloster ein, wo er bis zu seinem Tod am 10. Januar 987 ein strenges, asketisches Büßerleben führte und sich völlig unterordnete; zeitweise lebte er auch als Einsiedler. 1731 Approbation des Kultes.

Petrus (Pedro) von Osma sel.
OSB, Bischof von Osma
Fest: 2. August
Petrus (Pedro) wird als Hauptpatron der Diözese Osma (Spanien) und der Kathedrale in Osma verehrt; sein prachtvolles Hochgrab in der Kathedrale ist eine künstlerische Rarität (12. Jh.). Petrus war Mönch im Reformbenediktinerkloster Cluny in Burgund und kam Ende des 11. Jh. nach Spanien, wo er zunächst Archidiakon des Erzbischofs von Toledo war und 1101 zum Bischof von Osma in Altkastilien ernannt wurde. Er starb am 2. August 1109.

Petrus Pappacarbone hl.
OSB, Bischof, Abt
Fest: 4. März
Petrus Pappacarbone war der wohl bedeutendste Abt der Benediktinerabtei La Cava bei Salerno (Italien). Geboren um 1040 in Salerno aus der Adelsfamilie Pappacarbone, war Petrus um 1054 in La Cava eingetreten und 1062 für etwa sieben Jahre in die Reformabtei Cluny in Frankreich entsandt worden. Nach seiner Rückkehr wurde er zum Bischof von Policastro ernannt, gab das Amt aber bald wieder ab und kehrte nach La Cava zurück. Nach dem Tod von Abt → Leo I., dem zweiten Abt von La Cava, wählte man Petrus zum Nachfolger;

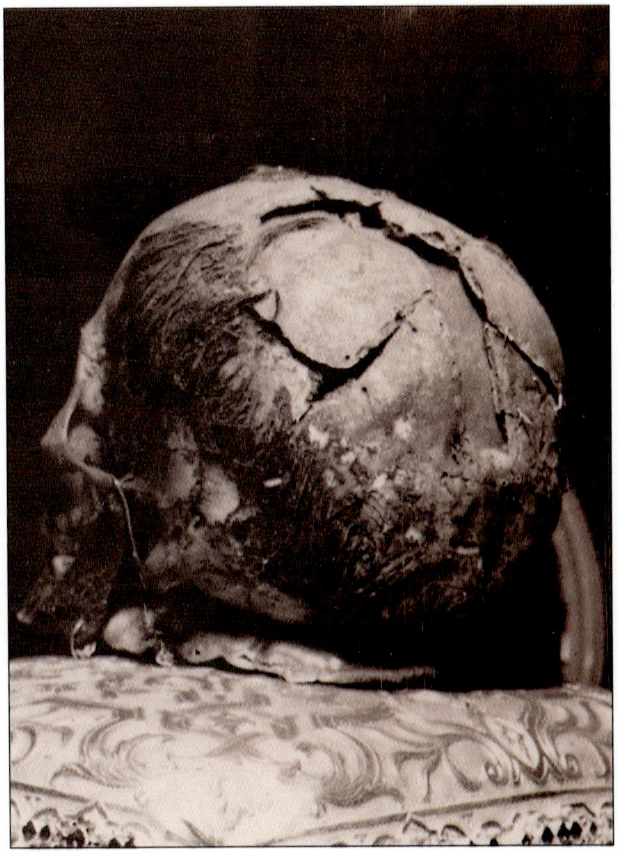

Der Schädel des Petrus Martyr befindet sich im Kirchenschatz der Basilika S. Eustorgio, Mailand.

wegen seiner Strenge wurde er bald darauf kurzzeitig abgesetzt, doch schnell wieder zurückgeholt. Von nun an entfaltete er eine herausragende Tätigkeit, führte die Reformregeln von Cluny ein und mehrte die Macht von La Cava zu ihrem Höhepunkt: Die Abtei umfaßte beim Tod von Petrus (4. März 1123) 40 Klöster, 35 Priorate und über 60 Kirchen (Kongregation von La Cava). 1893 Bestätigung des Kultes.

Petrus Pascual sel.
Bischof, Märtyrer
Fest: 6. Dezember
Petrus Pascual (Pascualez), geboren 1227 in Valencia, Spanien, war ab 1296 Bischof von Jaén, das zu jener Zeit unter maurischer Herrschaft stand. Heroisch und unter Einsatz seines Lebens befreite er in der Folgezeit christliche Gefangene, seine Predigten gegen den islamischen Glauben erregten viel Aufsehen. Schließlich wurde er von den Mauren in Granada gefangengenommen und am 6. Dezember 1300 enthauptet. 1673 Bestätigung des Kultes.

Petrus (Pietro) Petroni sel.
OCarth, Ordensmann, Mystiker
Fest: 29. Mai
Geboren 1311 in Siena, Italien, trat Petrus (Pietro) Petroni 17jährig dem Kartäuserorden bei. Um nicht Priester werden zu müssen, schnitt er sich selbst den linken Zeigefinger ab. Seine Bußfertigkeit und seine wohltätigen Werke wurden ebenso gerühmt wie sein außergewöhnliches Charisma; auch der Dichter Boccaccio wurde von ihm bekehrt. Petrus Petroni starb am 29. Mai 1361 und wurde in seiner Kartause in Maggiani bei Florenz beigesetzt.

Petrus (Pietro) Pettinaio (von Siena) sel.
OFM, Terziar, Mystiker
Fest: 4. Dezember, 10. Dezember
Geboren um 1200 in Campi bei Siena, Italien, erlernte Petrus (Pietro) das Handwerk eines Kamm-Machers (daher der Name). Nachdem seine Ehefrau gestorben war, trat er dem Franziskanerorden als Terziar bei und widmete sich fortan in Siena neben seinem Beruf zahlreichen wohltätigen Werken. Die Güte und die Hilfsbereitschaft von Petrus gegenüber den Armen und Kranken der Stadt waren so groß, daß man ihn bald wie einen Heiligen verehrte; seine mystischen Begnadungen und seine charismatische Ausstrahlung trugen ebenfalls dazu bei. Petrus Pettinaio starb am 4. Dezember 1289 in Siena; in der Kirche S. Francesco errichtete ihm die Stadt Siena ein Grabdenkmal. 1802 Bestätigung des Kultes.

Petrus von Sebaste
Bischof von Sebaste
Fest: 9. Januar
Petrus war ein Bruder von → Basilius dem Großen und von → Gregor von Nyssa. 380 wurde er zum Bischof von Sebaste (Türkei) ernannt. Er starb 392 in Sebaste.

Petrus Thomas hl.
OCD, Erzbischof von Kreta
Fest: 6. Januar, 15. Februar
Geboren 1305 in Südwestfrankreich, trat Petrus Thomas 1325 in Bergerac den Unbeschuhten Karmeliten bei und hatte in der Folgezeit wichtige Ordensämter inne, unter anderem war er päpstlicher Gesandter. 1354 wurde er zum Bischof von Lipari, 1363 zum Erzbischof von Kreta (Griechenland) ernannt. Sein ganzes Wirken und Streben galt der Versöhnung der Griechen mit Rom, für die er ohne Rücksicht auf seine eigene Person kämpfte. Es heißt, daß er in einem Kreuzzug gegen die Türken so schwer verletzt wurde, daß er am 6. Januar 1366 an den Verletzungen starb. 1608 Bestätigung des Kultes.

Petrus (Pietro) de Tiferno sel.
OP, Ordensmann
Fest: 21. Oktober
Geboren 1390 in Tiferno (Tifernum), heute Città di Castello, Italien, trat Petrus (Pietro) 1411 dem Dominikanerorden bei. Er wurde einer der meistbeachteten Prediger Italiens und war berühmt als „Prediger des Todes", weil er immer einen Totenschädel in Händen trug. In seinem Orden wirkte er reformerisch und gab viele Impulse. Petrus starb am 21. Oktober 1445 in Cortona in seinem Kloster. 1816 Seligsprechung.

Petrus von Trevi hl.
Prediger
Fest: 30. August
Geboren um 1025 in Carsoli bei Rom, floh Petrus aus seinem Elternhaus, um einer geplanten Heirat zu entgehen. In Rom unterrichtet und geweiht, wirkte er danach als unermüdlicher Wanderprediger unter der Landbevölkerung rund um Rom. Das Volk verehrte und achtete ihn und betrauerte ihn sehr, als er am 30. August 1052, erst etwa 27 Jahre alt, in Trevi unweit von Rom starb. 1215 Heiligsprechung.

Petrus Venerabilis (der Ehrwürdige) hl.
OSB, Abt
Fest: 25. Dezember
Petrus Venerabilis (der Ehrwürdige) gilt als letzter der großen Äbte von Kloster Cluny in Burgund (Frankreich), unter denen auch → Odilo und → Odo zu den herausragenden Persönlichkeiten zählen. Petrus, geboren um 1092, war der neunte Abt und amtierte ab 1122; er verteidigte die cluniazensische Idee mit aller Kraft und setzte sich

Franz Wendelin Pfanner, Gründer von Mariannhill bei Durban (Südafrika) und Stifter der Mariannhiller Missionsschwestern vom Kostbaren Blut.

darüber auch literarisch mit → Bernhard von Clairvaux auseinander. Die wesentlichen Charakterzüge von Petrus waren Güte, Milde und Großherzigkeit, dem Papst war er in Treue verbunden. Petrus der Ehrwürdige, wie man ihn schon zu Lebzeiten nannte, gehörte zu den bedeutendsten Kirchenpersönlichkeiten des 12. Jh.; er starb am 25. Dezember 1156 in Cluny, nachdem er gerade eine Weihnachtspredigt vor seinen Mönchen gehalten hatte.

Pfanner, Franz Wendelin OCR, Missionar, Ordensgründer
Fest: 24. Mai
Franz Wendelin Pfanner gilt als einer der erfolgreichsten Missionare überhaupt; die von ihm gegründete Trappistenabtei Mariannhill bei Durban entwickelte sich zum erfolgreichsten Missionszentrum Südafrikas. Der amerikanische Trappist Thomas Merton sagte einmal, Pfanners Wirken in Afrika sei „ein Phänomen der katholischen Kirchengeschichte" gewesen. – Geboren am 21. September 1825 in Langen bei Bregenz (Österreich), empfing Wendelin Pfanner 1850 die Priesterweihe und trat 1863 in Mariawald in der Eifel in den Trappistenorden ein (Ordensname: Franz). 1868 gründete er das Trappistenkloster Mariastern in Bosnien und war dort Prior. Er war Rebell und gleichzeitig demütig dienend. Im Alter von 56 Jahren brach Pfanner mit 30 Mönchen seines Ordens nach Südafrika auf und gründete in Natal an der Ostküste des Landes das Kloster Mariannhill, das heute das Mutterhaus der Gemeinschaft der Mariannhiller Missionare und der Missionsschwestern ist, Kongregationen, die sich aus Pfanners Missionsstation entwickelten und die 1909 päpstlich bestätigt wurden. Unermüdlich baute Pfanner im südlichen Afrika weitere Missionsstationen auf; schwere Rückschläge dabei konnten ihn nicht entmutigen, sondern spornten ihn erst recht zu neuen Taten an. Pfanner schrieb viel über seine Arbeit und gilt als einer der Begründer der modernen Missionszeitschriften-

Missionsabt Wendelin Pfanner (auf dem Pferd) auf einer Inspektionsreise zu seinen Missionsstationen in Natal.

Literatur. Pater Adalbert Balling nannte ihn einmal „den Trommler Gottes des ausgehenden 19. Jahrhunderts"; kein Trappist seit → Bernhard von Clairvaux habe so viele Novizen gewonnen wie Pfanner (die Trappisten waren ein Zweigorden des von Bernhard gegründeten Zisterzienserordens). Immer wieder geriet Pfanner wegen seiner unkonventionellen Methoden auch in Konflikt mit seinen Ordensoberen, und 1893 wurde er von seinen Ämtern abgesetzt; ab 1894 wirkte er demütig als einfacher Missionar in der von ihm erbauten Missionsstation Emaus in Südafrika. Nach seinem Tod am 24. Mai 1909 in Emaus wurde Franz Wendelin Pfanner in Mariannhill beigesetzt. Der Seligsprechungsprozeß ist eingeleitet.

Pfister, Barbara
Mystikerin
Fest: 9. März
Geboren am 1. September 1867 in Wattenheim (Rheinland-Pfalz), hatte Barbara Pfister von Kindheit an die Begnadung der inneren Schau; ab ihrem 23. Lebensjahr trug sie die Stigmata. Anfeindungen und Verleumdungen ertrug sie heroisch und von tiefer Gottesliebe erfüllt. Von 1897 an lebte sie bei den Barmherzigen Schwestern in Speyer und durchlebte dort regelmäßig die Passion Christi. Sie starb am 9. März 1909 in Speyer; nach ihrem Tod entwickelte sich eine starke Verehrung. Der Seligsprechungsprozeß ist eingeleitet.

Phal → Fidolus

Pharaïldis von Gent hl.
Bekennerin
Fest: 4. Januar
Die Angaben über Pharaïldis von Gent sind ungesichert; möglicherweise werden drei Trägerinnen mit demselben Namen miteinander vermengt. Nach der legendarischen Überlieferung war Pharaïldis eine Tochter von → Amalberga und wurde gegen ihren Willen ver-

heiratet; sie selbst hatte ihr Leben und ihre Jungfräulichkeit Gott geweiht. Ihr Ehemann mißhandelte sie, weil sie während der Ehe enthaltsam leben wollte und in der Nacht oft in der Kirche betete. Nach seinem Tod – nach 30jähriger Ehe – widmete sich Pharaïldis nur noch der Buße und dem Gebet sowie wohltätigen Werken; sie starb angeblich um 740 in ihrer Heimatstadt Gent (Belgien), Reliquien sollen 754 in die dortige Kirche St-Bavo übertragen worden sein. Die Flamen nennen Pharaïldis auch Veerle.
Darstellung: als Witwe in langem Kleid mit Mantel, mit Gans (die sie, nach der Legende, nach dem Schlachten wieder zum Leben erweckte), mit steinernen Broten (nach der Legende verwandelten sich bei einer unehrlichen Frau Brote in Steine)

Philastrius → Filastrius

Phileas hl.
Märtyrer
Fest: 4. Februar
Phileas war um 300 Bischof von Thmuis in Unterägypten, wahrscheinlich als erster Amtsinhaber (einer seiner berühmten Nachfolger im 4. Jh. war → Serapion). In der Christenverfolgung unter Diokletian wurde er im Gefängnis gefoltert und am 4. Februar 306 enthauptet. Teile eines erschütternden Briefes von ihm an seine Gemeinde sind noch erhalten; darin beschreibt er die Qualen der eingekerkerten Christen.

Philemon hl.
Märtyrer
Fest: 22. November
Philemon war ein Christ, der im 1. Jh. mit seiner Familie in Kolossä in Kleinasien lebte; wahrscheinlich war er von → Paulus während dessen Zeit in Ephesus zum Christentum bekehrt und sein Mitarbeiter geworden. Es heißt, er sei um 70 zu Tode gesteinigt worden. Bekannt wurde Philemon durch einen Brief von Paulus an ihn (Philemon-Brief), in welchem Paulus ihn bittet, seinen entlaufenen Sklaven → Onesimus, der bei Paulus Hilfe gesucht hatte, freundlich und ohne Bestrafung wieder aufzunehmen. Das Schreiben, das bis heute erhalten ist, bietet einen guten Einblick in die zu jener Zeit praktizierte Sklavenhaltung und die Bemühungen der Christen, sie zu beenden.

Philemon und Apollonius hll.
Märtyrer
Fest: 8. März, 14. Dezember
Nach der wohl legendarischen Passio erlitt Philemon, ein Schauspieler und Musiker in Ägypten, unter Diokletian um 305 das Martyrium; es heißt, er sei von einem Diakon namens Apollonius bekehrt worden, und beide hätten in Alexandria den Martertod gefunden, indem man sie, an Händen und Füßen zusammengebunden, im Meer versenkte. An der Grabstätte in Antinoë ereigneten sich zahlreiche Wunder.

Philibert hl.
OSB, Abt
Fest: 20. August
Bis ins 17. Jh. gab es in Frankreich zahlreiche große Wallfahrten zu Ehren von Philibert; bis heute kommen viele Gläubige an seinen Goldschrein in Tournus in Frankreich. Geboren wohl 616 in Eauze in der Gascogne (Frankreich), erhielt Philibert seine Erziehung am Hof von König Dagobert I. (Sein Vater war 620, nach dem Tod der Mutter, Bischof geworden.) 637 wurde er Benediktiner, 650 Abt von Kloster Rebais. Um alle Ordensregeln seiner Zeit kennenzulernen, zog er danach durch viele Klöster Italiens und Frankreichs, legte danach seine Abtswürde nieder, schrieb eine eigene Ordensregel und gründete 654 in Jumièges sein erstes Kloster, dessen Abt er wurde. Als sich Philibert gegen die Gewalttaten des fränkischen Hausmeiers Ebroin auflehnte, ließ ihn dieser einige Zeit einkerkern. In Noirmoutier gründete er 676/677 ein weiteres Kloster, andere folgten. Intensiv missionierte er die Region Vendée und wird daher auch „Apostel der Vendée" genannt. Philibert gehörte im 7. Jh. zu den bedeutendsten Kirchenpersönlichkeiten überhaupt, sein Ruf drang auch über die Grenzen Frankreichs hinaus. Hoch verehrt starb er am 20. August 685 in Noirmoutier; seine Reliquien wurden mehrfach übertragen, zuletzt 875 nach Tournus, wodurch sich sein Kult stark verbreitete.

Philipp, Philippus, Philippos

Philippus
Apostel
Fest: 11. Mai, 1. Mai
Im Apostelkatalog steht Philippus an fünfter Stelle. Er war ein Johannes-Jünger und stammte aus Betsaida am See Genesaret, wo er als

Seit 875 ruhen die sterblichen Überreste von Philibert in der Klosterkirche der Abtei Saint-Philibert in Tournus. Der Schrein wurde im 18. Jh. angefertigt.

Fischer arbeitete und Jesus ihn kennenlernte und zu einem seiner Zwölf Apostel berief. Zusammen mit seinem Freund → Andreas war Philippus der einzige Apostel, der einen griechischen Namen trug. Nach der Auferstehung Christi missionierte er zunächst in seiner Heimat und zog dann nach Phrygien in Kleinasien, wo er viele Heiden bekehrt und getauft haben soll. Nach der unsicheren Überlieferung erlitt er um 80 im Alter von 87 Jahren in Phrygien den Martertod; angeblich wurde er an ein Kreuz genagelt und zu Tode gesteinigt. Reliquien gelangten nach Rom in die Kirche Dodici Apostoli sowie in zahlreiche weitere Städte in Europa. – Um die Gestalt des Philippus entwickelte sich verschiedenes Brauchtum; den Vorabend des Philippusfestes nennt man Philippinacht (eine Art Freinacht zum Unfugtreiben), der Philippustag selbst gilt in der Landwirtschaft als Wetterlostag.

Darstellung: mit Kreuz, Kreuzstab, Schlange

Patronat: von Luxemburg, Brabant, Speyer; zusammen mit → Jakobus dem Jüngeren, der Hutmacher, Krämer, Walker, Pastetenbäcker, Konditoren, Gerber

Philippus Benitius (Benizi) hl.
OSM, Ordensmann, Gründer
Fest: 22. August, 23. August

Geboren am 15. August 1233 in Florenz, Italien, trat Philippus Benitius 19jährig dem Servitenorden bei und empfing 1259 die Priesterweihe; durch ihn gelangte der 1233 gegründete Orden zur Blüte, er stärkte ihn und breitete ihn aus, vor allem in Italien und in Deutschland, durch seine ausgedehnten Missionsreisen wurde die Gemeinschaft überall bekannt. Philippus Benitius bearbeitete die Satzungen völlig neu und rief auch den weiblichen Zweig, die Servitinnen, ins

Das Martyrium des Apostels Philippus, 1639, von José de Ribera, Prado, Madrid.

Philippus Benitius, nach einem Heiligenbildchen des Servitenordens aus dem 18. Jh.

Leben. Ab 1267 war er der fünfte Ordensgeneral der Serviten. Als er 1268 in die engste Wahl als nächster Papst kam, floh er in der Nacht und hielt sich so lange in einer Höhle versteckt, bis er nicht mehr zur Diskussion stand. Philippus Benitius starb am 22. August 1285 in Todi in Umbrien (Italien). 1671 Kanonisation. Gebeine in einem Glassarg in Todi.
Patronat: gegen Epilepsie und Besessenheit

Philippos der Diakon hl.
Diakon
Fest: 6. Juni
Philippos war einer der sieben Diakone von Jerusalem, die von den Zwölf Aposteln geweiht wurden. Unermüdlich missionierte er danach und verkündete das Wort Jesu, weshalb er auch „der Evangelist" genannt wurde. Eine Überlieferung berichtet, er sei in den Jahren vor seinem Tod (im 1. Jh.) Bischof von Tralles in Kleinasien gewesen.

Philippos von Heraklea hl.
Bischof von Heraklea, Märtyrer
Fest: 22. Oktober
Vom Prozeß gegen Philippos von Heraklea, der mit seiner Ermordung endete, existiert bis heute ein Dokument. Philippos war um 300 Bischof von Heraklea bei Konstantinopel und wurde in der Christenverfolgung des Diokletian gemeinsam mit seinem Diakon und zwei Priestern gefangengenommen; als die vier Männer sich weigerten, ihre Kirchenbücher zu verbrennen, wurden sie in einem Prozeß zum Tod verurteilt und auf dem Scheiterhaufen verbrannt.

Philipp Howard hl.
Märtyrer
Fest: 19. Oktober
Nach einem zunächst ausschweifenden Leben bekehrte sich Philipp Howard, Graf von Arundel und Surrey (England), und wurde tiefgläubiger Katholik. 1585 kam er deshalb in Untersuchungshaft in den Tower von London, 1589 verurteilte man ihn zum Tod. Das Urteil wurde nie vollstreckt, doch Philipp Howard wurde im Tower festgehalten, bis er am 19. Oktober 1595 im Alter von 38 Jahren an den erlittenen Mißhandlungen und Entbehrungen starb. Seine Reliquien werden bis heute in der Kathedrale seines Heimatortes Arundel aufbewahrt, die nach ihm benannt ist. 1929 Selig-, 1970 Heiligsprechung.

Philipp Jeningen
SJ, Ordensmann, Mystiker
Fest: 8. Februar
Bis heute wird Philipp Jeningen in seiner Geburtsstadt Eichstätt in Bayern und in Ellwangen (Baden-Württemberg), wo er im Kreuzgang der dortigen Stiftskirche beigesetzt ist, hoch verehrt. Geboren am 5. Januar 1642, trat Philipp Jeningen, Sohn eines Goldschmiedes, nach der Schule dem Jesuitenorden bei und empfing 1672 die Priesterweihe. Zum großen Verlangen von ihm wurde – nach zahlreichen Visionen –, wie → Franz Xaver, den er sehr verehrte, in die Mission nach Afrika oder Südamerika gehen zu dürfen; viele Briefe sandte er deshalb an die Ordensoberen nach Rom, den letzten zwei Jahre vor seinem Tod. Doch sein Wunsch wurde ihm verwehrt, weil man ihn dort brauchte, wo er seit 1680 segensreich missionierte: von Ellwangen aus in den Bistümern Eichstätt, Würzburg und Augsburg. In Ellwangen ließ er die Schönenbergkirche errichten, die zu einem Mittelpunkt der Marienverehrung wurde. Philipp Jeningen starb am 8. Februar 1704 in Ellwangen. Die Seligsprechung ist eingeleitet.

Philipp (Filippo) Neri hl.
Or, Ordensgründer, Priester, Mystiker
Fest: 26. Mai
Philipp Neri ist einer der außergewöhnlichsten Heiligen der Kirche. Den „heiligen Komödianten" nannte man ihn, den „Spaßvogel Gottes", weil er immer zu Späßen und kleinen Verrücktheiten aufgelegt war; gleichzeitig wurde er schon zu Lebzeiten wie ein Heiliger verehrt, in Rom hieß man ihn nur „Pippo buono", das Volk, vor allem die Kinder, liebten ihn, er galt als „fröhlicher Botschafter" der Kirche. Die Weltpriestervereinigung der Oratorianer ist seine Gründung. – Geboren am 21. Juli 1515 in Florenz als Sohn eines Notars, erhielt Philipp Neri seine Erziehung von Dominikanern; 18jährig kam er zu einem Onkel, dessen Erbe er antreten sollte, in die Nähe von Montecassino. Er verzichtete jedoch, ging nach Rom und studierte Theologie; 16 Jahre lang war er Hauslehrer bei einer Familie und führte ein bescheidenes Leben des Gebetes und der Buße. In den Nächten hielt er sich in den Katakomben der Stadt auf; immer wieder durchlebte er dabei mystische Begnadungen und hatte Visionen. 1544 kam es während seines Gebetes in einer Katakombe zu einem entscheidenden Ereignis, von dem Philipp danach berichtete: Er sah eine feurige Kugel in seinen Mund eindringen, sein Herz wurde von einer starken Kraft ausgeweitet. (Die ärztliche Untersuchung ergab

Philipp Neri (rechts) und sein Freund → Karl Borromäus.

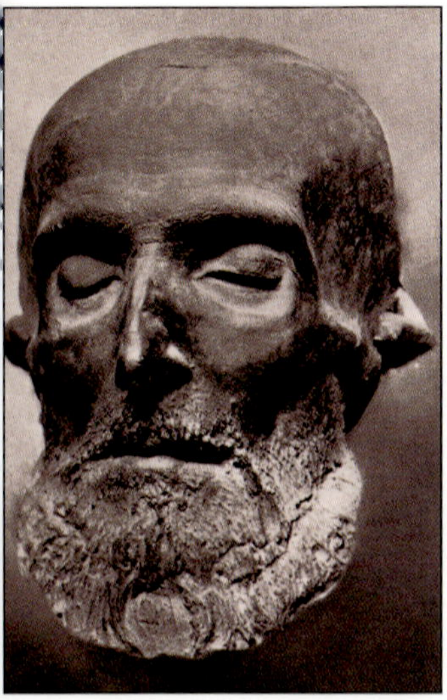

Die Kapelle des Philipp Neri in der Kirche S. Maria in Vallicella, Rom. Unter dem Gemälde von Guido Reni befinden sich in einem Glasschrein die Gebeine des Heiligen.

Diese Totenmaske von Philipp Neri befindet sich im Kloster der Hieronymiten in Neapel; zwei weitere werden in Rom und Florenz aufbewahrt.

danach, daß sich zwei Rippen nach außen gebogen hatten; noch nach dem Tod Philipp Neris war die Verformung deutlich sichtbar.) Neri, der in Rom auch einige Zeit mit → Ignatius von Loyola zusammengewirkt hatte, widmete sein Leben von nun an der Straßenmission in Rom; mit seiner unkonventionellen Art und seinen fröhlichen Predigten gewann er schnell die Herzen der Menschen, die er wie ein Magnet anzog. Immer wieder hielt er hohen Kirchenpersönlichkeiten ihre Prunksucht und ihren zu jener Zeit lockeren Lebenswandel vor und traf damit genau die Meinung vieler Gläubiger; im Klerus allerdings machte er sich dadurch auch viele Feinde. Die sittliche Erneuerung Roms war Neris Ziel. 1551, inzwischen 36 Jahre alt, empfing Philipp Neri auf Rat seines Beichtvaters die Priesterweihe und schloß sich einer Priestergemeinschaft an, aus der sich 1552 das sogenannte „Oratorium" entwickelte, die Keimzelle der Kongregation der Oratorianer, als deren (Mit-)Begründer Neri gilt. Im Mittelpunkt der Oratorianer stand das Bemühen, bei den Menschen durch eigene Fröhlichkeit und Begeisterung die Freude an Gott zu wecken; Philipp Neri lebte dies Tag für Tag vor und war bald ein Mittelpunkt in Rom. Im Oratorium, dem Haus des Betens, trafen sich Priester und Laien, um Vorträge und Musik zu hören, gemeinsam zu singen und zu beten (geistliche Musik erhielt davon den Namen Oratorium). Hauptsächlich durch das Charisma Neris entwickelte sich die Vereinigung rasch zu großer Stärke; 1578 erhob Papst Gregor XIII. das Oratorium durch päpstliche Urkunde zu einer festen Kongregation. Philipp Neri, den man inzwischen den „Apostel von Rom" nannte, wurde zum geachteten Kirchenmann, Bischöfe und Kardinäle suchten seinen Rat ebenso wie Päpste (er überlebte 14), Künstler oder Mütter mit ihren Kindern; außerdem war er ein gesuchter Beichtvater. Zu seinen engsten Freunden gehörten → Karl Borromäus, → Franz von Sales und Ignatius von Loyola. Mehrfach lehnte Philipp Neri die ihm angebotene Kardinalswürde ab. 1575 gab er den Bau der Kirche S. Maria in Vallicella (heute auch Chiesa Nuova) in Auftrag, wo er 1583 eine angrenzende Zelle bezog, in der er am 26. Mai 1595 starb (Oratorio dei Filippini); heute ist hier das Mutterhaus der Oratorianer. An der Beisetzung Neris nahm eine riesige Menschenmenge teil; seine letzte Ruhestätte fand Philipp Neri in der Cappella di S. Filippo in der Kirche S. Maria in Vallicella, wo die bekleideten Gebeine bis heute in einem Glasschrein ruhen. 1615 Selig-, 1622 Heiligsprechung.

Darstellung: als älterer Mann mit weißem, kurzem Bart, in schwarzem Habit, mit Birett

Patronat: der Humoristen, gegen Unfruchtbarkeit der Frauen, gegen Gliederkrankheiten, gegen Erdbeben

Philipp von Zell hl.
Einsiedler
Fest: 3. Mai

Philipp stammte wohl aus England und pilgerte gemeinsam mit seinem Gefährten Horoskolf nach Rom, wo er die Priesterweihe empfing. Auf der Rückreise ließ er sich um 760 in der Nähe von Worms (Rheinland-Pfalz) am Donnersberg als Einsiedler nieder und errichtete eine Cella, Zelle, sowie ein Micha-

els-Oratorium. Aus dieser Einsiedelei entstanden später die Benediktinerpropstei Zell und der Ort Zell. An der Grabstätte von Philipp – er war wohl vor 800 gestorben – in Zell entwickelte sich rasch eine Wallfahrt, nachdem zahlreiche Wunder geschehen waren; bis heute kommen die Gläubigen dorthin und beten vor allem um Kindersegen.
Patronat: gegen Diebstahl, für die Geburt von Kindern

Philippa Mareri sel.
OSCl, Äbtissin
Fest: 16. Februar
Geboren um 1200 in Mareri in den Abruzzen (Italien), lernte Philippa Mareri → Franz von Assisi und → Klara kennen und gründete daraufhin in ihrer Heimat ein Klarissenkloster, das sie als Äbtissin leitete. Sie war hoch verehrt wegen ihres außergewöhnlichen Bußeifers; nach ihrem Tod am 16. Februar 1236 entstand ein starker Kult. 1806 Approbation der Verehrung.

Philippinus von Kastilien (von Montalcino)
OFM, Franziskanerterziar
Fest: 25. April
Nach der historisch nicht gesicherten Überlieferung kam der Franziskanerterziar Philippinus gemeinsam mit → Antonius von Padua 1221 aus Spanien nach Italien; dort soll er in der Sterbestunde von → Franz von Assisi anwesend gewesen sein (1226). Danach lebte er über 60 Jahre als Einsiedler nahe Montalcino in der Toskana, hoch verehrt wegen verschiedener mystischer Begnadungen, so der Gabe der Tränen. Philippinus starb am 25. April 1290; seine sterblichen Überreste werden in der Kirche von Montalcino aufbewahrt.

Philomena von Rom
Märtyrerin
Fest: 11. August
Für rund eineinhalb Jahrhunderte gehörte Philomena von Rom in vielen Ländern der Welt zu den besonders verehrten Heiligen; der Kult beruhte jedoch auf einer fälschlichen Annahme, weshalb die katholische Kirche das Philomena-Fest 1961 aufhob. – Am 25. Mai 1802 fand man bei Ausgrabungen in Rom in der Priscilla-Katakombe ein Grab mit einem Grabstein aus gebrannter Erde, auf dem die Symbole Pfeile, Palme, Lilie und Geißel abgebildet waren; dazu die Inschrift „Pax tecum, Filemena", Friede mit dir, Philomena. Man schloß daraus, daß hier eine Jungfrau und Märtyrerin namens Philomena beigesetzt worden war, denn im Grab befanden sich auch noch die Gebeine eines Mädchens sowie eine in zwei Teile zerbrochene Urne mit Blutspuren. Der Pfarrer der Gemeinde Mugnano in der Diözese Nola in Kampagnien überführte die Gebeine nach Mugnano, und von diesem Tag an entwickelte sich ein starker Philomena-Kult, der bald in die Welt hinausdrang und mit der Philomena-Legende verbunden war.
Legende: Der Vater von Philomena war ein griechischer König, der sich zum Christentum bekehrt hatte. Als der römische Kaiser Diokletian, ein Christenverfolger, ihm Ende des 3. Jh. den Krieg erklärte, reiste der König mit seiner Tochter Philomena nach Rom, um mit dem Kaiser zu verhandeln. Als Diokletian das junge Mädchen erblickte, war er von seiner Schönheit so angetan, daß er es zur Ehefrau begehrte. Philomena aber erklärte ihm, daß sie sich Christus geweiht habe. Diokletian ließ sie daraufhin in den Kerker bringen und martern und schließlich mit einem Anker um den Hals in den Tiber werfen, wo man sie noch mit Pfeilen beschoß; als Philomena alles unbeschadet überlebte, ordnete Diokletian ihre Enthauptung an (um 303). Forscher stellten später fest, daß die Grabsteine aus der Priscilla-Katakombe zu einem anderen Grab gehört hatten und hier wohl wiederverwendet worden waren, was in frühen Zeiten öfters so gemacht wurde. In Mugnano hat sich die Verehrung trotzdem bis heute erhalten.
Darstellung: mit Anker, Pfeilen, auf dem Tiber treibend

Philomena von Rom, auf dem Tiber treibend; nach einem Stich von 1875.

Phoibe (Phöbe) hl.
Diakonissin
Fest: 3. September
Phoibe war im 1. Jh. in der Kirche von Kenchreai bei Korinth (Griechenland) Diakonissin und kümmerte sich dort liebevoll um die Christen der jungen Gemeinde; auch dem Völkerapostel → Paulus galt ihre Fürsorge, sie soll es auch gewesen sein, die seinen Römerbrief überbrachte. Ihr Gedenktag wurde im Martyrologium Romanum am 3. September aufgeführt.

Phokas der Gärtner hl.
Märtyrer
Fest: 22. September, 22. Juli
Phokas der Gärtner war über Jahrhunderte einer der meistverehrten Heiligen im ganzen Mittelmeerraum; ihm geweihte Kirchen existierten schon im 4. Jh. in Rom, auf Sizilien und in Konstantinopel. Der Kult verstärkte sich noch, als Phokas Patron der Seeleute wurde. – Nach den Überlieferungen war Phokas Christ und lebte im 3. Jh. in Sinope (Türkei); seinen Lebensunterhalt verdiente er sich als Gärtner. In der Christenverfolgung unter Diokletian erlitt er das Martyrium. Eine Legende erzählt, daß Phokas die Christenverfolger zunächst noch selbst in seinem Haus bewirtet habe, dann selbst sein Grab schaufelte, sich als Christ bekannte und enthauptet wurde. – Manchmal Vermengung mit einem Bischof Phokas von Sinope.
Darstellung: als Gärtner, mit Gartengeräten, Schwert
Patronat: der Seeleute und Gärtner

Piala → Fingar und Piala

Piamarta, Giovanni Battista sel.
Ordensgründer
Fest: 25. April
Geboren am 26. November 1841 in Brescia in Norditalien, empfing Giovanni Battista Piamarta 1865 die Priesterweihe und widmete sich vom ersten Tag seiner Seelsorgetätigkeit an besonders der christlichen Erziehung von Jugendlichen, denen seine ganze Liebe galt. Für diese Arbeit gründete er die Kongregation von der heiligen Familie von Nazaret, die 1902 offiziell bestätigt wurde. Piamarta, der am 25. April 1913 in Remedello bei Brescia starb, war auch der Begründer zahlreicher christlicher Blätter und Schriften. 12. Oktober 1997 Seligsprechung.

Giovanni Battista Piamarta, Gründer der Kongregation von derheiligen Familie von Nazaret.

Piatus (Piaton, Piat) hl.
Märtyrer
Fest: 1. Oktober
Bis heute wird Piatus im Bistum Tournai in Frankreich als Patron verehrt, obwohl seine Lebensgeschichte wohl großenteils legendarisch ist. Angeblich war Piatus aus Benevent in Italien gekommen und von → Dionysius von Paris im 3. Jh. zur Missionierung in das Gebiet von Tournai entsandt (und vielleicht auch zum Bischof geweiht) worden. Um 300 soll er dort in der Verfolgung des Diokletian das Martyrium erlitten haben; es heißt, er habe sein abgeschlagenes Haupt unter dem Arm bis nach Senclin (bei Lille) getragen, wo noch heute seine Reliquien aufbewahrt werden (die angeblich → Eligius von Noyon wieder aufgefunden hat).

Pidal y Chico de Guzmán, Maria Maravillas de Jesús sel.
OCD, Ordensfrau
Fest: 11. Dezember
Geboren am 4. November 1891 in Madrid (Spanien), trat Maria Maravillas Pidal y Chico de Guzmán 1921 in Madrid in das Kloster El Escorial der Unbeschuhten Karmelitinnen ein. In den folgenden Jahrzehnten leistete sie viel für ihren Orden, unter anderem gründete sie ein Kloster in Indien, aus welchem sich weitere indische Frauenklöster entwickelten. Während des Spanischen Bürgerkrieges rettete sie viele Schwestern vor dem Tod. Sie starb am 11. Dezember 1974, nachdem sie viele weitere Klöster gegründet hatte. 10. Mai 1998 Seligsprechung.

Pietrantoni, Agostina Livia hl.
SC, Ordensfrau, Märtyrerin
Fest: 13. November
Bei ihrer Heiligsprechung am 18. April 1999 in Rom erinnerte Papst Johannes Paul II. an die letzten Worte von Agostina Livia Pietrantoni im Augenblick ihres Sterbens: Sie bat um Gnade für den Mann, der sie gerade mit einem Dolch niedergestochen hatte. Geboren am 27. März 1864 in Pozzaglia Sabina nahe Rom, war Livia Pietrantoni 22jährig in Rom bei den Barmherzigen Schwestern der Jeanne A. → Thouret eingetreten und hatte den Namen Agostina angenommen. In den Jahren bis zu ihrem Tod am 13. November 1894 pflegte sie aufopferungsvoll und unter schlimmsten Bedingungen Tuberkulosekranke; der Mann, der sie ermordete, war ihr Patient im Hospital S. Spirito in Rom gewesen und gerade entlassen worden. (Die Seligsprechung von Agostina Livia Pietrantoni erfolgte am 12. November 1972.)

Agostina Livia Pietrantoni verzieh ihren Mördern in der Stunde des Todes.

Maria Maravillas de Jesús gründete zahlreiche Klöster in Indien und Spanien.

Papst Pius IX. kurz nach seiner Wahl 1846 und nach einer Fotografie von 1878.

Papst Pius X., nach einer Fotografie von 1904.

keinen Krieg gegen Österreich zu führen). Für 17 Monate mußte der Papst sogar nach Gaeta fliehen. Während der italienischen Einigungsbewegung 1870/1871 betrachtete sich Pius IX. trotz der Garantiegesetze des italienischen Parlamentes als Gefangener. Auch innerkirchlich war die Amtszeit des Papstes ereignisreich. 1854 verkündete er das Dogma der Unbefleckten Empfängnis Marias. Im Dezember 1869 eröffnete er das Erste Vatikanische Konzil, als dessen Höhepunkt die Verkündung des Dogmas von der Unfehlbarkeit des Papstes gilt (18. Juli 1870), die zu großen Turbulenzen unter den Konzilsteilnehmern führte. Für die Weltkirche insgesamt hatte das Pontifikat von Pius IX. große Bedeutung: 1850 errichtete er in England, 1853 in Holland die Hierarchie; mit anderen Staaten schloß er Konkordate ab (unter anderen mit Rußland, Spanien, Österreich, Portugal, Ecuador, Venezuela). Pius IX. starb am 7. Februar 1878 in Rom und wurde auf seinen Wunsch in der Kirche S. Lorenzo fuori le mura beigesetzt.

Pius X. (Giuseppe Sarto) hl. Papst (1903 bis 1914)
Fest: 21. August

Pius X. ist einer der großen Reformpäpste der Geschichte; sein Wahlspruch lautete: „Alles in Christus erneuern." Geboren am 2. Juni 1835 in Riese bei Castelfranco in Norditalien als Sohn armer Eltern (die Kinder mußten barfuß zur Schule gehen, um das Leder der Schuhe zu schonen), wurde Giuseppe Sarto Kaplan, Pfarrer, Domherr, Generalvikar, 1884 Bischof von Mantua und 1893 Kardinal und Patriarch von Venedig. Am 4. August 1903 wählte ihn das Konklave zum Nachfolger von Leo XIII. Von Beginn an zeigte sich Pius X. als Seelsorger; er förderte die frühe Erstkommunion und den häufigen Empfang der Eucharistie, erneuerte das religiöse Leben im Volk und beim Klerus, sorgte für die dringend notwendige Verbesserung der Priesterausbildung, erneuerte den Gregorianischen Choral, das Meßbuch, den Kalender und das Stundengebet. Darüber hinaus vertrat Pius X. die Ansicht, daß sich der Papst auch um politische Angelegenheiten kümmern müsse; so groß seine Erfolge dabei im eigenen Land waren, so schwere Rückschläge mußte er in Frankreich und Spanien hinnehmen, beide Länder und auch Portugal stellten sich gegen den Papst, Spanien brach 1910 die Beziehungen für einige Zeit ganz ab. Gegen modernistische Strömungen und ihre Vertreter ging Pius X. mit großer Schärfe vor, was teilweise zu Denunziationen innerhalb der Kirche und zu großer Unruhe führte (vor allem die Jesuiten setzten sich gegen diese Haltung des Papstes zur Wehr).

Auf religiösem Gebiet aber hatte die Kirche durch Pius X. ihre Machtstellung wieder gewonnen. Daß er den Ausbruch des Ersten Weltkrieges nicht verhindern konnte, traf Pius X. tief und ließ ihn vor Kummer darüber sogar erkranken. Als der Krieg dann begonnen hatte, war er zutiefst erschüttert und schrieb in einem Brief an alle Katholiken der Welt, daß Christus der Friedensfürst sei. Wenige Tage später, am 20. August 1914, starb Pius X.; man bezeichnete ihn als „das erste Opfer des Krieges", den er so oft vorausgesagt hatte. Beigesetzt wurde Pius X. im Petersdom in Rom; an der Grabstätte, die von Anfang an ein Wallfahrtsort war, ereigneten sich zahlreiche Wunder. 3. Juni 1951 Selig-, 29. Mai 1954 Heiligsprechung durch Pius XII. („Du warst hier auf Erden großer Auferwecker und Führer des Volkes Gottes").

Pius XII. (Eugenio Pacelli)
Papst (1939 bis 1958)
Gedenken: 9. Oktober

Seit 1965 ist der Seligsprechungsprozeß für Papst Pius XII. eingeleitet – von Papst Paul VI. persönlich eröffnet. Pius XII. war der Papst, der die katholische Weltkirche in dramatischer Zeit leitete (und wegen seiner Haltung hinsichtlich der Judenverfolgung im Zweiten Weltkrieg auch immer wieder kritisiert wurde). Der Wortführer der Antragsteller für eine Seligsprechung, der Jesuitenpater Paolo Molinari, begründete den Wunsch immer damit, daß der Pacelli-Papst ein großer Diplomat und ein politischer Papst der Sturmjahre, vor allem aber ein Papst der Notleidenden gewesen sei. – Geboren am 2. März 1876 in Rom als Sohn eines Juristen, wurde Eugenio Pacelli 1930 Kardinalstaatssekretär, nachdem er zuvor von 1917 an Nuntius in Deutschland gewesen war. Am 2. März 1939, seinem 63. Geburtstag, wurde Pacelli bereits am ersten Tag des Konklaves zum Nachfolger von Pius XI. gewählt. In einer Rundfunkansprache am 24. August 1939 appellierte Pius XII. vergeblich: „Nichts ist verloren durch den Frieden, alles kann verloren werden durch den Krieg."

Während des Zweiten Weltkrieges hielt sich Pius XII. gemäß den Lateran-Verträgen aus der Politik heraus und erhob Neutralität zu seiner Maxime des Handelns, wodurch der Vatikan nicht in das Kriegsgeschehen einbezogen wurde. Kein Wort kam von seiner Seite zur Judenvernichtung; Unterlagen in den Vatikan-Archiven, erst in jüngerer Zeit geöffnet, zeigen aber, daß der Heilige Stuhl vielen Juden half und einige von ihnen sogar im Vatikan selbst, viele in Klöstern versteckte. Im Heiligen Jahr 1950 verkündete Pius XII. das Dogma von der leiblichen Aufnahme Mariens in den Himmel. Auf dem

Kardinalstaatssekretär Eugenio Pacelli bei der Unterzeichnung des Reichskonkordates am 20. Juli 1933 (erster von links: Vizekanzler von Papen, zweiter von rechts: Protonotar Giovanni Montini, der spätere Papst Paul VI.).

Papst Pius XII. im Gebet.

Ganz oben: Das Geburtshaus von Giuseppe Sarto (später Pius X.) in Riese, Venetien.

Gebiet der Liturgie führte er mutige Reformen durch, einer richtigen Erneuerung aber stand er eher zögerlich gegenüber. Bei den Gläubigen in aller Welt genoß Pius XII., der am 9. Oktober 1958 in Castel Gandolfo starb, große Verehrung; die Überführung seines Leichnams nach Rom und die Beisetzung im Petersdom glich einem Triumphzug.

Pio vom heiligen Aloisius → Campidelli, Luigi

Placidus hl.
Missionar, Märtyrer
Fest: 11. Juli
Im Schweizer Kanton Graubünden und dort vor allem in Disentis wird Placidus bis heute verehrt. An der Stelle, wo der Glaubensbote ermordet wurde, steht die Placidus-Kirche; bei der Placidus-Prozession erhielten die Gläubigen früher Wein aus der Hirnschale des Märtyrers gereicht. – Die Überlieferung berichtet, daß Placidus um 720 mit → Sigisbert aus dessen Zelle das Kloster Disentis gründete (das Sigisbert als erster Abt leitete). Als er eines Tages die Rechte des Klosters gegen die Herren der Gegend verteidigte, ließen ihn diese ermorden (um 722). Sigisbert setzte ihn bei und ließ sich später neben ihm bestatten.

Büstenreliquiar (1450) des heiligen Placidus von Disentis in der Kathedrale von St. Mariä Himmelfahrt, Chur.

Placidus von Subiaco hl.
OSB, Ordensmann, (Märtyrer)
Fest: 5. Oktober
Placidus war Schüler von → Benedikt von Nursia im Kloster Subiaco; dort trat er dem Benediktinerorden auch bei. Mehr ist über ihn nicht bekannt; eine Jahrhunderte später entstandene Vita sagt, Placidus sei in Messina auf Sizilien ermordet worden, was jedoch nicht belegbar ist. Als man im 16. Jh. in Messina Märtyrergebeine entdeckte, bestätigte der Papst das Fest 5. Oktober für Placidus.

Platon hl.
Abt
Fest: 4. April, 18. April
Platon, geboren um 730 in Konstantinopel, war Mitbegründer und erster Abt von Kloster Sakkudion in Bithynien in Kleinasien, das der Familie seines Neffen → Theodoros Studites gehörte. Platon galt als einer der großen Reformer seiner Zeit, und er war ein kämpferischer Verteidiger der Bilderverehrung. 794 trat Platon von seinem Amt zurück und lebte bis zu seinem Tod am 4. April 814 als Rekluse in verschiedenen Klöstern.

Platon von Ankyra hl.
Märtyrer
Fest: 22. Juli, 18. November
Platon war ein junger Christ aus Ankyra (Ankara, Türkei), der sich um 300 ganz wohltätigen Werken widmete. In der Christenverfolgung erlitt er um 305 den Martertod durch Enthaupten. Um seine Person entwickelte sich in Ankyra ein starker Kult, die Grabstätte Platons wurde zur Wallfahrtsstätte.

Plautilla
Witwe
Fest: 20. Mai
Plautilla soll, so die Legende, die Mutter von → Flavia Domitilla gewesen sein; es heißt, daß sie von → Petrus getauft wurde und beim Martertod von → Paulus, dessen Schülerin sie wurde, anwesend war; sie soll ihm vor der Hinrichtung ihren Schleier gereicht haben, damit er damit seine Augen bedecken könne. Die Legende berichtet dazu weiter, daß Paulus ihr den blutbespritzten Schleier bei einer späteren Erscheinung wieder zurückgegeben habe.

Plechelm hl.
Missionar
Fest: 15. Juli
Nach der teilweise ungesicherten Vita stammte Plechelm aus England (oder aus Irland?) und wirkte mit → Wiro und Otger um 700 als Missionar am Niederrhein und an der Maas; gemeinsam sollen sie um 700 das Kloster Odilienberg bei Roermond in den Niederlanden gegründet haben. Plechelm starb am 15. Juli 710(?) in Odilienberg; an seiner Grabstätte entwickelte sich ein Kult.

Plegmund
OSB, Bischof von Canterbury
Fest: 2. August
Plegmund, Erzbischof von Canterbury (ernannt 894 von Papst Formosus), ging als Neuorganisator der englischen Diözesen in die Geschichte ein. Er starb am 2. August 914 in Canterbury.

Plektrudis hl.
Königin, Stifterin
Fest: 10. August, 11. August
Plektrudis, vermutlich eine Tochter von → Irmina von Öhren, war die Ehefrau von König Pippin dem Mittleren, der 687 die Herrschaft der Karolinger im Frankenreich begründete; gemeinsam mit ihm beschenkte sie Kirchen und Klöster, sie selbst widmete sich zahlreichen wohltätigen Werken. Plektrudis galt als eine kluge, warmherzige und fromme Frau, die auch auf Pippin einen guten Einfluß hatte; stark litt sie darunter, daß Pippin aus einer außerehelichen Beziehung den Sohn Karl Martell hatte. Nach dem Tod Pippins (714) vertrieb Karl Martell Plektrudis aus ihrer Kölner Residenz; wahrscheinlich beschloß sie ihr Leben in dem von ihr gegründeten Kloster St. Maria im Kapitol in Köln, wo sie am 10. August 725 starb.

Grabplatte von der Grabstätte der Plektrudis aus dem 15. Jh., Kirche St. Maria im Kapitol, Köln.

Poimon (Poemen)
Einsiedler, Abt
Fest: 27. August
Poimon war im 5. Jh. einer der berühmtesten Väter der ägyptischen Wüstenmönche; er war in der Sketischen Wüste Abt mehrerer Einsiedlergruppen, die in den verlassenen Ruinen eines Tempels lebten. Poimon starb um 450.

Pollio hl.
Märtyrer
Fest: 28. April
Pollio war um 300 Anführer einer Lektorengruppe im damaligen Pannonien; als er sich vor dem Statthalter zu seinem Christenglauben bekannte, verurteilte man ihn 304 zum Tod und verbrannte ihn lebendig auf dem Scheiterhaufen. Um Pollio entwickelte sich rasch ein Kult; in Ravenna (Italien) war ihm schon früh eine Kirche geweiht.

Pollo, Secondo sel.
Priester
Fest: 26. Dezember
Geboren am 2. Januar 1908 in Caresanablot bei Vercelli (Italien), wurde Secondo Pollo Priester und meldete sich freiwillig zum Dienst als Militärseelsorger bei den italienischen Alpenjägern, den Alpini. Er starb im Zweiten Weltkrieg, in Erwartung des Todes, am 26. Dezember 1941 in der Ebene von Dragali in Montenegro. Seligsprechung 23. Mai 1998 in Vercelli.

Polyeuktes hl.
Märtyrer
Fest: 9. Januar, 13. Februar
Polyeuktes wird regional manchmal zu den → Vierzehn Nothelfern gezählt; seine Passio lag auch der Tragödie „Polyeuktes" von Pierre Corneille (17. Jh.) zugrunde. Polyeuktes war um 300 ein römischer Offizier heidnischen Glaubens, der in Melitene in Armenien stationiert war und dort seine Bekehrung erlebte. Obwohl ihn seine ganze Familie anflehte, sich nicht öffentlich zu bekennen, gab er sich vor dem christenfeindlichen Statthalter als Christ zu erkennen und wurde daraufhin enthauptet. Schnell entwickelte sich ein Kult, überall entstanden Polyeuktes-Kirchen, die Grabstätte in Melitene wurde ein Wallfahrtsort.

Polykarp hl.
Bischof von Smyrna
Fest: 26. Januar, 23. Februar
Die Niederschrift des Martyriums von Polykarp gilt als die wahrscheinlich älteste Märtyrerakte überhaupt und ist eines der wichtigsten Zeugnisse der Heiligenverehrung; sie entstand 156. Polykarp, geboren vielleicht um 70, wurde vom Apostel → Johannes um 100 zum Bischof von Smyrna (Izmir, Türkei) ernannt und geweiht; über seine Amtszeit weiß man nicht allzuviel, das meiste erschließt sich aus Berichten von Zeitgenossen. → Ignatios von Antiochien traf Polykarp auf seiner Reise nach Rom und schrieb später einen Brief an ihn; → Irenäus von Lyon berichtete, daß er als Junge um 140 von Polykarp als dem „greisen Fürsten von Asien" gehört habe. Um 154/155 weilte Polykarp in Rom, um mit Papst Anicetus über den Tag des Osterfestes zu sprechen; nach seiner Rückkehr forderte das Volk bei einem Heiden-Fest seinen Tod. Unerschrokken bekannte sich Polykarp zu Gott und wurde zum Feuertod verurteilt; als ihm die Flammen nichts antun konnten, erdolchte man ihn. Vom vorausgegangenen Verhör berichtet die Akte folgendes: Der Prokonsul forderte Polykarp auf, Christus zu verfluchen; daraufhin antwortete der Greis: „Sechsundachtzig Jahre diene ich ihm, und er hat mir nie etwas Böses zugefügt. Wie könnte ich da meinen König und Erlöser schmähen. Ich bin ein Christ." Die Reliquien befinden sich bis heute in der Kirche S. Ambrogio della Massima in Rom.
Darstellung: als Bischof, mit Palme, Scheiterhaufen, Flammen, Ofen, Dolch, Löwe, Taube, Krone
Patronat: gegen Ohrenkrankheiten

Pompilius Maria vom heiligen Nikolaus → Domenico Pirrotti

Pomposa und Columba hll.
OSB, Märtyrerinnen
Fest: 17. September
Pomposa und Columba waren Benediktinerinnen in zwei verschiedenen Klöstern bei Córdoba (Spanien); der Kalif ließ beide Abteien zerstören und Columba am 17. September 853 in Córdoba enthaupten. Als Pomposa vom Tod ihrer Freundin erfuhr, stellte sie sich freiwllig und wurde am 20. September 853 ebenfalls getötet.

Das Martyrium von Polykarp, dem Bischof von Smyrna; nach einem Holzstich von 1860.

Francesco Antonio Pontillo war ein unermüdlicher Helfer für alle Menschen in Not.

Jerzy Popieluszko galt als Kämpfer gegen den Kommunismus.

Die Gebeine von Columba und Pomposa wurden vereint und ruhen bis heute in der Kirche S. Eulalia in Córdoba. Beider Gedenktag legte man auf den 17. September.

Pontianus hl.
Papst (230 bis 235), Märtyrer
Fest: 13. August
In der Geschichte der Päpste ist der Tag, an dem Papst Pontianus auf sein Amt verzichtete, das erste historisch gesicherte Datum. Der Römer war 230 zum Nachfolger von Urban I. gewählt worden; in der Christenverfolgung unter Maximinus Thrax wurde er zusammen mit Gegenpapst → Hippolyt (es war das erste Schisma der Kirchengeschichte) auf die Insel Sardinien verbannt, wo er – ebenso wie Hippolyt – am 28. September 235 freiwillig abdankte, um den Weg für einen neuen Papst freizumachen. Pontianus starb 236 auf Sardinien an den bei der Zwangsarbeit in Steinbrüchen erlittenen Strapazen (daher Verehrung als Märtyrer); beigesetzt wurde er am 13. August 236 in der Calixtus-Katakombe in Rom (die Grabplatte wurde 1909 wieder aufgefunden).

Pontillo, Francesco Antonio (Egidio Maria di S. Giuseppe) hl.
OFM, Ordensmann
Fest: 7. Februar
Geboren am 16. November 1729 in Taranto, Italien, trat Francesco Antonio Pontillo 1755 den Alcantarinern, einem Reformorden des Franziskanerordens, bei und nahm den Namen Egidio Maria di S. Giuseppe an. Ab 1759 lebte er im Kloster Neapel, wo die Alcantariner das Hospiz S. Pasquale a Chiaia betreuten; über 50 Jahre, bis zu seinem Tod am 7. Februar 1812, wirkte „Frater Egidio Maria“ hier als Koch, Pförtner und Helfer für alle Menschen in Not. In jeder freien Stunde des Tages war er in den Straßen Neapels unterwegs, zu allen Menschen sprach er: „Liebt Gott, liebt Gott“, nachts betete er über Stunden zur Eucharistie. 5. Februar 1888 Seligsprechung, 2. Juni 1996 Heiligsprechung.

Popieluszko, Jerzy
Priester, Märtyrer
Gedenken: 19. Oktober
Der Pole Jerzy Popieluszko gilt als „Märtyrer im Kampf gegen den Kommunismus“. Drei politische Funktionäre hatten den 37jährigen

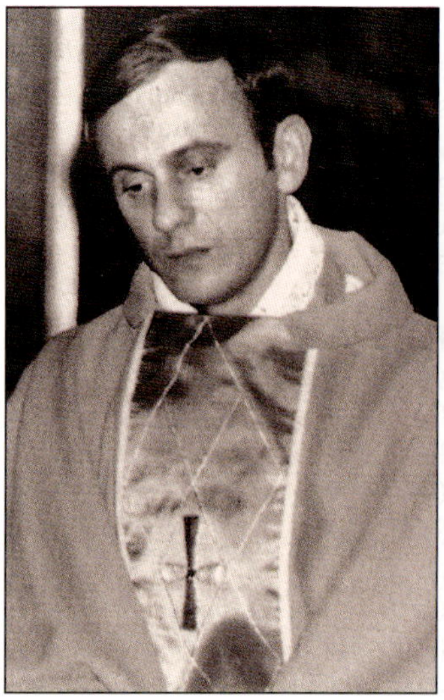

Priester nach einer Messe am 19. Oktober 1984 in Polen entführt und noch am selben Tag ermordet; die Leiche fand man geknebelt und verschnürt in einem Weichsel-Staubecken. Millionen von Menschen haben inzwischen das Grab von Popieluszko in Warschau besucht; die polnische Kirche strebt eine Seligsprechung an und hat das Verfahren dazu eingeleitet.

Pontius (Ponce) von Balmey sel.
OCarth, Bischof von Belley
Fest: 13. Dezember
Pontius (Ponce) errichtete 1116 auf seinem Besitz in Balmey (Frankreich) die Kartause Meyriat, trat in der Grande-Chartreuse in den Kartäuserorden ein und war ab 1118 Prior in Meyriat. 1121 wurde er zum Bischof von Belley ernannt, trat aber 1134 vom Amt zurück und lebte bis zu seinem Tod am 13. Dezember 1140 als einfacher Mönch in Meyriat.

Pontius (Pons) von Cimiez hl.
Märtyrer
Fest: 14. Mai
Die Stadt St-Pons in der Languedoc, Frankreich, hat ihren Namen von Pontius (Pons) von Cimiez, dessen Reliquien hierher übertragen wurden. Der Römer Pontius (angeblich ein Senator) starb nach der wohl legendarischen Überlieferung Mitte des 3. Jh. als Märtyrer im Bistum Cimiez (Cemenelum; im 5. Jh. mit Nizza vereint) in Südfrankreich, nachdem er um 230

Marmortafel mit der Grabinschrift von Papst Pontianus in der Calixtus-Katakombe, Rom.

von Papst → Pontianus die Taufe empfangen hatte und in der Christenverfolgung aus Rom geflohen war. In Nizza existierte im Mittelalter ein Kloster namens St-Pons. Über Jahrhunderte starker Kult im südlichen Frankreich.

Pontius (Ponce) von Faucigny sel.
CanAug, Abt
Fest: 26. November
Geboren um 1110 in Faucigny in Savoyen (Frankreich), trat Pontius (Ponce) jung bei den Augustiner-Chorherren im Kloster Abondance (Savoyen) ein; 1144 gründete er aus seinem Besitz das Kloster St-Sixt und wurde erster Abt, ab 1172 war er Abt von Kloster Abondance. Seine letzten Lebensjahre verbrachte er ohne Amt in St-Sixt, wo er am 26. November 1178 starb. 1896 Approbation des Kultes.

Poppe, Eduard
Priester
Fest: 10. Juni
Geboren am 18. Dezember 1890 in Temse in Flandern, Belgien, empfing Eduard Poppe 1916 die Priesterweihe und durchlitt in den folgenden Jahren bis zu seinem Tod am 10. Juni 1924 heroisch körperliche und seelische Leiden, die er als Opfer ansah, um heilig zu werden und andere heilig zu machen. Poppe hinterließ Schriften von großer Ausdruckskraft und Klarheit. Der Seligsprechungsprozeß ist eingeleitet.

Poppo hl.
OSB, Abt
Fest: 25. Januar
Poppo gehört zu den herausragenden Gestalten des monastischen Lebens im 11. Jh. Geboren 978 in Flandern, Belgien, aus adliger Familie, war der Ritter Poppo nach verschiedenen Wallfahrten 1006 im Kloster St-Thierry in Reims, Frankreich, dem Benediktinerorden beigetreten. Nach verschiedenen weiteren Kloster- und Ordensstationen ernannte Kaiser → Heinrich II. Poppo 1020 zum Abt der zu jener Zeit berühmten Abteien Stablo und Malmédy; das Datum markierte den Beginn einer fast 30jährigen beeindruckenden Reformtätigkeit in zahlreichen bedeutenden Klöstern jener Zeit. Nach und nach erhielt Poppo die Leitung der Abteien Hautmont, Marchiennes, St-Vaast in Arras, St. Maximin in Trier, Limburg, Echternach, St. Gallen und Hersfeld übertragen; insgesamt waren es 17 Klöster, für die er bis zu seinem Tod am 25. Januar 1048 (in Marchiennes, Belgien) die Verantwortung innehatte. Alle Häuser reformierte Poppo nach und nach im Sinne der lothringischen Klosterreform, die sowohl von Gorze als auch von Cluny beeinflußt war. Poppo genoß das Vertrauen der Herrscher ebenso wie das der Kirche und der Ordensleute und konnte große Erfolge verbuchen.

Poppo (Bobo, Bovo)
Missionsbischof
Fest: 19. Juli
Poppo wirkte im 11. Jh. als Missionsbischof von Schleswig unter den Dänen; mit Klugheit, Übersicht und Rücksichtnahme auf die Gewohnheiten der Einheimischen erreichte er große Erfolge. Eine Legende berichtet, Poppo habe sogar den König der Dänen bekehrt; um ihm die Macht Christi zu beweisen, habe er sich einen eisernen Panzerhandschuh angezogen und diesen über dem Feuer bis zur roten Glut erhitzt, die Hand aber blieb unversehrt.

Porcarius
OSB, Abt, Märtyrer
Fest: 12. August
Porcarius war zu Beginn des 8. Jh. Abt des Inselklosters Lérins in Südfrankreich. Am 12. August 732 überfielen die Sarazenen das Benediktinerkloster und ermordeten alle 500 Mönche; nur die jüngsten überlebten, weil Porcarius sie rechtzeitig in Sicherheit bringen konnte.

Porphyrios von Gaza hl.
Bischof von Gaza
Fest: 26. Februar
Die Vita von Porphyrios ist eine wichtige Quelle für Aufschlüsse über das Christentum im 5. Jh. Porphyrios stammte aus Griechenland und lebte zunächst als Einsiedler in der Sketischen Wüste in Ägypten, dann in Palästina an den Ufern des Jordan. Gegen seinen Willen wurde er 395 zum zweiten Bischof von Gaza in Palästina gewählt, wo er in der Folge mit großem Erfolg wirkte; mit kaiserlicher Erlaubnis zerstörte er in Gaza alle heidnischen Tempel, er bekämpfte tatkräftig alle Irrlehren und errichtete zahlreiche Kirchen. Er starb am 26. Februar 420.

Porphyrius von Camerino
Märtyrer
Fest: 4. Mai
Nach der wohl legendarischen Passio war Porphyrius ein Priester, der Mitte des 3. Jh. in Umbrien (Italien) vor allem in der Gegend um Camerino wirkte. Er erlitt das Martyrium um 250/252 zur Zeit von → Venantius von Camerino, vielleicht auch mit ihm. Bis heute werden die Porphyrius-Gebeine in der Kirche S. Venanzio in Camerino verehrt.

Porro Bianchi, Benedetta
Dulderin
Gedenken: 23. Januar
Benedetta Bianchi Porro genießt in Italien große Verehrung; ihre Grab-

Der Priester Eduard Poppe.

Eine der goldenen Gedenktafeln (um 1200) des Altars von Tamdrup zeigt die Taufe des dänischen Königs Harald durch Poppo (Legende).

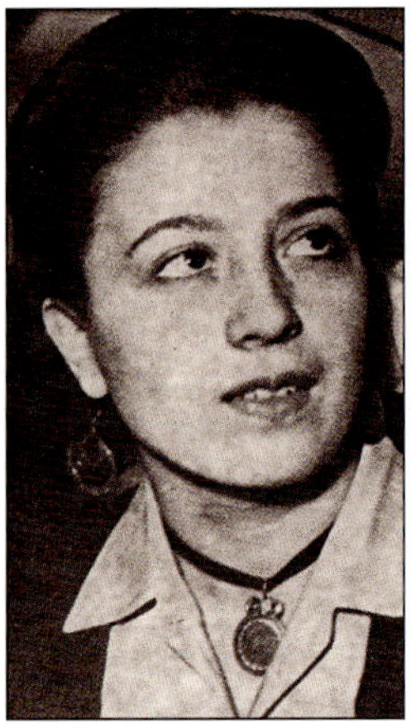

Benedetta Bianchi Porro erduldete ihre Krankheit tapfer bis zu ihrem Tod.

stätte im Kloster S. Andrea in ihrem Heimatort Dovadola bei Forlì (Italien) ist der Ort der Erinnerung an die große Dulderin, die im Alter von 27 Jahren nach unermeßlichem Leiden gestorben ist. Geboren am 8. August 1936, erkrankte Benedetta bereits als Kind an verschiedenen Leiden; sie begann zu hinken, hatte eine Nervenerkrankung und wurde taub. Durch nichts von ihrem Weg abzubringen, erlernte sie die Taubstummensprache, machte das Abitur und nahm 17jährig in Mailand unter furchtbarsten Schmerzen und Leiden das Medizinstudium auf. 1960 stand sie mit 24 Jahren vor dem Examen und davor, Italiens jüngste Ärztin zu werden; sie war nur noch „ein Hauch", wie ein Kommilitone schrieb. Beinahe völlig gelähmt, taub, fast blind und fast ohne Nervenempfindungen mußte sie kurz vor dem Ziel aufgeben und erlitt die folgenden vier Jahre bis zu ihrem Tod am 23. Januar 1963 heroisch, auf Gott vertrauend und in tiefer Liebe zu allen Menschen.

Portianus (Pourçain) hl.
Abt
Fest: 24. November
Als Saint Pourçain wird Portianus bis heute in der Diözese Clermont und in der Auvergne in Frankreich verehrt; sein Kult ist dort schon seit dem frühen Mittelalter bekannt. Nach der wohl teilweise etwas ausgeschmückten Vita war Portianus ein Sklave, der sich befreien konnte und später Mönch wurde; um 520 wählte man ihn zum Abt von Kloster Miranda in der Auvergne (das nach seinem Tod nach ihm St-Pourçain genannt wurde). Um seine Person sollen sich schon zu Lebzeiten Wunder ereignet haben, ebenso nach seinem Tod (24. November 533) an seinem Grab in St-Pourçain-sur-Sioule.

Possenti, Francesco (Gabriele dell' Addolorata) hl.
CP, Ordensmann
Fest: 27. Februar
Geboren am 1. März 1838 in Assisi (Italien), trat Francesco Possenti 1856 dem Passionistenorden bei und nahm den Ordensnamen Gabriele dell' Addolorata (Gabriel von der Schmerzensmutter) an. Schon von einer unheilbaren Krankheit ergriffen, studierte er Theologie und Philosophie und zeichnete sich durch außergewöhnliche Regeltreue und eine große Liebe zur Schmerzensmutter aus. Am 27. Februar 1862 starb Possenti in Isola del Gran Sasso knapp 24jährig an Auszehrung. Seine Grabstätte in der Passionistenkirche in Isola ist ein Wallfahrtsort. 31. Mai 1908 Selig-, 13. Mai 1920 Heiligsprechung.

Büste von Francesco Possenti in der Passionistenkirche von Isola del Gran Sasso.

Possidius
Bischof von Calama
Fest: 16. Mai
Possidius war ein Schüler von → Augustinus, dem er in 40jähriger Freundschaft und Treue verbunden war. 397 wurde er zum Bischof von Calama in Numidien (Nordafrika) ernannt. Nachdem Augustinus 430 gestorben war, verfaßte Possidius die erste Biographie des Kirchenvaters. Er starb um 439, nachdem er von den Vandalen aus seiner Bischofsstadt vertrieben worden war.

Postel, Marie-Madeleine Julie hl.
Ordensgründerin
Fest: 16. Juli
Geboren am 28. November 1756 in Barfleur in der Normandie, Frankreich, gründete Julie Postel 1774 in Barfleur eine Schule, in der sie sich vor allem verwahrloster Jugendlicher annahm. 1798 trat sie als Terziarin dem Franziskanerorden bei. 1805 begründete sie in Cherbourg (Normandie) eine klösterliche Gemeinschaft, aus der sich 1807 die Kongregation der Schwestern der christlichen Schulen von der Barmherzigkeit entwickelte, Schulschwestern genannt. Unter schwierigsten Bedingungen und teilweise in völliger Selbstaufgabe brachte Marie-Madeleine Postel (so der Ordensname) ihre Stiftung voran. Sie starb am 16. Juli 1846 in St-Sauveur-le-Vicomte bei Cherbourg im Ordensmutterhaus nach einem vielbewunderten Leben. 7. Mai 1908 Selig-, 24. Mai 1925 Heiligsprechung.

Marie-Madeleine Postel, nach einem Gemälde von Lecerf in der Abbaye de St-Sauveur-le-Vicomte, Normandie.

Potamiaina hl.
Märtyrerin
Fest: 7. Juni, 28. Juni
Potamiaina ist eine der berühmtesten Märtyrerinnengestalten Ägyptens; ihre Passio ist historisch gesichert, wurde aber teilweise ausgeschmückt. Die junge Christin starb um 202 in Alexandria den Martertod, nachdem sie zuvor von Christenverfolgern festgenommen worden war und ihnen gegenüber standhaft ihre Jungfräulichkeit verteidigt hatte, obwohl sie ihr Leben hätte retten können. Es heißt, Potamiaina sei gemeinsam mit ihrer Mutter Markella gestorben; beide Frauen wurden mit siedendem Pech übergossen.

Potamon hl.
Bischof, Märtyrer
Fest: 18. Mai
Potamon war zu Beginn des 4. Jh. Bischof von Heraclea in Oberägyp-

ten; in der Christenverfolgung unter Maximinus Daja (um 310) stach man ihm ein Auge aus und verstümmelte ihm ein Bein. Unter → Konstantin aus der Gefangenschaft freigelassen, konnte Potamon weiter amtieren und nahm als Bischof 325 am Konzil von Nicäa teil; als er sich dort wortstark für → Athanasios einsetzte, mißhandelten ihn die Arianer so schlimm, daß er später an den erlittenen Mißhandlungen starb. Das Todesjahr war 341 (345?).

Potentinus von Steinfeld hl.
Pilger, (Märtyrer)
Fest: 18. Juni
Im Louvre in Paris wird der Potentinus-Schrein aus dem 13. Jh. gezeigt; die Potentinus-Reliquien gelangten im 10. Jh. nach Steinfeld in der Eifel. Nach der wahrscheinlich großenteils legendarischen Überlieferung stammte Potentinus aus Aquitanien (Frankreich); gemeinsam mit seinen Söhnen Felicius und Simplicius unternahm er im 4. Jh. eine Wallfahrt zu den heiligen Stätten und kam auch nach Trier, später nach Karden (Rheinland-Pfalz), wo er sich bei → Kastor von Karden niederließ. Potentinus und seine Söhne sollen bis zu ihrem Tod in Karden geblieben sein. Eine andere Überlieferung berichtet, die drei seien den Martertod gestorben.

Pothinus (Photinus) hl.
Bischof von Lyon, Märtyrer
Fest: 2. Juni
Pothinus, geboren um 88 wohl in Kleinasien, war wahrscheinlich ein Schüler von → Polykarp. Um 150 wurde er erster Bischof von Lyon (Frankreich), wie auch → Gregor von Tours später bestätigte. Als er bereits hochbetagt war, geriet er in die Christenverfolgung unter Marc Aurel, wurde zusammen mit einer Gruppe von Christen (48 Märtyrer von Lyon und Vienne) eingekerkert und mißhandelt und starb 177 (178?) als erster Märtyrer von Lyon. Als ihn der kaiserliche Statthalter beim Verhör gefragt hatte, wer der Gott der Christen sei, hatte Pothinus mutig geantwortet: „Du wirst ihn kennenlernen, wenn du seiner würdig bist."

Poullart-des-Places, Claude-François
OSSp, Ordensgründer
Fest: 2. Oktober
Der Orden der Spiritaner wurde von Claude-François Poullart-des-Places gegründet. Geboren am 26. Februar 1679 in Rennes, Frankreich, hatte er zunächst Rechtswissenschaften studiert, dann aber 1707 die Priesterweihe empfangen. Schon während des Studiums hatte er in Paris das Seminar vom heiligen Geist gegründet, in dem arme Studenten Ausbildung und Unterkunft fanden; aus dieser Studentengemeinschaft entwickelte sich die Missionsgesellschaft vom Heiligen Geist, auch Spiritaner genannt. Schon bald nach der Gründung des Ordens zogen die Mitglieder bis nach Kanada, Asien und auf die Antilleninseln. Claude-François Poullart-des-Places starb 30jährig am 2. Oktober 1709 in Paris.

Prat y Prat, Maria Mercedes sel.
OCD, Märtyrerin
Fest: 23. Juli
Geboren am 6. März 1880 in Barcelona, Spanien, trat Maria Mercedes Prat y Prat 1905 in Tortosa bei den Unbeschuhten Karmelitinnen ein und erhielt den Namen Mercedes vom Herzen Jesu. Sie wechselte ins Kloster San Gervasio in Barcelona, aus dem sie bei Ausbruch des Spanischen Bürgerkrieges 1936 fliehen mußte. Am 22. Juli 1936 wurde sie von der Miliz verhaftet und furchtbar gefoltert; am 23. Juli erschossen sie Soldaten auf einer Straße in Barcelona. 24. April 1990 Seligsprechung.

Praxedis hl.
Wohltäterin, Stifterin
Fest: 21. Juli
Eine der bedeutendsten Kirchen von Rom erinnert bis heute an Praxedis: S. Prassede, nach der Überlieferung in frühchristlicher Zeit erbaut. Praxedis, deren Wirken nur schwer zu fassen ist, lebte vielleicht im 1./2. Jh. und war nach der Legende die Tochter von Senator → Pudens und die Schwester von → Pudentiana. Sie soll sich für verfolgte Christen eingesetzt und Märtyrern ein würdiges Begräbnis geschaffen haben. Vielleicht war Praxedis auch die Stifterin der Kirche S. Prassede oder eine Katakombenheilige gleichen Namens. Ein Praxedis-Kult entwickelte sich ab dem 7. Jh. In S. Prassede werden bis heute in der Confessio

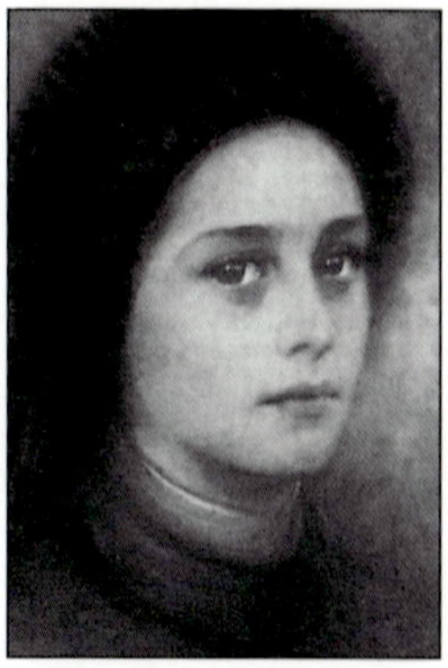

Maria Mercedes Prat y Prat, Märtyrerin im Spanischen Bürgerkrieg.

Praxedis mit → Paulus, nach einem Mosaik in der Apsis von S. Prassede, Rom.

unter dem Hauptaltar angebliche Praxedis-Reliquien aufbewahrt, zusammen mit Reliquien, die Pudentiana zugeschrieben werden.
Darstellung: als römische Jungfrau, meist mit Pudentiana, mit Schwamm und Gefäß (zum Auffangen des Märtyrerblutes), mit Krone, Almosen verteilend

Primael
Einsiedler
Fest: 15. Mai
Primael stammte aus England; zu Beginn des 5. Jh. zog er in die Bretagne (Frankreich) und ließ sich in der Diözese Quimper als Einsiedler nieder. Schon zu Lebzeiten war er hoch verehrt; bis heute sind Primael im Raum Quimper Kirchen geweiht.

Primianus
Bischof von Ancona, Märtyrer
Fest: 23. Februar
Primianus soll der erste Bischof von Ancona, Italien, gewesen sein (oder der zweite nach Cyriacus); das Bistum wurde nachweislich um 300 gegründet. Wahrscheinlich erlitt Primianus um 305 in der Verfolgung unter Kaiser Diokletian das Martyrium durch Enthauptung.

Primus und Felicianus hll.
Märtyrer
Fest: 9. Juni
Die Kirche S. Stefano Rotondo in Rom bewahrt bis heute das Andenken an Primus und Felicianus, zwei Brüder, die nach den unsicheren Überlieferungen in der Christenverfolgung unter Diokletian um 305 den Martertod fanden; in S. Stefano Rotondo werden die Reliquien aufbewahrt, und ein Mosaik von 647 zeigt das Abbild der Märtyrer. Die Beisetzungsstätte von Primus und Felicianus befand sich nach verschiedenen Berichten früher am 15. Meilenstein an der Via Nomentana außerhalb des Zentrums von Rom; bereits im 4. Jh. soll dort eine Basilika zu Ehren der Brüder existiert haben. Nach der Legende kümmerten sich Primus und Felicianus in Rom aufopferungsvoll und unter größter Lebensgefahr um eingekerkerte Christen.
Darstellung: als vornehme Römer, mit Schriftrolle, Schwert, Palme, Kette, Geißel, beim Martyrium
Patronat: von Heilbädern

Principius (Prince) von Soissons hl.
Bischof von Soissons
Fest: 25. September
Principius, älterer Bruder von → Remigius von Reims, war Ende des 5. Jh. über eine lange Amtszeit Bischof von Soissons (Frankreich). Er starb wohl am 25. September 505(?). In Soissons entwickelte sich ein Kult.

Prisca hl.
Märtyrerin
Fest: 18. Januar
Seit frühester Zeit wird Prisca in Rom als Heilige verehrt; allerdings ist nichts Historisches über sie bekannt, alle Berichte scheinen legendarisch und vermengen wohl Erzählungen über mehrere Trägerinnen desselben Namens. Möglicherweise war Prisca die Stifterin der Kirche S. Prisca auf dem Aventin in Rom, in der bis heute in der Krypta in einer Urne angebliche Prisca-Reliquien aufbewahrt werden. Vielleicht war Prisca auch im 1. Jh. Schülerin von → Paulus. Eine andere Legende erzählt, Prisca sei ein junges Mädchen gewesen, das von → Petrus die Taufe erhielt und in der Verfolgung unter Kaiser Claudius (41 bis 54) an der Via Ostiensis das Martyrium erlitt. – Manchmal wird auch → Priscilla, Namensgeberin der Priscilla-Katakomben, mit Prisca in Verbindung gebracht.
Darstellung: bei der Taufe durch Petrus, mit Löwen, denen sie zum Fraß vorgeworfen wird, die ihr aber nichts antun

Priscilla
Christin
Fest: 16. Januar
Die Priscilla-Katakomben in Rom sollen nach Priscilla, einer Christin aus dem Rom des 1. Jh., benannt sein. Nach der völlig ungesicherten Erzählung war Priscilla die Mutter von → Pudens und Gastgeberin

Prisca, nach einem Stich von Collaert aus dem 17. Jh.

von → Petrus bei seinem Aufenthalt in Rom vor seinem Tod. Das Haus der Priscilla soll neben den Märtyrer-Katakomben gelegen haben, die dann nach ihr hießen.

Priscus von Capua hl.
Märtyrer
Fest: 1. September
Nach der Legende soll Priscus ein Jünger von → Petrus und der erste Bischof von Capua in Kampanien (Italien) gewesen sein; angeblich war er von Petrus entsandt worden. Sein Martyrium soll während der Amtszeit von Kaiser Nero um 66 in Capua erfolgt sein. – Vielleicht Vermengung mit Bischof Priscus von Nocera.

Priska → Aquila und Priska

Privatus hl.
Bischof von Mende, Märtyrer
Fest: 21. August
Privatus war Mitte des 3. Jh. Bischof von Mende (Gévandan), Frankreich; beim Einfall der Alamannen 257 soll er das Martyrium erlitten haben, als er sich weigerte, den Fluchtort seiner Christengemeinde preiszugeben. → Gregor von Tours berichtete später von einer Kirche zu Ehren von Privatus in Mende. Im frühen Mittelalter existierte ein starker Kult.

Pro, Miguel Augustin sel.
SJ, Ordenspriester, Märtyrer
Fest: 23. November
Geboren am 13. Januar 1891 in Guadelupe in Mexiko als ältestes von elf Kindern, trat Miguel Augustin Pro 1911 bei den Jesuiten ein und legte 1913 die Gelübde ab. 1914 begann in Mexiko der Bürgerkrieg und mit ihm auch eine furchtbare Kirchenverfolgung, alle Jesuiten mußten Mexiko verlassen. Nach Studien in Kalifornien, Spanien und Belgien und der Priesterweihe (1925) kehrte Pro 1926 wieder nach Mexiko zurück und wirkte dort während der Gewaltherrschaft von Präsident Calles unter lebensgefährlichen Bedingungen als Priester. Trotz eines schweren Magenleidens war Pro Tag und Nacht in den Straßen von Mexiko-Stadt unterwegs, meist verkleidet – manchmal als Straßenclown –, um den Christen Mut zu machen und die Sakramente zu spenden. Am 18. November 1927 verhaftete ihn die Staatspolizei und erschoß ihn (und seinen Bruder Umberto) am 23. November 1927 ohne Gerichtsverfahren. 25. September 1988 Seligsprechung.

Miguel Augustin Pro wurde unter der Gewaltherrschaft des mexikanischen Präsidenten Calles 1927 ermordet.

Processus und Martinianus hll.
Märtyrer
Fest: 2. Juli
Die Gebeine der Märtyrer Processus und Martinianus sind bis heute in einem Oratorium im südlichen Querschiff des Petersdomes in Rom beigesetzt. Sicher weiß man nur, daß beide in Rom zusammen das Martyrium erlitten, möglicherweise im 3./4. Jh. Die später entstandene Legende macht Processus und Martinianus zu Kerkermeistern von → Petrus und → Paulus, die sie bekehrten und tauften, woraufhin sie ebenfalls getötet wurden. Eine Grabstätte und eine ihnen geweihte Kirche sollen schon im 4. Jh. an der Via Aurelia in Rom existiert haben. In Rom genossen beide lange Zeit eine starke Verehrung; seit 1969 ist der Kult auf lokale Kalender beschränkt.

Prochoros hl.
Märtyrer(?), Bischof(?)
Fest: 9. April
Prochoros war wohl einer der sieben von den Aposteln geweihten Diakone von Jerusalem, möglicherweise auch einer der 72 Jünger Jesu und Sekretär des Apostels → Johannes. Unsicher ist sein Ende: Entweder wurde er Bischof von Nikomedien und starb eines friedlichen Todes, oder er erlitt in Antiochien den Martertod; vielleicht starb er auch als Bischof durch die Gewalt von Christenverfolgern.

Proculus hl.
Märtyrer
Fest: 1. Juni
Nach der wohl legendarischen Überlieferung war Proculus Soldat in Bologna (Italien). Nachdem er angeblich Christenverfolger des Kaisers ermordet hatte, wurde er selbst enthauptet (beigesetzt in der Kathedrale von Bologna). Verschiedene Überlieferungen vermengen den Soldaten Proculus mit Bischof Proculus von Bologna, der 542 ebenfalls als Märtyrer starb.

Projectus (Priest, Prix)
Bischof von Clermont, Märtyrer
Fest: 25. Januar
Projectus war Mitte des 7. Jh. Bischof von Clermont (Frankreich) und genoß schon zu Lebzeiten als Wundertäter große Verehrung. Wahrscheinlich 676 wurde er von Glaubensgegnern ermordet, was den Kult erheblich verstärkte. Reliquien gelangten an verschiedene Orte, in Paris gab es Bruderschaften, die nach Projectus benannt waren.
Patronat: gegen Fieber und Epilepsie

Prokopios hl.
Märtyrer
Fest: 8. Juli
Megalomärtyrer wird Prokopios genannt, da er der erste Märtyrer Palästinas in der Christenverfolgung des Diokletian gewesen sein soll. Wahrscheinlich starb er 303 in Cäsarea durch Enthauptung, nachdem er sich geweigert hatte, den Götzen Weihrauch zu opfern. Nachdem sich sehr früh ein Kult entwickelt hatte, wurde Prokopios einer der volkstümlichsten Heiligen der byzantinischen Kirche; seine Leidensgeschichte wurde später aber legendarisch ausgeschmückt. – Auch in der Kirche S. Maria Antiqua in Rom existierte sehr früh eine Darstellung.
Darstellung: Szenen des Martyriums, mit Dolch

Der Märtyrer Prokopios, nach einem Fresko in der Dunklen Kirche von Göreme, der berühmtesten der kappadokischen Felsenkirchen.

Prokop von Böhmen, nach einem Relief von Peter Parler um 1380, Veitsdom, Prag.

Prokop(ius) von Böhmen (von Sázava) hl.
Abt
Fest: 4. Juli, 25. März
Prokop ist bis heute der Patron von Böhmen und Mähren; in Böhmen (Tschechische Republik) existieren noch immer Wallfahrtsorte, die nach ihm benannt sind. Geboren um 990 in Chotaun in Böhmen, war Prokop als Weltpriester nach slawischem Brauch zunächst verheiratet. Nach einem Aufenthalt in Kiew verließ er um 1030 seine Familie und zog sich als Einsiedler in das wilde Sázava-Tal in Mähren (Slowakische Republik) zurück, wo er 1032 ein Benediktinerkloster mitbegründete, dessen Abt er wurde. Prokop machte sich für die slawische Kirchensprache stark, war Organisator und Kopf der Missionare in Böhmen. Er starb am 25. März 1053; bald nach seinem Tod entwickelte sich ein starker Kult. 1204 Heiligsprechung. Die Gebeine wurden in die Allerheiligenkapelle der Prager Burg übertragen.

Prosdocimus hl.
Bischof von Padua(?)
Fest: 7. November
Nach der Legende war Prosdocimus ein Schüler von → Petrus, der ihn als Missionar nach Venetien in Norditalien entsandte; angeblich war er dort dann im 1. Jh. der erste Bischof von Padua (Patavium). Einen Kult kennt man in Padua seit dem 9. Jh. Prosdocimus ist Mitpatron der Basilica S. Giustina in Padua und wird in Nordostitalien bis heute verehrt.

Prosper von Reggio Emilia hl.
Bischof(?) von Reggio Emilia
Fest: 25. Juni
Prosper wird als Hauptpatron der norditalienischen Stadt Reggio Emilia und der gleichnamigen Diözese verehrt. Gesicherte Daten über Leben und Wirken von Prosper, der Bischof von Reggio gewesen sein soll, existieren jedoch nicht; oft wird er mit → Prosper Tiro verwechselt, worauf derselbe Gedenktag und auch das fast gleiche Sterbedatum (angeblich 25. Juni 463) hinweisen. In Reggio Emilia erinnert die Kirche S. Prospero bis heute an ihn.

Prosper Tiro (von Aquitanien) hl.
Laienmönch, Dichter
Fest: 25. Juni
Geboren um 390 in Limoges (Frankreich), wurde Prosper Tiro nach der Trennung von seiner Ehefrau Laienmönch in Marseille; er stand in mündlicher und schriftlicher Verbindung mit verschiedenen Kirchenpersönlichkeiten der Zeit, so mit → Augustinus von Hippo, den er sehr verehrte, und mit → Hilarius. Nach der Wahl von Leo I. (dem Großen) zum Papst (440) wurde er dessen persönlicher Berater in Rom. Prosper Tiro, der an einem 25. Juni um 460 in Rom starb, schrieb auch viele Gedichte und Prosaschriften, die teilweise noch erhalten sind.
Patronat: der Dichter

Proterios hl.
Patriarch, Märtyrer
Fest: 28. Februar
Proterios war ab 451 Patriarch von Alexandria. Er folgte auf Dioskoros, der abgesetzt worden war, an dem die Gemeinde jedoch in Treue festhielt; Proterios lehnte die Gemeinde ab. Nachdem der Kaiser, der ihn ernannt hatte, gestorben war, wurde Proterios am 28. März 457 vom Volk ermordet.

Protus und Hyazinthus hll.
Märtyrer
Fest: 11. September
Nach der unsicheren Überlieferung waren Protus und Hyazinthus zwei Brüder aus Rom, die in der Christenverfolgung (entweder um 265 oder um 305) in Rom das Martyrium erlitten. 1845 entdeckte man in der Hermes-Katakombe in Rom das unversehrte Grab von Hyazinthus; die Gebeine wiesen Brandspuren auf, auf der Grabplatte waren der Name und das Datum 11. September vermerkt. Die erhaltenen Reliquien von Protus werden in der Kirche S. Giovanni dei Fiorentini in Rom aufbewahrt.

Prudentia sel.
OESA, Äbtissin
Fest: 6. Mai
Prudentia Castori, geboren in Mailand, Italien, war von etwa 1463 bis zu ihrem Tod am 6. Mai 1492 Äbtissin des Augustinerklosters S. Marco in Como; wahrscheinlich hat sie das Kloster auch selbst gegründet. An ihrer Grabstätte in Como ereigneten sich viele Wunder, was eine starke Verehrung bewirkte.

Prudentius hl.
Bischof von Tarazona
Fest: 28. April
Prudentius ist bis heute der Patron der Diözese Tarazona in Spanien und genießt dort noch immer Verehrung. Er war Mitte des 8. Jh. zunächst Einsiedler, dann Bischof des Bistums Tarazona (südlich von Pamplona) und starb wohl um 745 in Osma (Spanien).

Ptolemäus hl.
Märtyrer
Fest: 19. Oktober
Ptolemäus erlitt nach der wohl teilweise legendarischen Überliefe-

Prosdocimus, nach einer Bronzefigur am Hochaltar der Basilika Il Santo in Padua.

rung um 150 das Martyrium in Rom, nachdem er die Ehefrau eines Heiden zum christlichen Glauben bekehrt hatte; der Ehemann hatte ihn beim Statthalter angezeigt. Ein Zeitgenosse überlieferte einen schriftlichen Bericht über die Ermordung von Ptolemäus.

Publius
Bischof von Athen(?), Märtyrer
Fest: 21. Januar
Publius war nach der Tradition der Vorsteher der Christengemeinde auf der Insel Malta. Als → Paulus auf einer seiner Reisen Schiffbruch erlitt und auf die Insel kam, befreundeten sich beide miteinander. Angeblich war Publius später Bischof von Athen und starb dort um 112 als Märtyrer unter Kaiser Trajan. – Andere Überlieferungen sagen, Publius sei der erste Bischof von Malta gewesen.

Pudentiana und → Petrus, nach einem Mosaik in der Apsis der Kirche S. Prassede, Rom.

Antonio Maria Pucci, nach der einzigen zu Lebzeiten entstandenen Fotografie, und die letzte Aufnahme von ihm, auf dem Totenbett.

Pucci, Antonio Maria Eustachio hl.
OSM, Ordensprovinzial
Fest: 12. Januar
Geboren am 16. April 1819 in Poggiole di Vernio in der Toskana, Italien, trat Eustachio Pucci 1837 in Florenz dem Servitenorden bei; 1843 empfing er die Priesterweihe. Rund 50 Jahre wirkte er dann als Pfarrer in und um Viareggio in der Toskana als Seelsorger, Erzieher und gesuchter Beichtvater; schon zu Lebzeiten war Pucci bei den Gläubigen hoch verehrt, vor allem die Armen und Kranken liebten ihn, weil er sich innig um sie kümmerte. Im Orden hatte er die Ämter des Priors und dann des Ordensprovinzials inne. Pucci starb am 12. Januar 1892 in Viareggio. 1952 Selig-, 9. Dezember 1962 Heiligsprechung.

Pudens hl.
Senator
Fest: 19. Mai
Die unsichere Vita von Pudens berichtet, daß er römischer Senator war; wahrscheinlich war er der Vater von → Praxedis und von → Pudentiana. In seinem Haus in Rom soll er zusammen mit seinen Töchtern → Petrus Gastfreundschaft gewährt haben; möglicherweise wurde er von ihm auch getauft, vielleicht auch von → Paulus. Publius starb noch im 1. Jh.

Pudentiana (Potentiana) hl.
Jungfrau
Fest: 19. Mai
Nach der ziemlich unsicheren Vita war Pudentiana die Tochter von → Pudens und eine Schwester von → Praxedis; sie lebte im 1. Jh. in Rom und gewährte mit ihrer Familie → Petrus in ihrem Haus Gastfreundschaft. Pudentiana soll sich als Wohltäterin um Arme gekümmert und Märtyrer würdevoll beigesetzt haben. Sie starb im 1. Jh. oder zu Beginn des 2. Jh. – Andere Quellen berichten, Pudentiana sei im Alter von 16 Jahren gestorben. – Der Name erscheint in keinem Martyrologium. Der Kult wurde 1969 stark eingeschränkt.

davon, daß die Gebeine von Quintinus in den Fluß Somme geworfen, aufgrund einer Vision einer Römerin im 4. Jh. aber wieder aufgefunden und in St-Quentin bestattet wurden. → Eligius von Noyon ließ die Reliquien im 7. Jh. in einen Schrein übertragen, und 823 ersetzte → Fulrad die Kirche durch einen Neubau. Starker Kult in Frankreich und Belgien.

Darstellung: als vornehm gekleideter jugendlicher Märtyrer, mit Nägeln, Schwert, Bratspieß, Ketten an Händen und Füßen, Rad
Patronat: der Ärzte, Kapläne, Schlosser, Schneider, Lastenträger, gegen Husten und Keuchhusten, Schnupfen und Wassersucht

Quintus →
Quartus und Quintus

Quiriacus von Augsburg
Märtyrer
Fest: 12. August
Quiriacus soll gemeinsam mit → Afra und ihrer Mutter → Hilaria in der Christenverfolgung des Diokletian 304 (12. August?) in Augsburg den Martertod erlitten haben. Reliquien werden bis heute in der Augsburger Basilika St. Ulrich und Afra aufbewahrt.

Figur des Quirinus von Neuss, nach einem Gemälde (1510) von einem unbekannten Künstler, Germanisches Museum, Nürnberg.

Quiriacus (Cyriacus) von Trier
Priester
Fest: 6. März
Nach der wohl großenteils legendarischen Vita stammte Quiriacus aus Poitiers (Frankreich) und wirkte als Priester in Trier (Rheinland-Pfalz); dort wurde er wegen angeblicher Verfehlungen schwer beschuldigt, Bischof → Maximus von Trier (gestorben 346) bewies jedoch seine Unschuld (angeblich nach einer Vision). Quiriacus starb Mitte des 4. Jh. in Trier; seine Reliquien wurden nach Taben (Taben-Rodt) im Bistum Trier übertragen, wo bis heute am 6. März eine Wallfahrt stattfindet und am fünften Sonntag nach Ostern der Reliquienschrein in einer Prozession durch den Ort getragen wird.
Patronat: gegen Kinderkrankheiten

Quirinus von Malmédy hl.
Priester, Märtyrer
Fest: 11. Oktober
Seit dem 13. Jh. wird Quirinus von Malmédy – auch Quirinus von Rouen genannt – in der Normandie verehrt. Nach der wohl legendarischen Passio war Quirinus im 4. Jh. von Rom in die Gegend von Rouen gekommen, hatte dort missioniert und wurde in der Christenverfolgung ermordet. Angeblich wurden seine Gebeine 872 wieder aufgefunden und erhoben; später gelangten sie nach Malmédy, wo man sie noch einmal erhob.

Quirinus von Neuss (von Rom) hl.
Märtyrer
Fest: 30. März, 30. April
Quirinus gehört seit dem 15. Jh. zu den sogenannten → Vier Marschällen und galt somit über lange Zeit als Gott besonders nahestehend und bei Fürbitten hilfreich. Die Quirinus-Reliquien werden in Neuss bei Düsseldorf (Nordrhein-Westfalen) in der Kirche St. Quirin verehrt, einem beeindruckenden Sakralbau, der für die Aufbewahrung der Gebeine errichtet wurde. – Über Leben und Tod von Quirinus existieren nur legendarische Berichte; danach war er römischer Tribun unter Kaiser Hadrian (117 bis 138) und hatte die Aufgabe, in Rom gefangengehaltene Christen zu bewachen. Unter den im Kerker leidenden Christen war auch Papst → Alexander I., der → Balbina, die Tochter von Quirinus, von einem Leiden heilte und dann Vater und Tochter taufte. Als Hadrian dies erfuhr, ließ er Balbina und Quirinus ermorden (wohl 130). Nach Überlieferungen aus Neuss gelangten die Quirinus-Gebeine 1050 nach Neuss (vielleicht erfolgte die Übertragung aber auch schon um 1000). Im Raum Köln breitete sich der Kult rasch aus, gelangte aber auch bald bis nach Skandinavien. Die Quirinus-Wallfahrt in Neuss hatte eine große Bedeutung, ganz besonders im 15. Jh. Im Rheinland gibt es bis heute Quirinus-Brunnen.
Darstellung: als römischer Krieger, als Ritter, mit Lanze, Schild, Helm, Harnisch, Hund, Habicht, Palme
Patronat: der Pferde und Rinder, gegen Pferdekrankheiten, gegen Pocken, Lähmung, Eitergeschwüre, Bein- und Fußleiden, Hauterkrankungen, Augenleiden, Kropf und Ohrenschmerzen, gegen die Pest, der Ritter

Dieser Stich aus dem 17. Jh. zeigt die Legende um das Martyrium des Quirinus von Siscia. Ein Mühlstein um seinen Hals hielt ihn so lange über dem Wasser, bis er die Umstehenden zur Glaubensstärke ermahnt hatte.

Quirinus von Siscia hl.
Bischof, Märtyrer
Fest: 4. Juni
In einer der ältesten Kirchen Roms, in S. Maria in Trastevere, wird der Märtyrer Quirinus von Siscia bis zum heutigen Tag noch verehrt; seine Reliquien ruhen dort unter dem Altar. Quirinus amtierte um 300 als Bischof von Siscia (Sissek, Kroatien); als er sich weigerte, den Götzen zu opfern, wurde er von Christenverfolgern 308/309 (oder 304) mit einem Mühlstein um den Hals in dem Fluß Sibaris (Güns) bei Sabaria (Steinamanger), Ungarn, ertränkt. Zunächst am Martyriumsort begraben, gelangten die Reliquien um 500 nach Rom, wo sie dann um 1140 in S. Maria in Trastevere ihre letzte Ruhestätte fanden.
Patronat: gegen Fußleiden und Gicht

Dem Wasser des Quirinus-Brunnens in der St. Quirin-Kapelle in Tegernsee wird Heilkraft nachgesagt.

Das Martyrium des Quirinus von Tegernsee, nach einem Stich aus dem 19. Jh.

Quirinus von Tegernsee (von Rom)
Märtyrer
Fest: 25. März
Quirinus war ein römischer Märtyrer, der wahrscheinlich um 269 enthauptet wurde; seine Gebeine warfen die kaiserlichen Mörder in den Tiber, von wo sie auf die Flußinsel S. Bartolomeo gespült und danach von Gläubigen in der Katakombe von Papst → Pontianus beigesetzt wurden. Sicher ist, daß die Reliquien 761 nach Tegernsee in Bayern gelangten und dort ihre letzte Ruhestätte fanden; die Pfarrkirche St. Quirin erinnert bis heute daran. – Die Legende erzählt, daß während der Translation der Sarg mit den Gebeinen von Quirinus zwischen Gmund und Tegernsee einmal abgestellt wurde und an dieser Stelle plötzlich eine Quelle entsprang; da man dem Wasser Heilkraft nachsagte, entwickelte sich eine Quellen-Wallfahrt.
Darstellung: in Rüstung, in fürstlicher Kleidung mit Krone, Zepter und Reichsapfel (nach der Legende war Quirinus Sohn eines Kaisers), Schwert
Patronat: gegen Augen- und Ohrenleiden, gegen die Pest

Quiteria
Märtyrerin
Fest: 22. Mai
Bis heute genießt Quiteria in der Gascogne in Südwestfrankreich Verehrung; ein Kult existiert auch in Spanien und in Portugal. Nach der wohl legendarischen Passio flüchtete Quiteria, die mit 13 Jahren Christin geworden war, vor einer von den arianischen Eltern geplanten Ehe. Ihr Bräutigam entdeckte sie jedoch und ließ sie enthaupten (im 4. Jh.). Ihr Grab befindet sich in Aire-sur-l'Adour in der Gascogne.

R

Rabanus Maurus →
Hrabanus Maurus

Rachildis
OSB, Inklusin
Fest: 23. November
In St. Gallen (Schweiz) gab es im Mittelalter über Jahrhunderte ein ausgeprägtes Inklusentum; Mitbegründerin war Rachildis, die nie offiziell selig- oder heiliggesprochen wurde, die das Volk aber schon zu Lebzeiten wie eine Heilige verehrte. Geboren Ende des 9. Jh., lebte Rachildis ab 921 als Inklusin bei der Magnuskirche in St. Gallen; sie hatte sich in eine Zelle einmauern lassen, wo sie bis zu ihrem Tod am 23. November 946 blieb.

Radbod (Radboud) hl.
OSB, Bischof von Utrecht
Fest: 29. November
Radbod, geboren um 850, wurde 899 Bischof von Utrecht (Holland), mußte aber 900 vor den Normannen fliehen und amtierte bis zu seinem Tod am 29. November 917 (in Ootmarsum, Belgien) in Deventer. Radbod gehörte zu den herausragenden theologischen Schriftstellern und Dichtern in der Zeit der Karolingischen Reform.

Radegundis von Thüringen hl.
Königin
Fest: 13. August
Das Grab von Radegundis in der Klosterkirche Ste-Radegonde in Poitiers ist bis heute eine der vielbesuchten Wallfahrtsstätten in Frankreich. Geboren 518 als Tochter des thüringischen Königs Berthachar, wurde Radegundis 531 von Frankenkönig Chlotar I. als Geisel ins Frankenreich entführt, nachdem der Merowingerherrscher das Thüringerreich erobert und fast ihre ganze Familie ausgelöscht hatte (nur ihr Bruder Chlotachar überlebte und wurde ebenfalls als Geisel mitgenommen). Wahrscheinlich erhielt sie am fränkischen Königshof die Taufe. Nach dem Tod von Chlotars Ehefrau Ingundis zwang der König Radegundis 536 zur Heirat; in den folgenden Jahren durchlebte sie in ihrer Ehe Höhen und Tiefen und mußte sich vor Chlotar immer wieder wegen ihres frommen Lebens und ihrer Werke der Buße und der Nächstenliebe rechtfertigen. Als Chlotar 555 ihren Bruder ermorden ließ, verließ sie den Merowingerhof und flüchtete zu Bischof → Medardus von Noyon, der sie auf ihren Wunsch zur Nonne weihte und so dem Zugriff des Königs entzog. Vor den Bedrohungen durch Chlotar floh sie dann nach Poitiers, wo sie 560 ein Frauenkloster gründete, in das sie selbst als einfache Nonne eintrat und eine Äbtissin ernannte. Bald war das Kloster Ziel vieler Wallfahrer, außerdem wollten immer mehr Frauen aus dem ganzen Land aufgenommen werden. Der Dichter → Venantius Fortunatus blieb ebenfalls in Poitiers, nachdem er Radegundis getroffen hatte (und wurde um 600 Bischof von Poitiers). 569 erhielt Radegundis vom byzantinischen Kaiser Justinos II. eine Kreuzreliquie für ihr Kloster (das danach Ste-Croix hieß); zum Tag des Eintreffens der Kreuzpartikel dichtete und komponierte Venantius Fortunatus auf Bitten von Radegundis die Kreuzhymnen „Vexilla regis prodeunt“ und „Pangue lingua gloriosi proelium certaminis“, die beide in die Liturgie aufgenommen wurden und seit dem 9. Jh. bei der Kreuzverehrung am Karfreitag und im Stundengebet der Passionszeit bezeugt sind. In Frieden lebte Radegundis in Ste-Croix bis zu ihrem Tod am 13. August 587; das Kloster wurde später nach ihr Ste-Radegonde genannt.
Darstellung: als Königin oder als Nonne mit Krone (auf dem Haupt oder zu Füßen), mit Buch, Geißel, Klostermodell
Patronat: von Poitiers, der Töpfer, Weber, gegen Aussatz, Geschwüre, gegen Wassergefahren

Radegundis (Radiana) von Wellenburg hl.
Magd
Fest: 13. August
In der Pfarrkirche von Waldberg bei Augsburg (Bayern) ruhen bis heute die festlich bekleideten Gebeine der Radegundis von Wellenburg in einem Glasschrein. Radegundis lebte nach den Erzählungen im 13. Jh. als Dienstmagd auf Schloß Wellenburg unweit Waldberg; in ihrer freien Zeit versorgte sie die Armen und Kranken der Umgebung sowie die Aussätzigen in einem nahegelegenen Leprosenheim. Eines Tages wurde sie auf dem Weg zu den Kranken von zwei Wölfen angefallen und schwer verletzt, drei Tage später starb

Radegundis von Thüringen, Königin im Frankenreich, nach einem Stich von 1860.

Der Glasschrein mit den Gebeinen der Radegundis von Wellenburg unter dem Hauptaltar in der Pfarrkirche von Waldberg bei Augsburg.

vaux 1133 zum Abt von Kloster Cîteaux ernannt. Es heißt, daß er der Mitverfasser der ersten Statuten der Zisterzienser war; auch galt er als großer Versöhner. Rainald starb am 16. Dezember 1150 und wurde in Cîteaux beigesetzt.

Rainald von Nocera hl.
OSB, Bischof von Nocera
Fest: 9. Februar
Geboren bei Nocera in Umbrien (Italien) als Sohn eines deutschen Grafen, trat Rainald 1182 im Kloster Fonte Avellana dem Benediktinerorden bei und war ab 1217 Generalprior. 1218 wurde er zum Bischof von Nocera ernannt, wo er bis heute der Stadtpatron ist. Rainald starb am 9. Februar 1222 (1225?) in Nocera; die Reliquien befinden sich in der dortigen Kathedrale.

Rainald von Ravenna sel.
Erzbischof von Ravenna
Fest: 18. August
Geboren um 1252 in Mailand (Italien) aus der Familie der Concorezzo, wurde Rainald 1296 Bischof von Piacenza; ab 1299 war er Päpstlicher Legat und vermittelte im Auftrag von Bonifaz VIII. bei den Friedensverhandlungen zwischen England und Frankreich. 1303 erhielt er die Ernennung zum Erzbischof von Ravenna. Rainald galt als herausragende Persönlichkeit, schon zu Lebzeiten war er verehrt. In dem im 14. Jh. herrschenden Streit um den Ritterorden der Templer bemühte er sich um eine Lösung (und verteidigte die Tempelritter). Rainald von Ravenna starb am 18. August 1321 in Ravenna, wo bis heute seine Reliquien verehrt werden. 1852 Approbation des Kultes.

Abt Ramwold von Regensburg, Stuckfigur von Egid Quirin Asam in der Basilika St. Emmeram.

Rainer (Reiner) von Osnabrück
Inkluse
Fest: 11. April
Rainer lebte etwa ab 1210 als Inkluse beim Dom von Osnabrück (Niedersachsen) und führte ein Dasein in völliger Abgeschiedenheit; er kasteite sich und unterwarf sich strengsten Bußübungen. Im Volk war er schon zu Lebzeiten hoch verehrt, was sich nach seinem Tod am 11. April 1235 noch verstärkte. Seit 1465 ruhen die Gebeine in einem Schrein im Dom von Osnabrück.
Darstellung: als Einsiedler, in seiner Klause, mit Geißel, Kreuz

Rainer (Ranieri) von Pisa
Pilger
Fest: 17. Juni
Rainer stammte aus Pisa (Italien) und unternahm nach ausschweifender Jugend zur Buße zwei Wallfahrten ins Heilige Land; dabei lebte er nur von erbetteltem Essen. Nach der Rückkehr war er Oblate in den Klöstern S. Andrea und S. Vito in Pisa, wo er am 17. Juni 1160 starb und bis heute als Patron verehrt wird.
Patronat: von Pisa, der Einsiedler, der Reisenden

Rainer von S. Sepolcro sel.
OFM, Ordensmann
Fest: 1. November
Geboren in S. Sepolcro bei Arezzo (Italien), wurde Rainer Franziskanerlaienbruder in seinem Heimatort; er war bewundert wegen seines Lebens der strengsten Abtötung. Nach seinem Tod am 1. November 1304 im Ruf der Heiligkeit wurde seine Grabstätte zum Wallfahrtsort; allein im ersten halben Jahr nach der Beisetzung ereigneten sich am Grab 60 offiziell anerkannte Wunder (auch Totenerweckungen). Heute ruhen die Gebeine in der Kirche S. Niccolò in S. Sepolcro. 1802 Bestätigung des Kultes.

Rainer von Spalato (Split) hl.
OSBKam, Erzbischof, Märtyrer
Fest: 4. August
Der Kamaldulensermönch Rainer erhielt 1154 die Ernennung zum Bischof von Cagli (Italien) und 1175 zum Erzbischof von Spalato (Split, Kroatien), wo er sich tatkräftig für die Wahrung des kirchlichen Besitzes einsetzte. Gegner seiner Kirchenpolitik ermordeten ihn am 4. August 1180 bei Spalato, indem sie ihn mit Steinen bewarfen.

Ramwold von Regensburg sel.
OSB, Abt
Fest: 17. Juni
Bis ins 19. Jh. genoß Abt Ramwold in Regensburg große Verehrung; noch heute steht sein Steinsarkophag dort in der von ihm im 10. Jh. erbauten Kirche St. Emmeram. Im Alter von 75 Jahren war der Benediktinermönch Ramwold von Bischof → Wolfgang von Regensburg aus Trier als Abt nach St. Emmeram in Regensburg geholt worden; seit seiner Gründung 739 war das Kloster bischöfliches Eigenkloster gewesen mit Personalunion von Bischofs- und Abtswürde. Dies hatte Wolfgang nun aufgehoben, Ramwold wurde der erste selbständige Abt und führte St. Emmeram in den folgenden 25 Jahren bis zu seinem Tod am 17. Juni 1000 (im Alter von rund 100 Jahren) zu höchster Blüte. Auf den Gebieten Architektur, Buchmalerei, Literatur und Goldschmiedekunst wurde Unvergleichliches geschaffen; das Kloster war geistiges und religiöses Zentrum seiner Zeit. Ramwold hatte auch großen Einfluß auf die deutschen Kaiser Otto III. und → Heinrich II. Erfolgreich setzte er sich gegen den Nachfolger von Wolfgang durch, der die Selbständigkeit des Abtes von St. Emmeram wieder einschränken wollte.

Statue des heiligen Rasso an der Außenseite der Kloster- und Wallfahrtskirche St. Rasso in Grafrath, Bayern.

Rasso, Graf von Andechs, nach einem Gemälde aus dem 17. Jh., Privatbesitz, München.

Darstellung: als Benediktinerabt, wie er Mönche aussendet, wie er von Jesus von Blindheit geheilt wird (er soll tatsächlich zwei Jahre erblindet und dann plötzlich wieder sehend gewesen sein)
Patronat: gegen Augenkrankheiten

Randoald hl.
OSB, Mönch, Märtyrer
Fest: 21. Februar
Der Mönch Randoald erlitt zusammen mit Abt → Germanus von Münster-Granfelden am 21. Februar 675 den Martertod, als Germanus versuchte, den Kirchenschatz des Benediktinerklosters Münster-Granfelden (Schweiz) vor den Herrschenden zu sichern und diese deswegen beide ermorden ließen; Randoald wurde von einer Lanze durchbohrt.

Raphael Chylinsky sel.
OFM, Ordenspriester, Mystiker
Fest: 2. Dezember
Geboren am 8. Januar 1694 in Wisoczka, Polen, trat Raphael Chylinsky 1715 nach Jesuitenschule und Militärdienst dem Franziskanerorden bei und empfing vier Jahre später die Priesterweihe; er führte ein strenges Bußleben und wurde wegen seiner von Güte geprägten Seelsorgearbeit im Volk schon zu Lebzeiten wie ein Heiliger verehrt. Er durchlebte außergewöhnliche mystische Begnadungen; Gläubige erblickten während der Heiligen Messe Lichtstrahlen um ihn herum. Raphael Chylinsky starb am 2. Dezember 1741 in Lagiewniki in Polen; an seiner Grabstätte ereigneten sich viele Wunder. 9. Juni 1991 Seligsprechung.

Raphaela Maria vom heiligen Herzen hl.
Ordensgründerin
Fest: 6. Januar
Papst Paul VI. nahm die Ordensgründerin Raphaela Maria vom heiligen Herzen am 23. Januar 1977 in den Kreis der Heiligen auf; die Seligsprechung war 1952 erfolgt. Geboren am 1. März 1850 in Pedro-Abad bei Córdoba (Spanien) als zehntes von 13 Geschwistern, hatte Raphaela 1877 in Madrid die Kongregation der Dienerinnen des heiligen Herzens Jesu gegründet, deren Schwestern sich karitativen Werken widmeten; sie selbst war erste Generaloberin. Die letzten Lebensjahre vor ihrem Tod am 6. Januar 1925 verbrachte sie in Rom, wo sie ebenfalls ein Ordenshaus eingerichtet hatte.

Rasoamanarivo, Victoria sel.
Missionarin
Fest: 21. August
Victoria Rasoamanarivo ist die erste Selige von Madagaskar. Papst Johannes Paul II. sprach die Missionarin am 30. April 1989 in der Inselhauptstadt Antananarivo selig. – Geboren 1848 auf Madagaskar, gehörte Victoria bis zu ihrem 13. Lebensjahr einer der einheimischen Naturreligionen Madagaskars an. Nachdem französische Jesuitenmissionare auf die Insel gekommen waren, empfing sie 15jährig auf eigenen Wunsch die Taufe. In eine unglückliche Ehe gezwungen, blieb sie ihrem rohen Ehemann bis zu dessen Tod 1887 treu und erreichte sogar seine Taufe auf dem Sterbebett. Wegen ihres tugendhaften christlichen Lebens war Victoria auf Madagaskar ein Mittelpunkt des katholischen Lebens, sie bekehrte viele Andersgläubige und nahm sich der Armen, Kranken und Verlassenen an. Im Alter von 46 Jahren starb Victoria Rasoamanarivo am 21. August 1894, betrauert vom ganzen Volk.

Rasso (Radbod, Ratho) hl.
OSB, Graf, Laienbruder
Fest: 19. Juni, 17. Mai
Bis zum heutigen Tag wird das Grab von Rasso in Grafrath in Bayern von Wallfahrern besucht; die bekleideten Gebeine des Grafen von Dießen-Andechs liegen dort in einem großen Glasschrein über dem Hochaltar der Kirche St. Rasso (Rasso war berühmt wegen seines Riesenwuchses). Geboren um

Am Grab des polnischen Mystikers Raphael Chylinsky ereigneten sich zahlreiche Wunder.

Arnould Julian Rèche, Oberer der Schulbrüder.

Rechts: Enrico Rebuschini nannte man in Cremona den »heiligen Pater«.

900 wohl in Bayern, war Rasso zunächst ein erfolgreicher Krieger im Kampf der Bayern gegen die eingefallenen Ungarn. Später unternahm er Wallfahrten ins Heilige Land und nach Rom, von wo er wertvolle Märtyrerreliquien mitbrachte, für deren Aufbewahrung er in Werde (heute Grafrath) nahe seinem Schloß ein kleines Benediktinerkloster errichten ließ, in das er schließlich selbst als Laienbruder eintrat. Die Reliquien bildeten die Grundlage des berühmten „Heiligen Reliquienschatzes von Andechs", der bis heute in Kloster Andechs am Ammersee (unweit von Grafrath) aufbewahrt wird. Rasso starb am 19. Juni 953/954.
Darstellung: als Ritter oder Herzog, mit Fahne, Schild
Patronat: gegen Stein- und Bruchleiden

Rathard(us) sel.
Priester
Fest: 8. August
Der Priester Rathard entstammte dem bayerischen Geschlecht der Grafen von Dießen-Andechs; er stiftete um 815 in Dießen das Augustiner-Chorherrenstift St. Georg (später St. Stephan). Bis heute existiert in Dießen-St. Georgen die Ratharduszelle. Rathard starb vielleicht am 8. August 850; seine bekleideten Gebeine befinden sich heute in einem Glasschrein im Dießener Marienmünster. 1114 Erhebung der Reliquien.
Darstellung: als Priester, zusammen mit anderen Heiligen und Seligen des Grafengeschlechtes Dießen-Andechs (→ Mechthild, → Rasso, → Kunissa)

Rebuschini, Enrico sel.
MI, Ordenspriester
Fest: 10. Mai
Geboren am 28. April 1860 in Gravedona bei Como (Italien), trat Enrico Rebuschini jung dem Krankenpflegeorden der Kamillianer bei, empfing in Mantua die Priesterweihe und diente zunächst im Krankenhaus in Verona, dann 37 Jahre bis zu seinem Tod am 10. Mai 1938 in Cremona (beide Italien). In Cremona nannte ihn die ganze Stadt wegen seines wohltätigen Wirkens den „heiligen Pater". 4. Mai 1997 Seligsprechung.

Rèche, Arnould Julian Nicolaus sel.
FSC, Ordensmann
Fest: 23. Oktober
Geboren am 2. September 1838 in Landroff im Elsaß (Frankreich), trat Julian Nicolaus Rèche 1862 dem Orden der Schulbrüder bei und wurde in Reims Erzieher, später Oberer der gesamten Schulbrüder-Kommunität (Ordensname: Arnould). Er starb am 23. Oktober 1890 in Reims. Bei der Seligsprechung am 1. November 1987 nannte Papst Johannes Paul II. Rèche einen „Lehrer des geistlichen Lebens".

Glasschrein mit den Gebeinen des seligen Rathard im Marienmünster Dießen am Ammersee.

Redemptus a Cruce sel.
OCD, Missionar, Märtyrer
Fest: 29. November
Der Karmeliter Redemptus a Cruce reiste 1638 gemeinsam mit → Dionysius Pierre Berthelot zur Missionierung auf die Insel Sumatra. Schon kurz nach der Ankunft wurden beide von türkischen Seeleuten überfallen und zu Tode gemartert. Der Todestag lag im November 1638. Die beiden waren die ersten Märtyrer des Karmeliterordens. 10. Juni 1900 Seligsprechung.

Redolfi, Fortunato
CRSP, Ordensmann, Gründer
Fest: 8. April
Geboren am 8. November 1777 bei Brescia, Italien, trat Fortunato Redolfi 1799 dem Barnabiterorden bei und empfing 1802 die Priesterweihe. Als sein Orden ab 1810 für rund zehn Jahre verboten wurde, widmete er sich in seiner Heimatregion aufopferungsvoll dem Jugendapostolat, das er teilweise neu begründete. Ab 1821 errichtete er erste Oratorien für Jugendliche, die sich bald vermehrten. Redolfi starb am 8. April 1850 in Monza (Italien). Der Seligsprechungsprozeß ist eingeleitet.

Regenfledis (Raginfred, Reinfrida)
OSB, Äbtissin
Fest: 8. Oktober, 20. November
Regenfledis, die oft auch Raginfred genannt wird, war die erste Äbtissin des Benediktinerinnenklosters Denain bei Valenciennes (Frankreich), das 764 von ihren Eltern gegründet worden war. Sie starb am 8. Oktober 805 (als ihre Schwester Ada die Gebeine in der Abteikirche von Denain beisetzen ließ, wurde sie plötzlich von ihrer Blindheit geheilt). Heute ruhen die Reliquien zusammen mit denen der Eltern in einem silbernen Schrein im Hochaltar der Kirche.

Reggio, Tommaso
Erzbischof, Ordensgründer
Fest: 22. November
Geboren am 9. Januar 1818 in Genua, Italien, war Tommaso Reggio bis zu seinem Tod am 22. November 1901 (Triora) Erzbischof von Genua. Außerdem gründete er die Kongregation der Schwestern von der heiligen Marta, die bis heute karitativ tätig sind. Der Seligsprechungsprozeß ist weit fortgeschritten.

Regina (Reine) hl.
Märtyrerin
Fest: 7. September
Nach der Legende (die der von → Margareta von Antiochien nachempfunden wurde) erlitt die junge Christin Regina auf Befehl ihres heidnischen Vaters um 250 das Martyrium durch Enthaupten. Der Ort des Todes soll Alesia in Burgund (Frankreich) gewesen sein, der seit dem Mittelalter nach Regina Alise-Ste-Reine heißt; in Alesia ist schon Mitte des 7. Jh. eine Verehrung nachweisbar, über dem Grab der Regina existierten eine Wallfahrtskirche und ein Kloster. Reliquien befinden sich heute im Nachbarort Flavigny, wo sich ebenfalls eine Wallfahrt entwickelte, sowie Teile in Osnabrück und in Paris.
Darstellung: als Märtyrerin, in einem Kessel, in Flammen stehend, mit Taube, Schafen, Schwert, Krone, Kreuz
Patronat: der Zimmerleute, gegen Krankheiten allgemein, gegen Krätze und Geschlechtskrankheiten

Regina Protmann sel.
Ordensgründerin
Fest: 18. Januar
Mit der Seligsprechung von Regina Protmann am 13. Juni 1999 würdigte Papst Johannes Paul II. das Wirken einer der bedeutendsten deutschen Frauen. Der von ihr im 16. Jh. gegründete Orden der Katharinerinnen, der älteste ununterbrochen bestehende Frauenorden in Deutschland, wurde zum Wegbereiter mehrerer späterer Krankenpflegeorden und ist bis heute außer in Deutschland in vielen Ländern der Erde vertreten, so in Brasilien, Polen, Litauen, Rußland, Italien und Togo. – Geboren 1552 in

Regina Protmann, Gründerin und erste Generaloberin der Kongregation der Schwestern von der heiligen Katharina (Katharinerinnen).

Braunsberg in Ostpreußen (Braniewo, Polen) als Tochter eines Kaufmannes, entschloß sich Regina Protmann 19jährig, völlig überraschend für ihre Familie, ihr Elternhaus zu verlassen und fortan mit zwei Gefährtinnen in einem alten, fast zerfallenen Haus ein Leben der Armut, der Arbeit und des Gebetes zu führen. Die drei Frauen wollten beschauliches und tätiges Leben miteinander verbinden, „bete und arbeite" war ihr Leitspruch; ihr Handeln hatten sie unter den Schutz der Braunsberger Stadtpatronin → Katharina von Alexandrien gestellt. Als sich Regina Protmann immer mehr Mädchen und Frauen anschlossen – zum Entsetzen der ganzen Stadt –, verfaßte sie eine Regel, nach der die Gemeinschaft nun lebte; am 18. März 1583 wurde sie offiziell bestätigt. Bald entschieden sich die Katharinerinnen, wie sich die Frauen nun nannten, für ein aktives Apostolat der Nächstenliebe und nahmen sich der Alten, Kranken und Verlassenen der Stadt an, vor allem der Geisteskranken und der Pestopfer, eine Provokation für die damalige Zeit. 1586 und 1587 gründete Regina Protmann die ersten beiden Tochterhäuser, die sich auch der christlichen Mädchenerziehung widmeten. „Mutter Regina" leitete über 40 Jahre lang die Gemeinschaft der Katharinerinnen und war größtes Vorbild in Demut, Askese, Kasteiung und Liebe zum Gebet. Regina Protmann starb am 18. Januar 1613 in Braunsberg. Zunächst in Braunsberg beigesetzt, ruhen die Gebeine heute im Ordensmutterhaus in Grottaferrata bei Rom.

Reginald von St-Gilles (von Orléans) sel.
OP, Ordensmann
Fest: 11. Februar
Geboren 1183 in St-Gilles in Südfrankreich, wirkte Reginald ab 1206 als Kanoniker in Paris, ab 1212 als Dekan in Orléans. 1218 lernte er in Rom Ordensgründer → Dominikus kennen und wurde einer seiner begabtesten Schüler; er war der Gründer der Dominikanerklöster in Bologna (Italien) und Paris. Reginald starb am 1. Februar 1220 in Paris. 1875 Seligsprechung.
Darstellung: wie er von Maria das Ordenskleid erhält
Patronat: gegen Fieber

Reginald von St-Gilles, Marmorrelief am Grabmal des heiligen → Dominikus von Bologna.

Reginbald von Speyer
OSB, Bischof von Speyer
Fest: 13. Oktober
Reginbald stammte aus Schwaben; ab 1012 war er dort Abt des Benediktinerklosters St. Ulrich und Afra in Augsburg, ab 1022 Abt des Reichsklosters Lorsch in Hessen. 1032 wurde er durch Kaiser Konrad II. zum Bischof von Speyer und Limburg (Rheinland-Pfalz) ernannt, wo er eine überaus segensreiche Tätigkeit entwickelte. Den Kaiserdom zu Speyer ließ Reginbald zu einem der beeindruckendsten Gotteshäuser der Welt ausbauen; der Dom wurde zur Grab-

Der Stich aus dem 17. Jh. zeigt die Szene, wie Reginbald, der Abt von Lorsch, die Ernennungsurkunde zum Bischof von Speyer entgegennimmt.

lege von vier Kaisern, drei Kaiserinnen und vier Königen. Auch Reginbald, der am 13. Oktober 1039 starb, wurde hier beigesetzt. Darstellung: als Abt, wie er die Urkunde zur Bischofsernennung entgegennimmt

Reginbert sel.
Einsiedler, Gründer
Fest: 29. Dezember
Reginbert ließ sich Mitte des 10. Jh. als Einsiedler im südlichen Schwarzwald nieder und gründete die Zelle Albzell (cella alba); daraus entwickelte sich bald die Benediktinerabtei St. Blasien (so genannt, weil sie Reliquien von → Blasius besaß). Reginbert starb an einem 29. Dezember um 963 (um 1000?) in seiner Zelle; seine Reliquien ruhen bis heute im alten Mönchschor von Kloster St. Blasien.

Reginlinde (Reinlind) sel.
Herzogin, Wohltäterin
Fest: 8. August, 19. August
Reginlinde war in der ersten Hälfte des 10. Jh. zunächst mit Herzog Burkard I. von Schwaben, dann mit dessen Nachfolger Hermann I. verheiratet. Nach dem Tod Hermanns 949 widmete sie sich der Unterstützung von Klöstern und Kirchen; schon nach dem Tod Burkards 928 hatte sie wohl die Frauenmünsterabtei in Zürich (Schweiz) als Witwensitz erhalten, wo sie am 19. August(?) 958 starb. – Eine Legende erzählt, Reginlinde sei vom Aussatz befallen gewesen und habe ihre letzten Lebensjahre bei ihrem Sohn Adalrich auf der Zürichsee-Insel Ufenau verbracht, wo sie 959 gestorben sei.

Regintrud (Regentraut) sel.
OSB, Äbtissin
Fest: 26. Mai
Regintrud war wohl die vierte Äbtissin der Benediktinerinnenabtei Nonnberg in Salzburg (Österreich), vielleicht um 700 auch ihre Mitbegründerin (gemeinsam mit → Rupert von Salzburg); sie starb wahrscheinlich am 26. Mai um 750. 1613 wurde ihr Kult für das Kloster gestattet.

Regiswindis hl.
Märtyrerin
Fest: 15. Juli
Nach der wohl gänzlich legendarischen Überlieferung war Regiswindis eine Tochter des Markgrafen von Laufen in Baden-Württemberg und wurde im Alter von sieben Jahren von ihrer Amme erwürgt und in den Neckar geworfen. Bischof Humbert von Würzburg (833 bis 842) erhob ihre Gebeine, nachdem man sie wieder aufgefunden hatte; 1227 gelangten sie in die Pfarrkirche von Laufen (heute evangelisch). Bezeugt ist ein starker Kult im Bistum Würzburg (Bayern), wo man Regiswindis als Märtyrerin verehrte.

Regnobert hl.
Bischof von Bayeux
Fest: 16. Mai
Als gesichertes Datum von Regnobert gilt nur, daß er 626/627 als Bischof von Bayeux (Frankreich) an der Synode von Clichy teilnahm. Weiter ist seit dem 9. Jh. ein Kult in Bayeux bezeugt. Reliquien wurden nach Auxerre übertragen, gelangten im 9. Jh. aber wieder nach Bayeux zurück. Regnobert ist auch Patron von Caen (Frankreich).

Regula → Felix und Regula

Regulus (Reolus)
OSB, Erzbischof von Reims
Fest: 6. September
Regulus, Benediktinermönch im Kloster Rebais, wurde um 670 zum Erzbischof von Reims (Frankreich) ernannt. Er war 680 der Gründer der berühmten Benediktinerabtei Orbais im Bistum Soissons, die er mit Mönchen aus Rebais besiedelte. Regulus starb am 6. September 698 in Reims.

Regulus (Rieul)
Bischof von Senlis
Fest: 30. März
Regulus soll Anfang des 4. Jh. der erste Bischof des Bistums Senlis (heute zu Beauvais, Frankreich, gehörend) gewesen sein. Über Leben und Wirken ist nichts bekannt; ein Kult ist früh bezeugt.

Regulus von Populonia
Bischof, Märtyrer
Fest: 1. September
Bezeugte Angaben über Regulus fehlen; eine Legende erklärt ihn zu einem Bischof, der vor den Arianern aus Afrika in die Toskana (Italien) geflohen war und dort 542 von Boten des Totila enthauptet wurde. Seit dem 8. Jh. werden Regulus-Reliquien im Dom von Lucca, seit 1488 in Pisa in der Toskana aufbewahrt. Eine Grabstätte existierte in Gualdo bei Populonia (Toskana).

Reineldis (Raineldis, Reinhild, Renilde) hl.
Märtyrerin
Fest: 16. Juli
In Saintes in Brabant (Belgien) steht bis heute der alte Reliquienschrein von Reineldis; eine Verehrung ist hier seit Jahrhunderten bekannt, ebenso die (bis heute stattfindende) Wallfahrt. Nach einer unsicheren, im 11./12. Jh. entstandenen Vita war Reineldis eine Tochter von → Amalberga und eine Schwester von → Gudula. Ihren großen Besitz in Saintes vermachte sie dem Kloster Lobbes, um sich nur noch wohltätigen Werken und einem Leben des Gebetes zu widmen. Angeblich wurde sie am 16. Juli 680 von Räubern in der Kirche von Saintes

erschlagen (mit ihr starb auch der Diakon → Grimoald). Eine andere Überlieferung berichtet, sie sei von Hunnen ermordet worden. 866 Erhebung der Gebeine.
Darstellung: in vornehmer Kleidung oder in Pilgertracht (sie soll eine Wallfahrt ins Heilige Land unternommen haben), mit abgeschlagenem Haupt, Tasche, Buch, Stab
Patronat: gegen Augenkrankheiten, gegen eiternde Wunden

Reinhard
OSB, Abt
Fest: 7. März
Reinhard, Mönch und Leiter der Klosterschule von Stablo-Malmédy, wurde um 1130 zum ersten Abt der Benediktinerabtei Reinhausen (Niedersachsen) ernannt, die er zur ersten Blüte führte. Er starb am 7. März 1168.

Reinisch, Franz
SAC, Ordensmann, Märtyrer
Gedenken: 21. August
Pallottinerpater Franz Reinisch war der erste und einzige bekannte Priester, der den Fahneneid auf Hitler verweigerte und deshalb hingerichtet wurde. Seit Jahren bemüht sich die Süddeutsche Herz-Jesu-Provinz der Pallottiner darum, eine Seligsprechung zu erreichen. – Geboren am 1. Februar 1903 in Feldkirch-Levis (Österreich), studierte Franz Reinisch zunächst Jura, faßte dann aber den Entschluß, Priester zu werden, „um für Christus Seelen zu gewinnen". Nach der Priesterweihe 1928 trat er 1930 in die Gesellschaft der Pallottiner ein, ab 1938 wirkte er als Männerseelsorger und Mitarbeiter von Pater Josef → Kentenich in der Zentrale der Schönstatt-Bewegung in Schönstatt bei Vallendar (Nordrhein-Westfalen). Aus dem Glauben heraus bezog Reinisch immer wieder deutlich Stellung gegen den Nationalsozialismus, 1940 erhielt er Predigt- und Redeverbot. Als er zur Wehrmacht einrücken mußte, verweigerte er den Fahneneid („Auf das deutsche Volk kann ich den Fahneneid leisten, aber auf einen Mann wie Hitler nie"); vor dem Reichskriegsgericht erklärte er, das Hitler-Regime sei eine „nihilistische Regierung". Franz Reinisch wurde zum Tod verurteilt und am 21. August 1942 in Berlin-Brandenburg mit dem Fallbeil hingerichtet. Nach langer Suche entdeckten Pallottiner seine Urne 1946 auf einem Berliner Friedhof und setzten sie in Schönstatt neben der Wallfahrtskapelle bei.

Reinold (Reinhold) hl.
OSB, Ordensmann
Fest: 7. Januar
Die Geschichte von Reinold ist wohl rein legendarisch; danach entstammte er dem Geschlecht der Karolinger und wurde Mönch im Kloster St. Pantaleon in Köln (Nordrhein-Westfalen). Er überwachte dort die Arbeit der Steinmetzen und war dabei so streng, daß ihn die Arbeiter eines Tages mit ihren Hämmern erschlugen; seinen Leichnam warfen sie in einen Teich (er soll später auf wundersame Weise wieder aufgefunden worden sein). Als Todesjahr wird 960 genannt. Reliquien gelangten ins nahegelegene Dortmund (Reinoldikirche), wo Reinhold auch Patron ist.
Darstellung: als Ritter oder Mönch, mit Hammer oder Maurerkelle
Patronat: von Dortmund, der Maurer, Steinmetzen, Bildhauer, gegen die Pest

Relindis und Harlindis hll.
OSB, Äbtissinnen
Fest: 13. Februar
Die Schwestern Relindis und Harlindis, beide geboren um 690/695 in Maeseyk (Belgien), wurden nacheinander Äbtissinnen des von ihren Eltern um 725 gestiftteten Benediktinerinnenklosters Aldeneyck an der Maas (Belgien). Harlindis starb am 12. Oktober 745(?), Relindis, die ihr als Äbtissin folgte, am 6. Februar um 750 (angeblich wurde sie von → Bonifatius geweiht). 860 erhob der Bischof von Lüttich beider Gebeine, die sich bis heute in Maeseyk befinden.

Das letzte Foto des Pallottinerpaters Franz Reinisch.

Der Raum mit dem Fallbeil in Berlin-Brandenburg, wo Franz Reinisch am 21. August 1942 enthauptet wurde.

Der Schrein des heiligen Remigius befindet sich in der Basilika Saint-Remi, Reims.

Remaclus (Rimagilus) hl.
OSB, Abt, Missionsbischof
Fest: 3. September

Geboren um 600 in Aquitanien (Frankreich), wurde Remaclus um 625 Mönch im Benediktinerkloster Luxeuil und dann Mitbegründer von Kloster Solignac im Bistum Limoges, das er ab 632 als erster Abt leitete. Um 650 übernahm er die Besiedelung und die Leitung der von König Sigebert III. gestifteten Klöster Stablo (Stavelot) und Malmédy (Belgien) und wirkte in der Folge im Gebiet der Ardennen segensreich als Missions- und Wanderbischof (wohl von → Amandus von Maastricht geweiht). Remaclus starb um 675 in Stablo. 13. September 1042 Erhebung der Gebeine; die Reliquien ruhen in einem Goldschrein in der Pfarrkirche von Stablo.
Darstellung: als Abt oder Bischof, mit Wolf oder Bär, die seine Lasten tragen, mit Kirchenmodell
Patronat: gegen eheliche Unfruchtbarkeit

Dieser Stich von 1860 zeigt Remaclus als Bischof mit seinen Attributen Kirchenmodell und Wolf.

Remigius
OSB, Bischof von Lincoln
Fest: 6. Mai

Remigius, ein Mönch des Benediktinerklosters Fécamp (Frankreich), kam 1066 mit Wilhelm dem Eroberer zur Schlacht von Hastings nach England. 1067 wurde er zum Bischof von Rochester gewählt, verlegte seinen Sitz aber 1072 nach Lincoln (wo er eine neue Kathedrale errichten ließ). Schon zu Lebzeiten hoch verehrt, entwickelte sich in England nach seinem Tod (6. Mai 1092) über mehrere Jahrhunderte ein starker Kult.

Remigius von Lyon hl.
Erzbischof von Lyon
Fest: 28. Oktober, 29. Oktober

Remigius entstammte der königlichen Familie und war zunächst Erzkaplan und Vertrauter von Kaiser Lothar I. und von König Karl von der Provence; 852 wurde er zum Erzbischof von Lyon ernannt und amtierte bis zu seinem Tod am 28. Oktober 875. In der berühmten theologischen Kontroverse um die Prädestinationslehre des Gottschalk von Orbais (der von Hinkmar, dem mächtigen Erzbischof von Reims, deshalb trotz Protesten zahlreicher Kirchenfürsten zum Tod verurteilt wurde) stellte sich Remigius auf die Seite von Gottschalk.

Remigius von Reims hl.
Bischof von Reims
Fest: 13. Januar 1. Oktober

„Apostel der Franken" wird Remigius von Reims genannt; maßgeblich trug er zur Christianisierung des nördlichen Gallien bei, nicht zuletzt dadurch, daß er Frankenkönig Chlodwig 496 in Reims taufte. Große Verehrung genoß Remigius früher auch im Kölner Raum, wo man den Remigius-Gedenktag 1. Oktober „St.-Remeis-Daach" nannte; mancherorts hieß der Oktober früher auch „Remeis-Monat". – Geboren 436 bei Laon aus einer vornehmen Familie, war Remigius verwandt mit mehreren späteren Heiligen. Aufgrund seiner hohen Bildung wurde er 458 im Alter von erst 22 Jahren zum Bischof von Reims gewählt und sollte rund 75 Jahre lang amtieren. Unermüdlich wirkte Remigius für die Bekehrung von Heiden, Arianern und anderen Irrgläubigen und für die Ausbreitung des Christentums in Gallien. Als Chlodwig 482 fränkischer König wurde, suchte Remigius sofort seine Freundschaft und bat ihn, obwohl er Heide war, mit den gallischen Bischöfen zusammenzuarbeiten. Gemeinsam mit Chlodwigs Ehefrau Chlothilde gelang es Remigius, den Herrscher zum Christentum zu führen; er ließ sich 496 (498?) in Reims von Remigius taufen. Mit ganzer Kraft bemühte sich Remigius danach um die Bekehrung der Franken, er gründete die Diözesen Laon, Thérouanne, Arras, Tournai und Cambrai. Remigius starb am 13. Januar 532/533 in Reims. Erhebung der Gebeine 565, 852 und am 1. Oktober 1049; die Reli-

quien werden bis heute in einem Mausoleum in der Basilika St-Remi in Reims aufbewahrt (durch eine Lichtkrone im Gewölbe des 120 Meter langen Kirchenschiffes dringt das Tageslicht durch 96 Öffnungen ein, die Anzahl der Lebensjahre von Remigius).
Darstellung: als Bischof, mit Taube, Ölfläschchen (angeblich brachte ihm eine Taube das Öl für die Taufe von Chlodwig in einem Fläschchen vom Himmel), mit Teufel, bei der Taufe von Chlodwig
Patronat: von Stadt und Diözese Reims, gegen Epidemien und die Pest, gegen Gleichgültigkeit im Glauben, um die Gnade des Gebetes, gegen Versuchungen, gegen Fieber und Halsschmerzen, gegen Schlangen

Remigius von Rouen hl.
Bischof von Rouen
Fest: 19. Januar
Remigius war einer der Söhne von Karl Martell, entschied sich aber schon jung, sich der Kirche zuzuwenden. Von 755 bis zu seinem Tod (wohl 772) amtierte er als Bischof von Rouen (Frankreich). Erfolgreich führte er in seiner Diözese römische Liturgieformen ein (und brachte → Karl den Großen dazu, daß er ihre Anwendung für das ganze Reich festschrieb).

Remigius von Straßburg sel.
OSB, Bischof von Straßburg
Fest: 20. März
Remigius war ein Sohn des Herzogs vom Elsaß und ein Neffe von → Odilia. Zunächst Abt des Benediktinerklosters Münster bei Colmar im Elsaß, amtierte er etwa ab 776 als Bischof von Straßburg. Er starb 783 und wurde in dem von ihm gegründeten Frauenkloster Eschau im Elsaß beigesetzt. Leo IX., der Papst aus dem Elsaß, sprach Remigius 1051 selig.

Renata von Bayern
Herzogin, Wohltäterin
Fest: 22. Mai
Geboren 1544 als Tochter des Herzogs von Lothringen, heiratete Renata Herzog Wilhelm V. von Bayern (den Frommen) und bekam mit ihm zehn Kinder. Sie widmete sich – teilweise gemeinsam mit Wilhelm – ganz wohltätigen Werken und gab fast ihr ganzes Vermögen für karitative Einrichtungen; unter anderem stiftete sie in München in Erinnerung an die von ihr bewunderte → Elisabeth von Thüringen das Elisabeth-Spital und mit Wilhelm die Michaelskirche (wo beide beigesetzt sind). Jeden Tag speiste sie zwölf arme Frauen an ihrem Tisch. Renata starb am 22. Mai 1602 in München.

Renatus
Bischof von Sorrent(?)
Fest: 6. Oktober, 12. November
Nach der unsicheren Vita war Renatus wahrscheinlich im 4./5. Jh. Bischof von Sorrent (Italien); nach unwahrscheinlicher Überlieferung soll er zuvor bereits Bischof von Angers (Frankreich) gewesen sein. Sicher ist, daß sich in Frankreich und im Haus der Anjou ein Kult entwickelte.

Renzi, Elisabetta sel.
Ordensgründerin
Fest: 14. August
Geboren am 19. November 1786 in Saludecio di Romagna (Italien), trat Elisabetta Renzi 1824 in die Fromme Stiftung zu Coriano ein, die verlassenen Mädchen eine Zufluchtstätte bot. Plötzlich von der Stiftungsleitung im Stich gelassen, baute Elisabetta Renzi das Werk selbständig aus und errichtete daraus die Kongregation der Frommen Lehrschwestern der Schmerzensmutter. Sie starb am 14. August 1859 in Coriano. 18. Juni 1989 Seligsprechung.

Reparata
Märtyrerin
Fest: 8. Oktober
In verschiedenen italienischen Städten (wie etwa Neapel, Chieti, Atri und Florenz) wird die Märtyrerin Reparata bis heute verehrt (und erklärt man, im Besitz von Reliquien zu sein). Nach der legendarischen Passio erlitt Reparata Mitte des 3. Jh. im Alter von zwölf Jahren in der Verfolgung des Decius in Cäsarea in Palästina das Martyrium durch Enthaupten. Der Hauptverehrungsort in Italien ist Teano bei Caserta.
Darstellung: beim Martyrium, mit Krone, Fahne, Schwert, Lilie, Palmzweig, Marterwerkzeugen

Repetto, Maria Maddalena Pellegrina sel.
Ordensfrau
Fest: 5. Januar
„Heilige Nonne" wurde Maria Maddalena Pellegrina Repetto in Genua genannt; ihre charismatische Ausstrahlung durchdrang

Elisabetta Renzi gründete die Kongregation der Frommen Lehrschwestern der Schmerzensmutter.

Die Taufe von Frankenkönig Chlodwig am Weihnachtstag des Jahres 496 durch Bischof Remigius, Abbildung nach einer Originalzeichnung von A. Zick.

Ordensschwester Maria Maddalena Repetto diente 62 Jahre lang ihrem Kloster an der Pforte.

auch die Mauern ihres Klosters, das sie nur ganz selten verließ. Geboren am 1. November 1807 in Voltaggio (Italien), war sie 21jährig in Genua in die Schwesterngemeinschaft Unserer Lieben Frau von der Zuflucht eingetreten und hatte dort bis zu ihrem Tod am 5. Januar 1890 62 Jahre lang demütig ihren Dienst als Pförtnerin getan; dabei war sie zur Ratgeberin vieler Hilfesuchender geworden. Während der beiden großen Pestepidemien 1835 und 1854 pflegte sie heroisch die Kranken und Sterbenden der Stadt. 4. Oktober 1981 Seligsprechung.

Restituta
Märtyrerin
Fest: 17. Mai
Nach der Passio erlitt Restituta um 304 (oder um 250) in Nordafrika das Martyrium. Nach einer Vita, die im 10. Jh. entstand, hatte man sie in einem brennenden Schiff auf dem Meer ausgesetzt, das dann mit ihrem Leichnam auf der Insel Ischia vor Neapel antrieb. Bald entstand in Kampanien, auf Korsika und auf Sardinien ein Kult; Reliquien wurden in Neapel und auf Korsika verehrt.

Reus, Johannes Baptist
SJ, Ordensmann, Missionar
Fest: 21. Juli
Der Jesuit und Priester (1893) Johannes Baptist Reus, geboren am 10. Juli 1868 in Pottenstein in Bayern, kam 1900 in die Mission nach Brasilien, wo er fast ein halbes Jahrhundert charismatisch wirkte und wie ein Heiliger verehrt wurde. Er starb am 21. Juli 1947 in São Leopoldo; seine dortige Grabstätte ist ein Wallfahrtsort. Der Seligsprechungprozeß ist eingeleitet. – Reus hinterließ viele Schriften und Zeichnungen, in denen er seine mystischen Erlebnisse, die er während seiner Jahre in Brasilien hatte, festgehalten hat.

Johannes Baptist Reus 1943 am Tage seines Goldenen Priesterjubiläums und sein Grab kurz nach seinem Tod 1947 auf dem Friedhof von São Leopoldo, Brasilien.

Ribera, Emanuele
CSSR, Ordensmann, Mystiker
Fest: 8. November
Der Redemptorist Emanuele Ribera, geboren am 8. März 1811 in Molfetta in Apulien (Italien), war einer der bekanntesten Volksmissionare Italiens Mitte des 19. Jh. Begnadet mit außergewöhnlichen mystischen Erlebnissen, war er bewundert und wurde schon zu Lebzeiten hoch verehrt. Es heißt, er habe über eine Million religiöse Bücher verschenkt, damit die Menschen wieder gute Schriften lesen. Ribera starb am 8. November 1874 in Neapel (Italien). Der Seligsprechungsprozeß ist eingeleitet.

Ribert (Reinbert, Raimbert)
OSB, Abt
Fest: 15. September
In der Diözese Rouen in Frankreich ist Ribert bis heute Patron mehrerer Kirchen, was auf seine frühere starke Verehrung hinweist. Ribert war Benediktinermönch und lebte im 7. Jh.; vielleicht war er auch Missionsbischof in der Normandie und in der Picardie.

Riccardi, Placido Tommaso sel.
OSB, Ordensmann, Priester
Fest: 15. März
Geboren am 24. Dezember 1844 in Trevi, Italien, trat Tommaso Riccardi 1867 in Rom dem Benediktinerorden bei und nahm den Namen Placido an. Nach der Priesterweihe 1871 wirkte er in völliger Selbstaufgabe als Erneuerer in verschiedenen Klöstern; seine besondere Zuwendung galt den Wallfahrern, um die er sich besonders im Kloster Farfa Tag und Nacht kümmerte. Er starb am 15. März 1915 in Rom. 5. Dezember 1954 Seligsprechung.

Rice, Edmund Ignatius sel.
Ordensgründer
Fest: 29. August
Geboren am 1. Juni 1762 in Westcourt, Callan, in Irland, widmete sich Edmund Ignatius Rice nach dem frühen Tod seiner Ehefrau ganz wohltätigen Werken; ab 1802 wandte er sich der Erziehung verwahrloster Burschen zu und richtete für sie Häuser zur Unterrichtung und zur Versorgung ein, etwas, das bis dahin meistens Frauen getan hatten. Die Kongregation der irischen Schulbrüder (Christian Brothers), die daraus entstand, war das erste männliche Institut des „neuen Irland" (1820 wurde es vom Papst approbiert). Bald weitete sich der Orden nach England, Gibraltar und Australien aus; heute wirken die Brüder auch in Neuseeland, Papua-Neuguinea, in der Karibik und in Afrika. Rice starb am 29. August 1844. Seligsprechung am 6. Oktober 1996.

Richard von Andria hl.
Bischof von Andria
Fest: 9. Juni
Richard war ein Engländer, der um 1090 Bischof des süditalienischen Bistums Andria wurde; nach verschiedenen Überlieferungen war er der erste Amtsinhaber. Das Todesdatum ist nicht gesichert, entweder lag es um 1100 oder 1118/1119. 1438(?) Approbation des Kultes. – Manchmal fälschlicherweise Verlegung der Amtszeit von Richard ins 5. Jh.

Richard der Angelsachse (von England, „der König") hl.
Pilger
Fest: 7. Februar
Richard war der Vater von → Wilibald, → Wunibald und → Walburga und der Ehemann von → Wuna (einer Schwester von → Bonifatius). Um seine Person ranken sich verschiedene Legenden; so sagt eine Überlieferung, er sei ein Prinz in Wessex gewesen (woher er wohl zweifellos stammte), eine andere nennt ihn Herzog von Schwaben, der dann zum englischen König gewählt wurde. Sicher scheint, daß Richard 720 mit Wilibald und Wunibald von Wessex aus zu einer Pilgerreise nach Rom

Edmund Ignatius Rice, Gründer der irischen Schulbrüder (Christian Brothers).

aufbrach, aber bereits in Lucca in der Toskana starb (im Herbst 720). Die Söhne setzten den Vater in der Kirche S. Frediano in Lucca bei, wo sich rasch ein Kult entwickelte. Eine starke Verehrung entstand Jahrhunderte später auch in Eichstätt in Bayern, wo Willibald hoch verehrter Bischof war (auch Wuna wird in Eichstätt als Selige verehrt). Darstellung: als König mit Krone und Zepter, in Pilgertracht, mit seinen Söhnen

Richard von Chichester hl.
Bischof von Chichester
Fest: 3. April, 16. Juni
Richard gehörte im 13. Jh. zu den führenden Kirchenpersönlichkeiten Englands. Geboren um 1198 in Droitwich (Wich), wurde er nach seinen Studienjahren in Paris, Bologna und Oxford 1235 zum Kanzler der Universität von Oxford, dann zum Kanzler von Erzbischof → Edmund von Abingdon, mit dem er eng befreundet war, ernannt; nach dessen Tod studierte er Theologie und empfing die Priesterweihe. 1244 erhielt er – gegen einen königlichen Bewerber – das Amt des Bischofs von Chichester übertragen, setzte sich erfolgreich gegen die Einmischung des Königs durch und wurde ein herausragender Seelsorger und ein Vorbild für Klerus und Gläubige. Richard starb am 3. April 1253 in Dover während einer Kreuzzugspredigt; sein Schrein in der Kathedrale von Chichester war bis zu seiner Zerstörung während der Reformation ein vielbesuchter Wallfahrtsort. 1262 Heiligsprechung. Patronat: der Fuhrleute

Richard Herst sel.
Märtyrer
Fest: 29. August
Richard Herst (auch Hurst) war ein Bauer in Preston in Lancashire (England). Am 29. August 1628 hängte man ihn, angeblich wegen Mordes, in Wirklichkeit aber wurde er wegen seines katholischen Glaubens hingerichtet. 1929 Seligsprechung.

Richard Langhorne sel.
Märtyrer
Fest: 14. Juli
Richard Langhorne war Rechtsanwalt in England und verteidigte auch Katholiken, die wegen „Hochverrats" angeklagt waren. Schließlich wurde er selbst verhaftet und am 14. Juli 1679 in Tyburn/London hingerichtet. 1929 Seligsprechung.

Richard von St. Anna sel.
OFM, Missionar, Märtyrer
Fest: 10. September
Geboren 1585 in Flandern (Belgien) als Sohn spanischer Eltern, erlernte Richard das Schneiderhandwerk und arbeitete zunächst in Brüssel, dann trat er als Laienbruder dem Franziskanerorden bei, um in die Mission gehen zu können; als erstes wurde er nach Mexiko entsandt, dann auf die Philippinen, wo er die Priesterweihe empfing. 1613 kam Richard nach Japan, wo er zusammen mit vielen anderen Missionaren am 10. September 1622 in Nagasaki den Martertod durch Verbrennen erlitt (Märtyrer von Nagasaki). 1867 Seligsprechung.

Richard von St-Vanne sel.
OSB, Abt
Fest: 14. Juni
Geboren um 980 in Frankreich, wurde Richard 1005 Benediktiner und auf Wunsch seiner Freunde → Odilo von Cluny und → Heinrich II. Abt in Kloster St-Vanne in

Richard von England und → Willibald mit einem Stifter auf dem Weltgerichtsfenster im Dom von Eichstätt.

Filippo Rinaldi, dritter Ordensgeneral der Salesianer und Gründer zahlreicher Sozialeinrichtungen.

trauen. Nach dem Tod von Don Bosco (1889) ging Rinaldi nach Spanien und brachte die Kongregation dort zum Erblühen. 1922 wurde er Ordensgeneral. Filippo Rinaldi, der am 5. Dezember 1931 in Turin (Italien) starb, gründete zahlreiche soziale Werke, die teilweise bis heute weiterwirken. 29. April 1990 Seligsprechung.

Rita von Cascia hl.
OESA, Ordensfrau, Mystikerin
Fest: 22. Mai

Als Helferin in aussichtslosen Anliegen wird Rita von Cascia angerufen; am Glasschrein mit ihren bekleideten Gebeinen in der Kirche S. Rita in Cascia in Umbrien (Italien) versiegt der Strom der Gläubigen nie. – Geboren um 1380 (1360?) in Roccaporena nahe Cascia, mußte Rita auf Wunsch der Familie jung einen ungeliebten Mann heiraten, der sie während ihrer Ehe oft mißhandelte. Nach seinem frühen Tod durch Ermordung schworen die beiden Söhne Blutrache, worauf Rita Gott anflehte, sie lieber sterben zu lassen; tatsächlich waren beide Jünglinge kurze Zeit später tot. Als Rita danach in das Augustinerinnenkloster in Cascia eintreten wollte, wurde sie zunächst mehrmals abgewiesen; 1413 schließlich konnte sie endlich Augustinereremitin werden. Die Legende berichtet dazu, daß Rita in einer nächtlichen Vision → Johannes der Täufer, → Augustinus und → Nikolaus von Tolentino erschienen seien und sie zum Kloster begleiteten, wo sich daraufhin die Pforten von allein öffneten und die Äbtissin ihren Widerstand aufgab. Das Klosterleben Ritas zeichnete sich durch große Bußstrenge und eine innige Liebe zum gekreuzigten Heiland aus; während einer Vision 1443 empfing sie die Wunden der Dornenkrone, die sie bis zu ihrem Tod am 22. Mai 1457 (1434?) behielt (zahlreiche weitere Gnadenbeweise wurden ihr zuteil). Eine weitere Legende erzählt, daß Rita auf dem Sterbebett einen Verwandten bat, ihr aus dem Garten eine blühende Rose zu bringen; obwohl es ein bitterkalter Wintertag war, kam der Mann mit einer wunderschönen Rose zurück, die er an einem blühenden Strauch gefunden hatte. Am 22. Mai werden in Italien daher die Rita-Rosen geweiht. 1904 wurde in Rom eine Rita-Bruderschaft gegründet; die karitative Einrichtung „Talleres de Santa Rita", Arbeitsstuben für Bedürftige, erinnert ebenfalls an Rita. Große Verehrung genießt Rita von Cascia außer in Italien in Südamerika und auf den Philippinen.
Darstellung: jugendlich oder als ältere Ordensfrau, betend, mit Kreuz, Palmzweig, Kruzifix, Christus reicht ihr einen Dorn, Maria übergibt ihr einen Rosenkranz
Patronat: in aussichtslosen Anliegen, bei Prüfungsschwierigkeiten, gegen Pocken

Ritz, Maria Julitta Theresia Eleonore
Ordensfrau
Fest: 13. November

Geboren am 24. September 1882 in Uissigheim bei Tauberbischofsheim (Baden-Württemberg), trat Theresia Eleonore Ritz 1901 in Würzburg (Bayern) in die Kongre-

Maria Julitta Ritz war als Pförtnerin ihres Klosters in Würzburg stets ansprechbar für Rat- und Hilfesuchende.

Diese älteste existierende Darstellung der heiligen Rita von Cascia befindet sich auf der Außenwand des ersten Sarkophags.

gation der Schwestern des Erlösers ein und wirkte in den folgenden Jahrzehnten als Lehrerin und Ausbilderin für den Ordensnachwuchs (Ordensname: Maria Julitta). Ab 1940 war sie 26 Jahre lang bis zu ihrem Tod am 13. November 1966 Pförtnerin ihres Klosters in Würzburg und wurde zum Mittelpunkt der Rat- und Hilfesuchenden der Stadt. Die Grabstätte befindet sich in der Vorhalle der Kapelle des Würzburger Ordensmutterhauses. Der Seligsprechungsprozeß ist eingeleitet.

Rivat, Franziskus Gabriel
PFM, Ordensoberer
Fest: 22. Januar
Gabriel Rivat, geboren am 12. März 1808 in Maisonette bei Lyon, Frankreich, war Schüler von Marcellin-Joseph-Benoît → Champagnat, dem Gründer der Maristen-

schulbrüder, und ab 1839 sein Nachfolger als Ordensoberer; er brachte die Kongregation zu hoher Blüte, die Zahl der Mitglieder verzehnfachte sich beinahe. Rivat starb am 22. Januar 1881 in Lyon. Der Seligsprechungsprozeß ist eingeleitet.

Rivier, Annemarie sel.
Ordensgründerin
Fest: 3. Februar
Geboren am 19. Dezember 1768 in Montpezat-sous-Bauzon in der Ardèche, Frankreich, konnte Annemarie Rivier bis zu ihrem neunten Lebensjahr aufgrund eines Unfalles als Kleinkind nicht gehen. Auf wundersame Weise wurde sie geheilt, nachdem sie ihr Leben Maria anvertraut hatte. Als Lehrerin gründete sie 21jährig eine Schule für eine besondere christliche Erziehung; daraus erwuchs die Kongregation der Schwestern von der Darstellung Mariens, die beim Tod von Annemarie Rivier am 3. Februar 1838 schon 130 Häuser zählte. Papst Pius IX. nannte sie „einen weiblichen Apostel". 23. Mai 1982 Seligsprechung.

Rizzerius sel.
OFM, Ordensmann
Fest: 7. Februar
Geboren um 1200 in Muccia in den Marken, Italien, hörte Rizzerius um 1222 während seines Studiums in Bologna → Franz von Assisi predigen und schloß sich ihm sofort an; zwischen beiden entstand eine innige Freundschaft, Rizzerius war auch in der Sterbestunde von Franz anwesend. Später war Rizzerius Provinzial der Marken, wo er am 7. Februar 1236 starb. 1838 Approbation des Kultes.

Robert Bellarmin hl.
SJ, Kardinal,
Kirchenlehrer (1931)
Fest: 17. September
Robert Bellarmin war einer der wortgewaltigsten Verteidiger der katholischen Lehre gegenüber der protestantischen; seine Predigten und seine Schriften erreichten Weltruhm. Geboren am 4. Oktober 1542 in Montepulciano, Italien, aus einem Adelsgeschlecht, trat Bellarmin, ein Neffe von Papst Marcellus II., 18jährig dem Jesuitenorden bei und empfing 1570 die Priesterweihe. Von seinem Orden nach Löwen (Belgien) entsandt, wirkte er dort als vielbeachteter Kontroverstheologe und Prediger. 1576 rief ihn der Papst nach Rom, wo er mehrere Jahre als Theologieprofessor an der Gregoriana-Universität lehrte; der Zulauf zu seinen Vorlesungen war unvorstellbar, der Name Bellarmins drang in die ganze Welt hinaus. 1597 verfaßte er den „Kleinen Katechismus für das Volk", der 400 Auflagen erreichte, in 60 Sprachen übersetzt wurde und in Italien bis heute angewandt wird. Aus seinem Unterricht entstand Bellarmins berühmtestes Werk, die „Disputationen über die Streitfragen des christlichen Glaubens", die zu den glänzendsten Leistungen des Kirchenschriftstellertums überhaupt gehören. 1599 wurde Bellarmin zum Kardinal ernannt, 1602 zum Erzbischof von Capua. 1605 legte er das Bischofsamt nieder, um im Vatikan dem Papst als engster Mitarbeiter zu dienen. Zum Freundes-

Der Glasschrein mit den Gebeinen der heiligen Rita in der Basilika von Cascia, Umbrien.

Franziskus Gabriel Rivat war Generalsuperior der Maristen-Schulbrüder von 1839 bis 1860.

Annemarie Rivier, Gründerin der Kongregation der Schwestern von der Darstellung Mariens.

Der Theologe und Kirchenlehrer Robert Bellarmin, nach einem Porträt in der Kirche S. Ignazio, Rom.

Die bekleideten Gebeine von Kardinal Robert Bellarmin in einem Glasschrein in S. Ignazio, Rom.

kreis von Bellarmin, der persönlich bescheiden lebte, gehörten → Franz von Sales, → Philipp Neri und → Aloysius von Gonzaga. Verehrt, geachtet und bewundert als eine der großen Kirchenpersönlichkeiten der Zeit, starb Robert Bellarmin am 17. September 1621 in Rom; sein bekleideter Leichnam ruht dort bis heute in einem Glasschrein in der Jesuitenkirche S. Ignazio. 13. Mai 1923 Selig-, 29. Juni 1930 Heiligsprechung; 1931 Ernennung zum Kirchenlehrer.
Darstellung: als Kardinal, mit kurzem Bart, mit Büchern, Kreuz

Robert von Brügge sel.
OCist, Abt
Fest: 29. April
Geboren in Brügge (Belgien), trat Robert nach einer Begegnung mit → Bernhard von Clairvaux 1131 dem Zisterzienserorden bei; 1138 ernannte ihn Bernhard zum ersten Abt von Kloster Dünen in Flandern. Nach dem Tod Bernhards wurde Robert 1153 sein Nachfolger als Abt von Clairvaux. Er starb am 29. April 1157.

Robert von Chaise-Dieu hl.
OSB, Gründer, Abt
Fest: 17. April
Robert de Turlande stammte aus der Auvergne in Frankreich. Nachdem er mehrere Jahre unter Abt → Odilo im Reformkloster Cluny gelebt hatte, zog er sich in eine Einsamkeit bei Brioude in der Auvergne zurück, wo sich bald zahlreiche Gleichgesinnte um ihn scharten; immer mehr Einsiedlerhäuser entstanden, woraus schließlich 1046 die berühmte Abtei Chaise-Dieu (Casa Dei) wurde, die Robert als erster Abt leitete (für die rund 300 Mönche schrieb er die Benediktinerregel vor). Aus Chaise-Dieu entwickelte sich eine eigene, bedeutende Kongregation, die bald über 300 Abteien und Priorate in Frankreich, Italien und Spanien zählte; alle Oberen wurden vom Abt von Chaise-Dieu ernannt (1640 Vereinigung der Kongregation mit den Maurinern). Robert starb am 17. April 1067 und wurde bereits 1070 heiliggesprochen.

Robert Flower (von Knaresborough)
Einsiedler
Fest: 24. September
Robert war der Sohn des Bürgermeisters von York (England), Took Flower. Zunächst trat er in das Zisterzienserkloster Newminster ein, zog sich dann aber als Einsiedler in eine Höhle an dem Fluß Nidd bei Knaresborough zurück, wo er 1218 starb. Seine Grabstätte in seiner Höhle wurde zu einem Wallfahrtsort, als Öl herausfloß, von dem sich die Gläubigen Heilung für Leiden erhofften.

Robert von Molesme (von Cîteaux) hl.
OSB/OCist, Ordensmitbegründer
Fest: 29. April, 26. Januar
Robert von Molesme gilt zusammen mit → Stephan Harding und → Alberich als Begründer des Zisterzienserordens. Geboren um 1027 bei Troyes (Frankreich), trat Robert 15jährig im Kloster Moutier-la-Celle dem Benediktinerorden bei und wurde aufgrund seiner Persönlichkeit und seines Vorbildes Prior und dann schon bald Abt von Kloster Tonnerre. Wegen fehlender Ordensstrenge verließ er Tonnerre wieder und gründete 1075 zusammen mit sieben Gleichgesinnten in Molesme in der Diözese Langres ein Kloster, in dem die Mönche in völliger Armut lebten; er wurde erster Abt. Doch auch in Molesme beklagte Robert nach einigen Jahren fehlende Klosterzucht; gemeinsam mit 20 Mönchen, unter ihnen Stephan Harding und Alberich, begab er sich in die Wildnis von Cîteaux (Cisterz) in Burgund (Frankreich), wo die Gruppe 1098 das Kloster Cîteaux ins Leben rief, das später dem Benediktinerzweigorden der Zisterzienser den Namen geben sollte. Wahrscheinlich war Robert für kurze Zeit erster Abt von Cîteaux; Alberich und dann Stephan Harding folgten ihm im Amt (Harding gab dem jungen Orden Anfang des 12.

Jh. die Gesetzesgrundlage, Alberich schuf die ersten Regeln). Nach nur einem Jahr befahl Papst Urban II. Robert wieder nach Molesme zurück, wo er bis zu seinem Tod am 29. April 1110 (1111?) wieder als Abt amtierte. (Verschiedene Historiker zweifeln die Vita von Robert in einigen Punkten an.) Papst Honorius III. sprach Robert von Molesme 1222 heilig. – Seit 1965 gedenkt man Roberts gemeinsam mit Alberich und Stephan Harding auch am 26. Januar.

Robert von Newminster hl.
OCist, Abt
Fest: 7. Juni
Robert, geboren in Gargrave in Yorkshire, England, wurde 1135 Benediktiner, bald darauf Zisterzienser; im Jahr 1138 gründete er das Zisterzienserkloster Newminster in Northumberland, leitete es als erster Abt und brachte es schnell zu großer Blüte. Robert starb am 7. Juni 1159.

Robert von Sala sel.
OCöl, Ordensmann, Gründer
Fest: 18. Juli
Der Benediktiner Robert, geboren 1272, war Schüler und enger Gefährte von Petrus von Murrone (später Papst → Cölestin V.), der um 1236 auf dem Berg Murrone bei Sulmona (Italien) eine Einsiedlergemeinschaft gegründet hatte, aus der sich die Benediktiner-Zweigkongregation der Cölestiner entwickelte (ergänzt mit Regeln des Kamaldulenser- und des Franziskanerordens). Robert von Sala gründete selbst noch 14 Cölestiner-Klöster, bevor er am 18. Juli 1341 in Murrone starb. An seinem Grab ereigneten sich viele Wunder.

Rochus (Roch) hl.
Pilger
Fest: 16. August
Trotz der wohl großenteils legendarischen Vita genießt Rochus seit dem 15. Jh. große Verehrung in vielen Ländern; regional wird er der Gruppe der Vierzehn Nothelfer zugerechnet. Im französisch-spanischen Grenzgebiet wird vielerorts noch heute ein „VSR" (Vive Saint Roch) an den Häusern angebracht; in vielen Orten Europas existieren bis heute Rochus-Wallfahrten, in Deutschland etwa in Bingen (Rochus-Berg). Rochus wurde nie offiziell kanonisiert. – Nach den Überlieferungen stammte Rochus aus Montpellier in Südfrankreich, wo er um 1295 zur Welt gekommen sein soll. Nach dem Tod der Eltern verschenkte er den ganzen Familienbesitz und zog fortan als mittelloser Pilger durch die Welt. Er hatte die wunderbare Gabe, Pestkranke durch das Kreuzzeichen zu heilen. Die Legende berichtet, daß Rochus eines Tages selbst an der Pest erkrankte; dem Sterben nahe, legte er sich in eine Hütte und erwartete den Tod. Da erschien ihm ein Engel und sprach ihm Mut zu; ein Hund brachte ihm täglich Brot, bis er schließlich wieder gesundet war. Als Rochus in seine Heimatstadt Montpellier zurückkehrte, erkannte ihn dort niemand mehr, und er wurde als angeblicher Spion eingekerkert. Nach fünf qualvollen Jahren im Kerker, in denen er sich nicht zu erkennen gab, starb er 1327; erst auf dem Totenbett erkannte man ihn anhand eines Muttermals. – Die Verehrung für Rochus nahm ihren Aufschwung, als die angeblichen Rochus-Reliquien im 15. Jh. nach Venedig gelangten, wo man für ihre Aufbewahrung die Kirche S. Rocco erbaut hatte; entlang der venezianischen Handelswege blühte der Kult dann immer mehr auf. Im Jahr 1666 entstand die Rochus-Wallfahrt auf dem Rochus-Berg in Bingen; 1754 wurde hier die Rochus-Bruderschaft gegründet, die zur Ausbreitung des Kultes beitrug. Als die Bingener Rochus-Kapelle nach ihrer Zerstörung durch französische Truppen (1795) wiederaufgebaut war und 1814 eingeweiht wurde, war auch Johann Wolfgang Goethe anwesend; er beschrieb die Feier später in seinem Bericht „Aus einer Reise an Rhein, Main und Neckar 1814 und 1815".
Darstellung: als Pilger, mit Hut, Tasche, Flasche, Stab, Dose, Schwert, Hund (der Brot im Maul trägt), auf seine Pestbeule am Bein zeigend, mit → Sebastian (der ebenfalls ein Pestpatron war)
Patronat: von Venedig, Montpellier, Parma, der Kranken und der Krankenhäuser, der Ärzte, Chirurgen, Apotheker, Bauern, Kunsthändler, Gärtner, Bürstenbinder, Schreiner, Pflasterer, gegen die Pest und die Cholera, gegen Seuchen, gegen Beinleiden und Kniebeschwerden, gegen die Tollwut, gegen Unglücksfälle

Dieser Holzschnitt von 1480 zeigt die Legende, wie Rochus, der sich bei der Pflege von Pestkranken selbst ansteckte, von einem Hund mit Brot versorgt und von einem Engel gepflegt wird.

Emilie de Rodat, Gründerin der Kongregation der Schwestern der heiligen Familie; nach einem Porträt im Mutterhaus von Villefranche de Rouergue.

Rodanus (Ruadan, Ruadham) hl.
Abt
Fest: 15. April
Rodanus wird als einer der „zwölf Apostel Irlands" bezeichnet. Obwohl man wenig Gesichertes über ihn weiß, genießt er in Irland bis heute Verehrung. Rodanus war ein Schüler von → Finian und gründete selbst Mitte des 6. Jh. das Kloster Lothra in Irland. Er starb um 585.

Rodat, Emilie de hl.
Ordensgründerin, Mystikerin
Fest: 19. September
Geboren am 6. September 1787 in St-Martin-de-Limouze (Frankreich), gründete Emilie de Rodat 1816 in Villefranche die Kongregation der Schwestern der heiligen Familie, deren Schwestern sich um die Erziehung verwahrloster Kinder kümmerten. Sie war Oberin bis zu ihrem Tod am 19. September 1852. Mystisch hoch begnadet, wovon niemand etwas wußte, weil sie nie darüber sprach, hinterließ Emilie de Rodat ihre Lebensgeschichte und Berichte über ihre Gnadenbeweise in Schriften, die bis heute von großem Interesse sind. 9. Juni 1940 Selig-, 23. April 1950 Heiligsprechung.

Roding (Chrauding) hl.
OSB, Abt, Einsiedler
Fest: 17. September
Der Benediktiner Roding gründete Mitte des 7. Jh. an der Stelle des heutigen Beaulieu-en-Argonne (Frankreich) ein Kloster, das er als Abt leitete. In den Jahren vor seinem Tod (um 680) lebte er als Einsiedler nahe dem Kloster; an der Stelle seiner Zelle existiert bis heute die sogenannte Roding-Quelle.

Rodríguez, Saturnina (Caterina di Maria)
Ordensgründerin
Fest: 5. April
Saturnina Rodríguez, geboren am 27. November 1823 in Córdoba, Argentinien, war die Gründerin der Schwesternkongregation der Argentinerinnen, die sie bis zu ihrem Tod am 5. April 1896 als Oberin leitete (Ordensname: Caterina di Maria). Der Seligsprechungsprozeß ist eingeleitet.

Rogatian hl.
Märtyrer
Fest: 24. Mai
Der Katechumene Rogatian erlitt in Nantes (Frankreich) während der Christenverfolgung von Decius (um 250) oder von Diokletian (um 304) den Martertod. Mit ihm starb sein Bruder Donatian, der die Taufe bereits empfangen hatte.

Roger von Elan hl.
OCist, Abt
Fest: 4. Januar
In der Region Reims in Frankreich genießt Roger von Elan bis heute Verehrung. Der in England geborene Zisterziensermönch war 1148 erster Abt des neugegründeten Klosters Elan in der Diözese Reims geworden und hatte das Amt bis zu seinem Tod an einem 4. Januar nach 1162 inne. Schon zu Lebzeiten verehrte ihn das Volk wegen seiner Tugendhaftigkeit, seiner Bußstrenge und seiner Nächstenliebe wie einen Heiligen; um seine Person ereigneten sich viele Wunder. Bis heute existiert in Elan eine Wallfahrt zu seinen Ehren.

Roger le Fort sel.
Erzbischof von Bourges
Fest: 1. März
Roger le Fort gehörte im 14. Jh. in Frankreich zu den herausragenden Kirchenpersönlichkeiten; nach einem Jurastudium war er Domdekan in Bourges geworden, 1321 wählte man ihn zum Bischof von Orléans, 1328 zum Bischof von Limoges und 1343 zum Erzbischof von Bourges. Seine Predigten und juristischen Abhandlungen waren vielbeachtet, Roger le Fort genoß Ansehen im Volk, aber auch im Klerus und bei den Regierenden; sein ganzes Vermögen gab er für die Ausbildung von armen Jungen. Er starb 1368.

Roger James sel.
OSB, Ordensmann, Märtyrer
Fest: 15. November
Roger James war am 15. November 1539 der jüngste der Mönche von Kloster Glastonbury, die auf Befehl von Heinrich VIII. nahe Glastonbury gehängt und gevierteilt wurden; mit ihm starb Abt → Richard Whiting. 1895 Seligsprechung.

Roger von Todi sel.
OFM, Ordensmann
Fest: 5. Januar
Roger wurde von → Franz von Assisi 1216 persönlich in den jungen Franziskanerorden aufgenommen und dann zur Ordensverbreitung nach Spanien entsandt. In den Jahren vor seinem Tod (5. Januar 1237) war er geistlicher Führer des Klarissenklosters in Rieti (Italien). Nach den Überlieferungen soll Roger von Todi viele Wunder bewirkt haben. 1751 Approbation des Kultes.

Roland von Chézery
OCist, Abt
Fest: 13. Juli
Noch heute werden die Gebeine von Roland in der Pfarrkirche von Chézery in Frankreich verehrt; Roland hatte im 12. Jh. das Zisterzienserkloster Chézery als Abt geleitet und es zu großer Blüte gebracht, als er am 13. Juli 1200 starb. Patronat: gegen Augen- und Magenleiden

Roland von Medici sel.
Einsiedler
Fest: 15. September
Roland von Medici lebte viele Jahre als Einsiedler im Wald bei Salsomaggiore nahe Parma (Italien); er sprach nie ein Wort und übte sich in härtesten Kasteiungen. Nach seinem Tod am 15. September 1386 wurden seine Gebeine feierlich in den Ort Busseto übertragen, wo sich an der Grabstätte viele Wun-

der ereigneten und ein starker Kult entstand.
Darstellung: als Einsiedler, mit Tierfellen bedeckt, versunken im Gebet
Patronat: gegen Kopfschmerzen

Rolendis (Rollandis) hl.
Jungfrau, Königstochter(?)
Fest: 13. Mai
Der frühe Kult um Rolendis entwickelte sich um einen Sarkophag aus dem 8. Jh., der angeblich Reliquien einer Rolendis enthielt. Die ausgeschmückte Legende erzählt dazu, daß Rolendis die Tochter eines gallischen Königs gewesen sei, die vor einer Heirat aus dem elterlichen Schloß floh; auf der Reise nach Köln, wo sie sich in ein Kloster zurückziehen wollte, starb sie in dem Ort Villers-Poterie bei Gerpinnes (Belgien). Die Gebeine setzte man 1600 in einem neugeschaffenen kostbaren Schrein bei, der bis heute jedes Jahr am Pfingstmontag im Mittelpunkt einer Prozession zwischen Villers-Poterie und Gerpinnes steht. Der Originalsarkophag aus dem 8. Jh. wurde 1951 in der Pfarrkirche von Gerpinnes wieder aufgefunden.

Romana hl.
Einsiedlerin
Fest: 23. Februar
Romana lebte nach der wohl größtenteils legendarischen Vita zu Beginn des 4. Jh. nach ihrer Flucht vor den Eltern in einer Höhle bei Todi (Italien), um ihre Jungfräulichkeit zu bewahren; angeblich empfing sie von Papst Silvester I. die Taufe. Romana soll 18jährig im Jahr 324 gestorben sein. Die Reliquien wurden später (um 1300) in die Kirche S. Fortunato in Todi übertragen.

Romançon, Bénilde Pierre hl.
FSC, Ordensmann
Fest: 13. August
Geboren am 14. Juni 1805 in Thuret, Frankreich, trat Pierre Romançon bei den Schulbrüdern des heiligen → Johannes de La Salle ein und wurde zu einem der vorbildlichsten Lehrer überhaupt. In Saugues begründete er eine Schule, die er bis zu seinem Tod am 13. August 1862 leitete. 4. April 1948 Seligsprechung, 29. Oktober 1967 Heiligsprechung.
Darstellung: als Lehrer inmitten von Schülern, mit Katechismus
Patronat: der Lehrer

Romano, Vincente Domenico sel.
Priester
Fest: 20. Dezember
Geboren am 3. Juni 1751 in Torre del Greco bei Neapel, Italien, wurde Vincente Domenico Romano Priester und wirkte vier Jahrzehnte segensreich als Seelsorger in seiner Heimat. Nach dem Vesuv-Ausbruch 1805 baute er seine zerstörte Pfarrkirche mit eigenen Händen wieder auf. Er starb am 20. Dezember 1831 in Torre del Greco. 17. November 1963 Seligsprechung.

Romanos der Melode hl.
Diakon, Dichter
Fest: 1. Oktober
Romanos der Melode gilt als einer der größten griechischen Dichter des Mittelalters; seine Werke zählen zu den Klassikern der Kirchendichtung; er soll über 1000 Lieder geschrieben haben, von denen viele noch erhalten sind. Nach der Legende hatte ihn die Gottesmutter aufgefordert, eine Schriftrolle hinunterzuschlucken, woraufhin er plötzlich das Talent zum Dichten und zum Schreiben besaß. – Von Geburt Syrer aus Emesa, wurde Romanos Diakon in Beirut (Libanon), später Kleriker in Konstantinopel. Er starb um 560 in Konstantinopel.

Bénilde Pierre Romançon wirkte 40 Jahre lang als Erzieher und Lehrer.

Romanus von Condat hl.
Gründer, Abt
Fest: 28. Februar
Der Einsiedler Romanus empfing 444 von → Hilarius von Arles die Priesterweihe und gründete in der Folge mit seinem Bruder → Lupicinus in Frankreich die Klöster Condat in Burgund (später St-Oyend) und Leuconne sowie das Frauenkloster La Beaume; die beiden Männerklöster leiteten die Brüder nacheinander als Äbte. Romanus starb 463/464 (Lupicinus um 480), seine Reliquien befinden sich bis heute im nach ihm benannten Ort St-Romain-de-Roche bei La Beaume.

Romanus von Le Mans hl.
Priester
Fest: 24. November
Romanus von Le Mans, der auch Romanus von Blaye genannt wird, ist einer der Patrone der Seeleute; dies rührt möglicherweise daher, daß er im Gebiet der Gironde-Mündung als Missionar und Seelsorger gewirkt hat. Nach der unsicheren Überlieferung war Romanus von → Martin von Tours zum Priester geweiht und nach seinem Tod um 380/385 von diesem an seinem Sterbeort Blaye auch beigesetzt worden. An seiner Grabstätte, über der die Abtei St-Romain entstand, geschahen viele Wunder.

Romanus von Rom hl.
Märtyrer
Fest: 9. August
Romanus war wohl ein Soldat, der den Diakon → Laurentius in Rom vor seiner Hinrichtung bewachte; dessen Tapferkeit beeindruckte Romanus so sehr, daß er sich bekehrte, die Taufe empfing und zusammen mit Laurentius das Martyrium erlitt (258). Seine Grabstätte befindet sich in der Kirche S. Lorenzo fuori le mura in Rom, wo auch die Gebeine von Laurentius verehrt werden; Teile der Reliquien gelangten nach Lucca in der Toskana.

Romanus von Rouen hl.
Bischof von Rouen
Fest: 23. Oktober
Romanus, zunächst Höfling bei Chlotar II., wurde um 629 zum

Bischof von Rouen (Frankreich) gewählt und widmete sich ganz der Bekämpfung des Heidentums in seinem Bistum und der Fürsorge für Gefangene. Die Legende berichtet dazu, Romanus habe einmal zusammen mit einem zum Tod Verurteilten einen Drachen gefesselt; auf diese Erzählung geht der Brauch zurück, daß das Domkapitel bis zur Französischen Revolution jedes Jahr am Gedenktag von Romanus einen Gefangenen freiließ (Privilège de St-Romain). Romanus starb am 23. Oktober 640.

Patronat: der Kaufleute, gegen Vergiftung und Ertrinken

Romarich (Romary) hl.
OSB, Gründerabt
Fest: 8. Dezember

Das berühmte Doppelkloster Remiremont in den Vogesen (Frankreich) geht auf Romarich (Remiré) zurück. Zunächst Beamter am Hof der austrasischen Könige Theudebert II. und Chlotar II., trat Romarich um 600 in das Benediktinerkloster Luxeuil ein. Als ihm Chlotar 620 das Schloß Habendum in den Vogesen schenkte, gründete er dort zuerst ein Frauen-, dann ein Männerkloster, die er zunächst mit seinem treuen Gefährten → Amatus, nach dessen Tod 625 allein leitete. Zahlreiche berühmte Kirchenpersönlichkeiten gingen im Lauf der Zeit aus dem Kloster Remiremont hervor. Romarich starb am 8. Dezember 655 und wurde in Remiremont beigesetzt. 1051 Erhebung der Gebeine.

Romedius (Remedius) hl.
Einsiedler
Fest: 15. Januar

Nach der mit Legenden reich ausgeschmückten Vita, die auch Grundlage von Schauspielen ist, entstammte Romedius dem Grafengeschlecht von Thaur (bei Innsbruck, Österreich); er verschenkte nach einer Rom-Wallfahrt seinen Besitz und ließ sich mit zwei Gefährten als Einsiedler im Nonstal bei Sanzeno im Bistum Trient (Trento, Italien) nieder. Wann genau er lebte, ist nicht sicher, wohl am ehesten im 11. Jh. (vielleicht aber auch im 4. oder im 7. Jh.); verschiedene Historiker erklären, daß Romedius der Familie der Grafen von Dießen-Andechs angehörte, die die Besitzer von Schloß Thaur waren. – Die Kirche S. Romedio bei Sanzeno ist bis heute ein vielbesuchter Wallfahrtsort (Reliquienschrein in der Krypta); in der Pfarrei Thaur werden angebliche Romedius-Reliquien aufbewahrt, ebenso in S. Romedio. 1907 Bestätigung des Kultes (verschiedene Geschichtsforscher aber sagen inzwischen, daß Romedius nicht existierte). – Im 18. Jh. gab es Romedius-Spiele in Thaur, 1707 auch in München (Bayern). In Südtirol und in Tirol tragen manche Häuser noch immer Romedius-Bilder zum Schutz vor Unheil.

Darstellung: als Einsiedler mit Pilgerstab, auf einem Bären reitend (der nach der Legende sein Pferd zerfleischt hatte)

Patronat: gegen Feuer, Hagel, Überschwemmung, gegen Fieber, Zahnschmerzen, Beinleiden, in Seenot, bei Gefangenschaft, Unfällen und Unglücken, der Reisenden

Oscar Romero, Erzbischof von San Salvador, wurde 1980 von Todesschwadronen erschossen.

Glasschrein mit Reliquien des Romedius in der Wallfahrtskirche S. Romedio bei Sanzeno, Trentino.

Romero, Oscar
Erzbischof von San Salvador
Gedenken: 24. März

Das Grab von Oscar Romero wird seit 1980 täglich von vielen Gläubigen besucht; eine Seligsprechung des Bischofs von San Salvador wird angestrebt. Geboren am 15. August 1917 in Ciudad Barrios (El Salvador), empfing Romero 1942 die Priesterweihe, 1974 wurde er zum Bischof von San Salvador geweiht. Von den Kanzeln predigte er gegen die Unterdrückung und Ausbeutung in dem armen Land, sein Argument war: „Gott will keine sozialen Ungerechtigkeiten." Auch von Drohungen der Reichen und Korrupten des Landes ließ sich Oscar Romero nicht einschüchtern; am 24. März 1980 ließen ihn diese von rechtsgerichteten Todesschwadronen während der heiligen Messe vor dem Altar seiner Kirche in San Salvador erschießen.

Romuald hl.
OSBKam, Ordensgründer
Fest: 19. Juni, 7. Februar

Romuald war Gründer der Kongregation der Kamaldulenser, eines Zweigordens der Benediktiner. Der Wunsch Romualds war es, das koinobitische mit dem eremitischen Ordensideal zu verbinden, also ein Mönchsleben als Einsiedler innerhalb einer Klostergemeinschaft zu führen. Bis heute kann man seine Idee in Camáldoli in der Toskana studieren: 20 einzeln liegende Mönchszellen der ersten Kamaldulenserbrüder sind dort noch zu besichtigen. – Geboren 952 aus einer adligen Familie in Ravenna, erlebte Romuald als 20jähriger mit, wie sein Vater in einem Streit einen

Romuald, Gründer des Kamaldulenserordens, nach einem Fresko von → Fra Angelico im Museum des Klosters S. Marco, Florenz.

Verwandten tötete; er flüchtete in das Kloster S. Apollinare in Classe bei Ravenna, um sich zu verstecken, und bat dort schließlich um Aufnahme in den Benediktinerorden. 978 ging Romuald mit dem Dogen von Venedig, → Pietro Urseolo, in die Pyrenäen und gründete dort eine Eremitengemeinschaft. Nach zehn Jahren kehrte Romuald nach Italien zurück und reformierte mehrere Klöster und Einsiedeleien im Sinne seines Ideals, so auch Camáldoli (das dann ab 1012 zum Stammkloster der Kamaldulenser wurde). Durch sein außergewöhnliches Charisma beeindruckte Romuald die Menschen, so auch Kaiser Otto III., der ihm die Abtswürde von S. Apollinare in Classe antrug, die er aber schon nach einem Jahr wieder zurückgab. 1012 kam Romuald wieder nach Camáldoli, wo er sich eine Zelle zimmerte, die Keimzelle des Kamaldulenserordens (der 1072 von Papst Alexander II. endgültig bestätigt wurde); immer mehr Mönche schlossen sich ihm dort an, er war allen ein Vorbild in strengstem Stillschweigen, ständigem Fasten und großem Bußeifer. Als Romuald seinen nahenden Tod fühlte, zog er sich 1026 in eine einsame Klause in Val di Castro zurück, wo er am 19. Juni 1027 starb. 1032 Heiligsprechung. Die Gebeine übertrug man am 7. Februar 1481 nach Fabriano (Marken), wo sie seither in der Kirche SS. Biagio e Romualdo ruhen.
Darstellung: als Einsiedler, im weißen Gewand der Kamaldulenser, im schwarzen Benediktinergewand, mit Buch, Himmelsleiter, Stab, Totenschädel, Engel, Teufel

Romula hl.
Jungfrau
Fest: 23. Juli
Romula war im 6. Jh. eine hochverehrte Jungfrau und Dulderin in Rom; sie lebte gemeinsam mit Redempta und einer weiteren Gefährtin als Asketin bei der Kirche S. Maria Maggiore, durch eine Lähmung jahrelang ans Krankenlager gefesselt, was sie aber mit heroischer Geduld ertrug. Als Romula um 596 starb, ereigneten sich in ihrer Sterbestunde nach übereinstimmenden Überlieferungen verschiedene Wunder; so entströmte ihrem Körper ein wunderbarer Wohlgeruch, Engelschöre sangen.

Romulus von Fiesole hl.
Diakon, Bischof(?), Märtyrer(?)
Fest: 6. Juli
Die Lebensgeschichte des Romulus ist wohl größtenteils legendarisch; sicher scheint, daß er Diakon in Fiesole bei Florenz (Italien) war, wann genau, kann nicht bezeugt werden. Verschiedene Überlieferungen machen ihn zum ersten Bischof von Fiesole (von → Petrus im 1. Jh. dazu ernannt) und zum Märtyrer unter Domitian. Romulus ist Patron von Fiesole.

Ronald
Herzog, Märtyrer
Fest: 20. August
Ronald war wohl der Herzog der schottischen Orkney-Inseln; ab 1137 ließ er dort die Kathedrale St. Magnus in Kirkwall erbauen. Nach einer Wallfahrt ins Heilige Land ermordeten ihn Glaubensgegner am 20. August 1158 nach seiner Rückkehr. Ronald wurde in seiner Kirche in Kirkwall beigesetzt, wo rasch ein starker Kult um seine Person einsetzte.

Ronan hl.
Missionsbischof, Einsiedler
Fest: 1. Juni
Ronan war wohl Ire; er wirkte im 6. Jh. als Missionsbischof in der Bretagne (Frankreich) und lebte als Einsiedler asketisch und bußeifrig. Nach seinem Tod an einem 1. Juni wurde er in Locronan in der Bretagne beigesetzt; über seinem Grab entstand eine Kirche. Bis heute findet in Locronan regelmäßig eine Ronan-Prozession statt.

Ronci, Carla
Ordensfrau
Fest: 2. April
„Die Heilige auf der Vespa" nannte man Carla Ronci in ihrem Heimatort Torre Pedrera an der italienischen Adriaküste; dort am 11. April 1936 geboren, hatte Carla 14jährig während einer Predigt in der Kirche eine innere Stimme gehört, die ihr untersagte, zum Tanzen und ins Kino zu gehen. Als sie daraufhin ins Kloster eintreten wollte und ihr Vater ihr dies verbot, legte sie ein Keuschheitsgelübde ab und lebte fortan wie eine Nonne; als sie erwachsen war, trat sie dem Säkularinstitut Mater Misericordiae bei. Carla Ronci widmete ihr ganzes Leben karitativen

Carla Ronci; nach ihrem Tod geschahen mehrere Wunder um ihre Person.

Werken und der Hilfe für Arme und Verlassene und wurde schon zu Lebzeiten sehr verehrt; unterwegs war sie immer auf einer Vespa. Sie starb am 2. April 1970 in Rimini. Der Seligsprechungsprozeß wurde nach einem Wunder eingeleitet.

Roque González de Santa Cruz hl.
SJ, Missionar, Märtyrer
Fest: 15. November
Roque González de Santa Cruz war der erste Heilige Paraguays; Papst Johannes Paul II. erhob den Jesuitenpriester am 16. Mai 1988 zur Ehre der Altäre. Geboren 1576 in Asunción in Paraguay, wurde Roque González de Santa Cruz Priester und Pfarrer an der Kathedrale seiner Heimatstadt. 1609 trat er dem Jesuitenorden bei und war danach einer der erfolgreichsten Missionare bei den Indianern; er gründete viele sogenannte Reduktionen, geschlossene Siedlungen, in denen bekehrte Indianer zusammenlebten und sich ganz der Religion zuwandten (dieses System war von den Jesuiten in Hispanoamerika ausgebaut worden, nachdem es Franziskaner und Dominikaner eingeführt hatten). Am 15. November 1628 wurde Roque González de Santa Cruz in der Reduktion „Allerheiligen“ von einem vom Glauben wieder abgefallenen Indianer erschlagen.

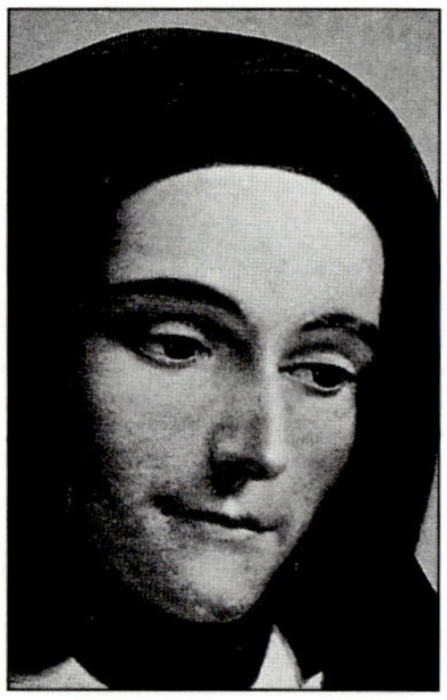

Maria Crucifixa di Rosa, nach einem Porträt im Mutterhaus der Kongregation der Mägde der Liebe, Brescia.

Rosa, Maria Crucifixa Paola di hl.
Ordensgründerin
Fest: 15. Dezember
Geboren am 6. November 1803 in Brescia (Italien), widmete sich Paola di Rosa schon von Jugend an der Krankenpflege, vor allem bei den Ärmsten der Gesellschaft; als 1836 eine Choleraepidemie ausbrach, wachte sie Tag und Nacht bei den Erkrankten, nach dem Ende der Seuche gründete sie in Brescia die Kongregation der Mägde der Liebe für die Krankenpflege in Krankenhäusern. Der Orden verbreitete sich rasch und zählte beim Tod von Maria Crucifixa di Rosa (so ihr Ordensname) am 15. Dezember 1855 bereits über 20 Häuser. 26. Mai 1940 Selig-, 12. Juni 1954 Heiligsprechung.

Rosa von Lima, nach einer Heiligendarstellung aus dem 19. Jh.

Rosa von Lima (Isabella Flores) hl.
OP, Terziarin, Mystikerin
Fest: 23. August, 30. August
Rosa von Lima war die erste Heilige der lateinamerikanischen Kirche. „Die erste Blüte der Heiligkeit in Südamerika“ nannte man die große Mystikerin, die als Patronin von ganz Südamerika verehrt wird und zu deren Grab in Lima in Peru die Gläubigen bis heute strömen. – Geboren am 20. April 1586 in Lima als Isabella Flores, erhielt das Mädchen bald nach der Geburt den Namen Rosa, weil ihre Mutter eine blühende Rose über der Wiege ihrer Tochter schweben sah. Schon als Kind bewies Rosa eine übergroße Selbstbeherrschung, erste Anzeichen ihrer mystischen Begnadung; als man ihr einmal einen gequetschten Finger abnehmen mußte, kam kein Laut über ihre Lippen. 20jährig trat Rosa als Terziarin dem Dominikanerorden bei; im Garten ihres Elternhauses errichtete sie sich eine Bretterhütte, in der sie von nun an lebte und sich schwersten Kasteiungen und Bußübungen unterzog, kaum aß und fast nie schlief. Rosa von Lima, wie sie nun vom Volk genannt wurde, litt furchtbare Seelennöte und durchlebte immer wieder außergewöhnliche mystische Erfahrungen; alles Leid sah sie als Weg zur Bekehrung ihres Volkes an, für das sie sich opfern wollte („Herr, vermehre mein Leiden, aber auch meine Liebe“). Rosa von Lima starb am 24. August 1617 in ihrer Hütte; der Andrang des Volkes, das ihren Leichnam noch einmal sehen wollte, war so groß, daß die Beisetzung mehrmals verschoben werden mußte. An ihrer Grabstätte in der Dominikanerkirche in Lima ereigneten sich viele Wunder. 1671 Heiligsprechung.
Darstellung: als Dominikanerin, mit einem Kranz von Rosen auf dem Haupt, mit Jesuskind, Nachtigall, Hasen, Anker, Rosenstrauß
Patronat: von Südamerika, von Peru, der Philippinen, von Westindien, von Lima, der Gärtner und Blumenhändler, bei Entbindungen, bei Familienstreitigkeiten, bei Verletzungen, gegen Ausschlag

Rosa Venerini sel.
Ordensgründerin
Fest: 7. Mai
Geboren am 9. Februar 1656 in Viterbo, Italien, gründete Rosa Venerini zahlreiche Schulen für den Unterricht von Mädchen, aus denen sich dann die Kongregation der Maestre Pie Venerini, auch Jesuitinnen genannt, entwickelte (1836 bestätigt). Die Schwesterngemeinschaft ist bis heute tätig, seit 1909 auch in den USA. Rosa Venerini starb am 7. Mai 1728 in Rom. Seligsprechung am 4. Mai 1952.

Rosa von Viterbo hl.
OFM, Terziarin, Mystikerin
Fest: 6. März, 4. September
Jedes Jahr am 4. September feiert die Stadt Viterbo mit einem fröhlichen, folkloristischen Fest Rosa von Viterbo; dabei tragen 90 Träger die turmartige „Macchina di Santa Rosa" durch die Straßen. Der unverweste Leib von Rosa ruht in einem Glasschrein in der Kirche S. Rosa in Viterbo und ist bis heute das Ziel vieler Gläubiger. – Geboren um 1233 in Viterbo als Tochter einer Landarbeiterfamilie, gesundete Rosa etwa 17jährig auf wundersame Weise von einer schweren Krankheit und erlebte eine Vision Marias, woraufhin sie dem Franziskanerorden als Terziarin beitrat. Danach durchwanderte sie singend, mit einem Kreuz oder einem Marienbild in den Händen, die Stadt und rief die Menschen zur Buße und zum Gebet auf. Im Streit zwischen Kaiser Friedrich II. und Innozenz IV. stellte sie sich wortgewaltig auf die Seite des Papstes; zusammen mit ihrer Familie wurde sie daraufhin von Friedrich aus der Stadt vertrieben und konnte erst Monate später, nach dem Tod des Herrschers, wieder zurückkehren. Als Rosa sich dann um die Aufnahme in das Klarissenkloster von Viterbo bemühte, wies man sie mehrfach wegen zu großer Armut ab. Verzweifelt und unglücklich erkrankte sie schwer und starb am 6. März(?) 1252, etwa 19 Jahre alt. Am 4. September 1258 übertrug man ihren unverwesten Leichnam (der ohne Sarg in der Erde beigesetzt worden war) in die Klarissenkirche von Viterbo, die dann nach ihr S. Rosa genannt wurde. Im Elternhaus von Rosa (das noch zu besichtigen ist) steht ein Sarg, den man 1348 schuf; ihn schmücken Darstellungen mit den Wundern, die Rosa vollbrachte. In den Jahren 1252 und 1456 wurden Heiligsprechungsprozesse begonnen, die jedoch nie zum offiziellen Abschluß kamen. Eine Approbation des Kultes erfolgte 1457; außerdem wurde der Name von Rosa von Viterbo in das Martyrologium Romanum aufgenommen.

Rosa von Viterbo als Franziskaner-Terziarin mit einem ihrer Attribute, dem Kruzifix.

Darstellung: als Franziskaner-Terziarin, mit Kruzifix in der Hand, mit Rosenkranz auf dem Kopf, mit Körbchen, Brot
Patronat: der katholischen Mädchen in Italien (seit 1922)

Rosal, Maria Vicenta (Maria dell' Incarnazione) sel.
Ordensfrau
Fest: 24. August
Geboren am 26. Oktober 1815 in Quezaltenango in Guatemala, war Maria Vicenta Rosal schon als Mädchen ergriffen vom Namen „Betlehem"; 15jährig trat sie in Guatemala-Stadt der Kongregation der Schwestern von Betlehem, den Betlehemitinnen, bei und wurde in der Folge zur großen Reformerin der Ordensgemeinschaft (Ordensname: Maria dell' Incarnazione). Sie starb am 24. August 1886 in Tulcán in Ecuador, wohin sie sich nach der Verbannung durch die Machthaber in Guatemala zurückgezogen hatte. 4. Mai 1997 Seligsprechung.

Rosalia von Palermo hl.
Einsiedlerin
Fest: 4. September, 15. Juli
Die Rosalia-Höhle auf dem Monte Pellegrino bei Palermo auf Sizilien (Italien) gehört zu den vielbesuchten Pilgerstätten in Italien, ebenso der Reliquienschrein mit den 1624 aufgefundenen angeblichen Rosalia-Gebeinen im Dom von Palermo. – Nach der wohl großenteils legendarischen Vita lebte Rosalia Sinibaldi, die möglicherweise einem

Maria Vicenta Rosal war eine große Reformerin der Betlehemitinnen.

Der Schrein mit dem unverwesten Leichnam der Rosa in der Kirche S. Rosa in Viterbo.

Die mit Votivgaben überhäufte Statue der heiligen Rosalia auf dem Monte Pellegrino bei Palermo.

Edoardo Giuseppe Rosaz gründete die Kongregation der Franziskanermissionarinnen von Susa.

sizilianischen Adelsgeschlecht entstammte, im 12. Jh. zunächst als Äbtissin einer Gruppe von Basilianernonnen in einer Höhle auf dem Monte Coschina, später als Einsiedlerin auf dem Monte Pellegrino, wo sie um 1160 starb (vielleicht am 4. September). 1625 Approbation des Kultes, 1630 Aufnahme Rosalias in das Martyrologium Romanum. Jedes Jahr werden die Gebeine der Rosalia im Dom von Palermo vom 11. bis 15. Juli feierlich enthüllt; am 15. Juli findet in Palermo eine fröhliche Prozession statt, die ganze Stadt ist ein einziges Volksfest. Am 4. September bewegt sich jedes Jahr eine riesige Pilgerprozession hinaus zum Monte Pellegrino; angeblich hatte ein Fischer dort nach einer Vision 1624 die Gebeine von Rosalia aufgefunden und in einer Bittprozession zum Meer getragen, worauf eine in Palermo wütende Pestepidemie schlagartig zu Ende war (daher große Verehrung als Pestpatronin). Die marmorne Statue Rosalias in der Höhle auf dem Monte Pellegrino ist bedeckt mit goldenem Geschmeide, das Pilger als Dank hinterlassen haben. Auch Johann Wolfgang Goethe weilte 1787 hier und beschrieb sein Empfinden in seiner „Italienischen Reise".

Darstellung: als Einsiedlerin mit offenen Haaren, mit einem Kranz weißer Rosen auf dem Haupt, mit Totenkopf, Kreuz
Patronat: von Palermo, gegen die Pest

Rosaz, Edoardo Giuseppe sel.
Bischof, Ordensgründer
Fest: 3. Mai
Geboren am 15. Februar 1830 in Susa in Piemont (Italien), empfing Edoardo Giuseppe Rosaz 1854 die Priesterweihe und wirkte in den folgenden Jahren in verschiedenen Kirchenämtern; ab 1878 war er Bischof von Susa. Um das Leid verlassener und gefährdeter Kinder und Jugendlicher zu lindern, gründete er während seiner Amtszeit die Kongregation der Franziskanermissionarinnen von Susa, die er bis zu seinem Tod am 3. Mai 1903 leitete. Der Orden wirkt heute auch in Brasilien und in Libyen. 14. Juli 1991 Seligsprechung.

Roscelli, Agostino sel.
Priester, Ordensgründer
Fest: 7. Mai
„Heiliger Beichtvater" wurde der Priester Agostino Roscelli genannt, weil er in seiner Kirche Chiesa della Consolazione in Genua (Italien) beinahe Tag und Nacht die Beichte hörte. Geboren am 27. Juli 1818 in Bargona di Casarza Ligure, war Roscelli 1846 zur Priesterweihe nach Genua gekommen und dort bis zu seinem Tod am 7. Mai 1902 geblieben. 1864 eröffnete er in Genua eine Schule für junge Menschen, die auf der Suche nach einem Arbeitsplatz waren; bald folgte die zweite Schule, und am 15. Oktober 1876 approbierte Papst Pius IX. beide Einrichtungen als Kongregation der Schwestern von der Immakulata. 7. Mai 1995 Seligsprechung.

Rösch, Augustin
SJ, Ordensprovinzial
Gedenken: 7. November
Augustin Rösch galt als einer der herausragenden Widersacher des Nationalsozialismus. Geboren am 11. Mai 1893 in Schwandorf, Bayern, war er 1912 dem Jesuitenorden beigetreten und hatte 1925 die Priesterweihe empfangen. Ab 1935 war Rösch Provinzial der süddeutschen Ordensprovinz der Jesuiten. Durch seine klare, kämpferische Haltung den Nationalsozialisten gegenüber geriet er ständig in Auseinandersetzungen mit dem Hitler-Regime. Aktiv wirkte Rösch beim Kreisauer Kreis mit, nachdem er 1941 Helmuth von Moltke kennengelernt hatte, ebenso unerschrocken im Ausschuß für Ordensangelegenheiten, der gegründet worden war, nachdem die Nationalsozialisten ein Kloster nach dem anderen enteignet hatten. Anfang 1945 wurde Augustin Rösch von der Gestapo verhaftet und ins Gefängnis Berlin-Moabit überführt; zuvor hatte man ihn bereits 107 Male verhört. Das Kriegsende wenige Wochen später rettete ihm das Leben. Ab 1947 war Rösch Landescaritasdirektor in Bayern und engagierte sich unermüdlich im karitativen Bereich. Er starb am 7. November 1961 in München.

Roselina hl.
OCart, Ordensfrau, Mystikerin
Fest: 17. Januar, 11. Juni
Geboren am 27. Januar 1263 in Château d'Arcs (Frankreich) als Tochter der Adelsfamilie de Villeneuve, wurde Roselina 15jährig Kartäusernonne, später Priorin von

Kloster Celle-Roubaud in der Provence, wo sie am 17. Januar 1329 starb. Um ihre Person ereigneten sich zahlreiche Wunder, ihr Charisma war so außergewöhnlich, daß sie schon zu Lebzeiten wie eine Heilige verehrt wurde. 9. Mai 1859 Heiligsprechung.
Darstellung: als Diakonisse, mit Lilie, Kranz, Kerze
Patronat: gegen Augenkrankheiten (ihre Augen werden bis heute in Arcs verehrt), der Kartäuser, der Malteser

Rosina
Märtyrerin(?), Einsiedlerin(?)
Fest: 11. März
In Wenglingen im Allgäu (Bayern) existiert seit 1679 eine Kapelle, die Rosina geweiht ist; über Leben und Wirken der Verehrten ist jedoch nichts Näheres bekannt. In Überlieferungen wird sie entweder als Märtyrerin oder als Einsiedlerin bezeichnet.
Darstellung: als junge Märtyrerin, mit Palme, Schwert, Kreuz, Lilien, Rosen

Rosmini, Antonio di
IC, Ordensgründer, Philosoph
Fest: 1. Juli
Antonio di Rosmini war Gründer (1828) der Rosminianer – in England Fathers of Charity genannt –, einer Kongregation aus Priestern und Laien, die sich Werken der Nächstenliebe (Pfarrseelsorge, Unterricht) widmen und in der Mission tätig sind (so auch unter Auswanderern). Darüber hinaus war Rosmini, der am 25. März 1797 in Rovereto in Norditalien geboren worden war und 1821 die Priesterweihe empfangen hatte, einer der herausragenden Theologen und Philosophen Italiens des 19. Jh.; mit allen führenden Geistes- und Kirchenpersönlichkeiten seiner Zeit war er befreundet, der Papst schätzte seinen Rat. Rosmini starb am 1. Juli 1855 in Stresa, Italien.

Rossello, Maria Josepha hl.
Ordensgründerin
Fest: 7. Dezember
Maria Josepha Rossello, geboren am 27. Mai 1811 in Albisola Marina in Ligurien (Italien), wurde 17jährig zunächst Franziskanerterziarin und gründete dann 1837 in Savona die Kongregation der Töchter Unserer Lieben Frau von der Barmherzigkeit, die sie 40 Jahre lang bis zu ihrem Tod am 7. Dezember 1880 als Oberin leitete; die besonderen Bemühungen des Ordens galten neben dem Unterricht dem Freikauf von afrikanischen Sklavenkindern. Die Schwestern wirken heute außer in Italien auch in Amerika. 6. November 1938 Selig-, 12. Juni 1949 Heiligsprechung.

Roswitha (Hrotsvith) von Gandersheim
Kanonisse, Dichterin
Fest: 5. September
Die Kanonisse Roswitha von Gandersheim gilt als erste deutsche Dichterin, die Werke in lateinischer Sprache hinterließ. Geboren um 935, war sie jung ins Kloster Gandersheim (Niedersachsen) eingetreten; um 960 begann sie mit ihren Dichtungen (meist auf Latein), es handelte sich dabei um Heiligenlegenden, christliche Dramen und historische Themen. Roswitha starb um 1010 in Gandersheim.

Rotrudis (Ortrudis) hl.
Jungfrau
Fest: 22. Juni
Über Leben und Wirken von Rotrudis existieren nur Vermutungen. Ihre Gebeine wurden 1084 auf einem Feld in der Diözese Thérouanne (Frankreich) aufgefunden und in das zu ihren Ehren gegründete Kloster Andres bei Arras übertragen. – Verschiedene Überlieferungen machen Rotrudis zur Nichte oder zur Tochter von → Karl dem Großen.

Rotrudis (Rutrud) von Neuburg
OSB, Äbtissin
Fest: 23. September
Rotrudis war die erste Äbtissin des von Kaiser → Heinrich II. um 1002 gegründeten Benediktinerinnenklosters Neuburg/Donau (Bayern); sie genoß großes Ansehen bei Heinrich und seiner Ehefrau, Kaiserin → Kunigunde, und wurde von vielen Menschen um Rat gefragt. Rotrudis starb um 1020 in Neuburg.

Scubilion Rousseau unterrichtete und missionierte 34 Jahre lang Eingeborene der Insel Réunion.

Rousseau, Scubilion Jean Bernarde sel.
FSC, Ordensmann, Missionar
Fest: 13. April
Geboren am 22. März 1797 in Annay-la-Côte in Burgund (Frankreich) als Sohn eines Steinhauers, trat Jean Bernarde Rousseau 1825 bei den Schulbrüdern des heiligen → Johannes de La Salle ein und nahm den Namen Scubilion an. Auf seinen Wunsch hin wurde er 1833 in die Mission auf die Insel Réunion entsandt, wo er bis zu seinem Tod am 13. April 1867 segensreich als Missionar unter den Mulatten und Schwarzen wirkte, die als Leibeigene auf den Plantagen und Farmen arbeiteten; bald

Antonio di Rosmini, Gründer der Rosminianer, nach einem Gemälde von G. Craffonara.

Joseph Maria Rubio y Peralta war einer der gefragtesten Beichtväter Madrids.

war sein Beiname „Apostel der Sklaven". Papst Johannes Paul II. sprach Rousseau am 2. Mai 1989 in Saint-Denis, der Hauptstadt von Réunion, selig.

Rua, Michele sel.
SDB, Ordensoberer
Fest: 6. April
Michele Rua, geboren am 9. Juni 1837 in Turin (Italien), war der treueste Gefährte und Mitarbeiter von Don → Bosco in den Jahren nach der Gründung des Salesianerordens; man nannte ihn auch den „ersten Salesianer". Nach dem Tod von Bosco 1888 folgte Rua ihm als Ordensoberer und sorgte mit seiner unermüdlichen Arbeit für eine starke Ausweitung der Ordensgemeinschaft in ganz Europa, aber auch in vielen außereuropäischen Ländern; in den 22 Jahren seiner Amtszeit vermehrte er die Zahl der Gründungen von 64 auf 341. „Don Rua" war so sehr bemüht, seinem großen Vorbild Giovanni Bosco ähnlich zu werden, daß ihn Papst Pius X. einmal „die lebende Reliquie Don Boscos" nannte. Der Ruf von Ruas heiligem Leben drang weit hinaus; er war ein Vorbild an Demut, Bußeifer und Gottesliebe für die Ordensmitglieder, aber auch für alle Gläubigen, die ihn liebten und verehrten. Michele Rua starb am 6. April 1910 in Turin, wo er auch beigesetzt wurde. 29. Oktober 1972 Seligsprechung.

Don Michele Rua, der erste Nachfolger von Don → Bosco im Amt des Generaloberen.

Rubatto, Maria Francesca (Maria Francesca di Gesù) sel.
Ordensgründerin
Fest: 10. Mai
Maria Francesca Rubatto war die erste Selige von Uruguay; Papst Johannes Paul II. sprach die Ordensgründerin am 10. Oktober 1993 selig. Geboren 1844 in Loano in Ligurien, Italien, hatte sie die Kongregation der Kapuziner-Terziarinnen von Loano gegründet, die ihre missionarische und seelsorgerische Tätigkeit nach Lateinamerika verlegte. Maria Francesca di Gesù (so ihr Ordensname) starb am 10. Mai 1904 in Uruguay.

Rubio y Peralta, Joseph Maria sel.
SJ, Priester, Ordensmann
Fest: 2. Mai
„Apostel von Madrid" wurde Joseph Maria Rubio y Peralta genannt, weil er in der spanischen Hauptstadt ein segensreiches Wirken entfaltet hatte. Geboren am 22. Juli 1864 in Dalías, Spanien, hatte er 1887 die Priesterweihe empfangen und war 1906 dem Jesuitenorden beigetreten. Er galt als charismatischer Prediger und war einer der gefragtesten Beichtväter überhaupt; vom frühen Morgen an standen die Gläubigen in langen Schlangen vor seinem Beichtstuhl in Madrid. In den Armenvierteln der Stadt kümmerte er sich um die Bedürftigen und Verlassenen. Als sich immer wieder Wunder um seine Person ereigneten, nannte man ihn „Wundertäter". Er starb am 2. Mai 1929 in Aranjuez, Spanien. 6. Oktober 1985 Seligsprechung.

Rudesind (Rosendo) hl.
Bischof von Dumio
Fest: 1. März
Rudesind, geboren am 26. November 907 aus königlicher spanischer Familie, wurde 925 Bischof von Dumio (Dumium, heute Mondonedo); 940 dankte er ab, um als Mönch in dem von ihm gegründeten Kloster Cellanova zu leben, wo er später Abt wurde. Um 970 übertrug man ihm die Verwaltung des Bistums Santiago de Compostela, die er bis zu seinem Tod am 1. März 977 innehatte. 1195 Heiligsprechung.

Rudigier, Franz Joseph
Bischof von Linz
Fest: 29. November
Franz Joseph Rudigier, geboren am 7. April 1811 in Partennen in Vorarlberg, Österreich, hatte nach seiner Priesterweihe (1835) mehrere hohe Kirchenämter inne; ab 1852 war er Bischof von Linz (Österreich). Entgegen den Strömungen der Zeit gelang es ihm, den Glauben im Volk zu stärken, unter anderem durch die Förderung des christlichen Vereinswesens und der Marienverehrung. Als Rudigier 1868 einen Hirtenbrief gegen die österreichischen Maigesetze herausgab, wurde er verhaftet und zu zwei Wochen Kerkerhaft verurteilt, von Kaiser Franz Joseph aber sofort wieder begnadigt. Er starb am 29. November 1884 in Linz. Der Seligsprechungsprozeß ist eingeleitet.

Rudolf
OSBKam, Ordensoberer
Fest: 12. Oktober
Rudolf war von 1074 bis zu seinem

Tod am 12. Oktober 1088 (1089?) Generalprior des um 1000 von → Romuald gegründeten Kamaldulenserordens; er trug maßgeblich zur Stärkung und zur inneren Festigung der noch jungen Ordensgemeinschaft bei und gründete zahlreiche neue Klöster, vor allem auch Frauenklöster.

Rudolf Acquaviva sel.
SJ, Missionar, Märtyrer
Fest: 27. Juli
Geboren am 2. Oktober 1550, trat Rudolf Acquaviva 1568 dem Jesuitenorden bei. Ab 1578 wirkte er als Missionar in Indien, in Goa hatte er eine Professur für Philosophie; durch seine kluge Diplomatie gewann er die Freundschaft des Kaisers. Später wurde er Leiter der Mission auf der Halbinsel Salsette, wo er am 27. Juli 1583 zusammen mit → Alfons von Pacheco von Glaubensgegnern ermordet wurde. 1893 Seligsprechung (zusammen mit Pacheco).

Ruffin
Prinz, Märtyrer
Fest: 24. Juli
Nach der legendarischen Überlieferung soll Ruffin ein Sohn vom König von Mercia in England gewesen sein; zusammen mit seinem Bruder → Wulfhad wurde er zunächst heidnisch erzogen. Als der König erfuhr, daß sich seine beiden Söhne hatten taufen lassen, ließ er sie ermorden. Es heißt, der Ort des Martyriums sei Stone in England gewesen; dort werden die Reliquien des Brüderpaares noch aufbewahrt.

Rufina → Justa und Rufina

Rufina und Secunda hll.
Märtyrerinnen
Fest: 10. Juli
Der Festtag 10. Juli für die beiden Schwestern Rufina und Secunda findet sich schon im römischen Festkalender des 5. Jh. Nach der wohl rein legendarischen Passio verließen die beiden jungen Frauen gemeinsam ihre Verlobten, weil diese vom christlichen Glauben abgefallen waren, und flüchteten aus Rom; sie wurden aber schon an der Stadtgrenze aufgehalten und von den Christenverfolgern des Valerianus (253 bis 260) mit Knüppeln geschlagen und schließlich enthauptet. An ihrer Grabstätte am neunten Meilenstein an der Via Cornelia entstand eine langanhaltende Verehrung; die Reliquien wurden 1154 in das Lateran-Baptisterium übertragen.

Rufinus von Assisi hl.
Bischof von Assisi(?), Märtyrer(?)
Fest: 11. August, 30. Juli
Über Rufinus von Assisi existieren keine gesicherten Überlieferungen; die einen Berichte sagen, er sei der erste Bischof von Assisi (Italien) gewesen (die Diözese ist seit Mitte des 6. Jh. mit Bischof Aventius bezeugt), andere überliefern, sein Leib sei nach seinem Martertod nach Assisi gebracht und dort sehr verehrt worden. Der Dom S. Rufino in Assisi (12. Jh.) soll über der Rufinus-Grabstätte errichtet worden sein (dort steht bis heute das Becken, über dem → Franz von Assisi, → Klara von Assisi sowie Stauferkaiser Friedrich II. getauft wurden).

Rufus (Ruffo) von Capua
Märtyrer, Bischof
Fest: 27. August
Der Festtag von Rufus ist in zahlreichen Kalendern aufgeführt, auch in denen verschiedener englischer Klöster, obwohl kaum etwas Gesichertes über ihn bekannt ist. Nach der Legende soll er Schüler von → Apollinaris von Ravenna gewesen sein (der seine Tochter vom Tod erweckte und ihn bekehrte), später dann Bischof von Capua, Italien. Andere Berichte sagen, Rufus sei als Märtyrer gestorben.

Rufinus von Assisi, Deckengemälde von Giotto in der Kirche S. Francesco, Assisi, und die Kathedrale S. Rufino.

Rufus von Metz hl.
Bischof von Metz
Fest: 7. November, 11. Mai
Rufus war Ende des 4. Jh. Bischof von Metz (Frankreich); er starb an einem 7. November um 400 und wurde in der Kirche St-Felix beigesetzt; später gelangten die Reliquien nach Odernheim (Hessen).

Rufus von Rom hl.
Paulusschüler
Fest: 21. November
Rufus war ein Schüler von → Paulus während dessen Zeit in Rom und galt als wichtige Persönlichkeit in der römischen Gemeinde. In seinem Römerbrief grüßt Paulus Rufus. – Eine Überlieferung macht Rufus zu einem Bischof im Osten.

Ruiz y Lopez, Emmanuel und Gefährten sel.
OFM, Märtyrer
Fest: 10. Juli
Der Spanier Emmanuel Ruiz y Lopez, geboren um 1820, stand einer Gruppe von Franziskanern in Damaskus (Syrien) vor. Während der Drusenaufstände 1860 wurden die Ordensmänner gefangengenommen und vor die Wahl gestellt, zum islamischen Glauben überzutreten oder zu sterben. Als sie der Möglichkeit, ihr Leben zu retten, widerstanden, wurden sie von den Drusen erschlagen. 1926 Seligsprechung der Gruppe.

Rumold (Rumbold, Rombaut) hl.
OSB, Einsiedler, Missionar
Fest: 1. Juli, 24. Juni
Nach den unsicheren Überlieferungen stammte der Benediktinermönch Rumold aus England, Schottland oder Irland und lebte als Einsiedler im Gebiet von Mecheln (Belgien), wo er als Missionar wirkte; dort soll er am 24. Juni 775 als Märtyrer gestorben sein (Räuber erschlugen ihn). – Nach einer Legende war Rumold ein Königssohn aus Schottland und wurde Bischof von Dublin in Irland. – In Mecheln genießt Rumold bis heute Verehrung; ihm schreibt man die Christianisierung der Stadt zu; in der Kathedrale St. Rumold werden Reliquien verehrt, Rumold ist Stadt- und Bistumspatron.

Rumon
Mönch, Bischof(?)
Fest: 1. Juni
In Tavistock in England existiert ein Schrein, der die Gebeine von Rumon enthält, der Patron von Tavistock und von Romansleigh (ebenfalls in England) ist. Bis heute ist in verschiedenen Gegenden Englands eine Verehrung nachweisbar, obwohl über Rumon so gut wie nichts bekannt ist; möglicherweise war er ein Bischof, der im 6. Jh. amtierte.

Rupert von Bingen
Herzog, Einsiedler
Fest: 15. Mai
Viele Einzelheiten über Rupert von Bingen weiß man aus seiner von → Hildegard von Bingen verfaßten Vita; die große Ordensfrau des 12. Jh. förderte den Kult von Rupert und errichtete bei seiner Beisetzungsstätte nahe Bingen (Rheinland-Pfalz) ihr Kloster Rupertsberg. – Geboren um 712 aus dem Geschlecht der Rupertiner, wurde Rupert nach dem frühen Tod seines heidnischen Vaters, Herzog Robold, von seiner Mutter Berta, Tochter von Pippin II. und Christin, und vom Priester Wigbert erzogen. 15jährig pilgerte er nach Rom; nach seiner Rückkehr widmete er sich karitativen Werken und errichtete auf seinem Besitz ein Hilfswerk für Arme und Notleidende, er selbst lebte als Einsiedler. Um 732 erlag Rupert, gerade 20jährig, einem plötzlich auftretenden Fieber; er wurde in der von ihm errichteten Kirche bei Bingen beigesetzt (auch Berta und Wigbert fanden dort ihre letzte Ruhestätte). Die Reliquien befinden sich seit 1814 auf dem Rochusberg bei Bingen (Wallfahrt am Pfingstmontag).
Darstellung: in fürstlichen Gewändern, in Ritterrüstung, als Pilger, mit Lilienzepter, Krone, Schild, Lanze

Rupert von Ottobeuren sel.
OSB, Abt
Fest: 15. August
Rupert gehörte zu den herausragenden Äbten der Benediktinerabtei Ottobeuren in Bayern; zunächst Mönch in Hirsau und Prior von Klo-

Älteste Darstellung des Abtes Rupert von Ottobeuren, nach einer Buchmalerei von 1180.

Die Reliquien des heiligen Rupert befinden sich in dieser Kassette in der Klosterkirche St. Peter in Salzburg.

ster St. Georgen im Schwarzwald, war er 1102 nach Ottobeuren gerufen worden, wo er 43 Jahre amtierte und die Abtei zu großer Blüte und zu höchstem Ansehen brachte (er hatte die Hirsauer Reform in Ottobeuren eingeführt). Rupert starb am 15. August 1145 in sehr hohem Alter im Ruf eines großen geistlichen Lehrers (doctor magnus). Unmittelbar nach seinem Tod setzte eine starke Verehrung ein, die über Jahrhunderte andauerte; Papst Paul VI. bestätigte den Kult 1963. Die Reliquien von Rupert ruhen seit 1964 in der Rupertuskapelle in der Basilika von Ottobeuren.

Rupert von Salzburg hl.
Bischof von Salzburg
Fest: 27. März, 24. September

Rupert gilt als Gründer von Salzburg. Geboren wohl in Worms (Rheinland-Pfalz), wo er wahrscheinlich auch schon Diözesan- oder Chorbischof gewesen war, kam Rupert um 700 nach Bayern und in die damalige Römerstadt Juvavum an der Salzach (vielleicht von Herzog Theodo II. gerufen, um ein unabhängiges Bistum einzurichten; Norikum gehörte damals noch zu Aquileia). Auf den Ruinen der Stadt errichtete Rupert das Kloster St. Peter (das älteste Kloster in Österreich, gleichzeitig wohl auch sein Bischofssitz) und das Frauenkloster auf dem Nonnberg, in dem er seine Nichte → Erentrudis als Äbtissin einsetzte. Rupert entfaltete gemeinsam mit seinen Mönchen eine segensreiche Missionstätigkeit, die weit über seinen Amtssitz hinausstrahlte; er selbst hielt sich als Abtbischof ständig in Salzburg auf, das seinen Namen nun vom Salzbergbau ableitete, den Rupert kräftig förderte (Theodo hatte Rupert und seinen Missionaren den Ort geschenkt). In der Umgebung von Salzburg begründete Rupert zahlreiche Kirchen. Er starb um 718/720 in Salzburg; das genaue Datum ist nicht bekannt (vielleicht am 27. März). Bischof → Virgilius von Salzburg setzte die Rupert-Gebeine am 24. September 774 im neuerbauten Salzburger Dom bei; heute ruhen die Gebeine beider Bischöfe im Hochaltar des Domes (gemeinsamer Festtag 24. September). In der Kirche St. Peter ist noch das ursprüngliche Felsengrab Ruperts zu sehen. – Der Gedenktag 24. September wird auch „Herbstruperti“ genannt; der sogenannte Rupertiwinkel zwischen Bayern und Österreich erinnert ebenfalls an Rupert von Salzburg.

Die Statue von Bischof Rupert am Portal des Doms von Salzburg.

Darstellung: als Bischof, mit Salzgefäß, Buch, mit dem Gnadenbild von Altötting (das er gestiftet haben soll; vielleicht war er aber auch der Gründer von Altötting in Bayern)
Patronat: von Land und Erzbistum Salzburg, des Salzbergbaus und der Salzarbeiter, der Hunde, gegen Rotlauf, gegen Krämpfe bei Kindern

Sabinian (Savinien) und Potentian von Sens hll.
Bischöfe, Märtyrer
Fest: 31. Dezember
Sabinian soll der erste Bischof von Sens (Frankreich) gewesen sein, Potentian sein Begleiter und möglicherweise sein Nachfolger im Amt. Beide erlitten wohl um 300 das Martyrium in Sens und werden dort bis heute als Patrone verehrt. Sabinian wurde auch „Apostel der Senonen" genannt; über seinem Grab in Sens entstand die Kirche St-Savinien.

Sabinianus von Troyes hl.
Märtyrer
Fest: 29. Januar, 24. Januar
Die legendarische Überlieferung erzählt, daß Sabinianus von der griechischen Insel Samos nach Troyes (Frankreich) kam und dort als Missionar wirkte; in der Christenverfolgung des Aurelianus (270 bis 275) erlitt er (am 29. Januar 275?) das Martyrium. In der Umgebung von Troyes ist Sabinianus bis heute Patron verschiedener Gemeinden; in der Kathedrale von Troyes bewahrt man Sabinianus-Reliquien auf. – Manchmal Vermengung mit Sabinianus von Sens (→ Sabinian und Potentian). – Nach der Legende folgte Sabina ihrem Bruder Sabinianus nach Troyes und erlitt ebenfalls das Martyrium; sie wurde lange in Troyes (Patronin) und in der Champagne verehrt.

Sabinus von Canosa hl.
Bischof von Canosa
Fest: 9. Februar
Sabinus war im 6. Jh. Bischof von Canosa in Apulien (Italien), das später mit Bari vereinigt wurde. Papst Agapet I. entsandte ihn 536 als Vertrauten nach Konstantinopel, um mit Kaiser Justinianos zu verhandeln (Gegner verfolgten Sabinus dort und bedrohten ihn). Sabinus, der eng mit → Benedikt von Nursia befreundet war, starb um 566, nachdem er zuvor völlig erblindet war. In Orvieto und Neapel in Italien werden bis heute Reliquien aufbewahrt.

Die Fresken (um 1100) in der Krypta der Kirche St-Savin-sur-Gartempe zeigen Szenen aus dem Leben der Heiligen Sabinus und Cyprianus.

Sabinus (Savin) und Cyprianus von Poitou
Märtyrer
Fest: 11. Juli
Nach der Legende waren Sabinus (Savin) und Cyprianus Brüder aus „Amphipolis", die im 5. Jh. in der Christenverfolgung gefoltert wurden. Auf wundersame Weise errettet, gelangten sie nach Gallien, wo sie dann nahe Antigny (Poitou) an dem Fluß Gartempe von Christenverfolgern enthauptet wurden. Im 11. Jh. errichtete man über der Martyriumsstätte das Kloster St-Savin; dort sind bis heute in der Krypta der Kirche St-Savin-sur-Gartempe Fresken mit Szenen aus dem Leben von Sabinus und Cyprianus zu sehen. Reliquien von Cyprianus gelangten im 10. Jh. in das nach ihm benannte Kloster St-Cyprien in Poitiers.

Sabinus (Savino) von Piacenza hl.
Bischof von Piacenza
Fest: 11. Dezember
Sabinus war ab 376 Bischof von Piacenza (Italien); eine enge Freundschaft verband ihn mit → Ambrosius, der ihm sogar seine Schriften zur Prüfung vorlegte, bevor er sie veröffentlichte. Sabinus starb nach 393 (in jenem Jahr ist er als Teilnehmer einer Synode vermerkt) und wurde in Piacenza beigesetzt (S. Savino).

Sabinus von Spoleto hl.
Bischof, Märtyrer
Fest: 7. Dezember, 30. Dezember
Die italienischen Städte Ravenna, Arezzo, Assisi, Spoleto, Faenza und Chiusi erklären Sabinus zum Bischof ihrer Stadt in der Zeit um 300. Tatsache ist, daß Sabinus in dieser Zeit Bischof war, jedoch ist nicht überliefert, welches sein Bischofssitz war. Im Mittelalter gehörte Sabinus zu den meistverehrten Heiligen Mittelitaliens, ihm geweihte Kirchen sind bereits Mitte des 6. Jh. bekannt, so S. Sabino in Spoleto. Nach den wohl teilweise legendarischen Überlieferungen erlitt Bischof Sabinus am 7. Dezember 303 in Spoleto den Märtyrertod, nachdem ihn die Christenverfolger zuvor gemartert hatten; der

Leichnam wurde vor der Stadt beigesetzt, Reliquien gelangten später in verschiedene Städte Italiens und 1191 nach Windberg in Bayern. Mit Sabinus sollen auch die Diakone Exuperantius und Marcellus ermordet worden sein.

Sacerdos (Sardot, Sadroc, Sardou, Serdon) von Limoges hl.
OSB, Bischof von Limoges
Fest: 4. Mai, 5. Mai
Der Benediktiner Sacerdos war etwa ab 710 Bischof von Limoges (Frankreich); 720 trat er von seinem Amt zurück und starb kurz darauf am 4. Mai 720. Die Reliquien gelangten später nach Sarlat. – Eine Legende macht Sacerdos von Limoges zu einem Zeitgenossen von Chlodwig I., der 511 starb.

Sacerdos von Lyon hl.
Bischof von Lyon
Fest: 12. September
Sacerdos war von 544 bis zu seinem Tod am 12. September 551 (oder 552) Bischof von Lyon (Frankreich); er führte 549 die berühmte Synode von Orléans. Sacerdos von Lyon galt als Freund und Berater von König Childebert. 1883 fand man einen Teil seiner Grabplatte wieder auf.

Sadok sel.
OP, Ordensmann, Märtyrer
Fest: 2. Juni
Sadok war ein Schüler von Ordensgründer → Dominikus und wurde von diesem 1221 in die Mission nach Ungarn entsandt; dort, später auch in Polen, gründete er mehrere Klöster und gab dem Dominikanerorden damit ein Fundament. Beim Einfall der Tataren erlitt Sadok am 2. Juni 1259 oder 1260 in Sandomir (Polen) den Martertod durch Enthaupten; mit ihm starben 48 weitere Dominikaner (alle sangen dabei das Salve Regina). 1807 Approbation des Kultes für den Orden.

Sadoth (Sadosh) hl.
Bischof, Märtyrer
Fest: 20. Februar
Sadoth war Mitte des 4. Jh. Bischof von Seleucia und Ktesiphon in Persien. In der Christenverfolgung unter Schapur (Sapor) II. nahm man ihn und 128 Gefährten gefangen; über fünf Monate wurden die Christen im Kerker gefoltert, bevor sie im Februar 342 in Seleucia hingerichtet wurden (Sadoth schlug man das Haupt ab).

Tod des Sabinus, Bischof von Canosa, nach einem Gemälde von Giovanni Boccati, Privatbesitz.

Sagaris
Bischof von Laodicea
Fest: 6. Oktober
Sagaris war Mitte des 2. Jh. Bischof von Laodicea in Phrygien (Kleinasien) und genoß höchstes Ansehen; Bischof Polykrates von Ephesus, der ihn sehr bewunderte, nannte ihn einen „Stern Asiens". Christenverfolger ermordeten Sagaris am 6. Oktober 175. – Eine Legende erzählt, Sagaris sei Schüler von → Paulus gewesen.

Sagheddu, Maria Gabriella sel.
OCR, Ordensfrau
Fest: 23. April
Geboren am 17. März 1914 in Dorgali auf Sardinien (Italien) als Tochter einer Hirtenfamilie, erlebte Maria Gabriella Sagheddu 18jährig eine Christusbegegnung, woraufhin sie sich ganz dem kirchlichen Leben zuwandte; 1935 trat sie bei den Trappistinnen in Grottaferrata bei Rom ein. Seit ihrer mystischen Erfahrung fühlte sie einen Auftrag in sich: Gott habe sie dazu ausersehen, sich für die Einheit aller Christen aufzuopfern („Ich fühle, daß der Herr das von mir erwartet"); ihr ständiges Stoßgebet lautete: „Alle sollen eins sein, Vater." Auf den Tag genau fünf Jahre nach ihrer Jesus-Begegnung erkrankte Maria Gabriella Sagheddu an Tuberkulose, 15 Monate später starb sie 25jährig am 23. April 1939 in Grottaferrata. 25. Januar 1983 Seligsprechung in der Kirche S. Paolo fuori le mura in Rom.

Maria Gabriella Sagheddu ging nach einer Christusbegegnung ins Kloster.

Sala, Maria Anna sel.
Ordensfrau
Fest: 24. November
Geboren am 21. April 1829 in Brivio in Norditalien, trat Maria Anna Sala 1848 in Vimercate bei Mailand bei den Marcellinen-Schulschwestern ein; sie gehörte zu den ersten der Schwesterngemeinschaft, die die ewigen Gelübde ablegten. Jahrzehntelang wirkte sie als vorbildliche Lehrerin und Erzieherin, ihre Schülerinnen liebten und verehrten sie und nannten sie „Mutter der

Maria Anna Sala, Ordensfrau bei den Marcellinen-Schulschwestern, wurde von ihren Schülerinnen „Mutter der Seelen" genannt.

Maria del Carmen Sallés y Barangueras gründete die Missionarinnen und Lehrschwestern von der Unbefleckten Empfängnis.

Seelen". Ab 1878 stand sie in Mailand der Gründerin des Marcellinen-Ordens als Assistentin zur Seite und leistete trotz einer schmerzhaften Krebserkrankung, die sie heroisch erduldete, Großes für die Gemeinschaft. Maria Anna Sala starb am 24. November 1891. 26. Oktober 1980 Seligsprechung.

Salaberga (Sadalberg, Sella) hl.
Äbtissin
Fest: 22. September
Nach den Überlieferungen soll Salaberga als Kind durch → Eustasius von Luxeuil von ihrer Blindheit geheilt worden sein. Sie heiratete jung, doch ihr Ehemann starb schon nach zwei Monaten; in ihrer zweiten Ehe gebar sie fünf Kinder, von denen → Balduin und → Anstrudis später ebenfalls heiliggesprochen wurden. In höherem Alter entschieden sich Salaberga und ihr Mann, ins Kloster zu gehen; zunächst Nonne in Poulangey, gründete Salaberga in Laon das Kloster St-Jean, das sie bis zu ihrem Tod an einem 22. September um 665 als Äbtissin leitete.

Sallés y Barangueras, Maria sel.
Ordensgründerin
Fest: 25. Juli
In zwölf Ländern der Erde wirken heute die Missionarinnen und Lehrschwestern von der Unbefleckten Empfängnis, deren Ordensgemeinschaft von Maria Sallés y Barangueras (Ordensname: Maria del Carmen) gegründet wurde. Geboren am 9. April 1848 in Vic, Spanien, starb sie am 25. Juli 1911 in Madrid. 15. März 1998 Seligsprechung.

Salomea sel.
OSCl, Ordensfrau
Fest: 17. November
Salomea, um 1210 als Tochter des Herzogs von Krakau (Polen) geboren, lebte mit ihrem Mann, einem ungarischen Prinzen, in jungfräulicher Ehe; nach seinem Tod trat sie in den Klarissenorden ein und starb am 17. November 1268 im Kloster Grodzisko (Polen). 1673 Bestätigung des Kultes. Salomea genießt bis heute in Polen und im Franziskanerorden Verehrung.

Salonius von Genf hl.
Bischof von Genf
Fest: 28. September
Salonius gehörte im 5. Jh. zu den vielbeachteten Kirchenpersönlichkeiten und theologischen Schriftstellern. Um 400 als Sohn von Bischof → Eucherius von Lyon geboren und auf der berühmten Klosterinsel Lérins ausgebildet, war Salonius etwa ab 437/438 Bischof von Genf (Schweiz); er starb um 455. Ein Brief von ihm an Papst → Leo I. ist noch erhalten.

Salvator von Horta hl.
OFM, Laienbruder
Fest: 18. März
Der Schuhmacher Salvator, geboren 1520 in Santa Colomba de Farnés, Spanien, trat 1541 als Laienbruder in den Franziskanerorden ein; da er die Gabe der Wunder besaß und Krankenheilungen bewirkte, war der Zulauf zu ihm so groß, daß ihn die Oberen immer wieder in andere Klöster versetzten, so auch für einige Zeit nach Horta, wo er der Klosterkoch war. Salvator starb am 18. März 1567 in Cagliari auf Sardinien (Italien); an seiner Beisetzung nahm eine riesige Menschenmenge teil. 17. April 1938 Heiligsprechung.

Salvi, Lorenzo sel.
CP, Ordensmann
Fest: 12. Juni
„Apostel des Jesuskindes" wurde der Passionist Lorenzo Salvi (Lorenzo Maria di San Francesco Saverio) genannt, weil seine ganze Liebe der Andacht zum Jesuskind galt. Der Priester und Ordensmann, geboren am 30. Oktober 1782 in Rom, war einer der charismatischsten Volksmissionare des 19. Jh. in Italien; er predigte in Rom, in Latium, in den Marken, den Abruzzen und in der Toskana. Salvi starb am 12. Juni 1856 in Capranica. 1. Oktober 1989 Seligsprechung.

Salvinus
Bischof von Verona
Fest: 12. Oktober
In der Kirche S. Stefano in Verona, Italien, werden die Reliquien von Salvinus bis heute in einem Schrein aufbewahrt. Salvinus amtierte Mitte des 6. Jh. als Bischof von Verona und starb am 12. Oktober 562.

Salvius von Albi hl.
Bischof von Albi
Fest: 10. September
Salvius war zunächst Rechtsanwalt, wurde dann Mönch, dann Einsiedler; 574 ernannte man ihn zum Bischof von Albi (Frankreich). Während einer Pestepidemie in seiner Diözese kümmerte er sich aufopferungsvoll um die Erkrankten, steckte sich schließlich selbst an und starb am 10. September 584.

Salvius von Amiens hl.
Bischof von Amiens
Fest: 11. Januar
Salvius soll nach den unsicheren Überlieferungen um 700 Bischof von Amiens, Frankreich, gewesen sein; wahrscheinlich war er der Gründer von Kloster Montreuil-sur-Mer in der Picardie, wo bis heute seine Reliquien in einem Schrein bewahrt werden. Fälschlicherweise wurde Salvius von Amiens, der oft mit Trägern desselben Namens verwechselt wird, auch als Märtyrer bezeichnet.

Salvius von Valenciennes hl.
Missionsbischof
Fest: 26. Juni
Salvius war wohl ein Missionsbischof, der im 8. Jh. im Hennegau (Belgien) den Glauben verkündete. Gemeinsam mit seinem Begleiter Superius wurde er am 26. Juni 768 ermordet; über seinem späteren Grab in Valenciennes entstand Anfang des 9. Jh. die Abtei St-Saulve.

Samson (Sampson) von Dol hl.
OSB, Missionsbischof
Fest: 28. Juli
In Wales und in der Bretagne wird Samson bis heute hoch verehrt; er genießt vor allem in Großbritannien den Ruf, einer der bedeutendsten Missionare gewesen zu sein, die das Land je hervorbrachte. Geboren um 490 in Wales, lebte Samson zunächst als Mönch in verschiedenen Klöstern, zuletzt in Irland; in Cornwall erhielt er die Weihe zum Missionsbischof und missionierte in der Folge äußerst erfolgreich in England. Ab etwa 560 wirkte er in der Bretagne (Frankreich), wo er bis zu seinem Tod (am 28. Juli 565) große Erfolge verzeichnete; seinen Sitz nahm er in Dol und begründete dort die Pfarrabtei Dol sowie verschiedene von ihr abhängige Niederlassungen (woraus sich dann viel später die Diözese Dol entwickelte).
Patronat: der Bretagne

Samthan
Gründerin, Nonne
Fest: 18. Dezember
Samthan gehörte in Irland früher zu den meistverehrten Heiligen, auch zahlreiche Kirchenpersönlichkeiten berichteten über sie und ihr heiligmäßiges Leben. Samthan gründete Anfang des 8. Jh. das berühmte Kloster Clonbroney in der Grafschaft Longford in Irland, wo sie 739 starb.

Sancha (Sancia) sel.
OCist, Gründerin
Fest: 20. Juni, 13. März
Sancha, geboren um 1180, war die Tochter des Königs von Portugal (Sancho I.). Ab 1216 unterstützte und förderte sie die ersten Franziskaner- und Dominikanerklöster in Portugal und gründete schließlich nahe Coimbra ein Zisterzienserinnenkloster, in das sie selbst eintrat und am 13. März 1229 starb. 1705 Bestätigung des Kultes. Seit 1962 gedenkt die Kirche ihrer gemeinsam mit Schwester → Mafalda.

Sanchez Pujalte, Rita Dolores sel.
Ordensfrau, Märtyrerin
Fest: 20. Juli
Geboren am 19. Februar 1853 in Aspe bei Alicante (Spanien), wurde Rita Dolores Sanchez Pujalte Ordensfrau bei den Barmherzigen Schwestern vom Heiligsten Herzen Jesu; aus Glaubenshaß ermordete man sie am 20. Juli 1936 bei Madrid (Spanien). Mit ihr zusammen starb Aldea → Araujo; beide Frauen wurden am 10. Mai 1998 seliggesprochen.

Sancho de Guerra, Maria Josepha sel.
Ordensgründerin
Fest: 20. März
Geboren am 7. September 1842 in Vitoria, Spanien, legte Maria Josepha Sancho de Guerra zunächst die Gelübde in der Kongregation der Dienerinnen Marias ab. Unzufrieden wegen fehlender Ordensstrenge, verließ sie die Gemeinschaft aber wieder und gründete 1886 die Kongregation der Barmherzigen Schwestern Dienerinnen Jesu für die Krankenpflege bei Hausbesuchen, die sie ab 1895 als Generaloberin leitete. Bei ihrem Tod am 20. März 1912 (in Bilbao) hatte der Orden bereits 42 Häuser, eines davon in Chile. 27. September 1992 Seligsprechung.

Sandratus
OSB, Abt
Fest: 24. August
Sandratus war Mitte des 10. Jh. zunächst Mönch im Benediktinerkloster St. Maximin in Trier (Rheinland-Pfalz); 972 entsandte ihn Kaiser Otto I. nach St. Gallen, damit er das dortige Kloster reformiere, doch er scheiterte. Ab 974 war er erster Abt des neugegründeten Klosters Gladbach (Mönchengladbach, Nordrhein-Westfalen), wo er am 24. August 986 starb; weitere Klöster standen ebenfalls unter seiner Leitung, so Weißenburg im Elsaß.

Santamaria, Grimoald Ferdinando sel.
CP, Ordensmann
Fest: 18. November
Geboren am 4. Mai 1883 in Pontecorvo bei Frosinone (Italien), trat Ferdinando Santamaria jung den Passionisten bei und nahm den Namen Grimoald an. Noch vor Ablegung der ewigen Gelübde starb er 19jährig am 18. November 1902 in Ceccano. 29. Januar 1995 Seligsprechung.

Sarah
Christin
Fest: 24. Mai
Sarah ist die Schutzpatronin der Zigeuner und des fahrenden Volkes; mit einem farbenprächtigen, mehrtägigen Fest feiern und ehren Tausende von Zigeunern Sarah jedes Jahr rund um den 24. Mai in dem berühmten Wallfahrtsort Les-Saintes-Maries-de-la-Mer in Südfrankreich; am 24. Mai selbst wird eine Statue der Sarah zum Strand getragen. – Nach der Legende kam die Dienerin Sarah zusammen mit → Lazarus, → Maria Magdalena, → Martha sowie Maria Salome, der Mutter von → Johannes und → Jakobus, und Maria Jakobäa, einer Tante von Jesus, in einem Boot von Palästina ins Rhône-Delta in Südfrankreich. Sarah blieb dort und verkündete den christlichen Glauben; die Legende macht sie somit zu einem der ersten Mis-

Der Passionist Lorenzo Salvi, genannt „Apostel des Jesuskindes“.

Dieses Bild von Savonarola malte sein Ordensbruder Fra Bartolomeo.

Zwei Illustrationen aus Werken des Girolamo Savonarola, oben der Dominikanermönch in seiner Zelle im Kloster S. Marco, Florenz.

worden war; „Savonarola – vom Scheiterhaufen auf den Altar" schrieb dazu eine italienische Zeitung. Geboren am 21. September 1452 in Ferrara, war Savonarola 1474 in Bologna dem Dominikanerorden beigetreten und 1491 Prior von Kloster S. Marco in Florenz geworden. Überall, wo er auftrat, hielt er provozierende und erschütternde Bußpredigten, in denen er kommendes Unheil für die in großem Gepränge und in Verschwendung lebenden Florentiner sowie Kleriker vorhersagte („Die Kirche wird in unseren Tagen erneuert – vorher wird Gott eine schwere Züchtigung über ganz Italien verhängen – beides wird bald geschehen"). Savonarola sah sich selbst als von Gott ausersehener Prophet und prangerte alle Mißstände der Gesellschaft ohne Rücksichten an, ganz besonders auch jene beim Borgia-Papst Alexander VI. Girolamo Savonarola machte sich nicht nur den Papst, sondern durch seine umfassenden Reformen in der ihm unterstellten Ordensprovinz auch viele seiner Mönche zum Feind, und nicht zuletzt hetzten auch die von ihm aus Florenz vertriebenen Medici gegen ihn. Mit Hilfe einer von ihm verfaßten religiös-demokratischen Verfassung versuchte er, einen Gottesstaat zu verwirklichen. 1497 wurde Savonarola exkommuniziert, im April 1498 warf man ihn in den Kerker, wo man ihn folterte. Nach einem erzwungenen Geständnis und einem „politischen Prozeß" kam es nach dem Urteil „Häretiker und Schismatiker" zur öffentlichen Hinrichtung. Die erschütternden Schriften Savonarolas aus der Gefängniszeit sind noch erhalten.

Giovanni Battista Scalabrini, Bischof von Piacenza und Initiator der Migranten-Seelsorge.

Scalabrini, Giovanni Battista sel.
Bischof, Ordensgründer
Fest: 1. Juni

„Vater der Migranten" wurde Giovanni Battista Scalabrini genannt; um Auswanderern in den Ablege- und Anlegehäfen zu helfen, hatte er 1887 die Kongregation der Missionare vom heiligen Karl (Scalabrini-Missionare) und 1895 die der Schwesterngemeinschaft vom heiligen Karl (Scalabrini-Missionsschwestern) gegründet. Geboren am 8. Juli 1839 in Fino Mornasco bei Como (Italien), hatte Scalabrini 1863 die Priesterweihe empfangen und war 1875 Bischof von Piacenza geworden. Fünfmal besuchte er jede seiner 365 Gemeinden; 200 davon lagen verstreut in den Bergen und konnten nur zu Fuß oder auf dem Esel erreicht werden. Sein Hauptaugenmerk galt den Massenauswanderungen, die zum größten sozialen Problem Europas geworden waren; dafür gründete er seine Ordensgemeinschaften. Scalabrini starb am 1. Juni 1905 in Piacenza. 9. November 1997 Seligsprechung.

Schäffer, Anna sel.
Dulderin, Mystikerin
Fest: 5. Oktober

In der Petersbasilika in Rom nahm Papst Johannes Paul II. am 7. März 1999 Anna Schäffer in den Kreis der Seligen auf; in seiner Ansprache bezeichnete er die Dulderin aus Mindelstetten in Bayern als eine „Heilige der Hoffnung", die erkannt habe, „daß Krankheit und Schwäche die Zeilen sein können, auf denen Gott sein Evangelium schreibt". Geboren am 18. Februar 1882 in Mindelstetten als Tochter eines Schreiners, wollte Anna Schäffer von Kindheit an Missionsschwester werden; 19jährig aber stürzte sie während ihrer Arbeit als Dienstmädchen mit beiden Beinen in einen Kessel mit kochender Waschlauge und erlitt Verletzungen, die nie mehr heilten. Auf dem

Krankenlager, von dem sie sich bis zu ihrem Tod am 5. Oktober 1925 nie mehr erheben konnte, lernte sie, ihr Schicksal als gottgewollt anzunehmen und ihr Leiden als Sühneopfer zu akzeptieren. Von ihrem Bett aus nahm Anna Schäffer ein umfangreiches Briefapostolat auf und machte Aufzeichnungen über ihre Krankenerfahrungen; als sich mystische Erlebnisse mehrten, schrieb sie auch diese nieder. Das Grab von Anna Schäffer war sofort nach ihrem Tod am 5. Oktober 1925 eine Wallfahrtsstätte; 1972 wurden die Gebeine in die Pfarrkirche von Mindelstetten übertragen.

Schaffgotsch, Gertrud von
Ordensgründerin
Fest: 27. Mai
Geboren am 22. August 1850 in Bonn (Nordrhein-Westfalen), gründete Gertrud von Schaffgotsch 1891 die Kongregation der Schwestern vom heiligen Josef, die ihre Aufgabe im Apostolat durch Förderung des Exerzitienwerkes und der sozialen katholischen Werke sah. Sie starb am 27. Mai 1922 in Trier, Rheinland-Pfalz; am 27. Mai 1960 feierliche Übertragung der Gebeine in das Ordensmutterhaus St.-Josefs-Stift in Trier.

Scherer, Maria Theresia Anna Katharina sel.
Ordensgründerin
Fest: 16. Juni
Über 5000 Kreuzschwestern leben und arbeiten heute in vielen europäischen Ländern sowie in den USA, in Indien, Afrika, Brasilien, Burundi und Taiwan; sie alle gehören der Kongregation der Barmherzigen Schwestern vom heiligen Kreuz an, auch Ingenbohler Schwestern genannt. Mitbegründerin des Ordens (1856) war Maria Theresia Scherer, geboren am 31. Oktober 1825 in Meggen in der Schweiz (als Anna Maria Katharina), die erste Generaloberin. Trotz materieller Schwierigkeiten führte sie die Kongregation zu großer Blüte und gründete die Provinzen Oberösterreich, Kroatien, Steiermark-Kärnten und Mähren. Maria Theresia Scherer starb am 16. Juni 1888 in Ingenbohl (Schweiz) im Ordensmutterhaus; seit 1938 ruhen ihre Gebeine in einer Grabkapelle in der Ingenbohler Klosterkirche. 29. Oktober 1995 Seligsprechung.

Maria Theresia Scherer gründete zusammen mit Pater Theodosius → Florentini die Kongregation der Barmherzigen Schwestern vom heiligen Kreuz.

Schervier, Franziska sel.
Ordensgründerin
Fest: 14. Dezember
„Sich selbst für die leidenden Brüder in der Welt opfern", lautete das Lebensleitwort von Franziska Schervier; geboren am 3. Januar 1819 in Aachen (Nordrhein-Westfalen), widmete sie sich von frühester Zeit an dem Dienst für die Ärmsten der Gesellschaft, stiftete zahlreiche Armenhilfseinrichtungen sowie die „Johanniskülchen" zur Verpflegung von Bedürftigen. 1845 rief sie die Kongregation der Armen Schwestern vom heiligen Franziskus ins Leben, deren Schwestern sich um Frauen in Zuchthäusern, um an Seuchen erkrankte Menschen und während der Kriege 1866 und 1870/71 um die Verwundeten in den Lazaretten kümmerten. Franziska Schervier starb am 14. Dezember 1876 in Aachen und wurde im dortigen Ordensmutterhaus beigesetzt. 28. April 1974 Seligsprechung. – Der Orden ist heute auch in den Vereinigten Staaten verbreitet.

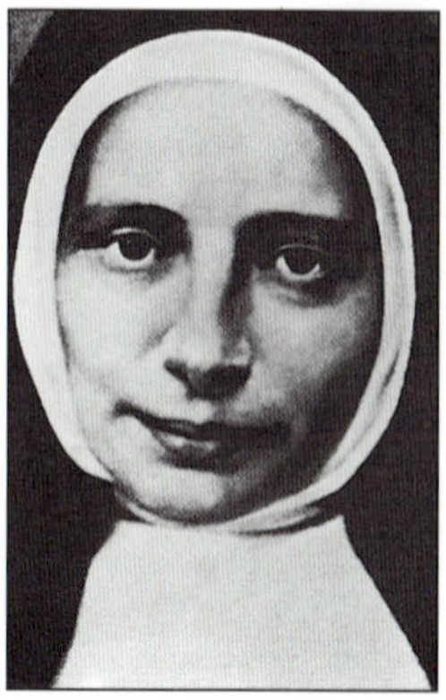

Franziska Schervier, Gründerin der Kongregation der Armen Schwestern vom heiligen Franziskus.

Anna Schäffer verbrachte mehr als 20 Jahre auf dem Krankenlager. An das Grab der Mystikerin in Mindelstetten kommen jährlich Tausende Gläubige.

Scholastika und ihr Bruder → Benedikt von Nursia auf einem Fresko aus dem 15. Jh. in der Oberkirche von Sacro Speco, Subiaco.

Schetzel (Schezzelo)
Einsiedler
Fest: 6. August
Schetzel lebte im 12. Jh. in einer Höhle in Luxemburg als hoch verehrter Einsiedler und gesuchter Ratgeber. Er starb wohl am 6. (11.?) August 1138. Schetzelhöhle und Schetzelbrunnen werden bis heute von Pilgern besucht.

Schininà, Maria (Maria vom heiligsten Herzen Jesu) sel.
Ordensgründerin
Fest: 11. Juni
Maria Schininà, geboren am 10. April 1844 in Ragusa auf Sizilien (Italien), gründete 1885 in Ragusa die Kongregation der Schwestern vom eucharistischen Herzen Jesu und war erste Generaloberin bis zu ihrem Tod am 11. Juni 1910 (Ordensname: Maria vom heiligsten Herzen Jesu); die Schwestern kümmerten sich um Waisenkinder und um die Pflege alter Menschen. 4. November 1990 Seligsprechung.

Schneider, Emilie Juliana Eva
Ordensfrau, Mystikerin
Fest: 21. März
Geboren am 6. September 1820 in Neuhaaren bei Heinsberg (Nordrhein-Westfalen), trat Juliana Eva Schneider 1845 in Lüttich, Belgien, der Kongregation der Töchter vom heiligen Kreuz bei und nahm den Namen Emilie an. Zu ihrer Lebensaufgabe machte sie ab 1852 die ihr übertragene Leitung des Theresienhospitals ihres Ordens in Düsseldorf (Nordrhein-Westfalen); in sieben schweren Jahren bis zu ihrem Tod am 21. März 1859 durchstand sie viele Anfeindungen und Verleumdungen, unter anderem auch wegen ihrer mystischen Erfahrungen (Briefe an ihren Beichtvater legen davon Zeugnis ab). Die Grabstätte von Emilie Schneider in der Klosterkirche des Theresienhospitals besuchen heute viele Gläubige; der Seligsprechungsprozeß ist fortgeschritten.

Emilie Schneider leitete für ihren Orden das Theresienhospital in Düsseldorf.

Schoeffler, Augustin sel.
MEP, Missionar, Märtyrer
Fest: 1. Mai
Augustin Schoeffler, geboren am 22. November 1822 in Mittelbronn in Lothringen (Frankreich), trat 1846 der Kongregation Pariser Missionsseminar bei und wirkte ab 1847 unter unsäglichen Entbehrungen und Strapazen in West-Tonkin, damals Annam in Hinterindien, heute Vietnam. Am 1. Mai 1851 wurde er in Son-Tay von Glaubensgegnern enthauptet. 27. Mai 1900 Seligsprechung.

Scholastika hl.
OSB, Ordensfrau
Fest: 10. Februar
Scholastika war die Schwester (vielleicht Zwillingsschwester) von → Benedikt von Nursia. Geboren um 480 in Nursia in Umbrien (Italien) als Tochter eines Elternpaares, das dem römischen Landadel angehörte, wurde Scholastika früh Nonne und lebte in verschiedenen Klöstern unweit Roms, zuletzt in der Nähe von Montecassino, also unweit ihres Bruders Benedikt, mit dem sie zeitlebens eng verbunden blieb. Einmal im Jahr trafen sich die Geschwister zum Gedankenaustausch und zum gemeinsamen Gebet in einem Landhaus unterhalb von Montecassino (im Kloster selbst durfte Scholastika ihren Bruder nicht besuchen, da dies die Klosterregel der Benediktiner untersagte). Beim letzten Treffen der beiden spürte Scholastika, daß sie Benedikt nicht mehr wiedersehen würde; als er aufbrechen wollte, erflehte sie durch ein Gebet ein Unwetter herbei, so daß Benedikt bleiben mußte. Am dritten Tag

starb Scholastika; Benedikt, so berichten es die Überlieferungen, sah die Seele seiner Schwester als Taube in den Himmel emporsteigen. Das Todesjahr war wohl 542 (oder 547). Benedikt setzte Scholastika in Montecassino in dem Grab bei, das er für sich selbst vorgesehen hatte und in dem er nach seinem Tod 547 ebenfalls bestattet wurde. Gebeine von Scholastika gelangten im 7. Jh. mit denen von Benedikt nach Fleury in Frankreich, später nach Le Mans und 874 teilweise nach Juvigny-sur-Loison bei Verdun; Teile befinden sich auch wieder in Montecassino.
Darstellung: als Äbtissin im Benediktinerinnengewand, mit Taube, Regelbuch, Palme, Handkreuz, mit Benedikt
Patronat: der Benediktinerinnen, für Regen, gegen Blitzschlag

Schuman, Robert
Politiker
Gedenken: 4. September
„Pilger für Europa" und „Vater Europas" wurde der französische Staatsmann Robert Schuman genannt; konsequent richtete der christlich gesinnte Ministerpräsident und Außenminister Frankreichs seine Politik nach Ende des Zweiten Weltkrieges auf das Ziel eines vereinten Europa und einer Versöhnung der Völker aus (in enger Verbundenheit unter anderem mit dem deutschen Bundeskanzler Konrad Adenauer und dem italienischen Ministerpräsidenten Alcide de → Gasperi). – Geboren am 29. Juni 1886 in Luxemburg, hatte Schuman in Bonn, München, Berlin und Straßburg Rechtswissenschaften studiert und wurde 1919 als Abgeordneter der katholischen Volkspartei für Lothringen in die französische Nationalversammlung entsandt. Nach seinen Stationen als Regierungschef und Minister wurde Schuman 1958 zum ersten Präsidenten des Europäischen Parlaments gewählt. Er starb am 4. September 1963 in Scy-Chazelles in Lothringen. Der Seligsprechungsprozeß ist fortgeschritten.

Der französische Außenminister Robert Schuman (rechts) im Gespräch mit Anthony Eden, dem englischen Außenminister, am 27. Juni 1952.

Schuster, Ildefonso Alfredo sel.
OSB, Erzbischof, Kardinal
Fest: 30. August
Als Sohn eines Schneiders aus Bayern und einer Südtirolerin am 18. Januar 1880 in Rom geboren, trat Alfredo Schuster auf eigenen Wunsch mit elf Jahren in das Kloster S. Paolo fuori le mura in Rom ein; 1896 nahm er sein Noviziat auf und den Namen Ildefonso an, 1902 legte er die ewigen Gelübde als Benediktiner ab, ab 1918 war er Abt von Kloster S. Paolo fuori le mura. Schon bald erkannte der Vatikan die herausragenden Fähigkeiten von Ildefonso Schuster; 1929 ernannte Papst Pius XI. ihn innerhalb von drei Wochen zum Erzbischof von Mailand und zum Kardinal. Während des Zweiten Weltkrieges ergriff Schuster immer wieder in Predigten das Wort gegen den Faschismus und verurteilte den „rassistischen und freiheitsmordenden Nazismus". 1995 wurde bekannt, daß er dem bekannten italienischen Journalisten Indro Montanelli, der von den Deutschen bereits zum Tod verurteilt war, durch sein Eingreifen das Leben gerettet hat. Ildefonso Schuster starb am 30. August 1954 in Venegono (Italien). 12. Mai 1996 Seligsprechung.

Ildefonso Kardinal Schuster, Erzbischof von Mailand, predigte während des Zweiten Weltkrieges gegen Faschismus und Nazismus.

Schwartz, Anton Maria sel.
Ordensgründer
Fest: 15. September
Auf dem Heldenplatz in Wien sprach Papst Johannes Paul II. am 21. Juni 1998 den Priester und Ordensgründer Anton Maria Schwartz selig. Geboren am 28. Februar 1852 in Baden bei Wien, hatte Schwartz 1875 die Priesterweihe empfangen und wirkte danach als Seelsorger und Fürsorger von Lehrlingen und Arbeitern; bald nannte man ihn in Wien den „Apostel der Arbeiter". 1889 gründete Schwartz die Kongregation der Christlichen Arbeiter vom heiligen → Josef Calasanz, die Kalasantiner; er trat für den Acht-Stunden-Arbeitstag, den freien Sonntag und Urlaub für Lehrlinge ein, solidarisierte sich mit Streikenden und errichtete in Wien die erste Arbeiterkirche. Bei der Beisetzung von Schwartz, der am 15. September 1929 starb, folgte auch der österreichische Bundespräsident dem Sarg.

Das Sebaldusgrab (1488) von Peter Vischer d. Ä. in der Pfarrkirche St. Sebald, Nürnberg; nach einer Fotografie von 1900.

Luigi Scrosoppi setzte sich für den Bau von Sozialeinrichtungen ein.

Gegenüberliegende Seite: Der heilige Sebastian mit zwei Engeln, Gemälde (1617) von Guercino. Der Legende nach haben Engel dem Totgeglaubten erste Hilfe geleistet.

Scilitanische Märtyrer hll.
Märtyrer
Fest: 17. Juli
Das Martyrium der Scilitanischen Märtyrer gilt als ältestes überliefertes Martyrium von Christen in Afrika (Protomärtyrer). Als die sechs Männer und Frauen (Speratus, Cittinus, Donata, Nartialus, Vestia und Secunda) in ihrer Heimat in Scillium in Numidien (Nordafrika) zum Tod verurteilt wurden, nahmen sie den Richterspruch der Christenverfolger mit den Worten „Deo gratias" an. Die Enthauptung der sechs Märtyrer fand am 17. Juli 180 statt. Umgehend entstand eine starke Verehrung; bereits ab 181 wurde in Karthago der Gedenktag des Martyriums gefeiert. Reliquien gelangten später nach Italien, Spanien und Frankreich. Über der Grabstätte der Märtyrer entstand eine Basilika, in der auch → Augustinus mehrmals predigte.

Scrosoppi, Luigi sel.
Or, Ordensmann
Fest: 3. April
Geboren am 4. August 1804 in Udine in Friaul, Italien, empfing Luigi Scrosoppi die Priesterweihe und trat bei den Oratorianern in Udine ein; ab 1854 war er Oberer. Sein ganzes Wirken galt dem Auf- und Ausbau eines großen Waisenhauses und eines Taubstummen-Instituts, wofür er auch eine Schwesterngemeinschaft begründete. Außerdem nahm er sich armer, krankgewordener Missionare und alter, gebrechlicher Priester an und kümmerte sich fürsorglich um sie. Luigi Scrosoppi starb am 3. April 1884 in Udine. 4. Oktober 1981 Seligsprechung.

Sebald(us) hl.
Pilger, Einsiedler
Fest: 19. August
Das Sebaldusgrab in der evangelischen Stadtpfarrkirche St. Sebaldus in Nürnberg (Bayern) zählt zu den bemerkenswertesten Heiligengräbern der Christenheit. Die Verehrung für Sebaldus beschränkt sich heute großenteils auf Nürnberg, wo er auch Stadtpatron ist. Nach den verschiedenen Überlieferungen kam Sebald im 8. Jh. (oder im 10./11. Jh.) als Pilger nach Nürnberg und ließ sich dort als Einsiedler und Missionar nieder. Woher er stammte, ist nicht geklärt (vielleicht aus Ungarn, aus Dänemark oder aus Frankreich). Sebaldus wurde vor 1070 in der Peterskapelle, dem Vorgängerbau der heutigen Sebalduskirche, beigesetzt; an der Grabstätte ereigneten sich viele bezeugte Wunder. Im Mittelalter existierten zahlreiche Bräuche um die Gestalt des Sebald (so schlüpften Gläubige unter dem Sarg hindurch, um Heilung zu erlangen, oder man brachte das Sebaldus-Haupt zu schwangeren Frauen, die sich in gesundheitlicher Gefahr befanden). 26. März 1425 Heiligsprechung.
Darstellung: als Pilger, mit Mantel und Hut, mit Ochsen, Muschel, Stab, Rosenkranz, Kirchenmodell von St. Sebaldus
Patronat: von Nürnberg, des Viehs, gegen Kälte

Sebastian, Sebastiano

Sebastian hl.
Märtyrer
Fest: 20. Januar
Sebastian genoß bereits in der Frühzeit im ganzen christlichen Abendland große Verehrung; bis heute gehört er zu den bekanntesten Heiligen, das Bild des mit Pfeilen durchbohrten Märtyrers findet sich in katholischen Kirchen auf der ganzen Welt. Die Lebensgeschichte des Sebastian ist wohl zu großen Teilen legendarisch; danach stammte er aus Mailand (Italien), der Geburtsstadt seiner Mutter (dort schon im 4. Jh. Kult) und war Soldat in der Leibgarde von Kaiser Diokletian, der ihn sehr schätzte. Als der Christenverfolger Diokletian eines Tages erfuhr, daß Sebastian überzeugter Christ war, ließ er ihn trotz der vorherigen Wertschätzung sofort gefangennehmen

Die Kirche S. Sebastiano (oben) an der Via Appia in Rom bewahrt die Reliquien des Sebastian; sie werden hinter der Liegefigur von Gioretti aufbewahrt.

und ordnete seine Tötung an. Man band Sebastian an einen Baum und schoß so lange mit Pfeilen auf ihn, bis man ihn tot glaubte und am Boden liegen ließ. Die Witwe und Christin → Irene aber sah, daß Sebastian noch lebte, nahm ihn bei sich auf und pflegte ihn gesund. Mutig ging Sebastian erneut zu Diokletian und prangerte ihn der Christenverfolgung an, worauf ihn der Kaiser im Circus von Rom mit Keulen erschlagen, seinen Leichnam in die Cloaca maxima werfen ließ; der Todestag soll der 20. Januar 288 gewesen sein. Eine Christin namens Lucina fand die Gebeine von Sebastian und bestattete sie an der Via Appia; Papst → Damasus errichtete 367 über der Grabstätte eine Basilika, die heute zu den sieben Pilgerkirchen Roms gehört (S. Sebastiano). Das Haupt Sebastians gelangte 826 in die Kirche SS. Quattro Coronati in Rom, die Hirnschale im 10. Jh. ins bayerische Ebersberg, mehrere Reliquien 826 in die Abtei St-Médard nach Soissons. Der Hauptteil der Gebeine befindet sich bis heute in einem Steinsarkophag mit einer Liegefigur des Sebastian in S. Sebastiano in Rom. Um die Person des Sebastian hat sich ein reiches Brauchtum entwickelt; „Sebastiansminne" und „Sebastiansbrot" wurden früher am 20. Januar verteilt, Pilger erhielten Sebastianspfeile, Brunnen (Zisternen) wurden ihm geweiht und seinem Schutz unterstellt, Schützenbruderschaften erwählten ihn zum Schutzpatron. Über Jahrhunderte war Sebastian der meistverehrte Pestpatron, weil in Rom 680 eine Pestepidemie zum Erlöschen gekommen war, nachdem man Sebastian-Reliquien durch die Stadt getragen hatte. Regional wurde Sebastian auch zu den → Vierzehn Nothelfern gezählt, und im Bauernkalender ist der Sebastianstag ein Wetterlostag. Seit Jahrhunderten erzählen Schauspiele und Volkslieder von Leben und Sterben des Märtyrers.
Darstellung: als junger, meist sehr schöner Mann, manchmal als Soldat, an einen Baum oder einen Pfahl gebunden, mit Palme, Pfeilen, Keulen, Handkreuz, Krone, Schwert, Lanze
Patronat: der Sterbenden, der Soldaten, der Brunnen, bei Verwundungen, der Zinngießer, Eisenhändler, Gerber, Gärtner, Steinmetzen, Büchsenmacher, Bürstenbinder, gegen Viehkrankheiten

Sebastian Apparizio sel.
OFM, Laienbruder
Fest: 25. Februar

Geboren Anfang des 16. Jh. in Galicien (Spanien), wurde Sebastian Apparizio zunächst Landarbeiter und dann Kammerdiener in Salamanca. Später ging er nach Mexiko, wo er von der Regierung mit dem Bau von Straßen und mit dem Aufbau eines Postdienstes beauftragt wurde. Als seine zweite Ehefrau starb, wurde der inzwischen 70jährige Sebastian Apparizio Franziskaner-Laienbruder in Puebla de los Angeles; in den folgenden 26 Jahren bis zu seinem Tod am 25. Februar 1600 betätigte er sich als demütiger Sammelbruder für seinen Orden. 1787 Seligsprechung.

Sebastian Kimura sel.
SJ, Ordensmann, Märtyrer
Fest: 10. September
Sebastian Kimura war der erste Japaner, der zum Priester geweiht wurde und der Enkel des ersten Menschen, der in Japan die Taufe erhalten hatte (von → Franz Xaver). Im Alter von 18 Jahren war Kimura bereits den Jesuiten beigetreten. 1620 wurde er gefangengenommen und zwei Jahre im Kerker festgehalten und gefoltert, am 10. September 1622 verbrannte man ihn bei lebendigem Leib. 1867 Seligsprechung.

Sebastian Newdigate sel.
OCarth, Ordensmann, Märtyrer
Fest: 18. Juni
Geboren um 1490 in Harefield in Middlesex (England), wurde Sebastian Newdigate Kartäuser und legte den Grundstein für das Ordenshaus in London. Als er sich weigerte, den Suprematseid zu leisten, wurde er am 18. Juni 1535 in Tyburn/London gehängt und gevierteilt. 1886 Seligsprechung.

Sebastiano Maggi sel.
OP, Ordensmann, Prediger
Fest: 16. Dezember
Sebastiano Maggi gehörte im 15. Jh. zu den bedeutenden Bußpredigern Italiens. Im Dominikanerorden hatte er verschiedene hohe Ämter inne, in ganz Norditalien war er unermüdlich für Reformen tätig. Er starb am 16. Dezember 1496 in Genua. 1760 Seligsprechung.

Sebastiano Valfré sel.
Or, Priester, Ordensoberer
Fest: 30. Januar
Geboren am 9. März 1629 in Verduno in Piemont (Italien), empfing Sebastiano Valfré 1652 die Priesterweihe. Insgesamt zwei Jahrzehnte war er Oberer der von → Philipp Neri gegründeten Kongregation der Oratorianer, der er 1651 beigetreten war und die er zu großem Ansehen brachte. Durch sein unermüdliches karitatives Wirken und sein beharrliches Apostolat unter der Bevölkerung und bei den Bedürftigen und Hilfesuchenden von Turin wurde er zum Apostel der Stadt; sein Charisma und seine Geisteskraft wurden im einfachen Volk, aber auch bei den Adligen bewundert. Sebastiano Valfré starb am 30. Januar 1710 in Turin. Papst Gregor XVI. sprach ihn 1834 selig.

Sebbi (Sebbus) hl.
OSB, König, Mönch
Fest: 29. August
Sebbi war König von Essex (England), dankte 694 nach 30jähriger friedvoller Regentschaft, in der er sich um die Christianisierung seines Landes verdient gemacht hatte und ein großes Vorbild an christlicher Gesinnung gewesen war, ab und wurde Mönch im Benediktinerkloster in London. Wenige Monate später starb er am 29. August 694/695. Beigesetzt ist Sebbi in der St. Paul's Cathedral in London.

Secondina (Sekundina)
Märtyrerin
Fest: 15. Januar
Bis heute genießt Secondina in Anagni in Italien Verehrung; nach den Überlieferungen war sie eine Adlige christlichen Glaubens, die in den Verfolgungen unter Decius am 15. Januar 257 in Anagni hingerichtet wurde. Gebeine werden in der Krypta der Kathedrale von Anagni aufbewahrt.

Secundus
Märtyrer
Fest: 21. Mai
Der Priester Secundus erlitt zusammen mit einer großen Zahl von Christen am 21. Mai 356/357 in Alexandria (Ägypten) das Martyrium unter den Arianern, die ihre Opfer langsam zu Tode quälten. – Bei den Griechen genoß Secundus lange große Verehrung.

Seelos, Franz Xaver
CSSR, Ordenspriester
Fest: 4. Oktober
Geboren am 11. Januar 1819 in Füssen (Bayern), wurde Franz Xaver Seelos Priester und trat dem Redemptoristenorden bei. Ab 1845 wirkte er als Seelsorger in Pittsburgh in den USA, 1851 wurde er dort zum Ordensoberen gewählt, 1854 in Baltimore, ab 1866 war er in New Orleans tätig. Seelos starb am 4. Oktober 1867 in New Orleans.

Seiriol
Abt, Gründer
Fest: 1. Februar
Der Name von Seiriol wird bis heute durch die Insel Ynys-Seiriol bei Anglesey in Wales wachgehalten, wo die Ruinen eines kleinen Klosters an den Gründer und ersten Abt Seiriol erinnern; Seiriol lebte und wirkte im 6. Jh.

Senan (Senames) hl.
Bischof
Fest: 8. März
Um Senan ranken sich verschiedene legendenhafte Erzählungen; wahrscheinlich war er im 6. Jh. Mönch und Missionsbischof in Irland und gründete dort am Fluß Shannon die Gemeinde von Iniscarra bei Cork und ließ sich selbst in der Nähe auf Scattery Island nieder. Bezeugt ist in der Gegend von Shannon eine Verehrung.

Senoch hl.
Abt
Fest: 24. Oktober
Senoch stammte aus der Gegend von Poitiers, Frankreich, wo er wohl um 535 geboren wurde; nach Berichten von → Gregor von Tours gründete er zusammen mit drei Gefährten in Touraine nahe Tours ein Kloster, das er als Abt leitete und in dem er ein Vorbild an Bußstrenge und Askese war. Senoch starb am 24. Oktober 579 (576?) in Touraine.
Patronat: für den Brückenbau (weil er selbst eine bewunderte Brücke über einen Fluß nahe seinem Kloster errichtet hatte)

Sennorina
OSB, Äbtissin
Fest: 22. April
Sennorina wurde von ihrer Familie mit der Betreuung ihrer Tante betraut, die Äbtissin des Benediktinerinnenklosters Vieira (Spanien) war. Später trat sie dem Kloster selbst bei und wurde zur Äbtissin gewählt. Sie starb am 22. April 982.

Sequanus (Sigin, Seine)
Abt
Fest: 19. September
Das Kloster St-Seine-l'Abbaye bei Dijon in Burgund (Frankreich) ist die Gründung von Sequanus (Sei-

Eine russische Ikone aus dem 18. Jh. zeigt Seraphim von Sarow bei einer tausendtägigen Vigil (nächtliches Gebet) in den Wäldern.

ne); zur Zeit von Sequanus hieß die Abtei Sicaster. Sequanus, der als Dämonenaustreiber hoch verehrt wurde, starb am 19. September 580.

Seraphia (Serapia)
Märtyrerin
Fest: 29. Juli
Nach der wohl legendarischen Passio war Seraphia eine Sklavin syrischer Herkunft in Rom, die angeblich die Witwe → Sabina, bei der sie lebte, zum Glauben bekehrt hat (so berichten es die Akten der Sabina). Sowohl Sabina als auch Seraphia erlitten um 120 den Martertod in Rom.

Seraphim von Sarow hl.
Mönch, Priester, Mystiker
Fest: 14. Januar
Bis heute genießt Seraphim von Sarow Verehrung in der russischen Kirche. Geboren 1759 in Kursk, war er zunächst Mönch und empfing 1793 die Priesterweihe; danach lebte er als Einsiedler in einem Wald, betete mehrere Jahre ohne Unterbrechung, sprach dann einige Jahre kein einziges Wort und zog sich schließlich für über 15 Jahre in die völlige Einsamkeit einer Zelle zurück. Von 1825 an wirkte er als sogenannter Starez, also als erfahrener, alter Mönch (geistiger Vater), der junge Mönche im geistig-asketischen Leben unterrichtet; außerdem wurde er zum Ratgeber für unzählige hilfesuchende Menschen, die durch sein Charisma, seine Wundergaben und die Berichte über seine Visionen angezogen wurden und ihn wie einen Heiligen verehrten. Seraphim starb am 14. Januar 1833 in Sarow. 1903 Heiligsprechung. Auch im Westen entwickelte sich ein starkes Interesse am Leben von Seraphim von Sarow.

Seraphin von Montegranaro, nach einem zeitgenössischen Portrait.

Seraphin von Montegranaro hl.
OFMCap, Ordensmann, Mystiker
Fest: 12. Oktober
Geboren 1540 als Felice Piampiani in Montegranaro bei Ascoli Piceno (Italien), war Seraphin zunächst Hirte, bevor er 1557 in Iesi dem Kapuzinerorden als Laienbruder beitrat. Er wirkte in zahlreichen Klöstern, meist als Almosensammler oder Pförtner. Er war charismatisch hoch begnadet und besaß die Gaben der Wunder und der Krankenheilung; obwohl er nie eine Ausbildung genossen hatte, fragten ihn hochrangige Persönlichkeiten um Rat. Seraphin starb am 12. Oktober 1604 in Ascoli Piceno. 1718 Selig-, 1767 Heiligsprechung.

Seraphina → Fina

Seraphina sel.
OSCl, Äbtissin
Fest: 8. September, 9. September
Geboren 1434 in Urbino (Italien) als Tochter des Grafen von Urbino, mußte Seraphina (Sueva) 14jährig gegen ihren Willen den Herzog von Pesaro heiraten; vor der Roheit ihres Mannes flüchtete sie nach einigen Jahren in das Klarissenkloster von Pesaro (andere Quellen sagen, ihr Ehemann habe sie dort eingesperrt), nahm später den Schleier und wurde 1475 zur Äbtissin gewählt. Seraphina starb am 8. September 1478 in Pesaro und wurde in der Klosterkirche beigesetzt. 1754 Approbation des Kultes.

Serapion sel.
OdeM, Ordensmann, Märtyrer
Fest: 14. November
Serapion gilt als erster Märtyrer des Mercedarierordens. Geboren 1179 in London, war er in Algier (Algerien) in Gefangenschaft der Mauren geraten; als er den Muslims im Gefängnis das Evangelium verkündete, wurde er an das Andreaskreuz geschlagen und dann enthauptet (14. November 1240). 1728 Approbation des Kultes.
Patronat: gegen Gicht und Rheuma

Serapion von Thmuis hl.
Bischof von Thmuis
Fest: 21. März
Serapion, Schüler und Gefährte von → Antonios dem Großen und Freund von → Athanasios, war ab 339 Bischof von Thmuis in Unterägypten und ein entschiedener Gegner des Arianismus, weshalb er auch Athanasios vor dem Konzil von Sardika (343) verteidigte. Serapion galt als überaus gebildet und belesen und schrieb selbst herausragende theologische Werke; sein Beiname war „Scholasticus" (eine seiner wichtigsten Schriften fand man 1899 wieder auf). Serapion von Thmuis starb an einem 21. März um 365.

Serena
Märtyrerin
Fest: 16. August
Nach der unsicheren Passio war Serena die Ehefrau von Christenverfolger Diokletian; durch den Diakon Cyriakus bekehrt, wurde sie Christin und half danach verfolgten Christen in Rom, bis sie selbst Anfang des 4. Jh. hingerichtet wurde (möglicherweise auf Anordnung ihres Ehemannes).

Serenedus und Serenikus
OSB, Einsiedler
Fest: 7. Mai, 8. Mai
Serenedus und Serenikus (Celerinus) waren zwei Brüder, die einer Adelsfamilie aus Spoleto, Italien, entstammten; beide wurden Benediktinermönche und zogen Mitte des 7. Jh. nach Nordwestfrankreich, wo sie fortan getrennt als Einsiedler lebten. Um Serenikus, der sich am Fluß Sarthe niederließ, sammelten sich im Laufe der Jahre über 100 Gefährten; aus der Gemeinschaft entwickelte sich schließlich das Kloster Hiesmes, das Serenikus als Abt leitete. Serenedus und Serenikus starben um 669/675; von Serenedus ist eine Approbation des Kultes im Jahr 1851 bekannt. – Die Überlieferungen berichten von zahlreichen Wundern, die sich vor allem um Serenikus ereigneten; in der Kirche des nach ihm benannten Ortes St-Céneri-le-Gérei an der Sarthe stellen Wandmalereien die Ereignisse dar.

Serenus hl.
Bischof von Marseille
Fest: 2. August
Serenus war um 600 Bischof von Marseille (Frankreich); von seinem Wirken weiß man ausschließlich aus Briefen von → Gregor dem Großen, die dieser an ihn schrieb und in denen der Papst ihm unter anderem die Missionare aus dem Andreaskloster in Rom ankündigte und ihn außerdem wegen der Entfernung von Bildern aus den Kirchen rügte. Serenus starb wohl am 2. August 604(?).

Sergius → Bacchus und Sergius

Sergius I. hl.
Papst (687 bis 701)
Fest: 8. September
Mit dem Pontifikat von Sergius I., einem Syrer aus Palermo (Sizilien), nahmen die politische und die religiöse Abtrennung Roms und damit des Westens vom Osten ihren Anfang. Als sich der Papst, der am 15. Dezember 687 gewählt worden war, weigerte, die romfeindlichen Beschlüsse der Zweiten Trullanischen Synode von 692 zu unterzeichnen, ordnete Kaiser Justinianos II. seine Gefangennahme und Verbannung an; das römische Volk aber hinderte die kaiserlichen Soldaten mit Gewalt daran, Sergius I. festzunehmen, woraufhin der verantwortliche Offizier den Papst weinend um Gnade bat. Das Papsttum ging gestärkt aus diesen Ereignissen hervor. Sergius I. hielt engen Kontakt zum Frankenreich und zu England; durch die Weihe von → Willibrord zum Bischof der Friesen legte er den Grundstein für die Nordmissionen. Sergius I. führte in der Meßliturgie das Agnus Dei ein, im Kirchenjahr mehrere Marienfeste sowie das Fest der Kreuzerhöhung. Er starb am 8. September 701 in Rom und wurde im Petersdom beigesetzt. Ein Kult ist schon im 8. Jh. nachweisbar.

Sergius Radonesch hl.
Mönch, Priester, Gründer
Fest: 25. September
Sergius Radonesch (Radonez) gilt als Reformer des monastischen Lebens in Nordrußland und wird auch „Erbauer Rußlands" genannt. Geboren am 3. Mai 1314 in Radonez bei Moskau, lebte Sergius zunächst einige Jahre als Einsiedler in den Wäldern seiner Heimat. Um 1341 empfing er die Priesterweihe und gründete danach bei Moskau die Dreifaltigkeitskirche, aus der sich das Dreifaltigkeitskloster (Sergius-Dreifaltigkeits-Lawra) entwickelte, nachdem sich Sergius immer mehr Schüler und Gefährten angeschlossen hatten. Weitere 40 Klöstergründungen in Nordrußland folgten, bestehende Klöster reformierte Sergius. Aufgrund seiner vorbildlichen Lebensführung sowie seiner freundschaftlichen Beziehungen zu den russischen Fürsten und zum Patriarchen von Konstantinopel hatte Sergius Radonesch auch großen Einfluß auf die Politik; der gute Ausgang der Kulikow-Schlacht (1380) war mit ihm zu verdanken. Die Wahl zum Metropoliten von Moskau 1378 nahm er nicht an, um weiter als Priester und Abt wirken zu können. Sergius Radonesch starb am 25. September 1392 in Moskau, betrauert vom ganzen Volk, das ihn wie einen Heiligen verehrt hatte. 1448 (1449?) Heiligsprechung durch die orthodoxe Kirche. Bis heute starke Verehrung in Rußland.

Papst Sergius I., ein Förderer der Nordmission und des heiligen → Willibrord.

Sergius Radonesch, nach einem Holzschnitt aus dem Dreifaltigkeitskloster in Sagorsk, Rußland.

Servatius zwischen zwei Engeln; Stirnseite des Servatiusschreins (um 1165) in Maastricht.

Serlo sel.
OSB, Abt
Fest: 10. September
Der Benediktiner Serlo war ab 1140 Abt von Kloster Savigny in der Normandie (Frankreich), das einem Klosterverband von über 30 Abteien in Frankreich, England, Schottland und Irland vorstand, den der Abt von Savigny leitete. 1147 schloß Serlo den gesamten Verband dem jungen Zisterzienserorden und dessen Kloster Clairvaux an, das zur Mutterabtei wurde; er selbst lebte ab 1153 bis zu seinem Tod am 10. September 1158 (in Clairvaux) als einfacher Mönch.

Serlo von Gloucester
OSB, Abt
Fest: 3. März
Serlo war zunächst Mönch im Benediktinerkloster Mont-Saint-Michel in der Normandie (Frankreich), ab 1074 Abt von Kloster Gloucester in England; als er dort eintraf, fand er zwei erwachsene Mönche und acht Jungen vor, als er am 3. März 1104 starb, hinterließ er eine Gemeinschaft von über 100 Mönchen.

Servanus (Serf, Sair) hl.
Bischof(?), Gründer
Fest: 1. Juli
In Schottland wird Servanus als Volksheiliger verehrt, obwohl über ihn nur ungesicherte Überlieferungen existieren. Möglicherweise war er im 6./7. Jh. Missionsbischof in Schottland und wirkte auch auf den Orkney-Inseln vor Schottland. Wahrscheinlich scheint, daß Servanus das Kloster Culross gründete, wo er auch starb und beigesetzt wurde. – Manchmal Vermengung verschiedener Träger des Namens Servanus.

Servatius (Servais) hl.
Bischof von Tongern
Fest: 13. Mai
Die Servatius-Grabstätte in der Servatius-Kirche in Maastricht (Niederlande) gehörte im Mittelalter zu den bedeutendsten Wallfahrtsorten Europas; viele Herrscher suchten sie auf, so → Karl der Große, → Heinrich II. und Karl V., ebenso viele Kirchenpersönlichkeiten wie → Norbert und → Bernhard von Clairvaux. Zahlreiche Legenden ranken sich um die Person des Servatius, regional gehört „Sint Servaas“ zu den „Eisheiligen“, viel Brauchtum hat sich um ihn entwickelt. – Servatius stammte wahrscheinlich aus dem Osten, wo er wohl um 300 geboren wurde. Die erste Nachricht über ihn existiert aus dem Jahr 343, als er, ein erbitterter Gegner des Arianismus, auf der Synode von Sardika (Sofia) die Beschlüsse gegen die Arianer als teilnehmender Bischof von Tongern unterzeichnete. Sicher weiß man ebenfalls, daß Servatius um 351 als Gesandter von Gegenkaiser Magnus Maxentius zu Kaiser Konstantius II. nach Edessa reiste und daß er an der Synode von Rimini 359/360 teilnahm. Als Todesjahr wird allgemein 384 genannt, was aber nicht sicher belegt ist. – Eine von → Gregor von Tours im 6. Jh. verbreitete Legende berichtet folgendes: Servatius betete zu Gott, den bevorstehenden Einfall der Hunnen zu verhindern; um sein Gebet noch zu verstärken, pilgerte er nach Rom, wo er von → Petrus in einer Vision mitgeteilt erhielt, der Einfall der Hunnen sei von Gott so gewollt wegen des unbotmäßigen Verhaltens des Volkes, er selbst werde jedoch vorher friedlich entschlafen. Servatius eilte nach Hause zurück, verabschiedete sich von den Einwohnern Tongerns, zog ins nahegelegene Maastricht und starb dort kurz darauf.
Über dem Grab von Servatius entstand später die Servatiuskirche; die Reliquien befinden sich bis heute in einem Schrein, das Haupt in einem Silberreliquiar. Gezeigt wird

in Maastricht außerdem ein Schlüssel, den Servatius nach der Legende in Rom von Petrus erhalten haben soll. Alle sieben Jahre (1997, 2004, 2011) findet in Maastricht seit 1391 die berühmte „Heiligtumsfahrt" statt, bei der der Servatius-Schrein und andere Reliquien in feierlicher Prozession („Ommegang") durch die Straßen getragen werden; außerdem findet das Bühnenspiel „Echo eines Pilgers" statt, bei dem über 800 Schauspieler und Musiker die Legenden um Servatius in Szene setzen. – Auch in der Servatiuskirche in Quedlinburg (Sachsen-Anhalt) werden Reliquien von Servatius verehrt.
Darstellung: als Bischof, manchmal mit Brille, mit Schlüssel, mit Holzschuhen (nach einer der Legenden soll Servatius mit Holzschuhen erschlagen worden sein), mit Drachen, wie er einem Drachen seinen Bischofsstab in den Rachen stößt, wie er als Pilger in der heißen Sonne schläft und ein Adler ihm mit seinen Schwingen Schatten spendet
Patronat: von Maastricht und Quedlinburg, der Schlosser und Tischler, gegen Rheuma, Fieber, Fußleiden, gegen Frostschäden, gegen Mäuse- und Rattenplagen, gegen das Lahmen bei Tieren, für gutes Gelingen

Servulus von Lystra hl.
Märtyrer
Fest: 24. Mai
Nach der wohl großenteils legendenhaften Passio erlitt Servulus im Kindesalter um 285 in Lystra bei Ikonion (Konya, Türkei) das Martyrium. Da man später den Namen Lystra als Istria las, entstand daraus Istrien als Martyriumsort, das nahegelegene Triest (Italien) erwählte Servulus zum Patron.

Servulus von Rom
Bettler
Fest: 23. Dezember
Servulus war von Geburt an gelähmt; in Rom saß er Tag für Tag vor der Kirche S. Clemente und sammelte Almosen, die er an noch Ärmere weitergab, von wohlmeinenden Menschen ließ er sich aus der Bibel vorlesen. Servulus starb am 23. Dezember 590. Papst → Gregor der Große berichtete in einer Predigt von ihm und rühmte sein demütiges und heroisches Leben.

Seton Bayley, Elizabeth Ann hl.
Ordensgründerin
Fest: 4. Januar
Der erste in den USA gegründete Frauenorden, die Sisters of Charity (Barmherzige Schwestern), geht auf Elizabeth Ann Bayley Seton zurück, die auch die erste in den Vereinigten Staaten geborene Heilige der USA ist. – Geboren am 28. August 1774 in New York aus angesehener Familie, heiratete Elizabeth Bayley jung und wurde Mutter von fünf Kindern. Nach dem frühen Tod ihres Ehemannes William Seton ging sie nach Baltimore, wo sie 1805 zur katholischen Kirche übertrat und die erste katholische Elementarschule der USA sowie die katholische Waisenfürsorge des Landes begründete. Als sich immer mehr Frauen um sie sammelten, die helfen wollten, ließ sich die Gemeinschaft in Emmitsburg nieder; 1809 wurden die Sisters of Charity offiziell bestätigt. Generaloberin Elizabeth Ann Seton starb am 4. Januar 1821. 17. März 1963 Selig-, 14. September 1975 Heiligsprechung. Der Orden wirkt heute in Afrika, Lateinamerika und im Fernen Osten.

Severa von Trier
Äbtissin
Fest: 20. Juli
Der Severa-Kult ist in Trier (Rheinland-Pfalz) schon seit Jahrhunderten bekannt; historisch sichere Daten über Severa existieren jedoch nicht. Möglicherweise war sie eine Schwester von Bischof → Modoald (gestorben um 648) und erste Äbtissin des von ihm gegründeten Klosters St. Symphorian in Trier. Andere Quellen meinen, Severa sei im 8. Jh. Äbtissin von Kloster Öhren in Trier gewesen.

Severianos hl.
Bischof, Märtyrer
Fest: 21. Februar
Severianos war Mitte des 5. Jh. Bischof von Scythopolis in Galiläa (Palästina); als er vom berühmten

Elizabeth Ann Seton, Gründerin der Sisters of Charity, nach einem Portrait im St. Joseph's Provincial House, Emmitsburg, Maryland.

Die Kirche St. Servatius in Quedlinburg ist im Besitz von Reliquien des heiligen Servatius; Foto von Jutta Brüdern.

Der Marmorsarkophag (6. Jh.) des Severin von Bordeaux in der Krypta von St-Seurin in Bordeaux.

Konzil von Chalkedon (451), auf dem er sich energisch gegen den Monophysitismus ausgesprochen hatte, zurückkehrte, wurde er von Glaubensgegnern gefoltert und ermordet.

Severin (Seurin) von Bordeaux hl.
Bischof von Bordeaux
Fest: 21. Oktober

Severin soll nach ungesicherter Überlieferung etwa ab 410 bis etwa 420 Bischof von Bordeaux (Frankreich) gewesen sein; angeblich war er aus dem Orient oder aber auch aus Trier gekommen. Die Kirche St-Seurin in Bordeaux erinnert bis heute an Severin. – Manchmal irrtümlich Vermengung mit → Severin von Köln.

Severin von Köln hl.
Bischof von Köln
Fest: 23. Oktober

Severin, der Patron der Stadt Köln (Nordrhein-Westfalen), war in der zweiten Hälfte des 4. Jh. Bischof der Stadt; sein Schrein in der dortigen Severinskirche wird bis heute von Gläubigen besucht. Von Leben und Wirken Severins ist nichts Näheres bekannt, möglicherweise war er der Nachfolger des 346 abgesetzten Bischofs Euphrates (beide sind in den ältesten Kölner Bischofslisten sicher bezeugt). → Gregor von Tours berichtete, daß Severin in einer Vision den Gesang der Engel hörte, die → Martin von Tours nach seinem Tod 397 in den Himmel geleiteten. – Eine Legende berichtet, Volk und Klerus hätten den aus Bordeaux (Frankreich) stammenden Severin 346 zum Bischof ernannt; bei einem Besuch in seiner Heimatstadt sei Severin gestorben und dort beigesetzt worden, erst später holten die Kölner einen Teil der Gebeine zurück nach Köln, den anderen Teil wollten die Bürger von Bordeaux nicht mehr hergeben. Über der Grabstätte in Köln entstand dann ein Gebetsraum, aus dem später die Severinskirche wurde, wo man Severin unter dem Hochaltar beisetzte; im 11. Jh. bettete man die Reliquien dann in den kostbaren Goldschrein.

Darstellung: als Bischof, mit Buch, Kirchenmodell

Patronat: gegen Unglück, für gute Witterung

Severin von Köln, dargestellt auf einer Gold- und Emailarbeit aus dem 7. Jh. Domschatz St. Severin, Köln.

Severin von Noricum hl.
Abt
Fest: 8. Januar

Severin gilt als Apostel des Glaubensfriedens in der damaligen römischen Provinz Noricum, die vom Inn bis zum Wienerwald und von der Donau bis zur Drau reichte. In Bayern und Österreich genießt Severin von Noricum bis heute Verehrung. – Geboren zu Beginn des 5. Jh. bei Mailand (Italien) oder im Orient, schlug Severin zunächst eine militärische Laufbahn ein; danach zog er nach Kleinasien, wo er einige Jahre als Mönch lebte. Nach dem Tod von Hunnenkönig Attila (453) kam Severin nach Noricum, wo er sofort ein segensreiches Wirken als Seelsorger unter den durch die Völkerwanderungen stark betroffenen Einwohnern aufnahm. Severin war es zu verdanken, daß die katholische Bevölkerung in Frieden unter den arianischen Rugiern leben konnte; die beiden von ihm gegründeten und geleiteten Klöster Favianis (Mautern bei Krems, Österreich) und Bojotro (Passau, Bayern) betreuten die Christen. Als die Bedrohungen durch Alamannen begannen, organisierte Severin den gemeinsamen Rückzug der katholischen Bevölkerung in das Gebiet von Lauriacum (Lorch an der Enns), wo er ebenfalls ein Kloster gründete, und später nach Mautern, wo er am 8. Januar 482 starb. Severin genoß schon zu Lebzeiten hohes Ansehen sowohl bei den Römern als auch bei den Germanen; nach seinem Tod waren seine Reliquien sehr begehrt, nach mehreren Übertragungen und Umbettungen werden sie seit 1807 in der Pfarrkirche von Frattamaggiore bei Aversa in Italien aufbewahrt.

Darstellung: als Pilger oder Mönch, mit Tasche, Stab, Feder, Buch, Kruzifix, beim Predigen

Patronat: von Bayern, der Gefangenen, der Winzer und Weinstöcke, der Leinweber

Severinus Boethius → Boethius

Severus von Avranches
Bischof von Avranches
Fest: 1. Februar
Der Mönch und Einsiedler Severus wurde Mitte des 6. Jh. Bischof von Avranches in der Normandie (Frankreich); kurz vor seinem Tod (um 590) gab er sein Amt auf, um wieder als Mönch zu leben. Severus galt als großer Wohltäter und wurde schon zu Lebzeiten hoch verehrt. Die Reliquien gelangten im 10. Jh. nach Rouen (Frankreich), wo bis heute ein Stadtteil nach Severus St-Sever heißt.

Severus von Neapel hl.
Bischof von Neapel
Fest: 29. April
Severus war nach den unsicheren Überlieferungen von 363 bis 409 Bischof von Neapel (Italien); er galt als Wundertäter und soll sogar einen Toten wieder zum Leben erweckt haben. Ein Brief von → Ambrosius an Severus ist erhalten.

Severus von Prag
OSB, Bischof von Prag
Fest: 9. Dezember
Der Benediktiner Severus wurde 1031 zum Bischof von Prag ernannt und amtierte bis zu seinem Tod am 9. Dezember 1067; er war berühmt für die vielen Kirchen, die er in seiner Diözese errichten ließ. Wegen seiner kritischen politischen Haltung den Herrschern gegenüber wurde Severus zeitweise verfolgt und war sogar eingekerkert.

Severus von Ravenna hl.
Bischof von Ravenna
Fest: 1. Februar
Die Vita von Severus ist von Legenden umrankt; danach war er von Beruf Wollweber in Ravenna (Italien) und kam eines Tages hinzu, als der neue Bischof von Ravenna gewählt werden sollte; als eine Taube schwebend über seinem Kopf ausharrte, ernannte man ihn zum Bischof. Sicher bezeugt ist die Teilnahme von Severus am Konzil von Sardika (Sofia) 343. Eine weitere Legende erzählt, daß Severus, als er seinen Tod nahen fühlte, das Grab seiner Ehefrau und seiner Tochter öffnete, die beiden Skelette seien zur Seite gerückt, er habe sich in das Grab gelegt und sei gestorben. Eine Severus-Begräbnisstätte in Classe bei Ravenna war tatsächlich früh bekannt. Reliquien gelangten auch nach Mainz und Erfurt in Deutschland.
Darstellung: als Bischof, mit Taube, Weberschiffchen, Buch, Kirchenmodell
Patronat: der Polizisten (severus, lat. streng), der Weber, Spinner, Tuchmacher, Strumpf-, Hut- und Handschuhmacher

Severus von Ravenna, Detail am Severi-Sarkophag (um 1365), in der ehemaligen Stiftskirche St. Paulus und Severus, Erfurt.

Severus von Trier
Bischof von Trier
Fest: 15. Oktober
Severus war ein Schüler von → Germanus und von → Lupus. Er begleitete Germanus nach England, später verkündete er das Evangelium an der Mosel und wurde 446 Bischof von Trier (Rheinland-Pfalz). Er starb am 15. Oktober 449.

Sexburga hl.
OSB, Königin, Äbtissin
Fest: 6. Juli
Sexburga gehörte in England bis zur Reformation zu den stark verehrten Heiligen. Geboren um 635 als Tochter von König Anna von Ostanglien, heiratete sie König Erkonbert von Kent und wurde Mutter von → Ermenhild und → Erkengota. Nach dem Tod von Erkonbert (664) wurde sie Äbtissin der von ihr gegründeten Benediktinerinnenabtei Minster-in-Sheppey. Nachdem ihre Schwester → Etheldreda 679 gestorben war, folgte sie ihr als Äbtissin von Kloster Ely, wo sie um 699 starb. 1106 Erhebung der Gebeine (der Schrein wurde in der Reformation zerstört).

Seznius
Abt
Fest: 6. März, 4. August
Seznius genießt bis heute Verehrung in Guic-Sezni in der Bretagne (Frankreich), wo er, von England oder Irland gekommen, ein Kloster gegründet hat und heute seine Reliquien aufbewahrt werden. Er ist auch Patron von Sithney in Cornwall (England).

Die ehemalige Klause von Severin von Noricum in Passau ist heute eine Friedhofskirche.

Siard(us) hl.
OPraem, Abt
Fest: 13. November
Siard(us) war ab 1194 der fünfte Abt des von → Friedrich von Hallum gegründeten Prämonstratenserklosters Mariengaarde in Friesland (Niederlande), das er bis zu seinem Tod am 13. November 1230 segensreich leitete; er galt als großer Wohltäter der Armen.

Sibylla von Gages
OCist, Ordensfrau
Fest: 8. Oktober
Geboren um 1190 (Belgien), trat Sibylla von Gages nach einer schweren Lebensenttäuschung in das Zisterzienserinnenkloster Aywières, Belgien, ein; sie übernahm die Pflege der blinden Mitschwester → Luitgard von Tongern und fand dabei ihren Weg zu Demut und ganz zu Gott. Sibylla starb hoch verehrt am 8. Oktober 1250; ihre Gebeine werden bis heute in den Stiftskirchen Gages und Ittre (Belgien) aufbewahrt.

Sibyllina Biscossi sel.
OP, Reklusin, Mystikerin
Fest: 19. März, 23. März
Geboren 1287 in Pavia (Italien), wurde Sibyllina Biscossi früh Waise und mußte als Magd arbeiten; mit zwölf Jahren erblindete sie und trat bei den Dominikanerinnen von Pavia ein. Ab 1302 lebte sie als Reklusin neben der Dominikanerkirche und wurde zur Anlaufstelle für Ratsuchende und kranke Menschen, die ihre heroische Haltung ihrem Schicksal gegenüber bewunderten; ihr außergewöhnliches Charisma und ihre Visionen machten sie weit über die Grenzen Pavias hinaus berühmt. Sibyllina Biscossi starb am 19. März 1367 nach 65jährigem Leben als Reklusin; ihre Grabstätte befindet sich im Dom von Pavia. 1854 Approbation des Kultes.
Patronat: der Dienstmädchen (in Italien)

Sidney Hodgson sel.
Märtyrer
Fest: 10. Oktober
Sidney Hodgson war Konvertit und unterstützte mit seinem Vermögen und eigenem Einsatz unter Lebensgefahr katholische Missionare dabei, nach England einzureisen; deswegen verhaftet, wurde er am 10. Oktober 1591 in Tyburn/London gehängt und gevierteilt. 1929 Seligsprechung.

Sidonius (Saëns)
OSB, Abt
Fest: 14. November
Der Ire Sidonius wurde Mitte des 7. Jh. Mönch im Benediktinerkloster Jumièges bei Rouen (Frankreich) unter dessen Gründer → Philibert, später Abt verschiedener Klöster. Zuletzt war er wohl Abt eines Klosters bei Rouen, das nach seinem Tod am 14. November 689 schon bald nach ihm St-Saëns genannt wurde.

Sidonius Apollinaris hl.
Bischof von Clermont-Ferrand
Fest: 21. August
Sidonius Apollinaris gilt als einer der letzten Vertreter Galliens mit umfassender klassischer Bildung, bevor Hunnen und Vandalen die Kultur im Abendland völlig veränderten. Geboren an einem 5. Januar um 425 in Lyon (Frankreich) aus einer christlichen Familie, ging Sidonius Apollinaris zunächst in die Politik, heiratete um 450 die Tochter des späteren Kaisers Avitus und wurde zum Grafen der Auvergne und zum Präfekten von Rom ernannt. Zu allen Zeiten war er ein gefeierter Dichter. Etwa 469 zog er sich auf seinen Landsitz zurück; wenige Monate später wurde er, obwohl Laie, gegen seinen Willen zum Bischof von Clermont-Ferrand gewählt. Für seine Diözese wurde Sidonius Apollinaris zum Seelsorger und zum Tröster während der Westgoteneinfälle, aber auch zum klugen Diplomaten und Kirchenpolitiker. Fast sein gesamtes Privatvermögen gab er für die Armen und zur Unterstützung und Förderung des monastischen

Die Sieben Ordensstifter, nach einem Fresko von G. Cassiclo im Santuario di Montesenario bei Florenz.

Lebens im Land. Sidonius Apollinaris starb an einem 21. August um 480 und wurde sofort nach seinem Tod wie ein Heiliger verehrt. Zahlreiche Briefe und Gedichte von ihm sind noch erhalten.

Sidonius von Mainz
Bischof von Mainz
Fest: 1. November
Sidonius gehört zu den bedeutenden Mainzer Bischöfen der Frühzeit; während seiner Amtszeit Mitte des 6. Jh. wirkte er segensreich als Kirchenoberhaupt und als Seelsorger, er baute zerstörte Kirchen wieder auf, linderte Hungersnöte und ließ Bauten errichten, die die Stadt Mainz vor Überflutungen durch den Rhein schützten. Sidonius starb an einem 1. November um 568.

Sidwell (Sativola)
Märtyrerin
Fest: 2. August
Nach der wohl rein legendarischen Passio war Sidwell eine Christin aus dem Westen Englands, zu deren Schrein in Exeter etwa ab dem Jahr 1000 Gläubige pilgerten; in Devonshire sind ihr bis heute Kirchen geweiht. Warum sie als Märtyrerin verehrt wird, ist nicht bekannt; dargestellt wird sie mit einer Sense, mit welcher sie enthauptet worden sein soll (vielleicht auf Befehl ihrer Stiefmutter), manchmal auch mit ihrem abgeschlagenen Haupt in Händen.

Sieben Ordensstifter hll.
Gründer des Servitenordens
Fest: 17. Februar
Geboren Ende des 13. Jh. in Italien, vereinten sich 1233 in Florenz (Italien) sieben junge Männer, um fortan ein gemeinsames, christliches Leben zu führen. Sie nannten sich Diener Mariens oder Serviten und gaben sich eine eigene Ordenstracht; ihre Regel war die der Augustiner. Nur einer der sieben erlebte 1304 noch die päpstliche Bestätigung. Heiligsprechung der sieben Ordensgründer am 15. Januar 1888. Der Servitenorden ist heute auf der ganzen Welt verbreitet und widmet sich sozialen, theologischen und künstlerischen Belangen.

Die Chapelle des Sept-Saints in Vieux-Marché, Bretagne; eine der zwei Patronatskirchen für die Siebenschläfer in Europa.

→ Bonfiglio Monaldi, → Alessio Falconieri, → Manetto dell'Antella, → Amedeo degli Amidei, → Ugoccione degli Ugoccioni, → Sostegno dei Sostegni, → Bonagiunta Manetti.

Siebenschläfer
(Sieben Kinder von Ephesus)
Märtyrer
Fest: 27. Juli, 27. Juni
Der Siebenschläfer-Tag gilt als Wetterlostag (27. Juli oder in Deutschland und Frankreich 27. Juni); wie sich das Wetter an diesem Tag zeigt, soll es die folgenden sieben Wochen bleiben. Der Tag geht auf die Legende zurück, daß sieben junge Männer, alle Christen, in der Verfolgung des Decius um 250 aus ihrer Heimatstadt Ephesus (Türkei) flohen und sich in einer nahegelegenen Höhle einmauern ließen, dort einschliefen und während der Amtszeit des oströmischen Kaisers Theodosios II. (gestorben 450) wieder erwachten, Zeugnis ihres Glaubens ablegten und dann wieder entschliefen. Zu dieser Erzählung gibt es verschiedene Namen der Jünglinge und auch mehrere Fassungen in unterschiedlichen Sprachen. Früh existierten in Ephesus ein starker Kult und eine Siebenschläfer-Wallfahrtskirche, die von Pilgern aufgesucht wurde. Die durch den syrischen Mönch Jakob von Sarug (452 bis 522) erstmals schriftlich überlieferte Erzählung wurde von → Gregor von Tours (538 bis 594) ins Lateinische übertragen und somit auch im Abendland verbreitet. In Europa existieren bis heute zwei Orte und Kirchen, die die Siebenschläfer zu Patronen haben: Rotthof bei Passau in Bayern und Vieux-Marché in der Bretagne, Frankreich; zur französischen Siebenschläfer-Kirche wallfahren auch viele moslemische Pilger, sie verehren die „Sieben Brüder" als Zeugen einer geheimnisvollen Auferstehung und sprechen in allen Moscheen der Welt jeden Freitag ein Gebet zu ihrer Ehre. Die 1926 wiederentdeckte Höhlengrabstätte in Ephesus ist heute die meistbesuchte Siebenschläfer-Wallfahrtsstätte.
Patronat: der Schiffer, gegen Fieber, gegen Schlaflosigkeit

Siedliska, Franziska sel.
Ordensgründerin
Fest: 21. November
Vor allem in den USA, aber auch in Frankreich und England sowie in Asien und Australien sind die Schwestern der Kongregation der Heiligen Familie von Nazaret außerhalb ihrer ursprünglichen Heimat Polen tätig; ihr Aufgabengebiet sehen die Ordensfrauen zum einen in der Betreuung polnischer

Beim Einzug in Rom wird Papst Silvester I. von Kaiser → Konstantin begrüßt; eine der acht Fresken (13. Jh.) in der Kirche Quattro Santi Coronati, Rom. Darunter auch die Szene, bei der Kaiser Konstantin der römischen Kirche angeblich das Westreich zurückgab – die sogenannte „Konstantinische Schenkung".

Cesare Silvestrelli, Passionisten-Ordenspriester und 24 Jahre Generaloberer des Ordens.

Geprägt war Silvesters Amtszeit von der gleichzeitigen Herrschaft → Konstantins des Großen, der 313 durch das Mailänder Edikt den Christen den Frieden gebracht hatte und der die römische Kirche und den Papst großzügig unterstützte (und unter anderem 325 die Peterskirche erbauen ließ). Vielleicht um den Eindruck zu erwecken, Papst und Kaiser seien einander ebenbürtig gewesen, entstanden ab dem 5. Jh. verschiedene Legenden, die das Ansehen Silvesters heben sollten; so hieß es in Berichten, Silvester habe Konstantin vom Aussatz geheilt, ihn bekehrt und dann getauft, und Konstantin habe ihm dafür Rom und Italien (und sogar das Abendland) geschenkt („Konstantinische Schenkung"). Papst Silvester I. starb am 31. Dezember 335 in Rom und wurde in der von ihm errichteten Kirche über der Priscilla-Katakombe beigesetzt. Reliquien befinden sich seit 762 in der Kirche S. Silvestro in Capite in Rom und seit 756 im Kloster Nonantola bei Modena. – Der Silvester-Kult verbreitete sich schnell in Europa, schon im 5. Jh. feierte man das Silvester-Fest. Dadurch, daß der Gedenktag Silvesters der letzte Tag im Jahr ist und man „Silvester" feiert, kommt dem Datum seit Jahrhunderten eine ganz besondere Bedeutung zu.

Darstellung: als Papst (Bischof), mit Stab, Buch, Muschel, Ölbaumzweig, Schlange, Engel, Drachen, Stier, mit Konstantin

Patronat: der Haustiere, für eine gute Ernte, für „ein gutes neues Jahr" (Silvesternacht)

Silvester von Châlon-sur-Saône hl.
Bischof von Châlon-sur-Saône
Fest: 20. November

Als „Ruhm aller Bekenner" bezeichnete → Gregor von Tours Silvester, der von 484 bis zu seinem Tod 525 als Bischof von Châlon-sur-Saône (Frankreich) amtierte; er berichtete auch davon, daß die Schlafstätte von Silvester Heilkraft bei Fiebererkrankungen hatte.

Patronat: gegen Fieber

Silvestrelli, Cesare (Bernardo Maria di Gesù) sel.
CP, Ordensgeneral
Fest: 9. Dezember

Geboren am 7. November 1831 in Rom, trat Cesare Silvestrelli 1854 dem Passionistenorden bei und nahm den Namen Bernardo Maria di Gesù an. Von 1878 bis 1888 und von 1893 bis 1907 war er Ordensgeneral der Passionisten. Hoch geschätzt von den Päpsten und geachtet von allen Ordensmitgliedern, brachte Silvestrelli die Gemeinschaft zu weiterem großen Ansehen; mehrfach lehnte er die ihm angebotene Kardinalswürde ab. Silvestrelli starb am 9. Dezember 1911 im Passionisten-Heiligtum in Moricone bei Rom bei einem Treppensturz. 16. Oktober 1988 Seligsprechung.

Silvestro Gozzolini hl.
CSilv, Ordensgründer
Fest: 26. November

Der Orden der Silvestriner ist die Gründung von Silvestro Gozzolini. Geboren 1177 in Osimo bei Ancona (Italien), studierte Silvestro Gozzolini zunächst Recht, wechselte dann aber zur Theologie, empfing die Priesterweihe und wirkte viele Jahre als Priester in Osimo. 1227 erschütterte ihn der Anblick eines Leichnams im Grab so sehr, daß er sich als Einsiedler auf den Monte Fano bei Fabriano unweit von Osimo zurückzog. Angeblich

durch eine Vision, in der ihm → Benedikt von Nursia erschien, angeregt, gründete Silvestro Gozzolini 1231 für die Gefährten, die sich inzwischen um ihn gesammelt hatten, auf dem Monte Fano ein Kloster, aus dem sich dann der 1247 päpstlich bestätigte Silvestriner-Orden entwickelte (wegen ihres blauen Habits wurden die Mitglieder auch „Blaue Benediktiner" genannt). Silvestro Gozzolini, der die Kongregation nach den Überlieferungen mit großer Weisheit und Güte als Oberer führte, starb am 26. November 1267 und wurde auf dem Monte Fano in der Kirche S. Silvestro beigesetzt (dort bis heute Reliquienschrein). 1598 Heiligsprechung. Der Kult ist seit 1969 auf bestimmte Kalender beschränkt.
Darstellung: im schwarzen Benediktiner- oder im blauen Silvestriner-Habit, mit Sarg und Leichnam

Silvestro Ventura
OKam, Ordensmann, Mystiker
Fest: 9. Juni
Der Wollbleicher Silvestro Ventura aus Florenz (Italien) trat 40jährig dem Kamaldulenserorden als Laienbruder bei und diente seinem Kloster S. Maria degli Angeli in Florenz drei Jahrzehnte demütig als Koch; er durchlebte viele aufsehenerregende Ekstasen und Visionen, und es wurde behauptet, daß Engel während dieser Erlebnisse für ihn in der Küche kochten. Er starb am 9. Juni 1348.

Silvia von Rom hl.
Christin
Fest: 3. November
Silvia war die Mutter von → Gregor dem Großen; nach dem Tod ihres Ehemannes Gordianus lebte sie auf dem Aventin in Rom in der Nähe des Andreasklosters, das Gregor, selbst Benediktiner, im Palast der Familie eingerichtet hatte und in das er sich zurückzog. Die Überlieferung berichtet, daß Silvia ihrem Sohn aus ihrem Garten Gemüse und Früchte ins Kloster bringen ließ. Silvia starb wohl am 3. November 572 und wurde in einem ihrem Wohnort naheliegenden Oratorium der Kirche S. Saba auf dem Aventin beigesetzt, das ihren Namen trug. In der Kirche S. Gregorio al Celio existierte eine Cappella di Silvia. – Aufgrund der fälschlichen Annahme, Silvia sei Sizilianerin gewesen, genießt Silvia dort bis heute große Verehrung (Patronin von Palermo).

Silvinus hl.
OSB, Bischof von Thérouanne
Fest: 17. Februar
Silvinus stammte aus Toulouse (Frankreich) und war zunächst Höfling, gab sein Leben dann aber auf und unternahm Wallfahrten nach Palästina und Rom, angeblich bepackt mit schweren Steinen. Später missionierte er rund 40 Jahre lang als Bischof in der Region um Thérouanne und wurde im Volk wie ein Heiliger verehrt. In den Jahren vor seinem Tod (17. Februar 718) war Silvinus Mönch im Benediktinerkloster Auchy-les-Moines. Die Silvinus-Reliquien wurden aus Angst vor den Normannen mehrfach übertragen und versteckt.

Simeon von Emesa (der Narr)
Mönch
Fest: 1. Juli, 21. Juli
Simeon lebte zunächst fast 30 Jahre allein als Mönch und Einsiedler in der Wüste am Toten Meer; dann zog er nach Emesa (Syrien), wo er fortan ein Leben als „Narr um Christi willen" führte und den eitlen Herrschenden als vermeintlicher dummer Mönch ungeniert die Meinung sagte. Das Volk verehrte den „Narren in Christo", der großen Einfluß auf einfache Menschen, aber auch auf hochgestellte Persönlichkeiten hatte. Simeon starb am 1. Juli um 589; im russischen Mönchsleben genießt er bis heute Verehrung.

Simeon von Jerusalem hl.
Israelit
Fest: 8. Oktober, 3. Februar
In Zara in Dalmatien existiert bis heute ein Kult um Simeon von Jerusalem. Das Lukas-Evangelium berichtet, Simeon sei während der Darstellung Jesu im Tempel hinzugekommen, habe das Kind auf den Arm genommen und ein Dankgebet gesprochen; dann sagte er voraus, daß Jesus eines Tages Heil über die Menschen bringen werde. Simeon-Reliquien gelangten im 6. Jh. nach Konstantinopel und im 13. Jh. nach Zara (dort Reliquiar in der Kirche S. Simeon).
Darstellung: als alter Mann mit Jesuskind, mit Lilie
Patronat: für Kindersegen

Simeon von Metz hl.
Bischof von Metz
Fest: 16. Februar, 25. Oktober
Simeon war in der zweiten Hälfte des 4. Jh. Bischof von Metz (Frankreich) und starb dort am 16. Februar 380. Um 790 übertrug man die Gebeine feierlich in die Abteikirche Senones in der Diözese Dié, wo sich rasch ein Kult entwickelte.
Patronat: gegen Wassergefahren (vielleicht, weil die Pfarreien, die Senones angehörten, am Translationstag 25. Oktober Fische zur Kirche bringen mußten)

Simeon von Polirone hl.
OBas, Mönch, Einsiedler
Fest: 26. Juli
Nach der wohl teilweise legendenhaften Überlieferung stammte Simeon aus Armenien, hatte seine Familie verlassen, um Basilianermönch und Einsiedler zu werden,

Simeon von Jerusalem mit dem Jesuskind, nach einem Gemälde von Peter Johann Brandl, um 1725, Nationalgalerie Prag.

Simeon Stylites der Ältere, Fragment eines Reliquiars (6. Jh.) aus Hama, Syrien (heute Musée du Louvre, Paris).

und unternahm mehrere große Pilgerreisen; schließlich trat er in das Benediktinerkloster Polirone bei Mantua (Italien) ein und war bald wegen seiner Wundergaben hoch verehrt. Simeon starb am 26. Juli 1016; in Polirone werden in der Kirche noch die Reliquien aufbewahrt. 1024 Bestätigung des Kultes, 1913 feierliche Erhebung der Gebeine.

Simeon der Neue Theologe
Abt, Mystiker, Schriftsteller
Fest: 12. März
Simeon, genannt der Neue Theologe, gilt als einer der größten Schriftsteller und Mystiker der byzantinischen Zeit. Geboren 949, war er Mönch in Konstantinopel geworden und dort ab 981 Abt des berühmten Klosters St. Mamas. Als sich ein kontroverser Streit um seine Lehre entwickelte, trat er nach 25 Jahren vom Amt zurück, später wurde er verbannt; obwohl bald rehabilitiert, wollte er nicht mehr nach Konstantinopel zurückkehren. Simeon hinterließ 225 Aphorismen, 18 Ansprachen, 58 Hymnen und 34 Katechesen, als er 1022 starb (in Kleinasien?); seine Schriften gelten als Höhepunkt byzantinischer Mystik.

Simeon von La Cava sel.
OSB, Abt
Fest: 26. November
Simeon war ab 1124 bis zu seinem Tod am 26. November 1141 Abt der Benediktinerabtei La Cava bei Neapel, Italien; während seiner Amtszeit gelangte das Kloster zu großer Blüte und Berühmtheit. Simeon war hoch angesehen bei Papst Innozenz II. und König Roger II. 1928 Approbation des Kultes.

Simeon (Symeon) Stylites der Ältere hl.
Säulensteher
Fest: 5. Januar, 1. September
Simeon Stylites der Ältere war der Begründer des Stylitentums und gilt als berühmtester aller Säulensteher. Der Kirchenkomplex, der nach seinem Tod 495 rund um seine Säule in Kalat Seman (Qal'at Sem'an) nahe Aleppo entstand, war über Jahrhunderte die bedeutendste Wallfahrtsstätte Syriens. – Geboren um 390 in Kilikien in Kleinasien, wurde Simeon zunächst Hirte; dann schloß er sich einer Mönchsgemeinschaft an, die ihn jedoch bald wegen seiner extremen Kasteiungen vertrieb. Daraufhin ließ er sich mit einer Kette an einen Felsen anschmieden, woraufhin riesige Menschenmengen kamen, um ihn zu sehen, zu berühren und ein kleines Stück seines Gewandes mitzunehmen. Um sich vor dem Andrang zu schützen, bestieg Simeon schließlich eine zunächst ein Meter hohe Säule, dann eine 18 Meter hohe Säule; auf der oben angebrachten Plattform stand er 37 Jahre bis zu seinem Tod 459, immer aufrecht, an wichtigen Festtagen die Arme den ganzen Tag zum Himmel erhoben. Simeon hielt zweimal am Tag Predigten, in der übrigen Zeit kümmerte er sich liebevoll um die Sorgen und Nöte der Menschen, die zu seiner Säule kamen und ihn um Rat und Hilfe baten; Heiden kamen zu ihm, um sich taufen zu lassen. Die (teilweise noch erhaltenen) Schriften, die seinen Namen tragen, hatte er, des Schreibens unkundig, Vertrauten diktiert; darin, aber auch in seinen Predigten, nahm Simeon zu allen wichtigen Kirchenfragen Stellung, so auch zum Konzil von Chalkedon (451), dem er bedeutende Impulse gab. Auch viele Persönlichkeiten aller Kirchen, aber auch weltliche Herrscher suchten den Rat von Simeon. Der Leichnam Simeons wurde nach seinem Tod mehrere Tage lang auf seiner Säule aufgebahrt; Hunderttausende strömten herbei, um ihm die letzte Ehre zu erweisen. Reliquien von Simeon werden bis heute in ver-

Die Ruinen des Simeonsklosters in Kalat Seman bei Aleppo, Syrien, mit den Resten der Säule von Simeon Stylites dem Älteren.

schiedenen Städten im Osten und im Westen verehrt. Die beeindruckenden Ruinen der riesigen Kirchen- und Klosteranlage in Kalat Seman gehören bis heute zu den Hauptsehenswürdigkeiten Syriens; zu sehen sind Teile von Kathedrale, Baptisterium und Kloster, die als Höhepunkt christlicher Baukunst des Ostens gelten. Auch der Stumpf der Simeonssäule ist noch zu sehen.
Darstellung: immer auf einer Säule stehend, manchmal mit → Simeon Stylites dem Jüngeren
Patronat: der Hirten

Simeon (Symeon) Stylites der Jüngere hl.
Säulensteher
Fest: 3. September, 24. Mai
Simeon Stylites der Jüngere war nach → Simeon Stylites dem Älteren der zweite berühmte und vielverehrte Säulensteher der Ostkirche. Geboren um 520 in Antiochien (Syrien), hatte Simeon schon als Kind voller Begeisterung vom Leben von Simeon, dem Begründer des Stylitentums, gehört und bestieg zwölfjährig selbst eine Säule; mehrfach wechselte er dann Säule und Standort, bis er 551 in einem Gebirge in Antiochien eine sehr hohe Säule bestieg, die er bis zu seinem Tod 592 (596?, 597?) nicht mehr verließ. Wegen der vielen Wundertaten, die Simeon vollbrachte, wurde der Hügel, auf dem seine Säule stand, „Mons admirabilis" genannt. Um die Säule herum entstand nach und nach eine Klosteranlage nach dem Vorbild des Klosters von Simeon Stylites dem Älteren (Kalat Seman, Syrien); Simeon gab von oben die Anweisungen, seine Mutter Martha organisierte und überwachte den Bau. Simeon und seine Mutter wurden im Klosterbereich beigesetzt.
Darstellung: häufig zusammen mit Simeon Stylites dem Älteren, als einzelner Säulensteher kaum identifizierbar und häufig mit dem älteren Simeon verwechselt

Simeon von Trier hl.
Rekluse
Fest: 1. Juni
In der Schatzkammer des Doms von Trier (Rheinland-Pfalz) wird bis heute die Mütze aus Kamelhaar von Simeon von Trier aufbewahrt, genannt „Birett des heiligen Simeon"; der Steinsarkophag steht in der Kirche St. Gervasius in Trier, weitere Reliquien werden in der Simeonskirche in Trier aufbewahrt. – Geboren in der zweiten Hälfte des 10. Jh. in Syrakus auf Sizilien als Sohn eines Griechen, kam Simeon zum Studium nach Konstantinopel; danach zog er sich als Einsiedler nach Palästina an den Jordan zurück, später schloß er sich für einige Zeit einer Mönchsgemeinschaft in Betlehem an (und wurde zum Diakon geweiht), verließ sie aber wieder und zog zu den Mönchen des Katharinenklosters am Sinai. Um 1027 kam Simeon in die Normandie (Frankreich), wo er im Auftrag seines Abtes Almosen für sein Kloster sammeln sollte; er schloß sich dann Erzbischof Poppo von Trier an, den er auf einer Wallfahrt ins Heilige Land begleitete. Simeon kehrte nach Trier zurück und ließ sich (etwa 1029) in einer Zelle an der Porta Nigra einmauern („Simeonstor"); dort starb er am 1. Juni 1035 und wurde er beigesetzt. Die Heiligsprechung erfolgte schon wenige Monate später durch Papst Benedikt IX.; Poppo ließ zu Ehren Simeons die Porta Nigra zu einer Kirche ausbauen, die zu einer Wallfahrtsstätte wurde.
Darstellung: als Diakon, als Pilger (mit Mütze), mit Teufeln, Buch, Palme, beim Vollbringen von Wundern

Simon Ballachi sel.
OP, Laienbruder
Fest: 3. November
Geboren um 1250 in Sant'Archangelo (Italien) als Sohn des Grafen Ballachi, trat Simon als Laienbruder bei den Dominikanern ein und führte bis zu seinem Tod (3. November 1319 oder 1329) ein Leben der Askese und der Selbstkasteiung; die letzten Lebensjahre war er erblindet. 1820 Approbation des Kultes.

Simon, Bruder des Herrn hl.
Bischof von Jerusalem, Märtyrer
Fest: 18. Februar
Simon war nach den Überlieferungen von → Markus, → Johannes und → Matthäus der Sohn von Klopas, einem Bruder von → Joseph, dem Nährvater Jesu. Er soll zweiter Bischof von Jerusalem geworden sein und um 107 im hohen Alter von etwa 120 Jahren das Martyrium erlitten haben (durch Kreuzigung). Seit 1969 ist sein Kult auf lokale Kalender beschränkt.

Simon von Crépy
OSB, Graf, Ordensmann
Fest: 30. September
Simon, Graf von Crépy-en-Valois, gab seinen Titel auf, um dem Benediktinerorden beizutreten. Er starb 1080 in Rom, kurz nachdem er zwischen Papst Gregor VII. und dem Normannen Robert Guiscard vermittelt hatte.

Simon Fidati di Cascia sel.
OESA, Ordensmann, Kirchenschriftsteller
Fest: 2. Februar, 16. Februar
Geboren um 1292 in Cascia in Umbrien (Italien), trat Simon Fidati den Augustiner-Eremiten bei und wurde bald zu einem der meistbeachteten Prediger, Kirchenschriftsteller und theologischen Ratgeber seiner Zeit; er wirkte in ganz Mittelitalien, viele Städte riefen ihn, damit er zu den Menschen predige. Simons Hauptwerk De gestis Domini Salvatoris in 15 Bänden (das erst nach seinem Tod von einem Schüler herausgegeben wurde) verbreitete sich in ganz Europa (verschiedene Gelehrte erklärten, in dem Werk Ansätze für Luthers spätere Thesen entdeckt zu haben). Simon Fidati starb am 2. Februar 1348 in Florenz, Italien; sein Grab befindet sich heute in der Kirche S. Rita in Cascia. 1833 Approbation des Kultes.

Simon Fidati, einer der meistbeachteten Kirchenschriftsteller Italiens im 14. Jh.

Simon von Lipnica sel.
OFM, Ordensmann
Fest: 18. Juli, 30. Juli
Simon stammte aus Lipnica bei Krakau (Polen); nachdem er als 16jähriger Predigten von → Johannes Capestrano gehört hatte, entschied er sich für das Ordensleben und trat 1457 in Krakau dem Franziskanerorden bei. Simon wurde in der Folge selbst zu einem der berühmtesten Prediger und genoß

höchste Verehrung; seinen Mitbrüdern war er ein Vorbild an Ordensstrenge und Askese. Nach einer Pilgerreise nach Rom und ins Heilige Land starb Simon am 18. Juli 1482 in Krakau, nachdem er sich bei der Pflege von Pestkranken selbst angesteckt hatte. 1685 Bestätigung des Kultes.

Simón de Rojas, Theologieprofessor und Ratgeber von König Philipp III. von Spanien.

Der Stich von 1840 zeigt, wie Simon Stock, so die Legende, von der Muttergottes ein Skapulier (Teil des Ordensgewandes) überreicht bekommt.

Simón de Rojas hl.
OST, Ordensmann, Ordensgründer
Fest: 28. September
Simón de Rojas gehört zu den herausragenden Persönlichkeiten des Trinitarierordens; Papst Johannes Paul II. sprach den Spanier am 3. Juli 1988 in Rom heilig. Geboren am 28. Oktober 1552 in Valladolid (Spanien), war Simón de Rojas 16jährig bei den Trinitariern in Valladolid eingetreten; auf Wunsch des Ordens wirkte er nach Noviziat, Studium und Priesterweihe als Theologie- und Philosophieprofessor, danach war er Oberer verschiedener spanischer Klöster. Der Ruf seiner charismatischen Ausstrahlung drang bis an den spanischen Hof, worauf ihn König Philipp III. zu sich nach Madrid rief. Die Ernennung zum Bischof von Valladolid und von Jaén lehnte er ab. Zur Förderung der Marienverehrung gründete Simón de Rojas die Kongregation der Sklaven des süßesten Namens Maria, auch Kongregation des Ave Maria genannt. Er starb am 28. September 1624 in Madrid.

Simon Stock hl.
OCarm, Ordensgeneral
Fest: 16. Mai
Simon lebte in seiner Heimat England als Einsiedler in einem hohlen Baumstamm und trug deshalb den Beinamen Stock (engl., Baumstamm). Als die ersten Karmeliter 1237 nach England kamen, schloß er sich dem Orden an, ab 1245 war er bereits Ordensgeneral. Simon Stock gründete in der Folge zahlreiche wichtige Karmeliterniederlassungen, so in Paris, Bologna, Cambridge und Oxford; außerdem reformierte er die Ordensgemeinschaft dahingehend, daß die Brüder sich mehr dem Almosensammeln anstatt dem Einsiedlerleben widmeten. Simon Stock starb am 16. Mai 1265 in Bordeaux (wo er bis heute sehr verehrt wird); seine Reliquien befinden sich heute in Aylesford in Kent, England. Der Kult wurde für England, Irland, Bordeaux und den Karmeliterorden gestattet.

Simon von Todi sel.
OESA, Ordensmann
Fest: 20. April
Geboren 1261 in Todi in Umbrien (Italien), trat Simon Rinalducci 1280 den Augustiner-Eremiten bei und hatte in den Jahrzehnten bis zu seinem Tod (20. April 1322) verschiedene Ordensämter inne, unter anderem war er Ordensprovinzial von Umbrien; er galt als herausragender Prediger seiner Zeit. Als er von Gegnern zu Unrecht verleumdet und nicht begangener Taten bezichtigt wurde, erduldete er dies heroisch und setzte sich nicht zur Wehr. 1833 Approbation des Kultes.

Simon Zelotes
Apostel, (Märtyrer)
Fest: 28. Oktober
Simon Zelotes wird dargestellt entweder am Kreuz oder mit Säge; dies beruht darauf, daß verschiedene Überlieferungen berichten, er sei gekreuzigt oder mit einer Säge getötet worden. Vor seiner Berufung durch Jesus zum Apostel gehörte Simon der Gemeinschaft der Zeloten an, einer jüdischen Partei (daher der Beiname). Über sein Wirken ist kaum etwas überliefert; er missionierte hauptsächlich in Ägypten und Armenien. Verschiedene Überlieferungen sagen, er habe mit → Judas Thaddäus in Persien und Mesopotamien missioniert und sei dort, zusammen mit Judas Thaddäus, von Magiern mit Keulen erschlagen worden (gleicher Gedenktag). Simon Zelotes starb vielleicht 71, nach anderen Quellen 47. Angebliche Reliquien werden in Rom, Köln und Hersfeld verehrt. In einigen Regionen ist der 28. Oktober ein Wetterlostag. In Österreich gibt es Simon-Bruderschaften und den Simonsmarkt.
Darstellung: als Apostel, am Kreuz, mit Säge, Keule, Schwert, Lanze, Beil, Buch, mit Judas Thaddäus
Patronat: der Holzfäller, Waldarbeiter, Maurer, Weber, Färber, Gerber, Lederarbeiter

Simplicianus hl.
Bischof von Mailand
Fest: 16. August
In der Kirche S. Simpliciano in Mailand, Italien, werden bis heute die Reliquien von Simplicianus, Bischof von Mailand von 397 bis 400, aufbewahrt. Er hatte → Ambrosius, seinen Vorgänger im Amt, getauft, → Augustinus holte sich bei ihm Rat vor seinem Eintritt in die katholische Kirche, → Paulinus von Nola war sein enger Freund, Papst → Anastasius schätzte und achtete ihn. Simplicianus starb am 16. August 400.

Simplicius hl.
Papst (468 bis 483)
Fest: 10. März, 2. März
Simplicius amtierte zum Zeitpunkt des Zerfalls des Weströmischen Reiches (476 Absetzung von Kaiser Romulus Augustulus); sein Haupt-

Martyrium des Apostels Simon Zelotes; nach einem Stich aus dem 16. Jh.

augenmerk galt dem Verhältnis zwischen dem Osten und Rom. Geboren in Tivoli bei Rom, starb Simplicius am 10. März 483 in Rom.

Simplicius, Faustinus und Beatrix hll.
Märtyrer
Fest: 29. Juli
Nach den teilweise legendarischen Berichten erlitten die Brüder Simplicius und Faustinus während der Verfolgung des Diokletian um 304 in Rom das Martyrium; sie wurden enthauptet, ihre Leichname warf man in den Tiber. Ihre Schwester Beatrix barg die Körper und setzte sie bei; kurz darauf wurde auch sie ermordet. Die Grabplatte der Beisetzungsstätte von Simplicius und Faustinus aus dem 4. Jh. existiert noch. Der Kult wurde 1969 eingeschränkt.

Sintpert (Simpert, Simbert) hl.
OSB, Bischof von Augsburg
Fest: 13. Oktober
Sintpert war Mitte des 8. Jh. zunächst Mönch, dann Abt des Benediktinerklosters Murbach nahe Colmar (Frankreich). Um 778 erhielt er die Ernennung zum Bischof von Augsburg (Bayern), um 788 auch von Neuburg, das er Anfang des 9. Jh. mit Augsburg zusammenschloß. Auch wenn seine in verschiedenen Quellen erklärte Verwandtschaft mit dem Haus der Karolinger wohl nicht zutrifft, so stand Sintpert doch in einem engen Vertrauensverhältnis zum Hof und besonders zu → Karl dem Großen, als dessen Gesandter er auch zeitweise unterwegs war. Sintpert genoß in allen Kreisen hohen Respekt, er galt in seinem Bistum als Erneuerer von Kirchendisziplin und Glaubenslehre. Der Bau des ersten Domes von Augsburg geht möglicherweise auf ihn zurück. Sintpert starb an einem 13. Oktober um 807; seine Grabstätte in der von ihm wiedererrichteten Afrakirche in Augsburg wurde zur Wallfahrtsstätte. Die Gebeine ruhen seit 1492 in der Kirche St. Ulrich und Afra, seit 1980 in einem neuen Schrein. 8. Januar 1468 Heiligsprechung.
Darstellung: als Bischof, mit Stab, Buch, mit anderen Heiligen des Bistums Augsburg (→ Afra, → Ulrich, → Tosso), mit einem Wolf, der ein Kind im Maul trägt (nach der Legende soll er ein Kind vor einer Wölfin gerettet haben)

Siricius hl.
Papst (384 bis 399)
Fest: 26. November
Siricius wird manchmal als „der erste Papst“ bezeichnet, nachdem er in einem an ihn gerichteten Synodalschreiben bewußt „papa“ genannt worden war (ab dem 6. Jh. durfte nur noch der Bischof von Rom so genannt werden). Siricius war es auch, der als erster der römischen Bischöfe das Dekretale einsetzte, Schreiben, die die päpstliche Willensäußerung zum Ausdruck brachten, eine bindende Anordnung für Personen oder Gebiete oder einen allgemeinen Befehl oder ein Kirchengesetz (sein erstes Dekretale ist noch erhalten). – Geboren in der ersten Hälfte des 4. Jh., war der Römer Siricius im Dezember 384 zum Bischof von Rom (Papst) gewählt worden (eigentlich war → Hieronymus sicher gewesen, der neue Papst zu werden; nach seiner Nichtbeachtung zog er sich enttäuscht nach Betlehem zurück); er stärkte die Stellung des Papstes und das Ansehen Roms. Siricius starb am 26. November 399 und wurde in der Priscilla-Katakombe beigesetzt.

Siricius war der erste der Nachfolger von → Petrus, der offiziell „papa“, Papst, genannt wurde.

Sirin (Sira) hl.
Märtyrerin
Fest: 28. Februar, 18. Mai
Sirin lebte in Persien und war die Tochter eines Magiers. Aufmerksam beobachtete sie das Leben der Christinnen in ihrer Umgebung und war tief beeindruckt; nach

Grabmal des heiligen Sintpert (um 1744) in einer Seitenkapelle der Basilika St. Ulrich und Afra, Augsburg.

Papst Sixtus II. überreicht → Laurentius den Kirchenschatz; aus dem Freskenzyklus (1447–1449) von → Fra Angelico, Kapelle Nikolaus V., Vatikan.

einem Traum, in dem, so ihre Erzählung, ein Engel sie mit einer Rute geschlagen hatte, ließ sie sich taufen. Nach vielen Demütigungen als praktizierende Christin erlitt Sirin am 28. Februar 559 das Martyrium (Tod durch den Strang).

Sisinius, Martyrius und Alexander (Nonsberger Märtyrer)
Märtyrer
Fest: 29. Mai
Die Basilika SS. Sisinio, Martirio e Alessandro in Sanzeno in der Diözese Trient (Italien) birgt den Marmorsarg der Märtyrer Sisinius, Martyrius und Alexander, die hier Ende des 4. Jh. missionierten und am 29. Mai 397 von Heiden ermordet wurden. Bischof → Ambrosius hatte die drei Missionare aus Mailand nach Trient zu Bischof → Vigilius entsandt, damit sie diesem bei der Missionierung in den entlegensten Tälern des Trentino helfen. Nach erfolgreichen Missionsjahren fanden sie in Sanzeno am Nonsberg den Tod. 1472 fand man in der alten Kirche von Sanzeno eine Holzkiste mit der Asche der drei Märtyrer wieder auf, woraufhin der Fürstbischof den (heutigen) großen Kirchenbau errichten ließ, der zu einer Wallfahrtsstätte wurde (1973 erhielt die Kirche den Titel Basilika).

Reliquien der Nonsberger Märtyrer befinden sich auch unter einem Altar in der Krypta des Domes von Trient.

Sixtus (Xystus) I. hl.
Papst (ca. 116 bis 125)
Fest: 3. April
Sixtus I. war wahrscheinlich der sechste Nachfolger von → Petrus als Bischof von Rom, also als Papst; er amtierte etwa von 116 bis zu seinem Tod am 3. April 125. Verschiedene Quellen berichten, Sixtus I. sei als Märtyrer gestorben.

Sixtus II. hl.
Papst (257 bis 258), Märtyrer
Fest: 7. August, 6. August
Sixtus II. (Xystus) war von Geburt Grieche; am 30. August 257 wurde er zum Papst gewählt und trat die Nachfolge von → Stephan I. an. Das ganze Streben des Sixtus galt der Wiederherstellung der Beziehungen zwischen Rom und Karthago, die unter Stephan I. wegen des Streites über die Zweittaufe von Häretikern („Ketzer-Taufstreit“) schwer gelitten hatten (die Kirchengemeinschaft war aufgehoben worden). Schon elf Monate nach seiner Ernennung zum Papst ermordeten Christenverfolger Sixtus II. am 6. August 258 während eines Gottesdienstes in der Calixtus-Katakombe; zwei seiner Diakone starben mit ihm, Diakon → Laurentius, mit dem Sixtus II. eng verbunden war, einige Tage später. Sixtus II. genoß rasch große Verehrung; seine Reliquien werden in der Kirche S. Sisto in Rom aufbewahrt (Teile auch in Deutschland). – Der Gedenktag wurde vom 6. auf den 7. August verlegt, da man in Rom am 6. August den Kirchweihtag von S. Maria Maggiore feierte. Am 6. August wurden früher vielerorts die Trauben gesegnet. Sixtus II. ist Kanon-Heiliger.
Darstellung: im Papstgewand, mit Laurentius, mit Geldbeutel, Schwert, Kreuzstab, Buch
Patronat: der schwangeren Frauen, für gutes Gedeihen von Trauben, gegen Halsschmerzen

Sixtus (Xystus) III. hl.
Papst (432 bis 440)
Fest: 28. März, 19. August
Der Römer Sixtus III. wurde am 31. Juli 432 zum Nachfolger von → Cölestin I. gewählt; sein Augenmerk galt der Herstellung und der Erhaltung des Friedens innerhalb der Ostkirche. Bedeutend war der Einsatz von Sixtus III. bei der Errichtung wichtiger Kirchen in Rom; er war der Erbauer von S. Maria Maggiore und der Laurentius-Basilika, die Taufkapelle des Lateran und die Liberianische Basilika ließ er vollenden und schmücken. Sixtus III. starb am 19. August 440.

Slomšek, Anton Martin
Bischof von Lavant
Fest: 24. September
Anton Martin Slomšek, geboren am 26. November 1800 in Ponikva, Slowenien, war nach seiner Priesterweihe zunächst Pfarrer und Domherr, bevor er 1846 zum Bischof von Lavant (Kärnten) ernannt wurde; 1859 verlegte er den Bischofssitz nach Marburg (Maribor, Slowenien). Slomšek, der 1853 den St.-Hermagoras-Bücherverein gegründet hatte, förderte tatkräftig das Volksschulwesen in Slowenien und gab zahlreiche Schulbücher heraus; fürsorglich kümmerte er sich um Volk und Kleriker und um die Volksmissionen, daneben unterstützte er auch noch die Mission in Afrika und Amerika. Anton Martin Slomšek starb am 24. September 1862. Der Seligsprechungsprozeß ist eingeleitet.

Smaldone, Filippo sel.
Ordensgründer
Fest: 4. Juni
Der Priester Filippo Smaldone, geboren am 27. Juli 1849 in Neapel (Italien), gründete 1885 in Lecce in Apulien die Kongregation der Salesianerinnen von den Heiligsten Herzen. Er starb am 4. Juni 1923 in Lecce. 12. Mai 1996 Seligsprechung.

Smet, Eugénie (Maria von der Vorsehung) sel.
Ordensgründerin
Fest: 7. Februar
Eugénie Smet, geboren am 25. März 1825 in Lille (Frankreich), gründete 1856 in Paris die Kongregation Helferinnen der Armen Seelen, die sie bis zu ihrem Tod am 7. Februar 1871 (Paris) als Generaloberin leitete; die Schwestern der Gemeinschaft widmen sich bis heute in Europa, Amerika und China der Armen- und Krankenpflege. 21. April 1957 Seligsprechung.

Sola (Sol, Swalo, Sualo) hl.
OSB, Einsiedler
Fest: 3. Dezember, 5. Dezember
Der Benediktinermönch und Priester Sola folgte → Bonifatius um 743 nach Deutschland und lebte zunächst als Einsiedler bei Fulda, wo er wohl im dortigen Benediktinerkloster seine Bildung erhielt. Noch vor dem Tod von Bonifatius (754) zog Sola weiter ins Altmühltal in Bayern, wo er von → Karl dem Großen 793 das Stück Land geschenkt bekam, auf dem er sich seine Einsiedelei und eine Holzkirche errichtet hatte. Bis zu seinem Tod am 3. Dezember 794 wirkte Sola im Gebiet des Altmühltals segensreich als Missionar, unterstützt von → Willibald. Seine Zelle mit allem, was dazu gehörte, vermachte Sola der Abtei Fulda, die hier später die Propstei Solnhofen (nach Sola benannt) errichtete; Reste der Kirche und der Sola-Grabstätte sind noch erhalten, in der ehemaligen Klosterkirche steht die Steintumba des Sola (840 Erhebung der Gebeine, die jedoch seit der Reformation verschollen sind). Darstellung: als Abt, mit Buch, Buchrolle, Esel und Wolf

Solangia (Solange)
Märtyrerin
Fest: 10. Mai
Solangia genießt im Raum Bourges, Frankreich, bis heute Verehrung; sie war eine arme Hirtin – nach der Legende die Tochter des Grafen vom Poitou –, die um 880 von einem Adligen ermordet wurde, dessen Werben sie zurückgewiesen hatte. Mitte des 12. Jh. existierte in Bourges, wo sie Patronin ist, eine Solangia gewidmete Kirche.
Patronat: für Regen

Solar Fernández, Joanna sel.
OCD, Ordensfrau
Fest: 12. April
Im Alter von 19 Jahren starb Joanna Solar Fernández am 12. April 1920, nachdem sie wenige Monate zuvor den Unbeschuhten Karmelitinnen von Los Andes in Chile beigetreten war. Die junge Chilenin, geboren am 13. Juli 1900 in Santiago de Chile, hatte ihren Tod kommen fühlen und sich Gott als Sühneopfer angeboten. 3. April 1987 Seligsprechung.

Soledad, Maria hl.
Ordensgründerin
Fest: 11. Oktober
Geboren am 2. Dezember 1826 in Madrid, gründete Maria Soledad in Spanien die Kongregation Mägde Mariens, Dienerinnen der Kranken, zur Krankenpflege und leitete sie bis zu ihrem Tod am 11. Oktober 1887 als Generaloberin. Die Schwestern der Gemeinschaft wirken heute in vielen Ländern der ganzen Welt. 4. Februar 1950 Seligsprechung, 25. Januar 1970 Heiligsprechung.

Solemnis (Solenne) hl.
Bischof von Chartres
Fest: 25. September
Solemnis wirkte um 500 für etwa zwölf Jahre als Bischof von Chartres, Frankreich. Die Überlieferungen berichten, er sei mit König Chlodwig befreundet gewesen, den er mit zum katholischen Glauben hingeführt habe; bei der Taufe des Herrschers durch → Remigius sei er zugegen gewesen. Solemnis starb an einem 25. September um 510.

Joanna Solar Fernández starb im Alter von 19 Jahren, nachdem sie ihren Tod bereits erahnt hatte.

Filippo Smaldone, Gründer der Salesianerinnen von den Heiligsten Herzen.

Diese Marienfigur von dem Bildhauer Fabisch wurde 1864 in der Grotte Massabielle in Lourdes aufgestellt, dort, wo Bernadette Soubirous die „weiße Dame“ erschienen war.

Bernadette Soubirous als junges Mädchen (Originalfoto). „Da bemerkte ich eine Dame in Weiß ...“, so beginnt ihr Bericht über ihre erste Erscheinung der Muttergottes am 11. Februar 1858.

schwestern (Dames de Nevers) ein; nie mehr wurde über ihre Vergangenheit gesprochen, aber auch im Kloster schlug Marie-Bernard, wie sie nun hieß, von einigen Schwestern Feindseligkeit entgegen. Sie starb am 16. April 1879 in ihrem Kloster; ihr unverwester Leichnam ruht bis heute in einem Glasschrein in der Klosterkirche St-Gildard in Nevers (der Leichnam war noch unverwest gewesen, als man zehn Jahre nach Bernadettes Tod das Grab öffnete). 14. Juni 1925 Selig-, 8. Dezember 1933 Heiligsprechung. – 1864 entstand in Lourdes oberhalb der Grotte Massabielle eine neugotische Basilika, die 1876 eingeweiht wurde; Papst → Pius X. ordnete 1907 für die gesamte katholische Kirche das „Fest der Erscheinung“ an (11. Februar). Allein bis 1960 wurden von der Kirche 60 Heilungen von Kranken, die von der Medizin als unheilbar bezeichnet worden waren, anerkannt. Die bis zur Erscheinung vor Bernadette unbekannte Wunderquelle in Lourdes sprudelt unvermindert bis heute.

Darstellung: als Bauernmädchen mit blauem Kopftuch, als Nonne, meist in der Grotte kniend, mit Gottesmutter, mit Rosenkranz, beim Quellenwunder

Sozon
Märtyrer
Fest: 7. September
Der Hirte und Christ Sozon lebte in Kilikien in Kleinasien. Eines Tages zerstörte er Götzenbilder, verkaufte das vergoldete Metall und gab das erlöste Geld den Armen. Von den Christenverfolgern des Diokletian wurde Sozon daraufhin gefoltert und dann durch Verbrennen getötet. Das Todesjahr war wohl 304.

Sperandea sel.
OSB, Äbtissin, Mystikerin
Fest: 11. September
Geboren um 1215 in Gubbio, Italien, durchlebte Sperandea seit ihrer Kindheit Christusvisionen; schon als Mädchen durchzog sie als Wanderpredigerin Mittelitalien und war vielbeachtet. Später gründete sie in dem Ort Cingoli in den Marken ein Benediktinerinnenkloster, das sie als Äbtissin leitete und wo sie am 11. September 1276 starb. 1633 Approbation des Kultes.

Speranza Alhama di Gesù
Ordensgründerin
Fest: 8. Februar
Geboren am 30. September 1893 in Santomera bei Murcia (Spanien), gründete Speranza Alhama di Gesù 1930 den Orden der Ancelle dell'Amore Misericordioso und 1951 eine Kongregation aus Ordenspriestern, Diözesangeistlichen, Brüdern mit Universitätsabschluß und Brüdern, die ein Handwerk erlernt hatten (beide Orden sind päpstlich bestätigt). In Collevalenza bei Todi in Umbrien (Italien) begründete „Madre Speranza“ 1951 das Santuario dell'Amore Misericordioso (Sanktuarium der Barmherzigen Liebe), bestehend aus Kirche, Heilbädern, Pilgerhospiz und Konventen der beiden Kongregationen. Speranza Alhama di Gesù starb am 8. Februar 1983; der Seligsprechungsprozeß ist eingeleitet.

Speusippus, Eleusippus, Meleusippus und Neonilla hll.
Märtyrer
Fest: 17. Januar
In Langres in Frankreich und in Ellwangen in Deutschland werden die Märtyrer Speusippus, Eleusippus und Meleusippus (Drillingsbrüder) sowie Neonilla (ihre Großmutter) bis heute verehrt. Nach den unsicheren Überlieferungen erlitten die vier 175 in der Verfolgung des Marc Aurel in Kappadokien das Martyrium. Vermeintliche Reliquien gelangten später nach Langres und nach Ellwangen.

Spinelli, Francesco sel.
Ordensgründer
Fest: 6. Februar
Geboren am 14. April 1853 in Mailand (Italien), empfing Francesco Spinelli 1875 die Priesterweihe. 1882 gründete er in Bergamo (Italien) die Kongregation der Suore Sacramentine und 1895 in Rivolta d'Adda die Kongregation der Suore Adoratrici del Santissimo Sacramento, beide zur Jugenderziehung und Krankenpflege. Er starb am 6. Februar 1913 in Rivolta d'Adda. Seligsprechung am 21. Juni 1992.

Spinola y Maestre, Marcelo sel.
Kardinal, Erzbischof
Fest: 19. Januar
Geboren am 14. Januar 1835 in Isla de San Fernando (Spanien), empfing Marcelo Spinola y Maestre 1864 die Priesterweihe und war danach Pfarrer in Sevilla. 1884 wurde er Bischof von Coria, 1886 von Malaga, 1896 von Sevilla, 1905 erhielt Spinola die Ernennung zum Kardinal. Überall errichtete er Schulen, Kinderheime und Waisenhäuser, in Coria gründete er eine Schwesternkongregation. Spinola starb am 19. Januar 1906 in Sevilla. 29. März 1987 Seligsprechung.

Spiske, Robert
Ordensgründer
Fest: 5. März
„Apostel der Caritas" wurde Robert Spiske genannt; er war der Gründer der Kongregation der Hedwigschwestern zur Betreuung verwaister Kinder. Geboren am 29. Januar 1821 in Lisa (Polen), hatte Spiske 1847 die Priesterweihe empfangen und wirkte danach als aufopferungsvoller Seelsorger in Breslau. Aus dem von ihm 1856 in Breslau gegründeten Hedwigsverein entwickelten sich dann die Hedwigschwestern. Robert Spiske starb am 5. März 1888 in Breslau, wo seine Gebeine seit 1984 im Ordenshaus ruhen. Der Seligsprechungsprozeß ist eingeleitet.

Sproll, Joannes Baptista
Bischof von Rottenburg
Gedenken: 4. März
Joannes Baptista Sproll, geboren am 2. Oktober 1870 in Schweinhausen (Baden-Württemberg), war ab 1927 Bischof von Rottenburg (Baden-Württemberg) und wurde zu einem der von den Nationalsozialisten meistgehaßten Kirchenmänner Deutschlands. Die unbeirrte Art, wie Sproll gegen das Nazi-Regime auftrat und predigte, das Redeverbot ignorierte, weiterhin engen seelsorgerischen Kontakt zu seinen Gläubigen hielt, veranlaßte die NS-Partei, ihn 1938 mit Gewalt aus dem Amt zu entfernen. In St. Ottilien am Ammersee fand Sproll Asyl in der dortigen Benediktinerabtei, wo er bald an einer Nervenlähmung erkrankte. Von den Leiden der Verbannung gezeichnet, kehrte Sproll 1945 unter dem Jubel seiner Gläubigen in seine Diözese Rottenburg zurück. Bischof Sproll starb am 4. März 1949 in Rottenburg, wo er in der Bischofsgruft auf dem Sülchen-Friedhof beigesetzt wurde.

Spyridon (Spiridon) hl.
Bischof von Trimithon
Fest: 14. Dezember
Seit dem 4. Jh. existiert auf der Insel Zypern ein Spyridon-Kult; die Reliquien befinden sich seit dem 15. Jh. auf der griechischen Insel Korfu, wo sie in einem Silbersarg ruhen. Geboren Ende des 3. Jh. auf Zypern, heiratete Spyridon zunächst und verdiente den Lebensunterhalt seiner Familie als Schafhirte. In der Verfolgung des Diokletian stach man ihm ein Auge aus und verurteilte ihn zur Zwangsarbeit im Steinbruch. Nach den Verfolgungen genoß Spyridon im Volk hohe Verehrung als Bekenner, und um 315 wurde er zum Bischof von Trimithon auf Zypern gewählt. Er ist als Teilnehmer des Konzils von Nicäa (325) und von Sardika (343) bezeugt. Spyridon starb am 14. De

Joannes Baptista Sproll, Bischof von Rottenburg und einer der mutigsten Widersacher der Nationalsozialisten.

Unten links: Robert Spiske, Gründer der Kongregation der Hedwigschwestern.

Der Glasschrein mit den Gebeinen der Bernadette Soubirous in der Klosterkapelle von St-Gildard in Nevers.

Spyridon, Bischof von Trimithon von 315 bis 348(?).

Kaspar Stangassinger, Priester und Redemptorist.

zember 348(?). – Im griechischen Raum gehört Spyridon bis heute zu den meistverehrten Heiligengestalten, an seinem Festtag wird reiches Brauchtum gepflegt (Fest dort am 12. Dezember)
Patronat: von Korfu, der Seefahrt, der Waisen

Stachys hl.
Jünger, Bischof(?)
Fest: 31. Oktober
Stachys war wahrscheinlich einer der 72 Jünger Jesu und möglicherweise der erste Bischof von Byzanz (von → Andreas geweiht). → Paulus grüßte ihn in einem Brief mit „mein geliebter Stachys". Er starb im 1. Jh.

Stangassinger, Kaspar sel.
CSSR, Ordensmann
Fest: 26. September
Geboren am 12. Januar 1871 auf dem Unterkälberstein bei Berchtesgaden (Bayern) als zweites von 16 Geschwistern, empfing Kaspar Stangassinger 1895 in Regensburg die Priesterweihe, nachdem er 1893 in Gars am Inn (Bayern) bei den Redemptoristen eingetreten war und in Dürrnberg (Österreich) die Profeß abgelegt hatte. Obwohl sein großes Ziel die Mission im Ausland war, setzten ihn die Ordensoberen als Lehrer im Ordensseminar in Dürrnberg bei Hallein (Österreich) ein, wo er sich in der Erfüllung seiner Aufgabe und im Streben nach Vollkommenheit völlig verausgabte. Nachdem die zuvor in Deutschland verbotenen Redemptoristen dort wieder zugelassen waren, sollte Kaspar Stangassinger Direktor einer Ordensschule in Gars werden; doch die Nachricht davon erreichte ihn auf dem Totenbett: An einer Blinddarmentzündung starb er am 26. September 1899 in Gars (wo sich die Gebeine in der Herz-Jesu-Kapelle befinden). 24. April 1988 Seligsprechung.

Stanislaus Hosius
Kardinal, Bischof
Fest: 5. August
Geboren am 5. Mai 1504 in Krakau (Polen), studierte Stanislaus Hosius in Krakau, Bologna und Padua und empfing 1543 die Priesterweihe; 1549 wurde er zum Bischof von Kulm (Chelmo), 1551 vom Ermland und 1561 zum Kardinal ernannt. Unermüdlich setzte er sich für die Erhaltung des katholischen Glaubens in Polen ein, aufopferungsvoll kümmerte er sich um die Wiederbelebung des Katholizismus in Sachsen („Apostel der Sachsen"). Stanislaus Hosius starb am 5. August 1579 in Capranica (Italien). Der Seligsprechungsprozeß ist eingeleitet.

Stanislaus von Krakau hl.
Bischof, Märtyrer
Fest: 11. April
Geboren 1030 in Krakau (Polen) und ausgebildet in Gnesen und Paris, wurde Stanislaus 1072 zum Bischof von Krakau gewählt, wo er eine segensreiche seelsorgerische Tätigkeit entfaltete; sein Hauptaugenmerk galt der Moral in der Kirche. Als er den polnischen König Boleslaw II. ermahnte, es mit der Treue gegenüber seiner Ehefrau genauer zu nehmen und die Frauen allgemein besser zu behandeln, kam es zu einem heftigen Streit zwischen den beiden Männern, woraufhin Stanislaus den König exkommunizierte; daraufhin erschlug Boleslaw den Bischof während einer Messe eigenhändig vor dem Altar, der Todestag war der 11. April 1079. Das vor Wut rasende Volk vertrieb Boleslaw nach dem Mord aus dem Land. Die Gebeine von Stanislaus, der 1254 heiliggesprochen wurde, ruhen seit 1088 in der Kathedrale von Krakau.
Patronat: von Polen

Stanislaus Kostka hl.
SJ, Novize, Mystiker
Fest: 13. November
Stanislaus Kostka entstammte einem führenden Adelsgeschlecht Polens und kam am 28. Oktober 1550 in Rostkow zur Welt. Zusammen mit seinem Bruder kam er 1564 zum Studium in das Jesuitenkolleg nach Wien, und bald stand sein Entschluß fest, in den

Grabdenkmal des Stanislaus von Krakau in der Kathedrale von Krakau (von Giovanni Trevanos).

Jesuitenorden einzutreten. Als die Familie ihm dies verwehren wollte, floh er, als Bettler verkleidet, nach Augsburg und dann nach Dillingen (Bayern), wo er sich hilfesuchend an den berühmten Jesuiten → Petrus Kanisius wandte, der ihn an Jesuitenordensgeneral → Franz de Borja übergab, welcher ihn an seinem 17. Geburtstag in Rom als Novizen aufnahm. Mit seinem fröhlichen, warmherzigen Wesen und seinem ungewöhnlichen Streben nach Vollkommenheit gewann Stanislaus rasch alle Herzen, eine große Zukunft im Orden schien ihm sicher. Die Flucht aber hatte seine schwächliche Gesundheit so sehr angegriffen, daß er schon zehn Monate nach Ordenseintritt am 15. August 1568 an Wechselfieber starb. Beigesetzt wurde er in der Kirche S. Andrea al Quirinale. 1670 Selig-, 1726 Heiligsprechung.

Darstellung: als Knabe, als Jesuit in der italienischen Ordenstracht, mit Lilie, Kruzifix, Rosenkranz, Marienbild, Jesuskind, Pilgerstab, IHS-Zeichen

Patronat: von Polen und Warschau, der studierenden Jugend, der Novizen des Jesuitenordens, gegen Augenleiden, Gliederbrüche, Fieber und schwere Krankheiten, der Sterbenden

Liegefigur des Stanislaus Kostka (von Legros) in seinem Sterbezimmer im Kloster bei S. Andrea al Quirinale, Rom.

Steeb, Carlo sel.
Ordensgründer
Fest: 15. Dezember

Geboren am 18. Dezember 1773 in Tübingen (Baden-Württemberg) aus einem evangelischen Elternhaus, trat Carlo Steeb 19jährig zum katholischen Glauben über, mit 23 Jahren empfing er in Verona (Italien) die Priesterweihe. Hauptberuflich wirkte er danach als Theologieprofessor am Priesterseminar in Verona, seine ganze Zuwendung aber galt den Armen und Verlassenen der Stadt, um die er sich fürsorglich kümmerte; er besuchte die Gefangenen in den Gefängnissen und spendete den Kranken in den Spitälern Trost. Zur Unterstützung seiner Arbeit gründete er in Verona 1840 die Kongregation der Schwestern der Barmherzigkeit. Carlo Steeb starb am 15. Dezember 1856 in Verona. 6. Juli 1975 Seligsprechung.

Carlo Steeb, Gründer der Kongregation der Schwestern der Barmherzigkeit.

Stefana Quinzani sel.
OP, Äbtissin, Mystikerin
Fest: 2. Januar

Geboren am 5. Februar 1457 in Orcinuovi bei Brescia (Italien), widmete sich Stefana Quinzani ganz dem Krankendienst in Spitälern; in Soncino nahe Cremona gründete sie das Dominikanerinnenkloster S. Paolo, das sie als Äbtissin leitete. Über 40 Jahre lang durchlebte sie jeden Freitag die Passion Christi, an Händen und Füßen trug sie die Wundmale Jesu. Sie starb am 2. Januar 1530 in Soncino. 1740 Seligsprechung.

Stefano Bandelli sel.
OP, Ordensmann
Fest: 12. Juni

Stefano Bandelli, geboren 1369 in Castelnuovo (Italien), trat 1392 in Piacenza dem Dominikanerorden bei und wurde in den folgenden Jahrzehnten zu einer der prägenden Ordenspersönlichkeiten und zu einem berühmten Prediger Italiens. Er starb am 12. Juni 1450. Approbation des Kultes 1856.

Stein, Edith (Teresia Benedicta a Cruce) hl.
OCarm, Konvertitin, Märtyrerin
Fest: 9. August

„Edith Stein – jüdische Christin und christliche Jüdin" nannte der Osservatore Romano die Karmelitin, Philosophin und Märtyrerin anläßlich ihrer Heiligsprechung; die Feier fand am 11. Oktober 1998 auf dem Petersplatz in Rom statt, zelebriert von Papst Johannes Paul II., der Edith Stein während eines Deutschland-Besuches am 1. Mai 1987 bereits seliggesprochen hatte. – Geboren am 12. Oktober 1891 in Breslau (Polen) als jüngstes von elf Kindern einer jüdischen Familie, verlor Edith Stein im Alter von zwei Jahren ihren Vater durch Tod; ihre Mutter erzog die Kinder in jüdischer Tradition. 14jährig weigerte sich Edith, weiterhin die

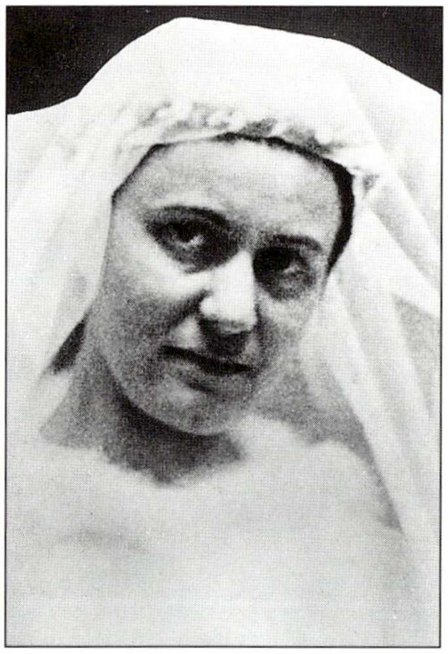

Von links nach rechts: Edith Stein als 30jährige während ihrer Zeit als Lehrerin in Speyer, am 15. April 1934 bei ihrer Einkleidung als Karmeliterin im Karmel zu Köln (Ordensname: Teresia Benedicta a Cruce) und auf dem letzten Foto von ihr aus dem Sommer 1942.

Gegenüberliegende Seite: Das Martyrium des Stephanus, nach einem Gemälde von Pietro da Cortona (um 1660), Eremitage, St. Petersburg.

Oberin Josepha Hendrina Stenmanns, 1889 Mitbegründerin der Steyler Missionsschwestern.

Schule zu besuchen und lebte einige Zeit bei ihrer älteren Schwester in Hamburg; sie bezeichnete sich zu jener Zeit als Atheistin. 1911 legte sie dann doch ihr Abitur ab und studierte in Breslau und Göttingen zunächst Germanistik und Geschichte, wechselte aber bald zur Philosophie und machte ihren Doktor (Thema: „Das Problem der Einfühlung"). Ab 1916 war sie in Freiburg Assistentin des damals berühmten Phänomenologen Edmund Husserl. Als Edith Stein in jener Zeit Stärke und Gottvertrauen einer Witwe, deren Mann im Ersten Weltkrieg gefallen war, beobachtete, war sie tief berührt; später schrieb sie dazu: „Es war der Augenblick, in dem mein Unglaube zusammenbrach, das Judentum verblaßte und Christus aufstrahlte." 1918 kehrte sie nach Breslau zurück, wo sie sich habilitieren wollte, was man ihr jedoch verwehrte, weil sie eine Frau war. Nach der Lektüre einer Biographie von → Theresia von Ávila erlebte sie eine tiefe Erschütterung; am 1. Januar 1922 ließ sich die 31jährige in Breslau auf den Namen Teresia Hedwig taufen und empfing erstmals die heilige Kommunion. Ihre Familie zeigte sich bei der nachträglichen Informierung zutiefst betroffen. Bis 1933 arbeitete Edith Teresia Hedwig Stein dann als Lehrerin für Deutsch und Geschichte im Dominikanerinnenkloster St. Magdalena in Speyer (Rheinland-Pfalz) und als Dozentin in Münster (Nordrhein-Westfalen). Dann trat sie trotz schwerer Schuldgefühle ihrer alten Mutter gegenüber (die sie vergeblich zurückhalten wollte) in Köln in den dortigen Karmel ein und wurde am 15. April 1934 eingekleidet, als Ordensnamen wählte sie Teresia Benedicta a Cruce (die vom Kreuz gesegnete Teresia); im Pogromjahr 1938, als die Juden in Deutschland vollkommen geächtet wurden, legte sie die Ewigen Gelübde ab. Bereits 1936, kurz nach dem Tod der 84jährigen Mutter, war auch Ediths Schwester Rosa im Kölner Karmel eingetroffen und hatte sich ebenfalls taufen lassen. Um ihr Kloster nicht zu gefährden, verließ Edith Stein in der Neujahrsnacht 1938/1939 Köln und flüchtete in den Karmel Echt in den Niederlanden; ein Jahr später folgte ihr Rosa. Nachdem am 26. Juli 1942 in Holland ein bischöflicher Hirtenbrief verlesen worden war, in welchem es hieß: „Daß Gott das Volk Israel, das in diesen Tagen so bitter geprüft wird, stärken möge und es zur wahren Erlösung in Christus Jesus bringen möge", verhafteten die Nationalsozialisten in den Niederlanden alle nichtarischen Ordensangehörigen. Edith Stein hätte noch in einen Karmel in die Schweiz entkommen können, doch sie blieb, weil sie ihre Schwester nicht mitnehmen durfte. Am 2. August 1942 wurden Edith und Rosa Stein verhaftet (Edith zu Rosa: „Komm, wir gehen für unser Volk"); ihr Transport kam am 9. August 1942 im Konzentrationslager Auschwitz-Birkenau an, am selben Tag starb Edith Stein, Gefangene Nr. 44074, in der Gaskammer im sogenannten „Weißen Haus". Im Güterzug auf der Fahrt nach Auschwitz hatte sie die Mitgefangenen noch getröstet: „Jesus ist auch hier mitten unter uns." Und als in Schifferstadt in der Pfalz der Deportationszug einmal anhielt, gelang es Edith Stein, einen Zettel mit Grüßen an die Schwestern von Kloster St. Magdalena in Speyer aus einer Luke hinausfallen zu lassen; eine Gedenktafel erinnert dort bis heute an dieses letzte Lebenszeichen von Edith Stein, der Märtyrerin mit dem Judenstern.

Steiner, Maria Agnes Klara
OSCl, Äbtissin
Fest: 24. August

Geboren am 29. August 1813 in Taisten in Südtirol (Italien), trat Theresia Steiner 1838 in Assisi, Italien, bei den Klarissen ein und nahm den Ordensnamen Maria Agnes Klara an; ab 1848 war sie Äbtissin in Nocera. Sie starb am 24. August 1862 in Nocera. Der Seligsprechungsprozeß ist eingeleitet.

Stenmanns, Hendrina Josepha
SSpS, Ordensmitbegründerin
Fest: 20. Mai

Gemeinsam mit Maria Anna Helena → Stollenwerk und Arnold → Janssen gründete Hendrina Josepha Stenmanns, geboren am 28. Mai 1852 in Issum (Nordrhein-Westfalen), 1889 die Kongregation der Steyler Missionsschwestern; ab 1898 bis zu ihrem Tod am 20. Mai 1903 (im Ordensmutterhaus in Steyl, Niederlande) war sie Oberin. Der Seligsprechungsprozeß läuft.

Stephan(us) hl.
Diakon, Erzmärtyrer
Fest: 26. Dezember
Stephan(us) gilt als erster bekannter Märtyrer der Christenheit und wird deshalb Erzmärtyrer genannt. Eine Stephan-Verehrung ist im Osten seit dem 4. Jh. bekannt, im Westen ab dem 5. Jh. Nachdem die Reliquien 415 bei Jerusalem wieder aufgefunden worden waren und Teile davon in alle Welt gelangten, verbreitete sich der Kult stark, überall entstanden Stephanskirchen, das Stephansfest gehörte im Volk bald zu den beliebtesten Festen im Jahresablauf; auf den 26. Dezember war der Gedenktag gelegt worden, um die Bedeutung des Weihnachtsfestes noch stärker zu betonen. – Nach den Überlieferungen war Stephan, ein hellenistischer Jude, einer der sieben Diakone der christlichen Urgemeinde von Jerusalem, die von den Aposteln durch Handauflegen geweiht worden waren und diese in ihrer Arbeit unterstützten. Stephan erwies sich von Beginn an als hervorragender Prediger, der seine Zuhörer durch sein Charisma in den Bann zog. Eines Tages beschuldigten ihn Juden der Gotteslästerung und schleppten ihn vor den Richter; als Stephan dort eine brillante Verteidigungsrede hielt, entstand ein Tumult. Die Legende berichtet dazu, der Richter habe das Gesicht von Stephan plötzlich in einem gleißenden Licht wie das eines Engels strahlen gesehen und daraufhin voller Angst ohne Urteil den Tod Stephans durch Steinigung angeordnet. Die vor Wut rasende Menschenmenge schleppte Stephan durch die Straßen Jerusalems bis vor die Stadt und steinigte ihn dort zu Tode, angeblich beim Damaskustor. Einer der Peiniger soll → Paulus gewesen sein (der zu diesem Zeitpunkt noch Saulus hieß). Das Todesjahr des Stephan soll zwischen 34 und 37 gelegen haben. – Nach der Wiederauffindung der Gebeine gelangten die Reliquien zunächst in die Kirche auf dem Sion, Teile davon später nach Konstantinopel und von dort 560 nach Rom in die Kirche S. Lorenzo fuori le mura (die Begräbniskirche von → Laurentius). In

und Pfarrer in Tagliacozzo, nahe seinem Heimatort. Er starb am 13. November 1947 in Tagliacozzo. Der Seligsprechungsprozeß läuft.

Tarallo, Maria Gracia
Ordensfrau, Mystikerin
Fest: 27. Juli
Maria Gracia Tarallo, die im Kloster den Namen Maria vom Leiden trug, stammte aus Barra bei Neapel, Italien, wo sie am 23. September 1866 geboren wurde. Schon bei ihrer Erstkommunion hatte sie eine Vision, im Laufe ihres Lebens folgten viele weitere Gnadenbeweise, aber auch schwere seelische Prüfungen und Leiden. 1891 trat sie in die Genossenschaft der gekreuzigten Anbeterinnen des heiligsten Sakramentes ein und wurde Novizenmeisterin. Maria Gracia Tarallo starb am 27. Juli 1912 in Cremano bei Neapel. Der Seligsprechungsprozeß wurde 1928 eingeleitet.

Tarasios von Konstantinopel
Patriarch von Konstantinopel
Fest: 18. Februar, 25. Februar
Tarasios wurde 784 zum Patriarchen von Konstantinopel ernannt. Er galt als einer der größten Verteidiger der Bilderverehrung und genoß deshalb großes Ansehen. Er starb am 18. Februar 806 in Konstantinopel.

Tarbo (Therma)
Märtyrerin
Fest: 5. Mai
Die Christin Tarbo lebte im 4. Jh. in Persien. Nach Verleumdungen wurde sie am 5. Mai 345 ermordet. Nach ihrem Tod entwickelte sich ein Kult um ihre Gestalt.

Tarín, Francisco
SJ, Volksmissionar
Fest: 12. Dezember
Francisco Tarín, am 7. Oktober 1847 in Godelleta, Spanien, geboren, trat 1873 dem Jesuitenorden bei und wurde trotz schwerer Krankheiten – unter anderem hatte er ein offenes Bein – einer der erfolgreichsten Volksmissionare des Ordens. Er starb am 12. Dezember 1910 in Sevilla. Seligsprechungsprozeß läuft seit 1934.

Tarsicius (Tarsitius, Tarcisius) hl.
Märtyrer
Fest: 15. August
Tarsicius war ein römischer Märtyrer, der wohl im 3. Jh. den Martertod starb. Seine Grabstätte befand sich in der Calixtus-Katakombe in Rom. In einem Bericht von Papst → Damasus I. (366 bis 384) heißt es, Tarsicius sei Diakon gewesen und von Heiden erschlagen worden, als er sich weigerte, ihnen die Eucharistie zu zeigen (Märtyrer der Eucharistie).
Darstellung: als Diakon oder in Knabenkleidung, mit Hostie, Palme, Steinen, beim Martyrium
Patronat: der Arbeiter, der Ministranten

Tarsilla hl.
Jungfrau
Fest: 24. Dezember
Tarsilla führte im 6. Jh. in Rom ein heiligmäßiges Leben und war hochangesehen. Ihr Neffe war Papst → Gregor der Große, von dem auch die Angaben über sie stammen. Gemeinsam mit ihren Schwestern → Aemiliana und → Gordiana hatte sie ihr Leben Gott geweiht. Ihren nahenden Tod sah Tarsilla in einer Vision voraus. Sie starb Ende des 6. Jh.

Tassilo III.
Herzog von Bayern
Fest: 11. Dezember
Geboren um 730, regierte Tassilo III. ab 748 als Herzog von Bayern.

Tarsicius, Märtyrer der heiligen Eucharistie, hier in einer Darstellung des 19. Jh. von Ph. Schumacher.

Das Deckengemälde von Johann Baptist Zimmermann, 1755, in der Törringkapelle in Andechs zeigt die Gründung des Klosters Wessobrunn durch Herzog Tassilo III.

Er gehörte zu den wichtigsten Förderern der Kirche im damaligen bayerischen Raum, in Kärnten und Südtirol; er stiftete und erneuerte zahlreiche Klöster und organisierte überlegt und weitblickend die kirchlichen Belange. Tassilos berühmteste Klostergründungen waren Kremsmünster (Österreich) und Wessobrunn in Bayern. → Karl der Große verurteilte Tassilo 788 wegen Verlassens des fränkischen Heeres zum Tode, begnadigte ihn aber zu lebenslanger Klosterhaft. Ab 794 lebte Tassilo III. im Kloster Lorsch in Hessen, wo er an einem 11. Dezember um 800 starb.

Tasso
OSB, Abt
Fest: 11. Januar
Tasso war Abt in einem Benediktinerkloster in der Nähe von Neapel, Italien. Er wurde gerühmt wegen seiner Bußstrenge und seiner außergewöhnlichen Disziplin, bei seinen Mitbrüdern war er deshalb jedoch unbeliebt. Er starb um 729.

Tathai (Atheus)
Klostergründer
Fest: 26. Dezember
Geboren im 5./6. Jh. in Irland, lebte Tathai zunächst als Einsiedler in Wales, wo er später das Kloster Llantathan (St. Athan) gründete. Die Überlieferungen berichten, er sei ein Wundertäter gewesen und vom Volk hoch verehrt worden.

Tatiana von Griechenland
Einsiedlerin
Fest: 5. Januar
Tatiana lebte und starb in Griechenland, wo genau und wann, ist nicht überliefert. In allen Überlieferungen wird ihr strenges Fasten hoch gerühmt und bewundert.

Tatiana (Tania) von Rom
Märtyrerin
Fest: 12. Januar
Tatiana wurde wohl zu Beginn des 3. Jh. in Rom ermordet, weil sie ein christliches Leben führte. Bei ihrem Tod soll sie noch ein Mädchen gewesen sein. Schon früh gab es in der russischen, in der griechischen und in der lateinischen Kirche einen Kult um ihre Person.
Darstellung: als Jungfrau im langen Gewand, manchmal kahlgeschoren, mit Löwe

Tatta → **Tanco**

Tatwin
Erzbischof von Canterbury
Fest: 30. Juli
Tatwin war in der ersten Hälfte des 8. Jh. Erzbischof von Canterbury, England. Er starb am 30. Juli 734. Das Epitaph auf seinem Grab in der Kathedrale von Canterbury preist seine großen Leistungen.

Taurinus von Évreux hl.
Bischof von Évreux
Fest: 11. August
Taurinus (Taurin) war im 4./5. Jh. der erste Bischof von Évreux in der Normandie, Frankreich. Es heißt, er sei als Glaubensbote aus Rom gekommen. Nach seinem Tod, wohl im 5. Jh., wurde über dem Grab in Évreux eine Basilika errichtet, aus der sich das Benediktinerkloster St-Taurin entwickelte. In der Klosterkirche werden bis heute die Taurinus-Gebeine in einem Goldreliquienschrein aufbewahrt.

Tauscher, Maria
DCJ, Ordensgründerin
Fest: 20. September
Der Orden der Karmeliterinnen vom Göttlichen Herzen Jesu geht

Mutter Maria-Teresa vom heiligen Josef Tauscher van den Bosch ist der vollständige Name der Stifterin der Karmeliterinnen vom Göttlichen Herzen Jesu.

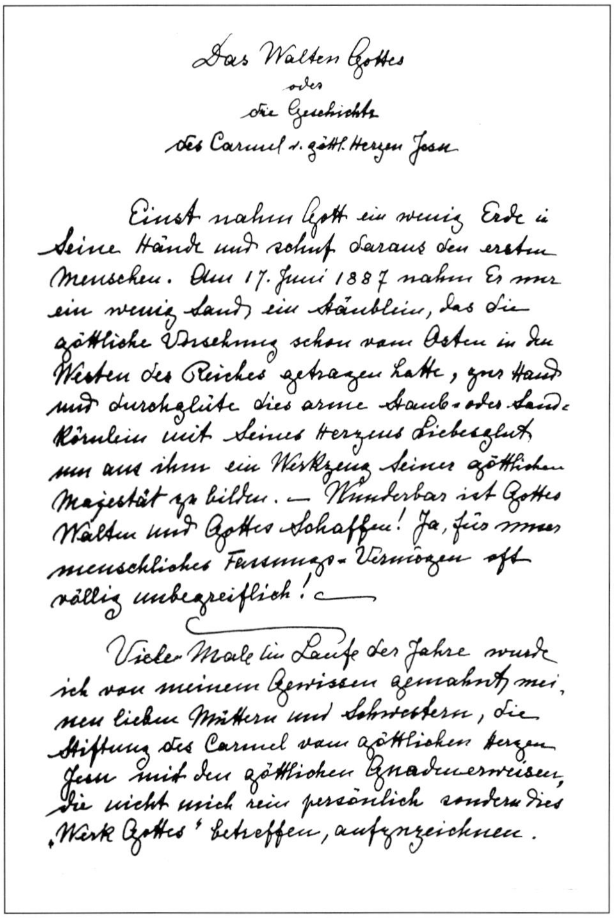
Das Walten Gottes
oder
die Geschichte
des Carmel v. göttl. Herzen Jesu

Einst nahm Gott ein wenig Erde in Seine Hände und schuf daraus den ersten Menschen. Am 17. Juni 1887 nahm Er nur ein wenig Sand, ein Stäublein, das die göttliche Vorsehung schon vom Osten in den Westen des Reiches getragen hatte, zur Hand und durchglühte dies arme Staub- oder Sand-Körnlein mit Seines Herzens Liebesglut, um aus ihm ein Werkzeug Seiner göttlichen Majestät zu bilden. — Wunderbar ist Gottes Walten und Gottes Schaffen! Ja, für unser menschliches Fassungs-Vermögen oft völlig unbegreiflich! —

Viele Male im Laufe der Jahre wurde ich von meinem Gewissen gemahnt, meinen lieben Müttern und Schwestern, die Stiftung des Carmel vom göttlichen Herzen Jesu mit den göttlichen Gnadenerweisen, die nicht mich rein persönlich sondern das ‚Werk Gottes' betreffen, aufzuzeichnen.

Handschrift der Maria Tauscher: „Das Walten Gottes oder die Geschichte des Carmels vom Göttlichen Herzen Jesu."

auf Maria Tauscher zurück. Mit 33 Jahren war die am 19. Juni 1855 im polnischen Sandow geborene evangelische Maria Tauscher in Köln zur katholischen Kirche konvertiert. 1891 gründete sie in Berlin ein Heim für arme und hilfebedürftige Kinder, das „Heim für Heimatlose". Aus der Gemeinschaft der Schwestern entwickelte sich die Genossenschaft der Karmeliterinnen vom Göttlichen Herzen Jesu, die 1904 von Papst Pius X. die kirchliche Anerkennung erhielt. Klöster existieren in ganz Europa und seit 1912 auch in Amerika. Maria Tauscher starb am 20. September 1938 in Sittard, Niederlande, dem Sitz des Generalates; dort fand sie auch ihre letzte Ruhestätte. Der Seligsprechungsprozeß läuft seit 1953.

Teilo (Elidius, Eliud)
Mönch, Bischof
Fest: 9. Februar
Teilo war im 6. Jh. eine der wichtigsten Kirchenpersönlichkeiten von Wales. Er stammte aus Pembrokeshire (Wales) und starb im 6. Jh. in Llandaff, wo sich in der Kathedrale bis heute sein Grab befindet.

Tekusa hl.
Märtyrerin
Fest: 18. Mai
Teilweise legendarische Vita, Existenz und Martyrium sind jedoch historisch gesichert. Danach wurde Tekusa gemeinsam mit sechs Gefährtinnen als Christin angeklagt und um 303 oder um 312 in Ankyra, Kleinasien, von Christenverfolgern ertränkt. Theodotos, ein Neffe von Tekusa, barg die sieben Leichname, worauf er selbst grausam zu Tode gemartert wurde.

Telemachos (Alamachios?)
Märtyrer
Fest: 1. Januar
Unsichere Vita, wahrscheinlich Vermengung verschiedener Personen. Telemachos soll ein orientalischer Mönch gewesen sein, der nach Rom kam, um die Gladiatorenspiele zu bekämpfen und ihre Einstellung zu erreichen. Das empörte Volk soll ihn daraufhin zu Tode gesteinigt haben. Ein Märtyrer namens Alamachios wurde in Rom von Gladiatoren getötet; auch sein Gedenktag ist der 1. Januar. Der Tod beider lag möglicherweise im 4. Jh.

Telesphorus hl.
Papst, Märtyrer(?)
Fest: 5. Januar
Der Kirchenschriftsteller und Bischof → Irenäus von Lyon berichtete, Papst Telesphorus sei als Märtyrer gestorben. Sicher ist, daß er in der ersten Hälfte des 2. Jh. als siebter Nachfolger Petri Papst war und etwa zehn Jahre amtierte. Von Geburt soll er Grieche gewesen sein. Sein Todesdatum lag um 130.

Tenenan
Bischof
Fest: 16. Juli
Die teilweise legendarische Vita berichtet, daß Tenenan aus England stammte, wo er im 6./7. Jh. geboren wurde. Er war Priester und Einsiedler und ließ sich bei Léon in der Bretagne (Frankreich) nieder. Später soll er Bischof von Léon gewesen sein. Tenenan starb im 7. Jh.

Terentius hl.
Diakon
Fest: 30. Juli
Nach der unsicheren Vita war Terentius zu einer unbekannten Zeit Diakon in Faenza in Italien, später möglicherweise Einsiedler. Er sagte das Datum seines Todes voraus. Beigesetzt wurde er in der Kirche S. Croce in Faenza, deren Patron er seit 1153 ist.

Teresia Benedicta a Cruce → Stein, Edith

Tertullinus hl.
Märtyrer
Fest: 4. August
Nach der rein legendarischen Passio war Tertullinus ein Priester in Rom, von Papst → Stephan I. (254 bis 257) geweiht. Von Christenverfolgern gefangengenommen, wurde er gefoltert und dann enthauptet. Nach Stephan I. fand er seine letzte Ruhestätte am zweiten Meilenstein der Via Latina in Rom. Reliquien gelangten 772 in das 740 gegründete Benediktinerkloster Schlehdorf in Bayern.

Tétrault, Delia (Maria dello Spirito Santo)
Gründerin
Fest: 1. Oktober
Geboren am 4. Februar 1865 in Sainte-Marie-Monnoir, Kanada, gründete Delia Tétrault das Institut der Missionsschwestern von der Unbefleckten Empfängnis und nahm darin selbst den Namen Maria dello Spirito Santo an. Sie starb am 1. Oktober 1941 in Côte-des-Neiges (Montreal), Kanada. Der Seligsprechungsprozeß läuft.

Tetricus (Tetrich) von Auxerre hl.
OSB, Bischof von Auxerre
Fest: 18. März,
12. April (Translation)
Tetricus (Tetrich) war ab 692 Bischof von Auxerre, Frankreich. Angeblich wurde er am 18. März 707 von seinem Archidiakon erdolcht. Eventuell Vermengung mit → Tetricus von Langres.

Tetricus (Tetrich) von Langres hl.
Bischof von Langres
Fest: 18. März
Tetricus (Tetrich) war ab 540 Bischof von Langres, Frankreich. Er ist als Teilnehmer verschiedener Synoden bezeugt. Sein Neffe war → Gregor von Tours. Tetricus starb am 18. März 572/573 in Langres. → Venantius Fortunatus verfaßte das Epitaphium. Vielleicht teilweise Vermengung mit → Tetricus von Auxerre.

Thaddäus McCarthy sel.
Bischof
Fest: 24. Oktober
Thaddäus McCarthy, geboren 1455 in Muskerry, Irland, war Bischof von Ross, Cork und Cloyne in Irland. Er starb auf der Rückreise von einem Besuch in Rom am 24. Oktober 1492 in Ivrea (Italien). Im Jahr 1895 erfolgte die Seligsprechung durch Papst Leo XIII. Zusammen mit → Oliver Plunket der einzige neuzeitlich seliggesprochene Ire.

Thais (Isis)
Reklusin, Büßerin
Fest: 8. Oktober
Nach den größtenteils legendarisch ausgeschmückten Berichten war Thais eine Kurtisane, die im 4. Jh. in Ägypten lebte. Sie soll durch einen Mönch namens Paphnutius bekehrt worden sein und bis zu ihrem Tod in einem Kloster gebüßt haben. Ihre Geschichte wurde immer wieder erzählt und bildlich dargestellt. → Joseph Benedikt Cottolengo gründete im 19. Jh. in Turin, Italien, eine Genossenschaft für Büßerinnen, die er Schwestern von der heiligen Thais nannte.

Thea von Gaza
Märtyrerin
Fest: 19. Dezember
Thea stammte aus Gaza, Palästina, und war praktizierende Christin. Christenverfolger nahmen sie gefangen und folterten sie. An den Folgen der Martern starb sie um 305/310 in Gaza.

Thebäische Märtyrer → Mauritius von Agaunum

Thekla hl.
Gefährtin von Paulus, Märtyrerin
Fest: 23. September, 24. September (Griechen)
Historisch gesichert ist, daß im 4. Jh. ein starker Kult um die Gestalt der Thekla einsetzte und in die gesamte christliche Welt ausstrahlte. Bis heute existieren Thekla-Kirchen, an vielen Orten ist sie Patronin. Die Passio von Thekla ist wohl legendarisch und märchenhaft ausgeschmückt. Danach lebte Thekla im 1. Jh. in Ikonion (heute Konya, Türkei), wurde von → Paulus bekehrt und im christlichen Glauben unterrichtet. Von Christenverfolgern zum Feuertod verurteilt, überlebte sie wunderbar und zog mit Paulus nach Antiochien. Als sie dort einen zudringlichen Mann abwies, zeigte sie dieser als Christin an. Thekla wurde zum Tierkampf verurteilt, über-

„Die heilige Thekla befreit Este von der Pest", Ausschnitt eines Gemäldes von Tiepolo, 1759, heute im Dom von Este, Italien.

Martyrium der Theodora von Alexandria, nach einem Gemälde von Tiepolo in der Cà Rezzonico in Venedig.

Theodor von Octodurum, Statue in der Kirche von Damüls. Zu Füßen der Teufel mit einer Glocke auf dem Kopf. Nach der Legende hat der Heilige den Teufel gezwungen, ihm die Glocke über die Alpenpässe zu seinem Bischofssitz Sitten zu tragen.

große Blüte und Ausstrahlungskraft. Theodor stammte aus Tarsus, Türkei, wo er 602 geboren wurde. Nach seiner Ausbildung in Athen ging er nach Rom, wo er die Mönchsgelübde ablegte. Papst → Vitalianus weihte ihn 668 zum Erzbischof von Canterbury, England. Theodor organisierte in der Folge das gesamte Kirchenwesen in den angelsächsischen Königreichen, stellte klare Grenzen für die Bistümer auf und gründete eine Kathedralschule (alles nach römischem Vorbild). So entstand in England eine romtreue Landeskirche. Zu allen Zeiten brachte Theodor jedoch auch dem iroschottischen Mönchtum und dem Klosterwesen großen Respekt entgegen. Er starb am 19. September 690 und wurde im Kloster Peter und Paul in Canterbury beigesetzt. 1091 Erhebung der Gebeine.

Theodor (Theodul) von Octodurum hl.
Bischof
Fest: 16. August
Theodor (Theodul) war der erste bekannte Bischof im Schweizer Kanton Wallis; als Bischof von Octodurum nahm er 381 an der Synode von Aquileja teil. Es heißt, er habe die Gebeine von → Mauritius und seinen Gefährten (Thebäische Legion) aufgefunden und für deren Aufbewahrung die Basilika in Agaunum (St-Maurice) erbaut. Theodor starb um 400/410. Seine Grabstätte in Sitten, Schweiz, entwickelte sich im Mittelalter zur Wallfahrtsstätte.
Darstellung: als Bischof, mit Teufel, Glocke, Traube, Schwert, Steinhammer
Patronat: des Kantons Wallis, der Diözese Sitten, des Wetters, der Winzer, des Viehs, der Glocken

Theodora von Alexandria hl.
Jungfrau, Märtyrerin(?)
Fest: 28. April
Nach der legendarischen Vita lebte Theodora im 3. Jh. in Alexandria, Ägypten, und wurde wegen ihres christlichen Glaubens von Verfolgern des Diokletian verurteilt, in einem Bordell zu arbeiten. Ein junger Christ soll sie befreit haben und dafür hingerichtet worden sein. Eine andere Überlieferung berichtet, auch Theodora sei um 304 ermordet worden.

Theodora von Thessalonike hl.
Nonne
Fest: 29. August, 5. April
Verschiedene Überlieferungen berichten, Theodora sei vor den Arabern nach Thessalonike, Griechenland, geflohen und habe dort über ein halbes Jahrhundert hochverehrt als Nonne im Stephanoskloster gelebt. Sie starb am 29. August 892.

Theodorich von Orléans hl.
OSB, Bischof von Orléans
Fest: 27. Januar
Theodorich war ab 1016 Bischof von Orléans, Frankreich, resignierte aber 1021. Auf einer Pilgerreise nach Rom starb er am 27. Januar 1022 in Tonnerre, Frankreich.

Theodorich von St-Hubert sel.
OSB, Abt
Fest: 25. August
Geboren am 11. November 1007 in Leernes, Belgien, trat Theodorich dem Benediktinerorden bei, 1056 wurde er Abt des Klosters St-Hubert (heute Anain) in Belgien. Er war einer der bedeutenden Äbte seiner Zeit und führte St-Hubert zu Blüte und Reichtum. Er starb am 25. August 1087.

Theodoros von Edessa hl.
Bischof von Edessa
Fest: 19. Juli
Nach der wohl großenteils legendarischen Überlieferung war Theodoros im 9. Jh. Bischof von Edessa, heute Urfa, Türkei. Er soll 848 in Urfa oder bei Jerusalem (in einem Kloster, wo er einmal Mönch war) gestorben sein.

Theodoros von Euchaïta hl.
Märtyrer
Fest: 9. November
Theodoros von Euchaïta gilt als einer der Großmärtyrer des Orients. Die teilweise legendarische Passio berichtet, er sei zu Beginn des 4. Jh. in Kleinasien Soldat im Heer von Kaiser Maximian gewesen. Als die Christenverfolgungen ausbrachen, bekannte er sich als praktizierender Christ. Er wurde verhört und aufgefordert, den Götzen zu opfern; als er sich weigerte, erhielt er Bedenkzeit, äscherte jedoch stattdessen einen Götzentempel ein. Nach tagelangen Folterungen wurde Theodoros bei lebendigem Leib verbrannt. Das Todesjahr soll 306 gewesen sein, Ort des Martyriums Euchaïta im Pontos. Reliquien befinden sich unter anderem in Venedig, wo er vor → Markus bis ins Mittelalter Schutzpatron war.

Theodoros Graptos hl.
Märtyrer
Fest: 27. Dezember,
28. Dezember (Griechen)
Theodor Graptos stammte aus Syrien, wo er um 775 geboren wurde. Gemeinsam mit seinem Bruder lebte er zunächst im Kloster Mar Saba bei Jerusalem, später in Konstantinopel. Wegen des Vorwurfs der Bilderverehrung wurde er immer wieder gefangengenommen, verhört und gefoltert und lange verbannt. Seinen Beinamen Graptos hat er davon, daß man ihm bei seinen Folterungen auch mit glühenden Stiften Spottverse ins Gesicht einbrannte (Graptós = der Gezeichnete). Theodoros Graptos starb 842 oder 844 in der Verbannung in Syrien.

Theodoros Studites hl.
Abt, Bekenner
Fest: 11. November
Geboren 759 in Konstantinopel, trat Theodoros gemeinsam mit seinem Bruder in das Sakkudionkloster ein, empfing die Priesterweihe und wurde Abt. Als der Kaiser seine Ehefrau verstieß und neu heiratete, opponierte Theodoros gemeinsam mit anderen Mönchen gegen dieses Vorgehen des Herrschers. Er wurde 795 nach Thessalonike verbannt, konnte 798 zurückkehren und wurde Abt des Studiu-Klosters in Konstantinopel. Unter seiner Leitung wurde das Kloster zu einem geistigen und geistlichen Mittelpunkt der östlichen Kirche, Theodoros galt als großer Klosterreformer. Wegen des Streites um die Bilderverehrung mußte er 815 wieder in die Verbannung. Er starb am 11. November 826 auf den Prinzeninseln vor Konstantinopel. Von ihm sind fast 600 Briefe, Reden, 300 Katechesen und sein Testament erhalten.

Theodoros von Tabennísi hl.
Abt von Tabennísi
Fest: 28. Dezember,
16. Mai (Griechen)
Geboren um 314 in Ägypten, wurde Theodoros 14jährig Mönch und Schüler beim berühmten Abt → Pachomius in Tabennísi in Oberägypten. 350 ernannte ihn die Mönchsgemeinde (nach dem Tod von Pachomius) zum Abt von Tabennísi. Er selbst gründete ebenfalls neue Klöster. Theodoros starb 368 in Tabennísi.

Theodosia von Cäsarea hl.
Märtyrerin
Fest: 2. April
Die Christin Theodosia, geboren um 290, wurde nach der Überlieferung von Christenverfolgern gefangengenommen, mit Haken zerfleischt und dann im Meer ertränkt. Das Todesdatum soll der 2. April 307/08 gewesen sein.

Theodosia von Konstantinopel hl.
Märtyrerin
Fest: 29. Mai
Theodosia wurde am 29. Mai 726 in Konstantinopel enthauptet, nachdem sie gegen die Entfernung eines Christusbildes auf einem Tor protestiert und den zuständigen Beamten von dort in die Tiefe gestürzt hatte. Ihre Reliquien wurden in eine nach ihr benannte Kirche in Konstantinopel überführt und dort lange verehrt.

Theodosius hl.
Mönch
Fest: 11. Januar
Theodosius stammte aus Kappadokien, Türkei, wo er um 424 geboren wurde. Er ließ sich um 460 als Einsiedler in einer Höhle in Palästina nieder, aus der sich nach und nach eine Klosteranlage entwickelte. Er baute Heime und Rastplätze für Kranke, Irre, Bettler sowie für Reisende in die verschiedenen nebenliegenden Höhlen. Das Höhlenkloster wurde zum Zentrum der Coenobiten (in der Einsamkeit zusammenlebende Mönche) und trug den Namen Theodosius-Kloster. Theodosius starb am 11. Januar 529. Bei Ausgrabungen im Höhlenkloster fand man 1900 zahlreiche Gräbernischen, darunter wohl auch das Theodosius-Grab.
Darstellung: als Einsiedler
Patronat: der Feilenhauer

Theodota von Thrakien
Märtyrerin
Fest: 29. September
Nach der legendarischen Passio lebte Theodota als Dirne in Thra-

Der römische Soldat Theodoros von Euchaïta bekennt sich zum Christentum, nach einer Darstellung aus dem 19. Jh.

kien auf dem Balkan. Als sie sich zum Christentum bekannte, wurde sie gefangengenommen. Sie ging freiwillig in den Tod, nachdem sie sich geweigert hatte, dem Glauben abzuschwören, und man ihr die Ermordung angedroht hatte. Das Todesjahr war 318.

Theodotus von Ankyra
Märtyrer
Fest: 18. Mai
Theodotus wurde um 311 in Ankyra, heute Ankara in der Türkei, enthauptet, weil er die Leichname von Märtyrern geborgen und beigesetzt hatte.

Theodulf von Lobbes hl.
OSB, Abt und
Bischof von Lobbes
Fest: 24. Juni
Theodulf wurde um 750 Abt und Bischof des Klosters Lobbes, Belgien. Er war der letzte Abt, der gleichzeitig die Bischofswürde erhielt. Er starb am 24. Juni 776 und wurde in Lobbes beigesetzt.

Theodulf
von St-Thierry-au-Mont-d'Or
Abt
Fest: 1. Mai
Theodulf war der dritte Abt der Abtei St-Thierry-au-Mont-d'Or bei Reims, Frankreich. Er starb an einem 1. Mai um 590.
Patronat: gegen Fieber

Theodulf von Trier
Einsiedler
Fest: 28. Februar
Theodulf stammte möglicherweise aus England und lebte nach der wohl legendarischen Vita im 7. Jh. als Einsiedler in Trier, Rheinland-Pfalz.
Patronat: gegen Krankheiten

Theofred hl.
OSB, Abt von Carmery,
Märtyrer
Fest: 11. Oktober
Der Kult um Theofred ist sehr alt; er ist in Frankreich und in Italien lebendig. Theofred war Abt des Klosters Carmery, heute St-Chaffre, Frankreich, und kam 732 bei einem Sarazeneneinfall ums Leben, nachdem er mißhandelt worden war.

Theoger
Abt
Fest: 29. April
Theoger war um 1100 Abt des Klosters St. Georgen im Schwarzwald. Er starb am 29. April 1120 in Cluny, Frankreich.

Theonas hl.
Bischof von Alexandria
Fest: 23. August
Theonas war von 282 bis 300 Bischof von Alexandria, Ägypten, und genoß hohe Verehrung. Nach seiner Amtszeit begannen die Christenverfolgungen unter Diokletian, die sein Werk zum Teil wieder zerstörten. → Athanasios berichtet von einer Kirche in Alexandria, die den Namen von Theonas trug.

Theonestes von Mainz
Bischof von Mainz, Märtyrer
Fest: 27. Juni
Unsichere Vita, möglicherweise teilweise Vermengung mit der Passio von → Theonestos von Philippi. Er soll im 5. Jh. Bischof von Mainz (Rheinland-Pfalz) gewesen sein und viel unter den Arianern gelitten haben. Immer wieder konnte er sich vor Verfolgungen retten, manchmal, so die Überlieferungen, auf wundersame Weise. Er starb vielleicht um 425 als Märtyrer (in Italien?).
Darstellung: in Pontifikalkleidung
Patronat: von Mainz

Theonestos von Philippi hl.
Bischof(?), Märtyrer
Fest: 30. Oktober
Nach der unsicheren Vita war Theonestos im 4. Jh. möglicherweise Bischof von Philippi in Griechenland. Als er von Gegnern vertrieben wurde, kam er zunächst als Pilger nach Rom und dann nach Oberitalien; dort soll er in Altino am 30. Oktober 425(?) den Martertod gestorben sein. Bezeugt ist seine Verehrung in mehreren oberitalienischen Städten.

Theophanes Confessor
Abt
Fest: 12. März
Theophanes Confessor war um 800 Abt eines Klosters in Konstantinopel. Er war Mitverfasser einer der wichtigsten Chroniken der byzantinischen Geschichte. Sein Todesdatum: 12. März 817.

Theophilus von Antiochia
Bischof von Antiochia,
Kirchenschriftsteller
Fest: 13. Oktober
Theophilus war im 2. Jh. Bischof von Antiochia, Syrien. Er gehörte zu den bedeutendsten Kirchenschriftstellern seiner Zeit. Um 186 soll er in Antiochia gestorben sein.

Die Totenmaske des Theophilus von Corte befindet sich im Konvent La Vergine in Fucecchio in der Toskana.

Theophilus von Corte hl.
OFM, Missionar, Ordensmann
Fest: 19. Mai
Theophilus, geboren am 30. Oktober 1676 in Corte auf Korsika, trat 17jährig dem Franziskanerorden bei und wirkte fast ein halbes Jahrhundert als Prediger, Missionar, Gründer und Oberer seines Klosters Fucecchio in der Toskana. Innerhalb des Ordens war er anerkannt als Professor der Moraltheologie. Er starb am 19. Mai 1740 in Fucecchio. 1895 Seligsprechung, 29. Juni 1930 Heiligsprechung.

Theophista
Märtyrerin
Fest: 11. Mai
Theophista stammte wohl aus Camerino in Italien, wo sie um

Gegenüberliegende Seite: „Verzückung der heiligen Theresia von Ávila", ein Werk von Gian Lorenzo Bernini, entstanden 1646 bis 1652; es befindet sich in der Kirche Santa Maria della Vittoria in Rom. Dargestellt ist die in der Autobiografie der heiligen Theresia erzählte Erscheinung des Engels.

200 geboren wurde. Nachdem sie gemeinsam mit ihrem Ehemann und ihren sechs Kindern die Taufe empfangen hatte, wurde sie mit der ganzen Familie von Christenverfolgern ermordet. Das Todesjahr lag um 250. In Camerino existierte lange ein starker Kult.

Theorigitha
Nonne, Mystikerin
Fest: 26. Januar
Geboren um 620 in England, wurde Theorigitha Nonne und später Novizenmeisterin im Kloster Barking (England). Ausgezeichnet war sie mit einer hohen mystischen Begnadung, die viel Aufsehen erregte. Theorigitha starb 681 in Barking.

Theotgar → Deochar

Theotimos hl.
Bischof von Tomi
Fest: 20. April
Theotimos war ab 392 Bischof von Tomi, heute Konstanza in Rumänien. Sein ganzer Einsatz galt der Bekehrung der Hunnen. Er starb im Jahr 403.

Theotonius hl.
OSA, Abt
Fest: 18. Februar
Theotonius war der erste Abt des 1131 gegründeten Augustiner-Chorherrenstiftes S. Cruz in Coimbra, Portugal. Als man ihm aufgrund seiner außergewöhnlichen Verdienste die Bischofswürde anbot, lehnte er ab. Er starb am 18. Februar 1166. Die Heiligsprechung erfolgte 1630.

Theresia Margareta vom Heiligen Herzen Jesu → Anna Maria Redi

Theresia vom Kinde Jesus und vom Heiligen Antlitz → Theresia von Lisieux

Theresia von Ávila (Theresia von Jesus) hl.
Ordensreformerin, Mystikerin, Kirchenlehrerin
Fest: 15. Oktober
Theresia von Ávila ist eine der großen Frauengestalten der katholischen Kirche; Papst Paul VI.

Auf Geheiß ihres Provinzials ließ sich Theresia von Ávila 1576, 61jährig, von dem Karmelitenbruder Juan de la Miseria porträtieren.

ernannte sie am 29. September 1970 zur Kirchenlehrerin. Geboren am 28. März 1515 in Ávila, Spanien, trat Theresia 20jährig in das Karmeliterkloster der Menschwerdung in Ávila ein. Bald nach ihrer Profeß erkrankte sie schwer und war danach teilweise gelähmt und gehbehindert. In dieser Zeit hatte sie ihre ersten mystischen Erlebnisse. Als sich die Visionen mehrten, geriet Theresia ins Licht der Öffentlichkeit und wurde zum Mittelpunkt heftig geführter Auseinandersetzungen zwischen ihren Gegnern und ihren Anhängern. 1560 hatte sie die Vision der Hölle und schwor daraufhin, nach absoluter Vollkommenheit zu streben. Da ihr die Ordensregel der Karmeliter nicht mehr streng genug erschien, gründete sie 1562 in Ávila das erste Kloster eines Karmeliter-Reformordenszweiges. Der Papst erteilte seine Zustimmung. → Petrus von Alcántara half Theresia bei ihrer Reformarbeit. Ab 1568 erhielt sie Unterstützung von → Johannes vom Kreuz, der den männlichen Zweig des Karmeliterordens reformierte. Unter teilweise dramatischen Umständen gründeten die beiden Reformer 17 Frauen- und 15 Männerklöster der Unbeschuhten Karmeliten, ständig angegriffen und verleumdet von den Beschuhten. 1580 trennten sich die Unbeschuhten von den Beschuhten. Theresia von Ávila starb am 4. Oktober 1582 in Alba de Tormes, Spanien; ihre Reliquien befinden sich dort in der Karmeliterklosterkirche, die bis heute zu den meistbesuchten Wallfahrtsstätten in Spanien gehört. 24. April 1614 Seligsprechung, 12. März 1622 Heiligsprechung. Höchste Berühmtheit erlangte Theresia von Ávila durch ihre Schriften, noch niemand vor ihr hatte das mystische Leben so deutlich und ausführlich beschrieben. Alle ihre Bücher sind von klassischer Sprache, obwohl sie in großer Hast geschrieben wurden. Eines der berühmtesten ist „Die Seelenburg". In Spanien wird Theresia von Ávila „seraphische Mutter" und „Doctora mystica" genannt. Die spanischen Stände erhoben sie 1617 zur Patronin von Spanien.

Darstellung: im Gewand der Karmelitinnen, mit Geißel, Dornen, Herz, Pfeil, Taube, Schreibfeder, Buch, Seraph, bei einer Vision

Patronat: von Spanien, des Erzbistums Mexiko, von Ávila und Neapel, aller Karmelitergenossenschaften, der spanischen Schriftsteller, in geistlichen Nöten, für ein innerliches Leben, gegen Herz- und Kopfleiden

Theresia von Jesus → Jornet y Ibars, Teresa

Theresia von Jesus → Theresia von Ávila

Theresia von Lisieux (Theresia vom Kinde Jesus und vom Heiligen Antlitz) hl. OCD, Ordensfrau, Mystikerin, Kirchenlehrerin (1997)

Fest: 1. Oktober, 30. September

Am 24. August 1997 ernannte Papst Johannes Paul II. Theresia von Lisieux als dritte Frau überhaupt zur Kirchenlehrerin (die anderen sind → Theresia von Ávila und → Katharina von Siena). Theresias Lehre sagte, daß die Liebe eines Menschen zu Gott an seiner Nächstenliebe gemessen werde. Bis heute gehört die jung verstor-

Theresia von Lisieux im Alter von acht Jahren, mit 16 wurde sie Novizin.

Theresia von Lisieux im Alter von 22 Jahren.

Der Theresia-Schrein mit der Nachbildung der Heiligen in der Basilika von Lisieux.

bene Ordensfrau und Mystikerin zu den meistverehrten Heiligen. Geboren am 2. Januar 1873 in Alençon, Frankreich, trat Thérèse Martin 15jährig in den Karmel von Lisieux, Frankreich, ein. 1890 legte sie die Gelübde als Karmeliterin ab. Ab 1893 war sie Novizenmeisterin. Die Schwestern im Kloster begegneten ihr mit Skepsis, man kam nur schwer mit Theresias Persönlichkeit klar. Theresia selbst litt unter Angstzuständen und focht innere Kämpfe aus, zu denen auch noch schwere Krankheiten kamen. Sie war überzeugt, zur Verdammnis verurteilt zu sein und wollte sich mit inneren Leiden für die Sünder der Welt aufopfern. In ihrem Buch „Geschichte einer Seele" beschreibt sie ihre Erfahrungen. Theresia von Lisieux starb am 30. September 1897 in Lisieux, wo sie bestattet wurde. Die Basilika Ste-Thérèse ist bis heute das Ziel Tausender von Pilgern. 29. März 1923 Seligsprechung, 17. Mai 1925 Heiligsprechung. Papst Pius XI. ernannte sie 1927 zur Hauptpatronin aller Missionen, Papst Pius XII. im Jahr 1944 zur zweiten Patronin von Frankreich.

Darstellung: als Karmelitin, mit Rosen im Arm (sie versprach, nach ihrem Tod Rosen vom Himmel auf die Erde zu streuen)

Patronat: der Karmelitinnen, der Karmelitermissionen, der Weltmission (mit dem hl. Franz Xaver zusammen 1927), zweite Patronin von Frankreich

Theresia von Portugal sel.
OSCl, Ordensfrau
Fest: 20. Juni, 17. Juni

Geboren um 1178 als Tochter des portugiesischen Königs, trat Theresia nach einer gescheiterten Ehe dem Zisterzienserorden bei und wandelte in Lorvao ein Benediktiner- in ein Zisterzienserkloster um. Bis zu ihrem Tod am 17. Juni 1250 lebte sie dort als Ordensfrau. 1705 Bestätigung des Kultes. – Am 20. Juni ist das gemeinsame Gedenken an Theresia und ihre beiden Schwestern Mafalda und → Sancha.

Therma → Tarbo

Thérèse Martin (von Lisieux) als 15jähriges Mädchen.

Diese Darstellung des „ungläubigen" Apostels Thomas ist wohl eine der häufigsten; nach einem Gemälde von Marten de Vos, 1574, im Königlichen Museum für Schöne Künste, Antwerpen.

Thomas Abel sel.
Theologe, Märtyrer
Fest: 30. Juli, 4. Mai
Thomas Abel (Able, Abble, Abell) wurde um 1495 in England geboren. Er studierte Theologie in Oxford, machte seinen Doktor und wurde Kaplan von Katharina von Aragón, der ersten Ehefrau von Heinrich VIII. Unermüdlich setzte sich Thomas Abel für die Unauflösbarkeit der Ehe ein und verkündete dies immer wieder in Predigten und Schriften. Mutig unterstützte er Katharina von Aragón im Kampf um den Erhalt ihrer Ehe mit Heinrich VIII., als dieser sich wegen Anna Boleyn von ihr trennen wollte. 1533 ließ sich Heinrich ohne Zustimmung des Papstes von Katharina scheiden, England trennte sich von der katholischen Kirche ab. Thomas Abel wurde 1533 verhaftet und wegen Hochverrates angeklagt. Nach sechseinhalb Jahren Kerkerhaft ließ ihn Heinrich VIII. wegen seiner Weigerung, den Suprematseid anzuerkennen, enthaupten. Das Todesdatum war der 30. Juli 1540. Seligsprechung 1886.

Thomas von Aquin hl.
OP, Ordensmann, Kirchenlehrer (1567)
Fest: 28. Januar (Translation), 7. März
Thomas von Aquin war einer der bedeutendsten Gelehrten und Theologen des Mittelalters, seine Schriften gehören zu den wichtigsten überhaupt, sein Hauptwerk „Summa theologica" ist bis heute vielbeachtet. Geboren wurde Thomas um 1225 in Roccasecca bei Neapel, Italien, als Sohn des Grafen von Aquino. Ab 1239 studierte er an der Universität Neapel, 1243 trat er dem Dominikanerorden bei. Von 1248 bis 1252 war er Schüler von → Albertus Magnus in Köln. Danach wirkte Thomas abwechselnd in Paris und in Italien als Theologieprofessor und Ordensprediger. Die Päpste achteten ihn und suchten seinen Rat, seine Schüler verehrten und bewunderten ihn, Professoren nannten ihn „Doctor communis", was soviel bedeutete wie „Lehrer der ganzen

Christenheit". In späteren Jahrhunderten wurde Thomas von Aquin auch „Doctor angelicus" genannt, „engelgleicher Lehrer". Auf der Reise von Neapel zum Konzil nach Lyon starb Thomas von Aquin am 7. März 1274 in der Zisterzienserabtei Fossanova südlich von Rom. Reliquien gelangten nach Paris, Toulouse und Rom. Noch nach seinem Tod wurde Thomas von Aquin zum Bischof von Umbrien ernannt. 1323 Heiligsprechung, 1567 Ernennung zum Kirchenlehrer, seit 1880 Patron aller katholischen Schulen. Die Hauptwerke von Thomas von Aquin waren die „Summa theologica" (1266 bis 1273), eine Synthese aus den Lehren von → Augustinus und Aristoteles, sowie die „Summa contra gentiles", eine Auseinandersetzung mit der arabischen Philosophie. Viele seiner wichtigen Schriften wurden erst nach seinem Tod von Gefährten und Schülern vervollständigt und veröffentlicht.
Darstellung: als Dominikaner, meist mit Buch und Schreibfeder, mit Sonne, Stern, Edelstein auf der Brust, mit Taube, Kelch, Monstranz, Lilie, Mitra, Bischofsstab
Patronat: der Dominikaner, der katholischen Schulen, der Studenten, Buchhändler, Theologen, Bleistifthersteller, gegen Gewitter

Thomas Becket hl.
Erzbischof von Canterbury, Märtyrer
Fest: 29. Dezember
Geboren 1118 in London, genoß Thomas Becket eine hervorragende Ausbildung und studierte in Paris, Bologna und Auxerre. König Heinrich II. von England ernannte ihn 1155 zum Lordkanzler und zu seinem persönlichen Berater; beide verband eine enge Freundschaft. Heinrich II. setzte 1162 auch die Ernennung von Thomas Becket zum Erzbischof von Canterbury durch, weil er sich dadurch persönliche Vorteile versprach (Becket war gleichzeitig Primas von England). Bisher dem weltlichen Leben zugetan, lebte Becket fortan mönchisch-asketisch und widmete sich ganz seinen bischöflichen Aufgaben. Immer wieder

Das Kirchenportal der Zisterzienserabtei Fossanova; hier verstarb Thomas von Aquin am 7. März 1274.

„Die Vision des heiligen Thomas von Aquin", von Stefano di Giovanni, genannt Sassetta, Pinakothek im Vatikan.

Die Ermordung des Thomas Becket am Altar der Kathedrale von Canterbury. Der Erzbischof wurde nach langen kirchenrechtlichen Streitereien auf Befehl seines früheren Freundes König Heinrich II. von England erschlagen. Eine Altartafel von Meister Franke, 1424 von den „Englandfahrern" in Auftrag gegeben, Kunsthalle, Hamburg.

betonte er die Freiheit der Kirche gegenüber dem Herrscher und geriet damit in Konflikt mit Heinrich II. 1164 mußte er nach Frankreich weichen, erst nach jahrelangen Verhandlungen kehrte er 1170 nach England zurück. Doch der Streit zwischen Thomas Becket und dem König begann von neuem, am 29. Dezember 1170 ermordeten vier Vertraute des Herrschers Becket vor dem Altar der Kathedrale von Canterbury. Es konnte nie genau geklärt werden, ob Heinrich II. den Auftrag dazu gegeben hatte oder ob die Königstreuen gemeint hatten, Heinrich mit der Ermordung des Erzbischofs einen Gefallen zu tun. Thomas Becket wurde bereits am 21. Februar 1173 heiliggesprochen, seine Grabstätte in Canterbury war der bedeutendste Wallfahrtsort Englands. 1174 leistete Heinrich II. am Grab Beckets öffentlich Buße. Heinrich VIII. ließ den Schrein mit den Gebeinen 1538 zerstören. Der Kult hatte sich in ganz Europa ausgebreitet.
Darstellung: im Erzbischofsgewand, mit Palme, Schwert, Buch, Kirchenmodell, Rationale, Stab

Thomas Bellaci sel.
OFM, Ordensmann
Fest: 31. Oktober
Thomas Bellaci, geboren 1370 in Florenz, Italien, trat 1392 dem Franziskanerorden bei und bekleidete in den folgenden Jahrzehnten zahlreiche Ämter in der Ordensgemeinschaft. Während einer Missionsreise durch Länder am Persischen Golf wurde er mehrfach gefangengenommen und mußte freigekauft werden. Er starb am 31. Oktober 1447 in Rieti, Italien. 1771 Bestätigung des Kultes.

Thomas von Bergamo (Thomas von Olera)
OFMCap, Laienbruder, Mystiker
Fest: 3. Mai
Der Kapuziner-Laienbruder Thomas von Bergamo, um 1560 in Olera, Italien, geboren, hatte großen Anteil an der Festigung des katholischen Glaubens in Tirol. Nachdem er in Wien, München und Salzburg gewirkt hatte, war er ab 1625 in Innsbruck ansässig und begeisterte dort Herrscher, Adlige und Volk durch seine glühende Gottesliebe und seine Frömmigkeit. Er schrieb seine mystischen Erlebnisse nieder, die veröffentlicht wurden. Thomas von Bergamo starb am 3. Mai 1631 in Innsbruck, seine Grabstätte befindet sich im dortigen Kapuzinerkloster. Der Seligsprechungsprozeß ist in Gang.

Thomas von Cantilupe (Thomas von Hereford) hl.
Bischof von Hereford
Fest: 2. Oktober, 14. September (Translation)
Geboren um 1218 aus vornehmer Familie in Hambledon, England, wurde der hochgebildete Thomas 1262 Kanzler der Universität Oxford in England, 1264 von ganz England. 1275 erhielt er die Ernennung zum Bischof von Hereford. Thomas zeichnete sich aus durch eine hohe Bußgesinnung und einen ausgeprägten Gerechtigkeitssinn. Wegen einer Auseinandersetzung wurde er 1282 vom Erzbischof exkommuniziert. Auf einer Reise zum Papst, den er um eine Entscheidung gebeten hatte, starb Thomas von Cantilupe am 2. Oktober 1282 in Montefiascone, Italien. Seine Gebeine wurden nach Hereford übertragen und waren bald das Ziel großer Wallfahrten. 1320 Heiligsprechung.

Thomas von Cori sel.
OFM, Missionar
Fest: 11. Januar
Der Franziskaner Thomas Cori, geboren 1655 in Cori bei Velletri, Italien, missionierte 20 Jahre lang unter größtem Einsatz in den Bergen von Subiaco, Italien. Er starb am 11. Januar 1729. Seligsprechung 1786.

Thomas Hemerken von Kempen
OSA, Ordensmann, Schriftsteller
Fest: 25. Juli
Geboren um 1380 in Kempen, Nordrhein-Westfalen, wurde Thomas Hemerken 1399 Augustiner-Chorherr und empfing 1414 die Priesterweihe. Er wurde einer der wichtigsten Vertreter der „Devotio

moderna“, einer religiösen Bewegung, die die persönliche Frömmigkeit des einzelnen anstrebte (und unter anderem über die Wallfahrtsfrömmigkeit stellte). Zahlreiche seiner Werke zu diesem Thema wurden berühmt und beeinflußten ihre Zeit, zum Beispiel „Die Nachfolge Christi“. Thomas Hemerken von Kempen starb am 25. Juli 1471 im Kloster St. Agnetenberg, Niederlande, wo er seit 1399 lebte. Eine Seligsprechung wurde immer wieder angestrebt.

Thomas More (Thomas Morus) hl.
Lordkanzler, Märtyrer
Fest: 22. Juni, 6. Juli

Thomas More, geboren am 7. Februar 1478 in London, studierte Rechtswissenschaften und trat danach in den Dienst des englischen Königs Heinrich VIII. ein, dessen Vertrauter er wurde. 1529 wurde er zum Lordkanzler ernannt. Thomas More war ein Vorbild an Frömmigkeit, Mut in Wort und Handeln und Gerechtigkeit, außerdem war er ein großer Humanist (er war befreundet mit Erasmus von Rotterdam). Er blieb in seinem Amt immer seiner katholischen Gesinnung treu und verfolgte mit wachsendem Mißtrauen die kirchenfeindlichen Bestrebungen von Heinrich VIII. Scharf verurteilte er Heinrichs Ehescheidungsabsichten und sein Zusammenleben mit Anna Boleyn. 1532 legte Thomas More sein Amt als Lordkanzler nieder. Als er sich 1534 weigerte, den Suprematseid abzulegen (die Anerkennung des Königs als Oberhaupt der englischen Kirche), enteignete ihn Heinrich VIII. und ließ ihn im Londoner Tower einkerkern. Nach 15 Monaten wurde Thomas More wegen angeblichen „Hochverrates“ zum Tod verurteilt und am 6. Juli 1535 in London enthauptet (wenige Tage nach → John Fisher). 19. Mai 1935 Heiligsprechung. – Die Gedenktage von Thomas More und John Fisher wurden zusammen auf den 22. Juni gelegt.

Darstellung: als Lordkanzler, in vornehmer Kleidung, mit Halskette, Kelch, Papstkreuz, bei der Enthauptung

Thomas von Kempen schreibt sein berühmtes Werk „Die Nachfolge Christi“.

Thomas von Orvieto (Thomas Corsini) sel.
OSM, Laienbruder
Fest: 21. Juni

Thomas war adliger Herkunft und kam nach 1260 in Orvieto, Italien, zur Welt. Er trat dem Servitenorden bei, bestand aber darauf, nur niedrige Dienste als Laienbruder zu verrichten. In den Jahrzehnten bis zu seinem Tod am 21. Juni 1343 zeichnete er sich durch Demut, Gebetseifer und Geduld aus. 1768 Bestätigung des Kultes.

Thomas von Tolentino sel.
OFM, Missionar, Märtyrer
Fest: 9. April

Thomas, in der zweiten Hälfte des 13. Jh. in Tolentino, Italien, geboren, trat dem Franziskanerorden bei und wirkte als Missionar im Orient. Auf einer Reise nach China wurde er gemeinsam mit einigen Gefährten auf der Insel Salsette bei Bombay, Indien, von Moslems enthauptet. Der Todestag war der 9. April 1321. Das Haupt von Thomas gelangte nach Tolentino. 1894 Approbation des Kultes.

Thomas More im Alter von 39 Jahren, gemalt von seinem Freund Hans Holbein 1527. Das Bild befindet sich im Besitz der Frick Collection, New York.

Schon der kleine „Thomas von Villanova" verschenkte seine Kleider an Bettlerjungen, Gemälde von Bartolomé Esteban Murillo, 1670, Cincinnati Art Museum, USA.

Thomas von Villanova hl.
OESA, Erzbischof
Fest: 8. September, 22. September
Geboren um 1487 in Villanova, Spanien, wurde Thomas 1516 Augustiner-Eremit. Von 1527 bis 1537 war er Ordensprovinzial von Kastilien, er sandte die ersten Augustinermissionare nach Mexiko. Die Ernennung zum Erzbischof von Granada 1542 lehnte er ab, nahm aber 1544 die Erzbischofswürde von Valencia, Spanien, an. Er war ein großer Wohltäter der Armen und hieß im Volk „Almosengeber". Thomas von Villanova starb am 8. September 1555 in Valencia, und ist dort in der Augustinerkirche beigesetzt. 1658 Heiligsprechung.
Darstellung: im Bischofsgewand, umringt von Bettlern, mit Beutel, wie er Kranke heilt, wie er sein Bett hergibt

Thorfinn
Bischof
Fest: 8. Januar
Bekannt ist nur, daß Thorfinn Mitte des 13. Jh. Bischof war. Er stammte aus Norwegen und starb 1285 in Flandern.

Thorlak Thorhallsson
Bischof von Skalholt
Fest: 23. Dezember
Geboren 1133 auf Island, wurde Thorlak Thorhallsson 15jährig Diakon in seiner Heimat. Später trat er den Augustinerchorherren bei und wurde 1172 Abt. 1178 erhielt er die Ernennung zum Bischof von Skalholt auf Island. Sein besonderes Augenmerk galt der kirchlichen Ordnung sowie dem Ideal der christlichen Ehe. Im Volk war er hochverehrt und genoß großes Ansehen. Thorlak Thorhallsson starb am 23. Dezember 1193. Sofort nach seinem Tod wurde er wie ein Heiliger verehrt. Auf ganz Island sind ihm bis heute Kirchen geweiht.
Patronat: von Island

Johanna Antida Thouret, Gründerin der sogenannten Grauen Nonnen.

Thouret, Johanna Antida hl.
Ordensgründerin
Fest: 24. August
Die Kongregation der Töchter der Liebe von Besançon, auch Graue Nonnen genannt, geht auf Johanna Antida Thouret zurück. Das Gründungsjahr war 1799, die Gemeinschaft widmete sich der Erziehung von Mädchen sowie karitativen Tätigkeiten. Die Ordensgründerin stammte aus Sancey-le-Long, wo sie am 27. November 1765 geboren wurde. Die Ordensgemeinschaft wirkte außer in Europa auch in Afrika. Johanna Antida Thouret starb am 24. August 1826 in Neapel, Italien, in einer der Niederlassungen. 23. Mai 1926 Seligsprechung, 14. Januar 1934 Heiligsprechung.

Thyrsos
Märtyrer
Fest: 28. Januar, 14. Dezember
Die ausschließlich legendarische Vita berichtet, Thyrsos sei ein Märtyrer gewesen. Als Todeszeit werden die Jahre unter Christenverfolger Decius um 250 oder auch jene unter Diokletian um 304 genannt.

Thyrsus und Gefährten
Märtyrer
Fest: 4. Oktober
Die legendarische Vita sagt, Thyrsus habe der Thebäischen Legion unter → Mauritius angehört und sei mit einigen Gefährten in Trier (Rheinland-Pfalz) hingerichtet worden. Diese Nachricht habe man auf einem in Trier gefundenen Stein entdeckt.

Thyssen, Heinrich
OFM, Ordensmann
Fest: 31. März
Heinrich Thyssen stammte aus Gangelt in Nordrhein-Westfalen, wo er am 5. Dezember 1755 geboren wurde. Früh trat er dem Franziskanerorden bei, ab 1782 lehrte er Theologie in Antwerpen, Niederlande. In den Jahrzehnten bis zu seinem Tod am 31. März 1844 war er als unermüdlicher, aufopferungsvoller Seelsorger tätig. Der Seligsprechungsprozeß läuft.

Tibba
Nonne, Einsiedlerin
Fest: 6. März
Die Nonne und Einsiedlerin Tibba lebte im 7. Jh. in Ryhall in England und war im Volk hochverehrt. Nach ihrem Tod wurden ihre Gebeine mehrfach übertragen, bis sie ihre letzte Ruhestätte in Peterborough fanden.

Tibernach hl.
Bischof
Fest: 4. April, 5. April
Tibernach soll auf Wunsch von → Brigitte von Kildare vom Papst zum Bischof ernannt worden sein und in Irland gewirkt haben. Er starb 549 oder 550.

Tiburtius
Märtyrer
Fest: 11. August
Die unsicheren Berichte sagen, daß man das Grab eines Märtyrers Tiburtius an der Via Labicana in Rom gefunden habe. Papst Damasus I. (366 bis 384) widmete ihm eine Schrift.

Tiburtius von Rom
Märtyrer
Fest: 14. April
Nach der wohl legendarischen Vita soll Tiburtius vielleicht der Bruder von → Cäcilias Bräutigam → Valerianus gewesen sein. Sicher ist, daß Papst Hadrian I. den Leichnam des angeblichen Märtyrers Tiburtius in die Kirche S. Cecilia in Rom übertragen ließ.

Tilbert
Bischof von Hexham
Fest: 7. September
Tilbert war von 781 bis 789 Bischof von Hexham in England. In verschiedenen Überlieferungen wird er „Heiliger" genannt, ein Kult ist aber nicht bekannt.

Tillo (Tilman) hl.
OSB, Abt
Fest: 16. Januar
Tillo stammte aus Westfalen und war zunächst Goldschmied. Er trat dann dem Benediktinerorden bei und machte als Abt das Kloster Solignac in Frankreich zu einem Mittelpunkt der Goldschmiedekunst. Er starb als Einsiedler am 16. Januar 702. – Tillo genoß hohe Verehrung in Flandern.
Darstellung: als Mönch, mit Goldschmiedewerkzeugen, Kelch
Patronat: gegen Fieber, von Kindern, die das Gehen schwer lernen

Tilman → **Tillo**

Timon
Diakon, Märtyrer
Fest: 19. April
Timon stammte aus Jerusalem, wo er von den Aposteln im 1. Jh. als Diakon eingesetzt wurde. Er starb in Korinth (Griechenland), nachdem er von Christenverfolgern gekreuzigt worden war.

Timotheos (Timotheus) hl.
Begleiter von Paulus, Bischof(?)
Fest: 24. Januar, 22. Januar (Griechen, Syrer)
Timotheos aus Lystra, Kleinasien, Sohn eines heidnischen Vaters und einer jüdischen Mutter, lernte → Paulus auf dessen erster Missionsreise kennen und wurde durch ihn bekehrt. Danach begleitete er Paulus auf seinen weiteren Reisen und erhielt von ihm auch verschiedene Missionsaufträge. Als Paulus von 61 bis 63 in römischer Gefangenschaft war, war Timotheos immer in seiner Nähe. Von den Paulus-Pastoralbriefen sind zwei an Timotheos gerichtet (Timotheos-Briefe). Im zweiten dieser Briefe ahnte Paulus seinen nahenden Tod voraus und befahl seinen Begleiter, der in Ephesos weilte, zu sich nach Rom. Nach der altkirchlichen Überlieferung kehrte Timotheos nach dem Tod von Paulus nach Ephesos zurück und wirkte dort bis zu seinem Tod (um 97?) als erster Bischof. 356 wurden die Timotheos-Reliquien von Ephesos nach Konstantinopel überführt; heute erklärt die Kirche S. Giovanni in Fonte in Rom, in ihrem Besitz zu sein.
Darstellung: im Bischofsgewand, mit Keule, Steinen, Palme (ein angebliches Martyrium darstellend, wofür es keine Beweise gibt)
Patronat: gegen Magenerkrankungen

Glasfenster mit der Darstellung des heiligen Timotheos, Wegbegleiter von → Paulus, aus der Kirche St. Peter und Paul in Neuweiler, Elsaß. Heute im Museé Cluny, Paris.

Der Laie Giuseppe Antonio Tovini wurde 1998 in Brescia seliggesprochen.

Costanza Troiani, Gründerin der Kongregation der Franziskaner-Terziarinnen von Ägypten.

gestorben am 16. Januar 1897 in Brescia, Italien. Die Seligsprechung erfolgte am 20. September 1998 in Brescia durch Papst Johannes Paul II.

Tozzo (Tosso) hl.
Bischof von Augsburg(?)
Fest: 16. Januar
Die unsicheren Überlieferungen berichten, Tozzo sei zunächst Mönch im Kloster Murbach im Elsaß gewesen und habe später als Missionar und Pfarrer im Allgäu in Bayern gewirkt. Von Pippin dem Jüngeren soll er 772(?) zum Bischof von Augsburg, Bayern, ernannt worden und damit → Wikterp gefolgt sein. Tozzo starb möglicherweise 778.
Darstellung: als Bischof mit Kerze

Triduana
Nonne
Fest: 8. Oktober
Nach der ungesicherten Überlieferung soll Triduana als Nonne in Schottland gelebt und größte Verehrung genossen haben. Die Stätte in der Nähe von Edinburgh, wo ihre Reliquien aufbewahrt wurden, war lange Zeit ein bedeutender Wallfahrtsort.
Patronat: gegen Augenkrankheiten

Triest, Pierre-Joseph
Ordensgründer
Fest: 24. Juni
Pierre-Joseph Triest gründete mehrere Ordensgemeinschaften für die Pflege von Kranken, Blinden und Taubstummen sowie für Kinder ohne Zuhause; alle verbreiteten sich in der ganzen Welt. Sein Beiname war „der belgische Vinzenz von Paul“. Geboren am 31. August 1760 in Brüssel, empfing Pierre-Joseph Triest 1786 die Priesterweihe und war danach als Pfarrer tätig. Durch seine Güte und Mildtätigkeit war er im Volk hochangesehen und beliebt. Ab 1803 gründete er in Belgien vier Kongregationen der Caritas, die letzte 1835. Pierre-Joseph Triest förderte das kirchliche Leben in ganz Belgien. Er starb am 24. Juni 1836 in Cent, Belgien; verehrt wird er in der Kirche Ss-Michel-et-Gudule in Brüssel. Eine Seligsprechung soll erreicht werden.

Trillo
Abt
Fest: 15. Juni
Über Trillo gibt es keine gesicherten Daten; er lebte und starb möglicherweise im 5. Jh. in Wales. Mehrere Orte in Wales wurden nach ihm benannt (Llandrillo). Sein Fest erscheint in frühen walisischen Kalendarien.

Troiani, Costanza (Maria Caterina von der hl. Rosa) sel.
OSCl, Ordensgründerin
Fest: 6. Juni
Am 14. April 1985 erfolgte die Seligsprechung der Costanza Troiani, die 1865 die Kongregation der Franziskaner-Terziarinnen von Ägypten gegründet hat. Geboren am 19. Januar 1813 in Giuliano di Roma, Italien, war sie 1829 den Klarissen beigetreten und 1854 nach Ägypten gekommen, wo sie im Schuldienst arbeitete. Außerdem half sie mit beim Freikauf von farbigen Mädchen, die als Sklavinnen arbeiten mußten. Costanza Troiani starb am 6. Mai 1887 in Kairo.

Trudo hl.
Klostergründer
Fest: 23. November
Geboren um 630 im Haspengau (Hesbaye), Belgien, wurde Trudo Priester und gründete 662 auf seinem Besitz im Osten von Brüssel das Kloster Sint-Truiden (St-Trond), das später nach ihm benannt wurde. Trudo wurde dort selbst Mönch und missionierte bis zu seinem Tod um 695 (23. November?) in der Umgebung. Beigesetzt wurde er im Kloster Sint-Truiden.

Trudpert hl.
Missionar, Märtyrer
Fest: 26. April
Die Passio von Trudpert ist teilweise unsicher und legendarisch. Glaubwürdig ist, daß Trudpert, wohl ein iroschottischer Mönch, in der ersten Hälfte des 7. Jh. im Münstertal bei Freiburg, Baden-Württemberg, als Missionar wirkte. Er bekam wohl von einem Adligen namens Othbert ein Stück Land geschenkt, auf dem er sich eine Einsiedelei und ein Kirchlein errichtete, aus denen sich das Benediktinerkloster St. Trudpert entwickelte. Wann Trudpert genau starb, ist nicht gesichert; das Todesjahr war entweder 607 oder 643. Es heißt, Trudpert sei von zwei Knechten während des Klosterbaues erschlagen worden. Über der Stelle des angeblichen Martyriums steht heute die Trudpertskapelle mit der Trudpert-Quelle.
Darstellung: als Einsiedler, mit Beil

Truszkowska, Maria Angela sel.
CSSF, Ordensgründerin
Fest: 10. Oktober
Maria Angela Truszkowska war die Gründerin der Felizianerinnen, der Schwestern vom heiligen → Felix von Cantalice. Sie war am 16. Mai 1825 in Kalisz, Polen, geboren worden und später dem Dritten Orden der Franziskanerinnen beigetreten. In Warschau gründete sie 1855 die Kongregation der Felizianerinnen zur Betreuung von Waisenkindern. Später wirkten die Schwestern auch in Schulen und Krankenhäusern. 1874 wurde die erste Niederlassung des Ordens in den USA errichtet. Maria Angela Truszkowska starb am 10. Oktober 1899 in Krakau, Polen. Papst Johannes Paul II. sprach sie bei einem Besuch seiner Heimat am 18. April 1993 selig.

Tryphaina
Christin
Fest: 10. November
Viel ist über Tryphaina nicht be-

kannt; bezeugt ist, daß → Paulus sie erwähnte als eine römische Christin, die sich um das Evangelium verdient gemacht habe. Der Name von Tryphaina ist in verschiedenen Verzeichnissen aufgeführt.

Tryphon und Gefährten hl.
Märtyrer
Fest: 10. November
Stark legendarische Überlieferung. Danach soll Tryphon im 3. Jh. in Phrygien, Türkei, geboren worden sein und als Gänsehirt gearbeitet haben. Wegen seines christlichen Glaubens sei er um 250 zusammen mit seinen Gefährten Nympha und Respicius ermordet worden. Schon früh verbreitete sich ein starker Kult im Osten, aber auch im Westen, etwa in Süditalien und auf Sizilien. Von Konstantinopel aus verbreitete sich die Verehrung auch nach Dalmatien, wo Tryphon Patron von Kotor ist; in der dortigen Tryphon-Kathedrale werden Gebeine des Märtyrers verehrt. In der griechischen Kirche gibt es seit dem 12. Jh. einen Tryphon-Segen gegen böse Geister und Insektenplagen. Reliquien werden auch in Rom verehrt, so bis zum 18. Jh. in einer Kirche bei S. Agostino.
Darstellung: beim Martyrium, mit Handkreuz, Kirchenmodell, Fahne
Patronat: von Kotor, der Gärtner, gegen Insektenplagen, gegen böse Geister

Tschiderer zu Gleifheim, Johann Nepomuk sel.
Fürstbischof von Trient
Fest: 3. Dezember
Geboren am 15. April 1777 im Südtiroler Bozen, Italien, lehrte der Priester (1800) Johannes Nepomuk Tschiderer zu Gleifheim zunächst Moraltheologie in seiner Heimat Trient. 1832 wurde er Weihbischof von Brixen und Generalvikar für Vorarlberg. Kaiser Franz I. ernannte ihn 1834 zum Fürstbischof von Trient, der Papst bestätigte die Ernennung. Klug und umsichtig, von Volk und Klerus geachtet und verehrt, führte Tschiderer von Gleifheim seine Diözese; er achtete auf strikte politische Neutralität, sorgte für die Priesterausbildung und die karitativen Einrichtungen. Er starb am 3. Dezember 1860 in Trient. Bei seiner Seligsprechung am 30. April 1995 nannte ihn Papst Johannes Paul II. „ein Beispiel, Identitäten zu wahren und Gemeinschaften zu fördern“.

St. Trudpert im Schwarzwald mit der Statue des heiligen Trudpert.

Tudwal (Tual) hl.
Bischof
Fest: 30. November, 1. Dezember
Von Geburt war Tudwal Waliser; zusammen mit anderen Mönchen sowie mit zahlreichen Familienmitgliedern kam er im 6. Jh. in die Bretagne, Frankreich, wo er in Lan Pabu ein Kloster errichtete. Später wurde er zum Bischof ernannt und amtierte bis zu seinem Tod in Tréguier. Zahlreiche Orte in der Bretagne und in Wales tragen den Namen von Tudwal.
Darstellung: als Bischof, der mit seiner Stola einen Drachen hält

Tudy
Abt
Fest: 11. Mai
Tudy (Tudec) war Missionar, Klostergründer und Abt im 5./6. Jh. in der Bretagne. Noch heute tragen Orte seinen Namen: St. Tudy in Cornwall (England), Ile-Tudy in der Bretagne.

Der heilige Tryphon, nach einem Fresko im Kloster Resava, Dalmatien.

Ein Holzschnitt aus dem 19. Jh. zeigt den Mönch und Marienmaler Tutilo.

Turibius von Astorga hl.
Bischof von Astorga
Fest: 16. April
Turibius, geboren um 400, war ab etwa 444 Bischof von Astorga. Von ihm sind Briefe erhalten, in denen er sich gegen Irrlehren ausspricht. Einer der Briefe ging an Papst → Leo den Großen, der Turibius ausführlich antwortete.

Tutilo
OSB, Ordensmann, Künstler
Fest: 27. April
Die Überlieferungen nennen den Mitte des 9. Jh. geborenen Benediktiner Tutilo einen der vielseitigsten Künstler überhaupt und einen großen Meister als Bildhauer, Maler (vor allem Marienmaler), Musiker, Dichter, Schriftsteller und Metallstecher); auch soll er ein hervorragender Baumeister gewesen sein. Nach seinem Tod am 27. April 909 in St. Gallen, Schweiz, wurde Tutilo in der dortigen Katharinen-Kapelle beigesetzt, die man später in Tutilo-Kapelle umbenannt hat. In der Region St. Gallen genoß Tutilo lange große Verehrung.

Tutto von Regensburg
OSB, Bischof von Regensburg
Fest: 10. Oktober
Tutto stammte aus Bayern und war Kanzler des Kaisers Arnulf (896–899), bevor er Mönch im Benediktinerkloster St. Emmeram in Regensburg wurde. 894 wurde er zum Bischof von Regensburg gewählt. Tutto gilt als einer der wichtigsten Missionare Böhmens und pflegte auch eine enge Freundschaft mit → Wenzel. Er starb am 10. Oktober 930 im Kloster Mondsee in Österreich. Sein Grab befindet sich bis heute in St. Emmeram.

Tychikos
Diakon, Bischof(?)
Fest: 29. April, 8. Dezember (Griechen)
Tychikos war Begleiter und Freund von → Paulus auf dessen dritter Missionsreise. Während der Gefangenschaft von Paulus von 61 bis 63 in Rom soll er in seiner Nähe geweilt haben, wie Schreiben von Paulus bekunden. Im Auftrag von Paulus war er auch der Überbringer verschiedener Nachrichten an christliche Gemeinden. Griechische Überlieferungen machten Tychikos zum Bischof, lateinische Berichte nennen ihn Diakon.

Tychon von Amathus hl.
Bischof von Amathus
Fest: 16. Juni
Tychon war im 4./5. Jh. Bischof von Amathus auf Zypern, wo er mit großem Einsatz das Heidentum bekämpfte. Nach seinem Tod in der ersten Hälfte des 5. Jh. errichtete man über seiner Grabstätte auf Zypern eine Kirche, die zum Wallfahrtsort wurde.

U

Ubald von Gubbio hl.
Bischof von Gubbio
Fest: 16. Mai
Ubald stammte aus Gubbio in Italien, wo er um 1082 geboren wurde. 1114 empfing er die Priesterweihe, 1129 wurde er zum Bischof von Gubbio ernannt. In 30 Jahren Amtszeit bewahrte er die Stadt durch seinen Einsatz oft vor Schaden. Ubald starb am 16. Mai 1160 in Gubbio. Seine Grabstätte befindet sich in der Kirche S. Ubaldo, Gubbio. 1192 Heiligsprechung.
Patronat: der Kinder, gegen Nervenschmerzen

Ubaldo Adimari sel.
SM, Ordensmann
Fest: 9. April
Geboren 1246 in Florenz, Italien, trat Ubaldo Adimari 1276 dem Servitenorden bei und führte ein vorbildliches Bußleben. Er starb am 9. April 1315 im Ruf der Heiligkeit. 3. April 1821 Seligsprechung.

Udalrich → Ulrich

Udo → Utto

Üffing, Emma (Maria Euthymia)
Ordensfrau
Fest: 9. September
Emma Üffing, geboren am 8. April 1914 in Halverde, Nordrhein-Westfalen, trat 1934 dem Orden der Barmherzigen Schwestern von Münster, den Clemensschwestern, bei. Im Zweiten Weltkrieg leistete sie heroische Dienste, als sie sich aufopfernd um kranke Kriegsgefangene kümmerte, ohne auf Nationalität oder Sprache zu achten. Sie trug den Beinamen „Engel der Liebe". Emma Üffing starb am 9. September 1955 in Münster, Nordrhein-Westfalen. Am 17. Juni 1985 wurden ihre Gebeine in Anwesenheit mehrerer tausend Menschen auf dem Zentralfriedhof in Münster wieder beigesetzt. Der Seligsprechungsprozeß ist weit fortgeschritten.

Uguccione degli Ugoccioni hl.
Ordensgründer
Fest: 3. Mai, 17. Februar
Geboren zu Beginn des 13. Jh. in Florenz, Italien, war Uguccione degli Ugoccioni 1233 einer der sieben Gründer des Servitenordens. Gemeinsam mit → Sostegno di Sostegni führte er den Orden später in Frankreich und in Deutschland ein. Er starb am 3. Mai 1282. Papst Leo XIII. sprach die sieben Ordensgründer am 15. Januar 1888 heilig.

Uguzo
(Lucius von Cavargna) hl.
Hirte
Fest: 12. Juli
Nach der großenteils legendarischen Passio lebte Uguzo im 12. Jh. und verdiente sich seinen Lebensunterhalt als Hirte in einem Bergtal bei Cavargna am Comer See, Italien. Er wurde von seinem Herrn vertrieben, weil er seinen Lohn regelmäßig an Arme und an die Kirche verschenkte. Als Uguzo bei einem neuen Dienstherrn zu arbeiten begann, kehrten bei diesem Glück und Wohlstand ein. Der erste Herr soll den Hirten daraufhin vor Wut ermordet haben. Das Todesdatum soll ein 12. Juli im 12. Jh. gewesen sein. – Uguzo galt im Tessin und in der Lombardei als Volksheiliger; mehrere Päpste erkannten den Kult an. Gläubige suchen bis heute am 12. Juli sowie am 16. August die Lucio-Kapelle auf der schweizerisch-italienischen Paßhöhe S. Lucio auf, die möglicherweise über der Grabstätte des Hirten errichtet wurde.
Darstellung: im (Fell-)Umhang, mit Hut, beim Verteilen von Käse
Patronat: der Sennen, Käser, gegen Augenkrankheiten, gegen Viehkrankheiten

Unzählige Blumen schmücken ständig das Grab von Emma Üffing auf dem Zentralfriedhof von Münster.

Schwester Maria Euthymia Emma Üffing, genannt „Engel der Liebe".

Ulfrid → Wolfred

Ulphia → Wulfia

Ulrich (Udalrich)
von Augsburg hl.
Bischof von Augsburg
Fest: 4. Juli
Ulrich stammte aus Augsburg in Bayern, wo er im Jahr 890 als Sohn des Edelings Hupald geboren wurde. Etwa im Alter von zehn Jahren kam er nach St. Gallen, wo er zum Kleriker ausgebildet wurde. Ab 908 stand er für ein Jahr in Diensten des Augsburger Bischofs → Adalbero, danach verwaltete er die Familiengüter. 923 ernannte König Heinrich I. Ulrich

Liegefigur auf dem Tumbagrabmal des Ulrich von Augsburg, um 1764, Basilika St. Ulrich und Afra in Augsburg.

Das St. Ulrichskreuz aus dem 14. Jh. ist der wertvollste Besitz der Pfarrei St. Ulrich und Afra. Im Kern befindet sich eine echte Kreuzpartikel, ein Geschenk des Papstes um 950 an den Augsburger Bischof.

zum Bischof von Augsburg, die Weihe erfolgte am 28. Dezember 923. Während seiner gesamten Amtszeit hielt Ulrich in Treue zu Reich und Königshaus, mit Otto I. war er befreundet. Als die Ungarn die Stadt Augsburg bedrohten, ließ er nach 926 eine Steinmauer um die Stadt legen. Als die Ungarn im August 955 die Stadt erneut angriffen, leitete Ulrich persönlich die Verteidigung. Am 10. August entsandte er eine Gruppe von Kämpfern unter der Führung seines Bruders Dietpald zur Schlacht auf dem Lechfeld südlich von Augsburg und verhalf Otto I. zum Sieg über die Ungarn. Als Dank dafür erhielt Ulrich als erster Bischof Augsburgs vom König das Münzrecht. Seine Aufgaben als Bischof erfüllte Ulrich mit Hingebung. Er war ein leidenschaftlicher Seelsorger, predigte selbst, besuchte regelmäßig die Klöster und Pfarrgemeinden seines Bistums, förderte das Mönchtum, unterstützte die Klöster und ließ verschiedene Abteien, die zerstört waren, wieder aufbauen. Er kümmerte sich um den Klerusnachwuchs und richtete viele Kirchen sowie Armenhospitäler ein. Er selbst war ein Vorbild an Frömmigkeit und Demut, galt dabei aber auch als beispielhafter Reformer. Oft pilgerte er nach Rom. Nach genau einem halben Jahrhundert Amtszeit starb Ulrich von Augsburg am 4. Juli 973. Sein Freund → Wolfgang von Regensburg setzte ihn bei der Kirche St. Afra in Augsburg bei, wo sich Ulrich schon vor seinem Tod eine Grabkammer gerichtet hatte. Die Gruft wurde 1963 neu gebaut, die Kirche heißt heute St. Ulrich und Afra. Das Volk verehrte Ulrich bald nach seinem Tod, am 31. Januar 993 wurde er heiliggesprochen; es war die erste förmliche Kanonisation überhaupt. Mehrere Jahrhunderte gehörte Ulrich zu den meistverehrten Heiligen, seine Reliquien gelangten in viele Kirchen und Klöster. Um seine Gestalt entwickelte sich ein starkes Brauchtum (Ulrichskreuz, Ulrichsbrünnlein, Ulrichswasser, Ulrichsminne, Ulrichserde).

Darstellung: als Bischof, mit Buch, Fisch, Ratten, Pferd

Patronat: von Bistum und Stadt Augsburg, der Winzer, Fischer, Weber, der Reisenden, Wanderer, der Sterbenden, bei Fieber, Schwäche des Körpers, schwerer Geburt, gegen Tollwut, bei Mäuse- und Rattenplagen, gegen Wassergefahren, Überschwemmungen

Ulrich von Zell hl.
OSB, Ordensmann
Fest: 14. Juli

Ulrich stammte aus Regensburg, Bayern, wo er 1029 als Sohn einer Patrizierfamilie geboren wurde. Er war Archidiakon und Dompropst in Freising und machte dann eine Wallfahrt nach Jerusalem. 1061 trat er dem Reformkloster in Cluny (Frankreich) bei und legte die Gelübde als Benediktiner ab. 1078 wurde er Prior des Priorats Grüningen, das er 1087 nach Zell im Schwarzwald verlegte (später St. Ulrich). Seit seiner Ordenszeit war Ulrich der cluniazensischen Reformidee eng verbunden und beeinflußte dadurch verschiedene Klöster sowie den Hirsauer Reformkreis seines Freundes → Wilhelm von Hirsau. Ulrich starb am 14. Juli 1093 in Zell. Seine Grabstätte in der dortigen Klosterkirche St. Ulrich ist noch heute das Ziel von Wallfahrern.

Darstellung: als Benediktiner, mit Kindern

Ultan
Bischof(?), Kirchenschriftsteller
Fest: 4. September

Ultan lebte in Irland, wo er wohl im 6. Jh. geboren wurde. Er gründete eine Schule und unterrichtete und speiste arme Studenten. Er sammelte alle Schriften über → Brigitta von Kildare, Patronin von Irland, und schrieb ihre Vita. Möglicherweise war er auch Bischof. Ultan starb im Jahr 657. Sein Name erscheint in frühen Martyrologien.

Oben links: Engelmar Hubert Unzeitig wurde von Mithäftlingen „Maximilian Kolbe der Deutschen“ oder „Engel von Dachau“ genannt.

Unni (Unno, Wimo) hl.
OSB, Erzbischof von Bremen-Hamburg
Fest: 17. September
Unni, geboren in der zweiten Hälfte des 9. Jh., war Mönch in der Benediktinerabtei Corvey und wurde 918 zum Erzbischof von Bremen-Hamburg ernannt. Ab 934 wanderte er als Missionar durch die Länder Dänemark, Gotland und Schweden. Unni starb am 17. September 936 während einer seiner Missionsreisen auf Birka, Schweden.
Darstellung: als Mönch oder Bischof, mit einem umstürzenden Götzenbild neben sich

Unzeitig, Engelmar Hubert
CMM, Märtyrer
Fest: 2. März
Als Pater Engelmar Hubert Unzeitig am 2. März 1945 starb, trug er den Beinamen „Engel von Dachau“. Unzeitig, am 1. März 1911 in Greifendorf im Sudetenland geboren, trat den Mariannhiller Missionaren bei und empfing die Priesterweihe. Im April 1941 wurde er auf seiner ersten Pfarrstelle in Glöckelberg im Böhmerwald von der Gestapo verhaftet, weil er sich öffentlich dafür ausgesprochen hatte, Gott mehr zu gehorchen als den Menschen. Unzeitig kam ins Konzentrationslager Dachau, wo er sich in den folgenden Jahren für die kranken Häftlinge aufopferte. Kurz vor Kriegsschluß meldete er sich freiwillig zur Pflege russischer Soldaten, die an Fleckfieber erkrankt waren. Er steckte sich selbst an und starb 34jährig wenige Wochen vor der Lagerbefreiung. In der Kirche der Mariannhiller Missionare in Würzburg, Bayern, existiert eine Gedenkstätte.

Urban I. hl.
Papst (222 bis 230)
Fest: 25. Mai
Urban I. war der 17. Papst von 222 bis zu seinem Tod am 25. (19.?) Mai 230. Von Geburt war er Römer. Mehr ist über Leben und Wirken nicht bekannt. – Urban genießt große Verehrung in Weinbaugebieten, vor allem in Franken, Baden, Österreich und im Elsaß. Grund dafür ist, daß die Weinbauern in der Zeit, in der Urbans Gedenktag liegt, die Bestellung der Weinberge abschließen („Hat der Urbanstag schön Sonnenschein, verspricht er viel und guten Wein“). Oft finden sich Urbansbilder in den Weinbergen, mancherorts existieren bis heute Urbansprozessionen durch die Rebhalden. Das Frauenstift Erstein im Elsaß war im Mittelalter Mittelpunkt der Urban-Verehrung.
Darstellung: im Papstgewand, mit Buch, Krummstab, Weinstock, Traube, Schwert
Patronat: der Winzer und Küfer, des Weins, der Weinberge gegen Frost, Gewitter und Blitz, gegen Trunkenheit

Links: Urban I., Römer und 17. Papst, nach einem Fresko in der Sixtinischen Kapelle, Vatikan.

Papst Urban V., nach einem Fresko aus dem 14. Jh. im Collegio arcivescovile, Bologna.

Urban II. (Odo von Châtillon-sur-Marne) sel.
Papst (1088 bis 1099)
Fest: 29. Juli
Geboren um 1035 als Odo von Châtillon oder Odo de Lagery in Châtillon-sur-Marne, Frankreich, war Urban zunächst Mönch und Prior im Reformkloster Cluny. Um 1080 wurde er zum Kardinalbischof von Ostia, Italien, ernannt, von 1084 bis 1085 war er päpstlicher Legat in Deutschland. Am 12. März 1088 wurde er zum 160. Papst gekrönt. Urban II. erreichte eine Festigung und die Anerkennung des Papsttums im Abendland, konnte aber das kaiserliche Schisma auch nicht beenden. Er starb am 29. Juli 1099 in Rom. Urban II. gilt als Initiator der Kreuzzüge, der erste Kreuzzug (1095 bis 1099) wurde von ihm eröffnet.

Urban V.
(Guillaume Grimoard) sel.
OSB, Papst (1362–1370)
Fest: 19. Dezember
Guillaume Grimoard, so der Geburtsname von Urban V., wurde um 1310 in Grisac, Frankreich,

geboren. Er war zunächst Administrator des Bistums Avignon und Abt des Benediktinerklosters St-Victor in Marseille. 1362, während des „Avignonischen Exils“, wurde er zum Papst gewählt. Gegen den Widerstand des französischen Königs sowie der Kardinäle verließ Urban V. 1367 Avignon und zog unter dem Jubel der Bevölkerung in Rom ein. Als 1370 der Krieg zwischen Frankreich und England ausbrach, verließ er Rom wieder und kehrte nach Avignon zurück. Wenige Monate später starb er dort am 19. Dezember 1370 (Ordensgründerin → Birgitta von Schweden hatte ihm für den Fall der Rückkehr nach Avignon seinen baldigen Tod vorausgesagt). Beigesetzt wurde er in St-Victor in Marseille. 1878 Bestätigung des Kultes.
Darstellung: im Papstgewand, mit Tiara, Palme, Kelch, Reliquien, mit den Köpfen oder einem Bild von Petrus und Paulus

Ursicinus, Erzbischof von Ravenna, nach einem Mosaik aus dem 6. Jh. in der Basilika S. Apollinare in Classe außerhalb von Ravenna.

Urban von Langres hl.
Bischof von Langres
Fest: 23. Januar, 2. April
Urban, geboren in der zweiten Hälfte des 4. Jh., war der sechste Bischof von Langres, Frankreich. Er starb an einem 23. Januar um 450. – Urban von Langres wurde als Winzerpatron verehrt, was jedoch auf einer Verwechslung mit → Urban I. beruht.

Ursicinus von Ravenna hl.
Erzbischof von Ravenna
Fest: 5. September
Geboren um 470, wurde Ursicinus 530 Erzbischof von Ravenna, Italien. Während seiner sechsjährigen Amtszeit blühte die Diözese auf. Er war der Erbauer der Basilika S. Apollinare in Classe, deren Fertigstellung (549) er aber nicht mehr erlebte. Ursicinus starb 536 in Ravenna. Im Apsismosaik von S. Apollinare in Classe ist sein Bild zu sehen.

Ursicinus von Ursitz hl.
Einsiedler
Fest: 24. Juli
Ursicinus lebte Ende des 6. Jh. als Einsiedler in St. Ursitz (St-Ursanne) in der Schweiz, das nach ihm benannt wurde. An seiner Grabstätte entstand um 630 eine Einsiedlergemeinschaft. Schon im 8. Jh. existierte ein Kult.

Ursinus hl.
Bischof von Bourges
Fest: 29. Dezember
Ursinus war um 250 der erste Bischof der Diözese Bourges, Frankreich. Er soll 27 Jahre amtiert haben und um 275 gestorben sein. Reliquien befinden sich in Lisieux, Frankreich.
Patronat: von Bourges und Lisieux

Ursius → Orsi

Ursmar hl.
OSB, Chorbischof, Missionar
Fest: 18. April
Ursmar, geboren in der zweiten Hälfte des 7. Jh. in Nordfrankreich, war Chorbischof mit Sitz in Lobbes, Belgien. 697 übernahm er als Abt zusätzlich die Leitung der Benediktinerabtei Lobbes. Von seinem Bischofssitz aus missionierte Ursmar erfolgreich in einem großen Gebiet. Er starb am 18. April(?) 713 in Lobbes.

Ursula hl.
Märtyrerin
Fest: 21. Oktober
Die Passio von Ursula ist größtenteils legendarisch mit einem möglicherweise historischen Kern. Ursula war wohl eine Christin, die im 3./4. Jh. in Köln, Nordrhein-Westfalen, den Martertod erlitt.
Legende: Ursula war die Tochter eines englischen Königs und christlich erzogen. Als der heidnische Königssohn → Aetherius sie heiraten wollte, erklärte sie ihm, daß sie Jungfräulichkeit gelobt habe. Um eine kriegerische Auseinandersetzung zwischen den beiden Königshäusern wegen ihrer Ablehnung zu verhindern, bat Ursula Aetherius um drei Jahre Wartezeit und forderte ihn auf, Christ zu werden. Als die drei Jahre vorüber waren, segelte Ursula mit 11 000 Gefährtinnen aufs Meer hinaus, geriet in eine Strömung und gelangte auf den Rhein. Vor Köln wurden alle 11 000 Frauen von Heiden, die die Stadt belagert hielten, ermordet. Die Legende wurde im Lauf der Jahrhunderte immer weiter ausgeschmückt. In der Ursula-Kirche in Köln existiert bis heute eine Inschrift aus dem 4. oder dem 5. Jh., die aussagt, daß an der Stelle der Kirche eine Basilika zu Ehren von Jungfrauen errichtet wurde, die den Martertod gestorben seien. Schon im 8. Jh. ist die Ursula-Verehrung nachweisbar. 922 wurde in Köln ein Stift zu Ehren „der heiligen 11 000“ errichtet. Es ist anzunehmen, daß die Zahl 11 000 auf einem Lesefehler beruht und es sich bei Ursulas Gefährtinnen um elf Frauen handelte. Ab dem 10. Jh. verbreitete sich der Kult in die ganze Welt, überall entstanden Ursula-Kirchen, Länder und Städte stellten sich unter den Schutz von Ursula. Der Höhepunkt der Ursula-Verehrung war im 15. Jh. erreicht. Auch einige von Ursulas Gefährtinnen werden bis heute verehrt (→ Cordula, → Aurelia, → Kunera).

Martyrium der heiligen Ursula, Detail des Ursula-Schreines, den Hans Memling um 1489 schuf. Heute im Memling-Museum, Brügge.
Im Hintergrund sieht man den im Bau befindlichen Kölner Dom.

Frontansicht des Ursulaschreines, der Ende des 19. Jh. neu entstanden ist, St. Ursula, Köln.

Darstellung: in fürstlicher Kleidung, als Schutzmantelfigur (mit ihren Gefährtinnen unter ihrem Mantel), beim Martyrium, mit Krone, Palme, Taube, Pfeil, Schiff, Kreuzfahne
Patronat: von Köln, der Jugend, der Lehrerinnen und Erzieherinnen, der Universitäten Paris und Coimbra, der Tuchhändler, für eine gute Heirat und eine gute Ehe, der kranken Kinder, für einen ruhigen Tod

Ursula Haider (von Villingen)
OSCl, Äbtissin, Mystikerin
Fest: 20. Januar
Geboren 1413 in Leutkirch, Baden-Württemberg, trat Ursula Haider dem Klarissenorden bei und war ab 1467 Äbtissin des Klosters Valdunen in Österreich. 1480 mußte sie die Leitung des Bickenklosters in Villingen im Schwarzwald übernehmen. Ursula Haider wurde schon zu Lebzeiten wie eine Heilige verehrt. Sie starb am 20. Januar 1498 in Villingen.

Ursulina Venerii sel.
Mystikerin
Fest: 7. April
Geboren am 14. Mai 1375 in Parma, Italien, durchlebte Ursulina Venerii von Kindheit an mystische Gnadenbeweise und Visionen. Vergeblich versuchte sie als Mädchen, im Abendländischen Schisma zu vermitteln und den Gegenpapst bei Besuchen in Avignon zum Einlenken zu bewegen. Auch den Papst in Rom besuchte sie mehrmals. Sie starb am 7. April 1410 in Verona, Italien, nachdem sie zuvor aus ihrer Heimatstadt verbannt worden war.

Ursus hl.
Märtyrer
Fest: 30. September
Ursus (Urs) soll der Thebäischen Legion (→ Mauritius) angehört haben, die bei Agaunum, heute St-Maurice im Wallis, den Martertod fand. Zwar gelang Ursus gemeinsam mit seinem Gefährten → Victor von Solothurn die Flucht, doch auch sie wurden um 303 in Solothurn, Schweiz, ermordet. Die Gebeine beider Märtyrer wurden 1473 und 1519 erhoben; die Reliquien von Ursus fanden ihre letzte Ruhestätte in der St.-Ursen-Kirche in Solothurn.
Darstellung: als Soldat, mit Banner, Schwert, abgeschlagenem Haupt, meist mit Victor
Patronate: von Solothurn, des Bistums Basel

Ursus, Erzbischof von Ravenna, Mosaik aus dem 6. Jh. in der Basilika S. Apollinare in Classe bei Ravenna.

Ursus von Ravenna hl.
Erzbischof von Ravenna
Fest: 13. April
Ursus war zu Beginn des 5. Jh. Erzbischof von Ravenna, Italien. Er starb um 426.

Usai, Giovanni Medda (Nicola Da Gesturi)
OFMCap, Laienprofesse
Fest: 8. Juni
Geboren am 4. August 1882 in Gesturi auf Sardinien (Italien), gestorben am 8. Juni 1958 in Cagliari auf Sardinien. Der Seligsprechungsprozeß ist eingeleitet.

Utto (Udo) sel.
OSB, Abt
Fest: 3. Oktober
Utto war der erste Abt des 766 von ihm oder seinem Onkel → Gamelbert gegründeten Benediktinerklosters Metten in Bayern, das er mit Mönchen aus dem Kloster Reichenau besiedelte. Er leitete die Abtei, die 792 Reichskloster wurde, über 60 Jahre bis zu seinem Tod am 3. Oktober 829. Sein Grab in der Klosterkirche Metten wurde zum Wallfahrtsziel. 1909 Bestätigung des Kultes.
Darstellung: in Mönchskleidung, mit Abtsstab, Beil, Axt (er soll den Wald gerodet haben, um das Kloster Metten errichten zu können)
Patronat: der Roder und der Neusiedler

V

Valencia, Raffaele Guizar sel.
Bischof von Vera Cruz
Fest: 6. Juni
Geboren am 15. April 1878 in Cotija in Mexiko, wurde Raffaele Guizar Valencia zum Bischof von Vera Cruz gewählt. Er starb am 6. Juni 1938 in Mexiko-Stadt. Seligsprechung am 29. Januar 1996.

Valens von Avignon
Bischof von Avignon
Fest: 8. Dezember
Obwohl er verheiratet war, wurde Valens Mitte des 6. Jh. zum Bischof von Avignon (Frankreich) gewählt. Es ist überliefert, daß er ein guter Amtsinhaber war, mit seiner Ehefrau hatte er in Keuschheit zusammengelebt. Valens starb am 8. Dezember 591 in seiner Diözese.

Valentin von Rätien hl.
Bischof von Rätien, Missionar
Fest: 7. Januar, 4. August
Nach den teilweise unsicheren Überlieferungen war Valentin im 5. Jh. Bischof im damaligen Rätien. Im Zuge seiner Missionierung kam er auch mehrmals nach Passau in Bayern, wo er jedoch jedesmal vertrieben wurde. Sein Todestag war wohl ein 7. Januar um das Jahr 475. Nachdem Valentin zunächst in der Kirche Zenoburg bei Meran (eine dortige Klostergründung ist umstritten, ebenso eine angebliche Abtswürde) in Südtirol beigesetzt worden war, ließ Herzog Tassilo III. die Gebeine im 8. Jh. in den Stephansdom in Passau übertragen (wohl an einem 4. August); seither wird Valentin dort als Bistumspatron verehrt. Verschiedentlich Verwechslung mit Valentin von Terni (auch bei Darstellung und Patronaten).
Darstellung: als Bischof, predigend, mit Epileptikern, mit Krüppeln zu Füßen
Patronat: des Bistums Passau, gegen Epilepsie, Viehseuchen

Valentin von Terni hl.
Bischof von Terni, Märtyrer
Fest: 14. Februar
Die wahrscheinlichste der verschiedenen Überlieferungen über Valentin ist, daß er Bischof von Terni in Mittelitalien war und dort um 268 den Martertod starb. Über die näheren Umstände seines Todes ist nichts bekannt. Sein Kult entwickelte sich schon früh in und um Terni sowie in Rom, wo Papst Julius I. eine Valentinsbasilika hatte errichten lassen (die aber wohl nicht auf Valentin von Terni zurückging). Schon im 5. Jh. wurde das Valentinsfest am 14. Februar begangen. Das Brauchtum rund um den „Valentinstag" geht auf ihn zurück, vor allem die Valentinsgeschenke zwischen Verliebten. In Deutschland ist der 14. Februar bis heute Lostag.
Darstellung: als Bischof, mit Krüppeln, Epileptikern, Hahn
Patronate: gegen Epilepsie und Ohnmacht, der Jugend, für eine gute Heirat

Valentin von Viterbo hl.
Priester, Märtyrer
Fest: 3. November
Unsichere Vita, möglicherweise Vermischung mit Valentin von Terni. Nach einer sehr frühen Überlieferung soll Valentin von Viterbo als Priester gewirkt haben und um 304 in der Christenverfolgung

Valentin, Bischof von Terni, heilt einen Jungen von der Epilepsie. Der Legende nach soll er im 3. Jh. in Rom junge Paare mit bunten Blumensträußen aus seinem Garten beschenkt haben. Auf ihn geht der Brauch des Schenkens unter Verliebten am 14. Februar zurück, „Valentinstag".

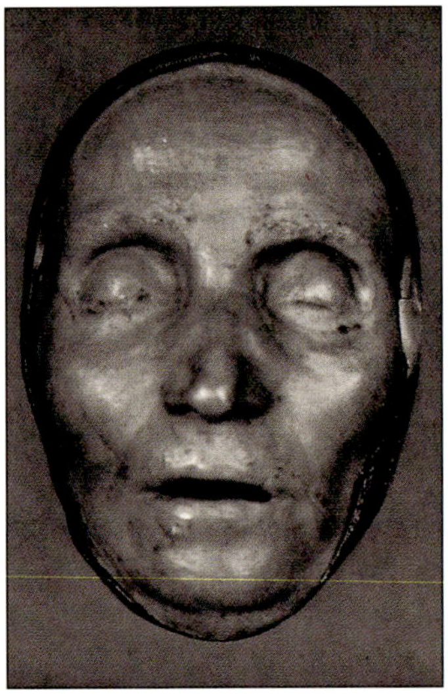

Veronica Giulianis Totenmaske wird in dem Kapuzinerinnen-Kloster Città di Castello bei Perugia aufbewahrt.

Veronica von Binasco sel.
OESA, Laienschwester, Mystikerin
Fest: 13. Januar, 19. Januar
Geboren 1445 in Binasco in Italien, wurde Veronica Negroni (Mädchenname) 1466 Laienschwester bei den Augustiner-Eremitinnen in Mailand. Bis zu ihrem Tod am 13. Januar 1497 erlebte sie viele Visionen und Ekstasen, die teilweise authentisch überliefert sind.

Veronica Giuliani hl.
OSClCap, Äbtissin, Mystikerin
Fest: 9. Juli
Geboren am 27. Dezember 1660 in Mercatello in Italien, trat Orsola Giuliani (Mädchenname) 1677 den Kapuzinerinnen von Città di Castello bei. Sie wurde Novizenmeisterin und 1716 Äbtissin des Klosters. Von Kindheit an durchlitt Veronica qualvolle seelische und körperliche Schmerzen, sie empfing die Wundmale Christi und hatte viele Visionen. Alle Untersuchungen und Überprüfungen ertrug sie mit heroischer Geduld. Ihre Tagebücher berichten von ihren Leiden. Gestorben am 9. Juli 1727 in Città di Castello. 1804 Seligsprechung, 26. Mai 1839 Heiligsprechung. Die Gemeinschaft der Veronika-Schwestern hat sich nach Veronica Giuliani benannt.

Veronika
Fest: 4. Februar
Wie viele hochverehrte und besonders populäre Heilige ist Veronika historisch nicht zu fassen. Sie ist eine von Legenden umgebene und geschichtlich nicht belegbare Matrone aus Jerusalem, die allgemein dem Kreis der klagenden Frauen zugerechnet wird. Auf seinem Weg zum Kreuz soll Christus sein Antlitz in das Schweißtuch Veronikas gedrückt haben. Die Legende tauchte im 4. Jh. auf, als von einem wundertätigen Bild Christi berichtet wurde, das König Abgar Ukkama von Edessa geheilt haben soll (Abgar-Legende). Im 6. Jh. wurde diese Legende auf Kaiser Tiberius übertragen. Bald war nicht mehr von einem Bild, sondern von einem Schweißtuch mit dem Antlitz Christi die Rede. Ab dem späten Mittelalter war Veronika Hauptfigur der sechsten Station des Kreuzweges. Schließlich existiert noch die Geschichte von Veronika als jener Frau, die von Jesus von Blutfluß geheilt wurde. Veronika mit dem Schweißtuch gehört zu den am häufigsten dargestellten Gestalten des Christentums, zahlreiche Mysterienspiele nahmen sich ihrer Geschichte an.
Darstellung: als Matrone, mit einem Tuch, auf dem das Antlitz Christi zu sehen ist
Patronat: der Wäscherinnen, der Pfarrhaushälterinnen, der Leinwandhändler, gegen Blutfluß

Versiglia, Luigi sel.
SDB, Bischof, Märtyrer
Fest: 25. Februar
Geboren am 5. Juni 1873 in Oliva Gessi in Norditalien, besuchte Luigi Versiglia in Turin das Gymnasium der Salesianer und lebte mehrere Jahre an der Seite von Ordensgründer Don Bosco. In dessen Todesjahr 1888 trat Versiglia den Salesianern bei, 1895 empfing er die Priesterweihe. 1906 ging er mit mehreren Gefährten nach China, um dort die Mission zu begründen. 1921 wurde er zum Bischof von Shiu-Chow ernannt. Während einer Missionsreise wurden Versiglia und sein Begleiter → Callisto Caravario am 25. Februar 1930 im Gebiet von Liu-Chow von Banditen erschossen. Versiglia fand seine letzte Ruhestätte in der von ihm erbauten Herz-Jesu-Kirche in seiner Bischofsstadt Shiu-Chow. Seligsprechung am 15. Mai 1983 gemeinsam mit Caravario. Versiglia und Caravario waren die ersten Märtyrer der Salesianer-Gemeinschaft.

Verzeri, Theresia Eustochium sel.
Ordensgründerin
Fest: 1. März
Im Alter von 30 Jahren gründete Theresia Eustochium Verzeri in Brescia, Italien, die Kongregation der Verzeri Suore, auch Töchter des heiligsten Herzens Jesu genannt. Die Schwesterngemeinschaft widmete sich der katholischen Erziehung von Mädchen. Geboren wurde Theresia Eustochium Verzeri am 31. Juli 1801 in Bergamo, Italien, gestorben ist sie am 1. März 1852 in Brescia. 27. Oktober 1946 Seligsprechung.

Vialar, Emilie de hl.
Ordensgründerin, Mystikerin
Fest: 24. August
Geboren am 12. September 1797 in Gailac, Frankreich, gründete Emilie de Vialar 1835 die Kongregation St. Joseph von der Erscheinung, die sich um Arme und Kranke kümmert. Die Schwesterngemeinschaft breitete sich bis nach Afrika, Australien, Indien und Palästina aus, mußte jedoch auch viele Anfeindungen überstehen. Emilie de Vialar starb am 24. August 1856 in Marseille, Frankreich, im Ordensmutterhaus. 18. Juni 1939 Seligsprechung, 24. Juni 1951 Heiligsprechung.

Bischof Luigi Versiglia war der erste Märtyrer der Salesianer.

Gegenüberliegende Seite: Jesus soll auf seinem Weg zur Kreuzigung sein Antlitz in das Schweißtuch der Veronika gedrückt haben. Später wurde diese Szene die sechste Station des Kreuzweges. Gemälde von Peter Paul Rubens, 1637, Königliches Museum der Schönen Künste, Brüssel.

Jean-Baptiste-Marie Vianney, der „Pfarrer von Ars", ist der Patron aller Pfarrer. In dem Wallfahrtsort Ars bei Lyon befindet sich diese Statue.

Vianney, Jean-Baptiste-Marie hl.
Pfarrer von Ars, Priester
Fest: 4. August, 9. August
Der Pfarrer von Ars, wie Jean-Baptiste-Marie Vianney bis heute genannt wird, wurde am 8. Mai 1786 in Dardilly in Frankreich geboren. Sein Wunsch, Priester zu werden, scheiterte zunächst an seiner fehlenden Begabung. Nach vielen Schwierigkeiten durfte Vianney 1815 die Priesterweihe empfangen, 1819 erhielt er die Pfarrei Ars-sur-Formans im Norden von Lyon übertragen. Aus der zuvor an Kirche und Gotteswort kaum interessierten Gemeinde machte Vianney in kurzer Zeit eine blühende Pfarrei. Er gründete Schulen, Vereine und Waisenhäuser, und bald strömten immer mehr Menschen nach Ars, um sich Rat bei dem gütigen Pfarrer zu holen. Vianney arbeitete sich völlig auf, schlief kaum, aß so gut wie nichts; am Tag stand er auf der Kanzel, nachts saß er im Beichtstuhl. Der kleine Ort Ars konnte die Ströme der Wallfahrer fast nicht mehr aufnehmen. 1850 wurde der Pfarrer von Ars zum Ehrendomherrn ernannt, 1855 zum Ritter der Ehrenlegion. Am 4. August 1859 starb Vianney; seine bekleideten Gebeine ruhen bis heute in einem Glasschrein in der neuen Basilika von Ars. Am 8. September 1904 erfolgte die Seligsprechung, am 31. Mai 1925 die Heiligsprechung. 1929 wurde Vianney zum Patron aller Pfarrer ernannt.
Darstellung: als Pfarrer mit Rochett und Stola
Patronat: der Pfarrer

Viator hl.
Einsiedler
Fest: 5. August
Lebte nach den Überlieferungen im 6. Jh. als Einsiedler in Sologne, Frankreich. Seine Verehrung ist seit dem 11. Jh. bezeugt, ebenso ein Reliquienkult.

Viator von Lyon hl.
Lektor
Fest: 21. Oktober
Der Lektor war Wegbegleiter von Bischof → Justus von Lyon, der von 350 an amtierte. Viator begleitete den Bischof nach 381 auf dessen Flucht aus dem Amt in die ägyptischen Thebäis. Dort soll er angeblich nur wenige Tage nach Justus gestorben sein, vermutlich zwischen 382 und 390. Die Gebeine von Viator gelangten mit jenen von Justus nach Lyon (Frankreich) zurück, wo sich schon im 7. Jh. ein Kult entwickelte.

Vicelinus (Wizelin) hl.
Bischof von Oldenburg
Fest: 12. Dezember
Geboren wohl um 1090 im niedersächsischen Hameln, empfing Vicelinus 1126 die Priesterweihe. Danach missionierte er ohne Erfolg mehrere Jahre bei den Wenden in Ostholstein; als Stützpunkte für seine Arbeit gründete er die Augustiner-Chorherrenstifte Neumünster und Segeberg. 1149 Ernennung zum Bischof von Oldenburg. Vicelinus starb am 12. Dezember 1154 im Kloster Neumünster, wo er als Bischof residieren mußte.

Victor I. hl.
Papst (189 bis 198/199)
Fest: 28. Juli
Unsichere Angaben über genaue Herkunft und Amtszeit. Möglicherweise stammte Papst Victor I. aus Afrika, er amtierte wohl von 189 bis 198/199. Victor I. galt als tatkräftiger, teilweise aber auch harter Papst. Ob die Überlieferung stimmt, daß er als Märtyrer starb, ist nicht sicher.

Victor III. (Dautari, Fürst von Benevent) sel.
OSB, Papst (1086 bis 1087)
Fest: 16. September
Papst Victor III. stammte von den Herzögen von Benevent (Italien) ab und kam dort um 1027 zur Welt. Um 1049 trat er dem Benediktinerorden bei, 1058 wurde er

Glasschrein mit den Gebeinen des „Pfarrers von Ars" in der Basilika von Ars.

Abt des berühmten Benediktinerklosters Montecassino. 1059 erhielt er die Ernennung zum Kardinal und zum päpstlichen Vikar für Unteritalien. 1086 Wahl zum Papst. Victor III. bestieg als 159. Papst den Stuhl Petri erst 1087, da er zuvor noch die Versöhnung mit den Normannen suchte. Schon wenige Monate später, am 16. September 1087, starb Victor III. im Kloster Montecassino. Papst Leo XIII. bestätigte den Kult 1887.

Victor von Mailand hl.
Märtyrer
Fest: 8. Mai, 14. Mai
Victor starb während der Christenverfolgungen in Mailand (Italien) um 303 den Martertod. Das Martyrologium Hieronymianum nennt den 14. Mai als Gedenktag.

Victor von Marseille hl.
Märtyrer
Fest: 21. Juli
Verschiedene Überlieferungen, die Victor als Soldaten, Bischof oder Schiffer bezeichnen. Er soll den Martertod gestorben sein, der Kult um seine Gestalt weitete sich sehr stark aus. Die Basilika St-Victor in Marseille in Südfrankreich soll nach ihm benannt sein; das darin befindliche Victor-Grab war vor allem im Mittelalter ein bedeutendes Wallfahrtsziel (die kleine Grotte mit der Grabstätte kann bis heute besichtigt werden).

Victor von Solothurn hl.
Märtyrer
Fest: 30. September
Victor soll der Thebäischen Legion (→ Mauritius) angehört haben, die bei Agaunum, heute St-Maurice im Wallis, den Martertod fand. Ihm und seinem Gefährten → Ursus (Urs) gelang zwar die Flucht nach Solothurn in der Schweiz, wo beide aber um 303 ebenfalls ermordet wurden. Die Gebeine beider Märtyrer wurden 1473 und 1519 erhoben; die Reliquien von Victor fielen aber der Reformation zum Opfer.
Darstellung: zusammen mit Ursus, als Soldat, mit Fahne, Schwert, abgeschlagenem Haupt
Patronat: von Solothurn, des Bistums Basel

Victor von Tomils
Priester, Märtyrer
Fest: 28. Mai
Der Priester Victor wurde um 887 in Tomils in der Schweiz von einem Adligen ermordet, dem er zuvor Vorwürfe wegen seines unlauteren Lebenswandels gemacht hatte.

Victor von Xanten hl.
Märtyrer
Fest: 10. Oktober
Nur wenige sichere Angaben. Victor starb wohl den Martertod in Xanten in Nordrhein-Westfalen, wo es schon im 4. Jh. eine Victor-Grabstätte und einen Victor-Kult gab. Der Dom St. Viktor in Xanten entstand aufgrund der Verehrung.
Darstellung: als Ritter, als Soldat, mit Palme

Victoria von Córdoba hl.
Märtyrerin
Fest: 17. November
Legendarische Überlieferungen berichten, Victoria sei die Schwester von → Acisclus gewesen und mit ihm in der Christenverfolgung unter Kaiser Diokletian um 304/305 in Córdoba (Spanien) den Martertod gestorben. Acisclus

wurde in Córdoba hoch verehrt, von Victoria ist eine größere Verehrung nicht überliefert.
Darstellung: als junge Märtyrerin, mit Rosenkranz
Patronat: für Regen

Victoria von Rom (von Tivoli) hl.
Märtyrerin
Fest: 23. Dezember
Legendarische Passio, die bereits sehr früh existierte. Danach war Victoria eine Christin, die Mitte des 3. Jh. oder um 305 in Rom den Martertod starb. Eine der Legenden berichtet, ihr heidnischer Ehemann habe sie bei den Christenverfolgern angezeigt. Schon früh Verbreitung des Kultes in Italien.
Darstellung: als römische Jungfrau, mit Palme, Fahne, Schwert, Drachen
Patronat: für Regen

Victorinus von Assisi hl.
Bischof von Assisi, Märtyrer
Fest: 13. Juni
Legendarische Passio. Victorinus war angeblich im 3. Jh. Bischof von Assisi, Italien, und soll später den Märtyrertod gestorben sein. Verschiedene Überlieferungen berichten, er sei der erste Bischof von Assisi gewesen, was jedoch nicht erwiesen ist.

Victorinus von Karthago hl.
Märtyrer
Fest: 17. Februar, 25. März
Victorinus war Christ und soll im 3. Jh. im nordafrikanischen Karthago wegen seines Glaubens den Martertod gestorben sein; es heißt, er sei in Gefangenschaft verhungert.

Victorinus von Pettau hl.
Bischof von Pettau, Märtyrer
Fest: 2. Mai
Victorinus, geboren im 3. Jh., war Bischof von Pettau im damaligen Pannonien (heute Ptuj in Slowenien). In der Christenverfolgung des Diokletian starb er um 304 den Märtyrertod. → Hieronymus berichtete später über seine außergewöhnlichen Fähigkeiten im Erklären der Heiligen Schrift sowie über seine bemer-

Reliquiar des hl. Victor im Dom von Xanten.

Der heilige Victorinus, Bischof von Assisi, nach einem Deckenfresko in der Oberkirche von S. Francesco in Assisi.

Der heilige Vigilius von Trient auf einer Stickerei in Gold und Seide, aus dem Besitz von Bischof Giorgio Lichtenstein.

kenswerten Abhandlungen und Kommentare, von denen einige bis heute erhalten sind.

Victorinus, Secundus und Gefährten hll.
Märtyrer
Fest: 8. August
Bereits Mitte des 4. Jh. wird eine Grabstätte dieser Märtyrer erwähnt; sie lag an der Via Appia in Rom. Über Leben und Wirken der Gefährten ist nichts bekannt, ihr Kult verliert sich früh.

Victorinus → Maro, Eutyches und Victorinus

Victricius von Rouen hl.
Bischof von Rouen
Fest: 7. August
Geboren um 330 in Frankreich, war Victricius zunächst Soldat und wurde dann um 380 – obwohl er Laie war – zum Bischof von Rouen in Frankreich ernannt. Er war eine der herausragenden Kirchenpersönlichkeiten seiner Zeit, verschiedene seiner bemerkenswerten Schriften sind bis heute erhalten. Er starb um 400 (vor 409) und wird bis heute außer in Rouen in verschiedenen französischen Diözesen verehrt.

Laura Vicuna starb im Alter von zwölf Jahren.

Victurius von Le Mans hl.
Bischof von Le Mans
Fest: 1. September, 25. August
Geboren in der ersten Hälfte des 5. Jh., wurde Victurius wohl 450 zum Bischof von Le Mans, Frankreich, ernannt und hatte das Amt bis zu seinem Tod am 1. September 490 inne. Grab in der Kirche St-Victeur in Le Mans.

Vicuña, Laura sel.
Fest: 22. Januar
Nach dem frühen Tod des Vaters ging Laura Vicuña, geboren am 5. April 1891 in Santiago de Chile, mit ihrer Mutter nach Argentinien. Aus Verzweiflung darüber, daß die Mutter unverheiratet mit einem Mann zusammenlebte, bot Laura Jesus ihr Leben für die Bekehrung der Mutter an. Tatsächlich erkrankte sie schwer und starb, erst 12jährig, am 22. Januar 1904 in Junin de los Andes in Argentinien. Seligsprechung am 3. September 1988.

Viel, Placida sel.
Ordensgründerin
Fest: 4. März
Geboren am 26. September 1815 in Quettehou (Frankreich), gründete Placida Viel 1862 den deutschen Zweig der Christlichen Schulschwestern von der Barmherzigkeit. Der Name der Kongregation lautet in Deutschland seit 1948 Heiligenstädter Schulschwestern. Placida Viel starb am 4. März 1877 in St-Sauveur-le-Vicomte, Frankreich. 6. Mai 1951 Seligsprechung.

Vier Gekrönte (Kastor, Claudius, Sempronius, Simplicius) hll.
Märtyrer
Fest: 8. November
Unterschiedliche Überlieferungen lassen verschiedene Erklärungen zu den sogenannten Vier Gekrönten (Quattuor Coronati) zu. Sicher ist, daß sie Märtyrer waren und ihnen in Rom an der Via Labicana schon im 6. Jh. eine Kirche geweiht war, in der sie verehrt wurden. Bis heute werden in der Kirche Santi Quattro Coronati in Rom in der Krypta vier Sarkophage mit den mutmaßlichen Gebeinen der Märtyrer gezeigt.

Darstellung: als Märtyrer, als Bildhauer (Legende), mit Kronen, Bildhauerwerkzeugen
Patronat: der Steinmetzen

Vier heilige Marschälle
→ **Antonius der Einsiedler**
→ **Cornelius,** Papst
→ **Hubert von Tongern**
→ **Quirinus von Rom**

Vierzehn Nothelfer
→ **Achatius,** → **Ägidius,**
→ **Barbara,** → **Blasius,**
→ **Christophorus,**
→ **Cyriacus von Rom,**
→ **Dionysius von Paris,**
→ **Erasmus,** → **Eustachius,**
→ **Georg,**
→ **Katharina von Alexandrien,**
→ **Margareta von Antiochia,**
→ **Pantaleon,** → **Vitus**

Vigilius von Auxerre hl.
Bischof von Auxerre, Märtyrer
Fest: 11. März
Geboren im 7. Jh., wurde Vigilius Mitte des Jahrhunderts zum Bischof von Auxerre (Frankreich) gewählt. Um 685 wurde er in Auxerre ermordet.

Vigilius von Trient hl.
Bischof von Trient, Märtyrer
Fest: 26. Juni
Geboren um 360 in Rom, kam Vigilius im Alter von etwa 20 Jahren nach Studien in Rom und Athen nach Trient in Norditalien. Das Volk bewunderte seine Gelehrtheit und wählte ihn schon 384 zum Bischof von Trient. Vigilius wirkte segensreich, bekehrte viele Heiden und ließ eine große Zahl von Kirchen errichten. Um 405 wurde er von Heiden zu Tode gesteinigt. Er fand seine letzte Ruhestätte in dem von ihm erbauten Dom von Trient, wo man das Grab im 17. Jh. wiederentdeckte.
Darstellung: als junger Bischof, mit Stab, Holzschuh
Patronat: der Diözesen Trient und Bozen-Brixen, der Bergwerke, Wetterheiliger

Vigolungo, Maggiorino
Christ
Fest: 27. Juli
Schon als Kind entschied sich Maggiorino Vigolungo, sein Leben dem Apostolat zu widmen. Gerade 14 Jahre alt, erkrankte er schwer; auf die Frage, ob er wieder gesund werden oder lieber ins Paradies gehen wolle, antwortete er: „Ich wünsche mir, dem Willen Gottes zu folgen." Maggiorino Vigolungo starb 14jährig am 27. Juli 1918. Seligsprechungsprozeß seit 1961; 1988 nannte ihn Papst Johannes Paul II. verehrungswürdig.

Vigor hl.
Bischof von Bayeux
Fest: 1. November
Geboren Ende des 5. Jh., wurde Vigor Anfang des 6. Jh. zum Bischof von Bayeux in Frankreich gewählt; er hatte das Amt bis zu seinem Tod um 538 inne. Die Vita ist jedoch legendarisch. Der Kult war hauptsächlich zwischen dem 5. und dem 13. Jh. verbreitet.

Viktor Überkomm
Pilger, Wohltäter
Fest: 29. März
Geboren um 1400 in Baunach in Bayern, pilgerte Viktor Überkomm mit seinem Fuhrwerk bis nach Rom und Santiago de Compostela. Überall wirkte er als großer Wohltäter und verschenkte seinen ganzen Besitz. Er starb um 1475.

Villana de Botti sel.
OP, Ordensfrau
Fest: 28. Februar
Zunächst verheiratet, trat die um 1332 in Florenz geborene Villana de Botti um 1352 dem Dominikanerorden bei. Bis zu ihrem Tod am 28. Februar 1360 in Florenz führte sie ein Leben der Buße und der Nächstenliebe. Über ihrer Grabstätte in der Kirche Santa Maria Novella (Florenz) erhebt sich ein beeindruckendes Denkmal (15. Jh.). Papst Leo XII. bestätigte den Kult 1824.

Vimius →
Zimius, Vimius und Marinus
(Die drei elenden Heiligen)

Vincentius von Madelgar hl.
Abt
Fest: 14. Juli
Legendarische Vita. Danach geboren zu Beginn des 7. Jh. in Strépy in Belgien und verheiratet mit → Waldetrudis. Nach der einvernehmlichen Trennung des Ehepaares gründete Vincentius mehrere Klöster, jenes von Soignies leitete er bis zu seinem Tod um 677 selbst.

Vinciana
Jungfrau
Fest: 11. September
Geboren um 600, unterstützte Vinciana ihren Bruder → Landoald bei der Missionierung im belgischen Raum. Sie starb 653 in Wintershofen (Belgien). Die Gebeine wurden nach St. Bavo in Gent überführt.

Vinzenz von Agen hl.
Diakon, Märtyrer
Fest: 9. Juni
Vita ungesichert; möglicherweise identisch mit → Vinzenz von Saragossa. Vinzenz von Agen wurde nach der Überlieferung in Südfrankreich ermordet, als er Heiden bei einem Fest störte. Seine Reliquien gelangten im 9. Jh. in den südwestfranzösischen Ort Agen.

Vinzenz Ferrer hl.
OP, Priester, Bußprediger
Fest: 5. April
Im Alter von 17 Jahren trat der um 1350 geborene Vinzenz Ferrer in seiner Heimatstadt Valencia (Spanien) dem Dominikanerorden bei. Er empfing die Priesterweihe und war danach als Lehrer und Dozent tätig. Ab 1400 zog er als wortgewaltiger und vielbeachteter Bußprediger zehn Jahre lang durch ganz Frankreich, die Lombardei und die heutige französische Schweiz, angeblich immer auf einem Esel. Er war beseelt von einer großen Opferbereitschaft und lebte streng asketisch. Sein Einfluß auf die Persönlichkeiten seiner Zeit war groß; aufgrund verschiedener Erklärungen und scharfer Formulierungen hatte Vinzenz Ferrer aber auch viele Feinde. Während des Papstschismas stellte er sich zunächst auf die Seite der Avignon-Päpste, erst ab 1412 distanzierte er sich vom Gegenpapst. Während einer weiteren Predigtreise in die Norman-

Maggiorino Vigolungo entschied bereits als Kind, sein Leben dem Apostolat zu widmen.

Seine letzte Ruhestätte fand der heilige Vigilius von Trient unter dem Hauptaltar im Dom von Trento, Norditalien.

Eine der berühmten Predigten des spanischen Dominikaners Vinzenz Ferrer, nach einem Gemälde von Bartolomeo degli Erri.

die und die Bretagne starb Vinzenz Ferrer am 5. April 1419 in Vannes, wo er auch beigesetzt wurde. Die Grabstätte befindet sich bis heute in der Kathedrale St-Pierre in Vannes. Heiligsprechung 1458.
Darstellung: als Dominikaner, predigend, auf einem Esel, mit Buch, Lilie, Kreuz, Flügeln, Posaunen, Taufbecken
Patronat: von Valencia und Vannes, der Dachdecker, Ziegelmacher, Bleigießer, Holzarbeiter, gegen Kopfschmerzen, Fieber, Epilepsie, Krankheiten aller Art, Gefahren für eine gute Heirat, einen guten Tod, Fruchtbarkeit, Pferdepatron

Vinzenz Kadlubek
Bischof von Krakau
Fest: 8. März
Geboren 1160 in Polen, wurde Vinzenz Kadlubek 1208 zum Bischof von Krakau, Polen, ernannt. Er erwarb sich große Verdienste um sein Land. Zog sich zuletzt zurück und lebte als Mönch. Vinzenz Kadlubek starb am 8. März 1223 bei Krakau. 1764 Approbation des Kults.

Vinzenz von León hl.
Abt
Fest: 11. März
Unsichere Vita. Vinzenz war wohl Abt des Klosters S. Claudio in León in Spanien und starb dort am 11. März 630, wie eine Inschrift bezeugt.

Vinzenz von Lérins
Priester, Mönch
Fest: 24. Mai
Er lebte in dem Inselkloster Lérins in Südfrankreich. Gilt als bedeutender theologischer Schriftsteller und starb um 450 in Lérins.

Vinzenz von Paul hl.
Ordensgründer
Fest: 27. September, 19. Juli, 20. Dezember
Geboren am 24. April 1581 in Pouy (im 19. Jh. in St-Vincent-de-Paul umbenannt), empfing Vinzenz von Paul 19jährig die Priesterweihe. 1612 übernahm er die Pfarrei Clichy in Paris. Im Jahr 1617 gelobte er lebenslangen Dienst für die Armen und gründete dafür bereits im selben Jahr eine Armenfürsorge, die Confrérie de la Charité, eine Gemeinschaft von Laienschwestern. 1620 folgte die Gemeinschaft für männliche Laienkräfte, genannt Serviteurs des Pauvres. 1625 gründete Vinzenz von Paul schließlich die Kongregation der Mission (CM), deren Mitglieder nach dem Sitz der Gemeinschaft bei der Pariser Lazaristenkirche auch Lazaristen genannt wurden. Im Mittelpunkt der Tätigkeit der Ordensgemeinschaft standen der Aufbau von Missionen und die Ausbildung des Klerus. 1633 folgte die Gründung der Filles de la Charité, der Vinzentinerinnen; Mitbegründerin war → Louise de Marillac. Vinzenz von Paul gilt als Begründer der organisierten Caritas. Bis zu seinem Tod am 27. September 1660 (in Paris) existierten bereits 800

Porträt des Vinzenz von Paul von Simon François de Tour, 1660, und seine Signatur.

Das Bild gegenüber, von Gabriel Hackl, zeigt Vinzenz von Paul, Findelkinder in die Obhut der „Barmherzigen Schwestern“ gebend.

In Paris in der Kapelle Maison-Mère des Lazaristes befindet sich der Schrein mit den Gebeinen des heiligen Vinzenz von Paul.

Volksmissionen der Lazaristen in Frankreich; die Idee breitete sich in der Folge in der ganzen Welt aus. Reliquien in der Lazaristenkirche in Paris, Herz in der Kathedrale von Lyon. Seligsprechung 1729, Heiligsprechung 1737.
Darstellung: als Priester, mit Kindern, Gefangenen oder Sklaven, mit flammendem Herzen
Patronat: aller karitativen Einrichtungen, des Klerus, der Waisen- und Krankenhäuser, der Waisen, Gefangenen, für das Wiederfinden von verlorenen Gegenständen

Vinzenz von Saragossa, nach einem Gemälde um 1700, Altaraufsatz im Dom von St. Blasien, Schwarzwald.

Vinzenz von Saragossa hl.
Märtyrer
Fest: 22. Januar
Vita teilweise legendarisch. Danach geboren im 3. Jh. in Huesca in Spanien. Später soll Vinzenz als Archidiakon von Bischof → Valerus von Saragossa gewirkt haben und mit ihm nach Valencia verbannt worden sein. Während Valerus noch nach Frankreich gebracht wurde, erlitt Vinzenz von Valencia den Martertod, möglicherweise am 22. Januar 304. Am Grab in Valencia entwickelte sich bereits im frühen Mittelalter ein starker Vinzenz-Kult, der sich auch nach Frankreich und Deutschland ausweitete. Reliquien befinden sich heute an vielen Orten in Europa. Der Name von Vinzenz ist in den ältesten Martyrologien vermerkt. Bis heute hat sich das Brauchtum um die Gestalt von Vinzenz lebendig erhalten; es gibt Vinzenz-Wettersprüche, Vinzenzi-Märkte und Vinzenzi-Tanzfeste. Der Vinzenztag gilt vielerorts als Wintermittetag.
Darstellung: als junger Diakon, mit Traube, Kreuz, Palme, Buch, beim Martyrium mit Rost, Mühlstein, Haken, Scherben, Lanzen
Patronat: von Saragossa, der Winzer, Holzfäller, Dachdecker, Seeleute, Töpfer, Holzknechte, des Federviehs

Viola
Märtyrerin
Fest: 3. Mai
Lebensdaten unbekannt. Sie war Christin und mußte wegen ihres Glaubens sterben. In Verona in Italien existierte früher eine große Verehrung für Viola.

Virgilius von Salzburg hl.
Bischof von Salzburg
Fest: 24. September, 24. November
Geboren um 700 in Irland, kam Virgilius 743 zu Herzog Odilo von Bayern und erhielt die Verwaltung des Bistums Salzburg übertragen. Er führte die Diözese zunächst als Abt von Kloster St. Peter, ab 755 als Bischof. In einem Streit mit Bonifatius wegen gegensätzlicher Ansichten konnte sich Virgilius behaupten. In der Folge erwarb er sich große Verdienste bei der

Gegenüberliegende Seite: In einer Nische der Abteikirche von Berzé-la-Ville bei Cluny befindet sich das Fresko vom Martyrium des Diakons Vinzenz von Saragossa, entstanden um 1109.

Bischofsweihe von Virgilius von Salzburg, nach einem Gemälde von Franz de Neve, Dommuseum Salzburg.

Missionierung in Kärnten, bei der ihn Chorbischof → Modestus tatkräftig unterstützte. Zeit seines Lebens hielt er Verbindung zu seiner Heimat Irland und den dortigen Missionaren und Mönchen. Virgilius starb am 27. November 784 in Salzburg und fand in dem von ihm erbauten Dom seine letzte Ruhestätte (Reliquien bis heute im Hochaltar).
Darstellung: als Bischof, mit Kirchenmodell, Geldschüssel, Weltkugel
Patronat: des Erzbistums Salzburg, der Kinder, in Geburtsnöten

Virginia Centurione Bracelli sel.
Ordensgründerin
Fest: 15. Dezember
Geboren am 2. April 1587 in Genua, Italien, gründete Virginia Centurione Bracelli als junge Witwe 1631 die beiden Kongregationen Schwestern Unserer Lieben Frau von der Zuflucht am Kalvarienberg und Töchter unserer Lieben Frau vom Kalvarienberg. Die Mitglieder nannte sich auch Bracelli-Schwestern. Beide Ordensgemeinschaften kümmerten sich um verlassene und gefährdete Jugendliche. Virginia Centurione Bracelli starb am 15. Dezember 1651 in Genua. Seligsprechung: 22. September 1985.

Vitalianus hl.
Papst (657 bis 672)
Fest: 27. Januar
Geboren in Segni in Italien, bestieg Vitalianus am 30. Juli 657 den Papststuhl; er amtierte in schwierigen politischen Zeiten bis zu seinem Tod am 27. Januar 672 in Rom.

Vitalis von Assisi
Einsiedler
Fest: 31. Mai
Nach einem Leben als Betrüger und Dieb bekehrte sich Vitalis und lebte als Einsiedler und Büßer bei Assisi, Italien. Er gründete eine Gemeinschaft für Laien, die sich wohltätigen Werken widmete. Nach ungesicherten Überlieferungen starb er am 31. Mai 1370; seine Reliquien kamen in den Dom von Assisi.

Vitalis von Salzburg hl.
Bischof von Salzburg
Fest: 20. Oktober
Geboren im 7. Jh., wurde Vitalis zunächst Schüler und dann Gefährte von Abt-Bischof → Rupert von Salzburg. Nach Ruperts Tod 718 wurde er sein Nachfolger im Bischofsamt und als Abt von St. Peter. Durch sein unermüdliches Wirken breitete sich das Christentum im Raum Salzburg und im angrenzenden Pinzgau stark aus. Vitalis starb am 20. Oktober 730 und wurde in der Abteikirche St. Peter in Salzburg beigesetzt; das Grab entwickelte sich zur Wallfahrtsstätte.
Darstellung: als Bischof, mit Herz, Lilie, Buch, Stab
Patronat: der Schwangeren, der Kinder

Vitalis von Savigny sel.
OSB, Abt
Fest: 16. September, 1. Mai
Geboren im 11. Jh. in Tierceville, Frankreich, zog Vitalis zunächst als Wanderprediger durch Frankreich und England. Im Bemühen, den Ärmsten der Gesellschaft zu helfen, errichtete er Unterkünfte für Kranke, Aussätzige, Waisenkinder und Pilger. 1112 gründete Vitalis bei Savigny in der Normandie ein Benediktinerkloster, das sich in der Folge zum Haupt einer Kongregation entwickelte und großes Ansehen in Europa genoß. Vitalis starb am 16. September 1122 in Dampierre, Frankreich. Bis heute existieren am 1. Mai Reliquienprozessionen zu Ehren von Vitalis.

Vitalis und Agricola hll.
Märtyrer
Fest: 4. November
Ungesicherte Angaben, jedoch sicher nachgewiesene Verehrung. Vitalis und Agricola lebten möglicherweise im 3. Jh. und erlitten

um 300 während der Christenverfolgungen in Bologna in Norditalien den Martertod. Agricola soll ein Adliger gewesen sein, Vitalis sein Diener. Die Verehrung für die beiden Märtyrer breitete sich in ganz Europa aus. Die mutmaßlichen Grabstätten von Vitalis und Agricola befinden sich in der Kirche S. Stefano in Bologna.
Darstellung: als Edelmänner in Tunika, mit Beil, Schwert, Palme

Vitalis → Felicitas und 7 Söhne

Viti, Anna Felice (Maria Fortunata) sel.
OSB, Ordensfrau
Fest: 20. November
Anna Felice Viti, geboren am 10. Februar 1827 in Veroli, Italien, war Benediktinerin und galt während ihres gesamten Ordenslebens als Vorbild in Demut und Regeltreue. Schon zu Lebzeiten genoß sie große Verehrung. Sie starb am 20. November 1922 in Veroli. Nach ihrem Tod ereigneten sich außergewöhnliche Gebetserhörungen. 8. Oktober 1967 Seligsprechung.

Viton hl.
Bischof von Verdun
Fest: 9. November, 14. November
Unsichere Vita. Viton soll um 500 Bischof von Verdun, Frankreich, gewesen sein. Die Kirche in Verdun, in der er beigesetzt wurde, erhielt später seinen Namen (St-Vanne).

Vitus (Veit) hl.
Märtyrer, Nothelfer
Fest: 15. Juni
Einer der meistverehrten Heiligen, auch wenn es nur wenige gesicherte Überlieferungen gibt. Danach war Vitus als Sohn eines Heiden auf Sizilien zur Welt gekommen und von seiner christlichen Amme erzogen worden. Während der Christenverfolgung unter Diokletian soll er um 304 auf Sizilien oder in Rom den Martertod gestorben sein. Eine Vita berichtet, daß Vitus bei seinem Tod erst sieben Jahre alt war, seine Amme und sein christlicher Lehrer mit ihm gestorben seien. Vitus-Reliquien gelangten an viele verschiedene Orte in Europa, so nach Paris und in den Veitsdom nach Prag (Haupt). Auch Corvey an der Weser war lange Zeit ein Zentrum der Verehrung. Im Bauernkalender nimmt Vitus eine besondere Stellung ein, besonders viele Patronate sind mit seiner Gestalt verbunden.
Darstellung: als Junge in vornehmer Kleidung, mit Buch, Hahn, Hut, Brot, Adler, Löwe, Kessel, Hase, Kirchenmodell, mit Amme und Lehrer
Patronat: von Sachsen, Niedersachsen, Böhmen, Pommern, Sizilien, Rügen, Prag, Mönchengladbach, Höxter, Corvey, Krems, der Jugend, der Gastwirte, Apotheker, Schauspieler, Bierbrauer, Winzer, Schmiede, Bergleute, der Haustiere, Hunde, des Geflügels, der Quellen, gegen die Tollwut, gegen Krämpfe, Epilepsie, Besessenheit, Hysterie, Augen- und Ohrenkrankheiten, der Stummen und Gehörlosen, gegen Blitz, Unwetter, Feuersgefahren, für eine gute Aussaat und eine gute Ernte, gegen Unfruchtbarkeit, zur Bewahrung der Keuschheit

Dieses Grabrelief aus rotem Marmor zeigt den heiligen Vitalis von Salzburg. Die Platte ist 274 cm hoch und entstand im 15. Jh; an der Außenkante befindet sich eine lateinische Inschrift, die sagt: „Hier liegt Bischof Vitalis und heilt Kranke. Er starb 730, am 20. Oktober."

Vitus von Litauen sel.
OP, Missionsbischof
Fest: 20. Dezember
Geboren um 1190, widmete der Dominikanermönch Vitus sein Leben der Missionierung in Litauen. Er starb am 20. Dezember 1260 in Krakau, Polen.

Vivald sel.
Einsiedler, OFM
Fest: 1. Mai, 21. Mai
Geboren Mitte des 13. Jh. in San Gimignano, Italien, lebte Vivald als Einsiedler in einem Wald. Im Volk war er hochverehrt, Arme und Reiche suchten seinen Rat. Vivald starb am 1. Mai 1320 in Montaione, unweit seines Geburtsortes. 1908 Approbation des Kultes.

Armreliquiar des heiligen Vitus, Domschatz von Bamberg.

Viventiolus hl.
Erzbischof von Lyon
Fest: 12. Juli
Geboren in der zweiten Hälfte des 5. Jh., wurde Viventiolus um 514 zum Erzbischof von Lyon, Frankreich, gewählt. Er amtierte bis zu seinem Tod an einem 12. Juli um 524.

Vivianus von Saintes hl.
Bischof von Saintes
Fest: 28. August
Unsichere Vita. Bekannt ist, daß Vivianus Mitte des 5. Jh. Bischof von Saintes in Frankreich war. Er starb entweder um 450 oder um 490 in Saintes.

Vivina (Wiwina) hl.
OSB, Äbtissin
Fest: 17. Dezember
Vivina (Wiwina) gehört in Belgien bis heute zu den besonders verehrten Heiligengestalten; vor allem im Erzbistum Mecheln-Brüssel wird ihr Kult bewahrt. Geboren 1109 (1103) in Oisy, Belgien, lebte Vivina zunächst als Einsiedlerin. 1146 gründete sie bei Brüssel das Benediktinerkloster Grand-Bigard, das sie als Äbtissin leitete. Vivina starb am 17. Dezember 1176 in Bigarden. Reliquien seit 1812 in Orbais, Belgien.
Darstellung: als Äbtissin im Benediktinerinnengewand, mit brennender Kerze, Buch, Krummstab, vasenförmigem Gefäß, Kirchenmodell
Patronat: gegen Halserkrankungen, Fieber, Rippenfellentzündung, gegen Maul- und Klauenseuche

Volker sel.
Priester, Märtyrer
Fest: 7. März
Geboren im 11. Jh., unterstützte Volker (Fulger) in der ersten Hälfte des 12. Jh. Bischof → Vicelinus bei seiner Missionierung unter den Wenden. Später wurde Volker in dem von Vicelinus gegründeten Stift Segeberg Chorherr. Bei einem Überfall auf das Stift wurde er um 1135 von slawischen Heiden (Obotriten) ermordet. Seine letzte Ruhestätte fand Volker im Kloster Neumünster.
Darstellung: predigend vor Heiden, mit Kreuz, Schwert

Volpicelli, Caterina
Ordensgründerin
Fest: 28. Dezember
In ihrer Heimatstadt Neapel in Italien, wo sie am 21. Januar 1839 geboren worden war, gründete Caterina Volpicelli 1874 die Kongregation der Ancelle del Sacro Cuore di Gesù, die sich der Volksbildung widmete. Den weltlichen Zweig leitete sie bis zu ihrem Tod am 28. Dezember 1894 in Neapel. Der Seligsprechungprozeß läuft seit 1911.

Volusianus hl.
Bischof von Tours
Fest: 18. Januar
Geboren in der ersten Hälfte des 5. Jh. wahrscheinlich in Lyon (Frankreich), wurde Volusianus 492 Nachfolger von Perpetuus als Bischof von Tours. Eine Überlieferung berichtete, er sei später verbannt worden und 498 in Toulouse ermordet worden.

Voyslava sel.
OPraem, Klostergründerin
Fest: 22. Januar
Geboren in der zweiten Hälfte des 12. Jh. in Polen, trat Voyslava nach dem Tod ihres Ehemannes dem Prämonstratenserorden bei und gründete in ihrer Heimat ein Frauenkloster. Gemeinsam mit ihren drei Schwestern trat sie dort ein. Sie starb wohl am 22. Januar 1227.

Vrau, Philibert
Wohltäter
Fest: 16. September
Philibert Vrau, geboren am 19. November 1829 in Lille in Belgien, widmete sein Leben der Caritas. Er förderte Schulen, Kirchen, katholische Einrichtungen und katholische Kongresse und brachte für seine Ideen große Opfer. Seine Helferin war → Camille Feron. Philibert Vrau starb am 16. September 1905 in Lille. Der Seligsprechungsprozeß ist eingeleitet.

Volkhold sel.
Diakon, Einsiedler
Fest: 12. Januar
Der Adlige Volkhold aus Südtirol machte aus seinem Schloß Suanapurk (Sonnenburg bei Bruneck, Südtirol) Anfang des 11. Jh. ein Frauenkloster. Er selbst lebte als Einsiedler in einer Hütte. Volkhold starb am 12. Januar 1041; seine Gebeine wurden in die Sonnenburg überführt.

Volkmar sel.
OSB, Abt
Fest: 9. Mai
Geboren um 1235, wurde Volkmar 1280 zum Abt des Benediktinerklosters Niederaltaich in Bayern gewählt. Seine Forderung nach strenger Regelbefolgung fand nicht nur Zustimmung, am 9. Mai 1282 erschossen unzufriedene Mönche Volkmar bei einer Bootsüberfahrt auf der Donau mit Pfeilen.

Volkwin sel.
SOCist, Abt
Fest: 13. November
Geboren im 11. Jh., wurde Volkwin (Volkuin) der erste Abt des Zisterzienserklosters Sittichenbach (Sichem) südlich von Eisleben im Bistum Halberstadt. Volkwin brachte die Abtei durch seine außergewöhnlichen Fähigkeiten schnell zu großer Blüte, das Volk verehrte ihn schon zu Lebzeiten wie einen Heiligen. Er starb nach nicht ganz gesicherten Überlieferungen am 13. November (18. September) 1154 in Sittichenbach.

W

Wala sel.
OSB, Abt von Corbie
Fest: 31. August
Geboren um 755 in Deutschland, erhielt Wala, ein Vetter von Karl dem Großen, seine Ausbildung an der Hofschule. Danach war er einflußreicher Politiker und Beamter am Hof. Da er in ständige Auseinandersetzungen mit König Ludwig dem Frommen verwickelt und daher auch mehrmals verbannt worden war, wurde er 816 Mönch im Kloster Corbie in Frankreich. Gemeinsam mit seinem Bruder → Adalhard gründete Wala 822 die Benediktinerabtei Corvey bei Höxter an der Weser sowie das Frauenstift Herford bei Osnabrück. 826 wurde er Nachfolger seines verstorbenen Bruders Adalhard als Abt von Kloster Corbie. Wala war einer der führenden Reformer seiner Zeit und gehörte zu den geistigen Anführern, was ihm aber immer wieder auch Schwierigkeiten einbrachte; so war er von 830 bis 833 erneut verbannt. Ab 833 wirkte er als Abt des Benediktinerklosters Bobbio in Italien, wo er am 31. August 836 starb. Überlieferungen berichten, daß seine Gebeine 1060 in das von ihm mitgegründete Damenstift Herford übertragen wurden.

Walarich (Walaricus, Valéry)
Priester, Einsiedler
Fest: 1. April,
12. Dezember (Amiens)
Geboren um 560 in Frankreich, lebte Walaricus (Valéry) als Priester und Einsiedler in Leuconay in Nordfrankreich. Er starb am 1. April 619, andere Quellen sprechen vom 12. Dezember 622. Verehrung bis heute in der Normandie.

Walburga von Heidenheim hl.
OSB, Äbtissin von Heidenheim
Fest: 25. Februar,
1. Mai (Translation)
Walburga gehört bis heute zu den meistverehrten Heiligengestalten und zu den volkstümlichsten. Geboren wurde sie um 710 in England aus berühmter Familie: Ihr Vater war → Richard von Wessex, ihre Mutter → Wunna, eine Schwester von → Bonifatius, ihre Brüder waren → Willbald und → Wunibald. Auf Wunsch von Bonifatius kam Walburga 750 nach Deutschland, wo sie zunächst in das Benediktinerinnenkloster Tauberbischofsheim eintrat, danach in das von Wunibald gegründete Doppelkloster in Heidenheim in Mittelfranken. Nach dem Tod von Wunibald 761 übernahm Walburga die Leitung von Kloster Heidenheim und führte es in den folgenden 18 Jahren zu hoher Blüte. Sie starb am 25. Februar 779 hochverehrt in Heidenheim. In der jetzt evangelischen früheren Klosterkirche in Heidenheim sind heute die gotischen Hochgräber von Walburga und Wunibald zu sehen. Bischof Otkar hatte Walburgas Gebeine 870 in die nach ihr benannte St.-Walburga-Kirche im bayerischen Eichstätt übertragen lassen, wo Bruder Willibald Bischof gewesen war. – Bis heute sind viele Kirchen in Europa und in Amerika nach Walburga benannt. Klöster, Städte und Dörfer wählten sie zu ihrer Schutzpatronin. Weitere bekannte Verehrungsorte neben Eichstätt und Heidenheim sind Walburg im Elsaß, Sandweier im Erzbistum Freiburg, Scheer im Bistum Rottenburg, Lamberg im Bistum Regensburg, Walburgisberg im Bistum Mainz. Das Wal-

Der eingemauerte Sarg der heiligen Walburga in der Gruftanlage der Benediktinerinnen-Abtei St. Walburg bei Eichstätt.

Innenraum der Kirche St. Wendelin in St. Wendel im Saarland. Hier befinden sich die Tumba von 1360 und der Reliquienschrein des heiligen Wendelin hinter dem Hochaltar.

Wenailus hl.
Abt von Landévennec
Fest: 3. November
Unsichere Vita, möglicherweise legendarisch. Danach war Wenailus Schüler und Nachfolger von → Winwaloë, dem Gründer und Abt des wichtigen Klosters Landévennec in der Bretagne (Frankreich). Das Datum seines Wirkens und seines Todes lag wohl im 6. Jh.

Wendelin hl.
Einsiedler
Fest: 20. Oktober,
5. Juli (Translation)
Obwohl seine Vita stark legendarische Züge trägt, gehört Wendelin zu den meistverehrten Heiligengestalten. Er lebte wohl Mitte des 6. Jh. als Einsiedler oder Mönch in den Vogesen. Eine viel später entstandene Legende macht ihn zu einem iroschottischen Königssohn, der sich um 570 in der Gegend um Trier in Rheinland-Pfalz niedergelassen habe und später Abt von Kloster Tholey nahe St. Wendel im Saarland geworden sei. Seine Grabstätte soll Wendelin in St. Wendel gefunden haben, das bereits um 1050 seinen Namen trug. Schon früh wurde das Grab zu einer wichtigen Wallfahrtsstätte, Wendelin zu einem der volkstümlichsten Heiligen. Weit über 1000 Kapellen und Wallfahrtsstätten wurden nach Wendelin benannt, noch heute sind es mehrere hundert. Einen besonderen Platz nahm Wendelin schon immer als Patron der Bauern und des Viehs ein; lebendiges Brauchtum zeugt bis heute davon. Besondere Verehrung genießt Wendelin im Saarland. In verschiedenen Regionen zählt man ihn auch zu den Nothelfern. Wendelin-Kirchen gibt es auf der ganzen Welt, auch in Südamerika, China und Afrika.
Darstellung: als Einsiedler, Mönch, Pilger, Hirte, selten als Königssohn, mit Tasche, Stab, Buch, Schaufel, Rosenkranz, Krone, Keule, Vieh
Patronate: der Bauern, der Schäfer und Hirten, des Viehs, gegen Viehseuchen, der Felder

Wenefrida (Winifred) hl.
Märtyrerin(?), Äbtissin(?)
Fest: 3. November
Stark legendarische Vita, unsichere Angaben. Geboren möglicherweise in Wales. Ein verschmähter Fürst, der sie heiraten wollte, ließ sie nach ihrer Zurückweisung in Holywell in Wales enthaupten, sie soll jedoch wieder zum Leben erweckt worden sein. An der Stelle, wo ihr abgeschlagenes Haupt aufgeschlagen war, entsprang eine heilkräftige Quelle. Um 650 soll Wenefrida dann in das Kloster Gwytherin in Wales eingetreten und dort später Äbtissin geworden sein. Ihr Todesdatum soll um 660 gelegen haben. – Holywell entwickelte sich zu einem der bedeutendsten Wallfahrtsorte auf der britischen Insel, sogar Könige und Königinnen pilgerten zu der Heilquelle. Bis heute bildet der Pilgerort mit Kapelle und Quelle die besterhaltene Kultstätte des Mittelalters in Großbritannien.

Wenzel (Wenzeslaus) hl.
Herzog von Böhmen, Märtyrer
Fest: 28. September,
4. März (Translation)
Wenzel war der erste slawische Heilige. Er ist Nationalheiliger und Landespatron von Böhmen. Geboren um 904 in Altbunzlau, Tschechien. Er wurde von seiner Großmutter → Ludmilla christlich erzogen. Als sein Vater Wratislaw 921 starb, übernahm seine Mutter Drahomira kurzzeitig die Vormundschaft und die Regentschaft. Aus Haß ließ Drahomira ihre Schwiegermutter Ludmilla ermorden, einer der traurigen Höhepunkte der durch ihre unglückliche Herrschaft entstandenen Unruhen in Böhmen. 922 wurde Wenzel Regent und förderte nach Kräften die Christianisierung Böhmens, durch seine Bemühungen schloß sich die böhmische Kirche Rom an. Wenzel zeichnete sich durch tiefe Frömmigkeit und eine asketische Lebensweise aus und wurde für das Volk zu einem großen Vorbild. Gegner des jungen Königs, nicht zuletzt sein haßerfüllter Bruder Boleslaw, ließen Wenzel am 28. September 929 in Altbunzlau ermorden. Andere Überlegungen sprechen von 935 als Todesjahr. Wenzels Reliquien wurden unter großer Anteilnahme des Volkes einige Jahre später im Veitsdom in Prag, den er selbst begründet hatte, beigesetzt. Der starke Kult um Wenzels Person war bereits kurz nach seiner Ermordung entstanden. Stark entwickelte sich die Wenzel-Verehrung im 14. und im 15. Jh. sowie im 18. Jh..
Darstellung: als Herzog oder König, mit der Lanze der deutschen Herzöge, mit Fahne, Schwert, Schild, mit anderen böhmischen Heiligen
Patronat: von Böhmen

Wenzeslaus → **Wenzel**

Werburga hl.
OSB, Äbtissin von Ely
Fest: 3. Februar
Geboren in der ersten Hälfte des 7. Jh. als Tochter von → Ermenhild und Wulfher von Mercia (England), trat Werburga schon jung

dem berühmten englischen Benediktinerkloster Ely bei. Bald wurde sie Äbtissin. Sie gründete außerdem die Benediktinerklöster Hanbury, Trentham und Weedon in England. Um ihre Person ereigneten sich schon zu Lebzeiten zahlreiche Wunder, das Volk verehrte sie wie eine Heilige. Sie starb an einem 3. Februar um 700, möglicherweise im Kloster Hanbury. Die Gebeine sind verschollen.
Darstellung: als Äbtissin, mit Buch, Stab, Wildgänsen

Werenfrid hl.
Priester, Missionar
Fest: 14. August, 27. August (Emmerich)
Über das Leben Werenfrids ist nicht viel bekannt. Geboren wurde er wohl um 700 in England, später kam er nach Friesland und wirkte dort als Priester und Missionar gemeinsam mit dem großen Glaubensboten → Willibrord. Er starb möglicherweise um 760, vielleicht in den Niederlanden, wo er in Elst beigesetzt wurde (dort ist seine Verehrung vor allem bekannt). Die Werenfrid-Reliquien gelangten 1664 in die Jesuitenkirche in Emmerich (Nordrhein-Westfalen). Das Fest Werenfrids ist bereits im 10. Jh. in den Kalendern des Bistums Utrecht aufgeführt.
Darstellung: als Priester, beim Verkünden des Glaubens, mit Schiff
Patronate: gegen Gelenkerkrankungen und Rheuma, der Gemüsegärtner

Werinhard (Ebstorfer Märtyrer) hl.
Märtyrer
Fest: 2. Februar
Werinhard gehört zum Kreis der Ebstorfer Märtyrer, deren am 2. Februar gemeinsam gedacht wird. Er war ein königlicher Beamter und kämpfte mit in der Schlacht vom 2. Februar 890, als ein christliches Heer unter Herzog Bruno von Sachsen in der Lüneburger Heide gegen einfallende heidnische Normannen kämpfte. Die Christen kamen dabei alle ums Leben. Die Gebeine der Getöteten wurden im 12. Jh. in das eigens erbaute Stift Ebstorf bei Lüneburg übertragen.

Werner, Balthasar
OFM, Ordensmann
Fest: 2. Oktober
Geboren am 14. April 1887 in Dietfurt in Bayern, trat Balthasar Werner dem Franziskanerorden bei und lebte 25 Jahre als Sammelbruder, Pförtner und Schuhmacher im Kloster St. Anna in München (Bayern). Er kam am 3. Oktober 1943 bei einem Luftangriff auf München ums Leben. Die Grabstätte befindet sich seit 1961 in einer Kapelle neben der Klosterkirche St. Anna. Der Seligsprechungsprozeß läuft.

Werner von Oberwesel
Fest: 18. und 19. April
Der in Rom im 15. Jh. begonnene Kanonisationsprozeß für Werner von Oberwesel führte nie zum Abschluß. Der Weinbergarbeiter war 1187 im Alter von 16 Jahren ermordet in einem Feld bei Bacharach (Rheinland-Pfalz) aufgefunden worden. Einwohner schrieben die Tat Juden zu, obwohl es dafür keinen Beweis gab. Die Folge waren schwere Auseinandersetzungen. Werner wurde in der Kunibert-Kapelle in Bacharach beigesetzt und in der Folge wie ein

Statue des heiligen Wenzel in der Wenzelkapelle im St.-Veit-Dom in Prag (vermutlich ein Werk Heinrich Parlers aus dem Jahr 1373).

Der Wenzelschrein mit den Reliquien des Heiligen, ebenfalls in St. Veit.

Hinter dem Altar in der Krypta des Domes von Fritzlar befindet sich das gotische Hochgrab von Wigbert, dem ersten Abt von Kloster Fritzlar und Gefährten des heiligen → Bonifatius (wie dieser war auch er Angelsachse und Mönch in Nhutscelle, heute Wurshing in Wessex).

und kam als einer der drei ersten Zisterzienser in das vor 1146 gegründete Zisterzienserkloster Waldsassen in Bayern. Sein Name ist eng mit der Besiedelung von Waldsassen verbunden, er trug maßgeblich dazu bei, daß sich das Kloster zu einem wichtigen Zentrum des Ordenslebens entwickelte. Wigand starb in der zweiten Hälfte des 12. Jh. in Waldsassen. Schon zu Lebzeiten hatte ihn der Ruf der Heiligkeit umgeben.

Wigbert hl.
OSB, Abt von Fritzlar
Fest: 13. August,
18. August (Fulda)
Geboren um 680 in Wessex, England, trat Wigbert (Wichert, Wipert) dem Benediktinerorden bei und folgte dem Ruf von Bonifatius zur Missionierung in Deutschland. Bonifatius ernannte ihn zum Abt des Klosters Fritzlar in Hessen. Wigbert reorganisierte auch das thüringische Kloster Ohrdruf und richtete dort die erste Missionsschule Thüringens ein. Er galt als herausragender Seelsorger seiner Zeit. Wigbert starb 737/738 in Fritzlar, wo er zunächst beigesetzt wurde; einige der Reliquien befinden sich noch heute in einem gotischen Hochgrab in der Krypta des Domes St. Petri in Fritzlar. Ein großer Teil der Gebeine war 780 nach Hersfeld gelangt und dort später verschollen. Wigbert wird bis heute in den Diözesen Fulda und Mainz gefeiert.
Darstellung: als Benediktinerabt, mit Buch, Kelch, Kirchenmodell, Traube, Beil, Rebmesser, Vogel

Wiho hl.
Bischof von Osnabrück
Fest: 20. April,
13. Februar (Osnabrück)
Nach den Überlieferungen war Wiho der erste Bischof von Osnabrück, Niedersachsen. Über sein Leben ist kaum etwas bekannt, man weiß nur, daß er wohl aus Friesland stammte und 804 (wohl am 20. April) in Osnabrück starb. – Am 13. Februar gedenkt die Diözese Osnabrück gleichzeitig ihrer früheren Bischöfe Wiho, → Gosbert und → Adolf.

Wikterp von Augsburg hl.
Bischof von Augsburg
Fest: 18. April
Wikterp gilt als erster geschichtlich beglaubigter Bischof von Augsburg (Bayern). Die Angaben zu seinem Leben sind allerdings lückenhaft. Geboren wurde Wikterp (Wigbert, Uiggo, Wiggo) wahrscheinlich um 700 in Epfach (Abodiacum), südlich von Augsburg. Überliefert ist, daß Wikterp und Bonifatius sich in Bayern begegneten. Während seiner Amtszeit als Augsburger Bischof traf er auch → Magnus von Füssen und dessen Gefährten → Tozzo. Wikterp erwarb sich große Verdienste um die Missionierung des Allgäus und gilt als Mitbegründer von Kempten, Ellwangen und Wessobrunn. Sein Todesjahr lag wohl um 771, der Ort des Todes war Epfach oder Augsburg. Wikterp wurde zunächst in Epfach beigesetzt, Mitte des 12. Jh. wurden seine Gebeine in die Kirche St. Ulrich in Augsburg übertragen. 1489 fanden die Reliquien ihre letzte Ruhestätte in der Sakristei von St. Ulrich.
Darstellung: im Bischofsgewand, zusammen mit seinem Amtsnachfolger Tozzo, mit → Herluka

Wilbirg (Wilburg) hl.
Inkluse, Mystikerin
Fest: 11. Dezember
Geboren um 1230 in St. Florian bei Linz (Österreich), verlor Wilbirg schon früh ihre Eltern. Mittellos und durch Krankheiten geschwächt, unternahm sie im Alter von 17 Jahren eine beschwerliche Wallfahrt nach Santiago de Compostela, das sie mit Mühe erreich-

te und wo sie auf wundersame Weise gesund wurde. 1248 ließ sich Wilbirg neben der Stiftskirche St. Florian in eine Zelle einschließen und verließ sie 40 Jahre nicht mehr. Sie wurde zur gefragten Ratgeberin, Reiche und Arme kamen hilfesuchend zu ihr. Wilbirgs Leben zeichnete sich aus durch Gebetseifer, Kasteiung und große Demut und war von zahlreichen mystischen Erlebnissen geprägt. Sie starb am 11. Dezember 1289 in St. Florian; eine riesige Menschenmenge geleitete sie zu ihrer letzten Ruhestätte. Die Reliquien ruhen heute in einem Sarg in der Krypta der Stiftskirche St. Florian. Ihre Biographie, aufgezeichnet von einem ihrer Schüler, ist ein wertvolles Dokument der Geschichte des 13. Jh.
Darstellung: als Nonne, mit Taube, Lilie, Schlange, im Schnee Rosen pflückend, wie sie von Jesus vom Kreuz herab umarmt wird

Wilburg → Wilbirg

Wilfrith (Wilfrid) hl.
OSB, Bischof von York
Fest: 24. April,
12. Oktober (Translation)
Geboren 634 in Northumbrien, England, wurde der Adlige im berühmten iroschottischen Kloster Lindisfarne erzogen und ausgebildet. Nach längeren Aufenthalten in Rom und in Lyon, Frankreich, versuchte er kraftvoll, in seiner Heimat die römische Liturgie sowie die Klosterregel Benedikts einzuführen, was ihm zunächst in dem ihm übertragenen Kloster Ripon gelang. 664 übernahm die ganze englische Kirche die römische Liturgie, was Wilfrith viele erbitterte Feinde einbrachte. 665 empfing er die Bischofswürde von York, konnte jedoch nie in Ruhe wirken. Er wurde aus York verbannt und teilweise sogar des Landes verwiesen. Später erhielt Wilfrith sein Bistum zurück und auch noch Hexham hinzu, vom Papst wurde er rehabilitiert. Seine ruhigen letzten Lebensjahre verbrachte er im Kloster Ripon, wo er nach seinem Tod (am 24. April?) 709/710 auch bestattet wurde. 1224 wurden die Gebeine Wilfriths nach York übertragen. In Canterbury und Utrecht wird der Gedenktag am 12. Oktober begangen.
Darstellung: im Bischofsgewand, mit Buch, mit einem toten Mönch, den er zum Leben erweckt, mit einer Frau, die ihm ihr Kind zum Segnen entgegenhält.

Wilgefortis → Kümmernis

Wilhelm von Aebelholt (von Eskil) hl.
CanR, Abt
Fest: 6. April
Geboren um 1127 bei Paris, war Wilhelm ab 1165 Abt der Augustiner-Chorherren-Klöster auf Eskilso, Dänemark. Er galt als Förderer der Ordenszucht und als Kämpfer für die Freiheit der Kirche. Von König Philipp August von Frankreich wurde er zwei Jahre im Kerker gefangengehalten, weil er kritisierte, daß der Herrscher seine Ehefrau verstoßen hatte. Wilhelm starb am 6. April 1203 in Aebelholt in Dänemark. 1224 Heiligsprechung.
Darstellung: als Kanoniker oder als Abt, mit brennender Fackel, mit Buch

Wilhelm von Aquitanien (von Gellone) hl.
Laienbruder, Klostergründer
Fest: 28. Mai
Wilhelm war ein Enkel von Karl Martell, sein Geburtsjahr lag um 750. Er war zunächst als Feldherr unter Karl dem Großen im Kriegsdienst, zog sich dann aber zurück. 804 gründete Wilhelm in Gellone in Frankreich ein Kloster, das er mit Benediktinermönchen besiedelte. Er trat 806 selbst als Laienbruder ein und arbeitete fortan als Koch in dem Kloster. Schon zu Lebzeiten war er hoch angesehen, nach seinem Tod am 28. Mai 812 verehrte man ihn wie einen Heiligen. Der Ort Gellone erhielt ihm zu Ehren den Namen St-Guilhelme-du-Désert, in der dortigen Klosterkirche ist er beigesetzt. Die Kanonisation Wilhelms erfolgte 1066; sein Kult wird bis heute in der Diözese Montpellier in Frankreich gepflegt.
Darstellung: im Ordensgewand oder als Einsiedler, mit Herzoghut, Helm, Teufel, Drachen
Patronat: der Waffenschmiede

Die Einkleidung des Wilhelm von Aquitanien, nach einem Gemälde von Giovanni F. Barbieri, genannt Guercino, 1620, Pinacoteca Nazionale, Bologna.

Bischof Wiho, Darstellung nach einem Gemälde im Iburger Rittersaal.

berühmten, aber völlig heruntergekommenen Klosters Montecassino in Italien mit und trat dem Benediktinerorden bei. Papst Gregor III. entsandte ihn 739 in die Mission nach Deutschland, wo ihn 741 → Bonifatius, sein Onkel, zum ersten Bischof von Eichstätt in Bayern berief. Sein Wirken als Seelsorger und Glaubensbote war überaus segensreich. Willibald ließ den Eichstätter Ur-Dom errichten, außerdem gründete er mit Wunibald das Doppelkloster im fränkischen Heidenheim und setzte Wunibald und Walburga als Abt und Äbtissin ein. Willibald starb am 7. Juli 787 (781?) in Eichstätt. Seine Gebeine werden in einer Marmorurne auf dem Willibaldsaltar im Eichstätter Dom aufbewahrt; sie wurden 989, 1256, 1269 und 1745 überführt, was die Verehrung Willibalds noch weiter förderte.
Darstellung: als Bischof, mit Rationale, Stab, Buch, zwei Pfeilen, mit den Geschwistern oder mit der ganzen Familie, also auch mit Mutter → Wunna
Patronat: der Diözese Eichstätt

Willibrord hl.
OSB, Erzbischof von Utrecht
Fest: 7. November
Geboren 658 in Northumbrien, England, trat Willibrord im englischen Kloster Ripon dem Benediktinerorden bei und empfing 678 die Priesterweihe. Nachdem er sich vom Papst sowie von Pippin dem Mittleren die Erlaubnis eingeholt hatte, zog er 690 in die friesische Mission. Papst Sergius I. weihte ihn 695 zum Erzbischof der Friesen, seine Bischofskirche errichtete Willibrord in Utrecht, Niederlande. → Irmina von Öhren schenkte ihm 698 die Abtei Echternach (heute Luxemburg), die in der Folge zum Mittelpunkt der Friesenmission des Erzbischofs wurde. Nach einer durch politische Ereignisse bedingten Unterbrechung der Missionsarbeiten zwischen 714 und 719 setzte Willibrord seine Missionierung erfolgreich fort, nun unterstützt durch → Bonifatius, den „Apostel der Deutschen". Willibrord starb am 7. November 739 im Kloster Echternach, wo er

beigesetzt wurde. 1031 Erhebung der Gebeine. – An vielen Orten entstanden „Willibrordi-Brunnen“, aus denen Wallfahrer Wasser gegen Hautkrankheiten entnahmen.
Darstellung: als Bischof oder Abt, mit Kind, Krügen, Quelle, Buch, Faß, Kirchenmodell, Brunnen, Kreuzstab, Götzenbildern
Patronate: von Luxemburg, der Diözesen Utrecht, Luxemburg, Harlem, gegen Hautkrankheiten und Epilepsie

Willigis hl.
Erzbischof von Mainz
Fest: 23. Februar
Willigis kam Mitte des 10. Jh. als Sohn einer Bauersfamilie in Niedersachsen zur Welt. Er wurde Hofkaplan von Kaiser Otto II., ab 971 sein Kanzler. Im Jahr 975 erhielt er die Ernennung zum Erzbischof von Mainz und zum Erzkanzler. 976 wurde er vom Papst zum päpstlichen Vikar für Deutschland ernannt. Willigis diente selbstlos und in Freundschaft drei Kaisern, war ein großer Wohltäter der Bedürftigen (täglich speiste er 30 Arme), förderte das Schulwesen und die Kunst, ließ viele Kirchen errichten (so St. Stephan und St. Viktor in Mainz sowie den Mainzer Martinsdom, der am Tag der Weihe 1009 abbrannte) und berief zahlreiche deutsche Bischöfe. 1002 krönte er → Heinrich II. und seine Frau → Kunigunde zum deutschen Kaiserpaar. Willigis starb am 23. Februar 1011 in Mainz, wo er in St. Stephan beigesetzt wurde (dort sind bis heute seine Reliquien).
Darstellung: als Bischof mit den Bischofsattributen, mit der Heiligen Schrift, mit einem Rad (sein Vater soll nach legendarischen Überlieferungen Wagner gewesen sein)
Patronat: der Wagner (in Mainz wird teilweise das Rad im Wappen geführt)

Wilmar → Wulmar

Wiltrud von Bergen sel.
OSB, Klostergründerin, Äbtissin von Bergen
Fest: 6. Januar
Geboren im ersten Drittel des 10. Jh. (möglicherweise als Tochter von Giselbert von Lothringen), heiratete Wiltrud um 940 Herzog Berthold von Bayern. Nach dessen Tod verloren sie und ihr Sohn Erbansprüche und Besitz. Nachdem ihr Kaiser Otto II. ihr Eigentum wieder zurückgegeben hatte, gründete sie davon 976/977 das Benediktinerinnenkloster Bergen bei Neuburg/Donau in Bayern und leitete es. Sie wurde gerühmt wegen ihrer außergewöhnlichen Frömmigkeit. Wiltrud starb an einem 6. Januar um 995 in Bergen.
Darstellung: als Äbtissin mit abgelegter Krone, mit Taube, Kreuzerscheinung

Bischof Willigis und das Mainzer Wappen aus dem „Festkalender“ Freiburg, mit dem Spruch: „Komm, Maler, male mir ob jeder Tür dahier ein weißes Rad in rotem Feld, darunter sei die Schrift gestellt: Willigis, Willigis, denk, woher du kommen bis!“

Die Krypta mit dem Reliquienschrein, der die sterblichen Überreste des heiligen Willibrord birgt, in der Basilika im Kloster Echternach.

Wiltrud von Hohenwart sel.
OSB, Klosterstifterin, Äbtissin
Fest: 30. Juli
Geboren Mitte des 11. Jh. in Thaur in Österreich als Tochter des Grafen von Thaur, wandelte Wiltrud im Jahr 1074 gemeinsam mit ihrem Bruder Ortolf den Familienbesitz Hohenwart in der Diözese Augsburg (Bayern) in ein Benediktinerinnenkloster um. Wiltrud trat dem Orden ebenfalls bei und wurde erste Äbtissin des Klosters. Eine berühmte Bewohnerin von Hohenwart war → Richildis, die als Reklusin dort lebte. Nach ihrem Tod am 30. Juli 1081 wurde Wiltrud in der Klosterkirche beigesetzt; ihr Bruder Ortolf, der um 1100 starb, fand seine letzte Ruhestätte an ihrer Seite.

Wimmer, Bonifatius Sebastian
OSB, Gründer, Erzabt
Fest: 8. Dezember
Bonifatius Sebastian Wimmer wurde 1809 in Thalmassing bei

Gegenüberliegende Seite: Grabmal des heiligen Willibald am Eingang des Willibaldchores im Dom von Eichstätt, von Gregor Erhart, um 1510.

Die selige Paolina vom Todesangst leidenden Herzen Jesu, Amabile Wisenteiner.

Volksprediger Winthir wirkte hauptsächlich in Neuhausen, heute ein Stadtteil Münchens. Darstellung auf dem Bronzeportal der Pfarrkirche Herz Jesu in München, von Franz Mikorey, 1984.

Regensburg (Bayern) geboren und trat 1832 dem Benediktinerorden bei. 1846 ging er mit einigen Gefährten in die USA, um dort deutsche Auswanderer zu betreuen. In St. Vincent gründete er 1847 das erste Benediktinerkloster Nordamerikas, aus dem sich später die amerikanisch-cassinesische Kongregation entwickelte. Von Papst Leo XIII. erhielt Wimmer 1883 den Titel des Erzabtes. Er starb am 8. Dezember 1887 in St. Vincent. Eine Seligsprechung wird angestrebt.

Winand
OP, Ordensmann
Fest: 1. Februar
Geboren in der zweiten Hälfte des 12. Jh., wurde Winand Dominikaner und wirkte als Priester im Kloster in Maastricht (Niederlande). Im Volk war er hoch verehrt, weil ihn der Ruf des Wundertäters umgab. Winand starb Mitte des 13. Jh. in Maastricht.

Winifred → Wenefrida

Winfrid → Bonifatius (Apostel Deutschlands)

Winston → Wistan

Winthir
Volksprediger
Fest: 29. Dezember
Winthir genießt bis heute Verehrung als Patron Münchner Landwirte. An verschiedenen Häusern im Münchner Stadtteil Neuhausen existieren noch immer Winthir-Fresken. Über Winthir selbst gibt es keine historisch gesicherten Angaben. Es heißt, er habe irgendwann zwischen 1120 und 1360 oder im 8. Jh. im Raum München (Bayern) als Volksprediger gewirkt. Seinen Lebensunterhalt soll er sich als Eselstreiber (Saumtierführer) verdient haben. Hauptsächlich soll Winthir in Neuhausen unterwegs gewesen sein, damals noch ein Ort bei München. Verschiedene Berichte sagen, er habe Wunder vollbracht, so sei er in der Lage gewesen, Schwerkranke zu heilen. All dies führte dazu, daß die Verehrung für Winthir in der Bevölkerung immer mehr anwuchs. Nach seinem Tod soll Winthir in Neuhausen beigesetzt worden sein, die Winthir-Grabstätte dort ist seit 1597 schriftlich bezeugt. Über dem Grab wurde später die Kirche Maria Trost erbaut, die man 1970 in Winthir-Kirche umbenannte.
Darstellung: als wandernder Missionar in Bundhose und Umhang, barfuß, manchmal auf einem Esel, mit Rosenkranz, Kreuz, predigend
Patronate: von München-Neuhausen, gegen Viehseuchen, in allen menschlichen Nöten

Winwaloë hl.
Klostergründer
Fest: 3. März
Die stark legendarische Überlieferung sagt, daß Winwaloë wohl aus England stammte und im 5. oder 6. Jh. lebte und wirkte. Ihm wird die Gründung des berühmten Klosters Landévennec in der Bretagne (Frankreich) zugeschrieben. In Frankreich heißt Winwaloë Guélnolé.

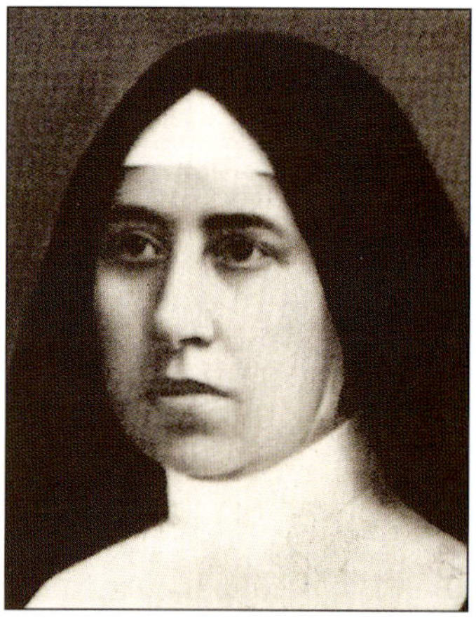

Wirnto sel.
OSB, Abt von Formbach
Fest: 10. März
Wirnto wurde Mitte des 11. Jh. als Sohn einer Adelsfamilie geboren und im berühmten Kloster St. Blasien im Schwarzwald erzogen. Dort trat er auch dem Benediktinerorden bei. Nachdem er zunächst Prior in Göttweig und Garsten (Österreich) war, erhielt er 1108 die Ernennung zum Abt des Klosters Formbach in Bayern. Wirnto lebte streng asketisch, sein ganzes Streben galt der Erneuerung des Ordenslebens. Er starb am 10. März 1127 in Formbach. Nach seinem Tod sollen sich zahlreiche Wunder ereignet haben.

Wiro hl.
Bischof
Fest: 8. Mai
Die unsichere Vita berichtet, daß Wiro im 7. Jh. in Irland oder Schottland geboren wurde und später die Bischofsweihe empfing. Einige Quellen berichten, er sei Missionsbischof gewesen, andere nennen ihn Bischof von Dublin (Irland). Gesichert ist, daß Wiro auf dem Odilienberg bei Roermond in den Niederlanden eine Marienkirche gegründet hat, die zu einem Wallfahrtsziel wurde. Wiro starb wohl Ende 7./Anfang 8. Jh.

Wisenteiner, Amabile sel.
Ordensgründerin
Fest: 9. Juli
Im Alter von zehn Jahren wanderte Amabile Wisenteiner mit ihrer Familie von Vigolo Vattaro in der Diözese Trient (Italien), wo sie am 16. Dezember 1865 zur Welt

gekommen war, nach Brasilien aus. Dort gründete sie am 12. Juli 1890 die Kongregation der Kleinen Schwestern von der Unbefleckten Empfängnis, die sich der Pflege von Kranken und Alten widmete. Amabile Wisenteiner nahm den Namen Paolina vom Todesangst leidenden Herzen Jesu an und wurde die erste Generaloberin des Ordens, der sein Mutterhaus in São Paulo errichtete. Sie starb am 9. Juli 1942 in São Paulo, 1933 hatte die Kongregation die päpstliche Bestätigung erhalten. Papst Johannes Paul II. sprach Amabile Wisenteiner am 18. Oktober 1991 selig.

Wisinto
OSB, Ordensmann
Fest: 2. Dezember
Wisinto war Benediktinermönch in der Abtei Kremsmünster in Österreich. Über Jahrzehnte war er ein Vorbild an Frömmigkeit, Demut und Tugend. Wisinto starb am 2. Dezember um 1080. Seine Reliquien werden in einem Schrein unter dem Hochaltar der Klosterkirche Kremsmünster aufbewahrt.

Wistan (Winston)
König, Märtyrer
Fest: 1. Juni
Geboren um 820 in Mercia, England, wurde Wistan schon früh König seines Landes. Er bat aber seine Mutter Elfleda, für ihn die Amtsgeschäfte zu führen. Als ein Cousin Wistans Elfleda heiraten wollte, um dadurch an die Macht zu gelangen, untersagte Wistan die Eheschließung. Aus Zorn ermordete der Verwandte Wistan, das Todesjahr war 850. Der Ort, an welchem die Tat geschah, wurde in Wistanstowe (Wistow) umbenannte. Wistans Reliquien gelangten später an den Bischofssitz Evesham (England), wo sich in der Folge ein starker Wistan-Kult entwickelte.

Witgar
OSB, Herzog, Ordensmann
Fest: 10. Juli
Witgar war Herzog von Lothringen, wo er in der ersten Hälfte des 7. Jh. zur Welt gekommen war. Seine Ehefrau war → Amalia von Maubeuge, seine Kinder waren → Reineldis und → Emebert. Später trat Witgar in das belgische Benediktinerkloster Lobbes ein, Amalia wurde Nonne in Maubeuge (Frankreich). Witgar starb um 690 in Lobbes.

Withburga hl.
OSB, Ordensfrau
Fest: 17. März
Withburga war eine Tochter von König Anna von Essex (England) und eine Schwester der heiligen → Etheldreda, → Ethelburga und → Sexburga. Sie wurde Benediktinerin im Kloster Dereham (England), wo sie am 17. März 683 starb. 974 Übertragung ihrer Gebeine.

Witiza → Benedikt von Aniane

Witta (Albuin) hl.
Bischof
Fest: 26. Oktober
Geboren um 700 in England, wurde Witta ein Missionsgefährte von → Bonifatius, dem Apostel der Deutschen. Wahrscheinlich im Jahr 742 erfolgte seine Ernennung zum ersten Bischof von Buraburg in Hessen. Er starb nach 760 in Buraburg. (Das Bistum Buraburg wurde nach dem Tod Wittas mit dem Bistum Mainz vereint.)

Wittmann, Georg Michael
Weihbischof, Generalvikar
Fest: 8. März
Geboren am 22. Januar 1760 in Finkenhammer in Bayern, entschied sich Georg Michael Wittmann für den Priesterberuf. Der Oberpfälzer wurde im Verlauf seiner Tätigkeit am Priesterseminar in Regensburg Lehrer und Erzieher von über 1500 Priestern. Entschieden kämpfte er dabei für eine treukirchliche Gesinnung und gegen die Strömungen der Aufklärung. In einer für Regensburg schweren Zeit wurde Wittmann außerdem zu einem Nothelfer der Bevölkerung, unermüdlich und voller Nächstenliebe diente er als Seelsorger. 1829 wurde Wittmann Dompropst und Weihbischof von Regensburg, 1830 Generalvikar. Als Bischof Johann Michael Sailer 1832 starb, ernannte König Ludwig I. von Bayern Georg Michael Wittmann zu seinem Nachfolger. Noch vor dem Eintreffen der päpstlichen Bestätigung starb Wittmann jedoch am 8. März 1833 in Regensburg. Im Regensburger Dom, links vom Hochaltar, fand er seine letzte Ruhestätte. Der Seligsprechungsprozeß wurde 1955 eingeleitet.

Wiwina → Vivina

Wladimir (Waldemar) von Kiew hl.
Großfürst, Christ
Fest: 15. Juli
Geboren um 960 in Kiew in Rußland, wurde Wladimir heidnisch erzogen. 989 ließ er sich taufen und war von da an ein leidenschaftlicher Kämpfer für das Christentum. Der Großfürst erhob den christlichen Glauben zur Staatsreligion und verbot das Heidentum. Zum Papst in Rom unterhielt Wladimir gute Beziehungen. Am 15. Juli 1015 starb er in Kiew. In Rußland wurde er als sogenannter „Apostelgleicher" verehrt; er wird auch Wladimir der Heilige genannt.
Darstellung: in fürstlichen Gewändern, mit Krone, Kreuz

Wladislaw → Ladislaus

Georg Michael Wittmann starb kurz vor seiner Weihe zum Bischof von Regensburg.

Wolfgang von Regensburg, Statue aus der Leinberger-schule von 1480, St. Emmeram, Regensburg.

Wolbodo
Bischof von Lüttich
Fest: 21. April

Im Jahr 1017 wurde Wolbodo, der aus Flandern stammte, zum Bischof von Lüttich (Belgien) ernannt. Sein Herz gehörte den Armen in seinem Bistum, denen er nach und nach seinen ganzen Besitz schenkte. Das berühmte Lütticher Jakobskloster wurde von ihm großzügig gefördert. Wolbodo starb am 21. April 1021 in Lüttich und fand seine letzte Ruhestätte in der Kirche St. Lorenz.

Wolf, Nikolaus
Diener Gottes
Fest: 18. September

Geboren am 1. Mai 1756, heiratete Nikolaus Wolf zunächst und wurde Familienvater. Er lebte mit seiner Familie auf dem Hof Rippertschwand im Kanton Luzern in der Schweiz. Im Alter von 50 Jahren entschied er sich für ein neues Leben und diente fortan der Kirche und dem Volk. Er besaß großes Charisma und hatte die Gabe der Krankenheilung. Im Volk war Nikolaus Wolf, genannt „Vater Wolf", hoch verehrt. Nach seinem Tod am 18. September 1832 schlossen sich die von ihm gegründeten Gebetsgruppen zur „Bruderschaft zur Bewahrung und Belebung des Glaubens" zusammen; diese feiert seit damals jeweils am ersten Sonntag im September einen Gebets- und Wallfahrtsweg, das „Glaubensfest". Der Seligsprechungsprozeß für Nikolaus Wolf, den „Beter von Rippertschwand", ist eingeleitet.

Nikolaus Wolf, der Beter von Rippert-schwand, half Tausenden mit seiner Gabe der Krankenheilung.

Wolfgang von Regensburg hl.
OSB, Bischof von Regensburg
Fest: 31. Oktober

Geboren im ersten Drittel des 10. Jh. in Schwaben (vielleicht in Pfullingen), erhielt Wolfgang seine Erziehung im Benediktinerkloster auf der Bodensee-Insel Reichenau. Als sein Freund Heinrich 956 Erzbischof von Trier wurde, wirkte Wolfgang als sein Kanzler. Nachdem er 964 nicht Nachfolger von Heinrich werden durfte, trat Wolfgang 965 im Kloster Einsiedeln in der Schweiz dem Benediktinerorden bei und empfing 969 von Bischof → Ulrich von Augsburg die Priesterweihe. 972 wurde Wolfgang zum Bischof von Regensburg ernannt. Gleich im ersten Jahr seiner Amtszeit zeigte er Mut und verzichtete auf seine bischöflichen Rechte in Böhmen, worauf das Bistum Prag errichtet werden konnte. In seiner Diözese entwickelte Wolfgang ein überaus segensreiches Wirken, gründete Klöster, reformierte bestehende Abteien, förderte die Ausbildung des Klerus und kümmerte sich persönlich um Arme und Kranke. Er selbst lebte weiterhin ein asketisches Mönchsleben. Obwohl er als Regensburger Bischof auch Abt von Kloster St. Emmeram in Regensburg war, verzichtete er auf die Abtswürde und berief seinen Freund → Ramwold in dieses Amt, um auch hier eine Reform einzuleiten. Wolfgang starb am 31. Oktober 994 in Pupping in Österreich während einer Reise. Beigesetzt wurde er in St. Emmeram. Papst Leo IX. erhob Wolfgangs Gebeine am 7. Oktober 1052. – Regensburg entwickelte sich erst später zur Stätte der Wolfgang-Verehrung, Zentrum des

Kultes war zunächst die St.-Johannis-Kirche am österreichischen Abersee, das heutige St. Wolfgang am Wolfgangsee. Um die Person von Wolfgang existiert lebendiges Brauchtum, so gibt es die Wolfgangsbeile und die Wolfgangsgulden.
Darstellung: als Bischof oder Benediktiner, mit Beil, Stab, Kirchenmodell, Axt, Buch, Teufel, Wolf
Patronate: von Bayern, von Bistum und Stadt Regensburg, der Hirten, Zimmerleute, Bildhauer, Schiffer, Köhler, Holzfäller, der unschuldig Gefangenen, gegen Gicht, Lähmung, Augenkrankheiten, Blutfluß, Fußleiden, Schlaganfall, Ruhr, Hautentzündungen („Wolf"), gegen Unfruchtbarkeit, gegen Mißgeburten, für das Vieh

Wolfhard hl.
OSBCam, Einsiedler, Ordensmann
Fest: 30. April
Geboren um 1070 in Augsburg, Bayern, erlernte Wolfhard das Sattlerhandwerk und begab sich nach Abschluß der Lehrzeit auf Wanderschaft. Im Jahr 1095 gelangte er nach Verona in Italien, wo er in den folgenden Jahren arbeitete. An den Abenden kümmerte er sich um die Notleidenden der Stadt, unter denen er den Großteil seines Lohnes verschenkte. Als er immer bekannter wurde und sich immer mehr Menschen an ihn wandten, flüchtete er in die Einsamkeit eines Waldes im Etschtal. Dort lebte er für 20 Jahre als Einsiedler. 1117 trat er in Verona in das Kamaldulenserkloster S. Salvatore ein. Er ließ sich in eine Zelle einschließen, die er zehn Jahre lang nicht mehr verließ. Wolfhard starb am 30. April 1127 in Verona und wurde in der Klosterkirche S. Salvatore beigesetzt. Am 27. Oktober 1602 wurden einige Reliquien in die Kapuzinerkirche St. Sebastian in Augsburg übertragen. Die in Verona verbliebenen Gebeine übertrug man später in die dortige Kirche S. Fermo Maggiore.
Darstellung: als Einsiedler in einer Flußlandschaft oder in einem Steinsarg, als Eremit in einer Ruine (während sein eigener Begräbniszug vorbeizieht)
Patronat: der Sattler

Wolfhelm (sel.)
OSB, Abt
Fest: 22. April
Geboren zu Beginn des 11. Jh. im Rheinland, war Wolfhelm zunächst an der Domschule von Köln, ab etwa 1037 in St. Maximin in Trier. 1065 wurde er zum Abt des Benediktinerklosters Brauweiler in Nordrhein-Westfalen ernannt. Zahlreiche schriftstellerische Werke von ihm sind erhalten. Wolfhelm starb am 22. April 1091 in Brauweiler und wurde in der dortigen Klosterkirche beigesetzt (sein Sarkophag ist noch vorhanden).

Wolfhold von Admont sel.
OSB, Abt von Admont
Fest: 1. November
Geboren in der zweiten Hälfte des 11. Jh. in Bayern, wurde Wolfhold zunächst Dompropst im bayerischen Freising. Im Jahr 1104 trat er dem Benediktinerorden bei und lebte einige Jahre im Kloster St. Georgen im Schwarzwald. 1115 erhielt Wolfhold die Ernennung zum Abt von Kloster Admont in Österreich, das er in der Folge zu großer Blüte führte; unter ihm wurde Admont zu einem Zentrum der cluniazensischen Reform. Wolfhold war jedoch auch zahlreichen Anfeindungen ausgesetzt und wurde während einer Reise in Kärnten von Gegnern sogar gefangengenommen. Er starb am 1. November 1137 in Admont, wo er beigesetzt wurde.

Wolfhold von Hohenwart sel.
Priester
Fest: 1. Februar
Wolfhold war der hochverehrte Beichtvater im neugegründeten (1074) Benediktinerinnenkloster Hohenwart in Bayern. Ihn umgab der Ruf außergewöhnlicher Frömmigkeit und Nächstenliebe. Wolfhold starb um 1100 in Hohenwart; seine Gebeine wurden in Hohenwart verehrt und 1766 erhoben.
Darstellung: als Priester, wie Engel ihm nachts die Kirchentür öffnen

Die ehemalige Zelle des Wolfgang von Regensburg wurde 1713 mit einem Barockmantel verschönert, in St. Wolfgang im Salzkammergut.

Wolfhard-Reliquien in der Kapuzinerkirche St. Sebastian in Augsburg.

Wolfhold, Priester in Hohenwart, betete meistens nachts in der Kirche. Der Legende nach, hier dargestellt, öffneten Engel das verschlossene Kirchenportal für ihn und schlossen es nach seinem Gebet wieder, nach einem Stich von 1615.

(so nach der Legende auch geschehen), am Grab der → Richildis (die als berühmte Reklusin zur Zeit Wolfholds in Hohenwart lebte)

Wolfram → Wulfram

Wolfram von Wadgassen
OPraem, Abt
Fest: 25. Januar
Geboren Ende des 11. Jh., wurde Wolfram 1135 der erste Abt des neugegründeten Prämonstratenserklosters Wadgassen im Saarland. Mit großem, entbehrungsreichem Einsatz brachte er die Abtei in den zwei Jahrzehnten seines Wirkens zur ersten Blüte. Wolfram starb am 25. Januar 1158 in Wadgassen und wurde dort beigesetzt.

Wolfred (Ulfrid)
Missionar, Märtyrer
Fest: 18. Januar
Wolfred war Missionar und kam um 1000 aus seiner Heimat England nach Schweden, um dort zu wirken. Feindlich gesinnte Heiden, bei denen Wolfred predigte und Gottes Wort verkündete, ermordeten ihn am 18. Januar 1028.

Wolfrik
Einsiedler
Fest: 9. Dezember
Wolfrik lebte als Einsiedler in Hulme in Norfolk (England). Er starb an einem 9. Dezember im 11. Jahrhundert.

Wolfsindis hl.
Märtyrerin
Fest: 2. September
Die Angaben zu Wolfsindis sind unsicher, ihre Existenz ist jedoch bewiesen. Wo und wann sie geboren wurde, ist nicht bekannt. Reliquien wurden seit dem 7. Jh. in Reisbach in Bayern verehrt, damit gehört Wolfsindis zu den ältesten bayerischen Glaubenszeugen. Die Legende erzählt, daß Wolfsindis von ihrem heidnischen Vater wegen ihres christlichen Glaubens oder von einem Freier, den sie abgewehrt hatte, zu Tode geschleift wurde. An der Stelle des Martyriums in Reisbach soll eine Quelle entsprungen sein. Der Wessobrunner Abt Benedikt (933 bis 943) schrieb in einem Nekrolog: „Das Fest der heiligen Jungfrau und Märtyrerin (Wolfsindis) wird immer gefeiert am vierten der Nonen des Septembers" (also am 2. September). – An der Quelle in Reisbach, dem „Fieberbrünnl", wurde 1816 eine Kapelle errichtet, die die vielen Wallfahrer aufnehmen sollte. Dem Wasser aus dem Brünnlein wird bis heute Heilkraft nachgesagt, vor allem gegen Augenleiden.
Darstellung: als Jungfrau in vornehmer Kleidung, mit Krone, Palme, Wasserkrug, Wasserfläschchen
Patronate: gegen Augenleiden, bei Krankheiten allgemein

Wolftrud
Äbtissin von Nivelles
Fest: 23. November
Wolftrud, um 610 in Brabant, Belgien, geboren, war zweite oder dritte Äbtissin des von → Iduberga 640 gegründeten Klosters Nivelles in Brabant (erste Äbtissin war Idubergas Tochter → Gertrud, die 653 oder 659 starb). Wolftrud starb 669 (wohl am 23. November).

Wörndl, Paulus
OCarm, Märtyrer
Gedenken: 26. Juni
Der Österreicher Paulus Wörndl war Karmelit und Priester, unter anderem in St. Pölten und in Linz in Österreich. 1943 wurde er durch die Nationalsozialisten verhaftet, am 26. Juni 1944 in Berlin hingerichtet.

Wulfhad
Prinz, Märtyrer
Fest: 24. Juli
Unsichere Fakten, legendarische Berichte. Wulfhad und sein Bruder → Ruffin waren Söhne des Königs von Mercia in England. Beide wurden als Kinder heidnisch erzogen, fühlten sich jedoch zum christlichen Glauben hingezogen. Schließlich empfingen Wulfhad und Ruffin heimlich die Taufe. Als der König dies erfuhr, ließ er seine beiden Söhne ermorden. Es heißt, der Martyriumsort sei Stone in England gewesen. Bis heute werden Reliquien aufbewahrt und verehrt.

Wulfhilda von Barking hl.
OSB, Äbtissin von Barking
Fest: 9. September
Die unsichere Vita berichtet, daß Wulfhilda um 940 in England geboren wurde und auf Wunsch von König → Edgar das Amt der Äbtissin im Benediktinerinnenkloster Barking bei London übernahm. Später soll sie von der Mutter des Königs vertrieben worden sein. Wulfhilda starb wohl am 9. September um 1000 in Barking. – Weitere Gedenktage sind 7. März und 23. September.

Wulfhilda von Wessobrunn sel.
OSB, Ordensfrau
Fest: 8. Mai
Wulfhilda, Tochter von Bayernherzog Heinrich, war zunächst mit einem Grafen verheiratet. Nach dem Tod des Ehemannes trat sie um 1150 in das bayerische Benediktinerinnenkloster Wessobrunn ein, wo sie bis zu ihrem Tod

am 8. Mai 1180 demütig und aufopfernd diente. Im Volk war sie berühmt als Wohltäterin und als Friedensstifterin zwischen verfeindeten Parteien. Nach Wulfhildas Tod nahm ihre Verehrung noch zu.

Wulfia (Ulphia)
Einsiedlerin
Fest: 31. Januar
Geboren um 700 in Frankreich, beschloß Wulfia schon früh, ihr Leben Gott zu weihen. Sie ließ sich in der Nähe von Amiens in Nordfrankreich an einem Fluß nieder und lebte dort bis zu ihrem Tod um 750 als Einsiedlerin. Der Bischof von Amiens gewährte ihr Schutz und unterstützte sie.

Wulflaik (Walfroy) hl.
Einsiedler
Fest: 21. Oktober
Unsichere Herkunft, geboren wohl im 6. Jh. Wulflaik lebte zunächst als Einsiedler, einige Zeit in Frankreich sogar auf einer Säule; er ist der einzige Säulensteher des Westens, dessen Existenz bekannt wurde. Er war hoch geachtet und beliebt im Volk. Nachdem ihm der Bischof das Säulenstehen untersagt hatte, lebte Wulflaik bis zu seinem Tod um 600 in einer Gemeinschaft. Aus seiner Einsiedelei entwickelte sich das Kloster St-Walfroy. – In Frankreich genoß Wulflaik/Walfroy lange Zeit auch Verehrung unter dem Namen Wulphy.

Wulfram (Wolfram) hl.
OSB, Erzbischof von Sens, Missionar
Fest: 20. März
Geboren Mitte des 7. Jh. in Frankreich, trat Wulfram dem Benediktinerorden bei und wurde um 690 zum Erzbischof von Sens, Frankreich, ernannt. Bald verließ er aber sein Bistum und wirkte zusammen mit → Willibrord als Missionar in Friesland. Er starb wohl am 20. März 700 (oder 720) im Benediktinerkloster Fontenelle. Sein Kult ist außer in Frankreich auch in England nachweisbar.
Darstellung: als Bischof, mit kleinem König (den er angeblich bekehrte)
Patronate: der Kinder, gegen Gefahren aus dem Meer

Wulfstan hl.
OSB, Bischof von Worcester
Fest: 19. Januar
Wulfstan entstammte einer vornehmen angelsächsischen Familie und wurde um 1012 in Long Itchington geboren. Nach sehr guter Ausbildung in der Klosterschule wurde er Benediktinermönch. 1062 erhielt er die Ernennung zum Bischof von Worcester in England. Wulfstan war einer der herausragenden angelsächsischen Bischöfe und galt als großer Wohltäter der Armen in seinem Bistum. Er starb am 19. Januar 1095 in Worcester. Innozenz III. sprach Wulfstan 1203 heilig.

Wulftrudis
OSB, Ordensfrau
Fest: 21. September
Über Jahrhunderte wurde Wulftrudis in England hoch verehrt. Sie stammte aus England und hatte aus einer unehelichen Verbindung mit → Edgar von England Tochter → Edith (von Wilton). Nach der Geburt von Edith ging sie in das Benediktinerinnenkloster Wilton, wo sie ihre Tochter im christlichen Glauben erzog. Sie soll am 21. September 1000(?) in Wilton gestorben sein (angeblich viele Jahre nach Edith).

Wulgan
Bekenner
Fest: 3. November
Wann Wulgan gelebt und gewirkt hat, ist nicht überliefert. Bekannt ist, daß er in Canterbury in England geboren wurde und in Frankreich ein heiligenmäßiges Leben führte. Dort starb er in Arras. Wulgans Reliquien gelangten später in die Christuskirche in Canterbury, wo sie sehr verehrt wurden.

Maria von den Aposteln, vormals Freiin Theresia von Wüllenweber.

Wüllenweber, Maria Theresia von (Maria von den Aposteln) sel.
Ordensgründerin
Fest: 25. Dezember
Maria Theresia von Wüllenweber kam am 19. Februar 1833 auf Schloß Myllendonk bei Mönchengladbach, Nordrhein-Westfalen, zur Welt. Schon als Mädchen hatte sie den brennenden Wunsch, in die Mission zu gehen. Als junge Frau bat sie deshalb bei verschiedenen Ordensgemeinschaften um Aufnahme, was ihr jedoch jedes Mal verwehrt wurde. Jede Ablehnung sah sie als Prüfung durch Gott an. In Rom lernte sie 1885 → Franziskus Jordan kennen, der 1881 die Kongregation der Salvatorianer gegründet hatte. Gemeinsam mit ihm rief Maria Theresia Wüllen-

Kleines Andachtsbildchen der heiligen Wolfsindis von Reisbach, 1752.

Grabplatte mit dem Relief des heiligen Wunibald am Hochgrab in der ehemaligen Klosterkirche Heidenheim.

weber 1888 in Tivoli bei Rom die Gemeinschaft der Salvatorianerinnen ins Leben, die auch Schwestern vom Göttlichen Heiland genannt wurden. Sie wurde die erste Generaloberin der Kongregation und trug den Namen Maria von den Aposteln. Der Orden, der heute in 20 Ländern der Erde tätig ist, war bald überall dort im Einsatz, wo Hilfe notwendig war. Nach wenigen Jahren schon waren die Salvatorianerinnen in Asien, in den USA und in Südamerika tätig. Nach fast zwei Jahrzehnten segensreichen Wirkens starb Maria Theresia Wüllenweber, fast erblindet, am 25. Dezember 1907 in Rom. Am 13. Oktober 1968 erfolgte die Seligsprechung der Ordensgründerin.
Darstellung: in der Tracht der Salvatorianerinnen, betend vor einem Kreuz

Wulmar (Wilmar) hl.
Klostergründer, Abt
Fest: 20. Juli
Geboren im 7. Jh. bei Boulogne-sur-Mer in Frankreich, heiratete Wulmar zunächst, trat dann aber in das Kloster Hautmont ein. Nachdem er zunächst als Viehhüter gearbeitet hatte, studierte er und empfing die Priesterweihe. Auf seinem Besitz bei Boulogne gründete er das Männerkloster Samer und das Frauenkloster Wierre-aux-Bois, die er beide bis zu seinem Tod am 20. Juli um 710 leitete. Der Wulmar-Kult ist schon im 9. Jh. nachweisbar.
Darstellung: als Abt oder Mönch, als Einsiedler, mit Hirschkuh, beim Holzhacken, mit einem Bauern, der ihm Brot bringt
Patronate: der Kutscher und Fuhrleute

Wulstan → Wulfstan

Wunibald (Wynnebald) hl.
OSB, Abt von Heidenheim
Fest: 18. Dezember
Wunibald, der 701 in Wessex in England geboren wurde, war der Bruder von → Willibald und → Walburga. Sein Onkel war → Bonifatius. Nach Pilgerreisen nach Rom und ins Heilige Land trat er zunächst mit Willibald in das Benediktinerkloster Montecassino, Italien, ein. 738 empfing Wunibald von Bonifatius die Priesterweihe und wurde von ihm zur Missionierung nach Thüringen und Bayern entsandt. Etwa ab 747 wirkte er für vier Jahre in Mainz. 751/752 zog Wunibald in die Diözese Eichstätt in Bayern, wo sein Bruder inzwischen Bischof geworden war. In Heidenheim gründeten beide ein Benediktinerdoppelkloster; Wunibald leitete das Männerkloster, seine Schwester Walburga das Frauenkloster. Bald schon entwickelte sich die Abtei zu einem Kultur- und Missionszentrum. Wunibald starb am 18. Dezember 761 in Heidenheim. Willibald erhob am 24. September 777 den Leib seines Bruders, der noch völlig unversehrt war. Die Reliquien sind heute verschollen, das Hochgrab steht noch in der ehemaligen, jetzt evangelischen, Klosterkirche in Heidenheim. – In der Diözese Eichstätt ist der 15. Dezember der Gedenktag, im Bistum Fulda der 7. Juli (zusammen mit Willibald).
Darstellung: als Benediktiner, mit Abtsstab, Buch, Maurerkelle, mit Familienmitgliedern
Patronate: der Bauarbeiter, der Brautleute

Wunna
Mutter
Fest: 7. Februar
Wunna war die Mutter von → Willibald, → Wunibald und → Walburga und die Ehefrau von → Richard. Ihr Bruder war → Bonifatius. Sie wurde im 7. Jh. in England geboren. Um 700 starb sie in England.

XY

Xaverius → Franz Xaver

Xystus → Sixtus

Ybarra de Vilallonga, Rafaela sel.
Ordensgründerin
Fest: 23. Februar
Geboren am 16. Januar 1843, gründete Rafaela Ybarra de Vilallonga 1894 in ihrer Geburtsstadt Bilbao, Spanien, die Kongregation der Schwestern von den heiligen Schutzengeln, deren Mitglieder sich der Erziehung der armen und gefährdeten Jugend widmeten. Sie starb am 23. Februar 1900 in Bilbao. Seligsprechung: 30. September 1984.

Yenes → Palomino, Eusebia

Yermo y Parres, José Maria sel.
Ordensgründer
Fest: 20. September
Geboren am 10. November 1851 in Jalmolonga in Mexiko, wurde José Maria Yermo y Parres 1879 zum Diözesanpriester geweiht. Um den Armen besser helfen zu können, gründete er 1885 in León (Mexiko) die Ordensgemeinschaft der Dienerinnen des Herzens Jesu und der Armen. Außerdem schuf er 1893 die Institution der christlichen Barmherzigkeit zur Erziehung von Kindern und Jugendlichen sowie für die Rettung bedrohter Frauen. Er starb am 20. September 1904 in Puebla (Mexiko). Seligsprechung am 6. Mai 1990.

Yolanthe → Jolanda

Ysarnus hl.
OSB, Abt von St-Victor
Fest: 24. September, 25. September, 26. September
Geboren in der zweiten Hälfte des 10. Jh., wurde Ysarnus 1021 zum Abt des Benediktinerklosters St-Victor in Marseille, Frankreich, ernannt, das unter ihm zu hoher Blüte gelangte. Er starb am 24. September 1043 in St-Victor.

Yves → Ivo

Yvetta sel.
SOCist, Reklusin
Fest: 13. Januar
Geboren 1158 in Huy, Belgien, trat Yvetta (Jutta) nach dem Tod ihres Ehemannes dem Zisterzienserorden bei und lebte 40 Jahre eingeschlossen in einer Zelle neben dem Aussätzigenheim in Huy. Gestorben am 13. Januar 1228.
Darstellung: als Reklusin, mit glühendem Dreifuß

Yvetta in ihrer Klause. Sie lebte 40 Jahre neben den Aussätzigen der Stadt Huy in Belgien. Nach einem Kupferstich von Adrian Gollaert, um 1600.

Die selige Rafaela Ybarra de Vilallonga, Gründerin der Kongregation von den heiligen Schutzengeln.

José Maria Yermo y Parres, Gründer der Dienerinnen des Herzens Jesu und der Armen.

Z

Zacharias
Vater von Johannes dem Täufer
Fest: 5. November,
11. Februar (Ostkirche)
Zacharias und seine Frau → Elisabeth waren die Eltern von → Johannes dem Täufer, den Elisabeth nach der Überlieferung hochbetagt gebar. Es heißt, Zacharias sei stumm geworden, als er an der Ankündigung des Engels zweifelte, der ihm prophezeite, daß Elisabeth noch einen Sohn bekommen werde. Erst nach der Geburt von Johannes habe er die Sprache wiedererlangt. Nach einer legendarischen Überlieferung soll Zacharias im Tempel in Jerusalem von Herodes ermordet worden sein. Zacharias wird als Heiliger verehrt; Teile seines Hauptes werden in der Lateransbasilika in Rom aufbewahrt.
Darstellung: allein oder gemeinsam mit Elisabeth, als Priester, mit Weihrauchfaß, Schrifttafel

Zacharias hl.
Papst (741 bis 752)
Fest: 15. März, 22. März
Zacharias, 91. Papst, war der letzte Grieche auf dem Stuhl Petri. Geboren Ende des 7. Jh., bestieg er den Papststuhl am 3. Dezember 741. Über sein Leben bis dahin ist nichts überliefert. Zacharias bemühte sich während seines zehnjährigen Pontifikates unermüdlich um einen Frieden mit den Langobarden, die Italien besetzt hatten. Er starb am 15. März 752 in Rom.
Darstellung: im päpstlichen Gewand, mit Buch, Taube, Tiara, Kreuzstab

Zacharias von Jerusalem hl.
Patriarch von Jerusalem
Fest: 21. Februar
Geboren in der zweiten Hälfte des 6. Jh., wurde Zacharias 609 zum Patriarchen von Jerusalem ernannt. Gemeinsam mit anderen Gläubigen wurde er 614 von Persern gefangengenommen und verschleppt und kehrte nie mehr nach Jerusalem zurück. Er starb um 625. Bis zu seinem Tod wurde die Gemeinde von Jerusalem von Abt Modestus geleitet.

Zacharias von Vienne hl.
Bischof von Vienne, Märtyrer
Fest: 25. Mai
Zacharias soll der zweite Bischof von Vienne in Frankreich gewesen sein. Überlieferungen berichten, daß er in der Verfolgung von Kaiser Trajan (98 bis 117) ermordet wurde, was aber nicht mit seinen Lebensdaten übereinstimmt; danach lebte er um 300.

Papst Zacharias, gestorben 752, war der letzte Grieche auf dem Stuhl Petri.

Zacharias und → Elisabeth geben ihrem Sohn → Johannes dem Täufer seinen Namen, nach einer Darstellung aus dem 19. Jh.

Gegenüberliegende Seite: „Die Marter der Zehntausend", Ausschnitt nach einem Gemälde von Albrecht Dürer, 1508, Kunsthistorisches Museum Wien.
Auf Betreiben Kaiser Diokletians ließ der König von Persien zehntausend Christen aus Bithynien umbringen, indem sie über eine Klippe in den Abgrund gestürzt wurden.

Zdislava von Lemberk zusammen mit → Johannes (Jan) Sarkander; die Patrone von Böhmen auf einem Glasfenster.

Anna Zelíková starb mit siebzehn. Hier ein Foto der Jungverstorbenen auf dem Totenbett in ihrer Kammer im Karmel, 1941.

Zatti, Artemide
SDB, Ordensmann
Fest: 15. März
Geboren am 12. Oktober 1880 in Boretto in Norditalien, trat Artemide Zatti dem Salesianerorden bei und ging nach Argentinien. Dort starb er am 15. März 1951 in Viedma. Der Seligsprechungsprozeß wurde eingeleitet.

Zdislava von Lemberk hl.
OP, Terziarin
Fest: 30. Mai, 3. Januar (Orden)
Geboren um 1220 in Krizanov in Mähren, Slowakische Republik, wurde Zdislava 17jährig verheiratet. Sie führte ein heiligmäßiges Leben als Ehefrau und Mutter und kümmerte sich als Dominikaner-Terziarin um Kranke und Arme. Überlieferungen berichten, sie habe Tote wieder zum Leben erweckt. Zdislava starb 1252 in Lemberk in Böhmen, Tschechische Republik. Papst Pius X. bestätigte ihre Verehrung am 28. August 1907, Papst Johannes Paul II. sprach sie am 21. Mai 1995 in Olmütz heilig.
Darstellung: als Wohltäterin, mit Krone, Kreuz, Kirchenmodell, Brotkorb, mit einem von Rosen umgebenen Kruzifix
Patronat: von Böhmen

Zebedäus
Apostelvater
Fest: 15. März
Zebedäus war Fischer am See Genesaret und Vater der von Jesus berufenen Apostel → Jakobus dem Älteren und → Johannes; seine Ehefrau war → Salome. Weitere Angaben über sein Leben sind nicht überliefert.

Zehntausend Märtyrer hll.
Fest: 22. Juni und
12. Februar, 18. März, 27. April
Zwei verschiedene Märtyrergruppen gleichen Namens. Zum einen eine Gruppe von 10 000 Soldaten, die nach der legendarischen Überlieferung gemeinsam mit ihrem Anführer → Akakios auf dem Berg Ararat gekreuzigt wurden. Ihr Fest wird am 22. Juni begangen. – Zum anderen wird im Martyrium Romanum eine Märtyrer-Gruppe von ebenfalls 10 000 Menschen erwähnt, die gemeinsam mit Bischof → Anthimos von Nikomedien unter dem Christenverfolger Diokletian hingerichtet wurden. (Auf der vorhergehenden Doppelseite die Darstellung von Albrecht Dürer „Die Marter der Zehntausend“, 1508.)

Zelíková, Anna
OCarm, Ordensfrau
Fest: 11. September
Geboren am 19. Juli 1924 in Napajedla, Tschechische Republik, wollte Anna Zelíková ihrem großen Vorbild → Theresia von Lisieux nacheifern und bat als junges Mädchen in Prag um Aufnahme in den Karmeliterorden. Als ihr diese verwehrt wurde, weil sie an Tuberkulose erkrankt war, trat sie in den dritten Orden ein und legte am 7. Februar 1941 in Napajedla die Gelübde ab. Annas Wunsch, sich für die Bekehrung der Sünder opfern zu dürfen, ging bald in Erfüllung: Sie starb am 11. September 1941. Der Seligsprechungsprozeß ist eingeleitet.

Zenas
Apostelschüler
Fest: 27. September
Nach den Überlieferungen war Zenas Schüler von Apostel Paulus und starb im 1. Jh. Eine andere, wohl legendarische Überlieferung erklärt Zenas zu einem der 72 Jünger Jesu.

Zengotitabengoa Lasuen, Juan Vicente (Juan Vicente von Jesus und Maria)
OCD, Profeßpriester
Fest: 27. Februar
Geboren am 19. Juli 1862 in Bérriz in Spanien, trat Juan Vicente Zengotitabengoa Lasuen den Unbeschuhten Karmeliten bei. Der Profeßpriester starb am 27. Februar 1943 in San Sebastián in Spanien. Der Seligsprechungsprozeß ist eingeleitet.

Zeno hl.
Bischof von Verona
Fest: 12. April

Unsichere Vita. Zeno wurde möglicherweise in Mauretanien (Afrika) geboren. Er wirkte, wie mehreren Überlieferungen von Zeitgenossen von ihm zu entnehmen ist, in der zweiten Hälfte des 4. Jh. als Bischof von Verona, Italien. Er war ein tatkräftiger Bekämpfer von Irrlehren, ein großer Prediger und einer der bedeutendsten Kirchenschriftsteller (93 Traktate sind noch erhalten). Er starb wohl an einem 12. April um 372 in Verona. Über der Beisetzungsstätte entstand schon früh die Kirche S. Zeno Maggiore, der Vorgängerbau des heutigen Gotteshauses in Verona. Schon im 8. Jh. kam der Zeno-Kult auch nach Bayern; ein Mittelpunkt der Verehrung war Mais in Südtirol, heute Zenoburg (Meran). Reliquien gelangten auch nach Fulda und Ulm sowie nach Radolfzell (Haupt). – Gregor der Große berichtete im 6. Jh., daß die Zeno-Kirche in Verona auf wundersame Weise aus einer Wassergefahr gerettet worden sei, weshalb Zeno auch als Wasserpatron verehrt wird und manchmal auf Darstellungen einen Fisch hält.

Darstellung: mit oder ohne Pontifikalkleidung, mit Buch, Fisch(en), Angel

Patronat: von Verona, von Pistoia, für Kinder, die das Sprechen oder das Gehen schlecht lernen, gegen Wassergefahren

Statue des dunkelhäutigen, afrikanischen Bischofs von Verona, Zeno, in der Basilika S. Zeno in Verona.

Der Glasschrein mit den Gebeinen des heiligen Zeno befindet sich in der Krypta der Basilika S. Zeno in Verona.

Dieses Mosaik mit der Büste des heiligen Zenobius entstand für die Sakramentskapelle des Doms von Florenz. Es ist ein Werk des Monte di Giovanni di Miniato, dieser wurde dabei von Sandro Botticelli und den Brüdern Davide und Domenico Ghirlandaio mit künstlerischem Rat unterstützt.

Zenobius von Florenz hl.
Bischof von Florenz
Fest: 25. Mai
Gesichert ist, daß Zenobius zu Beginn des 5. Jh. Bischof von Florenz, Italien, war. Schriften aus jener Zeit belegen dies. Geboren wurde er wahrscheinlich in Florenz, gestorben ist er dort in der ersten Hälfte des 5. Jh. (25. Mai 424?). Reliquien befinden sich im Dom S. Maria del Fiore in Florenz.
Patronat: von Florenz

Zenon hl.
Mönch
Fest: 19. Juni
Der Mönch Zenon lebte im 4. Jh. in der Sketischen Wüste westlich des Nildeltas (Ägypten) und war Schüler des Eremiten Silbanos. Verschiedene überlieferte Sinnsprüche sollen von ihm stammen.

Zenon von Ägypten
Märtyrer
Fest: 13. Juli
Überlieferungen (unter anderem von Eusebios) berichten von dem christlichen Soldaten Zenon, der in der Christenverfolgung unter Kaiser Decius um 250 in Alexandrien, Ägypten, ermordet wurde.

Zenon von Antiochia hl.
Einsiedler
Fest: 10. Februar
Geboren Mitte des 4. Jh. im Pontus an der Schwarzmeerküste, wurde Zenon zunächst Schüler von → Basilius dem Großen. Später trat er dem Heer von Kaiser Valens bei, nahm jedoch 378 seinen Abschied und lebte fortan für 40 Jahre als Einsiedler in einem Grabhügel bei Antiochia (Syrien). Sein Todesjahr lag im ersten Viertel des 5. Jh.

Zenon von Nikomedien hl.
Märtyrer
Fest: 2. September
Die Überlieferung berichtet von Zenon und seinen Gefährten, die in der Christenverfolgung unter Kaiser Julian um 360 in Nikomedien (heute Izmid, Türkei) hingerichtet wurden.

Zepeda, Maria Dolores Medina (Maria Dolores de la Herida del Castado de Jesús)
Ordensgründerin
Fest: 16. Dezember
Maria Dolores Medina Zepeda, geboren am 3. April 1860 in Mexiko-Stadt, ist die Gründerin der Kongregation der Töchter vom Leiden und Tod Jesu Christi und von den Schmerzen der Heiligsten Jungfrau Maria, auch Passionistinnen genannt. Der 1892 gegründete Orden widmet sich der Mädchenerziehung. Die Gründerin starb am 16. Dezember 1925 in Tacubaya (Mexiko). Der Seligsprechungsprozeß ist eingeleitet.

Zephyrinus hl.
Papst (198/199 bis 217)
Fest: 26. August
Zephyrinus bestieg 198/199 den Papststuhl und amtierte bis 217. In sein Pontifikat fällt die Christenverfolgung unter Alexander Severus. Ein vermutetes Martyrium läßt sich nicht belegen. Über die Grabstätte ist nichts überliefert.

Zimius
(„Drei elende Heilige") hl.
Missionar, Einsiedler
Fest: 12. Juni
Zimius bildet zusammen mit Marinus und Vimius die Gruppe der „drei elenden Heiligen" (elend bedeutet im Althochdeutschen fremd, ausländisch). Die drei Missionare lebten im 12. Jh. bei Dietfurt im bayerischen Altmühltal und verkündeten das Wort Gottes. Bei der Bevölkerung waren Zimius und seine beiden Begleiter als Ratgeber sehr gefragt. Die Grabstätten der drei Einsiedler wurden zur Wallfahrtsstätte. Bis heute gibt es in Griesstetten bei Dietfurt eine Wallfahrtskirche, in welche im 18. und im 19. Jh. Reliquien der „drei elenden Heiligen" übertragen wurden. Erhebung der Gebeine: 1689.
Darstellung: Zimius gemeinsam mit Marinus und Vimius auf einer Wolke schwebend, alle drei mit Heiligenschein

Zita hl.
Magd
Fest: 27. April
Geboren um 1212 in Monsagrati (Garfagnana) in Italien, kam Zita (Cita) im Alter von zwölf Jahren als Magd zur Familie Pagano di Fatinelli in Lucca (Italien). Zunächst jahrelang demütigend und unfreundlich behandelt, gewann sie im Laufe der Zeit die Herzen der Familienmitglieder durch Liebenswürdigkeit und Demut für sich. Nach fast 50 Jahren Dienst im selben Haus starb Zita am 27. April 1272 in Lucca. Verschie-

Zephyrinus war der 15. Papst auf dem Stuhl Petri, nach einem Fresko in der Sixtinischen Kapelle, Vatikan, Rom.

Diese Darstellung der heiligen Magd Zita aus dem 19. Jh. erzählt eine Geschichte aus ihrem Leben: Einem frierenden Bettler gab sie den geliehenen Pelz ihrer Herrschaft. Der Bettler verschwand, und Zita geriet in Mißkredit. Stunden später brachte der Bettler den Pelz zurück, und man erkannte Jesus Christus in ihm.

dene Wunder, die sich um ihre Gestalt ereigneten, förderten die Verehrung schnell. Der Kult wurde bereits 1278 anerkannt und 1696 von Papst Innozenz XII. bestätigt. Der unversehrte Leichnam von Zita ruht in der Kirche S. Frediano in Lucca.
Darstellung: in einfacher Kleidung, mit Brotlaiben, Blumen, Gebetbuch, Stern, als Dienstmagd mit Schlüsselbund
Patronat: der Dienstboten, Hausangestellten, Haushälterinnen

Zoë hl.
Märtyrerin
Fest: 2. Mai, 3. Mai
Nach legendarischen Überlieferungen erlitt Zoë gemeinsam mit ihrem Ehemann und ihren beiden Söhnen in der Christenverfolgung unter Kaiser Hadrian um 130 den Martertod; es heißt, sie sei zunächst gefoltert und danach verbrannt worden. Der Ort des Martyriums soll Attaleia in Kleinasien (Türkei) gewesen sein. In Konstantinopel (Istanbul) wurde ihr eine Kirche geweiht. – Eine Zoë von Rom wurde fälschlicherweise in verschiedenen Überlieferungen zur Heiligen erklärt; ihre Vita ist geschichtlich nicht belegt. Diese Zoë von Rom erscheint in der Passio des → Sebastian.

Zoërardus hl.
Missionar, Einsiedler
Fest: 17. Juli
Geboren im 10. Jh., wirkte Zoërardus zunächst als Missionar in Schlesien. Um 1003 kam er in die Slowakei, wo er fortan in Zubor als Eremit und Asket lebte. Als er 1009 starb, waren Ketten in seinen Körper eingewachsen. An seiner Seite war viele Jahre → Benedikt, der das Asketenleben teilte. Zoërardus und Benedikt wurden 1085 heiliggesprochen.

Zoilus
Märtyrer
Fest: 27. Juni, 4. November
Der junge Christ Zoilus, der wohl aus Spanien stammte, wurde um 304 während der Christenverfolgungen in Córdoba, Spanien, ermordet.

Zosimus hl.
Papst (417 bis 418)
Fest: 26. Dezember
Der Grieche Zosimus bestieg am 18. März 417 den Papststuhl. Aufgrund ungeschickter Äußerungen und Handlungen seinerseits sah er sich in seinem kurzen Pontifikat ständigen Angriffen ausgesetzt. Vor allem mit der afrikanischen Kirche überwarf er sich, da er unter anderem die Rechte des römischen Bischofssitzes über die gesamte Kirche immer wieder hervorhob. Zosimus starb am 26. Dezember 418 in Rom.

Zosimus von Pisidien hl.
Märtyrer
Fest: 19. Juni
Legendarisch erweiterte Überlieferung. Danach war Zosimus Christ und diente im Heer von Kaiser Trajan (98 bis 117). Wegen seines Glaubens wurde er angeklagt, gefoltert und um 110/115 in Pisidien in Kleinasien hingerichtet.

Zosimus von Syrakus hl.
OSB, Bischof von Syrakus
Fest: 30. März
Im Alter von sieben Jahren wurde Zosimus um 580 in das Benediktinerkloster von Syrakus auf Sizilien gegeben, wo er später Mönch und dann Abt wurde. Papst Theodor I. ernannte ihn um 645 zum Bischof von Syrakus. Überliefert sind seine Güte und seine große Demut. Zosimus starb hochbetagt um 660 in Syrakus.

Zoticus
Priester, Wohltäter
Fest: 31. Dezember
Der Priester Zoticus lebte in Konstantinopel (Istanbul, Türkei) und widmete sich aufopferungsvoll der Pflege von Waisenkindern. Er gilt als Gründer des ersten Waisenhauses der Stadt, das er bis zu seinem Tod um 340 auch leitete.

Zuazo, Alberto Capellan
Laienbruder
Fest: 24. Februar
Geboren am 7. August 1888 in Santo Domingo de la Calzada (Spanien), gestorben am 24. Februar 1965 in Santo Domingo de la Calzada. Der Seligsprechungsprozeß ist eingeleitet.

Zubero, Iturrate (Dominikus vom Heiligsten Sakrament) sel.
OST, Priester, Ordensmann
Fest: 8. April
Geboren am 11. Mai 1901 in Dina in Spanien, trat Iturrate Zubero im Alter von 16 Jahren dem Trinitarierorden bei. Von 1919 bis 1926 studierte er an der Päpstlichen Universität Gregoriana in Rom Philosophie und Theologie, 1926 empfing er die Priesterweihe. Schon kurz darauf befiel ihn eine schwere Krankheit, an der er am 8. April 1927 starb. Schon bei seinem Tod umgab ihn der Ruf der Heiligkeit. Schon früh wurde der Seligsprechungsprozeß eingeleitet, der am 30. Oktober 1983 mit der Seligsprechung von Iturrate Zubero seinen Abschluß fand.

Iturrate Zubero, der selige Dominikus vom Heiligsten Sakrament.

Heilige und Selige Tag für Tag

Januar

1. Januar: Basilius der Große, Bonfiglio Monaldi, Clarus, Eugendus, Euphrosyna von Alexandrien, Frodobert, Fulgentius von Ruspe, Giuseppe Maria Tomasi di Lampedusa, Heinrich von Clairvaux, Joseph Maria von Palermo, Maria-Anna Vaillot, Martina von Rom, Odilo von Cluny, Strambi Vincenzo Maria, Telemachos (Alamachios?), Wilhelm von Bénigne (von Dijon)

2. Januar: Adalhard, Alverius, Bentivolius de Bonis, Clarus, Dietmar von Prag, Frassinetti Giuseppe, Giovanni Battista (Carioni), Gregor von Nazianz der Jüngere, Makarios Alexandrinos (der Jüngere), Munchin, Ortolana (Hortulana), Stefana Quinzani

3. Januar: Anteros (Anterus), Chavara Kyriakus Elias, Genovefa von Paris, Gordios (Gordius), Hymnemodus, Ia (Ives), Kyrinos, Zdislava von Lemberk

4. Januar: Angela von Foligno, Christiana von Lucca (Christiana di S. Croce), Dafrosa (Affrosa), Ferreolus von Uzès, García Emanuele González, Gregor von Langres, Libentius (Liebizo), Michael Synkellos, Pharaïldis von Gent, Rigobert, Roger von Elan, Seton Bayley Elizabeth Ann

5. Januar: Aemiliana, Bonilli Pietro, Dárowska Maria Marcellina, Deogratias von Karthago, Eduard der Bekenner, Gaudentius von Gnesen, Gerlach von Houthem (von Valkenburg), Houben Karel (Charles vom heiligen Andreas), Karl Melchior von Sezze, Morales Genoveva, Neumann Johann Nepomuk, Repetto Maria Maddalena Pellegrina, Roger von Todi, Simeon (Symeon) Stylites der Ältere, Syncletica, Tatiana von Griechenland, Telesphorus

6. Januar: Andreas Corsini, Balthasar, Bessette Andreas Alfred, Erminold, Gertrud van Oosten, Johannes de Ribera, Kaspar, Macra, Makarius der Schotte, Melanius von Rennes, Melchior, Müller Eduard, Nilamon, Petrus von Canterbury, Petrus Thomas, Raphaela Maria vom heiligen Herzen, Wiltrud von Bergen

7. Januar: Aldrich von Le Mans, Andreas Corsini, Cedd(a), Haze Jeanne (Marie Thérèse vom Heiligsten Herzen Jesu), Karl Melchior von Sezze, Knut (Kanut) Lavard, Matthäus von Girgenti (Agrigent), Raimund von Peñafort, Reinold (Reinhold), Valentin von Rätien, Widukind

8. Januar: Albert von Cashel, Balduin, Erhard von Regensburg, Frodobert, Georgios von Choziba, Gudula von Brüssel, Julianos von Antinoë, Karterios, Laurentius Giustiniani, Lucianus von Beauvais, Pega, Severin von Noricum, Thorfinn

9. Januar: Alix Le Clerc, Brithwald, Gregor X. (Tedaldo Visconti), Hadrian von Canterbury, Jaricot Pauline-Marie, Marciana, Petrus von Sebaste, Polyeuktes, Waningus

10. Januar: Agatho, Aviat Franziska Salesia, Benincasa, Gregor X. (Tedaldo Visconti), Nikanor, Petrus (Pietro) Orseolo, Wilhelm von Bourges (von Donjeon)

11. Januar: Caterina Tramazzoli (Electa a Jesu), Hyginus, Leucius (Leukios), Miltiades (Melchiades), Palaemon, Paulinus von Aquileia, Salvius von Amiens, Tasso, Theodosius, Thomas von Cori, Tipasius

12. Januar: Aelred, Arkadius, Benedikt Biscop Baducing, Bernhard von Corleone (Filippo Latino), Caesaria die Ältere, Jamet Pierre-François, Margareta Bourgeoys, Merlini Giovanni, Pucci Antonio Maria Eustachio, Tatiana (Tania) von Rom, Valentinian von Chur, Volkhold

13. Januar: Bertwald, Gottfried von Cappenberg, Hilarius von Poitiers, Jakobos von Nisibis, Kentigern Mungo, Leontius von Cäsarea, Remigius von Reims, Veronica von Binasco, Yvetta

14. Januar: Berno, Datius, Donders Petrus, Englmar (Engelmar), Felix von Nola, Felix in Pincis, Guarinus von Sitten, Johannes de Ribera, Justinus von Chieti, Makrina die Ältere, Maria Diomira von der Menschwerdung (Maria Teresa Serri), Odo der Kartäuser (von Novara), Odorich von Pordenone, Sava (Sabas) von Serbien, Seraphim von Sarow

15. Januar: Alexandros, Bonitus, Ceolwulf, Emebert (Hildebert), Ephysius, Francisco Fernández de Capillas, Gailhac Jean, Isidor von Alexandria, Ita, Janssen Arnold, Johannes Kalybites, Konrad II. von Mondsee (Bosinlother), Makarios der Ägypter (der Ältere, der Große), Maurus von Subiaco, Paulos von Theben (Paulos der Einsiedler), Romedius (Remedius), Secondina (Sekundina)

16. Januar: Berard, Condesa Lluch Giovanna Maria, Fergeolus, Fursey (Furseus), Honoratus von Arles, Joseph Vaz, Marcellus I., Märtyrer von Marokko, Ormieres Antonio Rosa, Otho, Priscilla, Theobald (Dietbald) von Geisling, Tillo (Tilman), Tovini Giuseppe Antonio, Tozzo (Tosso)

17. Januar: Antonios (Antonius) der Große (der Einsiedler), Eleusippus, Euphemia von Ratibor, Gamelbert, Genulh von Cahors, Joseph von Freising, Julianos Sabas, Marcellus von Die, Meleusippus, Neonilla, Richmirus, Roselina, Speusippus, Sulpicius II. (Pius) von Bourges

18. Januar: Andreas von Peschiera, Christina von Aquila, Cosán Manuel Barbal (Jaime Hilario), Deicola (Deikol), Fasce Maria Teresa, Faustina, Leobard von Tours, Liberata, Margareta von Ungarn, Prisca, Regina Protmann, Volusianus, Wolfred (Ulfrid)

19. Januar: Abundantia, Agricius (Agritius), Arsenios von Kerkyra, Audifax, Abachum, Bassianus, Erhard von Regensburg, Germana, Heinrich von Finnland (von Uppsala), Johannes de Ribera, Knut (Kanut) der Heilige, Laudomar (Launomar, Laumer), Makarios Alexandrinos (der Jüngere), Marius, Martha, Remigius von Rouen, Spinola y Maestre Marcelo, Veronica von Binasco, Wulfstan

20. Januar: Amirante Carlo, Benedetto Ricasoli, Brando Adelaide (Maria Cristina dell' Immacolata Concezione), Eustochia Smeralda Calafato, Euthymios der Große (von Melitene), Fabianus (Fabian), Fechin, Heinrich von Finnland (von Uppsala), Maurus von Cesena, Sebastian, Tansi Cyprian Michael Iwene, Ursula Haider (von Villingen)

21. Januar: Agnes, Epiphanius von Pavia, Eugenios von Trapezunt, Fructuosus von Tarragona, Josepha Maria von der heiligen Agnes (Inés de Benigamin), Meinrad (Meginrat), Nascimbeni Giuseppe, Publius

22. Januar: Batthyány László von, Blesilla, Chaminade Guillaume-Joseph, Domenico di Sora, Elisabeth von Österreich, Epiphanius von Pavia, Gaudentius von Bergell (von Casaccia), Gaudentius von Novara, Irene von Rom, Pallotti Vinzenz (Vincenzo), Patroclus von Troyes, Rivat Franziskus Gabriel, Theodelinde (Dietlinde), Timotheos (Timotheus), Vicuña Laura, Vinzenz von Saragossa, Voyslava, Walter von Birbeck

23. Januar: Barnard, Bolz Eugen, Emerentiana, Groß Nikolaus, Heinrich Seuse (Suso), Ildefons von Toledo, Johannes der Almosengeber (von Alexandrien), Lüfthildis (Liuthildis), Makarius der Schotte, Parmenas, Porro Bianchi Benedetta, Raimund von Peñafort, Urban von Langres, Walter von Brügge

24. Januar: Arn von Salzburg, Artemius von Clermont, Babylas, Cadoc (Cathwy), Eberhard von Nellenburg (Basel), Exuperantius, Felicianus von Foligno, Franz von Sales, Giaccardo Timoteo, Lehner Bernhard, Lewoniuk Wincenty (Vinzenz) und zwölf Gefährten, Marcolinus Amanni (von Forlì), Marie Poussepin, Paola Gambara-Costa, Sabinianus von Troyes, Timotheos (Timotheus), Vera

25. Januar: Domingo y Sol Emmanuel, Dwyn, Grillo Teresa, Horten Franz Titus Maria, Juventinus, Maximinus, Poppo, Projectus (Priest, Prix), Wolfram von Wadgassen

26. Januar: Allegra Gabriel Maria, Andreas von Peschiera, Bracaval Flora (Giovanna Maria di Gesù Eucaristico), Conan, Jaegen Hieronymus, Kozal Michael, Leonius, Notburga von Bühl (aus dem Klettgau), Paula von Rom (Paula Romana), Polykarp, Robert von Molesme (von Cîteaux), Theorigitha

27. Januar: Alruna von Cham, Angela Merici, Bartolomeo Canale, Devota (Deivota), Julianus von Le Mans, Johannes von Warneton (von Thérouanne), Matulaitis Jurgis, Michael Pini, Nardini Paul Josef, Ossó y Cervelló Enrique de, Patrocinio Maria de los Dolores, Theodorich von Orléans, Vitalianus, Werr Antonie

28. Januar: Agnes, Andreas von Peschiera, Ephräm der Syrer, Freinademetz Joseph, Irmund (Irmonz) von Jülich, Jakob der Almosengeber, Jakobus der Einsiedler, Johannes von Réomé, Julianus Maunoir, Julianus von Cuenca, Karl der Große, Manfred, Odo von Beauvais, Petrus Nolascus, Thomas von

Aquin (Translation), Thyrsos, Valerus von Saragossa

29. Januar: Aquilinus, Gildas der Weise, Julianus Hospitator (der Hospitalier), Karl von Villers (von Sayn), Lament Boleslawa Maria, Markiewicz Bronislaw, Sabinianus von Troyes, Sulpicius I. (Severus) von Bourges, Valerius von Trier

30. Januar: Adelelm, Adelgunde, Ambrosius Autpertus, Basilius der Große, Bathilde (Bathildis, Balthild), Gerhard von Clairvaux, Hippolyt von Rom, Hyazintha Clarice Marescotti, Martina von Rom, Mary (Marie) Ward, Sebastiano Valfré, Thiathildis (Diethild), Wiaux Mucien-Marie, Wiltrud von Hohenwart

31. Januar: Bianchi Francesco Saverio, Bosco Giovanni (Johannes) (Don Bosco), Garberoglio Teodoreto, Hemma, Johannes, Julianus, Julius, Kyros, Ludovica degli Albertoni, Maedoc von Ferns, Marcella, Mas Exuperianus Adrien, Talamoni Luigi, Wulfia (Ulphia)

Februar

1. Februar: Andreas de Comitibus, Brigida (Brigit, Brigitta) von Kildare, Engelmund, Ignatios (Ignatius) von Antiochien, Katharina de' Ricci (von Florenz), Michelotti Anna, Odilia Baumgarten, Pionios, Seiriol, Severus von Avranches, Severus von Ravenna, Sigibert III., Winand, Wolfhold von Hohenwart

2. Februar: Bellesini Stefano, Brisson Aloysius Alexander, Burkhard von Würzburg, Delp Alfred, Felicitas, Ferrari Giacomo Andrea Carlo, Gand Joséphine, Hadeloga, Johanna von Lestonnac, Kasper Maria Katharina, Laurentius von Canterbury, Libermann Jakob Franz Maria Paul, Markward (Marquard) von Hildesheim, Perpetua, Petrus (Pietro) Cambiani de Ruffia, Simon Fidati di Cascia, Vénard Jean-Théophane, Werinhard (Ebstorfer Märtyrer)

3. Februar: Adelheid von Vilich, Aelred, Ansgar, Berlind(e) von Meerbeke, Blasius (Blasios), Celerinus, Hadalin (Hadelin), Helinand, Imad von Paderborn, Laurentius Illuminator, Laurentius von Canterbury, Liafdag, Margareta von England, Nithard, Rivier Annemarie, Simeon von Jerusalem, Stollenwerk Maria Anna Helena, Thévenet Marie Claudine, Valerius von Trier, Werburga

4. Februar: Andreas Corsini, Gilbert von Sempringham, Hrabanus Maurus, Isidor von Pelusium, Johanna von Valois (von Frankreich), Johannes Hector de Britto, Joseph von Leonessa, Liephard, Nikolaos Studites, Obitius von Nardò, Phileas, Veronika

5. Februar: Adelheid von Villich, Agatha, Albuin von Säben-Brixen, Canori-Mora Elisabetta, Indractus, Ingenuin von Säben, Leo Carasuma, Modestus von Kärnten, Pedro Bautista Blázquez

6. Februar: Alderich, Amandus, Amandus von Worms, Barsanuphios (Barsanorius), Bonzel Maria Theresia (Aline), Brynolf Algotsson, Dorothea, Fausta, Guarinus von Palestrina, Hildegundis von Meer, Jakob Kisai, Julianus von Emesa, Mel (Melchno), Paul Miki und Gefährten, Silvanus von Emesa, Spinelli Francesco, Titos (Titus), Vedastus

7. Februar: Adauctus, Ägidius Maria vom heiligen Joseph, Chrysolius, Didacus von Azevedo, Eppo, Jakob Salès, Juliana von Bologna, Laurentius von Siponto, Nivard von Clairvaux, Pius IX. (Giovanni Maria Mastai-Ferretti), Pontillo Francesco Antonio (Egidio Maria di S. Giuseppe), Richard der Angelsachse (von England, „der König"), Rizzerius, Romuald, Smet Eugénie (Maria von der Vorsehung), Wilhelm Saultemouche, Wunna

8. Februar: Antonius von Stroncone, Bakita Josefina, Bonino Giuseppina Gabriella, Elfleda, Hieronymus Aemiliani, Jacut, Johannes von Matha, Juventius (Eventius) von Pavia, Marina, Mengold (Meingold, Meingaud), Oncho, Paulus von Verdun, Petrus Igneus, Philipp Jeningen, Speranza Alhama di Gesù, Stephan von Grandmont (von Thiers, von Muret), Thiatgrim (Dietgrim)

9. Februar: Alto, Ansbert, Apollonia, Cordero Michael Febres, Emmerick Anna Katharina, Erich von Plovpenning, Julia von Certaldo, Marianus Scotus (Muirdach), Nikephoros von Antiochien, Paphnutios von Ägypten (der Große), Rainald von Nocera, Sabinus von Canosa, Teilo (Elidius, Eliud)

10. Februar: Austreberta, George Haydock und Gefährten, Hugo von Fosses, Klara Agolanti (von Rimini), Palomino Yenes Eusebia, Scholastika, Soteris, Stepinac Alojzije, Wilhelm von Malavalle (Wilhelm der Große), Wilhelm von Notre-Dame de l'Olive (von Brabant), Zenon von Antiochia

11. Februar: Apollonia, Babilon Theodor, Benedikt von Aniane (Witiza), Caedmon, Gregor II., Lucius von Adrianopel, Nicolaus Palea, Paschalis I., Reginald von St-Gilles (von Orléans), Weiß Maria Fidelis, Zacharias

12. Februar: Benedikt von Aniane (Witiza), Humbelina, Ludanus, Marina, Meletios von Antiochien, Zehntausend Märtyrer

13. Februar: Adolf von Osnabrück, Castor von Karden, Christina von Spoleto (Augustina Camozzi), Ermenhild (Irmhild), Eulogios von Alexandrien, Eustochium (Eustachia) von Padua, Fosca (Fusca), Gregor II., Harlindis, Jordan von Sachsen, Katharina de Ricci (von Florenz), Lantrua Johannes (von Triora), Licinius (Lézin), Maria d'Azevedo, Martinian von Palästina, Polyeuktes, Relindis, Wiho

14. Februar: Auxentios, David Vicente Vilar, Johannes Baptist von der Empfängnis (Johannes Garcia Jijón), Konrad von Bayern (von Clairvaux), Maron von Syrien, Valentin von Terni

15. Februar: Allamano Giuseppe, Claude de la Colombière, Drutmar von Corvey (von Lorsch), Faustinus, Florentini Anton Krispin Theodosius, Friedrich Bachstein, Jovita, Mabenna (Mabyn), Merinus (Mirin), Paphnutios, Petrus Thomas, Sigfrid (Sigurd) von Schweden, Waldefried

16. Februar: Beatrix da Silva Meneses, Dominicus Ruzzola (Dominicus a Jesu Maria), Juliana von Nikomedien, Ludanus, Onesimos, Pamphilos von Cäsarea, Petrus von Castelnau, Philippa Mareri, Simeon von Metz, Simon Fidati di Cascia

17. Februar: Alessio Falconieri, Amedeo degli Amidei, Baudouin Louis-Marie, Beatrix von Este, Bonfiglio Monaldi, Bonosus von Trier, Carboni Edvige, Clet François Regis, Constabilis, Evermod von Ratzeburg, Finan, Lukas Belludi, Manetto dell Antella, Mangold (Manegold), Sieben Ordensstifter, Silvinus, Sostegno dei Sostegni, Uguccione degli Uguccioni, Victorinus von Karthago

18. Februar: Agapetos, Comensoli Gertrude, Elias von Jerusalem, Flavian (Flabianus) von Konstantinopel, Giovanni da Fiésole (Fra Angelico), Isaias Boner (Isaias von Krakau), Simon Bruder des Herrn, Soubirous Bernadette (Marie-Bernard), Tarasios von Konstantinopel, Theotonius, Varela y Morales Félix

19. Februar: Acca, Barbatus, Bonifatius von Lausanne, Gabinus (Gavinus) von Rom, Konrad von Piacenza, Leontius (Legontius) von Trier, Odran

20. Februar: Arintero Juan González, Eleutherius von Tournai, Elisabeth Picenardi, Eucherius von Orléans, Leon Thaumaturgos (von Catania), Sadoth (Sadosh), Sonnenschein Carl

21. Februar: Andreas Bobola, Dominici Maria Enrichetta, Eleonara von England, Ercongotha, Felix von Metz, Georg von Amastris, Germanus von Münster-Grandfelden, Gundebert, Leodegar (Liutiger), Maximianus von Ravenna, Natalis (Noël) Pinot, Petrus Damiani, Randoald, Severianos, Zacharias von Jerusalem

22. Februar: Diego Carvalho, Margareta von Cortona, Oultremont Maria di Gesù Émilie

23. Februar: Elisabeth (Isabella) von Frankreich, Jurmin, Mazzuchelli Carlo Samuele, Milburga (Mildburg), Montanus von Toledo, Nikolaus von Preußen, Ordonius, Paula vom heiligen Aloysius (Rosa Magdalena Delpuig), Petrus Damiani, Polykarp, Primianus, Romana, Willigis, Ybarra de Vilallonga Rafaela

24. Februar: Demetrias, Ethelbert von Kent, Liudhard, Matthias, Moes Dominika Klara Anna vom heiligen Kreuz, Stock Franz, Zuazo Alberto Capellan

25. Februar: Adam von Ebrach, Adelhelm, Aldetrud, Caravario Callisto, Constantius von Fabriano, Diego Carvalho, Lentini Domenico, Marcus de Marconibus, Sebastian Apparizio, Tarasios von Konstantinopel, Versiglia Luigi, Walburga von Heidenheim

26. Februar: Alexandros von Alexandrien, Dionysius von Augsburg, Edigna von Puch, García Teresa Mira (Teresa vom Jesuskind), Jachelina von Schwarzenberg, Mechthild von Hackeborn (von Helfta), Montal Fornés Paula, Ottokar (Otgar), Porphyrios von Gaza

27. Februar: Baldomar, Brader Charitas, Cirer Carbonell Francisca-Ana (Francesca Anna dell Addolorata), Deluil-Martiny Marie Caroline Philomène, Egino von Verona, Girbes Josefa Naval, Honorina, Leander, Markus Barkworth, Possenti Francesco (Gabriele dell Addolorata), Zengotitabengoa Lasuen Juan Vicente (Juan Vicente von Jesus und Maria)

28. Februar: Brottier Daniel, Carré de Malberg Caroline Barbara, Gnocchi Carlo, Lupicinus, Oviedo y Schönthal Antonia Maria, Proterios, Romanus von Condat, Sirin (Sira), Theodulf von Trier, Villana de Botti

29. Februar: Antonia von Florenz, Chapdelaine Auguste, Hilarus, Oswald von York

März

1. März: Albinus (Aubin), David von Menevia (von Wales), Eudokia, Felix II. (III.), Giovanna Maria Bonomo, Herculanus, Leo von Rouen, Leontia von Rom, Lötschert Ignatius Peter, Roger le Fort, Rudesind (Rosendo), Suitbert (der Ältere) (Swithbert, Swidbert), Vaser Alfano, Venerius von Rom, Verzeri Theresia Eustochium

2. März: Agnes von Böhmen, Angela vom Kreuz, Ceadda (Chad), Fulko von Neuilly, Guerrero y González Angela, Joavan, Karl von Flandern (der Gute), Macra, Simplicius, Unzeitig Engelmar Hubert

3. März: Anselm von Nonantola, Berzo Innozenz von, Columba Schonath, Drexel Maria Catherine, Friedrich von Mariengaarde (von Hallum), Gervin (Gerwin) von St-Riquier, Innozenz von Berzo (Giovanni Scalvinoni), Kunigunde, Liberatus Johannes Laurentius Weiss und Gefährten, Niccolò d'Albergati (von Bologna), Non (Nonna, Nonnita), Serlo von Gloucester, Winwaloë

4. März: Alberich von Utrecht, Anna von Jesus, Basin (Basinus), Felicitas, Hadrian von Nikomedien, Kasimir von Polen, Lamoignon Marie-Louise Elisabeth de, Lucius I., Owen (Owin, Ouini), Perpetua, Petrus Pappacarbone, Sproll Johannes Baptista, Viel Placida, Walburga von Neuenheerse, Wenzel (Wenzeslaus)

5. März: Cristofero Maccassoli, Eusebius von Cremona, Gerasimos, Jeremia aus der Walachei, Kieran (Kyran), Konrad Scheuber, Petrus von Castelnau, Piran (Pyran, Perran), Spiske Robert, Thietmar von Minden

6. März: Chrodegang von Metz, Coletta (Coleta) Boillet, Cyneburg, Felicitas, Fridolin von Säckingen, Konon von Nazaret, Kunissa (Kunigund), Oldegar, Perpetua, Quiriacus (Cyriacus) von Trier, Rosa von Viterbo, Seznius, Streitel Franziska Amalia Rosa, Tibba

7. März: Anna Maria Redi (Theresia Margareta vom Heiligsten Herzen Jesu), Fridolin von Säckingen, Jermyn (German), Paulus Simplex (der Einfache), Reinhard, Thomas von Aquin, Volker, Willaik (Willeich) von Kaiserswerth

8. März: Apollonius, Berneux Siméon-Franciscus, Cataldus, Felix von Dunwich, Gerhard von Clairvaux, Hunfried, Johannes von Gott (Juan de Dios), Julianus von Toledo, Miguez Faustino Emanuel, Philemon, Senan (Senames), Stephan von Obazine, Veremundus, Vinzenz Kadlubek, Wittmann Georg Michael

9. März: Brun(o) von Querfurt, Francesca Romana, Gregor von Nyssa, Katharina von Bologna, Konstantin von Cornwall, Milleret Marie-Eugénie (Eugenia Maria von Jesus), Pacianus, Pfister Barbara, Savio Domenico

10. März: Agape von Antiochien, Andreas von Strumi, Ansbald, Attala von Bobbio, Johannes de Cellis (von Vallombrosa), Johannes Ogilvie, Kessog (Mackessog), Makarios I. von Jerusalem, Nieves del Castillo Mateo Elias (Elias del Socorro), Simplicius, Wirnto

11. März: Agape von Antiochien, Cristofero Maccassoli, Eulogius von Córdoba (von Toledo), Gumbert, Johannes Baptist Righi, Pionios, Rosina, Sophronios, Vigilius von Auxerre, Vinzenz von León

12. März: Elphegus der Ältere, Engelhard, Fina (Seraphina), Innozenz I., Justina Francucci Bezzoli, Mura (Muran), Orione Luigi, Paulus Aurelianus, Petrus Diaconus (Diakon), Simeon der Neue Theologe, Theophanes Confessor

13. März: Agnellus von Pisa, Eldrad (Heldrad), Euphrasia, Mochoemoc (Pulcherius), Nikephoros von Konstantinopel, Sancha (Sancia)

14. März: Cusmano Giacomo, Einhard, Eva von Lüttich, Lanzuela Adolfo, Mathilde (Mechthild, Maud), Paulina von Thüringen

15. März: Balicki Johannes Adalbert, Christodulos von Patmos, Hofbauer Clemens Maria Johannes, Keller Pius Johannes, Kuefstein Maria Clara, Longinus, Louise de Marillac, Riccardi Placido Tommaso, Zacharias, Zatti Artemide, Zebedäus

16. März: Abraham von Chiduna, Caps Eugénie, Christodulos von Patmos, Dentlin, Eusebia von Hamay, Gregorius von Pithiviers, Heribert von Köln, Hilarius, Jean de Brébeuf, Julianos von Anazarbos, Maria Büßerin, Tatian

17. März: Alexius von Edessa, Gallifa y Palmarola Teresa, Gertrud von Nivelles, Johannes (Jan) Sarkander, Joseph von Arimathäa, Konrad von Bayern (von Clairvaux), Patrick (Patricius), Withburga

18. März: Anselm II. von Lucca, Cyrill von Jerusalem, Donati Marianna (Celestina della Madre di Dio), Eduard der Märtyrer, Frigidian (Frediano), Le Bouteiller Martha Aimée, Narcissus von Gerona, Salvator von Horta, Tetricus (Tetrich) von Auxerre, Tetricus (Tetrich) von Langres, Zehntausend Märtyrer

19. März: Alchmund, Andreas Gallerani, Callo Marcel, Isnard von Chiampo (von Vicenza), Josef (von Nazaret), Lactan (Lactinus), Landoald, Leontius von Saintes, Marcus von Montegallo, Pancharius, Sibyllina Biscossi

20. März: Ambrosius Sansedoni, Baptista (Johannes) Mantuanus (Spagnoli), Bilczewski Giuseppe, Claudia, Cuthbert (Gisbert) von Lindisfarne, Gerasimos, Herbert von Cumberland, Irmgard, Johannes von Parma, Marcus von Montegallo, Martin von Braga, Mauritius Pannonius, Palau y Quer Francisco, Paraskeve, Remigius von Straßburg, Sancho de Guerra Maria Josepha, Wulfram (Wolfram)

21. März: Absalon (Axel) von Lund, Benedikt von Nursia, Cambiago-Frasinello Benedetta, Enda (Endeus, Enna), Lupicinus, Nik(o)laus von Flüe (Bruder Klaus), Richeza (Rixa), Schneider Emilie Juliana Eva, Serapion von Thmuis

22. März: Benvenuto Scotivoli, Deogratias von Karthago, Elko, Galen Clemens August Graf von, Joseph Oriol, Lea von Rom, Paulus von Narbonne, Zacharias

23. März: Ar-Rayyes Rafqa (Rebecca), Cocchetti Annunziata, Joseph Oriol, Lukardis, Merbot (Marbold), Sibyllina Biscossi, Toribio (Turibius) von Lima

24. März: Aldemar, Cádiz Diego José, Didacus Josephus von Cádiz, Giuseppe Maria Tomasi di Lampedusa, Hildelith (Hildelide), Karlowska Maria, Katharina von Schweden, Latinus, Macartan, Romero Oscar

25. März: Dismas der Schächer, Eberhard von Nellenburg, Flesch Margareta Rosa, Ghattas Maria Alfonsina, Lucia Filippini, Menochio Giuseppe Bartolomeo, Pelagius von Laodicea, Prokop(ius) von Böhmen (von Sázava), Quirinus von Tegernsee (von Rom), Victorinus von Karthago, Walter von Pontoise (von Rebais)

26. März: Felix von Trier, Kastulus (Castulus), Liudger (Ludgerus), Morano Maddalena

27. März: Céstac Louis Edouard, Coudrin Pierre-Marie-Joseph, Faà di Bruno Francesco, Frowin von St. Blasien, Grialou Henri (Marie-Eugène vom Kinde Jesu), Johannes von Lykopolis, Nikodemus, Rupert von Salzburg, Vedulf

28. März: Cini Adelheid, Einhild, Gundelindis, Guntram, Johanna Maria de Maillé, Naab Ingbert Karl, Sixtus (Xystus) III., Stephan Harding, Venturino von Bergamo, Wilhelm Eiselin

29. März: Barachisius, Bert(h)old von Kalabrien (von Limoges), Jonas, Ludolf von Ratzeburg, Viktor Überkomm, Wilhelm von Neuenburg

30. März: Amadeus IX. von Savoyen, Casoria Luigi (Palmentieri Arcangelo), Diemut, Dodo von Haska (Hascha), Joachim von Fiore, Johannes Klimakos, Kafka Maria Restituta Helene, Osburga, Petro (Pedro) Regalado, Quirinus von Neuss (von Rom), Regulus (Rieul), Zosimus von Syrakus

31. März: Akakios Agathangelos, Balbina, Bonaventura Tornielli (von Forlì), Cornelia (Kornelia), Daniel der Kamaldulenser, Fuhl Clemens Vinzenz, Guido (Wido) von Pomposa, Johanna von Toulouse, Thyssen Heinrich

April

1. April: Agape von Thessalonike, Agilbert, Apor Vilmos, Caesarius von Speyer, Cellach (Celaus), Hugo von Bonnevaux, Hugo von Grenoble, Nuño lvares Pereira, Pavoni Lodovico, Walarich (Walaricus, Valéry)

2. April: Abundius von Como, Apphianos, Chionia, Coll Francisco, Diego Luis de San Vitores Alonso, Ebba die Jüngere von Coldingham, Eustasius von Luxeuil, Franz von Paula, Johannes I. von Neapel, Leopold von Gaiche, Maria von Ägypten, Nicetius von Lyon (Nizier), Ronci Carla, Theodosia von Cäsarea, Urban von Langres, Vendramini Elisabetta

3. April: Agape von Thessalonike, Apphianos, Casini Maria Teresa, Chionia, Fara (Burgundofara), Gandolf von Binasco, Joseph der Hymnenschreiber, Koch Elisabeth Josefine, Liutbirg, Niketas von Medikion, Richard von Chichester, Scrosoppi Luigi, Sixtus (Xystus) I., Thiento

4. April: Benedikt von S. Philadelphio, Bénézet, Catanoso Gaetano, Dusmet Melchior Giuseppe Benedetto, Isidor (Isidro) von Sevilla, Platon, Tibernach

5. April: Agape von Thessalonike, Apphianos, Bengy Maria Magdalena de, Catalina Thomás, Chionia, Crescentia Höß, Eva von Lüttich, Gerhard von Sauve-Majeure, Juliana von Lüttich (von Cornillon), Nikephoros von Konstantinopel, Rodríguez Saturnina (Caterina di Maria), Theodora von Thessalonike, Tibernach, Vinzenz Ferrer

6. April: Agostini Zefirino, Bert(h)a Bardi, Coelestin I., Eutychios von Konstantinopel, Katharina von Pallanza, Morosini Pierina, Notker der Stammler (Notker Balbulus), Petrus Martyr (Petrus von Verona), Rua Michele, Wilhelm von Aebelholt (von Eskil)

7. April: Eberhard von Nellenburg, Hermann Joseph von Steinfeld, Hordashevska Michelina Giosafata, Johann Baptist de La Salle, Pallotta Maria Assunta, Ursulina Venerii

8. April: Aidesios, Beata (Beatrix), Billiart Marie-Rose-Julie, Clemens von S. Elpidio (von Osimo), Czartoryski August, Dionysios von Korinth, Julianus vom heiligen Augustin, Perpetuus von Tours, Redolfi Fortunato, Walter von Pontoise (von Rebais), Zubero Iturrate (Dominikus vom Heiligsten Sakrament)

9. April: Casilda von Toledo, Gaucherius, Hugo von Rouen, Marcellus von Die, Thomas von Tolentino, Ubaldo Adimari, Waldetrud (Waltraud)

10. April: Canossa Maddalena Gabriela di, Fulbert von Chartres, Gerold, Marcus Fantuzzi von Bologna, Michael de Sanctis, Notker von Lüttich, Paternus von Abdinghof

11. April: Angelus Carleti von Chivasso, Antipas, Barnabas, Barsanuphios (Barsanorius), Bernhard von der heiligen Theresia (Jean Duval), Domnius, Galgani Gemma, Godeberta von Noyon, Guerra Elena, Guthlac, Lanuin(us), Rainer (Reiner) von Osnabrück, Stanislaus von Krakau

12. April: Alferius, Damiano von Pavia, Erkembodo, Heinrich von Grünenwörth, Julius I., Möhler Johann Adam, Moscati Giuseppe, Sabas (Sabbas) der Gote, Solar Fernández Joanna, Tetricus (Tetrich) von Auxerre, Zeno

13. April: Albertinus von Fonte Avellana, Angela Maria von der Unbefleckten Empfängnis, Hermenegild, Ida von Boulogne, Ida von Löwen (von Roosendael), Ingundis, Jacobus Guidi von Certaldo, Margareta von Città di Castello, Rousseau Scubilion Jean Bernarde, Ursus von Ravenna

14. April: Bernhard von Tiron, Eberhard von Salem, Fronto, Fulbert, Lambert (Lantbert) von Lyon, Lidwina (Lidia, Ludwina, Lidwiga), Petrus (Pedro) Gonzáles (St. Elmo, San Telmo), Tiburtius von Rom, Valerian von Rom

15. April: Bullesi Egidio, César de Bus, De Veuster Damian Joseph, Hun(n)a, Nidgar (Nitker, Neodegar), Peruschitz Josef Benedikt, Rodanus (Ruadan, Ruadham), Waltmann

16. April: Benedikt-Joseph Labre, Encratia, Fructuosus von Braga, Joachim Piccolomini (Pelacani), Magnus von Schottland, Motsch Alpert Christian, Paternus von Avranches, Soubirous Bernadette (Marie-Bernard), Turibius von Astorga

17. April: Agapet I., Aniketos (Anicet), Bartholomäus von Simeri, Dengel Anna, Eberhard von Wolfegg, Gervin (Gerwin) von Oudenburg, Hermann von Friesach (der Deutsche), Innozenz von Tortona, Jacobus Cinthier von Cerqueto, Kateri (Katharina) Tekakwitha, Klara Gambacorta, Landrich (Landry), Metzger Max Josef, Robert von Chaise-Dieu, Wando

18. April: Alexandros von Alexandrien, Amedeo degli Amidei, Andreas Hibernon, Apollonius von Rom, Barbe Acarie, Galdinus della Sala Valvassi, Herluka von Bernried, Idesbald, Laserian (Molaisse, Lamliss), López Brú Claudio, Petrilli Savina, Platon, Ursmar, Werner von Oberwesel, Wikterp von Augsburg

19. April: Elphegus der Märtyrer, Emma von Lesum (Emma von Niedersachsen), Gerold, Jakob Duckett, Konrad von Ascoli Piceno, Leo IX., Timon, Werner von Oberwesel

20. April: Adalar, Agnes von Montepulciano, Bello Antonio (Don Tonino), Bosatta Chiara, Domenico Vernagalli, Hildegundis von Schönau, Hugo von Poitiers, Jakob Bell, Oda (Odette) von Rivreulle, Simon von Todi, Theotimos, Wiho, Wilhelm von Windberg (der Pilger)

21. April: Anastasios I. von Antiochien, Anastasios Sinaites, Anselm von Canterbury (von Aosta), Apollonius von Rom, Beuno, Fastred, Konrad von Parzham (Johann Evangelist Birndorfer), Wolbodo

22. April: Abrunculus, Agapet I., Ägidius von Assisi, Alexandros von Alexandrien, Francesco von Fabriano, Gaius (Caius, Cajus), Leonides, Mareas, Opportunata, Sennorina, Soter, Wolfhelm

23. April: Adalbert von Prag, Felix, Fortunatus, Achilleus, Franz von Bormio, Georg, Gerhard I. von Toul, Ibar (Ivor), Jon Ögmundsson, Manetti Teresa (Adelaide) Maria a Cruce, Pusinna, Sagheddu Maria Gabriella

24. April: Deodat, Egbert, Fidelis von Sigmaringen (Markus Roy), Hartmann Anastasius, Ivo von England, Mellitus, Menni Benedetto Angelo, Pelletier Rose-Virginie (Maria von der hl. Euphrasia), Wilfrith (Wilfrid)

25. April: Anianos von Alexandrien, Ermin (Erwin), Floribert von Lüttich, Franca Vidalta (von Piacenza), Marcellinus, Markus, Pedro (Petrus) Betancur, Philippinus von Kastilien (von Montalcino), Piamarta Giovanni Battista

26. April: Aldobrandesca (Alda), Anaklet I. (Anenkletos, Cletus), Basileios von Amaseia, Hermann I. von Baden (von Zähringen), Lucidius, Marcellinus, Paschasius Radbertus, Richarius (Riquier, Richer), Trudpert

27. April: Anastasius I., Anthimos von Nikomedien, Bandrés y Elósegui Maria Antonia, Liberalis von Treviso, Nicolas Roland, Petrus (Pedro) Armengol, Petrus Canisius, Tutilo, Zehntausend Märtyrer, Zita

28. April: Adalbero von Augsburg, Adaldag, Africanus, Beretta Molla Gianna, Chanel Pierre-Louis-Marie, Louis-Marie Grignion de Montfort, Luchesius, Marie-Louise Trichet, Pamphilus von Sulmona, Pollio, Prudentius, Stevan Gioacchino Maria Antonio, Theodora von Alexandria, Valeria

29. April: Adalgar, Bergeron Elisabeth, Endellion, Hugo I. (der Große) von Cluny, Katharina von Siena, Marquard Weismaler (von München), Petrus Martyr (Petrus von Verona), Robert von Brügge, Robert von Molesme (von Cîteaux), Severus von Neapel, Theoger, Torpes, Tychikos

30. April: Amator von Córdoba, Benedikt von Urbino, Cottolengo, Giuseppe Benedetto, Erembert von Toulouse, Erkonwald, Eutropius von Saintes, Forannan, Hildegard, Hulda (Hilda), Jakobus, Katharina von Siena, Mallinckrodt Pauline von, Marianus, Marie Guyart (Maria von der Menschwerdung), Mercurialis von Forlì, Peregrinus Latiosus (Pellegrino Laziosi), Pius V. (Michele Ghislieri), Quirinus von Neuss (von Rom), Suitbert von Verden (der Jüngere), Wolfhard

Mai

1. Mai: Africanus, Aldebrand, Amator von Auxerre, Andeolus, Bert(h)a von Avenay, Brioc (Brieuc), Ephysius, Evermar, Isidora, Josef (von Nazaret), Judas Cyriacus, Markulf (Marcoul, Maclou), Orentius von Auch, Pampuri Riccardo Erminio Filippo, Panacea, Peregrinus Latiosus (Pellegrino Laziosi), Philippus, Schoeffler Augustin, Sigismund (Sigmund), Theodard von Narbonne, Theodulf von St-Thierry-au-Mont-d'Or, Vitalis von Savigny, Vivald, Walburga von Heidenheim, Westermaier Maximilian

2. Mai: Antoninus von Florenz (Antoninus Pierozzi), Athanasius der Große, Boris von Bulgarien, Konrad von Seldenbüren, Luu Joseph, Mafalda, Nicolaus Hermanni (Niels Hermansson), Rubio y Peralta Joseph Maria, Victorinus von Pettau, Waldebert (Gaubert), Wiborada, Zoë

3. Mai: Aemilia Bicchieri, Alexander I., Ansfrid (Osfrid), Barzaghi Cesare Maria, Elwin, Evetius, Jakobus der Jüngere (Minor), Juvenalis von Narni, Kazimierczyk Stanislaw, Paradis Marie-Léonie Alodia Virginia, Philipp von Zell, Rosaz Edoardo Giuseppe, Sostegno dei Sostegni, Theodolus, Thomas von Bergamo (Thomas von Olera), Uguccione degli Uguccioni, Viola, Zoë

4. Mai: Arbeo (Aribo) von Freising, Florian, George Haydock und Gefährten, Guido (Wido) von Pomposa, Johannes Martin Moye, Judas Cyriacus, Ladislaus von Gielniów, Märtyrer der Kartäuser in England, Michael

Gedrocius, Porphyrius von Camerino, Sacerdos (Sardot, Sadroc, Sardou, Serdon) von Limoges, Silvanos von Gaza, Thomas Abel, Valeria von Lorch, Walter von Pontoise (von Rebais), Willerich von Bremen

5. Mai: Angelus der Karmelit, Benvenuto Mareri, Britto (Britonius), Cittadini Caterina, Godehard (Gotthard) von Hildesheim, Hilarius von Arles, Jutta von Sangershausen, Sacerdos (Sardot, Sadroc, Sardou, Serdon) von Limoges, Sulprizio Nunzio, Tarbo (Therma), Tóth Tihamér, Waldrada

6. Mai: Eadbert (Edbert), Elisabeth von Ungarn, Evodius von Antiochien, François de Montmorency-Laval, Mindszenty József, Petronax, Prudentia, Remigius

7. Mai: Akakios (Achatius, Achaz), Benedikt II., Boris von Bulgarien, Domitian von Maastricht, Gisela von Ungarn, Johannes (John) von Beverley, Rosa Venerini, Roscelli Agostino, Serenedus, Serenikus, Valerian von Auxerre

8. Mai: Arsenius der Große, Benedikt II., Bonifatius IV., Desideratus, Fey Clara, Friedrich von Hirsau, Gibrian, Iduberga (Ida, Itta), Marie-Catherine vom heiligen Augustin (Catherine de Longpré), Nikolaus von Myra, Nisch Ulrika Franziska, Serenedus, Serenikus, Victor von Mailand, Wiro, Wulfhilda von Wessobrunn

9. Mai: Adalgar, Beatus (Batt), Christophorus, Gerhardinger Karolina Maria Theresia von Jesu, Giraldi Giuseppe, Gregor von Ostia, Johannes Benincasa, Niccolò d'Albergati (von Bologna), Volkmar

10. Mai: Alpheios, Ambrosius von Massa, Antoninus von Florenz (Antoninus Pierozzi), Beatrix von Este, Cataldus, Comgall (Comgell, Comgill), Epimachus, Gordianus, Johannes von Ávila, Quartus, Quintus, Rebuschini Enrico, Rubatto Maria Francesca (Maria Francesca di Gesù), Solangia (Solange)

11. Mai: Aloysius Rabatá, Bert(h)a von Avenay, Brioc (Brieuc), Eudald, Francesco de Hieronymo (de Geronimo), Fremund, Gangold, Ignatius von Láconi (Ignazio Vincenzo Peis), Illuminatus, Kyrillos, Majolus, Mamertus, Methodios, Odilo von Cluny, Philippus, Rufus von Metz, Theophista, Tudy

12. Mai: Achilleus, Agnes von Poitiers, Domingo de la Calzada, Epiphanios von Salamis, Flavia Domitilla, Francesco Patrizi (von Siena), Germanos von Konstantinopel, Johanna von Portugal, Lourdel Siméon, Modoald (Modowandus), Nereus, Pankratius (Pankraz), Quinn Edel, Richtrudis

13. Mai: Ellinger, Fournet André-Hubert, Gerhard von Villamagna, Imelda, Johannes der Schweiger (Hesychastes), Maddalena Albricci, Mucius, Natalis von Mailand, Nicolini Galileo, Rolendis (Rollandis), Servatius (Servais)

14. Mai: Adauctus, Bonifatios von Tarsos, Corona, Erembert von Toulouse, Garicoits Michael, Guérin Anna Teresa Theodore, Halvard, Mazzarello Maria Domenica, Pachomios der Ältere (von Theben), Paschalis I., Pontius (Pons) von Cimiez, Victor von Mailand

15. Mai: Achillios, Andreas Abellon, Domitian von Maastricht, Dymphna, Fortunatus von Salerno, Gerebernus, Halvard, Heinrich von Ebrantshausen, Hilarus von Galeata, Isidor von Chios, Isidor (Isidro) von Madrid (der Bauer), Ojeda y Creus Rosa, Primael, Rupert von Bingen, Sophia von Rom, Torquatus

16. Mai: Andreas Bobola, Brendan (Brandan), Domnolus, Fidolus (Phal), Honoratus von Amiens, Johannes von Nepomuk, Peregrinus von Auxerre, Possidius, Regnobert, Simon Stock, Theodoros von Tabennísi, Ubald von Gubbio

17. Mai: Madron (Maden), Maildulf, Mesina Antonia, Paschalis Baylon, Rasso (Radbod, Ratho), Restituta, Torpes, Walter von Mondsee

18. Mai: Agnellus von Neapel, Burkard von Beinwil, Dioscuros, Dupont Léon-Papin, Elgiva, Erich IX. Jedvardsson, Felix von Cantalice, Johannes I., Merten Blandine Maria Magdalena, Potamon, Sirin (Sira), Tekusa, Theodotus von Ankyra, Venantius von Camerino, Wilhelm von Toulouse

19. Mai: Alkuin, Augustinus Novelli, Bütler Verena Bernarda, Coelestin V. (Pietro del Murrone), Coll Francisco, Crispinus von Viterbo (Pietro Fioretti), Dunstan, Humiliana dé Cerchi, Ivo (Yves) Hélory, Pudens, Pudentiana (Potentiana), Rafiringa, Raphael Louis, Theophilus von Corte

20. Mai: Albini Karl Dominikus, Austregisilus, Bartholomäus Holzhauser, Bernhardin von Siena (degli Albizzeschi), Ethelbert, Etheldritha (Elfriede, Alfreda) von England, Ivo (Yves) von Chartres, Plautilla, Stenmanns Hendrina Josepha

21. Mai: Adelphios, Benvenuto Mareri, Collen (Colan), Erenfrid (Ezzo), Godrich, Helena, Hemming, Isberga, Konstantin I. (der Große) (Osten), Mazenod Charles-Joseph-Eugène de, Pilgrim (Piligrim) von Passau, Secundus, Silaus (Silanus), Theobald von Vienne, Vivald

22. Mai: Aemilius, Castus, Brun-Barbantini Maria Domenica, Hemming, Humilitas (Rosanna di Negusanti), Johannes von Parma, Julia von Korsika (von Karthago), Quiteria, Renata von Bayern, Rita von Cascia, Vedruna de Mas Joachima de, Waldebert (Gaubert)

23. Mai: Anno von Verona, Apor Vilmos, Bartholomäus der Bauer (Agricola), Desiderius von Langres, Desiderius von Vienne, Dubritius, Guibert (Wibert), Johannes Baptist de Rossi, Savonarola (Girolamo Savonarola)

24. Mai: Afra von Brescia, Barat Madeleine-Sophie, Darboy Georges, Donatian von Nantes, Johannes del Prado, Moreau Louis-Zéphyrin, Pfanner Franz Wendelin, Rogatian, Sarah, Servulus von Lystra, Simeon (Symeon) Stylites der Jüngere, Vinzenz von Lérins

25. Mai: Aldhelm (Ealdhelm), Bonifatius IV., Claritus (Voglia), Desiderius von Vienne, Dionysius von Mailand, Dunchadh, Eduard Stemberger, Egilhard, Gennadius von Astorga, Gregor VII. (Hildebrand), Jakobus Philipp Bertoni, Maria Magdalena Katharina de' Pazzi, Urban I., Zacharias von Vienne, Zenobius von Florenz

26. Mai: Andrea Franchi, Andreas Franchi, Augustinus von Canterbury, Beda Venerabilis (der Ehrwürdige), Eleutherius, Godo, Lambert von Vence, Maria Anna von Jesus (Mariana de Paredes y Flores), Philipp (Filippo) Neri, Regintrud (Regentraut)

27. Mai: Beda Venerabilis (der Ehrwürdige), Bruno von Würzburg, Eutropius von Orange, Friedrich von Lüttich, Julius der Veteran (von Dorostorum), Margareta Pole, Schaffgotsch Gertrud von

28. Mai: Amatus von Nusco, Germanus von Paris, Justus von Urgel, Lanfranc von Canterbury, Victor von Tomils, Wilhelm von Aquitanien (von Gellone)

29. Mai: Agricius (Agritius), Alexander (Nonsberger Märtyrer), Bona von Pisa, Gérard Jean-Joseph, Joachim von Fiore, Konon, Ledóchowska Ursula Julia Maria, Martyrius (Nonsberger Märtyrer), Maximinus von Trier, Petrus (Pietro) Petroni, Richard Thirkeld, Sisinius (Nonsberger Märtyrer), Stephan von Narbonne, Theodosia von Konstantinopel, Wilhelm Arnaud (Arnaldi)

30. Mai: Edmund von Abingdon (Edmund Rich), Emmelia, Felix I., Ferdinand III. von Kastilien (der Heilige), Gabinus (Gavinus) von Torres, Jeanne d'Arc (Johanna von Orléans), Marello Giuseppe, Murialdo Leonardo, Neururer Otto, Zdislava von Lemberk

31. Mai: Baptista von Varani, Helmtrud, Jacobus Salomonius, Juan Diego, Mechthild von Dießen, Nicolas Barré, Paschasius von Rom, Petronilla, Valerian von Auxerre, Vitalis von Assisi

Juni

1. Juni: Alfons de Navarrete, Domingo Castellet, Ellenberger Agnes Karoline, Enneco von Ona, Felix von Nicosia, Ferdinand Ayala vom heiligen Joseph, Fortunatus von Spoleto (von Montefalco), Francia Annibale Maria di, Ischyrion und Gefährten, Jacobus Strepa, Kuno (Konrad) von Trier, Lüfthildis (Liuthildis), Nikomedes, Pamphilos von Cäsarea, Proculus, Ronan, Rumon, Scalabrini Giovanni Battista, Simeon von Trier, Theobald Roggeri, Wistan (Winston)

2. Juni: Adalgis, Alexandros von Lyon, Blandina, Erasmus (Elmo), Eugen I., Johannes Pelingotto, Johannes (Juan) von Ortega (Urtica), Marcellinus, Nikephoros von Konstantinopel, Nikolaus Peregrinus, Odo von Canterbury (der Gute), Petrus, Pothinus (Photinus), Sadok, Stephan (Stenphi) von Hälsingland

3. Juni: Andreas von Caccioli (von Spello), Chlothilde (Klothilde), Grandin Vital, Johannes XXIII. (Angelo Giuseppe Roncalli), Johannes Grande Román (Peccator), Kevin (Coemgen), Liphardus (Lifard), Lwanga Charles und Gefährten, Morandus

4. Juni: Chlothilde (Klothilde), Francesco Ascanio Carácciolo, Illidius, Metrophanes, Ninnoc(a), Optatus, Pacificus von Novara (von Cerano), Petroc, Quirinus von Siscia, Saturnina, Smaldone Filippo

5. Juni: Adalar, Bonifatius (Winfrid), Dorotheus von Tyros, Eoban (Eaba, Eobo, Eoba), Felix von Fritzlar, Ferdinand der Standhafte, Jean Baptist de Laveyne, Meinwerk (Meginwerk)

6. Juni: Alexander von Fiesole, Bertechram (Bertram) von Le Mans, Bertrand von Aquileia, Bessarion (Passarion), Bogumil von Gnesen, Ceratus von Grenoble, Champagnat Marcellin-Joseph, Claudius (Claude) von Condat (von Besançon), Eustorgius II. von Mailand, Falko, Gudwal, Jarlath, John Davy, Laurentius von Villamagna, Norbert von Xanten (von Magdeburg), Philippos der Diakon, Troiani Costanza (Maria Caterina von der hl. Rosa), Valencia Raffaele Guizar

7. Juni: Adalar, Aldrich von Sens (Sens), Anna vom heiligen Bartholomäus, Baptista von Varani, Chlothilde (Klothilde), Deochar (Dietger, Theotgar), Eoban (Eaba, Eobo, Eoba), Erkanbert (Herkumbert), Eugenia von Le Mans, Gianelli Antonio Maria, Meriadec, Paulos I. von Konstantinopel, Potamiaina, Robert von Newminster, Soubiran Marie-Thérèse

8. Juni: Anne de Xainctonge, Berthieu Jacques, Chlodulf von Metz, Droste zu Vischering Maria Gräfin (Maria vom Göttlichen Herzen), Gildard, Ilga (Helga) von Schwarzenberg, Medardus von Noyon, Syra, Usai Giovanni Medda (Nicola Da Gesturi), Wilhelm von York

9. Juni: Caecilia Romana, Ephräm der Syrer (Westen), Felicianus, Heinrich Michael Buch (der gute Heinrich), José de Anchieta, Kolumba(n) (Columban) von Hy (von Iona), Pacificus von Novara (von Cerano), Pelagia von Antiochien, Primus, Richard von Andria, Silvestro Ventura, Tagino, Taigi Anna Maria, Vinzenz von Agen

10. Juni: Bardo, Bobolin, Diana von Andalò, Eberhard von Salem, Evermund, Heinrich von Bozen (von Treviso), Ithamar, Johannes Dominici, Kugler Eustachius Josef, Landrich (Landericus) von Paris, Maurinus von Köln, Oliva von Palermo, Poppe Eduard

11. Juni: Adelheid (Aleydis, Alix) von Schaarbeek, Amabilis (Amable), Barnabas, Bullion Gertraud von, Burjan Hildegard, Flora von Beaulieu, Frassinetti Paola, Johannes von Facundo (von Sahagún), Jolenta (Helen) von Ungarn, Molas y Vallvé Rosa Maria, Parisius, Rimbert (Rembert), Roselina, Schininà Maria (Maria vom heiligsten Herzen Jesu)

12. Juni: Basilides, Bertoni Gaspare Luigi, Eskil, Florida Cevoli, Guido Vagnotelli (von Cortona), Johannes von Facundo (von Sahagún), Kunera (Kennera), Leo III., Molina Maria Mercedes von Jesus, Odulphus, Onuphrios der Große, Salvi Lorenzo, Stefano Bandelli, Zimius („Drei elende Heilige")

13. Juni: Antonius von Padua, Gerhard von Clairvaux, Ragnobert (Rambert, Reinbert), Victorinus von Assisi

14. Juni: Anianus von Orléans, Basilius der Große, Eugster Meinrad Gebhard, Gerhard von Clairvaux, Güell Puig Maria, Hartwich (Hartwig), Lothar von Sées, Marcian von Syrakus, Methodios von Konstantinopel, Richard von St-Vanne, Valerius von Soissons

15. Juni: Abraham von St-Cirgues, Bardo, Bernhard von Aosta (Bernhard von Menthon), Eigil (Egil) von Fulda, Fietz Klara Rosa, Gebhard von Salzburg, Germana Cousin, Isfried, Landelin von Lobbes, Palazzolo Luigi Maria, Trillo, Vitus (Veit)

16. Juni: Aurelian von Arles, Aureus, Benno von Meißen, Chrischona, Ferreolus von Besançon, Ferrutius von Besançon, François Régis, Ismael, Julitta, Kyriakos (Quiricus), Kunigunde von Rapperswil, Luitgard (Lutgart) von Tongern, Richard von Chichester, Scherer Maria Theresia Anna Katharina, Tychon von Amathus

17. Juni: Avitus, Batho, Bessarion (Passarion), Botulf, Euphemia von Altomünster (von Andechs), Herväus (Hervé), Himerius von Amelia, Hypatios, Mafalda, Moling (Molignus, Myllin), Nectan, Nikander, Markianos, Paulus Burali von Arezzo, Petrus (Pietro) Gambacorta, Rainer (Ranieri) von Pisa, Ramwold von Regensburg, Theresia von Portugal

18. Juni: Amandus von Bordeaux, Autbertus von Avranches, Caducanus, Calogerus (Calogero), Elisabeth von Schönau, Gregorio Barbarigo, Leontios, Hypatios, Marcellianus, Marcus, Osanna Andreasi von Mantua, Potentinus von Steinfeld, Sebastian Newdigate, Theodulos

19. Juni: Andreas Gallerani, Deodat von Nevers, Gervasius, Protasius, Hildegrim, Judas Thaddäus, Juliana Falconieri, Michelina (Michaela) Metelli von Pesaro, Odo von Cambrai, Rasso (Radbod, Ratho), Romuald, Zenon, Zosimus von Pisidien

20. Juni: Alban von England, Baino, Benigna, Florentina von Cartagena, Govan, Johannes von Matera (von Pulsano), Margareta Ebner (Margareta von Maria Medingen), Naum (Nahum) von Ochrid, Sancha (Sancia), Silverius, Theresia von Portugal

21. Juni: Alban von Mainz, Aloysius von Gonzaga, Demetria, Ehrlich Aloisus Franz, Eliphius, Engelmund, Eusebius von Samosata, Julianos von Antinoe, Leutfred (Lefroy), Mevennus (Maine, Mewan), Radulf (Raoul), Raimund von Barbastro, Thomas von Orvieto (Thomas Corsini)

22. Juni: Christina (Christine) von Hamm, Christina (Christine) von Stommeln (die Kölnische), Eberhard von Salzburg, Innozenz V. (Petrus von Tarentaise), Johannes IV. von Neapel, John Fisher, Julianus von Rimini (Istricus), Paulinus von Nola, Rotrudis (Ortrudis), Thomas More (Thomas Morus), Zehntausend Märtyrer

23. Juni: Agrippina, Cafasso Giuseppe, Cimatti Santina Maria Raffaella, Etheldreda (Edeltraud), Friedhofen Peter, Jakob von Toul, Lietbert, Maria von Oignies (von Nivelles), Petrus von Jully, Walher

24. Juni: Barbara von Bayern (von Wittelsbach), Bartholomäus von Farne, Ivan von Böhmen, Johannes der Täufer, Rumold (Rumbold, Rombaut), Theodulf von Lobbes, Thöger (Theodgar), Triest Pierre-Joseph, Wilhelm von Vercelli (von Monte Vergine)

25. Juni: Adalbert von Egmond, Aemilianus von Nantes, Burkhard von Mallersdorf, Dorothea von Montau, Eurosia, Febronia, Heinrich Zdik, Johannes der Spanier (Hispanus), Knut (Kanut) Lavard, Maximus von Turin, Prosper Tiro (von Aquitanien), Prosper von Reggio Emilia, Theodemir

26. Juni: Anna, Anthelm von Chignin (von Belley), David von Thessalonike, Escrivá de Balaguer y Albás Josemaría, Eva von Lüttich, Haddad Kahil (Jakob von Ghazir), Johannes, Paulus von Rom, Pelagius von Córdoba, Perseveranda, Salvius von Valenciennes, Vigilius von Trient, Wörndl Paulus

27. Juni: Andreas von Burgio, Arialdus, Bacciarini Aurelio, Bays Marguérite, Benvenuto von Gubbio, Cyrill von Alexandrien, Deodato von Nola, Eppo, Hemma von Gurk, Ladislaus (Wladislaw, Laszlo) I. von Ungarn, Lucia Bufalari, Montaignac de Chauvance Louise-Thérèse, Siebenschläfer (Sieben Kinder von Ephesus), Theonestes von Mainz, Wilhelm von der Sann, Zoilus

28. Juni: Egil von Prüm, Gerosa Vincentia, Heimerad, Irenäus (Eirenaios) von Lyon, John Southworth, Markötter Elpidius, Paul I., Potamiaina, Theodechild (Diethilde)

29. Juni: Beata von Sens, Bello Heinz, Cassinelli Domenico (Norberto di S. Maria del Orto), Cisneros Gregorio Hernandez, Elwin, Hemma von Gurk, Judith (Jutta), Notker Labeo, Paulus, Petrus, Salome von Niederaltaich, Syrus (Siro) von Genua

30. Juni: Adolf von Osnabrück, Bertechram (Bertram) von Le Mans, Chávez Orozco Vicenta (Maria Vincenza von der heiligen Dorothea), Erentrudis, Ernst Pardubitz (Ernst von Prag), Janauschek Wilhelm, Januarius (Gennaro) Maria Sarnelli, Klausener Erich, Lucina, Martialis von Limoges, Otto von Bamberg, Theobald (Dietbald) von Provins, Toussaint Pierre

Juli

1. Juli: Carilef(us) (Calais), Eparchius (Cybard), Falzon Ignatius, Gallus von Clermont, Hilarius von Oizé, Leonorus, Pambo, Rosmini Antonio di, Rumold (Rumbold, Rombaut), Servanus (Serf, Sair), Simeon von Emesa (der Narr), Theoderich (Dietrich) von Reims

2. Juli: Bernhardin Realino, Bussereau Jakob Friedrich, Joubert Eugénie, Laetus von Provins, Lidanus (Lindanus), Martinianus, Monegundis, Oudoceus, Petrus von Luxemburg, Processus, Ruzo (Rugo), Swithun (Swithin)

3. Juli: Anatolios, Anatolios, Baptista von Montefeltre, Heliodorus, Irenäus von Chiusi,

Leo II., Mogas Fontcuberta Maria Ana, Mustiola, Raimund Lull(us) von Palma

4. Juli: Albert von Lodi, Andreas von Kreta, Antoninus (Antonius) von Piacenza, Bert(h)a von Blagny, Elias von Jerusalem, Elisabeth von Portugal, Frassati Pier Giorgio, Jarrige, Cathérine, Odo von Canterbury (der Gute), Prokop(ius) von Böhmen (von Sázava), Ulrich (Udalrich) von Augsburg, Werner von Wiblingen

5. Juli: Antonius Maria Zaccaria, Edana (Etaoin), Elias von Bourdeilles, Kim André (Andreas), Modwenna, Numerian (Memorian), Wendelin, Wilhelm von Hirsau (von Regensburg)

6. Juli: Delgado Garcia Maria Amparo (Maria Amparo Del S. Cuore di Gesú), Gervasius von Le Mans, Goar, Godeleva (Godeliva), Goretti Maria, Ledóchowska Maria Theresia, Mechthild von Dießen, Modwenna, Newlyn (Newelina), Palladius, Petrus vom Kreuz, Romulus von Fiesole, Sexburga, Thomas More (Thomas Morus)

7. Juli: Benedikt XI. (Niccolò di Boccassio), Boisil (Boswell), Ercongotha, Ethelburga von Faremoutier, Gottschalk, Gras y Granollers José, Hedda, Illidius, Kyrillos, Laurentius Humphrey, Methodios, Oddino Barotto, Pantainos, Willibald

8. Juli: Aquila, Disibod, Edgar der Friedfertige, Elisabeth von Portugal, Eugen III., Grimbald, Hadrian III., Kilian von Würzburg (mit Kolonat und Totnan), Landrada, Lichtenegger Maria, Paulus Novus, Priska (Priskilla), Prokopios, Sunniva, Totnan

9. Juli: Agilulf (Agilolfus), Bauer Andreas, Caburlotto Luigi, Eusanius, Everildis, Goar, Jakob Lacops, Johanna Scopelli, Kopres, Leonhard Vechel, Märtyrer von Gorkum, Patermuthios, Veronica Giuliani, Wisenteiner Amabile

10. Juli: Alexander von Rom, Amalberga (Amalia), Erich IX. Jedvardsson, Etto (Hetto), Knut (Kanut) der Heilige, Kolland Engelbert Michael, Kowalczyk Anton, Landfried (Lantfrid), Leontius und Gefährten, Märtyrer von Damaskus, Olaf (Olav) II. Haraldsson (der Heilige), Pacificus von der Mark, Rufina, Ruiz y Lopez Emmanuel und Gefährten, Secunda, Witgar

11. Juli: Benedikt von Nursia, Cyprianus von Poitou, Drostan, Hildulf (Hidulf), Johannes von Bergamo, Olga (Helga, Helena) von Kiew, Oliver Plunket, Pius I., Placidus, Sabinus (Savi) von Poitou, Sigisbert von Disentis

12. Juli: Ansbald, Delgado y Cebrián Clemente Ignacio, Felix, Hermagoras, Jason, Johannes Gualbertus, Jovinus von Trient, Leo von Lucca, Monon, Nabor, Paulinus von Lucca (von Antiochien), Uguzo (Lucius von Cavargna), Viventiolus

13. Juli: Anaklet I. (Anenkletos, Cletus), Baccilieri Ferdinando Maria, Barbieri Clelia (Cloelia), Eugenius von Karthago, Heinrich II. (der Heilige), Höver Philipp Johannes, Jacobus a Voragine, Kunigunde (mit Heinrich), Mildred(a) von Thanet, Roland von Chézery, Silas (Silvanus), Stephanos Sabaita, Zenon von Ägypten

14. Juli: Angelina von Marsciano, Bonifatius von Canterbury (von Savoyen), Camillo (Kamillus) de Lellis, Christophorus, Dentlin, Deusdedit (Frithona) von Canterbury, Francisco Solano, Heraklas, Hroznata (Groznata), Jacobus a Voragine, Richard Langhorne, Ulrich von Zell, Vincentius von Madelgar

15. Juli: Answer, Athanasius von Neapel, Bakanja Isidor, Bernhard von Baden, Bonaventura (Giovanni Fidanza), Ceslaus, David von Västmanland, Domenico Pirrotti (Pompilius Maria vom heiligen Nikolaus), Donald, Egino von Augsburg, Felicissimus von Nocera, Gumbert, Inácio de Azevedo, Jakobos von Nisibis, Javouhey Anne-Marie, Joseph (Josippos) von Thessalonike, Lunkenbein Rudolf, Plechelm, Regiswindis, Rosalia von Palermo, Swithun (Swithin), Wladimir (Waldemar) von Kiew

16. Juli: Bartholomäus a Martyribus, Erlvira (Elvira) von Öhren, Eustathios von Antiochien, Fulrad, Helier, Irmgard (Irmengard) von Chiemsee, Martin Konrad, Milo von Thérouanne, Monulf, Postel Marie-Madeleine, Reineldis (Raineldis, Reinhild, Renilde), Stephan Harding, Tenenan, Valentin von Trier

17. Juli: Alexius von Edessa, Ambrosius Kirchmayr, Athenogenes, Benedikt, Ceslaus, Clemens der Bulgare, Donata, Ennodius (Magnus Felix Ennodius), Gorazd von Bulgarien, Hedwig (Jadwiga) von Polen, Irmgard (Irmengard) von Chiemsee, Juliette Verolot, Kenelm, Leo IV., Marcellina, Margareta (Marina) von Antiochien, Mildgytha, Scilitanische Märtyrer, Zoërardus

18. Juli: Answer, Arnold von Arnoldsweiler, Arnulf von Metz, Bert(h)a von Marbais, Bruno von Segni, Filastrius von Brescia, Friedrich von Utrecht, Maternus von Mailand, Pambo, Robert von Sala, Ruphillus (Rofillus), Simon von Lipnica, Symphorosa

19. Juli: Ambrosius Autpertus, Arsenius der Große, Bernulf (Bernold) von Utrecht, Justa, Makrina die Jüngere, Poppo (Bobo, Bovo), Rufina, Stilla von Abenberg, Symmachus, Theodoros von Edessa, Verhaeghen Theotimus, Vinzenz von Paul

20. Juli: Ansegis, Araujo Aldea (Francesca vom Heiligsten Herzen Jesu), Bernhard von Hildesheim, Ceslaus, Elias von Jerusalem, Kümmernis (Wilgefortis), Margareta (Marina) von Antiochien, Margareta von Ypern, Sanchez Pujalte Rita Dolores, Severa von Trier, Wulmar (Wilmar)

21. Juli: Arbogast, Julia von Troyes, Laurentius von Brindisi, Praxedis, Reus Johannes Baptist, Ruricius, Simeon von Emesa (der Narr), Stilla von Abenberg, Vastrada, Victor von Marseille

22. Juli: Joseph von Skythopolis (von Palästina), Maria von Bethanien, Maria Magdalena, Phokas der Gärtner, Platon von Ankyra, Walter von Lodi, Wandregiselus

23. Juli: Apollinaris von Ravenna, Birgitta von Schweden, Johannes Cassian, Liborius von Le Mans, Prat y Prat Maria Mercedes, Romula, Valerian von Cemele

24. Juli: Athenogenes, Bernhard von Baden, Boris, Christina Mirabilis (von Belgien), Christina von Bolsena, Declanus (Derlanus), García y García Eusebia, Gleb, Goar, Godo, Kinga (Kunigunde) von Polen, Lewinna, Louise von Savoyen, Martínez García Maria Pilar Jacoba, Nicolaus Hermanni (Niels Hermansson), Pavacius, Ruffin, Sigolena (Siglinde, Segoulème), Tordesillas Marciana Valtiera, Ursicinus von Ursitz, Wulfhad

25. Juli: Anna, Antonio Lucci, Christophorus, David von Västmanland, Ebrulf, Euphrosyna von Alexandrien, Glodesind von Metz, Jakobus der Ältere (Maior), Johannes Soreth, Magnerich von Trier, Petrus von Mogliano, Sallés y Barangueras Maria, Soler Vincente, Thomas Hemerken von Kempen, Willebold

26. Juli: Brandsma Titus, Capitanio Bartolomea, Christiana von Flandern, Eoban (Eaba, Eobo, Eoba), Erastus, Joachim, Simeon von Polirone

27. Juli: Alfons von Pacheco, Benno II. von Osnabrück, Bert(h)old von Garsten, Christian von L'Aumône, Coelestin I., García Casimiro González, Glodesind von Metz, Konrad von Ottobeuren, Liliosa, Luitprand, Maria Maddalena Margherita Martinengo di Barco, Natalia von Córdoba, Nevolonus (Nevolo, Novellone), Pantaleon (Panteleimon), Rudolf Acquaviva, Siebenschläfer (Sieben Kinder von Ephesus), Tarallo Maria Gracia, Vigolungo Maggiorino

28. Juli: Castroverde Pedro Poveda, Celsus, Muttathupandathu Alphonsa Anna (von der Unbefleckten Empfängnis), Nazarius, Raimund Palmarius, Samson (Sampson) von Dol, Victor I.

29. Juli: Beatrix, Cuartas Elisabetta Tejada, Faustinus, Ingundis, Ladislaus (Wladislaw, Laszlo) I. von Ungarn, Lucilla Flora und Gefährten, Lupus von Troyes, Martha (Marta) von Bethanien, Olaf (Olav) II. Haraldsson (der Heilige), Seraphia (Serapia), Simplicius, Urban II. (Odo von Châtillon-sur-Marne), Wilhelm Pinchon

30. Juli: Abdon, Agnellus von Ravenna, Archangelus von Calatafimi, Batho (Baturich), Condedus, Edward Powell, Ingeborg, Julitta von Cäsarea, Mandic Bogdan (Leopold von Castelnuovo), Petrus Chrysologus, Petrus von Mogliano, Rufinus von Assisi, Sennen, Simon von Lipnica, Tatwin, Terentius, Thomas Abel, Venegas de la Torre Maria

31. Juli: Bantus, Beatus von Trier, Casey Bernard Francis Solanus, Eppinger Elisabeth Maria Alphonsa, Eudokimos, Germanus von Auxerre, Helena von Skövde, Ignatius von Loyola, Jacobis Giustino de, Johannes Colombini, Neot

August

1. August: Agape von Rom, Alfons Maria di Liguori, Ethelwold, Eusebius von Vercelli, Eymard Pierre-Julien, Jonatus, Kenneth

(Kenned), Nicolle Louise, Peregrinus der Eremit, Petrus Faber (Favre, Lefèvre)

2. August: Alban von England, Etheldritha (Elfriede, Alfreda) von England, Eusebius von Vercelli, Gundekar von Eichstätt, Johanna Guzmán von Aza, Munárriz Felipe de Jesus, Petrus Faber (Favre, Lefèvre), Petrus (Pedro) von Osma, Plegmund, Serenus, Sidwell (Sativola), Stephan I.

3. August: Adalbero von Disentis, Augustinus Kažotić, Benno von Metz, Christophorus, Dalmatos, Lydia, Nikodemus, Petrus von Anagni

4. August: Caecilia Romana, Ia und Gefährten, Ja, Janssoone Frédéric, Justinus von Rom, Luanus, Rainer von Spalato (Split), Seznius, Sigrada, Tertullinus, Valentin von Rätien, Vianney Jean-Baptiste-Marie, Mai Jordan Heinrich

5. August: Abel von Reims, Cassian von Autun, Emygdius, Korczak Janusz, Memmius (Menge, Meinge), Nonna, Oswald, Stanislaus Hosius, Venantius von Viviers, Viator

6. August: Agapitus, Bert(h)a von Biburg, Eigil (Egil) von Fulda, Felicissimus, Gezelin(us) von Altenberg, Hormisdas, Justus, Pastor, Octavianus, Schetzel (Schezzelo), Sixtus II.

7. August: Afra von Augsburg, Agapitus, Agathangelus, Albert von Trapani, Bojanowski Edmund, Cajetan (Gaetano) von Thiene, Cassian von Nantes, Donatus von Arezzo, Donatus von Besançon, Felicissimus, Friedrich Spee, Jordanus Forzaté, Nantwin (Nantovinus), Sixtus II., Victricius von Rouen

8. August Aemilianos, Altmann von Passau, Caiani Maria Anna Margarita, Cyriacus, Dominikus (Domenico Guzmán), Elger (Hilger) von Hohenstein, Equitius, Famian (Quardus, Wardo, Gerhard), Hugolina, Leodobod (Leobald), MacKillop Mary, Mummolus (Mommole), Rathard(us), Reginlinde (Reinlind), Secundus, Victorinus

9. August: Altmann von Passau, Auctor, Barroso Florentino Asensio, Cipitria y Barriola Juana Josefa (Candida Maria de Jesus), Firmus, Fortis Gabrielli, Jägerstätter Franz, Johannes von Alverna, Malla Ceferino Giménez, Maurilius von Rouen, Michaelis Mirjam Elisabeth, Romanus von Rom, Rusticus, Stein Edith (Teresia Benedicta a Cruce), Vianney Jean-Baptiste-Marie

10. August: Bessus, Bettelin, Dreimüller Heinrich Ambrosius, Erich von Plovpenning, Erluin, Laurentius (Lorenz) von Rom, Plektrudis

11. August: Blane, Gaugerich von Cambrai, Klara (Chiara) von Assisi, Newman John Henry, Petrus Faber (Favre, Lefèvre), Philomena von Rom, Plektrudis, Rufinus von Assisi, Rusticula, Susanna von Rom, Taurinus von Évreux, Tiburtius, Tornay Maurice

12. August: Dehon Léon Gustave Johannes, Diéz y Bustos de Molina Victoria, Enoch, Eunomia, Euplus von Catania, Eusebius von Mailand, Hilaria, Innozenz XI. (Benedetto Odescalchi), Jambert, Leisner Karl, Porcarius, Quiriacus von Augsburg, Waldetrud (Waltraud)

13. August: Cassian von Imola, Concordia, Drutmar von Corvey (von Lorsch), Gapp Jakob, Gertrud von Altenberg, Hippolyt von Rom, Johannes Berchmans, Landulf von Évreux, Ludolf von Corvey, Marcus von Aviano (Carlo Domenico Cristofori), Maximus Confessor, Paolo Cafaro, Pontianus, Radegundis von Thüringen, Radegundis (Radiana) von Wellenburg, Romançon Bénilde Pierre, Wigbert

14. August: Dominicus Ibánez de Erquicia, Eberhard von Einsiedeln, Eusebius von Rom, Fachanan, Juliana Puricelli, Kolbe Maximilian Rajmund, Meinhard (Meynardus), Renzi Elisabetta, Werenfrid

15. August: Altfrid von Hildesheim, Alypius, Arnulf von Soissons, Balsemius, Hyacinthus (Jacek) von Polen, Limbania, Mechthild von Magdeburg, Moragas Cantarero Elvira (Maria Sagrario de San Luis Gonzaga), Rupert von Ottobeuren, Tarsicius (Tarsitius, Tarcisius)

16. August: Armel, Beatrix da Silva Meneses, Diomedes, Hyacinthus (Jacek) von Polen, Laurentius Loricatus, Myron, Pérez Florido Ana (Pedra de S. José), Rochus (Roch), Serena, Simplicianus, Stephan I. von Ungarn, Theodor (Theodul) von Octodurum

17. August: Amor, Elias in Kalabrien (der Jüngere), Eusebius, Ferdinand Steinmayr, Handwercher Franz Sales, Hieron von Schottland, Hyacinthus (Jacek) von Polen, Jeanne Delanoue (Jeanne de la Croix), Johannes von Monte Marano, Klara von Montefalco (Klara vom Kreuz), Liberatus und Gefährten, Mammas (Mamas)

18. August: Agapitus von Praeneste, Bentivoglio Maria Magdalena (vom heiligen Herzen), Florus, Helena, Hurtado Cruchaga Alberto, Laurus, Leonhard von La Cava, Paula von Montaldo, Rainald von Ravenna, Wigbert

19. August: Aemilia Bicchieri, Andreas Stratelates, Bantus, Beatus von Trier, Bertulf, Caritas Pirckheimer, Credan, De Gasperi Alcide, Einhold von Gorze, Guerricus, Jean (Johannes) Eudes, Jordanus von Pisa, Leo II. von La Cava, Ludwig von Toulouse (von Anjou), Magnus von Anagni, Mochta (Mochteus, Mochuta), Moreno y Dias Ezechiel, Sebald, Sixtus (Xystus) III.

20. August: Amator von Lucca, Auctor, Bernhard von Clairvaux, Burchard (Burkhard, Buggo) von Worms, Carpophorus, Gobert, Häfner Georg, Leontius, Luigi Maria Calco, Manetto dell'Antella, Mattias Maria de, Philibert, Ronald, Stephan I. von Ungarn

21. August: Balduin (Baldwin) von Rieti, Bernardo Tolomei (Ptolemaeus), Luxorius, Pius X. (Giuseppe Sarto), Privatus, Quadratus, Rasoamanarivo Victoria, Reinisch Franz, Sidonius Apollinaris

22. August: Andreas von Fiesole, Bernhard von Offida (Domenico Peroni), Jacobus Bianconi (von Mevania), Philippus Benitius (Benizi), Sigfrid, Symphorianus, Timotheus von Rom

23. August: Ebba die Jüngere von Coldingham, Justinian, Philippus Benitius (Benizi), Richildis, Rosa von Lima (Isabella Flores), Theonas, Timotheus von Reims

24. August: Audoin (Ouen), Bartholomäus, Desmaisières Maria Miguela von, Irchard, Rosal Maria Vicenta (Maria dell' Incarnazione), Sandratus, Steiner Maria Agnes Klara, Thouret Johanna Antida, Vialar Emilie de

25. August: Adalbert von Prag, Aredius, Balsemius, Baouardy Mirjam (Maria vom gekreuzigten Jesus), Bordino Luigi, Ebba die Ältere, Gaudentius von Gnesen, Genesius von Arles, Gregor von Utrecht, Hunegundis, Joseph von Calasanza, Ludwig IX. (der Heilige), Maginus, Michael Carvalho, Nikolaus Rusca, Patricia, Theodorich von St-Hubert, Titos (Titus), Victurius von Le Mans

26. August: Abundius, Bantus, Bichier des Ages Jeanne-Elisabeth, Hadrian von Nikomedien, Herluin von Bec, Irenäus, Johannes Bassandus, Jornet y Ibars Teresa (Theresia von Jesus), Ninian, Pandonia (Pandwyna), Patricia, Zephyrinus

27. August: Amadeus von Lausanne, Barberi Domenico (Dominicus a Matre Dei), Caesarius von Arles, Ebbo von Sens, Erbo, Gabriel Maria Gilbert Nicolai, Gebhard II. von Konstanz, Guarinus von Sitten, Licerius (Lizier), Monica (Monika, Monnica), Poimon (Poemen), Rufus (Ruffo) von Capua, Syagrius, Werenfrid (Emmerich)

28. August: Aelfric, Alexandros von Konstantinopel, Augustinus, Bracco Teresa, Edmund Arrowsmith, Elmer (Elmar), Fortunatus von Salerno, Ghebre Michael, Hermes von Rom, Julianus von Brioude, Junipero Serra, Moses der Äthiopier (der Räuber, der Schwarze), Pelagius von Aemona, Vedruna de Mas Joachima de, Vivianus von Saintes

29. August: Adelphius, Adelphus von Metz, Beatrix von Aa (von Nazaret), Bronislawa, Candida von Rom, Edwold, Jugan Jeanne (Maria vom Kreuz), Rice Edmund Ignatius, Richard Herst, Sabina von Rom, Sebbi (Sebbus), Theodora von Thessalonike, Verona

30. August: Adauctus, Aeonius, Agilus, Amadeus von Lausanne, Bononius, Bronislawa, Dubouché Théodolinde, Fantinus, Felix, Fiacrius (Fiacre), Heribert von Köln, Pammachius, Petrus von Trevi, Rafols Maria, Rosa von Lima (Isabella Flores), Schuster Ildefonso Alfredo

31. August: Aidan, Alexandros von Konstantinopel, Andrea Dotti, Baudachar, Bonagiunta Manetti, Candia Marcello, Cuthberga, Domingo del Val, Eanswith (Eanswida), Giovanni Giovenale Ancina, Johannes Juvenal Ancina, Kolumba Elisabeth Weigl, Paulinus von Trier, Raimund(us) Nonnatus, Wala

September

1. September: Adelphus von Metz, Ägidius, Bronislawa, Drithelm, Ferrero Benigna Maria Consolata, Firminus von Amiens, Ghebre Michael, Guarinus von Sitten, Johanna Soderini, Juliana di Collalto, Nivard (Nivo) von Reims, Priscus von Capua, Regulus von Populonia, Simeon (Symeon) Stylites der Ältere, Verena, Victurius von Le Mans

2. September: Apollinaris Morel von Posat, Brocardus, Elpidius, Ingrid Elovsdotter, Mammas (Mamas), Margareta von Löwen, Nonnosus, Wolfsindis, Zenon von Nikomedien

3. September: Aigulf (Egolf), Ambroise-Auguste Chevreux, Anthimos von Nikomedien, Antoninos von Apameia, Basilissa, Brigida Morello (Brigida di Gesù), Chrodegang (Godegrand) von Séez, François Joseph Pey, Gregor I. (der Große), Hereswitha, Hermann von Niederaltaich, Louis Joseph François, Macanisius, Mansuetus, Morello Brigida di Gesù, Phoibe (Phöbe), Remaclus (Rimagilus), Simeon (Symeon) Stylites der Jüngere, Valse-Pantellini Teresa

4. September: Babylas, Bélanger Dina, Bernardo Tolomei (Ptolemaeus), Bonifatius I., Grata von Bergamo, Hermione, Ida von Herzfeld, Irmgard von Köln (von Süchteln), Katharina de Mattei (von Racconigi), Marinus von Rimini, Rosa von Viterbo, Rosalia von Palermo, Schuman Robert, Ultan

5. September: Bertin (Bertinus), Bojaxhiu Agnes Ganxhe (Mutter Teresa), Genebaudus von Laon, Julianus von Cuenca, Roswitha (Hrotsvith) von Gandersheim, Ursicinus von Ravenna

6. September: Beata von Sens, Bertrand de Garriga, Bonaventura Tornielli (von Forlì), Eleutherius von Rom, Eskil von Lund, Magnus (St. Mang) von Füssen, Onesiphoros, Porphyrios, Regulus (Reolus), Stephan von Châtillon

7. September: Alpinus, Chlodoald (Chlodwald), Eskil von Lund, Gratus von Aosta, Johannes von Lodi, Madelberta (Amalberte), Markus Stephan Crisinus, Mazzucconi Giovanni, Melchior Grodecz, Mercherdach, Regina (Reine), Sozon, Stephan Pongrácz, Theoderich (Dietrich) I. von Metz, Tilbert

8. September: Domingo Castellet, Hadrian von Nikomedien, Jordan Franziskus Johann Baptist, Korbinian von Freising, Maria, Ozanam Antoine-Frédéric, Petrus (Pedro) Claver, Seraphina, Sergius I., Stephan Pongrácz, Thomas von Villanova, Wilhelm von St-Thierry

9. September: Audomar (Otmar), Ciaran (Ceran), Dorotheus, Gárate Francisco, Gorgonius von Nikomedien, Gorgonius von Rom, Kunigunde, Laval Jacques-Désiré, Osmanna (Osanna) von Jouarre, Petrus (Pedro) Claver, Seraphina, Thiel Bernhard August, Üffing Emma (Maria Euthymia), Valentinian von Chur, Wulfhilda von Barking

10. September: Alfons de Mena, Dominikus vom heiligen Rosenkranz, Edward Ambrosius Barlow, Finian von Moville, Frithestan, Jader, Joseph vom heiligen Hyazinth, Karl Spinola, Nikolaus von Tolentino, Ogerius (Oger), Pulcheria, Richard von St. Anna, Salvius von Albi, Sebastian Kimura, Serlo, Theodard (Dodart) von Tongern-Maastricht, Veranus von Vence

11. September: Adelphius, Bonaventura von Barcelona, Deiniol, Elias in Kalabrien (Spelaiotes), Eucharius von Trier, Felix, Hyazinthus, Regula, Ludwig IV. (der Heilige), Müller Josef, Paphnutios, Perboyre Jean-Gabriel, Protus, Sperandea, Valerius von Trier, Vinciana, Zelíková Anna

12. September: Ailbe, Degenhard, Eanswith (Eanswida), Guido von Anderlecht, Maximinus von Trier, Sacerdos von Lyon

13. September: Amatus von Remiremont, Amatus von Sitten, Augustinus von Canterbury, Eulogios von Alexandrien, Johannes Chrysostomus (Goldmund), Maria López de Rivas (Maria von Jesus), Maurilius von Angers, Notburga von Eben (von Rattenberg)

14. September: Dufresse Jean-Gabriel-Taurin, Illerhues-Misono Therese, Maternus von Köln, Notburga von Eben (von Rattenberg), Thomas von Cantilupe (Thomas von Hereford), Wehrle Hermann Joseph

15. September: Achard, Aper, Ekkehard, Katharina Fieschi von Genua, Kentenich Josef, Leobin (Lubinus), Ludmilla, Niketas (Nikita) der Gote (der Große), Nikomedes, Notburga von Hochhausen, Oranna (Oranda), Ribert (Reinbert, Raimbert), Roland von Medici, Schwartz Anton Maria

16. September: Abundius, Abundatius, Adalbero von Würzburg, Albert von Jerusalem, Bertoncelli Amedeo, Cornelius, Cyprian von Karthago, Edith von Wilton, Einbeth, Eugenia, Euphemia von Chalkedon, Kim André (Andreas), Louis d'Aleman, Ludmilla, Martin I., Ninian, Victor III., Vitalis von Savigny, Vorbeth, Vrau Philibert, Wilbeth

17. September: Agape von Rom, Badurad (Baduard), Columba, Flocellus, Francesco di Camporosso (Giovanni Croese), Hermann von Friesach (der Deutsche), Hildegard von Bingen, Johannes Massias, Lambert von Maastricht, Petrus von Arbués, Pomposa, Robert Bellarmin, Roding (Chrauding), Satyrus, Unni (Unno, Wimo)

18. September: Balthasar Ravaschieri, Benignus, Eustorgius I. von Mailand, Ferreolus von Limoges, Ferreolus von Vienne, Guruceta Carlos Erana, Joseph von Copertino, Lantpert (Lantbert) von Freising, Methodios von Olympus, Richardis, Wolf Nikolaus

19. September: Abbo von Metz, Alfons von Orozco, Arnulf von Gap, Festus, Januarius (Gennaro), Lucia vom Berg, Rodat Emilie de, Sequanus (Sigin, Seine), Theodor von Canterbury

20. September: Agapet I., Berneux Siméon-Franciscus, Dudzik Maria Teresa Giuseppina, Eustachius, Fausta, Tauscher Maria, Warin von Corvey, Yermo y Parres José Maria

21. September: Castor von Apt, Gerulf, Johannes Prandota, Landelin von Ettenheimmünster, Mabenna (Mabyn), Matthäus, Maura von Troyes, Wulftrudis

22. September: Emmeram (Haimrham), Felix III. (IV.), Florentius von Saumur, Gunthildis von Suffersheim, Ignatius von Santhià (Lorenzo Maurizio Belvisotti), Innozenz von Agaunum, Irais (Herais), Kandidus (Candidus) von St-Maurice, Landelin von Ettenheimmünster, Lauto (Laudus, Lo), Liutrud, Mauritius von Agaunum, Merita (Emerita), Otto von Freising, Phokas der Gärtner, Salaberga (Sadalberg, Sella), Thomas von Villanova

23. September: Adomnan, Basin (Basinus), Elena Duglioli (von Bologna), Forgione Francesco (Pater Pio da Pietrelcina), Jablonska Bernardina Maria, Linus, Petrus Acontato, Rotrudis (Rutrud) von Neuburg, Thekla

24. September: Chuniald, Dalmatius Moner, Gabriel Colomba Janina, Gerhard (Gellért) von Csanád, Gislar, Hermann der Lahme, Innozenz von Tortona, Marcus Criado, Maria Vela, Pacificus von San Severino, Robert Flower (von Knaresborough), Rupert von Salzburg, Rusticus von Clermont, Slomšek Anton Martin, Thekla, Virgilius von Salzburg, Ysarnus

25. September: Albert von Jerusalem, Aunarius, Cadoc (Cadocus, Cadog), Ceolfrith, Ermenfrid, Finbar (Barr), Firminus von Amiens, Lupus von Lyon, Maria de Cervelló, Nik(o)laus von Flüe (Bruder Klaus), Principius (Prince) von Soissons, Sergius Radonesch, Solemnis (Solenne), Strambi Vincenzo Maria, Ysarnus

26. September: Couderc Marie-Victoire-Thérèse, Cyprian von Antiochia, Damian(os), Eusebius von Bologna, Kosmas, Meginhard (Meginher), Neilos (Nilus) von Rossano (Neilos der Jüngere), Stangassinger Kaspar, Ysarnus

27. September: Aphrodisius, Barry (Barnic, Barruc), Elzéar von Sabran, Epicharis, Florentinus, Hilarius, Ignatius Capizzi, Laurentius von Rippafratta, Sigebert, Vinzenz von Paul, Zenas

28. September: Adelrich, Anna Maria Antigo, Bernhardin von Feltre, Chariton, Eberhard von Tüntenhausen, Eustochium (Eustachia) von Betlehem, Exuperius, Faustus von Riez, Laurentius Ruiz, Lioba (Thrutgeba, Leobgytha), Salonius von Genf, Simón de Rojas, Thekla von Kitzingen (Würzburg), Thiemo von Salzburg, Wenzel (Wenzeslaus)

29. September: Gabriel, Irrgang Maria Juliane Brigitta, Jan (Johannes) Dukla, Karl von Blois, Konrad (Kuno) von Urach (von Zähringen), Liutwin (Lutwin, Leodewinus), Mauritius von Carnoet, Michael, Raphael, Stojan Antonín Cyril, Theodota von Thrakien

30. September: Albert Federico, Amatus von Nusco, Antoninus (Antonius) von Piacenza, Gregor (Gregorios) der Einsiedler, Hieronymus, Honorius von Canterbury, Ismido von Die, Laurus (Léry), Leopardus von Rom, Otto von Bamberg, Simon von Crépy, Sophia, Tancred, Tova, Torthred, Theresia von Lisieux (Theresia vom Kinde Jesus und vom Heiligen Antlitz), Ursus, Victor von Solothurn, Wickenhäuser Firminus

Oktober

1. Oktober: Amigó y Ferrer Luis, Angelus de Scarpettis (von Sansepolcro), Bavo (Allowinus, Baaf), Eusepi Cecilia, Franz de Borja (Borgia) y Aragon, Germana, Mylor (Melorius), Piatus (Piaton, Piat), Remigius von Reims, Romanos der Melode, Tétrault Delia (Maria dello Spirito Santo), Theresia von Lisieux (Theresia vom Kinde Jesus und vom Heiligen Antlitz), Werner von Wilten

2. Oktober: Beregis (Bergis), Beyzym Jan, Chevrier Antoine, Domenico Blasucci, Leodegar (Lutgar, Léger) von Autun, Poullart-des-Places Claude-François, Thomas von Cantilupe (Thomas von Hereford), Warin von Poitou, Werner Balthasar

3. Oktober: Adalgott von Chur, Christina von Aquila, Chrodegang von Metz, Cyprian von Toulon, Domenico Spadafora, Ewald(i), Gerhard von Brogne, Hesychios von Palästina, Nicetius von Trier, Utto (Udo)

4. Oktober: Ammun, Engling Josef, Franz(iskus) von Assisi, Jovianus von Trier, Marsus, Petronius, Petrus von Damaskus, Seelos Franz Xaver, Thyrsus und Gefährten

5. Oktober: Apollinaris von Valence, Attilanus, Aymard, Cuatrecasas Juan Collell, Firmatus von Auxerre, Froilán, Galla von Rom, Gerwig, Kowalska Maria Faustina Helena, Landvogt Franz Adam, Longo Bartolo, Meinolf (Meinulf), Palmatius, Placidus von Subiaco, Raimund von Capua, Schäffer Anna

6. Oktober: Adalbero von Würzburg, Anna Maria Rosa Nicoletta Gallo, Bachofen von Echt Claudia, Bruno (Brun) der Kartäuser, De Loor Isidor vom hl. Joseph, Durocher Eulalia-Melanie (Marie-Rose), Eskil, Fides (Foy) von Agen (von Conques), Johannes Leonardi, Konrad von Hildesheim, Meinrad (Meginrat), Pardulf, Renatus, Sagaris

7. Oktober: Bacchus, Chappius Marie-Françoise (Maria Salesia), Ernst von Zwiefalten, Georg von Pfronten (Georg von Augsburg, „Bruder Jörg"), Gerold von Köln, Justina von Padua, Leopardinus, Marcus, Osyth (Osith, Osgitha), Palladius von Saintes, Sergius

8. Oktober: Benedicta, Birgitta von Schweden, Eusebia von St-Cyr, Hugo von Genua (der Malteser), Iwi (Ywi), Keyna (Keyne), Pelagia von Antiochien, Pelagia von Jerusalem, Pelagia von Tarsus, Regenfledis (Raginfred, Reinfrida), Reparata, Sibylla von Gages, Simeon von Jerusalem, Thais (Isis), Triduana, Weiß Viktrizius

9. Oktober: Adalbero von Augsburg, Arnau Emanuel Canoura, Demetrios von Alexandrien, Deusdedit von Montecassino, Dionysius (Denis) von Paris, Domninus (Donnino), Emanuela Therese von Bayern (Maria Anna Karolina), Gislenus, Goswin, Günther (Gunther) von Niederaltaich, Ingrid Elovsdotter, Johannes Leonardi, Johannes Lobedau, Luis (Ludwig) Beltrán (Bertrán), Pius XII. (Eugenio Pacelli)

10. Oktober: Aldrich von Sens, Cassius, Florentius, Cerbonius, Clarus (Clair) von Nantes, Comboni, Daniele, Daniel von Kalabrien (von Belvedere) und Gefährten, Eulampia, Eulampios, Gereon von Köln, Paulinus von York, Sidney Hodgson, Truszkowska Maria Angela, Tutto von Regensburg, Victor von Xanten

11. Oktober: Agilbert, Alexander (Alessandro) Sauli, Brun(o) von Köln, Canice (Kenneth), Ethelburga von Barking, Gummar (Gommar), Jakob Griesinger von Ulm (Jacobus Alemannus), Nicasius von Rouen, Paldo, Quirinus von Malmédy, Soledad Maria, Theofred

12. Oktober: Brun(o) von Köln, Domenico Spadafora, Edistus, Edwin, Jakob Rem, Maximilian von Lorch (vom Pongau), Müller Otto, Pantalus, Rudolf, Salvinus, Seraphin von Montegranaro, Valtorta Maria, Wilfrith (Wilfrid)

13. Oktober: Chelidonia (Cleridonia), Coloman (Koloman, Kolman), Comgan, Da Costa Alexandrina Maria, Eduard der Bekenner, Gerald von Aurillac, Lubentius, Maddalena Panatieri von Trino, Reginbald von Speyer, Sintpert (Simpert, Simbert), Theophilus von Antiochia

14. Oktober: Alanus von Auxerre, Burkhard von Würzburg (Translation), Calixtus I. (Callistus), Capelloni Paolo, Domenico Loricato, Donatian von Reims, Elger (Hilger) von Hohenstein, Fortunata von Cäsarea, Fortunatus von Todi, Gaudentius von Rimini, Hildegundis von Münchaurach, Justus von Lyon, Rusticus von Trier

15. Oktober: Andreis Felix de, Aurelia, Bonaventura Barberini, Hedwig von Schlesien, Severus von Trier, Thekla von Kitzingen, Theresia von Ávila (Theresia von Jesus)

16. Oktober: Ambrosius von Cahors, Berchar, Berthier Jean-Baptiste, Bertrand von Comminges, Eliphius, Gallus (Gall), Gaugerich von Perpignan, Gerhard Majella, Hedwig von Schlesien, Junian, Lubentius, Luitgard von Wittichen, Lul (Lullus), Magnobod, Margareta Maria Alacoque, Mummolenus

17. Oktober: Andreas, Anstrudis, Berachar (Berar, Berarius), Ferrini Contardo, Gilbert von Cîteaux, Ignatios (Ignatius) von Antiochien, Nothelm, Solina

18. Oktober: Ambrosius von Cahors, Gwenn (Gwendolin), Heinrich von Bonn, Isaac Jogues, Justus (Justinus) von Beauvais, Julianos Sabas, Lukas, Monon, Petrus von Alcántara

19. Oktober: Agnes Langeac, Amabilis (Amable), Aquilinus von Évreux, Asterius, Frideswide (Frieda), Isaac Jogues, Jean de Brébeuf, Laura, Paul vom Kreuz, Petrus von Alcántara, Philipp Howard, Popieluszko Jerzy, Ptolemäus, Veranus von Cavaillon

20. Oktober: Acca, Ambrosius Traversari, Andreas, Artemios, Boscardin Maria Bertilla, Ermelindis (Hermelindis), Irene (Iria) von Portugal, Jacobus Strepa, Kern Jakob Franz Alexander, Orsola Benincasa, Sonnatius, Vitalis von Salzburg, Wendelin

21. Oktober: Condedus, Euphrosyna von Köln (von Basel), Gebizo, Hilarion von Gaza, Imad von Paderborn, Irmtrud, Malchos (Malchus), Margareta Clitherow, Petrus (Pietro) de Tiferno, Pinnosa, Severin (Seurin) von Bordeaux, Ursula, Viator von Lyon, Wulflaik (Walfroy)

22. Oktober: Alodia, Bertharius von Montecassino, Cordula (Kordula), Donatus Scotus, Ewald(i), Ingbert, Mellon, Nunilo, Philippos von Herakles, Wigand

23. Oktober: Bartholomäus von Vicenza, Boëthius, Hartmann von Brixen, Johannes Bonus, Johannes von Capestrano (Johannes Kapistran), Josephine Leroux, Leothadius, Oda (Uta) von Aquitanien (von Amy), Rèche Arnould Julian Nicolaus, Romanus von Rouen, Severin von Köln

24. Oktober: Arethas, Baldo Giuseppe, Claret Antonio Maria, Evergislus (Eberigisil), Guanella Luigi, Maglorius, Martin von Vertou, Senoch, Thaddäus McCarthy

25. Oktober: Chrysanthus, Crispinus, Crispinianus, Daria, Fronto von Périgeux, Gaudentius von Brescia, Heinrich von Bonn, Liborius von Le Mans, Ludwig von Arnstein, Lupus, Markianos, Martyrios, Minias (Miniato), Simeon von Metz

26. Oktober: Adalgott von Disentis, Amandus, Amandus von Straßburg, Amandus von Worms (Damiano di Fulcheri, Demetrios von Saloniki (Thessalonike), Evaristus, Sigibald (Sigebald), Witta (Albuin)

27. Oktober: Christeta von Ávila, Christiana (Nino), Frumentius, Gaudiosus von Neapel, Otteran (Otteronus)

28. Oktober: Faro (Burgundofaro), Ferrutius von Mainz, Haw Johannes Maria, Johannes Dat, Judas Thaddäus, Remigius von Lyon, Simon Zelotes

29. Oktober: Abraham von Chiduna, Bernger (Beringer, Berengar), Ermelindis (Hermelindis), Honoratus von Vercelli, Jolanda von Aywières, Merewenna, Narkissos, Remigius von Lyon, Theudarius

30. Oktober: Angelus von Acri, Emicho, Passerat Joseph-Amand, Theonestos von Philippi, Thöger (Theodgar)

31. Oktober: Alonso (Alfons) Rodríguez, Begha (Begu, Begith), Christophorus von Romandiola, Elisabeth von Ungarn, Erc, Foillan, Noitburgis (Notburga) von Köln, Quintinus (Quentin), Stachys, Thomas Bellaci, Wolfgang von Regensburg

November

1. November: Amantius, Benignus von Dijon, Boso, Caesarius von Terracina, Capreolus (Capriolus), Dietburg, Dietram, Hermosilla Hieronimo, Jacobina von Pisa, Licinius (Lézin), Maturinus, Mayer Rupert, Rainer von S. Sepolcro, Sidonius von Mainz, Vigor, Wolfhold von Admont

2. November: Campidelli Luigi (Pio vom heiligen Aloysius), Margareta von Lothringen, Quadri Venanzio Maria, Waldetrud (Waltraud), Wichmann von Arnstein

3. November: Alpais, Bert(h)old von Engelberg, Euphrosynus von Panzano, Florus von Lodève, Hubert, Ida von Toggenburg, Malachias von Armagh, Martin von Porres, Mayer Rupert, Odrada, Pirmin (Pirminius, Primenius), Silvia von Rom, Simon Ballachi, Stöger Johannes Baptist, Valentin von Viterbo, Wenailus, Wenefrida (Winifred), Wulgan

4. November: Agricola, Amantius, Birstan, Egilbert von Freising, Em(m)erich (Imre), Françoise von Amboise, Gregor von Burtscheid (von Cerchiara), Helena Enselmini, Karl Borromäus (Carlo Borromeo), Modesta, Vitalis, Zoilus

5. November: Bertila (Berthild), Conforti Guido Maria, Elisabeth, Em(m)erich (Imre), Gomidas Keumurgian, Lichtenberg Bernhard, Martin von Porres, Zacharias

6. November: Christina (Christine) von Stommeln (die Kölnische), Demetrianos, Erl(a)frid, Iltut, Inflananus (Efflam), Leonhard von Noblac, Paulos I. von Konstantinopel

7. November: Achillas, Antonius Baldinucci, Chieppi Agostino, Engelbert I. von Köln, Ernst von Zwiefalten, Florentius von Straßburg, Grossi Vicenzo, Herculanus, Hyacinthus Castaneda, Lazaros Stylites, Leopardus (Liebhard) von Osimo, Lucia von Settefonti, Matrona von Konstantinopel, Petrus (Pietro) Cambiani de Ruffia, Prosdocimus, Rösch Augustin, Rufus von Metz, Willibrord

8. November: Claudius, Claudius von Rom, Deusdedit (Adeodatus) I., Francisco Ximenes de Cisneros, Gottfried von Amiens, Johannes Duns Scotus, Kastor, Maria Crocifissa Elisabetta Satellico, Matrona von Konstantinopel, Ribera Emanuele, Sempronius, Simplicius, Willehad von Bremen

9. November: Agrippinus, Antoninos von Apameia, Aurelios, Catez Elisabeth (Elisabeth von Dijon), Erpho, Helena (Ilona) von Ungarn, Johanna von Signa, Theodoros von Euchaïta, Viton

10. November: Andreas Avellino, Antoninos von Apameia, Justus von Canterbury, Leo I. (der Große), Nympha, Tryphaina, Tryphon und Gefährten

11. November: Agnes von Bayern, Bertuin, Floridus von Città di Castello, Heinrich von Heisterbach, Martin von Tours, Menas (Mennas) von Ägypten, Theodoros Studites, Veranus von Vence

12. November: Aemilianus (Millán) Cucullatus, Anastasius von Ungarn, Arsatius (Arsacius) von Mailand, Benedikt und Gefährten (Die fünf polnischen Brüder), Bossilkov Vinzenz, Diégo von Alcalá (Didacus), Gabriele Ferretti, Himerius (Immer), Johannes Cini (Giovanni della Pace), Johannes der Almosengeber (von Alexandrien), Josaphat (Joan) Kuncewic, Knut der Große, Kunibert, Lebuin (Liebwin, Liafwin), Livinus (Lebuin, Liebwin), Machar, Martin I., Paternus von Sens, Renatus

13. November: Abbo von Fleury, Amantius, Brictius (Briccius, Brictio), Diégo von Alcalá (Didacus), Dominius (Domin), Eugen II. von Toledo, Homobonus (Gutmann von Cremona), Lampert Carl, Leonianus, Nikolaus I., Paternianus, Pietrantoni Agostina Livia, Quinctian (Quintian), Ritz Maria Julitta Theresia Eleonore, Siard(us), Stanislaus Kostka, Tantalo Gaetano, Volkwin

14. November: Alberich von Utrecht, Dubritius, Erkonwald, Johannes Licci, Laurentius O'Toole, Letterhaus Bernhard, Nikolaus Tavelic, Serapion, Sidonius (Saëns), Veneranda, Viton

15. November: Albertus Magnus (Albert der Große), Anianus, Chappotin Hélène (Maria von der Passion), Colin Jean-Claude, Desiderius von Cahors, Eugen, Felix von Nola, Findan (Fintan) von Rheinau, Kalinowski Raphael Joseph, Leopold III. (der Heilige), Lucia von Narni (Lucia Brocadelli), Marinus, Paduinus (Pavin, Badwin), Pignatelli Giuseppe Maria, Richard Whiting, Roger James, Roque González de Santa Cruz

16. November: Aemilianus, Agnes von Assisi, Bea Augustin, Dominius (Domin), Edmund von Abingdon (Edmund Rich), Eucherius von Lyon, Gertrud (Gertraud) die Große von Helfta, Hugo von Lincoln (von Avalon), Margareta von Schottland, Otmar (Othmar) von St. Gallen, Patroclus von Colombier, Waltger von Sachsen

17. November: Acisclus, Anianus von Orléans, Dionysios der Große von Alexandrien, Elisabeth von Thüringen, Florinus von Remüs (vom Vinschgau), Gertrud (Gertraud) die Große von Helfta, Gregor von Tours, Gregor der Wundertäter (Thaumaturgos), Hilda, Hugo von Lincoln (von Avalon), Salomea, Victoria von Córdoba

18. November: Duchesne Philippine, Hinojosa Maria Gabriela, Kózka Karolina, Leonhard Kimura, Mawes (Maudez), Odo von Cluny, Platon von Ankyra, Santamaria Grimoald Ferdinando

19. November: Barlaam, David von Augsburg, Elisabeth von Thüringen, Ermenburga (Ebba), Mechthild von Hackeborn (von Helfta), Totto von Ottobeuren

20. November: Bernward von Hildesheim, Charlebois Ovid, Colman, Dasios, Edmund von Ostanglien, Eudo, Felix von Valois, Korbinian von Freising, Regenfledis (Raginfred, Reinfrida), Silvester von Châlon-sur-Saône, Viti Anna (Maria Fortunata)

21. November: Agapius, Alzon Emmanuel d', Gelasius I., Kolumban von Luxeuil und Bobbio, Nikolaus Giustiniani, Rufus von Rom, Siedliska Franziska

22. November: Cäcilia (Caecilia), Lilli Salvator, Philemon, Reggio Tommaso

23. November: Adam von Ebrach, Aymer de la Chevalerie Henriette, Clemens (Klemens) I. von Rom, Faller Joseph Alois, Felicitas (und 7 Söhne), Kolumban von Luxeuil und Bobbio, Leocritia (Lucretia), Margareta von Savoyen, Pro Miguel Augustin, Rachildis, Trudo, Wolftrud

24. November: Albert von Löwen, Balsam, Chrysogonus, Clemens (Klemens) I. von Rom, Dumoulin-Borie Pierre-Rose-Ursule, Kenan, Märtyrer von Vietnam, Merkert Maria, Portianus (Pourçain), Romanus von Le Mans, Sala Maria Anna, Taborin Gabriel, Virgilius von Salzburg

25. November: Bernold von Ottobeuren, Bessarion (Passarion), Clemens (Klemens) I. von Rom, Egbert (Ekkebert) von Münsterschwarzach, Elisabeth von Reute (Elsbeth Achler, „die gute Beth"), Immina (Imma, Emma), Katharina von Alexandrien, Lavigerie Charles-Martial-Allemand, Livarius (Livier), Merkurios, Mesrob, Occhiena Margherita

26. November: Alberione Giacomo, Albert von Oberaltaich (von Haigerloch), Alyphios, Basolus, Bertger, Delphine von Signe, Dominikus Doan Xuyen, Humilis, Ida von Herzfeld, Konrad I. von Konstanz, Leonhard von Porto Maurizio, Nikon, Petros I. von Alexandrien, Pontius (Ponce) von Faucigny, Sabaudus, Silvestro Gozzolini, Simeon von La Cava, Siricius

27. November: Acharius, Apollinaris von Montecassino, Bilhild (Bildhildis), Desiderius von Cahors, Eusicius, Jakobus der Zerschnittene (Jakobus Intercisus), Maximus von Riez, Oda von Sint Oden-Roey

28. November: Bert(h)a von Bingen, Eigil (Egil) von Fulda, Gregor III., Hathumoda, Jacobus de Marchia (von den Marken), Juthwara, Patroclus von Colombier, Stephanos der Jüngere

29. November: Bernardo Francisco De Hoyos, Bessarion (Passarion), Dionysius Pierre Berthelot (a Nativitate Domini), Francesco Antonio Fasani, Friedrich von Regensburg, Illuminata, Paphnutios von Heraklea, Radbod (Radboud), Redemptus a Cruce, Rudigier Franz Joseph, Saturninus von Rom, Saturninus (Sernin) von Toulouse, Walderich

30. November: Andreas, Atreban (Attroban), Benjamin von Sachsen, Emming (Emmig), Folkhard, Gerwald (Gerwal), Grisold, Johannes von Vercelli, Joscius (Josbert), Tudwal (Tual)

Dezember

1. Dezember: Antonius Bonfadini, Bessus, Blanca (Blanka, Blanche), Bonifatius (Winfrid), Declanus, Domnolus, Edmund Campion, Eligius von Noyon, Evasius, Foucauld Charles de, Kandidus (Candidus) von Innichen, Leontius von Fréjus, Marinus, Natalie von Nikomedien (von Konstantinopel), Nengapeta Marie-Clementine Anuarite, Tudwal (Tual)

2. Dezember: Angela Maria Astorch, Bibiana (Vibiana), Johannes von Ruysbroek, Oderisius, Raphael Chylinsky, Silverius, Wisinto

3. Dezember: Birino (Birin, Berin), Claudius von Rom, Einhild, Franz Xaver, Galganus von Siena, Jason von Rom, Lucius von Chur, Sola (Sol, Swalo, Sualo), Tschiderer zu Gleifheim Johann Nepomuk, Waldefrid (Gaubert)

4. Dezember: Anno II. von Köln, Barbara, Bernhard von Parma (degli Uberti), Calabria Giovanni, Emerita, Johannes von Damaskus, Kolping Adolf, Maruthas, Osmund (Ansmund), Petrus Chrysologus, Petrus (Pietro) Pettinaio (von Siena)

5. Dezember: Bartolomeo Fanti, Christina von Markyate, Crispina, Gerald von Braga, Hartwich (Hartwig) von Salzburg, Justinian, Niels Stensen, Rinaldi Filippo, Sabas (Sabbas) von Mar Saba (von Jerusalem), Sola (Sol, Swalo, Sualo)

6. Dezember: Abraham von Krateia, Asella, Dionysia, Josepha Maria Anna Lindmayr,

Leontia, Majoricus, Nikolaus von Myra, Obitius von Nardò, Petrus Pascual, Rigler Peter Paul

7. Dezember: Adorni Anna Maria, Ambrosius von Mailand, Anianus (Aignan) von Chartres, Eutychian, Fara (Burgundofara), Rossello Maria Josepha, Sabinus von Spoleto

8. Dezember: Alfrida, Edith von Caestre, Martillo Morán Narcisa de Jesus, Romarich (Romary), Tychikos, Valens von Avignon, Wimmer Bonifatius Sebastian

9. Dezember: Delphine von Signe, Eucharius von Trier, Gorgonia, Leokadia, Liborius Wagner, Petrus Fourier (Forerius), Severus von Prag, Silvestrelli Cesare (Bernardo Maria di Gesù), Syrus (Siro) von Pavia, Valeria von Limoges, Wolfrik

10. Dezember: Durando Marcantonio, Eulalia von Mérida (von Barcelona), Immina (Imma, Emma), Kurkowitsch Anton, Miltiades (Melchiades), Petrus (Pietro) Pettinaio (von Siena), Valeria von Limoges

11. Dezember: Anna vom heiligen Augustinus, Arthur Bell, Bühl Gregor Cäsar (Wendelin), Damasus I., Daniel Stylites, David von Himmerod, Dietrich Koelde, Francus de Senis (Franco Lippi), Hieronymus Ranuzzi, Ida von Nivelles, Joseph Thomas, Komorek Rudolf, Lukas Stylites (von Chalkedon), Martin Lumberas, Melchior Sánchez, Pidal y Chico de Guzmán Maria Maravillas de Jesús, Sabinus (Savino) von Piacenza, Tassilo III., Wilbirg (Wilburg)

12. Dezember: Bartolus Bompedoni, Conrad von Offida, Epimachus, Finian von Clonard, Hartmann von Brixen, Heimgartner Bernarda, Johanna Franziska von Chantal (Jeanne Françoise Frémyot de Chantal), Tarín Francisco, Vicelinus (Wizelin), Walarich (Walaricus, Valéry)

13. Dezember: Autbertus von Cambrai, Auxentios, Edburga (Eadburg, Bugga) von Minster, Eustratios, Eugenios, Herulf (Hariolf), Jodok (Jobst, Jost, Josse), Johanna Franziska von Chantal (Jeanne Françoise Frémyot de Chantal), Koglbauer Benno Matthias, Lucia (Luzia), Mardarios, Odilia (Ottilia, Ottilie) von Hohenburg, Orestesa, Pontius (Ponce) von Balmey

14. Dezember: Agnellus von Neapel, Apollonius, Bert(h)old von Regensburg, Bonaventura Bonaccorsi, Fingar(us), Folcwin, Johannes vom Kreuz (Juan de la Cruz), Nicasius von Reims, Nimatullah Al-Hardini (Kassab Youssef), Philemon, Piala, Schervier Franziska, Spyridon (Spiridon), Thyrsos, Venantius Fortunatus

15. Dezember: Christiana (Nino), Etlin Alfred Lukas, Paulos von Latros, Rosa Maria Crucifixa Paola di, Steeb Carlo, Torres José Leone, Virginia Centurione Bracelli

16. Dezember: Adelheid, Ado von Vienne, Kozminski Vaclav (Honoratus von Biala), Marchisio Clemente, Rainald von Bar (von Cîteaux), Sebastiano Maggi, Tanco (Tatta), Zepeda Maria Dolores Medina (Maria Dolores de la Herida del Castado de Jesús)

17. Dezember: Begga, Bobolin, Cormier, Hyacinthe-Marie, Johannes von Matha, Judicael, Lazarus von Bethanien, Manyanet y Vivès José, Modestos von Jerusalem, Olympias, Sturmi(us), Vivina (Wiwina)

18. Dezember: Flannan, Gatian von Tours, Michael Synkellos, Samthan, Wunibald (Wynnebald)

19. Dezember: Fausta von Rom, Thea von Gaza, Urban V. (Guillaume Grimoard)

20. Dezember: Blasios von Amorion, Domingo de Silos, Eugenios, Eugenios von Antiochien, Hoger, Makarios, Romano Vincente Domenico, Vinzenz von Paul, Vitus von Litauen

21. Dezember: Anastasios II. von Antiochien, Baudachar, Berenwald, Bettini Maria Elena, Domenico Spadafora, Friedhofen Peter, Johannes Vincentius, Juliana von Nikomedien, Petrus Canisius, Thomas

22. Dezember: Bertheid(e), Cabrini Francesca Saveria, Flavian, Hungerus Frisus, Jutta von Disibodenberg (von Spanheim)

23. Dezember: Autsch Angela, Dagobert II., Eberschweiler Wilhelm, Frithebert (Fridebert), Galvao de Franca Antonio (Antonio di S. Anna), Ivo (Yves) von Chartres, Johannes Cantius (von Krakau), Luise (Louise Marie) von Frankreich (Mutter Theresia vom heiligen Augustin), Marie-Marguerite Dufrost de Lajemmerais, Neipperg Adalbert Karl von, Nicolaus Factor, Servulus von Rom, Thorlak Thorhallsson, Victoria von Rom (von Tivoli)

24. Dezember: Adela, Bartolomeo Maria Dal Monte, Cerioli Costanza Paola Elisabetta, Delphinus von Bordeaux, Erkenbert, Irmina (Irma, Ermina, Hermine), Tarsilla

25. Dezember: Anastasia, Bentivolius de Bonis, Chmielowski Albert, Eugenia von Rom (von Alexandrien), Jacopone von Todi, Petrus Nolascus, Petrus Venerabilis (der Ehrwürdige), Wüllenweber Maria Theresia von (Maria von den Aposteln)

26. Dezember: Abundantia, Dionysius, Euthymios von Sardes, Josef (von Nazaret), López y Vicuña Vicenta Maria, Obertus, Pollo Secondo, Stephan(us), Tathai (Atheus), Zosimus

27. Dezember: Abundantia, Balderich von Utrecht, Christina Ebner, Esso (Ezzo) von Beinwil, Fabiola, Johannes, Theodoros Graptos, Walto von Wessobrunn

28. Dezember: Bufalo Gaspare (Kaspar), De Gruttis Paolo (Fortunato Maria di San Paolo), Deshayes Gabriel, Franz von Sales, Theodoros Graptos, Theodoros von Tabennísi, Volpicelli Caterina

29. Dezember: Ebrulf, Gerhard Cagnoli, Markellos, Reginbert, Thomas Becket, Ursinus, Winthir

30. Dezember: Boccardo Giovanni Maria, Didacus von Azevedo, Dionysius, Egwin, Germar (Geremar), Irmina (Irma, Ermina, Hermine), Laurent Giovanni Battista, Liutbirg, Sabinus von Spoleto

31. Dezember: Alanus de Solminihac, Apollonia Radermecher, Columba (Kolumba) von Sens, François Régis, Garembert, Labouré Cathérine Zoe, Leobard (Liebhard, Liuberat), Marius von Avenches, Melania die Jüngere, Potentian von Sens, Sabinian (Savinien) von Sens, Silvester, Zoticus

Päpste und Gegenpäpste chronologisch

Petrus, Apostel
10 (?) vor Chr. – um 67

1. **Linus** hl.
um 67 – um 76
2. **Kletus** hl.
um 76 – um 88
3. **Clemens I.** hl.
um 92 – 101
4. **Evaristus** hl.
um 101 – um 105
5. **Alexander** hl.
um 105 – um 116
6. **Sixtus I.** hl.
um 116 – um 125
7. **Telesphorus** hl.
um 125 – um 136
8. **Hyginus** hl.
um 138 – um 142
9. **Pius I.** hl.
um 142 – um 155
10. **Aniketos** hl.
um 155 – um 166
11. **Soter** hl.
um 166 – um 174
12. **Eleutherus** hl.
um 175 – um 189
13. **Victor I.** hl.
um 189 – um 199
14. **Zephyrinus** hl.
um 199 – um 217
15. **Calixtus I.** hl.
um 217 – 222
Hippolyt hl.
um 217 – um 235
16. **Urban I.** hl.
um 222 – 230
17. **Pontianus** hl.
um 21.7.230 – 28.9.235
18. **Anteros** hl.
um 21.11.235 – 3.1.236
19. **Fabianus** hl.
10.1.236 – 20.1.250
20. **Cornelius** hl.
März 251 – Juni 253
Novatian
März 251 – 258
21. **Lucius I.** hl.
25.6.253 – 5.3.254
22. **Stephan I.** hl.
12.5.254 – 2.8.257
23. **Sixtus II.** hl.
August 257 – 6.8.258
24. **Dionysius** hl.
22.7.260 – 26.12.268
25. **Felix I.** hl.
3.1.269 – 30.12.274
26. **Eutychianus** hl.
4.1.275 – 7.12.283
27. **Caius** hl.
17.12.283 – 22.4.296
28. **Marcellinus** hl.
30.6.296 – 25.10.304
29. **Marcellus I.** hl.
um 308 – 309
30. **Eusebius** hl.
18.4.310 – 21.10.310
31. **Miltiades** hl.
2.7.311 – 30.1.314
32. **Silvester I.** hl.
31.1.314 – 31.12.335
33. **Marcus** hl.
18.1.336 – 7.10.336
34. **Julius I.** hl.
6.2.337 – 12.4.352
35. **Liberius**
17.5.352 – 24.9.366
Felix II. hl.
355 – 365
36. **Damasus I.** hl.
1.10.366 – 11.12.384
Ursinus
366 – 367
37. **Siricius** hl.
17.(?) 12.384 – 26.11.399
38. **Anastasius I.**
27.11.399 – 19.12.401
39. **Innozenz I.** hl.
21.12.401 – 12.3.417
40. **Zosimus** hl.
18.3.417 – 26.12.418
Eulalius
418
41. **Bonifatius** hl.
28.12.418 – 4.9.422
42. **Coelestin I.** hl.
10.9.422 – 27.7.432
43. **Sixtus III.** hl.
31.7.432 – 19.8.440
44. **Leo I.** der Große hl.
29.9.440 – 10.11.461
45. **Hilarius** hl.
19.11.461 – 29.2.468
46. **Simplicius** hl.
3.3.468 – 10.3.483
47. **Felix II. (III.)** hl.
13.3.483 – 1.3.492
48. **Gelasius I.** hl.
1.3.492 – 21.11.496
49. **Anastasius II.**
24.11.496 – 19.11.498
50. **Symmachus** hl.
22.11.498 – 19.7.514
Laurentius
498 – 499 und
501 – 506
51. **Hormisdas** hl.
20.7.514 – 6.8.523
52. **Johannes I.** hl.
13.8.523 – 18.5.526
53. **Felix III. (IV.)** hl.
12.7.526 – 22.9.539
Dioskur
530
54. **Bonifatius II.**
22.9.530 – 17.10.532
55. **Johannes II.**
Mercurius
2.1.533 – 8.5.535
56. **Agapet I.** hl.
13.5.535 – 22.4.536
57. **Silverius** hl.
8.6.536 – 11.11.537
58. **Vigilius**
29.3.537 – 7.6.555
59. **Pelagius I.**
16.4.556 – 3.3.561
60. **Johannes III.**
17.7.561 – 13.7.574
61. **Benedikt I.**
2.6.575 – 30.7.579
62. **Pelagius II.**
26.11.579 – 7.2.590
63. **Gregor I.** der Große hl.
3.9.590 – 12.3.604
64. **Sabinian** hl.
13.9.604 – 22.2.606
65. **Bonifatius III.**
19.2.607 – 12.11.607
66. **Bonifatius IV.** hl.
15.9.608 – 8.5.615
67. **Deusdedit I.** hl.
19.10.615 – 8.11.618
68. **Bonifatius V.**
23.12.619 – 25.10.625
69. **Honorius I.**
27.10.625 – 12.10.638
70. **Severinus**
28.5.640 – 2.8.640
71. **Johannes IV.**
24.12.640 – 12.10.642
72. **Theodor I.**
24.11.642 – 14.5.649
73. **Martin I.** hl.
5.7.649 – 17.6.653
74. **Eugen I.** hl.
10.8.654 – 2.6.657
75. **Vitalianus** hl.
30.7.657 – 27.1.672
76. **Adeodatus II.**
11.4.672 – 17.6.676
77. **Donus**
2.11.676 – 11.4.678
78. **Agatho** hl.
27.6.678 – 10.1.681
79. **Leo II.** hl.
17.8.682 – 3.7.683
80. **Benedikt II.** hl.
26.6.684 – 8.5.685
81. **Johannes V.**
23.7.685 – 2.8.686
82. **Konon**
21.10.686 – 21.9.687
Theodor
687
Paschalis
687
83. **Sergius I.** hl.
15.12.687 – 9.9.701
84. **Johannes VI.**
30.10.701 – 11.1.705
85. **Johannes VII.**
1.3.705 – 18.10.707
86. **Sisinnius**
15.1.708 – 8.2.708
87. **Constantinus I.**
25.3.708 – 9.4.715
88. **Gregor II.** hl.
19.5.715 – 11.2.731
89. **Gregor III.** hl.
18.3.731 – 28.11.741
90. **Zacharias** hl.
3.12.741 – 15.3.752
91. **Stephan II. (III.)**
26.3.752 – 26.4.757
92. **Paul I.** hl.
29.5.757 – 28.6.767
Constantinus
767 – 768
Philipp 768
93. **Stephan III. (IV.)**
7.8.768 – 24.1.772
94. **Hadrian I.**
1.2.772 – 25.12.795
95. **Leo III.** hl.
27.12.795 – 12.6.816
96. **Stephan IV. (V.)**
22.6.816 – 24.1.817
97. **Paschalis I.** hl.
24.1.817 – 11.2.824
98. **Eugen II.**
6.6.824 – 27.8.827
99. **Valentin**
August – September 827
100. **Gregor IV.**
Ende 827 – 25.1.844
Johannes
844
101. **Sergius II.**
Januar 844 – 27.1.847
102. **Leo IV.** hl.
10.4.847 – 17.7.855
103. **Benedikt III.**
29.9.855 – 17.4.858
Anastasius Bibliothecarius
855
104. **Nikolaus I.** der Große hl.
24.4.858 – 13.11.867
105. **Hadrian II.**
14.12.867 – Dezember 872
106. **Johannes VIII.**
14.12.872 – 16.12.882
107. **Marinus I.**
16.12.882 – 15.5.884
108. **Hadrian III.** hl.
17.5.884 – September 885
109. **Stephan V. (VI.)**
September 885 – 14.9.891
110. **Formosus**
6.10.891 – 4.4.896
111. **Bonifatius VI.**
April 896
112. **Stephan VI. (VII.)**
Mai 896 – August 897
103. **Romanus**
August – November 897
114. **Theodor II.**
November – Dezember 897
115. **Johannes IX.**
Januar 898 – Januar 900
116. **Benedikt IV.**
Juni 900 – August 903

117. **Leo V.**
August – September 903
Christophorus 903 – 904
118. **Sergius III.**
29.1.904 – 14.4.911
119. **Anastasius III.**
Mai 911 – August 913
120. **Lando**
August 913 – März 914
121. **Johannes X.**
April 914 – Mai 928
122. **Leo VI.**
Mai – Dezember 928
123. **Stephan VII. (VIII.)**
Dezember 928 – Februar 931
124. **Johannes XI.**
März 931 – Januar 935/936
125. **Leo VII.**
3.(?) 1.936 – 13.7.939
126. **Stephan VIII. (IX.)**
14.7.939 – Oktober 942
127. **Martin III.**
30.(?) 10.942 – Mai 946
128. **Agapet II.**
10.5.946 – Dezember 955
129. **Johannes XII.**
16.12.955 – 14.5.964
130. **Leo VIII.**
4.12.963 – 1.3.965
131. **Benedikt V.**
22.Mai – 23.6.964
132. **Johannes XIII.**
1.10.965 – 6.9.972
133. **Benedikt VI.**
9.1.973 – Juli 974
Bonifatius VII.
Juni – Juli 974 und
August 984 – 20.7.985
134. **Benedikt VII.**
Oktober 974 – 10.7.983
135. **Johannes XIV.**
Petrus Canepanova
Dezember 983 – 20.8.984
136. **Johannes XV.**
Johannes Crescentius
August 985 – März 996
137. **Gregor V.**
Brun von Kärnten
3.5.996 – 18.2.999
Johannes XVI.
Februar 997 – Mai 998
138. **Silvester II.**
Gerbert von Aurillac
2.4.999 – 12.5.1003
139. **Johannes XVII.**
Johannes Sicco
16.Mai. – 6.11.1003
140. **Johannes XVIII.**
Johannes Fasanus
25.12.1003 – Juli 1009
141. **Sergius IV.**
31.7.1009 – 12.5.1012
Gregor VI.
Mai – Dezember 1012
142. **Benedikt VIII.**
Theophylakt II. von Tuskulum
17.5.1012 – 9.4.1024
143. **Johannes XIX.**
Romanus von Tuskulum
19.4.1024 – 20.10.1032
144. **Benedikt IX.**
Theophylakt III.
von Tuskulum
21.10.1032 – Sept. 1044
und
10.März – 1.5.1045 und
8.11.1047 – 16.5.1048
145. **Silvester III.**
Johannes von Sabina
20.Januar – 10.3.1045
146. **Gregor VI.**
Johannes Gratian
1.5.1045 – 20.12.1046
147. **Clemens II.**
Suitger von Bamberg
24.12.1046 – 9.10.1047
148. **Damasus II.**
Poppo von Brixen
17.Juli – 9.8.1048
149. **Leo IX.** hl.
Bruno von
Egisheim-Dagsburg
12.2.1049 – 19.4.1054
150. **Victor II.**
Gebhard von Dollnstein-
Hirschberg
13.4.1055 – 28.7.1057
151. **Stephan IX. (X.)**
Friedrich von Lothringen
2.8.1057 – 29.3.1058
Benedikt X.
Johannes Mincius
1058 – 1059
152. **Nikolaus II.**
Gerhard von Lothringen
6.12.1058 – 7.1061
153. **Alexander II.**
Anselm von Baggio
30.9.1061 – 21.4.1073
Honorius II.
Petrus Cadalus
1061 – 1064
154. **Gregor VII.** hl.
Hildebrand
22.4.1073 – 25.5.1085
Clemens III.
Wibert von Ravenna
1080, 1084 – 1100
155. **Victor III.** sel.
Desiderius von Monte
Cassino
24.5 1086, 9.5. – 16.9.1087
156. **Urban III.** sel.
Odo von Lagery
12.3.1088 – 29.7.1099
157. **Paschalis II.**
Rainer von Bieda
13.8.1099 – 21.1.1118
Theoderich
Sept. 1100 – Januar 1101
Albert
1101/02
Silvester IV. Maginulf
1105 – 1111
158. **Gelasius II.**
Johannes von Gaeta
24.1.1118 – 19.1.1119
Gregor VIII.
Mauritius Burdanus
1118 – 1121
159. **Calixtus II.**
Guido von Burgund
2.2.1119 – 14.12.1124
160. **Honorius II.**
Lambert Scannabecchi
21.12.1124 – 13.2.1130
Coelestin II.
Teobaldo 1124
161. **Innozenz II.**
Gregorio Papareschi
14.2.1130 – 24.9.1143
Anaklet II.
Pietro Pierleoni
1130 – 1138
Victor IV.
Gregorio Conti 1138
162. **Coelestin II.**
Guido di Castello
26.9.1143 – 8.3.1144
163. **Lucius II.**
Gerardo Caccianemici
12.3.1144 – 15.2.1145
164. **Eugen III.** sel.
Bernardo Pignatelli
15.2.1145 – 8.7.1153
165. **Anastasius IV.**
Konrad von Rom
8.7.1153 – 3.12.1154
166. **Hadrian IV.**
Nikolaus Breakspear
4.12.1154 – 1.9.1159
167. **Alexander III.**
Orlando Bandinelli
7.9.1159 – 30.8.1181
Victor IV.
Oktavian von Monticelli
1159 – 1154
Paschalis III.
Guido von Crema
1164 – 1168
Calixtus III.
Giovanni von Struma
1168 – 1178
Innozenz III.
Lando von Sezze
1179 – 1180
168. **Lucius III.**
Ubaldo Allucingoli
1.9.1181 – 25.11.1185
169. **Urban III.**
Uberto Crivelli
25.11.1185 – 20.10.1187
170. **Gregor VIII.**
Alberto di Morra
21.Oktober – 7.12.1187
171. **Clemens III.**
Paolo Scolari
19.12.1187 – März 1191
172. **Coelestin III.**
Giacinto Boboni
30.3.1191 – 8.1.1198
173. **Innozenz III.**
Lothar von Segni
8.1.1198 – 16.7.1216
174. **Honorius III.**
Cencio Savelli
18.7.1216 – 18.3.1227
175. **Gregor IX.**
Hugo Graf von Segni
19.3.1227 – 22.8.1241
176. **Coelestin IV.**
Goffredo da Castiglione
25.Oktober – 10.11.1241
177. **Innozenz IV.**
Sinibaldo de Fieschi
25.6.1243 – 7.12.1254
178. **Alexander IV.**
Rainald Graf von Segni
12.12.1254 – 25.5.1261
179. **Urban IV.**
Jacques Pantaléon
29.8.1261 – 2.10.1264
180. **Clemens IV.**
Guy Foulques
5.2.1265 – 29.11.1268
181. **Gregor X.** sel.
Tebaldo Visconti
1.9.1271 – 10.1.1276
182. **Innozenz V.** sel.
Pierre de Tarantaise
21.1. – 22.6.1276
183. **Hadrian V.**
Ottobono Fieschi
11.Juli – 18.8.1276

Durch einen Fehler in der mittelalterlichen Zählung gab es nie einen Johannes XX.

184. **Johannes XXI.**
Pedro Juliani
8.9.1276 – 20.5.1277
185. **Nikolaus III.**
Giovanni Gaetano Orsini
25.11.1277 – 22.8.1280
186. **Martin IV.**
Simon de Brion
22.2.1281 – 28.3.1285
187. **Honorius IV.**
Giacomo Savelli
2.4.1285 – 3.4.1287
188. **Nikolaus IV.**
Girolamo Masci
22.2.1288 – 4.4.1292
189. **Coelestin V.** hl.
Pietro del Morrone
5.Juli – 13.12.1294
190. **Bonifatius VIII.**
Benedetto Caetani
24.12.1294 – 11.10.1303
191. **Benedikt XI.** sel.
Niccolò Boccasino
22.10.1303 – 7.7.1304
192. **Clemens V.**
Bertrand de Got
5.6.1305 – 20.4.1314

193. **Johannes XXII.**
Jacques Duèse
7.8.1316 – 4.12.1334
Nikolaus V.
Pietro Rainalducci
1328 – 1330
194. **Benedikt XII.**
Jacques Fournier
20.12.1334 – 25.4.1342
195. **Clemens VI.**
Pierre Roger
7.5.1342 – 6.12.1352
196. **Innozenz VI.**
Étienne Aubert
18.12.1352 – 12.9.1362
197. **Urban V.** sel.
Guillaume de Grimoard
28.9.1362 – 19.12.1370
198. **Gregor XI.**
Pierre Roger
30.12.1370 – 27.3.1378
199. **Urban VI.**
Bartolomeo Prignano
8.4.1378 – 15.10.1389
Clemens VII.
Robert von Genf
1378 – 1394
200. **Bonifatius IX.**
Pietro Tomacelli
2.11.1389 – 1.10.1404
Benedikt XIII.
Pedro de Luna
28.9.1394 – 26.7.1417
201. **Innozenz VII.**
Cosimo Gentile di Migliorati
17.10.1404 – 16.10.1406
202. **Gregor XII.**
Angelo Correr
30.11.1406 – 4.6.1415
Alexander V.
Pietro Philargi
1409 – 1410
Johannes XXIII.
Baldassare Cossa
1410 – 1415
203. **Martin V.**
Oddo Colonna
11.11.1417 – 20.2.1431
Clemens VIII.
Gil Sanchez Munoz
1423 – 1429
Benedikt XIV.
Bernard Garier
1425 – ?
204. **Eugen IV.**
Gabriele Condulmer
3.3.1431 – 23.2.1447
Felix V.
Amadeus von Savoyen
1439 – 1449
205. **Nikolaus V.**
Tommaso Parentucelli
6.3.1447 – 24.3.1455
206. **Calixtus III.**
Alfonso de Borgia
8.4.1455 – 6.8.1458
207. **Pius II.**
Enea Silvio Piccolomini
19.8.1458 – 15.8.1464
208. **Paul II.**
Pietro Barbo
30.8.1464 – 26.7.1471
209. **Sixtus IV.**
Francesco della Rovere
9.8.1471 – 12.8.1484
210. **Innozenz VIII.**
Giovanni Battista Cibo
29.8.1484 – 25.7.1492
211. **Alexander VI.**
Roderigo de Borgia
11.8.1492 – 18.8.1503
212. **Pius III.**
Francesco Todeschini
22.September – 18.10.1503
213. **Julius II.**
Giuliano della Rovere
1.11.1503 – 21.2.1513
214. **Leo X.**
Giovanni de Medici
11.3.1513 – 1.12.1521
215. **Hadrian VI.**
Adrian von Utrecht
9.1.1522 – 14.9.1523
216. **Clemens VII.**
Giulio de Medici
18.11.1523 – 25.9.1534
217. **Paul III.**
Alessandro Farnese
13.10.1534 – 10.11.1549
218. **Julius III.**
Giovanni del Monte
8.2.1550 – 23.3.1555
219. **Marcellus II.**
Marcello Cervini
9.April – 1.5.1555
220. **Paul IV.**
Giovanni Pietro Caraffa
23.5.1555 – 18.8.1559
221. **Pius IV.**
Giovanni Angelo de Medici
25.12.1559 – 9.12.1565
222. **Pius V.** hl.
Michele Ghislieri
8.1.1566 – 1.5.1572
223. **Gregor XIII.**
Ugo Buoncompagni
14.5.1572 – 10.4.1585
224. **Sixtux V.**
Felice Peretti
24.4.1585 – 27.8.1590
225. **Urban VII.**
Giambattista Castagna
15.– 27.9.1590
226. **Gregor XIV.**
Niccolò Sfondrati
5.12.1590 – 16.10.1591
227. **Innozenz IX.**
Giovanni Antonio Fachinetti
29.Oktober – 30.12.1591
228. **Clemens VIII.**
Ippolito Aldobrandini
30.1.1592 – 5.3.1605
229. **Leo XI.**
Alessandro de Medici
1.– 27.4.1605
230. **Paul V.**
Camillo Borghese
16.5.1605 – 28.1.1621
231. **Gregor XV.**
Alessandro Ludovisi
9.2.1621 – 8.7.1623
232. **Urban VIII.**
Maffeo Barberini
6.8.1623 – 29.7.1644
233. **Innozenz X.**
Giambattista Pamphili
15.9.1644 – 1.1.1655
234. **Alexander VII.**
Fabio Chigi
7.4.1655 – 22.5.1667
235. **Clemens IX.**
Giulio Rospigliosi
20.6.1667 – 9.12.1669
236. **Clemens X.**
Emilio Altieri
29.4.1670 – 22.7.1676
237. **Innozenz XI.** sel.
Benedetto Odescalchi
21.9.1676 – 11.8.1689
238. **Alexander VIII.**
Pietro Ottoboni
6.10.1689 – 1.2.1691
239. **Innozenz XII.**
Antonio Pignatelli
12.7.1691 – 27.9.1700
240. **Clemens XI.**
Gianfrancesco Albani
23.11.1700 – 19.3.1721
241. **Innozenz XIII.**
Michelangelo de Conti
8.5.1721 – 7.3.1724
242. **Benedikt XIII.**
Pietro Francesco Orsini-Gravina
27.5.1724 – 21.2.1730
243. **Clemens XII.**
Lorenzo Corsini
12.7.1730 – 8.2.1740
244. **Benedikt XIV.**
Prospero Lorenzo Lambertini
17.8.1740 – 3.5.1758
245. **Clemens XIII.**
Carlo della Torre Rezzonico
6.7.1758 – 2.2.1769
246. **Clemens XIV.**
Giovanni Antonio Ganganelli
19.5.1769 – 22.9.1774
247. **Pius VI.**
Giovanni Angelo Braschi
15.2.1775 – 29.8.1799
248. **Pius VII.**
Barnaba Chiaramonte
14.3.1800 – 20.7.1823
249. **Leo XII.**
Annibale della Genga
28.9.1823 – 10.2.1829
250. **Pius VIII.**
Francesco Saverio Castiglione
31.3.1829 – 30.11.1830
251. **Gregor XVI.**
Bartolomeo Cappellari
2.2.1831 – 1.6.1846
252. **Pius IX.**
Giovanni Maria Mastai-Ferretti
16.6.1846 – 7.2.1878
253. **Leo XIII.**
Vincenzo Gioacchino Pecci
20.2.1878 – 20.7.1903
254. **Pius X.** hl.
Giuseppe Melchior Sarto
4.8.1903 – 20.8.1914
255. **Benedikt XV.**
Giacomo della Chiesa
3.9.1914 – 22.1.1922
256. **Pius XI.**
Achille Ratti
6.2.1922 – 10.2.1939
257. **Pius XII.**
Eugenio Pacelli
2.3.1939 – 9.10.1958
258. **Johannes XXIII.**
Angelo Giuseppe Roncalli
28.10.1958 – 3.6.1963
259. **Paul VI.**
Giovanni Battista Montini
21.6.1963 – 6.8.1978
260. **Johannes Paul I.**
Albino Luciani
26.August – 28.9.1978
261. **Johannes Paul II.**
Karol Józef Wojtyla
seit 16.10.1978

OMConvRef Ordo Minorum Conventualium Reformatorum
– Reformierte Konventualen
OMD Ordo Clericorum Regularium Matris Dei
– Regularkleriker der Mutter Gottes
OME Ordo Mercedariorum Excalceatorum
– Unbeschuhte Mercedarier
OMel Ordo Melitensis
– Malteser
– Johanniter
OMI Congregatio Missionariorum Oblatorum Beata Mariae Virginis Immaculatae
– Oblaten der Unbefleckten Jungfrau Maria
OMin Ordo Minorum
– Minderbrüder (Minoriten, Konventualen; Franziskaner)
OMinClar Ordinis Minorum Congregatio Clarenorum
– Clarener
OMinCol Ordinis Minorum Congregatio Coletanorum
– Coletaner
OMinim Ordo Minimorum
– Mindeste Brüder
– Paulaner
OMV Congregatio Oblatorum Beatae Mariae Virginis
– Oblaten der Jungfrau Maria
OP Ordo Fratrum Praedicatorum
– Dominikaner(-innen)
OPraem Candidus et Canonicus Ordo Praemonstratensis
– Prämonstratenser
– Norbertiner
Or Institutum Oratorii S. Philippi Nerii
– Oratorianer
– Philippiner
ORSA Ordo Recollectorum S. Augustini
– Augustiner
– Rekollekten
OSA Ordo Sancti Augustini
– Augustiner(-innen)
OSB Ordo Sancti Benedicti
– Benediktiner (-innen)
OSBCam Congregatio Monachorum Eremitarum Camaldulensium O.S.B.
– Kamaldulenser (-innen)
OSBCoel O.S.B. Congregatio Coelestinensis
– Cölestiner
OSBirg Ordo Sanctae Birgittae
– Orden von der hl. Birgitta
– Birgitten
OSBM Ordo S. Basilii Magni
– Basilianer
OSBOliv O.S.B. Montis Olivetti
– Olivetaner
OSBOtt O.S.B. Congregatio Ottiliensis pro missionibus exteris
– Missionsbenediktiner von St. Ottilien
OSCl Ordo S. Clarae
– Klarissen (Klarissinnen)
OSClAlc Ordo S. Clarae Alcantarinarum
– Alcantarinerinnen
OSClCap Ordo S. Clarae Capuccinarum
–(Klarissen-)Kapuzinerinnen
OSClCol Ordo S. Clarae reformationis a S. Coleta
– Coletanerinnen
OSClObs Ordo S. Clarae de Observantia
– Observantinnen
OSClRec Ordo S. Clarae Recollectarum
– Klarissen-Rekollektinnen
OSClSObs Ordo S. Clarae Strictioris Observantiae
– Klarissen von der strengen Observanz
OSCr Ordo S. Crucis
– Kreuzherren
OSD Ordo S. Dominici
– Dominikanerinnen
– Schwestern vom 3. Orden des hl. Dominikus
OSE Sorores Hospitalariae S. Elisabethae
– Elisabethinerinnen
– Elisabethinnen
OSF Ordinis S. Francisci
– Franziskanerbrüder
– Franziskanerinnen
OSFS Institutum Oblatorum S. Francisci Salesii
– Oblaten des heiligen Franz von Sales
OSH Ordo S. Hieronymi
– Hieronymiten
OSJD Ordo Sancti Johannis a Deao
– Barmherzige Brüder vom hl. Johannes von Gott → **OH**
OSM Ordo Servorum Mariae
– Diener Mariens
– Serviten(-innen)
OSMM Ordo S. Mariae Magdalenae de poenitentia
– Magdalenerinnen
OSPPE Ordo Fratrum Sancti Pauli Primi Eremitae
– Pauliner
OSSalv Ordo Sanctissimi Salvatoris
– Erlöser- (Birgitten-)Orden
– Birgittinnen
OSSp Ordo Hospitalarius S. Spiritus
– Orden vom Heiligen Geist
OSsR Ordo Ss. Redemptoris
– Redemptoristinnen
OST/OSST Ordo Sanctissimae Trinitatis
– Trinitarier (-innen)
OSTDisc Ordo Ss. Trinitatis Discalceatorum
– Unbeschuhte Trinitarier
OSTRef Ordo Ss. Trinitatis Reformatorum
– Reformierte Trinitarier
OSU Ordo Sanctae Ursulae
– Ursulinen
OT Ordo Teutonicus S. Mariae in Jerusalem
– Deutscher Orden
– Deutschordenspriester
OTheat Ordo Clericorum Regularium vulgo Theatinorum
– Theatiner → **CR**
OVM Ordo de Visitatione Beatae Mariae Virginis
– Orden von der Heimsuchung
– Salesianerinnen
PA Patres Albi
– Missionarii Africae → **MAfr**
– Missionare U.L.F. von Afrika
– Weiße Väter
PFM Institutum Parvulorum Fratrum Mariae → **FMS**
– Maristenschulbrüder
PSDP Congregatio Pauperum Servorum Divinae Providentiae
– Arme Diener der Göttlichen Vorsehung (Don Calabria)
PSS Societas Presbyterorum a Sancto Sulpicio
– Sulpizianer
RSV Congregatio Religiosorum Sancti Vincentii a Paulo
– Patres und Brüder vom hl. Vinzenz von Paul
SAC Societas Apostolatus Catholici
– Pallottiner (-innen)
SC Fratres a Sacratissimo Corde Jesu
– Herz-Jesu-Brüder
– Schulbrüder vom Heiligsten Herzen
SC Sanctissimi Cordis Jesu
– Ordensfrauen vom Hl. Herzen Jesu
– Sacré-Coeur
SCC Sorores de Caritate Christiana
– Schwestern (von) der Christlichen Liebe
SCI Congregatio Sacerdotum a Sacro Corde Jesu
– Herz-Jesu-Priester
– Dehonianer
SCJ Congregatio Sacratissimi Cordis Jesu
– Herz-Jesu-Priester
SCVP Sorores Caritatis Sancti Vincentii a Paul
– Barmherzige Schwestern vom hl. Vinzenz von Paul
– Vinzentinerinnen
SDB Societas S. Francisci Salesii (Don Bosco)
– Salesianer des hl. Joh. Don Bosco
SdC Congregatio Clericorum Saecularium Scholarum Charitatis
– Priester von den Schulen der Liebe (Institut Cavanis)

SdC Servi della Carità
- Diener der Liebe (Opera Don Guanella)

SDP Sorores de Divina Providentia
- Schwestern von der Göttlichen Vorsehung

SDS Societas Sorores Divini Salvatoris
- Salvatorianer(-innen)

SDV Societas Divinarum Vocationum
- Gesellschaft der Göttlichen Berufungen
- Vokationisten

SF Filii Sacrae Familiae Jesu
- Söhne der Heiligen Familie

SJ Societas Jesu
- Gesellschaft Jesu
- Jesuiten

SM Societas Mariae
- Gesellschaft Mariens
- Maristen
- Marianisten (Marienbrüder)

SMA Societas Missionum ad Afros
- Gesellschaft für afrikanische Missionen (Lyon)

SMB Societas Missionum Exterarum de Bethlehem in Helvetia
- Missionsgesellschaft Bethlehem (Schweiz)

SMM Societas Mariae Monfortana
- Monfortaner

SMP Sociedade Missionària Portuguesa
- Portugiesische Missionsgesellschaft

SND Sorores Nostrae Dominae
- Schwestern Unserer Lieben Frau

SOCist → OCist

SorDS Sorores Divini Salvatoris
- Salvatorianerinnen

SP Ordo Clericorum Regularium Pauperum Matris Dei Scholarum Piarum
- Piaristen
- Scolopi

SP Servi Sancti Paracleti
- Servants of the Holy Paraclete
- Diener des Heiligen Parakleten

SPS Societas Sancti Patricii pro Missionibus ad Exteros
- St. Patrick's Society for the Foreign Missions
- St.-Patricks-Gesellschaft für auswärtige Missionen

SSC Società Sacerdoti di San Giuseppe Benedetto Cottolengo
- Gesellschaft der Priester des hl. Joseph Benedikt Cottolengo

SS Societas Sulptitiensis
- Sulpizianer

SSCC Congregatio Sacrorum Cordium Jesu et Mariae necnon adorationis perpetuae Sanctissimi Sacramenti Altaris
- Genossenschaft von den Heiligen Herzen Jesu und Mariä und von der ewigen Anbetung des Heiligsten Altarsakraments
- Picpus-Patres
- Arnsteiner Patres

SSD Sorores S. Dorotheae
- Dorotheenschwestern

SSE Sorores S. Elisabethae
- Elisabethinerinnen

SSE Societas Patrum Sancti Edmundi Oblatorum Sacri Cordis Jesu et Immaculati Cordis Mariae
- Society of St. Edmund
- Priester des hl. Edmund

SSI → **MJ**

SSJ Societas Sodalium Sancti Joseph a Sacro Corde
- St. Joseph's Society of the Sacred Heart (Josephite Fathers)
- St.-Josephs-Gesellschaft vom Hl. Herzen (Josephiten-Patres)

SSND Congregatio Pauperum Sororum Scholarum Nostrae Dominae
- Arme Schulschwestern von Unserer Lieben Frau

SSP Societas a S. Paulo Apostolo
- Gesellschaft vom heiligen Paulus

SSPC Sodalitas S. Petri Claver pro missionibus Africanis
- Sankt-Petrus-Claver-Sodalität

SSpS Congregatio Missionalis Servarum Spiritus Sancti
- Missionsgenossenschaft der Dienerinnen des Heiligen Geistes
- Steyler Missionsschwestern

SSS Congregatio Presbyterorum a SS. Sacramento
- Eucharistiner
- Sakramentiner

ST → **MSSST**

SVD Societas Verbi Divini
- Gesellschaft des Göttlichen Wortes
- Steyler Missionsgesellschaft
- Verbiten

SX Pia Societas Sancti Francisci Xaverii pro Exteris Missionibus
- Gesellschaft des hl. Franz Xaver für auswärtige Missionen
- Xaverianer

TC Fratres Tertii Ordinis Sancti Francisci Capulatorum a Beata Virgine Perdolente
- Kapuziner-Terziaren von der schmerzhaften Jungfrau
- Amigonianer

TOF Tertius Ordo Franciscanus
- Weltlicher 3. Orden des heiligen Franziskus

TOR Tertius Ordo Regularis
- Regulierter 3. Orden des heiligen Franziskus

TORCap Tertius Ordo Regularis Capuccinarum
- Kapuzinerinnen vom regulierten 3. Orden

TOSD Tertius Ordo S. Dominici
- 3. Orden vom heiligen Dominikus
- Dominikanerinnen vom 3. Orden

Erklärendes Wörterverzeichnis

Begriffe und ihre Erklärungen

Adoptianismus Lehre, daß Jesus ein Mensch war und erst beim Empfang des Taufsakramentes von Gott adoptiert wurde; durch ein vollkommenes, reines Leben habe er sich dann zu Christus entwickelt.

Akoimeten (nicht Schlafende); Mönche, die ununterbrochen die Liturgie feierten (etwa ab 430).

Albigenser Sekte im 12. und im 13. Jahrhundert, benannt nach der Stadt Albi. Die Albigenser vertraten die Ansicht, daß Christus nur ein Engel gewesen ist, der die Menschen belehren sollte, daß in ihrem unreinen Körper eine göttliche Seele wohnt.

Alexandrien einstiges Gebiet des heutigen Ägypten und Teilen von Libyen; nichtchristliches Patriarchat.

Anachoret Einsiedler, der sich vollkommen von jeglicher menschlichen Gemeinschaft zurückzog. Die ersten Anachoreten gab es im 3. Jahrhundert, ihr berühmtester Vertreter war Antonius der Einsiedler. Im Gegensatz zu den Anachoreten lebten die Koinobiten hinter Klostermauern in einer Einsiedlergemeinschaft.

Antiochien einstiges Gebiet an der türkischen Süd-West-Küste; altchristliches Patriarchat.

Apokryphen Schriften unbekannter Verfasser aus den ersten drei Jahrhunderten der Christenheit. Die Apokryphen – Apostelgeschichten, Evangelien und Apokalypsen – wurden von der Kirche nicht anerkannt und durften während der Gottesdienste nicht benutzt werden. Viele Apokryphen befaßten sich mit Leben und Wirken Jesu Christi, meist in legendarischer Form. Auf den Konzilen von Trient im 16. Jahrhundert wurden die Apokryphen größtenteils anerkannt.

Apostolat Amt der Kirche, der Geistlichkeit, früher der Jünger Christi.

Approbation Anerkennung, Bestätigung einer Person oder einer Sache, beispielsweise einer Ordensgemeinschaft oder des Kultes um einen Heiligen.

Arianismus Lehre des alexandrinischen Presbyters Arius, entstanden im 4. Jahrhundert. Nach Arius war Jesus Christus ein außergewöhnliches, menschliches Wesen und nicht Gottes Sohn, damit auch nicht wesensgleich mit Gottvater. Auf dem berühmten Konzil von Nicia im Jahr 325 wurde diese These verworfen, konnte jedoch lange Zeit nicht vollständig zurückgedrängt werden, da selbst Kaiser Konstantin den Arianismus unterstützte.

Beginen Frauen, die ohne Gelübde ein klosterähnliches Leben miteinander führen.

Brevier Gebetbuch (Stundengebet) der Geistlichen.

Bulle Metallsiegel; Papsturkunde (versiegelt).

Calvinismus Lehre des Franzosen Jean Calvin, entstanden im 16. Jahrhundert. Der Reformator Calvin behauptete, daß das Schicksal eines Menschen im Guten wie im Bösen vorbestimmt sei (Prädestinationslehre). Mit Martin Luther hatte Calvin die allgemeinen Grundsätze des Protestantismus gemein.

Chorbischof früher Bischof eines ländlichen Gebietes, im Gegensatz zum Stadtbischof; manchmal auch Gehilfe des Bischofs.

Chorfrauen spätmittelalterliche und neuere Bezeichnung für gottgeweihte, jungfräulich lebende Frauen, die nicht nach monastischen, sondern nach kanonischen Grundsätzen leben.

Cluny, cluniazensisch Cluny, heute ein kleiner Ort im französischen Departement Saone-et-Loire, war eine der bedeutendsten Benediktinerabteien aller Zeiten, gegründet am 11. September 910 von Herzog Wilhelm von Aquitanien. Bereits unter den fünf ersten Äbten Odo, Aymard, Majolus, Odilo und Hugo, die alle heiliggesprochen wurden, wurde Cluny zum Ausgangspunkt einer einzigartigen klösterlichen Reform. Die cluniazensische Bewegung erfaßte alle Länder und brachte weitere große Klöster hervor. Die Basilika von Cluny, inzwischen zerstört, war nach dem Petersdom das größte Gotteshaus aller Zeiten.

Confessio Märtyrergrab unter dem Hauptaltar; Märtyrergrabaltar in einer Krypta unter dem Hauptaltar.

Cömeterium Grabanlage, teilweise unterirdisch.

Diakon Vorstufe zum Priesteramt; in der Urkirche war der Diakon der Helfer des ihm übergeordneten Bischofs (auch Archidiakon).

Dialektik die Kunst des Gespräches; Gesetzmäßigkeit, richtige Anordnung der Gedanken. Auch: Widerspruch zwischen materiellen und soziologischen Faktoren.

Diözese, Bistum territorialer Jurisdiktionsbezirk eines Bischofs.

Doge höchstes Staatsoberhaupt in den einstigen Republiken Venedig und Genua, aus dem Senatorenkreis gewählt, mit herzoglichem Rang und mit dem Titel Durchlaucht. Beide Republiken endeten mit dem Frieden von Campo Formio im Jahr 1798, damit verschwand auch der Titel Doge.

Edikt behördliche Verlautbarung.

Enzyklika Rundschreiben des Papstes an die Kirchenoberen.

Epiphanie Erscheinung.

Episkopat Bischofsamt; die Gesamtheit der Bischöfe.

Epitaph Gedenktafel am Grab eines Verstorbenen, oft auch an einer Mauer oder an einer Säule.

Eremit Einsiedler.

Eucharistie Danksagung; heiliges Abendmahl.

Evangeliar liturgisches Buch mit den vollständigen Texten der vier Evangelien.

Evangelium Überlieferung über Leben, Wirken und Lehre von Jesus Christus.

Exemtion Befreiung eines Untergebenen von nächsten kirchlichen Vorgesetzten und Unterordnung unter die Gewalt eines höheren Vorgesetzten. Beispiel: Ein Kloster untersteht nicht, wie üblich, dem Bistumsverband, sondern ist unmittelbar dem Heiligen Stuhl, also dem Papst, unterstellt.

Exerzitien geistliche Übungen (von Ignatius von Loyola eingeführt).

Guardian Aufseher, Vorsteher eines Hauses (Konvents) der Franziskaner (Minoriten) und der Kapuziner, einem Zweigorden der Franziskaner.

Häresie Abweichung von der kirchlichen Lehre. Häretiker wurden in früheren Zeiten wie Ketzer verfolgt und behandelt.

Hausmeier auch Palastmeister, major domus; ursprünglich bei den Franken der Oberste des königlichen Geleites und der Verwalter des königlichen Einflußgebietes. Vom 6. Jahrhundert an war der Hausmeier Befehlshaber im Krieg und Aufseher über die königliche Schatzkammer. Diese Würde wurde später erblich und dadurch so mächtig, daß die Inhaber des Titels nach und nach sämtliche Regierungsgeschäfte für sich in Anspruch nahmen und die wahren Könige nur noch den Namen hatten. Zuletzt riß dann Pippin der Kurze die Macht ganz an sich und wurde Herrscher in Franken.

Homilie Predigt, die meist den Text der Heiligen Schrift auslegt.

Hostie Opferbrot (Oblate) bei der heiligen Messe.

Hymne Weihelied; Festgesang.

Ikonoklasmus Bilderfeindlichkeit; Tätlichkeiten zur Zerstörung von Bildern.

Inkluse, Rekluse Mensch, der sich für eine bestimmte Zeit, manchmal für sein ganzes Leben, in eine Zelle einschloß oder einmauern ließ, um fortan nur noch Gott zu dienen. Einer der berühmtesten Inklusen des Abendlandes war Simeon von Trier.

Inquisition kirchliche Nachforschung und Untersuchung zur Auffindung und Bestrafung von Irrlehren und Ketzern.

Interdikt Verbot; Kirchenbann.

Inthronisation feierliche Besteigung des päpstlichen oder bischöflichen Stuhles.

Investiturstreit Auseinandersetzung im 11. Jahrhundert zwischen Papst Gregor VII. und König Heinrich IV. wegen der Frage, wer die deutschen Bischöfe ernennen dürfe. Bis zum Ausbruch des Streites setzte der weltliche Herrscher die Oberhirten ein, Papst Gregor aber wollte das Kirchenamt von der Politik loslösen. Mit dem Wormer Konkordat wurde die Auseinandersetzung 1122 beendet.

Jansenismus theologische Bewegung, die nach dem Niederländer Cornelius Jansen benannt ist; entstanden im 17. Jahrhundert. Die jansenitische Lehre stand Rom feindlich gegenüber und legte ihren Schwerpunkt auf Sittlichkeit und mystische Frömmigkeit.

Kanoniker Geistlicher, Domgeistlicher, Kollegiatsgeistlicher.

Kanonisation offizieller Akt der Heiligsprechung. Die erste förmliche Kanonisation war jene von Bischof Ulrich von Augsburg am 31. Januar 993.

Katakomben altchristliche Begräbnisstätten mit ausgedehnten unterirdischen Anlagen; hauptsächlich in Rom (Calixtus-Katakomben, Domitilla-Katakomben), aber auch auf Sizilien, in Neapel und in Kleinasien

Katechet in früherer Zeit derjenige Geistliche, der den Katechumenen die Religionslehre erklärte und sie auf die Taufe vorbereitete. Später derjenige, der Religionsunterricht erteilt.

Katechumene Mensch, der im Glauben unterwiesen und auf den Empfang des Taufsakramentes vorbereitet wird.

Katechismus Zusammenfassung der christlichen Glaubens- und Sittenlehren, meist für Unterricht und Familien.

Katharer christliche Sekten des Abendlandes, die den Dualismus (zwei Urwesen: das Gute und das Schlechte) lehrten. Die Katharer verwarfen unter anderem die Ehe, die Kindstaufe und den Genuß von Fleischspeisen.

Katholische Aktion Laienapostolat; katholische Bewegung, die von Papst Pius XI. (1922–1939) zur Durchsetzung kirchlicher Grundsätze ins Leben gerufen wurde.

Klerus Geistlichkeit.

Kodex Band; buchförmig gebundene Handschrift.

Koinobiten PPP Anachoret

Kongregation klösterliche Gemeinschaft, in der im Gegensatz zum eigentlichen Orden nur einfache Gelübde (ewige oder zeitliche) abgelegt werden.

Konkordat Vereinbarung zwischen Kirche und Staat.

Konstitutionen kirchliche Erlasse.

Kontemplation betrachtendes Gebet; mystische Beschauung.

Konventuale stimmberechtigtes Klostermitglied.

Konverse Laienbruder.

Konversion Bekehrung; Übertritt von einem Religionsbekenntnis zu einem anderen.

Konzil Zusammenkunft von hohen Würdenträgern der katholischen Kirche zur Regelung wichtiger Angelegenheiten.

Kopten Angehörige der monophysischen Nationalkirche von Ägypten.

Krypta Grabesraum, meist in der Unterkirche eines Gotteshauses. Viele Kirchen sind über der Krypta mit dem Grab eines Heiligen erbaut worden.

Kurie päpstliche Behörde und Ämter.

Lapsi Christen, die vom Christentum wieder abfielen, vor allem während der Zeiten der Christenverfolgungen im 3. und 4. Jahrhundert.

Lateran Palast des Papstes in Rom.

Legat Gesandter des Papstes.

Lektor niederer Geistlicher, dessen Aufgabe es war, in der Kirche die Lektionen – Abschnitte aus dem Alten und dem Neuen Testament – vorzulesen.

Litanei Wechselgebet.

Liturgie Gottesdienstformen; Altargottesdienst.

Manichäismus Lehre des Persers Mani, entstanden im 3. Jahrhundert. Nach Mani war die Welt in zwei Teile gespalten: in die göttliche Welt des Lichts (das Gute) und in die teuflische Welt der Finsternis (das Böse). Im Gegensatz zum Christentum lehrte Mani, der sich selbst einen Propheten nannte, das Prinzip von Schuld und Reue ab; nach seiner Lehre wurden alle jene vom „Übel des Daseins" erlöst, die das Böse in der Welt richtig verstanden und nach dem Guten lebten.

Martyrologium liturgisches Verzeichnis der Heiligenfeste und Märtyrergedenktage.

Missale Meßbuch.

Mitra Bischofsmütze, Ahrsmütze.

monastisch mönchisch, klösterlich.

Monophysitismus Ansicht, daß es nur eine, nämlich die Mensch gewordene göttliche Natur in Jesus Christus gibt.

Mystiker ein in die Mysterien (Geheimnisse) Eingeweihter. Die Mystik ist das Schauen und das Erkennen unter Vermittlung einer höheren Erleuchtung, die Erkenntnis und Offenbarung jener Dinge, die normalerweise verborgen bleiben, der göttlichen.

Nekrolog Nachruf.

Nepotismus Vetternwirtschaft, wie sie zu bestimmten Zeiten innerhalb der katholischen Kirche üblich war, besonders während der Regierung der Renaissance-Päpste. Unter Nichtbeachtung verdienter, intelligenter und integerer Kirchenpersönlichkeiten wurden dabei von Päpsten, Kardinälen und Bischöfen enge Verwandte in bedeutende Ämter eingesetzt.

Nimbus Heiligenschein.

Novizenmeister(in) Mönch oder Nonne, die Novizen während der Probezeit in das klösterliche Leben einführen.

Noviziat vom Kirchenrecht geforderte Zeit der Prüfung, die ein Ordensbewerber (Novize) absolvieren muß. Der Kandidat prüft sich selbst, der Orden prüft den Kandidaten. In allen Ordensgenossenschaften beträgt das Noviziat ein Jahr, danach wird die Profeß, das Gelübde, abgelegt.

Oblate entweder ein Kind, das schon in frühester Jugend von den Eltern einem Kloster geweiht wurde, oder ein Erwachsener, der sich selbst und sein gesamtes Hab und Gut einem Kloster hingab und Mönch oder Laienbruder wurde. Auch ein Mensch, der alles aufgab und am klösterlichen Leben teilnahm.

Offizium Behörde der Kurie für Glaubens- und Sittenlehre.

Oratorium kleine Kapelle, die sich oft an den Chorraum anschließt. Das Oratorium ist meist nicht öffentlich zugänglich.

Orden ein von der Kirche, dem Papst, genehmigter besonderer Lebensstand innerhalb der kirchlichen Gemeinschaft mit einer genau bestimmten Lebensordnung. Aufgabe aller Orden ist das Streben nach sittlicher Vollendung. Allen Ordensregeln gemeinsam sind die drei Gelübde der Armut, der Keuschheit und des Gehorsams, wobei das Gehorsamkeitsgelübde das wichtigste ist. In den meisten Orden heißt der oberste Vorsteher Ordensgeneral.

Pallium Abzeichen, Schulterschmuck des Papstes und der Erzbischöfe, manchmal auch der Bischöfe. Bei dem Pallium handelt es sich um ein weißes, aus Wolle gearbeitetes Band, das um die Schultern getragen wird und mit schwarzen Kreuzen versehen ist.

Patriarch Titel einiger Erzbischöfe, beispielsweise jener von Venedig. In der Ostkirche bischöfliches Oberhaupt großer Kirchenprovinzen (Moskau, Konstantinopel).

Patrozinium Schutzherrschaft eines Heiligen für eine Kirche.

Pelagianismus Lehre des Iren Pelagius, entstanden Ende des 4. Jahrhunderts. Der Mönch Pelagios verneinte die Erbsünde und behauptete, daß jeder Mensch von sich heraus Gutes tun könnte.

Pietà Darstellung von Maria, die den Leichnam von Jesus in den Armen hält.

Pontifikalien bischöfliche Würdezeichen und Gewänder.

Pontifikat Amts-, Regierungszeit eines Papstes.

Präfekt unter den Kaisern einst der höchste Staatsbeamte einer Stadt, für deren Ruhe und Ordnung er zu sorgen hatte. Während der Christenverfolgungen in den ersten vier Jahrhunderten kam den mächtigen Präfekten große Bedeutung zu.

Presbyter Der Ausdruck Presbyter bezeichnete in der christlichen Ur-Kirche den Vorsteher einer einzelnen Gemeinde. Im Lauf der Jahrhunderte entwickelte sich daraus das Priesteramt und der Ausdruck Priester.

Presbyterium Der Name kommt von Presbyter und bezeichnete ursprünglich den Raum des Presbyters, also des Priesters. Heute werden damit meistens die Apsis und der Chor einer Kirche bezeichnet.

Primiz erstes Meßopfer, das ein neugeweihter Priester nach der mit dem weihenden Bischof konzelebrierten Messe feiert (meist in der Heimatgemeinde).

Prior in einem Kloster, das von einem Abt geleitet wird, der nächsthöchste Vorgesetzte.

Profeß öffentliche Ablegung der Gelübde in einem Orden oder in einer religiösen Gemeinschaft.

Propst Vorstand; Vorsteher; Stellvertreter des Abtes, Prior.

Provinzial Oberer einer Ordensprovinz.

Psalm geistliche (biblische) Hymne.

Rationale Schulterkleid beim Bischofsgewand.

Refektorium Speisezimmer in einem Kloster.

Regens Seminarleiter.

Regionarbischof Missions- oder Wanderbischof mit einem Missionsgebiet, aber keinem festen Bischofssitz (bis ins 10. Jahrhundert).

Regularkleriker Priester, die im Gegensatz zu den Weltpriestern (Säkularkleriker) einem Orden oder einer Kongregation angehören.

Rekluse siehe Inkluse.

Reliquie Gebeine, Kleidung oder Gegenstände eines Heiligen, die zum Andenken aufbewahrt und verehrt werden. Ein Reliquiar ist ein Behälter, in dem die Reliquie aufbewahrt wird.
Sarkophag Sarg aus Stein, oft reich verziert.
Schisma Kirchenspaltung. Das Abendländische Schisma kam durch die Wahl von sogenannten Gegenpäpsten zustande und dauerte von 1378 bis 1417. Als Morgenländisches Schisma wird die Abtrennung der griechischen Kirche von der römischen bezeichnet, die 1054 begann.
Scholastik Theologie des Mittelalters, die rationalistisch und mit Logik den christlichen Glauben zu erfassen und zu beweisen versuchte. Auch die Philosophie des Aristoteles wurde miteinbezogen. Die bedeutendsten Vertreter der Scholastik waren Thomas von Aquin, Anselm von Canterbury und Albertus Magnus.
Simonie das Erkaufen von geistlichen und kirchlichen Ämtern und Positionen mit Geld.
Skapulier Schulterkleid, das manche Ordensbrüder, so die Benediktiner und die Dominikaner, als Teil des Ordenshabits tragen.
Stigmata Wundmale Jesu Christi. Stigmata trugen unter anderen Franz von Assisi und Katharina von Siena.
Stundenbuch Laiengebetbuch mit Gebeten und Psalmstellen für den Jahreslauf.
Suprematseid Das englische Parlament erließ 1534 ein Gesetz, das die Oberhoheit des englischen Königs – damals Heinrich VIII. – über die katholische Kirche festlegte. Mit dieser Suprematsakte war der Bruch Englands mit Rom vollzogen, die anglikanische Kirche konstituiert. Ab 1536 wurde dann von allen geistlichen und weltlichen Beamten der sogenannte Suprematseid gefordert, bei dem die Schwörenden erklären mußten, daß der Papst in England keine Rechte besaß. Gleichzeitig forderte Heinrich VIII. mit dem Eid auch die Anerkennung seiner Ehe mit Anne Boleyn.
Synode Versammlung von Geistlichen zur Beratung und Entscheidung kirchenpolitischer und seelsorgerischer Probleme und Fragen.
Tiara Papstkrone; eine mit drei Kronen geschmückte Mitra.
Titelkirche seit dem 4. Jahrhundert bezeugte Bezeichnung für die Kirchen Roms, die innerhalb der Stadtmauern liegen und den Mittelpunkt des seelsorgerischen Lebens bilden.
Tonsur das Abschneiden der Haare in einer bestimmten Form, die einen Mönch oder einen Geistlichen auszeichnen soll.
Translation Überführung von Reliquien/Gebeinen an einen neuen Aufbewahrungsort, z. B. in eine neuerrichtete Kirche.
Tumba Grabmal; Aufbau, Monument über einer Begräbnisstätte.
Urchristentum (Urkirche); Bezeichnung für die älteste Kirche und ihre Geschichte, etwa von 30 bis 150.
Vulgata Bezeichnung für die von Hieronymus überarbeitete und ergänzte lateinische Übersetzung der Bibel, die bis heute Gültigkeit besitzt.
Waldenser mittelalterliche Bewegung, genannt nach ihrem Begründer Waldes; asketisch lebende Laienprediger, die sich die „Armen Christi" nannten. Als die Waldenser immer mehr als Sittenrichter des Klerus auftraten, wurden sie 1184 auf der Synode in Verona von Papst Lucius III. exkommuniziert. Danach verbreiteten sich die Waldenser als Sekte in der Lombardei, in Südfrankreich und in Spanien. Im 14. Jahrhundert nahm die Bewegung ab. In Piemont erlangten die Waldenser 1884 Religionsfreiheit.
Weihbischof entlastet oder vertritt den Bischof einer Diözese in allen Handlungen innerhalb der Kirche.

Attribute, Embleme und Symbole der Heiligen in alphabetischer Reihenfolge

Adler
Adalbert
Augustinus
Bertulf
Johannes der Evangelist
Johannes vom Kreuz
(zu Füßen mit einer Feder im Schnabel)
Medardus (die Flügel über ihn ausbreitend)
Prisca (zwei bewachen ihr Grab)
Servatius
Wenzel (auf einem Schild)

Ähren
Ansovinus
Burgundofara (sechs Kornähren)
Walburga (drei)
Walter

Almosen austeilend
Adelheid, Kaiserin
Adellardus
Amadeus von Savoyen
Clotilde
Dorothea
Elisabeth von Thüringen
Emma
Epiphanius
Gisela
Irmina
Mathildis
Oda

Altar
Aquilinus, Bischof
Attala (vor demselben betend)
Aureus (vor demselben stehend)
Erich
Gorgonia
Martialis

Amboß
Adrian
Apelles (und Hammer)
Eligius (und Blasebalg zu Füßen

Anker
Clemens von Rom
Johannes von Nepomuk
Nikolaus
Philomena
Placidus

Apfel
Adam und Eva
Sabas

Apothekerapparate
Kosmas und Damian

Arme bedienend
Eberhard, Erzbischof
Elisabeth von Thüringen
Hedwig
Isabella
Radbodus (solchen die Füße waschend)
Zita

Arzneibüchse
Kosmas und Damian

Aspergill → **Weihwasserwedel**

Augen
Erhard (zwei auf einem Buch)
Lucia (zwei ausgestochene auf einer Schale, einem Buche oder einem weißen Tüchlein tragend)
Ottilia (zwei gewöhnlich auf den Blättern eines aufgeschlagenen Buches

Axt (siehe auch Beil)
Erhard
Eutropius
Olaf (Schlachtaxt)

Bär
Aventinus
Cerbonius von Freising
Columba (an der Kette führend)
Edmund, Märtyrer
Euphemia
Florentius
Gallus (Holz tragend)
Gerius, Gislenus
Humbert
Jacobus von Tarantaise
Kolumban
Korbinian (trägt sein Reisebündel)
Maximin von Trier
Vedastus

Bäumchen
Achatius
Salvator de Horta (ein solches haltend und über glühende Kohlen gehend)

Bahre (Totenbahre)
Lazarus von Bethanien

Balken
Aemilian (neben sich)

Barke
Athanasius (eine kleine in der Hand)

Bart
Galla
Wilgefortis

Bauerntracht
Isidor, Landmann

Baum
Aemilian (blühender)
Afra von Augsburg
(an einen solchen gebunden)
Barbatus (einen fällend)
Bonifatius (gefällter)
Eutropius (grünender)
Gerlach (hohlen neben sich)
Zenobius (mit einem verdorrten)

Becher
Benedikt (ein zersprungener, aus dem eine Schlange kriecht)
Eduard, Märtyrer
Johannes der Evangelist
Nikolaus von der Flüe
(mit einem hölzernen)

Becken
Agatha (mit Kohlen zur Seite

Beil
Anastasius, Märtyrer
Bonifatius
Diomedes
Donatus, Bischof und Märtyrer
Hermenegild
Matthias
Wolfgang
(oft im Dach einer Kirche stehend)

Berg (vor sich)
Nonnosus

Bergspitzen
Nahum, Prophet

Besen (und Totenkopf)
Raingardis

Besessene heilend
Deodatus (ein besessenes Weib)
Elpidius, Bischof
Hidulph

Beutel
(Geldbeutel, aus dem Münzen fallen)
Amadeus von Savoyen
(in der Linken haltend)
Cyrillus von Jerusalem
Johanna
Johannes der Almosengeber
Thomas von Villanova (in der Hand)

Bienenkorb
Ambrosius
Bernhard von Clairvaux
Johannes Chrysostomus

Bild (Heiligenbild auf einer Staffelei)
Lazarus
Lukas (Madonnenbild)

Bischofsmützen
St. Bernhard von Clairvaux
(drei auf einem Bild)

Blasebalg
Eligius
(Hammer, Amboß, Blasebalg zu Füßen)

Bleikeulen
Eusebius, Priester

Blinde heilend
Albinus von Angers
Maclovius
Magnus
Mechtildis (eine blinde Klosterfrau)

Blitzstrahl
Donatus, Märtyrer
Lioba (Blitzzacken neben sich)

Blumen
Agnes (Kranz von Blumen um den Hals)
Cäcilia (Kranz um das Haupt)
Dorothea (solche in einem Körbchen oder um das Haupt)
Germana Cousin (solche aus ihrem Schoße auf die Erde fallend)
Hugo von Grenoble (drei in der Hand)

Bohnen
Maria

Bohrer
Leodegar

Bratspieß
Quintinus

Brennessel
Johannes der Einsiedler (neben sich)

Brot
Adelheid, Jungfrau (in den Händen)
Adelindis
Berthold, Karmeliter
(Fische und Brot tragend)
Gottfried, Prämonstratenser
(in einer Schüssel tragend)
Honoratus von Amiens
(drei auf einer Schaufel)
Maria von Ägypten (drei in der Hand)
Nikolaus
(drei auf einem Buche oder in der Hand)

Brunnen
Amalberga
Calimerius (neben sich)
Calixtus

Buch
Albertus Magnus (und Feder in der Hand)
Amadeus, Franziskaner
(an die Brust haltend)
Bonifatius
(durchstochen von einem Schwert)
Cyprian von Antiochien
(Zauberbücher unter seinen Füßen)
Erhard (zwei Augen darauf)
Ottilia (desgleichen)
Die vier Evangelisten, Propheten, Kirchenlehrer etc.

Buche, Baum
Bavo (hohle)
Edigna von Puch (hohle)

Büchse
Longinus (eine Art B. oder Kristallgefäß)
Magdalena (Salbenbüchse)

Bußketten (um die Lenden)
Paschalis Baylon
Romanus

Christuskind → **Jesuskind**

Dachziegel
Eusebius, Bischof

Dämonen (siehe auch Teufel)
Antonius, Abt (von solchen gepeinigt)
Cyriacus
(einen gefesselten an einer Kette führend)
Genovefa (einen zu Füßen)

Dalmatik (Kleid aus weißer Wolle)
Laurentius (mit einer solchen bekleidet)
Stephanus (Steine in derselben haltend)
Vincenz, Märtyrer (und mit einem Raben)

Delphine
Callistratus

Dolch oder Schwert
Alexander I. (in der Hand)
Bibiana (in der Brust)
Eduard, Märtyrer
Kilian (und Palme)

Dornen
Benedikt
Benjamin (auch Dornstab)

Dornenkrone
Katharina von Siena (auf dem Haupte)
Ludwig (in der Hand tragend)
Theodor (auf dem Haupte, eine Fackel in der Hand und einen Scheiterhaufen neben sich)

Dornstrauch
Acacius
Maximus von Nola
(an dem eine Traube hängt)
Nikolaus von der Flüe (neben sich)

Drache (siehe auch Dämonen und Teufel)
Arsacius, Bekenner
Beatus
Bertrand
Cyriacus
Georg
Germanus, Missionar
Honoratus von Arles
(über einen schreitend)
Lupus, Bischof von Sens (desgleichen)
Magnus
Marcellus, Bischof von Paris
Margaretha (gefesselten)
Myron (unter den Füßen)
Romanus

Dreiberg
(ein in drei Spitzen auslaufender Berg)
Bernhardin von Siena

Eber
Emilius, Einsiedler

Eiche
Bonifatius
(eine solche wird von ihm umgehauen)

Einhorn
Justina von Padua

Einsiedler
Bavo
Pachomius (mit Fellkleid ohne Ärmel)
Petrus Damiani
(den Kardinalshut neben sich)

Einsiedlergewand
Arbogast (als Bischof mit Mitra und Pallium)
Arsenius
Onuphrios der Große
Paulus von Theben

Elstern, Vögel
Franz von Assisi
Fructuosus

Engel
Agnes von Böhmen (einen Korb voll Brot tragend)
Andreas von Avellino (neben sich)
Bonaventura (ein solcher bringt ihm die heilige Hostie)
Camillo de Lellis (ihm beistehend)
Clotilde (mit Schild und den drei französischen Lilien)

Dunstan (von solchen umgeben)
Francisca Romana
Goericus (ein schwebender vor ihm, der einen Schleier mit zwei Augen trägt)
Hildegund (mit einem solchen zu Pferd neben ihr)
Isidor, Landmann (einen solchen neben sich, der pflügt)
Ladislaus (zwei neben sich mit Schwertern)
Matthäus (nebst Buch und Feder)
Valerian (neben sich)

Enten
Birgitta Thaumaturga

Erdkugel
Dominikus (von einer Fackel erleuchtet)

Erscheinung
Anselm (Christus und Maria erscheinen ihm)
Antonius von Padua (das Jesuskind erscheint ihm)
Cajetan (Maria erscheint ihm)
Famian (Petrus und Paulus erscheinen ihm)

Esel
Antonius von Padua (ein vor ihm resp. vor der konvertierten Hostie kniender)
Gerlach (einen solchen zur Seite)
Marcellus, Papst (einen solchen neben sich an einer Krippe)

Fackel
Chrysanthus und Daria (und Flammen)
Dioscorus (brennende)
Dominikus (ein Hund hält eine solche im Maul)
Theodora (eine solche in der Hand und einen Scheiterhaufen neben sich)
Wilhelm, Abt

Fahne
Ansanus (Kriegerfahne)
Antonius, Abt
Berardus (eine Halbmondfahne mit Füßen tretend)
Faustus und Simplicius (mit drei Lilienstengeln)
Georg (weiße mit rotem Kreuz)
Gereon
Johannes von Capistrano
Mauritius (mit sieben Sternen)

Falke
Agilolf (einen solchen in der Hand)

Faß
Antonia
Carilephus (Fäßchen)
Otmar
Willibrord

Fegefeuer (aus dem Engel Seelen retten)
Odilo von Cluny

Fell
Abraham, Einsiedler (in ein solches gekleidet)
Humilitas (Lammfell über dem Schleier)
Pachomius (Fellkleid ohne Ärmel)

Felsen
Adrian (in einen solchen eindringend)

Fenster
Bernhard von Aosta

Fesseln
Theodosius (um Hals und Arme)

Feuer
Benedikt von Aniana
Germanus von Paris

Fides (am rechten Arm geschrieben), Spes (am Hals), Charitas (am linken Arm)
Willibald

Finger
Johannes von Nepomuk (Zeigefinger auf den Mund haltend)
Johannes Silentiarius (ebenso)

Fisch
Amalberga
Antonius (solche zu seinen Füßen)
Arnulf von Metz (mit einem Ring im Maul)
Attilanus
Benno (mit einem Bund Schlüssel im Maul)
Berthold (Fische und Brot tragend)
Berthold von Engelberg (solche segnend)
Brendanus
Eanswida (zwei Fische und ein halber Ring)
Egwin (großer mit zwei Schlüsseln im Rachen)
Elmo
Gregor von Tours
Kentigernus (Salm oder Lachs, der einen Ring im Maul hat)
Mauritius von Angers (großer mit einem Kirchenschlüssel im Maul)
Patroklus (auf einen solchen deutend mit einer Perle im Maul)
Ulrich von Augsburg
Zeno (an einer Fischrute)

Fischottern
Cuthbert

Flammen
Afra (von solchen umgeben)
Agapitus (über solchen hängend)
Antonia (brennendes Holz)
Antonius, Abt (neben sich)
Birgitta Thaumaturga (Feuerflammen über ihrem Haupt)
Chrysanthus und Daria
Eulalia
Eutropia

Fläschchen
Remigius (Taube mit Fläschchen im Schnabel)

Fluß
Adelgundis (über einen schreitend)
Anthimus, Priester und Märtyrer

Franziskanerhabit
(unter der bischöflichen Gewandung)
Ludwig von Toulouse

Frösche
Herväus

Frucht- oder Ölzweig
Bruno der Kartäuser

Fruchtscheuer
Ansovinus (neben sich)

Fuchs
Bonifatius

Füße, nackte
Epiphanius

Fußstapfen (in einen Stein eingedrückt)
Medardus

Gänse
Birgitta Thaumaturga

Gans
Martin von Tours
Pharaildis (Trappgans)

Garben
Ansovinus (neben sich)

Gärtner (mit Spaten)
Phokas, Märtyrer

Gebäude
Deusdedit (neben sich)

Gebeine
(menschliche, in der Hand tragend)
Ambrosius

Gefäße
Fortunata (ein Gefäß in der Hand)
Johanna
Justa und Rufina (irdene)

Ansgarius
Bathildis
Bertha
Berthin (mit fünf Kindern)
Bilhildis
Bonifatius, Papst (mit eine Kuppel)
Bononius
Bruno, Erzbischof
Burkhardt
Damasus
Emma
Gaudentius, Bischof von Novara
Goar
Gotthard
Heinrich (Bamberger Dom)
Kunibert (und Taube)
Maternus (mit drei Türmen)
Sebald
(als Pilger mit einer zweitürmigen Kirche)
Virgilius
Wolfgang (in deren Dach ein Beil steckt)

Kirchengefäße
Achatius

Kirschen
Gerhard von Monza
(trägt einen Zweig mit Kirschen)

Kleeblatt, ein dreiblätteriges
Patrick

Knabe
Augustinus (neben sich)
Engelbert
Hidulph (einen besessenen heilend)
Valentin, Bischof (einen verkrüppelten zu Füßen)

Knie
Rochus (das Knie entkleidet und eine Wunde zeigend)

Knute (mit Stacheln)
Nikomedes

Kochgeschirre
Didacus (neben sich)

Kochlöffel
Martha

Kohlen
Alexander, Bischof von Comana
Brictius, Bischof von Tours
(glühende Kohlen im Gewand tragend)
Charitina (brennende auf dem Haupte)
Salvator de Horta (über glühende Kohlen gehend und ein Bäumchen tragend)

Kohlenbecken
Agatha

Kohlenfeuer
Elmo

Kolben (Streitkolben)
Vitalis

Kommunion
Gaudentius von Rimini
(die heilige Kommunion spendend)
Karl Borromäus
Stanislaus Kostka
(Engel reichen ihm die heilige K.)

Kopf → **Haupt**

Korb
Arsenius (flechtend)
Columbo, Abt (mit Brot darin)
Dorothea (mit Rosen und Äpfeln)
Johanna (Brotkorb)
Johannes von Damaskus
Rosa von Viterbo (Körbchen mit Brot)

Kornähren → **Ähren**

Kranke
Camillo von Lellis (bedienend)
Editha (pflegend)
Karl Borromäus (Pestkranke heilend)
Margaretha von Schottland (besuchend)

Kreuz
Aloysius (und Lilie in der Hand)
Andreas (schräges, sogen. Andreaskreuz)
Davinus (auf den Schultern)
Didacus
(in der Hand oder auf den Schultern)
Ferdinand (auf der Brust)
Helena (großes)
Johannes von Capistrano
(rotes auf der Brust)
Julia

Krieger, als solche dargestellt
Nazarius und Celsus

Kriegsfahne
Ansanus

Krokodil
Theodor

Krone
Albert, Archidiakon (und Zepter zu Füßen)
Aloysius und Totenkopf
Amicus und Amelius
(eine solche gemeinsam haltend)
Angelus (drei an einer Palme
Clodoaldus (zu seinen Füßen)
Jodok
Kasimir (und Zepter zu Füßen)
Pancratius (in den Händen)
Rosa von Lima (mit Stacheln)

Krüppel
Elisabeth von Thüringen (zu Füßen)

Krug
Agathon
Felix von Nola (einen zerbrochenen)
Florinus
Maria, Büßerin (und Bohrer)
Narcissus von Jerusalem
(Wasserkrüge neben sich)
Zita (Krüglein neben sich)

Kruzifix
Aloysius
Elisabetha Bona (in der Hand)
Franz von Assisi
Franz Xaver
Julitta (und Palme)
Katharina von Siena (im Arm)
Lutgardis
Philippus Benitius

Kübel
Florian
Rupert, Bischof (Salzkübel)

Kufe
Theonestus
(in einer solchen auf dem Rhein fahrend)

Kugel
Medardus
(drei feurige Kugeln über seinem Haupt)
Nikolaus (drei goldene auf einem Buch)

Kuh
Etto (Kühe um sich)
Felicitas und Perpetua
(eine wilde neben sich)

Lamm
Abel (auf dem Arm)
Agnes
Agnes von Montepulciano
(nebst Lilie und Buch)
Andreas Corsini (nebst Wolf zu Füßen)
Coleta (und Lerche)
Johannes der Täufer

Lammfell → **Fell**

Lampe
Albert von Sizilien
Birgitta Thaumaturga
Gudula (oder Laterne)
Nilus (Altarlampe mit Öl haltend)

Lanze
Adalbert
Benignus
Demetrius

Donatianus
Edwin (von einer solchen durchbohrt)
Gerhard
Germanus, Abt
Kanut
Thomas

Laterne
Gudula
Macarius der Jüngere (oder Leuchte)

Leidenswerkzeuge Christi tragend
Bernhard von Clairvaux
Klara von Montefalco
Edelburga
Margaretha von Cortona

Leiter
Angela Merici
Bernhardin von Siena
Emmeram
Jakob, Patriarch
Johannes Klimacus
Romuald (Himmelsleiter)

Lerche
Coleta (und Lamm)

Leuchter, siebenarmiger
Zacharias, Prophet

Licht (brennende Kerze)
Genovefa
Mamertus (ein brennendes Licht)

Lilie
Adalbert, Archidiakon
Angelus (Rosen und Lilien fallen ihm aus dem Munde)
Antonius von Padua (Lilienstengel)
Cajetan
Emerich
Etheldreda (und Buch)
Joseph
Kasimir
Ursicinus (drei haltend)

Lilienzepter
Ludwig IX., der Heilige

Linnen (oder Wäsche in der Hand)
Hunna

Löwe
Aemilian
Basilius von Ancyra
Chrysanthus von Daria
Dominica
Euphemia
Gerasimus (einen Korb im Rachen tragend)
Hieronymus
Ignatius von Antiochien
Macarius der Ältere (zwei Löwen)
Marcus der Evangelist
Natalia
Paulus, Einsiedler (zwei Löwen)
Primus und Felicianus (zur Seite eines jeden)
Prisca
Thekla (zu Füßen)

Mädchen
Marcella (solche unterrichtend)
Sophia (drei, ihre drei Töchter haltend)
Walburga

Mantel
Lucanus (den nassen auf einem Sonnenstrahl ausbreitend)

Mauer
Antonius (Stadtmauer neben sich)

Maultier
Germanus, Bischof von Auxerre

Maurergeräte
Marinus

Maurerkelle
Wunibald

Maus
Gertrud, Äbtissin (Mäuse)

Medizinglas
Antiochus
Cäsarius
Codratus
Pantaleon

Meer
Johannes a Santa Facundo (auf demselben wandelnd)

Meißel (und Steinhauerwerkzeuge)
Florus und Laurus

Messer
Abraham, Patriarch
Albert, Bischof
Albert von Vercelli
Bartholomäus
Cechardus (ein Winzer- oder Gartenmesser)
Landericus (auf einem Buche)

Meßgewand
Ildefons (die heilige Jungfrau reicht ihm ein solches)

Modell (siehe auch Kirche)
Geminianus (der Stadt Modena)
Petronius (der Stadt Bologna)

Mond
Juliana von Lüttich (Vollmond über sich)

Monstranz (siehe auch Ziborium)
Eleutherius (mit einer solchen dem Volke den Segen erteilend)
Klara von Kaisi
Norbert von Xanten

Mühle
Attalas (bei sich)

Mühlrad
Notker

Mühlstein
Agathopus und Theodul
Aurea, Märtyrerin
Christina
Quirinus von Siscia
Victor

Muttergottes-Statue tragend
Ferdinand, König
Johannes vom Kreuz

Nadeln (und eine Geißel)
Ferreolus

Nagel
Agricola und Vitalis (Nägel)
Conon (Nägel, eiserne, in der Hand haltend)
Dagobert
Epimachus
Julianus, Arzt und Märtyrer (im Kopf)
Pantaleon (die Hände über dem Kopf festgenagelt)
Severus

Namen Jesu
Ignatius von Loyola
Johannes Colombini (auf der Brust)

Neger
Franz Xaver (einen Negerknaben taufend)
Frumentius (von solchen umgeben)
Petrus Claver (Negerkinder um sich)

Netz
Blandina (ein solches in der Hand)

Ochs → **Stier**

Ochsen und Kühe
Etto (um sich)

Ölfläschchen
Walburga

Öl- oder Fruchtzweig
Bruno der Kartäuser

Opfertisch
Alexander von Bergamo
(einen solchen umstoßend)

Orgel
Cäcilia

Ostensorium
Doda
Klara von Assisi

Passionswerkzeuge Christi → Leidenswerkzeuge

Pest (oder sogen. Antoniusfeuer)
Antonius, Abt

Pestkranke
Adolf, Bischof von Osnabrück
(vor einem stehend)
Karl Borromäus (unter solchen stehend)

Pfahl
Pantaleon (an einen solchen gebunden und die Hände über den Kopf übereinander genagelt)

Pfauenfeder
Barbara
Christina von Bolsena
Demetrius
Faustus
Franziskus Caracciolo (in der Brust)
Kanut
Philomena (drei)
Sebastian
Ursula

Pferd
Aidan
Eligius (störrisches, dessen abgeschnittenem Bein er auf dem Amboß ein Hufeisen anlegt)
Irene, Märtyrerin

Pflug
Ecianus
(Hirsche an einen solchen gespannt)

Pflugschar
Kunigunde

Philosophische Fakultät
Katharina von Alexandrien

Pilger
Coloman (mit einem Strick in der Hand)
Lucanus
Ludanus
Richard, König (mit königlichen Abzeichen)
Sebald (mit Kirche)
Wilhelm von Vercelli

Pilgerin
Aurelia
Reineldis

Pilgerstab
Alexius
Amor
Birgitta von Schweden
Bona
Engelmund
Irene
Lucius

Pilgertasche
Birgitta von Schweden

Postboten → Boten

Quelle
Apollinaris, Bischof von Valence
Bertha
Caprasius, Märtyrer
Engelmund
Florus, Bischof

Rabe
Amatus
Auxentius
Benedikt
Ida von Toggenburg
(mit einem Ring im Schnabel)
Meinrad (zwei zur Seite)
Oswald (mit einem Ring im Schnabel)
Paulinus, Einsiedler
(mit einem Brot im Schnabel)
Vincenz, Märtyrer (der R. sitzt bisweilen auf einem Mühlstein)
Wilhelm Firmatus

Rad
Aniketos
Augusta (Stachelrad)
Donatus, Bischof und Märtyrer
(worauf fünf brennende Kerzen)
Katharina von Alexandrien
(meist ein zerbrochenes)
Willigis

Rehkuh
Maximus von Turin

Rinder (und Pferd)
Leonhard (solche um sich)

Ring
Eanswida (ein halber R. und zwei Fische)
Eduard
Godeberta
Katharina von Ricci
Katharina von Siena

Rosen
Angelus
(R. und Lilien fallen ihm aus dem Munde)

Cäcilia (mit solchen bekränzt)
Casilda (im Schoß tragend)
Dorothea
(in einem Körbchen oder um das Haupt)
Elisabeth von Thüringen
(in der Schürze)
Lidwina (mit solchen umkränzt)
Rosa von Lima (eine Rose in der Hand und eine Dornenkrone auf dem Haupt)
Rosa von Viterbo (in der Hand)
Rosalia von Palermo
(mit solchen bekränzt)

Rosenkranz
Alfons (in der Hand)
Irmundus
Pius V.
Rita von Cascia

Rost
Conon
Donatilla (glühenden zur Seite)
Laurentius (einen solchen haltend)

Rute
Aaron (grünender Stab)
Gerhard (solche in der Hand)

Ruten (und Geißeln in der Hand)
Concordia

Sack
Felix von Cantalice
(worauf die Worte: *Deo gratias!*)

Säge
Simon, Apostel

Sänger → Musiker

Säule
Brictius, Bischof (feurige)
Cuthbert (über sich)
Ephräm (am Himmel)
Simeon der Stylite
(auf einer solchen stehend)

Salbenbüchse
Maria Magdalena

Sarg (Bahre)
Lazarus (vor sich)
Qualfardus (neben sich)

Satan → Teufel

Schäfer
Malchus
Wendelin (mit einer Krone zu Füßen)

Schäferin
Genovefa (mit Hirtenstab und Tasche)
Germana Cousin

Schäferhund
Magnus, Bischof und Märtyrer

Schafe
Genovefa von Paris
Germana Cousin
Malachias, Prophet (drei vor sich)
Regina (neben sich)

Schaufel
Fiacrius
Honoratus von Amiens
(und drei Brote auf ihr)
Paulinus von Nola

Scheiterhaufen
Afra (auf einem solchen gemartert)
Agnes
Anastasia
Apollonia (einen brennenden neben sich)
Apollonius
Aristion
Columba, Märtyrerin
Fructuosus, Bischof von Tarragona
Theodor (und eine Fackel in der Hand)

Schiff
Aigulf (in einem solchen)
Antonius, Märtyrer
Castor
Guido
Restituta (auf einem brennenden stehend)

Schifflein
Adelheid (in der Hand)
Bertin (ohne Segel)
Bertulf
Cordula (in der Hand oder neben sich)
Restituta (auf einem brennenden stehend)

Schild
Johannes von Valois
(mit Kelch und den fünf Wunden Christi)
Quirinus von Neuß

Schlangen
Amandus der Belgier
Anatolia
Didymus, Einsiedler (über solche gehend)
Hilarius von Poitiers (solche niedertretend)
Ludwig Bertrán (aus einer Schale kriechend)
Patricius (desgleichen)
Philippus, Apostel

Schleier
Adelheid von Bergamo (langer)
Agatha
Franca (von einem Engel gehalten)

Schloß
Raimondo Nonnatus
(durch die Lippen)

Schlossergeräte
Baldamerus

Schlüssel
Benignus
Egwin
(Fisch mit zwei Schlüsseln im Rachen)
Germanus von Paris
Gottfried (mit Broten)
Hermann Joseph
(an seinem Gürtel hängend)
Martha (Bund Schl. am Gürtel)
Petrus, Apostel (zwei)
Zita (Schlüsselbund)

Schmiedewerkzeuge
Eligius

Schnecke
Habakuk, Prophet (vor ihm kriechend)

Schnitt (am Hals)
Lucia
Cäcilia

Schollhammer
Reinold

Schreibtafel
Blesilla (und Griffel in Händen)
Cassian

Schriftrolle
Cölestin, Papst (worauf: *Ad Corintios*)

Schüssel
Gottfried, Prämonstratenser
(Brot in einer solchen tragend)

Schuhe
Hedwig (in der Hand tragend)

Schuhmachergeräte
Crispinus und Crispinianus
Theobald

Schwalben
Gandolphus

Schwan
Cuthbert
Hugo von Grenoble
Hugo von Lincoln (nebst Kelch, worin das Christkind erscheint)
Ludger

Schwein
Antonius, Abt

Schwert
Abdon und Sennen (gemeinsam haltend)
Alban
Albert, Bischof von Lüttich (drei Schwerter)
Anthimus, Bischof
Aquila und Prisca (gemeinsam haltend)
Aquilinus, Priester (im Hals)
Artemius
Basilissa und Anastasia
Cajus
Cyprian von Karthago
Desiderius, Bischof von Langres
Judith
Juvenal (zwischen den Zähnen)
Polykarp (im Leibe steckend)
Thomas Becket (im Haupte steckend)

Sense
Albert von Ogna

Sichel
Notburga, Dienstmagd
Serapion

Sieb
Amalberga

Skapulier
Simon Stock (in der Hand)

Skelett
Fridolin (menschliches neben sich)

Sonne
Kolumban (strahlende über sich)
Thomas von Aquin (auf der Brust)
Vincenz Ferrer (auf der Brust oder in der Hand mit den Buchstaben: IHS)

Sonnenstrahl
Goar (Hut und Mantel an einem solchen aufhängend)

Spaten
Phokas, Märtyrer

Speisen
Anthimus, Bischof (neben sich)

Sperling
Dominikus

Spieße
Adalbert (sieben tragend)

Spinne
Konrad (Kelch mit einer solchen)
Norbert von Xanten

Spinnrocken
Genovefa

Stab (siehe auch Stock)
Aaron (blühender)
Burkhard
Deicolus (in der Erde steckend und Schweine um ihn)
Gebhard von Konstanz
Makarius der Ältere (mit ungekrümmtem Handgriff, Makariusstab)

Stachelkeule (sogen. Morgenstern)
Fidelis von Sigmaringen

Staffelei
Lazarus, Priester und Mönch

Stein
Bavo (einen großen im Arm)
Benezet (auf der Schulter tragend)
Calixtus (um den Hals tragend)
Klara von Montefalco (drei Steine in der Rechten)
Comgall (glühenden in der Hand)
Elphegus
Emerentiana
Liborius (drei kleine auf einem Buche)
Medardus (worin seine Fußstapfen)
Stephanus
Theodosia (in der Hand)

Stern
Athanasia
Bruno der Kartäuser (auf der Brust)
Dominikus (auf dem Haupte oder vor der Stirne)
Johannes von Nepomuk (fünf um sein Haupt)
Nikolaus von Tolentino (auf der Brust oder über dem Haupte)
Suitbert (am Pedum oder in der Hand)

Stier
Adolf, Bischof von Galicien
Blandina
Lukas, Evangelist
Sylvester (zu seinen Füßen)

Stock (siehe auch Stab)
Attalas (in der Hand)
Autonomus
Dorotheus (und Korb)
Philipp Neri (und Rosenkranz)

Storch
Agricolus

Strick
Beatrix
Coloman (als Pilger in der Hand)
Desiderius, Bischof von Vienne
Karl Borromäus (um den Hals)

Strohmatte
Eulalius (verbrennt seine)

Tafel mit IHS
Bernhardin von Siena

Tasche
Brictius, Bischof in der Bretagne
Wendelin (und Schäferstab)

Tau
Beatrix

Taube
Adelgundis (mit einem Nonnenschleier)
Agabius
Agilolf
Albert von Ogna (bringt ihm die heilige Hostie)
Basilius (auf dem Arme)
Columba
Cyrill von Alexandrien (auf der Schulter)
Daniel, Erzbischof (desgleichen)
Eduard, Bekenner (auf dem Zepter)
Evortius
Fabian
Gregor der Große
Hilarius von Arles
Kunibert
Maximus von Nola (an einem Dornstrauch)
Mechtildis (auf einem Buch)
Medardus (drei weiße über sich)
Petrus von Alcantara (am Ohr)
Petrus Cölestinus
Remigius (mit Fläschchen im Schnabel)
Scholastica
Severus, Bischof

Taufschale
Odulph (in der Hand)

Teufel
Angela von Foligno (an einer Kette führend)
Bernhard von Aosta (gefesselt bei sich)
Germanus (einen solchen in einen Brunnen werfend)
Goar (auf den Schultern tragend oder auf ihn tretend)
Juliana, Märtyrerin (einen geflügelten an einem Stricke führend)
Michael, Erzengel
Petrus Cölestinus (um sich)
Theodulus (zu seinen Füßen eine Glocke haltend)
Ubald (Einsiedler)
Wilhelm (auf ihn tretend

Tiere
Florentius (wilde um sich)

Tor
Ezechiel (mit zwei Türmen)

Tod, Patrone eines gottseligen
Barbara
Joseph
Katharina von Alexandrien

Tote erweckend
Berthold von Regensburg (erweckt ein totes Weib)
Claudius
Fridolin

Totenbahre
Lazarus (vor sich)

Totenkopf
Aloysius
Daniel der Stylite
Franz von Paula
Gebhard von Konstanz (Haupt des hl. Gregorius)
Melania

Topf
Goar
Johannes von Gott (zwei an einem Strick um den Hals tragend)

Traube
Bonifatius
Gratus
Johannes Chrysostomus (in der griechischen Kirche)
Urban, Papst
Urban, Bischof
Walther

Treppe
Alexius (unter einer solchen liegend)

Tuch
Ludmilla (um den Hals in Form eines Strickes)

Turm
Barbara (mit drei Öffnungen oder Fenstern)
Bernhard von Aosta
Hildegard, Äbtissin (drei in Strahlen über sich)
Leocadia

Vase
Anastasia

Viehherde
Etto (um sich)

Vision → **Erscheinung**

Vögel
Adjutor
Aventinus

Baldamerus
Franz von Assisi
Fructuosus (Elstern)
Hilda (wilde neben sich)
Konrad von Piacenza (um sich)

Vogel
Walter (mit einem Fisch im Schnabel)
Wigbert von Fritzlar

Wäsche (Linnen)
Hunna (solche tragend)

Waage
Antoninus, Erzbischof (in der einen Schale Obst, in der andern ein Papierstreifen)

Wappen
Bernhard von Baden

Wasser
Konrad von Konstanz
Maurus (über dasselbe schreitend)
Raimund von Peñatort

Weberschiffchen
Severus, Bischof

Webstuhl
Athanasia (neben sich)

Weihwasserkessel
Martha von Bethanien

Weihwasserwedel (Aspergill)
Exuperius
Paula Romana (und Geißel)

Weinstock
Davinus
Elpidius, Abt (blühender zur Winterszeit)
Urban, Bischof von Langres

Widder
Daniel (mit vier Hörnern)

Wildgänse
Amalberga

Wildschweine
Deicolus

Winde (Haspel)
Erasmus (woran Gedärme)
Ernst
Thiemo von Salzburg

Winkelmaß
Jacobus der Ältere
Joseph

Winzer → **Weingärtner**

Wirte → **Gastwirte**

Wolf
Arnulf von Soissons (neben sich)
Austraberta (an ihr hinaufspringend)
Bernhard von Tiron
Edmund, Märtyrer
Poppo von Stablo
Simpert von Augsburg
Vedastus (mit einer Gans im Rachen)
Wilhelm von Vercelli
Wolfgang von Regensburg

Wundmale (Christi an den Händen)
Franz von Assisi
Katharina von Siena
Veronika Ginliani

Wurfspieß
Gangolf
Lambert von Maastricht

Wurm
Habakuk, Prophet (vor ihm kriechend)

Zahn
Apollonia (in der Zange

Zange
Agatha
Apollonia (glühende, mit einem Zahn)
Baldomer
Christina von Bolsena
Dunstan von Canterbury
Eligius (und Hammer)
Livinus
Martina von Rom
Pelagius, Knabe (glühende)

Zehnsaiter
David

Zeigefinger → **Finger**

Ziborium
Hyacinth
Klara von Assisi

Zweig (eines Baumes)
Achatius
Lidwina (blühenden tragend)

Lostage und Bauernregeln im Jahreslauf der Heiligen

Lostage und Bauernregeln haben seit Jahrhunderten im Leben der Gläubigen einen festen Stellenwert. Bei den Lostagen handelt es sich um feste Termine im Kalender; fast immer sind sie verbunden mit dem Gedenktag eines Heiligen oder einer Heiligen. Verknüpft mit diesen „Stichtagen" ist auch ein Großteil der überlieferten Bauernregeln.

Januar

2. 1. Makarius der Jüngere
Makarius das Wetter prophezeit
für die ganze Erntezeit

Wie das Wetter an Makarius war,
so wird der September trüb oder klar

6. 1. Heilige Drei Könige
Ist bis Dreikönigstag kein Winter,
so kommt auch keiner mehr dahinter

Ist Dreikönig hell und klar,
gibts viel Wein in diesem Jahr

Ist's an Dreikönig sonnig und still
der Winter vor Ostern nicht weichen will

8. 1. Erhard, Bischof von Regensburg
Erhard mit der Hack',
steckt die Feiertag' in den Sack

15. 1. Paulus von Theben
Bringet Pauli Wind,
so regnet es geschwind

17. 1. Antonius, Mönchsvater
Wenn zu Antoni die Luft ist klar,
so gibt es ein trockenes Jahr

Sankt Antonius mit dem weißen Bart,
wenn er nicht regnet,
er doch mit Schnee nicht spart

20. 1. Fabian, Papst und Sebastian, Märtyrer
Sebastian im Nebelhut
tut den Früchten gut

An Fabian und Sebastian
fängt der Baum zu saften an

Tanzen zu Sebastian die Mucken,
muß der Bauer nach dem Futter gucken

21. 1. Agnes, Märtyrerin in Rom
Wenn Agnes und Vincentis kommen,
wird neuer Saft im Baum vernommen

22. 1. Vinzenz, Märtyrer in Saragossa
Vinzenzen Sonnenschein
Füllt die Fässer mit Wein

Wie das Wetter zu Vinzenz war,
wird es sein das ganze Jahr

23. 1. Urban von Langres
Dem heil'gen Urban traue nicht,
denn selten zeigt er ein mild' Gesicht

24. 1. Timotheus
Timotheus bricht's Eis, hat er keins,
dann macht er eins

25. 1. Pauli Bekehrung
Ist zu Pauli Bekehr das Wetter schön,
wird man ein gutes Frühjahr sehn.
Ist's an dem Tage jedoch schlecht,
dann kommt es spät als fauler Knecht

Hat Paulus weder Schnee noch Regen,
so bringt das Jahr gar manchen Segen

27. 1. Julianus von Le Mans
Das Eis zerbricht St. Julian,
wo nicht, da drückt er's fester an

30. 1. Martina
Bringt Martina Sonnenschein,
hofft man auf viel Korn und Wein

Februar

2. 2. Maria Lichtmeß
Kommt Lichtmeß heran,
ist's Ende der Schlittenbahn

Gibt's an Lichtmeß Sonnenschein,
wird die Kälte nachher noch größer sein

Lieber sein Weib auf der Bahr,
als Lichtmeß hell und klar

Ist's an Lichtmeß hell und rein,
wird ein langer Winter sein

3. 2. Blasius von Sebaste
St. Blasius stößt dem Winter
die Hörner ab

5. 2. Agatha, Märtyrerin in Catania
An Agathe Sonnenschein
bringt viel Korn und Wein

6. 2. Dorothea von Kappadozien
Sankt Dorothee
gibt den meisten Schnee

9. 2. Apollonia, Märtyrerin
Ist's an Apollonia feucht,
der Winter erst sehr spät entfleucht

12. 2. Eulalia von Barcelona
An St. Eulalia Sonnenschein
bringt viel Obst und guten Wein

14. 2. Valentin von Terni
An Sankt Valentein
frieren Rad und Mühle ein

Ist's zu Valentinstag noch weiß,
blüht zu Ostern schon das Reis

16. 2. Simeon von Metz
Friert's um Simeon ganz plötzlich,
bleibt der Frost nicht lang gesetzlich

22. 2. Petri Stuhlfeier
Petri Stuhlfeier kalt,
Die Kält'n noch länger anhalt

Findet der Storch zu Petri Stuhlfeier offen den Bach,
kommt keine Frostdecke nach

Hat St. Peter das Wetter schön,
soll man Kohl und Erbsen sä'n

24. 2. Matthias Apostel
Matthias hab' ich lieb,
gibt dem Baum den Trieb

Wenn Matthias kommt herbei,
Legt die Gans das erste Ei

Ist's zu Matthias kalt,
hat der Winter noch lange Gewalt

26. 2. Alexander, Märtyrer
Alexander und Leander
suchen Märzluft miteinander

28. 2. Romanus, Abt von Condat
St. Roman hell und klar,
deutet auf ein gutes Jahr

März

1. 3. Albin
Regnet's stark an Albinus,
macht's dem Bauern viel Verdruß

3. 3. Kunigunde, Kaiserin
Lachende Kunigunde
bringt frohe Kunde

Wenn's donnert um Kunigund,
treibt's der Winter bunt

Ist Kunigunde tränenschwer,
dann bleibt gar oft die Scheune leer

6. 3. Fridolin von Säckingen
Mit ihren Herden wieder hin
ziehen die Schäfer an Fridolin

8. 3. Cyprian, Märtyrer
Wenn's donnert an Cyprian,
zieh die Handschuh nochmal an

10.3. Vierzig Märtyrer von Sebaste
Regen, den die 40 Märtyrer senden,
wird nach vierzig Tagen erst enden

Wie es an vierzig Rittern wittert,
wittert es noch vierzig Tage

Vierzig Ritter mit Eis und Schnee,
tun dem Ofen noch vierzig Tage weh

11.3. Rosamunde
Sturm und Wind an Rosamunde
bringt dem Bauern gute Kunde

12.3. Gregor I. der Große, Papst
Wenn Gregorius sich stellt,
muß der Bauer auf das Feld

St. Gregor zeigt dem Bauern an,
daß im Feld er säen kann

An Gregor kommt die Schwalbe
über des Meeres Port,
an Benedikt sucht sie im Haus 'nen Ort,
an Bartholomä ist sie wieder fort

17.3. Gertrude von Nivelles
Ist St. Gertrud sonnig,
wird's dem Gärtner wonnig

Wer dicke Bohnen und Möhren will essen,
darf St. Gertraud nicht vergessen

Es führt die Gertraud
die Kuh zum Kraut,
die Bienen zum Flug
und die Roß zum Zug

19.3. Joseph der Nährvater
Wenn's erst einmal Josefi ist,
so endet auch der Winter g'wiß

Ist es an Josephus klar,
wird es ein gesegnet' Jahr

21.3. Benedikt von Nursia
Willst du Gerste, Erbsen, Zwiebeln dick,
so sä' sie an St. Benedikt

24.3. Gabriel, Erzengel
Scheint auf St. Gabriel die Sonn',
hat der Bauer Freud' und Wonn'

25.3. Maria Verkündigung
Wenn Maria sich verkündet,
Storch und Schwalbe heimwärts findet

Maria bindet Reben auf
und nimmt noch leichten Frost in Kauf

Schöner Verkündigungsmorgen
befreit von vielen Sorgen

Ist's Marien schön und rein,
wird das Jahr sehr fruchtbar sein

28.3. Rupert, Bischof von Salzburg
Hält St. Rupert den Himmel rein,
so wird es auch im Juli sein

April

4.4. Ambrosius, Bischof von Mailand
Der heilige Ambrosius
schneit oft den Bauern auf den Fuß

Ist St. Ambrosius schön und rein,
wird St. Florian um so wilder sein

5.4. Vinzenz Ferrer
Ist Sankt Vinzenz Sonnenschein,
gibt es vielen, guten Wein

8.4. Amantius, Märtyrer
Wenn's regnet am Amantiustag,
ein dürrer Sommer folgen mag

14.4. Tiburtius von Rom
St. Tiburtius kommt mit Sang und Schall,
bringt Kuckuck mit und Nachtigall

Grüne Felder am Tiburtiustag
ziehen viel Getreide nach

23.4. Georg, Märtyrer in Kappadozien
St. Georg kommt nach alten Sitten
zumeist auf einem Schimmel geritten

Hohes Korn zu St. Jürgen
wird viel Gutes verbürgen

Auf St. Georgens Güte
stehen alle Bäum' in Blüte

24.4. Fidelis von Sigmaringen
Wenn es friert an Sankt Fidel,
bleibt's 15 Tag noch kalt und hell

25.4. Markus, Evangelist
Wenn an Markus die Buchen grünen,
so will er mit einem guten Jahr dienen

Leg' erst nach St. Markus Bohnen,
er wird dir's reichlich lohnen

27.4. Petrus Armengol
An des hl. Peters Fest
sucht der Storch sein Nest

28.4. Vitalis, Märtyrer in Rom
Friert's am Tag von St. Vital,
friert's noch fünfzehn mal

Mai

1.5. Philippus und Jakobus, Apostel
Philippi und Jakobi,
viel friß i, wenig hob i

3.5. Kaiserin Helenas Kreuzauffindung
Wie's Wetter am Kreuzauffindungstag,
bis Himmelfahrt es bleiben mag

4.5. Florian, Märtyrer von Lorch
St. Florian, St. Florian
noch einen Schneehut setzen kann

8.5. Stanislaus, Bischof von Krakau
Wenn naht St. Stanislaus,
sollen die Kartoffeln raus

10.5. Gordianus und Epimachus
Florian und Gordian
richten oft noch Schaden an

11.5. Mamertus
Mamerz, Pankraz, Servazi,
das sind drei Lumpazi

Der heilige Mamerz
hat von Eis ein Herz;
Pankratius hält den Nacken steif,
sein Harnisch klirrt von Frost und Reif;
Servatius' Hund der Ostwind ist,
hat schon manch' Blümlein totgeküßt

12.5. Pankratius, Märtyrer in Rom
Ehe Pankraz und Servaz nicht vorbei,
ist nicht sicher vor Kälte der Mai;
oft ist sogar St. Urbanus
noch ein arger Grobianus

Pankraz und Urban ohne Regen,
folgt großer Weinsegen

Wenn's an Pankratius gefriert
wird viel im Garten ruiniert

Pankraz und Servaz
sind zwei schlimme Brüder,
was der Frühling gebracht,
zerstören sie wieder

13.5. Servatius, Bischof von Tongern
Servatius muß vorüber sein,
will man vor Nachtfrost sicher sein

Wer sein Schaf schert vor Servaz,
dem ist die Wolle lieber als das Schaf

14.5. Bonifatius von Tarsus
Kein Reif nach Servaz,
kein Schnee nach Bonifaz

Pankraz, Servaz und Bonifatius
bringen oft Kälte und Verdruß

15.5. Sophie von Rom
Vor Nachtfrost bist du sicher nicht,
bevor Sophie vorüber ist

16.5. Johannes von Nepomuk
Heiliger Johann Nepomuk,
halt die Wassergüß zurück

25.5. Urban I., Papst
Auf Urban muß man dicke Bohnen legen,
so gedeihen sie zum Segen

Wie Urbanus sich verhält,
ist auch das Heuwetter bestellt

St. Urbanus gibt der Kälte Rest,
wenn Servatius noch was übrig läßt

Ist am Urbanstag das Wetter schön,
so wird man volle Weinstöck' sehn

30. 5. Wigand
St. Wigand, dieser böse Mann,
oft noch Fröste bringen kann

31. 5. Petronilla, Märtyrerin in Rom
Auf Petronellentag Regen,
wird sich der Hafer legen

Juni

1. 6. Fortunat, Märtyrer
Schönes Wetter auf Fortunat
ein gutes Jahr zu bedeuten hat

8. 6. Medardus, Bischof von Noyon
Was St. Medardus für Wetter hält,
solch Wetter in die Ernte fällt

Bei Medardi Regen
bringt der Gerste keinen Segen

Wenn auf Medardus Regen herabschießen,
die Trauben den Rhein hinunterfließen

11. 6. Barnabas, Apostel
Wenn Barnabas bringt Regen,
gibt's reichen Traubensegen

Bring die Sichel mit, Barnabas,
hast längsten Tag und längstes Gras

13. 6. Antonius von Padua
Wenn St. Anton gut Wetter lacht,
St. Peter viel in Wasser macht

Wer die Gerste an Antonius hat eingestäubt,
sich an Augustinus vergnügt die Hände reibt

15. 6. Vitus, Märtyrer in Sizilien
Heiliger Sankt Veit
treib die Gewitter weit

Nach Sankt Veit
wandelt sich die Zeit

Der Wind dreht sich um St. Veit,
da legt sich's Laub auf die andere Seit'

16. 6. Benno, Bischof von Meißen
Wer auf Benno baut
kriegt viel Flachs und Kraut

19. 6. Gervasius und Protasius
Wenn es regnet an Gervasius,
es 40 Tage regnen muß

24. 6. Johannes der Täufer
Wenn Johannes ist geboren,
geh'n die langen Tag verloren

Am St. Johannitag soll man
die Zwiebeln legen,
Johannisregen bringt schlechte Ernte
zuwegen

Vor Johanni bitt' um Regen,
nachher kommt er ungelegen

Johanni trocken und warm,
macht den Bauern nicht arm

Wenn die Johanniskäfer
hell leuchten im Garten,
ist gutes Wetter zu erwarten

29. 6. Petrus und Paulus, Apostel
Regnet's am Tag von Peter und Paul,
steht es mit dem Wetter faul

Petri-Pauli klar,
gibt's ein gutes Jahr

Ist's Petrus bis Laurentius heiß,
dann bleibt's im Winter lange weiß

Juli

2. 7. Mariä Heimsuchung
Wie die heilige Jungfrau fortgegangen,
wird Magdalena gern empfangen

Wie Maria ins Gebirge zieht ein,
wird der ganze Juli sein

4. 7. Ulrich, Bischof von Augsburg
Regen am Sankt-Ulrichs-Tag,
macht die Birnen stichig-mad'

8. 7. Kilian, Bischof von Würzburg
Sankt Kilian
stellt im Feld die Schnitter an

An St. Kilian säe Rüben
und Wicken an

10. 7. Sieben Söhne,
zusammen mit Felicitas
Ist Siebenbrüder ein Regentag,
so regnet's noch sieben Wochen danach

Wie es die Sieben Brüder treiben,
soll es sieben Wochen bleiben

17. 7. Alexius von Edessa
Regen an Alexe
wird zur alten Hexe

20. 7. Margarethe,
Märtyrerin in Antiochien
Regen am Margarethentag
sagt dem Hunger guten Tag

Hat Margrit keinen Sonnenschein,
dann kommt das Heu nicht trocken ein

Auf Margarete Regen und Sturm,
bringt der Haselnuß den Wurm

22. 7. Maria Magdalena
Magdalena weint um ihren Herrn,
drum fällt an ihrem Tag der Regen gern

23. 7. Apollinaris, Bischof von Ravenna
Klar muß Apollinaris sein,
soll sich der Bauer freun

25. 7. Jakobus der Ältere, Apostel
Jakobi klar und rein,
wird's Christfest frostig sein

Ist's vor Jakobi drei Tag geheuer,
so fährt das Korn man in die Scheuer

Bläst Jakobus weiße Wölkchen in die Höh',
sind's Winterblüten zu vielem Schnee

Fällt an Jakobi die Blüte vom Kraut,
wurden keine guten Kartoffeln gebaut

26. 7. Anna, Mutter der
Muttergottes Maria
Ist St. Anna erst vorbei,
kommt der Morgen kühl herbei

Sankt Anna klar und rein
wird bald das Korn geborgen sein

August

1. 8. Petri Kettenfeier
Ist's von Petri bis Lorenzi heiß,
dann bleibt der Winter lange weiß

5. 8. Oswald,
König von Northumbrien
Oswaldtag muß trocken sein
sonst werden teuer Korn und Wein

7. 8. Afra, Märtyrerin in Augsburg
An Sankt Afra Regen
kommt dem Bauer ungelegen

8. 8. Dominikus, Ordensgründer
Je mehr Dominikus schürt,
um so mehr man im Winter friert

Hitze an St. Dominikus,
ein strenger Winter kommen muß

10. 8. Laurentius, Märtyrer in Rom
Die Äpfel wer'n von Lorenzi g'salzen,
von Barth'lmä g'schmalzen

Nach Laurenzi ist's nicht gut,
wenn's Rebholz jetzt noch treiben tut

Laurentius heiter und gut,
einen schönen Herbst verheißen tut

Kommt Laurentius her,
wächst das Holz nicht mehr

St. Lorenz mit heißem Hauch
füllt dem Winzer Faß und Schlauch

13. 8. Kassian, Märtyrer in Imola
Wie das Wetter an Kassian,
hält es noch viele Tage an

16.8. Rochus von Montpellier
Wenn St. Rochus trübe schaut,
kommt die Raupe in das Kraut

24.8. Bartholomäus, Apostel
Wie Bartholomäitag sich hält,
so ist's auch im Herbst bestellt

Bleiben die Störche noch nach Bartholomä,
kommt ein Winter, der tut nicht weh

Regen an St. Bartholomä
tut den Trauben weh

Wie sich das Wetter am Bartheltag stellt ein,
so soll's den ganzen September sein

Liegt Reif um den Bartheltag offen,
so ist ein warmer Herbst zu hoffen

28.8. Augustinus, Bischof von Hippo
An Augustin
gehen die armen Tage dahin

September

1.9. Ägidius, Einsiedler in der Provence
Gib auf Ägidien wohl acht,
er sagt dir, was der Monat macht

Wenn St. Ägidius bläst ins Horn,
so heißt es: Bauer, sä' dein Korn!

Ist's an St. Ägidi rein,
wird's so bis Michaeli sein

6.9. Magnus, Glaubensbote im Allgäu
Wie das Wetter am Magnustag,
es vier Wochen bleiben mag

7.9. Regina, Märtyrerin in Alise-Ste.-Reine
Ist Regine warm und wonnig
bleibt das Wetter lange sonnig

8.9. Maria Geburt
Wird Marien Geburt gesät,
ist's nicht zu früh und nicht zu spät

Wie sich's Wetter an Mariä Geburt verhält,
ist's noch weitere vier Wochen bestellt

9.9. Gorgonius von Rom
Regnets'am St. Gorgonstag,
geht die Ernte verloren bis auf den Sack

11.9. Protus und Hyacintus
Wenn's an Protus nicht näßt,
ein dürrer Herbst sich sehen läßt

15.9. Ludmilla von Böhmen
St. Ludmilla, das fromme Kind,
bringt gern Regen und viel Wind

18.9. Lambert, Bischof von Maastricht
Trocken wird das Frühjahr sein,
ist St. Lambert klar und rein

Zu Lambert nimm die Kartoffel raus,
doch breit ihr Kraut auf dem Felde aus,
der Boden will für seine Gaben
doch ihr Gerippe wieder haben

Auf Lambert hell und klar
folgt ein trocken Jahr

21.9. Matthäus, Apostel und Evangelist
Wenn Matthäus weint statt lacht,
aus dem Wein er Essig macht

Tritt Matthäus stürmisch ein,
wird's bis Ostern Winter sein

Ist an Matthäus Sonnenschein,
gibt es nächstes Jahr viel Wein

22.9. Mauritius, Märtyrer der Thebäischen Legion
Gewitter um Mauritius
bringt Schaden und Verdruß

25.9. Kleophas
Nebelt's an St. Kleophas,
wird der ganze Winter naß

26.9. Kosmas und Damian, Märtyrer in Kleinasien
St. Cosmas und St. Damian
fängt das Laub zu färben an

29.9. Michael, Erzengel
Hat die Sonne am Michaelstag keinen Rand,
so hat das Wetter vier Wochen Bestand

Kommt Michael heiter und schön,
wird es noch vier Wochen so gehn

Um Michaelis, in der Tat,
gedeiht die beste Wintersaat

Je weißer um Michaeli die Wolken
sich ballen,
desto mehr Schnee wird im Winter fallen

Regnet's sanft am Michelstag,
folgt ein milder Winter nach

Oktober

1.10. Remigius, Bischof von Reims
Regen an St. Remigius
bringt für den ganzen Monat Verdruß

2.10. Leodegar, Bischof von Autun
Laubfall an Leodegar
kündet an ein fruchtbar Jahr

9.10. Dionysius, Bischof von Paris
Regnet's an St. Dionys,
wird der Winter naß gewiß

ist Dionysi schön und klar,
so nimm einen harten Winter war

14.10. Burkhard, Bischof von Würzburg
St. Burkhardi Sonnenschein
schüttet Zucker in den Wein

16.10. Hedwig von Schlesien und Gallus, Glaubensbote
Mit St. Hedwig und St. Gall
schweigt der Vögel Sang und Schall

Auf Sankt Gall
bleibt die Kuh im Stall

Gießt St. Gallus wie ein Faß,
ist der nächste Sommer naß

18.10. Lukas, Evangelist
Ist St. Lukas mild und warm,
kommt ein Winter, daß Gott erbarm'

Wer um St. Lukas Roggen streut,
es nicht in nächster Ernt' bereut

20.10. Wendelin, Einsiedler im Saarland
St. Wendelin, verlaß uns nie –
schirm' unsern Stall,
schütz' unser Vieh

21.10. Ursula, Märtyrerin in Köln
St. Ursulas Beginn
zeigt auf den Winter hin

23.10. Severin, Bischof von Köln
Wenn's St. Severin gefällt,
bringt er mit die erste Kält'

26.10. Gilbhart
Warmer Gilbhart bringt fürwahr
stets einen kalten Januar

28.10. Simon und Judas, Apostel
Simon und Juda, die zwei,
führen oft den Schnee herbei

Wenn Simon und Judas vorbei,
so rücket der Winter herbei

31.10. Wolfgang, Bischof von Regensburg
St. Wolfgang Regen
verspricht ein Jahr voll Segen

November

1.11. Allerheiligen
Ist Allerheiligen klar und helle,
dann sitzt der Winter auf der Schwelle

Schnee an Allerheiligentag
selten lange liegen mag

Bringt Allerheiligen Sonnenschein,
tritt ein schöner Nachsommer ein

Wenn's zu Allerheiligen schneit,
dann lege deinen Pelz bereit.
Regnet's aber an diesem Tag,
viel Schnee im Winter kommen mag

4.11. Karl Borromäus, Bischof von Mailand
Wenn's an Karolus stürmt und schneit,
lege deinen Pelz bereit

11.11. Martin, Bischof von Tours
Kommt Martin auf dem Schimmel geritten,
braucht man im Winter um Schnee nicht zu bitten

Wenn zu Martini Nebel sind,
wird der Winter ganz gelind

Sankt Martin setzt sich schon mit Dank,
am warmen Ofen auf die Bank

Ist es um Martini trüb,
wird der Winter gar nicht lieb

Wolken am Martinstag
der Winter unbeständig werden mag

Wenn das Laub nicht vor Martini fällt,
sich ein harter Winter lange hält

Ist um St. Martin der Baum schon kahl,
macht der Winter keine Qual

Wenn auf Martini Regen fällt,
ist's mit dem Weizen schlecht bestellt

15.11. Leopold, Markgraf von Österreich
Der heilige Leopold
ist dem Altweibersommer hold

17.11. Gertrude von Helfta
Tummeln sich an Gertrud
noch Haselmäuse,
ist es noch weit mit des Winters Eise

19.11. Elisabeth von Thüringen
St. Elisabeth sagt's an,
was der Winter für ein Mann

23.11. Clemens I., Papst
Dem heiligen Klemens traue nicht,
nur selten zeigt er ein mildes Gesicht

25.11. Katharina von Alexandrien
Wie es um Katharina, trüb oder rein,
so wird auch der nächste Februar sein

St. Katharinenschnee
tut Kohl und Samen weh

26.11. Konrad, Bischof von Konstanz
Noch niemals stand ein Mühlenrad
an Konrad, weil er Wasser hat

30.11. Andreas, Apostel
Der Andreasschnee
tut Korn und Weizen weh

Schau in der Andreasnacht,
was für Gesicht das Wetter macht:
So wie es ausschaut, glaub's fürwahr,
bringt's gutes oder schlechtes Jahr

Dezember

1.12. Eligius, Bischof von Noyon
Fällt zu Eligius ein kalter Wintertag,
die Kälte wohl vie Monat' dauern mag

2.12. Bibiana, Märtyrerin in Rom
Regnet's an Bibianatag,
regnet's 40 Tage und eine Woch' danach

4.12. Barbara, Märtyrerin in Nikomedien
Barbara im weißen Kleid
verkündet gute Sommerzeit

Geht Barbara im Klee,
kommt's Christkind im Schnee

6.12. Nikolaus, Bischof von Myra
Fließt Nikolaus noch der Birkensaft,
dann kriegt der Winter keine Kraft

Regnet es an Nikolaus,
wird der Winter streng und graus

13.12. Lucia, Märtyrerin in Syrakus
Kommt die heilige Luzia,
findet sie schon Kälte da

Sankt Luzia kürzt den Tag
soviel sie ihn nur kürzen mag

17.12. Lazaros von Bethanien
Ist St. Lazar nackt und bar,
wird ein gelinder Februar

21.12. Thomas, Apostel
Wenn St. Thomas dunkel war,
gibt's ein schönes neues Jahr

24.12. Heiliger Abend Adam und Eva
Wie's Adam und Eva spend't,
bleibt das Wetter bis zum End

Wenn Christkindlein Regen weint,
vier Wochen keine Sonne scheint

Ist die Christnacht hell und klar,
deutet's auf ein gutes Jahr

25.12. Weihnachten
Ist's windig an den Weihnachtstagen,
werden die Bäume viel Früchte tragen

Wenn's Weihnachten flockt und stürmt
auf allen Wegen,
das bringt den Feldern reichen Segen

Steckt die Krähe zu Weihnachten im Klee,
sitzt sie zu Ostern oft im Schnee

Hängt zur Weihnacht Eis von den Weiden,
kannst du zu Ostern Palmen schneiden

Je dicker das Eis um Weihnacht liegt,
je zeitiger der Bauer Frühling kriegt

Wenn die Christnacht fällt
in den wachsenden Mond,
so gibt's ein Jahr, das sich lohnt

26.12. Stephanus, Erzmärtyrer
Windstill muß St. Stephan sein,
soll der nächste Wein gedeihn

Bringt Sankt Stephan Wind,
die Winzer wenig glücklich sind

31.12. Silvester I., Papst
Wind in St. Silvesters Nacht
hat nie Wein und Korn gebracht

Silvesternacht frostig und klar,
weist auf ein gutes neues Jahr

Literatur- und Quellenverzeichnis

Adair, J.: The Pilgrims Way, London 1978

Assmann, Dieter: Hl. Florian bitte für uns, Innsbruck 1997

Attwater, Donald: The Penguin Dictionary of Saints, Harmondsworth 1970

Auer, Ludwig: Sie lebten für Gott, Donauwörth 1979

Aurenhammer, Hans: Lexikon der christlichen Ikonographie, Wien 1959

Bader, Hermann: Alle Heiligen und Seligen der römisch-katholischen Kirche, Wasserburg 1955

Bamm, P.: Welten des Glaubens, München 1959

Bargellini, Piero: Heilige als Menschen, Regensburg 1957

Bayer, F. J.: Das Papstbuch, München 1925

Bedouelle, Guy: Dominikus, Graz 1984

Bell, A.: The Saints in Christian Art, London 1901

Bentley, J.: Restless Bones, London 1985

Boehm, Fritz: Geburtstag und Namenstag im deutschen Volksbrauch, Berlin-Leipzig 1938

Braun, Josef: Tracht und Attribute der Heiligen in der deutschen Kunst, Stuttgart 1943

Braunfels, Wolfgang (Hrsg.): Lexikon der christlichen Ikonographie, Freiburg 1973

Castella, Gaston: Papstgeschichte, Zürich 1966

Christen, Bernhard: Leben des Heiligen Franciscus von Assisi, Innsbruck 1899

Delpal, Jacques-Louis (Hrsg.): Knaurs Kulturführer, Frankreich, München-Zürich 1979

Detzel, Heinrich: Christliche Ikonographie, Freiburg 1896

Drake, M. und W.: Saints and their Emblems, London 1916

Farmer, D. H.: The Oxford Dictionary of Saints, Oxford 1978

Faust, U.: Die Benediktinerklöster in Niedersachsen, Schleswig-Holstein und Bremen, St. Ottilien 1979

Fink, Humbert: Die Botschafter Gottes, München 1983

Frenken, Goswin: Wunder und Taten der Heiligen, München 1925

Gelmi, Josef: Die Päpste in Lebensbildern, Graz 1983

Gertner, Hannes (Hrsg.): Geschichte der Märtyrer, Aschaffenburg 1984

Giovanni, Mario/Sgarbossa Luigi: Il Santo del Giorno, Rom 1981

Gonfard, Friedrich: Die Päpste und die Konzilien, Wien 1963

Gugitz, Gustav: Fest- und Brauchtumskalender, Wien 1955

Hagemeyer, Oda: Sie gaben ihr Leben dahin, Main 1981

Haidacher, Anton: Geschichte der Päpste in Bildern, Heidelberg 1965

Hansen, Susanne: Deutsche Wallfahrtsorte, Augsburg 1991

Harnoncourt, Phillipp: Die Neuordnung der Eigenkalender für das deutsche Sprachgebiet, Trier 1975

Henggeler, Rudolf: Helvetia Sancta – Heilige Stätten des Schweizerlandes, Einsiedeln 1968

Holweck, F. G.: Biographical Dictionary of the Saints, St. Louis 1924

Hümmeler, Hans: Helden und Heilige, Kempen 1979

Kasper, Walter; Baumgartner, Konrad; Bürkle, Horst; Ganzer, Klaus; Kertelge, Karl; Korff, Wilhelm; Walter, Peter: Lexikon der Theologie und Kirche, Freiburg 1998

Keller, Hiltgart L.: Reclams Lexikon der Heiligen und der biblischen Gestalten, Stuttgart 1979

Kempner, B. M.: Priester vor Hitlers Tribunalen, München 1966

Klein, Diethard: Das große Hausbuch der Heiligen, Aschaffenburg 1983

Krautheimer, Albert: Heilige Deutschlands, Karlsruhe 1945

Leidl, August (Hrsg.): Bistumspatrone in Deutschland, München 1984

Liefmann, Manfred: Kunst und Heilige, Jena 1912

Mayer, Richard (Hrsg.): Die Heiligen in Deutschland, München 1987

Mehling, Franz N. (Hrsg.): Knaurs Kulturführer, Italien, München-Zürich 1978

Mehling, Franz N. (Hrsg.): Knaurs Kulturführer, Spanien, München-Zürich 1981

Meingast, Fritz: Die Alpenländischen Nothelfer, München 1982

Minichthaler, Josef: Heilige in Österreich, Innsbruck 1935

Mohr, Heinrich (Hrsg.): Menschen und Heilige, Freiburg 1930

Nigg, Walter: Große Heilige, Zürich 1981

Nowak, J.: Bernward von Hildesheim, Hildesheim 1982

Ott, Georg: Legende von den lieben Heiligen Gottes, Regensburg 1858

Pattloch: Feste und Bräuche im Jahreskreis, Aschaffenburg 1985

Ranke, Leopold von: Geschichte der Päpste, Wien 1934

Roeder, Helen: Saints and their Attributes, London 1955

Schamoni, Wilhelm: Das wahre Gesicht der Heiligen, Leipzig 1938

Schamoni, Wilhelm: Die seligen deutschen Ordensstifterinnen des 19. Jahrhunderts, Abensberg 1984

Schauber/Schindler: Heilige und Namenspatrone im Jahreslauf, Augsburg 1992

Schauber/Schindler: Heilige und Namenspatrone, München 1986

Schauber, Vera: Namenstagskalender, Augsburg 1994

Schellhorn, Maurus: Der Heilige Petrus und seine Nachfolger, Wien-München 1958

Schipperges, Heinrich: Hildegard von Bingen, Frankfurt a.XXXM. 1981

Schmitz, K. J.: Der Dom zu Paderborn, Paderborn 1982

Schnitzler, Theodor: Die Heiligen im Jahr des Herrn, Freiburg 1982

Schütte, Albert: Handbuch der deutschen Heiligen, Köln 1941

Seeland, H.: Abriß der Geschichte des Bistums Hildesheim, Hildesheim 1948

Senger, Basilius: Liudger, Leben und Werk, Münster 1984

Sintzel, Michael: Leben und Taten der Heiligen, Augsburg 1839

Spillmann, J.: Geschichte der Katholikenverfolgung in England, Freiburg 1905

Stadler, J.: Vollständiges Heiligenlexikon oder Lebensgeschichten aller Heiligen, Augsburg 1856

Stadlhuber, Josef: Zeugen der Kirche Österreichs, Innsbruck 1964

Stehle, E.: Zeugen des Glaubens in Lateinamerika, Mainz 1980

Stolz, Alban: Legende oder der christliche Sternenhimmel, Freiburg 1902

The Book of Saints, London 1989

Torsy, Jakob: Der große Namenstagskalender, Freiburg 1976

Torsy, Jakob: Lexikon der deutschen Heiligen, Seligen, Ehrwürdigen und Gottseligen, Köln 1959

Tüchle, Hermann: Aus dem schwäbischen Himmelreich, Ulm 1977

Ungort, Alfons: Pauline von Mallinckrodt, Würzburg 1980

Vacandard, Elphegius: Leben des Heiligen Bernhard von Clairvaux, Mainz 1897

Vince, J.: Discovering Saints in Britain, Aylesbury 1979

Wall, J. C.: Shrines of the British Saints, London 1905

Walterscheid, Johannes: Deutsche Heilige, München 1934

Wilkens, Maria: Erinnerungen an Edith Stein, Freiburg 1985

Wimmer, Otto: Kennzeichen und Attribute der Heiligen, Innsbruck 1979

Für freundlicherweise erteilte Informationen und zur Verfügung gestelltes Bildmaterial danken die Autoren folgenden Personen, Orden und Institutionen: Institut Notre Dame de Vie, Weißendorf. Barmherzige Schwestern, Allensbach. Vinzentinerinnen, Köln. Schwestern Unserer Lieben Frau, Grefrath. Barmherzige Schwestern, Untermarchtal. Ritaschwestern, Würzburg. Ursulinen, Bad Neuenahr-Ahrweiler. Barmherzige Schwestern, Augsburg. Anna-Schwestern, Ellwangen. Zisterzienserinnen, Seligenthal. Schwestern von der Schmerzhaften Mutter, Abenberg. Minoriten, Kaiserslautern. Salvatorianer, Köln. Schwestern vom Göttlichen Herzen Jesu, Zülpich. Pallottiner, Friedberg. Franziskanerinnen, Thuine. Sekretariat Charles de Foucauld, Lochham. Abtei Speinshart. Sekretariat Josef Kentenich, Berg Schönstatt. Steyler Missionsschwestern, Nettetal. Redemptoristen, München. Schwestern von der heiligen Elisabeth, Hofheim. Alexianer, Aachen. Maria-Hilf-Schwestern, Dernbach, Karmelitinnen, Taben-Rodt. Pater Adalbert Ludwig Balling, Köln. Spiritaner, Köln. Pater Wilhelm Schützeichel, Limburg. Theresianischer Karmel, München. Kolleg St. Josef, Salzburg. Augustiner, Würzburg. Oblaten, Mainz. Franziskaner, Aachen. Kartause Marienau, Bad Wurzach. Dominikaner, Köln. Schwestern vom Guten Hirten, München. Schwestern von der Christlichen Liebe, Paderborn. Missionsschwestern vom Kostbaren Blut, Paderborn. Augustiner Chorfrauen, Essen. Benediktinerinnen, Frauenchiemsee. Franziskanerinnen der Ewigen Anbetung, Schwäbisch Gmünd. Lazaristen, Köln. Maristenkloster, Furth. Arenberger Dominikanerinnen, Koblenz. Schwestern von der heiligen Elisabeth, Aachen. Arme Schulschwestern, München. Franziskanerinnen, Kaufbeuren. Passionisten, Schwarzenfeld. Missionsdominikanerinnen, Strahlfeld. Dienerinnen der heiligen Kindheit Jesu, Würzburg-Oberzell. Hedwigschwestern, Berlin. Bayerische Kapuziner, München. Birgitten-Kloster, Altomünster. Dominikanerinnen von Behtanien, Schwalmtal-Waldniel. Franziskanerinnen B.M.V.A., Waldbreitbach. Oberdeutsche Provinz, München. Institutum Beatae Mariae Virginis, Rom. Istituto B. Maria, Rom. Kloster Mallersdorf, Mallerdorf. Missionspriesterseminar St. Augustin, Sankt Augustin. Weiße Väter, Köln. Oblaten des heiligen Franz von Sales, Eichstätt. Karmelitinnen, Sittard. Tiroler Serviten, Innsbruck. Benediktinerinnen, Tettenweise. Karmel Regina Martyrum, Berlin. Schulbrüder, Illertissen. Comboni-Missionare, Ellwangen, Dominikaner, Bologna. Edith-Stein-Karmel, Tübingen. Jesuiten, Rom. Benediktiner und Benediktinerinnen, Salzburg, Pater Gerhard Eberts, Augsburg. Missionare von der Heiligen Familie, Augsburg. Erzabt Notker Wolf, St. Ottilien. Generalrelator Ambrosius Eßzer, Rom. Michael Kießling, Augsburg, Gabriele, Sanktjohanser, Dießen. Alte Pinakothek, München. Bayerische Staatsgemäldesammlungen, München. Bibliothèke National, Paris, Louvre, Paris. Königliche Bibliothek, Brüssel, Wallraf-Richartz-Museum, Köln. National Gallery, London. Brera, Mailand. Galleria Palatina, Florenz. Königliches Museum der Schönen Künste, Brüssel. Kunsthalle, Hamburg. Prado, Madrid. Staatsbibliothek, Lucca. Stadtbibliothek, Abbeville. Uffizien, Florenz. Museum Unterlinden, Colmar. Vatikan, Rom. KNA Fotoarchiv. Archiv Famiglia Cristiana, Mailand. Pattloch Verlag, Augsburg. Weltbild Verlag, Augsburg. Archiv Hanns Michael Schindler.

Die Deutsche Bibliothek – CIP-Einheitsaufnahme

Schauber, Vera:
Bildlexikon der Heiligen : [über 4000 Heilige, Selige und Namenspatrone] / Vera Schauber ; Hanns Michael Schindler. – Augsburg : Pattloch, 1999
ISBN 3-629-00705-8

Gedruckt auf chlorfrei gebleichtem Papier

Satz: Cicero Lasersatz GmbH, Dinkelscherben bei Augsburg
Umschlaggestaltung: Georg Lehmacher, Friedberg (Bay.)
Reproduktion: Repro-Ludwig, A-Zell a. See
Druck und Bindung: Egedsa S.A., Sabadell
Printed in Spain

ISBN 3-629-00705-8